广西社会科学年鉴

GUANGXI SHEHUI KEXUE NIANJIAN

2015

姚 兵 主编

线装书局

图书在版编目(CIP)数据

广西社会科学年鉴·2015/姚兵主编.—北京:线装书局,
2016.3

ISBN 978-7-5120-2207-2

Ⅰ.①广… Ⅱ.①姚… Ⅲ.①社会科学—广西—2015—
年鉴 Ⅳ.①C126.7-54

中国版本图书馆 CIP 数据核字(2016)第 055316 号

广西社会科学年鉴·2015

主　　编:姚　兵
主　　管:中共广西壮族自治区委员会宣传部
主　　办:广西壮族自治区社会科学界联合会
副 主 编:张　流　玉　明
责任编辑:李　旻
装帧设计:玉　明　蔡　英
出版发行:线装书局
　地　址:北京市西城区鼓楼西大街 41 号 (100009)
　电　话:010-64045283 (发行部) 64045583 (总编室)
　网　址:www.xzhbc.com
经　　销:新华书店
印　　制:广西民族印刷包装集团有限公司
开　　本:890mm×1240mm　1/16
印　　张:43
字　　数:1460 千字
版　　次:2016 年 3 月第 1 版第 1 次印刷
印　　数:0001-1000 册

定　　价:280.00 元

编 辑 说 明

一、《广西社会科学年鉴》是中共广西壮族自治区委员会宣传部主管、广西壮族自治区社会科学界联合会主办的地方专业年鉴。它以反映广西社会科学的发展状况、学术动态及科普活动等为任务，旨在为社会各界提供有关广西社会科学界的基本情况和基本资料，为繁荣发展哲学社会科学事业服务，为全面建成广西小康建设服务。

二、本年鉴以邓小平理论、“三个代表”重要思想、科学发展观及习近平总书记系列重要讲话精神为指导，坚持解放思想、实事求是、“二为”方向和“双百”方针，追求年鉴的科学性、客观性和实用性。

三、本年鉴从2003年起逐年编纂出版，2015年卷是第十三卷。本卷年鉴着重记述2014年广西社会科学发展的基本情况并收入相关资料（特载、特辑除外）。

四、与上年卷相比，本卷年鉴栏目相对稳定，个别栏目作适当的删节，内容进一步充实全面。

五、年鉴中大部分信息资料分为三个层次，并作条目化处理；也有一些栏目分为两个层次。内容层次的设置，主要为便于读者阅读和检索，并表示类目、分目、条目之间的关系，但不反映严格的科学分类体系；科研机构、学术团体及其他单位的排序一般也不表示其地位和规模。

六、作为资料性工具书，本年鉴内容资料的选题、选材和编排，条目的内容要素和记述程序等，都按照既定的体例有所规范。为方便读者阅读、检索，配备了双重检索系统：书前刊有详细目录，书后备有索引。

七、由于资料采集不易，本卷年鉴难免有所疏漏和不足，欢迎各界读者批评指正，我们将在今后的编纂工作中加以改进。

本年鉴在策划、组稿、编辑加工过程中，得到有关领导机关、协办单位和广大社会科学工作者的大力支持，谨表示衷心的感谢！

广西社会科学年鉴编纂委员会

《广西社会科学年鉴》编辑部

特约撰稿人名单

（以姓氏笔画为序）

丁肇亮　马可靠　马龙珠　马金案　文　琳　王江苗　王宁湘　王泉基　王晓军　王春群　王真真

王政武　王巧兰　王建平　韦海鸣　韦克俭　韦家朝　韦吉锋　韦绍芬　方　晴　方　春　尹　莹

刘爱军　刘华政　刘国彬　刘　浩　刘　慧　刘民坤　刘晖晖　刘　宁　刘　红　刘　莹　刘林森

刘承勇　刘德怀　叶桂郴　付广华　龙　江　冯　晖　冯　艳　冯海英　宁春园　玉时阶　包丽红

卢芳明　卢　滨　古雅丽　甘自恒　齐白鸽　阮小青　李建良　李　楠　李时新　李林林　李春醒

李新辅　李文红　李梦云　李　源　李庆原　李国燕　李晨辉　李启军　李　宁　李建平　李大庆

李皆荣　李亦芝　李素珍　李威宏　李立群　李　霞　闭　灏　孙益友　吕春梅　吕嵩崧　吕军伟

吕　军　朱　平　朱立本　朱汝胜　朱小琼　伍新德　任浩明　任重远　巫清丽　汤　杰　农立夫

农如松　农　峰　许顺彩　安继烈　杨　超　杨雨晴　杨梦平　杨寿欧　杨红波　杨红秀　杨　伊

杨东甫　杨钰晨　杨龙云　杨昌雄　杨良玉　张丽红　张　磊　张志巧　张琴芳　张　钻　张文安

陈敏兰　陈基文　陈显军　陈　星　陈立军　陈梅云　陈长为　陈丽琴　陈冬梅　陈桂秀　陈伟清

陆　昀　陆丹梅　陆柳萍　吴哈娜　吴若梅　吴显振　严小良　严　烨　杜红旗　邵雷鹏　何　芹

何　明　邹东华　肖艳霞　肖映霞　苏　畅　冼　奕　周可达　周朝宁　周庆声　周小燕　林智荣

林盟初　林　琼　范　敏　范耀义　范　俭　范国坚　罗永滕　罗　福　罗金凤　罗盛锋　罗继红

罗姗姗　罗献吉　郑海宁　欧锦雄　欧建雍　金宗志　胡　斌　郭全世　饶珍珠　祝励璠　施均显

施冬冬　姚志华　姚再禧　洪锐华　赵明龙　赵娟娟　赵　芳　骆泽盛　钟　洁　钟　蔚　钟英俊

钟永锋　钟智全　高鲜菊　倪　建　唐景妮　唐雁飞　徐李宁　徐高潮　莫锡坤　莫细细　莫月瑶

莫励芬　莫　龙　莫柳柱　曹允青　龚丽娟　梁多煦　梁　峰　梁愉立　梁晓莉　梁海兰　梁绍恩

梁汉弟　黄晓明　黄仁佳　黄　梅　黄　山　黄艳兰　黄仲盈　黄志坚　黄　奎　黄海和　黄梅芳

黄　玲　黄　宇　黄海燕　黄　璐　黄谟媛　黄都恒　黄永万　黄盼盼　黄春玲　黄燕君　黄艳莲

黄美婵　黄仁琰　黄小妹　曹　平　曹　方　蒋小勇　蒋承雄　曾小燕　曾志东　韩建猛　彭志雄

彭强华　彭丽平　覃庆梅　覃炳文　覃振锋　覃　巍　覃敏健　覃丰展　覃湘红　覃其文　覃　亮

覃　澄　覃志婷　覃祥周　蒙启恒　蒙国莲　雷冠中　蓝　晨　零兴宁　谭肖姣　谭　薇　廖玉环

廖　帅　潘　玲　潘文献　潘晓东　潘建敏　潘晓玲　潘小明　潘敏文　樊新艺　樊光义　颜志雄

魏万青

领导关怀

① 2月10日，自治区党委书记、自治区人大常委会主任彭清华（前排左五），自治区党委副书记危朝安（前排左六），自治区党委常委、秘书长范晓莉（前排左四）亲临自治区社科联看望全体工作人员并合影留念（朱汝胜　供稿）

② 6月30日，自治区党委常委、宣传部部长沈北海（左中），自治区副主席李康（左三）在自治区政府办公楼听取自治区社科联党组书记、主席王士威（右一）工作汇报（朱汝胜　供稿）

③ 5月29日，自治区副主席李康（左一）在自治区社科联党组书记、主席王士威（右一）陪同下到自治区社科联调研指导工作（朱汝胜　供稿）

自治区社科联七届二次常委会会议

12月30日，自治区社科联七届二次常委会会议在南宁召开，应到常委44人，实到36人。经过会议选举，沈德海同志以全票当选自治区社科联第七届委员会委员、常务委员、主席。自治区党委宣传部副部长李海荣与会。

①会议现场
②自治区党委宣传部副部长李海荣莅会指导并讲话
③自治区社科联党组书记、主席沈德海作履职讲话
④自治区社科联原党组书记、主席王士威讲话
⑤自治区社科联党组成员、副主席姚兵主持会议
⑥自治区社科联党组成员、副主席刘家凯出席会议
⑦自治区社科联党组成员、副主席曹平出席会议

（本栏目图片由朱汝胜供稿）

学术活动

第九屆兩岸產業共同市場論壇
①

"深化广西面向东盟开放合作,打造新的战略支点"研讨会
②

③

2014年广西第二次社科专家学者学术交流
④

中国—东盟大讲坛
主题：中国—东盟政治制度与政治关系发展
主讲人：广西民族大学相思湖学院院长 陈元中教授
主办单位：广西壮族自治区社会科学界联合会
承办单位：广西社科联东南亚经济与政治研究中心
广西科技大学社会科学界联合会
2014年10月16日
广西 柳州
⑤

⑥

⑦

⑧

⑨

⑩

⑪

⑫

⑬

① 2 月 21 日，由广西社会科学院与台湾两岸共同市场基金会共同主办的第九届两岸产业共同市场论坛在台北举行　（张磊　供稿）

② 8 月 28 日，自治区社科联主办的深化广西面向东盟开放合作打造新的战略支点研讨会在南宁举行。共 50 多名专家学者与会　（朱汝胜　供稿）

③ 9 月 12~13 日，由中国社会科学院和自治区人民政府主办，广西社会科学院等承办的第七届中国—东盟智库战略对话论坛暨首届中国—新加坡经济走廊智库峰会在南宁举行。来自国内外 100 多名专家学者与会　（张磊　供稿）

④ 11 月 18 日，由自治区社科联主办的 2014 年广西第二次社科专家学者学术交流会在南宁举行，主题为：广西社科界学习贯彻党的十八届四中全会精神。共 40 位专家学者与会　（黄晓明　摄）

⑤ 10 月 16 日，由自治区社科联主办、广西科技大学社科联承办的 2014 年第二期中国—东盟大讲坛在柳州举行　（朱汝胜　供稿）

⑥ 11 月 14 日，广西社科联副主席曹平（右五）率调研组到江西省社科联就社会科学优秀专家评选事宜进行调研并与江西省社科联党组书记、主席祝黄河（左五）合影

⑦ 4 月 19 日，由广西师范学院主办的 2014 年民族地区社会治理创新学术研讨会在南宁举行　（刘晖晖　供稿）

⑧ 11 月 18 日，梧州学院与广东省珠江文化研究会、广西社会科学杂志社联合举办的纪念牟子诞辰千年暨梧州作为岭南古代佛城地位学术研讨会在梧州召开　（刘爱军　供稿）

⑨ 11 月 26 日，由防城港市社科联举办的京族文化与海洋文化名市建设研讨会在京族聚居地东兴市召开　（李梦云　供稿）

⑩ 2 月 20 日，由广西社会科学院和台湾中华经济研究院共同主办的中越边境合作与台商机遇学术研讨会在台湾台北举行　（张磊　供稿）

⑪ 11 月 21 日，广西社会科学院研究员赵明龙（右二），副研究员农立夫（右一）应邀前往缅甸参加缅甸东枝大学举办的壮泰族群文化研讨会和掸族新年庆典，受到缅甸副总统赛茂康（左七）接见　（农立夫　供稿）

⑫ 12 月 13~14 日，由广西大学主办的中国—东盟金融论坛在南宁举行，来自中国与东盟 10 国的 24 位专家学者与会　（樊新艺　供稿）

⑬ 6 月 19 日，自治区社科联主办的 2014 年第二期"中国—东盟大讲坛"在钦州举行，共 100 人与会　（钟智全　供稿）

广西经济责任审计专题研讨会
中国-东盟大讲坛
海陆经济一体化与广西建设海上丝绸之路的战略选择
2014年教育部国别和区域研究培育基地能力建设专题研讨会
2014年中国亚洲太平洋学
建新型关系
"区域合作与台商发展"研讨会

⑭ 7 月 25 日，由自治区审计厅、广西审计学会联合主办的广西经济责任审计专题研讨会在南宁举行（朱明　供稿）

⑮ 10 月 31 日，由自治区社科联主办、广西民族大学社科联承办的 2014 年中国—东盟大讲坛第四期在南宁举行（刘德怀　供稿）

⑯ 10 月 17 日，台湾“原住民族文化经贸协会”理事长根志优率台湾少数民族头目长老参访团一行 38 人到广西民族大学考察交流，双方就民族文化教育问题进行探讨（刘德怀　供稿）

⑰ 9 月 26 日，自治区社科联副主席姚兵率自治区社科联代表团出访柬埔寨金边皇家大学，商讨两地社会科学合作事宜。图为姚兵（右四）与金边皇家大学国际交流处处长、博士 Taing You（右三）互赠礼物（韦正委　供稿）

⑱ 11 月 18~19 日，由中国亚洲太平洋学会主办、广西大学承办的 2014 年中国亚洲太平洋学会年会在南宁举行（樊新艺　供稿）

⑲ 12 月 8 日，由广西社会科学院与台湾中华经济研究院共同主办的区域合作与台商发展研讨会在南宁举行（翟磊　供稿）

⑳ 8 月 22 日，中央文献研究室、中央党史研究室、自治区党委宣传部、自治区党史研究室、百色市委市政府等单位在南宁联合举办“纪念邓小平同志诞辰 110 周年暨百色起义 85 周年学术研讨会”，80 多人参会（秦先灿　摄）

㉑ 12 月 11 日，由广西钱币学会主办的广西钱币理论研讨会在南宁举行，共 50 人参会（钟蔚　供稿）

㉒ 10 月 29 日，由广西市场经济研究会主办的以文化和科技融合促进产城融合理论研讨会在南宁召开（罗继红　供稿）

㉓ 11 月 13 日，柳州师范高等专科学校社科联和科技处共同主办的桂中地区地方特色文化研究与发展研讨会在来宾举行（伍新德　供稿）

㉔ 9 月 19~20 日，由自治区社科联、广西先进文化促进会、广西写作学会联合主办，百色学院承办的第七届广西校园文化论坛在百色举行（王建平　供稿）

㉕ 10 月 31 日至 11 月 6 日，以自治区社科联副主席刘家凯（前排左五）为团长的代表团一行 17 人，赴台湾进行社会科学发展与管理交流调研活动。图为代表团与宜兰大学教授们合影（杨辉　供稿）

㉖ 7 月 16 日，广西大学主办的中国—东盟区域发展论坛在南宁举行。主题为“中国—东盟自由贸易区的升级版”和“海上丝绸之路”（樊新艺　供稿）

全国部分省区市社科联第三届社会科学年鉴工作交流会议

6月26日，由广西社科联承办的全国部分省区市社科联第三届社会科学年鉴工作交流会在南宁召开。主题为：社会科学年鉴编纂的规范与创新。来自北京、上海、天津、河北、内蒙古、辽宁、黑龙江、江苏、山东、河南、贵州、云南、陕西、宁夏、新疆、广西等16个省、自治区、直辖市及广州市社科联的领导和代表共70余人与会。

①　②　③　④

①广西社科联党组书记、主席王士威致辞
②广西社科联党组成员、副主席姚兵主持
③中国版协年鉴工作委员会主任许家康编审作主题发言
④会议现场
⑤讨论会现场
⑥与会代表赴钦州北部湾经济开发区考察调研
⑦赴钦州北部湾经济开发区考察调研的代表合影留念

（本栏相片由朱汝胜提供）

科普活动

年内，以在柳州举办的“2014 年广西社会科学普及大行动启动仪式暨柳州市人民广场科普活动”开启广西社会科学科普活动帷幕，组织团体会员单位围绕“全面深化改革，实现‘两个建成’”年度科普主题活动，举办 100场社科普及报告会、12场社科知识咨询广场科普活动、8场十家谈、社科知识进 14 村等 136 场广西社会科学普及联合大行动科普活动。

①5 月 24 日，由自治区社科联、柳州市委宣传部、柳州市社科联共同主办的自治区社会科学普及联合大行动启动仪式在柳州举行。自治区社科联党组书记、主席王士威（中），自治区社科联副巡视员刘俊（右二），柳州市人大常委会副主任梁樑（左二）等领导参加启动仪式 （莫励芬 供稿）

②6 月 19 日，自治区社联联副巡视员刘俊（右四）与东兰县社科联主席韦正勇（右五）共同签订共建科普基地协议书，并授予基地牌匾 （杨龙云 供稿）

③12 月 3 日，崇左市社科联在龙州县开展 2014 年科普知识讲座暨科普知识进社区活动 （龙州县社科联 供稿）

④ 11月1日，防城港市港口区社科联在港口区红沙村举办旅游文化知识讲座　（港口区社科联　供稿）

⑤ 12月4日，北海市社科联在北部湾广场开展2014年社会科学普及日活动　（北海市社科联　供稿）

⑥ 12月18日，中国进入太空第一人、中国载人航天工程办公室副主任杨立伟少将（右二）应邀到桂林航天工业学院作"勇于担当　共筑梦想"的主题报告。图为与学院党委书记李幼平（右一）、自治区高校工委副书记莫锦荣（右三）、学院院长易忠（左一）合影　（叶桂郴　供稿）

⑦ 5月24日，自治区社会科学普及联合大行动在柳州启动仪式后举行社科知识板报宣传展览和社科知识咨询宣传等活动　（莫励芬　供稿）

⑧ 5月20日，贺州市钟山县社科联免费赠送的科普书籍备受群众欢迎　（钟山县社科联　供稿）

⑨ 9月25日，贵港市社科联组织有关学会参加全市"十月科普大行动"。图为市钱币学会工作人员讲解钱币知识　（黄海燕　供稿）

⑩ 6月26日，河池市巴马瑶族自治县社科联在东山弄山村举行"千村万户文化惠民"活动　（梁绍恩　供稿）

⑪ 5月27日，桂林市社科联与广西桂林图书馆等单位在资源县车田乡脚古冲村举行"美丽乡村，支教助学"暨科普图书捐赠仪式　（蒙启恒　供稿）

⑫ 5月20日，桂平市举行社科界学习贯彻党的十八届三中全会精神报告会　（严小良　供稿）

第十六期广西发展论坛

10月28日，由自治区社科联、自治区扶贫办、中共百色市委、百色市人民政府联合主办，百色市社科联、百色市扶贫办协办的第十六期广西发展论坛在百色市召开。主题为“扶贫攻坚与广西全面建成小康社会”，共收到论文、研究报告274篇。来自广西社会科学理论界和扶贫工作岗位上的领导及专家学者共120多人与会。

① 会议现场
② 自治区社科联党组书记、主席王士威出席并致辞
③ 自治区扶贫办副主任莫雁诗共同主持会议
④ 百色市人大常委会副主任黄志伟出席会议
⑤ 百色市副市长刘世恩出席会议
⑥ 自治区社科联副巡视员刘俊共同主持会议
⑦ 广西社会科学院研究员李甫春作主题报告
⑧ 百色市凌云县泗城镇陇雅村党总支部书记吴天来作主题报告

（马文　供稿）

目　录

编辑说明 ......(3)
广西社会科学年鉴编纂委员会 ......(4)
《广西社会科学年鉴》编辑部 ......(4)
特约撰稿人名单 ......(5)

图片专辑

领导关怀 ......(6)
自治区社科联七届二次常委会会议 ......(7)
学术活动 ......(8)
全国部分省区市社科联第三届社会科学年鉴工作交流会议 ......(12)
科普活动 ......(14)
第十六期广西发展论坛 ......(16)

特　载

中共中央办公厅、国务院办公厅《关于加强中国特色新型智库建设的意见》......(1)

事业概况

社会科学研究机构与学术团体 ......(5)
　社会科学研究机构 ......(5)
　社会科学学术团体 ......(5)
学术活动与成果 ......(6)
　学术活动和成果 ......(6)
社科普及和国内外学术交流 ......(9)
　社会科学普及活动 ......(9)
　社会科学国内外学术交流活动 ......(11)
社会科学规划管理 ......(12)
　2014 年广西哲学社会科学规划管理 ......(12)
　广西入选国家社科基金资助项目名单(2014) ......(13)
　广西入选国家社科基金青年项目名单(2014) ......(15)
　广西入选国家社科基金西部项目名单(2014) ......(15)
　广西社科规划课题优良成果一览表(2014) ......(16)
　广西壮族自治区决策咨询委员会及办公室 ......(18)
　广西重大课题研究招投标 ......(19)
　2014 年广西重大招标课题一览表 ......(19)

学科综述

地方优长学科 ......(20)
　东盟研究 ......(20)
　壮学 ......(31)
　瑶学 ......(37)
马克思主义・哲学 ......(41)
　马克思主义研究 ......(41)
　伦理学 ......(47)
民族学・社会学 ......(54)
　民族学 ......(54)
　社会学 ......(63)
　妇女研究 ......(73)
　青少年研究 ......(76)
法学・教育学・心理学 ......(87)
　法学 ......(87)
　教育学 ......(94)
　心理学 ......(106)
经济学 ......(112)
　“三农”问题研究 ......(112)
　区域经济研究 ......(124)
　旅游研究 ......(130)
历史学・文化学 ......(137)
　广西历史研究 ......(137)
　文化研究 ......(141)

工作动态

广西应急管理培训工作座谈会............................(154)
广西市场经济研究会第四次会员代表大会..........(154)
自治区党委宣传部领导慰问广西优秀专家刘家凯
....(154)
自治区领导彭清华、危朝安、范晓莉慰问自治区
社科联全体人员..(155)
自治区社科联深入开展党的群众路线教育实践
活动工作总结大会......................................(155)
曹平率队赴云南江西两省开展课题调研和工作交流
....(156)
自治区社科联七届一次常委会议........................(156)
中国旅游协会旅游教育分会第二届理事会会长会议
....(157)
自治区社科联七届一次全委暨全区社科联工作会议
....(157)
曹平到柳州、百色调研社科联工作......................(158)
自治区社科联中层干部到自治区民间组织管理局
座谈..(158)
王士威率队深入自治区级学会开展社科工作调研
....(158)
自治区社科联外联部到柳江县调研社科工作......(159)
姚兵到自治区级学会开展社科工作调研.............(159)
自治区社科联党组中心组专题理论学习会..........(159)
曹平到高校调研社科联工作................................(160)
桂林师范高等专科学校社会科学界联合会第二次
代表大会..(160)
江苏省社科联到广西交流工作经验....................(160)
2014 年中国—东盟音乐周..................................(160)
全国粮油购销与物流教育教学指导委员会成立
大会暨一届一次会议......................................(161)
辽宁省社科联到广西交流工作经验....................(161)
姚兵到钦州开展社科工作调研............................(161)
林娜率队赴国家旅游局汇报学校工作.................(161)
刘俊到河池开展社会科学普及工作调研.............(161)
河池学院图书情报工作会议................................(162)
共建“智慧校园”座谈会....................................(162)
刘俊到广西大学调研社科联工作........................(162)
自治区领导听取自治区社科联工作汇报.............(162)
自治区党委宣传部与广西大学共建新闻传播学院
....(162)
王士威到百色调研社科联工作............................(163)
刘俊率调研组赴四川、宁夏调研社科普及立法工作
....(163)
曹平赴川黔开展课题调研....................................(164)
全国社科联第十五次学会工作会议....................(164)
刘俊到百色调研社科普及工作............................(165)
刘俊率队赴山东调研社科普及立法工作.............(165)
自治区社科联 2014 年年中工作汇报会..............(165)
姚兵到广西酒店管理学会指导筹建学会党支部工作
....(166)
曹平率课题组到凭祥开展调研活动....................(166)
桂林旅游高等专科学校与中国环境科学研究院
合作共建旅游大气生态环境监测实验室.........(166)
桂林旅游高等专科学校教师段仕洪新书《中国
特色名菜名点》举行首发仪式........................(166)
共建“七玄乐府”乐团的合作协议....................(167)
王士威到桂林调研社科联工作............................(167)
桂林旅游高等专科学校与瑞士洛桑酒店管理学院
签署合作协议..(167)
台湾少数民族头目长老参访团来桂访问.............(168)
2014 年全国社科联联席会议..............................(168)
姚兵率调研组深入市县社科联开展基层学会工作
调研..(168)
桂林旅游高等专科学校与韩国新罗大学签署合作
协议..(169)
广西第十三次社会科学优秀成果奖颁奖暨广西
社科联成立三十周年座谈会............................(169)
自治区社科联马克思主义理论研究和建设工程
基地揭牌..(170)
刘家凯率队到防城港市开展社科联工作调研.....(171)
广西民族大学民族学博士后科研流动站揭牌.....(171)
广西县级党校工作交流暨藤县“支书讲堂”活动
研讨会..(172)
自治区社科联七届二次常委会会议....................(172)
广西师范学院社科联第四次会员代表大会.........(173)
周建新获国家社科基金重大招标项目立项.........(173)

学术动态

学术活动..(174)
“桂理昕研习社区”学习贯彻习近平总书记在全国
宣传思想工作会议上的重要讲话讨论会.........(174)
广西陶行知研究会第六次会员代表大会暨学术
研讨会..(174)

提升桂林国际旅游胜地核心竞争力研讨会..........(175)
自治区党委宣讲团成员黄健教授作党的十八届三中全会专题辅导报告..........(175)
自治区社科联申报国家社科基金项目专题讲座..........(175)
第九届两岸产业共同市场论坛..........(176)
中越边境合作与台商机遇学术研讨会..........(176)
《高校诊断:专业结构与发展趋势研究》项目调研会..........(176)
“大学教师发展的理念、内涵、方式、动力”学术报告会..........(176)
“社会科学评奖与社会科学研究”专题讲座..........(177)
丘振声学术思想研讨会..........(177)
道德讲堂..........(177)
2014年广西民族大学学术活动月活动..........(178)
“旅游信息化与智慧旅游”专题讲座..........(178)
新东方创始人俞敏洪报告会..........(178)
泰国东北部职业院校联盟代表团到访广西外国语学院..........(178)
第一届海峡两岸“产业发展与企业管理研究”国际学术研讨会..........(178)
《壮族山歌及歌圩的百年变迁》研究成果推介暨壮族山歌文化研讨会..........(179)
中越纪念奠边府战役胜利60周年研讨会..........(179)
跨境自由贸易区建设问题研讨会..........(179)
中国导游人才培养专家论坛..........(180)
旅游教育专家研讨会..........(180)
第八届泛北部湾经济合作论坛..........(181)
广西行政法学研究会第二届理事大会暨2014年广西行政法学术研讨会..........(181)
相思湖诗群十周年暨端午诗会..........(181)
高职高专院校课程体系融入粮食文化教育课程理论研讨会..........(181)
桂台经济贸易合作与发展服务基地与南宁市台湾同胞联合会到重点台资企业调研..........(181)
桂台经济贸易合作与发展服务基地与南宁市台湾同胞联合会到台湾花卉产业园调研..........(182)
新型城镇化与新时期扶贫开发理论研讨会..........(182)
面向东盟的现代物流产业及其发展学术报告会..........(182)
“川、吉、苏、冀、桂”五省(区)图书馆学会第十四届学术研讨会..........(183)
“八桂贫困学子助读行动”赠书仪式暨“阅读点亮中国梦”学术报告会..........(183)
2014年第一期中国—东盟大讲坛..........(183)
“影像与生活”学术报告会..........(184)
“海上丝绸之路与中国—东盟命运共同体建设”学术研讨会..........(184)
全国部分省区市社科联第三届社会科学年鉴工作交流会议..........(184)
“全球化与区域社会发展”国际学术研讨会..........(185)
思想政治教育学科设立30周年学术研讨会..........(185)
2014“全国图书馆未成年人服务提升计划”(广西站)..........(186)
广西大学与河池学院合作课题开题..........(186)
中国—东盟区域发展论坛..........(186)
“21世纪海上丝绸之路建设”暨全国党校系统第二届国际战略研讨会..........(187)
广西经济责任审计专题研讨会..........(187)
西部地区抗战遗址调查与抗战精神传承学术研讨会..........(187)
《广西抗战文化研究丛书》编撰出版研讨会..........(187)
广西社会科学院智库合作交流小组赴台开展系列调研活动..........(188)
深化广西面向东盟开放合作打造新的战略支点研讨会..........(188)
《2014年广西蓝皮书:广西农村发展报告》新闻发布会..........(188)
中国首届人的发展经济学青年论坛..........(188)
中国人民抗日战争胜利纪念日(2014)座谈会..........(189)
《广西铁路建设地方配套资金筹融资方案研究》专家评审会..........(189)
第7届中国—东盟智库战略对话论坛暨首届中国—新加坡经济走廊智库峰会..........(189)
第二届中国(桂林)国际健康养生服务产业创新发展高端论坛..........(190)
知识产权举报奖励制度研讨会..........(190)
河池学院“区培计划”农村乡镇中心校校长培训班(百色班)..........(190)
2014年(第十届)泛珠三角区域合作与发展社科专家论坛..........(190)
中国—东盟区域发展研究创新团队发展规划专家论证会议..........(191)
把广西打造成为西南中南地区开放发展的新的战略支点专题讲座..........(191)
桂台民办高校高峰论坛..........(191)

第七届广西校园文化论坛……(191)
中国—东盟财税合作论坛……(192)
续修地方志创新理论研讨会……(192)
“新海上丝绸之路构建:从泛北部湾到欧洲”国际学术研讨会……(192)
新生适应性心理健康教育讲座……(193)
“社会治理创新与领导力提升”学术研讨会……(193)
“中国梦与诚信”专题讲座……(193)
瑞士洛桑酒店管理学院教务长 Fabien Fresnel 教授作客桂林旅游高等专科学校讲坛……(193)
中国旅游院校五星联盟书记论坛……(194)
2014 年广西社科专家学者学术交流会……(194)
2014 年第二期中国—东盟大讲坛……(195)
2014 年教育部国别和区域研究培育基地能力建设专题研讨会……(195)
第二届旅游教育与培训国际论坛暨第九届中国旅游论坛……(196)
中国音韵学研究会第十八届学术讨论会暨汉语音韵学第十三届国际学术研讨会……(196)
河池学院“国培计划”置换脱产研修项目培训班……(197)
以文献为基础的方言史研究势在必行学术讲座……(197)
广西心理学会第十七次学术研讨会……(197)
广西民办高校教育管理人员赴台教育交流活动……(197)
第十一届中国金融学年会理事会暨年会大会……(197)
第十六期广西发展论坛……(198)
以文化和科技融合促进产城融合理论研讨会……(198)
思想政治教育学术报告会……(198)
自治区社科联东南亚经济与政治研究中心 2014 年度课题评审会……(198)
“应急管理与社会建设”研讨会……(199)
广西社科联代表团赴台湾进行社会科学发展与管理交流调研活动……(199)
2014 年第四期中国—东盟大讲坛……(200)
中国西南民族研究学会第十七次会员代表大会暨学术研讨会……(200)
中国第六次人的发展经济学研讨会……(200)
广西社会学学会 2014 年学术年会暨民族地区乡村治理研讨会……(201)
2014 年“相思江·中国旅游青年学者论坛”……(201)
“突发公共事件中的舆论引导”学术报告会……(202)
桂中地区地方特色文化研究与发展研讨会……(202)
广西高校校园媒体工作会议暨高校校报协会 2014 年年会……(202)
广西社科院学者考察缅甸掸族民间文化……(202)
第 10 届西部社会科学院院长联席会议暨“一带一路”论坛……(203)
2014 年广西第二次社科专家学者学术交流会……(203)
“培育和践行社会主义核心价值观,为中国梦凝心聚气”专题讲座……(204)
2014 年中国亚洲太平洋学会年会……(204)
“湘江战役·新圩阻击战”红色经典旅游项目研讨会……(204)
秘书如何协调领导开展公共关系专题讲座……(205)
自治区党校教师理论交流座谈会……(205)
“10+3”互联互通论坛……(205)
第五届广西社会科学界学术年会……(205)
广西语言学会第八届学术年会……(206)
2014 年智能图书馆建设经验交流及案例分享研讨会……(206)
广西高校师范生培养改革研讨会……(207)
区域合作与台商发展研讨会……(207)
中国文化中的时与变专题讲座……(207)
广西党校(行政院校)系统社会科学界联合会第三届“桂海论坛”暨“推进《珠江—西江经济带发展规划》实施,加快广西实现‘两个建成’目标”研讨会……(207)
广西钱币学会 2014 年钱币理论研讨会……(207)
第三届桂海论坛……(208)
中国—东盟金融论坛……(208)
“社会主义核心价值观大家谈”线下研讨会……(208)
数字化时代的文学写作、出版和阅读专题讲座……(209)
中国少数民族文学发展现状专题讲座……(209)
协商民主广泛多层制度化发展理论研讨会……(209)
中国—越南核心价值观国际学术研讨会……(210)
“古桂柳运河湘系带的历史沿革”讲座……(210)
2014 年度广西社会科学重点课题终审会议……(210)
《壮族网络歌圩研究》成果报告暨网络歌圩研讨会……(210)
桂航大讲坛……(211)
培训·科普活动……(211)
2014 年广西科技活动周社科展……(211)
粮食文化教育基地学习活动……(212)
廉洁教育系列科普活动……(212)

贵阳市导游人员培训班 ....(212)
自治区管理干部学习贯彻党的十八届三中全会和习近平总书记系列重要讲话精神第二期、第三期研讨班 ....(212)
2014 年东兴市乡村旅游（农家乐）从业人员培训班 ....(212)
“爱心普法，公益维权；科学理财、健康生活”普法系列活动 ....(213)
自治区党校（行政学院）处级领导干部学习贯彻党的十八届三中全会精神和习近平总书记系列重要讲话精神专题培训班 ....(213)
“大中专院校知识产权与专利申请实务”讲座 .....(213)
广西厅级主要领导干部“学习贯彻十八届三中全会精神全面深化改革”专题研讨班 ....(213)
“漫谈企业文化”讲座 ....(214)
自治区管理干部学习贯彻党的十八届三中全会和习近平总书记系列重要讲话精神第五期、第六期研讨班 ....(214)
法国地中海俱乐部 2014 年亚太区培训营活动....(214)
社会主义核心价值观专题讲座 ....(214)
2014 年全国科技活动周广西活动启动仪式.........(214)
2014 年广西社会科学普及联合大行动启动仪式 ....(215)
中华全国律协专家律师巡回讲师团西部培训班、大型专题培训班 ....(215)
“提高情商　加强领导力”主题讲座 ....(215)
“做一名美丽女生”专题讲座 ....(215)
“女大学生素养”系列讲座 ....(215)
桂林百姓文化大讲坛 ....(216)
食品安全活动周“放心粮油宣传日”活动 ....(216)
2014 年自治区管理干部经济建设与经济体制改革专题研讨班 ....(216)
“间歇年(GAP YEAR)——一起去旅行吧”主题沙龙..(216)
自治区社科联素质能力提升培训班（第一期全员培训班）..(217)
自治区党校（行政学院）系统网络安全与信息化工作研讨班 ....(217)
河池学院“区培计划”农村乡镇中心校校长培训班 ....(217)
2014 年广西人社厅旅游电子商务专才岗位培训班 ....(217)
广西高等院校旅游专业骨干师资培训班.............(217)
第一期广西旅游质监执法人员培（轮）训班........(217)
合山市领导干部文化旅游发展专题培训班.........(218)
桂林市对口帮扶巴马县旅游扶贫管理干部、中青年管理干部及少数民族干部培训班.........(218)
“弘扬十八大·传播正能量·共筑中国梦”十八大、十八届三中全会精神系列报告会.......(218)
广西社会科学普及基地工作座谈会 ....(218)
第六期广西市县社科联干部培训班....................(218)
世界粮食日暨爱粮节粮宣传周活动....................(218)
自治区社科联第二期全员培训班........................(219)
国家社科基金申报交流会 ....(219)
2014 年自治区管理干部城乡发展一体化与农村综合改革专题研讨班 ....(219)
桂林市中心广场科普宣传活动 ....(219)
广西党校系统学习党的十八届四中全会精神师资培训班 ....(219)
新任自治区管理干部党风廉政研修班................(220)
中国—东盟旅游人才教育培训基地第十二、十三期培训班 ....(220)
广西市、县党校（行政院校）主管校长培训班......(220)
“数字动画创作”主题学术交流与普及活动 ....(221)
大学生安全防范知识讲座 ....(221)
“经济新常态下就业的挑战与机遇”专题讲座 ....(221)
学习党的十八届四中全会精神宣讲报告会.........(221)

科研成果

新著选介 ....(222)
·年鉴·志书·
广西年鉴·2014 ....(222)
广西社会科学年鉴·2014 ....(222)
广西财政年鉴·2014 ....(222)
南宁年鉴·2014 ....(222)
南宁地情手册·2014 ....(223)
柳州年鉴·2014 ....(223)
柳州社会科学年鉴·2014 ....(223)
桂林年鉴·2014 ....(223)
广西通志·财政志(1992~2004) ....(223)
广西名胜志 ....(223)
桂林市象山区志 ....(223)
广西高中志 ....(224)
桂林市简志 ....(224)
南宁市永新区志 ....(224)

柳州市城中区志(1991~2005)……(224)
龙壁山房文集·五卷本……(224)
《(崇祯)梧州府志》(校补影印)、清《(光绪)临桂县志》(校补影印)、《(民国)武缘县图经》(校勘影印)……(224)
广西政区集成……(225)
·历　史　学·
汉译佛经之美术理论研究——以汉唐为中心……(225)
利益、参与与地方治理——改革开放以来中国的实践经验……(225)
桂林抗战艺术史……(225)
百色起义与邓小平理论研究……(225)
民国时期广西县政改革研究……(225)
·经　济　学·
广西蓝皮书:广西经济形势分析与预测(2014)……(226)
广西北部湾经济区旅游发展与合作研究……(226)
新加坡投资环境分析报告……(226)
一个城市的发展探索……(226)
泰国投资环境分析报告……(226)
老挝投资环境分析报告……(227)
越南投资环境分析报告……(227)
柬埔寨投资环境分析报告……(227)
马来西亚投资环境分析报告……(227)
社会生产和分配与人的生存发展——保障人生存发展的经济基础和途径选择研究……(227)
印度尼西亚投资环境分析报告……(227)
社会资本与区域经济增长……(228)
菲律宾投资环境分析报告……(228)
缅甸投资环境分析报告……(228)
当代中国税收管理体制研究……(228)
区域经济金融研究·2013……(228)
·生　态　学·
生态文化与美丽广西……(228)
少数民族艺术生态学……(228)
壮族地区生态文明建设研究:基于民族生态学的视角……(228)
喀斯特人地系统研究……(229)
广西喀斯特地区农村社会风险预警与农业发展研究……(229)
·社　会　学·
滇黔桂民族地区水电工程移民发展实证研究……(229)
广西残疾人社会工作实践与探索……(229)
·法　学·
受控主体权利保护法律问题研究……(229)
·新闻学·传播学·
电视新闻视听心理研究……(229)
·文化学·艺术学·
广西文化产业发展战略研究……(230)
边地文化视野与文学焦虑……(230)
析龚贤山水画风转变时期的笔墨走向……(230)
中国工艺美术史……(230)
思香垌风情录……(230)
濒临民间乐舞与地方高校传承的研究……(230)
当代意义的文艺学研究……(230)
物随笔转　境由心造——桂西少数民族风情人物画研究……(231)
大墨之韵——宁绍强山水画……(231)
·教　育　学·
高等师范院校宣传思想工作理论研究与实践探索……(231)
中学教学模式与思维创新……(231)
高职大学生思想政治教育课实践教学模式研究……(231)
教师职业活动幸福感研究……(231)
Windows XP 基础与应用(“做中学　学中做”系列教材)……(231)
建筑装饰和景观设计管理……(231)
小学生学习能力的培育……(232)
农村幼儿园建设:规划与设计……(232)
2014 中国远程高等教育专题研究报告——教育信息化建设……(232)
开放大学学习中心建设与运行研究……(232)
知识管理与现代远程教育发展研究……(232)
·文　学·
狄更斯与他的时代……(232)
广西文学的哲学叙事研究……(232)
槿花集——刘兴超诗词选……(233)
稀见明人诗话十六种……(233)
徐锡我《我侬说诗》研究……(233)
新世纪广西诗歌观察……(233)
·语　言　学·
当代汉语新词族研究……(233)
三江侗族语言使用现状及演变……(233)
壮语语音……(234)

现代壮语句法 ......(234)
汉壮翻译基础教程 ......(234)
中国京语词典 ......(234)
·其　他·
跨越界限,走向整体融贯:效用,实在,语境框架下综合“三大主流”理论的尝试 ......(234)
从主体建构到自我解构——中国新时期以来电影中农民形象演变的符号学考察 ......(234)
石涛 ......(235)
柳州社会科学研究文选 ......(235)
我爱我的家 ......(235)
柳州政策应用研究·2013 ......(235)
中国西南边疆治理模式研究 ......(235)
密尔对功利原则的道德哲学辩护 ......(235)
中国社会主义发展哲学引论 ......(235)
SketchUp 2013　从入门到精通(中文版) ......(235)
红木 ......(236)
审计问责研究 ......(236)
广西基督宗教历史与现状研究 ......(236)
论文摘要 ......(236)
·哲学·宗教·
《联共(布)党史简明教程》与马克思主义大众化探索 ......(236)
马克思主义现代性批判中的正义规范理想 ......(236)
马克思“社会存在决定社会意识”的检验及其启示——以英克尔斯《从传统人到现代人》为例 ......(236)
马克思和毛泽东的个人自由观和政治自由观之比较 ......(237)
党的一大到七大马克思主义中国化理论创新的历史经验与教训 ......(237)
西方文论关键词行动 ......(237)
天主教会放贷与清末广西教案 ......(237)
儒、道、释的继替与超越——基于“内向超越”的向度 ......(237)
论“中国梦”的哲学基础 ......(237)
指导思想上的“亮剑”——十八大以来习近平关于坚持毛泽东思想指导地位的重要思想述略 ......(237)
全国毛泽东哲学思想研究会与当代中国的毛泽东哲学思想研究 ......(238)
世界社会主义国家百年妇女运动比较研究 ......(238)
关于“思想政治教育是一种精神生产力”命题的研究——基于马克思主义人与社会发展理论的探讨 ......(238)
·伦理学·心理学·
“矛盾的时代”与“矛盾凸显期”的社会道德——18世纪的英国和市场经济的中国比较 ...(238)
论财富精神塑造的伦理维度 ......(238)
土地整治实施内生缺陷:逆向选择与道德风险——以广西为例 ......(238)
我国少数民族地区城乡青少年媒介素养与价值观念耦合研究——以广西壮族自治区为例 ......(239)
简论大学生网络德育中壮族传统德育资源的开发与利用 ......(239)
论心理健康教育中价值问题处理的基本原则 ......(239)
积极心理学视野下留守儿童心理健康教育的改革 ......(239)
中小学生积极心理品质与抑郁的相关研究 ......(239)
网络游戏广告的“净”与“禁”——关于网络游戏广告的伦理探究 ......(239)
理性的善与恶:社会道德重构中的文化价值 ......(240)
·社会学·人类学·
迈向共同治理:社会建构下的公共参与及模式转换 ......(240)
改革开放以来我国适度消费率的实证研究 ......(240)
从建构有效约定到社会信用的实现 ......(240)
NPO自愿问责俱乐部理论及其借鉴 ......(240)
“清风”亦是江湖事——民间文献《遏淫说》与社会养廉的本土方法论 ......(240)
6世纪东地中海地区的地震与政府救助刍议 ......(241)
群体交往与社会网络的建构——以打同年为例 ......(241)
人口年龄结构与中国城镇居民消费变动——基于组群方法的实证研究 ......(241)
城乡背景对大学生初次就业结果的影响——基于全国17所高校2914名毕业生的调查数据 ......(241)
高校学生自我和谐孤独感与自杀意念的关系 ......(241)
大学生就业问题的社会服务机制探析 ......(241)
大学生党建与就业工作联动机制探索 ......(242)
农村地区留守儿童健康成长的“云公益”路径探究 ......(242)
儿童的重复行为:正常与异常的辨析 ......(242)
城市人民公社与妇女解放 ......(242)

浅析美国未成年人案件社会调查制度……(242)
环境压力、企业家网络与合作创新意愿的关系……(242)
村干部离任制度面临的问题、原因及对策……(243)
“走众亲”:漓江流域乡土社交民俗的人类学考察……(243)
农村空巢老人养老模式创新……(243)
新桂系时期广西边疆地区医疗卫生事业发展与民智培育……(243)
网络谣言与社会诚信伦理……(243)
重塑“劳动最光荣”价值观探析……(243)
从容应对老龄化:社会保险基金增值探析……(243)
提高中小城镇资源集聚能力……(243)
推进“先进性别文化”学科建设,积聚广西文化发展张力——“先进性别文化”学科建设在广西发展综述……(244)
撬动社会资本参与中小城镇建设……(244)
基于整合营销传播理论的南宁城市品牌建设研究……(244)
广西新型城镇化发展探析……(244)
加快广西国家公园建设步伐……(244)

·民　族　学·

近10年来中国海外民族志研究反观……(244)
广西壮族自治区民族文化认同调查研究……(244)
多元文化冲突时代少数民族文化与基础教育课程整合论纲……(245)
城镇化背景下民族自治地方的文化传承发展问题……(245)
西部民族地区的国家认同建构应坚持“五个结合”……(245)
民族节日当下的实在运作——以田阳县敢壮山歌圩为例……(245)
对没有文字的民族语言开展双语教学的探讨——以贵州居都仡佬语为例……(245)
中缅、中老跨境民族传世铜鼓比较研究……(246)
壮族设计艺术及其文化的产生、发展与演变……(246)
高度政治化、恢复发展与博弈中变迁——转型期壮族民间文化变迁的三个阶段……(246)
记忆、表征与认同——靖西壮族族群认同与国家认同研究……(246)
新方块壮字与“云时代”壮族文化传承的适切性研究……(246)
“他者”的自我维系:京族人的族群认同及其变迁……(246)
京族文学的整生规律研究……(247)
广西金秀瑶族民歌中的文化内涵……(247)
“自然”身体的文化转化:瑶族诞生礼的过渡意义……(247)
广西瑶族女童教育问题的社会性别分析……(247)
以刀为笔绘乾坤——白裤瑶粘膏画传统技艺调查研究……(247)
罗城客家人与仫佬族文化融合探析……(247)
空间实践与侗族村落文化表征:以宝赠为例……(248)
论中国民俗学研究本体的构成……(248)
身体认知与疾病:红瑶民俗医疗观念及其实践……(248)
“洁净”的秩序和力量——壮族古俗“夫妻异室而居”新探……(248)
少数民族村落体育组织的生成方式与运作机制——以壮、侗、苗、瑶等少数民族古村落为例……(248)
海村京族国家政治认同整合研究……(248)
论京族民间文艺的兼容性……(249)
壮族民间侬智高传说的口述史意义……(249)
仡佬族传统文化危机与应对策略——以贵州省六枝特区居都村为例……(249)
全面建设小康社会与西部少数民族文化地区建设研究……(249)

·政　治　学·

共产国际十月来信与中国革命重心转变探析……(249)
中国特色社会主义制度发展的全球化视野……(250)
当今垄断资本主义的新变化及其发展态势……(250)
论加强我国社会主义意识形态领导权建设……(250)
关于健全党员能进能出机制的思考……(250)
中共十八大以来健全城乡发展一体化体制机制的战略思路——十六大以来中共统筹城乡发展理论与实践研究系列论文之一……(250)
反日耳曼人情绪与早期拜占庭帝国政治危机……(250)
越南共产党党内基层民主制度建设探析……(251)
中国与越南私营业主入党问题比较分析……(251)
论资政院激进特征的政治生态影响——以“弹劾军机大臣案”为中心……(251)
论行政决策文明的四重向度与价值……(251)
行政技术主义批判……(251)
边疆民族地区公共安全治理体系与能力现代化……(251)
当代中国乡村治理变革探源:基于人的需要之视域……(252)
新时期提升地方政府政策执行力的新思路——基于社会主义协商民主的视角……(252)

"中国—东盟命运共同体"构想下南海问题的前景展望……(252)
菲律宾海洋管理制度研究及评析……(252)
协商民主视阈下公共决策"公共性"的实现——基于转型期我国邻避冲突的考察……(252)
少数民族地区社会主义核心价值体系建设研究……(253)
加快广西扶贫生态移民对策研究……(253)
浅谈十八大后企业思想政治工作……(253)
20 世纪 40 至 60 年代菲律宾共产主义运动与华人社会变迁……(253)

·法 学·

网络社会反腐的法律困境与出路……(253)
电商时代搜索引擎运营基础法律问题探析……(253)
我国产业布局的法律保障机制研究——以人口、资源、环境与经济协调发展为视……(254)
国家投资西部工业园型资源循环利用企业若干法律问题探析——以广西为例……(254)
行政承诺法源论:证成与适用……(254)
再论无权处分合同的法律效力——以我国物权变动模式的重新解读为基点……(254)
美国政府信息公开诉讼中的律师费制度及启示……(254)
中国—东盟国际河流航运执法安全合作机制探究……(255)
特色数据库著作权侵权风险及对策研究……(255)
环保法庭设立的困境与出路——以司法专门化设计为视角……(255)
优化公安机关行政裁量基准制度的思考——以行政裁量的法治化治理为视角……(255)
论公务员法治思维与法治方式的养成——以现代宪法学功能转型为视角……(255)
规避版权技术措施行为犯罪化的立法问题研究……(255)
中国—东盟争端中 CAFTA 功能的法律探索……(255)
泰王国国家赔偿法律制度基本问题研究……(256)

·经 济 学·

论中国经济外交战略及其科学管理……(256)
模块化三维框架:经济全球化背景下产业价值网形成与发展的战略选择……(256)
"花炮节"旅游开发的本真与展演——广西富禄"三月三"花炮节个案分析……(256)
会员制下特殊收入的确认和计量探析……(256)
中国需求结构演进对经济增长及经济波动的影响……(256)
我国 R&D 投入的区域差异与经济发展差异的比较研究……(256)
我国城乡二元经济结构转换中的数字鸿沟效应与对策……(257)
中国双导型经济与人的生存和发展……(257)
珠江三角洲城市群协调发展实证研究……(257)
边境地区绿色经济发展模式及对策研究——以广西壮族自治区为例……(257)
中国—东盟经济与金融发展差异及其收敛性研究……(257)
中国东盟区域经济一体化程度测量——基于时序主成分分析框架……(258)
组织学习、合法性与国际新创企业进入后速度…(258)
区域创新体系中的企业信息资源服务体系研究——以西江经济带为例……(258)
经济发展、禀赋差异与政府干预的关系研究——基于北部湾经济区与珠三角经济区的比……(258)
国别异质性、全球化进程与主流 FDI 理论的演化性改进……(258)
技术进步对于中国全要素生产率影响的实证研究……(258)
组织结构转移研究……(259)
科技型中小企业技术基金筹集影响指标体系的构建探讨……(259)
企业雇主品牌建设影响因素研究——以内部市场导向为基础……(259)
中国十大城市群公共服务体系运行状况比较研究……(259)
区位理论视阈下中国—东盟沿边跨国区域合作开发研究……(259)
南海资源开发的对策和建议……(259)
一个综述:国外自然资源开发理论与模式……(260)
中日韩与东盟区域经济协调发展的动态演化研究……(260)
多层级核心—边缘城市空间影响范围研究——以广东和广西为例……(260)
制度变迁与中国城市居民住房不平等的演化特征……(260)

人地关系协调与国土空间优化:广西的实证........(260)
后自贸区时代中国—东盟农业合作的困境与转型
....(260)
新时期农村土地流转:基于构建新型农业
经营体系的思考 ....(261)
重庆地票制度的价值及其对城乡一体化改革的启示
....(261)
农村信用社产权制度改革绩效评析......................(261)
差序格局与农民组织化发展的本土化路径..........(261)
基于农民自我发展能力的家庭农场约束因素研究
....(261)
生产性服务业集聚与制造业转型升级的机理与
实证检验 ....(262)
我国流通产业发展水平的测度与区域差异
分析——基于1997~2012年数据的实证研究
....(262)
区域物流需求的组合预测模型............................(262)
我国第三方物流发展瓶颈与营销策略的
创新——4Ps理论在物流行业的运用 ....(262)
国外高速铁路空间经济效应研究进展及启示......(262)
桂西北地区香椿人工林生长规律及经济效益初步
研究..(262)
基于SSM视角分析的桂林旅游业六要素优化研究
....(262)
我国旅游市场“柠檬问题”研究 ....(263)
国际旅游胜地建设中的核心价值塑造..................(263)
桂林低碳旅游城市构建条件与模式研究——基于
旅游者视角 ....(263)
乡村采摘体验游服务质量评价研究......................(263)
基于节约算法的旅行商问题配送线路优化..........(263)
社会网络对跨境旅游合作者的行为影响研究......(263)
关系市场视角下的东南亚游客入滇游之人文优势
分析..(264)
民族文化旅游吸引力的评价体系与营造策略研究
....(264)
民族地区乡村微型旅游企业发展变迁研究——
基于广西乡村微型旅游企业的实证分析..........(264)
应用南方cass软件识别地形图辅助审计实例.....(264)
审计治腐改革初探 ....(264)
基于表单的多维会计及其应用............................(265)
中泰企业会计准则体系比较——基于中国—东盟
会计区域协调背景的思考 ....(265)
论公司财务责任——基于公司财务治理体系
制衡的视角 ....(265)
信贷人员具备识别企业盈余质量的技术吗.........(265)
多产品订货与定价联合决策探讨.........................(265)
本量利分析与作业分析结合运用的案例分析探讨
....(265)
“营改增”后建筑企业负税及利润平衡点测算 ....(265)
主流税收共识的形成及其对税收行为的影响.....(266)
中国与东盟各国税制比较研究............................(266)
我国房地产税征管体系构建研究——对沪渝两市
房产税试点的反思 ....(266)
中国互联网保险发展研究....................................(266)
中国—东盟金融合作研究:一个文献综述..........(266)
区域金融合作支撑广西战略支点建设问题研究
....(266)
中国企业的融资约束:特征现象与成因检验......(267)
经济转型期中小企业融资策略研究....................(267)
人民币汇率对东盟各国汇率传染及其时变相关
有效性研究 ....(267)
国际视野下最优储蓄率及其影响因素测度——
基于索洛经济增长模型的研究.......................(267)
中国—东盟自贸区直接投资效应实证研究.........(267)
合法性与专利商业化早期绩效的实现................(268)
广西中小微型外贸企业 国际贸易融资困境成因
及对策——基于对崇左企业问卷访谈调查的分析
....(268)
中国创意产品出口贸易成本的测度与影响因素检验
....(268)
基于双边市场理论的会展平台运营策略
——以东盟博览会为例 ....(268)
打造中国—东盟自由贸易区升级版的路径与策略
....(268)
碳规制对中国产品内贸易的影响研究................(269)
推进中国—东盟经贸合作的思路及对策............(269)
中国新型城镇化的农业转移人口市民化——基于
马斯洛需求理论视角 ....(269)
两岸经济区治理研究:共同体视角.....................(269)
基于人民币国际化视角的境外人民币存量扩张
策略——来自缺口估计法 ....(269)
免补政策下中职教育需求不足的经济学分析.....(269)
差序信任格局下的农村土地流转——基于广西
玉林市福绵区的实证调查 ....(269)

制订亚太区域多边投资规则探索……(270)
广西区域经济发展差异时空变化分析……(270)
环境规制强度与国际产业转移实证研究……(270)
柳州市国有资本经营预算研究……(270)
银行业信息技术外包自主可控探讨……(270)
泰国农用地百年改革及其对我国的启示……(270)
中国—东盟自由贸易区背景下广西海洋经济发展研究……(270)
·文化学·新闻学·
左右江革命根据地时期邓小平领导宣传文化工作的特点探析……(271)
语言生态环境视野下的文化软实力……(271)
文化生态视野下民间手工艺的传承困境及其保护路径——以国家级非物质文化遗产宝庆竹刻为例……(271)
"言"与商周礼仪及其歌咏——汉文化歌唱传统探源……(271)
传统食品资源产业化发展的商誉保护途径探究—食文化申请非物质文化遗产保护的启示……(271)
服装……(271)
论《蝴蝶君》文化产业幻象的实质……(272)
略论理论品牌建设在主流文化认同中的作用……(272)
中国当代母教文化发展探讨……(272)
木刻版画中的道教文化内涵探析……(272)
跨学科视野下的音乐类非物质文化遗产保护初探……(272)
对文化复杂性的认知:基于中国西南地方文化抒写讨论……(272)
地域学研究的几个基本问题——以"桂学研究"为例的探讨……(272)
电视购物广告的媒介信用治理……(273)
当代中越新闻改革之比较……(273)
"解严"后政党角力下台湾新闻自由的进步与迷思……(273)
基于民族视角下的文化惠民融资模式研究——以广西桂林市"百姓大舞台"为例……(273)
"娱乐宝"能走多远?——用互联网思维重构我国文化产业价值链的可能性分析……(273)
死亡的文化呈现及意义阐释……(273)
广西客家研究二十年……(274)
武术体育化时代与"文化空巢"思绎……(274)
交互建构:共同体视角下广西农村水利的文化性研究……(274)
数字传播条件下中国文化走出去的机遇挑战与对策……(274)
发展广西地域文化 彰显八桂地方特色……(274)
广西"百年清官村"文化印象与内核及其成因…(274)
"三个自信"——农民群众文化自信建构的重要保证……(274)
新建本科师范院校校园文化建设原则与路径研究……(274)
推动文化建设与民族乡村社会治理良性互动……(275)
·教 育 学·
后现代主义语境中的教育观……(275)
"云时代"的文化范式与教育变革……(275)
社会主义核心价值体系融入大学生思想政治教育全过程的过程论思考……(275)
大学生社会主义核心价值体系接受过程的阶段划分及教育方法探微……(275)
思想政治教育话语语境论——思想政治教育话语语境的观念存在和学术发展……(275)
城镇化进程中流动人口子女融合教育问题研究——基于符号互动理论视角……(275)
从对立到共存:论教育研究中的本质主义与反本质主义……(276)
美国义务教育问责评价模型研究及启示……(276)
马来西亚高等教育私有化政策研究……(276)
中国高等教育经费来源的变化趋势……(276)
论高等教育质量调节的市场机制……(276)
城乡职业教育一体化的内涵、理论预设与路径选择……(276)
城乡统筹视阈下职业教育的发展与变革……(276)
新生代农民工城市融入及成人教育应对——基于山东省济宁市、泰安市分析……(277)
当代大学生政治信仰现状及教育对策研究——基于25所高校实证调研的思考……(277)
基于提升大学生实践能力的高校课程改革研究……(277)
促进校际协作学习中学生的自律……(277)
小学五、六年级学生数学成就情绪的调查研究…(277)
奥巴马政府21世纪教学专业改革蓝图解读……(277)
大教学、大数据、大变革——edX首门"慕课"研究报告的分析与启示……(277)
高校实践教学:内涵、特性与变革趋势……(278)
数学史在初中教学中应用的现状调查分析……(278)
一种有效设计问题的策略:"问题连续体"……(278)

试论发展儿童阅读的策略 ……(278)
语文教学应当承担起传承传统文化的使命 ……(278)
论情感、语言、思维三位一体的作文教学——写作学理论与中小学作文的美丽邂逅 ……(278)
改革开放三十年高中思想政治课程建设研究 ……(279)
试论探究式中学物理科普实践课程的课程设计 ……(279)
唤醒基层教师信息技术应用能力提升的内在力量——以中西部基层教师教育信息化草根共同体为例 ……(279)
义务教育教师权益保障的问题与对策——基于广西壮族自治区的调查 ……(279)
小学语文教师文本解读的误区、归因及对策 ……(279)
教师期望对学生数学自我概念影响的定量分析 ……(280)
农村小学语文教师课程能力的调查研究——以广西沿海三市为例 ……(280)
“扶困·励志·强能”三位一体高校学生资助工作模式的思考 ……(280)
基于系统观视角的高校生态教育体系的构建 ……(280)
高校网络舆情管理预警机制建设刍议 ……(280)
新媒体背景下高校辅导员队伍实力建设的基本向度 ……(281)
澳大利亚学校价值观教育的特点及其实现途径 ……(281)
大数据时代的教育变革与教学改进——以加拿大与中国的英语教学为例 ……(281)
经费、师资与自组织:加拿大博士生培养的历史考察及启示 ……(281)
校企合作视野下财经类高职院校金融类专业核心职业能力培养模式探析 ……(281)
高职院校《室内效果图表现》课程创新实践能力培养的探讨 ……(281)
高校战略成本管理研究 ……(281)
WebQuest网络教学模式及其实施方案研究 ……(282)
制约中职计算机广告设计专业一体化教学实施的几个因素 ……(282)
中职广告设计专业教学一体化的研究与实践初探 ……(282)
试论积极心理学视野下大学生心理社团建设 ……(282)
广西高校专业设置与北部湾产业集群发展的适应性研究 ……(282)
基于远程教育的高校党建工作创新探讨 ……(282)
抢抓机遇　精诚合作　延续网络教育的良好势态 ……(282)
使社会主义核心价值观成为大学生实现“中国梦”力量源泉——创新大学生理想信念教育的研究 ……(282)
广西乡村旅游如何在“火爆”中实现可持续发展探研 ……(283)
桂西民族聚居区学习型社会建构探析 ……(283)
《现代农业科技远程培训项目》研究报告 ……(283)
断裂与链接:少数民族教育活动的生态关联性 ……(283)
综合英语教学与学生思辨能力发展探析 ……(283)
关于我国大学制度若干价值问题的探讨 ……(283)
少数民族职业教育的特殊使命与发展框架 ……(283)
基于职业能力培养的高职实训支持体系架构 ……(283)
“四大变化”对高职院校图书馆发展的影响 ……(284)
实践转向与中国特色当代美学 ……(284)
当代大学生公民品格的培育和发展 ……(284)
日本比较教育研究的图景——主题、方法、地域 ……(284)
刘思谦的学术道路 ……(284)
增强大学生对社会主义核心价值观认同的路径研究 ……(284)
民族地区高中课程资源库建设研究——以广西壮族自治区为例 ……(284)

·语　言　学·

红丰仡佬语的人称代词系统 ……(285)
山西闻喜方言子变韵来源研究 ……(285)
多学科视角下的语言谱系说“母语”问题 ……(285)
博白(松旺)客家话声调模型构建 ……(285)
《四书五经》在英语世界的首次译介 ……(285)
专门用途英语研究的问题、方法与趋势——《布莱克威尔专门用途英语研究手册》述评 ……(285)
英语学术著作的汉译策略 ……(285)
汉语和越南语称谓语语用对比探究 ……(286)
越南罗刚瑶勉语语音系统研究 ……(286)
关于完善壮文标调法的几点思考 ……(286)
新词语的族聚特征及其社会文化心理 ……(286)

·新闻学·传播学·

多元舆论格局对主流意识形态传播的影响 ……(286)
政治与文艺的合谋:五十年代台湾报纸副刊研究 ……(286)
政治资本向经济资本的转换——五十年代台湾报纸副刊编辑政经分析 ……(286)

大数据背景下数据新闻的生产和挑战 (287)
中越当代新闻体制改革之比较 (287)
越南革新以来新闻传媒改革历程及特点分析 (287)
·文学·艺术学·
论延安文艺制度建设的价值意义——毛泽东《讲话》精神的文艺制度思想阐发 (287)
宋代“四六话”产生与“诗话”关系考 (287)
论钱氏父子的骈文流变观 (287)
隐喻的身体:可见的与不可见的桥梁 (287)
节奏的魅力——林庚新格律诗实验对传统的再发现 (288)
论清人对文章学繁简理论的重建 (288)
家风与清代粤西文学家族 (288)
“粤西儒宗”郑献甫研究的回顾与展望 (288)
重写文学史视域下民国文论的体系书写 (288)
关于《文选》分体之三十九类说与其研究方法问题——《〈文选〉分体三种说论衡》之三 (288)
“香港意识”之香港电影批评的承前启后——论《大特写》电影双周刊的电影批评 (289)
论明代书坊与戏曲插图的关系 (289)
整生论生态美学视域中民族文学场的历史旋升轨迹探析 (289)
让想象张开翅膀——论接受美学视域下品特式房间的建构 (289)
明朝中期园林绘画的盛行——以苏州为例 (289)
文学中图形 / 背景的动态关系与偏离 (289)
美国当代儿童文学研究的潮流 (289)
林半觉篆刻艺术分析 (289)
故事漫画创作表现技法新探 (290)
胡应麟《诗薮》版本考 (290)
重返现实:再论活着与先锋文学的转型 (290)
士子游幕与乾嘉文学 (290)
泰国民间说唱艺术 Maw Lum 的传承与发展 (290)
论越南华文文学的创作成就 (290)
“暴力美学”:暴力的美学升华 (290)
艺术发生学的审美人类学阐释 (291)
影印之象 心中之景——简论《拼色饰境——帅民风贴纸艺术》的创作特色 (291)
·其 他·
越南使臣对晚清中国社会的观察与评论 (291)
抗战时期吴伯超在重庆 (291)
明清时期广西土司地区的里甲制度研究 (291)
“新民团”与边疆民族地区的发展稳定——以民国时期的广西为个案研究 (291)
石刻文献之历史功用——广西石刻研究之七 (291)
西汉儒学意识形态化的积极作用 (292)
地域形象与中国古代边疆的经略 (292)
广西永福县窑田岭Ⅲ区宋代窑址 2010 年发掘简报 (292)
从北部湾出发的汉代海上丝绸之路研究述略 (292)
旧志利用与实地踏勘丹洲古城考察纪略 (292)
柳州古代石刻的文献价值述论 (292)
新时期我国图书馆学研究流派分析 (292)
高校图书馆移动信息服务中轻应用模式的应用及其借鉴——基于高校图书馆微信公众号的分析 (292)
基于用户信息行为调查的高校图书馆个性化服务实证研究——以广西民族大学和广西大学为例 (293)
我国各地区公共图书馆服务水平的灰色关联评价 (293)
面向图书馆的云计算研究综述 (293)
基于 Oracle 数据库的 RAC 集群技术在高校图书馆关键业务中的应用研究 (293)
Nature 和 Science 期刊基础核心区的划分——基于其 2003~2012 年载文的引刊分析 (293)
对要求学术期刊全面市场化的质疑——以人文社会科学类期刊为例 (293)
英国高校遏制学生学术不端行为制度概述 (294)
学术博客的用户满意度模型及实证研究 (294)
大学学术权力运行的组织支持、现实困境与匡扶路径 (294)
美国高校的学术休假制度透视 (294)
微博十大“辩证特性”解读 (294)
网络公益组织资源动员策略探析——以广西公益联盟的成员组织为例 (294)
档案工作服务国外用户新思维——以中国—东盟为例 (295)
政府、民间和学界在村落体育保护传承中的角色定位 (295)
特色体育课程开发视角下的少数民族传统体育项目归类与筛选 (295)
生态补偿问题国外研究进展综述 (295)
广西环境库兹涅茨曲线的实证研究 (295)
西南 5 省(市、区)碳排放强度空间分布研究 (295)
消费社会背景下的当代中国环境问题研究 (296)

应急资源联合调度博弈模型及优化……(296)
浅论崇左旅游发展战略与宣传策略……(296)
关于第二轮志书对人口迁移记述的几点思考……(296)
重复与差异的价值……(296)
公务员心理健康教育的社会管理研究……(296)
欧盟、美国和日本农产品物流追溯体系分析与比较……(296)
欧盟视听新媒体的内容规制……(297)
建立中越边境非法移民劳工管理的区域协商机制……(297)
边境知识城市品牌内涵拓展、塑造及战略路径……(297)
边境地区国家认同教育的困境与对策——基于对中越边境学生的调查……(297)
基于多元主体市场条件下运用统计调查方法收集修志资料的思考……(297)
农产品配送路径最优化问题研究……(297)
泰国孔子学院的体育传播研究……(297)
2014 年中国人民大学《复印报刊资料》转载社科类广西作者论文一览表……(298)

调研报告……(302)

·社　会　学·

推进哲学社会科学成果应用转化研究……(302)
2014 年广西社会景气研究……(302)
构建服务型政府与发挥社会组织作用的协调机制研究……(302)
柳州市实施哲学社会科学品牌战略研究……(302)
柳州市社科类社会组织管理体制和组织建设创新研究……(302)
培育社区社会组织提升基层公共服务的研究……(302)
柳州市农村留守人群问题与对策研究……(302)
柳州汽车工业园区配套功能公共设施建设研究……(302)
柳江县撤县建区主体功能区划分与建设研究……(303)
柳州文明城市建设与管理长效机制研究……(303)
柳州城市窗口行业精神文明建设存在的问题及其治理长效机制研究……(303)
融安县域经济发展定位及其主体功能区规划建设研究……(303)
社会科学对柳州在广西率先全面建成小康社会进程中的作用研究……(303)
推进鹿寨撤县设区规划建设研究……(303)
城镇就业促进政策与社会保障联动机制研究——以柳州市为例的分析……(303)
柳州工业城市都市现代农业发展规划研究报告……(303)
柳州工业化城镇化融合发展战略研究……(303)
桂林智慧城市建设研究……(304)
桂林特色小城镇发展研究……(304)
广西推进新型城镇化路径与体制机制创新研究……(304)
促进南宁市城乡人口合理有序转移研究……(304)
南宁市构建现代公共文化服务体系研究……(304)

·经　济　学·

柳州探索建设港澳台工业园战略研究……(304)
构建柳州特色现代产业体系战略研究……(305)
产能过剩背景下广西工业转型升级研究……(305)
县级党政主要领导干部经济责任同步审计研究——以南宁为例的县级党政领导干部经济责任同步审计探索……(305)
分税制框架下广西地方税体系完善的路径选择……(305)

·政　治　学·

建立健全党政机关廉政机制研究……(305)
司法工作人员在诉讼活动中渎职行为的法律监督机制研究……(305)

·文　化　学·

三江侗族自治县民俗文化及其保护调查……(305)
南宁职业技术学院服务南宁市文化产业发展的对策研究……(305)
柳州市非物质文化遗产传统技艺的保护和产业化发展的研究报告……(306)

·教　育　学·

柳州市特殊教育发展思路与对策研究……(306)
发展柳州高职教育与城市经济建设人才相适应研究报告……(306)
中华经典诵读与中华传统文化传承创新的实证研究……(306)
南宁市学前教育办学模式创新研究……(306)

·其　他·

推进柳州市不可移动文物保护研究……(306)

科研机构

自治区直属科研机构……(307)
广西社会科学院……(307)
广西地方志编纂委员会办公室……(308)

中共广西壮族自治区委员会党史研究室……(309)
自治区各部门科研机构……(311)
广西社会科学院信息中心……(311)
广西社会科学院东南亚研究所……(311)
广西社会科学院工业经济研究所……(312)
广西社会科学院数量经济研究所……(312)
广西社会科学院农村发展研究所……(312)
广西社会科学院文化研究所……(313)
广西社会科学院民族研究所……(313)
广西社会科学院社会学研究所……(314)
广西社会科学院台湾研究中心……(315)
广西人文社会科学发展研究中心……(315)
广西发展和改革委员会经济研究所……(317)
广西财政厅政策研究室……(317)
广西壮族自治区国家税务局税收科学研究所……(317)
广西壮族自治区审计科学研究所……(318)
广西统计研究所……(319)
广西地方税收科学研究所……(319)
广西少数民族语言文字工作委员会民族语文科研处……(319)
广西民族问题研究中心……(320)
广西人口研究所……(321)
广西教育科学研究所……(321)
北部湾海洋文化研究中心……(322)
广西东南亚经济与政治研究中心……(322)
广西体育科学研究所……(323)
广西人力资源和社会保障研究所……(323)
设区市科研机构……(324)
南宁市社会科学院……(324)
南宁市地方志编纂委员会办公室……(325)
柳州市地方志编纂委员会办公室……(326)
中共柳州市委党史研究室……(327)
桂林市地方志编纂委员会办公室……(328)
梧州市地方志编纂委员会办公室……(328)
中共梧州市委党史研究室……(329)
北海市地方志编纂委员会办公室……(330)
中共防城港市委党史研究室、防城港市地方志编纂委员会办公室……(330)
钦州市地方志编纂委员会办公室……(330)
中共钦州市委党史研究室……(331)
贵港市地方志编纂委员会办公室……(331)
玉林市地方志编纂委员会办公室……(331)
中共玉林市委党史办公室……(331)
中共百色市委党史办公室、百色市地方志编纂委员会办公室……(332)
中共贺州市委党史研究室、贺州市地方志编纂委员会办公室……(333)
中共来宾市委党史研究室、来宾市地方志编纂委员会办公室……(333)
高等院校科研机构……(334)
广西大学马克思主义生态经济发展研究院……(334)
广西大学经济发展研究所……(335)
广西大学旅游科学研究中心……(335)
广西大学经济与管理实验中心……(335)
广西大学中国—东盟研究院（东南亚研究中心）……(336)
广西大学区域社会管理创新研究中心……(337)
广西民族大学广西知识产权培训基地……(337)
广西民族大学中国—东盟研究中心……(338)
广西民族大学生态审美与民族文艺学研究基地……(340)
广西民族大学民族研究中心……(340)
广西民族大学瑶学研究中心……(341)
广西民族大学广西民族文化保护与传承研究中心……(341)
广西师范学院区域经济研究所……(341)
广西师范学院心理教育研究所……(342)
广西师范学院高等教育研究所……(342)
广西马克思主义理论研究和建设工程广西师范学院研究基地……(342)
广西师范学院青少年德育研究中心……(343)
广西师范学院马克思主义与民族地区社会管理创新研究中心……(343)
桂林理工大学社会工作研究中心……(343)
桂林电子科技大学软科学研究院……(343)
广西艺术学院广西文化创意产业协同创新中心……(344)
广西艺术学院动漫研究中心……(344)
广西艺术学院阳太阳艺术研究中心……(344)
广西艺术学院广西民族民间音乐文化发展与传承基地……(344)
广西艺术学院造型艺术创作研究中心……(344)
广西艺术学院漓江画派艺术研究中心……(344)
广西艺术学院中国—东盟华语有声语言研究中心……(345)
广西艺术学院中国—东盟传媒艺术研究中心……(345)

广西艺术学院广西少数民族传统艺术研究中心 ......(345)
广西艺术学院中国—东盟艺术创作与展演研究中心 ......(345)
广西艺术学院广西文化创意研究中心 ......(345)
广西艺术学院广西非物质文化遗产民歌研究展示中心 ......(345)
广西艺术学院中国—东盟音乐跨界传播与传承研究中心 ......(345)
广西民族师范学院广西边疆问题研究基地 ......(346)
广西民族师范学院基础教育研究中心 ......(346)
广西民族师范学院广西左江花山岩画研究院 ......(346)
广西民族师范学院广西边疆少数民族文化研究中心 ......(346)
广西外国语学院桂台经济贸易合作与发展服务基地 ......(346)
桂林航天工业学院航天旅游发展研究所 ......(347)
桂林航天工业学院人力资源管理研究所 ......(347)
桂林旅游高等专科学校旅游规划设计研究院 ......(347)
桂林旅游高等专科学校广西旅游科学研究所 ......(347)
桂林旅游高等专科学校桂林天地人旅游商品研究所 ......(347)

社会科学界联合会

广西壮族自治区社会科学界联合会 ......(348)
南宁市社会科学界联合会 ......(350)
柳州市社会科学界联合会 ......(352)
桂林市社会科学界联合会 ......(354)
梧州市社会科学界联合会 ......(359)
北海市社会科学界联合会 ......(360)
防城港市社会科学界联合会 ......(361)
钦州市社会科学界联合会 ......(362)
玉林市社会科学界联合会 ......(363)
百色市社会科学界联合会 ......(364)
贺州市社会科学界联合会 ......(369)
河池市社会科学界联合会 ......(371)
来宾市社会科学界联合会 ......(375)
崇左市社会科学界联合会 ......(378)
贵港市社会科学界联合会 ......(380)
广西大学社会科学界联合会 ......(381)
广西师范大学社会科学界联合会 ......(381)
广西医科大学社会科学界联合会 ......(383)
广西民族大学社会科学界联合会 ......(383)
桂林电子科技大学社会科学界联合会 ......(385)
桂林理工大学社会科学界联合会 ......(385)
广西中医药大学社会科学界联合会 ......(386)
广西艺术学院社会科学界联合会 ......(386)
广西师范学院社会科学界联合会 ......(386)
桂林医学院社会科学界联合会 ......(387)
玉林师范学院社会科学界联合会 ......(387)
河池学院社会科学界联合会 ......(389)
广西财经学院社会科学界联合会 ......(390)
百色学院社会科学界联合会 ......(391)
贺州学院社会科学界联合会 ......(391)
钦州学院社会科学界联合会 ......(392)
梧州学院社会科学界联合会 ......(393)
广西民族师范学院社会科学界联合会 ......(394)
桂林航天工业学院社会科学界联合会 ......(394)
桂林旅游高等专科学校社会科学界联合会 ......(395)
柳州师范高等专科学校社会科学界联合会 ......(395)
桂林师范高等专科学校社会科学界联合会 ......(397)
广西广播电视大学社会科学界联合会 ......(397)
广西教育学院社会科学界联合会 ......(398)
广西经济管理干部学院社会科学界联合会 ......(398)
广西政法管理干部学院社会科学界联合会 ......(399)
南宁职业技术学院社会科学界联合会 ......(399)
柳州职业技术学院社会科学界联合会 ......(400)
广西国际商务职业技术学院社会科学界联合会 ......(401)
广西外国语学院社会科学界联合会 ......(401)
广西工商职业技术学院社会科学界联合会 ......(402)
广西警官高等专科学校社会科学界联合会 ......(402)
广西党校(行政院校)系统社会科学界联合会 ......(402)
广西柳工机械股份有限公司社会科学界联合会 ......(403)

学术团体

广西历史学会 ......(404)
广西中共党史学会 ......(404)
广西经济学会 ......(405)
广西图书馆学会 ......(406)
广西语言文学学会 ......(407)
广西教育学会 ......(407)
广西农村金融学会 ......(408)

广西会计学会 ......(408)
广西财政学会 ......(409)
广西民族研究学会 ......(410)
广西金融学会 ......(410)
广西人才学会 ......(411)
广西新闻学会 ......(412)
广西科学社会主义学会 ......(412)
广西人力资源社会保障学会 ......(413)
广西美学学会 ......(413)
广西高等教育学会 ......(413)
广西价格协会 ......(414)
广西统计学会 ......(415)
广西律师协会 ......(416)
广西瑶学学会 ......(419)
广西经济体制改革研究会 ......(420)
广西伦理学学会 ......(420)
广西农业经济学会 ......(421)
广西职工思想政治工作研究会 ......(421)
广西档案学会 ......(422)
广西粮食经济学会 ......(423)
广西翻译协会 ......(423)
广西审计学会 ......(424)
广西钱币学会 ......(425)
广西先进文化发展促进会 ......(426)
广西税务学会 ......(426)
广西宏观经济学会 ......(427)
广西行政管理学会 ......(427)
广西少数民族语文学会 ......(427)
广西家庭教育研究会 ......(428)
广西地方志协会 ......(429)
广西国际共运史学会 ......(429)
广西保险学会 ......(430)
广西写作学会 ......(431)
广西民族发展研究会 ......(432)
广西毛泽东哲学思想研究会 ......(433)
广西妇女理论研究会 ......(434)
广西国际经济贸易学会 ......(435)
广西老社会科学工作者协会 ......(435)
广西老年学学会 ......(436)
广西行为科学学会 ......(436)
广西广播电影电视协会 ......(437)
广西供销社会计学会 ......(438)
广西社会学学会 ......(438)
广西东南亚研究会 ......(438)
广西商业经济学会 ......(439)
广西壮学学会 ......(440)
广西纪检监察学会 ......(440)
广西比较经济学学会 ......(441)
广西生产力促进会 ......(442)
广西研究生联合开发促进会 ......(442)
广西数量经济学会 ......(443)
广西市场经济研究会 ......(443)
广西抗战文化研究会 ......(444)
广西新四军历史研究会 ......(445)
广西卫生经济卫生统计学会 ......(445)
广西工商行政管理学会 ......(445)
广西社会心理学会 ......(446)
广西创造学会 ......(447)
广西公共关系协会 ......(447)
广西青少年研究会 ......(448)
广西经济法学会 ......(448)
广西学校壮汉双语教学研究会 ......(449)
广西学会学研究会 ......(449)
广西新闻摄影学会 ......(450)
广西区域与城市经济研究会 ......(450)
广西礼仪文化交流协会 ......(450)
广西国际税收研究会 ......(451)
广西社会调查研究会 ......(451)
广西书画艺术研究会 ......(451)
广西才智文化艺术研究院 ......(453)
广西行政教育对外交流协会 ......(453)
广西中国—东盟文化研究会 ......(454)
广西现代东盟教育研究院 ......(454)
广西城市发展研究会 ......(455)
广西金融工程学会 ......(455)
广西酒店管理学会 ......(455)
广西骆越文化研究会 ......(456)
广西六堡茶文化研究会 ......(457)
广西国史学会 ......(458)
广西红木文化研究会 ......(458)
广西生态工程与生态文化研究会 ......(459)
广西范仲淹研究会 ......(459)
广西房地产及住宅研究会 ......(459)
广西信用研究会 ......(460)
广西比干文化促进会 ......(461)
广西速记速录协会 ......(461)
广西农村发展与改革研究会 ......(462)
广西—东盟经贸促进会 ......(463)

广西西大城市发展研究院……(463)
广西民族文化发展研究会……(463)
广西创新与创业研究会……(464)
广西产业与技术经济研究会……(464)
广西人的发展经济学研究会……(464)
广西纪实摄影协会……(465)
广西人力资源管理发展研究会……(465)
广西网媒文化促进会……(466)
广西可持续发展促进会……(466)
广西公共政策研究会……(467)
广西新农村建设促进会……(467)
广西发展战略研究会……(467)
广西社会科学学术团体发展促进会……(468)
广西四海壮学研究院……(469)
广西区域科学学会……(469)
广西地方税收研究会……(470)
广西婚姻家庭研究会……(470)
广西亚太酒店文化发展研究院……(471)
广西庐江文化投资促进会……(471)
广西知青文化研究会……(471)
广西保利置业研究院……(472)
广西世纪红榕创业投资与企业价值研究院……(473)
广西江夏文化发展研究会……(473)
广西民族传统文化学会……(474)
广西荣誉品牌发展研究院……(474)
广西民族文化与旅游发展研究会……(474)
广西发展与改革研究会……(475)
广西管理科学研究会……(475)
广西年鉴学会……(476)
广西现代法学研究院……(476)
广西专家顾问咨询中心……(476)
广西儒学学会……(477)
广西骆越长寿养生研究院……(477)
广西社会道德文化研究会……(477)
广西当代管理科学发展研究会……(478)
广西大学生创业就业研究会……(479)
广西彝学学会……(479)

社会科学教育

本科院校……(480)
广西大学……(480)
广西师范大学……(485)
广西民族大学……(485)
广西医科大学……(486)
桂林电子科技大学……(487)
桂林理工大学……(488)
广西中医药大学……(491)
广西师范学院……(491)
广西艺术学院……(492)
玉林师范学院……(493)
河池学院……(493)
广西财经学院……(494)
百色学院……(494)
贺州学院……(495)
广西外国语学院……(496)
钦州学院……(496)
梧州学院……(497)
广西民族师范学院……(497)
桂林航天工业学院……(498)
广西广播电视大学……(498)
广西教育学院……(499)
广西经济管理干部学院……(499)
专科院校……(500)
桂林旅游高等专科学校……(500)
柳州师范高等专科学校……(501)
桂林师范高等专科学校……(501)
广西警官高等专科学校……(502)
广西政法管理干部学院……(502)
南宁职业技术学院……(502)
广西国际商务职业技术学院……(503)
广西工商职业技术学院……(503)
其他院校……(504)
中共广西壮族自治区委员会党校、广西行政学院……(504)
广西社会主义学院……(506)

社会科学期刊

综合类期刊……(507)
当代广西……(507)
学术论坛……(507)
广西社会科学……(507)
社会科学家……(507)
东南亚纵横……(508)
经济与社会发展……(508)
桂海论丛……(508)
广西大学学报(哲学社会科学版)……(508)

广西师范大学学报（哲学社会科学版）......(509)
广西民族大学学报（哲学社会科学版）......(509)
广西师范学院学报（哲学社会科学版）......(510)
艺术探索......(510)
玉林师范学院学报......(510)
河池学院学报......(511)
广西财经学院学报......(511)
百色学院学报......(511)
贺州学院学报......(512)
钦州学院学报......(512)
梧州学院学报......(512)
广西民族师范学院学报......(512)
桂林航天工业学院学报......(512)
旅游论坛......(512)
柳州师范高等专科学校学报......(513)
桂林师范高等专科学校学报......(513)
广西警官高等专科学校学报......(513)
广西广播电视大学学报......(513)
广西教育学院学报......(513)
广西经济管理干部学院学报......(514)
广西政法管理干部学院学报......(514)
南宁职业技术学院学报......(514)
柳州职业技术学院学报......(514)
广西社会主义学院学报......(514)
广西青年干部学院学报......(514)
专业类期刊......(515)
广西经济......(515)
区域金融研究......(515)
沿海企业与科技......(515)
改革与战略......(515)
广西地方志......(516)
广西民族研究......(516)
基础教育研究......(516)
高教论坛......(516)
市场论坛......(516)
出版广角......(517)
南方文坛......(517)
图书馆界......(517)

学界人物
（以姓氏笔画排序）

张宁东......(518)
张 敦......(518)
巫文强......(518)
官锡强......(519)
夏 飞......(519)
徐欣禄......(520)
符韵林......(520)
黄春波......(520)
黄筱娜......(521)
覃修桂......(521)

大事记

大事记......(522)

附 录

国家社会科学基金项目2014年度课题指南......(556)
自治区社科联团体会员通讯录......(581)

索 引

索 引......(587)

学习贯彻党的十八届三中、四中全会精神 加快实现富民强桂新跨越
（协办单位彩页介绍）

广西老年学学会......(615)
以机构改革为契机，开创广西新闻出版广播影视工作新局面......(616)
广西电视台......(618)
广西广播电视信息网络股份有限公司......(620)
自治区国资委——铸就国有经济改革发展新辉煌......(622)
强化创新发展 支撑“双核驱动”——广西科技工作亮点综述......(626)
广西壮族自治区国家税务局......(628)
广西粮食系统工作新亮点......(632)
广西壮族自治区地质矿产勘查开发局......(634)
广西壮族自治区工商业联合会......(636)
广西壮族自治区高级人民法院......(640)
南宁市青秀区——广西首个财政收入破百亿元城区......(642)
广西首批特色旅游名县——兴安......(644)

龙胜各族自治县概况 ....(646)
打造特色旅游品牌　构建生态美丽北流
——北流市全力创建广西特色旅游名县.........(648)
兴业县加快推进“富民强县”新跨越步伐...........(650)
大化瑶族自治县 ....(652)
乘势而上　绿色发展　全力建设巴马长寿养生国际旅游区核心区 ....(654)
东兰县——强力推进“城乡建设年” ....(656)
学会风采——创新发展的广西现代东盟教育研究院 ....(658)

特　载

中共中央办公厅、国务院办公厅《关于加强中国特色新型智库建设的意见》

为深入贯彻落实党的十八大和十八届三中、四中全会精神，加强中国特色新型智库建设，建立健全决策咨询制度，现提出如下意见。

一、重大意义

（一）中国特色新型智库是党和政府科学民主依法决策的重要支撑。决策咨询制度是我国社会主义民主政治建设的重要内容。我们党历来高度重视决策咨询工作。改革开放以来，我国智库建设事业快速发展，为党和政府决策提供了有力的智力支持。当前，全面建成小康社会进入决定性阶段，破解改革发展稳定难题和应对全球性问题的复杂性艰巨性前所未有，迫切需要健全中国特色决策支撑体系，大力加强智库建设，以科学咨询支撑科学决策，以科学决策引领科学发展。

（二）中国特色新型智库是国家治理体系和治理能力现代化的重要内容。纵观当今世界各国现代化发展历程，智库在国家治理中发挥着越来越重要的作用，日益成为国家治理体系中不可或缺的组成部分，是国家治理能力的重要体现。全面深化改革，完善和发展中国特色社会主义制度，推进国家治理体系和治理能力现代化，推动协商民主广泛多层制度化发展，建立更加成熟更加定型的制度体系，必须切实加强中国特色新型智库建设，充分发挥智库在治国理政中的重要作用。

（三）中国特色新型智库是国家软实力的重要组成部分。一个大国的发展进程，既是经济等硬实力提高的进程，也是思想文化等软实力提高的进程。智库是国家软实力的重要载体，越来越成为国际竞争力的重要因素，在对外交往中发挥着不可替代的作用。树立社会主义中国的良好形象，推动中华文化和当代中国价值观念走向世界，在国际舞台上发出中国声音，迫切需要发挥中国特色新型智库在公共外交和文化互鉴中的重要作用，不断增强我国的国际影响力和国际话语权。

智力资源是一个国家、一个民族最宝贵的资源。近年来，我国智库发展很快，在出思想、出成果、出人才方面取得很大成绩，为推动改革开放和社会主义现代化建设作出了重要贡献。同时，随着形势发展，智库建设跟不上、不适应的问题也越来越突出，主要表现在：智库的重要地位没有受到普遍重视，具有较大影响力和国际知名度的高质量智库缺乏，提供的高质量研究成果不够多，参与决策咨询缺乏制度性安排，智库建设缺乏整体规划，资源配置不够科学，组织形式和管理方式亟待创新，领军人物和杰出人才缺乏。解决这些问题，必须从党和国家事业发展全局的战略高度，把中国特色新型智库建设作为一项重大而紧迫的任务，采取有力措施，切实抓紧抓好。

二、指导思想、基本原则和总体目标

（四）指导思想。深入贯彻党的十八大和十八届三中、四中全会精神，高举中国特色社会主义伟大旗帜，坚持以马克思列宁主义、毛泽东思想、邓小平理论、“三个代表”重要思想、科学发展观为指导，深入贯彻习近平总书记系列重要讲话精神，以服务党和政府决策为宗旨，以政策研究咨询为主攻方向，以完善组织形式和管理方式为重点，以改革创新为动力，努力建设面向现代化、面向世界、面向未来的中国特色新型智库体系，更好地服务党和国家工作大局，为实现中华民族伟大复兴的中国梦提供智力支撑。

（五）基本原则

——坚持党的领导，把握正确导向。坚持党管智库，坚持中国特色社会主义方向，遵守国家宪法法律法规，始终以维护国家利益和人民利益为根本出发点，立足我国国情，充分体现中国特色、中国风格、中国气派。

——坚持围绕大局，服务中心工作。紧紧围绕党和政府决策急需的重大课题，围绕全面建成小康社会、

全面深化改革、全面推进依法治国的重大任务，开展前瞻性、针对性、储备性政策研究，提出专业化、建设性、切实管用的政策建议，着力提高综合研判和战略谋划能力。

——坚持科学精神，鼓励大胆探索。坚持求真务实，理论联系实际，强化问题意识，积极建言献策，提倡不同学术观点、不同政策建议的切磋争鸣、平等讨论，创造有利于智库发挥作用、积极健康向上的良好环境。

——坚持改革创新，规范有序发展。按照公益服务导向和非营利机构属性的要求，积极推进不同类型、不同性质智库分类改革，科学界定各类智库的功能定位。加强顶层设计、统筹协调和分类指导，突出优势和特色，调整优化智库布局，促进各类智库有序发展。

（六）总体目标。到2020年，统筹推进党政部门、社科院、党校行政学院、高校、军队、科研院所和企业、社会智库协调发展，形成定位明晰、特色鲜明、规模适度、布局合理的中国特色新型智库体系，重点建设一批具有较大影响力和国际知名度的高端智库，造就一支坚持正确政治方向、德才兼备、富于创新精神的公共政策研究和决策咨询队伍，建立一套治理完善、充满活力、监管有力的智库管理体制和运行机制，充分发挥中国特色新型智库咨政建言、理论创新、舆论引导、社会服务、公共外交等重要功能。

中国特色新型智库是以战略问题和公共政策为主要研究对象、以服务党和政府科学民主依法决策为宗旨的非营利性研究咨询机构，应当具备以下基本标准：(1)遵守国家法律法规、相对稳定、运作规范的实体性研究机构；(2)特色鲜明、长期关注的决策咨询研究领域及其研究成果；(3)具有一定影响的专业代表性人物和专职研究人员；(4)有保障、可持续的资金来源；(5)多层次的学术交流平台和成果转化渠道；(6)功能完备的信息采集分析系统；(7)健全的治理结构及组织章程；(8)开展国际合作交流的良好条件等。

三、构建中国特色新型智库发展新格局

（七）促进社科院和党校行政学院智库创新发展。社科院和党校行政学院要深化科研体制改革，调整优化学科布局，加强资源统筹整合，重点围绕提高国家治理能力和经济社会发展中的重大现实问题开展国情调研和决策咨询研究。发挥中国社会科学院作为国家级综合性高端智库的优势，使其成为具有国际影响力的世界知名智库。支持中央党校、国家行政学院把建设中国特色新型智库纳入事业发展总体规划，推动教学培训、科学研究与决策咨询相互促进、协同发展，在决策咨询方面发挥更大作用。地方社科院、党校行政学院要着力为地方党委和政府决策服务，有条件的要为中央有关部门提供决策咨询服务。

（八）推动高校智库发展完善。发挥高校学科齐全、人才密集和对外交流广泛的优势，深入实施中国特色新型高校智库建设推进计划，推动高校智力服务能力整体提升。深化高校智库管理体制改革，创新组织形式，整合优质资源，着力打造一批党和政府信得过、用得上的新型智库，建设一批社会科学专题数据库和实验室、软科学研究基地。实施高校哲学社会科学走出去计划，重点建设一批全球和区域问题研究基地、海外中国学术研究中心。

（九）建设高水平科技创新智库和企业智库。科研院所要围绕建设创新型国家和实施创新驱动发展战略，研究国内外科技发展趋势，提出咨询建议，开展科学评估，进行预测预判，促进科技创新与经济社会发展深度融合。发挥中国科学院、中国工程院、中国科协等在推动科技创新方面的优势，在国家科技战略、规划、布局、政策等方面发挥支撑作用，使其成为创新引领、国家倚重、社会信任、国际知名的高端科技智库。支持国有及国有控股企业兴办产学研用紧密结合的新型智库，重点面向行业产业，围绕国有企业改革、产业结构调整、产业发展规划、产业技术方向、产业政策制定、重大工程项目等开展决策咨询研究。

（十）规范和引导社会智库健康发展。社会智库是中国特色新型智库的组成部分。坚持把社会责任放在首位，由民政部会同有关部门研究制定规范和引导社会力量兴办智库的若干意见，确保社会智库遵守国家宪法法律法规，沿着正确方向健康发展。进一步规范咨询服务市场，完善社会智库产品供给机制。探索社会智库参与决策咨询服务的有效途径，营造有利于社会智库发展的良好环境。

（十一）实施国家高端智库建设规划。加强智库建设整体规划和科学布局，统筹整合现有智库优质资源，重点建设50至100个国家亟须、特色鲜明、制度创新、引领发展的专业化高端智库。支持中央党校、中国科学院、中国社会科学院、中国工程院、国务院发展研究中心、国家行政学院、中国科协、中央重点新闻媒体、部分高校和科研院所、军队系统重点教学科研单位及有条件的地方先行开展高端智库建设试点。

（十二）增强中央和国家机关所属政策研究机构决策服务能力。中央和国家机关所属政策研究机构要围绕中心任务和重点工作，定期发布决策需求信息，通过项目招标、政府采购、直接委托、课题合作等方式，引导相关智库开展政策研究、决策评估、政策解读等工作。中央政研室、中央财办、中央外办、国务院研究室、国务院发展研究中心等机构要加强与智库的沟通联系，高度重视、充分运用智库的研究成果。全国人大要加强

智库建设，开展人民代表大会制度和中国特色社会主义法律体系理论研究。全国政协要推进智库建设，开展多党合作和政治协商制度、社会主义协商民主制度理论研究。人民团体要发挥密切联系群众的优势，拓展符合自身特点的决策咨询服务方式。

四、深化管理体制改革

（十三）深化组织管理体制改革。按照行政管理体制改革和事业单位分类改革的要求，遵循智库发展规律，推进不同类型智库管理体制改革。强化政府在智库发展规划、政策法规、统筹协调等方面的宏观指导责任，创新管理方式，形成既能把握正确方向、又有利于激发智库活力的管理体制。

（十四）深化研究体制改革。鼓励智库与实际部门开展合作研究，提高研究工作的针对性实效性。健全课题招标或委托制度，完善公开公平公正、科学规范透明的立项机制，建立长期跟踪研究、持续滚动资助的长效机制。重视决策理论和跨学科研究，推进研究方法、政策分析工具和技术手段创新，搭建互联互通的信息共享平台，为决策咨询提供学理支撑和方法论支持。

（十五）深化经费管理制度改革。建立健全规范高效、公开透明、监管有力的资金管理机制，探索建立和完善符合智库运行特点的经费管理制度，切实提高资金使用效益。科学合理编制和评估经费预算，规范直接费用支出管理，合规合理使用间接费用，发挥绩效支出的激励作用。加强资金监管和财务审计，加大对资金使用违规行为的查处力度，建立预算和经费信息公开公示制度，健全考核问责制度，不断完善监督机制。

（十六）深化成果评价和应用转化机制改革。完善以质量创新和实际贡献为导向的评价办法，构建用户评价、同行评价、社会评价相结合的指标体系。建立智库成果报告制度，拓宽成果应用转化渠道，提高转化效率。对党委和政府委托研究课题和涉及国家安全、科技机密、商业秘密的智库成果，未经允许不得公开发布。加强智库成果知识产权创造、运用和管理，加大知识产权保护力度。

（十七）深化国际交流合作机制改革。加强中国特色新型智库对外传播能力和话语体系建设，提升我国智库的国际竞争力和国际影响力。建立与国际知名智库交流合作机制，开展国际合作项目研究，积极参与国际智库平台对话。坚持引进来与走出去相结合，吸纳海外智库专家、汉学家等优秀人才，支持我国高端智库设立海外分支机构，推荐知名智库专家到有关国际组织任职。重视智库外语人才培养、智库成果翻译出版和开办外文网站等工作。简化智库外事活动管理、中外专家交流、举办或参加国际会议等方面的审批程序。坚持以我为主、为我所用，学习借鉴国外智库的先进经验。

五、健全制度保障体系

（十八）落实政府信息公开制度。按照政府信息公开条例的规定，依法主动向社会发布政府信息，增强信息发布的权威性和及时性。完善政府信息公开方式和程序，健全政府信息公开申请的受理和处置机制。拓展政府信息公开渠道和查阅场所，发挥政府网站以及政务微博、政务微信等新兴信息发布平台的作用，方便智库及时获取政府信息。健全政府信息公开保密审查制度，确保不泄露国家秘密。

（十九）完善重大决策意见征集制度。涉及公共利益和人民群众切身利益的决策事项，要通过举行听证会、座谈会、论证会等多种形式，广泛听取智库的意见和建议，增强决策透明度和公众参与度。鼓励人大代表、政协委员、政府参事、文史馆员与智库开展合作研究。探索建立决策部门对智库咨询意见的回应和反馈机制，促进政府决策与智库建议之间良性互动。

（二十）建立健全政策评估制度。除涉密及法律法规另有规定外，重大改革方案、重大政策措施、重大工程项目等决策事项出台前，要进行可行性论证和社会稳定、环境、经济等方面的风险评估，重视对不同智库评估报告的综合分析比较。加强对政策执行情况、实施效果和社会影响的评估，建立有关部门对智库评估意见的反馈、公开、运用等制度，健全决策纠错改正机制。探索政府内部评估与智库第三方评估相结合的政策评估模式，增强评估结果的客观性和科学性。

（二十一）建立政府购买决策咨询服务制度。探索建立政府主导、社会力量参与的决策咨询服务供给体系，稳步推进提供服务主体多元化和提供方式多样化，满足政府部门多层次、多方面的决策需求。研究制定政府向智库购买决策咨询服务的指导意见，明确购买方和服务方的责任和义务。凡属智库提供的咨询报告、政策方案、规划设计、调研数据等，均可纳入政府采购范围和政府购买服务指导性目录。建立按需购买、以事定费、公开择优、合同管理的购买机制，采用公开招标、邀请招标、竞争性谈判、单一来源等多种方式购买。

（二十二）健全舆论引导机制。着眼于壮大主流舆论、凝聚社会共识，发挥智库阐释党的理论、解读公共政策、研判社会舆情、引导社会热点、疏导公众情绪的积极作用。鼓励智库运用大众媒体等多种手段，传播主流思想价值，集聚社会正能量。坚持研究无禁区、宣传有纪律。

六、加强组织领导

（二十三）高度重视智库建设。各级党委和政府要充分认识中国特色新型智库的地位和作用，把智库建设作为推进科学执政、依法行政、增强政府公信力的重要内容，列入重要议事日程。建立健全党委统一领导、有关部门分工负责的工作体制，切实加强对智库建设工作的领导。

（二十四）不断完善智库管理。有关部门和业务主管单位要按照谁主管、谁负责和属地管理、归口管理的原则，切实负起管理责任，建章立制，立好规矩，制定具体明晰的标准规范和管理措施，确保智库所从事的各项活动符合党的路线方针政策，遵守国家法律法规。加强统筹协调，做好整体规划，优化资源配置，避免重复建设，防止一哄而上和无序发展。

（二十五）加大资金投入保障力度。各级政府要研究制定和落实支持智库发展的财政、金融政策，探索建立多元化、多渠道、多层次的投入体系，健全竞争性经费和稳定支持经费相协调的投入机制。根据不同类型智库的性质和特点，研究制定不同的支持办法。落实公益捐赠制度，鼓励企业、社会组织、个人捐赠资助智库建设。

（二十六）加强智库人才队伍建设。各级党委和政府要把人才队伍作为智库建设重点，实施中国特色新型智库高端人才培养规划。推动党政机关与智库之间人才有序流动，推荐智库专家到党政部门挂职任职。深化智库人才岗位聘用、职称评定等人事管理制度改革，完善以品德、能力和贡献为导向的人才评价机制和激励政策。探索有利于智库人才发挥作用的多种分配方式，建立健全与岗位职责、工作业绩、实际贡献紧密联系的薪酬制度。加强智库专家职业精神、职业道德建设，引导其自觉践行社会主义核心价值观，增强社会责任感和诚信意识，牢固树立国家安全意识、信息安全意识、保密纪律意识，积极主动为党和政府决策贡献聪明才智。

各地区各有关部门要结合实际，按照本意见精神制定具体办法。

事业概况

社会科学研究机构与学术团体

【社会科学研究机构】 2014年广西有自治区直属社会科学研究机构3个，自治区各部门科研机构22个，高等院校科研机构56个。

自治区直属3个社会科学研究机构分别是：广西社会科学院、广西地方志办公室、自治区党委党史研究室。广西社会科学院是社会科学综合性研究机构，广西地方志办公室是广西地方史志研究机构，自治区党委党史研究室是中共地方党史研究机构。

自治区党委政策研究室和自治区政府发展研究中心也是社会科学研究领域的中流砥柱，完成多项自治区党委、政府的有关政治、经济类等重大课题。

自治区各部门科研机构和院校科研机构主要是社会科学各专业学科的研究机构，研究领域涉及马克思主义、政治学、经济学、统计学、历史学、教育学、文化艺术、语言文学、新闻与传播学、法学、社会学、民族学等大学科；有的也以人才、财政、税务、审计、旅游、区域经济、人力资源、壮学、民族语言、心理教育、德育、教师教育等分支学科为主要研究对象。

在上述社会科学研究机构中，2014年末有科研人员4592人，其中具有高级专业技术职务资格1762人，中级2353人。有国家级突出贡献专家35人（含离退休人员，下同），享受政府特殊津贴专家241人，广西优秀专家65人。

此外，在各设区市及高等院校中，建有一批社会科学研究机构。各市直属社科研究机构有58个。其中，南宁市8个，柳州市5个，桂林市4个，梧州市3个，北海市6个，防城港市4个，钦州市4个，贵港市3个，玉林市4个，百色市3个，贺州市3个，河池市4个，来宾市4个，崇左市3个。

【社会科学学术团体】 2014年末有团体会员209个，其中自治区社会科学界联合会1个，中共广西区委党校（行政学院）系统社科联1个，国有大中型企业社科联1个，自治区级学会、协会、研究会、促进会158个，设区市社科联14个，高校社科联34个，年内批准成立广西现代法学研究院、广西中国—东盟经济文化研究院、广西法律心理研究会、广西发展与改革研究会、广西大学生创业就业研究会、广西年鉴学会、广西远程教育学会、广西聚焦文化经济研究院8个学会（民办科研机构）。同意接收广西儒学学会并作为其业务主管单位。分别指导成立右江医学院社科联、广西工商职业技术学院社科联、广西警官高等专科学校社科联。指导广西柳工机械股份有限公司社科联成立，这是广西第一家国有大中型企业成立社科联。继续推动成立新的县级社科联，进一步夯实基层社科事业发展基础。经过努力，融水苗族自治县社科联、鹿寨县社科联、柳州市城中区社科联、容县社科联、陆川县社科联分别召开第一次代表大会。至年末，广西有84个县（市、区）建立社科联，占广西111个县（市、区）的75.67%。

自治区社会科学界联合会是广西社会科学学术团体的联合组织。在自治区级学会（协会、研究会）中，经济类（包括基础理论、财政、金融、税务、审计、会计、行业经济及区域经济、统计及其他）48个；史哲类学会（包括政治、哲学、历史、民族、法学、社会）48个；文教类（包括语言、文学、新闻、文化、教育、人力、艺术及其他）50个；民办非企业单位12个；由自治区社科联作为业务主管单位的121个，由自治区直属其他部门、单位主管的37个。自治区级学会（协会、研究会）拥有个人会员6.9万多人（含交叉会员），其中具有高级专业技术职务资格7363人。

14个设区市社科联拥有团体会员667个，其中南宁市社科联43个，柳州市社科联94个，桂林市社科联58个，梧州市社科联35个，北海市社科联29个，防城港市社科联28个，钦州市社科联36个，百色市社科联98个，贺州市社科联45个，河池市社科联46个，玉林市社科联55个，来宾市社科联35个，崇左市社科联25个，贵港市社科联20个。此外，桂平市社科联拥有团体会员 20 个。城市社科联所属会员单位的个人会员 85751 人，兼职社会科学工作者达数十万人。34 个高校社科联有团体会员 272 个，个人会员 15851 人。

学术活动与成果

【学术活动和成果】 据不完全统计，2014 年，广西社会各界开展社科类学术活动 2600 多（场）次，包括国际性学术活动 70 多次，全国性学术活动 170 多次，自治区级学术活动 220 多次，省（自治区、直辖市）际间学术活动 80 多次。共计 25 万多人（次）参加；超过 100 人以上的活动 150 多次。收到论文共 6 万多篇。从举办单位看，多为高等院校或高等院校与自治区直属单位、学术团体联合举办，其次是学术团体和科研机构，实际工作部门举办的学术研讨活动较少。国内外知名专家学者作主题报告或主旨发言 500 多人（次），其中国外学者 100 多人（次）；省部级以上领导出席 200 多人（次）。各社科研究机构、学术团体和高等院校获得国家级立项课题 100 多项，省部级立项课题 300 多项，其他课题 1200 多项，完成研究报告 500 多篇，出版著作近 1000 部，发表论文 3 万多篇。

学术活动研讨内容涉及政治、经济、文化、新闻、法律、管理、历史、教育、宗教、语言、艺术等学科。总体上看，应用性研讨活动居多，理论性研讨活动较少。主要年度特点如下：

*一、结合重大会议及中共中央领导人重要讲话开展学术活动。*如 1 月 3 日，在自治区党校（行政学院）举行“桂理昕研习社区”学习贯彻习近平总书记在全国宣传思想工作会议上的重要讲话讨论会。自治区党校（行政学院）领导黄学权、胡建华、陈林杰、李彦明、唐秀玲出席，自治区党委宣传部副巡视员颜凤云，自治区直属机关工委副巡视员李祖循应邀出席。自治区党校（行政学院）“桂理昕研习社区”各小组组长，自治区党校（行政学院）第 29 期中青年干部培训班学员代表等 60 多人参会。1 月 14 日，在广西教育学院举行党的十八届三中全会专题辅导报告，自治区党委宣讲团成员黄健教授主讲。学院领导陈洛、容本镇、卫荣凡、潘慧、王兴辉出席报告会，学院教职工代表参会。2 月 28 日，在南宁举行自治区社科联七届一次全委暨自治区社科联工作会议。会议的主要任务是，学习贯彻党的十八大、党的十八届三中全会、自治区党委十届四次全会和自治区党委书记、人大常委会主任彭清华 2 月 10 日在看望自治区社科联全体干部职工时的讲话精神，总结 2013 年广西社科联工作，部署 2014 年工作，动员广大社会科学工作者，把广西哲学社会科学工作推上新台阶。自治区社科联第七届委员会委员、各团体会员单位秘书长等 430 多人与会。4 月 29 日，自治区社科联在南宁举行 2014 年第一专题理论学习会，全体干部职工参加。自治区社科联党组书记、主席王士威作题为“继续深入学习贯彻习近平总书记系列重要讲话精神，进一步统一思想、凝聚力量”专题发言。10 月，贺州市社科联举办主题为“秩序与稳定：政治发展理论对当代中国全面深化改革的启示”“全面深化改革，实现‘两个建成’”专题讲座，宣讲党的十八届三中全会精神。10 月 16 日，在玉林举行 2014 年广西社科专家学者学术交流会。主题为：广西社科界学习解读社会主义核心价值观内涵。自治区社科联副主席姚兵，自治区党委宣传部副巡视员、自治区文明办副主任宋家浩，玉林师范学院党委副书记、社科联主席王志明，自治区社科联副巡视员刘俊等领导及专家学者共 50 人与会。11 月 18 日，在广西外国语学院举行“培育和践行社会主义核心价值观，为中国梦凝心聚气”的专题讲座，自治区政协常委、政协科教文卫体委员会主任于瑮教授主讲，学院领导朱桂玲、黄灿、李露、彭英彪、宋亚菲、钟志锋等参加。12 月 19 日，在广西外国语学院举行学习党的十八届四中全会精神宣讲报告会，南宁市委讲师团团长李东升应邀为 900 多名师生作题为“增强法制观念，坚持依法办事”宣讲。12 月 19 日，在广西民族大学举行“社会主义核心价值观大家谈”线下研讨会。自治区高校工委副书记秦敬德，广西民族大学党委书记钟海青、副书记宁耀，玉林师范学院党委书记李继兵、钦州学院党委书记赵君、广西中医药大学党委副书记董塔健、广西师范学院副院长邓艳葵等领导出席会议。等等。

*二、发挥广西作为中国—东盟交往中心地带的作用和区位优势，突出对泛北部湾经济、东盟合作发展的探讨，开展有关方面研讨活动。*5 月 4 日，在南宁举行中越纪念奠边府战役胜利 60 周年研讨会。越南驻南宁总领事馆、广西大学中国—东盟研究院、广西民族大学东盟学院、广西东南亚研究中心等单位的专家学者 40 多人出席。5 月 9~10 日，在防城港东兴市举行跨境自由贸易区建设问题研讨会，自治区社科联东南亚经济与政治研究中心主办。自治区社科联副主席曹平出席。自治区社科联东南亚经济与政治研究中心兼职研究员、防城港市社科联领导干部及东兴市社科联、边境合作区管委会、发改局、边贸局、工信局等相关部门负责人或代表 40 多人参加。与会代表在实地考察广西东兴边贸中心、东兴口岸、东兴互市贸易区等项

目后，就跨境自由贸易区建设发展现状、存在问题、推进建设的对策等进行探讨和交流，重点研讨推进东兴国家重点开发开放试验区建设，提出对策建议。6月6日，在南宁举行面向东盟的现代物流产业及其发展学术报告会。广西财经学院物流研究所所长、教授彭欣作“物流基本理论与中国—东盟物流合作发展现状问题对策”主旨报告。6月19日，在钦州举行2014年第一期中国—东盟大讲坛，广西民族大学高歌教授作题为“中国—东盟自贸区升级版与广西战略支点打造”专题报告。6月26日，在广西民族大学举行“海上丝绸之路与中国—东盟命运共同体建设”学术研讨会。中国社会科学院许利平教授围绕“古代海上丝绸之路对21世纪海上丝绸之路的意义”主题，提出邻国崛起心理问题、岛屿争端安全问题和经济竞争发展问题，建议用软手段面对问题，逐步消除误解，实现互利共赢。7月14~16日，在南宁举行中国—东盟区域发展论坛，论坛围绕“中国—东盟自由贸易区的升级版”和“海上丝绸之路”两大议题，研究和探讨中国和东盟国家如何携手共同打造CAFTA升级版，共同建设“21世纪海上丝绸之路”及深化中国—东盟全面战略伙伴关系。7月17~18日，在自治区党校举行“21世纪海上丝绸之路建设”暨全国党校系统第二届国际战略研讨会。主题为“21世纪海上丝绸之路建设”中的中国—东盟战略与经贸关系及南海问题。8月28日，在南宁举行“深化广西面向东盟开放合作打造新的战略支点”研讨会。来自自治区党校、广西社科院、广西国际博览事务局、中国人民银行南宁中心支行、广西日报社、广西大学及自治区社科联、自治区级学会、相关市社科联的专家学者共50多人参加。9月12~13日，在南宁举行第七届中国—东盟智库战略对话论坛暨首届中国—新加坡经济走廊智库峰会。东盟10国、印度和中国的专家学者、政府官员和企业家代表共100多人参加。9月15日，在广州举行2014年(第十届)泛珠三角区域合作与发展社科专家论坛，论坛以“推进社会治理创新，增创泛珠合作发展新优势”为主题，来自福建、江西、湖南、广东、广西、海南、四川、贵州、云南9个省(区)社科联、高校及澳门的社科专家学者共70多人与会。9月16~17日，在桂林举行中国—东盟区域发展研究创新团队发展规划专家论证会议。来自外交部、商务部、中国社科院、中国出口信用保险公司、南京大学、中国人民大学、中央财经大学、厦门大学、云南大学、中国南海研究院、东中西区域改革和发展研究院、安邦咨询公司等领导专家参会。9月20日，在南宁举行中国—东盟财税合作论坛。中央财经大学、中南财经政法大学、中山大学、厦门大学等广西区内外20所高校和自治区财政厅、广西财政学会、广西国际税收研究会、广西地方税收研究会等部门和科研院所领导专家及广西财经学院等80多人参加。9月24~27日，在桂林举行“新海上丝绸之路构建：从泛北部湾到欧洲”国际学术研讨会。与会专家围绕“丝绸之路上的多元文化互动、环丝绸之路区域经济的长期表现、新海上丝绸之路构建与中欧自由贸易区建设”3个主题展开研讨。10月16日，在广西科技大学举行2014年第二期中国—东盟大讲坛。东盟政治研究专家、广西民族大学相思湖学院院长陈元中教授作题为“中国—东盟政治制度与政治关系发展”学术报告。广西科技大学师生200多人参加。10月31日，在广西民族大学举行2014年第四期中国—东盟大讲坛，主题为“海陆经济一体化与广西建设海上丝绸之路的战略选择”。11月16~19日，应缅甸掸邦Tai族群文学和文化中央委员会(SLCA)、东枝掸历新年庆典活动筹委会的邀请，由广西社会科学院民族研究所所长、广西民族发展研究会会长赵明龙，广西经济社会发展战略研讨会会长黄承等5名专家学者组成的考察组在缅甸掸邦首府东枝参加由缅甸掸邦Tai族群文学和文化中央委员会(SLCA)举行的“壮泰族群传统文化与社会经济”学术研讨会，并对掸族民间文化进行学术考察。来自中国、印度、泰国、缅甸、美国和德国等国家的学者100多人参会。12月11~12日，在柳州举行广西党校(行政院校)系统社会科学界联合会第三届“桂海论坛”暨“推进《珠江—西江经济带发展规划》实施，加快广西实现‘两个建成’目标”研讨会，主题为“推进《珠江—西江经济带发展规划》实施，加快广西实现‘两个建成’目标”。自治区党校(行政学院)和广西各市、县(市、区)党校领导、相关部门负责人及获奖论文作者等代表170多人参会。12月13~14日，在南宁举行中国—东盟金融论坛，主题为“中国—东盟货币稳定、信用合作与投融资一体化”。来自中国与东盟10国的24位学界专家与金融实务界精英参会。等等。

三、教育类研讨活动活跃。如3月9日，在广西教育学院举行“大学教师发展的理念、内涵、方式、动力”学术报告会，厦门大学高等教育科学研究所名誉所长、中国高等教育学会副会长、全国高等教育学研究会理事长潘懋元教授就大学教师发展的理念、内涵、方式、动力等内容分别进行阐述。4月29日，广西民族大学党委书记、博士生导师钟海青教授作题为“大学发展的战略思考”学术报告会；校长谢尚果教授作题为“法律人·法学家”学术报告会。6月28日，在南宁举行思想政治教育学科设立30周年学术研讨会，主题为：深入贯彻落实习近平总书记“五四”重要讲话精神，总结思想政治教育学科设立30年来的理论成果和实践成果，推动思想政治教育的创新发展。9月19~20日，在百色学院举行第七届广西校园文化论坛。主题为“中国梦与校园文化建设”。10月13日,美国明尼苏达大学周艳博士到广西民族大学化学化工学院(海洋与生物技术学院)作题为“QM/MM模拟化学和生物化学反应”学术报告。10月14日,中国科学院院士、北京应用物理与计算数学研究所研究员郭柏灵应广西民族大学邀请作题为“场论中偏微分方程的若干问题”学术报告。10月26日至11月1日,由广西民办教育协会秘书长吴桂就率广西14所民办高校管理人员组成的赴台湾教育交流团赴台进行教育交流,交流团先后参观考察台湾朝阳科技大学、环球科技大学、建国科技大学、中州科技大学、龙华科技大学5所大学并分别进行座谈交流,就桂台民办高校教育交流合作进行洽谈。10月30日,华中师范大学秦在东教授应邀到桂林师范高等专科学校作题为“新政治生态下的思想政治教育前沿问题”学术报告,阐释了新政治生态的内涵、思想政治教育与政治生态的关系及新政治生态下思想教育研究的前沿问题。12月5日,在玉林举行广西高校师范生培养改革研讨会,广西师范大学、广西师范学院、玉林师范学院等广西14所开设师范专业的院校教务处、教育主管部门相关负责人参会。会议围绕师范生培养工作亮点、存在主要问题、新形势下加强师范生培养思路、对广西师范教育改革的对策建议等议题展开研讨。12月19日,在广西民族大学举行数字化时代的文学写作、出版和阅读专题讲座,全国政协委员、中国出版集团公司原总裁聂震宁应邀到校作题为“数字化时代的文学写作、出版和阅读”的学术讲座,学校文学院师生近200人参加讲座。等等。

*四、围绕民族、公益、未成年人教育、历史研讨、基础理论等方面举办形式多样的学术活动。*如4月30日,在南宁举行《壮族山歌及歌圩的百年变迁》研究成果推介暨壮族山歌文化研讨会。6月3日,在南宁举行新型城镇化与新时期扶贫开发理论研讨会。6月17日,在广西教育学院举行“八桂贫困学子助读行动”赠书仪式暨“阅读点亮中国梦”学术报告会,自治区新闻出版广电局向学院200名贫困学子发放价值6万元的购书卡。7月3~5日,由文化部公共文化司牵头,国家图书馆、中国图书馆学会主办,广西图书馆、广西图书馆学会承办的2014年“全国图书馆未成年人服务提升计划”(广西站)培训活动在南宁举行。国家图书馆副馆长、中国图书馆学会副理事长陈力以“当代儿童的阅读问题:由识字说起”为题,强调关注未成年人启蒙教育中的汉语教学问题,强调图书馆未成年人服务要遵循未成年人生理和心理发展的客观规律,发挥健康导向、正确引领的积极作用。华东师范大学信息学系教授范并思以“图书馆未成年人服务和阅读推广”为题,梳理图书馆未成年人服务中认识儿童、认识阅读行为、认识阅读环境、认识活动等一系列问题,并对目前我国公共图书馆服务中存在的现象和问题进行分析,提出对策与建议。9月3日,在南宁召开中国人民抗日战争胜利纪念日(2014)座谈会。广西社科院副院长黄志勇、黄天贵和广西抗战文化研究会会长李建平、广西社会科学院文化所所长覃振锋及自治区党校、高校、社科院等专家学者30余人出席。与会者就昆仑关战役旧址的保护与开发、纪念抗日战争活动的意义、抗战老兵资料整理、抗战文化研究等问题进行深入探讨,并提出对策与建议。10月24日,在河池学院举行国家社科基金申报交流会。教育部社科司思想政治理论课专家组成员、中国人民大学教授王海军博士应邀为师生作题为“2015年国家社科基金申报中的技术问题”讲座。12月19日,在广西民族大学举行中国少数民族文学发展现状专题讲座。《民族文学》主编、知名评论家石一宁应邀到校作题为“中国少数民族文学发展现状”的学术讲座。广西民族大学文学院师生200多人参加。等等。

*五、继续开展各类主题鲜明的品牌活动。*年内,继续举办“红城讲坛”3期,“红水河讲坛”9期,“中国—东盟大讲坛”4期。9月16~19日,“第十一届中国—东盟博览会”、“中国—东盟商务与投资峰会”在南宁举行。中共中央政治局常委、国务院副总理张高丽,第十一届中国—东盟博览会主题国新加坡总理李显龙,柬埔寨首相洪森,老挝国家副主席本扬,缅甸副总统年吞,泰国副总理兼外交部部长他那萨,越南副总理兼外交部长范平明,文莱工业和初级资源部部长叶海亚,印尼贸易部副部长巴尤·克利斯纳穆迪,马来西亚贸工部副部长李志亮,菲律宾贸工部副部长诺拉·特拉多,东盟秘书处副秘书长年林,中国商务部副部长房爱卿,中国国际贸易促进委员会会长姜增伟,自治区党委书记、自治区人大常委会主任彭清华共同为博览会和商务与投资峰会启幕。中国最高人民法院院长周强,自治区领导陈际瓦、沈北海、温卡华、黄道伟、唐仁健、周新建、范晓莉、王小东、邓卫平,中国与东盟国家相关各部部长和地方行政长官,自治区人大、政府、政协领导班子成员,东盟各国大法官、金融机构代表、商协会领袖,国际组织官员,著名企业代表,专家学者等1300多人出席开幕大会。9月19~20日,在百色学院举行第七届广西校园文化论坛。主题为“中国梦与校园文化建设”。10月28日,在百色举行第十六期广西发展论坛。主题为“扶贫攻坚与广西全面建成小康社会”。300多名师生参加。12月13~14日,在南宁举行中国—东盟金融论坛。主题为“中国—东盟货币稳定、信用合作与投融资一体化”。来自中国与东盟10国的24位

学界专家与金融实务界精英参会。年内，桂林航天工业学院举办一系列提升人文综合素质的专题讲座，包括“航天情怀专题”“艺术名家进桂航专题”“国学经典专题”“传统文化进校园”等。年内，桂林航天工业学院承办和协办讲座43场，1.5万多人(次)参与。等等。

社科普及和国内外学术交流

【社会科学普及活动】 2014年，广西社会科学界加大社会科学普及工作力度，开展系列活动。据不完全统计，年内，广西各级社科联、学术团体及科研机构举办科普讲座、大型社会科学知识普及活动和展览5000多场(次)，参与群众近300万人(次)；举办各类培训班1200多期(次)，共培训近6万人(次)。

(一)举办各种社科知识普及活动。年内，自治区社科联组织团体会员围绕“全面深化改革，实现‘两个建成’”年度科普主题，举办100场社科普及报告会、14场社科知识咨询广场科普活动、8场社科专家谈、社科知识进14村等136场广西社会科学普及联合大行动科普活动。1月31日至2月8日，北海市社科联在北部湾广场举办“2014年广场科普日活动”，展出“画说党的十八大精神”“画说党的十八届三中全会精神”等专题共52块展板，近1.5万人(次)参观。年内，广西师范大学社科联主办、广西师范大学团委承办廉洁教育系列科普活动5次。一是举办廉洁教育专题报告会，邀请中国廉政建设与治理研究专业委员会会长、北京航空航天大学廉洁研究与教育中心主任任建明教授给学校100多名学生骨干作主题为“大学生廉洁诚信素养”讲座。二是举办廉洁教育沙龙活动，以“放飞中国梦·廉洁伴我行”为主题，邀请学校党委副书记、纪委书记查丹明作主题报告。漓江廉洁文化社、各学院分团委学生会干部50多名学生参加。三是举办大学生廉洁诚信论坛，以“传承中华美德，践行廉洁诚信”为主题，学校不同学院7名同学围绕主题分别从“学生组织、学生干部廉洁意识培育途径”“廉洁修身，诚信做人”“高校大学生廉洁社团的现状及其完善”等方面发言。广西廉政建设研究中心特聘专家、相关部门领导和学校各学院国家奖助学金获得者代表、学生干部骨干代表和漓江廉洁文化社社员200多人参加。广西师范大学社科联主办、广西师范大学团委承办“爱心普法，公益维权；科学理财、健康生活”普法系列活动。如3月15日，开展“3·15”维权普法周系列活动、“维权零距离”普法活动、“宪法教育活动”等。4月30日，广西经济管理干部学院社科联邀请广西南宁角动量计算机有限公司总经理韦科在学院作题为“软件开发”科普知识讲座。5月19日，防城港市社科联在防城港港口区举行主题为“保护生态环境·共筑美好家园”的2014年全国科技活动周防城港市系列科普知识宣传活动首场，宣传保护环境与健康生活科普知识。5月24日，广西柳工机械股份有限公司社科联在柳州参与2014年自治区社会科学普及联合大行动启动仪式暨柳州市社科知识广场咨询宣传活动，内容主要有工程机械产品介绍、柳工发展沿革、柳工企业文化、柳工社会责任等。6月18日，广西粮食经济学会在南宁举行食品安全活动周“放心粮油宣传日”活动。现场设置主题展板、科普图片、产品展示、义务宣讲、专家咨询、现场服务、发放资料、消费指导等多种活动，向消费者宣传普及粮油食品安全知识。7月7~13日，广西艺术学院社科联大学生文化下乡服务团分别在玉林市容县，梧州市岑溪市，贺州市富川瑶族自治县，桂林市区及灌阳县、永福县，崇左市扶绥县举办7场专题交响管乐音乐会，开展“美丽广西·清洁乡村”宣传活动。10月16日，自治区粮食局在南宁举行世界粮食日暨爱粮节粮宣传周活动，内容包括“节约一粒粮，减少损失浪费”“实施放心粮油工程，确保粮油安全”等。科技人员通过现场演示、义务讲解、专家咨询等方式，向群众宣传普及粮油食品安全和绿色节粮知识。各设区市粮食部门在当地开展活动，悬挂横幅或横幅签名，张贴宣传画，提供咨询，印发《家庭储存粮油科普小知识》《粮油质量鉴别与选购》《优劣粮油识别和购买储存常识》等宣传资料5000多份。全年印发《广西农户科学储粮专项建设简介》宣传资料10万多份。11月8日，桂林市社科联在桂林市中心广场举行科普宣传活动，以“全面深化改革 实现‘两个建成’”为主题，采取展板宣传、发放资料、有奖知识问答、现场咨询等形式向广大群众宣传与人民群众息息相关的法律、教育、健康、家庭理财、社会保障、劳动者权益等知识，设置宣传展板40块，发放宣传资料3000多份，奖品2000多份，接待咨询群众2000多人(次)。12月9日，在广西财经学院举行大学生安全防范知识讲座。学校经济与贸易学院、财政与公共管理学院、管理科学与工程学院等6个二级学院学生代表200多人参加。讲座突出“三防”(防火、防盗、防骗)主题，强调大学生安全防范主要方向，分析诈骗性质、易发生诈骗原因，对求助诈骗、招聘诈骗、带路诈骗、中奖诈骗等出现的骗局作阐析：一是大学生同情心、好奇心等人性弱点被诈骗分子掌握；二是大学生自身防范意识薄弱。帮助学生分析具体情况、学会报警、克服人性弱点。等等。

（二）编辑出版科普读物，完善基地建设。年内，自治区社科联修改并印发《广西壮族自治区社会科学界联合会共建社会科学普及基地管理办法》；组成科普立法调研组赴广西区外省（区市）社科联调研，撰写科普立法调研报告和《广西壮族自治区社会科学普及条例（讨论稿）》第二稿报自治区人大教科文卫委，推动自治区制定《广西壮族自治区社会科学普及条例》。资助出版《人无德不立》等5种重点科普读物，与河池市东兰县社科联、桂林电子科技大学社科联、梧州市岑溪市社科联共建社会科学普及基地。北海市社科联推进自治区设区市共建的“北海市社会科学普及基地”建设。开展科普讲座（北部湾讲坛）、社科知识展览、社科咨询、科普知识进农村进社区进校园等一系列社科知识普及活动。广西工商职业技术学院社科联主办粮食文化教育基地学习活动。为充分发挥粮食文化教育基地作用，把每周二作为粮食文化教育基地开放日，组织各专业学生参观学习；并把相关《粮油保藏》课程放到粮食文化教育基地中授课；在粮油保管员培训班期间，组织企业代表参观粮食文化教育基地，发挥基地在高校普及粮食文化和粮食安全教育的作用。至11月底，基地接待850人（次）。柳州市党史研究室联合市委宣传部编辑出版《红色柳州》系列漫画口袋书（一套10本），这是广西第一套采用漫画口袋书形式普及地方党史的读物。年内，广西师范大学社科联组织学生开展廉洁教育基地调研，建立学生专项调研课题《桂林市廉政教育基地建设情况调研》，先后组织近100名学生骨干赴灵川县、兴安县、恭城瑶族自治县等地调研廉政基地。7月，在全国社会科学普及工作经验交流会上，防城港市社科联与市委党校合作共建的科普基地获“全国人文社会科学普及基地”称号。等等。

（三）利用相关媒体平台开展科普宣传。4月18日，河池市金城江区社科联开展社科知识进驻军营活动，联合金城江区民政局为武警金城江区中队官兵送去《金城春秋》《魅力金城江》《中国双拥》等图书100余册，总价值3000多元，该活动被中央双拥网转载。10月27日，河池市大化瑶族自治县社科联联合县图书馆到岩滩镇开展科普宣传活动，在镇文化站播放种养知识及科技知识等影片，镇干部群众100多人参加。年内，桂林市恭城瑶族自治县社科联利用网站“恭城520社区”“恭城油茶论坛”和《今日恭城》《恭城广播电视台》等平台，以专版、专栏形式，进行防艾、保健、避险等科普宣传。年内，百色市社科联组织社科工作者到凌云县泗城镇陇雅村，对该村自20世纪90年代末以来，“为了生存，永不放弃”的陇雅精神进行专题调研，着力揭示该村打造成为百色市乃至广西石山区农村扶贫发展、民生改善和经济持续发展的历程，解读促其成为引起广西内外高层媒体关注的陇雅现象，撰写形成10多千字的《陇雅现象：桂西石山区农村转变经济发展方式经验和启示》在《右江日报》上发表。百色市田阳县社科联与县广电局联合举办布洛陀文化电视讲座，在县城布洛陀文化广场大屏幕播出，连续播出5个月。百色市田东县社科联推进百越古道文化品牌打造工作，于芒果文化活动月期间，刻录发行纪录片《百越古道》光盘1000张。百色市凌云县社科联在县城以LED电子宣传屏宣传科普知识5场（次），乐业县社科联在县城以LED电子显示屏宣传科普知识20条。9月28~29日，来宾市社科联与来宾市委宣传部主办的以“‘党的群众路线’‘培育和践行社会主义核心价值观’”为主题的来宾市中国特色社会主义理论体系研究专家课题调研活动暨2014年理论工作研讨会被《来宾日报》、来宾电台、来宾电视台等媒体进行宣传报道。来宾市金秀瑶族自治县社科联联合县思想道德法制教育办公室抓实“读好一本书、上好一堂课、一轮知识竞赛、一次最美金秀人物评选、一个电视专栏、一批活动板报”的“七个一”活动。利用远程教育站、村级小广播、图书室等开展“社科知识广场活动”“社科知识巡讲”等主题宣传教育活动10多场。通过电视、广播、宣传栏等媒体及举办专题讲座、悬挂横幅标语、开设社科联建设工作宣传栏等方式开展宣传教育活动，发放宣传资料2000多份。崇左市社科联以全市新建的新农村数字电影院为载体，与相关部门沟通协调，在每场电影正式放映前播放20分钟科教知识，或结合实际不定期邀请市、县宣讲员进行相关知识讲座。全年播放200多场（次）科教宣传知识片。年内，广西钱币学会利用学会网站作为钱币爱好者交流的平台，扩大宣传面，广泛搜集钱币界、收藏界适时新闻、动态及国家出台的有关政策、规定等，通过网站的BBS开展学术研究、交流、展示。11月29日，广西社会道德文化研究会会员单位、道德文化共建单位南宁市主角传媒公司摄制，南宁市中心血站出品的广西首部无偿献血题材公益微电影《非常爱》首映礼暨广西巡映启动仪式在广西民族影城拉开帷幕，为传播道德大爱作贡献。广西先进文化发展促进会领导多次接受全国和自治区媒体如中央电视台、广西电视台、广播人民广播电台、《广西日报》《南国早报》《南宁日报》等的采访和报道。其中，陈学璞和王建平接受中央电视台采访，对文化热点现象进行评论，分别在2月18日“新闻联播”和10月9日“新闻直播间”栏目播出。年内，广西律师协会充分发挥广西电视台《南国法援》《当代生活报》《南宁晚报》《广西法治日报》等媒体的舆论宣传作用，组织律师参与接待当事人和解答来信来访，共接待群众来访 26684 人(次),在纸质媒体上解答法律咨询 398 人(次),广西电视台综艺频道播出《律师到现场》84 期,参与律师 81 人,《律师到现场》栏目被评为“2014 年度全国十大创新民生栏目”。同时,加强与《法制日报》的沟通合作,刊发《机制保障县区留住律师留住律所》《市厅合作构建边关公共法律服务体系》《蒋三努:婚姻家事案的攻心专家》等多篇报道,宣传广西律师行业的先进事迹。协会宣传委员会联系《法制日报》广西记者站,对协会、自治区司法厅组织律师参与南宁—崇左—凭祥开放开发经济带公共法律服务体系建设进行采访报道,协会成为法制日报社在全国律师界第一家、也是广西第一家挂牌成立的基层工作联系点。等等。

(四)举办社科知识培训与竞赛。年内,广西纪实摄影协会举办“纪实摄影”培训讲座、2014 年摄影提高班,新闻摄影培训。广西家庭教育研究会举办广西家庭教育骨干培训班 2 期,培训班课程主要围绕“儿童安全教育”设计,有《为女童安全护航——关注和反思频发的性侵女童事件》《儿童心理安全与健康成长》《儿童居家意外伤害与家庭急救措施》《儿童交通、乘车安全以及预防措施》《儿童饮食安全以及预防措施》《儿童消防安全以及预防措施》等。广西教育学会举办双语学校教师全员培训,壮汉双语教师教学培训、百名壮汉双语名师培养工程、“培训 + 学历”模式培训等培训班,自治区级壮汉双语教师培训班 11 期。6 月 10 日,自治区党委组织部组织开展自治区处级干部“广西区域经济发展 ”专题培训。4 月至 12 月,由广西高等教育学会计算机基础教育专业委员会承办的第八届广西高校计算机应用大赛,以“放飞青春梦想”为主题进行网页和网站设计,40 所高校 142 件作品参赛,共评出一等奖 10 件、二等奖 20 件、三等奖 30 件、优秀奖 40 件。9 月至 12 月,与广西高校大学外语教学研究会合作,举办第六届广西翻译大赛,2 万多人参赛。等等。

【社会科学国内外学术交流活动】 2014 年,广西社会科学界坚持“走出去、请进来”的适度工作方针,积极参加国际和地区多边组织的学术活动,加强与国内外同行的交流,增强在有关国内外学术组织中的影响力。据不完全统计,年内,自治区社科联级会员单位组织出国交流学习 43 批、100 多人(次),到港澳台地区交流学习共 14 批、60 多人(次),接待境外来访 300 多人(次),境内来访 2000 多人(次)。

年内,自治区社科联先后 4 次派出 20 多人(次)参加在云南举办的 2014 年全国社科联联席会议、在新疆举办的全国社科联第 15 次学会工作会议、在海南举办的全国第 16 次社会科学普及工作经验交流会、在广州举办的 2014 年(第十届)泛珠三角区域合作与发展社科专家论坛等活动;组织社科工作者分赴湖南、广东、福建、江西等 10 多个省、自治区、直辖市社科联考察学习、交流经验,互通哲学社会科学发展情况;先后接待江苏、辽宁、内蒙古、河南等 6 个省、自治区、直辖市社科联来广西考察;组织广西社科联代表团赴老挝、柬埔寨进行金融改革调研工作;组织广西社科联代表团赴台湾交流调研;承办全国部分省区市社科联第三届社会科学年鉴工作交流会。广西社会科学院智库合作交流小组赴中国台湾开展系列调研活动;11 月 17 日,广西社会科学院主办第 10 届西部社会科学院院长联席会议暨“一带一路”论坛,重庆、四川、贵州、云南、西藏、陕西、青海、宁夏、新疆、内蒙古和广西等省(自治区、直辖市)社会科学院及昆明、成都、兰州、南宁等城市社会科学院的专家学者 80 多人参加;11 月 16~19 日,应缅甸掸邦 Tai 族群文学和文化中央委员会(SLCA)、东枝掸历新年庆典活动筹委会的邀请,由广西社会科学院民族研究所所长、广西民族发展研究会会长赵明龙,广西经济社会发展战略研讨会会长黄承等 5 名专家学者组成的考察组在缅甸掸邦首府东枝参加由缅甸掸邦 Tai 族群文学和文化中央委员会(SLCA)举行的“壮泰族群传统文化与社会经济”学术研讨会并对掸族民间文化进行学术考察。年内,广西大学运用学术基金资助 13 人(次)参加社科类国内外学术会议。广西财经学院社科联邀请广西区内外、国内外专家学者及各界名流 20 多人来院讲学。广西广播电视大学社科联邀请广西区内外专家学者讲学 11 次。广西国际商务职业技术学院社科联接待泰国陕迪拉工商管理学院、美国全球环境可持续发展研究所、台湾致理技术学院、台湾醒吾科技大学、广西工业职业技术学院、海南外国语职业技术学院来访,学院领导访问马来西亚 UCSI 大学。广西教育学院邀请国内专家学者来校讲学 7 次。广西民族大学与马来西亚大学联合举办学术研讨会 1 次,举办“2013 年东盟形势及中国—东盟关系”学术研讨会和“第六届中国与东南亚民族论坛”国际学术会议 2 次,以及中国法学会民族法学研究会 2014 年年会、第二届中国民族理论与民族政治论坛等全国性学术研讨会 6 次。广西民族师范学院社科联邀请教育部、北京师范大学、西南大学、中国中外关系史学会专家学者来校讲学 4 次。广西师范大学社科联举办学术交流活动 16 次,其中跨部门、跨区域合作举办学术活动 4 次,国际性学术交流活动 1 次。广西外国语学院社科联开展“百场学术讲座”“海外博士进课堂”活动,邀请国内外知名专家学者来校讲学,如自治区人大常委会副主任刘新文、自治区政协教科文卫委员会主任于骤、新东方创始人俞敏洪、美国北卡罗纳卡莱纳大学于彭等多位领导、专家先后到校讲学。柳州职业技术学院社科联接待德国巴伐利亚州经济教育集团国际处处长 Faller 一行，国家行政学院非洲国家青年领导人研修班（分别来自加纳、尼日利亚、利比利亚、乌干达等 10 个非洲国家）一行，英国总领事馆文化教育处职业教育项目总监钟伟华一行，中国社会科学院马克思主义研究院国际共运部当代世界社会主义研究室主任、中国社会科学院世界社会主义研究中心特邀研究员、越南问题研究专家潘金娥，沈阳大学应用技术学院党委书记顾国良一行等到学院参观考察交流。年内，百色市社科联接待辽宁、河南、内蒙古 3 省（自治区）及云南省楚雄州社科联来访 4 次，就县（区）级社科联建设进行探讨和交流。同时，组织右江区、田阳、靖西、西林、隆林、田林等县（区）社科联先后到台湾、云南等地开展社会科学发展与管理学习交流活动。广西柳工机械股份有限公司社科联邀请清华大学博士、中国人民武装部队领导来公司讲学 2 次。年内，广西比较经济学会协助会员单位及有关部门接待来自美国、澳大利亚、越南、缅甸、柬埔寨等国家和中国香港、台湾地区的客商 13 人（次）；接待来自北京、内蒙古、贵州、云南、广东、福建等地的客商 15 人（次）。广西妇女理论研究会会员参加在北京举行的主题为“中国妇女研究会年会暨家庭和谐、社会进步与性别平等”研讨会、2014 年中国妇女社会地位调查研讨会。广西国际共运史学会邀请清华大学、华中师范大学、中国人民大学、广西师范大学专家学者来广西民族大学讲学 5 次；访问越南河内国家大学所属人文社科大学 1 次。广西江夏文化发展研究会到贵州、广东、湖南、海南，印尼、澳大利亚等地考察交流 4 次。广西钱币学会派员参加在北京举行的“中国货币与金融博物馆联盟”成员单位年度工作会，赴黑龙江、吉林两省学习调研，参加在江西南昌举办的第十一届“中国铜元研讨会”，赴浙江温州参加“中国钱币与银行博物馆委员会 2014 年会暨学术研讨会”。广西图书馆学会派员参加全国中小型公共图书馆联合会 2014 年研讨会、“2014 年中国图书馆年会——中国图书馆学会年会·中国图书馆展览会”。等等。

社会科学规划管理

【2014 年广西哲学社会科学规划管理】 广西社科规划办于 7 月 1 日召开广西 2014 年度国家社科基金项目立项管理工作会议。参会人员有获 2014 年度国家社科基金项目立项的负责人和广西区内相关的科技（研）处、所、室的负责人和管理人员共 132 人，自治区党委宣传部副部长李海荣出席并作部署。12 月 24 日在南宁召开广西 2015 年度国家社科基金项目申报工作动员会。自治区 59 个单位的科技（研）处、所、室相关负责人及管理人员共 97 人参加。自治区党委宣传部副部长李海荣出席并讲话。

年内，广西获国家哲学社会科学基金项目立项 104 项，资助金额 2225 万元，24 个单位 19 个学科的 104 人获得立项，其中，重大项目 2 项、重点项目 3 项，是广西历年来获重点项目最多的一年。其中一般项目 41 项、青年项目 8 项、西部项目 46 项、后期资助项目 4 项。

9 月 3 日，设立一批广西社科规划委托课题：《广西北部湾经济区行政管理体制和行政审批制度改革研究》《城市凝聚力的提升路径探析——以贵港市为例》《社会主义核心价值观新媒体传播模式与效果研究》《广西社会组织承接公共服务机制研究》《防治艾滋“三位一体”与创新广西艾滋病性传播途径防控模式研究》《广西大学生新失业群体就业保障问题研究》《以创新驱动发展推进矿产资源科学开发利用研究——以广西碳酸钙产业发展为例》《广西反恐怖体系建设与战略应对研究》《“海上丝绸之路”建设中党政干部国际化教育培训的探索与思考》《广西创新驱动发展中的法律问题研究》《社会主义核心价值观“内化于心”“外化于行”实现途径研究》《广西教育类事业单位公益目标评估体系研究》《实现中国梦必须不断完善我国的基本经济制度》《培育和践行社会主义核心价值观，为实现中国梦提供价值引领和精神支撑》《阅读·悦读·月读——领导月读创办 3 周年思考》《人才是关键，队伍是根本——自治区党委讲师团特聘教授工作创新与特色》。

9 月 29 日，设立 3 项广西社科规划后期资助项目：《幽默与创新》《广西瑶族价值观研究——以都安瑶族自治县布努瑶为例》《提升我国中小城镇资源集聚能力研究》。

11 月，设立 11 项广西社科规划出版资助项目：《西南民族地区社会主义新农村建设的发展模式研究——以广西桂北少数民族聚居区为例》《民族地区生态旅游可持续发展评估体系研究——以桂黔湘边区为例》《道教农学思想史纲要》《中国共产党学习史研究》《西部地区哲学社会科学的繁荣和发展问题研究》《中国特色社会主义理论体系下思想政治教育话语学构建探研》《红军在广西活动的历史考察》《基于粗糙集理论的桂林物流体系综合评价研究》《新媒体传播研究》《华南与东南亚新石器时代的文化面貌、生业经济与族群迁徙研究》《马克思的生态学思想与西方生态学马克思主义研究》。

9月21~24日，在南宁举办广西2014年哲学社会科学规划管理骨干培训班。广西区内相关的科技（研）处、所、室负责人及管理人员120人参训。自治区党委宣传部副部长唐华、李海荣等为学员授课。

年内，广西社科规划办组织3次学科专家对广西社科规划课题进行鉴定，获优良等级69项，其中优秀9项、良好60项。

广西入选国家社科基金资助项目名单（2014）

序号	项目名称	负责人	工作单位	所在省市	项目类别	计划完成时间	预期成果	学科分类	批准号
1	中国边疆地区的边民离散与回归研究	周建新	广西民族大学	广西	重大项目	2018/12/1	专著	民族问题研究	14ZDB109
2	滇桂黔石漠化片区贫困农户可持续生计策略优化研究	凌经球	自治区党校	广西	重点项目	2016/6/30	专著	民族问题研究	14AMZ008
3	南海通道对中国经济安全的影响与对策研究	蔡　幸	广西财经学院	广西	重点项目	2016/12/31	研究报告	应用经济	14AJY022
4	语料库视野下的现代汉语单音多义词义项分布研究	李仕春	广西大学	广西	重点项目	2018/12/30	专著　专题论文集	语言学	14AYY018
5	基于人类学哲学视域的马克思正义理论及其当代价值研究	刘琼豪	广西师范大学	广西	一般项目	2018/1/1	专著　专题论文集	马列·科社	14BKS005
6	马克思主义中国化话语语料库建设与应用研究	邓伯军	广西师范大学	广西	一般项目	2017/7/1	专著　专题论文集	马列·科社	14BKS017
7	中国—东盟自由贸易区背景下增强国家文化软实力的路径研究	梁儒谦	广西财经学院	广西	一般项目	2017/12/31	专题论文集　研究报告	马列·科社	14BKS063
8	当代印度政治制度下的印共及其主要派别研究	杨永平	广西师范大学	广西	一般项目	2017/6/30	专著	马列·科社	14BKS066
9	越南共产党党内民主建设研究	陈元中	广西民族大学	广西	一般项目	2017/6/30	研究报告	马列·科社	14BKS130
10	中国—东盟那文化交往范式研究	翟鹏玉	广西民族大学	广西	一般项目	2019/6/30	专著	哲学	14BZX090
11	民国时期的币制改革思想研究	段　艳	玉林师范学院	广西	一般项目	2017/12/31	专著　专题论文集	理论经济	14BJL016
12	中国南部陆地边境地区新型城镇化助推县域经济发展的机制及路径研究	纪　明	广西师范学院	广西	一般项目	2017/5/30	研究报告　专题论文集	理论经济	14BJL075
13	广西北部湾经济区“智慧城市群”协同建设模式研究	陈伟清	广西大学	广西	一般项目	2017/12/31	专著	理论经济	14BJL093
14	城乡一体化视阈下公共卫生财政资源均衡配置机制与政策研究	蓝相洁	广西财经学院	广西	一般项目	2016/7/1	专题论文集　研究报告	应用经济	14BJY042
15	“海上丝绸之路”视角下的广西北部湾经济区海洋经济竞争力评价与提升研究	何庆光	广西财经学院	广西	一般项目	2017/6/30	专题论文集　研究报告	应用经济	14BJY062
16	环境经济系统模型框架下的雾霾治理与区域经济结构升级研究	金明玉	广西师范大学	广西	一般项目	2016/7/1	专著	应用经济	14BJY071
17	主体功能区生态预算绩效评价体系研究	石意如	广西梧州学院	广西	一般项目	2016/12/30	研究报告	应用经济	14BJY150
18	中国特色的社会养廉机制研究	杨天保	广西民族大学	广西	一般项目	2018/6/30	专著　研究报告	政治学	14BZZ034
19	社会组织承接公共服务的问责机制研究	傅金鹏	广西大学	广西	一般项目	2017/6/30	研究报告	政治学	14BZZ040
20	行政管理方式创新与激发社会组织活力的互动机制研究	苏曦凌	广西师范大学	广西	一般项目	2016/7/1	专著　专题论文集	政治学	14BZZ043
21	法社会学视角下我国西部地区湿地保护地方立法研究	黄中显	广西社科联	广西	一般项目	2017/7/1	专著　研究报告	法学	14BFX115

续表

序号	项目名称	负责人	工作单位	所在省市	项目类别	计划完成时间	预期成果	学科分类	批准号
22	中越南海主权争议的法理研究	吴远负	广西民族大学	广西	一般项目	2016/12/30	专著	法学	14BFX131
23	打造升级版背景下中国—东盟自由贸易区物流合作发展法律保障研究	曹　平	广西社科联	广西	一般项目	2017/7/1	专著	法学	14BFX137
24	农村留守女童性侵害防范机制研究	杨素萍	广西师范学院	广西	一般项目	2017/6/30	专题论文集　研究报告	社会学	14BSH086
25	民族地区农村少数民族传统福利文化的社会功能研究	李林凤	广西师范大学	广西	一般项目	2017/7/1	专题论文集　研究报告	社会学	14BSH105
26	中国实现现代化的人口条件及对策研究	莫　龙	自治区党校	广西	一般项目	2017/6/30	专著	人口学	14BRK032
27	明代以降广西民族人口比例逆转研究(1368—1953)	黄家信	广西民族大学	广西	一般项目	2018/6/30	专著	民族问题研究	14BMZ015
28	中国仫佬族志	吴国富	广西民族大学	广西	一般项目	2017/12/30	专著	民族问题研究	14BMZ046
29	边疆民族地区新型城镇化进程中民族文化交融机制研究	蒋士会	广西师范大学	广西	一般项目	2018/1/1	专题论文集　研究报告	民族问题研究	14BMZ053
30	教育人类学视野下的京族民间文化传承研究	陈丽琴	广西民族大学	广西	一般项目	2018/12/31	专著	民族问题研究	14BMZ055
31	沿边跨境经济合作区的发展模式与政策创新研究	汪德荣	广西师范学院	广西	一般项目	2017/7/1	专著　专题论文集	民族问题研究	14BMZ077
32	壮汉文化融合趋势下壮汉双语教师培养对策研究	彭　宁	广西师范学院	广西	一般项目	2016/12/30	专著　研究报告	民族问题研究	14BMZ094
33	新型城镇化进程中侗族村落空间优化与生态人居环境建设研究	赵巧艳	广西师范大学	广西	一般项目	2017/6/30	专题论文集　研究报告	民族问题研究	14BMZ100
34	中国壮锦与东南亚相关织锦的综合研究	吴伟峰	广西博物馆	广西	一般项目	2017/6/30	专题论文集　研究报告	民族问题研究	14BMZ104
35	中国与东盟国家的交通和能源互联互通建设研究	刘建文	广西社会科学院	广西	一般项目	2016/12/30	专著	国际问题研究	14BGJ054
36	壮族非物质文化遗产的诗性传统与文化建设的整合研究	覃德清	广西师范大学	广西	一般项目	2016/6/30	专著	中国文学	14BZW170
37	文化人类学视域下越南民族文学与中国多民族文化研究	黄　玲	广西百色学院	广西	一般项目	2018/6/30	专著	外国文学	14BWW023
38	东南亚裔美国小说研究	张　燕	桂林电子科技大学	广西	一般项目	2019/7/1	专著	外国文学	14BWW060
39	民俗学语境视阈下缅甸缅族民间叙事文学研究	寸雪涛	广西民族大学	广西	一般项目	2018/12/30	专著	外国文学	14BWW078
40	美国“关键语言战略”及其对中国面向东盟语言战略的启示	李丽丽	广西师范大学	广西	一般项目	2018/1/1	专著	语言学	14BYY043
41	国有转制传媒企业特殊管理股制度构建的政策路径研究	梁　君	广西师范大学	广西	一般项目	2017/7/1	专题论文集　研究报告	新闻学与传播学	14BXW013
42	青少年速度素质的距程区分化测量方法与评价标准研究	谢　翔	广西师范大学	广西	一般项目	2017/7/1	研究报告	体育学	14BTY051
43	壮族聚居区农村公共体育服务供给主体多元协同发展对策研究	陆元兆	广西师范大学	广西	一般项目	2017/7/1	研究报告　专题论文集	体育学	14BTY065
44	湘桂黔边区少数民族传统体育现代传承研究	高会军	玉林师范学院	广西	一般项目	2016/6/30	专题论文集　研究报告	体育学	14BTY084
45	卡尔多—希克斯效率视域下义务教育教师资源均衡配置研究	吴小馨	广西大学	广西	一般项目	2017/6/30	专著	管理学	14BGL118

广西入选国家社科基金青年项目名单（2014）									
序号	项目名称	负责人	工作单位	所在省市	项目类别	计划完成时间	预期成果	学科分类	批准号
1	当代大学生马克思主义民族观教育研究	蓝波涛	广西大学	广西	青年项目	2017/6/30	专著	马列·科社	14CKS034
2	沿边金融综合改革试验区下构建中国—东盟泛人民币区的理论及策略研究	李　智	广西大学	广西	青年项目	2017/12/31	专题论文集	理论经济	14CJL022
3	社会资本参与中小城镇建设的盈利模式构建研究	李　梅	广西师范学院	广西	青年项目	2016/12/1	专著 专题论文集	应用经济	14CJY024
4	西南民族地区培育和规范农村民间组织研究	彭正波	桂林理工大学	广西	青年项目	2016/12/31	专题论文集 研究报告	政治学	14CZZ014
5	生态文明视域下西南民族旅游地空间功能区划与监测预警机制研究	张　燕	广西师范大学	广西	青年项目	2017/7/1	专著 研究报告	民族问题研究	14CMZ022
6	老挝苗族的迁徙、离散与认同研究	郝国强	广西民族大学	广西	青年项目	2018/6/30	专著	民族问题研究	14CMZ024
7	东盟国家对南海问题的主体间认知差异及政策反应研究	顾　强	广西大学	广西	青年项目	2017/6/30	专著	国际问题研究	14CGJ010
8	广西各语言与东南亚语言共享特征的区域类型学研究	覃东生	广西大学	广西	青年项目	2017/12/31	专著	语言学	14CYY043

广西入选国家社科基金西部项目名单（2014）			
序号	项目名称	负责人	单位
1	马克思主义绿色发展观的辩证逻辑研究	刘小兵	自治区党校
2	中国特色社会主义道路研究	许进品	自治区党校
3	中国特色社会主义利益机制研究	曲用心	广西民族大学
4	西部民族地区全面建成小康社会的文化支持系统研究	张发钦	广西科技大学
5	马尔库塞与海德格尔哲学	黄　璇	广西大学
6	民族地区社会主义核心价值观软传播研究	秦永芳	桂林电子科技大学
7	跨境血亲视域下西南边疆民众国家认同研究	林加全	广西钦州学院
8	规范并严格执行领导干部工作生活保障制度研究	贾　岚	南宁市委党校
9	民族自治地方的民主权利保障机制研究	李　军	玉林师范学院
10	中国—东盟海洋生态环境合作与争端解决机制研究	廖柏明	桂林电子科技大学
11	中国与东盟的互联互通建设研究	李立民	广西大学
12	中国—东盟海上互联互通机制研究	傅远佳	广西钦州学院
13	中印孟缅老越经济走廊建设研究	粟庆品	广西社会科学院
14	21世纪海上丝绸之路文化旅游圈研究	袁珈玲	广西社会科学院
15	我国雾霾防治政策的供给演进、绩效测评与优化策略研究	周景坤	广西梧州学院
16	面向中国—东盟市场一体化的沿海高铁经济圈产业融合战略研究	廖东声	广西民族大学
17	基于资源环境产权交易的北部湾地区经济增长与环境保护研究	刘宁杰	广西财经学院
18	中国—东盟自由贸易区升级版背景下东南亚华商的作用研究	黄耀东	广西社会科学院
19	代际转换视角下农民工市民化的成本与收益政策研究	王　荣	广西贺州学院
20	西部地区县域软实力对中小微企业竞争力的影响及对策研究	张一纯	桂林航天工业学院
21	珠江—西江经济带产业梯度转移技术外溢及动力机制研究	席鸿建	广西财经学院
22	中国—东盟自由贸易区交通物联网互联互通服务体系建设研究	潘　翔	广西经济管理干部学院
23	完善国家治理体系视域下的中央—自治区政府互动关系研究	陆　鹏	自治区党校
24	中国与越南跨境民族节日习俗研究	李彩云	广西百色学院
25	南岭走廊的民族交往与构建和谐民族关系研究	袁丽红	广西民族问题研究中心
26	中国少数民族会计史研究	莫　磊	广西财经学院
27	西南民族地区城市特色文化保护与培育路径研究	付德申	桂林旅游高等专科学校
28	少数民族地区城乡发展一体化的动力机制与模式研究	韩国丽	广西财经学院

续表

序号	项目名称	负责人	单位
29	西南民族地区城镇化中城市综合承载力测算及提升路径研究	王赣华	桂林理工大学
30	城市流浪儿童心理救助模式研究	周永红	广西大学
31	乡村旅游与南岭瑶族新型农村社区建设研究	邓　敏	桂林理工大学
32	古代晚期地中海世界文献《塞奥多西法典》翻译与研究	董晓佳	广西师范大学
33	自出版:国际出版产业发展的新驱动与我国的政策应对研究	陈　琛	广西财经学院
34	基于有声语料库建设的广西粤语比较研究	陈小燕	广西师范大学
35	多语竞争中的中国语言形象建构研究	杨绪明	广西师范学院
36	东南亚英语地位嬗变与国家文化身份重塑研究	陈　兵	广西大学
37	程朱语录文白转型研究	杨　艳	广西师范学院
38	中越边境多族群语言接触与交融研究	谭群瑛	广西民族师范学院
39	左江流域壮语语言文化典藏	黄美新	广西梧州学院
40	儒学在古代岭南壮族地区的国家认同及社会治理中的作用研究	韦勇强	广西师范大学
41	中国西部地区抗战遗址调查与保护利用研究	李建平	广西社会科学院
42	全汉文编年系地与分布研究	易小平	广西大学
43	全明诗话叙录及考论	侯荣川	玉林师范学院
44	石刻文献与文学研究	杜海军	广西师范大学
45	马克思的资源哲学思想及其当代价值研究	肖安宝	广西大学
46	协商民主的国家认同功能及其实现途径研究	戴回天	广西师范学院

广西社科规划课题优良成果一览表（2014）

项目批准号	项目名称	承担单位	课题负责人	鉴定等级
11BZX001	多元文化视阈下的马克思主义哲学中国化、时代化、大众化研究	广西师范大学	谭培文	优秀
08CMZ002	广西壮族天琴文化研究	广西民族问题研究中心	李　妍	优秀
11BKS003	马克思的生态学思想与西方生态学马克思主义研究	广西民族大学	莫放春	优秀
06FZX001	中国近代经济伦理思想史	广西大学	王玉生	优秀
11FSH024	广西高校稳定问题研究——高校学生自杀危机的预防、预警与干预	广西大学	张姝玥	优秀
06CSH001	广西农村“留守儿童”的心理行为特征与家庭教育功能的研究	广西大学	周永红	优秀
11FGL045	基于粗糙集理论的桂林物流体系综合评价研究	桂林电子科技大学	李远远	优秀
08FZW002	“漓江画派”研究	广西财经学院	滕志朋	优秀
11BKG001	华南与东南亚新石器时代的文化面貌、生业经济与族群迁徙研究	广西师范大学	陈洪波	优秀
08BJL005	环北部湾次区域有色金属资源开发合作研究	广西大学	汪　涛	良好
08BJY027	基于创新集群的广西新型工业化路径研究	广西财经学院	葛　兵	良好
11CGL042	广西大中型企业集团公司治理机制研究	广西经济管理干部学院	蒋神州	良好
11BGL013	广西区域碳排放的决定因素与减排策略研究	广西师范大学	苏方林	良好
11CGL008	广西制造业与物流业联动发展研究	桂林电子科技大学	李壮阔	良好
11CGL011	“脆弱性”旅游资源开发与生态补偿互动机制研究——以漓江流域为例	广西师范大学	张　燕	良好
11FGL035	广西生态旅游产业发展机制与创新路径研究	广西师范大学	马艺芳	良好
11CXW006	基于创新理论范式的广西动漫产业发展路径研究	广西财经学院	黄　瑛	良好
03BZX001	创造性思维的哲学研究	广西大学	罗绍康	良好
11BFX012	中国—东盟自贸区(FTA)投资争端解决机制研究——兼论利用 FTAS 机制保护中国对外投资	广西师范大学	杨丽艳	良好
11FFX021	中越跨境非法婚姻法制化之进路研究	广西政法管理干部学院	杜承秀	良好

续表

项目批准号	项目名称	承担单位	课题负责人	鉴定等级
11BJY042	广西“十二五”发展时期税源管理信息化研究	广西财经学院	李静敏	良好
11BGL007	广西北部湾经济区人力资源状况与开发战略研究	广西师范大学	廖明岚	良好
11FTJ002	复杂数据下半参数计量经济模型的变量选择研究	河池学院	赵培信	良好
11CSH017	广西民族文化资源及其旅游开发模式研究	百色学院	焦世泰	良好
11BSH020	红水河流域少数民族民歌文化资源开发研究	河池学院	曾宏华	良好
11FFX011	中国与东盟成员国打击跨国犯罪立法、司法协助与合作机制研究	广西师范大学	蒋人文	良好
11ETQ002	泛在信息环境下图书馆信息资源组织研究	广西民族大学	欧阳剑	良好
08FZW003	意识形态话语下的海峡两岸当代文学比较研究	广西民族大学	陆卓宁	良好
11FMZ002	基于语料库的壮医药词汇搜集整理与研究	广西中医药大学	周祖亮	良好
11FZX002	“十二五”期间广西科技创新环境优化研究	自治区党校	黄炳线	良好
11BWW001	中日古典文学中的语言文化比较研究	广西师范大学	陶曷因	良好
08BSS001	1955~1978年广西在中、苏和北越等五国铁路国际联运中的作用研究	广西师范大学	范丽萍	良好
11FKS019	社会公平问题理论与实践研究	广西教育学院	何　伟	良好
11BZZ003	国情、国情论与中国近代民主政治的演进研究	广西师范学院	黄义英	良好
11BZZ002	广西北部湾经济区政府生态责任体系研究	自治区党校	曾　林	良好
11FFX007	我国食品召回监管法律机制研究	广西经济管理干部学院	廖善康	良好
11FJY046	广西新型农村金融组织与县域经济协同发展研究	桂林电子科技大学	段晓梅	良好
11BJY050	中国—东盟自由贸易区框架下区域性金融监管合作机制研究	广西财经学院	刘明显	良好
11FJY006	中国—东盟自由贸易区建成后的“博览会”发展思考与对策	桂林旅游高等专科学校	陈　俊	良好
11FJY039	广西低碳旅游经济发展研究——以阳朔为例	桂林旅游高等专科学校	陈伍香	良好
08BJY009	交通基础设施建设的空间溢出效应及其对区域经济增长的影响研究——以广西为例	广西财经学院	蒋满元	良好
11BJY010	打造西江经济带产业集聚优势研究:基于区域创新体系视角	梧州学院	王　瑛	良好
11BJY015	北部湾城市群可持续发展研究——基于城市蔓延视角	广西师范大学	蒋团标	良好
11BJY059	利益视角下广西高校产学研合作研究生培养模式建构研究	广西师范大学	陈　闻	良好
08CJY014	广西北部湾经济区构建中国—东盟制造业基地战略研究——基于产品内分工视角	广西大学	韦倩青	良好
11FJY014	中国—东盟合作框架下广西口岸城市发展战略研究	广西大学	覃盟琳	良好
08BJY028	基于集聚效应的广西北部湾城市土地利用与城市空间结构优化研究	广西大学	郇丽萍	良好
06FJL005	广西县域经济发展综合评价体系与实证研究	广西社会科学院	杨　鹏	良好
11BJL001	企业的价格竞争和数量竞争的内生化研究	广西师范大学	吴欣望	良好
08BJL009	广西北部湾经济区自主发展能力培育与经济追赶机制研究	广西师范大学	吴玉鸣	良好
11FGL028	广西中小企业技术创新生态环境及其优化研究	梧州学院	杨西春	良好
11BGL009	县域经济核心竞争力评价体系研究——以广西为例	桂林理工大学	蒋蓉华	良好
11BGL020	基于物联网的广西北部湾经济区物流联盟合作模式与发展研究	广西大学	樊　凡	良好
11FGL027	经济增速转型背景下广西上市公司发展对策研究—基于营运资金管理视角	广西大学	李永梅	良好

续表

项目批准号	项目名称	承担单位	课题负责人	鉴定等级
11BGL010	价值网络视角下广西海洋生物产品品牌建设理论与应用研究	广西大学	唐玉生	良好
11BGL051	广西县域经济竞争力评价体系研究	桂林电子科技大学	史　烽	良好
11CMZ012	广西仫佬族国家认同意识形成的历史文化机制研究	广西师范学院	杨素萍	良好
06FZH006	壮族文化与壮医药的关联性研究	广西中医药大学	邓远美	良好
11BTY001	广西社会体育专业人才培养与人才需求脱节的社会原因及其改革思路	广西师范大学	李善华	良好
08BXW005	广西对东盟国家信息传播策略研究	广西财经学院	徐一林	良好
11BXW008	经济全球化背景下的广西民族文化传承与发展策略研究	广西民族大学	杨宁宁	良好
03CXW003	大众传播与广西少数民族地区社会发展关系研究	广西大学	商娜红	良好
08CZW001	“边缘”与“中心”的对话与互动——广西电影地图的重心置换与位移	广西民族大学	董迎春	良好
11BZW009	明清时期广西的文学家族与家族文学研究	广西师范大学	王德明	良好
11BZS004	民国时期广西灾荒与救济机制及其历史经验研究	广西师范大学	覃卫国	良好
06FZS002	广西侨力资源开发与利用的途径探索	广西师范大学	张　坚	良好
08BYY001	贺州多方言语法比较研究	广西师范大学	陈小燕	良好
11FYY017	面向东南亚的孔子学院建设研究	广西师范大学	刘亚辉	良好
11FYY003	记录语言学与少数民族语言的多媒体记录及开发应用研究——以下坎侗语词汇资料库建设为例	广西师范大学	何彦诚	良好

年内，广西社科规划办组织出版《广西2013年哲学社会科学规划研究优秀成果汇编》。

【广西壮族自治区决策咨询委员会及办公室】

机构建设　6月，经自治区党委决定，组织开展选聘咨询委委员、咨询专家、确定成员单位工作。9月，召开2014年自治区决策咨询工作会议，审议通过第一批咨询委咨询专家候选人，最终选聘咨询委委员6人和第一批咨询专家31人、确定15家单位为咨询委成员单位，并审议通过自治区决策咨询委咨询专家管理办法。

课题研究　年内，委托特邀咨询委员陈锡文牵头开展课题《广西深化农村综合改革突破口及对策研究》，委托中国财政部财政科学研究所副所长苏明开展课题《自治区以下政府间事权划分问题研究》，委托国家行政学院中国领导科学研究中心常务副主任胡月星牵头开展课题《广西经济转型升级与人才资源战略问题研究》等3个重点课题研究。12月，完成2014年《中国—东盟博览会创新机制研究》并结题，形成近30千字的课题研究报告，并报送自治区党委政府作决策参考。组织咨询专家做好《广西金融体制改革》《广西重点园区管理体制改革》《广西农村金融改革》《广西职业教育体制改革》《广西北部湾经济区管理体制机制创新改革》等5个重点改革问题研究工作。组织咨询专家做好《促进广西残疾人基本公共服务均等化研究》《落实党风廉政建设党委主体责任和纪委监督责任研究》《“法治中国”背景下地方人大监督行政、司法工作的机制创新研究》《国家治理转型中加强和改进非公经济组织和社会组织党的建设研究》《广西重大投资项目监管制度研究》

6月16日，自治区党委常委、秘书长、决策咨询委员会主任范晓莉（右）出席自治区决策咨询委员会工作会议并为自治区政协常委、自治区政协经济委员会主任连友农（左）颁发咨询专家聘书　（黄峭岑　摄）

等5个重大问题研究。

咨询活动 年内,咨询办先后多次组织上门面访自治区特邀咨询委员,就广西经济社会发展重大问题和自治区党委政府重大决策征询特邀咨询委员意见建议。6月16日,召开自治区决策咨询委员会工作会议,讨论研究2014年自治区决策咨询委工作计划,重点围绕全面深化改革问题、沿边开放开发问题、充分挖掘产业发展潜力问题、非公有制经济发展问题、积极推进新型城镇化问题、人力资源发展问题等6大方面开展咨询课题研究,为党委政府提供决策参考。自治区党委常委、秘书长、决策咨询委员会主任范晓莉主持。9月11日,召开自治区决策咨询委员会咨询专家工作会议,讨论《关于深化北部湾经济区改革若干问题的决定》和《关于全面深化广西国资国企改革的意见》(均为征求意见稿)。范晓莉主持。自治区决策咨询委员会领导、委员和专家等参会。11月18日,咨询办组织自治区咨询专家召开新常态下广西经济发展路径问题专家调研座谈会。

咨询平台 年内,印送《咨询专报》4期,重点编辑咨询委组织开展的重大课题研究成果和自治区特邀咨询委员意见建议,专报自治区党委政府领导决策参考。广西决策咨询网运转正常,为广西决策咨询工作和重大课题招投标工作提供信息保障作用。

【广西重大课题研究招投标】 2014年,自治区党委政策研究室和自治区人民政府发展研究中心继续共同承办广西重大课题研究面向全国公开招投标工作。公开招标课题研究总体要求是:根据中央精神,结合广西实际,运用相关理论,总结现有实践,剖析存在问题,分析机遇条件,借鉴国内外经验,提出解决问题的总体思路和对策措施。

招标情况 3月27日,广西重大课题研究招投标工作联席会议办公室在《人民日报》《广西日报》、广西决策咨询网等媒体上发布8个重大课题面向全国公开招标研究的公告。至4月中旬,收到标书47份。

评标情况 4月29日,在南宁召开2014年度广西重大课题研究评标工作会议。90多人参会。根据《广西重大课题研究招投标管理暂行办法》和《广西重大课题研究招投标管理暂行办法实施细则》有关规定,广西重大课题研究招投标工作联席会议办公室于4月底从广西重大课题研究招投标专家库中随机抽取70位专家作评标专家,根据专家的专业特长分成10个评标小组(每题一组,其中明标2个组,暗标8个组),每组7位专家;暗标(研究大纲)按照决策研究要求,从基本观点、研究内容、理论联系实际及政策性文件的创新点、文体格式一般规范等方面对标书进行评审打分。在每个标书的7位专家评分中,去掉最高分和最低分,剩下5个评分相加得出暗标分数;明标(申请书)按照投标人和研究团队的专业水平和科研能力,前期研究成果与投标课题相关程度等方面进行评审打分,在每个标书的7位专家评分中,去掉最高分和最低分,剩下5个评分相加得出明标分数。最后将暗标分数和明标分数相加得出总分。根据评标结果,最后确定总分最高分为中标人,5月8日在《人民日报》《广西日报》、广西决策咨询网进行公示,公示期间无异议。

签订合同和跟踪研究 5月,中标人公示期满后,广西重大课题研究招投标工作联席会议办公室与中标人签订《广西重大课题研究合同》。在课题研究过程中,联席会议办公室组织自治区党委政策研究室和自治区人民政府发展研究中心的领导和有关业务骨干,进行跟踪检查。

评审验收及成果转化 12月,广西重大课题研究招投标工作联席会议办公室组织成立研究成果评审验收委员会和8个评审验收小组,分别从研究方向、研究内容和重点、研究方法等方面对8个重大课题研究成果进行评审验收。随后,组织有关专家对8个重大课题进行后续研究,完善有关研究成果,上报自治区党委政府,并根据自治区党委政府领导批示,转自治区有关部门和相关设区市吸纳利用。

成果汇编 年内,招投标办将2013年招标的8个课题研究成果汇编成《广西改革发展研究——广西重大招投标课题研究成果汇编(2013)》一书公开出版。

2014年广西重大招标课题一览表

序号	课题名称	中标人	工作单位
1	广西深入实施北部湾经济区和西江经济带“双核”驱动战略研究	韦坚祥	自治区发展改革委
2	广西推进海上丝绸之路建设的战略定位与对策研究	丘兆逸	广西师范学院
3	广西建设沿边金融综合改革试验区对策研究	崔　瑜 杨正东	中国人民银行南宁中心支行
4	广西发展混合所有制经济对策研究	袁珈玲 覃卫国	广西社会科学院、自治区国资委
5	广西建设沿边自由贸易区问题研究	王新哲	广西民族大学
6	广西深化行政体制改革对策研究	褚添有	广西师范大学
7	广西“十三五”经济社会发展的重点、难点和着力点研究	覃盟琳	广西大学
8	广西加快现代职业教育体系建设重点、难点和着力点研究	覃壮才	广西教育科学研究所

学科综述

地方优长学科

【东盟研究】 2014年，广西科研人员研究东盟问题的著作有：杨晓强、庄国土《东盟发展报告(2014)》、郑军健《2014中国—东盟商务年鉴》、广西社会科学院《越南国情报告(2014)》、潘永《越南投资环境分析报告》、王娟《新加坡投资环境分析报告》、岳桂宁等《泰国投资环境分析报告》、李好《老挝投资环境分析报告》、申韬、薛青《菲律宾投资环境分析报告》、梁淑红《马来西亚投资环境分析报告》、刘亚萍《柬埔寨投资环境分析报告》、韦倩青《印度尼西亚投资环境分析报告》、黄爱莲《缅甸投资环境分析报告》、马金案《文莱经济社会地理》等。

发表的论文，根据《中国知网》中期刊的不完全统计，通过对篇名中含有“东盟”、“东南亚”以及“越南”、“新加坡”、“泰国”、“老挝”、“菲律宾”、“马来西亚”、“柬埔寨”、“印度尼西亚”（或“印尼”）、“缅甸”、“文莱”等关键词进行检索，2014年广西科研人员发表有关东盟研究的文章516篇，全国4343篇，占11.88%。其中含有东盟关键词的有255篇，全国795篇，占32.07%；研究东南亚及东盟十国的261篇，全国3548篇，占7.36%；专门研究越南的98篇，全国660篇，占14.85%。

广西科研人员发表有关东盟研究的论文中，有117篇发表在核心期刊中，占22.67%。发表在核心期刊的论文中，研究东盟的65篇，占55.56%；研究东南亚及东盟十国的52篇(其中越南的22篇，占18.80%)，占44.44%。论文作者(以最前的广西作者为准)在高校的有96篇(广西民族大学26篇，广西大学19篇，广西财经学院8篇)，占82.05%；在科研机构的有8篇，占6.84%；在实践工作部门的有12篇，占10.26%；在党校系统的有1篇，占0.85%。

发表的论文中，有部分是基金项目的阶段性成果：国家基金项目(包括国家社科基金、国家哲学社会科学基金、国家自然科学基金)的阶段性成果50篇，教育部项目的阶段性成果26篇；广西基金项目(包括广西社科基金、广西哲学社会科学规划课题、广西自然科学基金)的阶段性成果22篇，广西教育类项目(包括广西教育科学规划课题、广西高等学校项目、新世纪广西高等教育教学改革工程、广西研究生教育创新计划项目)的阶段性成果31篇。

9月19-22日，第十一届中国—东盟博览会在南宁举行　（黄晓明　摄）

广西地处中国与东盟合作的前沿地带，东盟问题研究有着得天独厚的优势，是广西的一大亮点，发表的文章主要从中国—东盟政治、警务合作、安全、法律、合作、技术、经贸、投资、金融、会计、税制、农业、旅游、信息、传播、文化、新闻、教育、人才培养、互联互通、中国—东盟博览会及中国—

东盟自由贸易区升级版建设、法律、贸易、物流、金融、税收和在中国—东盟自由贸易区框架背景下中国和广西的发展等方面研究,并对东南亚及东盟各国问题展开探讨。作者多在高校。

出版的著作中,杨晓强、庄国土《东盟发展报告(2014)》对2013~2014年东盟和中国—东盟关系进行了宏观分析,认为2013年东盟经济发展较快,政治民主化进程步总体向前推进,中国—东盟关系也稳步发展;分析了各国的经济社会发展状况和热点问题,着重突出其中的亮点,并对中国与东盟各国关系的发展进行了深入分析。郑军健《2014中国—东盟商务年鉴》着重收载中国和东盟各国商务方面的基本资料及重要信息,促进双边贸易发展,提高中国—东盟博览会的商务影响力。广西社会科学院《越南国情报告(2014)》较为全面反映和研究2013年越南政治、外交、经济、贸易、科技、文化、教育、医疗卫生、体育等方面的发展及2014年的前景预测。潘永《越南投资环境分析报告》对越南的投资环境状况从政治外交、宏观经济、法律政策、基础设施、生产要素等多方面进行梳理和分析,形成较为全面、合理的越南投资环境分析体系。王娟《新加坡投资环境分析报告》阐述新加坡的政治、经济、社会环境、法律与政策、基础设施等状况。岳桂宁等《泰国投资环境分析报告》以投资环境分析评价为切入点,完整介绍泰国的各方面,重点分析评价泰国经济领域的宏观和微观状况。李好《老挝投资环境分析报告》对老挝的政治、经济、文化、政策、资源及投资环境等进行系统研究和阐述。申韬、薛青《菲律宾投资环境分析报告》深入分析菲律宾投资政策与法律制度、重点投资区域和产业及投资现状和发展趋势。梁淑红《马来西亚投资环境分析报告》介绍马来西亚的政治环境、经济环境、社会环境、法律与政策环境、基础设施环境等,并对马来西亚投资的机遇、双边贸易状况、投资成本、重点投资区域、综合投资环境等方面进行综合分析评价。刘亚萍《柬埔寨投资环境分析报告》介绍和阐述柬埔寨历史、地理和风土人情概况,实地考察分析柬埔寨的政治、经济、政策环境,重点投资区域和产业、投资的社会环境、具体的投资法规法律及总体的投资优势和发展趋势。韦倩青《印度尼西亚投资环境分析报告》以投资环境分析评估为切入点,完整介绍印度尼西亚的各方面尤其是重点分析评价印度尼西亚经济领域的宏观和微观状况。黄爱莲《缅甸投资环境分析报告》分析缅甸的投资环境及中缅经贸合作的现状和发展趋势,旨在为读者提供一个较为客观、全面的缅甸投资环境评估结果。马金案《文莱经济社会地理》探讨文莱的经济、社会、地理,以便为中国与文莱进行经济贸易等领域合作提供参考。

发表的论文中,在研究中国—东盟合作关系问题上,范祚军、张宏杨《中国—东盟合作关系中政治与经济影响因素测度》认为通过对中国—东盟合作关系中的政治影响因素和经济影响因素进行测度,找出影响双边关系发展的关键因素,从而为发掘中国—东盟关系中的政治经济互动机制奠定基础,为下一步制定中国—东盟关系深入发展策略提供有益帮助。

在研究中国—东盟合作开发问题上,黎鹏等《区位理论视阈下中国—东盟沿边跨国区域合作开发研究》认为以区位理论系统指导中国—东盟边境区位合作开发的务实推进,具体措施包括加强通道和口岸建设,加强服务于中国—东盟边境区位合作开发的国际协调机制建设等。

在研究中国—东盟警务合作问题上,陈华、李芳《论中国—东盟区域警务合作机制的建构——以欧洲经验为启示》认为可从培育区域合作观念共识、构建多渠道的经常性警务合作机制、加强区域警务技术合作、培养跨区域执法人才等方面寻求突破。

在研究中国—东盟经贸合作问题上,刘松竹《推进中国—东盟经贸合作的思路及对策》认为中国应通过发挥合作平台作用,实现规模经济,推动“海洋入宪”,保障中国—东盟经贸合作;增强海上力量,确保海上经贸通道安全;建立中国—东盟海洋合作试验区,在中国—东盟共同建设“21世纪海上丝绸之路”;扩大与东盟国家的各领域合作,完善外经贸服务支持体系;发挥区域带头优势,推进经贸合作进程等;推进中国—东盟经贸合作进程。

在研究中国—东盟金融合作问题上,聂勇、彭文文《中国—东盟金融合作研究:一个文献综述》认为通过总结和厘清中国—东盟金融合作的研究成果和脉络,对进一步深化中国—东盟金融合作具有重要意义,也可为中国—东盟金融合作提供新的研究和发展方向。

在研究中国—东盟农业合作问题上,胡超《后自贸区时代中国—东盟农业合作的困境与转型》认为农业合作对中国—东盟各国经济发展具有重要的影响。基于比较优势的农业技术合作是后自贸区时代中国—东盟实现合作困境突围的有效制度安排。

在研究中国—东盟经济问题上,邓杨丰《中国—东盟经济与金融发展差异及其收敛性研究》认为应根据金融发展的差距在金融合作上选取子区域分步推进和分层次渐进的策略。唐文琳、李雄师《中国东盟区域经济一体化程度测量——基于时序主成分分析框架》基于时序主成分分析框架,构建起区域经济一体化程度测量模型,对中国—东盟区域经济一体化程度在2002年至2012年的变化情况进行测量。

研究中国与东盟税制问题上,蓝相洁、张建中《中国与东盟各国税制比较研究》认为通过对东盟各国和中国税制进行比较分析，分析东盟各国和中国的税制差异，有助于促进税收协调，更好地推进经贸合作。

在研究中国—东盟法律问题上，蒋巍、廖欣《中国—东盟国家矿业投资法律制度比较研究》通过对中国—东盟国家矿业投资法律制度比较研究，探索各国间矿业投资法律制度各自的特点，探讨各国间矿业投资法律制度彼此协调的结合点及其对策，以期能获得促进中国—东盟各国矿业投资法律合作的一些启示。

在研究中国—东盟自由贸易区升级版问题上，梁颖《打造中国—东盟自由贸易区升级版的路径与策略》认为：打造中国—东盟自贸区升级版，要以更新和扩充中国—东盟自贸区协定的内容与范围为新起点，以不断加强互联互通、金融、海上和产业等重点领域合作，以增强政治互信以巩固和深化同东盟的战略伙伴关系，保障中国—东盟自贸区升级版的实现。

在研究中国—东盟自贸区 投资问题上，韦倩青、苏宣云《中国—东盟自贸区直接投资效应实证研究》在分析中国和东盟直接投资流入变化的基础上，利用面板数据固定效应模型实证检验了中国—东盟自贸区建立后的直接投资效应。

在研究中国—东盟自贸区建立对广西影响问题上，刘松竹《中国—东盟自贸区的建立对南宁市居民消费支出的影响问题研究》指出中国—东盟自贸区背景下进一步提高，对南宁市居民消费支出的对策建议。

在研究东盟博览会问题上，梁君《基于双边市场理论的会展平台运营策略——以东盟博览会为例》认为会展平台是典型的双边市场，基于会展双边市场的特性，会展行业的运行要注意产品差异化程度、网络交叉外部性、边际费用、交易者数量以及平台服务质量等因素的影响，其平台运营策略应运用差别定价体系、比较优势、国际化发展态势等。

在研究东南亚问题上，李雪岩《关系市场视角下的东南亚游客入滇游之人文优势分析》认为从关系市场视角来看，云南要发展东南亚游客入滇游，需要紧密结合其中的人文优势，做好主题定位和语言支持，并在交通、通信、签证等方面做出努力。

在研究越南问题上，易文《越南革新以来新闻传媒改革历程及特点分析》在对越南 1986 年革新以来的新闻传媒发展历程进行梳理的基础上，分析了越南对社会主义新闻传媒发展的启示。陈元中、黄妮《 越南共产党党内选举制度革新及其民主效应探析》认为越南共产党六大以来，重视党内选举制度革新，在党内外产生了强烈的民主效应。

在研究新加坡问题上，邹长虹《新加坡的语言政策及其对我国外语教育政策的启示》认为新加坡语言政策的成功，对于中国外语教育政策是有启示的，应引起我们的反思。 赵明龙《中国—新加坡旅游走廊建设研究》提出中新旅游走廊建设初步构想，包括发展定位、发展重点和发展措施。

在研究泰国问题上，苏悦娟、孔璎红《TRIPS 协议下的泰国地理标志保护制度研究》认为泰国专门法模式下的地理标志保护与我国国家质检总局的专门法模式下的地理标志保护很相似，中泰两国的地理标志保护合作具有有很好的条件和基础。郭旭霞等《泰国孔子学院的体育传播研究》建议加强教师培训、制定规范标准等。

在研究老挝问题上，李好《未来几年老挝投资环境及投资建议》总体来讲，老挝是一个极具投资潜力的新兴市场。未来几年赴老挝投资的企业，建议重点关注农业加工、水电、矿产、旅游等行业，事先熟悉相关行业的优惠政策及注意事项、选择合理的合作方式等等。

在研究菲律宾问题上，雷小华、黄志勇《菲律宾海洋管理制度研究及评析》通过对菲律宾的海洋管理政策、海洋立法、海洋执法管理以及与之相关的管理体制等多方面的管理制度进行研究、评析，期望对我国加强海洋管理有所借鉴。

在研究马来西亚问题上，王喜娟《马来西亚高等教育私有化政策研究》认为马来西亚着力发展私立高等教育，不但促进了私立高等教育的大发展，更为私立高等教育合法合规地发展提供了保障。

在研究柬埔寨问题上，郑国富《外贸、外资、外援与柬埔寨国内经济增长关系的实证研究》研究表明，外贸、外资、外援是柬埔寨国内经济高速增长的重要“引擎”，其中外援的经济效应最为显著，外贸次之，外资相对较低。

在研究印度尼西亚（印尼）问题上，郑一省《印度尼西亚山口洋华人的元宵大游行探析》指出华人自 18 世纪就移民到包括山口洋在内的印度尼西亚西加里曼丹，为当地的建设作出了很大的贡献。元宵大游行最初是华人的一种“迎神日”仪式，后来慢慢发展成“神人交汇”的盛大的多民族文化活动。

在研究缅甸问题上，林婷婷《中国和缅甸外资立法对比之研究》通过中缅两国在外国投资法制度上的差异和在缅甸投资应注意的问题进行了解，有助于促进两国之间的贸易往来，实现自由贸易以及进一步推动东盟自由贸易区发展。

在研究文莱问题上，《文莱 2012~2017 年教育部战略规划：愿景、使命与战略》基于历史和现实，文莱颁布和实施的《文莱 2012~2017 年教育部战略规划》充分重视了教育的作用，期望可以以教育促发展，切实实现国家的发展愿景。

有关"东盟研究"方面的著作一览表			
著作题目	作者单位及作者	出版社及出版时间	字数(千字)
东盟发展报告(2014)	广西民族大学　杨晓强、庄国土	社会科学文献出版社,2014年12月	290
2014中国—东盟商务年鉴	广西国际博览事务局　郑军健	广西人民出版社,2014年9月	650
越南国情报告(2014)	广西社会科学院	社会科学文献出版社,2014年12月	468
越南投资环境分析报告	中国—东盟研究院　潘　永	广西师范大学出版社,2014年7月	240
新加坡投资环境分析报告	中国—东盟研究院　王　娟	广西师范大学出版社,2014年6月	250
泰国投资环境分析报告	中国—东盟研究院　岳桂宁等	广西师范大学出版社,2014年7月	120
老挝投资环境分析报告	中国—东盟研究院　李　好	广西师范大学出版社,2014年7月	160
菲律宾投资环境分析报告	中国—东盟研究院　申　韬、薛　青	广西师范大学出版社,2014年12月	300
马来西亚投资环境分析报告	中国—东盟研究院　梁淑红	广西师范大学出版社,2014年7月	200
柬埔寨投资环境分析报告	中国—东盟研究院　刘亚萍	广西师范大学出版社,2014年7月	320
印度尼西亚投资环境分析报告	中国—东盟研究院　韦倩青	广西师范大学出版社,2014年9月	160
缅甸投资环境分析报告	中国—东盟研究院　黄爱莲	广西师范大学出版社,2014年12月	250
文莱经济社会地理	《东南亚纵横》编辑部　马金案	世界图书出版广东有限公司,2014年12月	320

有关"东盟研究"方面的论文一览表			
论文题目	作者单位及作者	发表刊物及期数	备注
东亚合作格局与中国—东盟政治经济互动	广西大学 范祚军、温健纯	《广西大学学报》 (哲学社会科学版) 2014年05期	国家社会科学基金项目《中国—东盟关系中政治与经济互动机制研究》阶段性成果之一,国家211工程四期重点建设学科群《中国—东盟经贸合作与发展研究》重点项目《中国—东盟关系影响因素的演绎研究》阶段性成果之一
论中国—东盟区域警务合作机制的建构——以欧洲经验为启示	广西警官高等专科学校 陈　华、李　芳	核心期刊《广西社会科学》 2014年01期	公安部《理论与软科学研究》立项项目
中国—东盟国际河流航运执法安全合作机制探究	广西警官高等专科学校 蒋　巍	核心期刊《广西民族大学学报》 (哲学社会科学版) 2014年03期	国家社科基金项目《西南边疆地区跨国犯罪及其控制研究》阶段性成果之一
中国—东盟关于抗制国际有组织犯罪的刑事合作研究	广西警官高等专科学校 蒋　巍	《河池学院学报》 2014年01期	
中国—东盟合作关系中政治与经济影响因素测度	广西大学 范祚军、张宏杨	核心期刊《经济研究参考》 2014年59期	2012年国家社会科学基金项目《中国—东盟关系中政治与经济互动机制研究》阶段性成果之一
深化中国与东盟合作是打造新战略支点的重要途径	自治区党校 张家寿	《桂海论丛》 2014年01期	
积极谋划与东盟合作的"升级版"	广西商务厅 韦朝晖	《广西经济》 2014年02期	
区位理论视阈下中国—东盟沿边跨国区域合作开发研究	广西大学 黎　鹏等	核心期刊《广西社会科学》 2014年09期	教育部哲学社会科学研究重大课题攻关项目,广西大学中国—东盟研究院科学技术研究重点项目

续表

论文题目	作者单位及作者	发表刊物及期数	备注
中国—东盟技术合作的动力机制探析	广西民族大学 高剑平等	核心期刊《自然辩证法研究》 2014年11期	广西民族大学中国—东盟研究中心开放课题《东盟的中美平衡外交研究》阶段性成果之一，广西民族大学政治学与国际关系学院学科建设经费项目《中国—东盟合作机制研究》阶段性成果之一
促进广西开展中国—东盟技术转移服务平台的思考	广西科技信息网络中心 李婷	《大众科技》 2014年02期	
中国—东盟经济与金融发展差异及其收敛性研究	广西大学 邓杨丰	核心期刊《学术论坛》 2014年06期	教育部哲学社会科学研究重大课题攻关项目《中国—东盟区域经济一体化研究》阶段性成果之一，广西大学《中国东盟金融一体化的空间溢出效应研究》阶段性成果之一
推进中国—东盟经贸合作的思路及对策	广西财经学院 刘松竹	核心期刊《经济纵横》 2014年12期	国家社会科学基金重大项目《未来十年中国—东盟经贸格局演变与我国南海安全战略构建研究》阶段性成果之一
广西与东盟经贸合作的成效、问题与对策	广西职业技术学院 李继宏	《区域金融研究》 2014年10期	2013年度广西高校人文社会科学研究项目《广西民营企业对东盟直接投资研究》阶段性成果之一，《广西高等学校优秀中青年骨干教师培养工程》的项目
2013~2014年中国—东盟货物贸易数量分析与预测——年度分析系列报告之十一	广西大学行健文理学院 方冬莉等	《东南亚纵横》 2014年02期	
CAFTA对中国—东盟中间产品和最终产品贸易的影响	广西师范学院 李树娟等	核心期刊《商业研究》 2014年04期	教育部人文社会科学研究西部和边疆地区项目《北部湾环境演变与资源利用》阶段性成果之一，教育部重点实验室开放课题，广西师范学院科研启动项目
中国与东盟国家工业制成品的贸易条件影响因素研究	广西大学 韦倩青	核心期刊《广西社会科学》 2014年01期	国家社会科学基金项目
广西与东盟国家贸易物流发展策略探讨	广西职业技术学院 李建春	核心期刊《物流技术》 2014年05期	广西教育厅新世纪教改A类课题《基于中国—东盟自由贸易区物流业发展的〈物流信息技术〉课程开发研究》阶段性成果之一
中国企业对东盟直接投资的风险与规避策略探析	广西职业技术学院 韦大宇	核心期刊《对外经贸实务》 2014年10期	2013年广西高等学校人文社会科学研究项目《广西民营企业对东盟直接投资研究》阶段性成果之一
SNA视角下东盟10+3投资网络动态演变实证研究	广西大学 谢　婷、董　蓉	《商》 2014年17期	
中国—东盟国家矿业投资法律制度比较研究	广西警官高等专科学校 蒋　巍，广西社会科学院 廖　欣	核心期刊《学术论坛》 2014年04期	国家软科学研究项目《中国与东盟国家矿业合作法律问题研究》阶段性成果之一
中国—东盟金融合作研究：一个文献综述	广西财经学院 聂　勇、彭文文	核心期刊《武汉金融》 2014年04期	国家社科基金重大项目《未来十年中国—东盟经贸格局演变与我国南海安全战略构建研究》阶段性成果之一，《广西高等学校优秀中青年骨干教师培养工程》项目
广西与东盟金融资源分布和经济增长的相关性研究	广西民族大学 邹　嫄、罗银鹤	核心期刊《广西社会科学》 2014年03期	
中国与东盟金融合作现状与前景展望	广西商务厅 张晓青	《中国信用卡》 2014年03期	

续表

论文题目	作者单位及作者	发表刊物及期数	备注
中国—东盟金融发展趋同性研究	广西大学 邓杨丰、范祚军	《区域金融研究》 2014年01期	教育部哲学社会科学研究重大课题攻关项目《中国—东盟区域经济一体化研究》阶段性成果之一
人民币汇率对东盟各国汇率传染及其时变相关有效性研究	广西大学 王中昭、杨　文	核心期刊《国际金融研究》 2014年11期	国家社会科学基金项目《基于条件约束的人民币国际化情景模拟与对策》阶段性成果之一，八桂学者和创新团队发展计划，广西"八桂学者创新团队"项目《中国—东盟经济合作研究》子项目《人民币汇率对东盟各国汇率影响机制及其区域性特征研究》阶段性成果之一
东盟各国资本市场比较以及对广西的启示	广西民族大学 邹　嫄	《市场论坛》 2014年02期	
中泰企业会计准则体系比较——基于中国—东盟会计区域协调背景的思考	广西财经学院 陆建英	核心期刊《会计之友》 2014年16期	2012年度国家社科基金一般项目《中国—东盟自由贸易区环境下会计准则趋同与发展研究》阶段性成果之一
中国与东盟各国税制比较研究	广西财经学院 蓝相洁、张建中	核心期刊《地方财政研究》 2014年10期	国家社会科学基金重大招标项目《未来十年中国—东盟经贸格局演变与我国南海安全战略构建研究》阶段性成果之一
后自贸区时代中国—东盟农业合作的困境与转型	广西民族大学 胡　超	核心期刊《南昌大学学报》(人文社会科学版)2014年02期	国家自然科学基金项目《中国—东盟农产品市场一体化的障碍及解决机制研究》阶段性成果之一，教育部人文社会科学基金青年项目《中国—东盟农产品市场一体化研究》阶段性成果之一，广西民族大学中国—东盟研究中心招标课题《中国—东盟农产品市场一体化研究》阶段性成果之一
项目策划视角下的中国—东盟现代农业科技合作园区概念性规划设计	广西华蓝设计(集团)有限公司设计研究院　全峰梅	核心期刊《规划师》 2014年01期	
"丝绸之路经济带"旅游发展对策——基于中国—东盟无障碍旅游区构建视野	广西师范大学漓江学院 朱　环	核心期刊《开发研究》 2014年03期	广西教育科学"十二五"规划2013年度课题《广西独立学院旅游应用型人才技能培养研究》阶段性成果之一
共生理论视角下广西—东盟旅游合作研究	广西大学 朱奇志等	《广西大学学报》(哲学社会科学版)2014年01期	广西哲学社会科学"十二五"规划2011年度研究课题
面向东盟的传播策略创新	广西电视台　覃　彤， 自治区党校　庄　严	《对外传播》 2014年11期	
媒体外交中的"记者传播"策略——以广西电视台东盟传播实践为例	广西大学 万　忆	《中国记者》 2014年10期	中宣部"四个一批人才"项目《公共外交视域下的电视媒体对外传播研究》阶段性成果之一
中国图书馆东盟信息资源建设现状及趋势	广西民族大学 张　颖、苏瑞竹	《农业图书情报学刊》 2014年07期	2012年度广西民族大学研究生科研创新项目《广西、云南高校图书馆东盟信息资源建设比较研究》阶段性成果之一，2013年度广西民族大学研究生田野调查、社会调查项目《高校图书馆用户学科资源与服务需求分析——以广西民族大学东盟学科为例》阶段性成果之一

续表

论文题目	作者单位及作者	发表刊物及期数	备注
高校图书馆东盟信息资源用户需求和利用调查分析——以广西大学“中国—东盟经贸合作与发展研究”学科为例	广西大学 张晓文	《情报探索》 2014年04期	广西大学科研基金项目《基于云计算平台的文献计量系统体系研究》阶段性成果之一
中国—东盟文化交流“钻石十年”的构建研究	广西艺术学院 杨 华	核心期刊《广西社会科学》 2014年05期	
中国—东盟文化交流与合作可行性研究	广西社会科学院 黄耀东	核心期刊《学术论坛》 2014年11期	
广西—东盟文化贸易发展分析	广西师范大学 杨 理等	《广西大学学报》(哲学社会科学版)2014年02期	教育部文社会科学研究一般项目(西部和边疆项目)《融合媒体的受众采纳行为研究》阶段性成果之一,2012年广西科联科研究课题《广西文化产业与其他产业融合发展研究》阶段性成果之一,广西大学中国—东盟研究院《广西—东盟国家离岸文化产业协同创新发展研究》阶段性成果之一,广西人文社会科学发展研究中心“广西文化软实力发展研究团队”项目,广西人文社会科学发展研究中心“科学研究工程”2012年度一般项目《新媒介采纳行为与广西媒介产业融合研究》阶段性成果之一
社会主义核心价值观融入东盟文化建设探析	广西民族师范学院 韦国善、李 艳	《广西教育学院学报》 2014年06期	广西哲社2013年度研究课题《社会主义核心价值观对东盟各国思想文化的影响和意义研究》阶段性成果之一
论中国—东盟新闻报道的价值取向	广西日报社 黄 信	《东南亚纵横》 2014年12期	
东盟著名大学办学特色探析	广西民族大学 王喜娟、李枭鹰	《重庆高教研究》 2014年01期	国家社会科学基金“十二五”规划2011年度教育学青年课题《中国—东盟高等教育区域性合作研究》阶段性成果之一
东盟国家双语教学研究及其启示	广西工商职业技术学院 张居设	《南宁职业技术学院学报》 2014年01期	
广西—东盟商务英语教师国际交流研究	桂林电子科技大学 莫如愚,广西大学行健学院 黄奕苗	《经营管理者》 2014年09期	广西高校人文社科立项项目《广西—东盟商务英语教师交流进修机制研究》阶段性成果之一
基于中国—东盟合作的高职生职业汉语能力需求分析	广西国际商务职业技术学院 陆纯梅	《科教文汇》(上旬刊) 2014年03期	
基于广西北部湾经济区背景下高校东盟人才培养策略研究	广西民族大学 刘微微	《太原城市职业技术学院学报》 2014年01期	
东盟小语种人才培育发展的现状与策略研究	广西贺州学院 申 红	《科教导刊》(上旬刊) 2014年08期	
提升中国—东盟互联互通建设沿交通线经济走廊	广西社会科学院 杨 然	《广西经济管理干部学院学报》 2014年01期	
大数据时代:构筑中国—东盟博览会新闻信息库的实践与思考	广西日报传媒集团 钟桂发	核心期刊《中国记者》 2014年03期	

续表

论文题目	作者单位及作者	发表刊物及期数	备注
精益物流在中国—东盟博览会会展物流中的应用	广西职业技术学院 李小青	核心期刊《物流技术》 2014年23期	中国物流学会、中国物流与采购联合会课题计划《广西会展物流研究》阶段性成果之一
基于双边市场理论的会展平台运营策略——以东盟博览会为例	广西师范大学 梁 君	核心期刊《广西师范大学学报》（哲学社会科学版） 2014年01期	教育部人文社会科学研究青年基金项目《西部地区文化产业升级机制与路径研究——基于波特钻石模型的视角》阶段性成果之一
探讨构建中国—东盟博览会“钻石十年”保障系统新思路	广西国际博览事务局 陈 栋	《市场论坛》 2014年03期	
打造中国—东盟自由贸易区升级版的路径与策略	广西大学 梁 颖	核心期刊《亚太经济》 2014年01期	国家社会科学基金项目《中国—东盟关系中政治与经济互动机制研究》阶段性成果之一，国家211工程四期重点建设学科群《中国—东盟经贸合作与发展研究》重点项目《中国—东盟关系影响因素的演绎研究》阶段性成果之一
建设广西沿边金融综合改革试验区 助推中国—东盟自由贸易区升级版打造	广西金融工作办公室 李正友	《东南亚纵横》 2014年10期	
中国—东盟自由贸易区升级版路径探讨——以设立广西边境自由贸易区为例	广西民族大学 高 歌	《东南亚纵横》 2014年11期	
中国—东盟自贸区进口通关时间的贸易效应及比较研究——基于不同时间密集型农产品的实证	广西大学 胡 超	核心期刊《国际贸易问题》 2014年08期	中国—东盟研究院“教育部长江学者和创新团队发展计划”项目，国家自然科学基金地区项目，教育部人文社会科学基金青年项目
区域经济一体化下的中国—东盟自由贸易区法律问题研究	广西警官高等专科学校 蒋 巍	《广西广播电视大学学报》 2014年02期	
中国—东盟争端中CAFTA功能的法律探索	广西政法管理干部学院 王 威	核心期刊《社会科学家》 2014年10期	对外经济贸易大学法学博士后课题，广西高等学校优秀中青年骨干教师培养工程项目
中国—东盟自由贸易区“绿色壁垒”纠纷解决机制研究——基于环境合作视角	广西民族大学 黄中显	核心期刊《广西社会科学》 2014年11期	广西民族大学中国—东盟研究中心2012年度开放课题项目（创新团队项目）
中国—东盟自贸区直接投资效应实证研究	广西大学 韦倩青，中国银行北海分行 苏宣云	核心期刊《商业时代》 2014年13期	国家社科基金项目《CAFTA贸易便利化水平测算与中国应对策略研究》阶段性成果之一
浅析中国—东盟自由贸易区物流标准化研究思路	广西职业技术学院 吴砚峰	核心期刊《物流技术》 2014年01期	广西教育厅新世纪教改A类课题《基于中国—东盟自由贸易区物流业发展的〈物流信息技术〉课程开发研究》阶段性成果之一
基于大系统优化理论的中国—东盟自由贸易区物流协调体系研究	广西经济管理干部学院 庞广仪	《东南亚纵横》 2014年09期	
中国—东盟自由贸易区物流业发展与合作的法律保障措施研究	广西社科联 曹 平	《东南亚纵横》 2014年01期	
论中国—东盟自由贸易区人民币区域化发展的国际金融生态环境	广西经济管理干部学院 朱 峰	《东南亚纵横》 2014年09期	广西经济管理干部学院社会科学基金项目《人民币国际化与区域化（中国—东盟）前景及对策研究》阶段性成果之一

续表

论文题目	作者单位及作者	发表刊物及期数	备注
中国—东盟自由贸易区框架下中越金融合作与广西的战略选择	广西大学行健文理学院 罗力强	核心期刊《广西社会科学》 2014年05期	南宁市科会科学界联合会立项课题
中国—东盟自由贸易区框架下中泰金融合作研究	广西财经学院 李　彦	《金融教育研究》 2014年06期	广西教育厅科研项目，南宁市社会科学界联合会项目《中国—东盟自由贸易区框架下南宁与越南经贸互补研究》阶段性成果之一
中国—东盟自由贸易区"零关税"对中泰蔬果贸易合作的影响与对策研究	广西农业职业技术学院 梁小池	《企业科技与发展》 2014年14期	
中国—东盟自由贸易区背景下我国跨境教育政策研究	广西大学 毛仕舟	《科教文汇》(下旬刊) 2014年10期	2012年度广西教育厅科研重点项目《跨境高等教育与中国—东盟区域互动发展研究》阶段性成果之一
中国—东盟自由贸易区背景下广西承接国际产业转移的SWOT分析	广西外国语学院 罗　婕	《市场论坛》 2014年12期	2013年度广西高等学校科学研究立项项目《中国—东盟自由贸易区背景下广西承接国际产业转移的对策研究》阶段性成果之一
中国—东盟自由贸易区背景下广西海洋经济发展研究	广西民族大学 陈丙先、林江琪	核心期刊《广西社会科学》 2014年12期	广西民族大学研究生教育创新计划项目，广西八桂学者项目《中国与东南亚关系研究》阶段性成果之一
基于中国—东盟自由贸易区的广西大数据产业发展研究	广西计算中心 叶南均	《企业科技与发展》 2014年11期	
关于广西与中国—东盟自由贸易区的几个问题的看法	广西百色学院 周英虎	《玉林师范学院学报》 2014年03期	
21世纪中华戏剧与影视东南亚传播：新问题与新视域	广西财经学院 张经武	核心期刊《电影新作》 2014年05期	广西哲学社会科学规划2013年度研究课题《新媒体影响下的中国文学东南亚传播现状及路径研究》阶段性成果之一
浅谈琼剧在东南亚及国内的传播	广西艺术学院 张默瀚	核心期刊《戏剧文学》 2014年08期	
关系市场视角下的东南亚游客入滇游之人文优势分析	广西民族大学 李雪岩	核心期刊《生态经济》 2014年02期	国家社会科学基金项目，教育部人文社会科学研究青年基金项目，广西哲学社会科学规划研究课题，广西民族大学中国—东盟研究中心招标课题《中国—东盟架构下广西青年归侨侨眷发展问题研究》阶段性成果之一，中国侨联课题
东南亚的儒释道文化	广西社会科学院 古小松	《东南亚纵横》 2014年02期	
对外传播与中国在东南亚国家的形象塑造	广西大学 朱佳奕	《新闻世界》 2014年02期	2012年广西研究生教育创新计划《中国对东南亚国家形象传播研究的现状探析》阶段性成果之一
越南革新以来新闻传媒改革历程及特点分析	广西大学 易　文	核心期刊《新闻大学》 2014年05期	广西大学"211四期"区域文化传承创新与交流研究学科群2013年标志性成果培育选题立项项目，国家社科基金项目《越南革新时期新闻传媒研究》阶段性成果之一
越南共产党党内基层民主制度建设探析	广西民族大学 陈元中、税光辉	核心期刊《广西社会科学》 2014年08期	国家社会科学基金项目，广西民族大学中国—东盟研究中心(广西科学实验中心)开放课题

续表

论文题目	作者单位及作者	发表刊物及期数	备注
中国与越南私营业主入党问题比较分析	广西大学 胡　玲	核心期刊《广西社会科学》 2014年06期	国家社会科学基金项目
越南革新开放与社会保险制度改革	广西民族大学 包学雄、周怡帆	核心期刊《安徽农业科学》 2014年34期	
广西与越南高校体育专业合作研究	广西民族大学 戴友胜	核心期刊《广西社会科学》 2014年04期	广西民族大学重大科研项目
新加坡的语言政策及其对我国外语教育政策的启示	广西医科大学 邹长虹	核心期刊《社会科学家》 2014年02期	广西教育厅科研项目《东盟国家语言政策研究及启示》阶段性成果之一
中国—新加坡旅游走廊建设研究	广西社会科学院 赵明龙	核心期刊《广西民族研究》 2014年05期	国家社科基金项目《南海丝绸之路与中国—东南亚民族经济文化交流》阶段性成果之一
我国与新加坡受贿犯罪立法比较及其启示	广西民族大学 何立荣、何明凤	核心期刊《广西社会科学》 2014年09期	广西民族大学中国—东盟研究中心开放课题
政治文化对新加坡电影发展的影响及趋势	广西民族大学　陈　强，广西艺术学院　黎珏辰	核心期刊《电影文学》 2014年06期	广西民族大学中国—东盟研究中心（广西科学实验中心）开放课题《当代新加坡的民主政治文化研究》阶段性成果之一
中国与新加坡合同法之比较与借鉴	广西警官高等专科学校 黄谟媛	核心期刊《商业时代》 2014年11期	2012年度广西高等教育教学改革工程项目《区域经济合作背景下广西公安法学教育研究》阶段性成果之一
泰国孔子学院的体育传播研究	广西大学 郭旭霞等	核心期刊《体育文化导刊》 2014年06期	广西教育厅人文社科研究项目《民族传统体育文化在东盟孔子学院的传播策略研究》阶段性成果之一，广西大学科研基金项目《中华民族传统体育在东盟孔子学院的传播研究》阶段性成果之一，国家社科基金项目《中国—东盟民族体育文化差异与融合发展研究》阶段性成果之一，国家体育总局体育文化研究基地科研课题《民族传统体育文化在东盟孔子学院的现状及推广对策研究》阶段性成果之一
TRIPS协议下的泰国地理标志保护制度研究	广西经济管理干部学院 苏悦娟，南宁职业技术学院 孔璎红	核心期刊《广西社会科学》 2014年02期	国家质检总局科技计划项目，广西哲学社会科学研究课题
泰国宪法法院的法治角色	广西大学 龙　晟、黄　杰	核心期刊《河北法学》 2014年01期	
泰国入境旅游市场时空结构研究——基于2008~2013年数据的分析	广西民族大学 吕本勋、颜思嘉	核心期刊《广西民族大学学报》 （哲学社会科学版） 2014年05期	广西民族大学青年基金课题
泰国农用地百年改革及其对我国的启示	广西民族大学 周喜梅	核心期刊《东南亚研究》 2014年06期	广西民族大学中国—东盟研究中心开放课题项目《〈泰王国民商法典〉对我国民法典立法之借鉴系列研究》阶段性成果之一，广西八桂学者项目《中国与东南亚关系研究》阶段性成果之一
老挝语言政策探微	广西财经学院防城港学院 尹少君，广西民族大学 零宏惠	《云南社会主义学院学报》 2014年03期	广西教育厅科研项目《东盟国家语言政策研究及启示》阶段性成果之一
中国与老挝双边贸易合作关系（1990~2012年）	广西民族师范学院 郑国富	《东南亚纵横》 2014年02期	

续表

论文题目	作者单位及作者	发表刊物及期数	备注
未来几年老挝投资环境及投资建议	广西大学 李　好	《广西大学学报》(哲学社会科学版)2014年03期	教育部哲学社会科学研究重大课题攻关项目《中国东盟区域经济一体化》阶段性成果之一
中国与老挝双边贸易的特征及其发展趋势探讨	广西财经学院 黄莎莎	《现代商业》 2014年11期	
中国老挝民事检察监督比较	广西民族大学 李立景、于梦媛	《长江大学学报》(社会科学版) 2014年02期	广西高等教育教学改革工程项目,广西民族大学中国—东盟研究中心项目,广西民族大学教改项目
菲律宾海洋管理制度研究及评析	广西社会科学院 雷小华、黄志勇	核心期刊《东南亚研究》 2014年01期	国家社科基金项目《东盟主要成员国海洋战略研究》阶段性成果之一,广西社科规划项目《东盟国家海洋权益意识及广西海洋资源开发对策研究》阶段性成果之一
菲律宾共产党的历史、理论与现状	广西钦州市委党校 黄家远等	核心期刊《当代世界与社会主义》2014年04期	教育部哲学社会科学研究重大课题攻关项目《世界社会主义主要流派的历史演进研究》阶段性成果之一,云南省教育研究学术工作站《思想政治教育理论与实践研究工作站》阶段性成果之一
20世纪40至60年代菲律宾共产主义运动与华人社会变迁	广西民族大学 杨静林	核心期刊《当代世界社会主义问题》2014年02期	广西壮族自治区八桂学者平台建设工程专项课题项目《广西的东南亚及亚太海洋战略》阶段性成果之一,广西民族大学引进人才科研启动项目《毛泽东思想在东南亚的传播及其对东南亚共产主义的影响》阶段性成果之一
菲律宾:2013年发展回顾与2014年展望	广西社会科学院 黄耀东	《东南亚纵横》 2014年03期	
2013菲律宾形势分析	广西民族大学 陈丙先、叶　康	《梧州学院学报》 2014年05期	2013年广西高等学校科学研究一般项目
马来西亚高等教育私有化政策研究	广西民族大学 王喜娟	核心期刊《当代教育科学》 2014年03期	广西民族大学中国—东盟研究中心课题《马来西亚高等教育私营化政策与发展现状研究》阶段性成果之一,国家社会科学基金"十二五"规划2011年度教育学青年课题《中国—东盟高等教育区域性合作研究》阶段性成果之一
中国与马来西亚双边贸易流量及贸易潜力研究	广西民族大学 刘志雄、陈　旭	《东南亚纵横》 2014年07期	2013年度国家社会科学基金项目《新形势下我国能源安全保障、环境保护与经济稳定增长的协同与政策优化研究》阶段性成果之一
中国与马来西亚经济关系探析	广西财经学院 陈　慧	《东南亚纵横》 2014年07期	2012年度国家哲学社会科学基金重大项目(第二批)《未来10年中国—东盟经贸格局演变与我国南海安全战略构建研究》阶段性成果之一,2010年度广西财经学院课题《人民币结算退税对广西边境贸易的影响研究》阶段性成果之一
以中马建交40周年为契机促进广西与马来西亚深化合作	广西商务厅 雷仲华	《广西经济》 2014年08期	

续表

论文题目	作者单位及作者	发表刊物及期数	备注
马来西亚:2013年回顾与2014年展望	广西社会科学院 韦朝晖	《东南亚纵横》 2014年04期	
柬埔寨:2013年发展回顾与2014年展望	广西东南亚研究会 蒋玉山	《东南亚纵横》 2014年02期	
柬埔寨吸引国际直接投资的特征、问题及前景展望	广西民族师范学院 郑国富等	《创新》 2014年01期	
外贸、外资、外援与柬埔寨国内经济增长关系的实证研究	广西民族师范学院 郑国富	《经济论坛》 2014年04期	广西民族师范学院2012年边疆问题研究基地开放基金项目,广西民族师范学院2012年度科研立项项目
印度尼西亚山口洋华人的元宵大游行探析	广西民族大学 郑一省	核心期刊《广西民族大学学报》(哲学社会科学版) 2014年01期	国家民委人文社会科学重点研究基地项目《中国南方与东南亚跨境民族研究》阶段性成果之一
印度尼西亚:2013年发展回顾与2014年展望	广西民族大学 杨晓强、欧　芮	《东南亚纵横》 2014年02期	
中国与印度尼西亚商业银行发展比较研究	广西大学 谭春枝、金　磊	《广西大学学报》(哲学社会科学版)2014年01期	教育部哲学社会科学研究重大课题攻关项目《中国—东盟区域经济一体化研究》阶段性成果之一
印度尼西亚的伯拉奈干人——东南亚土生华人系列之六	广西民族大学 徐杰舜	《百色学院学报》 2014年06期	
缅甸国际直接投资的特点、问题与前景	广西民族师范学院 郑国富	《东南亚研究》 2014年01期	
中国和缅甸外资立法对比之研究	广西大学 林婷婷	《法制与社会》 2014年25期	
缅甸的桂家人——东南亚土生华人系列之三	广西民族大学 徐杰舜	《百色学院学报》 2014年03期	
缅甸语言政策及其对中国外语教育政策的启示	广西师范学院　刘书琳,广西医科大学　邹长虹	《长春教育学院学报》 2014年07期	广西教育厅科研项目《东盟国家语言政策研究及启示》阶段性成果之一
文莱:2013年发展回顾与2014年展望	广西大学　马　静,广西社会科学院　马金案	《东南亚纵横》 2014年02期	
文莱2012—2017年教育部战略规划:愿景、使命与战略	广西民族大学 王喜娟	《中国电力教育》 2014年33期	国家社会科学基金"十二五"规划2011年度教育学青年课题《中国—东盟高等教育区域性合作研究》阶段性成果之一,广西民族大学中国—东盟研究中心2013年度课题《东盟高等教育研究》阶段性成果之一

【壮学】 2014年,广西科研人员研究壮学问题的著作主要有:付广华《壮族地区生态文明建设研究:基于民族生态学的视角》、蒙元耀《壮语语音》、何霜《现代壮语句法》、卢勇斌《汉壮翻译基础教程》等。

发表的论文,根据《中国知网》对期刊不完全统计,通过对篇名中含有"壮学"、"壮汉""壮族"("广西壮族自治区"中的"壮族"词除外)、"壮字"、"壮语"、"壮剧"、"壮欢""壮锦"、"黑衣壮"等关键词进行检索,2014年广西科研人员发表有关壮学研究的文章158篇,全国341篇,占46.33%。其中篇名中含有关键词"壮族"("广西壮族自治区"中的"壮族"词除外)的有122篇,全国257篇,占47.47%。

广西科研人员发表有关壮学研究的文章中,有39篇发表在核心期刊,占24.68%。发表在核心期刊的论文中,研究壮族(《广西壮族自治区》中的"壮族"词除外)的有30篇,占76.92%。论文作者(以最前的广西作者为准)在高校的有31篇(广西民族大学8篇,广西大学、广西师大和广西医科大各4篇),占79.49%;在科研机构有1篇,占2.56%;在实践工作部门有7篇,占17.95%。

发表的论文中,有部分是基金项目的阶段性成果:国家基金项目(包括国家社科基金、国家哲学社会科学规划基金、国家自然科学基金）的阶段性成果17篇，教育部项目的阶段性成果7篇；广西基金项目（包括广西社科基金、广西哲学社会科学规划课题、广西自然科学基金）的阶段性成果11篇，广西教育类项目（包括广西教育科学规划课题、广西高等学校项目、新世纪广西高等教育教学改革工程、广西研究生教育创新计划项目）的阶段性成果12篇。

壮族是广西独有的民族，壮学研究是广西的特色，壮族研究取得了丰硕的成果。发表的论文主要从壮学、壮汉及壮族族群、土司、族称、民主、民间信仰、德育、文化（包括传统、族源、那、民俗、民族、生态、社会、服饰、山歌、天琴、器物、农商、医药文化等）、仪式、习俗、文学（包括故事）、艺术（包括民歌、山歌、歌圩、曲艺、铜鼓音乐、舞等）、人物、地区、古籍等方面研究。专门探讨壮字、壮语、壮剧、壮欢、壮锦、黑衣壮等方面。壮医、壮药研究在此不列条目。作者多在高校及医院。

出版的著作中，付广华《壮族地区生态文明建设研究：基于民族生态学的视角》从民族生态学视角出发，对壮族地区生态文明建设展开探讨，在民族传统生态知识、现代科学技术、环境保护及环境冲突等论题上提出新颖观点。蒙元耀《壮语语音》是一本壮语语音教科书。对壮语语音的分类、音节的构成与音素的结合规律、语音的变化、音系的构成等探讨。何霜《现代壮语句法》阐述壮语语法以句法为重点，揭示壮语语法的基本规律，展现壮语语法的基本面貌。卢勇斌《汉壮翻译基础教程》通过实例归纳和阐明一般规律性的知识，旨在帮助学生掌握汉壮翻译的基本理论和技巧，提高汉壮翻译的能力和水平。

发表的论文中，在研究壮学问题上，谢崇安《广西考古学研究与壮学的建立发展》认为广西考古学研究促进了壮学新研究分支的形成，加强了新时期壮学研究的深度和广度。

在研究壮族社会文化变迁问题上，刘银妹、韦丹芳《甘蔗种植与壮族社会文化变迁——以广西壮族自治区崇左市江州区果怕屯为例》认为甘蔗种植既是果怕屯人改变生存状态的经济方式，也是当地社会文化变迁的重要诱因。如何在发展经济的同时，保持和延续传统文化的活力，是发展民族地区经济和把握社会发展方向需要思考的问题。

在研究壮族传说问题上，陈金文《壮族民间侬智高传说的口述史意义》认为侬智高的传说不仅有史观价值，也具有史料价值。

在研究壮族族群认同问题上，罗彩娟、梁莹《记忆、表征与认同——靖西壮族族群认同与国家认同研究》认为作为南疆边陲的靖西壮族共同体，具有以真实的历史记忆作为基础的文化想象、基于传统文化表征的民族意象以及基于现实民族团结的国家形象，实现了族群认同与国家认同的统一。

在研究壮族古俗问题上，潘春见《“洁净”的秩序和力量——壮族古俗“夫妻异室而居”新探》论证壮族古俗“夫妻异室而居”背后的伦理规则，探讨这一伦理规则在古典干栏房子建造过程中的技术化和仪式化转向。

在研究壮族设计艺术问题上，俞崧、柒万里《壮族设计艺术及其文化的产生、发展与演变》探讨壮族设计艺术起源、发展及演变的基本线索，以及壮族设计艺术所体现出来的各种文化内涵。

在研究壮族德育问题上，何广寿《简论大学生网络德育中壮族传统德育资源的开发与利用》认为开发壮族传统德育资源，应树立壮族德育资源开发的意识，大力推动高校网络德育建设，深入研究广西壮族地区传统文化，充分利用多元化传播形式。

在研究壮字问题上，杨丽萍《新方块壮字与“云时代”壮族文化传承的适切性研究》认为新方块壮字目前仅在民众中流行，未形成规范体系，也未成为法定文字，需要借助语言学、文字学、民族学、传播学等理论方法进行一系列理论探寻和推广实验，借助网络平台扩大影响力，使之真正成为“云时代”壮族文化传承的媒介之一，以此构建壮族文化传承的新机制，开创壮族文化传承与发展的新渠道。

在研究黑衣壮问题上，张静《对黑衣壮装饰元素的解读》从黑衣壮装饰元素的构成形式及意蕴解读入手，对黑衣壮装饰元素在现代社会中的价值进行了深入的剖析，为相关研究提供一些有益的借鉴。

有关“壮学研究”方面的著作一览表

著作题目	作者单位及作者	出版社及出版时间	字数（千字）
壮族地区生态文明建设研究：基于民族生态学的视角	广西民族问题研究中心　付广华	广西师范大学出版社，2014年5月	390
壮语语音	广西民族大学　蒙元耀	广西民族出版社，2014年12月	150
现代壮语句法	广西民族大学　何　霜	广西民族出版社，2014年2月	190
汉壮翻译基础教程	广西民族大学　卢勇斌	广西民族出版社，2014年2月	140

有关“壮学研究”方面的论文一览表

论文题目	作者单位及作者	发表刊物及期数	备注
广西考古学研究与壮学的建立发展	广西民族大学 谢崇安	核心期刊《广西民族研究》2014年05期	国家民委人文社科重点研究基地——广西民族大学中国南方与东南亚跨境民族研究基地项目
壮学的发展与前瞻	广西民族问题研究中心 覃彩銮	核心期刊《广西民族研究》2014年06期	
壮族土司制度研究与壮学建立	广西民族大学 黄家信	核心期刊《广西民族研究》2014年06期	
关于壮汉双语教育若干问题的思考	广西教育厅 韦兰明	核心期刊《广西民族研究》2014年04期	
广西壮汉双语教育创新与实践	广西教育厅 韦兰明	《中国民族教育》2014年05期	
记忆、表征与认同——靖西壮族族群认同与国家认同研究	广西师范学院 罗彩娟、梁 莹	核心期刊《广西师范大学学报》（哲学社会科学版）2014年03期	国家社科基金项目《壮族的族群认同与国家认同研究》阶段性成果之一，广西教育厅科研项目《侬智高历史记忆与壮族认同——以靖西县为例》阶段性成果之一
壮族族称考	广西经济管理干部学院 潘悟云等	核心期刊《广西民族大学学报》（哲学社会科学版）2014年06期	
壮族都老制民主与古希腊城邦民主之比较	广西民族大学 陈强，广西社会科学院 黄红星	核心期刊《学术论坛》2014年07期	2012年广西民族大学重点科研项目《壮族政治文化研究》阶段性成果之一，2012年广西民族大学政治学理论学科建设项目《壮族政治文化的演变与发展轨迹研究》阶段性成果之一
麽经神话与壮族民间信仰	广西大学 李 慧	《河池学院学报》2014年03期	国家社会科学基金项目《〈壮族麽经布洛陀影印译注〉词汇文字研究》阶段性成果之一，广西高等学校人文社会科学研究项目《麽经神话的文化解读》阶段性成果之一
壮族民间信仰天地善院与“中国梦”关系探析	广西师范学院 莫幼政	《广西师范学院学报》（哲学社会科学版）2014年03期	
简论大学生网络德育中壮族传统德育资源的开发与利用	广西师范大学 何广寿	核心期刊《学校党建与思想教育》2014年19期	教育部人文社会科学研究一般项目《大学生网络道德教育中的少数民族传统德育资源开发研究——以广西壮族自治区为例》阶段性成果之一，广西人文社会科学发展研究中心“社会服务行动工程”项目《广西少数民族传统德育资源开发与德育文化软实力提升策略研究——以百色、崇左、桂林为中心》阶段性成果之一，广西师范大学德育重点课题《全面提升大学生网络素养研究》阶段性成果之一
新方块壮字与“云时代”壮族文化传承的适切性研究	广西师范大学 杨丽萍	核心期刊《民族教育研究》2014年02期	国家社科基金教育学项目《少数民族学生国家认同和文化融合研究》阶段性成果之一，全国教育科学“十二五”规划2013年度教育部重点课题《壮族地区乡村学校教育促进壮族文化传承的个案研究》阶段性成果之一，广西教育科学“十二五”规划重点课题《壮汉双语学校壮族文化传承教育的个案研究》阶段性成果之一，广西壮族自治区八桂学者项目《民族地区教育发展研究》阶段性成果之一
桂林訾洲公园园林植物的壮族文化内涵与特色植物景观营造研究	桂林理工大学 康秀琴等	核心期刊《北方园艺》2014年24期	国家科技支撑计划项目，广西科技攻关项目，广西教育厅科研项目

续表

论文题目	作者单位及作者	发表刊物及期数	备注
广西壮族文化元素在动画教学中的应用探索	广西师范学院 刘晓东	《电影评介》 2014年02期	
《印象·刘三姐》中的壮族文化符号研究	广西师范大学 陈 凤	《大众文艺》 2014年06期	
壮族传统文化对广西中职生德育的作用	广西物资学校 李雪玲	《教书育人》(高教论坛) 2014年07期	
广西壮族与越南岱族侬族的族源文化初探	广西师范学院 谢永新等	《广西师范学院学报》(哲学社会科学版)2014年02期	
壮族"那"文化衍生的民间习俗探析	广西民族大学 武鹏冲	《钦州学院学报》 2014年09期	
壮族民间文学中的"那[na:2]"文化生态叙事	广西师范大学 金乾伟、杨树喆	《广西师范学院学报》(哲学社会科学版)2014年03期	广西学位委员会、广西教育厅2013年广西优秀博士学位论文培育项目《壮族民间文学中的"那[na2]"文化生态叙事研究》阶段性成果之一
广西壮族民俗文化在动画创作中的应用探寻	广西师范学院 刘晓东	《美与时代(中)》 2014年05期	广西高等教育教学改革项目《动画教学中渗透民族文化元素的教学研究与实践》阶段性成果之一
壮族民俗文化在动漫文化创意产业的应用	广西师范大学 于静等	《大众文艺》 2014年08期	广西人文社会科学发展研究中心"科学研究工程"2011年度一般项目《壮族民俗文化在动漫文化创意产业中可持续发展研究》阶段性成果之一
广西天等壮族"打榔舞"民族文化品牌建立与发展的前景	广西民族师范学院 韦霞等	《搏击(武术科学)》 2014年04期	广西民族师范学院"民族传统体育特色学科建设"基金项目
内盈生态审美意识在当今壮族生态文化建设中的作用考察——布洛陀文化在当下生态文化建设中的意义作用探析之六	广西民族大学 卢静宝	《现代妇女》(下旬刊) 2014年04期	2012年度广西高等学校科研项目
城镇化过程中的广西壮族生态文化地方感研究	广西教育学院 陈桂秋	核心期刊《广西社会科学》 2014年02期	广西教育科学"十二五"规划课题
甘蔗种植与壮族社会文化变迁——以广西壮族自治区崇左市江州区果怕屯为例	广西民族大学 刘银妹、韦丹芳	核心期刊《中南民族大学学报》(人文社会科学版) 2014年03期	国家社会科学基金项目《中缅中老跨境民族铜鼓文化研究》阶段性成果之一,广西民族大学青年项目《广西贵港国家生态建设示范园区建设研究》阶段性成果之一
民族服饰资源数字化保护与开发探索——以构建"壮族服饰文化数据库"为例	广西师范学院 漆亚莉、申启明	核心期刊《学术论坛》 2014年10期	2013广西哲社规划课题《传播学视阈中壮族服饰文化的传承及可持续发展研究》阶段性成果之一
壮族服饰文化在动画角色中的运用研究——以《一幅壮锦》为例	广西财经学院 曾小艳	《科教文汇》(中旬刊) 2014年04期	广西财经学院2013年度校级课题立项《壮族服饰文化在动画角色中的运用研究》阶段性成果之一
广西壮族民间山歌文化传播要素及其当代变迁	广西民族师范学院 何明智	《广西民族师范学院学报》 2014年05期	广西人文社会科学发展研究中心项目
环大明山壮族山歌的文化意蕴	广西师范学院 曹 昆	核心期刊《广西民族大学学报》(哲学社会科学版) 2014年03期	广西教育厅项目
中越边境壮族天琴的文化内涵与价值:喻天与育人	广西民族师范学院 黄健毅	《四川民族学院学报》 2014年04期	2011年全国教育科学"十二五"规划度教育部青年项目,2011年广西高校一般科研项目,广西民族师范学院科研项目
壮族舞狮器物文化的研究——以田阳县舞狮为例	广西师范大学 陈梦菲、刘 昀	《体育科技》 2014年01期	广西社科课题《红水河流域民族传统体育资源活态保护与利用研究》阶段性成果之一,广西文科中心"广西跨越式发展研究团队"子课题
广西边境地区壮族农商文化形成与发展的原因——以龙州县为例	广西师范学院 覃 萍	《钦州学院学报》 2014年10期	

续表

论文题目	作者单位及作者	发表刊物及期数	备注
壮族麽教经书医药文化透视	广西中医药大学 周祖亮、方懿林	《广西中医药大学学报》 2014年04期	广西区哲学社会科学规划研究课题，广西高校人才小高地建设创新团队项目
壮族师公仪式研究综述	广西民族文化艺术研究院　黄　羽	《大众文艺》 2014年01期	上海普通高校人文社会科学重点研究基地上海音乐学院中国仪式音乐研究中心2011年度课题《广西民间多元信仰体系互渗之仪式音声研究》阶段性成果之一
广西壮族丧葬习俗蕴涵的道德教化思想探析	广西民族师范学院 言秀华	《广西民族师范学院学报》 2014年06期	
壮族民间和壮医防治疾病习俗的现代意义	广西民族医药研究院　卓秋玉	《中国民族医药杂志》 2014年02期	
浅谈壮族传统社会“倚歌择偶”习俗	广西民族大学 戈梅娜	《文山学院学报》 2014年05期	
“洁净”的秩序和力量——壮族古俗《夫妻异室而居》新探	广西大学 潘春见	核心期刊《广西民族研究》 2014年03期	国家社会科学基金重点项目《古骆越方国考》子课题《古骆越国居住文化》阶段性成果之一
从传说看壮族民间的风水观念	广西民族大学 戈梅娜	《韶关学院学报》 2014年07期	
桂学与壮族文学史研究——论《壮族文学发展史》的两位作者	广西师范大学 胡大雷	《贺州学院学报》 2014年04期	国家社科基金重大招标项目，广西壮族自治区特聘专家“桂学研究”岗项目
20世纪80年代以来壮族当代文学的叙事变迁	广西民族大学 张　衡、周树国	《歌海》 2014年03期	
壮族灰姑娘型故事的母题分析	广西师范学院 林安宁	《广西民族师范学院学报》 2014年04期	
试论壮族民间故事《妈勒访天边》的神话原型	广西民族大学 陈金文	《楚雄师范学院学报》 2014年05期	
壮族神话《布伯斗雷王》的悲剧性分析	广西民族大学 胡月馨	《现代语文》(学术综合版) 2014年06期	
壮族设计艺术及其文化的产生、发展与演变	广西艺术学院 俞　崧、柒万里	核心期刊《南方文坛》 2014年05期	国家教育部人文社会科学研究一般项目《壮族设计艺术史及其文化研究》阶段性成果之一，广西教育厅科研项目《壮族设计史论》阶段性成果之一
广西壮族民歌的艺术特色	广西民族大学 陈　中	核心期刊《音乐创作》 2014年07期	
广西田阳壮族民歌演唱艺术研究	广西师范大学 过安琪、党宇娜	《戏剧之家》(上旬刊) 2014年03期	广西人文社会科学发展研究中心科学研究工程青年专项项目《广西田阳壮族民歌演唱艺术研究》阶段性成果之一
广西上林壮族民歌音乐形态研究	广西艺术学院 邢连秦	核心期刊《人民音乐》 2014年02期	
壮族传扬歌的艺术特色	广西民族大学 张凤娇	《贺州学院学报》 2014年01期	
龙江河流域壮族山歌艺术特征研究	广西艺术学院 林慧思	《歌海》 2014年05期	
壮族山歌当下的生境与传承现状——以桂西那贯屯的田野调查为例	广西艺术学院 平　锋	《宜春学院学报》 2014年01期	教育部人文社会科学研究青年基金项目，广西艺术学院重点项目
壮族山歌在广西壮族地区马克思主义大众化中的运用探究	广西师范学院 周咏梅、李传珂	《广西师范学院学报》(哲学社会科学版)2014年05期	2012年度广西高等教育教学改革工程项目《马克思主义大众化视域下高校思想政治理论课教学模式的研究与实践》阶段性成果之一，2013年度广西高校人文社会科学研究项目《审美视域下民族地区高校马克思主义大众化路径与方法研究》阶段性成果之一，2012年度广西马克思主义理论研究与建设工程基地立项课题《广西边境地区马克思主义大众化的有效途径与方法研究》阶段性成果之一

续表

论文题目	作者单位及作者	发表刊物及期数	备注
壮族多声部山歌纳入高师声乐课程教学的思考	广西民族师范学院 李德彪	《广西民族师范学院学报》 2014年01期	2013年度广西民族师范学院教学改革研究立项项目
壮族歌圩研究的回顾与反思	广西民族大学 陆晓芹	核心期刊《民族艺术》 2014年02期	广西哲学社会科学2011年度项目《壮泰民族民间歌唱文化比较研究》阶段性成果之一
论壮族曲艺音乐“唱师”的民族性特征	广西师范大学 卢　笛	《民族音乐》 2014年06期	广西哲学社会科学规划2013年度研究课题《社会变迁中广西民间曲艺发展及传播研究》阶段性成果之一
南丹壮族铜鼓音乐研究	广西艺术学院 姜　瑶	《大众文艺》 2014年05期	
壮族舞求动作特点与美学特征	广西艺术学院 张政武、秦　贺	《艺术探索》 2014年02期	
红水河流域壮族扁担舞传承的教育人类学探析	广西河池学院 潘聚仟	《贵州体育科技》 2014年01期	2013年广西教改课题重点项目,2013年广西教改课题一般项目
壮族民间侬智高传说的口述史意义	广西民族大学 陈金文	核心期刊《广西民族研究》 2014年05期	国家社科基金重大招标项目《桂学研究》子课题《桂学与各民族文化精神》阶段性成果之一
论壮族诗人郑献甫的画论与文论	广西大学 黄国乐	核心期刊《民族文学研究》 2014年04期	
重视壮族农村学生的课前语言训练	广西武鸣县实验学校　黄淑萍	《中国民族教育》 2014年02期	
白细胞介素-10启动子多态性与巴马地区壮族长寿家系长寿的相关性	广西医科大学 黎海燕等	核心期刊《广东医学》 2014年18期	国家自然科学基金项目
广西壮族地区“道公”服饰及绘画理念研究	广西师范学院 廖文斌	核心期刊《兰台世界》 2014年28期	2012年度广西教育厅科研项目
广西壮族农村地区民俗旅游开发对策研究	广西师范学院 莫幼政、甘芳明	《南宁职业技术学院学报》 2014年05期	
壮族地区气候变化公众教育传播的实践与思考	广西气象服务中心 罗桂湘、朱定真	《气象研究与应用》 2014年03期	广西壮族自治区科技创新能力与条件建设计划项目《壮族地区气候变化科普工作新模式研究》阶段性成果之一
桂西壮族地区汉文化传播例谈——从靖西“二童”到德保“三盛”	广西大学行健文理学院　梁颖峰	《广西大学学报》(哲学社会科学版)2014年01期	广西哲学社会科学规划2013年度研究课题,广西大学行健文理学院科研基金项目《桂西壮族地区汉文化传播研究》阶段性成果之一
桂西南地区壮族村寨景观意象整合研究	广西旅游规划设计院 刘芮宏,广西大学刘小英	《广西城镇建设》 2014年05期	
壮族古籍整理出版的新突破——《布洛陀史诗》(壮汉英对照)解读	广西人民出版社 韩绿林	核心期刊《出版广角》 2014年Z2期	
壮族古歌《阳高》古抄本特点及其整理	广西民族大学 周秋玉、曾曼丽	《钦州学院学报》 2014年01期	广西民族大学2013年研究生教育创新计划项目《田东壮族古歌〈阳高〉文本研究》阶段性成果之一
壮族古歌《阳高》古壮字字形考察	广西民族大学 周秋玉	《怀化学院学报》 2014年01期	
新方块壮字与“云时代”壮族文化传承的适切性研究	广西师范大学 杨丽萍	核心期刊《民族教育研究》 2014年02期	国家社科基金教育学项目《少数民族学生国家认同和文化融合研究》阶段性成果之一,全国教育科学“十二五”规划2013年度教育部重点课题《壮族地区乡村学校教育促进壮族文化传承的个案研究》阶段性成果之一,广西教育科学“十二五”规划重点课题《壮汉双语学校壮族文化传承教育的个案研究》阶段性成果之一,广西壮族自治区八桂学者项目《民族地区教育发展研究》阶段性成果之一

续表

论文题目	作者单位及作者	发表刊物及期数	备注
上林壮语致使结构	广西大学 潘立慧	核心期刊《中央民族大学学报》（哲学社会科学版） 2014 年 04 期	广西大学科研基金项目
东兰壮语的语音、词汇	广西大学 黄慧等	《百色学院学报》 2014 年 04 期	
壮语方言对留学生汉语学习的影响	广西民族师范学院 谭群瑛	《广西民族师范学院学报》 2014 年 05 期	广西教育科学"十二五"规划 2013 年度立项项目（教育厅）《广西民族高校留学生普通话学习受壮语方言影响的调查与研究》阶段性成果之一，广西民族师范学院中青年骨干教师科研启动项目《带有壮语方言色彩的普通话对东盟留学生汉语学习的影响及对策研究》阶段性成果之一
壮语与非汉语之间的关系及比较研究综述：壮语文研究系列综述之八	广西壮文学校 蓝明生	《传承》 2014 年 07 期	
浅谈右江河谷壮语童谣演唱特点	广西百色学院 刘丽萍	《音乐时空》 2014 年 20 期	2013 年度广西高等学校科学研究立项项目
从壮剧《歌王》看壮汉文化交流	广西民族师范学院 杨亚萌	《广西民族师范学院学报》 2014 年 04 期	广西哲学社会科学"十二五"规划 2011 年度项目立项《花山文化与广西当代文学互动关系研究》阶段性成果之一
时代青年的"青春之歌"——评现代壮剧《第一书记》	广西民族文化艺术研究院　黄文富	《戏剧丛刊》 2014 年 05 期	
柳城壮欢的音乐美学特点探析	广西科技大学 黄蕴兰	《音乐时空》 2014 年 08 期	广西教育厅教改工程项目《与"壮欢"传承开发相结合的音乐学专业教学特色研究》阶段性成果之一
壮欢与非物质文化遗产	广西科技大学 王　芬	《现代装饰（理论）》 2014 年 04 期	广西教育厅科研项目《从设计的角度研究广西"特色文化"》阶段性成果之一
从艺术特色到成因归宗——广西壮锦纹样解读	广西民族博物馆 吕　洁等	《广西民族大学学报》（自然科学版）2014 年 01 期	
利用纺织 CAD 设计壮锦织物的探索	广西纺织工业学校 巴　亮	《轻纺工业与技术》 2014 年 04 期	2011 年度广西中等职业教育教学改革项目《构建与实施"工学循环"的纺织技术及营销专业课程体系》阶段性成果之一
对黑衣壮装饰元素的解读	广西机电职业技术学院　张　静	核心期刊《大舞台》 2014 年 06 期	2013 年度广西高等学校人文社会科学研究项目
广西那坡黑衣壮生态博物馆的现状与保护发展策略	广西师范大学 蓝晓飞等	《市场论坛》 2014 年 11 期	广西哲学社会科学规划 2013 年度项目《旅游产业背景下壮族传统社区文化创新研究》阶段性成果之一
黑衣壮女子服饰结构特征研究	广西纺织工业学校 汪　薇	《轻工科技》 2014 年 08 期	
桂西南少数民族文化服饰元素的研究——以广西那坡黑衣壮为例	广西机电职业技术学院 邓莉萍、苏宇慧	《艺术科技》 2014 年 07 期	2013 年度广西高校人文社会科学研究项目

【瑶学】 2014 年，广西科研人员研究瑶学问题的著作有廖才彪《思香垌风情录》等。

发表的论文，根据《中国知网》期刊的不完全统计，通过对篇名中含有"瑶学"、"瑶族"及"瑶"等关键词进行检索，2014 年广西科研人员发表有关瑶学研究的有 133 篇，全国 488 篇，占 27.25%。其中篇名中含有关键词"瑶族"的有 43 篇，全国 167 篇，占 25.75%。

广西科研人员发表有关瑶学研究的论文中，有 41 篇发表在核心期刊，占 30.83%。发表在核心期刊的论文中，研究"瑶族"有 15 篇，占 36.59%。论文作者（以最前的广西作者为准）在高校有 31 篇（广西民族大学 8 篇，广西师范大学 5 篇），占 75.60%；在科研机构有 5 篇，占 12.20%；在实践工作部门有 5 篇，占 12.20%。

发表的论文中，有部分是基金项目的阶段性成果：国家基金项目（包括国家社科基金、国家哲学社会科学规划基金、国家自然科学基金）的阶段性成果 15 篇，教育部项目的阶段性成果7篇;广西基金项目(包括广西社科基金、广西哲学社会科学规划课题、广西自然科学基金)的阶段性成果5篇,广西教育类项目(包括广西教育科学规划课题、广西高等学校项目、新世纪广西高等教育教学改革工程、广西研究生教育创新计划项目)的阶段性成果8篇。

瑶族是一个具有悠久历史文化的跨境民族,其中又以广西的瑶族人口最多。瑶学研究主要从瑶族历史、习惯法、宗教信仰、节庆、艺术(包括民歌、舞)、服饰、人物、瑶族地区(包括大瑶山)等方面研究,并专门研究瑶族各个支系(包括盘瑶、红瑶、花瑶、坳瑶、布努瑶、白裤瑶、盘古瑶、过山瑶、罗刚瑶等)。

出版的著作中,廖才彪《思香垌风情录》全面系统记录和研究钟山县两安瑶族乡独特的瑶族语言文化、饮食文化、景观文化和人文文化等,将原有的零散文化,整合成较完整的思香垌地方文化。

发表的论文中,在研究瑶族文化问题上,冯智明《“自然”身体的文化转化:瑶族诞生礼的过渡意义》认为诞生礼更为本质的意义在于,其使每一个新生的个体经历了从“自然”身体向社会身体的转化,以身体为媒介逐步融入到与社会和周遭环境的互动之中。

在研究瑶族民歌问题上,覃晓宁《广西金秀瑶族民歌中的文化内涵》认为金秀瑶族民歌是我国多民族音乐之中的重要组成部分,展示了丰富的民俗文化、神奇的宗教文化、厚重的历史文化、多彩的语言文化等文化内涵。

在研究瑶族女童问题上,雷湘竹《广西瑶族女童教育问题的社会性别分析》认为女童教育对女童个人、家庭、民族和社会的发展与进步有着重要的意义。进行性别平等教育,让性别平等意识深入到每一个角落,是教育者优先要做的工作。

在研究瑶族人物问题上,罗宗志《“七姑姐”别样人生——基于广西昭平县仙回瑶族乡茅坪村的考察》以广西昭平县仙回瑶族乡茅坪村瑶族“七姑姐”作为考察对象,来探析瑶族的宗教世界,充实人们对瑶族民间信仰的认识。

在研究大瑶山石碑问题上,郝国强、钟少云《从石牌律到村规民约:大瑶山无字石牌探析》为无字石牌是瑶族石牌制的雏形。通过对金秀瑶族自治县罗香乡琼伍村龙军屯无字石牌的实地考察,以历史人类学的视角描述无字石牌的产生时间、内容、形成过程及历史职能等,分析无字石牌演变过程中的发展特征及功能变迁。

在研究白裤瑶问题上,李雅日《以刀为笔绘乾坤——白裤瑶粘膏画传统技艺调查研究》分析以刀为笔的白裤瑶粘膏画特有的绘制特点和造型特点,并就其传承现状提出思考,以期对传承传统技艺文化与民族特色文化提供翔实的文献数据支持和学术参考。

在研究花瑶问题上,谢菲《从意象到实践:“花”瑶女性挑花服饰及其身体话语》通过花瑶女性挑花服饰与身体的互构,展现了挑花服饰对于花瑶人意义生产的载体价值,为名录体系下习俗化手工艺的保护与传承提供了事实与价值依据。

在研究红瑶问题上,冯智明《身体认知与疾病:红瑶民俗医疗观念及其实践》通过身体认知和“自然”、“非自然”论病因观的文化逻辑,红瑶人形成了系统而严密的“神药两解”民俗医疗知识体系与实践,嵌入红瑶的自然环境、社会结构、分类体系和宗教信仰中。

有关“瑶学研究”方面的著作一览表

著作题目	作者单位及作者	出版社及出版时间	字数(千字)
思香垌风情录	钟山县民族局　廖才彪	广西人民出版社,2014年11月	338

有关“瑶学研究”方面的论文一览表

论文题目	作者单位及作者	发表刊物及期数	备注
清末广西瑶族批山契约的法理分析:广西民族法治的本土资源借鉴	广西师范大学 刘训智	核心期刊《广西民族研究》 2014年04期	
盘瓠出世:瑶族起源于豫东鲁西——盘瓠部族兴起和迁徙系列研究之一	广西民族大学 莫金山	核心期刊《广西民族研究》 2014年04期	
“自然”身体的文化转化:瑶族诞生礼的过渡意义	广西师范大学 冯智明	核心期刊《广西社会科学》 2014年01期	国家社会科学基金青年项目,教育部人文社会科学研究西部和边疆地区项目

续表

论文题目	作者单位及作者	发表刊物及期数	备注
现代法治叙事中的习惯法文化——以广西金秀瑶族石牌制为例	广西民族大学 黄小筝	核心期刊《社会科学家》 2014年07期	
作为"整体社会事实"的宗教和巫术信仰——瑶族师公、地理先生和杠童的职能实践及其关系	广西师范大学 冯智明	核心期刊《西南民族大学学报》(人文社会科学版) 2014年02期	国家社科基金青年项目《南岭走廊瑶族传统社区文化环境的保护与发展研究》阶段性成果之一，广西人文社会科学发展研究中心特色研究团队培育工程"南疆和谐民族关系研究团队"项目
非物质文化遗产视野下的瑶族盘王节	广西民族大学 玉　璐	《广西民族师范学院学报》 2014年04期	
论广西瑶族歌舞音乐的特点	广西艺术学院 张丽珠	《广西教育学院学报》 2014年05期	
广西金秀瑶族民歌中的文化内涵	广西柳州师范高等专科学校 覃晓宁	核心期刊《音乐创作》 2014年05期	2011年度教育部人文社会科学研究一般项目系列《瑶族民歌的地域差异研究》阶段性成果之一，广西教育科学"十二五"规划课题《广西瑶族原生态民歌的文化传承教育研究》阶段性成果之一
刍议广西瑶族传统情歌的艺术特色——以"蝴蝶歌"为例	广西大学 田昀艳	核心期刊《音乐创作》 2014年05期	广西高等学校人文社会科学研究项目《广西瑶族情歌与婚恋习俗研究》阶段性成果之一
浅析瑶族金锣舞的传承与保护	广西师范学院 赵海青	《南宁职业技术学院学报》 2014年06期	
集体记忆和族群认同——以瑶族长鼓舞为考察对象	广西博物馆 陆文东	核心期刊《广西师范大学学报》(哲学社会科学版) 2014年01期	
广西瑶族支系"长鼓舞"差异性探析——以恭城过山瑶和富川平地瑶为例	广西师范大学漓江学院 黄小明	《贺州学院学报》 2014年03期	教育部人文社会科学研究一般项目
呢呢喃喃动衷肠 痴痴憨憨尽真情——评瑶族群舞《白白的裤子，黑黑的哥》	广西师范大学 刘慧明	《大众文艺》 2014年15期	广西文科中心"广西民族音乐舞蹈研究团队"项目
瑶族服饰研究综述	广西民族大学 何季玲	《南宁职业技术学院学报》 2014年03期	
瑶族服饰研究综述	广西民族大学 梁宏章	《艺术探索》 2014年01期	广西民族大学研究生教育创新计划
广西瑶族女童教育问题的社会性别分析	广西民族大学 雷湘竹	核心期刊《广西师范大学学报》(哲学社会科学版) 2014年04期	教育部人文社会科学研究规划基金项目《社会性别视角下瑶族女童教育研究》阶段性成果之一
瑶族小学生跨语言数字启动效应与双语数字表征	广西师范大学 刘登强等	《鲁东大学学报》(哲学社会科学版)2014年03期	
民族地区传统社区组织参与农村治理研究——基于广西瑶族石牌组织的个案	广西经济管理干部学院学报 邵志忠，广西社会科学院 过　竹	核心期刊《中南民族大学学报》(人文社会科学版) 2014年02期	香港嘉道理基金会社区伙伴项目《瑶族传统社区组织与农村可持续生计参与性行动研究》阶段性成果之一
"七姑姐"别样人生——基于广西昭平县仙回瑶族乡茅坪村的考察	广西民族大学 罗宗志	核心期刊《宗教学研究》 2014年04期	2012年度国家社科基金项目《边缘记忆：广西盘瑶女巫的信仰和生活》阶段性成果之一，国家民委人文社会科学重点研究基地《中国南方与东南亚跨境民族研究》阶段性成果之一
从石牌律到村规民约：大瑶山无字石牌探析	广西民族大学 郝国强、钟少云	核心期刊《广西民族大学学报》(哲学社会科学版) 2014年01期	国家民委人文社会科学重点研究基地《中国南方与东南亚跨境民族研究基地》阶段性成果之一，广西"中国南方与东南亚民族研究"特聘专家岗项目
从宗教禁忌、石牌律到习惯法——大瑶山无字石牌的田野调查与研究	广西民族大学 郝国强	《宗教学研究》 2014年03期	广西"中国南方与东南亚民族研究"特聘专家岗项目

续表

论文题目	作者单位及作者	发表刊物及期数	备注
瑶医养成与医药传承——对盘瑶民间医者的调查	广西医科大学 方梅坚	核心期刊《广西民族大学学报》(哲学社会科学版) 2014年06期	
浅析金秀盘瑶婚俗与民歌——以三角乡甲江村委郎傍屯婚仪为例	广西艺术学院 覃月葵	《戏剧之家》 2014年07期	
仪式中的集体记忆——以都江村盘瑶还盘王愿仪式为例	广西民族大学 梁宏章	《地方文化研究》 2014年04期	国家社科基金特别委托项目《中国节日志》2012年度子课题《中国节日志——盘王节》阶段性成果之一
身体认知与疾病:红瑶民俗医疗观念及其实践	广西师范大学 冯智明	核心期刊《广西民族研究》 2014年06期	国家社科基金青年项目《南岭走廊瑶族传统社区文化环境的保护与发展研究》阶段性成果之一
以发寄魂与身体之孝:红瑶人蓄长发的文化逻辑	广西师范大学 冯智明	《民俗研究》 2014年06期	国家社科基金青年项目《南岭走廊瑶族传统社区文化环境的保护与发展研究》阶段性成果之一,国家社科重大招标项目《桂学研究》阶段性成果之一
瑶族盘瓠神话及其崇拜流变——基于对广西红瑶的考察	广西师范大学 冯智明	《文化遗产》 2014年01期	教育部人文社会科学研究西部和边疆地区项目《身体、仪式与社会——广西红瑶生命仪式的身体人类学研究》阶段性成果之一,广西人文社会科学发展研究中心"南疆和谐民族关系研究团队"项目
花瑶挑花服饰结构及其技艺变迁和传承	桂林旅游高等专科学校 谢　菲	核心期刊《丝绸》 2014年12期	
从意象到实践:"花"瑶女性挑花服饰及其身体话语	桂林旅游高等专科学校 谢　菲	核心期刊《妇女研究论丛》 2014年04期	国家社科基金青年项目《南岭走廊瑶族传统社区文化环境保护与发展研究》阶段性成果之一
草根文化存续的动力——以坳瑶黄泥鼓舞为例	广西民族大学 陈支越	核心期刊《体育文化导刊》 2014年08期	中国社会科学院创新工程《当代中国人文化认同的人类学研究》阶段性成果之一,中国社会科学院社会学所国情调查项目《中国南北方族群原生信仰比较》阶段性成果之一,广西民族大学科研项目《广西小族群民族民间信仰现状与变迁调查研究》结题成果
瑶族服饰折射的信仰之光——以广西都安县布努瑶为例	广西民族大学 何季玲	《柳州师专学报》 2014年03期	广西民族大学研究生田野调查项目《都安瑶族织绣图案研究》阶段性成果之一
广西布努瑶民歌艺术初探——以民歌体"分讲""呼咿""离贯"为例	广西大学 黄海云	核心期刊《南方文坛》 2014年04期	
广西都安布努瑶挽歌《萨当琅》的文化学解析	广西大学 黄海云	核心期刊《广西民族研究》 2014年03期	
人观与秩序:布努瑶送魂仪式分析	广西民族博物馆 叶建芳	核心期刊《广西民族研究》 2014年06期	
"打金锣"习俗的文化内涵及与"打铜鼓"的比较研究——田东布努瑶文化研究系列之二	广西社会主义学院 许立坤	《广西社会主义学院学报》 2014年05期	
都安布努瑶的婚歌恋曲	广西大学 田昀艳	《歌海》 2014年02期	"211四期"区域文化传承创新与交流研究学科群2013年标志性成果培育选题项目《广西瑶族情歌与婚恋习俗的传承与发展》阶段性成果之一
以刀为笔绘乾坤——白裤瑶粘膏画传统技艺调查研究	广西师范大学 李雅日	核心期刊《装饰》 2014年06期	2013年国家社会科学基金艺术学项目《白裤瑶民间粘膏画传统技艺传承研究》阶段性成果之一
白裤瑶服饰文化的保护与开发策略探析	广西师范学院 张玉华	《艺海》 2014年03期	广西教育厅项目《白裤瑶服饰文化研究》阶段性成果之一

续表

论文题目	作者单位及作者	发表刊物及期数	备注
白裤瑶细话歌的音乐特征探究——以南丹县里湖乡怀里村为例	广西艺术学院 林慧思	《黄河之声》 2014 年 10 期	
浅谈盘古瑶师公禁忌	广西民族大学 高崧耀	《民族论坛》 2014 年 11 期	中国南方与东南亚跨境民族研究基地科研项目《一个盘古瑶族师公和他的信仰世界》阶段性成果之一，国家民委人文社会科学重点研究基地广西民族大学中国南方与东南亚跨境民族研究基地项目
吐故纳新是民族文化传承发展的必然规律——以平乐过山瑶为例	广西民族大学 石丽芳	《广西民族师范学院学报》 2014 年 05 期	广西哲学社会科学“十二五”规划 2011 年度项目《经济全球化背景下的广西民族文化传承与发展策略研究》阶段性成果之一
越南罗刚瑶勉语语音系统研究	广西民族大学 盘美花	核心期刊《广西民族大学学报》（哲学社会科学版） 2014 年 03 期	

马克思主义·哲学

【马克思主义研究】 2014 年，广西科研人员研究马克思主义问题的著作有黄建宁、卞成林《百色起义与邓小平理论研究》（丛书 13 册）等。

发表的论文，根据《中国知网》期刊不完全统计，通过对篇名中含有“马克思主义”、“毛泽东”、“邓小平”、“科学发展观”等关键词进行检索，2014 年广西科研人员发表有关马克思主义研究的论文有 134 篇，全国 7558 篇，占 1.77%。其中篇名中含有关键词“马克思主义”的有 80 篇，全国 3424 篇，占 2.34%；含有“毛泽东”的有 27 篇，全国 2218 篇，占 1.22%；含有“邓小平”的有 16 篇，全国 1543 篇，占 1.04%。含有“科学发展观”的有 11 篇，全国 373 篇，占 2.95%。

广西科研人员发表有关马克思主义研究的论文中，有 30 篇发表在核心期刊，占 22.39%。发表在核心期刊的论文中，研究马克思主义问题的有 18 篇，占 60%；研究毛泽东的有 8 篇，占 26.67%；研究邓小平的有 3 篇，占 10%；研究科学发展观的有 1 篇，占 3.33%。论文作者（以最前的广西作者为准）在高校的有 27 篇（广西师范大学 8 篇，广西大学和广西民族大学各 4 篇），占 90%；在实际部门有 1 篇，占 3.33%；在党校系统有 2 篇，占 6.67%。

发表的论文中，有部分是基金项目的阶段性成果：国家基金项目（包括国家社科基金、国家哲学社会科学基金、国家自然科学基金）的阶段性成果 7 篇，教育部项目的阶段性成果 9 篇；广西基金项目（包括广西社科基金、广西哲学社会科学规划课题、广西自然科学基金）的阶段性成果 8 篇，广西教育类项目（广西教育科学规划课题、广西高等学校项目、新世纪广西高等教育教学改革工程、广西研究生教育创新计划项目）的阶段性成果 7 篇。

马克思主义研究以研究马克思主义、毛泽东思想、邓小平理论、科学发展观为主，其中马克思主义主要从马克思主义传播、理论（包括公共权力变迁理论、利益理论、经济学、小农改造理论）、哲学、信仰、人学、现代性、实践观、民族观、群众观、城市观、生态观、文化观、新闻观、中国化、大众化、意识形态教育、经典著作教育培训、马克思主义基本原理概论教学等方面研究。毛泽东思想主要从毛泽东思想、哲学思想、战略思想、思想政治教育、政治思想、民族思想、军事思想、文艺思想、群众路线、科技思想及《毛泽东思想和中国特色社会主义理论体系概论》教学等方面研究。邓小平理论主要从邓小平历史贡献、马克思主义观、治国之术、实事求是观、党的领导、廉政思想、行政伦理思想、群众观、民生思想、国家文化建设思想、职业技术教育思想等方面研究。科学发展观主要从引领指导方面研究。作者多在高校。

出版的著作中，黄建宁、卞成林《百色起义与邓小平理论研究》丛书共 13 册，包括《百色起义与中国共产党人创新精神》《百色起义与大学生思想政治教育》《百色起义与根据地制度建设》《百色起义与经济工作》《百色起义与军事工作》《百色起义与民族工作》《百色起义与党建工作》《百色起义与廉政工作》《百色起义与文化宣传工作》《百色起义与思想政治工作》《百色起义与群众工作》《百色起义与财政工作》《百色起义红色歌曲赏析》。该丛书对百色起义精神经验梳理和研究，使其在新的历史时期发挥更新、更大价值，为把百色打造成中国共产党人理想信念的精神家园和青少年爱国主义、共产主义教育精神家园重要基地。

发表的论文中，在研究马克思主义现代性批判问题上，李长成《马克思主义现代性批判中的正义规范理想》指出 现代性条件下，正义道德规范成了人们想要和平就必须遵守的“规则总和”。其正义规范理想处理的是社会和个人的终极目标问题：美好生活的本质、共同福利和幸福的实现。

在研究马克思主义学习型政党问题上，周庠聪、李海霞《论中国共产党政党文化与建设马克思主义学习型政党的融合》以中国共产党政党文化为切入点，从政权意识、政党形象、政党行为三个方面进一步探讨了马克思主义学习型政党建设的新路径。

在研究马克思主义大众化问题上，汤志华《〈联共(布)党史简明教程〉与延安时期马克思主义大众化》指出在延安时期，《联共(布)党史简明教程》是中国共产党学习马克思主义的重要文件，对推动马克思主义在中国的大众化发挥了重要作用。

在研究马克思主义中国化问题上，刘国彬、余涛《党的一大到七大马克思主义中国化理论创新的历史经验与教训》分析从党的一大到七大，党代会上的马克思主义中国化理论创新产生的一些成功经验与失误。其中，指出共产国际的影响使党代会上的马克思主义中国化理论创新具有特殊性。

在研究马克思和毛泽东个人自由观和政治自由观问题上，陈强《马克思和毛泽东的个人自由观和政治自由观之比较》指出马克思和毛泽东在他们的一生中皆追求个人自由和政治自由，并寻觅使最大多数人享有个人自由和政治自由的道路。毛泽东的个人自由观和政治自由观受到了马克思思想的影响，两者具有一定的源流关系，毛泽东在马克思的基础上有所创新和发展。两者亦存在形成背景、学理性、层次三方面的重大差异。

在研究毛泽东文艺制度思想问题上，张利群《论延安文艺制度建设的价值意义——毛泽东〈讲话〉精神的文艺制度思想阐发》指出延安文艺制度建设不仅具有理论与实践价值，而且对于新中国文艺制度建设的作用，甚至对中国当代文艺制度建设的影响，仍然具有历史价值与现实意义。

在研究毛泽东城市政治思想问题上，杨勇《新民主主义革命时期毛泽东城市政治思想析论》指出毛泽东城市政治思想是毛泽东思想不可或缺的重要组成部分，具有如下四个方面的突出特点：一是纵览全局、统筹城乡，二是科学调研、注重革新，三是目标明晰、有序推进，四是策略得当、先易后难。

黄家周《左右江革命根据地时期邓小平领导宣传文化工作的特点探析》指出左右江革命根据地时期邓小平领导宣传文化工作的基本经验迄今依然值得我们进行吸收和借鉴。

陈梅、郭送军《以科学发展观指导“食品感官评价”课程教学改革实践》在培养以应用技能为教学目标、以“以人为本”的科学发展观的指导下，为适应新形势下本学科发展的需要，对“食品感官评价”课程教学进行了以学生为主体的改良与优化。

有关“马克思主义研究”方面的著作一览表

著作题目	作者单位及作者	出版社及出版时间	字数(千字)
百色起义与邓小平理论研究(丛书)共13册	百色学院　黄建宁、卞成林	广西人民出版社，2014年10月	3000

有关“马克思主义研究”方面的论文一览表

论文题目	作者单位及作者	发表刊物及期数	备注
文化视域下马克思主义在中国的早期传播与发展	广西师范大学 谭丽洁	《桂林师范高等专科学校学报》2014年04期	
广西学生军与马克思主义在广西的传播	广西大学 田宝帅、杨　洋	《经济与社会发展》 2014年03期	
开辟马克思主义理论建设新境界——广西电视台《凡事说理》	广西电视台 李　燕	《山西师范大学学报》(自然科学版)2014年S1期	
马克思主义公共权力变迁理论及其当代价值	自治区党校　尹红英， 广西师范大学　钟慧容	核心期刊《学术论坛》 2014年12期	马克思主义理论与区域实践协同创新中心项目，2013~2014年度马克思主义理论研究和建设工程基地项目

续表

论文题目	作者单位及作者	发表刊物及期数	备注
马克思主义利益理论的新发展——龙迎伟著作《马克思利益机制思想及其当代价值研究》简评	广西师范大学 谭培文	《湖南工业大学学报》(社会科学版)2014年04期	
中国马克思主义经济学的理论自觉和理论自信	广西人的发展经济学研究基地 巫文强	《创新》 2014年03期	
小农生产方式的社会化——马克思主义小农改造理论的中国化探析	广西大学 文东升	核心期刊《中共福建省委党校学报》2014年07期	
论马克思主义哲学视阈中的"民族问题"概念	广西民族大学 杨宏郝、龚月新	《民族论坛》 2014年08期	
李达与马克思主义哲学大众化研究述评	广西师范学院 孙国时,广西南宁市沛鸿民族中学 盛海生	《广西师范学院学报》 (哲学社会科学版) 2014年04期	
浅析马克思主义哲学本体论	广西师范大学 玉彬甫、陈 晨	《湘潮》(下旬刊) 2014年09期	
论马克思主义哲学教学和研究的十大关系	广西师范学院 李志峰	《广西师范学院学报》 (哲学社会科学版) 2014年04期	
网络对大学生马克思主义信仰生成的影响	广西艺术学院 彭福扬等	核心期刊《学术论坛》 2014年10期	
对当代大学生马克思主义信仰教育的基本思考	广西财经学院 严萍昌	《大学教育》 2014年13期	广西哲学社会科学"十二五"规划2011年度课题《马克思主义信仰与和谐社会构建研究》阶段性成果之一
当代青年学生马克思主义信仰探析	广西民族大学 高伟等	《传承》 2014年05期	
关于"思想政治教育是一种精神生产力"命题的研究——基于马克思主义人与社会发展理论的探讨	广西师范学院 邓艳葵	核心期刊《学术论坛》 2014年03期	
马克思主义人学中国化的历史进程——以党的群众路线为视角	广西师范大学 何 期、王勇凯	《贵阳市委党校学报》 2014年06期	
浅谈马克思主义人学视角下的"以人为本"	广西大学 孙 萌、叶 紫	《新西部》(理论版) 2014年15期	
马克思主义现代性批判中的正义规范理想	广西师范大学 李长成	核心期刊《社会科学家》 2014年06期	国家社科基金项目《全球化与科学时代的伦理规范基础研究》阶段性成果之一,广西哲学社会科学2013年度研究课题《民族地区社会主义核心价值观认同研究》阶段性成果之一,广西文科中心青年专项重点项目《法兰克福学派现代性批判的政治哲学意蕴及其当代价值》阶段性成果之一
马克思主义实践观及其当代价值研究	广西大学 蒙晓旺、王乐乐	《沧州师范学院学报》 2014年04期	
马克思主义实践观对思想政治教育的启示	广西师范学院 曹春梅	《大众科技》 2014年12期	广西教育厅科研项目
马克思主义实践观及其在我国的继承和发展	广西师范大学 丘艳娟	《淮北职业技术学院学报》 2014年04期	
马克思主义民族观与文化多样性的理论关系建构	广西师范学院 宁英烈等	核心期刊《贵州民族研究》 2014年10期	
以马克思主义民族观引导民族地区大学生成长成才	广西民族师范学院 李 全	核心期刊《人民论坛》 2014年19期	2010年度院级科研项目《民族地区"90后"大学生思想特点及思想政治教育对策研究》阶段性成果之一

续表

论文题目	作者单位及作者	发表刊物及期数	备注
当代大学生党员的马克思主义群众观教育研究	广西大学 朱映雪、王乐乐	《信阳师范学院学报》(哲学社会科学版)2014年06期	广西高校思想政治教育理论与实践立项研究重点课题
马克思主义城市观与中国城镇化观察	广西社会科学院 寿思华	《改革与战略》 2014年02期	
马克思主义生态观及其对广西生态文明建设的启示	广西机电职业技术学院 冯国忠	《河池学院学报》 2014年03期	
坚持和加强生态文明的马克思主义研究——我是如何构建社会主义生态文明创新理论的	广西大学 刘思华	《毛泽东邓小平理论研究》 2014年05期	
浅议广西北部湾经济区生态文明建设——以马克思主义生态理论为视角	广西民族师范学院 陆春蓉,桂林理工大学 肖　祥	《中共山西省直机关党校学报》2014年01期	2011年度国家社科基金项目《泛北部湾区域生态文明共享模式及实现机制研究》阶段性成果之一
马克思主义文化观与中国传统文化在实践层面的融合	广西外国语学院 王连杰	《湖南工业职业技术学院学报》2014年04期	
马克思主义、浪漫文化意识与自然的层面	广西师范大学 丁来先	核心期刊《广西师范大学学报》(哲学社会科学版) 2014年02期	
论中国共产党政党文化与建设马克思主义学习型政党的融合	广西大学　周庠聪,右江民族医学院　李海霞	核心期刊《学术论坛》 2014年11期	2010年度国家社会科学基金项目《建设马克思主义学习型政党研究》阶段性成果之一
当前我国社会大众文化价值观浅析——基于马克思主义文化观视域	广西民族大学 邹　萍	《企业科技与发展》 2014年16期	广西民族大学相思湖学院院级课题《马克思主义文化哲学与大众文化价值观构建》阶段性成果之一
马克思主义新闻观在高校教学方法的探索	广西大学 袁　志	《科教文汇》(中旬刊) 2014年09期	
马克思主义中国化话语体系的实践方法论研究	广西师范大学 邓伯军	核心期刊《广西师范大学学报》(哲学社会科学版) 2014年04期	中国博士后科学基金第六批特别项目,广西哲学社会科学规划2013年度研究课题重点项目,广西高校《党的十八大精神研究》阶段性成果之一,
党的一大到七大马克思主义中国化理论创新的历史经验与教训	广西民族大学 刘国彬、余　涛	核心期刊《广西社会科学》 2014年02期	教育部课题,广西民族大学重点课题,中共党史学科建设项目
马克思主义中国化文化交往思想研究	广西师范大学 张文雅	核心期刊《科学社会主义》 2014年01期	
试论艺术院校推进马克思主义大众化的实现路径	广西艺术学院 陆发玉	《市场论坛》 2014年12期	2009年度广西教育厅科研项目《当代中国马克思主义大众化的实现路径研究》阶段性成果之一
十八大视域下当代中国马克思主义大众化的实现路径研究	广西艺术学院 陆发玉	《市场论坛》 2014年11期	2009年度广西教育厅科研项目《当代中国马克思主义大众化的实现路径研究》阶段性成果之一
《联共(布)党史简明教程》与延安时期马克思主义大众化	广西师范大学 汤志华	核心期刊《山东社会科学》 2014年07期	2013年教育部人文社科马克思主义中国化、时代化、大众化专项课题(一类)《〈联共(布)党史简明教程〉与延安时期马克思主义大众化研究》阶段性成果之一
马克思主义大众化在西南民族地区的话语创新	广西师范大学 靳书君	核心期刊《理论学刊》 2014年05期	广西"马工程"项目暨马克思主义理论与区域实践协同创新项目《广西山歌对马克思主义大众化的话语创新》阶段性成果之一
思想政治教育故事汇与马克思主义大众化意识形态构建	广西科技大学 陆建兰、李宪伦	核心期刊《学校党建与思想教育》2014年09期	
日常生活视野下推进高校马克思主义大众化的思考	广西外国语学院 杨宗兴	《高教论坛》 2014年07期	2013年度广西高等学校人文社会科学研究项目《高校推进马克思主义大众化路径探索》阶段性成果之一

续表

论文题目	作者单位及作者	发表刊物及期数	备注
论高校辅导员开展马克思主义意识形态教育的独特优势	广西师范学院 黄日干	《传承》 2014年02期	教育部人文社会科学研究专项任务项目《高校辅导员开展马克思主义意识形态教育的角色定位、优势和对策研究》阶段性成果之一
西方马克思主义中的结构主义意识形态理论探析	广西大学 卢永欣	核心期刊《广西社会科学》 2014年01期	广西大学科研基金项目
高校业余党校马克思主义经典著作教育培训研究	广西师范学院 胡增文	《经济与社会发展》 2014年06期	教育部人文社科重点研究基地重大项目《现代大学制度原理与中国大学模式探索》阶段性成果之一
"马克思主义基本原理概论"模拟式实践教学探微	广西医科大学 崔素娟、杨海秀	《广西教育学院学报》 2014年04期	新世纪广西高等教育教学改革工程项目《模拟式思想政治理论课实践教学模式的研究与实践》阶段性成果之一
超凡的才能 历史的选择——论湘江战役前后的毛泽东	广西桂林市委政策研究室 王清荣	《传承》 2014年11期	
浅析延安时期毛泽东思想的宣传及历史意义	广西民族大学 李 川	《安阳师范学院学报》 2014年01期	
浅析毛泽东领导思想的当代意义	广西师范学院 王婧翱、张颖颖	《传承》 2014年06期	
全国毛泽东哲学思想研究会与当代中国的毛泽东哲学思想研究	广西民族师范学院 韦日平	核心期刊《毛泽东思想研究》 2014年05期	
毛泽东《实践论》对中国传统唯物主义知行观的超越	广西大学 范文华、杨先春	《商》 2014年07期	
浅析毛泽东战略思想与开展思想政治教育的关系	广西幼儿师范高等专科学校 张 爽	《改革与开放》 2014年10期	广西高校党建工作研究专项课题
抗日战争时期毛泽东思想政治教育理论及其意义探析	广西民族大学 贾璞琳、周启帆	《江西青年职业学院学报》 2014年03期	
马克思和毛泽东的个人自由观和政治自由观之比较	广西民族大学 陈 强	核心期刊《南昌大学学报》(人文社会科学版)2014年02期	教育部留学回国人员科研启动基金项目《社团主义(corporatism)视域下的东盟一体化及中国方略》阶段性成果之一
新民主主义革命时期毛泽东城市政治思想析论	广西财经学院 杨 勇	核心期刊《毛泽东思想研究》 2014年06期	中国博士后科学基金项目,国家社会科学基金重大招标项目《中国特色社会主义政治发展道路的理论阐释与实践路径研究》阶段性成果之一
井冈山时期毛泽东提升党员忧患意识质量的思想论析	广西师范学院 秦 馨	《广西师范学院学报》(哲学社会科学版)2014年03期	广西哲学社会科学基金项目
从"历史兴亡周期率"看毛泽东反腐倡廉思想——以《毛泽东选集》(1~4卷)为中心的考察	广西大学 董伟武、程 银	《重庆与世界》(学术版) 2014年04期	
毛泽东与中国民族区域自治	广西民族大学 何龙群	核心期刊《中南民族大学学报》(人文社会科学版) 2014年02期	
从马恩列斯民族思维螺线到毛泽东民族政策思想——中国梦与构建共有精神家园的民族理论研究系列之四	广西民族大学 龚永辉	核心期刊《广西民族研究》 2014年04期	
湘江战役与毛泽东军事路线确立——整体视域下湘江战役与中国特色革命道路	广西区委党史研究室 刘绍卫	《中共桂林市委党校学报》 2014年04期	

续表

论文题目	作者单位及作者	发表刊物及期数	备注
论延安文艺制度建设的价值意义——毛泽东《讲话》精神的文艺制度思想阐发	广西师范大学 张利群	核心期刊《文艺理论与批评》 2014年03期	2013年教育部人文社科项目《文学批评机制研究》阶段性成果之一,2013年广西"自治区'特聘专家'专项"项目,2013年度广西哲学社会科学规划研究课题《广西当代文艺理论发展研究》阶段性成果之一
毛泽东的群众路线与艺术民主思想及其启示	广西艺术学院 章　燕	核心期刊《广西社会科学》 2014年06期	
党的群众路线的五大特点——基于毛泽东对党的群众路线论述视角探析	广西民族大学 刘国彬	《中共南京市委党校学报》 2014年02期	
论毛泽东科学技术发展战略(上、下)	广西社会科学院 寿思华	《改革与战略》 2014年06、07期	
毛泽东国防科技思想的历史地位	广西民族大学 刘　伟、张　立	《传承》 2014年01期	广西民族大学研究生教育创新计划项目
公安院校思想政治理论课新考核评价体系的构建——以《毛泽东思想和中国特色社会主义理论体系概论"课为例	广西教育学院　刘华政,广西警官高等专科学校　廖　萍	《广西警官高等专科学校学报》2014年02期	2013年度广西高等教育教学改革工程项目,2012年广西高校思想政治教育理论与实践立项研究课题
高校思政课实现生态文明观"三进"的思考——以《毛泽东思想和中国特色社会主义理论体系概论》教学为例	广西机电职业技术学院　李　杰	《高教论坛》 2014年09期	2013年广西高校思想政治教育理论与实践立项研究课题《西部地区大学生生态文明观教育研究》阶段性成果之一
"模拟式"实践教学模式在《毛泽东思想和中国特色社会主义理论体系概论》课中的应用研究	广西医科大学 杨海秀等	《广西教育学院学报》 2014年01期	新世纪广西高等教育教学改革工程项目《"模拟式"思想政治理论课实践教学模式的研究与实践》阶段性成果之一
高职思想政治理论课"导学、思学、乐学"教学模式探索——以《毛泽东思想和中国特色社会主义理论体系概论》课为例	广西电力职业技术学院　周　妍,广西大学政治学院郭世平	《贺州学院学报》 2014年01期	2012年广西高校思想政治教育理论与实践研究课题
试论历史意识在毛泽东思想和中国特色社会主义理论体系概论课程教学中的培养	广西现代职业技术学院　尹建强	《牡丹江教育学院学报》 2014年02期	2013年广西高校思想政治教育理论与实践研究立项课题《高职院校思想政治理论课程教学中历史意识的培养研究》阶段性成果之一,新世纪广西高等教育教学改革工程立项课题《高职院校思想政治理论课程教学面临的困境与对策》阶段性成果之一
近十年来邓小平与左右江革命根据研究述评	广西区委党史研究室 刘绍卫	《百色学院学报》 2014年05期	
论邓小平领导百色龙州起义对马克思主义中国化的历史贡献	自治区党校科研处 何成学	《桂海论丛》 2014年05期	
论邓小平的马克思主义观	广西师范大学 黄玉娇	《传承》 2014年01期	
略论邓小平的治国之术	广西民族大学 张　立	《党史文苑》 2014年16期	
论邓小平与时俱进"实事求是"观	广西工业职业技术学院　张时碧	《传承》 2014年03期	
中共八大邓小平关于党的纯洁性建设理论探索和启示	广西大学 路　程、梁　爽	《西安石油大学学报》(社会科学版)2014年01期	
邓小平廉政思想浅析	广西工业职业技术学院　张时碧	《世纪桥》 2014年12期	

续表

论文题目	作者单位及作者	发表刊物及期数	备注
廉政、勤政、督政:邓小平行政伦理思想的三个维度	自治区党校 李广义	核心期刊《理论导刊》2014年06期	
学习邓小平的群众观	广西百色市委 彭晓春	核心期刊《求是》2014年19期	
邓小平与左右江革命根据地的群众路线及启示	广西区党委党史研究室 刘绍卫	《传承》2014年12期	
邓小平对党的群众路线理论的创新发展	广西南宁市良庆区安全生产监督管理局 史亚博、杨耀东	《福建党史月刊》2014年22期	
邓小平南方谈话的民生思想探析——兼论十八大报告的民生思想	广西师范学院 桑 艳	《改革与开放》2014年08期	
邓小平的国家文化建设思想与践行路径研究	广西科技大学 范晓莲	《太原城市职业技术学院学报》2014年02期	
左右江革命根据地时期邓小平领导宣传文化工作的特点探析	广西财经学院 黄家周	核心期刊《毛泽东思想研究》2014年04期	广西哲学社会科学规划2013年度研究课题《左右江革命根据地时期马克思主义在广西传播的特点和规律》阶段性成果之一,国家社科基金重点项目《中国特色社会主义理论体系基本原理研究》阶段性成果之一
刍议邓小平职业技术教育思想——基于多重意蕴与当代价值的二维向度	广西大学 王 磊、路 程	《辽宁高职学报》2014年11期	
科学发展观中的科学精神是构建和谐社会的意识基础	广西师范大学 杨睿,广西民族师范学院 农文秋	《经营管理者》2014年01期	
基层党组织何如运用科学发展观理论指导党建工作浅析	广西宾阳县公路管理局 苏丽娟	《科技风》2014年05期	
科学发展观视野下高校廉政文化建设初探	广西大学 张 波、张荣洁	《传承》2014年06期	
以科学发展观指导"食品感官评价"课程教学改革实践	南宁学院 陈 梅,广西大学 郭送军	核心期刊《教育与职业》2014年24期	2013年广西自然科学基金项目《北部湾地区大气环境中醛酮化合物的光化学污染特点及其变化规律研究》阶段性成果之一,2012年南宁学院科研项目《南宁市大气醛酮污染物的特征及研究》阶段性成果之一
落实科学发展观创,新纪检监察工作的实践与探讨	广西电网公司 郑永放	《广西电业》2014年10期	

【伦理学】 2014年,广西科研人员研究伦理学,出版的著作有:韦吉锋《少数民族地区未成年人思想道德建设实效性研究》、刘琼豪《密尔对功利原则的道德哲学辩护》等。

发表的论文,根据《中国知网》期刊不完全统计,通过对篇名中分别含有"伦理学"、"伦理"、"道德"、"德育"、"爱国主义教育"、"诚信"、"修养"、"人文素质"、"人格"等关键词进行检索,2014年广西科研人员发表有关伦理学研究的论文有226篇,全国15060篇,占1.50%。其中篇名中含有关键词"伦理学"或"伦理"或"道德"的有128篇,全国8348篇,占1.53%;含有"德育"的有42篇,全国2742篇,占1.53%;含有"爱国主义教育"的有3篇,全国160篇,占1.88%;含有"诚信"的有22篇,全国1763篇,占1.26%;含有"人文素质"的有8篇,全国590篇,占1.36%;含有"人格"的有23篇,全国1457篇,占1.59%。

广西科研人员发表有关伦理学研究的论文中,有47篇发表在核心期刊,占20.80%。发表在核心期刊的论文中,研究伦理或道德的38篇,占80.85%;研究德育的2篇,占4.26%;研究诚信的有3篇,占6.38%;研究人文素质的1篇,占2.13%;研究人格的3篇,占6.38%。论文作者(以最前的广西作者为准)在高校有44篇(广西大学11篇,广西民族大学8篇,广西科技大学7篇),占93.62%;在实践工作部门有2篇,占4.25%;在党校系统有1篇,占2.13%。

发表的论文中,有部分是基金项目的阶段性成果:国家基金项目(包括国家社科基金、国家哲学社会科学基金、国家自然科学基金）的阶段性成果13篇，教育部项目的阶段性成果12篇；广西基金项目（包括广西社科基金、广西哲学社会科学规划课题、广西自然科学基金）的阶段性成果8篇，广西教育类项目（广西教育科学规划课题、广西高等学校项目、新世纪广西高等教育教学改革工程、广西研究生教育创新计划项目）的阶段性成果16篇。

出版的著作中，刘琼豪《密尔对功利原则的道德哲学辩护》从边沁、密尔功利主义伦理思想形成的历史背景出发，对密尔为功利原则遭到指责的4个方面，即密尔对边沁功利概念的修正、对幸福作为道德标准的合理性进行的逻辑“证明”、对功利原则与正义之间冲突问题、功利原则与自由之间冲突问题的解决，分析密尔对功利原则进行道德哲学辩护的得失。

发表的论文，主要从伦理学（包括伦理学理论、发展伦理学、功利主义伦理学、文学伦理学、环境伦理学）、伦理审视、维度、基础、困境、问题、冲突、思想（包括行政伦理思想）等方面研究；从管理、宗教、家庭、生活、消费、经济、市场、传播、广告、艺术、信息、技术、生态、教学等伦理方面研究。从社会主义道德体系和准则及道德个人主义、教育、文化、认同、风险等方面研究；从传统道德观和社会、网络、生态、文学、媒体、新闻、学术、职业等道德及法律与道德、人性与道德等方面研究；从公民道德（包括幼儿、青少年、中学生、大学生、农民等）和企业、娱乐圈等道德及《思想道德修养与法律基础》教学等方面研究，并专门在德育、爱国主义教育、诚信、修养、人文素质、人格等方面展开。作者多在高校。

发表的论文中，在研究伦理学问题上，李畔、苗青《道德“错误理论”与伦理学理论的“自然化”——一种制度性事实理论的视域》在制度性事实理论的基础上，一种对规则、伦理规范或道德责任的本体论说明，可以更清晰地认识错误理论的问题所在，也可能为伦理学中一系列基本问题的研究和思考提供一种“自然化”理论视域。

在研究伦理审视问题上，唐海燕《财富观从“物本”向“人本”嬗变的伦理审视》财富观从伦理角度追寻“物本”到“人本”嬗变的轨迹，探索嬗变的伦理起源，解读嬗变的伦理内容，提出“物本”到“人本”的转向具有重要的现实意义。

在研究伦理型领导问题上，潘清泉、韦慧民《伦理型领导及其影响机制研究评介与启示》分析伦理型领导的影响效应及具体作用机制，指出伦理型领导研究对于管理实践的启示以及未来相关研究的发展方向。

在研究教学和伦理关系问题上，李小红《教学有效性与伦理性的关系及其整合》指出在教学活动中，以人的幸福为旨归的有效性和伦理性之间是内部一致的，且关系共存、价值共享、实践共行。

在研究员工反伦理行为问题上，马璐等《员工反伦理行为模型与影响因素评述》员工反伦理行为是指员工自身意愿地违背组织及其他成员合法权益的行为，该文回顾了员工反伦理行为的概念、内涵，梳理了员工反伦理行为的模型和影响因素，并就目前研究的不足和未来研究方向提出建议。

在研究道德风险问题上，聂鑫等《土地整治实施内生缺陷：逆向选择与道德风险——以广西为例》认为，土地整治的实施是一个在各方围绕提高土地利用效率而进行的土地权属调整与权益再分配的过程。探索土地整治过程中协调各方利益，防范逆向选择和道德风险的可行路径。

在研究社会道德问题上，冼季夏、温凤仙《“矛盾的时代”与“矛盾凸显期”的社会道德——18世纪的英国和市场经济的中国比较》探讨18世纪的英国和市场经济的中国在道德状况、道德矛盾、道德教育内容三个方面存在的共性。

唐霄等《对高校学生诚信教育体系构建浅析》提出通过主、客观两方面因素来建立高校学生诚信教育体系，以期加强学生自身的修养，培养诚信教育的教师队伍，建立行之有效的诚信评价与监管机制，营造有利于形成大学生诚信理念的社会环境，培养出德才兼备的高素质人才。

杨林波等《医师的人文素质现状调查与分析——以广西南宁为例》提出通过加大公立医院财政资助的比例，合理配置卫生资源，加强医院管理者对医师人文素质的培育，贯彻人文价值观于临床实践以提升医师的人文素质。

朱燕《基于社会学习理论的大学生道德人格培养策略》基于社会学习理论的大学生道德人格培养的策略包括：开设道德人格课程，提高大学生道德人格塑造的自觉性；营造健康的家庭环境；加强大学生的自我教育；为大学生树立道德行为榜样。

有关“伦理学”方面的著作一览表

著作题目	作者单位及作者	出版社及出版时间	字数（千字）
少数民族地区未成年人思想道德建设实效性研究	广西教育学院　韦吉锋	广西人民出版社，2014年5月	130
密尔对功利原则的道德哲学辩护	广西师范大学　刘琼豪	中国社会科学出版社，2014年5月	323

有关“伦理学”方面的论文一览表

论文题目	作者单位及作者	发表刊物及期数	备注
民族村寨旅游社区利益分析——“三大伦理学比较研究”	广西经济管理干部学院 李湮	《现代商业》2014年34期	广西教育厅项目
道德“错误理论”与伦理学理论的“自然化”——一种制度性事实理论的视域	广西师范大学 李晔、苗青	核心期刊《广西师范大学学报》(哲学社会科学版)2014年06期	国家社会科学基金项目《全球化与科学时代的伦理规范基础研究》阶段性成果之一
发展伦理学若干理论问题探讨	广西民族大学 唐海燕	核心期刊《学术论坛》2014年04期	2013年广西哲学社会科学规划一般项目《当代广西财富伦理审视及其现实价值研究》阶段性成果之一,2013年广西民族大学学科项目《发展伦理视域中的人本财富观研究》阶段性成果之一
西方功利主义伦理学对民族村寨旅游社区利益研究的启示	广西经济管理干部学院 李湮	《特区经济》2014年12期	
浅析“强权就是正义”——基于《理想国》与《尼各马可伦理学》	广西大学 匡芳芳	《才智》2014年31期	
逆水行舟,不进则退——《无名的裘德》文学伦理学解读	广西师范学院 姚建美	《成都理工大学学报》(社会科学版)2014年06期	
环境伦理学对物种歧视主义和人类沙文主义的反思与批判	广西大学 陈博雷	核心期刊《伦理学研究》2014年06期	
梦想与道德:中国梦的伦理蕴含	自治区党校 陆昱	《宁夏党校学报》2014年04期	2011年度国家社科基金项目《党的十六大以来中国特色社会主义政治实践与经济发展关系研究》阶段性成果之一
财富观从“物本”向“人本”嬗变的伦理审视	广西民族大学 唐海燕	核心期刊《道德与文明》2014年03期	广西哲学社会科学规划一般项目,广西民族大学学科项目,教育部人文社会科学研究项目
论财富精神塑造的伦理维度	广西民族大学 唐海燕	核心期刊《广西社会科学》2014年06期	广西哲学社会科学规划项目,广西民族大学学科项目,教育部人文社会科学研究项目
论高校教师管理的伦理基础与伦理规约	广西大学 黄景文、胡彰	《教师教育学报》2014年06期	
动物保护伦理及其实践困境——以玉林“狗肉节”引发的争议为例	广西民族大学 覃青必	核心期刊《中州学刊》2014年10期	
高校大学生捐精行为的伦理问题与对策分析	广西民族大学 杜晓俊	核心期刊《中国卫生事业管理》2014年10期	广西民族大学人才引进科研启动项目
突发传染病涉外患者强制医疗护理实践中伦理冲突及对策	广西医科大学第一附属医院 李家莲	《蛇志》2014年01期	广西卫生厅自筹经费科研项目
京族传统伦理思想及其当代价值	广西大学 郭世平等	核心期刊《黑龙江民族丛刊》2014年02期	2012年广西边疆问题研究基地开放基金项目《中越边境民俗文化的德育教化作用研究》阶段性成果之一
公平与价值——弗雷德里克森行政伦理思想述评	广西财经学院 高丹	核心期刊《科技管理研究》2014年08期	
论中国特色管理伦理、制度伦理和法制伦理的现代化建设	广西科技大学 黄超等	核心期刊《学术论坛》2014年07期	柳州市科学研究软科学项目《柳州市建筑行业管理伦理与地方法规建设研究》阶段性成果之一,广西教育厅科研基金项目《突发性事件网络舆情演变研究》阶段性成果之一,广西科技大学科研基金项目《高校突发性事件网络舆情研究》阶段性成果之一
朱熹宗族伦理遗产的保护与发展——以广州市黄埔区横沙村朱氏宗族为例	广西幼儿师范高等专科学校 张筠	《大众文艺》2014年08期	

续表

论文题目	作者单位及作者	发表刊物及期数	备注
宗法伦理：古代文学与道德契合的社会体制之基	广西师范学院 贺根民	核心期刊《上海师范大学学报》（哲学社会科学版） 2014年02期	广西高校人文社科研究项目《古代文学道德学的逻辑建构》阶段性成果之一
玉教伦理与华夏文明——访上海交通大学叶舒宪教授	广西民族大学 徐杰舜	《民族论坛》 2014年11期	
现阶段我国婚姻伦理存在的问题及其矫正	广西师范大学 叶红霞	《南阳理工学院学报》 2014年04期	
家庭伦理剧中“第三者”形象的话语机制及价值迁衍——以近十五年为例	广西大学 聂　芳	《艺苑》 2014年06期	广西教育厅人文社科研究项目，广西高等教育教学改革工程项目
中国传统社会差序格局与家庭婚姻伦理——以巴金小说《家》为例分析	广西民族大学 罗　红	《四川职业技术学院学报》 2014年03期	广西民族大学2013年研究生教育创新计划项目《巴金小说〈家〉的文化人类学研究》阶段性成果之一
论民族习惯法的生活伦理特性	广西民族大学 唐贤秋	核心期刊《广西民族研究》2014年06期	
包容性发展与大学生消费伦理引导	钦州学院法律与公共管理学院　马友乐，广西工商职业技术学院　陈小娟	核心期刊《学术论坛》 2014年03期	2012年广西高等学校科研项目《广西北部湾经济区和谐发展的战略性思考——包容性发展研究》阶段性成果之一
《资本论》对“后危机时代”全球经济伦理重建的验导	广西大学 董伟武	《理论观察》 2014年11期	
论当代社会主义道德视野中的市场伦理	广西工业职业技术学院 张时碧	《世纪桥》 2014年03期	
浅析微博世界的视觉伦理	广西大学新闻传播学院 雷航，广西地理信息测绘局 黄玉婷	《今传媒》 2014年08期	
新媒体背景下传播伦理的困境与重构探究	广西师范学院 陈洪波	核心期刊《新闻知识》 2014年07期	
网络游戏广告的“净”与“禁”——关于网络游戏广告的伦理探究	广西大学 王　婧等	核心期刊《新闻知识》 2014年10期	
艺术伦理的张力与研究路径的突破——谢建明博士访谈录	《民族艺术》杂志社 廖明君等	核心期刊《民族艺术》 2014年04期	
大数据时代的信息伦理研究	广西大学 陆伟华	《现代情报》 2014年10期	
技术专利保护强度反思——基于技术伦理的视角	广西民族大学 方　园	《价值工程》 2014年14期	广西研究生教育创新计划项目《技术专利保护尺度初探——基于技术伦理的视角》阶段性成果之一
论超越传统生态伦理的当代中国生态理性	广西民族大学 黄　骏	核心期刊《理论导刊》 2014年06期	2012年广西民族大学马克思主义理论学科建设项目《党的十八大精神与马克思主义中国化的新进展》阶段性成果之一
教学有效性与伦理性的关系及其整合	广西大学 李小红	核心期刊《课程·教材·教法》2014年12期	国家社会科学基金“十二五”规划2013年度教育学青年课题《大学青年教师教学学术发展机制研究》阶段性成果之一
发挥网络舆情作用 指引大学生伦理道德教育	广西民族师范学院 许典利	《广西师范学院学报》（哲学社会科学版） 2014年05期	广西民族师范学院2013年度科研项目
伦理型领导及其影响机制研究评介与启示	广西科技大学管理学院 潘清泉，广西大学　韦慧民	核心期刊《商业经济与管理》2014年02期	国家自然科学基金项目《基于APIM的创业团队成员互依信任动态演化及其影响因素研究》阶段性成果之一
员工反伦理行为模型与影响因素评述	广西科技大学 马璐等	《商业研究》 2014年03期	国家自然科学基金项目，项目，广西软科学项目

续表

论文题目	作者单位及作者	发表刊物及期数	备注
构建中国特色社会主义道德体系面临的挑战探析	广西广播电视大学 龙雪津	《山西社会主义学院学报》 2014年03期	
论新时期中国特色社会主义道德准则	广西工业职业技术学院 张时碧	《世纪桥》 2014年02期	
权利个人主义与道德个人主义辨析——兼论当代中国的个人主义现状和趋势	广西民族大学 陈　强	核心期刊《道德与文明》 2014年05期	广西民族大学重点科研项目，广西民族大学政治学理论学科建设项目
论"合宜性"在道德教育中的价值——重读《道德情操论》	广西大学 徐秦法、温凤仙	核心期刊《学术论坛》 2014年03期	2011年度广西高等学校一般科研项目《广西高校大学生道德信仰现状及教育对策研究》阶段性成果之一
新加坡与韩国道德教育比较研究及对我国的启示	广西艺术学院 章　燕	核心期刊《广西社会科学》2014年02期	
涂尔干的道德教育理论及其当代价值	广西师范学院　宁英烈，广西幼儿师范高等专科学校 郑忠平	核心期刊《内蒙古师范大学学报》（教育科学版） 2014年02期	广西高校"党的十八大精神研究"专项课题《"中国梦"与大学生思想政治教育研究》阶段性成果之一
论广西道德文化资源在"思想道德修养与法律基础"课中的应用	广西民族大学 覃青必、唐贤秋	《高教论坛》 2014年07期	2013年度广西高等教育教学改革工程项目《广西道德文化资源的开发及其在高校〈思想道德修养与法律基础〉课中的运用研究与实践》阶段性成果之一
论高校工会维权职能的道德认同问题	广西教育学院 卫荣凡	《大学教育》 2014年18期	
土地整治实施内生缺陷：逆向选择与道德风险——以广西为例	广西大学 聂鑫等	核心期刊《农村经济》 2014年07期	2013年国家自然科学基金项目《主体功能区规划框架下国土资源空间开发差异化策略与跨区域生态补偿机制研究——以广西为例》阶段性成果之一，国家社会科学基金项目《民族地区主体功能区国土空间管制下土地发展权受限与空间转移研究》阶段性成果之一，2012年教育部人文社科项目《公益性和非公益性土地征收失地农民社会经济福利变化测度及补偿政策：广西南宁实证研究》阶段性成果之一，广西自然科学基金项目《城市用地扩张过程中土地类型转换碳储碳排放效应的管控研究——以广西南宁市城乡交错区为例》阶段性成果之一，教育部哲学社会科学研究重大课题攻关项目，广西大学211工程四期重点学科群项目《中国—东盟经贸合作与发展研究》阶段性成果之一
存款保险制度下道德风险探析及防范建议	广西外国语学院 黄贤炎	《经营管理者》 2014年10期	
论网络文化对现代人传统道德观的影响	广西教育学院 朱家安	核心期刊《中国教育学刊》2014年04期	
"矛盾的时代"与"矛盾凸显期"的社会道德——18世纪的英国和市场经济的中国比较	广西大学 冼季夏、温凤仙	核心期刊《广西社会科学》2014年01期	教育部人文社会科学研究一般项目
理性的善与恶：社会道德重构中的文化价值	玉林师范学院　李继兵， 广西大学　顾能贵	核心期刊《学校党建与思想教育》2014年03期	2011年度广西高等学校一般课题《广西高校大学生道德信仰现状及教育对策研究》阶段性成果之一
网络道德失范与网络德育发展的理路论析	广西师范学院　丘小维， 广西教育学院　韦吉锋	《广西教育学院学报》 2014年05期	广西哲学社会科学规划2013年度研究课题《网络思想政治教育发展研究》阶段性成果之一
低碳经济时代道德调节新范——生态道德	广西科技大学 谢芬芳	《传承》 2014年11期	

续表

论文题目	作者单位及作者	发表刊物及期数	备注
当代农民生态道德教育论析	广西师范大学 伍晓辉等	《湖北第二师范学院学报》 2014年07期	
中国近二十年来文学道德批评述评	广西师范学院 贺根民	《沈阳大学学报》(社会科学版)2014年05期	广西高校人文社科研究项目
论中国诗学道德批评的现代效能	广西师范学院 贺根民	《吉林师范大学学报》 (人文社会科学版) 2014年04期	广西高校人文社会科学研究项目《古代文学道德学的逻辑建构》阶段性成果之一
娱乐新闻传播中媒体道德失范现象探析——以"周一见"事件为例	广西大学 孙锦卉、周晓航	《文化与传播》 2014年03期	
中美新闻道德规范对比:关于人文主义的解释	广西大学 王　攀	《视听》 2014年11期	
交通事故新闻道德失范现象及原因浅析	广西大学 梁静艺	《视听》 2014年02期	
高校硕士研究生学术道德建设的不足及对策思考	广西民族大学 张　立	《广西教育学院学报》 2014年05期	广西2014年学位与研究生教育改革和发展专项课题研究项目《硕士研究生学术道德建设研究》阶段性成果之一
论法治中国背景下的律师职业道德建设	广西机电职业技术学院 唐新华,梧州学院　邱房贵	《法制与社会》 2014年33期	
中小学教师职业道德失范及其矫正路径探析	广西师范学院 蔡　丽	《知识经济》 2014年23期	
加强高职院校教师职业道德建设的思考	广西农业职业技术学院 梁珠民	《广西农学报》 2014年04期	2009年广西高校自治区级教学团队项目
浅谈新形势下医学生职业道德教育	广西医科大学附属肿瘤医院　韦军葆等	《蛇志》 2014年01期	
从法律与伦理道德角度看网络拍客的信息传播	贺州学院　蒋夏兰,广西大学　刘安经	《传播与版权》 2014年01期	
从《洞穴探险者案》看法律与道德	广西师范大学 景会丽	《法制与社会》 2014年21期	
人性与道德复杂性的探索——评凡一平的长篇小说《上岭村的谋杀》	广西监察厅 杨炳忠	《广西民族师范学院学报》 2014年02期	
新媒体环境下公民道德教育的有效途径	广西广播电视大学 龙雪津	《广西广播电视大学学报》 2014年02期	广西广播电视大学校级课题
促进幼儿道德认知发展的童话教学策略	广西百色学院 唐德俊等	核心期刊《现代中小学教育》2014年12期	
初中生思想道德的性别差异研究	广西师范学院 熊孝梅、苏学权	《广西师范学院学报》 (哲学社会科学版) 2014年01期	广西教育科学"十一五"规划课题《广西民族地区中学生思想道德素质现状与社会变迁》阶段性成果之一
网络虚拟环境下青少年道德失范探究	广西师范学院 郑　静	《传承》 2014年02期	
体育游戏教学对大学生道德规范的迁移性影响的实验研究	广西民族师范学院 董业平等	《运动》 2014年16期	
基于社会学习理论的大学生道德人格培养策略	广西科技大学 朱　燕	核心期刊《教育探索》 2014年12期	2012年教育部人文社会科学一般项目
利用红色资源加强大学生思想道德教育的探析	广西水利电力职业技术学院　江　颉	《高教论坛》 2014年01期	广西教育科学"十二五"规划2013年度广西高校党建工作研究专项课题《红色资源融入大学生社会主义核心价值体系教育研究——以广西高校为例》阶段性成果之一
发挥网络舆情作用　指引大学生伦理道德教育	广西民族师范学院 许典利	《广西师范学院学报》 (哲学社会科学版) 2014年05期	广西民族师范学院2013年度科研项目

续表

论文题目	作者单位及作者	发表刊物及期数	备注
新农村建设背景下开展农民思想道德建设需要处理好的几个关系	广西科技大学 覃雪梅	《传承》 2014年07期	2010年广西教育厅科研项目《广西新农村建设背景下的农民思想道德建设问题研究》阶段性成果之一
浅谈企业道德在高职学生中的德育功能及应用	广西贵港职业学院 覃　勇	《办公室业务》 2014年01期	
公司治理、内部控制及道德的重要性研究	广西大学 秦建文、卞泽阳	《商场现代化》 2014年18期	
另眼看待娱乐圈的伦理道德	广西师范大学 郑剑玲	《天津市经理学院学报》 2014年03期	
运用“角色体验”提高思想政治理论课教学实效性——以高职《思想道德修养与法律基础》教学为例	广西工业职业技术学院 陶新群	《高教论坛》 2014年07期	
高校思想政治理论课专题教学改革初探——以《思想道德修养和法律基础》课程为例	广西教育学院 尹　莹	《广西教育学院学报》 2014年02期	2011年度广西教育学院新世纪高等教育教学改革工程项目《〈思想道德修养和法律基础〉课专题教学改革实践与研究》阶段性成果之一
论孔子的启发式教学法及其运用——以“思想道德修养与法律基础”课程为例	广西教育学院 廖丹琪	《高教论坛》 2014年12期	广西教育厅2013年广西高校思想政治教育理论与实践研究课题《孔子的君子理念对大学生道德人格养成的启示——以“思想道德修养与法律基础”为例》阶段性成果之一，2012年度广西教育学院科研项目《儒家诚信思想及其当代价值研究》阶段性成果之一
以幸福观为主线探索高职院校“思想道德修养与法律基础”课教学	广西工业职业技术学院 廖腾琼	《高教论坛》 2014年04期	2013年度广西高等教育教学改革工程项目《高职学生幸福观教育研究与实践》阶段性成果之一
《思想道德修养与法律基础》课专题式教学研究	广西科技大学鹿山学院 唐春兰	《萍乡高等专科学校学报》 2014年04期	
高职院校德育工作的问题及对策	广西工商职业技术学院 段小斌	核心期刊《教育与职业》 2014年05期	
隐性德育在研究生德育中的适切性及作用力分析	广西大学 刘培军	《高等财经教育研究》 2014年01期	教育部项目《广西大学农业推广硕士专业学位研究生教育综合改革试点》阶段性成果之一
试论90后大学生“个性”对德性养成的影响及个性化德育方法	广西师范大学 王　惠、蔡　兵	《集宁师范学院学报》 2014年03期	2013年度广西高等学校人文社会科学研究项目《大学生情智协调发展教育方法研究》阶段性成果之一，2012年广西高校科学研究工程项目《西部师范院校大学生就业新特点及走向研究》阶段性成果之一
思想政治理论课中大学生责任意识的培养——基于德育与法育融合互动的角度	广西教育学院 黄　滢	《大学教育》 2014年03期	全国教育科学“十二五”规划2012年度教育部重点课题
简论奥林匹克精神对90后大学生爱国主义教育的启示	广西科技大学 王春江	《旅游纵览》（下旬刊） 2014年05期	2008年广西思想政治教育理论与实践研究课题《奥林匹克精神的思想政治教育价值研究》阶段性成果之一
青少年爱国主义教育的优秀读物——容本镇教授主编的《中国梦》评介	广西教育学院 韦吉锋	《广西教育学院学报》 2014年02期	
论如何保护利用红色资源——以广西巴马县爱国主义教育基地为例	广西巴马瑶族自治县社会科学界联合会　胡秀萍	《传承》 2014年09期	
广西高校助学贷款诚信教育探索——基于对新加坡大学诚信教育的经验借鉴	广西学生资助管理办公室 吴大平	核心期刊《广西社会科学》2014年06期	

续表

论文题目	作者单位及作者	发表刊物及期数	备注
建立供应商诚信制度问题的研究	广西财政厅 黄明锦	《招标与投标》 2014年06期	
中职会计专业学生诚信品德培育研究	广西商贸技工学校 黄翠玲	《现代物业》(中旬刊) 2014年Z1期	
从《大学》之道看执政意识修养——执政意识研究系列论文之二	广西师范学院 秦　馨、黄义英	核心期刊《学术论坛》 2014年10期	广西哲学社会科学基金项目《我国执政党意识的生成机制和转化路径研究》阶段性成果之一
现代教师加强形象塑造与礼仪修养的重要性与操作性——《现代教师礼仪》课程教学体会	广西民族师范学院 韦茂斌	《教育教学论坛》 2014年11期	广西高等教育教学改革工程项目《构建民族高校礼仪教育实践体系研究》阶段性成果之一
新时期秘书人员应加强八种意识修养	广西农垦思源酒业有限公司　毛玉龙	《企业科技与发展》 2014年04期	
人生百善孝为先 党性修养德先行——浅谈孝德文化与党性修养在构建和谐社会中的重要性	广西电网公司崇左供电局 韦海霞	《东方企业文化》 2014年04期	
论企业政工人员的工作能力与自身修养	广西农垦国有金光农场 詹镇宇	《企业科技与发展》 2014年09期	
医师的人文素质现状调查与分析——以广西南宁为例	桂林医学院 杨林波等	核心期刊《医学与哲学(A)》2014年08期	广西哲学社会科学"十一五"规划课题《广西医学发展人文环境研究》阶段性成果之一
高职院校人文素质教育研究述评	广西电力职业技术学院 马振钦、谢玉荣	《科教文汇》(中旬刊) 2014年09期	
高职院校构建"三结合"人文素质教育模式的探索——以广西电力职业技术学院为例	广西电力职业技术学院 谭永平、黄仕强	《大众科技》 2014年08期	广西高等教育教学改工程项目《高职院校构建"三结合"人文素质教育模式的研究与实践:基于内涵建设的电力高职院校可持续发展战略研究》阶段性成果之一,广西教育科学规划课题项目《高职校园礼仪文化建设的研究》阶段性成果之一
心理弹性对大学生人格与心理危机的中介作用研究	广西大学 宋凤宁等	核心期刊《中国全科医学》2014年28期	广西大学"211工程"四期建设重点学科项目《区域文化传承创新与交流研究学科群》阶段性成果之一
人格G因素的稳定性研究	广西大学行健文理学院 李金德	核心期刊《中国临床心理学杂志》2014年01期	2013年广西教育科学十二五规划课题,2012年广西高校思政教育与实践课题,2012年广西新世纪高教教改课题
基于社会学习理论的大学生道德人格培养策略	广西科技大学 朱　燕	核心期刊《教育探索》 2014年12期	2012年教育部人文社会科学一般项目
大学生学业延迟满足与人格的关系	广西大学 陈露露等	《中国健康心理学杂志》 2014年09期	广西高校大学生创新创业计划项目,广西大学国家大学生文化素质教育基地项目

民族学·社会学

【民族学】 2014年,广西科研人员研究民族学的著作主要有:徐杰舜《中华民族史记(6册)》、中共广西区委党史研究室《中国共产党民族工作的伟大实践·广西卷》、袁鼎生《少数民族艺术生态学》、尹红《广西融水苗族服饰的文化生态研究》、蒋兴礼等《三江侗族语言使用现状及演变》、韦树关《中国京语词典》、黄家信《石上红莲 广西彝王寨的巨变》等。

发表的论文,根据《中国知网》期刊不完全统计,通过对篇名中含有"民族学"、"民族"、"民俗"以及"苗族"、"侗族"、"仫佬族"、"毛南族"、"京族"、"彝族"等关键词进行检索,2014年广西科研人员发表有关民族学的文章644篇,全国14189篇,占4.54%。其中篇名中含有关键词“民族”的有 513 篇，全国 11885 篇，占 4.32%；含有“民俗”的有 35 篇，全国 991 篇，占 3.53%；专门研究苗族的有 19 篇，全国 525 篇，占 3.62%；研究侗族的有 29 篇，全国 260 篇，占 11.15%；研究仫佬族的有 12 篇，全国 42 篇，占 28.57%；研究毛南族的有 7 篇，全国35篇，占20%;研究京族的有 19 篇，全国 25 篇，占 76%。研究彝族的有 10 篇，全国 426 篇，占 2.35%。

广西科研人员发表有关民族学的论文中，有 148 篇发表在核心期刊，占 22.98%。发表在核心期刊的论文中，研究民族有 126 篇，占 85.14%;研究民俗有 7 篇，占 4.73%；研究苗族、侗族、仫佬族、毛南族、京族、彝族等少数民族有 15 篇，占 10.13%。论文作者（以最前的广西作者为准）在高校有 132 篇（广西民族大学 43 篇，广西师范大学 22 篇，广西大学 18 篇），占 89.19%；在科研机构有 6 篇，占 4.05%；在实践工作部门有 8 篇，占 5.41%；在党校系统有 2 篇，占 1.35%。

发表的论文中，有部分是基金项目的阶段性成果：国家基金项目（包括国家社科基金、国家哲学社会科学基金、国家自然科学基金）的阶段性成果 46 篇，教育部项目的阶段性成果 32 篇；广西基金项目（包括广西社科基金、广西哲学社会科学规划课题、广西自然科学基金）的阶段性成果 39 篇，广西教育类项目（包括广西教育科学规划课题、广西高等学校项目、新世纪广西高等教育教学改革工程、广西研究生教育创新计划项目）的阶段性成果 69 篇。

研究民族学的论文，总论民族主要从民族学、民族主义、民族志和民族档案、文献、历史、精神、素养、理论、问题、关系（包括平等、团结、融合）、自治、宗教、文化、教育、体育、语言、文学、艺术（包括音乐、民歌、乐器、舞蹈、歌剧、产品设计、装饰品）、节日、婚俗、风俗、建筑及民族法（包括民族习惯法、自治法）、民族人物（包括民族作家、农民工）、民族地区（包括院校、民族乡、村寨）等方面研究。专门研究各少数民族如苗族、侗族、仫佬族、毛南族、京族、彝族等方面问题。作者多在高校。

出版的著作中，徐杰舜《中华民族史记(6 册)》展现了中华民族起源、分化、重组、融合、演变至定型的全过程。中共广西区委党史研究室《中国共产党民族工作的伟大实践·广西卷》重点围绕中国共产党在广西开展民族工作过程所发生的重大历史事件，集中展示了党在民族地区实践民族政策的历程和经验，以及广西在执行党的民族政策过程中各个时期的重大成就。袁鼎生《少数民族艺术生态学》通过对少数民族审美生态和艺术生态的研究，从中概括提炼出少数民族的生态审美规律，发掘少数民族生态审美文化的规律，升华出少数民族的生态艺术哲学原理。尹红《广西融水苗族服饰的文化生态研究》通过实地调研，以纵向历史文化传承、横向民族文化涵化及民族内部文化生态的现状调研为主线对融水苗族服饰艺术及其文化生态进行综合、整体、系统的分析和研究。蒋兴礼等《三江侗族语言使用现状及演变》是国内第一部研究三江侗族语言使用现状及演变的著作。主要阐述三江侗族自治县在与当地汉族长期交往，频繁接触，在政治、经济、文化等领域受到汉族文化影响背景下，侗族人的母语保存情况、语言使用现状及演变趋势。韦树关《中国京语词典》收入中国京语词目近 20000 条，主要是京语日常生活用词，也收入流传在京族民间的喃字手抄本中的一些词语及若干新词术语。黄家信《石上红莲 广西彝王寨的巨变》从学术层面系统、完整地反映了当代广西彝族人民的生活，研究了其社会组织、生计模式、生活习俗、婚姻家庭、乡村教育等，重点叙述了彝族社会的变迁。

发表的论文中，郑一省《广西和云南少数民族向海外移民的历史考察》指出国际性移民、集体性移民、陆路性移民和地缘性移民是广西和云南少数民族移民的特点，而集聚式移民、发散式移民、强制式移民和自发式移民则是两地移民的主要方式，这些移民在长久的移民过程中，也建构出生计性迁移网络、亲缘性迁移网络和马帮性迁移网络。

郝国强《近 10 年来中国海外民族志研究反观》梳理近 10 年来中国人类学界海外民族志研究成果，可以归纳出海外民族志具有记录文化类型、提供“他者”文化个案与经验事实、为社会科学提供想象力等三大成绩，同时思考与其发展相伴而生的，包括理论预设与本土解释、田野进入融入与产出、理论导向等问题，有益于中国海外民族志研究之发展。

莫磊《民族融合与会计演进革新——北朝官厅会计略论》以北朝官厅会计为例，从民族融合的层面揭示了中华民族会计的融合性发展规律，拓展了民族融合与会计制度革新交互影响的视角，从会计历史的角度演绎了民族间的融合与互益。

赵锦山等《广西壮族自治区民族文化认同调查研究》指出民族文化认同与社会稳定及社会发展有密切联系，合理的民族认同结构可以促进社会稳定。

韦丹芳《中缅、中老跨境民族传世铜鼓比较研究》对中缅、中老跨境民族的传世铜鼓进行比较研究。指出老挝、缅甸、中国和泰国的黑格尔 III 型铜鼓在鼓形的设计上已基本定型，不排除四国在铸造技术上互相交流甚至铜鼓在某地铸造后再向他国传播的可能。

平锋《民族节日当下的实在运作——以田阳县敢壮山歌圩为例》指出作为目前规模最大的歌圩，敢壮山歌圩当下的运作与变迁过程是受当前高涨的文化遗产热潮、以经济建设为中心的政策导向和少数民族自觉意识日益彰显的现实态势等社会结构性情景的促动和牵引，由地方政府、专家学者、新闻媒体、商家和普通民众等多重力量，在以利益为主和情感为辅的双重原动力驱动下展开和推进的，这亦是当下诸多同类非物质文化遗产项目与民族节日实在运作的经验之道。

杨衍滔《广西少数民族“乡土民间体育”文化发展路向研究》通过分析广西少数民族“乡土民间体育”项目的种类和文化的内涵以及特征，对广西少数民族“乡土民间体育”文化传承困境进行了探讨，并提出广西少数民族“乡土民间体育”文化的发展之路。

唐虹《整生论生态美学视域中民族文学场的历史旋升轨迹探析》指出在整生论生态美学的视域中考察民族文学，以整生论哲学观，以历史与逻辑统一的超循环发展思想，来考察民族文学场的发生与发展，能清晰见出其经历依存性与独立性而走向整生性的历史旋升轨迹。

王林《“走众亲”：漓江流域乡土社交民俗的人类学考察》指出广西灵川县大圩镇是珠江水系中漓江流域的典型古镇，当地村民以“走众亲”的方式来连接村落社会关系，形成了“众亲村”、“众亲圈”等村落联盟，组成以地缘为中心的社会关系网络。在这个场域中，人人可以很好地发挥乡土社交民俗“社会资本”的优势，逐步形成一致的发展目标以及团结、协作、信任的公共精神。

高妮娅《苗族音乐元素在现代音乐创作中的运用》简介苗族音乐元素，进而分析在现代音乐创作中苗族音乐元素的运用，以期为民族音乐文化的发展与创新提供一些参考。

赵巧艳《空间实践与侗族村落文化表征：以宝赠为例》指出侗族村落布局经由“确立神圣中心”、“界定居住边界”、“明确布局层次”的过程，这些文化逻辑和文化规范制约着侗寨的形成、衍生、发展，构建了独具特色的侗族传统文化与村落空间实践的互动机制与侗族村落文化模式。

康忠德等《对没有文字的民族语言开展双语教学的探讨——以贵州居都仡佬语为例》指出仡佬语的双语教学难度很大，一是没有文字，二是没有教材，三是没有师资，四是没有配套的考核办法，五是没有相应的激励机制，这些问题是开展仡佬语双语教学的核心问题。

赵学森《我国毛南族传统体育人群生命质量的实证分析》对中国毛南族传统体育人群的生命质量进行实证分析研究。其社会学意义研究表明，生命质量与人们的生活方式有关联。

陈丽琴、李玢辛《论京族民间文艺的兼容性》指出京族民间文艺的兼容性主要体现在民间故事传说、民间音乐、戏剧等方面。

吴莹、郑直《广西京族曲艺唱哈的保护性开发策略研究》认为广西京族唱哈是一项极具价值和开发潜力的民族文化资源。探讨京族唱哈保护性开发的具体对策，为现代化背景下的唱哈文化寻求积极的发展新路，以实现唱哈文化的可持续发展。

有关“民族学”方面的著作一览表

著作题目	作者单位及作者	出版社及出版时间	字数（千字）
中华民族史记(6册)	广西民族大学　徐杰舜	福建教育出版社，2014年8月	2000
中国共产党民族工作的伟大实践·广西卷	中共广西区委党史研究室	广西人民出版社，2014年8月	510
少数民族艺术生态学	广西民族大学　袁鼎生	民族出版社，2014年3月	430
广西融水苗族服饰的文化生态研究	广西艺术学院　尹　红	中国美术学院出版社，2012年12月	160
三江侗族语言使用现状及演变	广西民族大学　蒋兴礼等	广西民族出版社，2014年6月	220
中国京语词典	广西民族大学　韦树关	世界图书出版公司，2014年5月	700/900
石上红莲 广西彝王寨的巨变	广西民族大学　黄家信	民族出版社，2014年9月	220

有关“民族学”方面的论文一览表

论文题目	作者单位及作者	发表刊物及期数	备注
相思湖学术精神论——广西民族大学民族学的传承与发展	广西民族大学 徐杰舜	《桂林师范高等专科学校学报》2014年03期	
全球正义：民族主义的伦理边界	广西大学 胡　玲	核心期刊《探索与争鸣》2014年06期	

续表

论文题目	作者单位及作者	发表刊物及期数	备注
祖国意识与民族主义的产生	广西民族大学 肖海芹	《西北成人教育学院学报》 2014年06期	
近10年来中国海外民族志研究反观	广西民族大学 郝国强	核心期刊《思想战线》 2014年05期	教育部人文社会科学青年基金项目《老挝山地多民族地区和谐发展历程研究》阶段性成果之一，广西特聘专家岗项目《中国南方与东南亚民族研究》阶段性成果之一，中国—东盟研究中心(广西科学实验中心)青年课题《从“Laosoung”到“Hmong”：老挝苗族公民—族群身份的重构》阶段性成果之一
加强民族档案征集 促进馆藏优化	广西档案局 覃兰花、李爱玲	《中国档案》 2014年12期	
基于民间文化传承视角的少数民族家庭档案初探	广西财经学院 李　琳	核心期刊《兰台世界》 2014年02期	广西高等学校人文社会科学研究课题项目
现代技术在地方民族文献保存利用中的应用	广西财经学院 黄　胜	《科技情报开发与经济》 2014年24期	
汉民族五帝时代的族群态势	广西民族大学 徐杰舜	《重庆文理学院学报》(社会科学版)2014年01期	
广西和云南少数民族向海外移民的历史考察	广西民族大学 郑一省	核心期刊《暨南学报》(哲学社会科学版) 2014年07期	国家民族委员会人文社会科学重点研究基地“中国南方与东南亚跨境民族研究基地”项目
从江河走向海洋——汉民族移民千年走势分析	广西民族大学 徐杰舜	核心期刊《思想战线》 2014年01期	
《多学科视野下的中国南方边疆民族研究学术研讨会》综述	广西民族大学 赵　娜	《中国史研究动态》 2014年04期	
民族精神之史曜——梁越《陆荣廷评传》之超越	广西大学 潘春见	《百色学院学报》 2014年05期	
文化视野下高师声乐教学中民族素养培养的必要性	广西艺术学院 温梅琴	《音乐时空》 2014年14期	
如何提升民族理论与民族政策课教学效果	广西民族大学 樊常宝	《中国民族教育》 2014年12期	
民族问题领域《最大公约数》的“初商”——中国梦与构建共有精神家园的民族理论研究系列之一	广西民族大学 龚永辉	核心期刊《广西民族研究》 2014年01期	
民族与国家的顺和才是中华复兴之道——中国梦与构建共有精神家园的民族理论研究系列之二	广西民族大学 龚永辉	核心期刊《广西民族研究》 2014年02期	
从根子上反思民族政策必须下足格致①功夫——中国梦与构建共有精神家园的民族理论研究系列之三	广西民族大学 龚永辉	核心期刊《广西民族研究》 2014年03期	
中国特色社会主义民族理论政策体系的生成轨迹——中国梦与构建共有精神家园的民族理论研究系列之五	广西民族大学 龚永辉	核心期刊《广西民族研究》 2014年05期	
理论自信：中国特色社会主义民族理论政策体系是解决当代中国民族问题的理论依据——“三个自信”与中国民族问题研究系列论文之三	广西民族问题研究中心 黄仲盈	核心期刊《广西民族研究》 2014年05期	

续表

论文题目	作者单位及作者	发表刊物及期数	备注
道路自信:中国特色社会主义道路是解决当代中国民族问题的根本道路——“三个自信”与中国民族问题研究系列论文之二	广西民族问题研究中心 黄仲盈	核心期刊《广西民族研究》 2014年02期	
民族关系和社会主义和谐社会建设的基本经验	广西民族大学 何龙群	核心期刊《广西民族大学学报》(哲学社会科学版) 2014年06期	
自觉维护民族团结大局 促进民族关系和谐发展——第四次中央民族工作会议精神学习札记之四	广西民族大学 罗红流	《民族论坛》 2014年12期	
论中国共产党构建和谐民族关系的价值诉求	广西工业职业技术学院 张时碧	《世纪桥》 2014年05期	
论周恩来民族平等思想——“事实上的真正的平等”	广西民族大学 李　珍	《传承》 2014年05期	广西民族大学2013年研究生教育创新计划项目
广西的文化交融及其对民族团结的影响	广西区委党史研究室 张丽红	《创新》 2014年05期	
民族融合与会计演进革新——北朝官厅会计略论	广西财经学院 莫　磊	核心期刊《贵州民族研究》 2014年07期	2014年国家社科基金西部项目《中国少数民族会计史研究》阶段性成果之一,2011国家社科基金重大项目《中国会计通史系列问题研究》阶段性成果之一
保驾“祝著节”促民族和谐	广西大化供电公司 韦绍良	《广西电业》 2014年06期	
坚持完善民族区域自治制度——第四次中央民族工作会议精神学习札记之三	广西民族大学 马志伟	《民族论坛》 2014年12期	
城镇化背景下民族自治地方的文化传承发展问题	广西百色市委党校　黄启学,自治区党校　赵　静	核心期刊《西南民族大学学报》(人文社会科学版) 2014年08期	国家社科基金项目《发展民族文化与完善民族区域自治制度互动关系研究》阶段性成果之一
民族宗教问题是需重视的时代命题——评《民族宗教知识简明教程》	广西警官高等专科学校 胡吉红	核心期刊《当代教育科学》 2014年09期	
地域文化小说与民族文化书写	河池学院　温存超,广西民族大学　黄佩华	核心期刊《广西民族大学学报》(哲学社会科学版) 2014年02期	
广西壮族自治区民族文化认同调查研究	广西师范大学 赵锦山等	核心期刊《中南民族大学学报》(人文社会科学版) 2014年02期	国家社会科学基金重点项目《民族自治区的文化认同与国家认同调查研究》阶段性成果之一
民族文化旅游吸引力的评价体系与营造策略研究	广西师范大学 吴晓山	核心期刊《开发研究》 2014年01期	2010年教育部人文社会科学研究青年项目,2011年广西人文社会科学发展研究中心“科学研究工程”项目“旅游研究团队”项目
论我国民族教育的文化内涵	广西民族大学 王瑜等	核心期刊《贵州民族研究》 2014年04期	新世纪广西高等教育教学改革工程项目《广西高校双语教学建设研究》阶段性成果之一
“云时代学习与民族教育发展”会议综述	广西师范大学 高燕林	核心期刊《广西师范大学学报》(哲学社会科学版) 2014年02期	
断裂与链接:少数民族教育活动的生态关联性	广西广播电视大学 龙雪津	核心期刊《贵州民族研究》 2014年10期	2013年广西高校专项课题《党的十八大精神研究》阶段性成果之一
现代化进程中广西民族教育发展策略探析	广西来宾市第一中学 李昌敏	《民族论坛》 2014年05期	

续表

论文题目	作者单位及作者	发表刊物及期数	备注
民族传统体育文化"莲湘舞"的教育特色与功能	广西大学 罗智勇等	核心期刊《民族教育研究》 2014年05期	广西社科基金项目《社会变迁背景下两岸民族体育传承与发展的比较研究》阶段性成果之一
广西少数民族传统体育运动会调查研究	广西民族师范学院 韦光辉等	核心期刊《体育文化导刊》 2014年02期	广西民族师范学院民族传统体育特色学科建设基金项目
特色体育课程开发视角下的少数民族传统体育项目归类与筛选	广西师范大学 黎晓萍等	核心期刊《广西师范大学学报》(哲学社会科学版) 2014年01期	国家社科基金教育学青年项目
非主流经济学视角下对少数民族传统节庆体育活动的研究	广西大学 邓艳香等	核心期刊《北京体育大学学报》2014年08期	广西大学211四期标志性成果培育选题项目《非主流经济学视角下少数民族传统节庆体育活动的现实困境与对策研究》阶段性成果之一,广西社科基金项目《社会变迁背景下两岸民族传统体育传承与发展的比较研究》阶段性成果之一
广西少数民族"乡土民间体育"文化发展路向研究	广西师范大学 杨衍滔等	核心期刊《山东体育科技》 2014年03期	国家体育总局文化基地研究项目,国家科技部"十一五"科技支撑计划重点课题子课题,广西师范大学2012年校级青年课题
功能对等理论观照下的少数民族特色词汇翻译研究——以广西少数民族特色词汇为例	广西大学 姚嘉盈	《海外英语》 2014年01期	
对没有文字的民族语言开展双语教学的探讨——以贵州居都仡佬语为例	广西民族大学 康忠德等	核心期刊《黑龙江民族丛刊》2014年03期	国家社科基金重大委托项目《中国少数民族语言文化研究》子课题《仡佬语志》阶段性成果之一,湖南省普通高校教学改革研究项目《创新型汉语言文学本科人才培养模式探索》阶段性成果之一
民族语言传承对民族文化的重要性——以广西靖西县壮语南部方言德靖土语为例	广西师范学院 郑　直	《吕梁教育学院学报》 2014年03期	
我国少数民族语言网络舆情语言特点分析	广西工业职业技术学院 廖　俐	《湖北函授大学学报》 2014年22期	
论中国少数民族文学经典外译的类型、目的与策略	广西民族大学 刘雪芹	核心期刊《广西民族大学学报》(哲学社会科学版) 2014年04期	国家民族事务委员会科研项目《侗族史诗英译与研究》阶段性成果之一
少数民族文学研究"边缘化"另种理解	广西民族大学 李运抟	核心期刊《广西民族大学学报》(哲学社会科学版) 2014年05期	
民族故事选题策划与创新攻略	广西三月三杂志社 黄　恩	《科技风》 2014年24期	
多民族艺术对腾冲民居景观的影响与启示	广西大学 褚兴彪	核心期刊《贵州民族研究》 2014年04期	
关于高校民族音乐师资建设的研究	广西艺术学院 莫晓文	核心期刊《教育与职业》 2014年17期	
论民族音乐教学中民族情感的培养	广西大学 梁　斐	核心期刊《大舞台》 2014年01期	
金铁霖民族声乐演唱教学法分析	广西艺术学院 刘述贵	核心期刊《大舞台》 2014年04期	
民族唱法与美声唱法融合的特点及途径	广西民族师范学院 李德彪	核心期刊《音乐创作》 2014年02期	
简析桂西北少数民族民歌的运用	广西河池学院 唐文生、王克永	《民族音乐》 2014年06期	2014年度广西高校项目
民族管弦乐《醉卧南山》音乐形象分析	广西艺术学院 刘佳彬	《艺术探索》 2014年06期	

续表

论文题目	作者单位及作者	发表刊物及期数	备注
论岭南少数民族乐器的曲目来源及演奏特征	广西艺术学院 楚　卓	《中国音乐》 2014年04期	
中国民族民间舞个性化教学	广西大学 付宜玲	核心期刊《大舞台》 2014年06期	
电视媒介中的广西民族舞蹈传播	广西教育学院 梁　艺	《当代电视》 2014年06期	广西哲学社会科学项目《广西民间美术的传播和发展》阶段性成果之一，广西教育厅人文社科项目《桂东北瑶族芦笙长鼓舞的开发和研究》阶段性成果之一
试论民族舞蹈创作与民族文化的联系	广西艺术学院 冯　宁	《艺海》 2014年08期	
浅谈中国民族歌剧的发展	广西艺术学院 刘　雯	《艺术教育》 2014年12期	
少数民族电视剧在困惑中求变	广西电视台 黎继强	《山西师范大学学报》(自然科学版)2014年S1期	
从设计思维看广西民族产品设计	广西艺术学院 刘彦飞	《中国包装工业》 2014年22期	
坭兴陶低温釉的广西民族装饰品研究	广西艺术学院 王　胤、杨伟庆	《边疆经济与文化》 2014年05期	2013年度广西研究生教育创新计划项目《民族民间艺术遗产研究》阶段性成果之一
民族节日当下的实在运作——以田阳县敢壮山歌圩为例	广西艺术学院 平　锋	核心期刊《黑龙江民族丛刊》2014年01期	教育部人文社会科学研究基金青年基金项目《壮族歌圩当下的转型与重构——以广西田阳县敢壮山歌圩为例》阶段性成果之一，广西艺术学院重点项目《壮族歌圩文化生态与传承机制的调查研究》阶段性成果之一
《长夜》中少数民族婚俗探析	广西民族大学 武鹏冲	《现代语文》(学术综合版) 2014年06期	
少数民族风俗习惯对政府行政执法的影响	广西师范大学 钟小霞	《普洱学院学报》 2014年02期	
浅谈桂北少数民族民居及其可持续发展	广西文物保护研究设计中心　陆　卫	《中华民居》(下旬刊) 2014年04期	
民族习惯法变迁与民族地区纠纷的解决——以广西壮族自治区三江侗族村寨为例	广西师范大学 张小川、郭剑平	核心期刊《人民论坛》 2014年32期	广西研究生教育创新计划项目，中国博士后科学基金第55批面上项目《治理视野下民族风俗习惯对新农村建设的作用研究》阶段性成果之一
对《民族区域自治法》的再认识——兼论《民族区域自治法》的修改	广西大学 张文山	核心期刊《内蒙古社会科学》(汉文版) 2014年05期	
底层叙事的困惑与民族作家底层书写的启示——以广西作家周来的小说为例	广西民族师范学院 潘文峰	《民族文学研究》 2014年05期	
论广西少数民族新锐作家群的崛起	广西师范学院 罗小凤	核心期刊《南方文坛》 2014年04期	
社会网络与山区少数民族农民工的非农职业流动	广西民族大学 郭云涛	核心期刊《广西民族大学学报》(哲学社会科学版) 2014年01期	《中国南方与东南亚民族研究》特聘专家岗项目
民族地区乡村微型旅游企业发展变迁研究——基于广西乡村微型旅游企业的实证分析	广西大学 文军、李星群	核心期刊《广西民族研究》 2014年01期	教育部人文社会科学研究课题《广西乡村微型旅游企业发展问题研究》阶段性成果之一
边疆民族地区公共安全治理体系与能力现代化	广西民族大学 李俊清	核心期刊《中国行政管理》 2014年11期	国家社科基金决策咨询点项目，教育部人文社会科学重点研究基地重大项目《跨境民族与边疆公共事务治理》阶段性成果之一

续表

论文题目	作者单位及作者	发表刊物及期数	备注
桂西南民族边境地区人力资源开发现状研究——以崇左市为例	广西民族师范学院 刘忠超	核心期刊《安徽农业科学》 2014年35期	
地方民族高校职业能力的培养与教育实践课程研究——以广西民族师范学院为例	广西民族师范学院 李成才	《广西民族师范学院学报》 2014年05期	2012年度广西教师教育立项A类项目《地方民族高校教育实践课程研究——以广西民族师范学院为例》阶段性成果之一
民族院校师范生个人教育观念的形成——基于学科与教育课程融合的视角	广西民族师范学院 马硕章	《广西民族师范学院学报》 2014年05期	广西高等教育教学改革工程项目
探寻天琴艺术在地方民族院校的传承与发展	广西民族师范学院 吕挺中	核心期刊《音乐创作》 2014年02期	2010年广西教育厅科研项目《天琴的传承与发展》阶段性成果之一,2011年华南边疆问题研究基地特色研究团队培育工程项目《壮族天琴文化的传承与开发研究团队》阶段性成果之一
民族院校辅导员激励机制现状与对策研究——以广西民族大学为例	广西民族大学 马　楠	《南方论刊》 2014年12期	
当前广西民族乡散居少数民族特有权益保障的落空与实现——"广西民族乡法治状况研究"之一	广西民族大学 邓崇专	核心期刊《广西民族研究》 2014年04期	
试论民族发展过程中文化适应的滞后性——以湘黔桂少数民族村寨火灾为例	广西社会科学院 潘文献	核心期刊《学术论坛》 2014年07期	
少数民族特色村寨保护与发展的基本原则	广西民族大学 张显伟	核心期刊《广西民族研究》 2014年05期	国家社科基金项目《西部民族地区基层民主发展规范化研究——基于村民自治现状的实地调查与思考》阶段性成果之一
高速公路项目嵌入少数民族村落的影响研究——基于桂中三个村落的调查	广西大学 杨文健等	核心期刊《广西民族研究》 2014年02期	
中缅、中老跨境民族传世铜鼓比较研究	广西民族大学 韦丹芳	核心期刊《贵州民族研究》 2014年04期	国家社科基金项目《中缅、中老跨境民族铜鼓文化研究》阶段性成果之一,国家民委人文社会科学重点研究基地《中国南方与东南亚跨境民族研究基地》阶段性成果之一,广西民族大学中国—东盟研究中心项目《东南亚铜鼓研究》阶段性成果之一
苗族音乐元素在现代音乐创作中的运用	广西玉林师范学院 高妮娅	核心期刊《大舞台》 2014年12期	
以民族文化个性化应对经济全球化——以苗族服饰为例	广西民族大学 张佳玉	《南宁职业技术学院学报》 2014年01期	广西哲学社会科学"十二五"规划研究课题《经济全球化背景下的广西民族文化传承与发展策略研究:以〈印象·刘三姐〉为例》阶段性成果之一
苗族传统服饰纹样中的图腾意象及其历史成因	广西师范学院 张玉华	《艺术教育》 2014年10期	广西高等教育教学改革项目《民族服饰图案在〈服装设计〉教学中的应用研究》阶段性成果之一
苗族村规民约探析	广西民族大学 何立荣、何明凤	《广西师范学院学报》(哲学社会科学版) 2014年06期	
《苗族理辞》民间规约研究	广西大学 张联秀	《四川民族学院学报》 2014年01期	教育部社科基金项目《广西少数民族古歌与民俗文化研究》阶段性成果之一
侗族灵魂信仰与收惊疗法:一项关于B村的医学人类学考察	广西师范大学漓江学院 赵巧艳	核心期刊《思想战线》 2014年04期	

续表

论文题目	作者单位及作者	发表刊物及期数	备注
空间实践与侗族村落文化表征:以宝赠为例	广西师范大学漓江学院 赵巧艳	核心期刊《广西师范大学学报》(哲学社会科学版) 2014年02期	教育部人文社会科学研究青年基金项目《空间实践与文化表征:侗族传统民居的象征人类学研究》阶段性成果之一,广西高等学校优秀中青年骨干教师培养工程
三江侗族生态博物馆利益相关者的博弈研究	广西生态工程职业技术学院　黄圣霞	核心期刊《福建林业科技》 2014年02期	广西教育厅科研项目《三江侗族生态博物馆的利益相关者研究》阶段性成果之一
有关侗族鼓楼建筑艺术的传播问题	广西艺术学院 温　玲、韦自力	《美术大观》 2014年07期	广西高等学校2012年度科研项目《桂中北少数民族民居建筑的自然生态性与人文生态性研究》阶段性成果之一
论侗族大歌的活态保护	广西民族大学相思湖学院 王偲郦、梁晓丹	《传播与版权》 2014年04期	2012年度广西民族大学相思湖学院科研项目《广西三江侗族大歌研究》阶段性成果之一
罗城客家人与仫佬族文化融合探析	广西民族问题研究中心 袁丽红	核心期刊《广西民族大学学报》(哲学社会科学版) 2014年02期	国家社科基金项目《在互动中走向和谐》阶段性成果之一
仫佬族儿童青少年体格发育状况	广西医科大学 刘鹏等	核心期刊《中国学校卫生》 2014年10期	国家自然科学基金项目
再论仫佬族族称、族源及其与周边民族的关系	广西民族大学 吴国富		
仫佬族多声部民歌源流考	广西艺术学院 苏沙宁	《艺术探索》 2014年05期	
空间视域下民族文化经济的发展问题研究——以广西仫佬族依饭节为例	广西师范学院　潘桂娟, 河池学院　周　鸿	《改革与战略》 2014年08期	国家社会科学基金项目《仫佬族特色文化资源产业化及其保护研究》阶段性成果之一
我国毛南族传统体育人群生命质量的实证分析	广西民族大学 赵学森	《南京体育学院学报》(自然科学版)2014年03期	2009年上海市哲学社会科学基金项目,广西民族大学2010年度引进人才科研启动项目
毛南族婚礼仪式歌探析	广西河池学院 谢姿媚	《民族音乐》 2014年05期	广西教育厅人文社会科学科研项目《广西环江毛南族仪式歌研究》阶段性成果之一
毛南族傩戏师公唱本中的生命意识	广西河池学院 韦海燕	《民族音乐》 2014年02期	
毛南族"肥套"的符号类型、象征及其功能解析	广西民族大学 吴　兰	《广西师范学院学报》(哲学社会科学版) 2014年05期	
民俗传统:京族民歌传承的文化生态	广西民族大学 陈丽琴	核心期刊《广西师范大学学报》(哲学社会科学版) 2014年02期	广西科学实验(中国—东盟研究)中心课题《中越民间文艺的互动交融研究》阶段性成果之一,"广西特聘专家"专项项目
京族文学的整生规律研究	广西民族大学 龚丽娟	核心期刊《学术论坛》 2014年12期	2012年度教育部人文社会科学研究西部和边疆地区青年基金项目《生态视域中的民族文学生发规律及关系研究》阶段性成果之一,中央民族大学985工程三期建设项目
京族传统伦理思想及其当代价值	广西大学 郭世平等	核心期刊《黑龙江民族丛刊》2014年02期	2012年广西边疆问题研究基地开放基金项目《中越边境民俗文化的德育教化作用研究》阶段性成果之一
论京族民居建筑的演变与文化属性	广西艺术学院 陶雄军	核心期刊《学术论坛》 2014年02期	
广西沿海地区音乐文化的特征——以京族民歌和咸水歌为例	广西大学 叶　峰	核心期刊《大舞台》 2014年10期	广西教育厅科研基金项目《广西沿海地区音乐文化资源的开发与利用研究》阶段性成果之一

【社会学】 2014年，广西科研人员研究社会学问题的著作主要有：广西社会科学院《2014年广西蓝皮书：广西社会发展报告》、巫文强《社会生产和分配与人的生存发展——保障人生存发展的经济基础和途径选择研究》、覃明兴《广西残疾人社会工作实践与探索》等。

发表的论文，根据《中国知网》期刊不完全统计，通过对篇名中含有“社会学”、“社会”（除去“社会主义”）、“人学”、“公共关系”、“婚姻”、“家庭”、“职业”（除去“职业技术学院”）、“就业”、“消费”、“养老”、“残疾人”、“社区”等关键词进行检索，2014年广西科研人员发表有关社会学的论文有1131篇，全国81276篇，占1.39%。其中篇名中含有关键词“社会学”的有12篇，全国798篇，占1.5%；含有“社会”（含“社会主义”关键词除外）的有361篇，全国27217篇，占1.33%；含有“人学”的有9篇，全国168篇，占5.36%；研究各种社会生活和问题（包括篇名中分别含有关键词“婚姻”、“家庭”、“职业”（除去“职业技术学院”）、“就业”、“消费”、“养老”、“残疾人”、“社区”等）的有749篇，全国53093篇，占1.41%。

广西科研人员发表有关社会学的论文中，有209篇发表在核心期刊，占18.48%。发表在核心期刊的论文中，总论研究社会（包括社会学）的91篇，占43.54%；在研究各种社会生活和问题的论文中，以研究职业与就业为主的有52篇，占24.88%，研究社区的有26篇，占12.44%。论文作者（以最前的广西作者为准）在高校的有182篇（广西大学33篇，广西师范大学18篇，广西民族大学16篇），占87.08%；在科研机构有4篇，占1.91%；在实践工作部门有16篇，占7.66%；在党校系统有5篇，占2.39%；在中学有2有篇，占0.96%。

发表的论文中，有部分是基金项目的阶段性成果：国家基金项目（包括国家社科基金、国家哲学社会科学基金、国家自然科学基金）的阶段性成果65篇，教育部项目的阶段性成果38篇；广西基金项目（包括广西社科基金、广西哲学社会科学规划课题、广西自然科学基金）的阶段性成果28篇，广西教育类项目（包括广西教育科学规划课题、广西高等学校项目、新世纪广西高等教育教学改革工程、广西研究生教育创新计划项目）的阶段性成果114篇。

在研究社会学的文章中，主要从社会学［包括社会学理论、视角、阐释和法社会学、教育社会学、城市社会学、环境社会学、社会行为学等方面研究；从社会变迁、转型、政策、思潮、建构、理论（包括社会批判理论、学习理论、燃烧理论、交往理论、资本理论、结构理论、系统理论等）、发展、公平、效益、管理、资本、价值、保障、福利、养老、保险、服务、实践、工作、稳定、适应、责任、信用、影响、支持、认同、养廉、冲突、治理、互动、功能、组织、领域、机构、分层、环境、网络等方面研究；从消费、城市、企业、和谐、小康、风险、熟人等社会方面研究］。专门从人学及社会问题（包括婚姻与家庭、职业与就业、消费、养老、残疾人、社区问题等）方面研究。研究作者多在高校。

出版的著作中，巫文强《社会生产和分配与人的生存发展——保障人生存发展的经济基础和途径选择研究》是中国人的发展经济学研究成理论体系的第一部学术专著。认为中国社会主义市场经济的双导型生产和分配既要与发展社会主义市场经济目的一致，又要区别于政府主导型的生产和分配，在社会主义制度安排内管理社会主义市场经济双导型生产和分配的全过程，完善社会主义双导型生产和分配方式，对多元资本非公有积累条件进行社会主义改造。覃明兴《广西残疾人社会工作实践与探索》探讨正处于起步阶段的广西残疾人社会工作发展若干问题。分别从农村社区专业化助残、唇腭裂患者及家庭社会心理支持、残疾人社会工作伦理和志愿者队伍专业化培养等方面进行阐述，引发思考；并通过残疾人个案管理过程，帮助残疾人发现生命历程中的资源和已形成的抗逆力，以达到自我成长和发展的目标。

发表的论文中，缑文学、闭伟宁《理论自觉与社会学学术生态的“美美与共”》认为以反思本土理论和外来理论及其相互关系为基础的“理论自觉”的形成过程、本质内涵和发展趋势，对促进中国乃至世界社会学的学术繁荣，形成“各美其美，美美与共”的学术生态具有十分重要的意义。

龙文玲《西汉社会转型与元平时期乐府演进》指出此期的杂言与五言歌谣在句式运用、意象使用和抒情表达模式上为后世诗歌积累了经验，在中国诗史上有重要意义。

庞娟、段艳平《我国城市社会空间结构的演变与治理》认为在新形势下，要实现城市社会空间的良好治理，应增强政府对公众需求的满足，实现政府公共性的回归；应创造不同途径让社会各种力量参与城市建设，通过协商、沟通与合作达到多元利益的平衡。

谭培文等《国外社会公平建设路径的基本经验》认为国外社会公平建设的具体路径主要有四个方面，即通过立法保障公民基本权利，建构多层次的整体医疗保障体系，出台国土整治政策支持落后地区发展，出台青年创业计划降低失业率。

蓝相洁《项目式还是对象式——社会保障税设置模式比较及其选择》通过比较分析这三种设置方式，再结合我国实际，认为对象式和项目式均不符合我国目前的现实，我国宜采取混合式社会保障税模式，即兼有参保对象与参保项目的设置模式。

谢尚果《网络社会反腐的法律困境与出路》认为网络反腐的法律规制应维护社会公共利益原则，坚持言论自由、舆论监督、知情权和隐私权的合理平衡；应加强互联网法制化和网络反腐工作机制法制化建设，完善网络反腐立法，推行网络后台实名制，实行官员财产公开，立法保障举报人合法权益等，以规范网络反腐的健康发展。

吴俊端等《南宁市城郊社区居民生活事件与应对方式和社会支持调查》目的了解城郊社区居民生活事件状况、社会支持和应对方式，为提高其应对能力、保护身心健康提供依据。结论：城郊社区居民的生活事件发生率较高，积极应对和社会支持有利于降低心理应激水平。

王惠琴、李诗文《基于"社会燃烧理论"的网络群体性事件防治策略》认为基于"社会燃烧理论"，对于网络群体性事件应该采取减少社会燃烧物质、增加网络灭火剂、降低点火温度等措施进行综合防范治理。

刘忠超《消费社会背景下的当代中国环境问题研究》认为我国当前环境问题的解决，必须充分重视消费社会这一重要因素，从经济、法律、文化等多个层面构建符合生态文明建设要求的新型消费理念和模式，缓解消费社会对环境造成的负面效应。

陈晓毅等《老龄化、养老保障与我国农村家庭消费——基于微观调查数据的分析》认为养老保障对中国农村家庭特别是有养老负担家庭的消费有显著的促进作用。

肖富群《城乡背景对大学生初次就业结果的影响——基于全国17所高校2914名毕业生的调查数据》探讨城乡背景是否以及如何影响到大学生的初次就业结果这一问题。研究发现，大学生的毕业去向和就业的地区、产业、起薪具有显著的城乡差异；城乡背景部分地通过经济条件、社会资本和就读院校的层次来影响大学生的初次就业。农村大学生的就业问题更值得关注。高等教育的机会不平等是影响城乡大学生初次就业结果的关键因素。

江燕娟等《我国养老机构服务的有效供给研究》认为应改变目前由政府作为主要供给主体的不平衡机制，引入民办公助、公办民营的模式，鼓励社会力量兴办养老机构，明确政府兜底的责任人群，其他交还社会力量，建立养老机构多主体供给的平衡机制，深化和完善民营化的发展路径。

庞娟、舒银燕《城乡结合部社区构建新型政社关系的路径探析》认为建立政府与社会组织的合作互动关系是破解城乡结合部社区发展困境的一种有益尝试。

有关"社会学"方面的著作一览表

著作题目	作者单位及作者	出版社及出版时间	字数(千字)
2014年广西蓝皮书：广西社会发展报告	广西社会科学院	广西人民出版社，2014年5月	331
社会生产和分配与人的生存发展——保障人生存发展的经济基础和途径选择研究	《改革与战略》杂志社　巫文强	线装书局，2014年8月	233
广西残疾人社会工作实践与探索	广西师范学院　覃明兴、龙妮娜	光明日报出版社，2014年9月	185

有关"社会学"方面的论文一览表

论文题目	作者单位及作者	发表刊物及期数	备注
理论自觉与社会学学术生态的"美美与共"	广西大学 闭伟宁	核心期刊《学术论坛》 2014年05期	
仪式与分层——对课堂师生互动过程的社会学分析	广西师范学院 曾　颖	核心期刊《教学与管理》 2014年27期	
中国社会学本土化历程中的理论品质	广西大学 缑文学	《社会学评论》 2014年01期	北京郑杭生社会发展基金会青年学者项目
试论孔德和斯宾塞社会学理论的相同点	广西大学 随佳佳	《黑龙江史志》 2014年03期	
社会学理论方法在高校辅导员工作中的运用	广西科技大学 骆　洋	《湖北函授大学学报》 2014年01期	
专业社会学视角下的村落共同体的转型	广西大学 陈汇璇	《法制与社会》 2014年28期	

续表

论文题目	作者单位及作者	发表刊物及期数	备注
和谐社会视域下新时代红色体育的社会学阐释	广西民族师范学院 王成科等	《贵州体育科技》 2014年03期	
红十字会监管的法社会学思考	广西大学 查献群	《广西政法管理干部学院学报》2014年04期	
我国《刑事诉讼法》修改的法社会学思考	广西师范大学 陈　鹏	《法制博览》(中旬刊) 2014年11期	
教育社会学在苏联的形成与发展	广西大学 严建新等	《煤炭高等教育》 2014年02期	教育部社会科学规划基金项目《苏联—俄罗斯科技创新体系对比研究》阶段性成果之一
城市社会学视阈下城市规划理论的演进	广西师范学院 谭先第等	《太原城市职业技术学院学报》2014年05期	
继承与创新:近30年来中国近代灾荒史研究概述——环境社会学的思考	广西交通职业技术学院 薛辉,南宁学院管理学院 陈亚南	《防灾科技学院学报》 2014年02期	广西教育厅2013年度广西高等学校人文社会科学研究项目
HIV阳性低档暗娼人口社会行为学与艾滋病知信行特征研究	广西疾病预防控制中心 唐振柱等	核心期刊《现代预防医学》 2014年01期	
上世纪40至60年代菲律宾共产主义运动与华人社会变迁	广西民族大学 杨静林	核心期刊《当代世界社会主义问题》 2014年02期	广西壮族自治区"八桂学者平台建设工程专项课题"项目《广西的东南亚及亚太海洋战略》阶段性成果之一,广西民族大学引进人才科研启动项目《毛泽东思想在东南亚的传播及其对东南亚共产主义的影响》阶段性成果之一
晋商与边疆经济社会变迁关系的研究综述	广西师范大学 高蓉芳、胡萤	《太原师范学院学报》(社会科学版)2014年01期	
社会转型期我国的文艺生产:现实与困境	广西师范学院 罗　坚	核心期刊《广西师范大学学报》(哲学社会科学版) 2014年02期	广西哲学社会科学规划2011年度研究课题《社会转型期文艺生产和文化生态研究论纲》阶段性成果之一
西汉社会转型与元平时期乐府演进	广西大学 龙文玲	核心期刊《首都师范大学学报》(社会科学版)2014年03期	2012年度国家社会科学基金项目《西汉社会转型与文学演进》阶段性成果之一
社会转型期我国文艺生产与文化生态建设论纲	广西师范学院 罗　坚	核心期刊《四川戏剧》 2014年08期	广西哲学社会科学规划2011年度研究课题《社会转型期文艺生产和文化发展研究》阶段性成果之一
新社会风险及当代社会政策的回应	广西医科大学 张孟见	《辽宁行政学院学报》 2014年11期	2013年广西人文社会科学研究项目《广西民政队伍服务能力提升研究》阶段性成果之一
当代社会思潮对大学生思想政治教育的负面影响及应对策略	广西师范大学 蔡桂静	《湖北函授大学学报》 2014年16期	
当前社会思潮对大学生恋爱观的影响及对策研究	广西桂林电子科技大学 罗锋懋	《品牌》(下旬刊) 2014年12期	桂林电子科技大学2014-2016年度思想政治教育研究项目《当前社会思潮对大学生思想影响及对策研究》阶段性成果之一
新形势下高校学生思想教育应对社会思潮的挑战与对策	广西艺术学院 方　伟	《科教导刊》(中旬刊) 2014年12期	
迈向共同治理:社会建构下的公共参与及模式转换	广西师范学院 尹文嘉	核心期刊《经济社会体制比较》2014年03期	教育部人文社科研究青年基金《西部民族地区群体性突发事件的扩散路径与控制对策研究》阶段性成果之一,广西哲学社会科学规划基金《环境群体性事件的演化机理与防控策略研究》阶段性成果之一
桂西民族聚居区学习型社会建构探析	广西广播电视大学 陆丹梅	核心期刊《广西民族大学学报》(哲学社会科学版) 2014年05期	广西教育科学"十二五"规划2012年度委托重点课题《少数民族地区社区学院的功能定位及其能力建设研究》阶段性成果之一

续表

论文题目	作者单位及作者	发表刊物及期数	备注
论马克思对黑格尔市民社会理论之批判	广西大学 张玲华、雷德鹏	核心期刊《广西社会科学》 2014年04期	
从符号学方法论到符号学本体论——鲍德里亚消费社会批判理论的符号逻辑	广西师范大学 李恩来	核心期刊《社会科学家》 2014年02期	广西人文社会科学发展研究中心项目《西方马克思主义社会批判理论视域下广西可持续消费模式研究》阶段性成果之一
基于社会学习理论的大学生道德人格培养策略	广西科技大学 朱　燕	《教育探索》 2014年12期	2012年教育部人文社会科学一般项目
基于"社会燃烧理论"的网络群体性事件防治策略	广西师范学院 王惠琴、李诗文	核心期刊《理论导刊》 2014年05期	教育部人文社会科学研究基金《西部民族地区群体性突发事件的扩散路径与控制对策研究》阶段性成果之一
大学生微博虚拟社交的传播效果分析——基于"准社会交往"理论视角	广西财经学院 马　燕	《传媒》 2014年23期	广西教育厅科研课题《网络语言对大学生媒介素养的影响研究》阶段性成果之一，广西财经学院2013年度党建与思想政治教育科研课题《新媒体时代高校网络舆情管理机制的研究与实践》阶段性成果之一
干部"破格提拔"中的阶层固化现象——对社会资本理论的分析	广西师范大学 吕　蕾	《天津市经理学院学报》 2014年02期	
论吉登斯社会结构理论的逻辑	广西大学 随佳佳	《经营管理者》 2014年31期	
封闭与开放:档案系统运行机制的理性化建构——以卢曼社会系统理论为视角	广西来宾市委党校 管志利	《山西档案》 2014年03期	
论电气化工程对社会发展的推动作用	广西宾阳县自来水厂 班　翔	《科技创新导报》 2014年06期	
社会发展视野下的流行音乐文化	广西艺术学院 孙　超	《音乐时空》 2014年13期	
广西壮族自治区信息社会发展概况	广西经济信息中心 彭新永等	《中国信息化》 2014年17期	
国外社会公平建设路径的基本经验	广西师范大学 谭培文等	核心期刊《甘肃社会科学》 2014年02期	中国博士后科学基金项目《马克思主义财产权思想与社会公平正义建设研究》阶段性成果之一，2013年度广西高等学校科学研究项目《当代社会风险的预警与应急管理机制研究——以国际旅游城市桂林为个案》阶段性成果之一，2013年国家社科基金项目《基于以人为本实现路径的利益机制协同创新研究》阶段性成果之一
全面深化改革视域下的社会公平思考	广西教育学院 何　伟	核心期刊《学术论坛》 2014年03期	广西哲学社会科学"十二五"规划2011年度课题《社会公平问题理论与实践研究》阶段性成果之一
社会公平与社会主义和谐社会建设	广西建设职业技术学院 黄翠瑶	《现代妇女》(下旬刊) 2014年01期	
劳尔·卡斯特罗的社会公平思想	广西大学 王承就	《西南科技大学学报》(哲学社会科学版) 2014年02期	教育部人文社会科学研究规划基金项目
柏拉图的正义理论及其对我国推进社会公平正义建设的启示	广西师范大学 尹红英、王孙旺	《桂林师范高等专科学校学报》2014年02期	
客户节能培训显成效 社会效益日益凸显	广西南宁供电局 周　平	《广西电业》 2014年10期	
近年来社会管理创新国内文献综述	广西大学 韦　赟	《传承》 2014年09期	

续表

论文题目	作者单位及作者	发表刊物及期数	备注
民族地区农村社会管理进路探讨	广西民族师范学院 农淑英	核心期刊《广西社会科学》 2014年06期	广西高等学校科学研究重点项目
公务员心理健康教育的社会管理研究	广西政法管理干部学院 朱小根	核心期刊《广西社会科学》 2014年06期	广西教育科学“十二五”规划课题
社会资本与公共危机整体性治理:价值、困境与出路	广西师范大学 彭辉安	《党政干部学刊》 2014年01期	广西研究生教育创新计划项目
浅析网络弱关系与个人社会资本的获取	广西大学 陈汇璇、张译尹	《科教导刊》(中旬刊) 2014年08期	
农户社会资本在我国家庭农场发展中的功效探析	广西大学 胡　熙	《经营管理者》 2014年32期	
山水传说的文化功能及社会价值	广西师范学院 黄桂秋	《广西师范学院学报》(哲学社会科学版) 2014年04期	
数字图书馆的社会价值与法律地位	广西政法管理干部学院 黄　辉	《广西政法管理干部学院学报》2014年03期	
引入市场机制推动社会保障制度发展	广西人力资源和社会保障 斤　雷　震	《中国医疗保险》 2014年09期	
项目式还是对象式——社会保障税设置模式比较及其选择	广西财经学院 蓝相洁	核心期刊《河北经贸大学学报》2014年02期	国家社会科学基金重大招标项目《未来十年中国—东盟经贸格局演变与我国南海安全战略构建研究》阶段性成果之一,国家社科基金项目《基于社会认同的税制体系构建研究》阶段性成果之一,广西壮族自治区重点学科规划项目《开征社会保障税问题研究》阶段性成果之一,广西财经学院2012年度校级课题《公共政策视阈下广西贫困地区农民增收机制研究》阶段性成果之一
中国与东盟国家社会保障双边合作问题研究	广西民族大学 董　建、王峰坤	《大众科技》 2014年04期	
从福利国家改革看我国政府在社会保障中的角色定位	广西大学公共管理学院 张　艳,广西崇左市法制办　李小朋	《传承》 2014年12期	
老年社会福利制度构建	广西财经学院 夏艳玲	《开放导报》 2014年05期	2014年广西教育厅项目成果《广西养老保险制度城乡一体化研究》阶段性成果之一
广西新型农村社会养老保险的覆盖对象研究	广西大学 李　帅	《法制与社会》 2014年01期	广西哲学社会科学“十二五”规划2011年度课题《广西新型农村养老保险制度改革的法律问题研究》阶段性成果之一
对我国社会养老保险制度改革的思考	广西国际商务职业技术学院　苏宗敏	《区域金融研究》 2014年03期	
从容应对老龄化:社会保险基金增值探析	广西人力资源和社会保障 斤　韦　杰	核心期刊《广西民族大学学报》(哲学社会科学版) 2014年01期	
社会保险经办管理服务关键要做到“四化”	广西社会保险事业局 罗俊鑫	《人事天地》 2014年12期	
夯实社会保险经办业务内部控制的对策研究	广西社会保险事业局 王忠平	《人事天地》 2014年11期	
公平可持续:社会保险制度改革的方向	广西社会保险事业局 罗俊鑫	《人事天地》 2014年07期	
大学生就业问题的社会服务机制探析	广西民族大学相思湖学院 李玉雄	核心期刊《广西民族大学学报》(哲学社会科学版) 2014年02期	全国教育科学规划教育部青年课题《社会转型期大学生就业问题与社会控制机制研究》阶段性成果之一

续表

论文题目	作者单位及作者	发表刊物及期数	备注
中国—东盟自贸区高职外语类学生社会服务能力培养探讨	广西国际商务职业技术学院 施国华	《中小企业管理与科技》(中旬刊)2014年04期	
基于博世汽车诊断工作站开展社会服务的实践	广西机械高级技工学校 罗 华	《装备制造技术》2014年07期	
基于多元智力评价理论的大学生社会实践评价体系探析	广西警官高等专科学校 尹 彦	《学校党建与思想教育》2014年08期	2012年广西高校思想政治教育理论与实践立项研究课题《大学生社会实践实效性评价研究》阶段性成果之一,2012年度新世纪广西高等教育教学改革工程项目《公安院校思想政治理论课实践教学模式创新研究》阶段性成果之一
公安院校社会实践实效性评价存在的问题与对策	广西警官高等专科学校 唐 博、廖 萍	《广西警官高等专科学校学报》2014年03期	2012年广西高校思想政治教育理论与实践立项研究课题
让公共图书馆成为青少年社会实践基地	广西图书馆 周惠春	《科技视界》2014年11期	
广东社会工作实践:成果探讨与问题反思	广西医科大学 张孟见、陈 飞	《长沙民政职业技术学院学报》2014年02期	2011年广西高等学校科研项目《社会工作发展视阈下广西民政队伍服务能力提升路径研究》阶段性成果之一
大学生偏差行为的学校社会工作介入探究	广西科技大学 夏辛萍、唐 银	《高教论坛》2014年10期	2013年广西高校思想政治教育理论与实践研究课题《疏离抑或融合:大学生"御宅族"社会适应问题研究——兼论学校社会工作的介入空间》阶段性成果之一
社会工作视角下政府购买社区戒毒服务模式的运用浅析——以广州市Q机构"C服务计划"为例	广西医科大学 陈 宇	《社会工作》2014年06期	
文化识盲与文化能力——民族地区灾害社会工作实务中的文化问题	广西师范大学 何乃柱	核心期刊《开发研究》2014年03期	
广西边境少数民族地区农村社会稳定影响因素探析	广西警官高等专科学校 周俊等	核心期刊《学术论坛》2014年02期	广西哲学社会科学规划2013年度研究课题《广西边境少数民族地区社会稳定研究》阶段性成果之一
基层社会稳定风险评估方法创新及其应用——基于风险矩阵图法的视角	广西行政学院 杨继君、李 波	《桂海论丛》2014年05期	国家社会科学基金项目《应对突发事件决策模型仿真优化研究》阶段性成果之一,广西社会科学基金项目《广西积极预防和妥善处置群体性突发事件问题研究》阶段性成果之一
风险矩阵在社会稳定风险分析中的应用	广西政府投资项目评审中心 赵虎林	《中国工程咨询》2014年06期	
浅析都柳江从江航电枢纽工程移民安置社会稳定风险评估预测及化解措施	中国能源建设集团广西电力设计研究院有限公司 梁玉宝	《企业科技与发展》2014年24期	
中学生父母、同伴依恋特点及其与社会适应的关系	广西大学 张姝玥	核心期刊《现代中小学教育》2014年06期	2011年度国家社科基金项目
素质拓展训练对高职院校学生心理健康及社会适应能力的影响研究	广西交通职业技术学院 徐小荷	《柳州师专学报》2014年02期	2013年度广西高等教育教学改革工程项目,2013年度广西高等学校科学研究项目
论社会责任对企业成长性的作用机理	广西科技大学 林丽萍、罗 莹	核心期刊《财会通讯》2014年15期	
地震中物流企业承担的社会责任对品牌认知度的提升作用——以玉树地震中顺丰义务运输的影响为例	广西科技大学 朱晓琴	核心期刊《物流技术》2014年07期	

续表

论文题目	作者单位及作者	发表刊物及期数	备注
媒体社会责任报告要避免“自说自话”	广西日报传媒集团　陈尤英，南宁职业技术学院　王丽芳	核心期刊《青年记者》2014年29期	
从建构有效约定到社会信用的实现	广西民族师范学院　王志远	《征信》2014年04期	国家社会科学基金项目，广西高等学校优秀中青年骨干教师培养工程，云南财经大学引进人才项目
男青年成婚难的社会影响及扩散机制	广西师范学院　逯长春	《广西师范学院学报》（哲学社会科学版）2014年02期	
南宁市城郊社区居民生活事件与应对方式和社会支持调查	广西医科大学　吴俊端等	核心期刊《中华疾病控制杂志》2014年05期	国家自然科学基金
中越边境越南籍散工社会支持网络的讨论——以广西C市越南籍家具工人为例	广西民族大学　郭帅旗等	核心期刊《广西民族大学学报》（哲学社会科学版）2014年02期	2011年广西“中国南方与东南亚民族研究”特聘专家岗位项目，教育部重点研究基地重大项目，2012年教育部“新世纪优秀人才支持计划”项目，广西民族大学中国—东盟研究中心项目
警察主观幸福感的社会支持分析	广西警官高等专科学校　李伟丽、胡吉红	《广西警官高等专科学校学报》2014年02期	2013年度广西教育厅人文社科研究项目，2012年广西公安科技研究与技术开发计划项目，2012年广西高等学校优秀人才计划项目《人民警察幸福文化研究》阶段性成果之一
基于柳州片区的高校贫困生社会支持网络初探	广西科技大学　滕小艳	《长沙铁道学院学报》（社会科学版）2014年02期	新世纪广西高等教育教学改革工程，2013年广西科技大学学生工作专项课题
个体税收社会认同及其对税收行为影响分析	广西财经学院　焦　耘	《税收经济研究》2014年05期	国家社科基金项目《基于社会认同的税制体系构建研究》阶段性成果之一，教育部人文社科研究规划基金项目《税收制度社会认同研究——税制变迁衍生社会利益冲突及其治理视角》阶段性成果之一，2010年广西高等学校优秀人才计划项目《内生比较优势视角下，广西欠发达民族地区发展制度模式创设与制度背景契合研究》阶段性成果之一，广西高等学校优秀中青年骨干教师培养工程计划：北部湾经济区新兴产业财税政策研究中心子课题《财税政策支持产业发展的传导机制研究》阶段性成果之一，广西财经学院财政与公共管理学院课题（重点项目）《税制变迁与社会利益冲突的理论及实证研究》阶段性成果之一，广西税务硕士学位建设规划项目
“清风”亦是江湖事——民间文献《遏淫说》与社会养廉的本土方法论	广西民族大学　杨天保	核心期刊《理论与改革》2014年04期	
网络环境下现代社会冲突的特点及化解策略	广西师范学院　覃雪源、李尔平	《广西师范学院学报》（哲学社会科学版）2014年05期	广西教育厅科研项目《网络文化生态调控与和谐社会建设研究》阶段性成果之一，广西师范学院马克思主义与民族地区社会管理创新研究中心开放课题《社会治理视域下广西地方政府网络问政模式建构研究》阶段性成果之一
偏远乡村社会治理的隐忧及其治理机制改善的实证研究——基于广西的调查	自治区党校　陈发桂	核心期刊《理论与改革》2014年05期	
农村社会治理研究	广西龙州县委党校　刘文锋	《北京农业》2014年27期	

续表

论文题目	作者单位及作者	发表刊物及期数	备注
刍论我国县域社会治理绩效体系构建的科学化途径	自治区党校 李彦明	《云南行政学院学报》 2014年05期	
明清调解制度及其对基层社会治理的启示	广西大学 黄彩霞等	《淮海工学院学报》(人文社会科学版)2014年03期	
推动文化建设与民族乡村社会治理良性互动	广西民族师范学院 农淑英	核心期刊《人民论坛》 2014年34期	2013年广西高等学校科学研究重点项目
文化误读之觞——象征性社会互动视角下的西林教案	广西大学 雷　航	《传播与版权》 2014年08期	
试论如何促进高校档案馆社会功能的科学发展	广西大学 冯　兢	核心期刊《兰台世界》 2014年05期	
原生态仪式性摆手活动的内容及其社会功能探析	广西民族师范学院 黎琼芳、刘昌滨	《安徽体育科技》 2014年04期	
文拉法辛联合解郁丸对广泛性焦虑的认知与社会功能影响	广西人民医院 石　捷等	《内蒙古中医药》 2014年34期	广西卫生厅科研课题
帕利哌酮与利培酮治疗精神分裂症的疗效及对社会功能的影响	广西桂林市精神卫生中心 杨涌等	《右江医学》 2014年03期	
社会组织在居家养老服务中的实践	广西美术馆 文　旋等	核心期刊《广西民族大学学报》(哲学社会科学版) 2014年01期	广州市哲学社会科学规划课题
构建社会组织参与社会管理的协同机制——基于能力、信任、增权和资源的视角	广西科技大学 吴显华等	《学会》 2014年07期	国家社科基金项目《中国慈善事业评估与优化模型研究》阶段性成果之一
妇联枢纽型社会组织的构建及其作用发挥	广西民族大学 徐　江	《学理论》 2014年10期	
发挥社会组织作用 推进社会管理创新	广西梧州市政府 严伯贵	《中国社会组织》 2014年11期	
让社会组织"进得门""活得好""管得住"	广西民政厅民间组织管理局　韦少东	《中国社会组织》 2014年14期	
社会领域防治腐败的制度建设研究	广西师范大学 汤志华、钟慧容	核心期刊《社会科学家》 2014年06期	2012年度广西人文社会科学发展研究中心"科学研究工程"专项项目《广西高校防止利益冲突制度建设的研究与实践》阶段性成果之一
论社会机构主导社会的生产和分配	广西人的发展经济学研究基地　巫文强	《改革与战略》 2014年08期	广西人的发展经济学研究基地项目
城市化、社会分层与职业教育	广西金融职业技术学院 杜睿云	核心期刊《职教论坛》 2014年19期	广西教育科学"十一五"规划2010年度A类重点课题《广西农村劳动力转移与职业教育发展研究》阶段性成果之一
简论信息社会环境下如何做好高校班主任工作	广西教育学院 龙世荣	《广西教育学院学报》 2014年03期	2012年度广西高等教育教学改革工程项目,2014年度广西高等教育教学改革工程重点项目,2011年广西教育厅科研项目
论我国两型社会环境法制建设	广西师范大学 张宇博	《法制博览》(中旬刊) 2014年09期	
社会关系网络与研发团队的人力资源管理实践:一个理论框架	广西大学 彭　娟	《中国人力资源开发》 2014年23期	国家社会科学基金,教育部人文社会科学基金,中央高校基本科研业务费专项项目
社会网络对跨境旅游合作者的行为影响研究	广西大学 黄爱莲	核心期刊《生态经济》 2014年04期	广西哲学社会科学规划项目,广西大学人文社科基金项目,教育部哲学社会科学研究重大课题攻关项目,广西大学211工程四期重点学科群项目《中国—东盟经贸合作与发展研究》阶段性成果之一

续表

论文题目	作者单位及作者	发表刊物及期数	备注
社会网络与山区少数民族农民工的非农职业流动	广西民族大学 郭云涛	核心期刊《广西民族大学学报》(哲学社会科学版) 2014年01期	《中国南方与东南亚民族研究》特聘专家岗项目
群体交往与社会网络的建构——以打同年为例	广西环江中学 彭晔等	核心期刊《贵州民族研究》 2014年11期	国家社科基金一般项目《民族文化的村寨依托与保护研究》阶段性成果之一
网络社会反腐的法律困境与出路	广西民族大学 谢尚果	核心期刊《中国行政管理》 2014年02期	国家社科基金重大项目《国家网络空间安全法律保障机制研究》阶段性成果之一
消费社会背景下的当代中国环境问题研究	广西民族师范学院 刘忠超	核心期刊《生态经济》 2014年08期	2013年国家社会科学基金项目《生态文明建设融入经济建设的制度机制研究》阶段性成果之一,2013年中南财经政法大学博士研究生创新基金项目《消费社会背景下的当代中国环境问题研究》阶段性成果之一
甘蔗种植技术变迁及对环境社会的影响——以广西壮族自治区崇左市新和镇调查为例	广西民族大学 刘银妹	核心期刊《农业考古》 2014年03期	广西科技厅软科学项目《广西北部湾经济区产业链构建研究》阶段性成果之一
我国城市社会空间结构的演变与治理	广西财经学院 庞娟、段艳平	核心期刊《城市问题》 2014年11期	国家自然科学基金项目《西部农村社区公共空间协同重构与整合研究》阶段性成果之一
南宁市城市社会空间转向及动力机制探析	广西师范学院 谭先第	《法制与经济》(下旬刊) 2014年02期	
企业社会责任网络舆情演化过程与影响因素分析——以恒天然公司乳粉污染事件为例	广西大学 蒋侃等	核心期刊《广西社会科学》 2014年09期	国家自然科学基金项目,广西高等学校人文社会科学研究项目
市场导向对企业社会责任的影响分析——基于利益相关者视角	广西科技大学 马璐等	核心期刊《科技进步与对策》2014年08期	
基于产品市场竞争的企业社会责任影响研究——来自制造业上市公司的经验数据	广西民族师范学院 韦丽青	核心期刊《财会通讯》 2014年06期	2013年度广西高等学校人文社会科学研究项目,广西民族师范学院科研项目
中小企业社会责任研究综述	广西民族大学 陈永清、罗欢	《沿海企业与科技》 2014年02期	广西哲学社会科学“十二五”规划项目《广西企业社会责任问题研究》阶段性成果之一,国家民委项目《ISO9000扩散机制和对企业绩效的影响》阶段性成果之一
广西上市企业公司治理结构对企业社会责任的影响研究	广西民族师范学院 韦丽青	《中国乡镇企业会计》 2014年01期	广西高等学校人文社会科学研究项目《基于竞争力提升需求的广西企业社会责任研究》阶段性成果之一,广西民族师范学院科研项目《广西上市企业公司治理结构与企业社会责任相关性研究》阶段性成果之一
从非线性作用看构建社会主义和谐社会	广西医科大学 蒙健堃	《系统科学学报》 2014年03期	广西医科大学人文管理学院社会科学研究课题
和谐社会利益观:推进中国梦实现的科学引导	广西师范大学 陈广亮	《实事求是》 2014年01期	
全面建成小康社会的文化审思	广西科技大学 张发钦	《前沿》 2014年Z4期	2010年度教育部人文社会科学研究青年基金项目《科学发展视阈下民族地区文化软实力建设与评价研究》阶段性成果之一
加快民族地区全面建成小康社会步伐——第四次中央民族工作会议精神学习札记之五	广西民族大学 关　冰、陈路芳	《民族论坛》 2014年12期	

续表

论文题目	作者单位及作者	发表刊物及期数	备注
风险社会下我国食品安全犯罪的立法缺陷与完善	广西民族大学 何立荣、蔡家华	《梧州学院学报》 2014 年 01 期	
风险社会理论维度的农村贫困问题阐释	广西大学 莫光辉、祝 慧	《实事求是》 2014 年 03 期	广西大学科研基金项目《少数民族山区农村人口文化贫困与扶贫机理研究》》阶段性成果之一，广西哲学社会科学规划 2013 年度研究课题《社会组织参与广西贫困治理实践路径研究》阶段性成果之一
熟人社会背景下"屯事联理"自治制度的建构——广西百色市田阳县调查	广西师范学院 陈文琼	核心期刊《人民论坛》 2014 年 02 期	2011 年度国家社科基金项目《民族自治地区乡村治理结构及运行机制研究》阶段性成果之一
"熟人社会"视域下的公权运行及规范途径	广西大学 谭雪丽、韦 赟	《法制与社会》 2014 年 03 期	
人学是批判拜金主义的理论支撑	广西师范大学 于 雷	《梧州学院学报》 2014 年 01 期	
中国资产阶级人学思想中国化的探索与启示	广西师范大学 谭培文	《创新》 2014 年 06 期	国家社科基金项目《基于以人为本实现路径的利益机制协同创新研究》阶段性成果之一
卡西尔人学思想对教育研究的关照	广西师范大学 管 辉	《郑州师范教育》 2014 年 05 期	
当代中国社会主义市场经济体制改革的人学向度	广西师范大学 杨智勇	《改革与战略》 2014 年 10 期	
研究生婚姻态度及其与主观幸福感的关系研究	广西大学 周永红、黄 学	核心期刊《学位与研究生教育》2014 年 05 期	广西教育厅学位与研究生教育改革与发展专项课题重点项目
论简·奥斯丁在《傲慢与偏见》中的婚姻观	广西科技大学鹿山学院 邝江红	核心期刊《语文建设》 2014 年 05 期	
中越跨境非法婚姻法制化之进路分析	广西政法管理干部学院 杜承秀	核心期刊《广西社会科学》 2014 年 02 期	
老龄化、养老保障与我国农村家庭消费——基于微观调查数据的分析	广西财经学院 陈晓毅等	核心期刊《云南财经大学学报》2014 年 04 期	国家社会科学基金项目《人口年龄结构变动对居民消费的影响及对策研究》阶段性成果之一
广西居民家庭经济状况核对研究	广西财经学院 陆青鹰	核心期刊《经济研究参考》 2014 年 41 期	
高校辅导员职业角色定位与能力提升研究	广西大学 郭世平、黄 昊	核心期刊《黑龙江高教研究》2014 年 08 期	2012 年广西高校思想政治教育理论与实践研究课题《高校辅导员职业技能的构成及发展研究》阶段性成果之一，广西大学课题《高校辅导员职业角色定位与能力提升研究》阶段性成果之一
公务员职业生涯管理研究综述	广西民族大学 农植媚	《南方论刊》 2014 年 06 期	
大学生党建与就业工作联动机制探索	广西大学 李海平	核心期刊《广西民族大学学报》(哲学社会科学版) 2014 年 02 期	2010 年度教育部人文社会科学研究专项任务项目(高校思想政治工作)《网络党建——信息化下高校学生党建工作的创新模式》阶段性成果之一
地方院校毕业生就业探析	广西科技大学 黄厚南	核心期刊《教育与职业》 2014 年 09 期	2012 年广西高校思想政治教育理论与实践重点课题《创业教育与地方院校毕业生就业能力培养研究》阶段性成果之一
新型城镇化建设中就业市场的新机遇及挑战	广西工业职业技术学院 张 武	核心期刊《中国劳动关系学院学报》2014 年 04 期	广西教育厅科学技术研究项目《高职院校学生就业二级体系的构建与实践》阶段性成果之一
"90 后"大学生手机消费的全球化倾向	广西职业技术学院 陈恩海等	核心期刊《青年研究》 2014 年 06 期	

续表

论文题目	作者单位及作者	发表刊物及期数	备注
中国—东盟自贸区的建立对南宁市居民消费支出的影响问题研究	广西财经学院 刘松竹	核心期刊《经济研究参考》 2014 年 47 期	国家社会科学基金重大项目，广西软科学课题
改革开放以来我国适度消费率的实证研究	广西民族大学 刘志雄	核心期刊《广西社会科学》 2014 年 08 期	国家社会科学基金项目
人口年龄结构与中国城镇居民消费变动——基于组群方法的实证研究	广西财经学院 陈晓毅	核心期刊《贵州财经大学学报》2014 年 05 期	国家社科基金项目《人口年龄结构变动对居民消费的影响及对策研究》阶段性成果之一，国家社科基金项目《边疆民族地区加快经济发展方式转变与改善民生研究》阶段性成果之一
探析消费异化的逻辑	广西大学 何玉琪	《经济与社会发展》 2014 年 06 期	
我国社会化养老模式研究文献综述	广西师范大学 王贝芬	核心期刊《中国内部审计》 2014 年 01 期	
农村空巢老人养老模式创新	广西民族师范学院 许典利	核心期刊《人民论坛》 2014 年 02 期	
老龄化视阈下失独养老问题及对策	广西科技大学 宋强玲	核心期刊《中国老年学杂志》2014 年 15 期	
城市社区居家养老服务研究——以广西为例	广西社会科学院 邓莉莉、周可达	核心期刊《学术论坛》 2014 年 12 期	
我国养老机构服务的有效供给研究	广西财经学院 江燕娟、李　放	核心期刊《广西社会科学》 2014 年 11 期	国家社会科学基金项目，江苏高校哲学社会科学重点项目，广西财经学院公共管理硕士点建设单位项目
论我国残疾人阅读推广模式的构建	广西图书馆 李　臻	《四川图书馆学报》 2014 年 04 期	
广西柳州市残疾人状况的调查研究	广西医科大学第四附属医院暨柳州市工人医院 陈柳红	《广西医学》 2014 年 07 期	广西医药卫生科研课题
基于改善民生视阈的农村社区管理机制创新探索	自治区党校 刘　蓓	核心期刊《商业时代》 2014 年 34 期	
基于网络社区构建大学生学术科技创新教育立体化平台新探	广西师范大学 曾振华	核心期刊《学校党建与思想教育》2014 年 24 期	2012 年度广西共青团工作理论与实践研究课题，2013 年广西人文社会科学发展研究中心"科学研究工程"专项项目《高校学生学术科技工作网络信息平台的构建研究》阶段性成果之一
城乡结合部社区构建新型政社关系的路径探析	广西财经学院 庞　娟、舒银燕	核心期刊《求实》 2014 年 12 期	国家自然基金项目《西部农村社区公共空间协同重构与整合研究》阶段性成果之一
共同体重建与社区建设研究综述	广西民族大学 冯朝亮、潘晨璟	《传承》 2014 年 11 期	广西高校科研一般项目《社区治理视域下城市社区共同体的形成与分化》阶段性成果之一

【妇女研究】 2014 年，广西科研人员研究妇女问题，其中发表的论文，根据《中国知网》期刊不完全统计，通过对篇名中分别含有"妇女"、"女"、"女生"、"女性"等关键词进行检索，2014 年广西科研人员发表有关妇女研究的论文有 186 篇，全国 11176 篇，占 1.66%。

广西科研人员发表有关妇女研究的论文中，有 30 篇发表在核心期刊，占 16.13%。论文作者（以最前的广西作者为准）在高校的有 14 篇（广西民族大学 3 篇，广西科技大学和广西经济管理干部学院各 2 篇），占 46.67%；在科研部门有 2 篇，占 6.66%；在医院系统有 14 篇，占 46.67%。作者大多为高等院校和医院人员。

发表的论文中，有部分是基金项目的阶段性成果：国家基金项目（包括国家社科基金、国家哲学社会科学基金、国家自然科学基金）的阶段性成果 6 篇，教育部项目的阶段性成果 4 篇；广西基金项目（包括广西社科基金、广西哲学社会科学规划课题、广西自然科学基金）的阶段性成果 4 篇，广西教育类项目（包括广西教育科学规划课题、广西高等学校项目、新世纪广西高等教育教学改革工程、广西研究生教育创新计划项目）的阶段性成果 2 篇。

1月27日，妇女研究专家黄筱娜教授应邀到广西中医药大学作励志演讲报告
（何 玲 供稿）

在研究妇女问题的文章中，主要从妇女史和妇女参政、解放、就业、生活、健康等问题研究，从女生(包括大学生、研究生等)、女职工(女社科工作者、女性主持人、女作家、女教授等)、农村女性等方面研究，从女性观和女性主义、形象、意识、犯罪等方面研究。作者多在高校。

发表的论文中，付开镜《中国古代妇女隐性参政论略》探讨了古代妇女能够隐性参政的原因及中国古代妇女隐性参政的双重性影响。

朱萍玉、包其锋《中国古代"女乐"舞蹈的审美特征与艺术影响浅析》归纳出"女乐"舞蹈对后世舞蹈表演艺术的深刻影响，以期使大众更好地感受"女乐"舞蹈独特的艺术魅力。

汪前珍等《城市人民公社与妇女解放》认为妇女解放是城市人民公社的重要内容。城市人民公社及相关组织在新中国妇女解放的基础上，采取了一系列解放妇女的非常措施，暴露出忽视女性特征与男女差异等消极因素，为尔后妇女的进一步解放留下了阴影。

卢俪潼等《贫困女工和低保妇女的集体妇检分析》得出结论：贫困女工和低保妇女的生殖道感染以及妇科肿瘤发病率较高，政府需重视贫困女工和低保妇女的健康状况，针对这些人群定期开展体检，做到对疾患的早发现、早治疗，才能有效保护这类人群的健康。

李敏智《广西高校女大学生媒介素养研究——基于广西区5所高校的调查与分析》认为广西大学生的媒介素养状况不容乐观，提高大学生的媒介素养是一项长期、艰巨、重要的任务。

黄骏《理性认识民族地区女大学生村官的角色困惑——基于社会互动的研究视角》认为必须着眼于改善民族地区女大学生村官培养的社会互动。

蒋文宁、陈振中《教育层次对农村女性社会流动的影响——在广西所做的一个实证研究》认为教育资本是农村女性实现社会流动的重要因素，影响广西农村女性教育水平因素的主要有传统思想、经济状况、父辈教育程度、教育政策和学习能力等五个方面。

练新颜等《芒福德女性主义技术哲学的理论困境》认为芒福德的理论面临着三大主要理论困境：一是女性技术在考古学上的困境；二是女性技术和男性技术的划界困难；三是一些女性主义理论对"女性"的解构。

有关"妇女研究"方面的论文一览表

论文题目	作者单位及作者	发表刊物及期数	备注
中国古代妇女隐性参政论略	广西师范学院 付开镜	核心期刊《山西师大学报》(社会科学版) 2014年01期	
中国古代"女乐"舞蹈的审美特征与艺术影响浅析	广西民族师范学院 朱萍玉、包其锋	核心期刊《大舞台》 2014年05期	
宋元明时期女性蹴鞠业及职业蹴鞠女伎活动探析	广西科技大学 黄大志、潘宏波	核心期刊《兰台世界》 2014年27期	河南科攻关计划项目
农村妇女在"种子计划"中的参与状况及经验启示——基于广西的调查	广西农业职业技术学院 黎金玲、禤美琦	《桂海论丛》 2014年01期	广西教育厅立项；李嘉诚基金会2012年度广西高等学校科研项目《农村妇女在全国妇联/李嘉诚基金会"种子计划"中的参与及作用研究》阶段性成果之一
城市人民公社与妇女解放	广西民族大学 汪前珍等	核心期刊《党史研究与教学》2014年03期	国家社会科学基金重点项目《城市人民公社文献的收集、整理与研究》阶段性成果之一

续表

论文题目	作者单位及作者	发表刊物及期数	备注
从女性教育管窥泰国妇女的解放历程	广西民族大学 唐敏莉	《现代交际》 2014年01期	
城镇社区妇女就业的障碍因素及教育对策探析	广西师范大学 邓文勇	《继续教育》 2014年06期	广西师范大学《教育部高等学校继续教育示范基地》阶段性成果之一
围绝经期综合征妇女心理症状与生存质量的相关性研究	广西柳州市第二妇幼保健院　刘柳英	《中国妇幼卫生杂志》 2014年01期	广西柳州市第三批科学研究与技术开发计划项目
瑶族妇女生活现状及健康需求调查研究	广西中医药大学第一附属医院　彭锦绣等	《中国医学装备》 2014年S2期	广西中医药管理局中医药科技专项(民族医药重大攻关项目)
原发性痛经瑶族妇女生活现状及健康需求调查研究	广西中医药大学第一附属医院　彭锦绣等	《湖南中医杂志》 2014年10期	
2010年玉林市妇女病普查情况分析	广西玉林市妇幼保健院 龚小玲等	核心期刊《中国妇幼保健》2014年03期	
贫困女工和低保妇女的集体妇检分析	广西梧州市妇幼保健院 卢俪潼	核心期刊《中国妇幼保健》2014年33期	
年轻妇女重复人工流产状况及影响因素分析	广西河池市人民医院妇产科　李建湘	核心期刊《中国妇幼保健》2014年08期	
妇女常见病筛查结果分析	广西柳城县妇幼保健院 何其敏	《中国妇幼卫生杂志》 2014年02期	
论女生学习跨栏跑时产生心理障碍的成因和对策	广西师范大学 肖　珍	《当代体育科技》 2014年11期	
试谈如何提高高中女生武术教学效果	广西宜州市第一中学 覃静洁	《当代体育科技》 2014年10期	
三本院校女生对体育课兴趣低下的原因与对策	广西师范大学 李　峰	《当代体育科技》 2014年12期	
广西高校女大学生媒介素养研究——基于广西区5所高校的调查与分析	广西中医药大学第一临床医学院　李敏智	核心期刊《广西师范大学学报》(哲学社会科学版)2014年01期	广西哲学社会科学"十二五"规划项目《信息时代女大学生媒介素养问题研究》阶段性成果之一
自我同情、自尊对女大学生自我决定锻炼动机的预测作用	广西经济管理干部学院 黎力榕	核心期刊《广州体育学院学报》2014年05期	
理性认识民族地区女大学生村官的角色困惑——基于社会互动的研究视角	广西民族大学 黄　骏	核心期刊《云南民族大学学报》(哲学社会科学版)2014年05期	2011年国家民委教改立项项目《民族地区村官等新型人才培养现代化平台建设的研究与实践》阶段性成果之一
女大学生创业能力提升与思想政治教育研究	广西经济管理干部学院 黄　艳	核心期刊《学术论坛》 2014年10期	广西经济管理干部学院2011年度青年项目
贫困女大学生与非贫困女大学生就业心理的比较——基于广西南宁四所高校的调查	广西大学 李小红	《广西大学学报》(哲学社会科学版) 2014年03期	广西教育厅科研项目,广西大学校级科研项目
健身肚皮舞处方对肥胖女大学生减肥效果评价	广西民族大学 石　俭、陈凤珍	核心期刊《中国学校卫生》2014年01期	广西民族大学2012年度科研项目重点项目,广西民族大学2013年度高等教育教学改革工程项目
女性研究生职业生涯发展存在的问题和对策研究	广西民族大学 龚王百贞	《大众科技》 2014年07期	广西民族大学2013年研究生教育创新计划项目
服务在基层提升女职工素质的实践与思考	广西水电工程局 周归雁	《广西电业》 2014年10期	
关注女职工需求 切实提高女职工幸福指数	广西柳州钢铁(集团)公司 区琴、吕秀芳	《中国工运》 2014年02期	
抓培训 促就业 树品牌 努力打造女职工就业创业平台	广西总工会女职工委员会	《中国工运》 2014年03期	
女性社科工作者在和谐社会建设中的角色定位	广西广播电视大学 陆　云	《广西广播电视大学学报》2014年03期	
广播节目女性主持人的独特价值及发展策略	广西人民广播电台 周宝琳	《视听》 2014年08期	

续表

论文题目	作者单位及作者	发表刊物及期数	备注
论华裔泰文女作家牡丹小说中的华人女性形象	广西民族大学 全 莉	《东南亚纵横》 2014年05期	广西民族大学科研基金项目(青年基金项目)
多彩的女性——访贵州财经大学段丽娜教授	广西民族大学 徐杰舜	《民族论坛》 2014年05期	
教育层次对农村女性社会流动的影响——在广西所做的一个实证研究	广西师范大学 蒋文宁、陈振中	核心期刊《广西师范大学学报》(哲学社会科学版)2014年05期	2011年度教育部人文社会科学研究一般项目《性别与教育再生产——广西农村女性社会流动的教育因素研究》阶段性成果之一
维多利亚时代下农村女性的成长与困惑——从成长小说的角度看《德伯家的苔丝》	广西师范学院 钟 蕾	《南昌教育学院学报》 2014年03期	
论《华伦夫人的职业》中薇薇安代表的萧伯纳的新女性观	广西民族大学 徐馨芳	《安徽文学》(下旬刊) 2014年01期	
芒福德女性主义技术哲学的理论困境	广西大学 练新颜等	核心期刊《科学技术哲学研究》2014年04期	
门罗小说集《逃离》女性主义的文本解读	广西师范学院 张玲玉	《钦州学院学报》 2014年07期	
从女性主义视角解读毛姆的《月亮和六便士》	广西钦州学院 王明霞	《海外英语》 2014年24期	广西钦州学院青年科研基金项目
2009—2014年西方生态女性主义文学批评研究综述	广西师范大学 王 青	《湖北函授大学学报》 2014年19期	
外国文学作品中的女性主义文学批评	广西大学 马 宇	《佳木斯教育学院学报》 2014年05期	
经典传说解构中重塑女性形象——以李碧华《青蛇》为例	广西民族大学 张 衡	《沈阳工程学院学报》(社会科学版)2014年04期	
莫言小说中女性形象的文化意义	广西民族大学 杨 欢	《科教导刊》(中旬刊)2014年05期	
论华裔泰文女作家牡丹小说中的华人女性形象	广西民族大学 全 莉	《东南亚纵横》 2014年05期	广西民族大学科研基金项目(青年基金项目)
女性意识的觉醒及其觉醒后的悲剧性命运——《末路狂花》和《男孩别哭》的比较	广西艺术学院 乔 茹	《电影评介》 2014年08期	
试论李清照的女性意识	广西警官高等专科学校 张爱琴	《赤子》(中旬刊) 2014年02期	
女性罪犯精神分裂症流行病学调查	广西南宁茅桥中心医院 张健等	《中国药物经济学》 2014年04期	广西医药卫生科研课题
广西少数民族女性犯罪特征研究	广西警官学校 李 蜜	《法制与社会》 2014年02期	
女性罪犯监管机制的创新初探	广西警官学校 李 蜜	《大众科技》 2014年06期	
法医命案现场女性杀人的指向性	广西公安厅 韦特驹,广西柳州市公安局柳南分局石新立	《刑事技术》 2014年01期	

【青少年研究】 2014年,广西科研人员研究青少年问题的著作主要有:温铁群《小学生学习能力的培育》,广西壮族自治区社会科学界联合会、柳州市社会科学界联合会主编《我爱我的家》等。

发表的论文,根据《中国知网》期刊不完全统计,通过对篇名中分别含有“青少年”、“儿童”、“未成年人”、“青年”、“学生”、“小学生”、“中学生”、“大学生”等关键词进行检索,2014年广西科研人员发表有关青少年研究的论文有1202篇,全国73394篇,占1.64%。其中篇名中含有关键词“青少年”的有39篇,全国2931篇,占7.27%;含有“儿童”的213有篇,全国11466篇,占1.86%;含有“青年”的50篇,全国4767篇,占1.05%;含有“学生”(包括小、中、大学生)的有886篇,全国53556篇,占1.65%。

广西科研人员发表有关青少年研究的论文中,有170篇发表在核心期刊,占14.14%。发表在核心期刊

12月23日，由广西青少年研究会举办的深化改革加快实现“两个建成”目标报告会在南宁举行。图为与会代表合影留念　　（古雅丽　供稿）

的论文中，总论青少年的有 8 篇，占 4.71%，研究儿童的有 36 篇，占 21.17%；研究未成年人的有 2 篇，占 1.18%；研究青年的有 4 篇，占 2.35%；研究学生（包括小、中、大）的有 120 篇，占 70.59%。论文作者（以最前的广西作者为准）在高校有 133 篇（广西大学 23 篇、广西师范大学 15 篇、广西医科大学和广西师范学院各 10 篇），占 78.24%；在医院系统的有 28 篇，占 16.47%；在实践工作部门有 9 篇，占 5.29%；作者多在高校和医院。

发表的论文中，有部分是基金项目的阶段性成果：国家基金项目（包括国家社科基金、国家哲学社会科学基金、国家自然科学基金）的阶段性成果 32 篇，教育部项目的阶段性成果 37 篇；广西基金项目（包括广西社科基金、广西哲学社会科学规划课题、广西自然科学基金）的阶段性成果 34 篇，广西教育类项目（包括广西教育科学规划课题、广西高等学校项目、新世纪广西高等教育教学改革工程、广西研究生教育创新计划项目）的阶段性成果 109 篇。

在研究青少年问题的文章中，主要研究青少年、儿童、未成年人，青年及学生（包括小、中、大学生）等方面，其中青少年研究主要包括青少年媒介素养、道德失范、网络成瘾、消费行为、体育运动、身体健康、犯罪等方面。儿童研究主要包括学龄、孤独、自闭、弱视、盲聋哑、留守、流浪、流动、受教育儿童和国内各地（如南宁、北海等）、中国台湾地区及美国儿童等生活、健康、生活等问题。未成年人主要从服务、教育、法律等方面研究。青年主要从青年政治、发展、培养、工作、文化、就业、健康及专论青年教师等方面研究。学生主要从总论学生及小、中、大学生的各方面展开，其中总论学生主要从学生诚信、学术、自律、人文、培养、工作、实践及自我和谐、思辨能力、职业培养、社团管理、健康状态等方面研究；小学生主要从学习、生活和健康等方面研究；中学生包括生涯发展、社会适应、学习能力、职业能力、体质健康、体育运动等方面研究；大学生主要包括理想信念、社会主义核心价值观认同、政治信仰、思想政治教育、党建、成长、自尊、感恩教育、生命教育（包括自杀）、社会责任感、朋辈教育、安全意识、生活、社会实践、志愿服务、生态文明教育、媒介素养、网络、阅读、学习、就业、健康、体育等问题。作者多在高校。

出版的著作中，温铁群《小学生学习能力的培育》系统论述影响小学生学习能力的身心状况、生活环境状况、信号输入状况、兴趣趋向状况等十大因素，及这些因素的系统关联，并提出相应举措。广西社会科学界联合会、柳州市社会科学界联合会主编《我爱我的家》抓住青少年成长中的各种问题和困惑，让青少年在探索中领会社会主义核心价值观真正内涵，感知道德信念，科学看待世界，形成正确的世界观、人生观和价值观。

发表的论文中，在研究青少年问题上，陈洪波《我国少数民族地区城乡青少年媒介素养与价值观念耦合研究——以广西壮族自治区为例》综合比较发现，由于地区差异所导致的媒介环境差异对广西青少年的媒介素养和价值观念有较大影响。何彦诚、吴俊芳《无文字少数民族青少年母语使用状况及其对推行双语教学的启示——以茶洞语为例》考察当前茶洞语在青少年群体中的使用情况以及当前经济全球化趋势下少数民族语言文字的生存和发展状况，旨在引发各界人士关注少数民族语言文化的保护和传承问题。

在研究儿童问题上，罗静思等《广西南宁儿童青少年高血压现状及其与肥胖关系的研究》目的了解广西南宁地区 6~18 岁儿童青少年高血压现状及超重 / 肥胖与高血压发生的关系。结论：随着体重的增加，儿童青少年患高血压的危险亦增加。邹霞等《儿童习得性无助的成因、机制及其缓解》认为适度的、科学的、持续的体育锻炼对缓解和治疗儿童习得性无助等情绪障碍问题、提高儿童心理抗压能力具有很好的效果。

在研究未成年人问题上，张鸿巍《浅析美国未成年人案件社会调查制度》认为未成年人案件社会调查涉及内容愈加全面，在关注问题少年特殊利益之余，亦加大了对被害人影响陈述及防卫社会的关注。

在研究青年问题上，宋丽萍等《以移动电话短信为基础对在校青年学生进行艾滋病健康教育的定性研究》目的：探讨以移动电话短信为基础对在校青年学生进行艾滋病健康教育是否合适。结论：对在校青年学生进行以移动电话短信为基础的艾滋病健康教育是可行的。

在研究学生问题上，张姝玥、林艳《高校学生自我和谐孤独感与自杀意念的关系》目的了解高校学生自杀意念的现状，并探讨自我和谐、孤独感与自杀意念的关系，为高校开展自杀预防和干预工作提供参考。结论：改善自我和谐和孤独感水平可以减少高校学生自杀意念的形成。邓环《英国高校遏制学生学术不端行为制度概述》介绍了英国高校遏制学生学术不端行为的制度，认为这些制度具有界定清晰、预防得当、调查规范、效果显著等特征，对我国高校遏制学生学术不端行为制度建设具有重要的借鉴意义。谭姣连《促进校际协作学习中学生的自律》提出校际协作学习的自律模型，包括个体、环境、行为等三因素关系及包括自我观察与评价、目标设置与策略计划、策略实施与监控、结果反思与评价等四环节的自律循环模式。

在研究小学生问题上，梁宇《数学文化对小学生数学认知影响的研究》认为在小学数学教学中，教师应当努力帮助学生体会数学思想的形成，经历数学语言的发展，感知数学史的魅力，提升数学思维能力，最终全方位、多层次地提升小学生的人格品质、综合素质与科学素养。

在研究中学生问题上，徐世军《广西少数民族中学生体质健康与影响因素分析》探讨提高中学生体质健康水平的有效方法，提出解决家庭、民族与社会问题的可行性途径与措施，为促进少数民族的经济与文化发展，构建和谐社会提供新的思路。

在研究大学生社会主义核心价值体系问题上，王惠、韦冬雪《大学生社会主义核心价值体系接受过程的阶段划分及教育方法探微》认为关于大学生对社会主义核心价值观接受阶段及其规律的研究是提高大学生对社会主义核心价值体系认同度的重要保证。把大学生接受社会主义核心价值体系教育过程分为三个阶段即依从、认同、信仰，并探讨三个阶段的教育方法。

在研究大学生媒介素养问题上，江宇、吕博文《微博语境下的大学生媒介素养》认为大学生新媒介素养教育应包含提高信息获取素养；培养信息辨识素养；增强信息生产素养。

在研究大学生实践能力问题上，黄勇荣等《基于提升大学生实践能力的高校课程改革研究》提出通过深化课程目标、整合课程结构、完善课程内容、优化课程实施及活化课程评价等方式，不断改进和完善高校课程设置，为高校课程的理性改革提供一定的思路借鉴。

在研究大学生政治社会化问题上，曾令辉《广西大学生政治社会化现状调查分析》调查表明：广西大学生政治社会化总体上呈现出积极健康、良好的发展态势，但是部分大学生在政治社会化进程中不同程度地存在政治理想信念迷茫或功利化倾向，少数大学生存在对党的指导思想、理论和方针政策认同不高、对国内外重大政治事件关注不够等问题，需要给予关注和加以解决。

在研究大学生网络游戏成瘾问题上，何广寿、陈广亮《高校预防大学生网络游戏成瘾的教育方法探讨》就高校推进预防大学生沉迷网络游戏的教育方法而言，认为强化理性信念塑造与价值观教育、增加入学教育和生涯规划教育、加强网络媒介素养教育和深化素质教育的全面推进是其中相对有效的举措。

在研究大学生党建与就业工作问题上，李海平《大学生党建与就业工作联动机制探索》认为大学生党建与就业工作两者之间存在内在的联系性，可建立两者相辅相成的联动机制，积极构建传统及网络工作平台和有效的协调机制，促进大学生党建工作发展和大学毕业生充分就业。

有关“青少年研究”方面的著作一览表

著作题目	作者单位及作者	出版社及出版时间	字数(千字)
小学生学习能力的培育	广西桂平市西山镇中心小学　温轶群	广西教育出版社，2014年11月	300
我爱我的家	广西社会科学界联合会、柳州市社会科学界联合会主编	接力出版社，2014年12月	100

有关“青少年研究”方面的论文一览表

论文题目	作者单位及作者	发表刊物及期数	备注
青少年与中老年Bolton指数的比较	广西人民医院 谭桂萍等	核心期刊《上海口腔医学》2014年01期	广西卫生厅科研课题
我国少数民族地区城乡青少年媒介素养与价值观念耦合研究——以广西壮族自治区为例	广西师范学院 陈洪波	核心期刊《新闻界》2014年16期	2011年度教育部人文社科研究项目《广西民族地区大众传媒对青少年道德影响的调查研究》阶段性成果之一，2012年度广西高校思想政治教育理论与实践立项研究课题《新形势下广西区大众传媒对青少年道德影响及引导对策分析》阶段性成果之一

续表

论文题目	作者单位及作者	发表刊物及期数	备注
网络虚拟环境下青少年道德失范探究	广西师范学院 郑　静	《传承》 2014年02期	
青少年网络成瘾研究现状分析	广西师范大学 孙冰冰	《才智》 2014年24期	
浅析大众传媒对青少年消费行为的引导作用	广西电力职业技术学院 陈　曦	核心期刊《新闻战线》 .2014年11期	
我国青少年篮球体能训练存在问题及对策研究	广西体育高等专科学校 徐其波	《体育世界》(学术版) 2014年09期	
浅析如何提升青少年篮球持球突破的技术运用	广西师范大学 曾思娜	《当代体育科技》 2014年23期	
新形势下对青少年性教育刻不容缓	广西宜州市职业教育中心 罗著胜	《中国职工教育》 2014年08期	
我国青少年学生体质与健康现状透析及对策研究	广西教育学院 廖钟锋	《广西教育学院学报》 2014年03期	
广西南宁儿童青少年高血压现状及其与肥胖关系的研究	广西妇幼保健院 罗静思等	核心期刊《中国当代儿科杂志》2014年10期	广西自然科学基金,国家"十一五"科技支撑计划项目
推拿点穴配合雷火灸法治疗青少年近视54例	广西中医药大学第一附属医院　容　华、何育风	《中国中医药科技》 2014年01期	
大众传播中的暴力信息对青少年犯罪的影响	广西大学 毛　竹	《传播与版权》 2014年01期	
儿童习得性无助的成因、机制及其缓解	广西幼儿师范高等专科学校　邹霞等	核心期刊《学前教育研究》2014年05期	教育部人文社会科学研究一般项目
儿童的重复行为:正常与异常的辨析	广西师范大学 莫秀锋	核心期刊《中国特殊教育》2014年04期	国家社科基金教育学青年项目《儿童公平分配规则的发展特点与影响机制研究》阶段性成果之一
饮水与儿童少年健康	广西疾病预防控制中心 阮青等	核心期刊《中国学校卫生》2014年01期	
广西沿海农村地区学龄儿童碘营养状况	广西疾病预防控制中心 廖敏等	核心期刊《中国学校卫生》2014年05期	
南宁青秀区学龄儿童行为问题及影响因素分析	广西医科大学第一附属医院　梁友芳等	核心期刊《中国儿童保健杂志》2014年12期	广西自然科学基金面上项目
BDNF基因功能性多态rs6265与孤独症儿童的相关性研究	广西医科大学第一附属医院　李家鑫,南宁儿童康复中心　韦斌垣	核心期刊《中国现代医学杂志》2014年16期	广西青年科学基金项目
自闭症儿童社会交往障碍的家庭康复护理	广西桂林市社会福利院 蒋忠燕	《中国民康医学》 2014年12期	
双通道视觉质量分析系统评价弱视儿童的视觉质量	广西人民医院 肖信等	核心期刊《眼科新进展》 2014年12期	广西卫生厅科研课题
盲聋哑儿童口腔保健研究进展	广西医科大学附属口腔医院　侯玉妹、黄　华	《广东牙病防治》 2014年10期	
留守流动儿童与城乡儿童的行为问题比较	广西医科大学 尹富权等	核心期刊《中国健康心理学杂志》2014年05期	广西自然科学基金《留守儿童和流动儿童心理行为问题状况及其干预研究》阶段性成果之一,广西科学研究与技术开发计划项目
农村地区留守儿童健康成长的"云公益"路径探究	广西师范大学 朱艺华	核心期刊《广西师范大学学报》(哲学社会科学版)2014年03期	2012年全国教育科学规划课题《广西农村留守儿童数字化教育创新研究》阶段性成果之一
农村留守儿童教育之班级管理策略	广西钦州学院 王素华	核心期刊《教学与管理》 2014年27期	
农村留守儿童犯罪问题的刑事政策研究——以广西宾阳县为实证分析	广西大学 韦尧瀚	《黑龙江省政法管理干部学院学报》2014年02期	2012年广西研究生教育创新项目

续表

论文题目	作者单位及作者	发表刊物及期数	备注
流浪儿童的心理特点研究回顾与展望	贺州学院　常保瑞，广西师范大学　方建东	《信阳师范学院学报》（哲学社会科学版）2014年03期	广西哲学社会科学规划2013年度研究课题
社区流动人口儿童免疫规划管理对策探讨	广西民族医院　郑　坚	《中外医疗》2014年15期	
受教育儿童参与教育研究初探	广西大学　史鹏霜、何　其	《中国校外教育》2014年06期	
国内儿童龋病特点和防治现状	广西河池市第三人民医院　石爱荣	《右江医学》2014年04期	
我国儿童虐待防治的法律分析	广西大学　何晓妍	《牡丹江教育学院学报》2014年04期	
南宁市"城中村"儿童发展状况研究	广西大学　郭　慧、罗仙慧	《鄂州大学学报》2014年09期	
2013年北海市学龄前儿童乙肝疫苗接种免疫效果分析	广西北海市皮肤病防治院　叶小霞等	《应用预防医学》2014年05期	
台湾地区儿童虐待案件司法干预探析	广西大学　闫晓玥	《韶关学院学报》2014年07期	
美国儿童照管不良之司法干预机制探析	广西大学　张鸿巍	核心期刊《中国青年政治学院学报》2014年06期	国家社科基金青年项目课题《未成年人附条件不起诉的社会支持机制实证研究》阶段性成果之一，国际救助儿童会（英国）课题《儿童监护的司法干预机制与配套儿童福利制度研究》阶段性成果之一
少儿图书馆未成年人信息素养教育平台构建	广西桂林图书馆　陆柳滨	《图书馆研究》2014年01期	
公共图书馆与未成年人服务	广西图书馆　李　裴	《图书馆界》2014年01期	
社区矫正未成年人教育矫治研究——以广西崇左市为例	共青团广西区委　郑胜景	《大众科技》2014年11期	广西共青团理论与实践立项研究课题《未成年人教育矫治研究》阶段性成果之一
多措并举让流浪未成年人拥有美好的明天	广西柳州市柳城县民政局　李宋英	《中国民政》2014年01期	
中国古代关于未成年人犯罪的规定对现行刑法的启示	广西大学　王　静	《法制与社会》2014年35期	
未成年人附条件不起诉检察裁量的"软法"解读	广西警官高等专科学校　潘　伟	核心期刊《学术论坛》2014年06期	
浅析美国未成年人案件社会调查制度	广西大学　张鸿巍	核心期刊《河北法学》2014年05期	2013年国家社科基金青年项目课题《未成年人附条件不起诉的社会支持机制实证研究》阶段性成果之一，国际救助儿童会（英国）北京代表处课题《儿童监护的司法干预机制与配套儿童福利制度研究》阶段性成果之一
青年政治社会化与思想政治教育研究	广西师范学院　陈政阳	《河北青年管理干部学院学报》2014年06期	
社会主义市场经济条件下青年发展权的保障与落实	广西师范学院　丘小维	《创新》2014年06期	
越南青年发展问题探析	广西团校　陈胜辉等	《现代妇女》（下旬刊）2014年06期	
软硬兼修 大力推进青年队伍成长成材——关于青年员工培养的一些思考	广西电网有限责任公司贵港供电局　李　南	《人力资源管理》2014年11期	
新形势下电网企业的青年工作	广西电网公司　朱德宗	《企业文明》2014年06期	

续表

论文题目	作者单位及作者	发表刊物及期数	备注
论中医青年文化自信的培养	广西中医药大学 王春花	《广西中医药大学学报》 2014年S1期	
中国元素在东盟青年干部中跨文化传播的思考与展望	广西团校 邓劲夫等	核心期刊《学术论坛》 2014年10期	2013年广西共青团理论与实践研究课题重点项目《东盟青年干部研究》阶段性成果之一
影响青年就业难的因素分析	广西二轻技工学校 农日光	《轻工科技》 2014年06期	
进化心理学视野下偏远贫困农村男青年择偶难题透析	广西师范学院 逯长春	《法制与社会》 2014年10期	
为青年高血压前期患者进行社区综合干预的效果评价	广西平南县第二人民医院 刘志文	《当代医药论丛》 2014年21期	
1例青年痛风性关节炎病人的护理	广西梧州市人民医院 梁　曼	《全科护理》 2014年01期	
以移动电话短信为基础对在校青年学生进行艾滋病健康教育的定性研究	广西桂林医学院 宋丽萍等	核心期刊《中国妇幼保健》2014年21期	国家自然科学基金,广西卫生厅医疗卫生适宜技术研究与开发项目,广西教育厅广西高校科研项目
师生比较视角下的高校青年教师课堂教学技能评价——以广西为例	广西大学 任初明、刘延云	核心期刊《黑龙江高教研究》2014年03期	新世纪广西高等教育教学改革工程项目《广西高校青年教师教学技能培养的研究与实践》阶段性成果之一,广西大学教育学院高等教育学区重点学科课题
现代职业教育体系下高职青年教师的培养策略	广西交通职业技术学院 韦志文	核心期刊《中国成人教育》2014年17期	
广西高校青年教师发展的现状分析	广西大学 孙存昌等	《教育观察》(上旬刊) 2014年08期	教育部人文社会科学研究青年课题《民族地区大学教师发展的机制优化研究》阶段性成果之一
对高校学生诚信教育体系构建浅析	广西大学 唐　霄	核心期刊《学术论坛》 2014年04期	广西中医药大学2012年辅导员专项基金
论新形势下高职院校学生的诚信教育	广西工业职业技术学院 张时碧	《教育与职业》 2014年24期	
英国高校遏制学生学术不端行为制度概述	广西民族大学 邓　环	核心期刊《学位与研究生教育》2014年04期	教育部、国家留学基金委2012年高校优秀学生工作者出国研修项目
促进校际协作学习中学生的自律	广西师范大学 谭姣连等	核心期刊《电化教育研究》2014年08期	国家社会科学基金"十一五"规划2010年度教育学一般课题《基于网络校际协作学习的相互启发原理和多样性学习理论研究》阶段性成果之一,广西"民族地区教育发展研究"八桂学者专项课题
理工科高校学生人文素养探析	广西科技大学 滕小艳、谭　璐	《教育与职业》 2014年36期	2014年度广西高校科研项目《基于柳州片区高校的广西高校贫困生社会支持网络模式研究》阶段性成果之一,2013年度广西高等教育教学改革工程项目《地方工科院校毕业生就业能力培养体系的构建与实践探索》阶段性成果之一,2013年广西科技大学学生党建专项《学生兼职党建干部培训途径和方法研究》阶段性成果之一
高等学校学生培养成本核算研究述评	广西大学 韦德洪、李素芸	核心期刊《会计之友》 2014年28期	广西教育科学"十二五"规划2013年度广西教育财务管理研究专项课题《高等教育生均培养成本核算方法研究》阶段性成果之一
高职院校学生工作心理资本分析及其开发	广西民族师范学院 周森泉	核心期刊《职教论坛》 2014年02期	广西教育科学"十二五"规划2011年度广西高职院校学生研究专项课题《广西地方高校非物质隐性体系构建研究》阶段性成果之一

续表

论文题目	作者单位及作者	发表刊物及期数	备注
高校学生管理工作者心理资本的开发与管理	广西民族师范学院 周森泉	核心期刊《教育探索》 2014年04期	广西教育科学"十二五"规划2011年度广西高校学生研究专项课题
"扶困·励志·强能"三位一体高校学生资助工作模式的思考	广西工学院 史凌芳	核心期刊《学校党建与思想教育》2014年04期	2012年教育部人文社会科学研究青年基金立项项目《高校家庭经济困难学生资助工作中价值观教育的研究》阶段性成果之一，广西科技大学2013年度学生资助工作专项课题《我校资助工作中学生社团建设与发展研究——以梦想助跑团为例》阶段性成果之一
深化内涵建设 提高学生实践能力和创新能力	广西大学 秦钢年等	核心期刊《实验室研究与探索》2014年08期	2013年度广西高等教育教学改革工程重点项目
深化示范中心内涵建设 不断提高学生实践与创新能力	广西大学 廖庆敏	核心期刊《实验技术与管理》2014年02期	2013年度广西高等教育教学改革工程重点项目
学生法治教育价值探究	广西工业职业技术学院 廖腾琼	核心期刊《中国教育学刊》2014年S3期	
高校学生自我和谐孤独感与自杀意念的关系	广西大学 张姝玥、林　艳	核心期刊《中国学校卫生》2014年05期	国家社科基金项目，广西哲学社会科学"十二五"规划课题
高职学生自我和谐与社会比较倾向研究	桂林理工大学南宁分校 栗雪琼，广西师范学院 曾玲娟	核心期刊《中国职业技术教育》2014年03期	广西高校思想政治教育理论与实践立项研究课题
综合英语教学与学生思辨能力发展探析	广西民族师范学院 卢少雯	核心期刊《广西民族大学学报》(哲学社会科学版)2014年04期	2014年广西高等教育教学改革工程项目
地方高校财经专业学生职业生涯规划教育的现状分析与对策探讨	广西科技大学 李礼等	核心期刊《教育探索》 2014年01期	2012年度广西高校科研项目
基于以就业为导向的高职学生职业素养培养的方法与途径	广西工业职业技术学院 张　武	核心期刊《高等农业教育》2014年06期	2012年度广西教育厅科学技术研究项目《高职院校学生就业二级体系的构建与实践》阶段性成果之一
强化高校学生社团管理及其文化建设	广西科技大学 冯振萍、李宪伦	核心期刊《教育与职业》 2014年29期	
南宁市盲聋哑学校学生口腔健康状况调查	广西医科大学附属口腔医院 侯玉妹等	核心期刊《牙体牙髓牙周病学杂志》 2014年01期	2012年中国牙病防治基金会孤残儿童口腔疾病综合防治示范项目
数学文化对小学生数学认知影响的研究	广西师范学院 梁　宇	核心期刊《中国教育学刊》2014年S3期	
小学生口算心算的常见错误类型、原因以及应对策略探讨	广西师范学院 魏思晴等	《教育与教学研究》 2014年10期	
小学生自杀行为原因分析及应对策略	广西科技大学 魏凌青	《校园心理》 2014年05期	
梧州市区小学生口腔健康教育效果评价	广西梧州市疾病预防控制中心　李梦映等	核心期刊《中国学校卫生》2014年03期	
广西中小学生2000~2010年贫血状况分析	广西疾病预防控制中心 董邕晖等	核心期刊《中国学校卫生》2014年11期	
桂林市某城区2011~2013年小学生视力状况分析	广西桂林市妇幼保健院 罗　卫	核心期刊《中国妇幼保健》2014年06期	广西卫生厅自筹基金科研课题
小学生健康体检中静脉采血常见的不良反应及预防	广西职业病防治研究院 符有芬等	《当代护士》(中旬刊) 2014年12期	
试论儒家立志思想对中学生生涯发展教育的启示	广西师范学院 梁　梅	核心期刊《教学与管理》 2014年12期	广西教育科学重点研究基地建设成果《广西中学生生涯规划教育现状与推进策略研究》阶段性成果之一
中学生生涯规划教育的价值研究	广西师范学院 梁　梅、谢明明	《现代教育科学》 2014年06期	广西教育科学重点研究基地建设成果《广西中学生生涯规划教育现状与推进策略研究》阶段性成果之一

续表

论文题目	作者单位及作者	发表刊物及期数	备注
中学生父母、同伴依恋特点及其与社会适应的关系	广西大学 张姝玥	核心期刊《现代中小学教育》2014年06期	2011年国家社科基金项目
南宁市中学生地理学习现状调查研究	广西师范学院 冯昭逸、宋书巧	《广西教育学院学报》 2014年03期	
旅游英语教学中学生英语交际能力培养分析	广西国际商务职业技术学院 莫 颖	《高教论坛》 2014年01期	
高中学生数学学习方式的实践境遇与路向选择	广西西南宁沛鸿民族中学 卢建玲	《齐鲁师范学院学报》 2014年04期	2011年南宁市教育科学"十二五"规划立项B类课题《提高数学教师教学行为全程有效性的行动研究》阶段性成果之一
高职思政课教学中学生历史意识的培养	广西现代职业技术学院 祁道林、尹建强	《高教论坛》 2014年05期	2013年广西高校思想政治教育理论与实践立项课题《高职院校思想政治理论课程教学中历史意识的培养研究》阶段性成果之一
谈语文教学中学生职业能力的培养——以会计专业为例	广西国际商务职业技术学院 黄 健	核心期刊《语文建设》 2014年14期	
广西少数民族中学生体质健康与影响因素分析	广西科技大学 徐世军	核心期刊《民族教育研究》2014年06期	2011年国家社会科学基金青年项目《广西红水河流域农村族群体育活动的体育人类学审视》阶段性成果之一，2013年度广西高等教育教学改革工程立项项目《广西少数民族传统体育项目融入高校公共体育教学内容的研究与实践》阶段性成果之一
浅谈中学生篮板球意识及其培养	广西大化县高级中学 花冠江	《文学教育(下)》 2014年08期	
广西第十届中学生运动会健美操比赛情况分析	广西师范大学 谢光美等	《当代体育科技》 2014年23期	
"90后"大学生基本思想特点及其成因与对策	广西财经学院 蒲青江	核心期刊《教育与职业》 2014年23期	2012年广西高校思想政治教育理论与实践立项研究课题《"90"后大学生基本思想特点与发展趋势研究》阶段性成果之一
边疆民族地区大学生理想信念教育的当代价值思考	广西民族师范学院 陈 欢	核心期刊《教育探索》 2014年02期	广西教育科学"十二五"规划2013年度广西高校党建工作研究专项课题
"中国梦"与大学生理想信念相结合的实现途径	广西大学 梁 颖	核心期刊《学校党建与思想教育》2014年19期	
使社会主义核心价值观成为大学生实现"中国梦"力量源泉——创新大学生理想信念教育的研究	广西广播电视大学 时锦雯	核心期刊《广西社会科学》2014年07期	广西高校"党的十八大精神研究"专项重点立项课题
大学生践行社会主义核心价值观的内涵与路径	广西财经学院 王春明	核心期刊《中国高等教育》2014年19期	
增强大学生对社会主义核心价值观认同的路径研究	广西师范学院 莫诗浦	核心期刊《学校党建与思想教育》2014年09期	2012年教育部人文社会科学研究专项任务项目《青年学生社会化与政治参与问题研究》阶段性成果之一
广西大学生政治社会化现状调查分析	广西师范学院 曾令辉等	核心期刊《学校党建与思想教育》2014年19期	2012年教育部人文社会科学研究专项任务项目(马克思主义中国化、时代化、大众化)《青年学生社会化与政治参与问题研究》阶段性成果之一
当代大学生政治信仰现状及教育对策研究——基于25所高校实证调研的思考	广西大学 徐秦法等	核心期刊《广西社会科学》2014年09期	教育部人文社会科学研究西部和边疆地区项目

续表

论文题目	作者单位及作者	发表刊物及期数	备注
社会化媒体对高职大学生政治信仰教育的影响与对策	广西经贸职业技术学院 杜远阳、谭华云	核心期刊《教育与职业》 2014年30期	2013年广西高校"党的十八大精神研究"专项课题《社会化媒体对高职大学生政治信仰教育的影响与对策研究》阶段性成果之一,2013年广西高校党建工作研究课题《新媒体视野下高职大学生党员教育培训工作研究》阶段性成果之一,2013年广西高校思想政治教育理论与实践研究课题《广西高职院校90后大学生人生信仰调查与培养研究》阶段性成果之一
社会主义核心价值体系融入大学生思想政治教育全过程的过程论思考	广西师范大学 郭开虎、韦冬雪	核心期刊《广西社会科学》2014年09期	国家社会科学基金项目,湖南省教育厅科研项目,湖南科技学院湖南省思想政治教育重点建设学科项目
加强边疆民族地区大学生"三个认同"教育问题探论	广西民族师范学院 李金	核心期刊《理论导刊》 2014年11期	2014年度广西教育厅高校人文社科研究项目《民族地区大学生社会主义核心价值观认同研究》阶段性成果之一
大学生思想政治教育中的"德治"与"法治"	广西师范大学 练 琪、李 延	核心期刊《学校党建与思想教育》2014年06期	
大学生思想政治教育网上网下协同育人模式刍议	广西师范学院 龙妮娜	《思想理论教育》 2014年05期	2013年度教育部人文社会科学研究专项任务项目(高校思想政治工作)课题《新媒体视域下大学生思想政治教育路径创新研究》阶段性成果之一
大学生政治思想品德评价的现状及其评价模式的建构	广西师范大学漓江学院 周 杰	核心期刊《教育与职业》 2014年33期	2013年广西高校思想政治教育理论与实践课题《独立学院大学生政治思想品德多维度考核模式探究》阶段性成果之一
大学生党建与就业工作联动机制探索	广西大学 李海平	核心期刊《广西民族大学学报》(哲学社会科学版)2014年02期	2010年度教育部人文社会科学研究专项任务项目(高校思想政治工作)《网络党建——信息化下高校学生党建工作的创新模式》阶段性成果之一
新媒体环境下大学生党建工作创新研究	广西大学 卢尚月	《边疆经济与文化》 2014年09期	
大学生网络文化与高校网络党建	自治区党校 陈学璞	《广西民族师范学院学报》2014年06期	
大学生压力后成长问卷的编制	广西师范大学 吴素梅、方建东	核心期刊《中国心理卫生杂志》2014年10期	广西教育科学"十一五"规划课题,广西哲学社会科学规划课题
大学生成长的新动力——中国梦的三个维度解读	广西大学 王 超	《沧桑》 2014年01期	新世纪广西高等教育教学改革工程2012年度重点项目《"基础"课集约型专题式教学模式的探索》阶段性成果之一
自我同情、自尊对女大学生自我决定锻炼动机的预测作用	广西经济管理干部学院 黎力榕	《广州体育学院学报》 2014年05期	
大学生自尊、归因对学业自我设限行为的影响研究	广西莱市通信息科技有限公司 伍楚娟等	核心期刊《高教探索》 2014年04期	教育部人文社会科学研究规划基金项目
广西大学生体像烦恼自尊与自我妨碍的关系	广西大学 杨新国等	核心期刊《中国学校卫生》2014年06期	广西大学211四期"区域文化传承创新与交流研究"学科群项目
新媒体环境下大学生感恩教育路径探析	广西师范学院 陈军弟	核心期刊《中国成人教育》2014年21期	2012年广西教育厅科研项目《高校大学生感恩教育研究》阶段性成果之一
90后大学生生命教育问题解决路径的思考	广西师范大学 陈果贝	《教育教学论坛》 2014年06期	
网络时代大学生生命教育面临的挑战与对策	广西教育学院 李燕燕	《中国校外教育》 2014年18期	
自杀的动因与干预:迪尔凯姆自杀理论探微——兼谈大学生自杀行为的干预	广西民族大学相思湖学院 李玉雄等	《广西教育学院学报》 2014年03期	广西高校2011年安全稳定研究课题《社会转型期大学生自杀行为分析及教育对策研究》阶段性成果之一

续表

论文题目	作者单位及作者	发表刊物及期数	备注
“易感—应激”视域下大学生自杀的归因及预防研究	广西大学行健文理学院 李金德	《中国电力教育》 2014年20期	2012年广西高校思想政治教育理论与实践立项研究课题《大学生自杀问题的归因分析与预防对策研究》阶段性成果之一
加强民族地区大学生社会责任感的培养	广西民族师范学院 邓丽芳	《新西部》(理论版) 2014年02期	广西民族师范学院研究项目《当代大学生社会责任意识培养》阶段性成果之一
大学生朋辈教育的优势及实践应用	广西科技大学 宋强玲	核心期刊《教育与职业》 2014年11期	
大学生校园安全意识实证研究分析——以广西科技大学为例	广西科技大学 胡　杰	《教育教学论坛》 2014年32期	
加强大学生安全意识教育的重要性及途径探讨	广西经济管理干部学院 黎海珍	《经营管理者》 2014年15期	2011年度广西教育系统维护学校安全稳定工作立项研究课题
大学生生活满意度与一般自我效能感的相关研究	广西中医药大学 邹增丽	核心期刊《教育与职业》 2014年27期	
独立学院大学生闲暇生活状况与总体幸福感的关系研究	广西大学行健文理学院 曾院珍等	核心期刊《中国电力教育》2014年11期	广西教育科学“十二五”规划2011年度立项课题《广西独立学院大学生闲暇教育研究》阶段性成果之一，广西大学科研基金项目《网络背景下大学生的闲暇教育研究》阶段性成果之一
基于多元智力评价理论的大学生社会实践评价体系探析	广西警官高等专科学校 尹　彦	核心期刊《学校党建与思想教育》2014年08期	2012年广西高校思想政治教育理论与实践立项研究课题《大学生社会实践实效性评价研究》阶段性成果之一，2012年度新世纪广西高等教育教学改革工程立项项目《公安院校思想政治理论课实践教学模式创新研究》阶段性成果之一
增强高校大学生社会实践活动实效性的途径探析	广西民族大学 高文涛、岳宗霞	《沈阳工程学院学报》(社会科学版)2014年03期	广西高校思想政治教育理论与实践立项研究课题
基于提升大学生实践能力的高校课程改革研究	广西大学 黄勇荣等	核心期刊《黑龙江高教研究》2014年05期	2012年度教育部人文社会科学研究一般项目立项课题《跨境高等教育与中国—东盟区域互动发展研究——基于四螺旋分析框架》阶段性成果之一
当代大学生志愿服务现状、问题与对策	广西经济管理干部学院 黄　艳	核心期刊《高等农业教育》2014年02期	广西经济管理干部学院2011年度青年项目《高职学生闲暇生活状况与教育引导对策研究》阶段性成果之一
大学生志愿服务常态化机制研究——以广西师范大学“小蚂蚁行动”志愿者团队为例	广西师范大学 孟凡璧	《品牌》 2014年08期	
开展大学生志愿服务活动的价值探析	广西民族大学 罗利玉、梅　芬	《传承》 2014年03期	广西民族大学科研基金课题
和谐视域下的大学生生态文明教育透视	广西科技大学 宋强玲、零东智	核心期刊《教育探索》 2014年06期	
大学生生态文明教育路径探析	广西大学 郭世平、田宝帅	《思想政治教育研究》 2014年03期	广西马克思主义理论研究和建设工程基地项目《美丽广西的生态效益及其影响力研究》阶段性成果之一
西部地区大学生生态文明观教育探究——以广西高校为例	广西机电职业技术学院 李秀芳	《高教论坛》 2014年11期	2013年广西高校思想政治教育理论与实践研究课题《西部地区大学生生态文明观教育研究》阶段性成果之一
广西高校女大学生媒介素养研究——基于广西区5所高校的调查与分析	广西中医药大学第一临床医学院　李敏智	核心期刊《广西师范大学学报》(哲学社会科学版)2014年01期	广西哲学社会科学“十二五”规划项目《信息时代女大学生媒介素养问题研究》阶段性成果之一

续表

论文题目	作者单位及作者	发表刊物及期数	备注
微博语境下的大学生媒介素养	广西大学 江　宇、吕博文	核心期刊《青年记者》 2014 年 26 期	国家社科基金一般项目《西南少数民族地区受众媒介素养调查和媒介教育体系建构》阶段性成果之一，广西大学科研基金项目《大学生网络文化消费现状及其引导》阶段性成果之一，广西教育科学"十二五"规划《广西高校大学生网络媒介素养教育研究》阶段性成果之一
新闻英语与大学生媒介素养教育	广西艺术学院 农舒淋	《新闻战线》 2014 年 06 期	
高校预防大学生网络游戏成瘾的教育方法探讨	广西师范大学 何广寿、陈广亮	核心期刊《学校党建与思想教育》2014 年 21 期	教育部人文社会科学研究一般项目《大学生网络道德教育中的少数民族传统德育资源开发研究——以广西壮族自治区为例》阶段性成果之一，2011 年广西高校安全稳定立项项目《高校预防大学生网络游戏成瘾的教育方法探讨》阶段性成果之一
大学生网络认知与感受调查	广西民族师范学院 张继艳	核心期刊《人民论坛》 2014 年 19 期	广西教育厅科研处立项项目《地方高校建立和保持校园网络舆论影响力的方式和方法研究》阶段性成果之一
提高大学生网络自主学习能力研究	广西医科大学 丁穗娟等	核心期刊《教育与职业》 2014 年 05 期	2013 年度广西高校大学生创新创业训练计划项目《提高大学生网络自主学习能力的探索与研究》阶段性成果之一
网络视阈下的大学生阅读导向	广西交通职业技术学院 黄洁薇	核心期刊《中国成人教育》2014 年 16 期	
"90 后"的大学生:传统阅读 or 网络阅读——探寻大学生阅读出路	广西大学 郝苏彤	核心期刊《出版广角》 2014 年 14 期	
动机理论与当代大学生主动性学习研究	广西科技大学 张晓玲、李慧慧	《校园心理》 2014 年 01 期	广西教育厅科研立项项目
论影响广西民办高校大学生英语学习的因素	广西外国语学院 杨秀波	《海外英语》 2014 年 05 期	广西教育科学"十二五"规划 2013 年度立项课题《东盟视野下广西壮语区民办高校特色英语教学研究》阶段性成果之一
大学生体育自主学习教学策略研究	广西师范大学漓江学院 李新国	《才智》 2014 年 04 期	广西教改课题
大学生就业创业服务体系构建刍议	广西科技大学　谭　璐， 广西电化教育馆　沈鸿银	《赤峰学院学报》(汉文哲学社会科学版) 2014 年 02 期	2011 年广西哲学社会科学研究课题《广西大学生就业创业教育体系研究》阶段性成果之一
大学生就业问题的社会服务机制探析	广西民族大学相思湖学院 李玉雄	核心期刊《广西民族大学学报》(哲学社会科学版)2014 年 02 期	全国教育科学规划教育部青年课题《社会转型期大学生就业问题与社会控制机制研究》阶段性成果之一
城乡背景对大学生初次就业结果的影响——基于全国 17 所高校 2914 名毕业生的调查数据	广西师范大学 肖富群	核心期刊《广西民族大学学报》(哲学社会科学版)2014 年 04 期	国家社科基金项目《解决农村生源大学毕业生就业难问题跟踪调查研究》阶段性成果之一，广西师范大学博士科研启动基金《就业压力与农村生源大学毕业生的社会适应》阶段性成果之一
地方本科高校开展大学生创新创业教育的思考	桂林理工大学 张　雷	核心期刊《教育与职业》 2014 年 09 期	2013 年广西教改重点项目《广西理工科院校"三化"一体大学生创新创业教育体系研究与实践》阶段性成果之一，2013 年度广西教育科学"十二五"规划广西学生研究专项立项课题《创新创业教育背景下西部高校勤工俭学工作的理论探索与实证研究》阶段性成果之一

续表

论文题目	作者单位及作者	发表刊物及期数	备注
独立学院大学生体质健康测试监督评价机制的建立	广西师范学院 黄晨华、陈　莉	《体育科技》 2014年05期	广西教育科学“十二五”规划2013年度课题，2013年度广西师范学院师园学院院级科研课题
不同体育选项课对大学生身体素质的影响	广西师范大学 董小强、远　航	《辽宁体育科技》 2014年01期	
南宁市大学生功能性消化不良的流行病学调查	广西人民医院 左国文等	核心期刊《世界华人消化杂志》2014年02期	广西自然科学基金项目，广西卫生厅自筹科研课题基金项目
广西大学生艾滋病知识态度行为现状	广西医科大学 郭先文等	核心期刊《中国学校卫生》2014年05期	
广西师范大学体育学院大学生体育消费调查分析	广西师范大学 赵　熠	《搏击(体育论坛)》 2014年09期	
浅谈微信媒体对大学生体育参与的促进作用	广西百色学院 蒋明军	《科技资讯》 2014年34期	

法学·教育学·心理学

【法学】 2014年，广西科研人员研究法学的著作主要有蒙连图《受控主体权利保护法律问题研究》等。

发表的论文，根据《中国知网》期刊不完全统计，通过对篇名中分别含有“法学”、“法经济学”、“法律”、“法治”、“法规”、“国际法”、“立法”、“宪法”、“行政法”、“民法”、“司法”、“刑法”、“刑事”、“诉讼”、“犯罪”、“律师”等关键词进行检索，2014年广西科研人员发表有关法学研究的论文有406篇，全国30697篇，占1.32%。其中篇名中含有关键词“法学”的有21篇，全国1101篇，占1.91%；含有“法经济学”的有1篇，全国95篇，占1.05%；含有“法律”的有134篇，全国9669篇，占1.39%;含有“法治”的有47篇，全国3441篇，占1.37%;含有“法规”的有3篇，全国1172篇，占0.26%；含有“国际法”的有1篇，全国208篇，占0.48%;含有“立法”的有41篇，全国2612篇，占1.57%；含有“宪法”的有5篇，全国688篇，占0.73%；含有“行政法”的有2篇，全国165篇，占1.21%；含有“民法”的有2篇，全国219篇，占0.91%;含有“司法”的有45篇，全国3361篇，占1.34%;含有“刑法”的有13篇，全国896篇，占1.45%;含有“刑事”的有29篇，全国2271篇，占1.28%；含有“诉讼”的有26篇，全国1905篇，占1.36%;含有“犯罪”的有36篇，全国2894篇，占1.24%。

广西科研人员发表有关法学研究的论文中，有82篇发表在核心期刊，占20.20%。发表在核心期刊的论文中，研究法律的有22篇，占26.83%；研究法治的有15篇，占18.29%；研究司法的有12篇，占14.63%。论文作者(以最前的广西作者为准)在高校有69篇(广西民族大学17篇，广西财经学院9篇，广西大学8篇)，占84.15%；在实际部门的有11篇，占13.41%；在科研部门的有1篇，占1.22%；在党校系统的有1篇，占1.22%。

发表的论文中，有部分是基金项目的阶段性成果：国家基金项目(包括国家社科基金、国家哲学社会科学基金、国家自然科学基金)的阶段性成果22篇，教育部项目的阶段性成果5篇;广西基金项目(包括广西社科基金、广西哲学社会科学规划课题、广西自然科学基金)的阶段性成果9篇，广西教育类项目(广西教育科学规划规划课题、广西高等学校项目、新世纪广西高等教育教学改革工程、广西研究生教育创新计划项目)的阶段性成果54篇。

法学主要从法学研究、方法论、教育、教学、专业和中国法学、法经济学等方面研究。法律主要包括制度、机制、文书、课程、问题、探索(探讨、探究)、思考、认识、进路、关系、地位、适用、缺陷、诉求、责任、保护、援助、效力、监管、人才培养及法规、法治等方面研究。专门探讨各种法(包括国际法、立法、宪法、行政法、民法、司法、刑法)及刑事、诉讼、犯罪等方面。作者多在高校。

出版的著作中，蒙连图《受控主体权利保护法律问题研究》从保护受控主体权利的角度出发，以解决宏观调控法存在的规范缺失问题，试图恢复宏观调控法作为调整人与人之间社会规范的本来含义，找出宏观调控法治化的基本路径。

发表的论文中，在研究法学问题上，李志锴《法学教育与法律职业教育互动教学改革探析》认为只有将实践教学作为法学教育与法律职业教育的互动机制与平台，才能实现培养法律应用型人才的共同目标。提出了加强法学教育与法律职业教育“互动”的改革策略。

在研究法经济学问题上，罗晖《新世纪法国刑事预审制度改革探析——基于成本-收益的法经济学分析》对新世纪法国刑事预审制度改革的科学性和合理性进行分析和论证，意在吸收和借鉴法国刑事预审制度相关改革成果的基础上，为进一步完善我国的刑事预审制度提出建议和意见。

在研究法律问题上，齐爱民等《电商时代搜索引擎运营基础法律问题探析》认为搜索引擎公司经营中涉及个人信息的法律关系十分复杂，应充分履行保护个人信息的义务和社会责任，以保障网民人权。陈宗波、林驰《论遗传资源作为知识产权客体正当性及其法律进路》认为遗传资源作为知识产权客体的法律路径有二：一是扩大现行知识产权范围，使现行知识产权法保护的范围覆盖遗传资源及其传统知识；二是构建遗传资源知识产权特别法。文新、覃景柏《城镇消费者权益法律保护实证研究》探寻中小城镇消费者多元化、便利维权的路径，健全基层消费者权益保护协会机制，增强中小城镇消费者权益保护的法律意识，构建公平、平等的消费者权益保护制度体系。周武红等《实施基层法律援助和信访代理机制的探索》认为法律援助和信访代理机制的有效运行，不仅扭转了部分群众“信访不信法、信上不信下，大闹大解决、不闹不解决”的错误观念，还提升了群众对律师和政府的信任度、满意度。陈琛、雷裕春《再论无权处分合同的法律效力——以我国物权变动模式的重新解读为基点》认为当事人的主观状态应当被直接规定为影响无权处分合同效力的因素。

在研究法治问题上，孙旭宁《基本公共服务均等化法治体系建构与民生底线保障》提出保障民生底线的路径是彰显良法善治，建设法治政府；建构科学的法治体系，制定《基本公共服务法》；夯实政府首责义务，明确政府兜底责任；加强政府监管，推进公共服务社会参与，从而实现基本公共服务均等化的法治体系建构，为守住民生底线提供法治保障。梁秋花《法治思维和法治方式视阈下的反腐败探析》认为厘清法治、法治思维和法治方式的要义，查找法治反腐现存的问题，把握法治反腐的路径，对于深入推进党风廉政建设和反腐败斗争具有重要意义。

在研究立法问题上，谭洁《完善食品安全监管立法探析》认为建立高效统一的食品安全监管体制、建立有奖举报制度、建立严格的全过程监管制度、进一步落实监管问责机制是完善中国食品安全监管立法的必由之路。

在研究民法问题上，徐文华、陈凌声《明代工商业发达与民法的发展》认为明代时期中国的工商业得到了前所未有的发展，但并没有带动中国民法的兴起与发达的根本原因就是当时统治阶级为了满足其政治需求而通过法律来控制而非保护工商业的发展。

在研究司法问题上，代杰《论环境群体性事件司法化解之道》认为应当提高认识，强化司法能力：从环境公益诉讼和代表人诉讼、调解、禁止令、执行等方面完善环境纠纷司法解决机制；准确适用法律，明确环境侵权无过错责任、不要求违法性、因果关系推定和举证责任倒置；正确采用刑事手段，包括慎用刑罚、平衡排污者和群众、重视说服教育等。魏佳等《环保法庭设立的困境与出路——以司法专门化设计为视角》以司法专门化设计为视角，探索未来环保法庭的发展路径。曹平、杨鹏《中国涉东盟商贸纠纷司法调解机制及其完善研究——以广西解决涉东盟商贸纠纷实践为视角》认为应坚持以法律规范为主、以道德规范为辅，在维护法律权威前提下兼容其他社会规范的原则及效率原则和当事人自愿原则，同时完善中国涉东盟商贸纠纷司法调解机构与调解员制度，建立与完善中国涉东盟商贸纠纷司法调解规则，完善中国涉东盟商贸纠纷司法调解机制基本程序的规定。

在研究刑法问题上，甘杰升《论劳动教养制度废除的刑法应对》认为通过犯罪化与非犯罪化的路径适当进退，调整我国犯罪圈的范围，进而应对劳动教养制度废除所带来的挑战。

在研究刑事问题上，卫福喜《规范刑事强制措施适用的对策》认为应从侦查阶段、审判阶段分析入手，研究刑事强制措施滥用的成因和背景，从检察监督的角度，加强对司法机关运用刑事强制措施的规范，发挥其积极作用。

在研究犯罪问题上，权大国《职务犯罪审讯“威胁、引诱、欺骗”方法的认识与把握》认为应该抓住解决职务犯罪审讯“威胁、引诱、欺骗”问题的牛鼻子，明晰其标准和原则，给职务审讯实践一个可触摸、可感知、可把握的“度”，防止其滑向刑讯逼供的边缘。

有关“法学”方面的著作一览表

著作题目	作者单位及作者	出版社及出版时间	字数(千字)
受控主体权利保护法律问题研究	广西师范学院　蒙连图	中国政法大学出版社，2014年9月	200

有关"法学"方面的论文一览表

论文题目	作者单位及作者	发表刊物及期数	备注
法学研究的对象和任务	广西大学 黄　莹	核心期刊《江汉论坛》 2014年04期	
法学研究最终目标的合理定位	广西民族大学 蔡家华	《理论观察》 2014年02期	
法学大时代的建构与法学方法论的转向	广西大学 魏敦友	《哈尔滨工业大学学报》（社会科学版） 2014年03期	
法学教育与法律职业教育互动教学改革探析	广西师范大学漓江学院 李志锴	核心期刊《教育与职业》 2014年14期	2010年度新世纪广西高等教育教改工程《广西独立学院法学教育与法律职业教育互动研究》阶段性成果之一
法学教育中的人权教学	广西民族大学相思湖学院　李雪菁	核心期刊《求实》 2014年S1期	
民族地区法学教学探析	广西师范大学 刘　佳	《鸡西大学学报》 2014年11期	
法学本科教学应警惕司考"成败论"陷阱	广西民族大学 邓炜辉	《法制与经济》（中旬刊） 2014年06期	
论双语教学评估机制的配套建立——以广西高校法学专业为例	广西师范大学漓江学院 林　驰	核心期刊《当代教育科学》 2014年01期	2010年度新世纪广西高等教育教改工程立项A类项目《泛北部湾区域经济视野下广西独立学院法学专业双语教学模式探索》阶段性成果之一
独立学院法学专业实践教学社区化模式研究	广西民族大学 刘秋芷	《兰州教育学院学报》 2014年03期	2012年度新世纪广西高等教育教学改革工程课题《独立学院法学专业实践教学社区化模式的探索》阶段性成果之一
中国法学的正当性及其知识谱系——兼论"新道统论"法哲学的理论意义	自治区党校 吕　勇	《甘肃理论学刊》 2014年06期	
新世纪法国刑事预审制度改革探析——基于成本—收益的法经济学分析	广西财经学院 罗　晖	核心期刊《学术论坛》 2014年06期	广西财经学院校级课题《法经济分析视野下的刑事审前程序研究》阶段性成果之一
中国—东盟国家矿业投资法律制度比较研究	广西警官高等专科学校 蒋　巍，广西社会科学院　廖　欣	核心期刊《学术论坛》 2014年04期	国家软科学研究项目《中国与东盟国家矿业合作法律问题研究》阶段性成果之一
建立政府投资重大项目法律顾问制度	广西发展改革委 于柯夫	核心期刊《宏观经济管理》 2014年08期	
泰王国国家赔偿法律制度基本问题研究	广西民族大学 周喜梅	核心期刊《广西社会科学》 2014年12期	广西民族大学中国—东盟研究中心开放课题
中国公职律师服务政府的法律制度研究	广西政法管理干部学院 裘小薇	《创新》 2014年03期	广西政法管理干部学院校级课题《中国特色公职律师制度研究》阶段性成果之一
规范农药监管法律机制　完善生态文明制度体系——基于安徽农户农药使用行为的调研报告	广西师范大学 张　海	《法制博览》（中旬刊） 2014年04期	
法律文化传播机制的探索与创新——以《法律讲堂（文史版）》栏目为例	广西经济管理干部学院 梁　健	《西南政法大学学报》 2014年04期	中央财政支持地方高校发展专项资金建设项目《法律文化研究传播协同创新团队》阶段性成果之一，2013年度国家社科基金重点项目《重新认识中华法系》阶段性成果之一
睡虎地秦简法律文书档案凸显儒家思想	广西民族大学 吴荣政	核心期刊《广西民族大学学报》（哲学社会科学版） 2014年04期	
法律文书学运用实践教学法之小见	广西政法管理干部学院 李　媛	《广西政法管理干部学院学报》2014年01期	

续表

论文题目	作者单位及作者	发表刊物及期数	备注
论孔子的启发式教学法及其运用——以“思想道德修养与法律基础”课程为例	广西教育学院 廖丹琪	《高教论坛》 2014 年 12 期	广西教育厅 2013 年度广西高校思想政治教育理论与实践研究课题《孔子的君子理念对大学生道德人格养成的启示——以“思想道德修养与法律基础”为例》阶段性成果之一,2012 年度广西教育学院科研项目《儒家诚信思想及其当代价值研究》阶段性成果之一
法律诊所教育与独立学院法学实践教学的融合——以《婚姻家庭法》课程为例	广西师范大学漓江学院 林　驰	《法制与社会》 2014 年 12 期	2012 年度广西高等教育教学改革工程项目《应用型人才培养取向的独立学院诊所式法律教育模式研究》阶段性成果之一
高职思想道德修养与法律基础课程成绩评定改革探讨	广西工业职业技术学院 李继江等	《企业科技与发展》 2014 年 06 期	
我国备用信用证欺诈的法律问题研究	广西大学 熊守毅	《法制与经济》(中旬刊) 2014 年 01 期	
国家投资西部工业园型资源循环利用企业若干法律问题探析——以广西为例	广西师范大学 付　健、潘　庆	核心期刊《法学杂志》 2014 年 08 期	国家社科基金重点项目《西部地区实施〈循环经济促进法〉的障碍及对策研究》阶段性成果之一
电商时代搜索引擎运营基础法律问题探析	广西民族大学 齐爱民等	核心期刊《社会科学家》 2014 年 06 期	国家社科基金重大项目《国家网络空间安全法律保障机制研究》阶段性成果之一
中国—东盟争端中 CAFTA 功能的法律探索	广西政法管理干部学院 王　威	核心期刊《社会科学家》 2014 年 10 期	对外经济贸易大学法学博士后课题,广西高等学校优秀中青年骨干教师培养工程项目
正义与法律正义的探讨	广西民族大学 何明凤	《传承》 2014 年 07 期	
新时期下音乐作品的网络版权保护之法律探究——以互联网音乐下载是否收费为例	广西民族大学 程文凤	《传承》 2014 年 08 期	广西民族大学科学研究青年基金项目《新时期下音乐作品的网络版权保护之法律探究——以互联网音乐下载是否收费为例》阶段性成果之一
“人肉搜索”现象背后的法律思考	广西师范大学 王　玲	《法制与社会》 2014 年 18 期	
日常人的法律认识:发生条件与法理特征	广西师范大学 黄竹胜	核心期刊《广西师范大学学报》(哲学社会科学版) 2014 年 05 期	
论遗传资源作为知识产权客体正当性及其法律进路	广西师范大学 陈宗波、林驰	核心期刊《广西师范大学学报》(哲学社会科学版) 2014 年 06 期	国家社科基金项目《欠发达地区实施国家知识产权战略基本问题研究》阶段性成果之一,广西高等学校优秀人才计划项目《生物遗传资源的知识产权保护研究》阶段性成果之一
隐名投资中的法律关系平衡——兼评《公司法解释(三)》对隐名投资的规范	广西大学 刘英等	核心期刊《学术论坛》 2014 年 05 期	
从法律关系理论角度谈政府环境权利与环境义务	广西大学 芦加人	《湖北文理学院学报》 2014 年 01 期	
试论我国政策性银行的法律地位	广西天峨县人民法院 甘　霓	《东方企业文化》 2014 年 21 期	
论村民小组法律地位缺失的弊端——基于公法人理论的思考	广西大学 王振标	《西部学刊》 2014 年 10 期	
论顶岗实习期间高职学生法律地位	广西建设职业技术学院 王柏清	《继续教育研究》 2014 年 05 期	2013 年度广西高等学校人文社会科学研究项目《工学结合背景下高职学校权益法律保护研究》阶段性成果之一
工伤保险补偿与侵权损害赔偿的法律适用	广西民族大学 浦姝嫄	《黑河学刊》 2014 年 04 期	2011 年度广西民族大学科研项目青年基金项目,2012 年广西研究生教育创新计划学位与研究生教育改革和发展专项课题研究项目

续表

论文题目	作者单位及作者	发表刊物及期数	备注
浅析我国《涉外民事关系法律适用法》中关于外国法查明之规定	广西大学 付婧文	《法制与经济》(下旬刊) 2014年01期	
论区域经济一体化的立法基础及法律适用问题	广西政法管理干部学院 龙振奕	《法制与社会》 2014年30期	
父母离婚未成年子女权益保护的法律缺陷	广西团校 栗占荣	《广西青年干部学院学报》 2014年05期	
浅谈我国职业教育校企合作的法律诉求	广西纺织工业学校 黄启良	核心期刊《中国职业技术教育》2014年35期	广西教育科学"十二五"规划2013年度自筹经费重点课题《中职学校顶岗实习技能型人才培养模式研究与实践》阶段性成果之一
注册会计师审计失败法律责任浅探	广西社会主义学院 金　荣	核心期刊《财会通讯》 2014年25期	
从新《环境保护法》看广西企业环境法律责任追究制度的完善	广西财经学院 梁晓真	《法制与社会》 2014年32期	
论生态文明建设视阈下的循环经济法律责任	广西警官高等专科学校 李　蜜	《才智》 2014年11期	广西教育厅2013年度人文社科研究项目《广西循环经济发展法律问题研究》阶段性成果之一
论我国信息化时代背景下高校档案管理的法律责任	广西财经学院 赵　嵘、史　强	《现代经济信息》 2014年12期	
互联网金融消费者权益的法律保护	广西财经学院 潘斯华	核心期刊《消费经济》 2014年05期	
城镇消费者权益法律保护实证研究	广西财经学院 覃景柏等	核心期刊《广西民族大学学报》(哲学社会科学版) 2014年05期	国家社科基金一般项目
我国产业布局的法律保障机制研究——以人口、资源、环境与经济协调发展为视角	桂林旅游高等专科学校 杨莎莎,广西大学 阳瑾瑜	核心期刊《社会科学家》 2014年11期	国家社会科学基金项目,广西人文社会科学发展研究中心"泛北部湾发展研究团队"项目,广西教育厅广西师范大学西南城市与区域发展研究中心项目
会展标志权侵权表现与法律保护探析	广西民族大学相思湖学院　刘秋芷	核心期刊《广西民族大学学报》(哲学社会科学版) 2014年04期	广西民族大学相思湖学院2012年度院级重点项目
实施基层法律援助和信访代理机制的探索	广西百色市委 周武红等	核心期刊《领导科学》 2014年33期	国家社科基金项目《社会组织承接公共服务的问责机制研究》阶段性成果之一,广西人文社科重点项目《社会管理体系构建与广西社会管理创新研究》阶段性成果之一
农村法律援助问题研究	广西大学 李国辉	《鸡西大学学报》 2014年06期	
新农村建设背景下农村法律援助制度研究	广西民族大学相思湖学院　冯　良、苏　夏	《法制博览》(中旬刊) 2014年10期	
再论无权处分合同的法律效力——以我国物权变动模式的重新解读为基点	广西财经学院 陈琛、雷裕春	核心期刊《广西社会科学》 2014年04期	教育部人文社会科学研究青年基金项目,广西哲学社会科学"十一五"规划项目
普惠金融视角下我国社区银行的发展及其法律监管	广西财经学院 潘斯华	核心期刊《西南金融》 2014年05期	
经济全球化视野下涉外法律人才培养问题初探	广西民族大学 杨凤宁	核心期刊《民族教育研究》 2014年03期	广西民族大学2012年度高等教育教学改革工程项目《经济全球化视野下的涉外法律人才培养(A类)》阶段性成果之一
应用型法律人才培养模式创新实验区的建设与实践——广西师范大学法学国家级特色专业建设系列成果之十	广西师范大学漓江学院 张晓敏,广西师范大学 钟铭佑	《高教论坛》 2014年01期	教育部、财政部关于批准第六批高等学校特色专业建设点的通知项目
广西:突破、超前建设地方交通法规	广西公安厅交警总队 何家伟、张裙良	《道路交通管理》 2014年04期	

续表

论文题目	作者单位及作者	发表刊物及期数	备注
浅析财经法规与会计职业道德教学	广西桂林二轻工业管理学校　韦　慧	《学周刊》2014年15期	
基本公共服务均等化法治体系建构与民生底线保障	广西区直机关工委党校孙旭宁	核心期刊《中国行政管理》2014年08期	
法治思维和法治方式视阈下的反腐败探析	广西大学行健文理学院梁秋花	核心期刊《学术论坛》2014年10期	
学生法治教育价值探究	广西工业职业技术学院廖腾琼	核心期刊《中国教育学刊》2014年S3期	
如何实现法治成就报道的有效传播	广西法治日报社宁　珠	核心期刊《新闻战线》2014年06期	
法治思维、法治方式与检察权运行——广西壮族自治区检察理论研究年会观点综述	广西人民检察院苏金基、林海萍	核心期刊《人民检察》2014年10期	
高职院校国际法课程模拟实训教学探讨	广西政法管理干部学院陈　坚	《高教论坛》2014年08期	2014年度广西高等教育教学改革工程项目《高职院校国际法实训教学的创建与完善》阶段性成果之一
新时期我国惩治职务犯罪的立法完善——基于中央系列反腐新策的刑法回应	广西民族大学邓崇专	核心期刊《学术论坛》2014年08期	
完善食品安全监管立法探析	广西民族大学谭　洁	核心期刊《广西民族大学学报》(哲学社会科学版)2014年06期	广西哲学社会科学"十二五"规划2011年度项目,广西高等学校立项科研项目,广西民族大学学校重点项目
自治区自治条例立法的推进与完善	广西欣源律师事务所张　培,钦州学院梁芷铭	核心期刊《人民论坛》2014年29期	钦州学院科研项目《协同治理视角下地方政府管理创新研究》阶段性成果之一,钦州学院"党的十八大精神"专项科研项目《社会管理创新与民主法治建设—基于"五位一体"总体布局的理论考察》阶段性成果之一
规避版权技术措施行为犯罪化的立法问题研究	广西政法管理干部学院班克庆	核心期刊《广西社会科学》2014年06期	
广西中小企业信息服务立法探析	广西教育学院黄　滢	核心期刊《广西社会科学》2014年04期	广西高等学校人文社会科学研究项目
我国公民宪法意识探析	广西大学韦婉等	《安徽警官职业学院学报》2014年02期	
论宪法结构中劳动权的立宪保护义务——以世界55部宪法文本为考察对象	广西民族大学邓炜辉	《广州大学学报》(社会科学版)2014年09期	国家社科基金项目,西南政法大学2013届优秀博士学位论文项目
浅议宪法诉讼	广西师范大学张磊磊	《法制博览》(中旬刊)2014年10期	
刍议行政法上的比例原则	广西武宣县委党校黎长祝	《才智》2014年35期	
行政法视阈下的政府诚信建设路径选择	广西民族大学孙琳琳	《赤峰学院学报》(汉文哲学社会科学版)2014年03期	
明代工商业发达与民法的发展	广西大学陈凌声等	核心期刊《兰台世界》2014年30期	广西高等学校人文社会科学研究立项项目
论民法调整人身关系的必要性和特点	广西师范大学沈　丹	《法制与社会》2014年09期	
构建中国的司法判例制度	广西师范学院谢恩芝	核心期刊《人民论坛》2014年02期	
清代州县司法实践中的门丁之弊	广西财经学院朱声敏	核心期刊《学术论坛》2014年07期	广西财经学院校级课题《明清地方群体与州县司法》阶段性成果之一
国际商事仲裁中的司法边界刍议	广西大学陈卫旗、张　亮	核心期刊《广西社会科学》2014年04期	

续表

论文题目	作者单位及作者	发表刊物及期数	备注
国情与司法模式构造的规律性研究——以司法供求关系为中心	广西法制研究室 曹全来	核心期刊《法律适用》 2014 年 05 期	
论环境群体性事件司法化解之道	广西大学 代 杰	核心期刊《理论月刊》 2014 年 06 期	司法部国家法治与法学理论重点研究项目
中外版权技术措施刑法保护的立法比较	广西政法管理干部学院 班克庆	核心期刊《人民论坛》 2014 年 17 期	
论劳动教养制度废除的刑法应对	广西警官高等专科学校 甘杰升	核心期刊《学术论坛》 2014 年 11 期	
论刑法中被害人自我答责理论的模糊性	广西民族大学 何立荣、蔡家华	核心期刊《广西民族大学学报》(哲学社会科学版) 2014 年 06 期	
刑法禁止令的性质探究	广西师范大学 王 玲	《法制与社会》 2014 年 19 期	
中国湿地保护的刑法规制	广西警官高等专科学校 刘芷君等	《创新》 2014 年 04 期	
宋慈与南宋刑事侦查制度考析	广西师范大学 路 杨	核心期刊《兰台世界》 2014 年 03 期	
互动式教学法在“刑事诉讼法”课程中的应用	广西警官高等专科学校 丁 明	核心期刊《教育与职业》 2014 年 29 期	
欧盟国家的持续性羁押制度对我国刑事司法的启示	广西警官高等专科学校 蒋 巍	核心期刊《社会科学家》 2014 年 05 期	
规范刑事强制措施适用的对策	广西人民检察院 卫福喜	核心期刊《人民检察》 2014 年 20 期	
家庭暴力案件中的刑事和解	广西大学 易榆杰等	《怀化学院学报》 2014 年 06 期	2014 年度广西财政专项资助研究生教育创新计划项目《服刑人员未成年子女救助问题研究——以广西钦州为实证分析》阶段性成果之一,湖南省社科规划办项目《公诉案件和解疑难问题研究》阶段性成果之一
环境侵权案中运用代表人诉讼制度的思考——以河南省 19 户村民诉高某环境污染损害赔偿案为例	广西教育学院 熊 超	核心期刊《环境保护》 2014 年 Z1 期	2011 年度高校基本科研业务费中山大学重大项目培育项目《生态利益法律保护的理论和制度构建》阶段性成果之一
我国环境公益诉讼主体资格研究	自治区党校 陈承帼	《桂海论丛》 2014 年 04 期	
重大诉讼公告披露对上市公司股价的影响——基于重大诉讼公告的事件研究	广西大学 于敏等	《时代金融》 2014 年 09 期	
诉讼诈骗行为的定性分析	广西桂林市人民检察院 诸葛旸、文 明	《中国检察官》 2014 年 04 期	
论我国民事诉讼中的鉴定人制度	广西龙州县委党史研究室 雷 丽	《法制与经济》 2014 年 13 期	
职务犯罪审讯“威胁、引诱、欺骗”方法的认识与把握	国家检察官学院广西分院 权大国	核心期刊《学术论坛》 2014 年 01 期	
论检察机关职务犯罪侦查能力的提升	钦州学院 周 丽,国家检察官学院广西分院 权大国	核心期刊《人民论坛》 2014 年 35 期	
不作为犯罪义务来源之法律行为引起的义务	广西民族大学 王 颂	《法制博览》(中旬刊) 2014 年 02 期	
我国性犯罪规定中的轻与重	广西大学 陈俊超	《法制与社会》 2014 年 14 期	
经济犯罪的特点及刑法对策	广西大学 莫夏华	《法制与社会》 2014 年 04 期	

【教育学】 2014年，广西科研人员研究教育学问题的著作主要有：贺祖斌等《2014中国远程高等教育专题研究报告——教育信息化建设》、赵啸海、时锦雯《开放大学学习中心建设与运行研究》、李兵《知识管理与现代远程教育发展研究》、唐东升《高等师范院校宣传思想工作理论研究与实践探索》、张晓荒《高职大学生思想政治教育课实践教学模式研究》、唐彰新《中学教学模式与思维创新》、刘祥学《中学历史课程与教学论新编》、谭贤政《教师职业活动幸福感研究》、庞梅《濒临民间乐舞与地方高校传承的研究》等。

发表的论文，根据《中国知网》期刊不完全统计，通过对篇名中分别含有“教育学”、“教育”、“教学”、“教师”、“学校”等关键词进行检索，2014年广西科研人员发表有关教育学的论文有3343篇，全国190529篇，占1.75%。其中篇名中含有关键词“教育学”“教育”的有1171篇，全国68344篇，占1.71%；含有“教学”的有1725篇，全国99033篇，占1.74%；含有“教师”的有261篇，全国14073篇，占1.85%；含有“学校”的有186篇，全国9079篇，占2.05%。

广西科研人员发表有关教育学的论文中，有362篇发表在核心期刊，占10.83%。发表在核心期刊的论文中，研究教育（包括教育学）的有183篇，占50.55%；研究教学的有117篇，占32.32%；研究教师的有43篇，占11.88%；研究学校的有19篇，占5.25%。论文作者（以最前的广西作者为准）在高校有332篇（广西师范大学61篇，广西师范学院37篇，广西科技大学30篇），占91.71%；在科研单位有1篇，占0.28%；在实践工作部门有20篇，占5.52%；在中学有9篇，占2.49%。

发表的论文中，有部分是基金项目的阶段性成果：国家基金项目（包括国家社科基金、国家哲学社会科学规划课题、国家自然科学基金）的阶段性成果44篇，教育部项目的阶段性成果66篇；广西基金项目（包括广西社科基金、广西哲学社会科学规划课题、广西自然科学基金）的阶段性成果32篇，广西教育类项目（包括广西教育科学规划规划课题、广西高等学校项目、新世纪广西高等教育教学改革工程、广西研究生教育创新计划项目）的阶段性成果414篇。

研究教育学问题的论文中，主要从教育、教学、教师、学校等方面研究。教育主要从教育学和教育思想、政策、体系、制度、管理、发展、改革、技术、研究、问题、质量、目的、需求、评价、公平、信息化及思想政治教育、健康、家庭、生命、创业、通识、认同、人文教育等；主要从各级教育入手，如幼儿、学前、中小学、义务、基础、高等、师范、职业、中职、公民、成人、远程教育等方面研究。教学主要从教学观、模式、设计、改革、改进、方法、评价、管理、质量、策略、实践、理论、课堂及各科教学如英语、汉语、双语、语文、数学、体育、会计教学等方面研究。专论教师和学校。作者多以高校为主。

出版的著作中，贺祖斌等《2014中国远程高等教育专题研究报告——教育信息化建设》对目前中国远程高等教育信息化研究进行评述，并提出区域性远程高等教育信息化资源协同创新的思路与建议。赵啸海《开放大学学习中心建设与运行研究》通过系统地研究“学习中心”的功能作用、构成要素、管理体制和运行机制等，力图构建一个“看得见、摸得着、说得清、可复制、可推广”的“学习中心”模式。李兵《知识管理与现代远程教育发展研究》介绍知识管理理论及其发展的基本知识和脉络，在完善发展“双主体学习论”的基础上，提出促进现代远程教育发展的策略框架。唐东升《高等师范院校宣传思想工作理论研究与实践探索》对新时期民族地区高等师范院校宣传思想工作的特色优势和发展途径进行全面的科学总结和实践探讨。张晓荒《高职大学生思想政治教育课实践教学模式研究》基于对高职大学生思想政治教育的调查研究，构建“多维一体”实践教学模式，探究思想政治教育与心理健康教育的关系及协作机制，旨在提高高职大学生思想政治教育教学实践的成效。唐彰新《中学教学模式与思维创新》认为中学反思性教学是中学教学模式中的新型教学形态，倡导从创新、发展视角看待教育，以素质教育为目标，通过学业评论和教学模式的创新，提升中学教学质量。谭贤政《教师职业活动幸福感研究》提出教师职业活动幸福感的概念，把其限定在相对狭义的层面，对概念、特点、作用和结构进行理论构建。认为教师职业活动幸福感是指教师在学校教育活动中精神性需要得到满足而产生的持续积极正性的情感体验。庞梅《濒临民间乐舞与地方高校传承的研究》通过对桂东南濒危民间乐舞文化进行整理与研究，提出桂东南濒危民间乐舞文化传承发展策略，并通过对桂东南濒危民间乐舞文化与地方高校传承研究，指出地方高校教育与濒危民间乐舞文化的传承保护路径和发展趋势。

发表的论文中，在研究教育学问题上，叶蓓蓓等《数学教育学学科建设三十年：回顾与反思》认为数学教育学学科建设仍需关注理论体系建构、研究团队建设、研究视角拓展等问题。

在研究教育问题上，钟海青《城镇化进程中流动人口子女融合教育问题研究——基于符号互动理论视角》认为在城镇化过程中，流动人口子女融合教育应发挥社会工作的优势，促进融合教育互动的实施；构建政校合作良性互动管理体系，弥补政策的不足；构建符号互动视野下的师生互动关系，增进师生交流；建立互动式家庭教育模式，转变家长教育观念。

在研究教育体系问题上,《基于系统观视角的高校生态教育体系的构建》认为高校生态教育体系的构建包括塑造校园整体生态环境、利用各种媒介开展多层次的教育、优化高校的教育内容、倡导各学科渗透生态教育、培养生态教育师资力量等措施。通过系统的高校生态教育体系,大学生生态意识与生态价值观的培养必将能够更好地实现。

在研究教育变革上,孙杰远《"云时代"的文化范式与教育变革》认为"云时代"给教育带来挑战和发展机遇,提出了提高教师和学生的媒介素养、推动文化数字化转化的基本应对策略。

在研究教育需求问题上,谯欣怡《免补政策下中职教育需求不足的经济学分析》认为中职教育作为教育市场上的一种"商品",应从扩大招生对象范围,扩宽毕业生发展道路,加大政府监管力度等方面,切实提高中职教育质量。

在研究教育研究问题上,郭中华、陈振中《从对立到共存:论教育研究中的本质主义与反本质主义》认为教育研究的本质主义与反本质主义是互补的和辩证统一的,应该充分发挥它们各自的特点,从对立走向共存。

在研究基础教育问题上,王瑜《美国基础教育财政公平保障体系述评》认为美国基础教育财政的公平能得到有效的反映和不断发展依赖于其多层次、系统化的保障体系,主要体现在教育财政分配中的价值理念保障、测度技术保障以及法律制度保障。

在研究高等教育问题上,王贤、李枭鹰《中国高等教育经费来源的变化趋势》认为政府不仅要加大科研经费向高校倾斜的力度,进一步减少经费对学杂费收入来源的依赖性,而且更要通过加强民办投资、社会捐赠、校办产业和社会服务等途径来促进高教经费投入的优化。

在研究职业教育问题上,王利华《城乡统筹视阈下职业教育的发展与变革》认为,为更好地服务于城乡统筹发展,必须提升职业教育的人才培养水平,建立健全职业教育发展的规划体系,强化职业教育城乡之间的联动与合作,革新职业教育发展的管理体制,最终实现职业教育与城乡统筹共同、有序发展。谭璐《城乡职业教育一体化的内涵、理论预设与路径选择》认为实现城乡职业教育一体化的路径,必须从职教资源共享一体化、职教制度建设一体化、职教师资管理一体化等方面着手。

在研究中职教育问题上,罗德红等《中职教育如何提升服务地方产业的能力 以广西玉林和贵港为例》认为两市的中职教育是地方产业劳动力的主要来源。加大对现状专业设置调整力度,玉林与贵港两市利用区位优势,积极融入北部湾经济区和东盟自由贸易区,大力发展地区优势产业。

在研究义务教育问题上,马佳宏、刘荣《义务教育教师权益保障的问题与对策——基于广西壮族自治区的调查》认为,为维护义务教育教师的合法利益,各级政府要加大《教师法》及相关法规政策的宣传和执行力度,在增加公共财政对义务教育经费投入的基础上提高中小学教师的工资收入和福利待遇,指导和督促各义务教育学校完善教师管理的各项规章制度,强化对义务教育教师特别是农村教师的培训,优化教师权益申诉机制和社会监督机制。

在研究教学观问题上,洪柳《建构主义教学观与有效教学研究》阐释教学和有效教学的内涵,探讨建构主义教学观与有效教学的关系。

在研究教学改革问题上,黄骏《民族地区农村新型人才培养的实践性教学改革》认为提高民族地区农村新型人才培养质量,必须准确把握此类人才培养的特殊要求。高校必须着眼于教学内容与民族地区农村创新发展实践的真正对接,充分考虑到改革路径选择的社会依赖性及其"嵌入"社会的吻合度,坚持科学性原则、针对性原则和系统性原则,将实践育人理念真正落实到教学的各环节,在注重学生三种实践能力培养的同时全方位协同进行。

在研究教学改进问题上,蒙岚《大数据时代的教育变革与教学改进——以加拿大与中国的英语教学为例》认为可以利用大数据为学习者创建良好的英语语言环境,在教学过程中渗入以学习者为中心的教学理念,加大真实语言材料的输入,与时俱进地更新教学内容,构建终结性评估与形成性评估相结合的综合性评估体系,从多维度保障英语教学质量。

在研究实践教学问题上,杨勇、娄淑华《高校实践教学:内涵、特性与变革趋势》认为实践教学的变革趋势主要表现为实践教学手段的信息化、实践教学活动的社会化、实践教学改革的国际化和实践教学体系的科学化。

在研究教学与教师问题上,陈玉梅等《教学反思与教师专业发展探析》认为要提高以促进教师自我发展为导向的反思效果,需要具备较强的观察力、质疑的意识、把握问题的立体视野等个体基础。教师应通过口头表达,搭建反思平台;注重文字表达,获取反思快乐等途径对教学反思进行交流。

在研究教师问题上,黄艳霞《理想与现实的差异:教师在美国大学战略规划中的作用》认为美国大学普遍采用"共同治理"模式,为教师参与战略规划提供了制度保障,在一定时期内,美国大学中行政管理层仍将在战略规划中起主导作用。

在研究学校生活问题上，杨茂庆等《农民工子女入读城市公立学校生活适应问题及应对策略》认为学校应建立农民工子女辅导机制，强化辅导功能，通过设计、开设了解自我课程，帮助其考量自我人格，提升生活适应能力；应开展跨文化教育，促进城乡文化融合，营造农民工子女生活适应的环境与氛围。

在研究学校价值观教育问题上，杨茂庆、严文宜《澳大利亚学校价值观教育的特点及其实现途径》认为澳大利亚非常重视学校价值观教育，其主要特点是：培养学生的多元文化思维；注重学生的本体发展；强调学生与社会的和谐关系。基于方法引导的价值观课程开发，基于校本文化的价值观教育，基于社会团体活动的价值观教育等是其基本实现途径。

在研究高等学校问题上，宁旭初《高等学校推进内部控制规范的路径》提出了高等学校推进内部控制规范的路径。

有关"教育学"方面的著作一览表

著作题目	作者单位及作者	出版社及出版时间	字数(千字)
2014中国远程高等教育专题研究报告——教育信息化建设	广西广播电视大学　贺祖斌等	广西人民出版社，2014年12月	395
开放大学学习中心建设与运行研究	广西广播电视大学　赵啸海、时锦雯等	广西教育出版社，2014年12月	350
知识管理与现代远程教育发展研究	广西广播电视大学　李兵	广西人民出版社，2014年12月	251
高等师范院校宣传思想工作理论研究与实践探索	广西师范学院　唐东升	广西人民出版社，2014年4月	257
高职大学生思想政治教育课实践教学模式研究	南宁职业技术学院　张晓荒	广西科学技术出版社，2014年6月	320
中学教学模式与思维创新	玉林师范学院　唐彰新	光明日报出版社，2014年5月	360
教师职业活动幸福感研究	广西大学　谭贤政	中国商务出版社，2014年7月	336
濒临民间乐舞与地方高校传承的研究	玉林师范学院　庞梅	广西人民出版社，2014年11月	230

有关"教育学"方面的论文一览表

论文题目	作者单位及作者	发表刊物及期数	备注
数学教育学学科建设三十年：回顾与反思	广西师范大学 叶蓓蓓等	《当代教育与文化》 2014年05期	全国教育科学"十二五"规划2011年度教育部重点课题《改革开放以来中国中小学数学课程发展史研究》阶段性成果之一
比较教育学教材的内容分析	广西民族大学 王　瑜	《教学研究》 2014年01期	新世纪广西高等教育教学改革工程立项项目
论民族教育研究方法的比较教育学视角	广西师范学院 任志楠等	核心期刊《民族教育研究》2014年06期	
也谈叶圣陶的教育思想	广西卫生职业技术学院 周丹丹，钦州学院 梁芷铭	核心期刊《兰台世界》 2014年07期	
刍议韩非子法制教育思想体系架构	广西贵港职业学院 覃　勇	核心期刊《兰台世界》 2014年27期	
简·亚当斯和约翰·杜威教育思想对比研究	广西大学行健文理学院 农　佳	《科教导刊》(中旬刊) 2014年02期	
"中国生活学"教育思想对化解"蚁族"自我冲突的启示	广西民族师范学院 黄柳菱	《教育教学论坛》 2014年25期	2011年度广西教育厅高校科研《广西城镇化进程中"蚁族"现象研究》阶段性成果之一
后现代课程观视域下的宁鸿彬教育思想研究	广西师范大学 谢　娜	《长春教育学院学报》 2014年13期	

续表

论文题目	作者单位及作者	发表刊物及期数	备注
基础教育政策体系研究	广西师范大学 古翠凤	核心期刊《教学与管理》 2014年15期	广西高等学校人文社会科学研究项目《广西基础教育财政政策研究》阶段性成果之一，广西人文社会科学发展研究中心科学研究工程项目《广西农村基础教育财政政策研究》阶段性成果之一
我国高等职业教育政策建设的不足及完善	广西师范大学 高青等	《科教文汇》(下旬刊) 2014年05期	
中小学书法教育政策的实践反思与展望	广西师范大学 马一博	《美术教育研究》 2014年04期	2013年度广西高等学校人文社会科学研究立项项目,2012年广西师范大学校级科研项目(青年基金)
浅析少数民族教育政策	广西民族大学　彭雪清,广西电力职业技术学院　马振钦	《商》 2014年12期	
构建系统化的全科医学教育体系的研究	广西医科大学 黄　星等	核心期刊《医学研究生学报》2014年06期	广西壮族自治区教育厅高等教育教学改革工程项目
基于系统观视角的高校生态教育体系的构建	广西科技大学 杨章成、王湘林	核心期刊《中国成人教育》2014年07期	2012年教育部人文社科一般项目《网络舆情:大学生思想政治教育面临的问题与出路》阶段性成果之一
业建设视角下广西高职院校就业创业教育体系构建	广西北海职业学院 艾雨姗、韩光敏	《教育教学论坛》 2014年06期	广西教育科学“十二五”规划课题成果《广西高等职业教育专业建设与就业创业平台融合研究》阶段性成果之一
“启发式教学”教育体系在环境艺术设计中的建设研究	广西师范大学 俞冠伊	《教育教学论坛》 2014年26期	2014年度广西高等教育教学改革工程项目《环境设计人才培养创新体系构建及实践》阶段性成果之一
对中德职业教育制度及我国高职英语专业设置的思考	广西民族师范学院 吴先泽	《现代教育》 2014年04期	新世纪广西高等教育教改工程项目
论结构功能主义视角下的公共教育管理路径创新	广西河池学院 肖海燕	核心期刊《当代教育科学》2014年07期	
国内综合性大学医学教育管理模式现状分析	广西科技大学 尹德伟、秦小云	《高教论坛》 2014年08期	2014年度广西高等教育教学改革工程重点项目《地方综合性大学医学教育院系两级管理模式与运行机制的研究与实践》阶段性成果之一
新形势下高职高专学生党员教育管理模式探析	广西教育学院 何　斌	《广西教育学院学报》 2014年05期	广西教育科学“十二五”规划2012年度广西高校党建研究专项课题《构建新形势下高职高专学生党员教育管理模式研究》阶段性成果之一
教育管理与尊重学生的权利初探——以“提问”为例	广西师范学院 许红玲、张胜前	《管理观察》 2014年20期	广西师范学院教育学博士学位点建设项目2013年度校级科研项目
如何构建学生日常安全教育管理长效机制	广西农业职业技术学院 梁碧云	《赤子》(中旬刊) 2014年04期	2013年度广西农业职业技术学院思想政治教育研究立项课题《广西农业高职院校辅导员学生安全教育工作探究》阶段性成果之一
扶持广西民办学前教育发展的投入政策研究——从政府购买公共服务的视角	广西财政厅 邓小莲	核心期刊《经济研究参考》2014年17期	
“云时代学习与民族教育发展”会议综述	广西师范大学 高燕林	核心期刊《广西师范大学学报》(哲学社会科学版)2014年02期	
西部高职教育发展的经济文化生态分析	广西师范大学 孙杰远、吉　萍	核心期刊《广西师范大学学报》(哲学社会科学版) 2014年03期	全国教育科学国家一般课题《深入实施西部大开发背景下高职教育发展战略研究》阶段性成果之一
高校继续教育发展走向研究	广西广播电视大学 周个妹	核心期刊《中国成人教育》2014年20期	
全面深化教育改革 打造广西教育升级版	广西高校工委 秦　斌	《中国民族教育》 2014年03期	

续表

论文题目	作者单位及作者	发表刊物及期数	备注
从科学主义视角下探讨中国现代语文教育改革	广西工业职业技术学院 刘莹莹	《科教导刊》(上旬刊) 2014年06期	
网络时代论我国高校体育教育改革新思路	广西师范大学 周艳华等	《运动》 2014年01期	
针对90后大学生的高校教育改革探究	广西科技大学 朱晓琴	《旅游纵览》(下旬刊) 2014年04期	
基于SPSS的教育技术专业学生成绩分析	广西教育学院 蒋红星	《大学教育》 2014年18期	
基于Moodle网络平台的中小学教师教育技术培训研究	广西教育学院 钟大鹏等	《教育教学论坛》 2014年23期	新世纪广西高等教育教学改革工程项目《基于Moodle的广西中小学教师教育技术网络学习平台的构建与应用研究》阶段性成果之一，新世纪广西高等教育教学改革工程项目《基于因特网环境下西部农村中小学教师教育技术能力远程培训模式的构建与应用研究》阶段性成果之一
试论教育技术管理的问题与对策	广西大学 谢秀玲	《科技与企业》 2014年09期	
现代教育技术与汽车构造课程整合的探讨	广西百色市民族技工学校　蔡联贵	《才智》 2014年08期	
从对立到共存：论教育研究中的本质主义与反本质主义	广西师范大学 郭中华、陈振中	核心期刊《广西师范大学学报》 (哲学社会科学版) 2014年03期	2011年度教育部人文社会科学研究一般项目《性别与教育再生产——广西农村女性社会流动的教育因素研究》阶段性成果之一
日本比较教育研究的图景——主题、方法、地域	广西师范学院 杨素萍等	核心期刊《比较教育研究》2014年02期	教育部2011年度人文社会科学项目《比较教育范式研究》阶段性成果之一
高校公益创业教育研究	广西民族师范学院 韦乔元	核心期刊《教育与职业》 2014年02期	2012年度广西高校思想政治教育理论与实践立项研究课题《大学生公益创业与高校思想政治教育理论与实践相结合研究》阶段性成果之一
城镇化进程中流动人口子女融合教育问题研究——基于符号互动理论视角	广西民族大学 钟海青等	核心期刊《广西社会科学》2014年04期	国家社会科学基金"十二五"规划年度教育学一般课题，广西研究生教育创新机会项目，广西研究生教育创新计划项目
新时期高校教师继续教育问题的几点思考	广西师范学院 文进荣	核心期刊《教育与职业》 2014年27期	
基于"药园"的教育问题再思考	广西师范大学 吴　婷	《科教文汇》(上旬刊) 2014年07期	
人口与教育问题的思考——基于《科学的社会功能》文本解读	广西大学 江　宁	《传承》 2014年11期	
西部高职示范校"后示范"时期教育质量提升路径初探	广西机电职业技术学院 农德昌	核心期刊《中国成人教育》2014年17期	
提高高职教育质量的研究与实践	广西建设职业技术学院 龚　剑	核心期刊《中国成人教育》2014年21期	2012年度广西建设职业技术学院教研立项项目《基于五年制高职生学习心理特点的专业课教学改革探索——以我院建筑设备专业群为例》阶段性成果之一
非全日制研究生教育质量保障体系的完善——基于全面质量管理的思考	广西师范大学 陈闻等	核心期刊《广西师范大学学报》 (哲学社会科学版) 2014年06期	2011年度广西教育厅科研项目《广西高校非全日制研究生教育质量保障体系建构研究》阶段性成果之一，广西"民族地区教育发展研究"八桂学者专项项目
论"绿色评价"——新教育质量评价体系	广西师范学院 王沛然	《现代教育科学》 2014年08期	
"数据+证据"：中小学教育质量综合评价的呈现与表达方法	广西教育学院 覃明勇	《广西教育学院学报》 2014年06期	

续表

论文题目	作者单位及作者	发表刊物及期数	备注
伦理视野下我国教育目的的审视	广西师范大学教育科学学院　廖思伦,隆回县大水田乡初级中学　廖湘舟	《基础教育研究》2014年23期	广西研究生教育创新计划项目
衔接型少数民族预科教育目的的研究	广西民族大学 杨社平等	《广西民族大学学报》(自然科学版)2014年04期	教育部人文社会科学研究一般项目,湖北省教育科学规划研究课题一般项目(社科类),中央高校基本科研业务费专项资金社科一般项目
免补政策下中职教育需求不足的经济学分析	广西大学 谯欣怡	核心期刊《职业技术教育》2014年19期	国家社科基金项目《教育机会分配的公平性问题研究》阶段性成果之一
区域产业结构演进对中等职业教育需求的影响研究——以四川省为例	广西科技大学 谭璐等	核心期刊《中国职业技术教育》2014年27期	教育部哲学社会科学重点课题
社区老年人护理健康教育需求分析	广西省贺州市八步区新兴社区卫生服务中心 左少妹	《大家健康》(学术版)2014年16期	
正确把握教育评价方向	广西师范学院 李　丹	核心期刊《教学与管理》2014年32期	
教育工作者应正确把握教育评价方向——从英国某小学给该校毕业生的一封信谈起	广西师范学院 李　丹	《中小学教师培训》2014年12期	2014年广西师范学院"MS-EEPO有效教育"委托课题项目《基于'MS-EEPO有效教育'的教师教育课程改革与实践》阶段性成果之一
高等教育评价中的心理分析	广西机电职业技术学院 王云飞	《牡丹江教育学院学报》2014年05期	
浅析远程教育与教育公平的关系	广西广播电视大学 周个妹	核心期刊《中国成人教育》2014年06期	
广西农村中小学"撤点并校"政策执行探析——基于教育公平的视角	广西大学 黄海门	《科教导刊》(中旬刊)2014年08期	
试论中国的职业教育公平问题与对策	广西交通运输学校 谭婧昀	《企业科技与发展》2014年22期	
唤醒基层教师信息技术应用能力提升的内在力量——以中西部基层教师教育信息化草根共同体为例	柳州铁一中学 吴永强等	核心期刊《中国电化教育》2014年08期	全国教育科学"十二五"规划2012年度国家社科基金教育学重点项目《信息化促进优质教育资源共享研究》阶段性成果之一
教育信息化中课程考试成绩数据关联模式的发现	广西教育学院 余如等	《计算机与现代化》2014年02期	国家自然科学基金项目,广西自然科学基金项目,广西教育厅科研项目,广西高校优秀人才计划项目
国际合作项目在广西基础教育信息化建设中的作用	广西电化教育馆　林大华,百色市电化教育与教学仪器站　罗茜文	《中国教育信息化》2014年04期	
基于教育信息化的课程建设探索——以广西外国语学院为例	广西外国语学院 吴丽萍	《经营管理者》2014年14期	2012年广西外国语学院教育科学规划课题
媒介融合环境中思想政治教育存在形式创新研究	广西科技大学 王宇等	核心期刊《广西社会科学》2014年03期	教育部人文社会科学研究一般项目,广西教育厅立项项目
"中国梦"在高校思想政治教育中政治属性及拓展功能分析	广西民族大学党委宣传部　陈铭彬,广西医科大学　陈会方	核心期刊《学术论坛》2014年09期	广西高校思想政治教育理论与实践研究课题,广西教育科学"十二五"规划课题,广西高校党的十八大精神研究专项课题
思想政治教育话语语境论——思想政治教育话语语境的观念存在和学术发展	广西科技大学 冯振萍、李宪伦	核心期刊《学校党建与思想教育》2014年03期	国家社科基金项目《中国特色社会主义理论体系下思想政治教育话语学构建探研》阶段性成果之一
社区健康教育讲座技巧初探	广西中医药大学附属瑞康医院菠萝岭社区卫生服务中心　陆富民	核心期刊《中国全科医学》2014年10期	

续表

论文题目	作者单位及作者	发表刊物及期数	备注
3S理念健康教育模式对桂西地区农村初产妇母乳喂养影响的研究	广西右江民族医学院附属医院　陆柳雪等	核心期刊《中国妇幼保健》2014年12期	广西卫生厅科研课题
健康教育路径对门诊糖尿病患者血糖控制和效果观察	广西医科大学第一附属医院　韦柳丽等	核心期刊《重庆医学》2014年21期	
罗森塔尔效应对我国家庭教育的启示	广西师范大学 刘冰月、古翠凤	《教育文化论坛》2014年04期	国家社会科学基金重点项目《中小企业动态国际创业模型绩效机制研究》阶段性成果之一,广西高等学校人文社会科学研究项目《广西农村基础教育财政政策研究》阶段性成果之一
《论语》中的家庭教育思想	广西大学 朱继昌	《广西职业技术学院学报》2014年06期	
中国传统家庭教育的根源探索	广西百色学院 唐英毅	《文学教育》(上旬刊) 2014年03期	
浅议医学生生命教育的新模式	广西中医药大学第一临床医学院　李敏智	《河池学院学报》 2014年03期	广西高校思想政治教育理论与实践研究
浅议初中语文教学中对留守学生的生命教育	广西贵港市港南区湛江一中　冯素恒	《科教导刊》(中旬刊) 2014年06期	2013年度广西教育学会"十二五"规划课题项目《农村初中语文教学与留守学生德育问题的对接研究》阶段性成果之一
高校公益创业教育研究	广西民族师范学院 韦乔元	核心期刊《教育与职业》2014年02期	2012年度广西高校思想政治教育理论与实践立项研究课题《大学生公益创业与高校思想政治教育理论与实践相结合研究》阶段性成果之一
高职院校创业教育的主要问题与推进措施	广西现代职业技术学院 莫亚之、韦厚锺	《科教导刊》(上旬刊) 2014年12期	2014年度广西高等教育教学改革一般项目B类《基于学生综合素质发展需求的高职课程改革研究》阶段性成果之一
民办高校以商业活动为载体开展创业教育实践活动探讨	广西外国语学院 李　霞	《经营管理者》 2014年05期	
通识教育下语文教学对人才培养的创新研究	广西国际商务职业技术学院　陆纯梅	核心期刊《语文建设》2014年35期	广西新世纪教改工程2011年项目课题《高职院校面向东盟地区的职业汉语能力培养模式研究》阶段性成果之一
边境地区国家认同教育的困境与对策——基于对中越边境学生的调查	广西民族师范学院 黄健毅等	核心期刊《广西师范大学学报》(哲学社会科学版)2014年04期	全国教育科学"十二五"规划2011年度教育部青年课题,2011年广西高校一般科研项目
对大学生社会主义核心价值观认同教育的探讨	广西大学 刘凤英	《高教论坛》 2014年03期	
新时期普通高中实施人文教育的思考与实践	广西北海市第七中学 何开进	核心期刊《中国教育学刊》2014年06期	
大道泛兮:大学人文教育与科学教育的耦合	广西民族大学 李枭鹰、牛军明	核心期刊《黑龙江高教研究》2014年11期	
论人文教育的内涵、定位与发展历程	广西旅游科学研究所 曾荣发	核心期刊《中国成人教育》2014年15期	
浅谈学前美术教育在幼儿教育中的重要性	广西右江民族商业学校 王艳妮	《品牌》(下旬刊) 2014年10期	
技工学校幼儿教育专业幼儿英语教学改革探索	广西玉林高级技工学校 陆曼莎	《职业》 2014年36期	
我国学前教育均衡发展的实现困境与对策探析	广西大学 史鹏霜	《现代教育科学》 2014年06期	
学前教育美术手工教学的研究	广西艺术学院 王　沅	《艺术科技》 2014年02期	
借鉴河南"公建民营"模式发展广西学前教育	广西壮族自治区人民政府发展研究中心 沈小春	《广西经济》 2014年02期	

续表

论文题目	作者单位及作者	发表刊物及期数	备注
城市中小学教育用地问题探析	广西防城港市教学研究室　黄建辉	核心期刊《教学与管理》2014年01期	
基于实践取向的小学教育专业教师口语课程教学策略研究	广西师范学院 李　丹	核心期刊《教育探索》2014年11期	广西师范学院2011年度教学改革工程项目
美术教育在中学教育中的地位和作用	广西师范大学附属外国语学校　黄玺谦	《基础教育研究》2014年04期	
美国义务教育问责评价模型研究及启示	广西民族大学 王瑜等	核心期刊《外国教育研究》2014年06期	2014年广西高等学校科研项目《广西义务教育问责实施体系研究》阶段性成果之一
义务教育教师权益保障的问题与对策——基于广西壮族自治区的调查	广西师范大学 马佳宏、刘　荣	核心期刊《广西师范大学学报》(哲学社会科学版)2014年02期	国家社会科学基金"十二五"规划2013年度教育学一般课题《民族地区义务教育公用经费合理配置的机制与策略研究——以广西为例》阶段性成果之一,广西教育科学"十二五"规划2011年度委托重点课题《广西义务教育生均公用经费标准的制定与实施研究》阶段性成果之一
公平视角下中美义务教育决策体系比较述评	广西民族大学 王　瑜	核心期刊《教学与管理》2014年15期	广西教育科学"十二五"规划2013年度广西普通高中课程改革专项课题《普通高中微课程资源的开发与应用研究》阶段性成果之一,2014年广西高等学校科研项目《广西义务教育问责制度实施体系研究》阶段性成果之一
美国基础教育财政公平保障体系述评	广西民族大学 王　瑜	核心期刊《教学与管理》2014年09期	国家社会科学基金"十二五"规划2012年度教育学青年课题《少数民族流动儿童的城市社会融入问题与对策研究》阶段性成果之一
基础教育学校的"大班额"现状、原因与出路——基于广西玉林市和贵港市的调研	广西大学 胡　永、罗德红	《现代教育科学》2014年10期	
中国高等教育经费来源的变化趋势	广西民族大学 王　贤、李枭鹰	核心期刊《现代教育管理》2014年09期	国家社会科学基金"十二五"规划2011年度教育学青年课题《中国—东盟高等教育区域性合作研究》阶段性成果之一
广西高等教育资源共享平台建设模式及运行机制研究	广西科技大学 韦锦义等	核心期刊《学术论坛》2014年05期	广西教育科学"十二五"规划项目《构建广西高等教育资源共享平台的思考》阶段性成果之一
高等教育国际化背景下高校教学管理存在问题及解决的优化路径研究	广西医科大学 俞　师、韦霄燕	核心期刊《学术论坛》2014年08期	2011年广西教育厅基金项目
生本教育模式在地方院校物理类师范教育中的推广研究	广西教育技术装备中心胡建雄,贺州学院 钟　敏	《广西物理》2014年03期	广西贺州学院项目,江苏省普通高校研究生创新计划项目
简论职业师范教育中心理学的教学改革	广西师范大学 张乾一、李雪君	《学周刊》2014年13期	
国际比较视阈下职业教育校企合作探究	广西科技大学 谭　璐	核心期刊《职业技术教育》2014年17期	广西教育科学"十二五"规划项目《深化开放合作背景下广西大学生国际意识与能力的培养问题研究》阶段性成果之一
城市化、社会分层与职业教育	广西金融职业技术学院 杜睿云	核心期刊《职教论坛》2014年19期	广西教育科学"十一五"规划2010年度A类重点课题《广西农村劳动力转移与职业教育发展研究》阶段性成果之一
城乡统筹视阈下职业教育的发展与变革	广西机电职业技术学院 王利华	核心期刊《教育与职业》2014年02期	2008年度教育部哲学社会科学重点课题《基于城乡一体化的职业教育发展研究》阶段性成果之一,2012年度"广西高等学校优秀人才计划"项目《高职院校管理类专业"虚拟—仿真—全真"实训体系的建设与创新研究》阶段性成果之一

续表

论文题目	作者单位及作者	发表刊物及期数	备注
中职教育如何提升服务地方产业的能力 以广西玉林和贵港为例	广西大学 罗德红等	核心期刊《职业技术教育》2014 年 24 期	教育部人文社会科学规划课题《中小企业参与中职教育的支持体系研究——以广西为例》阶段性成果之一
企业参与中职教育的动力机制研究	广西科技大学 武　博、孔凡校	核心期刊《教育与职业》2014 年 24 期	2013 年广西高等学校人文社会科学研究项目《广西企业参与职业技术教育的支持体系研究》阶段性成果之一,2013 年广西科技大学教育教学改革研究项目《STW 视野中的职业教育课程改革探索》阶段性成果之一
基于中职教育现状 走创新改革之路	广西机械高级技工学校 熊　宾	《科学咨询》(科技·管理)2014 年 05 期	
论公民需要的公民教育意蕴	广西师范大学 实　武	核心期刊《教育评论》2014 年 04 期	2011 年度广西教育厅科研项目《广西城市弱势群体能力建设制度研究》阶段性成果之一
大学生公民教育的价值与取向	广西师范学院 谭　萍	《广西师范学院学报》(哲学社会科学版)2014 年 03 期	2011 年度广西高等学校科研项目《行为科学视阈下的大学生公民教育研究》阶段性成果之一
新生代农民工城市融入及成人教育应对——基于山东省济宁市、泰安市分析	广西师范大学 刘雅婷	核心期刊《中国成人教育》2014 年 15 期	
发生学视域中的成人教育幸福观	广西师范大学 郭中华	核心期刊《中国成人教育》2014 年 02 期	
我国成人教育软实力建设的问题与对策	广西师范大学 刘雅婷	《河北大学成人教育学院学报》2014 年 03 期	
基于远程教育的高校党建工作创新探讨	广西广播电视大学 韦泽红	核心期刊《学校党建与思想教育》2014 年 24 期	广西教育科学"十二五"规划广西高校党建研究专项课题《开展远程教育的高校党建工作创新研究》阶段性成果之一
试论远程教育网络信息系统及其风险管理	广西大学 赵文斌等	《信息通信》2014 年 08 期	
建构主义教学观与有效教学研究	广西师范学院 洪　柳	核心期刊《教学与管理》2014 年 30 期	2014 年度广西高校科研项目《广西高等教育个人投资负担水平与学费差异的实证研究》阶段性成果之一,2013 年度广西区哲社规划课题项目《高等教育国际化背景下广西高校对东盟国家汉语教育发展现状研究》阶段性成果之一,广西师范学院 2013 年教育学新增博士授权学科点建设校级科研项目《高等教育国际化视阈下跨国高等教育与广西中外合作办学模式的研究和实践》阶段性成果之一,2014 年度教育科学学院校级科研项目《高等教育机会均等视角下广西高等教育成本分担现状及优化途径研究》阶段性成果之一
从"教"与"学"的关系中看孔子教学观的先进性及其对大学教学的启发性	广西师范学院 杨伟蓉	《大学教育》2014 年 15 期	
多元协同学习实验教学模式的实践探索	广西大学 汤宗健、梁革英	核心期刊《实验技术与管理》2014 年 05 期	新世纪广西高等教育教学改革工程立项项目,广西大学中西部高校提升综合实力计划项目
项目化教学模式的基本特征及其实施策略	广西电力职业技术学院 谭永平、何宏华	核心期刊《中国职业技术教育》2014 年 23 期	2011 年新世纪广西高等教育教改工程项目《广西高职院校教师职业教育教学能力建设的研究与实践》阶段性成果之一,2012 年度广西高等教育教学改革工程重点项目《行业高职院校服务地方产业"五融合"模式和机制的研究与实践》阶段性成果之一,2013 年度广西高等教育教学改革工程重点项目《基于内涵建设的电力高职院校可持续发展战略研究》阶段性成果之一

续表

论文题目	作者单位及作者	发表刊物及期数	备注
中学语文高效课堂教学模式结构优化机制的探究	广西钦州学院 黄乃佳	核心期刊《教学与管理》 2014 年 18 期	广西教育科学"十二五"规划项目《构建中学语文高效课堂教学模式的研究》阶段性成果之一
以朗读促听说的大学英语课堂教学设计	广西师范大学漓江学院 何　玲	核心期刊《教育与职业》 2014 年 15 期	2011 年度广西教育科学"十二五"规划广西高校大学英语教学研究专项课题《独立学院大学英语"课堂＋网络"教学模式下的分级教学研究》阶段性成果之一
教学设计理论研究及热点述评	广西师范大学 彭耀峰	《软件导刊》 2014 年 09 期	2012 年度广西教师教育立项重点课题
加涅学习动机理论分析及教学设计探索	广西大学 何国强	《大众科技》 2014 年 02 期	
论多元化背景下大学语文教育专业的教学改革构想	广西民族师范学院 韦茂斌	核心期刊《语文建设》 2014 年 30 期	
校企合作中高职院校物流专业教学改革研究	广西机电职业技术学院 赖　菲	核心期刊《物流技术》 2014 年 23 期	
民族地区农村新型人才培养的实践性教学改革	广西民族大学 黄　骏	核心期刊《高等农业教育》2014 年 09 期	2011 年度国家民委教改立项项目《民族地区村官等新型人才培养现代化平台建设的研究与实践》阶段性成果之一
大数据时代的教育变革与教学改进——以加拿大与中国的英语教学为例	广西师范大学 蒙　岚	核心期刊《江西社会科学》2014 年 12 期	广西师范大学教育教学改革项目《大学英语教学评估体系改革研究》阶段性成果之一，广西研究生教育创新计划项目《英语学科课程与教学论硕士研究生入学考试改革的适于失》阶段性成果之一，广西高等教育教学改革工程项目《大学英语后续课程"东盟国家文化"课程开发》阶段性成果之一
高校声乐教学改进方法	广西教育学院 申　婷	核心期刊《大舞台》 2014 年 06 期	
论技校计算机组装与维护的教学改进	广西电子技工学校 吴绍军	《职业》 2014 年 15 期	
高职教学方法的有效选择和优化组合运用探索	广西南宁地区教育学院 李芳良	核心期刊《职业技术教育》2014 年 32 期	2012 年度新世纪广西高等教育教学改革工程项目《PBL-CMT-LBL 组合教学模式在高职食品专业教学中应用研究》阶段性成果之一
概率与统计教学方法探讨	广西师范学院 孙晓燕	《新课程研究》(中旬刊) 2014 年 01 期	广西师范学院 2014 年度教学改革立项项目《高校物理专业课程可视化教学探究》阶段性成果之一
互动式教学方法应用探析——以"市政学"教学为例	广西大学 高　伟	《兰州教育学院学报》 2014 年 11 期	
高职院校思想政治理论课发展性教学评价体系构建	广西国际商务职业技术学院　陈少珍	《学理论》 2014 年 30 期	广西高等教育教学改革工程项目《广西经贸类高职院校思想政治理论课与专业相结合教学改革的研究与实践》阶段性成果之一
独立学院思政课专题化教学评价体系的构建	广西民族大学相思湖学院　陆喜培、秦艳姣	《大众科技》 2014 年 08 期	广西教改课题《独立学院思想政治理论课创新模式研究—以广西民族大学相思湖学院为例》阶段性成果之一，2013 年度广西高校思想政治教育理论与实践研究重点课题
新课标下高中体育与健康教学评价模式改革的实践与讨论	广西南宁市第 42 中学 黄耀科	《广东科技》 2014 年 Z1 期	
课堂教学管理中全纳教育理念的运用	广西电力职业技术学院 吴　畏	核心期刊《教学与管理》 2014 年 36 期	
广西高职院校学生参与教学管理的调查研究——整合学生参与教学管理的长效机制	广西经济管理干部学院 薛　薇、刘　杰	《大学教育》 2014 年 11 期	

续表

论文题目	作者单位及作者	发表刊物及期数	备注
信息技术下的高校教学管理改革	广西大学 黄书楼、梁微	《教育教学论坛》 2014年30期	2010年度广西高等教育教学改革工程立项项目《地方综合性大学教学管理一站式服务的研究与实践》阶段性成果之一
教学质量保障:悉尼大学教学中心的建设	广西师范学院 韦家朝、李福灼	核心期刊《黑龙江高教研究》2014年09期	广西"十二五"规划2012年度重点研究基地重大课题《广西教师专业发展的培养与培训研究》阶段性成果之一,广西师范学院教育学博士学位点建设项目《广西壮汉双语教师教学技能发展研究》阶段性成果之一,2014年广西师范学院教育科学学院研究生班提成经费资助校级项目《广西高校学生评教调查研究》阶段性成果之一
基于教师利益视角对教学质量管理制度的审视	广西科技大学 李兴琼	核心期刊《教育与职业》 2014年08期	
远程开放教育教学质量评估督导探析	广西广播电视大学 陆丹梅	核心期刊《中国成人教育》2014年16期	2013年度广西新世纪高等教育教学改革工程项目
会计专业课程有效教学策略的探讨	广西银行学校 李　燕	《经济师》 2014年03期	
小学数学生活化教学策略初探	广西南宁高新技术产业开发区教育局　韦忠发	《读与写》(教育教学刊) 2014年02期	
泰语习得者的跨文化语用失误分析及教学策略	广西外国语学院 兰夏玲	《才智》 2014年16期	
论文化观照下的教学实践	玉林师范学院　陈庆文 广西社科联　刘远杰	核心期刊《教育评论》 2014年05期	广西教育科学重点研究基地重大课题《广西新建地方本科院校教师教育"一体化"人才培养模式创新研究》阶段性成果之一
"建构主义式"《内部控制》课程教学探索——基于应用型本科教学实践视角	广西财经学院 莫磊等	核心期刊《财会月刊》 2014年24期	广西教育厅科研项目《职业判断在企业内部控制建设中的应用研究》阶段性成果之一,广西财经学院《内部控制网络课程》建设项目
师范生教学实践能力培养的全程化探索——以广西师范大学历史学专业为例	广西师范大学　邓璟生, 广西贺州学院　郑　晖	《贺州学院学报》 2014年03期	2013年度广西高等教育教学改革工程立项项目
高师声乐硕士研究生教育教学理论与实践研究	广西师范大学 易潇萍	《音乐大观》 2014年03期	
思政课"菜单式"实践教学模式内在工作机制的建构——基于研究性教育教学理论	广西经济管理干部学院 甘毛文	《广西经济管理干部学院学报》2014年03期	广西高校"党的十八大精神研究"专项课题(重点课题)《马克思主义大众化的新路径——构建思想政治理论课研究性教育教学体系的理论与实践探索》阶段性成果之一,2012年度广西高等教育教学改革工程项目《高校思想政治理论课"菜单式"实践教学模式研究》阶段性成果之一
高校体育实施拉拉队课内外一体化教学理论与实践的研究	广西医科大学 穆　飒	《内蒙古教育(职教版)》 2014年05期	
用于网络安全教学课堂实时演示的虚拟化系统	广西大学 黄保华	《大众科技》 2014年01期	国家自然科学基金项目,南宁市科学研究与技术开发计划项目,广西大学教改项目
让情感之花在诗歌教学课堂中尽情绽放	广西玉林福绵区福绵镇第四初级中学　陈祖贞	《科技信息》 2014年10期	
多媒体技术在英语教学中的有效应用研究	广西师范大学漓江学院 赖晓葭	核心期刊《教育与职业》 2014年09期	
西医专业留学生汉语教学研究综述	广西医科大学 肖强等	《黑龙江教育(高教研究与评估)》2014年09期	2011年新世纪广西高等教育教学改革工程项目《西医本科留学生汉语教学研究与实践》阶段性成果之一,2011年广西医科大学教育教学改革项目《南亚医学留学生汉语教学内容和方法的改革研究》阶段性成果之一

续表

论文题目	作者单位及作者	发表刊物及期数	备注
双语教学的理论体系及其模式探析	广西民族师范学院 麻昌港	核心期刊《教学与管理》 2014年15期	广西民族师范学院《西方经济学课程双语教学研究和实践》阶段性成果之一
艺术类专业大学语文教学方法改革实践——基于"研究性教学"与人类学课程观的视角	广西师范大学 冯智明	《大学教育》 2014年03期	2012年度广西高等教育教学改革工程项目《人类学课程观与"研究性教学"视域中的高师院校艺术类专业大学语文教学方法改革研究与实践》阶段性成果之一
伙伴拼图法在高职数学教学中的应用	广西电力职业技术学院 陆春桃	《教育教学论坛》 2014年01期	2010年度新世纪广西高等教育教学改革工程"十二五"第一批立项项目一般课题《高职院校电力类专业数学课程教学研究与探索》阶段性成果之一
论微博在高校体育教学中的应用	广西师范大学漓江学院 杨杰夫	核心期刊《体育文化导刊》2014年09期	
以技能大赛为契机 推进中职会计教学	广西玉林财经学校 陈琼薇	《大众科技》 2014年05期	2012年度广西中等职业教育教学改革立项项目《利用会计技能大赛,推动会计课程改革,构建实践性教学模式》阶段性成果之一
从发展性评价视角探索应用型高校英语教师发展	广西民族大学 朱文宣	核心期刊《教育与职业》 2014年17期	2011年度广西教育厅科研立项项目《ESL和EFL语境下高校英语教学评价对比研究》阶段性成果之一
中国—东盟框架下的英语专业教师个人发展——基于团队合作的视域	广西医科大学 欧敏鸿	核心期刊《内蒙古师范大学学报》(教育科学版)2014年03期	2012年度广西教育厅科研一般项目《中国—东盟框架下英语专业教师个人发展与团队合作的研究》阶段性成果之一
高校思想政治理论课教师素质开发研究	广西科技大学 蔡　亮	核心期刊《学校党建与思想教育》 2014年01期	2013年度广西高等学校科学研究一般项目《人力资源开发视角下广西高校思想政治理论课教师队伍素质建设研究》阶段性成果之一
民族地区院校教师责任意识培养简论	广西民族师范学院 李　全	核心期刊《中国成人教育》2014年02期	2012年度新世纪广西高等教育教改工程立项项目《"90后"大学生特点与思想政治理论课实效性关系研究》阶段性成果之一
教师自我过程性评价的评价策略	广西警官高等专科学校 梁春琳	核心期刊《中国成人教育》2014年13期	2012年度广西高等教育教学改革工程项目《大学英语任务型教学与过程性评价整合的实践与研究》阶段性成果之一
对当前高校体育教师继续教育的思考	广西经贸职业技术学院 罗世明、黄燕春	核心期刊《教育与职业》 2014年23期	2010~2014年广西教育厅教改工程一般项目A类课题《广西高职学院体育课程改革与实践研究》阶段性成果之一,广西高校科研项目《广西高校学生体育消费影响因子及对策研究》阶段性成果之一
经营视角下的学校制度建设	广西教育厅 覃伟合	核心期刊《教育探索》 2014年05期	新世纪广西高等教育教学改革工程2012年重点项目
民族地区学校非物质文化遗产教育实践的人类学透视——以桂西D与X小学为例	广西新闻出版局 于璨等	核心期刊《民族艺术》 2014年03期	全国教育科学"十一五"规划课题《广西非物质文化遗产在农村学校教育中的传承研究》阶段性成果之一
高等学校学生培养成本核算研究述评	广西大学 韦德洪、李素芸	核心期刊《会计之友》 2014年28期	广西教育科学"十二五"规划2013年度广西教育财务管理研究专项课题《高等教育生均培养成本核算方法研究》阶段性成果之一
高职学校生均教育标准成本数学模型构建	广西电力职业技术学院 刘　镍	核心期刊《教育财会研究》2014年01期	广西教育科学"十二五"规划2013年度广西教育财务管理研究专项课题《广西高职学校生均拨款基本标准和生均教育培养成本的研究》阶段性成果之一
生态课堂:生态视角下学校基本核心竞争力	广西银行学校 沈立君等	《科教导刊》(中旬刊) 2014年01期	广西教育科学"十二五"规划2011年度课题《基于生态学的中职学校核心竞争力研究》阶段性成果之一

续表

论文题目	作者单位及作者	发表刊物及期数	备注
对当前中小学校园安全的检视与反思——以学生自护、家长监护、学校看护、社会帮护为导向	广西大学 易榆杰等	《山东警察学院学报》 2014年03期	广西人民检察院检察理论研究课题《未成年人刑事检察工作有关问题研究》阶段性成果之一，广西天等县人民检察院和天等县教育局课题《农村中小学校园安全机制探索》阶段性成果之一，英国救助儿童会课题《儿童监护的司法干预机制与配套儿童福利制度研究》阶段性成果之一

【心理学】 2014年，广西科研人员研究心理学问题的著作主要有：林奇《电视新闻视听心理研究》、张玲《大学生心理与健康》等。

发表的论文，根据《中国知网》期刊不完全统计，通过对篇名中分别含有关键词"心理学"、"心理"进行检索，2014年广西科研人员发表有关心理学研究的论文有330篇，全国16074篇，占2.05%。

广西科研人员发表有关心理学研究的论文中，有47篇发表在核心期刊，占14.24%。发表在核心期刊的论文中，论文作者（以最前的广西作者为准）在高校有41篇（其中广西大学8篇、广西教育学院6篇、广西医科大学5篇），占87.23%；在医院系统有3篇，占6.38%；在科研机构有1篇，占2.13%；在实践工作部门有2篇，占4.26%。

发表的论文中，有部分是基金项目的阶段性成果：教育部项目的阶段性成果14篇；广西基金项目（包括广西社科基金、广西哲学社会科学规划课题、广西自然科学基金）的阶段性成果8篇，广西教育类项目（包括广西教育科学规划课题、广西高等学校项目、新世纪广西高等教育教学改革工程、广西研究生教育创新计划项目）的阶段性成果24篇。

研究心理学的论文中，心理学包括积极心理学、应用心理学、社会心理学、医学心理学等方面研究；心理主要从研究、学科、问题、资本、素质、品质、契约、需要、症状、行为、分析、咨询、韧性、压力、障碍、应激、支持、干预、危机、治疗、护理、辅导、脱贫、激励、健康等方面研究；从各种人物心理如儿童、学生、教师、职工、警察、医护人员、患者、家属、群体、消费者心理等方面问题研究；从与各学科的关系如社会、政治、审美、广告心理及心理健康教育课等方面研究。作者多在高校。

出版的著作中，林奇《电视新闻视听心理研究》是国内第一部电视新闻视听心理专著。针对电视新闻文本的特点，从跨文本视角、文本时态、文本的解说语言、同期声语言、画面语言等方面，研究电视新闻视听心理的特点与规律。张玲《大学生心理与健康》有针对性地讲授心理健康知识，帮助大学生树立心理健康意识，优化心理品质，增强心理调适能力和社会生活的适应能力，预防和缓解心理问题；帮助大学生处理好环境适应、自我管理、学习成才、人际交往、交友恋爱、人格发展和情绪调节等方面的困惑，提高健康水平，促进大学生全面素质的提高。

发表的论文中，在研究积极心理学问题上，朱小根《积极心理学视阈下的大学生幸福感研究》认为，为增强大学生的幸福感，高校应把幸福感教育列入高校课程中；大学生应树立生活目标，活出生命意义。

在研究心理品质问题上，李燕燕、李玲玲《中小学生积极心理品质与主观幸福感的关系》探讨了中小学生的积极心理品质和主观幸福感之间的关系，提出培养中小学生积极心理品质的策略，为提高中小学生的主观幸福感、促进其心理健康发展提供理论依据和实践指导。

在研究心理资本问题上，杨新国等《心理资本在留守初中生生活事件与主观幸福感关系中的调节作用》探讨留守初中生生活事件、心理资本与主观幸福感之间的关系，认为良好的心理资本可以缓解负性生活事件对留守中学生主观幸福感的消极影响。

在研究心理危机问题上，韦林、周治《高职院校辅导员在学生心理危机干预中的优势和作用》提出辅导员职业化、专业化。认为高职院校辅导员在学生心理危机干预中具有明显的优势，起着不可替代的作用。

在研究心理弹性问题上，宋凤宁等《心理弹性对大学生人格与心理危机的中介作用研究》探讨人格和心理危机的关系。认为，心理弹性在部分人格因子和心理危机的关系中起中介作用。健全大学生人格，提升其心理弹性，是预防心理危机的重要手段。

在研究社会文化心理问题上，杨绪明《新词语的族聚特征及其社会文化心理》认为，当代汉语新词语的族群化特征显著。新词语的族聚特征，蕴含了当代社会"追求经济、讲究时效、类推求简、从众求新"的独特语言文化心理诱因。

在研究心理教育问题上，冼季夏、莫晓静《论高校学生理论型社团的群体心理教育》认为提升群体心理教育能力，是高校学生理论型社团思想政治教育内涵式发展的时代要求。

在研究心理健康教育问题上，潘柳燕《论心理健康教育中价值问题处理的基本原则》认为心理健康教育中价值问题处理的基本原则，既是思想政治教育的学科要求，也是做好心理健康教育的基本保证。

有关"心理学"方面的著作一览表

著作题目	作者单位及作者	出版社及出版时间	字数(千字)
电视新闻视听心理研究	广西大学　林　奇	中国传媒大学出版社,2014年8月	280
大学生心理与健康	广西社会心理学会　张玲等	电子科技大学出版社,2014年9月	500

有关"心理学"方面的论文一览表

论文题目	作者单位及作者	发表刊物及期数	备注
积极心理学视阈下的大学生幸福感研究	广西政法管理干部学院 朱小根	核心期刊《广西社会科学》 2014年03期	广西教育科学"十二五"规划年度课题
积极心理学框架下的高校心理健康教育课程教学改革思考	广西师范大学 欧阳丹	核心期刊《学校党建与思想教育》2014年21期	广西高校思想政治教育理论与实践立项课题《广西高校大学生心理健康教育课程及其优质教学资源的开发与辐射》阶段性成果之一
应用心理学专业"345"实践教学模式的探索与实践	广西大学行健文理学院 欧贤才等	《广西教育学院学报》 2014年01期	广西高等教育教学改革工程项目《独立学院应用心理学专业实践教学体系的研究与实践》阶段性成果之一
应用心理学专业实践教学模式的构建	广西大学 周永红	《中国电力教育》 2014年15期	2013年度广西高等教育教学改革工程项目《依托"卓越人才培养计划",探索应用心理学创新人才培养模式与实践》阶段性成果之一
独立学院应用心理学专业分向模块式教学模式初探——以广西师范学院师园学院为例	广西师范学院师园学院 梁红霞	《长春教育学院学报》 2014年09期	2011年度新世纪广西高等教育教学改革工程立项项目《应用心理学"专业分向模块式教学"模式的研究——以广西师范学院师园学院应用心理学专业为例》阶段性成果之一
社会心理学视角下我国吸毒者吸毒成因问题综述	广西体育高等专科学校 朱晓东等	核心期刊《中国卫生事业管理》 2014年09期	
"慕课"(MOOCs)对医学心理学教学改革的启示	广西医科大学 聂光辉、杨　莉	《西北医学教育》 2014年05期	广西高校名师项目,广西高等教育教学改革项目,广西高校青年教师教学业务能力提升计划项目
追踪研究方法在国内心理研究中的应用述评	广西大学 唐文清等	核心期刊《心理发展与教育》 2014年02期	全国教育科学"十二五"规划教育部重点课题,广东省哲学社会科学"十二五"规划2013年度一般项目,2012年度教育部人文社会科学研究青年基金项目,广西大学科研基金项目,广州市基础教育学业质量监测系统(二期)项目
大学生时尚消费心理研究——以南宁市3所大学为例	广西师范学院　吴训慈 广西师范大学　董　凤	《大学教育》 2014年03期	
关于构建音乐指挥心理学科的思考	广西师范学院 曹　昆	核心期刊《大舞台》 2014年02期	
量化运动处方对2型糖尿病患者心理问题及生存质量的效果研究	广西体育高等专科学校 薛桂月等	核心期刊《广州体育学院学报》 2014年02期	
兼职大学生心理问题探究——以广西民族师范学院为例	广西民族师范学院 刘　鹤、宁子军	《市场论坛》 2014年01期	2012年度广西大学生创新创业训练计划立项项目,广西民族师范学院大学生创新创业训练计划立项项目
合理环境布局改善住院空巢老人常见心理问题初探	广西卫生职业技术学院 张丽君等	《四川建材》 2014年06期	2012年度广西卫生厅自筹经费科研课题
工伤患者的心理问题调查分析与对策	广西右江矿务局工人医院 农丽宁	《大家健康》(学术版) 2014年03期	

续表

论文题目	作者单位及作者	发表刊物及期数	备注
高校学生管理工作者心理资本的开发与管理	广西民族师范学院 周森泉	核心期刊《教育探索》 2014年04期	广西教育科学“十二五”规划2011年度广西高校学生研究专项课题
高职院校学生工作心理资本分析及其开发	广西民族师范学院 周森泉	核心期刊《职教论坛》 2014年02期	广西教育科学“十二五”规划2011年度广西高职院校学生研究专项课题《广西地方高校非物质隐性体系构建研究》阶段性成果之一
心理资本在留守初中生生活事件与主观幸福感关系中的调节作用	广西大学 杨新国等	核心期刊《中国特殊教育》 2014年04期	广西教育科学“十二五”规划2013年度重点课题《广西农村留守初中生心理资本的测量及开发研究》阶段性成果之一,广西大学211四期区域文化传承创新与交流研究学科群项目
心理资本视角下来华留学生跨文化适应模型研究	广西大学 宋凤宁等	核心期刊《广西社会科学》 2014年09期	广西大学211四期区域文化传承创新与交流研究学科群项目,广西大学中西部高校提升综合实力计划项目
高职院校学生心理素质培养教育有效途径探索	广西水利电力职业技术学院　江　颉、劳中兴	《高教论坛》 2014年05期	2012年度新世纪广西高等教育教学改革工程立项项目《积极心理健康教育对高职生社会适应的促进效应研究》阶段性成果之一
高校开展心理素质拓展训练的思考	广西南宁地区教育学院 黄凌峰	《科教文汇》(下旬刊) 2014年07期	
新护士职业心理素质培训方法与效果	广西中医药大学附属瑞康医院　邱潇娴、卢红霞	《全科护理》 2014年02期	
中小学生积极心理品质与主观幸福感的关系	广西教育学院　李燕燕,广西玉林市南江一中 李玲玲	核心期刊《教学与管理》 2014年18期	教育部基础教育一司《中小学生积极心理品质调查研究》阶段性成果之一
中小学生积极心理品质与抑郁的相关研究	广西教育学院 蔡伟林	核心期刊《教育探索》 2014年03期	教育部基础教育一司课题
提升心理品质 领航职业成长——职业心理辅导课程开发实施案例	广西石化高级技工学校 朱新婷	《职业》 2014年09期	
农地流转的农户行为心理契约分析	广西科技大学鹿山学院 张韦唯等	核心期刊《农村经济》 2014年03期	
心理契约理论在高校学生管理中运用的可行性研究	广西现代职业技术学院 覃素香	《延边教育学院学报》 2014年01期	
刍议心理契约在高校辅导员学生管理中的运用策略	广西交通职业技术学院 黎　璇、韦东耀	《赤子》(中旬刊) 2014年18期	
亲子沟通与农村青少年幸福感的关系:基本心理需要满足的中介作用	玉林师范学院 朱茂玲等	核心期刊《心理发展与教育》 2014年02期	北京市优秀人才培养计划项目
大学生英语学习基本心理需要与学习投入关系研究	广西大学 于丹丹、梁　卿	《高等教育研究》(成都) 2014年03期	
驾驶员个性特征及心理症状与交通事故倾向性关系	广西医科大学 苏华斌等	核心期刊《中国公共卫生》 2014年12期	广西自然科学基金重点项目
围绝经期综合征妇女心理症状与生存质量的相关性研究	广西柳州市第二妇幼保健院　刘柳英等	《中国妇幼卫生杂志》 2014年01期	广西柳州市第三批科学研究与技术开发计划项目
对员工绩效考核公平性的心理分析	广西南宁东亚糖业集团 莫晓冰	《企业科技与发展》 2014年07期	
广西大学生网络依赖的实证调查和心理分析	玉林师范学院 毛家武	《现代视听》 2014年08期	
急性闭角型青光眼患者的心理分析及护理体会	广西钦州市第一人民医院 张如雪	《吉林医学》 2014年01期	
研究型心理咨询模式初构	广西大学 杨新国等	核心期刊《学校党建与思想教育》2014年08期	

续表

论文题目	作者单位及作者	发表刊物及期数	备注
合理情绪疗法及其在大学生心理咨询中的应用	广西教育学院 蔡伟林	《教育教学论坛》 2014 年 25 期	
高校团体心理咨询过程中成员流失的原因及对策	广西医科大学 李新利等	《社会心理科学》 2014 年 Z1 期	广西科学研究与技术开发计划项目《社区人群焦虑抑郁问题的健康教育和健康促进研究》阶段性成果之一
不完全序值信息下考虑主体心理行为的匹配决策	广西大学 王中兴等	核心期刊《模糊系统与数学》 2014 年 04 期	国家自然科学基金项目,教育部人文社会科学基金项目,江西省自然科学基金项目,江西省自然科学基金青年项目,江西省社会科学“十二五”规划项目,江西省教育厅科学技术研究项目
心理行为训练对提高大学生意志品质水平的实验研究	桂林理工大学 邓嘉超等	《江西教育学院学报》 2014 年 01 期	新世纪广西高等教育教学改革工程项目
基于心理行为及教育理念的中学建筑设计研究	广西大学 罗筠乔	《山西建筑》 2014 年 29 期	广西大学大学生实验技能和科技创新能力训练基金项目
博弈论视角下的采访对象心理行为研究	广西大学 谭凌宇	《新闻研究导刊》 2014 年 14 期	
精神科医护人员心理韧性、工作压力与焦虑抑郁情绪关系	广西南宁市第五人民医院 文　超	核心期刊《中国职业医学》 2014 年 06 期	
浅谈低资历手术室护士心理压力及应对措施	广西北海市中医医院 劳少勋	《中国现代药物应用》 2014 年 02 期	
研究生心理压力与生命愿景的相关研究	桂林理工大学 江云清等	核心期刊《教育与职业》 2014 年 12 期	
浅谈解决企业职工心理压力的有效途径与方法	广西钦州供电局 秦晓芳	《广西电业》 2014 年 05 期	
正视并消除视唱练耳学习中的心理障碍	广西艺术学院 杜　娟	《歌海》 2014 年 02 期	
当前中职生心理障碍的分析	广西机械高级技工学校 李燕梅	《科学咨询》(科技・管理) 2014 年 05 期	
论女生学习跨栏跑时产生心理障碍的成因和对策	广西师范大学 肖　珍	《当代体育科技》 2014 年 11 期	
心理应激大鼠血浆 NO 水平及内皮细胞 NO 调控蛋白表达的变化	广西医科大学 刘军杰等	核心期刊《医学研究生学报》 2014 年 11 期	国家自然科学基金项目,广西自然科学基金项目
广西白裤瑶族地区居民心理应激与 8-OHdG 关系	广西医科大学 吴俊端等	《中国公共卫生》 2014 年 12 期	国家自然科学基金项目
针灸联合心理支持治疗对腰背和骨盆疼痛的妊娠中晚期妇女影响	广西医科大学第一附属医院　龙禹等	核心期刊《中国妇幼保健》 2014 年 36 期	广西卫生厅自筹经费科研课题项目
心理干预对神经症患者康复的影响	广西脑科医院 兰　翠	《医学综述》 2014 年 07 期	
优质护理对肿瘤患者心理干预体会	广西北海市人民医院 邹赛琴	《临床合理用药杂志》 2014 年 02 期	
心理干预对体外受精 - 胚胎移植流产率的影响	广西人口和计划生育委员会生殖中心　孙燕萍等	核心期刊《中国妇幼保健》 2014 年 18 期	广西人口和计划生育委员会项目,广西科技厅项目
高职院校辅导员在学生心理危机干预中的优势和作用	广西职业技术学院 韦　林、周　治	核心期刊《学校党建与思想教育》2014 年 20 期	2012 年度广西高等教育教学改革工程项目《高职院校大学生心理危机预防与干预体系建设的研究与实践》阶段性成果之一
大学生极端心理危机的心理特征分析	广西民族师范学院 刘　锟	《科教文汇》(上旬刊) 2014 年 01 期	广西民族师范学院科研项目

续表

论文题目	作者单位及作者	发表刊物及期数	备注
高职院校心理危机预防与干预工作体系的构建——以广西建设职业技术学院为例	广西建设职业技术学院 宋　倩	《吉林广播电视大学学报》 2014年02期	
高压氧联合心理治疗脑梗死的疗效观察	广西第三人民医院 杨梅萍、李　文	《吉林医学》 2014年33期	
运动员心理护理的理论雏探	广西民族师范学院 刘　锟、许之屏	《当代体育科技》 2014年11期	广西民族师范学院科研项目
电针及心理护理对分娩镇痛的临床疗效研究	广西大学 赵　霞	《中国妇幼保健》 2014年06期	广西教育厅科研项目
脑梗死住院患者心理护理效果观察	广西梧州市中西医结合医院　徐健冰等	《内科》 2014年04期	广西梧州市科学研究与技术开发项目
中职学生心理辅导探究	广西右江民族商业学校 麻海丰	《品牌》(下旬刊) 2014年12期	
绘画曼陀罗在心理辅导中的妙用	广西桂林市崇善小学 陈薪屹	《心理技术与应用》 2014年03期	
团体心理辅导在建设大学和谐班级中的作用机理研究	广西大学 易鹏等	《中国电力教育》 2014年14期	2012年度湖南农业大学思想政治研究专项课题
大学生"心理脱贫"教育的新途径:SFBT	广西百色学院 王　勇	核心期刊《中国教育学刊》 2014年S6期	
民族地区企业员工培训心理激励分析——以广西农垦企业员工培训为例	广西农垦局 李秋映	核心期刊《中央民族大学学报》(哲学社会科学版) 2014年04期	
中国贫困大学生心理健康与经济发展的相关性	广西大学行健文理学院 李金德	核心期刊《中国学校卫生》 2014年07期	广西教育科学"十二五"规划课题项目
高职学生就业压力下的心理健康塑造机制	广西现代职业技术学院 韦朝忠	核心期刊《教育与职业》 2014年29期	2013年度广西高等学校科学研究立项项目《基于环境模拟的高职创业教育实践过程研究》阶段性成果之一,2013年广西教育科学"十二五"规划课题《高职教育服务地方经济模式研究——以柳州市为例》阶段性成果之一
论心理健康教育中价值问题处理的基本原则	广西大学 潘柳燕	核心期刊《湖北社会科学》 2014年02期	2012年度教育部人文社会科学研究规划基金项目《心理健康教育的价值承载研究》阶段性成果之一,广西大学国家大学生文化素质教育基金项目《生命化心理健康教育课程改革研究》阶段性成果之一
公务员心理健康教育的社会管理研究	广西政法管理干部学院 朱小根	核心期刊《广西社会科学》 2014年06期	广西教育科学"十二五"规划课题
农村留守儿童心理健康状况与教育对策	广西师范学院　杨素萍,广西中医药大学第一附属医院　黄仕任	《传承》 2014年02期	
农村留守儿童与非留守儿童心理健康差异的比较分析	广西马山县合群初中 唐罗胜	《中国校外教育》 2014年07期	
对独立院校对加强学生心理安全意识培养的探讨	广西民族大学相思湖学院 黎　蓼	《理论观察》 2014年08期	2011年度广西高校安全稳定立项课题《独立学院学生安全意识和行为习惯的养成研究》阶段性成果之一
少数民族学生心理特征与高校学生安全工作研究	广西民族大学 李华明、彭　振	《大学教育》 2014年09期	教育部人文社会科学研究专项任务项目《高校少数民族学生安全工作研究》阶段性成果之一,广西壮族自治区教育厅科研项目《民族地区高校群体性突发事件处置研究》阶段性成果之一
论辅导员在贫困大学生心理疏导中的作用	广西科技大学 任　颖	《吉林省教育学院学报》(下旬刊)2014年10期	

续表

论文题目	作者单位及作者	发表刊物及期数	备注
中职教师心理健康现状与维护	广西石化高级技工学校 朱新婷、沈志超	《职业》 2014年11期	
国内外高校教师心理健康状况对比研究	广西电力职业技术学院 唐海玲、黄仕强	《经济研究导刊》 2014年04期	2013年度广西高等学校人文社会科学研究项目《广西高职院校教师心理健康状况实证研究》阶段性成果之一
员工心理可得性的测量研究及其管理启示	广西大学 李 游	《商场现代化》 2014年23期	
监狱警察心理健康状况及影响因素研究进展	广西南宁心理医院 周芳珍，南宁市第五人民医院 许祖年	《内科》 2014年06期	广西南宁市科技局项目
基层全科医生心理卫生服务能力的培训及探索	广西梧州市人民医院 邱少娟、李 华	《中国伤残医学》 2014年01期	
工作场所欺负与护士心理健康的关系：自我效能感的调节作用	广西医科大学 聂光辉等	《中国临床心理学杂志》 2014年05期	广西教育厅科研项目，广西科学研究与技术开发计划项目
类风湿性关节炎患者心理状况、影响因素及护理干预	广西西林县中医医院 李梅芬	《内科》 2014年03期	
呼吸内科重症患者心理、氧疗、通气护理干预效果分析	广西来宾市金秀县人民医院 覃金莲	《内科》 2014年06期	
精神科保护性约束对患者和家属心理影响及改进措施	广西百色市第二人民医院 何永芳	《中国民康医学》 2014年01期	
论高校学生理论型社团的群体心理教育	广西大学 冼季夏、莫晓静	核心期刊《广西社会科学》 2014年11期	教育部人文社会科学研究一般项目
浅析消费习俗对消费者心理与行为的影响及营销对策	广西国际商务职业技术学院 甘丽桦	《市场论坛》 2014年08期	
消费者心理在广告策划中的应用	广西艺术学院 郭银萍	《商》 2014年22期	
广西汉族精神分裂症生物遗传和社会心理危险因素的病例对照研究	广西医科大学 罗红叶等	《中国预防医学杂志》 2014年06期	广西自然科学基金项目
广西壮族精神分裂症社会心理因素的病例对照研究	广西医科大学 罗红叶等	《广西医学》 2014年01期	广西自然科学基金项目
政治文化视阈下当代大学生政治心理探究	广西民族大学 钟立华、唐国军	《哈尔滨学院学报》 2014年01期	教育部人文社会科学规划西部项目
农民政治心理对协商民主发展的影响探析	广西民族大学 唐晓凤	《南阳理工学院学报》 2014年02期	
谈审美心理距离与建筑景观设计	广西建设职业技术学院 周春媚、江 汇	《旅游纵览》（下旬刊） 2014年03期	
受众的审美心理阐释——从受众心理分析《爸爸去哪儿》的成功之处	广西艺术学院 祝 洁、刘 健	《电影评介》 2014年09期	
户外广告视觉设计中的广告心理——以吉隆坡户外广告为例	广西艺术学院 谭伟职	核心期刊《新闻知识》 2014年09期	广西高校人文社会科学重点（建设）研究基地：中国—东盟传媒艺术研究中心项目
高校心理健康教育课宣讲三中全会精神探讨	广西现代职业技术学院 韦朝忠	《高教论坛》 2014年03期	广西高校人文社科研究项目《中国特色社会主义理论在桂西北地区的传播过程及影响研究》阶段性成果之一

经　济　学

【"三农"问题研究】 2014年研究"三农"问题的著作主要有:黄志强、胡宝清《广西喀斯特地区农村社会风险预警与农业发展研究》、广西社会科学院《广西农村发展报告(2014)》、颜小芳《从主体建构到自我解构——中国新时期以来电影中农民形象演变的符号学考察》等。

发表的论文,根据《中国知网》期刊不完全统计,通过对篇名中含有"三农"、"农业"、"农村"、"农民"等关键词进行检索,2014年广西科研人员发表有关"三农"问题研究的论文有628篇,全国46313篇,占1.36%。其中含有关键词"三农"的有7篇,全国845篇,占0.83%;含有"农业"的有176篇,全国18314篇,占0.96%;含有"农村"的有375篇,全国21678篇,占1.73%;含有"农民"的有70篇,全国5476篇,占1.28%。

广西科研人员发表有关"三农"问题研究的论文中,有112篇发表在核心期刊,占17.83%。发表在核心期刊的论文中,研究农业的有34篇,占30.36%;研究农村的有61篇,占54.46%;研究农民的有17篇,占15.18%。论文作者(以最前的广西作者为准)在高校有86篇(广西财经学院23篇,广西大学16篇,广西民族大学10篇),占76.79%;在科研机构有9篇,占8.03%;在实践工作部门有17篇,占15.18%。

发表的论文中,有部分是基金项目的阶段性成果:国家基金项目(包括国家社科基金、国家哲学社会科学基金、国家自然科学基金项目)的阶段性成果26篇;教育部项目的阶段性成果9篇;广西基金项目(包括广西社科基金、广西哲学社会科学规划课题、广西自然科学基金)的阶段性成果26篇,广西教育类项目(广西教育科学规划课题、广西高等学校项目、新世纪广西高等教育教学改革工程、广西研究生教育创新计划项目)的阶段性成果31篇。

研究"三农"问题的论文以总论研究"三农"及农业、农村、农民等为主。其中研究农业主要从从农业科学、经济、产业、企业、现代化、发展、建设、合作、科技、技术、信息、机械、气象、干旱、保险、补贴、废弃物、物联网、全要素生产率、转移人口、功能区划、规模经营、行政执法、转型、投资、等方面研究,从生态、现代、休闲、有机、低碳、循环、特色、反哺农业等方面研究。研究农村主要从农村土地、金融、信用社、劳动力、居民、养老、学校、社区、沼气、电网、生活(包括生活污水、饮用水)、基层、环境、治理以及新农村建设等方面研究。研究农民主要从农民收入、增收、缴费、创业、发展、专业合作社、组织化、形象、教育等方面研究,专门探讨失地农民、农民工(包含新生代农民工)各种问题等方面。作者在高校占多数,在实际工作部门有一定数量。

出版的著作中,黄志强、胡宝清《广西喀斯特地区农村社会风险预警与农业发展研究》以广西喀斯特生态环境系统为研究对象,分析其演变过程和石漠化侵害农业系统的成因机理与致灾过程,构建农业生产恢复与重建发展模式,在实践上为中国西南岩溶山区石漠化侵害农业预警和灾害防治与不同类型喀斯特区农业可持续发展提供借鉴范例。广西社会科学院《广西农村发展报告(2014)》对广西农村发展进行全面梳理和展示,对2013年广西农村发展的回顾,及2014年的展望。颜小芳《从主体建构到自我解构——中国新时期以来电影中农民形象演变的符号学考察》创新之处在于运用芬兰符号学家埃罗·塔拉斯蒂的存在符号学主体理论分析阐述中国当代电影中农民主体的生存现实,论证中国当代电影中农民主体经历从社会主体到启蒙主体再到后现代主体的变化发展过程,得出主体重构的必要性。

发表的论文中,在研究"三农"问题上,马土金等《工商资本下乡对"三农"发展的影响——以广西隆安县为例》认为工商资本下乡对改造传统农业,发展现代农业作用显著,但其可能产生负面影响,如农民相对贫困、农民社会保障"软化"和农业"非粮化"以及农村社会生活恶化。

在研究农业科学问题上,韦丹芳、石慧《"农都"与抗战时期的农业科学研究》认为抗战时期沙塘的农业科学研究具有因地制宜、注重实地调查、侧重实用性研究等特点。

在研究农业产业问题上,舒银燕《石漠化连片特困地区农业产业扶贫模式可持续性评价指标体系的构建研究》认为采用主、客观赋权法相结合的方法对农业产业扶贫模式可持续性评价指标赋予权重。

在研究农业气象问题上,韩明臣等《中国近三十年持续性农业气象灾害指标时空分布特征》我国受干旱灾害性天气的影响程度明显增加,有必要通过兴修水利、补充灌溉等农业措施保证农作物的用水补给。

在农业区划问题上,王姗姗《区域生态农业区划方法与应用——以桂西资源富集区为例》认为中部和南部河谷丘陵区种植业产值比较高,特色经济作物播种面积大,具有良好的农业发展基础,生态农业初具规模;而北部、西北部和东部山地丘陵区经济发展较为落后,粮食作物的种植占主导地位,特色经济作物比重较低。

在农业干旱问题上,康永辉等《广西大石山区农业干旱成因分析及脆弱性评价》阐明了广西大石山区的干旱成因，为降低该区域的干旱脆弱度，增强抵御旱灾风险能力，有针对性地采取治理措施和对策。

在研究农业废弃物问题上，韦佳培《农户对资源性农业废弃物经济价值的认知及支付意愿研究》认为多数农户能够认识到资源性农业废弃物的经济价值，农户更愿意通过对自有资源性农业废弃物循环利用来实现其经济价值。

在研究农村经济问题上，王力等《近20a广西石漠化区植被覆盖度与气候变化和农村经济发展的耦合关系》认为广西石漠化地区植被变化受农村人口活跃程度、农村经济生产活动以及生态政策的实施力度影响很大。

在研究农村金融问题上，韦克游《中国农村金融对农户生产经营的支持——基于时间序列的经验证据》认为中国农村金融对农户信贷供给不足，金融支农不力。农户资金问题主要不在于对资金的有效使用环节，而在于资金的可得性环节。

在研究农村土地流转问题上，欧胜彬《农村集体土地流转制度绩效研究——基于安徽与广西的典型案例比较分析》对发源于安徽的“家庭承包制”和广西的“互换并地”两个典型农村集体土地流转案例进行比较分析，认为农村集体土地流转制度创新具有公众参与性。文新《新时期农村土地流转:基于构建新型农业经营体系的思考》提出新形势下推进农村土地流转的相关政策建议。

在研究农村基层问题上，庞娟《农村基层治理空间重构:一个三维框架》认为农村基层治理空间的重构要寻求各治理主体间的合作，在重视民间组织及乡村精英参与、重视文化建设、重视社会秩序的基础上寻找一条能真正通向农村基层社区自治的道路。

在研究农村信用社问题上，付朝干等《农村信用社产权制度改革绩效评析》考察新一轮农村信用社产权制度改革对农村信用社经营绩效的影响。

在研究农村城镇化问题上，滕明兰《新型农村城镇化进程中的西部农村社区工业空间重构》认为该地区工业空间模式应以当地生产当地消费型为主，政府协调引导发展；工业空间布局应以零星分散式布局为主，能人富户带动发展；工业空间形式应以农产品加工联系为主，多元化产业联动发展。

在研究农民创业问题上，莫光辉《少数民族地区农民创业特征探析——以广西天等县农民创业者为样本分析》通过对农民创业方式的探索增强少数民族地区贫困人口自我发展能力的实现路径，为切实提升少数民族地区农村贫困群体的主体发展能力和科学选择脱贫致富方式提供新的思维视域。

在研究农民满意度问题上，凡兰兴《少数民族地区工业反哺农业的农民满意度分析——以广西为例》提出了加大少数民族地区工业反哺农业力度、优先解决农民反映强烈的问题、建立健全农民意见反馈体系及增强乡村干部为农民服务的意识等建议。

在研究农民组织化问题上，蒋永甫、何智勇《资本下乡与现代农业发展中的农民组织化路径》认为外部资本通过合作社方式吸纳土地，有利于建立资本与农民的合作关系，也有利于推动农民组织化的发展。

在研究农民收入问题上，黄靖贵、黄敢基《基于面板数据模型的广西各区域农民人均纯收入影响因素分析》实证分析了广西五大区域(桂东、桂南、桂西、桂中和桂北)的农民种植业投入和养殖业投入对农民人均纯收入的影响，提出了有效提高农民人均纯收入的建议。

在研究农民发展问题上，黄跃等《基于农民自我发展能力的家庭农场约束因素研究》认为农民自我发展能力诸如接受新事物的能力、市场适应能力、信息获取能力等成为制约欠发达地区家庭农场推进的关键性内生因素。

在研究农民教育问题上，《构建农民现代远程教育培训有效机制的思考》认为构建农民现代远程教育培训有效机制不仅要发挥政府的主导作用，更要有切合实际的农民远程教育培训支持服务系统，以及满足农民真实需求的远程教育培训内容和培训方式。

在研究新生代农民工问题上，胡宝华《组织建设与新生代农民工城市融入研究》认为新生代农民工城市融入过程中的身份认同和价值观念方面，需要社会组织的引导和帮助，社会组织是农民工城市融入的依靠。

有关“‘三农’问题研究”方面的著作一览表

著作题目	作者单位及作者	出版社及出版时间	字数(千字)
广西喀斯特地区农村社会风险预警与农业发展研究	广西师范学院　黄志强、胡宝清	上海三联书店，2014年8月	280
广西农村发展报告(2014)	广西社会科学院	广西人民出版社，2014年8月	257
从主体建构到自我解构——中国新时期以来电影中农民形象演变的符号学考察	广西师范学院　颜小芳	苏州大学出版社，2014年6月	210

有关"'三农'问题研究"方面的论文一览表

论文题目	作者单位及作者	发表刊物及期数	备注
工商资本下乡对"三农"发展的影响——以广西隆安县为例	广西大学 马士金等	《北京农业》 2014年36期	广西"大学生创新创业训练计划"项目
民族地区"三农"问题的现状与对策思考——以广西为例	自治区党校 凌经球	《市场论坛》 2014年02期	
创新整治模式 服务三农发展——广西高标准基本农田建设调研报告	广西国土资源厅 左旭阳等	《中国发展》 2014年03期	
重视以提高质量为核心的实训基地内涵建设——广西职业技术学院为三农服务建设好实训基地的探讨	广西职业技术学院 王显龙	《农业研究与应用》 2014年05期	
论"三农"问题中的农民问题	广西钦州北部湾职业技术学校 朱怀清	《山西农经》 2014年06期	
中国"三农"问题的战略思考与对策研究	广西柳州市鹿寨县委党校 陆 剑	《知识经济》 2014年17期	
提升农电管理 服务广西"三农"	广西电网公司 何海燕	《中国电力企业管理》 2014年04期	
"农都"与抗战时期的农业科学研究	广西民族大学 韦丹芳、石 慧	核心期刊《农业考古》 2014年03期	国家民委人文社会科学重点研究基地《中国南方与东南亚跨境民族研究基地》阶段性成果之一,广西教育厅项目,广西民族大学2010年引进人才项目,2013年广西民族大学研究生教育创新计划项目
对农业科学类环境监测与分析实验课改革的思考	广西大学 农梦玲	《现代农业科技》 2014年10期	
我国山区农业经济发展困惑与思路:来自湖北兴山的证据	广西民族大学 熊 娜	核心期刊《学术论坛》 2014年04期	
广西外向型农业经济发展现状及对策分析	广西农业科学院 李小红等	《湖南农业科学》 2014年18期	2014年广西社会科学重点课题
基于我国农业经济全要素增长效率研究	广西水产科学研究院 杨 琼	《财经界》(学术版) 2014年14期	广西区直公益性科研院所基本科研业务费项目《科研管理与绩效考核评估系统的建立》阶段性成果之
农业经济作物在城市园林景观中的应用	广西百色市园林管理处 马华青	《南方农业》 2014年18期	
南宁市发展农业总部经济探析	广西农业科学院 覃泽林等	核心期刊《南方农业学报》 2014年06期	广西科学研究与技术开发计划项目
石漠化连片特困地区农业产业扶贫模式可持续性评价指标体系的构建研究	广西财经学院 舒银燕	核心期刊《广东农业科学》 2014年16期	国家自然科学基金
农业产业集群形成过程中的市场失灵与政府作用研究	广西大学 李思静等	《经营管理者》 2014年09期	
广西全州县大西江镇农村农业产业结构调整的问题及解决对策	广西全州县大西江镇农业技术推广站 易玉婕	《北京农业》 2014年12期	
农业企业在食用菌产业发展中的作用探析	广西农业广播电视学校桂林市分校 龙晶晶	《广西农学报》 2014年02期	
湘漓水哥:一个农业龙头企业的盈利模式分析	广西师范大学 顾芳睿、丁振阔	核心期刊《企业管理》 2014年01期	广西人文社会科学发展研究中心项目《广西农村青年创业典型调研》阶段性成果之一

续表

论文题目	作者单位及作者	发表刊物及期数	备注
立足产业 示范带动 助推产业发展 广西宾阳县黎塘莲藕专业协会推动农业现代化产业化的经验及启示	广西经贸职业技术学院 程 波	《中国合作经济》 2014 年 05 期	2012 年南宁市基本建设前期工作计划研究课题《南宁市统筹城乡发展中农村合作经济组织作用研究》阶段性成果之一
昭平县北陀镇农业机械化与农业现代化的思考	广西昭平县北陀镇农机站 邱卫玲	《南方农业》 2014 年 09 期	
支持广西北部湾经济区生物农业发展的财税政策思考	广西财经学院 李 萍	核心期刊《经济研究参考》 2014 年 05 期	
资本下乡与现代农业发展中的农民组织化路径	广西大学 蒋永甫、何智勇	核心期刊《云南行政学院学报》2014 年 05 期	教育部规划项目《集体产权视角下的农地流转机制主体创新研究》阶段性成果之一
生态农业发展存在的问题与思考	广西财经学院 李伯兴	《企业科技与发展》 2014 年 05 期	广西高等学校科研项目
西江流域经济与崇左农业发展思路	广西崇左市农业技术推广站 黄艳红、许华强	《南方农业》 2014 年 33 期	
巴马县生态特色农业发展现状与对策	广西巴马瑶族自治县农业局 韦袭芹等	《现代农业科技》 2014 年 17 期	
改良土壤 促进合浦无公害农业建设	广西合浦县土壤肥料工作站 黄子乾、刘春梅	《中国农业信息》 2014 年 07 期	
ECFA 条件下海峡两岸农业合作试验区的功能定位与政策走向——基于两岸共同参与东亚经济一体化的视角	广西师范大学 刘澈元等	核心期刊《学术论坛》 2014 年 08 期	广西人文社会科学发展研究中心"泛北部湾合作研究团队"培育项目,2012 年度广西高等学校重大科研项目《以 CAFTA 与 ECFA 机制衔接促进北部湾经济区开放开发研究》阶段性成果之一,广西高校"党的十八大精神研究"专项课题《ECFA 效应深化视角下桂台合作开拓东盟市场的路径与对策研究》阶段性成果之一
加强广西与台湾农业合作 联手开拓东盟市场	广西社会科学院 袁珈玲	《东南亚纵横》 2014 年 03 期	
广西"十三五"农业科技发展路径研究	广西农业科学院 韦志扬等	核心期刊《南方农业学报》 2014 年 05 期	广西科学研究与技术开发计划项目
广西农业科学院农业科技"走出去"现状与建议	广西农业科学院 周行等	核心期刊《南方农业学报》 2014 年 11 期	广西科学研究与技术开发计划项目
广西农业科技投入的现状及对策分析	广西社会科学院 程启原	《经济与社会发展》 2014 年 05 期	
影响农业科技成果转化的因素分析及对策	广西农业科学院 陶 伟	《现代园艺》 2014 年 08 期	
农业科技信息传播中多媒质资源整合研究	广西农业科学院 钦 洁	《湖南农业科学》 2014 年 01 期	广西农业科学院基本科研业务专项项目
凤梧镇基层农业技术推广体系改革与建设补助项目实施情况	广西平果县凤梧镇农业技术推广站 农 旭	《基层农技推广》 2014 年 06 期	
影响农业技术传播的多因素分析	广西鹿寨县寨沙镇农业技术推广站 陈田贵	《农业与技术》 2014 年 08 期	
基层农业技术推广存在的问题及对策	广西隆安县农业技术推广站 李凌增,广西隆安县土壤肥料工作站 叶美欢	《农业与技术》 2014 年 09 期	
乡镇农业技术推广工作研究	广西容县罗江镇农业技术推广站 韦勇南	《北京农业》 2014 年 21 期	
关于基层农业技术推广体系发展与改革的思考	广西东兰县长乐镇农业技术推广站 兰海东	《中国农业信息》 2014 年 05 期	

续表

论文题目	作者单位及作者	发表刊物及期数	备注
基于WEB与WAP技术的农业信息网站设计与实现	广西经贸职业技术学院 黄柳萍等	《福建电脑》 2014年07期	广西高校科研项目《基于Web和Wap技术的农业信息网络平台的研究》阶段性成果之一
基于数据挖掘的广西农业信息服务平台分析设计	广西财经学院 赖振丹	《中国管理信息化》 2014年09期	2013年广西教育厅广西高等学校立项项目
农业机械可靠性试验远程监控系统的开发	广西农业机械鉴定站 吴英满等	《大众科技》 2014年08期	《农业机械可靠性试验远程监控系统的开发与应用》阶段性成果之一
农业机械节油技术探讨	广西临桂县五通镇农业服务中心　粟继光	《南方农业》 2014年15期	
全面强化农业机械质量投诉监督管理工作	广西农机鉴定站	《广西农业机械化》 2014年03期	
关于农业机械适用性的评价方法探究	广西理工职业技术学院 梁为柯	《福建农业》 2014年09期	
基于拓扑原理的农业气象情报文档编辑自动化技术	广西师范学院 王行行等	核心期刊《中国农业气象》 2014年03期	2013年广西研究生教育创新计划项目,"十二五"国家科技支撑计划课题《重大农业气象灾害预测预警关键技术研究》阶段性成果之一,广西自然基金项目《广西主要农作物对旱涝灾害变化的响应与适应技术研究》阶段性成果之一
中国近三十年持续性农业气象灾害指标时空分布特征	广西林业勘测设计院 韩明臣等	核心期刊《北方园艺》 2014年24期	国家重大科学研究计划项目
广西农业气象灾害灾情统计特征与灰色关联分析	广西河池市气象局 黄肖寒、黄冬梅	《气象研究与应用》 2014年01期	
浅析农业气象服务的现状和发展	广西气象服务中心 张哲睿、莫　凡	《中国农业信息》 2014年07期	
广西大石山区农业干旱成因分析及脆弱性评价	广西水利电力勘测设计研究院　康永辉等	核心期刊《自然灾害学报》 2014年03期	国家自然科学基金项目,广西高校优秀人才计划项目,广西水利科技基金项目
农业干旱脆弱性模糊综合评价	广西水利电力勘测设计研究院　康永辉等	《中国水土保持科学》 2014年02期	国家自然科学基金《面向防汛抗旱会商的综合集成平台及知识服务模式研究》阶段性成果之一,广西高校优秀人才计划项目,广西水利科技基金项目《广西北部湾经济区水资源开发利用控制红线制定与动态管理关键技术研究》阶段性成果之一
印度农业保险项目研究	广西大学 张瑞纲	《区域金融研究》 2014年04期	
广西蚕桑产业开展政策性农业保险的探索与思考	广西蚕业技术推广总站 于永霞等	《广西蚕业》 2014年02期	
我国农业补贴与农产品价格支持政策比较研究	广西生态工程职业技术学院 徐汉柱	核心期刊《价格月刊》 2014年11期	
农业废弃物循环利用参与主体的合作博弈及协同创新绩效研究——基于DEA-HR模型的16省份农业废弃物基质化数据验证	广西大学 李鹏等	核心期刊《管理世界》 2014年01期	国家自然科学基金重点项目《现代农业科技发展创新体系研究》阶段性成果之一,国家自然科学基金《气候框架公约下农业碳排放的增长机理及减排政策研究》阶段性成果之一,国家自然科学基金《作物秸秆资源化利用的减碳潜力与生态环境效应:以水稻为例》阶段性成果之一,国家社会科学基金青年项目《连片特困地区农户稳定融入农产品供应链的限制因素与实现机制研究》阶段性成果之一,华中农业大学自主科技创新基金,湖北省高等学校优秀中青年科技创新团队计划项目《农业资源与环境经济问题研究》,《农业废弃物利用与产业可持续发展的联动机制研究》阶段性成果之一,国家现代农业产业技术体系专项项目

续表

论文题目	作者单位及作者	发表刊物及期数	备注
农户对资源性农业废弃物经济价值的认知及支付意愿研究	广西大学 韦佳培等	核心期刊《生态经济》 2014年06期	广西哲学社会科学项目《制糖业生态化发展的社会成本收益分析研究》阶段性成果之一，国家社会科学基金项目《生态产业链与生态价值链整合中的循环农业发展研究》阶段性成果之一，湖北省高等学校优秀中青年科技创新团队计划项目《农业资源与环境经济问题研究》阶段性成果之一
农业废弃物资源化利用现状概述	广西农业科学院 张野等	《农业研究与应用》 2014年03期	国家科技部星火计划项目，2013年生态广西建设引导资金项目，广西南宁市科学研究与技术开发计划项目，广西南宁市青秀区科学研究与技术开发计划项目，广西农业科学院基本科研业务专项项目
关于广西农业物联网构建及发展措施研究	广西机电职业技术学院 梁　军	《教育教学论坛》 2014年45期	全国高校物流教改教研课题《校企合作——用物联网技术构建广西农业物流电子商务运作平台研究》阶段性成果之一
农业物联网应用现状及相关传感器技术概述	广西矿冶与环境科学实验中心　李海侠	核心期刊《电子元件与材料》2014年02期	矿冶与环境科学实验中心项目，广西教育厅科研项目
基于AD HOC网络和RFID的农业物联网定位系统的设计实现	广西国际商务职业技术学院 唐　勇	《信息与电脑》（理论版） 2014年04期	广西高等教育教学改革工程项目
西部地区农业全要素生产率增长及其影响因素分析	广西财经学院 舒银燕	核心期刊《江苏农业科学》 2014年05期	国家自然科学基金项目
农业转移人口市民化成本分担机制研究	广西师范学院 傅东平等	核心期刊《广西社会科学》 2014年04期	广西教育厅重点课题，广西高校党的“十八大”精神研究专项课题，广西高等学校优秀人才支持计划项目
农业转移人口宅基地退出机制研究	广西大学 张锐，广西师范学院　傅东平	《广西师范学院学报》（哲学社会科学版）2014年06期	
现代远程教育对提高农业转移人口文化素质的优势分析	广西广播电视大学 毛汉硕	《成人教育》 2014年12期	广西哲学社会科学规划研究课题《广西新型终身教育体系整体再构建及推进路径研究》阶段性成果之一
广西农业功能区划功能定位与发展重点研究	广西农业区划委员会办公室 陆耀邦等	核心期刊《中国农业资源与区划》2014年02期	
土地流转与农业规模经营：以甘蔗种植为例	广西民族大学 刘银妹	核心期刊《广西民族大学学报》（哲学社会科学版） 2014年03期	2013年度广西哲学社会科学规划课题《“文化农庄”建设与广西少数民族文化创新研究》阶段性成果之一
广西农业行政执法体系建设的SWOT分析	广西农业机械化管理局 江垣德	核心期刊《南方农业学报》 2014年09期	广西农业行政综合执法体系建设项目
提高广西农业行政执法有效性的对策研究	广西农业机械化管理局 江垣德	核心期刊《南方农业学报》 2014年06期	广西农业行政综合执法体系建设项目
科技支撑广西农业转型对策研究	广西科学技术厅 韦昌联等	核心期刊《南方农业学报》 2014年06期	广西科学研究与技术开发计划项目
广西农业投资产业发展现状及对策	广西农业科学院 思利华等	核心期刊《南方农业学报》 2014年12期	广西农业科学院基本科研业务专项项目，民进广西区委会2013年项目
桂台农业投资合作现状及对策分析	广西外国语学院 周凤玲、陈婷香	《河南科技》 2014年02期	广西外国语学院国际经济与贸易专业执行广西教育厅“2012年特色专业及课程一体化建设项目”
区域生态农业区划方法与应用——以桂西资源富集区为例	广西师范学院 王姗姗	核心期刊《广东农业科学》 2014年24期	广西北部湾重大基础研究专项项目，国家自然科学基金

续表

论文题目	作者单位及作者	发表刊物及期数	备注
现代生态农业与农业安全问题浅析	广西陆川县乌石镇农业技术推广站 蓝明全	《南方农业》2014 年 36 期	
生态农业可持续性评价指标体系的构建	广西玉林市农业科学院 刘钰、覃群明	《北京农业》2014 年 09 期	
基于生态农业需求的土地整治效益分析	广西城市建设学校 罗迪华,桂林理工大学 陈 飞	《合作经济与科技》2014 年 22 期	
机械自动化和现代农业的关系	广西玉林农业学校 欧 玲	《南方农业》2014 年 30 期	
合浦县国家现代农业示范区建设现状与发展对策	广西合浦县农业技术推广站 吴洁远等	《农业科技通讯》2014 年 02 期	
立足优势特色 发展现代农业	广西农业厅 谢泽宇	《广西经济》2014 年 11 期	
创新推进传统农业向现代农业迈进——2013 年广西农业发展报告	广西农业厅办公室	《当代广西》2014 年 01 期	
广西南丹县休闲农业与乡村旅游现状及发展对策	广西南丹县农业局 莫刚等	《中国园艺文摘》2014 年 07 期	
澳大利亚有机农业管理概述及其对广西有机农业管理的借鉴(英文)	广西民族师范学院 谭俊杰,广西农业科学院 刘永贤	《南方农业学报》2014 年 06 期	
有机农业研究综述	广西大学 杨欣然	《农村经济与科技》2014 年 11 期	
低碳农业发展的主要矛盾与应对思路	广西科学技术情报研究所 张向红	《企业科技与发展》2014 年 10 期	
陆川县低碳农业经济发展面临的问题及对策	广西陆川县米场镇农业技术推广站 罗明泽	《现代农业科技》2014 年 14 期	
发展循环农业是打造生态浙江的重要途径	广西机电职业技术学院 王利华	核心期刊《前沿》2014 年 23 期	
现代特色农业(核心)示范区建设着力在"五化"上突破	自治区党校 张家寿	《当代广西》2014 年 15 期	
广西农网改造支撑特色农业	广西电网公司 向建军	《广西电业》2014 年 08 期	
合浦县特色农业产业发展现状和对策	广西合浦县山口镇农业服务中心 刘孙贤等	《农业科技通讯》2014 年 07 期	
少数民族地区工业反哺农业的农民满意度分析——以广西为例	广西民族大学 凡兰兴	核心期刊《西南民族大学学报》(人文社会科学版)2014 年 01 期	国家民委科研项目《工业反哺农业政策在民族地区的效应评估与政策选择》阶段性成果之一
农村教育提升:工业反哺农业的根本	广西民族大学 樊卓思、凡兰兴	《黑龙江教育学院学报》2014 年 10 期	广西民族大学重点科研项目《工业反哺农业理论与广西的实践研究》阶段性成果之一
新时期农村土地流转:基于构建新型农业经营体系的思考	广西财经学院 文 新	核心期刊《学术论坛》2014 年 08 期	国家社科基金一般项目《新时期西南石漠化连片特困地区土地流转整体性改革研究》阶段性成果之一
差序信任格局下的农村土地流转——基于广西玉林市福绵区的实证调查	广西大学 谢 舜,广西中医药大学 周金衢	核心期刊《广西民族大学学报》(哲学社会科学版)2014 年 01 期	
农村集体土地流转制度绩效研究——基于安徽与广西的典型案例比较分析	广西财经学院 欧胜彬等	核心期刊《农村经济》2014 年 09 期	国家自然科学基金项目《城乡统筹发展中土地要素流动及其收益共享的治理机制研究》阶段性成果之一,广西社会科学基金项目《广西新型城镇化进程中土地收益分配制度改革与城乡协调发展研究》阶段性成果之一,广西国土资源厅重大招标课题《广西集体土地流转推动农业产业化发展研究》阶段性成果之一

续表

论文题目	作者单位及作者	发表刊物及期数	备注
丘陵地区城镇化进程中农村土地整治问题实证研究	百色学院 易忠君、贺卫峰	核心期刊《国土资源科技管理》2014年02期	2011年广西哲学社会科学项目，2013年百色学院科研重点项目，百色学院青年教师成长重点工程项目
农村土地制度改革中的农村金融模式变革	广西科技大学 陈祥兴	《现代经济信息》 2014年01期	
如何建立农村金融扶贫长效机制	广西田东县委 王　军	《红旗文稿》 2014年09期	
中国农村金融对农户生产经营的支持——基于时间序列的经验证据	广西财经学院 韦克游	核心期刊《金融论坛》 2014年11期	广西哲学社会科学规划课题《广西农民专业合作社融资平台构建研究》阶段性成果之一，国家自然科学基金《西部农村社区公共空间协同重构与整合研究：以广西农村社区为例》阶段性成果之一，广西财经学院数量经济学自治区级重点学科开放性课题《广西农民生产经营的金融支持问题研究》阶段性成果之一，广西财经学院课题《广西北部湾经济区中小企业融资机制创新研究》阶段性成果之一，广西金融协会2014年度重点研究课题《广西中小企业新型融资服务平台构建研究》阶段性成果之一
农村金融生态环境评价指标体系构建及应用	广西师范大学漓江学院 谢　琳	核心期刊《商业时代》 2014年01期	2013年度广西高等学校人文社会科学研究项目《城乡统筹新格局下农村金融发展与创新机制研究——基于广西视角》阶段性成果之一
普惠金融视野下农村金融教育发展探讨	广西银行学校 王清星	《区域金融研究》 2014年04期	2010年度广西中等职业教育教学改革立项项目《金融知识与技能农村送培工作研究》阶段性成果之一
农村信用社产权制度改革绩效评析	广西经济管理干部学院 付朝干等	核心期刊《金融论坛》 2014年12期	国家社会科学基金项目《西部城镇化进程中金融结构演变与金融组织创新研究》阶段性成果之一，广西经济管理干部学院青年项目《广西农户金融支持问题实证研究》阶段性成果之一
广西农村信用社反洗钱机制研究	广西上林县农村信用合作联社镇圩信用社　蒙志标	《现代商业》 2014年32期	
基于DEA的农村信用社改革绩效评价——以湖南省为例	广西经济管理干部学院 曾建中	《管理观察》 2014年35期	
论我国新型城镇化、农村劳动力转移与农民工市民化的困境与政策保障	广西社会科学院 吕文静	核心期刊《农业现代化研究》2014年01期	
开展农村劳动力转移就业促进农民收入倍增工作调研报告——以广西天等县为例	广西天等县人力资源和社会保障局　麻秀月	《人事天地》 2014年01期	
浅谈农村劳动力转移	广西大学 陈发兴	《中小企业管理与科技(中旬刊)》2014年05期	
需求断裂、信任缺失与中西部农村地区劳动力转移	广西大学 黄　跃、曾艳华	核心期刊《农业经济》 2014年02期	
社会比较理论视域下的农村居民生活幸福感影响因素研究	广西大学 李小文、黄彩霞	核心期刊《贵州财经大学学报》2014年03期	

续表

论文题目	作者单位及作者	发表刊物及期数	备注
论广西区域农村居民健康档案联网共享应用构建及应急新模式	广西经济管理干部学院 邓宝瑚	核心期刊《山西档案》 2014年02期	2011年度广西教育厅科研项目《广西少数民族区域农村居民健康档案资源共享与应急模式研究》阶段性成果之一
广西容县农村居民卫生服务需要、需求与利用调查	广西医科大学 邹　榕等	《中国初级卫生保健》 2014年05期	美国中华医学基金会
提升农村居民购买力水平思考——以广西南宁市为例	广西南宁市委党校 陆春红	《山东农业工程学院学报》 2014年04期	
我国农村养老保险政策下的需求与供给分析	广西民族大学 卢丹丹	《广西财经学院学报》 2014年02期	2012年广西研究生教育创新计划项目《民族地区新农保参保决策影响因素研究—以广西为例》阶段性成果之一
多源流理论视角下农村养老保险制度变迁分析	广西财经学院 夏艳玲	《农业经济》 2014年04期	2012年教育部人文社会科学研究规划项目《西南民族地区新型农村养老保险制度的可持续性研究》阶段性成果之一,2012年度广西财经学院重大课题《广西新型农村养老保险的社会学研究》阶段性成果之一,2013年广西财经学院财政与公共管理学院项目《基本公共服务均等化视角下城乡社会保障统筹发展研究》阶段性成果之一
我国农村养老设施建设现状及改善对策——基于农村闲置公共设施再利用研究	广西旅游科学研究所 牟　彪等	《柳州师专学报》 2014年05期	
柳州市农村学校饮水卫生状况分析	广西柳州市卫生监督所 黄　琼、周莉萍	核心期刊《中国学校卫生》 2014年05期	
广西农村学校“特岗计划”财政支出绩效探讨	广西财经学院 蒙丽珍、古炳玮	《广西财经学院学报》 2014年02期	2011年度广西教育厅科研一般项目《广西农村学校“特岗计划”实施成效及评价研究》阶段性成果之一
场域视角下我国民族地区农村社区的福利建设	广西师范大学 李林凤	核心期刊《广西师范大学学报》(哲学社会科学版) 2014年02期	广西师范大学博士科研启动项目
新型农村城镇化进程中的西部农村社区工业空间重构	广西财经学院 滕明兰	核心期刊《江苏农业科学》 2014年12期	国家自然科学基金,广西哲学社会科学规划研究项目
基于改善民生视阈的农村社区管理机制创新探索	自治区党校 刘　蓓	核心期刊《商业时代》 2014年34期	
农村社区居家养老模式研究	广西师范大学 刘　通	《企业科技与发展》 2014年08期	
当前农村沼气建设面临的问题及对策	广西武宣县林业局 黄　萍	《东方企业文化》 2014年16期	
发展农村沼气国债项目存在的问题与对策	广西贵港市林业局 叶　华	《南方农业》 2014年27期	
恭城县农村沼气“全托管”服务模式及运行效果	广西林业科学研究院 甘福丁等	《现代农业科技》 2014年17期	
广西农村沼气发展规划途径探求	广西大学 王　睿	《中华民居》(下旬刊) 2014年09期	广西大学学生实验技能和科技创新能力基金
农村电网配网的规划以及设计的探索	广西广信电力设计有限公司 黄忠顺	《通讯世界》 2014年15期	
试论提高农村电网末端电压质量的技术措施	广西电网武宣供电公司 莫雷刚	《通讯世界》 2014年20期	
农村电网安全管理中存在的问题及对策探究	广西容县电力有限公司 陈进广	《科技风》 2014年07期	

续表

论文题目	作者单位及作者	发表刊物及期数	备注
广西《农村生活污水处理设施建设标准》(DBJ 45/005-2013)编制介绍	广西华蓝设计(集团)有限公司　陈永青等	核心期刊《给水排水》2014年12期	
广西农村生活污水人工湿地+生态塘处理工程生态化景观设计	广西益江环保科技有限责任公司　覃玲玲	《科技创新与应用》2014年07期	
2008~2012年广西农村生活饮用水氟化物含量调查	广西疾病预防控制中心　钟格梅等	核心期刊《环境与健康杂志》2014年04期	广西卫生厅立项课题
来宾市农村生活饮用水水质卫生调查分析	广西来宾市卫生监督所　唐立吉	《中国卫生产业》2014年17期	
广西农村基层中医学专业人才培养模式初探	广西中医药大学　韦　维等	《广西中医药大学学报》2014年01期	广西教育科学“十二五”规划课题立项项目，广西中医药大学校级教育教学改革与课题
新时期农村基层党组织建设研究——以北海市合浦县为例	广西大学　林本涛等	《东方企业文化》2014年17期	
广西农村环境保护的现状与对策研究	广西民族大学　谢　静	《大众科技》2014年09期	
农村环境主要污染物沼气化处理分析	广西林业科学研究院　李金怀、徐铁纯	《农技服务》2014年04期	国家林业局948项目《林区沼气发电关键技术引进》阶段性成果之一
广西城镇化与农村生态环境协同发展研究——基于SWOT分析	广西民族大学　张国磊等	核心期刊《广西社会科学》2014年02期	南京农业大学中央高校科研项目，广西研究生教育创新计划项目，广西民族大学研究生田野调查项目
中国西南地区农村节能环保发展现状调查研究——以广西南宁市沙井街道为例	广西大学　胡　翔	核心期刊《中国人口·资源与环境》2014年S2期	2012年中国科协研究生科普研究能力提升类项目，南宁市科学研究与技术开发计划项目
加快广西农村生态文明建设研究	广西财经学院　张云兰	核心期刊《经济研究参考》2014年23期	广西哲社项目青年项目《基于能值生态足迹的广西集中连片特困地区可持续发展研究》阶段性成果之一，广西财经学院2013年基金项目《广西城镇化进程中的生态承载力评价研究》阶段性成果之一
农村治理如何从传统化向现代化演变——中共十八届三中全会《决定》到十二届全国人大二次会议政府工作报告	广西民族大学　张国磊等	核心期刊《北京社会科学》2014年03期	广西研究生教育创新计划项目，广西民族大学研究生田野调查项目
农村基层治理空间重构：一个三维框架	广西财经学院　庞　娟	核心期刊《领导科学》2014年32期	国家自然基金项目《西部农村社区公共空间协同重构与整合研究》阶段性成果之一
民创业者：大学生村官在农村基层治理中的角色	广西师范学院　王惠琴、何怡平	《中国农业教育》2014年04期	
利用世行贷款，共建生态家园——记世界银行贷款中国新农村建设生态家园富民工程项目(2009—2014)	广西农业外资项目管理中心　李建华等	核心期刊《世界农业》2014年11期	
新农村建设中村镇规划探研	广西东兰县住房和城乡建设局梁孟昌	《中华民居》(下旬刊)2014年03期	
新农村建设视域下高职大学生农村创业探讨	广西工业职业技术学院　张　武	《高教论坛》2014年10期	2012年度广西教育厅科学技术研究项目《高职院校学生就业二级体系的构建与实践》阶段性成果之一
新农村建设中农村合作社的发展思路	广西柳江县穿山镇农业服务中心　覃荣革	《农业与技术》2014年11期	
村企合作建设新农村方法与途径探讨——以忻城县食用菌生产村企合作为例	广西农业职业技术学院　凌　丁	《广西农学报》2014年01期	2013年度广西高校科学技术研究项目《忻城县食用菌生产村企合作模式探讨》阶段性成果之一

续表

论文题目	作者单位及作者	发表刊物及期数	备注
广西城镇化发展对农民收入增长的影响分析	广西民族大学 邹　娜	核心期刊《广西民族大学学报》(哲学社会科学版) 2014 年 06 期	
广西农民收入的地区差异及其收入来源分解	广西民族大学 窦登全	《特区经济》 2014 年 01 期	
广西农产品外贸与农民收入关系研究——基于 VAR 模型	广西大学 商　洋	《现代商贸工业》 2014 年 10 期	
基于面板数据模型的广西各区域农民人均纯收入影响因素分析	广西统计局　黄靖贵 广西大学　黄敢基	核心期刊《数学的实践与认识》2014 年 03 期	广西自然科学基金,国家自然科学基金
广西财政支农支出绩效评价制度改进的思考——基于农民增收的视角	广西财经学院 蒋海勇	核心期刊《经济研究参考》 2014 年 65 期	广西哲学社会科学项目《农民增收背景下广西财政支农项目绩效评估研究》阶段性成果之一
种草养猪农民增收新途径	广西桂平市水产畜牧兽医局 戴辉宏,广西桂平市蒙圩镇水产畜牧兽医站　黎镇钊	《广西畜牧兽医》 2014 年 01 期	
广西农民增收因素分析及建议	广西统计局 林家豪	《广西经济》 2014 年 04 期	
广西新农保农民缴费档次选择及其影响因素分析	广西财经学院 江燕娟、邓文勇	核心期刊《经济研究参考》 2014 年 70 期	
少数民族地区农民创业特征探析——以广西天等县农民创业者为样本分析	广西大学 莫光辉	核心期刊《开发研究》 2014 年 04 期	广西大学科研基金项目《少数民族山区农村人口文化贫困与扶贫机理研究》阶段性成果之一,2012 年广西大学国家大学生文化素质教育基金项目《民族文化传承创新与高校学生文化素质提升策略研究》阶段性成果之一,广西哲学社会科学规划 2013 年度研究课题《社会组织参与广西贫困治理实践路径研究》阶段性成果之一
论鼓励农民创业的意义	广西师范大学 顾芳睿	《郧阳师范高等专科学校学报》2014 年 02 期	
农民创业与国家扶贫开发政策的有效衔接	广西大学 莫光辉	《攀登》 2014 年 03 期	广西大学科研基金项目《少数民族山区农村人口文化贫困与扶贫机理研究》阶段性成果之一
试论农民发展的理论、实践与对策——以农民组织的分析为维度	广西大学 蒋永甫、应优优	核心期刊《云南大学学报》(社会科学版) 2014 年 06 期	教育部人文社会科学研究规划基金项目《集体产权视角下的农地流转机制主体创新研究》阶段性成果之一
基于农民自我发展能力的家庭农场约束因素研究	广西大学 黄　跃等	核心期刊《湖北农业科学》 2014 年 16 期	国家社会科学基金项目,广西高校党的十八大精神研究专项课题项目
农民专业合作社发展现状与存在问题探究	广西大学行健文理学院 唐心韵	《时代金融》 2014 年 21 期	
广西农民专业合作社示范服务能力的提升	广西农业科学院 兰宗宝等	核心期刊《南方农业学报》 2014 年 09 期	广西科学研究与技术开发计划项目,广西农业科学院基本科研业务专项
农民专业合作社党建工作探讨	桂林理工大学 梁　英	核心期刊《广西社会科学》 2014 年 05 期	广西社会科学基金项目
广西农民专业合作组织发展现状及创新发展对策	广西农业科学院 钟　翠等	《农业展望》 2014 年 12 期	《基于科技创新视角的广西农业组织制度创新研究》阶段性成果之一
差序格局与农民组织化发展的本土化路径	广西大学 蒋永甫、黄林海	核心期刊《学习论坛》 2014 年 05 期	广西哲学社会科学"十二五"规划基金项目《广西民族地区农民组织化发展对策研究》阶段性成果之一

续表

论文题目	作者单位及作者	发表刊物及期数	备注
资本下乡与现代农业发展中的农民组织化路径	广西大学 蒋永甫、何智勇	核心期刊《云南行政学院学报》2014年05期	教育部规划项目《集体产权视角下的农地流转机制主体创新研究》阶段性成果之一
农民权益维护:农民组织化的维度	广西大学 黄林海、张羚君	《南宁职业技术学院学报》 2014年05期	
符号化的被看——赵本山春晚小品农民形象的文化批判	广西师范大学 杨　维	《遵义师范学院学报》 2014年05期	
改革开放后中国油画创作中农民形象的演进	广西财经学院 张静淼	核心期刊《大舞台》 2014年05期	
农民形象自我意识的表达——李约热的《涂满油漆的村庄》解读	广西大学 郑诗宝	《广西民族师范学院学报》 2014年02期	
构建农民现代远程教育培训有效机制的思考	广西广播电视大学 毛汉硕	核心期刊《世界农业》 2014年03期	国家级星火计划项目《农业现代科技远程培训》阶段性成果之一
农民远程职业教育协调机制创新研究	广西广播电视大学 周安敏	《广西广播电视大学学报》 2014年01期	广西教育厅科研立项项目
农民教育培训存在的问题及对策	广西贺州市平桂管理区农业局　徐青蓉	《北京农业》 2014年30期	
可持续生计视角下失地农民就业能力开发	广西大学 李国梁	核心期刊《开发研究》 2014年01期	广西大学211四期软科学研究科研基金项目
现行农村征地制度的缺陷与失地农民权益保护	广西财经学院 程怀儒	核心期刊《甘肃社会科学》 2014年01期	
中国城市化进程中失地农民社会保障体系的构建	广西政法管理干部学院　黄树标,广西民族大学　邓　环	《创新》 2014年02期	
中国新型城镇化过程中失地农民权益保障问题研究	广西民族大学 马巧玲	《改革与战略》 2014年05期	
广西城镇化视角下农民工档案管理模式探析	广西政法管理干部学院 王莉荣	核心期刊《兰台世界》 2014年17期	
双重网络嵌入、创业资源获取对农民工创业能力的影响——基于赣、皖、苏183个农民工创业样本的实证分析	广西财政厅 曾纪芬等	核心期刊《中国农村观察》 2014年03期	国家自然科学基金项目《基于双重网络嵌入的中国农民工创业成长机制及路径研究》阶段性成果之一
社会网络与山区少数民族农民工的非农职业流动	广西民族大学 郭云涛	核心期刊《广西民族大学学报》(哲学社会科学版) 2014年01期	《中国南方与东南亚民族研究》特聘专家岗项目
组织建设与新生代农民工城市融入研究	广西民族大学 胡宝华	核心期刊《广西民族大学学报》(哲学社会科学版) 2014年02期	
农民工子女入读城市公立学校生活适应问题及应对策略	广西师范大学 杨茂庆等	核心期刊《教学与管理》 2014年24期	国家社会科学基金"十二五"规划2012年度教育学青年课题《少数民族流动儿童的城市社会融入问题与对策研究》阶段性成果之一
新生代农民工培训意愿及其实现策略探究	广西师范大学 邓文勇	《职教通讯》 2014年10期	
广西新生代农民工之特征探析	广西师范学院 黄志强、容　溶	《广西师范学院学报》(哲学社会科学版)2014年02期	教育部人文社会科学研究规划基金项目《广西城中村农民工城市融入问题研究》阶段性成果之一,广西教育厅社科项目《广西城中村农民工社会适应问题研究》阶段性成果之一
论培育新生代农民工社会主义核心价值观的关键	广西贺州学院 刘　昊等	《传承》 2014年03期	2012年国家社科基金项目《新生代农民工市民化研究》阶段性成果之一,2011年广西高教科研项目《广西农民工教育培训长效机制建设研究》阶段性成果之一

【区域经济研究】 2014年,广西科研人员研究区域经济的著作主要有:毛艳《广西蓝皮书:广西经济形势分析与预测(2014)》、杨小平《区域经济金融研究(2013年)》、金丹《社会资本与区域经济增长》、吕余生《释放先导效应 共建海上丝路 泛北部湾经济合作回顾与展望》、黄志勇《2014广西蓝皮书:广西沿边地区开发开放报告》等。

发表的论文,根据《中国知网》期刊不完全统计,通过对篇名中含有"区域经济"、"县域经济"、"北部湾经济区"、"沿边地区"、"边境贸易"、"边境经济"、"西江经济带"、"桂西资源富集区"等关键词进行检索,2014年广西科研人员发表有关区域经济研究的文章154篇,全国2599篇,占5.92%。其中篇名中含有关键词"区域经济"的有34篇,全国1587篇,占2.14%;含有"县域经济"的有8篇,全国602篇,占1.38%;含有关键词"北部湾经济区"的有82篇,全国126篇,占65.08%;含有"沿边地区"的有6篇,全国19篇,占31.58%;边境地区经济(包括含有"边境贸易"、"边境经济")的有5篇,全国49篇,占10.20%;含有"西江经济带"的有12篇,全国38篇,占31.58%;含有"桂西资源富集区"的有6篇,全国8篇,占75%;含有"一带一路"的有1篇,全国170篇,占0.59%。

广西科研人员发表关于区域经济研究的论文中,有34篇发表在核心期刊,占22.22%。发表在核心期刊的论文中,研究区域经济的有11篇,占36.67%;研究县域经济的有2篇,占6.67%;研究北部湾经济区的有16篇,占53.33%;研究"边境地区经济(包括边境贸易、边境经济)"的有1篇,占3.33%;研究"西江经济带"的有1篇,占2.94%;研究"桂西资源富集区"的有3篇,占8.82%;论文作者(以最前的广西作者为准)在高校有31篇(广西财经学院7篇,广西经济干部管理学院和广西大学各5篇),占91.18%;在实际部门有2篇,占5.88%;在党校系统有1篇,占2.94%。

发表的论文中,有部分是基金项目的阶段性成果:国家基金项目(包括国家社科基金、国家哲学社会科学基金、国家自然科学基金)的阶段性成果18篇,教育部项目的阶段性成果11篇;广西基金项目(包括广西社科基金、广西哲学社会科学规划课题、广西自然科学基金)的阶段性成果12篇,广西教育类的阶段性成果(广西教育科学规划课题、广西高等学校项目、新世纪广西高等教育教学改革工程、广西研究生教育创新计划项目)的阶段性成果14篇。

研究区域经济的文章在广西主要从区域经济、县域经济、北部湾经济区、沿边地区、边境地区经济(包括边境贸易、边境经济)等方面研究。其中区域经济主要从区域经济增长、发展、一体化和区域经济环境下及其他学科与区域经济的关系等方面研究。县域经济主要从针对广西县域经济发展、评价、差异及其他学科对县域经济发展的影响等方面研究。北部湾经济区主要包括北部湾经济区经济发展、建设、产业、投资、物流、农业、运输业、城镇化(包括同城化、新区)、土地利用、财政支出、生态文明及促进北部湾经济区发展等方面研究。作者多在高校。

出版的著作中,毛艳主编《广西蓝皮书:广西经济形势分析与预测(2014)》对2013年广西宏观经济形势,特别是对经济运行中出现的新情况、新问题进行分析,并且探讨2014年广西经济发展趋势及政策取向。

杨小平主编《区域经济金融研究(2013年)》汇编2012年度获一二三等奖的广西金融学会重点课题报告(24篇)和特约稿,对金融实践具有现实指导意义,促进广西金融干部思想交流,为金融改革和发展服务。

金丹《社会资本与区域经济增长》通过对中国—东盟区域经济增长中的社会资本因素及其作用机制的实证考察,提出有针对性和可操作性的社会资本培育策略,为进一步利用社会资本推进中国区域经济增长提供理论基础。

吕余生《释放先导效应 共建海上丝路 泛北部湾经济合作回顾与展望》全面详细介绍了泛北合作的历史背景与缘起,回顾总结了泛北合作8年来的重要进展与成效,畅想了泛北合作的美好前景与未来,对充分发挥广西在共建21世纪"海上丝绸之路"中的独特优势,打造21世纪"海上丝绸之路"的新门户新枢纽,为实现中国—东盟新繁荣贡献力量。

黄志勇《2014广西蓝皮书:广西沿边地区开发开放报告》提出了广西参与全国新一轮沿边开放和"一带一路"建设的总体思路、战略路径、战略选择和具体举措等,对广西的沿边开发开放、构建开放型经济体系等具有重要的指导作用。

发表的论文中,在研究区域经济增长问题上,谭建新《中国区域经济增长的空间溢出效应究竟有多大?——基于"NEG"理论的分析与经验结论》认为应继续改善以铁路、高速公路等为主的基础交通设施条件,不断降低区域间贸易壁垒,加快区域融合,为保持进而提升区域经济增长速度奠定坚实基础。

在研究区域经济发展问题上,张协奎、黄跃《广西区域经济发展差异时空变化分析》以广西14个设区市为研究对象,构建市域经济发展综合评价指标体系。认为不同时期的区域发展战略是广西区域经济发展差异时空变化的关键驱动力。黄立群《中日韩与东盟区域经济协调发展的动态演化研究》认为中日韩与东盟的人均产出分布均呈现出从尖峰到宽峰、峰值不断下降的分化模式,相比较而言,中国与东盟更具备协调发展的潜质。

在研究县域经济发展问题上,王利华《职业教育与县域经济发展的良性互动研究》认为必须从职教理念、资金投入、办学模式、教育培训等多方面入手,不断完善职业教育体系,以更好地服务于县域经济发展。

在研究县域经济差异问题上,韦韡等《广西县域经济差异的产业基尼系数分解》认为加快推进老少边穷地区县域的农业产业化和工业化进程是实现广西县域经济均衡协调发展的关键。

在研究西江经济带问题上,余波等《区域创新体系中的企业信息资源服务体系研究——以西江经济带为例》构建了西江经济带的企业信息资源服务体系,以期为企业发展和区域发展提供有效的信息资源支持。

有关“区域经济研究”方面的著作一览表

著作题目	作者单位及作者	出版社及出版时间	字数(千字)
广西蓝皮书:广西经济形势分析与预测(2014)	广西社会科学院　毛　艳	广西人民出版社,2014年3月	358
区域经济金融研究(2013年)	人民银行南宁中心支行　杨小平	广西人民出版社,2014年12月	700
社会资本与区域经济增长	中国—东盟研究院　金　丹	人民出版社,2014年11月	218
释放先导效应 共建海上丝路 泛北部湾经济合作回顾与展望	广西社会科学院　吕余生	广西人民出版社,2014年5月	191
2014广西蓝皮书:广西沿边地区开发开放报告	广西社会科学院　黄志勇	广西人民出版社,2014年12月	380

有关“区域经济研究”方面的论文一览表

论文题目	作者单位及作者	发表刊物及期数	备注
中国区域经济增长的空间溢出效应究竟有多大?——基于“NEG”理论的分析与经验结论	广西财经学院 谭建新	核心期刊《江西财经大学学报》2014年06期	国家社会科学基金一般项目《新一轮西部大开发背景下西南边疆民族地区综合交通运输体系发展战略研究》阶段性成果之一,教育部人文社会科学研究青年基金项目《西江流域开发与低碳产业体系构建研究》阶段性成果之一
区域经济增长中的产业结构变动效应——以广西为例	广西财经学院 王洪涛、顾　江	核心期刊《地域研究与开发》2014年05期	
区域经济增长与城镇化协调发展的实证分析	广西大学 黄庶冰	核心期刊《商业时代》2014年20期	
广西区域经济发展差异时空变化分析	广西大学 张协奎、黄　跃	核心期刊《城市问题》2014年09期	
中日韩与东盟区域经济协调发展的动态演化研究	广西大学 黄立群	核心期刊《统计与决策》2014年18期	教育部哲学社会科学研究重大课题攻关项目
从区域经济发展论广西会展业的营销与传播策略	广西经济管理干部学院 梁妍妍	核心期刊《商业时代》2014年03期	广西教育厅科研项目《广西会展业发展的服务模式研究》阶段性成果之一
基于耦合模型的入境旅游流与区域经济协调发展研究——以广西为例	广西师范学院 覃小华、甘永萍	《重庆理工大学学报》(社会科学版)2014年11期	广西研究生教育创新计划项目《打造战略支点与区域创新发展》阶段性成果之一
近十年来广西区域经济发展研究	广西民族大学 谢泽亚、付漓漓	《柳州师专学报》2014年06期	
区域经济一体化的理论框架研究	广西大学 金　丹	《西部经济管理论坛》2014年03期	教育部哲学社会科学研究重大课题攻关项目《中国—东盟区域经济一体化研究》阶段性成果之一,广西大学中国—东盟研究院2013年度课题《社会资本与中国—东盟区域经济一体化研究:兼与欧洲区域经济一体化比较》阶段性成果之一,广西大学2013年度课题《欧洲区域经济一体化的经验及其对中国—东盟区域经济一体化的启示》阶段性成果之一,广西大学211工程四期重点学科群项目《中国—东盟经贸合作与发展研究》阶段性成果之一

续表

论文题目	作者单位及作者	发表刊物及期数	备注
中国—东盟区域经济一体化进程中的金融支撑	广西大学 范祚军、徐啸	《改革与战略》 2014年09期	教育部哲学社会科学研究重大课题攻关项目《中国—东盟区域经济一体化研究》阶段性成果之一
中国东盟区域经济一体化程度测量——基于时序主成分分析框架	广西大学 唐文琳、李雄师	核心期刊《亚太经济》 2014年04期	教育部哲学社会科学研究重大课题攻关项目《中国—东盟区域经济一体化研究》阶段性成果之一，教育部长江学者和创新团队发展计划项目
促进广西区域经济一体化的财税政策研究	广西财政厅 黄力明、张俊军	核心期刊《经济研究参考》 2014年17期	
区域经济一体化下的中国—东盟自由贸易区法律问题研究	广西警官高等专科学校 蒋巍	《广西广播电视大学学报》 2014年02期	
区域经济环境下的创新复合型英语专业人才培养模式研究	广西科技大学 覃晓琪、周柳琴	核心期刊《教育与职业》 2014年15期	2011年度新世纪广西高等教育教学改革工程项目《区域经济环境下的地方院校创新型英语人才培养模式的研究与实践》阶段性成果之一，2012年广西外语学科建设重点项目《桂中地区高职高专英语教师专业发展的问题与对策》阶段性成果之一
东盟区域经济合作新格局下广西高职院校技能型人才教育管理	广西经贸职业技术学院 梁剑	核心期刊《教育与职业》 2014年24期	2013年广西人文社会科学研究项目《东盟区域经济合作新格局下广西高职院校技能型人才教育管理研究》阶段性成果之一
区域经济视域下柳州工业旅游文化发展研究	广西民族师范学院 杨建娣	《沿海企业与科技》 2014年06期	
东盟区域经济背景下财经类大学生就业能力培养模式研究	广西财经学院 邓美鸣	《科技信息》 2014年10期	
广西区域物流与区域经济互动关系的实证分析	广西科技大学 张光明	核心期刊《物流技术》 2014年11期	2013年度广西高等学校科学研究重点项目
论西部地区高等教育与区域经济社会协同发展	广西大学 李勉媛	《边疆经济与文化》 2014年06期	广西大学211四期学科群项目《区域文化传承创新与交流研究》阶段性成果之一
辨析矿产资源开发与区域经济可持续发展	广西高峰矿业有限责任公司　邓智海	《全国商情》(理论研究) 2014年08期	
港口物流与区域经济协同发展的实证分析	广西西江物流有限公司 梁红	《经营管理者》 2014年16期	
保税物流对区域经济的影响研究——以北部湾经济区为例	广西钦州学院 何昌勤	《商》 2014年26期	
基于广西北部湾经济区城镇群背景下的县域经济发展研究——以广西灵山县为例	广西华蓝设计(集团)有限公司规划设计院 钟源等	《广西城镇建设》 2014年05期	
基于主成分分析的广西县域经济综合评价体系与实证分析	广西发展和改革委员会 庞汉	《经济与社会发展》 2014年03期	广西哲学社会科学规划项目《广西县域经济发展综合评价体系与实证研究》阶段性成果之一，国家社会科学基金西部项目《西南民族地区经济社会发展的经验学习及其机制研究》阶段性成果之一
广西县域经济差异的产业基尼系数分解	广西民族大学 韦韡等	核心期刊《广西民族大学学报》(哲学社会科学版) 2014年04期	2014年度广西教育厅科研项目《广西北部湾经济区县域经济发展差异的时空特征分析》阶段性成果之一
广西县域经济差异的时空格局演变研究	广西贺州市八步区经济贸易局　李锦波等	《经济师》 2014年11期	
科学规划 做强休闲农业 创新发展 壮大县域经济	广西阳朔县农业局 欧乾德	《中国乡镇企业》 2014年02期	

续表

论文题目	作者单位及作者	发表刊物及期数	备注
职业教育与县域经济发展的良性互动研究	广西机电职业技术学院 王利华	核心期刊《职业技术教育》 2014年02期	教育部哲学社会科学重点课题《基于城乡一体化的职业教育发展研究》阶段性成果之一,2012年度广西高等学校优秀人才计划《"虚拟—仿真—全真"实训体系的建设与创新研究》阶段性成果之一
乡议信息化对县域经济发展的促进作用	广西柳江县信息中心 覃艳梅	《经营管理者》 2014年18期	
特色旅游助推广西县域经济跨越发展——以创建特色旅游名县工作成效为例	广西经济管理干部学院 徐巧英	《市场论坛》 2014年08期	
基于区域实际的广西低碳经济发展路径探讨——以北部湾经济区为中心	广西经济管理干部学院 向媛秀、梁　堃	《广西经济管理干部学院学报》2014年03期	广西哲学社会科学"十二五"规划课题《广西低碳经济发展路径选择—基于产业特征、能源结构和发展阶段的视角》阶段性成果之一,广西教育厅科研项目《基于产业特征的广西低碳经济发展模式研究》阶段性成果之一
国内外低碳经济发展的经验及对广西北部湾经济区的启示	广西经济管理干部学院 黄朝晓等	核心期刊《经济研究参考》 2014年11期	广西经济管理干部学院一般课题,广西哲学社会科学"十二五"规划2011年项目
北部湾经济区低碳经济的紧迫性和现实路径探讨	广西经济管理干部学院 向媛秀、庞广仪	核心期刊《学术论坛》 2014年11期	广西哲学社会科学"十二五"规划课题《广西低碳经济发展路径选择——基于产业特征、能源结构和发展阶段的视角》阶段性成果之一,广西教育厅科研项目《基于产业特征的广西低碳经济发展模式研究》阶段性成果之一
参建海上丝绸路 打造海陆新门户——广西北部湾经济区参与共建21世纪海上丝绸之路探讨	广西北部湾经济区和东盟开放合作办公室 李延强	《东南亚纵横》 2014年10期	
现阶段广西北部湾经济区建设进程中的几个特点	广西师范大学 金明玉	《南宁职业技术学院学报》 2014年01期	广西人文社会科学发展研究中心《泛北部湾发展研究团队》阶段性成果之一
基于循环经济理念的北部湾经济区主导产业发展低碳经济的模式初探	广西经济管理干部学院 张　芳	核心期刊《学术论坛》 2014年08期	广西经济管理干部学院一般课题
基于承接产业转移的广西北部湾经济区产业结构优化路径分析	广西财经学院 贺勤志	《品牌》(下旬刊) 2014年11期	2009年度广西教育厅科研项目
广西北部湾经济区重点产业发展现状及升级路径研究	广西社会科学院 陈禹静	《经济与社会发展》 2014年03期	
新兴发展区域产业发展水平与土地利用结构关系研究——以广西北部湾经济区为例	广西师范学院 陆汝成等	《资源开发与市场》 2014年10期	广西自然科学基金项目,国家自然科学基金项目
支持北部湾经济区新材料产业发展的财税政策思考	广西财经学院 王红晓等	《广西财经学院学报》 2014年04期	2012年度教育厅重点学科(优势特色重点学科)和重点实验室(基地或创新平台立项建设项目《北部湾经济区新材料产业财税政策研究》子课题阶段性成果之一
广西北部湾经济区临海产业发展现状及策略	广西师范学院 杨丛丛、纪　明	《区域金融研究》 2014年08期	广西哲学社会科学规划课题《适应气候变化背景下广西北部湾经济区临海产业发展战略研究》阶段性成果之一,广西高校科学技术研究重点项目《适应气候变化视角下广西沿海地区产业布局调整研究》阶段性成果之一,教育部重点实验室"北部湾环境演变与资源利用实验室"系统基金项目

续表

论文题目	作者单位及作者	发表刊物及期数	备注
基于承接产业转移的广西北部湾经济区产业结构优化路径分析	广西财经学院 贺勤志	《品牌》(下旬刊) 2014年11期	广西教育厅2009年度科研项目
广西北部湾经济区临海三市产业结构的相似性及调整策略	广西师范学院 纪　明、杨丛丛	《广西师范学院学报》(自然科学版)2014年03期	2014年国家社科基金项目,2013年度广西哲学社会科学规划课题,2014年度广西高校科学技术研究重点项目,教育部重点实验室"北部湾环境演变与资源利用实验室"系统基金项目
广西北部湾经济区制造业基地构建的产业集聚发展实证研究	广西大学 蒋雨秀	《经营管理者》 2014年23期	国家社科基金项目《CAFTA贸易便利化水平测算与中国应对策略研究》阶段性成果之一,广西哲学社会科学"十一五"规划课题《广西北部湾经济区构建中国—东盟制造业基地战略研究——基于产品内分工视角》阶段性成果之一,广西大学科研基金项目《产品内分工对中国与东盟双边贸易影响的研究》阶段性成果之一
广西北部湾经济区投资环境竞争力评价与分析——兼与珠三角经济区比较	广西财经学院 何庆光等	《经济论坛》 2014年01期	
广西北部湾经济区保税物流研究	广西职业技术学院 杨　清、吴砚峰	核心期刊《物流技术》 2014年09期	中国物流学会课题《中国—东盟自由贸易区视角下的广西北部湾经济区保税物流体系研究》阶段性成果之一
广西北部湾经济区商流与物流区域整合研究	广西师范大学漓江学院 吴　萍	核心期刊《物流技术》 2014年21期	
北部湾经济区农产品物流发展对策研究	广西生态工程职业技术学院　徐汉柱	核心期刊《物流技术》 2014年05期	广西高等学校特色专业及课程一体化建设项目—物流管理
基于生态化机理的农副产品加工业生态化全产业链构建——以广西北部湾经济区为例	广西大学 史　进	《市场论坛》2014年04期	
支持广西北部湾经济区生物农业发展的财税政策思考	广西财经学院 李　萍	核心期刊《经济研究参考》 2014年05期	
北部湾经济区海洋运输业发展趋势分析	广西钦州学院 朱芳阳	《中南林业科技大学学报》(社会科学版)2014年03期	广西哲学社会科学研究一般项目《北部湾经济区制造业与物流业协调发展效益研究》阶段性成果之一
广西北部湾经济区新型城镇化探索	广西民族大学 刘　佳	《经济论坛》 2014年04期	
广西北部湾经济区同城化问题及对策研究	广西师范大学 叶进杰、陈云虹	《新经济》 2014年17期	
广西北部湾经济区同城化管理体制改革的思考	广西师范学院 王惠琴	《法制与经济》(下旬刊) 2014年03期	
沿海已建"新区"政策配置对广西北部湾经济区的启示	广西社会科学院 陈禹静	《沿海企业与科技》 2014年03期	
广西北部湾经济区农村建设用地整治区域分级研究	广西国土资源规划院 陈建军、雷　征	《广东土地科学》 2014年06期	广西国土资源厅重大课题——北部湾经济区国土规划课题研究项目
广西北部湾经济区土地利用思考	广西财经学院　欧胜彬, 广西土地学会　农丰收	《南方国土资源》 2014年02期	广西社会科学基金项目,广西高校人文社科项目
广西北部湾经济区征地制度改革研究	南宁市规划管理局 李　鹏等	《广西师范学院学报》(哲学社会科学版)2014年01期	
北部湾经济区六城市财政支出绩效比较	广西师范大学 陈　平等	核心期刊《会计之友》 2014年11期	广西人文社会科学发展研究中心"泛北部湾发展研究团队"项目
北部湾经济区生态文明建设的路径	广西民族师范学院 陆春蓉	《广西民族师范学院学报》 2014年02期	2011年国家社科基金项目《泛北部湾区域生态文明共享模式及实现机制研究》阶段性成果之一

续表

论文题目	作者单位及作者	发表刊物及期数	备注
经济发展、禀赋差异与政府干预的关系研究——基于北部湾经济区与珠三角经济区的比较	自治区党校 陆昱	核心期刊《商业时代》 2014年32期	2011年度国家社科基金项目《党的十六大以来中国特色社会主义政治实践与经济发展关系研究》阶段性成果之一，2012年度广西区委党校校级课题《从"追兵"到"标兵"：广西北部湾经济区发展战略新思考——基于与广东珠三角经济区比较的视角》阶段性成果之一
制度创新为经济发展助力——基于广西北部湾经济区"先征后转"的调查	广西财经学院　欧胜彬 广西大学　苏雪晨	核心期刊《中国土地》 2014年03期	
加强会计监督促进广西北部湾经济区经济发展	广西财经学院 唐秋烨	核心期刊《学术论坛》 2014年04期	
建设中国沿边地区开发开放排头兵的对策研究——以广西东兴重点开发开放试验区建设为例	广西社会科学院 雷小华	《东南亚纵横》 2014年01期	
对提高广西沿边地区开放水平的若干思考	广西崇左市广播电影电视局　农日东，广西经济管理干部学院　林素娟	《广西民族师范学院学报》 2014年01期	广西社科规划项目《广西提高沿边地区开放水平研究报告》阶段性成果之一
加快沿边金融综合改革试验区建设 助推沿边地区开放开发专题	广西壮族自治区人民政府　金坚强	《广西经济》 2014年09期	
广西沿边地区开发开放合作概况与发展对策	广西商务厅 邓希	《广西经济》 2014年09期	
广西中越沿边地区竹类资源及其利用	广西林业科学研究院 黄大勇等	《世界竹藤通讯》 2014年03期	广西南宁市科学研究与技术开发计划项目《南宁市竹文化科普基地建设》阶段性成果之一，广西林科院基本科研业务费项目《广西林科院竹类资源保育研究》阶段性成果之一
边境地区绿色经济发展模式及对策研究——以广西省为例	广西经济管理干部学院 熊远光、刘琼秀	核心期刊《农业经济》 2014年09期	国家社科基金西部项目《西南边疆少数民族地区民生改善实证研究》阶段性成果之一
广西"兴边富民行动"扶持边境地区发展特色优势产业	广西民族事务委员会	《广西经济》 2014年12期	
广西边境贸易发展存在的问题及对策研究	广西经济管理干部学院 苏悦娟、韦万春	核心期刊《经济研究参考》 2014年70期	
广西边境贸易发展现状与对策研究	广西大学 陈薇	《中国市场》 2014年50期	
边境贸易对广西边境民族地区构建和谐社会作用的实证分析	广西经济管理干部学院 陆凤莲	《经营管理者》 2014年32期	国家社会科学基金项目《中国—东盟自由贸易区与广西边境贸易发展战略选择研究》阶段性成果之一
浅析广西龙州县边境贸易发展状况及发展瓶颈	广西经济管理干部学院 杨力刚	《商场现代化》 2014年32期	
区位价值理论与跨边境经济合作区企业行为选择——基于全球商品链高端嵌入的研究	广西大学 葛雷	《农村经济与科技》 2014年03期	湖北省教育厅人文社科项目
区域创新体系中的企业信息资源服务体系研究——以西江经济带为例	广西民族大学 余波等	核心期刊《图书情报知识》 2014年02期	国家社会科学基金项目《区域创新体系中的信息资源配置与服务模式研究》阶段性成果之一，国家社科基金项目《文献计量学视角下的NPE及其专利的计量与评价》阶段性成果之一，广西民族大学研究生教育创新计划项目《基于信息链的少数民族文化资源产业化研究》阶段性成果之一

续表

论文题目	作者单位及作者	发表刊物及期数	备注
我国西南中南地区开放发展新的战略支点——以西江经济带为研究视角	广西南宁市委党校 覃升锋等	《中共南宁市委党校学报》 2014 年 01 期	
广西西江经济带人口城镇化与土地城镇化协调发展研究	广西师范学院 韦　钰等	《广西师范学院学报》(自然科学版)2014 年 04 期	
广西全方位参与推进珠江—西江经济带建设	广西南宁市社会科学院 林昆勇	《城市》 2014 年 10 期	
广西西江经济带承接产业转移探析——以贵港、玉林、梧州、贺州 4 市为例	广西社会科学院 刘　波	《经济与社会发展》 2014 年 03 期	
桂西资源富集区土地综合承载潜力评价——基于系统动力学和 GIS	广西国土资源规划院 邓颖林等	核心期刊《国土资源科技管理》2014 年 02 期	
广西桂西资源富集区 CDM 项目的开发研究	广西财经学院 尹娟等	核心期刊《学术论坛》 2014 年 02 期	广西教育厅优势特色学科——管理科学与工程项目,2013 年度广西财经学院科研项目
发展桂西资源富集区低碳经济的动力机制研究	广西财经学院 郭　曦	《市场论坛》 2014 年 04 期	2013 年度广西财经学院校级课题《发展桂西资源富集区低碳经济的动力机制研究》阶段性成果之一
增强桂西资源富集区自我发展能力的思考	广西社会科学院 周明钧	《广西经济》 2014 年 03 期	
广西在全国新一轮开放中的 SWOT 分析及战略选择——兼论广西推动“一带一路”建设的总体思路	广西社会科学院 黄志勇、颜　洁	《改革与战略》 2014 年 11 期	《广西沿边地区新一轮开放开发战略课题研究》阶段性成果之一

【旅游研究】 2014 年,广西科研人员研究旅游问题出版的著作有:范恒君《广西北部湾经济区旅游发展与合作研究》、王林《景观村落旅游与社区参与》等。

发表的论文,根据《中国知网》期刊不完全统计,通过对篇名中含有“旅游”等关键词进行检索,2014 年广西科研人员发表有关旅游研究的论文有 254 篇,全国 12163 篇,占 2.08%。

广西科研人员发表有关旅游研究的论文中,有 31 篇发表在核心期刊,占 2.08%。论文作者(以最前的广西作者为准)在高校有 24 篇(广西大学 7 篇,广西师范大学 4 篇,广西民族大学 3 篇),占 77.42%;在科研系统有 4 篇,占 12.9%;在实践部门有 3 篇,占 9.68%。

发表的论文中,有部分是基金项目的阶段性成果:国家基金项目(包括国家社科基金、国家哲学社会科学基金、国家自然科学基金)的阶段性成果 15 篇,教育部项目的阶段性成果 10 篇;广西基金项目(包括广西社科基金、广西哲学社会科学规划课题、广西自然科学基金)的阶段性成果 13 篇,广西教育类项目(广西教育科学规划课题、广西高等学校项目、新世纪广西高等教育教学改革工程、广西研究生教育创新计划项目)的阶段性成果 32 篇。

研究旅游问题的文章,主要从旅游业和旅游资源、经济、发展、产业、市场、企业、开发、管理、服务、竞争力、合作、产品、品牌、电子商务、人才、景区、形象、宣传等方面研究;从各种类型旅游如文化、低碳、生态、乡村、城市、区域、红色、民俗、入境旅游等方面研究。作者多在高校。

出版的著作中,范恒君《广西北部湾经济区旅游发展与合作研究》阐述广西北部湾经济区旅游发展的基础与现状、旅游跨界合作的意义,分析旅游合作发展的推动力及旅游形象塑造、旅游合作的拓展与深化、旅游合作可持续发展战略等问题,从旅游合作的保障措施、紧缺国际化旅游人才开发等方面提出对策与建议,以期促进广西北部湾经济区旅游经济的健康发展。王林《景观村落旅游与社区参与》从参与规划与利益分配、社区增权和遗产保护三个角度提出了景观村落 遗产旅游的社区参与评估尺度,并重点指出社区居民 参与能力的增强必将促使其走向广阔的权能 空间,最终实现景观遗产保护与社区公共事务的自治 。

发表的论文中,在研究旅游发展问题上,朱环《“丝绸之路经济带”旅游发展对策——基于中国—东盟无障碍旅游区构建视野》从交通建设、投资环境建设、物流建设、签证建设、人才服务体系建设、政策谅解建设、文化交流建设几个方面进行探讨,提出相关政策建议。

在研究旅游开发问题上,麻新华、陆秋霞《百色市乡村生态旅游开发研究》认为百色市乡村地区特色林果资源丰富,指出广西百色市乡村生态旅游开发的必要性及可行性,并提出相应的发展对策。

在旅游服务贸易问题上，杨永德等《中泰旅游服务贸易失衡问题及应对策略》认为中泰两国的旅游服务贸易逆差短期内很难逆转，但是中国可以通过提高旅游产业竞争力等方式来减少这一逆差。还可以利用这一逆差来增强中国的软实力，以实现中泰旅游服务贸易在动态中平衡的目标。

在研究旅游竞争力问题上，刘亚萍等《CAFTA 地缘优势下的广西与云南旅游竞争力比较研究》认为广西整体综合旅游竞争力年均提升率不及云南，而泛亚铁路的建成开通将进一步弱化广西的地缘优势。

在研究旅游吸引力问题上，吴晓山《民族文化旅游吸引力的评价体系与营造策略研究》认为民族文化旅游吸引力的影响因素主要体现在资源特点、区域旅游环境与旅游政策环境等三个方面。以构建起民族文化旅游吸引力的综合评价体系，提出相应的发展策略。

在研究低碳旅游问题上，杨军辉《桂林低碳旅游城市构建条件与模式研究——基于旅游者视角》认为桂林应通过旅游者低碳旅游意识、行为提升模式和旅游企业低碳旅游环境营造模式，构建低碳旅游城市。

在研究跨境旅游问题上，黄爱莲《社会网络对跨境旅游合作者的行为影响研究》认为中越跨界旅游目的地开发过程应该加强合作者之间社会关系如人员信任、民族情感、政治沟通等要素的培育。

在研究旅游企业问题上，文军、李星群《民族地区乡村微型旅游企业发展变迁研究——基于广西乡村微型旅游企业的实证分析》认为通过转变景区经营方式、推动乡村旅游目的地产业融合等促进乡村微型旅游企业可持续发展。

在研究旅游人才培养问题上，朱环《中国—东盟无障碍旅游区旅游人才培养策略探讨》认为应该通过树立“专区”人才培养核心理念，加强人才纵向交叉对接培养，通过大国带动人才交换与合作培养等高校培养策略，设立“专区”旅游人才培养基地，建设和谐文化环境保障体系来提高中国—东盟无障碍旅游区旅游人才质量。

有关“旅游研究”方面的著作一览表

著作题目	作者单位及作者	出版社及出版时间	字数(千字)
广西北部湾经济区旅游发展与合作研究	南宁职业技术学院　范恒君	中国时代经济出版社，2014 年 4 月	190
景观村落旅游与社区参与	广西历史学会　王　林	中国旅游出版社，2014 年 4 月	280

有关“旅游研究”方面的论文一览表

论文题目	作者单位及作者	发表刊物及期数	备注
广西文化产业与旅游业融合度实证研究	广西师范大学 梁君等	核心期刊《广西社会科学》 2014 年 03 期	广西高等学校人文社会科学研究重点项目，广西高等学校人文社会科学研究立项项目
基于 SSM 视角分析的桂林旅游业六要素优化研究	广西大学 杨永德等	核心期刊《学术论坛》 2014 年 03 期	教育部人文社会科学研究项目
实业家陈光甫对近代中国旅游业的开拓	广西经济管理干部学院 林　菁	核心期刊《兰台世界》 2014 年 01 期	
桂林旅游业碳排放的初步估算及脱钩关系分析	桂林旅游高等专科学校 杨莎莎等	核心期刊《桂林理工大学学报》2014 年 04 期	国家社会科学基金项目，广西高等学校优秀中青年骨干教师培养工程项目，国家旅游局旅游业专家培养计划课题，桂林旅游高等专科学校科研基金项目
旅游业中的微博营销策略	广西师范学院 陈洪波	核心期刊《新闻与写作》 2014 年 11 期	广西哲学社会科学“十二五”规划 2011 年度课题《广西旅游目的地品牌策略研究》阶段性成果之一，广西教育厅 2011 年度科研课题《中国—东盟区域经济合作框架下的广西旅游品牌策略研究》阶段性成果之一
论广西文化产业与旅游业融合发展模式及其效应	广西师范大学 杨　霞等	核心期刊《广西社会科学》 2014 年 06 期	广西高等学校人文社会科学研究立项项目《广西文化旅游发展模式研究》阶段性成果之一，广西高等学校人文社会科学研究重点项目《广西文化产业与旅游业融合发展研究》阶段性成果之一

续表

论文题目	作者单位及作者	发表刊物及期数	备注
桂林旅游资源在语文教学中的应用	广西师范大学 王丽媛	《桂林师范高等专科学校学报》2014年03期	
桂林七星区旅游资源经营对策探讨	广西桂林市林业设计院 赖昌巧等	《中外企业家》 2014年16期	
国际语境下的越南河内文庙旅游资源开发与利用——以导游服务为视角	广西师范大学 钟　珂	《旅游纵览》(下旬刊) 2014年06期	
广西旅游资源的市域差异与整合研究	南宁职业技术学院 张　云等	《广西师范学院学报》(哲学社会科学版)2014年06期	广西科学研究与技术开发计划项目,2012年"广西高校优秀人才计划"项目
从市场化进程看我国旅游经济增长中制度性变革贡献	广西科技大学 黄忠伟	核心期刊《商业时代》 2014年12期	
中越旅游政策变迁对双边旅游经济影响的实证研究	广西民族师范学院 陈俊安	《改革与战略》 2014年02期	边疆问题研究基地开放基金项目,2013年度广西高等学校人文社会科学研究项目
贺州旅游经济的PEST分析及对策建议	广西师范大学 邹青青	《企业技术开发》 2014年14期	
湖南省旅游经济时空差异分析	广西师范大学 刘　青	《市场论坛》 2014年08期	
"丝绸之路经济带"旅游发展对策——基于中国—东盟无障碍旅游区构建视野	广西师范大学漓江学院 朱　环	核心期刊《开发研究》 2014年03期	广西教育科学"十二五"规划2013年度课题《广西独立学院旅游应用型人才技能培养研究》阶段性成果之一
广西国内旅游发展的区域差异研究	广西师范学院 覃小华、甘永萍	《江苏商论》 2014年06期	
我国省域旅游发展现状差异研究	广西大学 李　丽、潘柳榕	《湖南科技学院学报》 2014年06期	
古村镇旅游发展中关于遗产保护的预警系统试构建	广西师范大学 李军文、王　林	《内蒙古农业大学学报》(社会科学版)2014年02期	广西哲学社会科学"十二五"项目一般课题《广西历史文化名城名镇名村的保护与开发研究》阶段性成果之一
旅游符号与"长寿之乡"地区旅游发展——以广西巴马为例	广西教育学院 王　娟、潘顺安	《广西经济管理干部学院学报》2014年02期	广西教育厅科研项目《基于新农村建设的广西乡村旅游开发模式研究》阶段性成果之一
广西国有企业旅游产业整合发展思考与建议	广西国有资产监督管理委员会　韦刚强、符文洋	核心期刊《学术论坛》 2014年06期	
从灰色关联模型的角度分析南宁市旅游产业	广西师范学院经济管理学院　李　岩、甘永萍	《江苏商论》 2014年12期	广西哲学社会科学"十一五"规划2008年度项目,广西师范学院基础研究基金项目
非物质文化遗产保护视角下广西红水河流域民族体育旅游产业开发	广西体育高等专科学校 覃少菊等	《价值工程》 2014年12期	2011年度广西教育厅科研项目《非物质文化遗产保护视角下广西红水河流域民族体育旅游产业开发》阶段性成果之一
新时期广西旅游产业精准扶贫实施策略	广西经济管理干部学院 徐巧英	《当代广西》 2014年20期	
我国旅游市场"柠檬问题"研究	广西师范学院 柳晓静、毕燕	《重庆理工大学学报》(社会科学版)2014年06期	
基于"波特五力模型"的团队旅游市场分析研究	广西师范学院 邓梧希、毕　燕	《广西师范学院学报》(自然科学版)2014年04期	2014年广西研究生教育创新计划项目
防城港市在校大学生旅游市场开发探讨	广西财经学院 谢万忠	《旅游纵览》(下旬刊) 2014年02期	
民族地区乡村微型旅游企业发展变迁研究——基于广西乡村微型旅游企业的实证分析	广西大学 文　军、李星群	核心期刊《广西民族研究》 2014年01期	教育部人文社会科学研究课题《广西乡村微型旅游企业发展问题研究》阶段性成果之一

续表

论文题目	作者单位及作者	发表刊物及期数	备注
百色市乡村生态旅游开发研究	广西民族师范学院 麻新华、陆秋霞	核心期刊《湖北农业科学》 2014年05期	广西教育厅人文社科研究项目，广西民族师范学院中青年骨干教师科研启动项目
乡村旅游开发中土地流转风险的产生机制与防范策略——基于博弈论视角	广西科技大学 黄忠伟	核心期刊《湖北农业科学》 2014年04期	广西科技大学科学基金项目
古村落体验旅游开发的思考——以广西灵川县江头村为例	广西旅游科学研究所 秦春林	《广西农学报》 2014年06期	
广西西江经济带旅游开发研究	广西师范学院 胡云华、宋书巧	《特区经济》 2014年11期	广西科学研究与技术开发计划项目
对客家古民居进行旅游开发的理性思考	广西工业职业技术学院 王秀娟	《中国管理信息化》 2014年10期	2013年度广西高等学校人文社会科学研究项目
贵港市打造港口城市所需的旅游管理高技能人才培养	广西工业职业技术学院 廖　俐	核心期刊《教育与职业》 2014年30期	
基于卓越人才培养理念的旅游管理差异化人才培养模式探索——以广西民族师范学院为例	广西民族师范学院 羊绍全	《黑龙江教育》(高教研究与评估)2014年02期	
旅游管理专业校企合作利益相关者研究	广西师范大学漓江学院 张艳梅	《旅游纵览》(下旬刊) 2014年09期	2012年度新世纪广西高等教育教学改革工程立项项目A类《基于利益相关者的独立学院旅游管理专业校企合作保障机制研究》阶段性成果之一
引入ESP教学培养旅游管理人才的探析	广西工业职业技术学院 廖春玫	《江西青年职业学院学报》 2014年04期	
中泰旅游服务贸易失衡问题及应对策略	广西大学 杨永德等	核心期刊《广西民族大学学报》(哲学社会科学版) 2014年06期	教育部哲学社会科学研究重大课题攻关项目，教育部人文社会科学研究项目，广西大学211工程四期重点学科群项目《中国—东盟经贸合作与发展研究》阶段性成果之一
我国旅游服务标准体系的优点与不足 我国旅游标准化体系建设探索与思考之(一)	广西旅游科学研究所 张念萍	《旅游纵览》(下旬刊) 2014年04期	
大规模定制旅游服务系统文献综述	广西大学 朱梦圆、王　玻	《商场现代化》 2014年24期	广西社科规划项目《客户需求导向的服务过程行为列表开发研究——以广西旅游服务系统为例》阶段性成果之一
CAFTA地缘优势下的广西与云南旅游竞争力比较研究	广西大学 刘亚萍等	核心期刊《商业研究》 2014年12期	国家自然科学基金项目
ANP法在地质公园旅游竞争力评价中的应用	广西财经学院 雷　鸣	《现代商贸工业》 2014年07期	广西财经学院2013年度校级课题
基于AHP的城市会展旅游竞争力评价指标体系研究	广西师范大学 刘　青	《旅游纵览》(下旬刊) 2014年08期	广西研究生教育创新计划项目
区域体育旅游竞争力评价指标体系的构建——以广西为例	广西科技大学 农路华	《钦州学院学报》 2014年11期	2013年度广西高等学校科学研究立项项目《广西体育旅游竞争力的综合评价分析》阶段性成果之一，2014年度广西高校科研项目(一般项目)《基于文化创意视角的城市体育发展模式研究》阶段性成果之一
发展泛北部湾海上旅游合作的要素分析	广西经贸职业技术学院 宫　斐	核心期刊《国际经济合作》 2014年12期	

续表

论文题目	作者单位及作者	发表刊物及期数	备注
边境国际旅游合作区建设与旅游产业发展创新策略	广西民族师范学院 陈俊安	核心期刊《学术交流》 2014年06期	边疆问题研究基地开放基金项目,2013年度广西高等学校人文社会科学研究项目
中缅旅游合作现状及前景探讨	广西民族师范学院 麻新华、舒小林	《东南亚纵横》 2014年06期	广西教育厅人文社科研究项目,广西民族师范学院中青年骨干教师科研启动项目
桂港旅游合作的动力机制与路径研究	广西大学 刘民坤、刘响明	《林业经济》 2014年06期	2011年广西哲学社会科学项目《科技创新驱动广西服务业转变发展方式研究》阶段性成果之一,2013年国家旅游局旅游业青年专家培养计划项目《技术创新—产业集群—利益分享三维视角下区域旅游业转型升级研究》阶段性成果之一
广西姑婆山国家森林公园旅游产品升级	广西林业勘测设计院 李玉清、谭江锋	《广西林业科学》 2014年02期	
武鸣县休闲旅游产品规划策略	广西广播电视大学 陆璐珂,广西工商职业学院 冯诗根	《现代经济信息》 2014年10期	2013年度广西高校人文社科研究项目《武鸣县休闲旅游开发研究》阶段性成果之一
浅谈乡村旅游产品开发与策略	广西民族师范学院 陈俊安	《旅游纵览》(下旬刊) 2014年02期	广西民族师范学院科研项目,广西民族师范学院华南边疆问题研究基地"中越边境民族村落文化旅游发展研究团队"项目
抽象与具象在旅游商品设计中的应用	广西师范大学 阳海鸥	《设计艺术研究》 2014年05期	广西师范大学广西人文社会科学发展研究中心项目,广西师范大学广西人文社会科学发展研究中心项目,广西教育厅科研项目
超高压技术对旅游食品中微生物的影响	广西崇左市住房和城乡建设委员会　杨峰玉	《河南工业大学学报》(自然科学版)2014年05期	
田阳敢壮山布洛陀文化旅游品牌形象构建思考	广西大学 燕　敏	核心期刊《广西民族大学学报》(哲学社会科学版) 2014年03期	
影像传播在跨文化传播中的作用——以广西旅游品牌影像传播为例	广西大学 吴灏鑫、占　琦	核心期刊《新闻与写作》 2014年09期	广西教育厅立项项目
广西特色旅游品牌化战略研究	广西师范学院 张志宏、陈洪波	《法制与经济》(中旬刊) 2014年03期	广西哲学社会科学"十二五"规划2011年度项目《广西旅游目的地品牌策略研究》
大数据时代背景下我国乡村旅游电子商务系统发展的SWOT分析(英文)	广西农业科学院 曾　媛	核心期刊《南方农业学报》 2014年08期	
面向东盟的广西旅游电子商务网站资源整合策略	广西财经学院 李　菲	《电子商务》 2014年01期	广西财经学院2013年度校级课题立项《面向东盟的广西旅游电子商务平台优化策略研究》阶段性成果之一
旅游企业人才流失现象研究	广西师范学院 杨春玲	《中国校外教育》 2014年S3期	
中国—东盟无障碍旅游区旅游人才培养策略探讨	广西师范大学漓江学院 朱　环	核心期刊《广西师范大学学报》(哲学社会科学版) 2014年03期	广西教育科学"十二五"规划2013年度课题《广西独立学院旅游应用型人才技能培养研究》阶段性成果之一
培养会展旅游人才的探索与研究	广西师范学院 杨春玲	《科教文汇》(上旬刊) 2014年02期	
城镇化进程中民营旅游景区的盈利模式构建	广西师范学院 覃小华等	《改革与战略》 2014年11期	北部湾环境演变与资源利用省部共建教育部重点实验基金项目,广西高校重点学科区域经济学基金项目

续表

论文题目	作者单位及作者	发表刊物及期数	备注
旅游景区跨国联盟的动因及未来发展趋势研究	广西民族师范学院 蒋露娟	《经济论坛》 2014年01期	广西民族师范学院2013年度校级青年项目
浅谈旅游景区的品牌提升规划	广西博驰规划设计有限公司　肖月莹	《科技信息》 2014年10期	
旅游景区的环境管理与文化渲染设计分析	广西城市职业学院 席　文	《旅游纵览》(下旬刊) 2014年02期	
广西北部湾经济区旅游形象构建研究	广西师范大学 吴冠淑	《梧州学院学报》 2014年05期	2014年全国大学生小平科技创新团队《民族地区特色旅游创新发展》阶段性成果之一
动漫在旅游宣传中的运用	广西机电职业技术学院 苏宇慧、邓莉萍	《艺术科技》 2014年04期	
桂林国际旅游胜地核心竞争力之文化旅游培育	广西旅游科学研究所 谢　菲、粟维斌	核心期刊《社会科学家》 2014年07期	科技部课题《漓江流域生态旅游资源可持续利用技术模式及示范》之子课题《漓江流域生态旅游资源分类评价与开发模式研究》阶段性成果之一，2014年度广西高校科学技术研究项目《基于桂林国际旅游胜地建设的文化产业与旅游产业融合发展研究》阶段性成果之一
民族文化旅游吸引力的评价体系与营造策略研究	广西师范大学 吴晓山	核心期刊《开发研究》 2014年01期	2010年教育部人文社会科学研究青年项目，2011年广西人文社会科学发展研究中心“科学研究工程”项目《旅游研究团队》阶段性成果之一
越南河内文庙在开展中越文化旅游中的地位和作用	广西师范大学 钟　珂	《广西经济管理干部学院学报》2014年03期	
广西龙象谷文化旅游地产开发建设思考	广西龙象谷投资有限公司 刘家庆	《大众科技》 2014年08期	
桂林低碳旅游城市构建条件与模式研究——基于旅游者视角	广西师范大学 杨军辉	核心期刊《开发研究》 2014年03期	国家社会科学基金项目，广西教育厅科研项目
低碳旅游视角下酒店管理模式分析	广西第一工业学校 陈义玲	《科技与企业》 2014年15期	
木论自然保护区生态旅游资源开发与可持续利用	河池学院 覃勇荣等	《天津农业科学》 2014年12期	广西高校重点实验室—桂西北特色资源研究与开发实验室项目，广西高校校地校企共建科技创新平台—桂西北地方资源保护与利用工程中心项目
广西大明山国家级自然保护区开展生态旅游存在的问题及可持续发展对策研究	广西大明山国家级自然保护区管理局　李顺利	《内蒙古林业调查设计》 2014年05期	全球环境基金(GEF)项目《广西综合林业发展与保护》子项目《加强自然保护区管理》阶段性成果之一
生态旅游资源评价体系建构及其实证研究——以张家界市为例	广西师范大学 戴平娟、侯俊娜	《市场论坛》 2014年10期	2014年全国大学生小平科技创新团队《民族地区特色旅游创新发展研究》阶段性成果之一
漓江流域生态旅游资源开发适宜性评估	广西旅游科学研究所 粟维斌、钟　泓	《改革与战略》 2014年11期	国家科技支撑计划项目
百色市乡村生态旅游开发研究	广西民族师范学院 麻新华、陆秋霞	核心期刊《湖北农业科学》 2014年05期	广西教育厅人文社科研究项目，广西民族师范学院中青年骨干教师科研启动项目
农民的“文化自觉”与广西乡村生态旅游文化产业提升研究	广西民族大学 秦红增等	核心期刊《广西民族研究》 2014年02期	2011年广西“中国南方与东南亚民族研究”特聘专家岗位项目
广西乡村旅游如何在“火爆”中实现可持续发展探研	广西广播电视大学 韦忠娟	《广西师范学院学报》(哲学社会科学版)2014年01期	广西高等教育教学改革工程项目《都市休闲产业与旅游教学资源建设与应用》阶段性成果之一

续表

论文题目	作者单位及作者	发表刊物及期数	备注
乡村旅游与自然生态环境保护和谐发展	广西防城港市委 刘　俊	《合作经济与科技》 2014年20期	
广西乡村旅游信息化发展研究	广西科技大学 黄忠伟	《中国市场》 2014年12期	广西科技大学社科基金项目
基于产业融合视角的乡村旅游分析	广西大学 刘响明	《市场论坛》 2014年11期	
低碳经济视阈下乡村旅游低碳化研究——以广西青狮潭镇为例	广西民族大学 赵晓航	《经济研究导刊》 2014年25期	
城市旅游综合体发展途径探索	广西大学 李　苇	《商》 2014年06期	
西江经济带区域旅游合作的模式研究	广西财经学院 覃素平	《广西财经学院学报》 2014年05期	
基于"边界理论"的泛北部湾区域旅游合作模式探析	广西经贸职业技术学院 宫　斐	《企业科技与发展》 2014年15期	2010年度广西教育厅科研立项项目《泛北部湾旅游合作机制模式探析》阶段性成果之一
广西红色旅游发展概况、问题与策略	广西教育学院 刘　庆	《广西教育学院学报》 2014年03期	
龙州红色旅游资源开发现状及其发展对策	广西龙州县委党史研究室 雷　丽	《传承》 2014年10期	
人类学视野下的左江流域节日民俗旅游开发——以广西崇左为例	广西民族师范学院 吕红艳	《广西民族师范学院学报》 2014年06期	广西民族师范学院2010年度社会科学科研项目，广西人文社会科学研究中心华南边疆问题研究基地特色研究团队项目《中越边境民族村落旅游文化研究》阶段性成果之一
协同学视阈下的桂西南边境民俗旅游发展研究	广西民族师范学院 吕红艳等	《黑龙江史志》 2014年18期	华南边疆问题研究基地特色研究团队项目《中越边境民族村落旅游文化研究》阶段性成果之一，广西民族师范学院边疆问题研究基地开放基金项目《中越边境跨界民族协同发展问题研究》阶段性成果之一
中国民俗旅游课程教学改革的探讨	广西民族师范学院 吕红艳	《大学教育》 2014年02期	广西民族师范学院教改试验区项目，广西民族师范学院2010年度社会科学科研项目
广西入境旅游者消费变动的实证分析	广西师范学院 李　岩、甘永萍	《广西师范学院学报》(自然科学版)2014年03期	广西哲学社会科学"十一五"规划2008年度项目，广西师范学院基础研究基金项目
东盟入境旅游档案开发利用研究——以广西为例	广西民族大学 罗夏钻	核心期刊《山西档案》 2014年02期	
广西区入境旅游客源市场空间结构分析	广西大学 贺　涵	《现代商贸工业》 2014年07期	
桂林市入境旅游客流量的预测研究——基于多元线性回归模型与GM (1,1)的比较	广西贺州学院 江　伟	《时代金融》 2014年32期	
广西滨海民族传统体育旅游资源的开发研究	桂林航天工业学院 陈惠娜	《体育科学研究》 2014年05期	广西哲学社会科学"十二五"规划课题
桂林罗山湖体育旅游园地质灾害分析及其防治措施	中国有色桂林矿产地质研究院有限公司　周洁军等	《安徽建筑》 2014年01期	
论城市会展旅游的发展——以南宁为例	广西大学 梁　辰	《艺术科技》 2014年01期	
会展旅游价值链整合视角下的旅游企业战略联盟研究——以桂林为例	广西师范大学 贺　娟	《市场论坛》 2014年10期	

历史学·文化学

【广西历史研究】 2014年，广西科研人员研究广西历史问题的著作主要有：曾凡贞《民国时期广西县政改革研究》、李建平等《桂林抗战艺术史》和《抗战文化研究（第8辑）》、中共广西区委党史研究室《广西抗日战争时期人口伤亡和财产损失》、杨东甫，杨骥《清代广西巡抚列传》、唐凌《广西商业会馆系统碑刻资料集》等。

发表的论文，根据《中国知网》期刊不完全统计，通过对篇名中含有太平天国、中法战争、辛亥革命、抗战、桂系等关键词进行检索，2014年广西科研人员发表在这几方面的论文有52篇，全国1040篇，占5%。其中篇名中含有关键词“太平天国”的有1篇；“辛亥革命”的有2篇，全国110篇，占1.81%；含有“抗战”的有43篇，全国908篇，占4.74%；含有“桂系”的有7篇，全国22篇，占31.81%。此外在《广西文史》上广西作者发表有不少广西历史方面研究的文章。

广西科研人员发表有关辛亥革命、抗战、桂系等方面的论文中，有9篇发表在核心期刊，占17.31%。发表在核心期刊的论文中，研究抗战的有7篇，占77.78%；研究桂系的有2篇，占22.22%。论文作者（以最前的广西作者为准）在高校有8篇，占88.89%；在科研机构有1篇，占11.11%。

发表的论文中，有部分是基金项目的阶段性成果：国家基金项目（包括国家社科基金、国家哲学社会科学基金、国家自然科学基金）的阶段性成果9篇，教育部项目的阶段性成果1篇；广西基金项目（包括广西社科基金、广西哲学社会科学规划课题、广西自然科学基金）的阶段性成果8篇，广西教育类项目（包括广西教育科学规划课题、广西高等学校项目、新世纪广西高等教育教学改革工程、广西研究生教育创新计划项目）的阶段性成果2篇。

研究广西历史问题的论文，在辛亥革命、抗战时期（主要以桂林抗战文化为主）、桂系等方面的研究增多，在广西地方史志、广西古代文献和人物及民俗历史、石刻、文物、遗址等方面也有所研究。

出版的著作中，曾凡贞《民国时期广西县政改革研究》以广西民国时期新桂系县政改革为研究对象，厘清新桂系县政改革的嬗变脉络和特点作用。李建平等《桂林抗战艺术史》认为开展桂林抗战艺术研究是抗战文化研究逐步深入的一种必然。该书具有完善抗战文艺史体系，填补中国现代艺术史尤其是抗战文艺史的一个重要空白，丰富抗战文艺研究理论的理论意义和学术价值。中共广西区委党史研究室《广西抗日战争时期人口伤亡和财产损失》专题研究全国抗战前及战争中广西的自然条件和社会经济状况，日本侵略者在广西的主要罪行，抗战时期广西人口伤亡情况及财产损失情况。

发表的论文中，在研究辛亥革命时期问题上，叶紫孙萌《浙江会党在辛亥革命时期的作用及去向》概述浙江会党流派复杂众多的成因及历史演变，分析了浙江会党参与辛亥革命斗争的原因以及所作的巨大作用。

在研究桂林抗战文化问题上，李建平《西部地区优势特色学科发展探微——以桂林抗战文化研究为例》结合桂林抗战文化研究的实例，探讨发展地方特色学科的主要做法和经验，并分析存在问题，提出发展建议。文丰义《桂林抗战文化遗址的保护与利用》详细梳理分析了桂林抗战遗址的分布情况，并根据其保存的现状和利用的价值提出具体的保护和开发措施。

在研究新桂系问题上，《论新桂系政权对乡土社会的动员与整合》认为新桂系集团通过民团组织和“三寓”政策对乡村社会的民众进行有效组织，通过村街民大会有效将政府意志传达到乡村地区，第一次将国家权力延伸到基层地区，改变了农村的乡土意识形态，强化了民众的国家参与意识。张惠鲜、王晓军《新桂系时期广西边疆地区医疗卫生事业发展与民智培育》认为20世纪三四十年代新桂系推出的一系列发展医疗卫生事业的举措，在一定程度上改善了边民的健康状况、卫生习惯和医学观念，但基层卫生机构及学校卫生建设成效不大。

在研究广西历史问题上，《论龙州在近代广西历史上的重要地位》认为近代特别是中法战争以后，龙州成为广西边疆军事重镇、重要商埠和太平归（思）顺道的治所，使其在近代广西历史上扮演着重要角色，成为广西近代化的一个窗口。

在研究广西石刻问题上，杜海军《石刻文献之历史功用——广西石刻研究之七》认为了解石刻的历史功用，会有助于加深学界对石刻文献价值的认识与开发利用，有助于学界对人类发展史各项研究的深入开展。

在研究广西遗址问题上，王頠《广西布兵盆地河流阶地新发现的史前石器遗址》是2000年以来广西布兵盆地第四纪石器遗址的调查报告。布兵盆地的石器属于中国南方的砾石工业，石器文化包含旧石器时代早期的两面打制技术和旧石器时代晚期的以石片为主的加工技术。这些遗址的进一步综合研究，对了解华南早期人类石器文化的起源和演化提供重要的科学依据。

有关“广西历史研究”方面的著作一览表

著作题目	作者单位及作者	出版社及出版时间	字数(千字)
民国时期广西县政改革研究	玉林师范学院 曾凡贞	广西人民出版社,2014年10月	400
桂林抗战艺术史	广西社会科学院 李建平等	广西人民出版社,2014年10月	538
抗战文化研究(第8辑)	广西社会科学院 李建平等	广西师范大学出版社,2014年9月	340
广西抗日战争时期人口伤亡和财产损失	广西区委党史研究室	中共党史出版社,2014年10月	566
清代广西巡抚列传	广西大学 杨东甫、杨骥	广西师范大学出版社,2014年10月	430

有关“广西历史研究”方面的论文一览表

论文题目	作者单位及作者	发表刊物及期数	备注
太平军永安建制的重大历史意义及对当代廉政建设的启示	广西师范大学 李敏、钱宗范	《广西文史》 2014年01期	
浙江会党在辛亥革命时期的作用及去向	广西大学 叶紫、孙萌	《湖北科技学院学报》 2014年10期	
试谈辛亥革命时期广西梧州独立运动失败的原因	广西梧州市博物馆 黄贵贤	《东方企业文化》 2014年19期	
国共合作 八桂抗战	广西历史学会 庚新顺	《传承》 2014年09期	
铭记历史 弘扬抗战精神——广西召开“中国人民抗日战争胜利纪念日(2014)座谈会”	广西社会科学院 黄璐	《沿海企业与科技》 2014年05期	
广西抗战之卓越贡献	自治区党校 何成学	《当代广西》 2014年18期	
抗战时期中国共产党肃奸初探	广西师范大学 王森、谭剑	《黑龙江史志》 2014年17期	
中共广西省工委在抗战中的英勇斗争	广西历史学会 庚新顺	《传承》 2014年09期	
论中共壮族将领在抗战中的贡献	广西生态工程职业技术学院 吕宁、陈峥	《柳州师专学报》 2014年04期	
抗战时期的桂林盛会	广西师范大学 唐凌	《广西文史》 2014年01期	
抗战时期边陲重镇龙州抗战损失初探	广西师范大学 张旭杨	《广西地方志》 2014年06期	
论壮族在抗战初期正面战场上的历史贡献	广西生态工程职业技术学院 陈峥	《百色学院学报》 2014年06期	
抗战时期四联总处在广西的农贷研究	广西师范大学 高蓉芳	《古今农业》 2014年03期	
抗战时期李济深故居的中共临时党支部	广西苍梧县文物管理所 陈水德、黎黔	《团结》 2014年01期	
抗战时期中共农民思想政治教育工作的路径与启示	广西大学 杨正军	《六盘水师范学院学报》 2014年04期	
抗战时期国共两党土地政策的研究综述	广西大学 王菁	《新西部》(理论版) 2014年06期	
抗战时期广西企业公司组建的背景分析	广西师范大学 光新伟	《赤子》(中旬刊) 2014年02期	
抗战后期迁桂企业衰落原因探析	广西师范大学 温旭东	《黑龙江史志》 2014年05期	
抗战时期手工纸与机器纸图书破损对比研究	广西师范大学 陈福蓉	《图书馆学刊》 2014年03期	广西人文社会科学发展研究中心“科学研究工程”专项项目《馆藏民国文献保护与修复研究》阶段性成果之一

续表

论文题目	作者单位及作者	发表刊物及期数	备注
抗战时期少数民族报刊发展状况研究综述	广西大学 李　岩	《传播与版权》 2014年06期	
《新华日报》推进抗战时期国统区马克思主义大众化研究	广西师范大学 汤志华、石琳琳	《辽宁师范大学学报》(社会科学版)2014年03期	教育部人文社科项目,广西社科规划重点课题
论抗战传奇英雄叙事的消费转型	广西国际商务职业技术学院 唐　琳	《河池学院学报》 2014年06期	
论新世纪抗战叙事的教堂空间	广西大学 聂　芳	《电影文学》 2014年06期	
抗战初期田汉在武汉的音乐活动	广西艺术学院 李莉等	《歌海》 2014年06期	
抗战时期丰子恺、廖冰兄、叶浅予等漫画家在桂林的艺术活动	广西社会科学院 李建平	《艺术探索》 2014年05期	2009年国家社科基金艺术学项目《桂林抗战艺术史》阶段性成果之一
抗战时期吴伯超在重庆	广西艺术学院 李莉等	核心期刊《黄钟》(中国·武汉音乐学院学报) 2014年01期	广西艺术学院重大委托项目《广西艺术学院名家研究——吴伯超艺术研究》阶段性成果之一
初探张季鸾抗战前后言论自由态度的转变	广西大学 万雪莎、陈博维	《传播与版权》 2014年01期	
抗战时期桂籍美术家的活动与创作	广西社会科学院 李建平	《文化与传播》 2014年02期	2009年国家社科基金艺术学项目《桂林抗战艺术史》阶段性成果之一
抗战时期林焕平翻译作品研究	广西师范大学 戴青红	《齐齐哈尔师范高等专科学校学报》2014年01期	
论抗战时期西南剧展中的戏剧评论——以夏衍作品为例	广西民族文化艺术研究院 全　婕	《戏剧之家》(上旬刊) 2014年03期	
抗战时期桂林难民垦殖区建设略述	广西桂林图书馆 曾少文等	《河池学院学报》 2014年01期	国家社科基金重大招标项目《桂学研究》阶段性成果之一
抗战时期的桂林木刻版画	广西大学 张明学,广西百色学院 潘　召	核心期刊《美术》 2014年08期	
抗战时期桂林美术团体繁盛的原因探析	广西师范大学 刘洪春、鲁　玥	《美术教育研究》 2014年02期	广西师范大学、广西研究生教育创新计划科研创新项目
抗战时期桂林美术活动及其贡献	广西社会科学院 李建平	《文化与传播》 2014年01期	2009年国家社科基金艺术学项目《桂林抗战艺术史》阶段性成果之一
中国抗战文艺运动的“桂林经验”	广西师范大学 李　江、岳　怡	核心期刊《社会科学家》 2014年11期	
抗战时期桂林文学译作的特点	广西交通职业技术学院 黎　敏	《钦州学院学报》 2014年06期	广西教育厅人文社科项目《桂林抗战文化城译作特点研究》阶段性成果之一
抗战时期桂林“文化城”对西方音乐的介绍与传播——以期刊《音乐与美术》为例	广西艺术学院 杨柳成	核心期刊《交响》(西安音乐学院学报)2014年03期	2013年度广西艺术学院骨干教师计划项目《抗战时期桂林“文化城”中的西方音乐研究》阶段性成果之一,重点项目《西方音乐专业文献述略》阶段性成果之一
武汉、桂林两地抗战文化之比较研究	八路军桂林办事处纪念馆 文丰义	《文化与传播》 2014年04期	
西部地区优势特色学科发展探微——以桂林抗战文化研究为例	广西社会科学院 李建平	核心期刊《学术论坛》 2014年09期	广西社会科学院2012年基础理论研究项目《当代广西社会科学研究述论——以文化研究为例》阶段性成果之一
桂林抗战文化遗址的保护与利用	桂林市八路军桂林办事处纪念馆　文丰义	《文化与传播》 2014年03期	

续表

论文题目	作者单位及作者	发表刊物及期数	备注
桂林抗战史料小辑	漓江出版社 沈东子	《广西文史》 2014年01期	
1945-1946年桂林市县劫后究荒	广西桂林图书馆 曾少文	《广西文史》 2014年02期	
桂林抗战时期陆华柏的音乐创作与成就	广西艺术学院 王晓宁、庞小连	《艺术探索》 2014年06期	广西艺术学院重大委托项目《广西艺术学院名家研究——陆华柏艺术研究》阶段性成果之一
胡明树在桂林抗战文化城的翻译活动	广西师范大学 韦精华、袁斌业	《桂林师范高等专科学校学报》2014年03期	
简论桂林抗战时期陆华柏的艺术歌曲创作	广西艺术学院 唐婧玲	《音乐时空》 2014年20期	
一个人和一座城——魏华龄与抗战桂林文化城	广西师范大学 黄伟林	《广西文史》 2014年01期	
论新桂系政权对乡土社会的动员与整合	广西师范大学 黎　瑛	核心期刊《广西社会科学》 2014年12期	
新桂系时期广西边疆地区医疗卫生事业发展与民智培育	广西民族师范学院 张惠鲜、王晓军	核心期刊《广西社会科学》 2014年02期	国家社会科学基金项目
新桂系时期广西地方文献的整理与编纂	广西图书馆 廖晓云	《图书馆界》 2014年04期	
桂南会战前新桂系的军事政治动员——以第三届广西学生军的活动为中心	广西生态工程职业技术学院 陈　峥	《重庆师范大学学报》(哲学社会科学版)2014年04期	
新桂系在抗战时期广西文化建设中的作用	八路军桂林办事处纪念馆 文丰义	《文化与传播》 2014年02期	
试析新桂系首领在第一次国共合作中的心态与立场	广西桂林图书馆曾少文,李宗仁文物管理处　曾晓芳	《玉林师范学院学报》 2014年04期	国家社科基金重大招标项目《桂学研究》阶段性成果之一
略述新桂系与中共政治关系	广西桂林图书馆 曾少文	《大众科技》 2014年03期	国家社科基金重大招标项目《桂学研究》阶段性成果之一
地方志中的五十年代广西饿死人事件	广西桂平市罗秀中学 卢尚文	《炎黄春秋》 2014年06期	
从文字到照片:地方志记述载体的演变——以《广西通志·照片志》为例	广西地方志办公室 李秋洪	《中国地方志》 2014年04期	
论《武缘县图经》的历史形态	广西大学 刘　深	《广西文史》 2014年01期	
《白山司志》的资料来源与取材原则	广西师范大学 蓝　武、蒋盛楠	《广西文史》 2014年01期	
旧志利用与实地踏勘丹洲古城考察纪略	柳州市地方志编纂委员会办公室　刘汉忠	《广西地方志》 2014年01期	
论龙州在近代广西历史上的重要地位	广西民族大学 郑维宽	《广西地方志》 2014年06期	国家社会科学基金项目
从"立山"到"永安"——蒙山明代行政建置沿革考	广西师范大学 范玉春	《广西文史》 2014年02期	
保钓先驱爱国疆臣桂抚张联桂	广西图书馆 黄　明	《广西文史》 2014年01期	
清代广西进士之名次与人物	广西文史研究馆 杨东甫	《广西文史》 2014年03期	
石刻文献之历史功用——广西石刻研究之七	广西师范大学 杜海军	核心期刊《广西师范大学学报》(哲学社会科学版) 2014年01期	国家社科基金后期项目《桂林石刻总集辑校》阶段性成果之一,广西特聘专家《桂学研究》阶段性成果之一
起凤山摩崖石刻的调查与初步研究——南宁石刻的调查与研究之一	南宁市博物馆　黎文宗,广西桂林农业学校　贲小梅	《广西地方志》 2014年06期	

续表

论文题目	作者单位及作者	发表刊物及期数	备注
柳州古代石刻的文献价值述论	柳州市地方志编纂委员会办公室　刘汉忠	《广西地方志》2014 年 06 期	
试论桂林摩崖石刻的书法价值及其应用前景	广西艺术学院　吴艾伦	《艺术科技》2014 年 04 期	广西艺术教育历史与发展研究课题项目
广西传统村落中文物和历史建筑保护的主要方法	广西文物保护研究设计中心　陆　卫	《广西城镇建设》2014 年 11 期	
广西布兵盆地河流阶地新发现的史前石器遗址	广西民族博物馆　王　頠	核心期刊《人类学学报》2014 年 03 期	中国科学院"百人计划"项目，中国科学院战略性先导科技专项项目，高等学校博士学科点专项科研基金优先发展领域项目
百色盆地高岭坡遗址的石制品	广西师范大学　袁俊杰等	核心期刊《人类学学报》2014 年 02 期	国家自然科学基金项目
广西资源县晓锦遗址第三期出土古稻研究	广西文物考古研究所　何安益等	《古今农业》2014 年 03 期	广东省自然科学基金项目《南中国考古出土古稻标本生物学研究》阶段性成果之一
试论北流型铜鼓与铜石岭冶铜遗址的关系	广西北流市博物馆　杨　李	《黑龙江史志》2014 年 14 期	

【文化研究】 2014 年，广西科研人员研究文化问题的著作主要有：施日全《生态文化与美丽广西》、廖子良《广西地域文化和地区百科全书》、广西社会科学院《2014 年广西蓝皮书：广西文化发展报告》、贤成毅、赵瑞娟《广西文化产业发展战略研究》等。

发表的论文，根据《中国知网》期刊不完全统计，通过对篇名中含有文化、桂学等关键词进行检索，2014 年广西科研人员发表有关文化研究的论文有 900 篇，全国 48243 篇，占 1.87%。其中篇名中含有关键词"文化"的有 886 篇，全国 48227 篇，占 1.84%；含有"桂学"的有 14 篇，全国 16 篇，占 87.5%。

广西科研人员发表文化研究的论文中，有 154 篇发表在核心期刊，占 17.11%。发表在核心期刊的论文中，研究"文化"的有 153 篇，占 99.35%；研究"桂学"的有 1 篇，占 0.65%。论文作者（以最前的广西作者为准）在高校有 136 篇（广西师范大学 36 篇、广西民族大学 25 篇、广西大学 22 篇），占 88.31%；在科研机构有 8 篇，占 5.19%；在实践工作部门有 6 篇，占 3.90%；在党校系统有 4 篇，占 2.60%。

发表的论文中，有部分是基金项目的阶段性成果：国家基金项目（包括国家社科基金、国家哲学社会科学基金、国家自然科学基金）的阶段性成果 58 篇，教育部项目的阶段性成果 36 篇；广西基金项目（包括广西社科基金、广西哲学社会科学规划课题、广西自然科学基金）的阶段性成果 35 篇，广西教育类项目（包括广西教育科学规划课题、广西高等学校项目、新世纪广西高等教育教学改革工程、广西研究生教育创新计划项目）的阶段性成果 64 篇。

在研究文化问题的文章中，主要从文化学（包括旅游文化学、文化地理学、文化生态学）、发展、内涵、元素、意蕴、意识、建设（包括重建）、产业（包括文化创意产业）、产品、遗产（包括非物质文化遗产）、传播、交流、培育、服务、差异、冲突、认同、融合、范式、自觉、自信、素质、软实力等方面研究；从历史、政治、廉政、网络、多元、社会、消费、传统、宗教（包括道教）、图书馆、体育（武术、运动）、艺术（包括音乐、国画）、饮食、服饰、铜鼓、建筑、地域（包括地方、区域、东方、西方、骆越、越、客家）、汉、城市（包括桂林）、海洋、生态、民俗、民间、企业（包括公司、会计）、校园、社区、国家、乡土、红色文化等方面研究；专门探讨桂学方面研究。作者多在高校。

出版的著作中，施日全《生态文化与美丽广西》对生态文明和生态文化的基本概念、基本观点、基本理论做深入研究和普及性阐述，从多角度概述发展繁荣生态文化对美丽广西建设的重大意义，并通过对广西各地生态文化建设的成果展示和现实情况分析，提出构建广西生态文化体系的思路和对策。廖子良《广西地域文化和地区百科全书》对广西地域文化作整体性的盘点研究，彰显出广西地域文化的丰富多彩，和与其他地域文化的异同。贤成毅、赵瑞娟《广西文化产业发展战略研究》从文化产业发展的全局考虑，分析广西文化产业的竞争格局、营销策略、国际市场、文化产业政策、文化产业发展驱动因素等，影响文化产业发展战略的生产要素、需求条件、相关产业、同业竞争、政府因素等，找出广西文化产业发展全局的各个局部、因素间的关系，并找出决定广西文化产业全局发展的决定性因素，提出广西文化产业发展的战略性建议。

发表的论文中，在研究文化建设问题上吴高《公共数字文化建设著作权问题：困惑与思考——以我国

《〈著作权法〉第三次修改为视角》结合我国著作权法第三次修改的视角，提出了坚持利益平衡原则、完善集体管理组织、优化合理使用制度、扩充法定许可内涵及限制技术保护措施等五大解决措施。

在研究文化发展问题上，杨衍滔等《广西少数民族“乡土民间体育”文化发展路向研究》提出广西少数民族“乡土民间体育”文化的发展之路。对推动广西少数民族传统体育文化的研究和促进西部民族经济的发展具有重要的现实意义。

在研究文化产业问题上，丁智才《民族地区少数民族特色文化产业发展研究》认为要转变传统观念和思维定式，树立新型民族文化产业发展观，促进民族文化产业发展与少数民族特色文化保护的良性互动，实现民族文化可持续发展。

在研究文化传播问题上，何清新《从中越边境看文化边界的跨文化传播策略问题》认为跨境民间艺人、越南新娘、越南华人与华裔三种社会实践群体对文化边界的影响，证实中越两国在维护现有领土主权共识的前提下，可以制定符合双方政治利益的新的文化规则，发挥民间力量的积极作用和民间交流的丰富形式，创造出更为多元的、互惠式的跨文化合作形式。

在研究文化印象问题上，唐贤秋《广西“百年清官村”文化印象与内核及其成因》认为其文化之所以形成，得益于理学南传及其在广西传播所产生的深刻影响、德育为先的家庭教育模式所产生的巨大成效以及中国古代清官文化所产生的积极作用。

在研究文化软实力问题上，谭培文、秦琳《语言生态环境视野下的文化软实力》认为应从加大核心价值观的传播力度，创造国际语言生态环境，净化网络语言生态环境，打造国际汉语言生态环境四个向度，增强文化软实力。同时必须采取全球视野、和谐理念、生态理论三位一体的研究方法，遵循新现代性动态平衡性原则，全面提升中国文化软实力。

在研究文化生态问题上，谢菲《文化生态视野下民间手工艺的传承困境及其保护路径——以国家级非物质文化遗产宝庆竹刻为例》认为国家级非物质文化遗产宝庆竹刻的传承困境是历史境遇与现实发展交织的结果。地方政府和民间团体通过政策、资金支持以及技艺整合的实践运作，修复宝庆竹刻的文化生态，为后申遗时期民间手工艺保护与传承提供了借鉴性参考。

在研究铜鼓文化问题上，范丽萍《铜鼓文化在泛北部湾地区的空间分布与价值共享》认为古代铜鼓文化的丰富内涵是构建泛北部湾地区认同、推动该地区经济合作持续开展的文化动力。

在研究汉文化问题上，张国安《“言”与商周礼仪及其歌咏——汉文化歌唱传统探源》口簧演奏的“以乐传语”、“以语定乐”之特点确曾影响了商周仪式歌咏，进而促进了汉文化“歌永言”这一歌唱传统的形成与建构。

在研究主流文化问题上，王宇等《略论理论品牌建设在主流文化认同中的作用》认为在推动主流文化个体认同中，理论品牌具有影响力的长效性、认可度的广泛性、美誉度的拓展性和忠诚度的稳定性等重要意义。

在研究地方文化问题上，秦红增《对文化复杂性的认知：基于中国西南地方文化抒写讨论》认为从现实的历史、流动的区域、再现的遗失、真实的传说等四个方面对“文化抒写”进行叙事，更有利于文化多样性的传承与保护，也有利于新的文化表达范式的产生，深化人们对文化复杂性的认知。

在研究道教文化问题上，张明学《木刻版画中的道教文化内涵探析》认为这些木刻版画是道教义理形象化的体现，极大地丰富和发展了中国传统版画艺术，它既是中国美术史的重要组成部分，又是道教文化的重要组成部分。

在研究桂学研究问题上，胡大雷《地域学研究的几个基本问题——以“桂学研究”为例的探讨》认为“地域”成“学”，各具学术基础、理论体系、社会需求及现实价值，而一些基本问题则是共有的。建设桂学，更是要确立桂学在中华文化发展传播中的地位与作用，为中国东盟自由贸易区的发展提供文化智力支持。张利群《论桂学研究的区域文化理论基础——桂学基本理论及其学理依据研究之一》认为桂学作为在全球化与区域化潮流中兴起的广西地方之学，主要是以广西区域及其区域文化作为研究对象和范围，明确广西区域文化在历史性建构与共时性构成以及时空逻辑上的内涵与外延及其特点，在区域性与跨区域性、区域性与全国性、区域性与世界性关系中准确定位。

有关“文化研究”方面的著作一览表

著作题目	作者单位及作者	出版社及出版时间	字数（千字）
生态文化与美丽广西	广西南宁市委党校　施日全	广西人民出版社，2014 年 1 月	210
广西文化产业发展战略研究	广西师范大学　贤成毅、赵瑞娟	广西师范大学出版社，2014 年 4 月	300
2014 年广西蓝皮书：广西文化发展报告	广西社会科学院	广西人民出版社，2014 年 9 月	663
广西地域文化和地区百科全书	广西社会科学院　廖子良	广西师范大学出版社，2014 年 5 月	320

有关"文化研究"方面的论文一览表

论文题目	作者单位及作者	发表刊物及期数	备注
广西都安布努瑶挽歌《萨当琅》的文化学解析	广西大学 黄海云	核心期刊《广西民族研究》2014年03期	
旅游文化学视角探析客家围屋休闲农业旅游文化资源开发	广西工业职业技术学院 廖 俐	《现代经济信息》2014年22期	广西教育厅人文社科研究项目《贵港客家围屋群的文化传承与保护研究——以君子峒围屋群为例》阶段性成果之一
中越边境(广西段)体育旅游文化学分析	广西体育高等专科学校 莫明星	《当代体育科技》2014年23期	广西体育高等专科学校科研重点项目《广西与越南边境地区体育旅游发展研究》阶段性成果之一
"文化相对主义"的坚守与局限——《走过西藏》的文化地理学解读	广西民族大学 林业锦	《绥化学院学报》2014年11期	
文化生态学视野下的学者——朱光潜的"魏晋人"人格理想及其救赎	广西师范学院 贺根民	《北京科技大学学报》(社会科学版)2014年01期	教育部人文社科规划项目《文化生态学视野下民国文人的魏晋情结研究》阶段性成果之一
文化生态学视野下的民俗体育扩布现象及其成因的分析	广西民族师范学院 覃 林、刘朝猛	《吉林体育学院学报》2014年04期	广西民族师范学院重点科研项目
广西少数民族"乡土民间体育"文化发展路向研究	广西师范大学 杨衍滔等	核心期刊《山东体育科技》2014年03期	国家体育总局文化基地研究项，国家科技部"十一五"科技支撑计划重点课题子课题，广西师范大学2012年校级青年课题
传承与重构:桂越边疆地区节日民俗文化发展研究	广西民族师范学院 吕红艳等	核心期刊《学术论坛》2014年10期	广西人文社会科学研究中心华南边疆问题研究基地特色研究团队项目《中越边境民族村落旅游文化研究》阶段性成果之一,2012年度广西高等学校优秀人才计划项目《广西边境民族文化旅游发展的人类学研究》阶段性成果之一
加快广西民族特色文化发展的若干思考	广西群众艺术馆 孙红兵	核心期刊《学术论坛》2014年05期	
中国当代母教文化发展探讨	广西财经学院 王伟萍	核心期刊《广西社会科学》2014年09期	教育部人文社会科学研究青年基金项目
俄罗斯钢琴学派民族化发展研究——兼论对广西音乐文化发展的启示	广西艺术学院 毕丽君	核心期刊《广西社会科学》2014年07期	广西艺术学院高等教育教学改革工程立项项目
论我国民族教育的文化内涵	广西民族大学 王 瑜 广西师范学院 刘 妍	核心期刊《贵州民族研究》2014年04期	新世纪广西高等教育教学改革工程立项项目《广西高校双语教学建设研究》阶段性成果之一
木刻版画中的道教文化内涵探析	广西大学 张明学	核心期刊《宗教学研究》2014年02期	2010年教育部人文社科规划项目《道教绘画史研究》阶段性成果之一
丰富的民俗事象与文化内涵——论清代竹枝词的民俗学价值(之三)	广西水利电力职业技术学院 梁颖珠	《传播与版权》2014年02期	广西哲学社会科学规划2013年度研究课题
南珠传说及其文化内涵	广西钦州学院 宋 坚	《南宁职业技术学院学报》2014年04期	2013年度广西高等教育教学改革工程项目《西部TESL项目以学生中心的BSLIM教学模式在高职旅游英语专业教学中的实践与研究》阶段性成果之一,2011年度广西高校优秀人才计划项目
日本传统文化元素在软饮料包装设计中的运用	广西北部湾职业技术学校 陈施妮	《学理论》2014年14期	
跆拳道的文化元素及其内涵探究	广西师范学院 唐 力	《牡丹江教育学院学报》2014年09期	2013年度广西高等学校科学研究项目《广西青少年跆拳道发展的现状调查研究——以南宁市为中心》阶段性成果之一，广西师范学院2012年度青年科研基金项目《南宁市青少年跆拳道发展的现状调查研究》阶段性成果之一

续表

论文题目	作者单位及作者	发表刊物及期数	备注
民族文化元素与包装结构设计融合的教学探讨	广西艺术学院 吴红梅、陈若茜	《中国包装工业》 2014年18期	2012年度广西艺术学院教改项目《包装设计教学内容整合的研究》阶段性成果之一
论旅游英语课程中的跨文化元素教学实践	广西国际商务职业技术学院 莫 颖	《广西师范学院学报》(哲学社会科学版) 2014年05期	
苏轼茶诗中的宋代茶俗及其文化意蕴	广西南宁地区教育学院 梁珍明	核心期刊《农业考古》 2014年05期	
《滕王阁序》典故运用的艺术及其文化意蕴	广西师范学院 莫山洪	《古典文学知识》 2014年05期	
相思湖森林的文化意蕴美——广西森林审美漫谈之八	广西民族大学 李启军	《广西林业》 2014年03期	
汉语颜色词的文化意蕴	广西民族大学 叶俐丹	《才智》 2014年23期	
高职高专英语教学如何培养学生的跨文化意识	广西生态工程职业技术学院 刘德松	《海外英语》 2014年20期	
高校英语教学中跨文化意识的培养路径探究	广西科技大学 廖小兰	《才智》 2014年17期	
公共数字文化建设著作权问题:困惑与思考——以我国《著作权法》第三次修改为视角	广西师范大学 吴 高	核心期刊《情报理论与实践》2014年11期	2013年度国家社会科学基金青年项目《基于制度创新视角的公共数字文化建设机制研究》阶段性成果之一,2011年度广西人文社会科学发展研究中心"科学研究工程"一般项目《广西地方特色数字文化建设机制研究》阶段性成果之一
制度变迁理论视野下的我国当代廉政文化建设	广西大学 刘爱新	核心期刊《甘肃社会科学》 2014年05期	广西教育科学"十二五"规划2012年度广西高校党建研究专项课题《广西历史上的清官文化资源与当代高校党组织党风廉政建设研究》阶段性成果之一,2013年度广西教育厅人文社科研究一般项目《广西历史上的清官文化资源调查与开发利用研究》阶段性成果之一
中外合作办学模式下班级文化建设实践探索——以广西民族大学国际教育学院为例	广西民族大学 时昌桂	核心期刊《内蒙古师范大学学报》(教育科学版) 2014年05期	2011年广西民族大学科研基金项目,2012年度广西高等学校立项科研项目
基于学生职业素质培养的高职校园文化建设	广西水利电力职业技术学院 江 颉	核心期刊《中国成人教育》 2014年08期	2013年度广西水利电力职业技术学院教改科研一般项目《以职业素质为核心的高职院校校园文化建设实践与研究》阶段性成果之一
休闲文化建设中大众体育的发展趋向与策略	广西师范学院 徐爱萍	核心期刊《广州体育学院学报》2014年02期	
后辩课教学:从专业发展到文化重建	广西师范大学 周莹等	核心期刊《教学与管理》 2014年14期	全国教育科学"十一五"规划单位教育部规划课题,新世纪广西高等教育教改工程项目
"娱乐宝"能走多远——用互联网思维重构我国文化产业价值链的可能性探析	广西大学 张鸿飞、童茳装	核心期刊《新闻与写作》 2014年09期	广西大学211四期区域文化传承创新与交流研究学科群研究项目《西南少数民族区域文化产业的资本运作模式研究》阶段性成果之一
民族地区少数民族特色文化产业发展研究	广西财经学院 丁智才	核心期刊《广西民族研究》 2014年06期	国家社科基金项目《边疆民族地区文化产业发展与少数民族特色文化保护研究》阶段性成果之一
广西文化产业发展与经济增长关系的实证研究	广西财经学院 王洪涛	核心期刊《学术论坛》 2014年08期	广西教育厅项目《广西文化产业发展财政支持问题研究》阶段性成果之一,广西财经学院项目《我国文化产品出口贸易的路径选择:基于需求因素的实证分析》阶段性成果之一

续表

论文题目	作者单位及作者	发表刊物及期数	备注
论《蝴蝶君》文化产业幻象的实质	广西民族大学 邓玉芬等	核心期刊《山西师大学报》（社会科学版） 2014 年 03 期	教育部人文社科项目
大数据视阈下广西文化创意产业集群化发展研究	广西师范学院 梁颖涛等	《企业导报》 2014 年 05 期	2013 年度广西高等学校科学研究立项项目
自媒体时代文化创意产业发展浅析	广西艺术学院 秦　萌、李　震	《大众文艺》 2014 年 24 期	
广西龙头文化产品《印象·刘三姐》生命周期分析	广西师范大学 金明玉等	《南宁职业技术学院学报》 2014 年 05 期	
广西文化产品出口东盟的品牌战略研究	广西师范大学 贤成毅、丁晓裕	《广西大学学报》（哲学社会科学版）2014 年 02 期	教育部文社会科学研究一般项目（西部和边疆项目）《融合媒体的受众采纳行为研究》阶段性成果之一，2012 年广西科联科研究课题《广西文化产业与其他产业融合发展研究》阶段性成果之一，广西大学中国—东盟研究院《广西—东盟国家离岸文化产业协同创新发展研究》阶段性成果之一，广西人文社会科学发展研究中心“广西文化软实力发展研究团队”项目，广西人文社会科学发展研究中心“科学研究工程”2012 年度一般项目《新媒介采纳行为与广西媒介产业融合研究》阶段性成果之一
网络传媒在广西民族文化产业开发中的新应用——以青少年网络文化产品为例	广西民族大学 赵新新	《钦州学院学报》 2014 年 06 期	广西哲学社会科学“十二五”规划研究课题《经济全球化背景下的广西民族文化传承与发展策略研究：以〈印象·刘三姐〉为例》阶段性成果之一
广西灵山县若干代表性文化遗产的保护与开发	广西师范大学　廖国一 广西横县中学　曾永梅	《钦州学院学报》 2014 年 09 期	
生产性保护视角下非物质文化遗产品牌化运营研究——以广西为例	广西科技大学 覃　萍、张发钦	核心期刊《广西社会科学》 2014 年 10 期	广西哲学社会科学“十一五”规划课题
文化生态视野下民间手工艺的传承困境及其保护路径——以国家级非物质文化遗产宝庆竹刻为例	广西旅游科学研究所 谢　菲	核心期刊《中华文化论坛》 2014 年 05 期	国家社科基金青年项目《文化旅游情境中的非物质文化遗产保护研究》阶段性成果之一
地方档案馆建设非物质文化遗产特色档案的思考	广西财经学院 李　琳	核心期刊《档案与建设》 2014 年 07 期	2013 年度广西高等学校人文社会科学研究项目《仫佬族民歌保护传承研究》阶段性成果之一
传统食品资源产业化发展的商誉保护途径探究—食文化申请非物质文化遗产保护的启示	广西师范大学漓江学院 林　驰	核心期刊《商业时代》 2014 年 28 期	国家社会科学基金项目《欠发达地区实施国家知识产权战略基本问题研究》阶段性成果之一
民族地区学校非物质文化遗产教育实践的人类学透视——以桂西 D 与 X 小学为例	广西新闻出版局 于　璞等	核心期刊《民族艺术》 2014 年 03 期	全国教育科学“十一五”规划课题《广西非物质文化遗产在农村学校教育中的传承研究》阶段性成果之一
跨学科视野下的音乐类非物质文化遗产保护初探	广西艺术学院 陈玉茜	核心期刊《文艺理论与批评》2014 年 04 期	2013 年度教育部人文社会科学研究一般项目《跨学科视野中的音乐类非物质文化遗产保护研究》阶段性成果之一，《依托平台为“广西非物质文化遗产民歌研究展示中心”》阶段性成果之一
儿童传统游戏的媒介功能与文化传播意义	广西师范学院　卢有泉 广西大学　卢世楠	《广西师范学院学报》（哲学社会科学版） 2014 年 01 期	
柳州地区外宣翻译的文化传播影响因素与对策研究	广西科技大学 钟琼华	《科教文汇》（中旬刊） 2014 年 12 期	2011 年度广西高等学校一般科研项目

续表

论文题目	作者单位及作者	发表刊物及期数	备注
新媒体时代下的文化传播研究——以广西桂剧为例	广西艺术学院 张慧利	《电影评介》 2014年09期	广西研究生教育创新项目《新媒体时代下文化传播研究》阶段性成果之一
从中越边境看文化边界的跨文化传播策略问题	广西艺术学院 何清新	核心期刊《广西民族研究》 2014年06期	教育部人文社会科学研究规划基金项目《中越边境民间文化的跨境传播问题研究》阶段性成果之一
论文化传播视域下“漓江画派”的培育行为	广西艺术学院 简圣宇	核心期刊《新闻界》 2014年15期	2013年广西高等学校人文社会科学研究项目《“漓江画派”艺术思想发展史研究》阶段性成果之一，2013年度广西艺术学院博士计划项目
高校档案馆文化传承功能解读	广西大学 冯 兢	核心期刊《兰台世界》 2014年02期	
中国当代建筑艺术设计文化传承辨	广西师范大学 李 旭	《美术观察》 2014年10期	广西人文社会科学发展研究中心项目《广西特色产业艺术设计应用研究团队》阶段性成果之一
和谐视阈下高校志愿者文化培育研究	广西科技大学 李 礼	核心期刊《教育与职业》 2014年09期	2013年度广西共青团理论与实践研究课题重点立项课题《大学生核心价值观教育目标下的团员青年群体文化创新研究》阶段性成果之一，2012年度广西高等学校科研项目课题《新形势下民族地区和谐稳定与高校青年志愿服务创新研究》阶段性成果之一
弘扬中华优秀传统文化培育大学生社会主义核心价值观	广西交通职业技术学院 陈 妮	《湖北函授大学学报》 2014年21期	广西教育科学“十二五”规划2013年度广西高校党建工作研究专项课题
泛北部湾体育文化交流圈构建研究	广西师范学院 龚 飞	核心期刊《广西社会科学》 2014年02期	
论21世纪初的中越文化交流	广西民族大学 赖兆年	《湖北经济学院学报》 （人文社会科学版） 2014年05期	
跨文化交流组织内部冲突处理中的合作策略应用	广西民族大学 覃 娟	《产业与科技论坛》 2014年11期	
做中越文化交流的友好使者	广西人民广播电台 陈 达	《当代广西》 2014年22期	
图书馆联盟在公共文化服务体系构建中的作用	梧州学院 刘支农	核心期刊《兰台世界》 2014年11期	梧州学院重点科研项目
公共文化服务：让群众共享文化发展成果	广西梧州市群众艺术馆 吴家俊	《大众科技》 2014年03期	
坚持文化馆五个公共文化服务特征的思考	广西钦州市群众艺术馆 李秀兰	《大众文艺》 2014年08期	
基于文化差异的中西真人图书馆比较研究	广西师范大学 吴云珊	核心期刊《大学图书馆学报》2014年05期	
中西文化差异对文学发展的影响分析与对策	广西中医药大学 黄 敏	核心期刊《语文建设》 2014年27期	
文化差异对跨国企业绩效的影响机制研究——战略国际人力资源管理的中介作用	广西师范大学 周劲波、宋 雪	《柳州职业技术学院学报》 2014年06期	国家社会科学基金重点项目，广西高等学校优秀人才计划项目
对外传播中的文化差异解读——从俗语翻译谈起	广西师范大学漓江学院 崔鸿林	《视听》 2014年09期	
少数民族学生普通话学习中的文化差异探析	广西师范学院 梁春莲	《教育教学论坛》 2014年41期	

续表

论文题目	作者单位及作者	发表刊物及期数	备注
多元文化冲突时代少数民族文化与基础教育课程整合论纲	广西师范大学 蒋士会、赖艳妮	核心期刊《广西师范大学学报》(哲学社会科学版) 2014年04期	广西教育科学"十二五"规划2013年度广西民族教育研究专题《广西民族文化与基础教育学校课程融合研究》阶段性成果之一,教育部人文社会科学研究2009年度一般项目(西部和边疆地区项目)《整体、持续、有效:民族贫困地区农村中小学推进新课程的特殊性研究——以广西龙胜县为例》阶段性成果之一,广西哲学社会科学规划2013年度研究课题《广西多元民族文化交融研究》阶段性成果之一
论《死水微澜》中蕴含的文化冲突内涵	广西大学 何　琳	《太原师范学院学报》(社会科学版)2014年03期	
略论理论品牌建设在主流文化认同中的作用	广西科技大学 王　宇等	核心期刊《学习论坛》 2014年05期	2011年教育部人文社会科学研究一般项目《理论的品牌建设:马克思主义大众化进程中的高校思想政治教育资源的社会拓展》阶段性成果之一,2011年广西教育厅立项项目《战略边疆与国家认同:广西高校马克思主义大众化推进机制研究》阶段性成果之一
世界的客居者——论白先勇《纽约客》的文化认同及其重构	广西大学 甘资鸿	《名作欣赏》 2014年23期	
互联网背景下异地文化认同现象发微	贺州学院 袁君煊	《民族艺术研究》 2014年02期	贺州学院科研项目,贺州学院博士科研启动基金项目
论蒙古帝国至元朝前期会计思想及财计组织演进——基于民族与文化融合的视角	广西财经学院 莫　磊等	核心期刊《财会通讯》 2014年04期	2011年度国家社科基金重大项目《中国会计通史系列问题研究》阶段性成果之一
面向东盟的中小企业跨文化融合管理	广西机电职业技术学院 罗　妍	《东方企业文化》 2014年08期	2010年度广西教育厅科研项目《泛北部湾中小型企业英语使用现状及语言管理的调查与研究》阶段性成果之一
论校企文化融合提升高职管理类学生职业素养	广西机电职业技术学院 刁爱华	《中国商贸》 2014年18期	2012年广西高等教育教学改革工程项目《面向区域经济发展以"校企文化互动"提高高职管理类学生职业素养的研究》阶段性成果之一
"云时代"的文化范式与教育变革	广西师范大学 孙杰远	核心期刊《国家教育行政学院学报》2014年11期	国家社科基金教育学一般项目
论教师教育文化自觉	广西社科联 刘远杰	《当代教育与文化》 2014年06期	
思想政治教育文化自觉探析	广西民族大学相思湖学院 罗燕霞等	《继续教育研究》 2014年12期	2013年校级课题《文化自信和文化自觉视角下的思想政治教育研究》阶段性成果之一,2013年度广西高校思想政治教育理论与实践研究课题《多元文化背景下提高思想政治教育文化自信研究》阶段性成果之一,2014年广西高校科学技术研究立项课题《多元文化背景下意识形态研究》阶段性成果之一
公安院校学生文化自觉的培育	广西警官高等专科学校 唐魁彪、陈　鹏	《广西警官高等专科学校学报》2014年03期	2013年广西高校"党的十八大精神研究"专项课题立项项目
新时期高校辅导员文化自觉与文化自信的培养	广西师范大学 杨森清	《教育观察》(上旬刊) 2014年11期	2012年教育部人文社会科学研究专项任务项目《高校思想政治工作》阶段性成果之一
论中医青年文化自信的培养	广西中医药大学 王春花	《广西中医药大学学报》 2014年S1期	

续表

论文题目	作者单位及作者	发表刊物及期数	备注
现代远程教育对提高农业转移人口文化素质的优势分析	广西师范学院 吴蕙霖	《九江职业技术学院学报》 2014年01期	
大学体育与文化素质教育的关系探究	广西医科大学 李　毅	《当代体育科技》 2014年32期	
高职院校学生企业文化素质与需求	广西民族大学 李　芝	《东方企业文化》 2014年12期	
语言生态环境视野下的文化软实力	广西师范大学 谭培文、秦　琳	核心期刊《科学社会主义》 2014年02期	国家社科基金项目《基于以人为本实现路径的利益机制协同创新研究》阶段性成果之一，广西社科基金项目《多元文化视阈下的马克思主义哲学中国化、时代化、大众化研究》阶段性成果之一
核心价值观是文化软实力之魂	广西壮族自治区人民政府发展研究中心　李世泽	《当代广西》 2014年12期	
构建普通高校文化软实力的路径研究	广西师范学院 吴佳縢	《中国市场》 2014年33期	
发挥地缘优势 提升广西文化软实力	自治区党委 沈北海	《中国电视》（纪录） 2014年03期	
广西历史文化资源融入"中国近现代史纲要"课教学探讨	广西科技大学 蔡　亮、桂署钦	核心期刊《教育与职业》 2014年21期	广西教育科学"十二五"规划2011年度立项课题《广西少数民族传统文化教育研究》阶段性成果之一
一个历史文化村庄的保护与传承——略论北流民乐萝村对社会的贡献	广西师范大学 乔　柏	《旅游纵览》（下旬刊） 2014年08期	
"广西精神"的历史文化底蕴研究——以凭祥、龙州地区的班夫人信仰为例	广西民族大学 赖莉云等	《才智》 2014年17期	2013年度教育厅人文社科研究立项项目《广西爱国历史资源与现代国家民族意识的培养》阶段性成果之一，2012年大学生创新项目国家级的项目
红七军军旗升起的地方——百色红色历史文化巡礼	中共广西区委党史研究室 庚新顺	《传承》 2014年11期	
越南共产党党内民主发展的政治文化论析	广西民族大学相思湖学院 陈元中、唐晓凤	核心期刊《当代世界与社会主义》2014年03期	2013年度广西民族大学中国—东盟研究中心（广西科学实验中心）开放课题项目《越南共产党的民主理论与制度建设研究》阶段性成果之一
王韬新闻思想的政治文化透视	广西大学 李庆林、张铁云	《传播与版权》 2014年09期	
我国传统政治文化与协商民主的契合性	广西民族大学 陈朋亲	《哈尔滨师范大学社会科学学报》2014年06期	
坚持中国特色政党制度的政治文化分析——兼论中西政党文化差异	广西民族大学 张　雯	《中共贵州省委党校学报》 2014年05期	
廉政文化的内涵与发展研究	广西大学 闫　哲	《洛阳师范学院学报》 2014年04期	
广西高职院校廉政文化和廉洁教育的现状及对策	广西经济管理干部学院 莫小春、张　莉	《企业科技与发展》 2014年06期	广西高校"党的十八大精神研究"专项课题《广西高职院校廉政文化建设与廉洁教育研究》阶段性成果之一
在《马克思主义基本原理概论》课教学中融入廉政文化教育	广西大学 张荣洁	《传承》 2014年05期	2011年度新世纪广西高等教育教学改革工程立项项目《高校思想政治理论课双主体教学的研究与实践——以〈马克思主义基本原理概论〉课为例》阶段性成果之一
社会主义核心价值观引领网络文化发展的必要性研究	广西师范大学 吕小玉	《太原城市职业技术学院学报》2014年08期	

续表

论文题目	作者单位及作者	发表刊物及期数	备注
校园网络文化背景下高职院校思政课教学应坚持"以人为本"——以广西工商职业技术学院为例	广西工商职业技术学院 王桂玲	《大学教育》 2014年05期	2010年度新世纪广西高等教育教改工程项目《校园网络文化背景下高职院校思想政治理论课的教学改革与实践》阶段性成果之一
浅谈健康的网络文化价值观的构建	广西教育学院　陈响中 广西师范学院　林静容	《大学教育》 2014年14期	
美国教师教育中的多元文化"服务学习"	广西师范学院 李香玲	核心期刊《高教探索》 2014年04期	
油画教育民族化创新的基石：多元文化共生与融合	广西民族大学 符　艺	核心期刊《民族教育研究》 2014年02期	广西高等教育教学改革工程项目《"油画"课程教学民族化的研究与实践》阶段性成果之一
幼儿园多元文化建设的内涵与意义解读	广西百色学院 唐德俊	《才智》 2014年18期	
多元文化视角下的加拿大教育实践研究及启示	广西民族大学 贾　芝	核心期刊《中国成人教育》 2014年18期	2012年度广西民族大学校级重点科研项目
论知识财产的社会文化功能	广西民族大学 朱继胜	核心期刊《理论月刊》 2014年06期	
新媒体对社会文化形成的作用及重构路径	广西师范学院 陈洪波	核心期刊《传媒》 2014年09期	
新词语的族聚特征及其社会文化心理	广西师范学院 杨绪明	核心期刊《语言教学与研究》2014年01期	2010年度教育部人文社会科学研究基金项目青年项目，广西教育厅科研项目
消费文化语境下中国当代文学的转型和嬗变研究	广西民族师范学院 周　龙	《湖北经济学院学报》(人文社会科学版) 2014年08期	广西民族师范学院2013年院级课题《消费文化语境下中国当代文学的转型和嬗变研究》阶段性成果之一
中国共产党对待传统文化态度与政策演变思考	广西师范学院 乐爱国等	核心期刊《人民论坛》 2014年32期	
仡佬族传统文化危机与应对策略——以贵州省六枝特区居都村为例	广西民族大学 康忠德	核心期刊《广西师范大学学报》(哲学社会科学版) 2014年04期	
社会主义核心价值观与中华传统文化	广西社会主义学院 陈振波	《福建省社会主义学院学报》2014年05期	
弘扬中华优秀传统文化与培育社会主义核心价值观	广西民族大学 程林辉	《桂海论丛》 2014年05期	
中国传统文化在现代环境艺术设计中的体现与运用	广西玉林师范学院 程军生	《科技资讯》 2014年24期	
中西宗教文化对比研究	广西师范大学漓江学院 陆海峡	《重庆电子工程职业学院学报》2014年01期	
人文视野下的东南亚舞蹈艺术宗教文化研究——以泰国舞蹈艺术为例	广西师范大学漓江学院陆丽静，广西师范大学 黄小明	《黄河之声》 2014年11期	广西哲社"十二五"规划课题《广西与东南亚民间艺术比较研究》阶段性成果之一，广西师范大学漓江学院课题《东盟代表性民间舞蹈文化调查与研究——以泰国、印尼民间舞为列》阶段性成果之一
民间宗教文化与地方旅游业发展的关系——以桂平西山为例	广西民族师范学院 黄映梅	《广西民族师范学院学报》 2014年06期	广西民族师范学院大学生创新创业计划项目
少林寺宗教文化原真性保护探讨	广西师范大学 侯俊娜、戴平娟	《市场论坛》 2014年09期	
木刻版画中的道教文化内涵探析	广西大学 张明学	核心期刊《宗教学研究》 2014年02期	2010年度教育部人文社科规划项目《道教绘画史研究》阶段性成果之一
以社会主义核心价值体系引领高校图书馆文化建设	广西大学 周秀玲	《大学教育》 2014年05期	
广西高职院校校园体育文化现状研究	广西经贸职业技术学院 陈　功	《体育科技》 2014年01期	

续表

论文题目	作者单位及作者	发表刊物及期数	备注
试析奥林匹克文化与高职院校体育文化建设的融合	广西交通职业技术学院 徐小荷	《职业时空》 2014年03期	2012年度广西高等学校立项科研项目
回首宗师路——电影《一代宗师》中武术文化传承的可能性思考	广西财经学院 黄丝雨	《传播与版权》 2014年11期	
漂流运动文化的建构	广西民族大学 莫再美	核心期刊《体育文化导刊》 2014年05期	
论中国当代陶瓷艺术文化身份的特征与建构	广西艺术学院 吴昊宇	《艺术探索》 2014年02期	
南宁市琴行音乐文化产业调查与分析	广西艺术学院 李奇龙	《音乐传播》 2014年01期	
百色彝族葫芦笙音乐文化初探	百色学院　赵增芳，广西艺术学院　蒋贵萍	《大众文艺》 2014年03期	2012年度百色学院科研一般课题《百色彝族葫芦笙音乐文化研究》阶段性成果之一
将优秀民族音乐文化融入高职学生素养提升的途径与策略	柳州职业技术学院　刘　滔 广西外国语学院　熊　羽	《教育教学论坛》 2014年50期	2013年度广西高等学校人文社会科学研究一般项目《运用优秀民族音乐文化提升高职学生素养的机理研究》阶段性成果之一
国画文化与文化国画	广西艺术学院 顾　辉	核心期刊《大舞台》 2014年05期	
中西方饮食文化差异的文献综述	广西师范大学 任利林	《东方企业文化》 2014年09期	
浅谈越南饮食文化之鱼露	广西师范学院　张　苑，广西玉林市容县派斯培训中心　刘丹丽	《现代妇女》（下旬刊） 2014年05期	
广西少数民族服饰文化的保护和传承	广西纺织工业学校 刘仁礼	《商》 2014年14期	广西中等职业学校名师培养工程专项基金项目《广西少数民族服饰文化课程开发与研究》阶段性成果之一
浅论中原服饰文化中的天人合一哲学观	广西艺术学院 张天阳	《大众文艺》 2014年11期	
苗族服饰文化研究综述	广西民族大学 武鹏冲	《南宁职业技术学院学报》 2014年03期	
白裤瑶服饰文化形成的自然环境探析	广西师范学院 张玉华	《电影评介》 2014年03期	
铜鼓文化在泛北部湾地区的空间分布与价值共享	广西师范大学 范丽萍	核心期刊《广西师范大学学报》（哲学社会科学版） 2014年05期	2009年度国家社会科学基金项目《构建认同——泛北部湾经济合作的可持续性研究》阶段性成果之一，广西人文社会科学发展研究中心"泛北部湾历史文化研究团队"项目
建筑文化与文化建筑——漓江画派艺术中心大楼落成感悟	广西师范大学 刘　洋	《艺术教育》 2014年11期	
地域文化研究的重要收获——评《中国地域文化通览·广西卷》	广西社会科学院 李建平	《沿海企业与科技》 2014年01期	
广西地域文化类地方性课程建设刍议	广西广播电视大学 黄芸芳	《广西广播电视大学学报》 2014年03期	国家开放大学2014~2015年度科研课题
发展广西地域文化 彰显八桂地方特色	自治区党校 陈学璞	《广西教育学院学报》 2014年02期	
对文化复杂性的认知：基于中国西南地方文化抒写讨论	广西民族大学 秦红增	核心期刊《思想战线》 2014年05期	2011年度广西"中国南方与东南亚民族研究"特聘专家岗位项目，2012年度教育部"新世纪优秀人才支持计划"项目，2013年度广西哲学社会科学规划课题《"文化农庄"建设与广西少数民族文化创新研究》阶段性成果之一，广西培养新世纪学术和技术带头人专项资金项目

续表

论文题目	作者单位及作者	发表刊物及期数	备注
浅析新媒体下北部湾经济区区域文化传播策略	广西财经学院 戎　霞	《传播与版权》 2014 年 03 期	
“一臂之距”管理机制在区域文化管理中的应用分析	广西艺术学院 吴曼莉、李　剑	《大众科技》 2014 年 12 期	
区域文化资源的优化配置探析——以龙母文化资源为例	广西艺术学院 吴曼莉、李　剑	《商业文化》 2014 年 32 期	2013 年度广西高等学校人文社科研究重点项目
凤凰东方文化康居旅郡	广西东方昆仑投资管理有限公司	《建筑与文化》 2014 年 05 期	
西方文化对广西区大学生的价值观影响的调查分析	广西大学 杨　春	《科技创新导报》 2014 年 32 期	广西大学“大学生创新创业训练计划”项目《西方文化对广西区大学生核心价值观影响的调查研究》最终成果
探究骆越文化与动漫发展的关系	广西南宁职业技术学院 王海辉	《艺术科技》 2014 年 09 期	
断发文身:越文化与汉文化属不同类型文化论	广西民族问题研究中心 白耀天	核心期刊《广西民族研究》 2014 年 02 期	
大众传播时代的客家文化传播策略	广西大学 李虹霏	《今传媒》 2014 年 07 期	
“言”与商周礼仪及其歌咏——汉文化歌唱传统探源	广西民族大学 张国安	核心期刊《文艺理论研究》 2014 年 05 期	2011 年度国家社科基金重大招标项目《诗词曲源流史》阶段性成果之一
断发文身:越文化与汉文化属不同类型文化论	广西民族问题研究中心 白耀天	核心期刊《广西民族研究》 2014 年 02 期	
高校郊区化对南宁城市文化影响的分析	广西幼儿师范高等专科学校　陈　松	《桂林航天工业学院学报》 2014 年 03 期	
论民族边疆地区城市文化资本的培育策略——以南宁市为例	广西师范学院 谭先第等	《中共南宁市委党校学报》 2014 年 05 期	
城市文化品牌的塑造和定位研究	广西艺术学院 李剑、吴曼莉	《商业文化》 2014 年 32 期	
桂林文化产业科技支撑体系研究	广西师范大学 戴平娟、吴冠淑	《旅游纵览》(下旬刊) 2014 年 09 期	2014 年全国大学生小平科技创新团队项目《民族地区特色旅游创新发展研究》阶段性成果之一
试析艾青桂林文化城诗歌创作的“比兴”意象	广西师范大学 徐诗颖	《湖北第二师范学院学报》 2014 年 05 期	
海洋文化名市建设探析——以防城港市为例	自治区党校 陈学璞	核心期刊《广西社会科学》 2014 年 11 期	
广西海洋文化产业发展的 SWOT 分析	广西大学　龙桂杰 广西财政厅　龙潘娜	核心期刊《经济研究参考》 2014 年 35 期	
莫言与广西海洋文化有缘论	广西师范学院 吴锡民	《甘肃高师学报》 2014 年 04 期	
广西海洋文化以音乐形式彰显论——以三首代表性歌曲为例	广西师范学院 吴锡民	《广西师范学院学报 (哲学社会科学版) 2014 年 01 期	
西江流域生态文化及其对当代生态文明建设的启示	广西财经学院 滕志朋	《玉林师范学院学报》 2014 年 06 期	国家社会科学基金项目《广西西江流域生态文化研究》阶段性成果之一
广西生态文化建设策略探析	广西国有高峰林场 莫文希	《林业经济》 2014 年 07 期	
玉林市建设城市森林生态文化体系探讨	广西玉林市林业局 梁　旭	《林业经济》 2014 年 04 期	
当代中国生态文化的和谐价值研究	广西师范大学 冯　艳	《太原城市职业技术学院学报》2014 年 06 期	

续表

论文题目	作者单位及作者	发表刊物及期数	备注
传承与重构:桂越边疆地区节日民俗文化发展研究	广西民族师范学院 吕红艳等	核心期刊《学术论坛》 2014 年 10 期	广西人文社会科学研究中心华南边疆问题研究基地特色研究团队项目《中越边境民族村落旅游文化研究》阶段性成果之一,2012 年度广西高等学校优秀人才计划项目《广西边境民族文化旅游发展的人类学研究》阶段性成果之一
论民族地区农村社会管理中的民俗文化之用	广西民族师范学院 农淑英	核心期刊《学术论坛》 2014 年 03 期	2013 年广西高等学校科学研究重点项目《民族地区农村社会管理中的民俗控制研究》阶段性成果之一
越南财神信仰与中国民俗文化	广西民族大学 陈金文	核心期刊《社会科学家》 2014 年 01 期	广西科学实验(中国—东盟研究)中心 2012 年“东盟研究基金”立项课题《越南民俗文化的中国因素》阶段性成果之一
传统民俗文化变迁的动力分析——以广西富川古明城上灯炸龙民俗为个案	广西大学 王晓波	《法制与社会》 2014 年 32 期	
论民俗文化与南宁休闲产业的发展	广西广播电视大学 黄敏珍	《广西广播电视大学学报》 2014 年 03 期	2013 年广西高等教育教学改革工程项目
基于民间文化传承视角的少数民族家庭档案初探	广西财经学院 李　琳	核心期刊《兰台世界》 2014 年 02 期	广西高等学校人文社会科学研究课题项目
北部湾海域民间文化的特点	广西艺术学院 范凤宜	《大众文艺》 2014 年 09 期	
基于企业文化的商业银行内部控制研究	广西工学院 林丽萍、史艳平	核心期刊《财会通讯》 2014 年 08 期	
企业文化与出版集团内部凝聚力的铸造——以广西师范大学出版社集团有限公司为例	广西师范大学 莫曲波	核心期刊《出版科学》 2014 年 05 期	
企业文化建设的现状分析及对策研究	广西佛子矿业有限公司 徐敏霞	《企业科技与发展》 2014 年 01 期	
公司文化在工厂落地的探索和实践	广西中烟工业公司柳州卷烟厂　陈景华	《轻工科技》 2014 年 09 期	
浅谈践行社会主义会计文化建设	广西生态工程职业技术学院　农仁义	《会计师》 2014 年 08 期	
中职学校会计专业内化企业会计文化的研究	广西商业学校 唐绍玲	《现代经济信息》 2014 年 20 期	2011 年度广西中等职业教育教学改革科研立项一级项目《中职学校会计专业职业能力岗位教学与企业文化对接的研究与实践》阶段性成果之一
幸福着你的幸福——广西田东供电公司文化理念的生动实践	广西田东供电公司 韦文孟、吉芸玉	《广西电业》 2014 年 03 期	
新建本科师范院校校园文化建设原则与路径研究	广西民族师范学院 周森泉	核心期刊《中国成人教育》 2014 年 22 期	
高职特色校园文化创新路径探析	广西国际商务职业技术学院　黄必超	《高教论坛》 2014 年 03 期	
论大学制度、BI 传播与校园文化建设之契合——以广西大学为例	广西大学 胡玉兰	《广西大学学报》 2014 年 02 期	广西大学科研基金项目
知识社会下开放大学校园文化的创设研究	广西广播电视大学 李　兵	《河南广播电视大学学报》 2014 年 04 期	2013 年度广西高校科学技术研究项目,2012 年广西高校思想政治教育理论与实践立项研究课题
西部地区新农村社区文化建设的改革路径探析——以广西地区为例	广西师范大学 郝环一	《邯郸职业技术学院学报》 2014 年 04 期	

续表

论文题目	作者单位及作者	发表刊物及期数	备注
俱乐部公益职能开发与社区文化建设初探——以柳州为例	广西科技大学 徐世军	《柳州师专学报》 2014年06期	广西教育科学“十一五”规划2010年度立项课题
国家文化出口重点企业发展的实证分析	广西师范大学 王修志、王　菊	《广西大学学报》(哲学社会科学版)2014年02期	教育部文社会科学研究一般项目(西部和边疆项目)《融合媒体的受众采纳行为研究》阶段性成果之一,2012年度广西科联科研究课题《广西文化产业与其他产业融合发展研究》阶段性成果之一,广西大学中国—东盟研究院《广西—东盟国家离岸文化产业协同创新发展研究》阶段性成果之一,广西人文社会科学发展研究中心“广西文化软实力发展研究团队”项目,广西人文社会科学发展研究中心“科学研究工程”2012年度一般项目《新媒介采纳行为与广西媒介产业融合研究》阶段性成果之一
“东盟国家文化”课程设计研究	广西师范大学 邝增乾等	《河北经贸大学学报》(综合版)2014年03期	2013年度广西高等教育教学改革工程项目《大学英语后续课程“东盟国家文化”课程开发》阶段性成果之一
乡土文化复兴导向下乡村规划设计策略——以《武鸣县伏唐村伏唐屯综合示范村建设规划》为例	广西华蓝设计(集团)有限公司　沈大炜、林志强	《广西城镇建设》 2014年11期	
探索将乡土文化引入音乐课堂教学的实施途径	广西师范学院 黄乃星	《大众文艺》 2014年20期	2014年度广西高校教育教学改革工程“十二五”规划项目
广西红色文化视域下“90后”高职学生共产主义理想信念教育探析	广西交通职业技术学院 罗瑞娟、陈　妮	《高教论坛》 2014年09期	广西教育厅2012年度高等学校科研项目《广西红色文化与高职学生思想政治教育研究》阶段性成果之一,广西教育科学“十二五”规划2013年度广西高校党建工作研究专项课题《“90后”高职学生共产主义理想信念教育的研究》阶段性成果之一
红色文化与中国特色社会主义文化建设的有机契合	广西师范大学 李容容	《赤峰学院学报》 (汉文哲学社会科学版) 2014年06期	
弘扬红色文化 助推创先落地——广西百色供电局“七一”开展纪念建党93周年活动	广西百色供电局 王谢滢	《广西电业》 2014年07期	
地域学研究的几个基本问题——以“桂学研究”为例的探讨	广西师范大学 胡大雷	核心期刊《广西民族研究》 2014年04期	国家社科基金重大招标课题《桂学研究》阶段性成果之一
桂学理论研究现状——桂学研究现状述评之二	广西师范大学 张利群	《贺州学院学报》 2014年01期	2012年度国家社科基金重大招标项目,2012年度广西桂学研究会委托项目《桂学元理论研究》阶段性成果之一
关于桂学定义及研究范畴的再思考	广西教育学院 容本镇	《广西教育学院学报》 2014年05期	
李宗仁故居文化审视——桂学研究中的人与事之三	广西教育学院 陈　洛	《广西教育学院学报》 2014年03期	广西桂学研究会2012年度课题《广西爱国思想文化研究》阶段性成果之一

工作动态

【广西应急管理培训工作座谈会】 1月10日在广西行政学院举行，自治区政府应急办、广西行政学院主办。会议讨论新形势下应急管理培训工作所面临的问题、解决之道及年内将开设的2个县处级领导干部应急管理专题研讨班的教学组织管理工作。自治区政府应急办、教育厅、公安厅、民政厅、国土资源厅、环保厅、交通运输厅、水利厅、林业厅、卫生厅、安全生产监督局、食品药品监督局、红十字会、地震局、气象局及广西行政学院应急管理培训部的相关人员参会。广西行政学院巡视员张庆宪出席。会上，各厅局单位应急管理负责人就2013年的应急管理培训工作情况及经验进行交流，并结合各单位实际，共同研究2014年应急管理培训工作计划。会议对广西应急管理培训基地的课程开发、师资库和案例库建设提出建设性意见。

1月10日，自治区政府应急办、广西行政学院主办的广西应急管理培训工作座谈会在南宁举行　　（李建良　供稿）

【广西市场经济研究会第四次会员代表大会】 1月15日在南宁举行。广西市场经济研究会主办。主要议题为：听取并审议研究会第三届理事会工作报告、研究会第三届常务理事会财务情况报告和新修订的《广西市场经济研究会章程》；推荐和选举第四届理事会成员及领导机构。150多名代表参会。广西行政学院副院长李彦明主持会议。广西大学原党委书记阳国亮研究员致闭幕词。广西市场经济研究会名誉会长袁正中、广西社科联副主席曹平、广西行政学院副院长唐秀玲教授等出席会议并讲话。选举产生广西市场经济研究会第四届理事会理事175人，常务理事58人，新的领导班子20人。新任会长张敦，法人代表聂观石（副会长），常务副会长李彦明，秘书长赵禹骅。设立办事机构8个（办公室、理论部、培训部、咨询服务部、法律服务部、综合发展部、东盟经贸发展部、非公经济发展研究中心）。参会代表充分肯定了研究会第三届理事会五年来所取得的成绩，认为研究会在服务会员单位、配合党委政府中心工作、促进广西市场经济发展、发挥桥梁与纽带作用等方面工作成效显著。再次当选研究会会长张敦教授表示：新一届理事会要进一步围绕自治区党委政府中心工作和深化广西市场经济体制改革的要求，带领研究会全体会员精诚合作、再接再厉，把广西市场经济研究会工作推上新台阶。阳国亮对协会今后在加强理论工作者、学界工作者和企业家三者融合发展、强化广西市场经济问题研究、发挥好中青年理论工作者作用等方面的工作提出意见和建议。

【自治区党委宣传部领导慰问广西优秀专家刘家凯】 1月24日，自治区党委宣传部副部长李海荣受自治区政协副主席刘正东委托，在自治区社科联党组书记、主席王士威陪同下，到自治区社科联慰问国务院政府特殊津贴专家、广西优秀专家、自治区政府参事、自治区社科联副主席刘家凯。李海荣肯定刘家凯在科研领域取得的丰硕成果，并感谢他长期以来为广西社科研究和经济社会发展作出的贡献。李海荣表示，自治区党委宣传部作为负责意识形态的部门，将按照自治区党委的要求，一如既往地指导和支持社科联工作，从建设社科研究基地、宣传推介社科专家学者等方面采取措施，为繁荣发展广西哲学社会科学创造良好环境，让哲

1月24日，自治区党委宣传部副部长李海荣（左一）在自治区社科联党组书记、主席王士威（右一）的陪同下，慰问国务院政府特殊津贴专家、自治区社科联副主席刘家凯（中）　（朱汝胜　摄）

学社会科学界更好地服务广西，推动广西加快实现“两个建成”目标。

【自治区领导彭清华、危朝安、范晓莉慰问自治区社科联全体人员】 2月10日，自治区党委书记、自治区人大常委会主任彭清华，自治区党委副书记危朝安，自治区党委常委、秘书长范晓莉到自治区社科联看望慰问全体工作人员。彭清华肯定自治区社科联成立30年来，紧紧围绕中心、服务大局，科研科普、学术交流、组织建设等方面工作取得的成绩，为广西改革发展作出的重要贡献。他指出，要以自治区社科联成立30周年为契机，总结经验，适应新形势新任务，着眼于社会科学的繁荣发展。社科联作为广西社会科学界学术性社会团体的联合组织，党和政府联系哲学社会科学工作者的桥梁和纽带，是重要的人民团体，应发挥好社科界的智囊团作用，研究回答好重大现实问题。要组织专家学者对如何深化重要领域的改革，如何把广西建成中国西南中南地区开放发展新的战略支点，广西如何在打造中国—东盟自贸区升级版和建设21世纪海上丝绸之路上发挥作用；如何充分发挥沿海、沿边优势，抢占先机等问题，进行专题研究，提出针对性、可操作性对策，为党委政府提供决策参考。彭清华要求，自治区社科联不仅要出成果，还要出人才。要通过广泛联系社科界的专家学者，培养一大批在社科界有影响力的研究人才、教学人才，要吸引一大批青年学生从事社会科学研究，壮大广西社会科学研究力量。

【自治区社科联深入开展党的群众路线教育实践活动工作总结大会】 2月13日在南宁举行，自治区社科联主办。自治区社科联党组书记、主席王士威作总结讲话。自治区教育实践活动办第十督导组副组长韦彩英出席会议并讲话。自治区社科联全体党员与会。会议由自治区社科联党组副书记、副主席汤竹庭主持。王士威在讲话中对自治区社科联开展党的群众路线教育实践活动的工作情况进行回顾和总结。他认为，社科联在自治区第十督导组的具体指导下，按照中央和自治区党委关于深入开展党的群众路线教育实践活动的部署和《自治区社科联深入开展党的群众路线教育实践活动的实施方案》要求，紧紧围绕为民务实清廉主题，严格按照实施方案开展党的群众路线教育实践活动，较好地完成各环节工作任务。一是五大举措，推动教育实践活动有序健康开展。“五大举措”是加强领导，落实责任；制定方案，明确目标；做好动员，统一思想；领导带头，率先垂范；强化宣传，营造氛围。二是精心组织，较好地完成各环节工作。在“学习教育、听取意见”阶段，通过举办党的十八大精神和党的群众路线教育实践活动专题学习培训班，开展“理论自信”“制度自信”专题理论学习，组织党员干部到右江工农民主政府旧址和百色、东兰开展“弘扬爱国主义，缅怀革命先烈”“弘扬光荣传统，坚持群众路线”革命传统教育活动等学习形式，提高党员对开展活动

2月10日，自治区党委书记、自治区人大常委会主任彭清华（右四）到自治区社科联看望慰问全体工作人员并作重要讲话　（朱汝胜　供稿）

2月13日，自治区社科联主办的深入开展党的群众路线教育实践活动工作总结大会在南宁召开（朱汝胜　摄）

的思想认识；在“查摆问题，开展批评”阶段，通过开展专题调研、召开座谈会、开展谈心谈话活动、开展问卷调查、设置意见箱、收集社会意见等方式，听取各方面对自治区社科联党组成员和领导班子在“四风”“六病”方面的表现，查摆剖析作风建设方面存在的突出问题。活动过程，收集到意见94条，其中有关领导班子40条，有关处级以上领导干部54条，经综合梳理，归纳出19条，其中领导班子8条，处级以上领导干部11条。在“整改落实，建章立制”阶段，不摆“花架子”、不做“应景文章”，坚持边学边改，建立以一把手为重点的作风建设责任体系，形成主要领导负总责、分管领导具体抓、班子成员各负其责、职能部门齐抓共管的工作格局，做到立行立改转变作风，建章立制强化服务能力。三是通过深入开展党的群众路线教育实践活动，解决机关在“四风”“六病”方面存在的突出问题、与为民务实清廉不适应的问题、与广西哲学社会科学事业大繁荣大发展不适应的问题，树立正确的世界观、人生观、价值观，密切与团体会员单位、广大社科专家学者、社科工作者的联系，凝聚广西社科联系统力量，“大社科”思维初步形成，推动科研学术活动、组织建设、社科普及和机关建设等工作。王士威指出，加强作风建设，坚持贯彻执行党的群众路线，是永久的课题。韦彩英代表自治区第十督导组在讲话中对自治区社科联深入开展党的群众路线教育实践活动工作取得的成绩给予肯定。她认为，自治区社科联在开展党的群众路线教育实践活动中，切实按照中央和自治区党委的要求部署，推动教育实践活动扎实开展，取得阶段性成果。一是抓好学习教育，增强反对“四风”的思想自觉和行动自觉；二是突出问题导向，把活动聚焦到反对“四风”和整治“机关六病”；三是抓好专题民主生活会，开展批评与自我批评；四是坚持立行立改，注重解决实际问题；五是建立健全制度，形成长效机制；六是坚持两手抓、两不误、两促进，用活动推动工作。同时指出对工作的具体指导不够；个别同志对开展教育实践活动重大意义的认识不到位等问题。会议对领导班子及成员进行民主评议。王士威在会上通报《自治区党委办公厅　自治区人民政府办公厅关于进一步严肃会议纪律切实改进会风的通知》（厅发〔2014〕4号）、《自治区监察厅关于10起作风效能责任追究案件情况的通报》（桂监发〔2013〕14号）、《自治区监察厅关于10起行政执法监管失职责任追究案件情况的通报》（桂监发〔2013〕15号）、《关于严格执行党政机关国内公务接待工作纪律的通知》（桂纪发〔2014〕1号）等文件精神，强调要严格遵守中央八项规定和自治区党委实施意见的有关规定，为民务实清廉做事。

【曹平率队赴云南江西两省开展课题调研和工作交流】 2月16~22日，自治区社科联副主席曹平率《广西铁路建设地方配套资金筹融资方案研究》课题组成员一行8人赴云南、江西两省开展课题调研和工作经验交流。期间，分别与云南省发改委、铁路投资有限公司，江西省铁路投资集团公司进行座谈，云南省发改委铁建二处、经济建设处，昆明铁路局，以及铁投计划财务部、工程项目部、资产运营部等相关业务部门负责人参加。双方就当前铁路投资公司的筹融资现状、多元经营情况及与铁路总公司合作情况等方面的做法与经验进行交流。此外，分别与云南、江西两省社科联召开工作经验交流会，云南省社科联副主席靳昆萍、江西省社科联副主席吴永明及相关处室负责人参加。双方就社科联的机构设置、人员编制、经费管理及科研学术交流、学会建设与管理、社科优秀成果评奖、基层社科联建设、社会科学普及、刊物发展等方面经验做法进行交流与探讨。

【自治区社科联七届一次常委会议】 2月27日在南宁举行，自治区社科联主办。应到会常务委员43名，实到33名。自治区社科联机关各部、室、中心负责人及贵港市社科联主席李胜列席。会议由自治区社科联党组书记、主席王士威主持。会议审议并通过常委会向七届一次全委会工作报告，审定自治区社科联2014年工作要点，提出改进社科联工作的意见和建议。会议一致通过增补李胜为自治区社科联第七届委员会委员、常务委员。

【中国旅游协会旅游教育分会第二届理事会会长会议】2月28日在浙江杭州召开，桂林旅游高等专科学校校长杨杰和副校长陈贵超出席。会议讨论在旅游产业转型升级时代，教育领域综合改革的宏观背景下，旅游教育如何主动适应经济社会发展的需要，如何遵循教育规律和人才成长规律，在创新培养模式、加强能力建设、推动内涵发展上下功夫，满足旅游业对高质量、多规格专业人才的现实需求。全国40多个理事会会长单位代表参会，并参观浙江旅游职业学院。会议期间，杨杰、陈贵超向中国旅游协会秘书长刘士军、旅游教育分会秘书长刘莉莉汇报桂林旅游高等专科学校承办2014年第六届全国旅游院校导游大赛的准备工作情况，并就大赛的具体事项进行商议。

【自治区社科联七届一次全委暨全区社科联工作会议】2月28日在南宁举行，自治区社科联主办。会议的主要任务是，学习贯彻党的十八大、十八届三中全会、自治区党委十届四次全会和自治区党委书记、人大常委会主任彭清华2月10日在看望自治区社科联全体干部职工时的讲话精神，以邓小平理论、“三个代表”重要思想、科学发展观为指导，总结2013年广西社科联工作，部署2014年工作，动员广大社会科学工作者，把广西哲学社会科学工作推上新台阶。自治区社科联第七届委员会委员、各团体会员单位秘书长等430多人与会。自治区社科联、副主席姚兵主持会议。自治区社科联党组书记、主席王士威代表自治区社科联第七届常委会作工作报告；姚兵布置2014年社会科学普及、学术交流等工作；副主席刘家凯布置广西第十三次社会科学优秀成果奖评选、重点课题申报、重点学术著作出版资助、《广西社科联志·1984~2013》组稿撰稿等工作；副主席曹平布置基层社科联组织建设、对外合作与交流等工作；汤竹庭布置学会和《广西社会科学年鉴》组稿等工作；秘书长何明布置《社会科学论丛》《广西社科联通讯》和广西社科联网站组稿工作。王士威指出，2013年自治区社科联紧紧围绕自治区党委、政府中心工作和广西社会科学工作大局，深入开展党的群众路线教育实践活动，推动科研学术活动、组织建设和社科普及、机关党的建设等工作，打造工作亮点，取得重点突破，实现创新发展，很好地完成年初确定的各项工作任务。科研、学术和调研工作取得新突破；社科研究团队逐步形成；社科联工作网络进一步完善；社科普及活动深入开展，科普立法工作扎实推进；阵地建设的质量和影响力进一步提升；广泛开展对外交流，工作视野进一步拓宽；群策群力，勤俭务实，成功召开第七次代表大会；扎实开展党的群众路线教育实践活动，机关服务能力和水平进一步提高等。同时指出对广西社会科学理论研究等学术活动的组织、协调、指导不够；学术精品不多，成果转化渠道不畅，服务决策的意识和能力不强；如何更好地发挥社会科学学术团体和社会科学队伍的整体作用有待研究和加强；县级社科联建设和发展不平衡；社会科学普及的面还不够宽，作用有限等意见和建议。对2014年工作，王士威提出“九大项”工作目标任务，即把握正确方向，为广西社会科学事业发展奠定政治基础；围绕全面深化改革开展科研学术活动，为实现“两个建成”目标提供智力支持；有序开展社会科学优秀成果奖评选，推动社会科学优秀专家评选工作；加强组织建设和业务指导，充分发挥各级社科组织的职能作用；坚持贴近实际、贴近生活、贴近群众，大力宣传普及社会科学知识；巩固阵地、扩大影响，努力创新服务平台；加强对外交流，探索拓宽合作的思路和途径；勤俭务实庆祝自治区社科联成立30周年；强化作风建设，全面提高机关工作水平等。自治区党委书记、人大常委会主任彭清华2014年2月10日在看望自治区社科联全体干部职工时指出：“当前，广西正处在新的发展阶段，社科联的工作也应进入新的发展时期。”会议号召大家，要认真学习深刻领会贯彻好彭清华书记的重要讲话精神，增强自信，坚定信心；敢于担当，善于履职；团结联合，开拓创新，努力完成各项任务，发展广西哲学社会科学事业，为实现中华民族的中国梦，为实现广西“两个建成”目标作贡献。

2月28日，自治区社科联主办的自治区社科联七届一次全委暨全区社科联工作会议在南宁举行（朱汝胜 摄）

【曹平到柳州、百色调研社科联工作】 3月10日，自治区社科联副主席曹平在柳州市社科联党组书记、主席邹继业等陪同下到广西科技大学社科联、柳州职业技术学院社科联、柳工机械股份有限公司、柳州钢铁股份有限公司就如何发挥社科联"联"的优势及在大中型企业筹建社科联进行工作调研。在广西科技大学、柳州职业技术学院就广西—东盟大讲坛、县域经济发展研究、整合高校资源课题攻关、科研成果转化等工作进行磋商。曹平认为，柳州是广西老牌工业城市，大中型企业较多，文化底蕴深厚，有开展社科工作的优良条件基础。柳工（集团）总裁、股份公司董事长曾光安、柳钢（集团）党委副书记林承格均表示支持在条件成熟时成立企业社科联组织。3月11~12日，自治区社科联副主席曹平率外联部副主任韦正委、副调研员梁成红到百色调研，对百色市及县区开展应用型课题研究进行指导，并就成立高校社科联、组织编撰《县域经济发展蓝皮书》到右江民族医学院、百色学院、田东县社科联等单位调研。百色市社科联主席苏祖纯陪同。调研期间，曹平一行分别与百色市社科联、右江民族医学院、百色学院、田东县委宣传部、田东县社科联领导及相关工作人员进行座谈。座谈中，百色市社科联、百色学院、田东县社科联分别就近年来发展概况、机构设置、领导班子、人才队伍及在社科普及、课题研究等方面所取得的成果、今后的工作思路及面临的主要困难和问题作汇报，右江民族医学院就成立社科联筹备工作情况作汇报。曹平强调，地方高校和市、县社科联要做好沟通交流，互相支持，履行职责，发挥作用，为地方党委政府决策提供参考，促进百色市经济社会发展。

【自治区社科联中层干部到自治区民间组织管理局座谈】 3月18日，自治区社科联学会部主任张流、学术部主任袁梅花等到自治区民间组织管理局就当前社科类社会组织办会存在的问题进行座谈。自治区民间组织管理局局长韦少东、副局长刘宏参加。会上，就管理社会组织，加强对社科类社会组织特别是民办非企业机构审批登记的把关工作进行交流。韦少东建议自治区社科联应鼓励社科类社会组织除了做好学会自身工作，还要参与由自治区民政厅组织委托第三方机构进行评审的社团评星工作，为今后社团参与政府社会购买服务打基础。各类社会组织必须要严格遵守《社会团体登记管理条例》，依照各社会组织制定的章程开展活动，为广西经济社会发展作出贡献。

【王士威率队深入自治区级学会开展社科工作调研】 3月27日，自治区社科联党组书记、主席王士威，秘书长何明，学会部主任张流一行4人到多个自治区级学会调研，了解学会组织建设、办公条件、活动开展、经费来源、财务管理、课题调研等，分析学会在创新发展过程中出现的新问题，探索发展新路子，促进学会事业健康发展。王士威一行先后到广西税务学会、广西伦理学学会、广西写作学会进行座谈调研。广西税务学会会长谢景开、副秘书长严秀成介绍学会近年工作的主要措施和经验，包括建立"三项机制"提高学会管理水平、搞好"四个突出"促进调研成果转化等。广西伦理学学会会长卫荣凡介绍学会近年对外交流、联办学术活动和下一步在中小学开展伦理道德推广结合"社会主义核心价值观"宣传解读活动。广西写作学会会长容本镇介绍学会的发展历史、当前情况和民主办会、相关制度情况等。王士威一行察看广西信用研究会和云档案职业信用平台的工作环境，广西信用研究会会长杨智丹汇报研究会的发展情况及今后发展目标，广西信用研究会信用商务委员会主任刘合桂介绍云档案职业信用平台的建设情况。在广西高等教育学会和广西老年学学会，调研组一行察看学会档案和办公场所并听取领导对学会日常工作的开展、学会自身优势介绍。同时，各学会对自治区社科联工作提出建议和意见，希望自治区社科联建立完善相关制度，加强对学会的指导管理，多开展学术交流和联谊活动及邀请名师大家进行学术讲座，加大学会人员培训力度特别是学术性方面的指导培训，多宣传报道学会的办会经验，合作开展调研课题等。王士威肯定各学会近年来所取得的成

3月27日，自治区社科联党组书记、主席王士威（中）率队到广西信用研究会调研 （钟永锋 摄）

绩，希望再接再厉。他要求，一要认真学习贯彻落实自治区社科联第七次代表大会精神，特别是自治区党委书记彭清华在大会上的讲话精神和2月10日看望慰问自治区社科联全体干部职工的重要讲话精神；二要围绕广西全面深化改革、实现“两个建成”目标，进行专题研究，提出有针对性、可操作性的对策，为党委政府提供决策参考，把对策变成决策，更好地为改革发展大局服务；三要围绕实现中华民族伟大复兴的中国梦，开展以社会主义核心价值观为主要内容的社会科学宣传普及活动；四要规范管理，不断提高学会的自我发展能力和服务能力，要进一步加强学会的组织建设、制度建设，进一步规范学会行为。

4月15日，自治区社科联副主席姚兵（右三）到广西六堡茶文化研究会调研（钟永锋　摄）

【自治区社科联外联部到柳江县调研社科工作】 4月11日，自治区社科联外联部副主任韦正委、副调研员梁成红在柳州市社科联主席邹继业的陪同下，到柳江县社科联调研，了解群众对社会科学的具体需求，听取县区在发展社会科学中的难处及建议，并就如何推进社会主义价值观走入群众服务农村基层建设进行探讨和交流。随着改革开放不断深入，现代农村出现许多新形势、新问题，推进社会主义价值观教育可提高农村基层群众的道德思想、科学思维，助力农村建设朝良好势态发展。通过调研座谈，大家认为推进社会主义价值观走入群众，要认真学习社会主义核心价值观内涵，以基层群众的需要为出发点，创新普及方式，开辟宣传新途径，加大社会主义价值观的传播；要结合“清洁乡村”活动，在农村建立社会科学普及点，加快国学等人文知识宣传，做到一村一特点一对联，营造人文氛围，打造道德模范村，凝聚精神力量，共建美丽乡村；要注重理论引领，针对农村基层建设困难和问题，做好理论选题，展开理论研究，为社会主义核心价值观走进基层群众提供理论依据。

【姚兵到自治区级学会开展社科工作调研】 4月15~17日，自治区社科联副主席姚兵，学会部主任张流、调研员玉明一行4人到广西酒店管理学会、广西亚太酒店文化发展研究院、广西六堡茶文化研究会、广西民联教育研究院、广西学校壮汉双语教学研究会、广西庐江文化投资促进会、广西纪实摄影协会及挂靠在广西师范学院的广西语言文学学会、广西彝学学会、广西区域科学学会和广西经济管理干部学院的广西科学社会主义学会、广西行为科学学会、广西公共政策研究会等13个自治区直学会进行调研指导。通过到学会办公场地查看工作、与学会负责人座谈交流等方式，了解各学会组织机构建设、学术交流、科普科研、财务管理等情况，及学会在发展过程中面临的新情况和新问题，听取各学会意见和建议，指导学会开展工作。调研过程中，各学会介绍近年来组织建设、学术交流、科普科研、信息交流平台建设等工作取得的新成效。姚兵对各学会取得的成绩给予肯定，并强调，做好学会工作要参与自治区社科联年度组织开展的各种活动，配合完成好社科联年度工作计划；要结合实际，依托所挂靠单位策划设计活动，促进学术交流，营造良好的学术交流氛围；要开展专题研究，提出有针对性、可操作性的对策，为党委政府提供决策参考；要规范学会行为，按章程开展活动，不断提高学会的自我发展能力和服务能力。

【自治区社科联党组中心组专题理论学习会】 4月29日在南宁举行2014年第一专题理论学习会，全体干部职工参加。自治区社科联党组书记、主席王士威作题为“继续深入学习贯彻习近平总书记系列重要讲话精神，进一步统一思想、凝聚力量”发言。王士威结合自治区社科联实际，提出要以习近平总书记系列重要讲话精神为指导，推动社科联工作上新水平。强调要充分认识社科联工作的系统性，发挥潜力，激活团体会员发挥作用；要充分认识社科联工作的服务性，发挥智力优势，促进广西实现与全国同步全面建成小康社会、建成西南中南地区开放发展新的战略支点；要充分认识社科联工作的群众性和社会性，加强管理，探索社会组织发展有效路径。10月19~21日在南宁举行2014年第二、三专题理论学习会。12月23日在南宁举行2014年第四专题理论学习会。副主席曹平作题为“坚持法律正义、崇尚法治伦理　积极践行社会主义核心价值观”中心发言。

【曹平到高校调研社科联工作】 4月17~18日、5月15日、5月26日，自治区社科联副主席曹平率外联部副主任韦正委、副调研员梁成红等分别到桂林电子科技大学社科联、桂林师范高等专科学校社科联、桂林旅游高等专科学校社科联、广西国际商务职业技术学院社科联、广西民族大学社科联调研指导工作。在桂林电子科技大学社科联调研会上，曹平介绍自治区社科联计划在高校开展协同创新工作试点设想，并征求高校相关专家的意见建议，双方就举办中国—东盟大讲坛、社科重大项目组织申报、区域高校社科联合作、共建科普基地等事项进行交流。在桂林旅游高等专科学校社科联调研座谈会上，曹平就学校社科联工作的组织章程、机构职能、管理办法、专项经费及活动等进行调研，并对学校在旅游研究领域方面取得的成绩表示肯定。他介绍，自治区社科联准备通过举办学术论坛、建立科普基地等方式，进一步加强自治区社科联与高校间的协同创新。在广西国际商务职业技术学院社科联调研座谈会上，学院党委书记、社科联主席陆耀新介绍学院情况和学院社科工作，并就高校社科联的作用和定位、创新工作的开展、扩大高校社科联的影响和吸引力等问题进行讨论。曹平对学院社科联的工作给予肯定，对高校社科联的工作和运作机制问题进行调查，提出高校社科联运作机制的改革方向，建议高校社科联要严格按照章程按时换届，建立健全组织机构，发展内部团体会员，配置固定经费、场所和人员，正常开展活动。在广西民族大学社科联调研座谈会上，学校校长谢尚果从校社科联会员承担的高级别科研课题、取得的科研成果、获省部级以上奖励、社会科学研究服务社会和民族学、中国语言文学、外国语言文学三个一级学科2013年获博士学位授权等情况，介绍近五年来学校社科联工作取得的成果。希望自治区社科联尽快出台《广西高校社科联管理办法》，以便高校社科联明确人员、经费投入、会员职责，为各项工作开展提供保障。曹平鼓励广西民族大学社科联今后积极申报自治区设立的各种课题、科普基地，广泛发动组织推荐会员优秀的社会科学研究成果申报广西社会科学优秀成果奖。与会人员就高校社科联建设的管理办法和高校社科联工作的合作与途径等相关问题进行沟通交流，进一步加强自治区社科联与高校的联系，促进学校社科工作的开展。

【桂林师范高等专科学校社会科学界联合会第二次代表大会】 4月30日在学校甲山校区举行。自治区社科联副主席曹平、桂林市社科联副主席李春毅、学校党委书记王源平、校长义祥辉等领导及兄弟院校社科联领导参会。学校党委副书记吴江萍主持。会上，义祥辉致开幕辞。大会审议通过学校社科联章程，听取学校第一届社科联主席陈文开“履行职责　服务发展”工作报告，选举产生新一届领导机构。王源平等17名代表当选为学校社科联第二届委员会委员。随后，新当选委员召开第二届委员会第一次会议，选举产生第二届社科联主席、副主席、秘书长、副秘书长等。大会选举王源平担任学校社科联主席。曹平代表自治区社科联对学校全体社会科学工作者表示问候，并高度评价学校社科联过去的工作。他希望学校社会科学工作者在学校党委领导下，攻关克难，在学术研讨、课题研究、社科知识的宣传普及、咨询教育和学术交流等方面取得更大成绩。

【江苏省社科联到广西交流工作经验】 5月15日，江苏省社科联党组书记、常务副主席刘德海一行6人到广西社科联交流社科工作经验。广西社科联党组书记、主席王士威，秘书长何明及办公室、科普部、学会部、外联部负责人参加座谈。双方围绕高校社科联建设、学术平台建设、学会管理、社会科学年鉴编纂等方面工作展开探讨。

4月18日，自治区社科联副主席曹平（左二）到广西师范学院社科联调研社科工作　（刘晖晖　供稿）

【2014年中国—东盟音乐周】 5月25~30日在南宁举行，广西艺术学院主办。音乐周共举行16场音乐会、3场高峰论坛及4场大师班讲座。来自泰国、新加坡、菲律宾、印度尼西亚等东盟国家，美国、法国、新西兰、波兰等欧美国家，中国中央音乐学院、中国音乐学院、上海音乐学院、武汉音乐学院和港澳台地区近150位音乐家、学者，齐聚音乐周舞台，参加高峰论坛和大师班讲座等国际学术交流活动。美国伊利诺伊大学钢琴系名誉主任Ian Hobson、法国里

昂音乐学院教授 Jean-Louis Bergerard、波兰肖邦音乐学院大提琴教授 Tomasz Strahl 等知名音乐家；叶小纲、彭志敏、高为杰、黄安伦、温德青、叶国辉、唐建平、陈丹布、钟峻程等知名作曲家；新西兰 NZTrio、柬埔寨 Tray So 室内乐团、马来西亚 High Winds ensemble 室内乐团、法国 Les Temps Modemes 室内乐团、广西艺术学院“漓江”室内乐团等演奏团体带来各自作品。著名小提琴家高参携斯特拉迪瓦里名琴协会特别赞助的世界罕见名贵小提琴演奏。在音乐周期间举办的高峰论坛中，各国学者基于不同音乐学科理论架构，围绕音乐周的发展建设及音乐创作、音乐表演等领域进行学术交流，认为音乐周已成为继北京现代音乐节、上海当代音乐周之后的中国新音乐创作第三大平台。

【全国粮油购销与物流教育教学指导委员会成立大会暨一届一次会议】 5 月 29 日在南宁举行，国家粮食局主办，广西工商职业技术学院承办。主题为：探讨和布置粮油购销与物流教育教学指导委员会工作，研讨如何开展财经专业“粮食化”建设，论证如何协作做好“发布行业人才需求与专业设置指导报告”“开展职业教育教材质量抽查”这 2 个教育部行业指导职业院校专业改革与实践项目。上海市贸易学校、黑龙江粮食职业学院、贵州省贸易经济学校、山东商务职业学院等 9 所全国中高职粮食院校的委员代表和来自粮食行业企业代表 24 人参会。广西工商职业技术学院院长陈杰主持。国家粮食局职业技能鉴定指导中心处长李寅铨，国家粮食局财务司处长罗文娟，自治区粮食局人事处处长韦尚英等领导出席。李寅铨处长在会上对此次粮食购销分委会成立在开展粮食职业教育教学改革与建设，促进技术技能人才培养质量方面的重要作用予以肯定。与会代表审议通过《粮油购销与物流专业教育教学委员会工作报告》和工作细则，明确分委会今后工作的指导原则和总体思路、主要目标和工作重点。听取陈杰院长代表分委会作“融入粮食元素教育，培养粮食财经人才”主旨发言。

【辽宁省社科联到广西交流工作经验】 6 月 3~8 日，辽宁省社科联党组书记杨路平一行 11 人到广西考察交流社科工作经验。期间在南宁召开广西、辽宁两省区社科联工作交流座谈会。广西社科联主席王士威、副主席曹平及相关部室领导参会。双方就县级社科联建设、学术活动、社团建设和管理等进行交流和探讨。杨路平一行还到百色、桂林两市社科联考察，杨路平认为广西的县级社科联建设走在中国前列，其经验值得辽宁省社科联学习借鉴。

【姚兵到钦州开展社科工作调研】 6 月 4 日，自治区社科联副主席姚兵，学会部主任张流、调研员玉明等一行 4 人到钦州市开展工作调研。钦州市社科联主席阮成武陪同。姚兵一行到钦州港经济技术开发区进行调研，钦州港经济技术开发区管委副主任韦彭汇报“钦州港经济技术开发区社会科学研究中心”筹备情况。姚兵强调指出，钦州港是北部湾经济区开放开发的前沿阵地，是连结东盟自由贸易区的纽带，是中国中西部走向世界市场的出海大通道，随着改革开放不断深入，北部湾经济区发展战略意义重大，北部经济区将成为中国乃至世界经济增长的新一极。为此，钦州市在钦州港建立社科研究中心有重要意义。姚兵希望钦州市广大社科工作者要以科学发展观为统领，全面贯彻落实党的十八大精神，坚持解放思想、实事求是、与时俱进，推进创新发展理念、思路、办法，提高发展质量，坚持以人为本，以发展为第一要务，从钦州市的实际出发，普及科学知识、宣传科学方法、传播科学思想、弘扬科学精神，倡导科学、文明、健康的生活方式，发挥哲学社会科学认识世界、传承文明、创新理论、咨政育人、服务社会的思想库作用，推动科学发展，和谐发展，提高人民群众的哲学社会科学素质，为建设富裕、文明、和谐的新广西，加快工业化、城镇化建设，全面建设小康社会提供思想保障、智力支持和精神动力。

【林娜率队赴国家旅游局汇报学校工作】 6 月 12 日，自治区旅游发展委员会党组副书记、副主任甘霖率广西旅游投资集团、南宁市旅游局、河池巴马瑶族自治县及桂林旅游高等专科学校党委书记林娜、副校长谢明等相关单位领导一行到国家旅游局汇报工作。国家旅游局副局长王志发、规划财务司司长彭德成、人事司司长魏洪涛及旅游促进与国际合作司副司长熊山华等领导出席汇报会。林娜书记汇报桂林旅游高等专科学校教学、科研、社会服务、校园建设等方面情况，希望国家旅游局对学校升格、项目申报、基地建设等方面继续给予关注和支持。王志发表示，当前中国旅游业的发展缺乏人才支撑，国家旅游局将继续支持和帮助学校更快更好地发展。同时希望桂林旅游高等专科学校坚持产教融合、校企合作的人才培养模式，致力于培养高素质应用型、技术技能型旅游人才，继续坚持特色化、国际化办学，培养出更多适应旅游业发展的人才，为国家的旅游人才培养工作作更大贡献。

【刘俊到河池开展社会科学普及工作调研】 6 月 17~19 日，自治区社科联副巡视员刘俊率自治区社科联科普部工作人员到河池市社科联、河池学院社科联、东兰县社科联调研指导社会科学普及工作。刘俊一行到河池学院社科联进行座谈，学院社科联主席韦仕珍、秘书长韦宏思汇报学院社科联科普工作及社会科学普及基地建设情况。刘俊希望学院社科联充分利用高校自身优势，加强与其他部门联系，亮出学院社科联牌子，发挥科普基地平台作用，主动宣传社科普及知识。在河池市社科联重点就河池市社会科学普及基地建设情况、科普工作开展情况等议题听取意见和建议，河池市社科联主席周龙作科普工作情况汇报。刘俊希望河池市社科联进一步加强科普工作力度，办好“红水河讲坛”社科品牌，打造一批社科普及精品，使社科普及基地成为良好的社科普及宣传阵地。在东兰县与县社科联共同签订共建科普基地协议书，并授予基地牌匾。刘俊指出，社会科学普及共建基地是普及社会科学知识的有效载体，希望东兰县社会科学普及基地成立以后，广泛开展各种社科普及活动，推动东兰县社会科学知识走进农村、走进社区、走进生活。

【河池学院图书情报工作会议】 6月20日，河池学院图书情报工作委员会第一次会议在河池学院举行。图书情报工作委员会主任、副校长罗之勇指出，图书情报工作委员会委员由相关职能部门、各二级学院、图书馆的领导及学生代表组成，是河池学院文献信息工作的咨询和协调机构。委员会定期召开会议，商讨学校文献信息工作中的重大问题，反映师生意见和要求，提出改进的建议和策略。他要求图书馆要深入各学院、各部门开展调研，了解师生关注的信息需求，同时，希望委员们发挥智囊作用，多提意见和建议，支持图书馆工作，推动学院文献信息工作的发展。委员们肯定图书馆工作的同时，围绕新增专业的文献资源建设、桂西北非物质文化资源收集、教学参考资料采集、文献基础课程教学、优秀本科论文建库等问题进行讨论，提出意见和建议。

【共建“智慧校园”座谈会】 6月26日在桂林旅游高等专科学校举行。桂林旅游高等专科学校校长杨杰邀请联通、电信、移动3家通信运营商桂林分公司的领导及技术负责人进行座谈。座谈会上，杨杰校长介绍学校校园建设的总体规划和发展情况，提出建设“智慧校园”的设想，并就学校网络通信等基础设施建设提出四点设想：一是营造公平、开放的竞争环境；二是确保校园网络信息安全；三是高效利用资源，不搞重复建设；四是互惠互利，合作共赢。联通、电信、移动3家通信运营商桂林分公司的主管领导分别对校园网络的建设提出建议和意见，并表示愿意支持学校的信息化发展建设。与会人员对校园基础网络的建设方案达成一致意见，为下一步“智慧校园”的建设奠定基础。座谈会基本确立桂林旅游高等专科学校整个信息化建设的布局和蓝图，为下一步建设“智慧校园”及搭建校园综合信息化管理平台指明方向，为今后校企合作、企业参与校园信息化建设探索出新途径。

【刘俊到广西大学调研社科联工作】 6月27日，自治区社科联副巡视员刘俊一行3人到广西大学社科联科普工作和共建社会科学普及基地的相关情况进行调研，广西大学社科联秘书长吕伟斌、社科处副处长周瑞超等参加座谈。座谈会上，周瑞超就广西大学人文社会科学基本情况、社科联近年来开展的社科普及工作及取得的成绩、存在的问题等作汇报，并提议组建高水平骨干人才队伍进行科普工作，建议各兄弟高校社科联加强沟通交流，以高校社科联社科普及共建基地为载体，联合举办名家讲座，共同打造社科普及品牌。广西大学社会科学普及基地负责人蒙绍荣对社会科学普及基地近年工作作汇报。广西大学社会科学普及基地自2010年成立之后，每学期邀请校内外专家作社会科学专题讲座，并组织师生进行座谈；以基地为平台，学校社科联组织成立大学生国学会、古琴文化社团、茶文化社团等多个大学生社会科学社团，进行社会科学方面的知识普及与学术交流。刘俊肯定广西大学社科联开展社会科学普及工作取得的成绩和科普建议，希望高校科普工作要充分发挥场地和人才资源优势，以共建基地这个“点”，带动“面”的科普工作，有效开展和推进社会科学普及工作。

【自治区领导听取自治区社科联工作汇报】 6月30日，自治区党委常委、宣传部部长沈北海，自治区副主席李康在自治区人民政府办公楼听取自治区社科联工作汇报。自治区社科联党组书记、主席王士威汇报社科联成立30年来的主要工作成绩和经验，以及2014年重点工作、广西第十三次社会科学优秀成果奖评选工作情况，并提出需要自治区党委、政府帮助解决自治区社科联新办公用房、推进社科普及立法等困难和问题。沈北海、李康认真听取汇报，询问有关情况，肯定社科联工作取得的成绩和作出的贡献，并表示自治区党委、政府将一如既往地重视、支持社科联工作，逐步解决各种困难和问题，为社科联在经济社会发展新常态条件下更好履行职能，开展工作创造条件，不断繁荣发展广西哲学社会科学事业，为广西经济社会发展作出新贡献。自治区人民政府副秘书长吴建新，自治区社科联副主席刘家凯，秘书长何明参加汇报。

【自治区党委宣传部与广西大学共建新闻传播学院】 7月8日，自治区党委宣传部与广西大学共建新闻传播学院启动及签约仪式在广西大学举行，自治区党委常委、宣传部部长沈北海，自治区副主席李康出席并讲话。2013 年 12 月，中宣部、教育部启动各省（区、市）党委宣传部门和中央主要新闻单位与高等学校共建新闻学院工作，实行部校共建机制。按照中宣部、教育部统一部署和自治区党委、政府领导指示精神，自治区党委宣传部与广西大学做好共建新闻传播学院各项工作。根据协议，双方将在共建管理机构、精品课程、骨干队伍、实践基地和研究智库等 5 个方面展开合作，共同支持新闻传播学院搭建高水平科研平台，打造 5~8 门品牌课程，建立覆盖广西新闻媒体的实习基地网络，打造以马克思主义新闻观为统领、国内领先、特色鲜明的现代化新闻传播学院；建设成为广西新闻宣传系统在职干部培训基地，国家应用型、复合型新闻传播人才教育培养基地和面向东盟的国际新闻传播人才教育培养基地。广西大学新闻传播学院学科建设起步较早，是国内最早招收本科生的 4 所院校之一，也是中国最早设有新闻学硕士授权的 5 所高校之一。共建之后的新闻传播学院将实施卓越新闻传播人才教育培养计划，探索教学与实践融合的新路，把新闻传播学院建设水平推向新台阶，为党的新闻事业提供坚实有力人才支撑。此次部校共建顺应全媒体时代对复合型采编人才的要求，有利于构建广西区内高等新闻传播教育与新闻实践相互贯通、深度融合、协同发展的新格局，为加快实现"两个建成"服务，为建设 21 世纪"海上丝绸之路"服务，为中国—东盟合作迈向"钻石十年"服务。

当天召开自治区党委宣传部与广西大学共建新闻传播学院领导小组（院务委员会）第一次会议，讨论并通过《广西壮族自治区党委宣传部与广西大学共建新闻传播学院协议》及相关管理办法，成立广西马克思主义新闻观研究与实践基地、全媒体实训中心及共建领导小组。

【王士威到百色调研社科联工作】 7 月 8~10 日，自治区社科联党组书记、主席王士威在秘书长何明的陪同下，到百色市社科联及田林、西林、田阳、田东县调研指导社科联工作。期间，百色市委书记、市人大常委会主任彭晓春，百色市委常委、宣传部部长、副市长黄建宁先后会见王士威一行。百色市社科联主席苏祖纯全程陪同调研。王士威肯定百色市、县（区）社科联近年来工作成绩，希望百色市、县社科联以党的群众路线教育实践活动为契机，不断加强学习、转变作风、提高工作水平。围绕全面深化改革和经济社会发展大局及党委政府中心工作，发挥"联"的优势，组织开展应用对策研究，多渠道促进研究成果转化，发挥社科界"智囊团""思想库"作用，加强社会科学的宣传新普及，加强对社科类学会的指导和管理，争取社会各方面对社科联工作的支持。他希望各级党委政府继续重视和加强社科联工作的领导力度。

【刘俊率调研组赴四川、宁夏调研社科普及立法工作】 7 月 23~26 日，自治区社科联副巡视员刘俊率科普部主任马文、广西经济管理干部学院教授官锡强、广西大学教授龙晟、广西师范学院教授黄锡富赴四川、宁夏开展社科普及立法专题调研。7 月 24 日，调研组与四川省社科联就四川社科普及立法情况进行座谈交流，自治区社科联副主席曹平率队的《把广西建设成中国西南中南地区开放发展新的战略支点》专题调研组一同参加。会上，四川省社科联副主席罗仲平就《四川省科学技术普及条例》中增加社会科学普及内容、社会科学普及工作的运行机制等进行介绍，同时介绍四川省社科联组织开展社科普及活动情况；科普部部长杨德志、副部长焦渡介绍社科普及立法过程中经验和做法，认为通过立法，使省、市、县社会科学普及工作从人员、办公场所到经费预算等均有法律保障，社科普及有法可依，可持续发展。广西社科联简要介绍广西近年来开展社会科学普及情况和推动科普立法的工作。7 月 25 日，在宁夏社科联科普立法调研座谈会上，宁夏社科联副主席刘祎介绍宁夏社会科学普及条例的制定过程，认为社科普及立法应当紧抓机遇，适时推动立法工

7 月 25 日，自治区社科联副巡视员刘俊（右三）率调研组到宁夏社科联进行社科普及立法调研活动

（马　文　供稿）

作向前发展；抓住难点，准确突破立法瓶颈；工作扎实，环环相扣，是实现成功立法的前提。通过立法，使社科普及的队伍建设、组织建设和经费预算等有法律依据。广西调研组认为，四川、宁夏在社科普及立法工作中的成功做法和经验，对推动广西制定社会科学普及条例有很强的借鉴意义。

【曹平赴川黔开展课题调研】 7月23~29日，自治区社科联副主席曹平率东南亚经济与政治研究中心副主任马秋云、广西财经学院经济与贸易学院副院长张建中教授等一行5人组成的调研组赴四川、贵州开展《把广西建设成中国西南中南地区开放发展新的战略支点》专题调研。调研组先后与四川省商务经济学会、贵州省社会科学院、贵州瓮福（集团）有限责任公司等专家学者、实际工作者座谈，并实地调研成都统筹城乡发展的典型模式——锦江区三圣乡五朵金花模式、成都白鹭湾湿地公园、贵州瓮福（集团）等，四川省商务经济学会理事、《四川商务》副主编李东川，成都市社科院经济研究所副所长钟怀宇博士，贵州省社会科学院院长吴大华研究员，贵州省社会科学院区域经济研究所黄勇研究员、西部开发所苟以勇研究员，贵州大学东盟研究院副院长陈艳波，贵州省社科联党组书记、副主席杨梦龙，贵州瓮福（集团）有限责任公司党委副书记李其福、副总经理刘忠进等参加。在四川、贵州两地召开的调研座谈会上，与会者围绕四川、贵州两地与广西及东盟国家经贸合作的现状、优势、前景及新思路、四川省统筹城乡发展的经验做法、把广西建设成为中国西南中南地区开放发展新的战略支点等议题进行交流和探讨。就广西与四川、贵州两地加强在基础设施、工业、煤炭、电力、烟酒、有色、冶金、建材、化工、旅游、物流建设、扶贫开发等领域的合作，尤其是四川、贵州两地利用广西北部湾经济区建设产业园区、加大对东盟的开放等议题进行研讨。贵州瓮福（集团）有限责任公司是集磷复肥、磷硫煤化工、国际国内贸易等于一体的国有大型企业，在贵州省百强企业中名列第四，公司出口总额的60%通过北海港销往东南亚国家。大家就建设贵州北海临海产业园、打通贵阳出海通道、降低综合物流成本、推动贵阳海关与北海港口海关等措施进行交流。调研组认为，打造中国西南中南开放发展新的战略支点是党中央、国务院从国家发展战略高度对广西发展做出的新的科学定位，是新时期赋予广西新的重大历史使命，充分体现国家对广西的高度重视，是广西实现富民强桂新跨越、与中国同步全面建成小康社会进程中又一重大历史机遇。应从国家层面进行统筹，同国家发改委牵头，对西南中南各地与广西的合作进行规划；进一步加快广西与相关省、市间连通的基础设施建设，为人流、物流、资金流、信息流提供良好的基础保障；推进广西与中南西南地区的平台建设，利用产业园区加强相互间产业合作；制订出台相关政策体制体系，确保战略支点建设可持续性。

【全国社科联第十五次学会工作会议】 8月19日在乌鲁木齐举行，新疆社科联承办。来自北京、上海、河北、广西等30个省区市社科联代表110多人与会。收到会议交流论文30篇。广西社科联副主席姚兵率学会部主任张流、调研员玉明及广西民联教育研究院院长刘浩一行4人出席会议。会议主题为：创新社会组织管理，推动社会组织发展。会议分开幕式、专题讲座、分组讨论和会议总结交流等环节进行。会议由新疆社科联党组书记、副主席宋振亚主持。开幕式上，新疆维吾尔自治区党委常委、宣传部部长、自治区社科联主席李学军出席并讲话。新疆维吾尔自治区教育工委副书记、新疆大学党委书记、自治区社科联兼职副主席李中耀作题为“丝绸之路经济带核心区——新疆发展新机遇”学术报告。姚兵在分组讨论会上发言，并就在社科类社会组织中建立党组织、参与民政部门开展星级评估工作等问题与小组中的天津、吉林、黑龙江、浙江、江西、浙江、江西、山东、重庆、青海等省市区社科联同仁交流与探讨。交流总结会上，4个小组的代表分别就社

8月19日，新疆社科联承办的全国社科联第十五次学会工作会议在乌鲁木齐举行

（玉　明　供稿）

会组织管理与创新工作中取得的经验与做法作交流。会议明确新时期社科联面临的新任务和新要求，对推进社科类社会组织健康发展，促进社会科学的发展繁荣进行交流与探讨。会议决定，对全国29个学会、29名优秀学会工作者进行表彰，广西酒店管理学会、广西民联教育研究院院长刘浩获奖。会议研定《关于全国社科联学会工作会议的召开办法》，并商定全国社科联第十六次学会工作会议由广东省社科联承办。

【刘俊到百色调研社科普及工作】 8月19~20日，自治区社科联副巡视员刘俊一行3人到百色调研。百色市委常委、宣传部部长、副市长黄建宁，百色市人民政府副市长罗试坚会见刘俊一行。百色市社科联主席苏祖纯、副主席陆毅等陪同调研并参加座谈。期间，刘俊一行到拟举办的第十六期广西发展论坛会议预驻地筹备工作进行指导。座谈会上，苏祖纯就百色市社会科学普及基地建立以来工作情况及百色市社科联近年来开展的社科普及工作及取得的成绩、存在的问题等进行汇报，并对如何推进社会科学普及工作提出建议。刘俊一行还到百色市社会科学普及基地——中共百色市委党校进行实地调研。

【刘俊率队赴山东调研社科普及立法工作】 8月23~25日，自治区社科联副巡视员刘俊率科普部主任马文、广西经济管理干部学院教授官锡强、广西师范学院教授黄锡富一行4人赴山东开展社科普及立法专题调研。座谈会上，山东省社科联副主席张宏明介绍山东省社科联立法经验：科普立法首先要争取省人大法工委的支持，遵循立法程序，加强调研，做好立法评估。山东省科普立法的最大亮点是整个立法过程都把调研工作做实，始终得到省人大法工委及省相关厅局的支持和指导。山东省社科联科普部部长高玉宝介绍科普立法具体做法。刘俊介绍近3年来广西社科联推动科普立法的情况，表示将结合广西区情，草拟好《广西壮族自治区社会科学普及条例（草案）》和科普立法调研报告，报自治区人大法工委，加快广西社科普及条例立法出台进程。

8月23~25日，自治区社科联副巡视员刘俊（右三）率队赴山东调研社科普及立法工作 （马 文 供稿）

【自治区社科联2014年年中工作汇报会】 8月26日在南宁举行。自治区社科联党组书记、主席王士威，副主席姚兵、刘家凯、曹平，副巡视员刘俊等出席并讲话，各部、室、中心及杂志社负责人参加并汇报部门工作情况，全体干部职工与会。自治区社科联办公室、学会部、学术部、外联部、机关党委、科普部，广西社会科学杂志社、改革与战略杂志社的负责人分别就工作情况、存在问题、未来展望3个方面进行汇报。全体人员就学会部提出的学会评优、广西社会科学杂志社提出的人才编制及办公用地及改革与战略杂志社提出的关于期刊发展等问题进行讨论。姚兵要求抓紧落实各项事宜，并对当下自治区社科联党支部建设及绩效问题提出观点和看法；刘家凯强调要重视绩效考评工作、社科联志编撰工作及预算计划工作；曹平从自治区社科联关于市、县、高校、企业社科联的工作，东南亚中心工作，扶贫、清洁乡村和县域联系点的工作，中国—东盟大讲坛及《社会科学论丛》编纂工作等方面进行总结，对下一步工作提出建议；刘俊提出要做好《我与社科联》编纂出版工作；秘书长何明汇报社科联30周年纪念画册的筹备情况。王士威指出，自治区社科联全体干部职工同心同德，各项业务工作都有序进行，主要体现在：争取领导重视支持，深入基层调查研究，社会科学事业实现创新发展；围绕中心开展课题研究和理论研讨，为广西加快实现“两个建成”提出实用性的对策建议；严格规范程序，基本完成广西第十三次社会科学优秀成果奖评选工作；深入开展社科普及活动，为全面深化改革、实现“两个建成”营造文化氛围；加强组织建设，进一步拓展工作网络；加强阵地建设，社科学术品牌逐步形成；坚持“走出去”与“请进来”相结合，加强与国内外交流；加强机关建设，提升社科联形象等方面。同时存在县级社科联建设发展不平衡，个别市社科联的工作缺乏主动，党委、政府和有关部门理解重视不够；课题研究工作与实际工作部门的对接不够,科研资源的整合有待加强;对社科类学术团体和民办社科研究机构的党建工作缺乏指导等问题。王士威强调,要正确面对成绩和问题,继续按照自治区党委、政府的要求,以实现中华民族伟大复兴的中国梦为根本动力,以实现广西"两个建成"目标为根本任务,以繁荣发展广西社会科学为根本职责,进一步解放思想、改革创新,围绕中心、服务大局,凝聚力量、努力作为,认真履行职责,扎实开展工作,确保圆满完成全年工作目标任务。

【姚兵到广西酒店管理学会指导筹建学会党支部工作】 8月28日,自治区社科联副主席姚兵率学会部主任张流、人事处处长韦正委等一行4人深入广西酒店管理学会进行学会党支部筹建工作调研与指导。座谈会上,广西酒店管理学会会长林军、副会长吕玉荣向调研组汇报学会筹建党支部有关情况。姚兵指出,现阶段进一步加强学会党建工作,是扩大党的执政基础、提高党的执政能力的迫切需要,也是促进社会和谐发展的需要,是学会加强自身建设,推进学会改革与发展的需要。自治区党委专门成立中国共产党广西壮族自治区非公有制经济组织和社会组织工作委员会加强对社会组织党建工作,学会的党建工作已成为自治区社科联加强对学会管理与指导的重要抓手,推进学会党建工作,充分发挥学会中党员的先锋模范作用,以党建工作推动学会各项工作开展。希望已具备成立党支部条件的学会抓紧筹备成立党支部,自治区社科联将在经费等方面予以支持,促使学会党建工作引领学会业务工作不断向前发展。

8月28日,自治区社科联副主席姚兵(右二)率调研组到广西酒店管理学会进行学会党支部筹建工作调研 (钟永锋 摄)

【曹平率课题组到凭祥开展调研活动】 9月10~11日,自治区社科联副主席、课题组组长曹平率领《中国—东盟自贸区物流业发展与合作法律保障机制创新研究》课题组一行11人到凭祥市调研中国—东盟自贸区物流业发展与合作法律保障机制、立法协调机制、法律冲突处理机制、风险防范法律机制、纠纷解决机制等方面情况。课题组分别与凭祥市海关、法院、检验检疫局、商务局、司法局、工信局、交通局、边防办、口岸办、开发开放办、宣传部、社科联、万通物流园、四海物流、万盈物流、立天物流等单位、企业负责人,与中国外运广西凭祥公司相关部门负责人座谈,听取他们关于中国与东盟物流业发展与合作中遇到的法律保障、立法协调、法律冲突处理、风险防范法律、纠纷解决等方面工作情况及存在的不足,并围绕实践工作中存在的问题和瓶颈展开探讨和交流,提出加强相关职能部门统筹、协调,推动中国—东盟自贸区物流业发展与合作法律保障机制创新工作。调研组实地考察中国—东盟自贸区物流园区、广西凭祥综合保税区、中国外运广西凭祥公司等。通过调研,加深对中国与东盟物流业发展与合作法律保障现状的认识,为完成课题积累第一手材料。

【桂林旅游高等专科学校与中国环境科学研究院合作共建旅游大气生态环境监测实验室】 9月12日,签约仪式在中国环境科学研究院大气研究所举行。桂林旅游高等专科学校副校长陈贵超、中环院大气环境研究所首席专家、所长孟凡代表双方签约,中环院大气所副研究员杨小阳博士及旅游与休闲管理系副主任黄鑫参加。桂林旅游高等专科学校与中国环境科学研究院合作是为发挥各自科研优势,通过建设"旅游大气生态环境检测实验室",在中环院大气研究所的技术支持下,针对广西空气污染成因开展研究,对东盟地区跨界大气污染特征研究及区域预警预报提供关键数据支持,为广西和西南地区空气污染控制及国家环境政策提供支持。双方将联合申报中央和地方的科研项目,定期开展相关技术培训和学术研讨会。中国环科院大气所将在桂林旅游高等专科学校设立环境监测点,双方共同建设数据共享机制,开展研究。

【桂林旅游高等专科学校教师段仕洪新书《中国特色名菜名点》举行首发仪式】 9月21日在桂林新华书城举行。广西大学原党委书记阳国亮，桂林市政协原副主席邱严明，桂林市政协党组成员、桂林美食委员会委员、副主任余秋平，广西烹饪餐饮行业协会常务副会长、名厨协会主任何逸奎等行业领导、嘉宾出席。桂林旅游高等专科学校党委书记林娜出席、副校长陈贵超主持。该书由广西大学原党委书记阳国亮作序，对中国特色名菜名点的形成、发展及现状，各地域代表名菜名点及其制作工艺作介绍。

【共建“七玄乐府”乐团的合作协议】 10月8日，桂林旅游高等专科学校副校长陈贵超代表学校与国家二级指挥师周泽江在桂林签署关于共建“七玄乐府”乐团的合作协议，聘请周泽江为客座教授，并出任桂林旅游高等专科学校组建的“七玄乐府”乐团艺术总监、乐团总指挥。桂林旅游高等专科学校相关职能部门负责人及艺术表演系领导、教师参加。“七玄乐府”民族乐器是周泽江历经30多年对广西壮、苗、瑶、侗、京5个少数民族的特色乐器的改良和研发的成果。学校将以艺术表演系为依托，以旅游表演与策划为支撑，由周老师作为带头人，把“七玄乐府”打造成集文化传承、人才培养、教学科研、社会服务等综合性功能合奏团。

【王士威到桂林调研社科联工作】 10月9~12日，自治区社科联党组书记、主席王士威在秘书长何明陪同下，到桂林市社科联及龙胜、临桂、永福、高新七星区县（区）社科联，桂林电子科技大学调研社科联工作。期间，桂林市委常委、宣传部部长、副市长陈丽华会见王士威一行，桂林市社科联常务副主席王达全程陪同。王士威一行先后参观桂林古莲文化街、七星区党员干部群众孝道感恩教育长廊等。王士威先后与桂林市、县领导座谈，听取桂林市社科联主席罗建章，龙胜县委常委、宣传部部长、副县长石修雄，临桂县委常委、宣传部部长、副县长诸葛亚，永福县委常委、统战部部长秦传志，桂林高新七星区区委常委、宣传部部长、副区长谢静汇报当地情况和社科联工作。王士威肯定桂林市及各县（区）社科联在学术研究与活动、社科普及、社科联建设、人才培养等方面成绩，认为桂林市社科联功能完善，工作主动，有特色、有亮点。每月一场的百姓文化大讲坛等活动在社会形成一定影响力。桂林高新七星区社科联与自治区党委宣传部打造的“桂林古莲文化街，七星区党员班干部群众孝道感恩教育长廊”等得到自治区、桂林市领导及有关部门的认可。龙胜社科联与县宣传部开展的山歌唱响党的十八大等活动，临桂县社科联课题研究、学术和社科普及活动，永福县社科联开展福寿文化研究和普及，得到社会认可，扩大了社科联影响力。王士威希望桂林市及县（区）社科联工作以群众路线教育实践活动为契机，围绕当地党委政府中心工作组织开展各种学术活动，发挥社科界“智囊团”和“思想库”作用；加强对学术活动的管理，确保正确方向，汇聚正能量。10月11日，王士威到桂林电子科技大学调研，桂林电子科技大学党委书记周怀营陪同王士威一行参观学校图书馆和校园，并出席桂林电子科技大学社会科学普及基地揭牌仪式，自治区社科联副巡视员刘俊代表自治区社科联与桂林电子科技大学签署共建科普基地协议，王士威、周怀营共同为桂林电子科技大学社会科学普及基地揭牌。

【桂林旅游高等专科学校与瑞士洛桑酒店管理学院签署合作协议】 10月15日在桂林举行合作协议签署仪式。自治区副主席李康出席，并会见瑞士洛桑酒店管理学院酒店咨询公司CEO辛哈先生。李康指出，加快服务业发展是加快调整经济结构、转变经济发展方式的重要方式，旅游业对推动整个服务行业发展有重要作用。广西作为西南、中南地区开放发展新的战略支点和中国与东盟交流合作的门户，双方加强旅游人才培养，尤其是高端人才的培养，对周边国家和地区产生辐射带动作用。李康希望通过双方的合作，进一步提高桂林旅游高等专科学校的发展能力和培养质量，为旅游行业培养国际化高端人才、应用型人才发挥作用。辛哈认为，广西有非常好的自然风光和旅游资源，特别是桂林山水享誉世界。桂林旅游高等专科学校的发展提升在广西旅游的可持续发展中将发挥重要作用。随着东盟国家经济社会的发展，地区间的交流和互动越来越频繁，需要培养更多不同性质的人才满足不同游客需求，这给双方的合作办学提供机遇带来挑战。桂林旅游高等专科学校校长杨杰、辛哈签署两校合作协议。根据协议，未来5年内，瑞士洛桑酒店管理学院将从校园规划、实训设施建设、教师培训、教学大纲设计、学术体系认证等方面为桂林旅游高等专科学校提供全面技术支持。此外，两校将合作开设高端旅游及酒店管理行业培训班，为中国乃至亚太地区培养高端精英人才。自治区人民政府副秘书长吴建新，自治区教育厅副厅长黄雄彪，自治区旅游发展委员会副主任贾玉成，桂林市副市长巫家世，国家旅游局人事司副司长、桂林市市长助理余昌国，桂林市旅游局局长林业江，中国旅游研究院院长戴斌，中山大学旅游学院院长、中国教育分会会长保继刚，桂林旅游高等专科学校党委书记林娜、校长助理周江林，瑞士洛桑酒店管理学院教务长Fabien Fresnel、中国区董事鲍琛等参加。

【台湾少数民族头目长老参访团来桂访问】 10月17日，台湾“原住民族文化经贸协会”理事长根志优率台湾少数民族头目长老参访团一行38人到广西民族大学考察交流，双方就民族教育问题进行探讨。广西民族大学副校长李尚平出席座谈会并致辞，广西民委副处长覃凤前及广西民族大学部分师生参加座谈。李尚平从办学历史、办学规模、学科建设和民族教育政策方面介绍广西民族大学基本情况。广西民族大学是国家民族事务委员会和广西区政府共同建设的高校，民族性是最大的办学特色。学校高度重视民族研究，有民族学，民族文学、法学及相关经济学和7种东盟语种等领域。广西民族大学与台湾地区合作交流，派留学生到台湾“建国”科技大学学习。学校重视民族团结宣传教育工作，通过多种方式夯实民族团结教育基础，如发挥课堂教育主渠道作用，推进民族团结教育进教材、进课堂、进头脑；组织各学院班级开展民族团结报告会、民族团结主题班会等活动，引导学生了解民族地区的社会、经济发展情况。在传承和弘扬各民族文化方面，开展民族优秀文化教育，开设有民族文化及体育相关课程；组织特色校园文化活动，建立民族博物馆展示多件文物资料；加强民族历史文化研究，成立多个少数民族研究中心，出版多部民族研究成果书籍，有多项成果获奖。覃凤前在发言中强调指出，广西在政策上确保少数民族当家作主的权利，重视少数民族文化工作，发展少数民族教育，培养和使用少数民族干部。广西民族大学是广西区内最大的专门培养少数民族人才的基地，为广西的发展输送大批人才。参访团团长根志优介绍台湾少数民族历史及发展状况，通过与大陆各地的交流与沟通，进一步了解民族教育和民族经济的发展现状和态势，并通过解释少数民族原住民的名字来源阐述“名字是一个民族变迁的研究”，强调记住历史的重要性，以推进各民族共同和谐发展。

10月17日，台湾少数民族头目长老参访团来桂访问 （刘德怀 供稿）

【2014年全国社科联联席会议】 10月22~23日在云南省昆明市举行，云南省社科联承办。来自全国31个省、直辖市、自治区社科联160余名代表与会，云南省人大常委会原副主任、云南省社科联名誉主席王义明出席并讲话，云南省委宣传部副部长张瑞才到会致辞。广西社科联党组书记、主席王士威率队参加。与会代表围绕“全面深化改革与社科联工作创新”主题进行探讨交流，提出创新性、建设性思路和措施。会上，王士威介绍广西社科联近年来在改革创新中取得的主要成绩、工作经验及举措，并建议利用全国社科联联席会议机制持续推动建立全国社科联工作。会议商定，自2014年10月起，成立全国社科联联席会议主席团，成员由各省区市社科联主席（或党组书记）担任，定期由担任轮值主席的省区市社科联负责召集主席团会议，商讨有关全国社科界加强协同创新重大事务，促使全国社科联联席会议轮流承办机制化，逐渐形成全国社科联组织联络系统。会议确定2015年全国社科联联席会议由湖北省社科联承办，第一届联席会议主席团轮值主席由湖北省社科联党组书记曾婕担任。

【姚兵率调研组深入市县社科联开展基层学会工作调研】 10月28~31日，自治区社科联副主席姚兵率学会部主任张流等一行4人深入梧州、贺州、桂林市社科联及苍梧、恭城两县社科联对市、县基层学会工作情况进行调研。调研期间，分别与梧州、贺州、桂林三市和苍梧、恭城两县社科联及梧州市档案学会、贺州金融学会、桂林市教育学会等20个学会就学会建设和学术活动开展、学会基层党组织建设等问题进行座谈交流，对学会发展现状及存在问题进行深入了解。据了解，在党组织建设方面，学会中成立有党组织的只有桂林市企业与企业家联合会和桂林市检察学会。学会规范化管理方面，桂林市社科联出台《桂林市社会科学界联合会关于进一步规范学会管理的通知》并制定《规范化学会评估考核表》，在学会思想政治建设、组织制度建设、档案管理建设等方面提出明确要求。逐步建立健全各项管理制度，如学会联络制度、月情况通报制度。在激励机制方面：一是设立最有创意学会活动奖；二是制定《桂林市社会科学界联合会学会活动资助管理办法》，对有创新、社会效益好的学会社科活动给予一定资助；三是建立学会管理规范化核评机制，对学会管

10月29日，自治区社科联副主席姚兵（后排左二）率学会部调研组到贺州市社科联座谈调研　（钟永锋　摄）

理规范化建设情况逐一进行评分考核，对核评结果，发文通报，下发“先进学会”“最有创意学会活动”“学会先进个人”表彰决定，召开表彰大会，为先进颁发奖牌和证书；四是做好每年一次的先进学会、学会先进个人和优秀青年社科工作者评选工作，把评先活动与学会管理规范化工作有机结合起来。座谈会上，各市社科联主席分别汇报社科类社会团体的基本情况及在学会管理方面的经验与做法，与会学会负责人汇报学会办会情况的同时，对自治区社科联和市级社科联工作提出建议和意见，希望社科联建立完善相关制度，加强对学会的指导管理；建议自治区社科联加强对市、县（区）学会工作的指导力度，在干部培训、专家培养、资金资助等方面向基层学会倾斜；鉴于学会党建工作薄弱，建议自治区社科联向上级党委建议出台相关文件，加强党建工作等。姚兵肯定各市社科联对学会管理的经验、做法，对提出的意见、建议将通过与各部门联系反映，争取逐步解决。姚兵指出，广西已专门成立中国共产党广西壮族自治区非公有制经济组织和社会组织工作委员会来加强对社会组织党建工作，学会的党建工作成为自治区社科联加强对学会管理与指导的重要抓手，推进学会党建工作，充分发挥学会中党员的先锋模范作用，以党建工作推动学会各项工作的开展。希望已具备成立学会党支部条件的市社科联抓紧筹备成立党支部，或建立联合党支部统筹管理学会党建问题，使学会党建工作引领学会业务工作不断向前发展。

【桂林旅游高等专科学校与韩国新罗大学签署合作协议】 12月1日，韩国新罗大学代表团到访桂林旅游高等专科学校，学校党委书记林娜、校长杨杰、校长助理周江林和国教学院相关负责人与代表团进行会谈并举行两校合作协议签署仪式。林娜向来宾介绍学校的办学历史、办学特色及国际合作交流工作情况。她说，为促进两校合作办学，扩大两校学生交流互换机会，两校决定签署合作协议，这对提高两校合作办学层次，促进学校国际化发展有重大意义。林娜书记指出，桂林旅游高等专科学校在广西乃至全国旅游人才培养，尤其是高端旅游人才培养方面有优势，希望通过合作，进一步加强学校与韩国同行的交流与合作。新罗大学校长朴泰学说，当前中韩两国在人文领域，特别是高校间的交流和互动越来越频繁。桂林旅游高等专科学校在中国旅游教育行业处于顶尖水平，希望能在两校合作中取得共赢成果。杨杰校长、朴泰学校长分别代表两校签署合作协议。根据协议，两校将开启学生互换、教师培训和学术交流等方面的合作。在杨杰校长、周江林校长助理陪同下，韩国新罗大学一行参观桂林旅游高等专科学校图文信息中心、视觉艺术系展厅、表演艺术系实训室、高尔夫练习场和酒店实训中心，对桂林旅游高等专科学校实训建设取得的成就给予中肯评价。

【广西第十三次社会科学优秀成果奖颁奖暨广西社科联成立三十周年座谈会】 12月10日在南宁举行，自治区社科联主办。会议回顾自治区社科联30年发展历史，总结广西哲学社会科学事业发展经验，探索新形势下社科联工作特点和规律，激发广西社科联队伍和社科界的荣誉感、自信心和创造力，为推动广西社会科学事业不断繁荣发展，为实现广西“两个建成”奋斗目标作出新贡献。自治区党委常委、宣传部部长沈北海出席并讲话，自治区副主席李康出席并宣读自治区人民政府关于奖励广西第十三次社会科学优秀成果的决定，自治区党委宣传部副部长李海荣，自治区社科联历届老领导，自治区社科联第七届委员会主席、副主席、常委及各市社科联主席、团体会员单位代表、第十三次社科优秀成果奖作者代表、自治区社科联离退休人员和全体干部职工共200多人出席。自治区社科联党组书记、主席王士威，副主席姚兵分别主持会议。沈北海指出，自治区社科联成立30年来，在自治区党委、政府的正确领导下，坚持以马列主义、毛泽东思想、邓小平理论和“三个代表”重要思想、科学发展观为指导，深

图为荣获广西第十三次社会科学优秀成果奖的作者上台领奖

（朱汝胜　供稿）

入学习贯彻习近平总书记系列重要讲话精神，坚持“二为”方向和“双百”方针，认真履行职责，广泛联动，发挥党和政府联系广大社科工作者的“桥梁”“纽带”作用，组织和依靠团体会员单位，使社会科学“认识社会、传承文明、创新理论、咨政育人、服务社会”的功能作用得到很好体现，为推动广西经济、政治、文化和社会各项事业的全面发展，发挥重要作用。沈北海希望广西社科联组织认识担负的重大任务和光荣使命，继承和发扬30年来形成的传统和经验，以创新的精神发展社会科学，使社科联成为推动马克思主义理论传播和创新的重要阵地，成为多出成果、多出人才的重要基地，成为团结和联系广大社科工作者的“和谐之家”。沈北海强调，开创广西社会科学事业大繁荣大发展的新局面，要始终坚持正确的政治方向和学术导向，掌握社会主义意识形态的领导权、管理权和话语权，在引导和确保广大干部群众增强道路自信、理论自信、制度自信上发挥积极作用；坚持围绕中心服务大局，找准工作定位，发挥职能优势，当好自治区党委、政府的思想库和智囊团；始终坚持面向基层服务群众，热忱回应群众的思想关切，为基层提供更多更好的、有针对性的社科理论服务，使党的理论创新成果深入人心，使全社会的人文社科素养有更大提升；要始终坚持与时俱进求实创新，积极推动社科工作体制机制创新，加强社团管理、活动组织、学术交流等方面的规范化制度化建设，加大各类社科资源的整合力度，不断构建“大社科”工作格局；要进一步完善社科优秀成果评选体制机制，加大对优秀成果的奖励力度，发挥评选的杠杆作用，激发广大社会科学工作者的聪明才智和创新热情，促进社会科学的良性繁荣和发展；要充分发挥“联”的优势，克服社会科学资源分散、多而不强的弊端，增强社会科学界的合力。各级党委、政府要切实把发展社会科学事业摆在重要位置，逐步增加对社会科学事业的投入。王士威指出，30年来，广西社科联组织不断发展壮大，“大社科”工作格局逐步形成；社会科学学术活动不断深化提升，打造了系列制度化、品牌化、高层次、权威性的学术交流阵地；社会科学研究日趋活跃，对改革开放和现代化建设重大问题的研究取得丰硕成果；社会科学普及的深度和广度不断拓展，广西纵横联动、延伸辐射的社科普及成为常态；社会科学优秀成果评奖机制不断完善，有力促进研究成果的价值转化和人才成长；社会科学理论阵地建设不断加强，学术刊物等出版物质量大幅提升；机关建设不断加强，服务能力和水平显著增强，为促进广西经济社会发展作出了应有贡献。王士威指出，做好社科联工作，必须坚持马克思主义指导地位；主动围绕经济社会发展大局开展社会科学活动；推动工作方式、活动形式、研究方法、工作机制等方面的创新；遵循规律，把握特点，建立健全相关制度，形成有效支撑、推动工作开展的管理体制和运行机制；加强人才队伍建设；充分发挥“联”的优势，形成促进社会科学工作发展的强大合力。要坚持以习近平总书记系列重要讲话精神为统领，把握社会科学工作正确方向不动摇；坚持以问题为导向推动社会科学研究，为广西经济社会发展服务；坚持以人民为中心，推动社会科学普及面向社会、走进基层、服务群众；继续加强社科联系统的组织建设，为社会科学进一步繁荣发展提供保障；继续加强广西社会科学优秀成果奖评选的组织实施工作，确保评选的导向作用；要继续加强队伍自身建设，切实提高服务标准和服务质量。会上，广西财经学院院长夏飞、广西社科联第三届委员会主席覃宏裕、广西农村发展与改革研究会会长杨亚非、百色市社科联主席苏祖纯、广西大学社科联主席张协奎分别代表获奖作者、社科联离退休干部、自治区级社科类社会团体、市社科联、高校社科联发言。会议给广西第十三次社会科学优秀成果奖获奖作者代表颁发获奖证书。此次评选收到参评成果2332项，评出获奖成果397项，其中一等奖20项、二等奖121项、三等奖256项。为纪念自治区社科联成立30周年编印《印记——纪念广西壮族自治区社会科学界联合会成立30周年》纪念册、《我与社科联》征文集。

【自治区社科联马克思主义理论研究和建设工程基地揭牌】 12月16日在南宁举行，自治区社科联主办。

12月16日，自治区社科联党组书记、主席王士威（右二），自治区社科联副主席刘家凯（左二），自治区社科联编辑部主任梁培林（右一），自治区社科联学术部主任袁梅花（左一）参加自治区社科联马克思主义理论研究和建设工程基地揭牌仪式　（钟永锋　摄）

自治区社科联党组书记、主席王士威，马克思主义理论研究和建设工程基地（下简称马工程基地）主任刘家凯（自治区社科联副主席）出席，马工程基地副主任梁培林（编辑部主任、《广西社会科学》杂志社社长、总编）和马工程基地副主任袁梅花（自治区社科联学术部主任）及马工程基地其他工作人员等参加。设立马工程基地是贯彻党和国家繁荣发展哲学社会科学的方针、政策，推动马克思主义中国化时代化大众化的伟大实践，培育、扶持马克思主义重点学科，提升广西马克思主义理论研究和应用水平的重大战略举措。马工程基地由自治区党委宣传部批准成立，以中国共产党执政理论为研究方向，属省部级重点科研机构。王士威在揭牌仪式时指出，自治区党委十分重视繁荣发展广西哲学社会科学事业，注重发挥马克思主义理论研究和建设中的重要作用。马工程基地获准设立是自治区党委对社科联建设发展的高度重视，马工程基地要充分发挥《广西社会科学》杂志和广西社会科学专家库的资源优势，加强与理论名家沟通、交流与合作，开展理论研究等学术活动，推出有分量的研究成果，培养理论研究人才，把基地建设成为有鲜明特色，成果丰硕的基地。

【刘家凯率队到防城港市开展社科联工作调研】 12月23~24日，自治区社科联副主席刘家凯一行4人到防城港市调研，与防城港市社科联全体人员及防城港市辖各区、县、市社科联负责人进行座谈。防城港市委宣传部副部长陈伟东出席并讲话。防城港市社科联主席林世勇介绍防城港市社科联在学术研讨、课题调研、社科普及、组织机构、阵地建设等方面取得的成绩和经验，并提出防城港市社科联系统普遍存在工作人员被抽离，社科人才缺乏，经费欠缺等问题。上思县、港口区、防城区、东兴市社科联负责人就如何履职及工作中存在的困难和问题等进行探讨与交流。参会人员根据工作实际，对自治区社科联提出意见和建议。刘家凯肯定防城港市县两级社科联工作取得的成绩，他希望防城港市县两级社科联在今后的工作中，一要把握正确的政治方向，服务方向要明确，要深入学习宣传、研究党的方针政策，为党委、政府科学决策服务，为广大人民群众服务。二要明确职责，把握工作重点，在社科普及、学术研究等方面做出新成绩。三要树立信心，把握机遇，迎接挑战。四要创新工作方法，充分发挥"联"的优势。刘家凯表示，自治区社科联将争取在社科评奖、学习交流、联合研究、制度建设等方面为基层社科联提供大的支持力度。

【广西民族大学民族学博士后科研流动站揭牌】 12月26日在广西民族大学举行，广西民族大学校长谢尚果、副校长李尚平与中山大学、兰州大学、自治区教育厅、自治区人力资源与社会保障厅有关负责人出席揭牌仪

图为广西民族大学校长谢尚果（右四）出席揭牌仪式　（刘德怀　供稿）

式，随后参加座谈会。会上，广西民族大学民族学与社会学学院周建新教授汇报民族学博士后科研流动站情况。广西民族大学现拥有民族学本科生、硕士研究生、博士研究生、博士后工作人员等完整民族学人才培养体系，拥有人类学、社会学、历史学等本科专业和二级学科硕士点及"马克思主义民族理论与政策"国家精品课程和"民族学"国家级教学团队、教育部特色专业。广西民族大学于2013年获得民族学一级学科博士点，2014年开始招收第一届博士研究生。2009年，中山大学在广西民族大学设立中山大学博士后流动站科研基地，成为广西区外高校在广西民族大学设立的第一个人文社会科学博士后流动站科研基地；2010年，中山大学博士后流动站——广西民族大学科研基地揭牌，为广西民族大学申报民族学一级学科博士点发挥重要作用，为申报博士后流动站积累经验；2014年广西民族大学自主申请新设博士后科研流动站，8月经教育部评审通过。

【广西县级党校工作交流暨藤县"支书讲堂"活动研讨会】 12月29日在梧州市藤县举行，自治区党校主办。会议旨在总结藤县"支书讲堂"活动的经验做法，研讨交流县级党校在办学办班、教学培训等方面工作。自治区党校副校（院）长胡建华出席并讲话，梧州市委常委、统战部部长钟碧珍致辞，自治区党校副巡视员卢家翔主持，来自广西各设区市党校分管业务副校长和部分县级党校常务副校长，以及自治区党校业务指导工作处、梧州市委党校，藤县县委办公室、县委组织部、县委党校相关人员等90多人参会。会议分座谈交流和现场调研学习2个阶段。在座谈交流会上，藤县县长黄东明介绍藤县开展的"支书讲堂"活动情况，"支书讲堂"活动支书代表覃涓鹏作汇报发言。自治区党校教授黄飚、研究员凌经球分别对藤县"支书讲堂"活动进行点评。与会人员就藤县开展"支书讲堂"活动及各县级党校在办班培训和深化改革方面的成功经验进行交流。与会者认为，藤县开展"支书讲堂"活动是基层党员教育培训的新模式，党建工作呈现的新亮点，致富经验复制的新途径，作风建设效果的新体现，党校办班教学的新阵地。藤县创新开展的"支书讲堂"活动在加强基层党建和基层党校办班培训方面做了积极探索和实践，并取得良好效果，对进一步深化广西县乡党校教学和管理体制改革工作有启示和借鉴意义。卢家翔通报自治区党委副书记、党校校长危朝安，自治区党委常委、组织部长周新建对藤县开展"支书讲堂"活动的批示精神，对如何借鉴藤县"支书讲堂"活动经验，落实会议精神，创新推进县乡党校教学和管理体制改革、加强县级党校工作提出要求。座谈结束后，与会人员分别赴藤县滕州镇顺舟船厂、太平镇柴咀村和石夏村，就"支书讲堂"活动开展情况及该活动在推动当地基层党建工作和产业发展方面的效果进行现场调研学习。

【自治区社科联七届二次常委会会议】 12月30日在南宁举行，自治区社科联主办。根据自治区党委提名，按照社科联章程，一致通过选举自治区社科联党组书记沈德海为自治区社科联第七届委员会委员、常务委员、主席。自治区社科联原党组书记、主席王士威因年龄原因转任自治区政协民族和宗教委员会副主任。自治区党委宣传部副部长李海荣代表自治区党委宣传部对沈德海同志当选社科联主席表示祝贺，对王士威同志在社科联3年来团结带领社科联机关干部职工和广西社科界努力工作并取得的成绩予以肯定。沈德海表示，要充分运用集体智慧，依靠群策群力，进一步加强社科联机关建设，改进对各级社科类学会、协会、研究会、促进会的服务和管理，为广西广大社科工作者做好协调服务和保障工作；要进一步发挥社科联"联"的优势，形成广西社科联组织上下左右联动、优势互补、合力共赢的"大社科"工作格局，不断增强凝聚力、创造力、战斗力，推动广西哲学社会科学大发展大繁荣；要积极弘扬主旋律，围绕中心，服务大局，为推动广西全面深化改革作努力，为经济和社会发展贡献智慧和力量；要挖掘和利用广西丰富的历史文化资源，加强对广西历史文化、民族文化的研究和宣传，提升广西哲学社

12月30日，自治区社科联七届二次常委会会议在南宁举行

（朱汝胜　供稿）

会科学的知名度，为增强广西在国内和国际的影响助力；要以博大包容、开放自由的姿态，让有利于促进广西“两个建成”的社会科学思想百家争鸣，推进社科联事业。会议还征求了与会常委关于自治区社科联2015年工作的意见和建议。

【广西师范学院社科联第四次会员代表大会】 12月31日在南宁举行，广西师范学院社科联主办。会议总结学院社科联第三届委员会工作，通过换届选举工作方案，选举产生第四届委员会委员及工作机构负责人，并召开第四届委员会第一次全委会会议，部署学院社会科学工作。自治区社科联党组书记、主席沈德海出席并讲话。学院社科联第三届委员会副主席曾令辉作“广西师范学院社科联第三届委员会工作报告”，第三届委员及社科联120多位会员代表参会。沈德海在讲话中指出，一是牢记社科联姓“社”。社科联是社会主义的社会科学联合会，要始终坚持以马克思主义为指导，坚持高举中国特色社会主义伟大旗帜，坚持道路自信、理论自信、制度自信。二是把握好社科联的“联”，要发挥学校党委、行政联系广大哲学社会科学工作者的桥梁作用，整合资源，提高社科联的整体水平和影响力。三是学校社科联还姓“教”，学校肩负教书育人的光荣使命，要求社科联既要努力丰富学术成果，还要培育和输送人才。曾令辉在工作报告中从加强理论学习和思想建设、搭建学术交流平台、推进重大科研项目、参与和服务地方经济社会建设、参与自治区社科联等组织的各项工作和社科联活动5个方面回顾和总结5年来学校社科联第三届委员会各项工作和取得的成绩，并提出建议。5年来，学校获广西社会科学优秀成果奖共60项，其中一等奖4项、二等奖18项、三等奖38项。

12月31日，广西师范学院社科联第四次会员代表大会在南宁召开，自治区社科联党组书记、主席沈德海（前排左四）出席并与部分委员合影留念 （刘晖晖　供稿）

【周建新获国家社科基金重大招标项目立项】 以自治区特聘专家、广西民族大学民族学一级学科带头人周建新教授为首席专家的研究团队，申报的《中国边疆地区的边民离散与回归》项目获2014年国家社科基金重大招标项目（第二批）立项，资助经费80万元。这是广西民族大学首次获国家社科基金重大项目立项资助，实现广西民族大学获国家社科基金重大项目立项“零”的突破，是广西民族大学人文社会科学领域研究的标志性项目，对推动广西民族大学哲学社会科学繁荣发展具有重要示范和鼓舞作用。以周建新教授为项目首席，得到云南民族大学、延边大学、西北民族大学、广西民族大学民族学与社会学学院及广西民族研究所专家的共同支持。

学术动态

学术活动

【"桂理昕研习社区"学习贯彻习近平总书记在全国宣传思想工作会议上的重要讲话讨论会】 1月3日在自治区党校(行政学院)举行,自治区党校(行政学院)主办。自治区党校(行政学院)常务副校(院)长黄学权主持,副校(院)长胡建华、陈林杰、李彦明、唐秀玲出席,自治区党委宣传部副巡视员颜凤云,自治区直属机关工委副巡视员李祖循应邀出席。自治区党委宣传部理论处处长吴海清,自治区直属机关工委宣传部副部长邵国芳,广西日报社理论部主任李秀翔,自治区党校(行政学院)"桂理昕研习社区"各小组组长、有关处室负责人,自治区党校(行政学院)第29期中青年干部培训班学员代表等60多人参会。会上,哲学(社会学)教研部主任、教授赵禹骅,自治区区情调研室主任、宣传处处长翁洁,政治学教研部教授张辉,政治学教研部副主任、副教授瞿磊,经济学教研部副教授陆义敏,文史教研部副主任、副教授齐先朴,文史教研部教授何颖,第29期中青班学员梁万山、张聪,围绕习近平总书记在全国宣传思想工作会议上的重要讲话精神,先后作交流发言。颜凤云、李祖循分别作指导性发言。黄学权在总结讨论会时指出,各与会者的发言提出了思想和观点,既有对宣传思想工作极端重要性的认识,也有对新形势下创新宣传思想工作内容、方式、阵地等方面的思考,还结合广西和党校(行政学院)实际,提出进一步做好宣传思想工作的建议,达到互相启发的目的。

(李建良　供稿)

【广西陶行知研究会第六次会员代表大会暨学术研讨会】 1月6日在广西教育学院召开。自治区教育厅副厅长白志繁,自治区民政厅党委副书记、副厅长韦力行到会指导并讲话。学院领导陈洛、容本镇、卫荣凡、王兴辉出席开幕式,广西各级各类学校的广西陶行知研究会会员代表、学院各职能部门负责人200多人参会。开幕式上,容本镇在致辞中指出,研究会在推进和发展教育公益事业中取得瞩目成绩。学院和研究会紧密相连,相得益彰:两者都以陶行知教育精神、教育思想为核心;两者互相支持、互相合作,学院对陶园进行修缮改造。大会宣读中国陶行知研究会贺信,肯定研究会取得的成绩:研究会成立27年,研究和宣传陶行知教育思想,有110所陶行知教育思想实验学校。白志繁在致辞中对研究会发展提出三点建议:一是增强学生社会责任感和综合能力,推进教育领域改革。结合陶行知教育思想研究,加强教育领域科学研究。二是陶行知"生活即教育""社会即学校"等教育思想与当前教育改革理念一致,应大力弘扬。三是陶行知"教学做合一"等主张与当前推行的素质教育一致。学校应在教育教学中践行陶行知教育思想,增强学生综合素质。韦力行在致辞中希望研究会在新时期有新作为,要抓住社会组织发展的新机遇，依法办会、规范制度，加强陶行知教育思想的理论研究，促进教育现代化。会上，与会领导为8所新的广西陶行知教育思想实验学校颁发牌匾。钦州学院院长、研究会副会长徐书业主持大会换届选举。学院党委书记、研究会会长陈洛作“广西陶行知研究会第五届理事会工作报告”，从坚持研究会的正确导向；继续建设实验学校，拓宽研究和实践的基地；与时俱进，以科研引领教育实践；组织参加学习培训，提高理论和实践能力；组织评优活动，发挥引领作用；组织好年会暨学术研讨会等6个方面回顾第五届理事会主要工作。会议审议通过《广西陶行知研究会第五届理事会工作报告》《广西陶行知研究会第五届理事会财务报告》《广西陶行知研究会章程(修订草案)》和《广西陶行知研究会实验学校章程(修订草案)》。选举学院党委书记陈洛连任研究会会长，徐书业、钟瑞添、卫荣凡、凌绍崇、王兴辉、唐德海、王屹、黎君等为副会长，黎君兼秘书长。研究会邀请天津大学党委书记刘建平教授作学术报告，对天津大学历史沿革、办学理念和发展状况作阐述。天津大学“实事求是、严谨治学、爱国奉献”的办学理念与陶行知“爱满天下”等教育思想一致，在办学理念的引导下天津大学沿着办特色、出经典、办水平、办成世界一流大学的目标迈进。报告拓宽与会者办学思路，为会员单位提供学习和借鉴平台。大会举办陶行知教育思想实验学校校长“行知论坛”，实验小学、实验中学和职业技术学校代表结合学校实际就学陶、思陶、宣陶方面的感想作发言。大会闭幕式由学院党委副书记、纪委书记、研究会第六届理事会副会长卫荣凡主持。百色学院副院长、研究会第六届理事会副会长凌绍崇致闭幕辞。

【提升桂林国际旅游胜地核心竞争力研讨会】 1月11日在桂林举行。桂林旅游高等专科学校与桂林市旅游局联合主办，桂林市旅游学会和广西旅游科学研究所联合承办。中山大学校长助理、中山大学地理科学与规划研究学院院长保继刚教授，北京联合大学旅游学院副院长、旅游发展研究院院长、《旅游学刊》执行主编张凌云教授，广西大学旅游科学研究院院长、广西大学原党委书记阳国亮教授，广西师范学院李丰生教授等专家学者，桂林市政协副主席袁绪祥，国家旅游局人教司司长、桂林市政府市长助理余昌国，桂林市旅游局局长林业江、调研员庞铁坚，桂林旅游高等专科学校党委书记林娜、校长杨杰、校长助理周江林，以及广西师范大学、桂林理工大学、桂林广西旅游科学研究所等领导专家参会。桂林旅游高等专科学校副校长黄国良主持，袁绪祥和杨杰分别致辞。桂林市旅游学会会长庞铁坚介绍《桂林国际旅游胜地建设规划纲要》起草出台背景。来自国内旅游学研究方面的30多位知名专家学者结合案例，围绕“提升桂林城市建设管理核心竞争力、提升桂林旅游公共服务核心竞争力及提升桂林旅游产品核心竞争力”进行专题演讲、讨论，为提升桂林国际旅游胜地核心竞争力建言献策。保继刚教授分析当前国内旅游发展面临的挑战，认为桂林要利用世界级的旅游资源和自然环境，完善的交通体系和满足多层次需求的旅游基础设施的优势，发挥海外游客市场优势和小企业的先锋作用，提出要创造好条件让当地居民以主人翁身份参与旅游，培育好“社区参与”旅游文化，重视市场规律的政府管理能力等，助推桂林旅游发展。阳国亮教授从如何通过增强桂林自身的文化内涵，把桂林建成集散地，发挥桂林旅游的龙头作用进行阐述。李丰生教授从如何提升桂林旅游产品核心竞争力提出对策与建议。桂林市专家学者结合桂林的城市面貌、公园景区建设、街道广场设施等，从城市公共空间管理等专业角度进行研讨与交流。

【自治区党委宣讲团成员黄健教授作党的十八届三中全会专题辅导报告】 1月14日在广西教育学院举行。学院党委书记陈洛，党委副书记、院长容本镇，党委副书记、纪委书记卫荣凡，副院长潘慧、王兴辉出席报告会，学院教职工代表参会。报告会由陈洛书记主持。黄健教授以“实现中华民族伟大复兴的关键抉择”为题作辅导报告，从分析《中共中央关于全面深化改革若干重大问题的决定》重要内容和重大意义出发，围绕完善和发展中国特色社会主义制度、发挥经济体制改革的牵引作用，以促进社会公平正义、增进人民福祉为出发点和落脚点，深化国防和军队改革等重点，以及深化经济、政治、文化、社会、生态文明体制和党的建设制度改革等任务，对全会精神进行解读。

【自治区社科联申报国家社科基金项目专题讲座】 2月11日在南宁举行，自治区社科联主办。自治区哲学社会科学规划领导小组办公室主任徐高潮、广西财经学院院长夏飞教授分别作专题报告。自治区社科联副主席姚兵、刘家凯、曹平，副巡视员刘俊等出席。自治区社科联各部、室、中心相关人员及东南亚经济与政治研究中心兼职研究员40余人聆听讲座。刘家凯主持。徐高潮对2014年国家社科基金申报的选题、课题设计论证、申报材料、与往年的不同点等作讲解。她认为，选题要有价值(学术价值与现实意义)、有创新性，特色鲜明，题目要新颖、简明、规范。课题设计应在“正确理解和掌握论证的内容、要求和方法”的基础上准确表述、明确观点、翔实论证与逻辑严谨。申报材料中要注意前期成果的相关性、课题组成员的知识结构等问题。

并对申报资格、青年项目负责人及其成员的年龄、在职博士和博士后申报课题的单位归属、课题指南变化、自选课题申报等方面与往年的不同之处作说明。夏飞根据多年申报国家社科基金项目的经验,认为关键在选题和论证。他认为,选题应体现六个字:新、特、小、实、深、高,课题论证要主题突出、论证完整和逻辑清晰。

【第九届两岸产业共同市场论坛】 2月21日在台湾台北举行。由广西社会科学院与台湾两岸共同市场基金会共同主办。台湾政治大学国际关系研究中心主任丁树范、广西社会科学院院长吕余生、两岸产业共同市场基金会董事长詹火生、广西壮族自治区台湾事务办公室副主任李文、两岸产业共同市场基金会执行长陈德升、中国社会科学院台湾研究所副所长张冠华、台湾电机电子工业同业公会罗怀家、台湾工业总会顾问徐纯芳、广西农垦局副局长杨海空及大陆和台湾的专家学者、政府官员、企业家代表等各界人士共60多人出席。新华网、人民网、中国台湾网、亚太日报等多家媒体到场进行报道。开幕式由广西社会科学院副院长黄志勇主持。丁树范致欢迎辞,吕余生和詹火生分别致辞。与会者围绕"两岸携手合作,开拓共同市场"主题,对"两岸经贸整合与区域经济合作""ECFA与CAFTA新进展与广西的机遇""广西商机与台商在广西的发展"等重要议题进行深入研讨,并就新时期提升两岸及桂台经贸合作,共同开拓东盟市场达成重要共识。

【中越边境合作与台商机遇学术研讨会】 2月20日在台湾台北举行。由广西社会科学院和台湾中华经济研究院共同主办。广西社会科学院及台湾中华经济研究院WTO研究中心、大陆研究所的专家学者参加。与会者就中国沿边地区新一轮开发开放浪潮中不断发展的中越边境合作与台商在其中所面临的发展机遇问题进行深入研讨,为进一步发展中越边境合作和台商积极参与中越边境合作建言献策。此外,主办方还就未来互办研讨会、共同开展课题研究、共同出版图书等具体合作事宜进行商洽。

2月20日,中越边境合作与台商机遇学术研讨会在台湾举行

(张　磊　供稿)

【《高校诊断:专业结构与发展趋势研究》项目调研会】 3月6日在广西工商职业技术学院举行。广西工商职业技术学院主办。主题为:围绕北部湾经济区、西江经济带等广西经济发展战略规划,结合高校打造"学科链、专业群"要求,探讨高校发展与区域经济对应关系,研究广西高校设置规划布点图,推动地方高校向应用型大学转变。广西工商职业技术学院教务科研处、高等职业教育研究所、招生工作处、现代教育中心、财会系、继续教育部等部门领导和自治区教育厅发展规划处领导80多人参会。学院院长陈杰教授主持。自治区教育厅发展规划处处长李向红等到会调研。陈杰院长向与会人员汇报项目研究前期情况,并提出项目研究难点。李向红处长根据工作难点提出项目组下一步研究的思路与方向,提出项目组应结合广西教育工作重点,研究广西本科、高职高专院校对应的产业,尽量做成广西高校设置规划布点图。同时围绕广西教育发展大会要求,探讨明晰高校发展与地方区域经济社会的对应关系,适时出具学科专业分布图(学校分布图),指导高校调整发展,使各有关高校在开展专业规划时,注意与当地社会经济发展规划一致,推动地方高校向应用型大学转变。4月14日,召开诊断标准研讨会,制定12个诊断标准表;4月21日,召开诊断数据表框架研讨会,制定1000多个数据附表;5月14日,召开诊断报告模版研讨会,共撰写74份《院校专业诊断报告》等研究材料。

【"大学教师发展的理念、内涵、方式、动力"学术报告会】 3月9日在广西教育学院举行,厦门大学高等教育科学研究所名誉所长、中国高等教育学会副会长、全国高等教育学研究会理事长潘懋元教授主讲。学院党委副书记卫荣凡主持。学院副院长唐晓萍、副厅级调研员罗勇岐及各部门领导50余人聆听报告。潘懋元教授对大学教师发展的理念、内涵、方式、动力分别进行讲解。他指出,教师发展需要借助某种形式的培训,但更重视教师的自主性、个性化发展。要在教育中促进教师的自主学习和自我提高。从教师培训到教师发展，在理念上体现教师教育的个性化和现代化；大学教师发展在内涵上包括三个方面，即涵盖基本理论、专业知识、实践能力的学科专业水平，包括教育知识、教学能力的教师职业知识技能，以及具备学者人文素质、教师职业道德的师德；教师发展在方式上主要包括派出进修、集中培训、围绕课堂教学基本技能开展系列活动、有针对性地组织教学研讨活动等；大学教师发展的动力因素包括外部动力和内部动力两个方面。

【"社会科学评奖与社会科学研究"专题讲座】 3月31日、5月20日、5月28日分别在钦州学院、河池学院和桂林旅游高等专科学校举行。自治区社科联副主席曹平主讲。曹平从广西社会科学优秀成果评奖活动的历史前革、评奖工作依据和主要规定、关于社科研究所与社科评奖的对接问题3个方面对社会科学评奖与社会科学研究进行解说。他结合实际案例，向教师们传授选择成果参评经验，提出对策建议。他强调，在关注评奖政策走向的同时，要掌握参评活动的细节与基本问题，要注重社会科学研究的长远规划与积累，加强对外学术联系与交流，逐步提高科研成果的质量。曹平对教师们提出的疑惑作解答。

【丘振声学术思想研讨会】 3月21日在南宁举行，广西抗战文化研究会主办。广西社会科学院、广西高校、自治区直文化和出版部门的专家学者20多人与会。广西社会科学院副院长黄天贵出席并讲话。丘振声是广西社会科学院文学所原所长、广西抗战文化研究会名誉会长，广西社科界首批获国家人事部有突出贡献专家荣誉称号专家，出版著作多部，在中国古典文学、桂林抗战文艺研究等领域多有贡献。与会专家围绕丘振声的学术思想及学术贡献进行研讨。会上，丘振声对自己在社会科学事业的追求和取得的学术研究成果作了简要回顾。

【道德讲堂】 4月13日，河池学院第一期"道德讲堂"开讲。学院党委副书记韦仕珍教授主讲。以"明礼诚信　德耀人生"为主题，由"唱歌曲""学模范""诵经典""谈感悟""送吉祥"5个环节组成。以图文并茂的形式，结合中国传统文化中的"爱""礼""孝""诚信"，讲述社会道德楷模感人事迹，号召学生学习模范，做好社会人。6月10日，第二期"道德讲堂"由学院文学与传媒学院谭为宜教授主讲。通过图文并茂的形式，从"礼仪""诚信""和睦""友善"4个方面解读道德准则。9月26日，第三期"道德讲堂"由罗玉欢教师主讲。主题为"培养良好的道德素养"。报告分别从仁爱、善良、诚信、宽容、尊重、感恩等方面讲述有关个人道德素养知识，并结合古今中外历史名人伟人的事迹阐述。11月26日，第四期"道德讲堂"由河池学院校友梁永业主讲。以"孝道·感恩"为主题。他结合自身经历和感受，从感恩亲人、感恩老师、感恩社会等方

4月13日，河池学院首届"道德讲堂"开讲　　（河池学院社科联　供稿）

3月21日，广西抗战文化研究会主办的丘振声学术思想研讨会在南宁召开　（陆璎　摄）

面讲述身边的孝道故事。

【2014年广西民族大学学术活动月活动】 4月15日～5月30日、10月10日～11月30日，广西民族大学组织开展两次“学术活动月”活动。截至11月30日，学校共举办学术讲座119场，其中校内专家讲座14场，校外专家讲座105场；大型学术研讨会13场，其中国际性研讨会5场，全国性研讨会7场。邀请众多学术造诣深、科研经验丰富的国内外知名专家学者来校开展学术交流活动。4月29日，学校党委书记、博士生导师钟海青教授作题为“大学发展的战略思考”学术报告会；校长谢尚果教授作题为“法律人·法学家”学术报告会，开启学校学术报告新模式。10月13日，美国明尼苏达大学周艳博士到化学化工学院（海洋与生物技术学院）作题为“QM/MM模拟化学和生物化学反应”学术报告。10月14日，中国科学院院士、北京应用物理与计算数学研究所研究员郭柏灵院士应学校理学院邀请，作题为“场论中偏微分方程的若干问题”学术报告。10月27日，越南史学院、历史学博士阮友心作“关于越南史学领域的若干问题介绍”入学教育学术讲座，旨在全面提高研究生新生的学习能力，培养研究生新生的核心竞争力，加强中越史学研究的学术交往。11月4日，中国科学技术大学教授、博导、中国科学院院士谢毅应化学化工学院（海洋与生物技术学院）邀请，作题为“类石墨烯化学中的机遇与挑战”学术报告。11月14日，Thaipiphat Whole Sales公司董事长、乌隆府少年与家庭法院法官马泰臣先生作“外国人应该了解的泰国政局”专题讲座，分析当今泰国政治局势。11月26日，北京大学法学院天元讲席教授朱苏力作题为“中国的法治与社会转型”讲座，从“熟人社会”“生人社会”及重组后的“熟人社会”三个阶段，解读法治与社会的关系。学校东盟学院结合“丝绸之路经济带”和“海上丝绸之路”战略构想，制定“21世纪海上丝绸之路建设”学术活动主题；化学化工学院（海洋与生物技术学院）根据广西打造14个千亿元产业的形势，制定“服务广西千亿元产业”学术活动主题；信息科学与工程学院（软件学院）制定“大数据、智能科学与技术”学术活动主题；民族学与社会学学院制定“民族社会与历史文化”学术活动主题；文学院制定“广西本土文化研究”学术活动主题；外国语学院制定“外国语言文化”学术活动主题；政治学与国际关系学院（马克思主义学院）制定“马克思主义与社会主义核心价值观”学术活动主题；法学院制定“相思湖法治论坛”学术活动主题；管理学院制定“政府管理与改革”学术活动主题；理学院制定“创新驱动产业发展”学术活动主题；商学院制定“科研能力提升”学术活动主题；艺术学院制定“民族艺术文化”学术活动主题；传媒学院制定“新闻传播”学术活动主题；体育与健康科学学院制定“弘扬民族体育，振奋师生信心，助力强国之梦”学术活动主题；预科教育学院制定“民族教育研究”学术活动主题；国际教育学院制定“面向东盟的跨文化研究”学术活动主题。

【“旅游信息化与智慧旅游”专题讲座】 4月18日在桂林旅游高等专科学校举行。国家旅游局信息中心副主任、中国人民大学经济学博士蔡家成教授主讲。桂林旅游高等专科学校党委书记林娜、校长杨杰、校党委副书记蒋伟、校长助理周江林及相关专业教师和学生代表参加。杨杰校长主持。蔡家成教授围绕信息化与现代化的含义、信息化是一场革命、信息化革命的影响、信息化与旅游等4个方面展开论述。分别从思路方针、工作机制、操作方式等方面指出中国旅游信息化存在的主要问题，并提出以试点方式开展智慧旅游。讲座中，他强调智慧旅游的营销方式重点在于旅游内容丰富，旅游信息全面准确及时。

【新东方创始人俞敏洪报告会】 4月20日在广西外国语学院举行，主题为“理想的力量”。自治区教育厅领导、广西外国语学院党政领导，广西外国语学院、广西中医药大学等高校近1万名学生聆听报告会。俞敏洪以自身经历改编的电影《中国合伙人》谈起，阐述当今大学生要有正确的爱情观：要有自信，敢于担当。“自信人生二百年，会当击水三千里”。当天，俞敏洪与学校就共同打造国际复合式人才战略合作签订协议，受聘为学校客座教授。

【泰国东北部职业院校联盟代表团到访广西外国语学院】 4月21日，泰国东北部职业院校联盟一行16位校级领导莅临广西外国语学院参观访问，就学生互换交流学习中的专业课程设置、专业实习等问题进行交流，并探讨今后合作办学的发展方向和具体方式。代表团参观了校园、展厅、多国语言文化体验馆、泰语文化研究中心，随后双方举行合作座谈会。宋亚菲副校长通过播放学校英文宣传片，从学校地理位置优势、专业设置、教学成就等方面向代表团介绍学校基本情况，以及在招生规模、办学成果、与国内外大学合作方面的发展，希望双方进一步深化教育合作，扩大学生互派交流。

【第一届海峡两岸“产业发展与企业管理研究”国际学术研讨会】 4月28日在南宁举行，广西大学商学院、台湾高苑科技大学商管学院联合主办，捷克国立瑞德克罗拉夫大学（University of Hradec Kralove）协办。广

图为第一届海峡两岸“产业发展与企业管理研究”国际学术研讨会与会代表合影 （樊新艺 供稿）

西大学商学院副院长陆善勇教授出席并致辞。广西大学商学院工商管理系副主任曹平教授和台湾高苑科技大学商管学院教授谢国荣主持。两岸学者围绕会议主题，就并购竞合策略、金融借贷、公司治理等问题进行探讨。台湾高苑科技大学、台湾实践大学、天津财经大学、广西大学等高校8位学者阐述各自参会论文观点。其中，台湾高苑科技大学商管学院教授谢国荣的《鸿海并购奇美电子的竞合策略之研究》，广西大学商学院教授梁运文的《垂直专业化、利润创造与中国制造业发展困境战略突破》、毕先萍的《小额贷款公司财务绩效研究——以广西为例》《国有小额贷款公司的目标偏离及影响》，台湾实践大学副教授李洙德的《公司治理与诚实信用》，天津财经大学经济学院博士于博的《P2P物流金融借贷平台及其融资模式创新研究》，台湾南台科技大学硕士研究生赖晴郁的《承揽业者经小三通出口之货运量需求预测》，展现了海峡两岸学者在不同文化背景下的研究视角、思维和方法。研讨会为海峡两岸的企业管理学者搭建开展学术交流的平台，营造桂台学术交流氛围，推动桂台高校学者进行学术交流。

【《壮族山歌及歌圩的百年变迁》研究成果推介暨壮族山歌文化研讨会】 4月30日在南宁举行。由广西社会科学院科研处和广西美学学会联合主办。广西社会科学院院长吕余生、纪检组长黄信章、科研处处长蒋斌，广西社会科学界联合会秘书长何明出席并讲话。中国民族语文翻译局、广西社会科学院、广西民族大学、广西师范学院、广西民族教育发展中心和三月三杂志社等单位的专家学者共60多人参加。与会者对《壮族山歌及歌圩的百年变迁》研究成果作中肯评价，并就山歌文化发展和繁荣提出对策和建议。

【中越纪念奠边府战役胜利60周年研讨会】 5月4日在南宁举行。由广西社会科学院主办。越南驻南宁总领事馆、广西大学中国—东盟研究院、广西民族大学东盟学院、广西东南亚研究中心等单位的专家学者40多人出席。11家国内媒体和3家越南媒体进行采访报道。与会者回顾中越并肩战斗的光辉历史，寄望两国青年铭记历史，传承中越传统友谊，建议以纪念奠边府战役胜利60周年为契机，贯彻中越长期稳定、面向未来、睦邻友好、全面合作的“十六字方针”，弘扬中越好邻居、好朋友、好同志、好伙伴的“四好精神”，深化中越全面战略合作伙伴关系，推动中越海上、陆上、金融等各领域的全面合作，实现互利共赢和共同繁荣发展，以中越合作的新成效推动中国—东盟命运共同体建设。5月7日是越南奠边府战役胜利60周年。60年前的越南抗法救国时期，毛泽东等中国领导人应越南主席胡志明的请求，派出韦国清率领的军事顾问代表团和罗贵波率领的政治顾问代表团开赴越南，帮助越南抗法救国，最终取得奠边府战役的伟大胜利。

【跨境自由贸易区建设问题研讨会】 5月9~10日在东兴举行，自治区社科联东南亚经济与政治研究中心

4月30日，由广西社会科学院和广西美学学会联合主办的《壮族山歌及歌圩的百年变迁》研究成果推介暨壮族山歌文化研讨会在南宁召开

（杨昌雄 供稿）

5月9~10日，自治区社科联东南亚经济与政治研究中心主办的跨境自由贸易区建设问题研讨会在南宁召开　　（朱汝胜　供稿）

主办。自治区社科联副主席曹平出席并作活动总结，东兴国家重点开发开放试验区管委会规划处处长农桂军出席并介绍东兴国家重点开发开放试验区建设情况，东兴市委常委、宣传部部长、副市长刘富华，东兴市边境合作区管委会副主任、东兴国家重点开发开放试验区推进办副主任冼诗咏参加，自治区社科联东南亚经济与政治研究中心副主任马秋云主持。自治区社科联东南亚经济与政治研究中心兼职研究员、防城港市社科联领导干部及东兴市社科联、边境合作区管委会、发改局、边贸局、工信局等相关部门负责人或代表40多人参加。与会代表在实地考察广西东兴边贸中心、东兴口岸、东兴互市贸易区等项目后，就跨境自由贸易区建设发展现状、存在问题、推进建设的对策等进行探讨和交流，重点研讨推进东兴国家重点开发开放试验区建设，提出对策建议，如加强与越方联系加快建立中国（东兴）—越南（芒街）跨境自由贸易区，推进沿边贸易质和量的全面升级，尽快激活东兴重点开发开放试验区的经济地理依托港口区—防城区—江山半岛—珍珠湾—江平—东兴最西南段海岸线的经济潜能，推进东兴跨境金融创新尤其是拓展人民币结算业务，加快广西与越南至乃东盟其他国家的电子商务平台建设，推进双方贸易方式转型升级等。

【中国导游人才培养专家论坛】 5月10日在桂林旅游高等专科学校举行，以“体验旅游下导游人员素质提升策略、路径和制度安排”为主题。国家旅游局人事司副司长、桂林市人民政府市长助理余昌国，国家旅游局监督管理司导游管理处处长刘劲柳，中青旅控股股份有限公司质检合规部总经理李广，决胜网首席执行官戴政，桂林金天下国际旅游有限公司常务副总经理、桂林旅游高等专科学校导游系教师李灵资等专家分别进行专题学术演讲。桂林旅游高等专科学校党委书记林娜率相关校领导及职能部门负责人参加。300多名旅游界、教育界的专家学者，参赛学生代表和媒体记者参加。余昌国围绕旅游队伍现状、导游队伍等级情况、导游队伍面临挑战、导游发展趋势、导游的成长与发展等5个方面展开演讲。他分析旅游队伍的现状：人力资源多，人才资源少；单一人才多，复合人才少；战术人才多，战略人才少；经验人才多，创新人才少；东部人才多，西部人才少。针对“五多五少”等旅游现状和问题，提出导游如何“过五关”的成长发展路线，即观念关、心理关、体力关、知识关、能力关。刘劲柳从《旅游法》方面分析中国导游管理面临的困局、机遇和挑战。当下社会导游行业面临的主要矛盾是导游服务质量不高、职业定位不明确、门槛过低、导游人员缺乏归属感等。她指出，关键要加强社会导游管理，建立健全行业相关法规，提高导游最低工资标准，保障导游合法权益。李广以空间、路径、方法、前景为切入点，从行业、企业的角度指出导游人才培养要紧密联系行业需求，体会游客感受，践行导游的核心价值。他分析在散客化、自由行化、度假化的旅游发展趋势下，导游应如何提升自己的个人空间，以变革性思维应对行业变革。官戴政指出，在互联网科技大发展，观光、休闲、体验式旅游大变革的背景下，行业更应重视导游素质的培养。他结合个人在互联网营销中的经验与案例，从新经济、新媒体、新技术、新变革的角度与大家分享如何通过在线教育培养体验式旅游人才的方法。李灵资提出导游人员如何在体验式服务的背景下强化多样化、陪伴式、专业化、差异性和精细化等5种服务方法，他强调，导游服务应坚持以人为本，让游客在旅游过程中体验快乐，感受服务的亲切感和安全感，让游客认识到体验对于旅游的重要性。本次专家论坛是“神州视景杯”第六届全国旅游院校服务技能（导游服务）大赛的活动内容之一。

【旅游教育专家研讨会】 5月11日在桂林旅游高等专科学校举行，自治区旅游发展委员会邀请国家旅游主管部门、中国旅游协会旅游教育分会、上海旅游高等专科学校等院校、广西旅发集团等旅游企业的专家和领导参加。会议以“旅游教育如何为旅游业转型升级服务”为主题。自治区旅游发展委员会副主任、党组副书记甘霖主持。专家从不同角度围绕旅游教育应如何推进产教融合、校企合作、提高旅游教育质量、培养高素质应用型、技术技能型旅游人才等问题进行探讨。

【第八届泛北部湾经济合作论坛】 5月15日在南宁举行。主题为“携手推进泛北合作，共建海上丝绸之路”，围绕共建21世纪海上丝绸之路的战略构想、重点领域、实现路径以及泛北金融创新、泛北智库合作、泛北贸易与投资、泛北港口与物流合作、泛北文化传播合作与创新等6个专题进行研讨。第十届全国人大常委会副委员长蒋正华出席开幕大会并致辞，自治区党委书记、自治区人大常委会主任彭清华致欢迎辞，自治区主席陈武发表演讲。全国政协民族和宗教委员会副主任、国务院参事杜鹰，商务部副部长高燕，交通运输部副部长翁孟勇，国务院发展研究中心副主任张军扩，人民日报社副总编谢国明，柬埔寨公共工程与运输部大臣陈尤德，缅甸交通部副部长吴韩森，越南交通运输部副部长阮鸿长，亚洲开发银行东亚局局长小西步，中国综合开发研究院院长樊纲，中国—东盟中心秘书长马明强，中国国际问题研究所所长曲星，新加坡国立大学东亚研究所所长郑永年等分别发表演讲。自治区党委常委、自治区常务副主席黄道伟主持开幕大会。自治区领导温卡华、周新建、范晓莉、邓卫平、杨道喜、蓝天立、张晓钦、赖德荣等出席，来自泛北区域的政府有关部门和驻华使领馆官员、研究机构专家学者、商协会和国际机构代表，中国国家有关部委和机构官员，中国知名国有企业、金融机构和相关文化传播机构代表，福建、四川、湖南、广东、海南、云南等地代表以及国内外新闻媒体记者与会。

【广西行政法学研究会第二届理事大会暨2014年广西行政法学术研讨会】 5月11日在南宁举行，广西行政法学研究会主办、广西大学法学院承办。会议收到论文30多篇，来自自治区内各高校、各级人民政府法制部门及相关职能部门、各级人大、各级人民法院、各级人民检察院、律师事务所等机构中的长期开展行政法学理论研究和从事行政法实务工作的专家学者60多人参会。广西行政法学研究会会长张军教授主持。会议围绕“转型社会中的行政法治”“行政法实施中的问题与对策”两大主题展开4场主题学术研讨，与会专家学者从不同角度对相关问题进行探讨，内容涉及当今行政法学界理论与实务的前沿问题。

【相思湖诗群十周年暨端午诗会】 5月25日在广西民族大学举行，广西民族大学文学院与相思湖诗群共同主办。广西民族大学校长谢尚果、校办副主任韦惠文、文学院党委书记蒋兴礼、传媒学院党委书记郭金世、文学院党委副书记吴先源，广西区内外、国内外200余名诗人及驻邕高校近100名师生参加。谢尚果校长致开幕辞，给予相思湖诗群衷心的祝愿，诗人大雁和王尔勃进行诗朗诵。老挝留学生彭丽婷、王珊和白湛宁演唱老挝民歌。诗人铂斯和荣斌分别朗诵《一次聚会》《祖国咏叹调》。

【高职高专院校课程体系融入粮食文化教育课程理论研讨会】 5月29日在南宁举办。国家粮食局主办，广西工商职业技术学院承办。主题为在高职高专院校课程体系中融入粮食元素教育，培养粮食科技和管理人才。国家粮食局职业技能鉴定指导中心、自治区粮食局、广西工商职业技术学院、上海市贸易学校、黑龙江粮食职业学院、贵州省贸易经济学校、山东商务职业学院等全国各地中高职粮食院校18名代表和粮食行业企业38名代表参会。研讨会通过交流各地院校课程设计经验和存在问题，研讨财经专业粮食类基础课程如何融入粮食元素教育，培养粮食专业人才，在高校普及粮食文化和粮食安全教育等问题。

图为广西行政法学研究会第二届理事大会现场 （樊新艺 供稿）

【桂台经济贸易合作与发展服务基地与南宁市台湾同胞联合会到重点台资企业调研】 6月30日，广西外国语学院桂台合作研究中心“哲学社会科学服务地方经济社会发展特色基地——桂台经济贸易合作与发展服务基地”课题组在校社科联副主席韦克俭带领下和南宁市台湾同胞联合会副院长张小庆、副会长林寿绿分别与崇左市台湾同胞投资企业协会会长、广西昆仑企业集团有限公司总经理黄薇彤和全国台湾同胞投资企业联谊会副会长、南宁市台商投资企业协会辅导会长、明耀国际发展有限公司董事长周世进进行会谈调研。黄薇彤对2009年出台的《广西壮族自治区人民政府关于支持台资企业发展的若干政策措施》(以下简称“24条”)提出建议:一是宣传力度不够大。近90%的台商对“24条”的具体内容不了解,建议大力宣传对台优惠措施吸引台商到广西投资;二是时效性已过。“24条”的部分扶持政策的时效性只到2012年,不符合当前桂台经济合作的发展需要,建议修改条款并延长其时效性;三是条款内容不够明晰。不利于台商实际履行,建议出台具体的实施细则;四是行业定位不够准确。“24条”涉及的部分行业实际上并没有台商参与投资,建议对台商投资行业定位进一步进行调整。黄薇彤对发展科技农业、融资租赁行业、台资企业招工、台资企业所得税征收、台商子女读书、台商注册公司等问题提出见解,并对两岸服务贸易协议的签订表示支持。周世进认为,扩大和深化桂台合作,除了吸引新台商来广西投资,如何照顾好已进来的台商也是重要的课题。目前南宁的对台政策相对福建、广东等东部地区还不够完善,法制也不够健全,对台商投资南宁有一定的阻碍作用。周世进还对台资企业本土化管理、台商在邕就医、台商子女在邕教育等问题提出见解。经过调查研究,课题组认为要加快推进桂台经济合作,须尽快修改、补充、完善相关引进台资政策,制定具体实施措施。

【桂台经济贸易合作与发展服务基地与南宁市台湾同胞联合会到台湾花卉产业园调研】 6月27日,广西外国语学院桂台合作研究中心“哲学社会科学服务地方经济社会发展特色基地——桂台经济贸易合作与发展服务基地”课题组和南宁市台湾同胞联合会副院长张小庆、副会长林寿绿赴南宁市经济开发区吴圩镇台湾花卉产业园进行调研,与产业园台商开展投资建设座谈会。座谈会上,台商代表们介绍产业园的发展苗木、花卉种植情况,主要种植台湾罗汉松、巴西嘉宝果、日本黑松、泰国菩提树、印度银海枣等名贵树种,二期珍稀花卉区和三期休闲旅游区已初具规模,主要种植台湾蝴蝶兰、向日葵,格桑花、日日红等。台商代表们提出目前投资存在的困难:一是名贵树种主要由台湾、日本引入南宁,园区采取的运输路线为台湾—广州—南宁,检验检疫和运输的时间较长、手续繁杂、运输成本高,影响树种的存活率。对此,韦克俭教授建议通过高雄—钦州港的运输路线引入树种;二是在广西办理树种销售准入需要的检验检疫证和运输证手续过于繁杂,特别是自治区内和区外的运输证分属两个行政部门管理,希望能简化程序;三是台商在广西注册公司程序复杂,希望政府能出台相关政策便于台商在广西投资,推动广西农林经济的发展;四是台商投资南宁的子女入学教育后顾之忧多,希望相关部门给予协调解决。

【新型城镇化与新时期扶贫开发理论研讨会】 6月3日在南宁举行。广西市场经济研究会主办。自治区发改委、各级行政学院、高等院校、学术团体、新闻媒体的专家学者和企业家50多人参会。广西市场经济研究会常务副会长李彦明主持会议,副会长张家寿作会议总结。自治区发改委经济研究所副所长苏腾、自治区党校凌经球教授、自治区党校兼广西市场经济研究会副会长赵禹骅教授、广西市场经济研究会副会长韦茂才分别就“新型城镇化的特点”“推进滇桂黔石漠化片区扶贫开发的路径研究——基于新型城镇化的视角”“扶贫的信贷支持”“因地制宜 科学精准推进扶贫开发”等作专题发言。广西日报社高级编辑黄信,广西裕东投资有限公司董事长、高级经济师徐卫东,南宁美琴食品有限公司董事长刘美琴,广西经济干部管理学院副教授何有良,广西大学原党委书记阳国亮研究员等先后围绕“如何推进新型城镇化与新时期扶贫开发”主题,从不同视角发言。与会者认为,新型城镇化具有以人为本、城乡一体化、协调发展三个特征。新型城镇化人是根本、产业是关键、完善制度是核心、巩固农业是保障、生态环境是基础。推进新型城镇化促进扶贫开发,必须着眼于发挥城镇对农村的辐射带动作用,着力构建具有区域特色的城镇体系;增强城镇产业经济的支撑作用,打造区域特色产业;保障和改善民生,加强城乡基本公共服务均等化;增强贫困人口的自我发展能力,扎实推进“精准扶贫”;着眼于贫困人口的真正需求,建立多元可持续的信贷支持体系。要切实转变扶贫理念,由“扶贫开发”转到“开发扶贫”;要探索推行“无土安置”,把贫困农民通过有效途径使其变成富裕农民;要按照“三特三错”(特早熟、特晚熟、特优质;错季生产、错峰上市、错位发展)农业产业思路,面向市场大力发展特色产业;要推行“人石分离”,将石漠化治理与扶贫相结合共促进;要推行“整乡推进”试点,从更大领域整体推进开发扶贫;要大力发展“旅游扶贫”,促进旅游和扶贫相互融合实现共赢;要积极探索“飞地扶贫”模式,推进扶贫精准化、品牌化和集聚化。

【面向东盟的现代物流产业及其发展学术报告会】 6月6日在南宁举行,自治区社科联主办。广西财经学院物流研究所所长、教授彭欣作“物流基本理论与中国—东盟物流合作发展现状问题对策”主旨报告。自治区社科联副主席曹平主持。《中国—东盟自贸区物流业发展与合作的法律保障机制创新研究》课题相关人员，自治区社科联各部、室、中心相关人员，东南亚经济与政治研究中心兼职研究员共30多人聆听报告。彭欣从现代物流基本知识、与东盟物流合作的现状、与东盟物流合作存在的问题、与东盟物流合作的对策等4个方面，阐述物流的概念、演变、发展，物流的分类、作用和管理，国际物流与保税物流，海关与国际物流，与东盟物流硬件软件合作的现状，与东盟物流合作中的区域物流协调、交通网络、物流标准、通关等问题，建议加快中国与东盟各个国家的交通基础设施建设，打通各国之间政府、商务服务部门、非政府组织、物流基础设施建设单位、生产企业5个方面的物流通道，实现中国与东盟物流一体化运作。

【“川、吉、苏、冀、桂”五省(区)图书馆学会第十四届学术研讨会】 6月11日在南宁召开，广西图书馆学会承办。广西文化厅党组成员、纪检组长李晓泉，中国图书馆学会秘书长霍瑞娟，四川省图书馆馆长王嘉陵，吉林省图书馆馆长、吉林省图书馆学会理事长鲍盛华，南京图书馆副馆长、江苏省图书馆学会副理事长全勤，河北省图书馆馆长、河北省图书馆学会理事长李春来，广西图书馆馆长、广西图书馆学会理事长徐欣禄等领导、嘉宾出席开幕式。来自四川、吉林、江苏、河北、广西五省(区)的图书馆学专家学者和获奖论文代表共194人参会。开幕式由徐欣禄主持，李晓泉致开幕辞。霍瑞娟在致辞中表示中国图书馆学会长期致力于打造和推动各种形式的学术交流活动，五省(区)会议是跨区域图书馆间合作交流孕育出的硕果。李春来主持专题报告会。广西桂学研究会会长潘琦作“广西文化”专题报告，他从民歌文化、疍家文化、客家文化，左右江文化、吐司文化、布洛陀文化等方面向与会者描绘了灿烂的广西文化画卷，强调桂学本质上是广西文化学，目的是重塑广西文化自信和文化自觉。同日举办“地方文件资源建设与古籍保护”和“阅读推广的探索与实践”两场学术论坛。会议闭幕式由四川省图书馆学会理事长李忠昊主持，并与鲍盛华、李春来、全勤、徐欣禄等为获奖论文作者代表颁奖。会议共收到论文449篇，评出一等奖49篇、二等奖125篇、三等奖67篇。鲍盛华代表第十五届五省(区)会议承办方吉林省图书馆学会发言。徐欣禄对大会作总结。

【“八桂贫困学子助读行动”赠书仪式暨“阅读点亮中国梦”学术报告会】 6月17日在广西教育学院举行。自治区政协教科文卫体委员会主任、自治区新闻出版局原党组书记、局长于瑮，自治区新闻出版广电局副书记、副局长黄著诚，自治区新闻出版广电局副巡视员朱为范，学院党委书记陈洛、院长容本镇等出席赠书仪式。朱为范主持赠书仪式，容本镇主持“阅读点亮中国梦”。学院师生260余人参加。“八桂贫困学子助读行动”于2013年5月启动，旨在帮助和支持贫困家庭学子参与全民阅读活动，享受阅读的快乐和文化发展的优秀成果，影响和激发广西青少年儿童的读书热情，吸引更多爱心人士、慈善力量、社会团体奉献爱心、捐资阅读，促进全民阅读活动开展，推进广西文化大发展、大繁荣，努力把广西建设成民族文化强区。自治区新闻出版广电局向学院200名贫困学子发放价值6万元的购书卡。赠书仪式结束后，于瑮教授作题为“阅读点亮中国梦”专题报告会。于瑮教授从中国梦需要精神支撑对精神的价值及作用进行释义，引出阅读是精神力量的实现方式。她强调，阅读能促进个人精神成长，读书能提高个人能力、丰富内涵、完善个性、使人快乐、正人品。

图为研讨会现场　　　　(韦绍芬　供稿)

【2014年第一期中国—东盟大讲坛】 6月19日在钦州举行，自治区社科联主办，自治区社科联东南亚经济与政治研究中心、钦州学院社科联承办。广西民族大学教授高歌作题为“中国—东盟自贸区升级版与广西战略支点打造”专题报告。自治区社科联副主席曹平出席并致辞，钦州市人大常委会副主任方文主持，钦州学院师生100多人参加。高歌从“中国—东盟自贸区升级版的路径”“面临的竞争和挑战”“与广西打造战略支点的关系”等方面，全面阐述“中国—东盟自贸区升级版与广西战略支点打造”的重要性

和必要性。

【"影像与生活"学术报告会】 6月20日在广西教育学院举行，知名摄影家、柳州市政协主席胡锦朝主讲。学院副院长王兴辉教授主持，科研处处长韦吉锋教授、学院相关院系部分师生及科研处全体工作人员260余人聆听讲座。该学术报告会是学院"葛岭大讲坛"系列讲座之一。讲座中，胡锦朝从个人摄影作品引出主题，对影像的现实社会作用进行概括，内容从技术到视角，从艺术到人生，全方位的展示摄影魅力，给人感触和启迪。指出影像可以推动社会进步，促进地方旅游发展，记录历史、影响后人；优秀影像作品可以陶冶情操，融入现代生活，记录生活。艺术源于生活，有价值的影像作品都从社会生活和百姓生活中产生。他强调，要学好基本功，熟悉摄影工具，发挥好拍摄功能；要学习和掌握美学知识，掌握影调、色调常识；要拍好身边的人和事等。

【"海上丝绸之路与中国—东盟命运共同体建设"学术研讨会】 6月26日在广西民族大学举行。由广西民族大学东盟学院与中国社会科学院联合主办。中国社会科学院、广西社会科学院、广西民族大学、自治区北部湾办公室、广西国际博览事务局、广西国际商务职业技术学院及钦州学院等研究机构、高校和政府部门的10多名相关领域专家学者参会。广西民族大学副校长吴尽昭从历史基础、学科联系、硬件设施等方面介绍东盟学院，强调东盟学院在科研基础上，定位于培养高层次人才和为政府提供咨询服务，努力把东盟学院打造成为国内具有影响力的、针对东盟问题的重要平台。自治区北部湾办副主任梁金荣认为21世纪海上丝绸之路的建设不仅是中央的重大决策，也是广西建设海洋文化、提升文化软实力、增强区域综合竞争力的重要机遇。中国社会科学院许利平教授围绕"古代海上丝绸之路对21世纪海上丝绸之路的意义"主题，提出邻国崛起心理问题、岛屿争端安全问题和经济竞争发展问题，建议用软手段面对问题，逐步消除误解，实现互利共赢。广西社会科学院研究员黄耀认为，中国在加强与东盟国家交通基础设施、市场开放的政策、机制、产业对接和社会人文交流等互联互通方面取得成效，广西已成为连接多区域的国际通道、交流桥梁、合作平台。广西民族大学民族学与社会学学院郑一省教授分析东南亚华人现状和特点，21世纪海上丝绸之路实质及挑战，中国梦的内涵。他强调21世纪海上丝绸之路的建设是实现中国梦的重要组成部分，东南亚华人是实现中国梦不可多得的宝贵财富之一，21世纪海上丝绸之路需要国内国际社会多方面的配合和共同努力。

图为海上丝绸之路与中国—东盟命运共同体建设学术研讨会会场

（高鲜菊　摄）

【全国部分省区市社科联第三届社会科学年鉴工作交流会议】 6月26日在南宁举行，自治区社科联承办。主题为：社会科学年鉴编纂的规范与创新。来自北京、天津、河北、内蒙古、辽宁、黑龙江、上海、江苏、山东、河南、贵州、云南、陕西、宁夏、新疆、广西等16个省、自治区、直辖市及广州市社科联的领导和代表共70多人与会，收到社科年鉴工作经验交流材料13篇。广西社科联党组书记、主席王士威出席并致辞。北京市社科联党组副书记赵峰、副主席陆奇，天津市社科联副巡视员张同顺，河北省社科联常务副主席曹保刚，内蒙古自治区社科联副巡视员乌兰，辽宁省社科联副主席金虎，江苏省社科联副主席徐之顺，贵州省专职纪检委员陈新义，云南省社科联《年鉴》执行主编、研究员杨荣华，宁夏回族自治区社科联党组书记徐永富、副巡视员姚迎利，广西社科联副主席刘家凯、曹平以及副巡视员刘俊出席。广西社科联副主席姚兵主持。中国版协年鉴工作委员会主任许家康编审作"改进和完善体例，提高社会科学年鉴编纂质量"主旨发言。王士威强调，社科年鉴是社会各界掌握当年社会科学基本情况的工具书和对外文化宣传的重要窗口，有为党立言，为史留鉴的作用。许家康认为，目前国内公开出版的社会科学年鉴内容丰富，资料翔实，特色鲜明，也存在缺点。他希望年鉴工作者重视年鉴内容结构的合理性，解决年鉴内容残缺

6月26日，由自治区社科联承办的全国部分省区市社科联第三届社会科学年鉴工作交流会议在南宁举行。《广西社会科学年鉴》主编姚兵（左三），副主编张流（右三）、玉明（右二）参加会议　　（钟永锋　供稿）

不全的问题；重视年鉴资料形式的多样性，采取措施增强年鉴的表现力；重视年鉴文字表达的简约性，提高年鉴的编写质量。建议通过正文配图、善于运用统计表和统计示意图说明情况等方式增加年鉴多样性，以精简学科综述篇幅，用简明记叙体、说明体编写条目等作法提高年鉴文字表达简约性。会上，与会代表围绕主题，分别就准确把握社会科学年鉴规范与创新的关系、通过增强年鉴自身特色进行创新、发挥社科年鉴“思想库”作用、增强年鉴规范性以提高质量等方面进行探讨和交流，提出前期准备是做好年鉴工作的关键、撰写队伍要稳定、地方年鉴应该突出地方特色、实用性是编纂社会科学年鉴的落脚点、较强的编辑力量是保证年鉴规范性和质量的关键等观点。

【“全球化与区域社会发展”国际学术研讨会】 6月28日在南宁举行，广西大学“211四期”区域文化传承创新与发展交流学科群、美国华人人文社科教授协会、《文化与传播》编辑部共同主办。来自国内外20多所高校36位专家学者参会。研讨会开幕式由广西大学副校长商娜红主持。广西大学副校长陈保善及美国华人人文社科教授协会会长黄少荣分别致辞。研讨会分主旨发言和小组讨论2个环节。在主旨发言环节，研讨会特邀美国俄亥俄州大学教授李捷理、广西大学中国—东盟研究院常务副院长范祚军教授、美国圣彼得大学教授马克·史蒂芬诺先后作题为“全球化挑战与区域社会可持续发展”“中国与东盟的战略经济合作”“康熙王朝时期，西风东渐在广西、中国南方及东亚的发展”演讲，与会代表就相关问题与发言人互动交流。在小组讨论环节，研讨会依据收录论文的不同研究方向设置全球化影响下的区域社会发展，农村改革、区域建设与均衡发展，媒体、新媒体与区域发展，少数民族、多元化和族群关系，区域发展与文化特色传承，语言、文化、艺术、教育、地方习俗与国际交流等6个议题进行分组讨论。闭幕式由美国华人人文社科教授协会理事江岚主持，美国华人人文社科教授协会常务副会长欧阳荣华作总结发言。

【思想政治教育学科设立30周年学术研讨会】 6月28日在南宁举行，广西马克思主义理论研究和建设工程广西师范学院研究基地、广西师范学院马克思主义学院联合主办。主题为：深入贯彻落实习近平总书记五四重要讲话精神，总结思想政治教育学科设立30年来的理论成果和实践成果，推动思想政治教育的创新发展。武汉大学、华中师范大学及广西大学、广西师范大学、广西医科大学等16所高校的思想政治教育专家30人参会。广西师范学院党委副书记叶德明主持。广西师范学院党委书记莫诗浦、玉林师范学院党委书记李继兵、钦州学院党委书记赵君、武汉大学马克思主义学院院长佘双好、华中师范大学思想政治教育研究所

6月28日，思想政治教育学科设立30周年学术研讨会在南宁举行

（刘晖晖　供稿）

所长万美容等领导出席。莫诗浦简要介绍广西师范学院思想政治教育学科建设和大学生思想政治教育工作的基本情况。李继兵、赵君、佘双好、万美容、曾令辉等从不同角度探讨培育和践行社会主义核心价值观、大学生代际变迁与思想政治教育、高校大学生思想政治教育难点及对策等前沿问题,介绍30年来思想政治教育机制与载体的研究成果。

【2014"全国图书馆未成年人服务提升计划"(广西站)】 7月3~5日,由文化部公共文化司牵头,国家图书馆、中国图书馆学会主办,广西图书馆、广西图书馆学会承办的2014"全国图书馆未成年人服务提升计划"(广西站)培训活动在南宁举行。开幕式由广西图书馆馆长、广西图书馆学会理事长徐欣禄主持,广西文化厅副巡视员任保胜和国家图书馆副馆长、中国图书馆学会副理事长陈力先后致辞。陈力向近年来不断探索为未成年人服务的形式和内容,并取得一定社会效益的广西图书馆颁发由中国图书馆学会授予的"全国图书馆未成年人服务提升计划"示范基地牌匾。来自广西各市、县级公共图书馆的馆长和代表共139人参加培训活动。陈力的"当代儿童的阅读问题:由识字说起"关注未成年人启蒙教育中的汉语教学问题,强调图书馆未成年人服务要遵循未成年人生理和心理发展的客观规律,发挥健康导向、正确引领的积极作用。华东师范大学信息学系教授范并思的"图书馆未成年人服务和阅读推广"用理论铺垫、案例讲解,仔细梳理图书馆未成年人服务中认识儿童、认识阅读行为、认识阅读环境、认识活动等一系列问题,并对目前我国公共图书馆服务中存在的现象和问题进行讨论、批判。德国汉堡市市立图书馆下属儿童分馆的布瑞特·易卜生(Birte Ebsen)女士介绍德国公共图书馆儿童服务中许多饶有趣味的活动和项目,无形中向现场学员传递发达国家图书馆在未成年人服务方面关爱、平等、健康的理念。广西图书馆副馆长秦小燕在闭幕式上致辞,认为此次培训活动内容丰富、形式多样,是"全国图书馆未成年人服务提升计划培训"活动中的一个节点,也是广大图书馆未成年人服务工作者交流的平台,是未来加强合作、切实提升服务水平的平台。

【广西大学与河池学院合作课题开题】 7月8日,由广西大学与河池学院共同承担的"广西高校哲学社会科学社会服务能力提升建设项目《广西刘三姐旅游文化内涵与品牌创新研究》"课题在宜州市开题。课题组成员、宜州市旅游局及相关企业、河池学院师生代表等参加。该课题研究通过与河池市县政府及部门、企业、科研院所、社区等合作开展区域文化创新、人文关怀、社科普及教育、服务地方发展专题调研、建设文化软实力实验区等活动,探索人文社会科学服务广西经济社会发展稳定有效的途径;探求、承揽社会各界的相关横向研究项目,提高解决重大实践问题和参与重大决策的能力,体现哲学社会科学在富裕、文明、和谐新广西建设中的独特价值。

【中国—东盟区域发展论坛】 7月14~16日在南宁举行,广西大学主办、广西大学外交学院协办,广西大学中国—东盟研究院、外交学院亚洲研究所、《广西大学学报(哲学社会科学版)》共同承办。论坛围绕"中国—东盟自由贸易区的升级版"和"海上丝绸之路"两大议题,研究和探讨中国和东盟国家如何携手共同打造CAFTA升级版,共同建设21世纪海上丝绸之路及深化中国—东盟全面战略伙伴关系。来自中国与东盟10国的28位专家学者参加并演讲。中国—东盟研究院学术委员会、校内外专兼职专家及各国别研究所、专业研究所负责人等参加。广西大学党委书记、中国—东盟研究院院长梁颖和中国国际问题研究基金会亚太研究中心主任、前驻越大使齐建国在论坛开幕致辞并作主题发言,广西大学校长赵艳林在论坛期间会见参会嘉宾、专家学者。与会专家围绕"力争到2020年中国—东盟双边贸易额达到1万亿美元"的战略目标,针对目前贸易不平衡等问题,提出对原来协定内容和范围进行更新和扩充,提高双边合作质量等建议。此外,专家们围绕"政策沟通、道路连通、贸易畅通、货币流通和民心相通"等核心内容,探讨海上丝绸之路的内涵与具体

7月14~16日,中国—东盟区域发展论坛在南宁举行　（樊新艺　供稿）

发展路径，促进21世纪海上丝绸之路的建设。与会者认为，中国与东盟应在相互尊重和理解基础上，加强沟通与交流，了解对方想法和利益诉求，推动宽领域、深层次、高水平、全方位的立体务实合作，通过共同努力打造中国—东盟自贸区升级版和建设21世纪海上丝绸之路，携手建设更为紧密的中国—东盟命运共同体，开启中国—东盟关系美好未来新篇章，实现中国—东盟未来"钻石十年"目标。

【"21世纪海上丝绸之路建设"暨全国党校系统第二届国际战略研讨会】 7月17~18日在自治区党校举行，自治区党校主办。主题："21世纪海上丝绸之路建设"中的中国—东盟战略与经贸关系及南海问题。自治区党校科研处处长申华林教授主持，自治区党校副校长唐秀玲教授出席并致辞，来自中央党校国际战略研究所、省级党校、副省级城市党校的80多位专家学者参会。中央党校国际战略研究所所长韩保江教授作主旨演讲，中央党校国际战略研究所教授马小军，广西北部湾经济区规划建设管理委员会办公室副主任梁金荣博士，自治区党校科研处研究员凌经球，中央党校国际战略研究所教授纪军、秦治来，广西大学中国—东盟研究院教授张力文，广西社会科学院研究员孙小迎等先后作主题发言，为中国—东盟"钻石十年"建言献策。与会专家学者围绕会议主题进行研讨与交流，会议还探讨进一步加强全国党校系统国际战略问题研究等。

【广西经济责任审计专题研讨会】 7月25日在南宁举行。自治区审计厅、广西审计学会联合主办。自治区人大环资委主任委员、广西审计学会会长黄必贵，自治区社科联副主席姚兵，自治区审计厅经济责任审计局局长周国彪等领导及各地设区市审计学会会长、秘书长和研讨会获奖论文作者代表共60人参会。黄必贵从厘清历史脉络，提高经济责任审计在国家治理中的定位认识；服务大局，切实增强经济责任审计理论研究的针对性和实效性；强化组织领导，为经济责任审计理论研究创造良好条件等三个方面对做好广西经济责任审计理论研究工作提出意见和建议。姚兵围绕当前经济社会发展形势，强调做好经济责任审计工作的重要意义，并就广西审计学会如何更好地开展理论研究和专题研讨会提出意见和要求。周国彪结合经济责任审计理论研究及实务工作提出了加强经济责任审计理论研究的意见。研讨会收到论文113篇，经专家组认真评选，评出一等奖3篇、二等奖7篇、三等奖12篇、优秀奖15篇，柳州市审计学会等4个单位获评优秀组织奖。会上，对获奖的优秀论文作者和获优秀组织奖单位进行颁奖，部分获奖论文作者代表在研讨会上围绕会议主题进行发言和交流。

【西部地区抗战遗址调查与抗战精神传承学术研讨会】 7月24日在南宁举行，广西抗战文化研究会主办。会议结合研究会会长李建平获2014年国家社科基金西部项目《中国西部地区抗战遗址调查与保护利用研究》课题研究展开，研讨做好抗战遗址保护、促进抗战精神传承和促进实现中华民族伟大复兴的中国梦等学术议题。广西抗战文化研究专家25人参会。会议对开展西部地区抗战遗址考察工作做布置和分工，计划2015年8月底出版专著，向纪念抗日战争胜利70周年献礼。

【《广西抗战文化研究丛书》编撰出版研讨会】 7月24日在南宁举行，广西抗战文化研究会与广西社会科学院文化所联合主办。南宁、桂林、柳州、广西区直机关、科研院所和高等院校专家学者30人与会。副会长兼秘书长王建平主持。广西社会科学院副院长黄天贵出席并讲话。会长李建平介绍《广西抗战文化研究丛书》获自治区党委宣传部2014年广西文化精品项目立项情况和编撰构想。与会专家研讨该丛书的内容与构成，会议确定编撰《桂林抗战艺术史》《桂林抗战文化综论》《广西抗战文化史》《广西抗战文化大事记》《广西在抗

7月24日，广西抗战文化丛书编撰出版研讨会在南宁举行

（李建平　供稿）

日战争中的历史作用与贡献》《中共中央南方局与广西抗战文化》等6部专著。

【广西社会科学院智库合作交流小组赴台开展系列调研活动】 8月8~12日，广西社会科学院副院长黄志勇率院智库合作交流小组赴台开展系列调研活动。8日，参访台湾中华经济研究院并与该院共同举办"中越关系与台商发展"研讨会。会后，双方就落实两院合作协议及未来合作研究事宜进行商议，达成近期合作开展"中越关系与台商发展"专题研究、合作出版专著等共识。随后，还参访台湾国政基金会并与其举行座谈研讨会。会议由国政基金会执行长蔡政文主持。双方就南海、东海问题以及台湾近期发生的"反服务贸易"运动等热点问题进行研讨和交换意见，就加强合作交流进行商讨，达成加强学术交流、合作开展专题研究等方面的共识。9~10日，从台湾北部到南部实地考察基隆港、台南港、高雄港等沿海港口，调研台湾以自由贸易港为主的"六港一空一区"发展战略。此外，还考察嘉义文化创意园区，与嘉义市文化局官员探讨台湾文化创意园区的发展情况与经验。11日，赴小琉球岛开展专题调研。台湾渔会理事黄宏财、琉球区渔会理事陈智雄、总干事蔡宝兴、会务股长洪赐隆、辅导股长曾毓宗等渔业代表及长年在海上捕鱼的船长参加拜会和座谈活动。通过与渔民船长们的交流，了解到台湾小琉球岛的渔民希望两岸能开展渔业合作，特别是在海上医疗救助、海上救难安全合作等方面加强合作。12日，到高雄加工出口区调研并座谈，了解台湾加工出口区发展历史和发展经验，与台湾中山大学亚太区域研究所进行交流座谈，了解高雄自由贸易港的发展情况和经验，并就加强学术交流合作进行商议，在互派访问学者、建立互访机制、合作开展项目研究、相互邀请对方参加各自举办的各类研讨会等方面达成共识。

【深化广西面向东盟开放合作打造新的战略支点研讨会】 8月28日在南宁举行，自治区社科联主办、自治区社科联东南亚经济与政治研究中心承办。自治区社科联副主席姚兵出席并致辞，副主席刘家凯出席作研讨总结，副主席曹平主持研讨会。来自中共广西区委党校、广西国际博览事务局、广西社科院、中国人民银行南宁中心支行、《广西日报》、广西大学等广西区内部分高校及自治区社科联、自治区区直学会、相关市社科联的专家学者共50多人参加。姚兵强调，与会专家学者要从全面深化改革的战略高度，结合学习贯彻习近平总书记系列重要讲话精神和学习贯彻《广西北部湾经济区发展规划》《珠江—西江经济带发展规划》《进一步促进广西经济社会发展若干意见》的实际，按照中央和自治区党委对广西发展的要求，围绕研讨主题，为自治区党委、政府和有关部门建言献策，为广西加快实现"两个建成"目标作出新贡献。与会专家学者围绕研讨主题，从多方面提出对策建议。如，推进中国—东盟各领域的合作；促进广西北部湾经济区一体化，把北部湾经济区打造成面向东盟开放合作新战略支点的核心区域；发挥"双核"驱动战略中心城市作用，提高南宁首位度；着力推进广西金融创新，形成打造战略支点的新活力；优化服务贸易结构、扩大服务业对外开放；加大对边境地区发展的政策扶持力度，发展特色产品生产和边境贸易；广西与西南共建21世纪海上丝绸之路；加快桂越陆路通道战略支点建设，促进广西辐射东盟等。专家认为，打造新的战略支点需要深化广西面向东盟的开放合作，积极融入中国—东盟自由贸易区建设，在参与区域经济竞争中提高广西经济发展能力。刘家凯认为，广西的最大优势在于面向东盟，政治上的互信互动是与东盟合作的前提，人文交流是纽带和桥梁，政策的互惠互利是保障，互联互通是条件，经济发展是目的。

【《2014年广西蓝皮书：广西农村发展报告》新闻发布会】 8月29日在南宁举行。自治区农业厅、统计局、水利厅、人社厅、水产畜牧兽医局、林业厅、教育厅、卫生厅、环保厅、扶贫办、民政厅、广西调查总队和广西社会科学院等自治区内科研单位和自治区直属涉农管理部门的专家学者和实际工作者30多人出席。《广西日报》《南国早报》和新华社广西分社等新闻媒体到会进行报道。会上，《2014年广西蓝皮书：广西农村发展报告》主编杨亚非对该书的编纂情况进行介绍，并就2015年的编纂工作和与会代表进行探讨。《2014年广西蓝皮书：广西农村发展报告》由广西社会科学院负责编撰，汇集自治区内"三农"问题研究专家和主要涉农部门实际工作者的最新研究成果，全书分为综合篇、专题篇、探索篇、调研报告篇4个专栏，并附有2013年广西农业农村大事记和农业经济主要统计指标，力求从不同角度、不同视野对广西农村发展进行全面梳理和展示，既是对2013年广西农村发展的回顾，也是对2014年广西农村发展的展望。

【中国首届人的发展经济学青年论坛】 8月30日在南宁举行，《创新》杂志社、广西人的发展经济学研究基地、光明日报光明网理论频道主办。主题为：经济发展与青年发展权实现。来自北京大学、华东师范大学、南开大学、武汉大学、西南大学、华中农业大学、北京科技大学、陕西省委党校、广西大学、广西师范大学、广西民族大学、广西师范学院、广西财经学院等高校及相关单位50余人撰文或参会。收到论文35篇。南宁社会科学院党组成员、《创新》杂志社副主编黄燕，广西人的发展经济学研究基地主任、广西人的发展经济学研究会会长、《改革与战略》杂志社社长兼总编辑巫文强研究员，光明日报光明网刘冰雅分别致辞。与会者就经济发展与青年就业创业、教育权保障与青年发展、青年人才培养机制优化等问题进行研讨并形成以下共识：(1)就业公平和就业质量是青年发展保障的根本性和基础性问题。青年就业与经济体制和制度设计相关，现实社会中企业要求青年劳动者投入巨额的培训成本提高能力后再选择就业，把青年培训成本推向社会和市场，根源在于在经济社会发展中对人的发展重视不足，过于强调和倚重经济效率和企业效益；青年就业不能完全依靠以市场配置为核心的就业制度解决，应构建以保障人的生存和发展为导向的青年就业制度思想基础，强化政府就业保障功能，建立健全青年再生型就业保障模式和青年发展能力职业化培训机制。(2)教育权保障与青年发展问题。教育中显现出的青年发展问题表层看似是教育产业化的误导、教育资源对市场配置的过度倚重，实质是经济发展对人的发展保障的弱化或偏离，解决问题的关键是遵循和坚持经济发展促进人的发展原则基础上推进教育制度改革。(3)优化青年人才培养机制。要从规划性、战略性、发展性高度建立更多具有青年话语权发展平台，做到平台构建、平台建设、青年作用发挥等同步推进；完善青年发展引导机制、激励机制、平台机制和激励机制。

【中国人民抗日战争胜利纪念日(2014)座谈会】 9月3日在南宁举行。由广西社会科学院和广西抗战文化研究会主办。广西社会科学院副院长黄志勇、黄天贵和广西抗战文化研究会会长李建平、广西社会科学院文化所所长覃振锋以及自治区党校、高校、社科院等专家学者30余人出席。黄天贵主持会议，黄志勇、李建平、覃振锋、广西大学教授王建平、自治区党校教授陈学璞先后发言。与会者就昆仑关战役旧址的保护与开发、纪念抗日战争活动的意义、抗战老兵资料整理、抗战文化研究等问题进行深入探讨，并提出有针对性的意见和建议。会议对2015年开展纪念中国人民抗日战争胜利70周年的活动安排进行商议，并参观研究会和广西社会科学院文化所主办的西部地区抗战遗址调查成果汇报展。

【《广西铁路建设地方配套资金筹融资方案研究》专家评审会】 9月4日在南宁举行，广西铁路建设办公室主办。国有资产管理、铁路投资、国土等方面的专家及自治区财政厅、自治区金融办、南宁铁路局等单位的代表组成评审组对《广西铁路建设地方配套资金筹融资方案研究》进行评审。课题组成员、广西财经学院教授邓德军代表课题研究单位自治区社科联汇报研究成果情况。经专家组表决同意通过评审。该《方案研究》根据《国务院关于改革铁路投融资体制加快推进铁路建设的意见》精神，结合广西铁路建设地方配套资金筹融资实际，分析地方配套资金筹融资过程中存在的主要困难和问题，并借鉴国内外相关铁路建设融资的做法和经验，研究提出广西铁路建设地方配套资金筹融资的具体方案及有关保障措施，具有较强指导性和可操作性。

【第7届中国—东盟智库战略对话论坛暨首届中国—新加坡经济走廊智库峰会】 9月12~13日在南宁举行。由中国社会科学院和广西壮族自治区人民政府主办，广西社会科学院和广西国际博览事务局、广西北部湾发展研究院承办。东盟10国、印度和中国的专家学者、政府官员和企业家代表共100多人参加。广西壮族自治区人民政府副主席李康、张晓钦分别在会议期间和会前会见出席论坛的国外专家。张晓钦、中国社会科学院学部主席团秘书长郝时远、中国国家商务部亚洲司副司长曹英杰和柬埔寨皇家科学院副院长宋春奔、老挝社会科学院副院长西拉·蒙萨拉旺等出席论坛开幕式并分别致辞。本届论坛共收到中国—东盟各国专家学者论文近40篇，50位专家学者和政府官员、企业代表在会上发言。论坛主旨演讲由中国驻越南大使馆原大使齐建国主持，中国社会科学院学部委员、国际研究学部主任张蕴岭教授、老挝国家社会科学院副院长西拉·蒙萨拉旺、广西北部湾经济区和东盟开放合作办公室常务副主任李延强、越南社会科学翰林院中国研究所原所长杜进森、云南省社会科学院院长任佳、印尼大学教授林优娜、广西社会科学院副院长黄志勇、马来西亚驻WTO原大使苏普若玛尼分别作主旨演讲。与会专家围绕“共建21世纪海上丝绸之路”主题，通过“共建21世纪海上丝绸之路”“共建中国—新加坡经济走廊”“共同打造中国—东盟自由贸易区升级版”3个议题，宣传中国共建21世纪海上丝绸之路的精神要义、基本原则、主要内容，探讨和交流共建21世纪海上丝绸之路的基本路径，让东盟各国及区域外国家的专家学者对海上丝绸之路有更多的理解，达成携手共建21世纪海上丝绸之路的广泛共识，同时，彰显广西在21世纪海上丝绸之路中的战略地位与作用。论坛期间套开首届中国—新加坡经济走廊智库峰会，与会专家通过并发表《关于携手共建中国—新加坡经济走廊的南宁共识》。

【第二届中国(桂林)国际健康养生服务产业创新发展高端论坛】 9月13~14日在桂林举行。桂林市人民政府、自治区发改委主办。主题为"创新驱动发展,健康造福未来",全国社保基金理事会副理事长王忠民,国家发展和改革委员会产业协调司副司长夏农,国务院参事、中国科学院可持续发展战略研究组组长兼首席科学家牛文元,国家发展和改革委员会宏观经济研究院国土开发与地区经济研究所副所长高国力,国家公众营养改善项目办公室主任、教授于小冬,中国中医科学院养生保健研究中心主任黄明达,世界健康产业协会主席陈学忠等领导和嘉宾出席开幕式。自治区政协副主席刘正东,自治区发展和改革委员会副主任李彦平等出席开幕式。桂林市市长唐琮沅出席开幕式并致欢迎辞。桂林市市委常委、常务副市长秦春成主持开幕式。来自欧美、亚太地区及港、澳、台地区的270多位养生专家学者,以及大型养生机构和健康养生产业企业代表出席。

【知识产权举报奖励制度研讨会】 9月13日在玉林举行,玉林师范学院主办。自治区人大常委会委员黎启新,广西知识产权局法律事务处处长杨丽娟,广西知识产权发展研究中心副主任曾秋生,玉林师范学院党委副书记、纪委书记韦广雄等相关单位专家、学者参会。曾秋生主持。参会人员就鼓励社会公众参与举报知识违反行为的积极性、打击知识产权违反行为、优化广西知识产权环境等方面进行研讨和建言献策。

【河池学院"区培计划"农村乡镇中心校校长培训班(百色班)】 9月14日在河池学院举行。学院副院长周鸿出席开班仪式。来自百色市12个县(区)的100名农村乡镇中心校校长参加。培训为期两周,采取"短期集中+跟班学习"方式,对乡镇中心校校长进行学校常规管理和校长管理能力提升培训。学员接受来自高校相关研究学者和小学教育改革一线优秀校长的专题培训,深入基地学校跟班学习,理论联系实际,全面考察基地学校的各项管理策略,参与教育教学管理活动,学习了解基地学校的办学理念、办学特色、德育工作、文化建设等,以提高自身管理水平,促进学校改革发展。

9月14日,河池学院"区培计划"农村乡镇中心校校长培训班(百色班)在河池举行 (河池学院 供稿)

【2014年(第十届)泛珠三角区域合作与发展社科专家论坛】 9月15日在广州举行,广东省社科联和澳门基金会联合承办。广西社科联副巡视员刘俊率队出席,编辑部副编审、高级经济师覃合代表广西社科联课题组就增创泛珠合作发展新优势及广西的作为发言,广西经济管理干部学院区域与城市经济研究中心主任、经济学教授官锡强作社会安全治理学术发言。论坛以"推进社会治理创新,增创泛珠合作发展新优势"为主题,来自福建、江西、湖南、广东、广西、海南、四川、贵州、云南9个省(区)社科联、高校及澳门的社科专家学者共70多人与会。广东省委宣传部副部长蒋斌出席论坛并致辞,广东省社科联党组书记、主席王晓代表承办单位致欢迎辞。与会专家学者围绕社会治理创新主题,提出以改革转变政府职能为核心,创新公共管理体制;以改革激发社会组织活力为关键,创新社会治理方式;以改革满足公共需求为导向,创新基本公共服务体系;以改革促进社会公平为重点,创新利益协调机制;以改革确保社会有序为根本,创新有效预防和化解社会矛盾体制等对策建议,为深化泛珠三角区域合作与发展提供理论支撑和智力支持。会议认为,"泛珠三角区域合作与发展社科专家论坛"自2004年创办以来,再次在广州举办,是新一轮泛珠社科合作的新起点,有承前启后、继往开来的重要意义。在泛珠区域深化合作的过程中,社科界围绕泛珠三角区域合作的模式和重点方向,以问题为导向,广泛调研,开展深入的理论探讨和对策研究,为地方党委政府科学决策提供理论参考,促进泛珠三角区域经济社会各方面发展,发挥哲学社会科学界思想库作用。与会者表示,要在区域发展战略、区域市场一体化、区域合作体制机制等重点领域和方向深化研究,特别是做好21世纪海上丝绸之路建设的研究,为泛珠区域合作建设海上丝绸之路,融入海上丝绸之路建设提供借鉴和参考,以此为切入

点，不断深化泛珠区域合作发展，增创泛珠区域发展新优势。

【中国—东盟区域发展研究创新团队发展规划专家论证会议】 9月16~17日在桂林举行。自治区教育厅主持，广西大学主办、中国—东盟研究院承办。来自外交部、商务部、中国社会科学院、中国出口信用保险公司、南京大学、中国人民大学、中央财经大学、厦门大学、云南大学、中国南海研究院、东中西区域改革和发展研究院、安邦咨询公司等20多名专家学者参会。广西大学社科处处长、中国—东盟研究院常务副院长范祚军教授作规划报告，中国知名经济学家、南京大学原党委书记洪银兴教授，中国社会科学院学部委员、中国知名国际问题专家张蕴岭教授，长江学者范从来教授，中国社会科学院亚太与全球战略研究院院长李向阳等专家就如何进一步做好中国—东盟区域发展研究创新团队建设提出建议。专家组认为，创新团队围绕"中国—东盟区域发展"开展研究，以国别研究为基础，以专业研究打造特色，基础扎实，思路清晰，形成较好的团队协同机制，希望团队借助教育部创新团队经费支持，进一步加强科研平台和团队建设，培养高水平的"东盟通"特殊人才，以高水平的团队建设为支撑，推进中国—东盟区域发展协同创新中心建设和申报。希望进一步优化团队成员的专业结构，针对"中国—东盟区域发展"研究所需要的专业需求，实现多样化专业人才储备，特别是凝聚高层次人才。基于东盟重要性和稳定周边的中国外交战略调整和中国—东盟命运共同体目标，紧盯海上丝绸之路的中国—东盟关系发展机遇，重视理论创新，突出咨政育人。希望团队利用项目支持，加强基础研究支撑平台和数据库建设，打造中国—东盟研究全息数据与咨询中心。专家组一致通过该创新团队建设规划。

【把广西打造成为西南中南地区开放发展的新的战略支点专题讲座】 2014年自治区社科联科普资助项目《全面深化改革，实现"两个建成"》十家谈之一。9月18日在南宁举办。广西市场经济研究会副会长张家寿教授主讲，自治区直单位处级党政领导干部126人聆听讲座。张家寿在讲述新战略支点提出的背景、重要意义、基本原则的基础上，讲解打造新的战略支点的战略任务、总体目标、支撑体系和保障措施。他认为，把广西打造成为西南中南地区开放发展的新的战略支点是中央根据新形势，从国家开放发展全局出发，对广西作出的新的战略定位和战略部署，是中央赋予广西新的重大使命，是实现广西腾跃发展和加快西南中南地区开放发展的重大机遇。打造新的战略支点必须强化六大功能：强化交通支点功能；强化产业支点功能；强化开放支点功能；强化金融支点功能；强化城镇支点功能；强化生态支点功能。打造六大支撑体系：建设现代综合交通运输体系；打造现代产业体系；加快打造现代金融服务体系；打造现代开放合作体系；打造新型城镇体系；打造绿色生态安全体系。完善八大保障措施：开放合作机制创新；行政管理体制创新；财政税收政策创新；投融资制度创新；土地管理创新；人才和科技政策创新；社会治理机制创新；建立区域合作协调机制。

【桂台民办高校高峰论坛】 9月19日在南宁举行，广西民办教育协会、台湾私立学校文教协会、台湾私立科技大学协进会主办，广西外国语学院承办。来自台湾、广西内外省区共80多所民办高等院校的董事长、校长、专家学者120多人出席。自治区教育厅厅长秦斌，自治区台湾事务办公室主任刘侃，台湾教育大学总校长吴清基，台湾中州科技大学董事柴云清，中国民办教育协会高等教育专业委员会理事长季平，自治区政协常委、科教文卫体委员会主任于瑮分别在开幕式上致辞。秦斌表示，桂台教育交流已经有了一个良性的开端，学生交流日益密切，要借桂台两地经贸、文化交流的常态化趋势，进一步发展广西民办教育，特别是民办高等教育与台湾地区的合作，通过双方交流合作实现发展共赢。刘侃对桂台教育合作与交流提出三点建议：一是持续办好桂台民办高校高峰论坛。通过论坛扩大两地交流合作，在师资交流、学校管理、校企合作办学等方面探寻进一步发展途径；二是提升桂台教育交流合作的质量，借助两地交往活跃的机遇创新联系教育合作的方式方法，扩大教育交流领域与渠道，突出师生交流重点，推动两岸教育持续发展；三是促进教育交流常态化，深化桂台两地之间的教育合作，加强桂台两地校级之间院校各类专业的交流，制定互利双赢的运作机制。来自桂台两地的80多所高校代表围绕论坛议题进行主题发言和分组讨论。随后，大陆16所民办高校与台湾18所民办高校就教育合作与交流签订合作协议。论坛收到论文12篇。

【第七届广西校园文化论坛】 9月19~20日在百色市百色学院举行。广西社科联、广西先进文化发展促进会和广西写作学会联合主办，百色学院承办。主题：中国梦与校园文化建设。广西社科联学会部主任张流、广西先进文化发展促进会会长杨炳忠研究员、广西写作学会会长容本镇教授、百色学院副院长韦复生教授、玉林师范学院副书记王志明教授、百色学院中文系党总支书记黄鹏副教授等近40位专家学者、10多位研究生出席会议，百色学院中文系近150名学生列席会议。论坛分别由王志明教授、广西大学王建平教授和广西民族师范学院谢永新教授主持。容本镇、韦复生分别致辞，张流作讲话。与会者围绕会议主题，从不同角度展开热烈研讨。广西民族大学黄佩华对校园文化促进大学生创作的作用进行阐述。河池学院谭为宜指出当下校园文化建设的不足与缺失，并提出对策。谢永新认为中国梦之实现应寄托于两岸三地大学生，而大学生的文化价值判断的异同则是决定中国梦之实现进程的关键。广西民族大学郭金世对校园文化进行定义。玉林师范学院黄健云梳理和归纳校园文化的类型与功能，提出建设校园文化的建议与经验。广西人民广播电台张频建议大学生提高写作能力。《广西社会科学》杂志社社长梁培林认为学者们应在理论上寻求创新点，追求眼光和格局的“高大上”。广西警官高等专科学校李娜阐述“中国梦”视野下的高校校园法制文化建设。河池学院欧造杰提出大学作为人才培养的摇篮和社会先进文化的引领者，要为“中国梦”提供人才和智力保障。广西大学研究生高冰洁建议用国学经典重塑校园文化新体系。《广西社会科学》梁敏娟倡议以实际行动铸就中国梦旗帜下的校园文化建设。广西尊文教育图书有限公司袁刚以诗歌的形式评论研讨会发言并提出看法。王建平和谢永新分别点评专家学术发言。杨炳忠对论坛成果进行总结，指出校园文化建设是大学生精神培育的关键，是一代代文化人永恒的精神家园。百色电视台《百色新闻》对论坛进行报道。

【中国—东盟财税合作论坛】 9月20日在南宁举行，广西财经学院、全国高校财政学教学研究会、中国高等教育学会财经教育分会财政学专业委员会联合主办，广西（东盟）财经研究中心、中国—东盟金融与财税人才培训中心、广西财经学院社科联承办。中央财经大学、中南财经政法大学、中山大学、厦门大学等广西区内外20所高校和自治区财政厅、广西财政学会、广西国际税收研究会、广西地方税收研究会等部门和科研院所领导专家及广西财经学院财政公共管理学院教师、相关部门代表80多人参加。广西财经学院副校长、社科联副主席蒙丽珍教授在开幕式上致辞。全国高校财政学教学研究会理事长、中央财经大学财政学院院长马海涛教授，中国高等教育学会财经教育分会财政学专业委员会秘书长、中南财经政法大学财税学院院长陈志勇教授，自治区财政厅副厅长、广西（东盟）财经研究中心副主任范世祥，自治区政协原副主席、广西财政学会会长苏道俨等对论坛的研讨主题与会议效果等提出期望。广西（东盟）财经研究中心副主任、广西财经学院总会计师宁旭初主持。广西财经学院副校长夏飞教授、中央财经大学李贞教授、天津财大武彦民教授、嘉鹏置地集团有限公司董事长成易等8位专家学者和企业负责人分别作主旨发言，结合各自研究专长，对深化中国—东盟财税合作，积极“打造‘钻石十年’，共同构建中国—东盟自由贸易区升级版”和建设21世纪“海上丝绸之路”等问题进行探讨。与会者围绕会议主题分组开展讨论，对中国—东盟财税合作的背景意义，合作的研究路径与层次，推进线路与时间表及后续研究重点等进行阐述和交流。

【续修地方志创新理论研讨会】 9月24~26日在河池宜州市举行，广西地方志办公室、广西地方志协会主办。广西地方志办公室主任李秋洪，副主任邓敏杰、秦邕江，广西地方志协会会长蓝日基，河池宜州市长周飞，研讨会入选论文作者代表近70人参会。会议收到论文60篇，内容涉及通志、市县志、年鉴、地情网站建设、乡镇村志编纂、修志机构队伍人才建设、资料工作、编写工作、宣传工作，及方志如何反映地方特色、时代特点、如何体现文献价值以及方志与其他文化事业之间的联系等。

【“新海上丝绸之路构建：从泛北部湾到欧洲”国际学术研讨会】 9月24~27日在桂林举行。广西师范大学校长、博士生导师梁宏教授致辞，广西师范大学副校长、博士生导师钟瑞添教授在开幕式讲话。荷兰乌

图为“新海上丝绸之路构建：从泛北部湾到欧洲”国际学术研讨会现场

（广西师范大学　供稿）

特勒支大学(Utrecht University)、意大利比萨大学(Pisa University)、中国社会科学院经济研究所、中华经济研究院(台湾)、上海国际问题研究院、福建社会科学院、广西社会科学院、云南社会科学院、清华大学、复旦大学、北京师范大学、对外经济贸易大学、云林科技大学(台湾)、逢甲大学(台湾)、香港科技大学、广西师范大学等知名高校、研究机构专家学者50人参会。与会专家围绕"丝绸之路上的多元文化互动、环丝绸之路区域经济的长期表现、新海上丝绸之路构建与中欧自由贸易区建设"3个主题讨论。与会专家认为,海洋经济作为新的经济增长点,可成为拉动中国国民经济发展和就业的有力引擎。就丝绸之路的文化互动,与会专家探讨从北部湾出发的汉代海上丝绸之路的学术研究现状,确认从北部湾出发到东南亚、南亚等地的汉代海上丝绸之路的客观存在。就丝绸之路沿线区域经济的长期表现,与会专家通过列举古代和近代有据可查的经济数据,论证环丝绸之路区域经济的发展状况,为当前开展的新丝绸之路建设提供历史依据。此外,与会专家就中欧自由贸易区建设中的国际关系、台湾参与新海上丝绸之路建设、泛北部湾在共建新海上丝绸之路中的功能发挥、广西的区域角色等问题进行交流与探讨。

10月8日,自治区党校和广西领导科学研究会联合主办的社会治理创新与领导力提升学术研讨会在南宁举行　(李建良　供稿)

【新生适应性心理健康教育讲座】 10月9日在广西财经学院举行。学校心理健康教育与咨询中心副教授吴名扬以"用激情点亮人生"为主题,从大学生心理状况、心理健康的标准、大学生常见的心理问题、大学生心理健康问题应对策略四个方面展开论述,全面、系统地分析当代大学生心理健康问题,引发对大学生活的思考,聆听解读大学生心声。通过现场互动,探讨大学生常见的各种心理问题,如大学新生生活的困惑、压力调节问题、时间管理问题及学习目标的重新定位问题等,帮助新生尽快适应大学生活。讲座惠及大一新生3000人。

【"社会治理创新与领导力提升"学术研讨会】 10月8日在自治区党校举行,自治区党校(行政学院)科研处、公共管理教研部和广西领导科学研究会联合主办。主题为"推进国家治理体系和治理能力现代化"中的社会治理创新与领导力提升。自治区党校(行政学院)副校(院)长唐秀玲教授出席并致辞,自治区党校(广西行政学院)公共管理教研部主任、广西领导科学研究会常务副会长兼秘书长陶建平教授主持并作总结,自治区党校(行政学院)2014年第2期自治区管理干部研修班部分学员,自治区党校(行政学院)政治学教研部、法学教研部、哲学(社会学)教研部、应急管理培训部、领导力拓展教研部、科研处、区情调研室全体教师,广西领导科学研究会的常务理事、理事、常务理事单位代表共80多人参会。国家行政学院刘峰教授作题为"社会治理与新领导力"专题报告;于建嵘教授围绕党的十八大后中国政治体制改革与发展和网络时代的社会治理两方面问题进行阐释;徐勇教授以"完善基层治理体系,提升基层治理能力"进行探讨,提出多元主体视角下不断提升基层社会治理的若干路径。

【"中国梦与诚信"专题讲座】 10月14日在广西外国语学院举行,全国政协委员会常务委员、自治区人大常委会副主任刘新文应邀作"中国梦与诚信"专题讲座。董事长朱桂玲,党委书记彭英彪等领导及师生850人聆听讲座。刘新文以播放视频的形式展示习近平总书记对"中国梦"的阐释。分别围绕中国梦的内涵和具体目标,指出中国梦就是国家富强、民族振兴和人民幸福。要践行社会主义核心价值,从国家、社会、个人的层面出发,努力奋斗,坚信一定会建设成富强、民主、文明、和谐的社会主义社会。要完善社会诚信体系建设目标,必须要建立政府诚信公约;推进社会信用体系建设;完善信用体系,深化国际合作和交往。

【瑞士洛桑酒店管理学院教务长　Fabien Fresnel 教授作客桂林旅游高等专科学校讲坛】 10月16日在桂林旅游高等专科学校举行,200多名师生代表聆听。Fabien Fresnel 教授围绕校友、学校历史、学校精神、学校使命、教育方法、艺术与科学等方面介绍瑞士洛桑酒店管理学院的基本概况。Fabien Fresnel 教授说，实践课是洛桑酒店管理学院的特色课程，旨在让学生深入实践体验，从中获取工作经验，应用于未来的工作。他结合学生成材率的具体数据说明把理论知识与实际经验相结合的成功教学模式。Fabien Fresnel 教授提出，学校应重视校园生活的设置和对学生的人文关怀，激发学生学习的兴趣和热情，发挥学生潜质。Fabien Fresnel 教授认为，俱乐部式快乐学习的方法更有利于学生间交流合作。此外，知识、文化、礼仪等全面发展对提高学生的综合素养及行业的人文理性发展至关重要。

【中国旅游院校五星联盟书记论坛】 10月16日在桂林旅游高等专科学校举行。国家旅游局人事司副司长、桂林市人民政府市长助理余昌国，五星联盟各成员单位党委书记等出席。桂林旅游高等专科学校党委书记林娜主持。论坛以“推动应用教育研究，培养未来旅游人才”为主题，围绕《国务院关于促进旅游业改革发展的若干意见》《国务院关于加快发展现代职业教育的决定》两个文件重要精神，探讨如何创新人才培养模式，加快推进旅游职业教育创新发展。余昌国在论坛上表示，国家对旅游教育提出新的发展要求，要求学校在人才培养方面要有创新性思维和国际性视野，同时也要增强自信。他指出，职业院校在科研水平等与本科院校存在较大差距，因此学校在强化职业教育应用性的同时，要加大理论研究力度。他提出两点建议，一是从行业中寻找细节，注重理论与实际相结合；二是多方面提高教师素质，了解学生需求。上海旅游高等专科学校党委书记杨卫武提出，旅游职业教育要从民生思维的角度进行改造，使办学的主导思想更切合旅游产业链，培养出应用智慧型人才。四川旅游学院党委书记黄维兵表示，旅游职业教育要明确定位，重视调整产业结构，深化产教融合、校企合作。要保持行业特色，提高竞争力，共同培养高素质的应用技能型旅游人才。浙江旅游职业学院党委书记王昆欣指出，职业院校应强化师资建设、提高专业质量，加深国际化程度。同时，五星联盟各单位要加强实质性合作，共同推动旅游职业教育的发展。山东旅游职业学院党委书记陈国忠认为，办好旅游职业教育，一要确定方向和目标，引导旅游者素质的提升；二要打开门办学，结合学科群和课学群进行校企合作、校校合作、校地合作。郑州旅游职业学院党委书记岳俊华认为，五星联盟应多开展交流活动，共同探讨职业教育如何与本科并行发展。在当前旅游教育发展机遇下，希望国家旅游局能为五星联盟院校发展多提建议。南京旅游职业学院院长周春林强调，教学资源库的建立很重要，五星联盟应该在教学资源库的建立方面多下功夫，促进旅游职业教育发展。林娜书记在总结时提出四点建议：一是要勇于面对挑战，敢于拼搏；二是要整合各方资源，利用五星联盟平台，做到资源共享；三是要广纳贤才，做出被社会各界认可的业绩；四是坚定目标和方向，保持自身特色。五星联盟要坚持“面向世界、面向未来、优势共享、整体崛起”的目标和原则，共同促进旅游职业教育事业更好更快发展。四川旅游学院副院长毛洪涛，桂林旅游高等专科学校副校长谢明等参加论坛。

【2014年广西社科专家学者学术交流会】 10月16日在玉林举行，自治区社科联主办，玉林师范学院社科联、玉林市社科联和广西社会科学学术团体发展促进会共同协办。主题为：广西社科界学习解读社会主义核心价值观内涵。自治区社科联副主席姚兵，自治区党委宣传部副巡视员、自治区文明办副主任宋家浩，玉林师范学院党委副书记、社科联主席王志明，自治区社科联副巡视员刘俊，玉林市社科联主席黎波等领导、专家学者共50人与会。姚兵主持会议。宋家浩就社会主义核心价值观进行解读，认为广西社科界要形成共识，为全社会培育和践行社会主义核心价值观出谋献策。广西伦理学学会会长卫荣凡，广西国际经济贸易学会会长、广西国际商务职业技术学院副厅级调研员陆耀新教授，广西领导科学研究会名誉会长李光炎，广西哲学学会副秘书长、广西社科院哲学所副所长解桂海副研

10月16日，由自治区社科联主办的2014年广西社科专家学者学术交流会在玉林举行 （黄晓明 摄）

究员，广西创造学会秘书长、广西大学政治学院政治经济系主任肖安宝教授，广西国际共运史学会副会长兼秘书长、广西民族大学教授刘国彬，广西科学社会主义学会副秘书长、广西经济管理干部学院社科部主任苏亮乾教授，广西先进文化发展促进会秘书长、广西大学教授王建平，玉林师范学院科研处副处长、社科联秘书长蓝蔚教授等9位专家学者围绕主题，分别以“增强责任意识、上进意识和自律意识，推动核心价值观的认同与践行”“培育和践行社会主义核心价值观，关系着国家的前途命运”“培育和践行社会主义核心价值观应把握几个维度”“培育和践行社会主义核心价值观势在必行——基于完善社会主义市场经济体制的视角”“积极运用大众化经验　培育民族地区群众核心价值观”“对‘扣子论’蕴含的大学生‘修德’问题的认识”“诚信是做人的基石”“文明：振兴国家的文化之魂”“正确理解社会主义核心价值观的基本要素‘自由’”等为题作主旨发言。与会者认为，面对各种内部外部挑战，党的十八大提出培育和践行社会主义核心价值观的重大战略任务非常及时，可以从培育责任意识、上进意识和自律意识加强认同与践行社会主义核心价值观。培育和弘扬核心价值观，关键是做好理论武装群众工作。通过加强宣传，优化社会环境，增强全民的法制意识，通过提高执法力度，使社会丑恶现象特别是腐败问题受到强烈的威慑；通过完善和严格执行法律、政策、制度，增强执行法律、政策、制度的严肃性；通过加快政治体制改革步伐，解除体制制约，处理好政府与市场的关系。同时普及社会主义核心价值观中“自由平等”的真正内涵。与会者认为，自由是中国传统文化的深层价值，社会主义核心价值观倡导的自由是超越于资本主义的更高层次的自由，是具体的、历史的，正确理解其内涵，对推动中国迈向自由平等公正法治社会，实现中华民族伟大复兴的中国梦有重要意义。与会者还认为，在践行社会主义核心价值观道路上，要注重大学生的“修德”，要从小事做起，养成良好习惯，提高自身修养。广西电视台、《广西日报》《玉林日报》等媒体对学术交流会进行报道。

【2014 年第二期中国—东盟大讲坛】 10月16日在广西科技大学举行，自治区社科联主办，自治区社科联东南亚经济与政治研究中心与广西科技大学社科联承办。自治区社科联副主席曹平在论坛开幕式上致辞，广西科技大学党委副书记、纪委书记、社科联主席梁远海主持报告会。广西科技大学师生200多人参加。东盟政治研究专家、广西民族大学相思湖学院院长陈元中作题为“中国—东盟政治制度与政治关系发展”学术报告。陈元中指出，广西处于中国—东盟前沿地带，发展与东盟的周边关系，尤其是政治关系受到国内外关注。东盟国家的政治体制多种多样，当今世界的基本政治体制类型都可以在东南亚找到。陈元中在介绍东盟国家政治制度的基础上，就政治制度对区域政治关系的影响、东盟国家政治制度与区域政治关系选择、中国—东盟政治制度下的区域政治合作等问题进行分析与探讨。陈教授认为，中国与东盟在地缘与文化方面联系密切，有条件发展政治合作。政治制度的性质影响着区域政治关系，但不是决定区域政治关系的唯一因素，不同国家间的政治合作既要尊重各国的制度差异，又要重视共生理念和共利关系，倡导包容，提升政治合作价值，优化政治合作机制，拓展政治合作领域，通过推进21世纪海上丝绸之路战略，携手打造“中国—东盟命运共同体”。

【2014 年教育部国别和区域研究培育基地能力建设专题研讨会】 10月16~17日在广西民族大学举行。全国42家培育基地60余名专家学者围绕教育部国别和区域研究培育基地实体化建设与资源整合等问题进行探讨。广西民族大学党委书记钟海青出席开幕式并致辞。研讨会聚焦“资源整合与基地实体化建设”，探讨如何汇聚校内、地方和学科资源，将国别和区域研究中心打造成实体化研究机构和智库。学校要发挥高校独特优势，为建设中国特色新型智库贡献力量。教育部国别与区域研究专家、武汉大学胡德坤教授作“武汉大学中国边界与海洋研究院实体化建设与资源整合情况交流”专题讲座。胡德坤从国家需求与边海院及协同创新中心的成立、资源整合情况、建设目标三个方面介绍武汉大学边海研究院实体化建设的具体情况。与会者认为，资源整合是目前培育基地建设的重要途径，通过整合校内外资源和国内外学术资源，争取经费支持；资源整合范围应扩大到政府，符合政府需求。人才培养数

图为2014年教育部国别和区域研究培育基地能力建设专题研讨会与会代表合影

（刘德怀　供稿）

量与质量应成为基地实体化建设的重要指标，积极推进实体化建设，分析具体问题，用相对优势弥补不足。

【第二届旅游教育与培训国际论坛暨第九届中国旅游论坛】 10月16~17日在桂林旅游高等专科学校举行，桂林旅游高等专科学校与香港理工大学酒店及旅游业管理学院联合主办。旨在为旅游教育工作者、行业人士和旅游决策者提供平台，交流分享各国和各地区的旅游教育培训及旅游发展方面经验。国家旅游局人事司副司长、桂林市市长助理余昌国，自治区旅游发展委员会副主任贾玉成，香港理工大学酒店及旅游业管理学院院长田桂成，桂林旅游高等专科学校党委书记林娜，世界旅游组织知识网络部主任 Eunji Tae 分别为开幕式致辞。桂林旅游高等专科学校校长杨杰、香港理工大学酒店及旅游业管理学院行政主任姜镔分别主持开幕式、闭幕式。林娜书记指出，如何构建完善、先进的旅游教育体系，提高专业人才的培养质量，推动和引领旅游业发展，需要得到业界人士的进一步关注。林书记介绍与国际知名院校、组织、企业的交流合作，及学校扎实推进各类人才培训基地建设情况。林书记表示，桂林旅游高等专科学校坚定走应用型人才培养之路，努力打造紧贴旅游行业需求办学，服务区域战略性支柱产业发展，国际化特色鲜明，国内一流，亚洲知名的应用型旅游高等院校。田桂成院长在致辞中分析中国大陆改革开放以来，旅游业迅猛发展的趋势与展望。他认为，只有用知识来指导旅游业发展，发展旅游业人力资源，储备旅游人才，才能实现旅游业可持续发展。余昌国副司长在致辞中表示，桂林正全面推进桂林国际旅游胜地建设，需要一流的智力支撑，旅游教育成为桂林旅游产业提升的关键。此次国际论坛的召开将会加强旅游教育、国际交流，探索先进的教学理念、教学机制，对培养具有前沿知识和国际视野的高素质旅游人才有重要推动作用，同时也对推动桂林乃至中国旅游教育的发展、推动旅游业的转型升级产生积极影响。贾玉成副主任在致辞中表示，旅游业已成为广西的支柱产业和第三产业的龙头，当前广西正全面贯彻落实建设旅游强区的战略决策，实现广西旅游业跨越式发展的目标。论坛为继续推进国内外旅游教育和发展打下基础，各位专家学者各抒己见，将有力推动旅游教育和旅游行业发展。Eunji Tae 女士在致辞中表示，知识资产对旅游业的可持续性发展起到关键作用。旅游业的发展建立在影响生态和环境的基础上，而世界旅游组织知识网络部一直以帮助行业科学合理规划旅游资源为宗旨，坚持走可持续发展道路。她希望通过理论探讨和实践结合，在大力发展旅游业的同时，实现旅游资源的统筹和分配。中国旅游研究院院长戴斌、中山大学旅游学院院长保继刚、瑞士洛桑酒店管理学院教务长 Fabien Fresnel、新加坡酒店协会酒店与旅游管理学院总裁 Margaret Heng，美国旧金山大学管理学院酒店管理系主任 David Jones、澳大利亚南十字星大学旅游与酒店管理学院院长 Elizabeth Roberts 等出席开幕式，世界旅游组织、亚太旅游协会官员，自治区旅游发展委员会、桂林市政府等领导，以及新加坡、澳大利亚、美国等国家的旅游教育专家、国内知名旅游专家、旅游教育专家、旅游协会、企业负责人等一同参加。论坛围绕“推动应用教育研究，培养未来旅游人才”主题，通过主旨演讲、论文交流、专题研讨、生活交流等形式，分别对旅游教育本质、教学体系的构建、教学方法的探讨、基础理论的传递、实践训练的运行等方面进行探究。

【中国音韵学研究会第十八届学术讨论会暨汉语音韵学第十三届国际学术研讨会】 10月17~20日在南宁举行，中国音韵学研究会主办、广西大学文学院承办。主题为：上古音、中古音、近代音、韵书韵图、方言与音韵。广西大学副校长马少健教授，广西大学文学院院长李寅生教授，中国音韵学研究会会长乔全生教授、顾问鲁国尧教授及来自中国社会科学院、北京大学、南京大学、复旦大学、四川大学、中国人民大学、吉林大学、厦门大学、中央民族大学、山西大学、安徽大学、华东师范大学、西南大学、中国传媒大学、广西大学、商务印书

（樊新艺 供稿）

馆、香港中文大学、香港大学、香港岭南大学、澳门大学、台湾高雄师范大学、台湾东吴大学、日本创价大学、日本龙谷大学等高校和机构120多名专家学者参会。广西大学文学院副院长肖瑜教授主持。马少健、李寅生分别致欢迎辞,乔全生致开幕辞,鲁国尧致贺词,中国音韵学研究会秘书长杨军教授作秘书处工作报告。郭锡良、赵振铎、岩田宪幸、黄耀堃、李无未、孙玉文、刘晓南、水谷诚、林亦等分别作大会主题报告。与会者围绕上古音、中古音、近代音、韵书韵图、方言与音韵等5个专题进行探讨和交流。中国音韵学研究会学术委员会主任刘广和教授作总结发言。研讨会收到论文110篇,会后将论文辑集出版。

【河池学院“国培计划”置换脱产研修项目培训班】 10月20日在河池学院举行。学校副院长周鸿出席开班仪式。来自河池市11个县(市、区)的近220名中小学、幼儿园教师参加。培训为期2个月,学员集中学习师德教育、新课改理论、学科教学理论和基本技能、教育科研的基本方法、教师专业发展规划的制定等方面内容,并开展“影子教师”基地研修等活动。

【以文献为基础的方言史研究势在必行学术讲座】 10月21日在广西民族大学举行,广西民族大学文学院主办。广西民族大学文学院教授汪业全主持,山西大学语言科学研究所所长乔全生教授主讲。广西民族大学文学院近100名师生参加。乔全生教授以《十一世纪的北京语音》《泰州方言史及通泰方言史研究》等汉语方言历史文献为例从汉语方言研究历史文献研究与方言史研究、汉语方言历史文献的继续挖掘与方言史研究、方言演变与方言转换三个方面进行阐析。指出各大方言区都出版较为系统的比较研究论著,但汉语方言史的研究是汉语方言学的薄弱环节,要进一步重视方言史研究。

【广西心理学会第十七次学术研讨会】 10月24~26日在玉林举行,广西心理学会、广西科协主办,玉林师范学院承办。广西各高校、科研机构和各不同社会实践领域专家学者、博士教授、青年教师近80人参会。广西心理学会理事长韦义平致开幕辞。会议以“心理学与社会创新”为主题,通过学术交流,促进广西心理学工作的稳步及创新发展,发挥心理学在促进广西经济社会发展中的作用,对“心理健康教育”“认知与心理发展”等议题分别进行主题学术报告和分组学术讨论。

【广西民办高校教育管理人员赴台教育交流活动】 10月26日至11月1日,由广西14所民办高校管理人员组成的赴台湾教育交流团在广西民办教育协会秘书长吴桂就的带领下赴台进行教育交流。交流团一行人先后参观考察台湾朝阳科技大学、环球科技大学、建国科技大学、中州科技大学、龙华科技大学5所大学并分别召开座谈会、作专题讲座,就桂台民办高校教育交流合作进行洽谈。广西外国语学院社科联主席李露就民办高校建设与发展等问题与台湾高校负责人进行座谈,并与环球科技大学和建国科技大学就教育和科学技术研究及师生交换交流等事宜签订交流合作协议书。

【第十一届中国金融学年会理事会暨年会大会】 10月24~26日在南宁举行,广西大学主办,广西大学中国—东盟研究院与商学院承办。中国金融学年会由中国金融学年会理事会组织,是中国高校金融学界最高学术会议。第十一届中国金融学年会主席范祚军教授主持25日的大会开幕式,广西大学党委书记、中国—东盟研究院院长梁颖教授,中国金融学年会秘书长郑振龙教授,第十届中国金融学年会理事会主席刘玉珍教授在大会开幕式上致辞,长江学者、南京大学校长助理范从来教授,普林斯顿大学经济学和金融学讲席教授(终身教职)Harrison Hong在大会上作主旨演讲。来自境内外56所高校近300名学者或入选论文作者参加大会开幕式。年会围绕金融学10个研究方向展开。北京大学教授刘玉珍主持。厦门大学教授郑振龙及各理事单位理事或代表参会。年会评出优秀论文一等奖1篇、二等奖2篇、三等奖3篇。

图为第十一届中国金融学年会理事会暨年会会议现场　　（樊新艺　供稿）

【第十六期广西发展论坛】 10月28日在百色举行，自治区社科联、自治区扶贫办、中共百色市委、百色市人民政府联合主办，百色市社科联、百色市扶贫办协办。来自广西社会科学理论界、扶贫工作实际工作部门的专家学者、实际工作者共120多人与会。自治区社科联党组书记、主席王士威出席并致辞，百色市人大常委会副主任黄志伟、百色市副市长刘世恩等出席会议，自治区扶贫办副主任莫雁诗、自治区社科联副巡视员刘俊共同主持会议。主题为"扶贫攻坚与广西全面建成小康社会"。论坛收到论文、研究报告等274篇，评出一等奖10项、二等奖20项、三等奖30项、优秀奖40项。与会专家学者围绕新形势下扶贫攻坚的扶贫政策和机制创新、扶贫开发路径和模式的创新等问题，从产业化扶贫、石漠化治理、精准化扶贫、移民工作、教育扶贫、文化扶贫、信息化扶贫、旅游扶贫、金融扶贫、党建扶贫、人口与计生扶贫、扶贫人才队伍建设、土地流转、新型城镇化与扶贫工作等众多领域，探讨广西扶贫攻坚问题，提出对策与建议。

【以文化和科技融合促进产城融合理论研讨会】 10月29日在南宁举行，广西市场经济研究会主办。广西各级行政学院、高等院校、学术团体、新闻媒体的专家学者和企业家40多人参会。广西市场经济研究会副会长张家寿主持会议，广西市场经济研究会副会长王保利作会议总结。广西市场经济研究会特邀研究员陈学璞教授、桂林市行政学院副陈宪中教授、广西经济干部管理学院官锡强教授、广西师范学院黄锡富教授等先后围绕会议主题，从不同角度、深度、广度进行阐述。与会专家认为，"两个融合"是我国转型升级背景下推进文化和科技发展，尤其是建设新型城镇化的必然要求，是广西建设文化强区的重大战略。广西是中国—东盟合作的前沿，以文化和科技融合促进产业和城市融合，对于广西建设面向东盟的开放型城市具有重要意义。

【思想政治教育学术报告会】 10月30日在桂林举行。华中师范大学教授秦在东应邀到桂林师范高等专科学校作题为"新政治生态下的思想政治教育前沿问题"学术报告。学校社科联副主席林伯明主持。校社科联主席王源平、副主席吴江萍，校长义祥辉、副校长蒋彦忠、何红雨及学校政工干部、思想政治课教师代表200多人参会。报告会上，秦教授阐释新政治生态的内涵、思想政治教育与政治生态的关系及新政治生态下思想教育研究的前沿问题。强调思想政治教育从创立之初就与政治生态环境有密切关系，在国家新政治生态下，思想政治教育涵盖学理、学科建设、核心知识、关键技术、理论与实践相结合及学术生命力等许多有关发展核心趋势的前沿问题。秦教授通过大量案例，就思想政治工作及辅导员如何提升自己的工作和研究能力提出建议。

【自治区社科联东南亚经济与政治研究中心2014年度课题评审会】 10月30日至11月7日在南宁举行，自治区社科联东南亚经济与政治研究中心主办。来自自治区农业厅等相关行业单位、相关研究领域的专家组成专家评审组，分别对自治区社科联2014年度立项重点课题《CAFTA背景下广西与东盟现代农业产业合作研究》《CAFTA背景下广西与东盟工业产业合作重点及策略研究》《中国—东盟自贸区物流业发展与合作法律保障机制创新研究》《加快沿边开放开发与跨境自由贸易区建设路径和对策研究》等4项课题研究报告进行评审并获通过。自治区社科联副主席、课题组组长曹平，自治区社科联东南亚经济与政治研究中心副主任、课题组组长马秋云等出席。各课题组代表分别介绍课题研究情况和课题研究报告内容。由广西大学、广西民族大学、广西农业科学院、自治区农业厅等单位相关专家组成的专家评审组认为，《CAFTA背景下广西与东盟现代农业产业合作研究》在调研基础上，对广西与东盟农业产业合作进行系统全面的研究，在分析广西与东盟农业产业合作发展现状的基础上，分析农业合作的问题、优势、劣势、潜力及合作内容，从产业发展角度探讨广西与东盟农业

图为《加快沿边开放开发与跨境自由贸易区建设路径和对策研究》课题评审会现场

（朱汝胜　供稿）

产业合作发展的重点、模式、机制，结构合理，重点突出，研究方法科学，技术路线合理，符合广西农业发展实际，对进一步促进广西与东盟农业产业合作发展有重要现实意义。《CAFTA背景下广西与东盟工业产业合作重点及策略研究》从合作基础与条件、面临机遇与挑战等方面对广西与东盟工业产业合作现状进行分析，并进一步研究东盟国家制造业发展现状，为加快推进CAFTA背景下广西与东盟工业产业合作重点提供重要依据；提出深化与东盟工业产业合作的总体思路、合作策略、合作模式及合作重点，对加快推进CAFTA背景下广西与东盟工业产业合作重点及策略研究有指导意义；提出将广西打造成中国—东盟产业对接的资本积聚洼地，将北部湾经济区打造成中国—东盟产业对接的重要基地，搞好跨境经济合作区和口岸建设，建设中国—新加坡（北部湾）科技产业园、编制对东盟工业合作清单目录等对策建议，有较强的现实针对性和可操作性。《中国—东盟自贸区物流业发展与合作法律保障机制创新研究》选题切中中国—东盟自由贸易区物流业发展与合作法律保障机制创新的重大问题，具体分析中国—东盟物流业发展与合作的法律保障现状、立法协调机制创新、法律冲突处理机制创新、风险防范法律机制创新、纠纷解决机制创新等方面内容，提出法律保障机制创新的理念及设想，并予以论证，有较强的前瞻性、针对性和实用性，对促进中国—东盟自由贸易区升级版打造及一体化发展有重要现实指导意义。《加快沿边开放开发与跨境自由贸易区建设路径和对策研究》课题组在调研基础上，从国内外沿边开放开发、跨境经济合作区的探索实践及其经验进行分析，并进一步研究广西沿边开放开发的探索实践及存在问题，为加快推进广西沿边开放开发、建设广西跨境自由贸易区提供重要依据；在研究建设广西中越跨境自由贸易区的条件、机遇和挑战基础上，进一步提出广西中越跨境自由贸易区建设的总体思路和对策措施，对加快推进广西中越跨境自由贸易区建设有指导意义。

10月30日，由自治区党校（行政学院）和广西应急管理学会联合主办的“应急管理与社会建设”研讨会在南宁举行　（李建良　供稿）

【“应急管理与社会建设”研讨会】 10月30日在自治区党校（行政学院）举行，自治区党校（行政学院）和广西应急管理学会联合主办。自治区党校副校长、广西行政学院副院长唐秀玲出席并致辞，自治区应急办专职副主任、广西应急管理学会副会长韦树奉主持，自治区党校巡视员、广西应急管理学会副会长张庆宪出席并作会议总结。广西各设区市人民政府应急办专职副主任，各设区市行政学院分管负责人，自治区应急委各专项应急指挥部所在单位分管处室负责人，自治区应急管理专家组组长、副组长、部分专家及自治区党校（院）有关教研人员共100多人参会。研讨会邀请全国人大代表、国家特殊津贴专家、国际行政科学学会副主席、中国人事科学院原院长、博士生导师吴江研究员作关于“国际应急管理与治理现代化研究探微”专题发言；清华大学马克思主义学院副院长、博士生导师韩冬雪教授作“我国社会建设与治理创新的理性选择与现实路径”专题发言；吉林大学MPA教育中心副主任、博士后王郅强教授就“我国突发性公共事件的应急管理”作专题讲授。与会代表就专家报告内容并结合工作实践进行探讨与交流。

【广西社科联代表团赴台湾进行社会科学发展与管理交流调研活动】 10月31日至11月6日，以广西社科联副主席刘家凯为团长的代表团一行17人，赴台湾进行社会科学发展与管理交流调研活动。广西社科联代表团与台湾专家学者就人文社会科学发展状况、社会科学对经济社会发展的贡献、课题研究管理、研究成果转化与应用等进行广泛交流和探讨。双方表示要进一步加强学术交流与合作，互相借鉴，取长补短，共同推动桂台两地社会科学事业繁荣发展。广西社科联代表团实地参观台湾大学、台湾师范大学、宜兰大学，了解大学社会科学事业发展状况。通过学习交流，广西社科联代表团进一步了解台湾社会科学发展与管理情况，开阔视野，拓宽社会科学工作新思路。

【2014年第四期中国—东盟大讲坛】 10月31日在广西民族大学举行，由广西社科联主办，广西社科联东南亚经济与政治研究中心、广西民族大学社科联承办。主题为"海陆经济一体化与广西建设海上丝绸之路的战略选择"广西财经学院院长夏飞主讲，300多名师生参加。广西民族大学校长、广西社科联兼职副主席谢尚果，广西社科联副主席曹平出席。广西民族大学副校长李珍刚主持。夏飞教授从陆海统筹、陆海互动等概念，积极推动陆海一体化的战略意义和广西怎样借鉴其他国家陆海一体化的经验三方面阐述海陆经济一体化与广西建设海上丝绸之路的战略选择。他认为陆域经济系统与海域经济系统在空间布局、产业结构、生产要素、资源环境等方面存在内在关联性，可通过彼此交流和转化及辐射和扩散，实现陆海经济一体化。通过分析2001~2010年中国海洋产业与陆域产业关联度的表格，并以广东依靠珠江三角洲辐射带动整个粤北地区为例，指出广西缺少主导区城市，劳动力容易被周边城市吸引，容易造成广西城市空心化。他认为，广西应通过集聚发展，打造最活跃的主导区或海岸带；通过辐射扩散，推动中间区和外围区的发展，加强陆海经济系统之间的内在关联性，实现陆海经济一体化；通过空间耦合、产业协同与联动、资源互化、生产要素集聚与扩散、生态环境共生及基础设施互联互通6种机制推动陆海经济一体化的发展。夏飞教授结合日本、美国及欧洲国家陆海一体化的成功案例和先进经验，剖析广西经济发展现状。提出广西应依托优越区位优势、海陆资源及坚实的经济基础，重点建设北部湾经济区，抓住机遇，明确战略地位和发展目标，将广西打造成为海上丝绸之路的新门户、新枢纽，成为西南地区最重要的出海通道和国家海洋综合开发试验区或区域性海洋经济中心。广西要坚持"一体、一圈、多群"的空间布局，即优化提升开发、开放主体区域，打造港航物流核心圈，建立海洋渔业、旅游业等多个主导海洋产业群。通过加强机制创新，调整优化产业结构，实施"科教兴海"战略，培养海洋专业人才，并利用政府调控与市场调节，成为陆海统筹发展的先行区。曹平在论坛发言中指出，中国海洋梦是中国梦重要组成部分，陆海统筹和陆海一体化既是实现中国海洋梦、海洋战略目标的重要途径，也是共建21世纪海上丝绸之路的重要方式。广西应紧抓海洋强国重要战略机遇，推动海陆经济一体化和海洋强区战略发展，以北部湾经济区为重点，充分发挥海陆组合区位优势，加强与东盟国家的交流合作，共同研究、开发、保护海洋，共筑伟大中国海洋梦。

【中国西南民族研究学会第十七次会员代表大会暨学术研讨会】 11月5~7日在南宁举行，中国西南民族研究学会、广西壮族自治区民族事务委员会(下简称广西民委)联合主办，广西民族问题研究中心承办。主题为："壮族研究与壮学的建立""西南民族研究与民族文化软实力建设"。北京、云南、贵州、四川、重庆、西藏、湖南、湖北、广西、福建等10多个省区市100多位专家学者参会。会议开幕式由广西民委副主任周健主持。中国西南民族研究学会会长何耀华，广西人大常委会副主任荣仕星，全国政协民宗委原副主任、中国人类学民族学研究会常务副会长周明甫，中国社会科学院民族学与人类学研究所所长王延中，广西民委党组书记、主任卢献匾先后为大会致辞。何耀华中肯评价广西壮学研究的发展成就，认为广西壮学学科理论体系随着壮学成果的推出而建立并逐步完善。面对中央提出"一路一带"和孟中印缅经济走廊建设的战略设想，希望学会会员大力发掘古代南方陆上海上丝路历史文化资源，为西南民族地区经济社会发展作出新贡献。荣仕星强调广西是一个多民族聚居省区，民族工作是广西工作的重要组成部分，广西民族研究专家学者要发挥自身专业特长，对加快广西少数民族聚居区发展等现实问题进行专题研究，探索和总结广西民族工作、民族问题面临的形势、发展的特点及其规律，为自治区党委和政府决策提供有价值的对策建议。卢献匾认为，广西民委工作、广西民族工作的进步，在于坚持以理论指导实践，用学术支撑行政，走社会化道路，坚持"三先三后"方法，即"先学界后政界、先学术后政术、先定论后政论"。周明甫认为，中国西南民族研究学会有明确研究对象、任务及强大的研究队伍，形成很好的学风会风。他介绍中国人类学民族学研究会情况，并对与会专家学者实现理论研究与实际工作结合提出期望。研讨会上，与会专家学者围绕壮学的建立发展和西南各民族研究展开学术研讨与交流。会议进行学会换届选举，何耀华再次当选为第九届理事会会长，和少英、覃彩銮等当选为常务副会长，张昌东等当选为执行会长，何龙群、俸代瑜等当选为副会长，管彦波、高登荣、李锦(兼)当选为秘书长。研讨会收到论文54篇，评出一等奖3篇、二等奖6篇、三等奖12篇。

【中国第六次人的发展经济学研讨会】 11月8日在广西民族大学举行，广西社科联、广西民族大学主办，广西民族大学马克思主义学院、广西民族大学马克思主义理论研究与建设工程基地、广西人的发展经济学研究基地承办，广西民族大学政治学与国际关系学院、《改革与战略》杂志社协办。主题为：社会主义市场经济与人的协调发展。来自国家发改委、清华大学、中国社会科学院、中国人民大学、西北大学、中南财经政法大学、中山大学、上海大学、天津师范大学、南京师范大学、华南师范大学、内蒙古大学、河北经贸大学、厦门大学、贵州省委党校、香港亚太法律协会、广东社会科学院、陕西社会科学院、广西社会科学院、广西大学、广西师范大学、广西民族大学、广西师范学院、光明日报社、广西日报社等近 50 家单位 90 多名专家学者、企业界代表参加。收到论文 70 余篇。广西社科联党组书记、主席王士威，广西民族大学校长、教授谢尚果分别为开幕会致辞，广西民族大学党委副书记、教授宁耀作闭幕会讲话，中国人民大学荣誉一级教授胡钧作题为“社会主义市场经济基本范式”演讲，国家发展和改革委员会经济研究所原常务副所长、清华大学中国经济研究中心研究员、教授常修泽作主题为“用‘包容性改革论’看待社会主义和市场经济”演讲并作会议学术总结。会议开幕会、主题演讲、专题讨论和闭幕会分别由广西民族大学马克思主义学院院长陈媛教授，中山大学社会科学教育学院钟明华教授，广西人的发展经济学研究基地主任巫文强研究员，广西社科联党组成员、副主席刘家凯研究员主持。与会者围绕社会主义与市场经济的结合，社会主义市场经济与人的协调发展，中国“读书难、看病难、住房难”问题的成因与解决等问题进行研讨。

【广西社会学学会 2014 年学术年会暨民族地区乡村治理研讨会】 11 月 8 日在南宁举行，广西社会学学会主办，广西师范学院政法学院、马克思主义与民族地区社会管理创新研究中心承办。学会常务副会长、广西大学公共管理学院院长、博士生导师谢舜教授，南京大学博士生导师风笑天教授，中央民族大学博士生导师贾仲益教授，浙江师范大学鲁可荣教授，广西地方志编纂委员会办公室主任李秋洪研究员，河池学院副院长周鸿教授，广西师范学院原副校长黄少琴教授，广西社会学学会秘书长、广西大学闭伟宁教授，广西民族大学学报主编、博士生导师秦红增教授，广西师范学院政法学院、马克思主义学院党委书记李传珂和院长曾令辉教授，及广西 15 所高校和科研院所 100 余名从事乡村治理研究的专家学者、社会学和社工专业研究生参会。会上，风笑天教授作“社会学研究方法”主题报告，廓清社会学研究方法的选择问题；贾仲益教授作“民族地区乡村建设主体问题研究：‘恭城模式’的再思考”主题报告，解释乡村治理主体性问题的学理；鲁可荣教授作“从单一性自治到多元协同共治”的主题报告，以浙江省金华市实践经验论证探寻新的治理模式的可行性；黄少琴教授及广西师范学院政法学院副院长黄志强教授分别作主题报告。专家紧扣社会学理论前沿，立足当前乡村治理突出问题，从不同维度与层面分别探究现时代乡村治理的视角、方法与途径。会上，广东技术师范学院教授朱宏伟，广西师范大学教授肖富群，广西民族大学副教授郭云涛及广西师范学院副教授罗彩娟、卢明威、陈文琼和罗永仕等分别就各自研究成果进行交流。与会专家学者从跨学科、多视角全面、深入地审视乡村治理问题，提出建设性解决思路。

【2014 年“相思江 · 中国旅游青年学者论坛”】 11 月 8~9 日桂林举行，桂林旅游高等专科学校主办，广西旅游产业人才小高地、广西旅游科学研究所、人事处、《旅游论坛》编辑部联合承办。来自全国 32 所旅游院校 40 多位青年博士及桂林旅游高等专科学校青年博士，广西师范大学历史文化与旅游学院、桂林理工大学旅游学院部分研究生参加。《旅游论坛》编辑部主任谌世龙教授主持，桂林旅游高等专科学校副校长黄国良代表学校致欢迎辞。论坛分“博士论坛”“博士对话”两个学术交流环节。桂林旅游高等专科学校人事处处长、广西旅游产业人才高地领导办公室主任钟泓教授主持“博士论坛”，来自东南大学陈钢华博士从制度和组织的角度提出中国旅游发展的多重逻辑问题，浙江工业大学赵磊博士用官方公布数据论证中国旅游发展规模、结构和效率问题，华南师范大学李鹏博士从产权和文化角度提出旅游跨学科研究问题，北京第二外国语学院李彬博士提出旅游企业研究边缘化背景下旅游学术研究如何保持热度问题。“博士对话”环节中，来自全国 24 位青年学者分 8 个对话组，围绕“行为与感知”“业界热点”等 8 个专题开展平行论坛主旨发言。

（魏万青　供稿）

【“突发公共事件中的舆论引导”学术报告会】 11月11日在广西教育学院举行。广西日报传媒集团党委书记、董事长李启瑞教授主讲。学院院长容本镇教授主持。学院各中层干部、教师、学生500余人聆听报告。该报告是学院葛岭大讲坛系列讲座之一。李启瑞教授在讲座中通过列举旗下12个媒体的案例、现象指出,“公众对信息的饥渴”“媒体对事件报道的热衷”“政府信息发布的权威”“信息传播先入为主”4个层面是公共事件新闻传播的主要特点;以往处理突发事件存在问题和教训是政府管理缺位、少数媒体的社会责任缺失、公众传播管理的缺口“三缺”造成的;在面对公众树立良好形象上,倡导要在公开透明的报道中树立诚实守信形象,在严谨科学的态度中树立负责任形象及在人性人道的报道中树立人文关怀形象。

【桂中地区地方特色文化研究与发展研讨会】 11月13日在来宾举行,柳州师范高等专科学校社科联和科技处共同承办。柳州师范高等专科学校党委书记、社科联主席侯代忠,校长张鹏,副校长蓝海、曾令宏等领导及学校社科联、学校地方特色文化研究专家学者和来宾市、相关县的文化管理部门、文化机构、社科联60多人参会。蓝海主持。学校中文系副教授莫军苗、艺术系教授覃晓宁、学报编辑部副教授雷文彪、体健系教授周华及公管系教授潘桂仙,分别代表学校忻城土司文化研究团队、金秀瑶族文化研究团队、地方民族体育研究团队及柳州市沙塘镇农业历史文化研究团队作成果汇报。忻城县文化体育旅游局局长蓝懂贵、忻城县土司博物馆馆长陈寿文、金秀县文化体育广电局局长李金阳和金秀瑶族博物馆馆长肖茂兴及学校部分专家学者就地方特色文化研究的理论与方法、桂中地区的地方特色文化资源研究现状及存在问题,以及如何通过文化研究与开发促进地方经济社会发展等相关问题进行探讨。来宾市社科联副主席臧海恩就加强市、校社科联的联系,来宾市核心文化的研究与提炼,来宾市文化产业培育及地方特色文化研究的取向等问题进行阐述。来宾市博物馆馆长韦江胜对来宾市地方特色文化资源分布及如何借助高校人才优势,促进地方特色文化研究与开发作介绍。研讨会上,学校领导为获优秀论文奖的12名专家学者颁发荣誉证书。

桂中地区地方特色文化研究与发展研讨会与会代表合影 (伍新德 供稿)

【广西高校校园媒体工作会议暨高校校报协会2014年年会】 11月14日在玉林举行,玉林师范学院主办。广西高校工委副书记莫锦荣,广西高校工委宣传部部长、广西教育厅思政处处长李美清,广西高校校报协会理事长、玉林师范学院党委书记李继兵出席会议。广西60余所高校近100名负责校园媒体宣传工作的相关人员参会。莫锦荣从传统媒体和新兴媒体两方面分析当前广西高校校园媒体建设的基本情况,对今后的高校媒体工作提出四点工作要求:一是准确把握中央和自治区党委对高校宣传思想工作的新要求;二是准确把握高校师生对校园媒体的新需求;三是加快校园传统媒体与新兴媒体的融合发展;四是加强高校基层宣传队伍建设。希望各高校校园媒体加强自身建设,借鉴社会媒体的发展经验,不断实现自身的发展壮大,更好地服务高校的改革和发展。李继兵作广西高校校报协会2013年度工作报告。广西各高校代表就校园媒体工作和校报工作分别作主题发言。

【广西社科院学者考察缅甸掸族民间文化】 应缅甸掸邦Tai族群文学和文化中央委员会(SLCA)、东枝掸历新年庆典活动筹委会的邀请,由广西社会科学院民族研究所所长、广西民族发展研究会会长赵明龙,广西经济社会发展战略研讨会会长黄承等5名壮族学者组成的考察组赴缅甸参加学术交流,并对掸族民间文化进行学术考察。11月16~19日,考察组在缅甸掸邦首府东枝参加由缅甸掸邦Tai族群文学和文化中央委员会(SLCA)举行的“壮泰族群传统文化与社会经济”学术研讨会。来自中国、印度、泰国、缅甸、美国和德国等国家的学者100多人参会。赵明龙,广西东南亚研究会秘书长、广西社会科学院东南亚研究所副研究员农立夫分别向大会提交经过审核批准的学术论文《傣泰老掸民族起源于西瓯骆越地区初探》《壮岱族群语言比较研究》,并在研讨会上作发言。11月20~21日,考察组在东枝观摩掸族“景比迈”(即过新年)庆典大会、各族民众

11月16~19日，广西社会科学院民族研究所所长赵明龙（右二）、广西经济社会发展战略研讨会会长黄承（左三）等5名壮族学者应邀参加“壮傣族群传统文化与社会经济”学术研讨会　　（农立夫　供稿）

新年大游行、文艺表演、佛教活动等。11月22~30日，考察组先后乘车船考察缅甸东枝茵莱湖畔的历史古城遗址（泰国清迈移民）、先威、腊戌、昔卜、眉谬、曼德勒和仰光等历史名城、小镇的民族民间文化，观摩和感觉掸族节庆文化活动、佛教活动，初步掌握掸族近20个支系的分布及文化特色。考察体验昆明至仰光公路瑞丽至曼德勒段陆路通道路况及旅游资源，中缅旅游合作前景看好。考察组在缅甸学术交流与实地考察中，通过与缅甸、泰国、印度、日本、美国等国学者和民众相互交流，宣传中国外交政策和经济社会发展现状，并就热点问题进行讨论，增进双方相互了解，逐步消除他们对中国及民众的偏见。同时，了解缅甸民间对中国投资商、出口商品、游客举止的基本评价、期望和建议，为今后加强人文交流和改善中缅民间关系获取基本信息。

【第10届西部社会科学院院长联席会议暨“一带一路”论坛】 11月17日在南宁举行，广西社会科学院主办。重庆、四川、贵州、云南、西藏、陕西、青海、宁夏、新疆、内蒙古和广西等省（自治区、直辖市）社会科学院及昆明、成都、兰州、南宁等城市社会科学院的专家学者80多人参加。中共广西壮族自治区党委宣传部副部长李海荣出席会议并讲话。参会的各省（自治区、直辖市）社科院代表根据中共十八大提出的建设中国特色新型智库建设要求，结合各院实际，交换智库建设的经验和做法，共同探讨智库合作的未来发展之路，同时围绕“共建丝绸之路经济带和21世纪海上丝绸之路与西部大开发”主题，对从各层面推动“一带一路”建设提出富有价值的对策建议。会议最后商定，下届西部社会科学院院长联席会议由宁夏社会科学院承办。

【2014年广西第二次社科专家学者学术交流会】 11月18日在南宁举行，自治区社科联主办。主题为：广西社科界学习贯彻党的十八届四中全会精神。自治区社科联党组书记、主席王士威，自治区社科联副主席姚兵、刘家凯、曹平，广西比干文化促进会会长林超群，广西大学原党委书记、广西大学区域发展研究院院长阳国亮，广西社会科学院原副院长钟启泉等40位有关领导和专家学者与会。姚兵主持会议。钟启泉、曹平、阳国亮、蒋超、付健等10位专家学者围绕主题，分别就“全面推进依法治国势在必行”“律师如何在依法治国时代为稳定社会保障经济发展发挥积极作用”“努力完善我国第三方立法制度”“坚持依法治国和以德治国相结合”等议题作主旨发言。与会者认为学习贯彻四中全会精神，必须牢固树立法治理念，结合实际加快推进广西法治建设；既要坚持法治广西、法治政府、法治社会一体建设，也要加快法治文化建设、法治思维培育、法治精神养成，在广西形成良好法治氛围；既要加快培育打造适应广西法治建设和发展需要的正规化、专业化、职业化工作队伍，也要整合广西教育资源，培育储备能够面对国际国内市场、适应改革开放的现代法律服务业专门

11月18日，由自治区社科联主办的2014年广西第二次社科专家学者学术交流会在南宁召开　　（黄晓明　摄）

人才,以法治建设广西,推动广西实现新的跨越发展。与会者认为,要坚持依法治国与以德治国相结合;要坚持党的领导,确保社会主义法治正确政治方向;要加强党内法规制度建设,依规管党治党建设党。与会者从理论角度提出建设性的建议,并就律师如何在依法治国时代为稳定社会和发展经济上发挥作用等方面,提出要建设高素质法治专门队伍;要建立从符合条件的律师、法学专家中招录立法工作者、法官、检察官制度,健全从政法专业毕业生中招录人才的规范便捷机制,完善职业保障体系,加强法律服务队伍建设,创新法治人才培养机制等意见建议,多角度为贯彻落实《决定》精神出谋划策。王士威指出,党的十八届四中全会通过的《决定》是党执政理念上的重大一步,体现党的自信与自觉。他结合广西实际提出,全面推进依法治国,一要提高全社会对依法治国的重视。加大依法治国重要性的宣传教育,形成全社会尊重法治,遵法守法氛围;二要坚持依法治国与以德治国相结合原则,通过加强德育,使老百姓自觉提高自身素质和法律意识,实现依法治国;三要提高法治队伍的素质,立法人员的素质关系立法的质量,执法人员素质关系依法行政水平,司法人员素质关系司法公正;四要加强民族自治地区的立法实践力度,这关系到整个中国特色社会主义法治体系是否完善。

【"培育和践行社会主义核心价值观,为中国梦凝心聚气"专题讲座】 11月18日在广西外国语学院举行。自治区政协常委、政协科教文卫体委员会主任于瑮教授主讲。学院董事长朱桂玲、副董事长黄灿,院长李露、党委书记彭英彪、副院长宋亚菲、党委副书记钟志锋等领导及全体学工队伍、思政课教师、学生组织负责人和第十六期党校学员聆听讲座。于瑮以社会主义核心价值观为主线,以近年来中国社会文化和价值观领域存在的问题为切入点,围绕培育和践行社会主义核心价值观,提出三大观点:一是中国梦需要精神支撑和价值引领;二是社会主义核心价值观为中国梦提供正能量;三是坚持"四个统一"是践行社会主义核心价值观的路径。她指出,"中国梦"的核心内容是"国家富强、人民复兴、人民幸福","文化软实力"是一个国家或地区基于其民族文化而具有的凝聚力、生命力、创新力和传播力,它以特有的渗透力、吸引力、感染力成为国家软实力的核心因素,对构建中国梦十分重要。同时,从"新态势""新特点""新课题"三个维度论证核心价值观作为实现中国梦战略任务的重要性和紧迫性。从"执政之基""和谐之本""发展之源"三个层面解读社会主义核心价值观的具体内容,并对核心价值观与核心价值体系间的关系进行分析,指出核心价值与核心价值体系方向一致,都体现了社会主义意识形态的本质要求。于瑮认为,要坚持"四个统一"有效践行社会主义核心价值观,即坚持认知认同与自觉践行的统一、坚持道德教育与价值引领的统一、坚持弘扬传统与改进创新的统一、坚持树立正气与抵制歪风的统一。她表示,核心价值观只有真正成为社会意见的最大公约数,成为群众身体力行的原则和标准,才能发挥团结、凝聚、引导的作用,引领和助推中国梦。

【2014年中国亚洲太平洋学会年会】 11月18~19日在南宁举行,中国亚洲太平洋学会主办、广西大学中国—东盟研究院承办。年会以"中国与亚太:构建新型关系"为主题,分经济、区域合作、政治安全3个专题,围绕中国与亚太地区的新型关系进行研讨与交流。来自全国各高校和研究机构近100名学会专家学者参会。广西大学党委书记、中国—东盟研究院院长梁颖教授和中国亚洲太平洋学会会长、全国政协委员、中国社会科学院学部委员、国际学部主任张蕴岭教授致开幕辞并作主题发言。中国亚洲太平洋学会副会长韩锋教授主持。梁颖在致辞中介绍近几年广西大学中国—东盟研究院在东盟研究和创新平台建设方面取得的成果和未来发展规划。张蕴岭在致辞中表示,亚太地区作为改革开放以后中国对外最先开放的地区,至今仍是中国对外贸易、投资及外交重点所在。他认为中国在亚太合作机制参与度、政治经济地位等方面已发生深刻变化,中国如何构建与亚太的新型关系、推进亚太自贸区(FTAAP)建设、用好亚洲基础设施投资银行、丝路基金等国际金融机构等问题是年会探讨的重点。中国—东盟研究院首席研究员陆建人教授等8位亚太学术领域的知名专家发言,内容涉及"一带一路"战略、周边政治安全、中俄新型合作关系、亚太自由贸易区、中缅关系、亚太经济发展前景、南海问题等。

【"湘江战役·新圩阻击战"红色经典旅游项目研讨会】 11月20日在桂林举行,灌阳县委县政府、桂林市社科联联合主办。主题为:保护和开发红色文化资源,弘扬红军不怕牺牲的大无畏革命精神。桂林市委宣传部、灌阳县委、县人民政府、桂林市社科联、桂林市民政局、桂林市旅游局的领导和驻桂林高校专家学者等40多人参会。桂林市社科联党组书记、主席罗建章主持。桂林市委宣传部副部长朱鹃屏,灌阳县委书记沈荔芳、县人民政府副县长黄永文,桂林市民政局副局长郑天青、旅游局党组成员陈贵根等领导出席。会议认为,湘江战役对中国现代革命史产生了重要影响,保护和开发经典红色历史文化资源,对传承保护红色文化遗产、开展爱国主义教育、建设桂林国际旅游胜地,有重大意义。会议提出五点建议：一是项目建设要总体部署，统一规划；二是要突出特色，打造红色旅游品牌；三是保护与开发并重；四是要走持续发展之路；五是要革命性和艺术性兼顾，发挥红色教育功能。

【秘书如何协调领导开展公共关系专题讲座】 11 月 21 日在广西民族大学举行，广西民族大学文学院主办。广西比较经济学会会长林卓群教授主讲。广西民族大学文学院党委书记蒋兴礼、副书记吴先源与 200 多名师生参加。林卓群教授结合国内外不同的专家学者理解引出“公共关系”概念：公共关系是社会人和社会组织为实现利益目标，在一定时空范围内，自觉通过整合资源合作化，适应法器原理的社会经济关系行为。基本法则是内求团结、外求发展；基本方法是正其心，成其意，感其恩，解其难，谋其同，共其心。林教授结合自身经历提出四点建议：秘书一要提高对单位战略利益目标的认识，理解领导思想并保持高度一致；二要主动与单位领导保持融洽关系，尊重、理解、服务领导；三要提高在实践中公共关系的综合素质与工作能力和交际沟通协调能力；四要学会公共关系各方面的整体策划，培养创新能力。

【自治区党校教师理论交流座谈会】 11 月 21 日在自治区党校举行，自治区党校（行政学院）主办。主题为“当代意识形态冲突（核心价值观、‘普世价值’）”。自治区党校（行政学院）首席教授刘小兵教授主持，常务副校（院）长黄学权、副校（院）长陈林杰出席，各教研部教师和部分处室人员近 70 人参加。中国社会科学院国家文化安全与意识形态建设研究中心主任、马克思主义研究院原党委书记侯惠勤教授应邀与党校教师座谈交流。座谈会上，侯惠勤教授就当代意识形态冲突、社会主义核心价值观及“普世价值”进行剖析和讲解。自治区党校（院）教师就相关的理论和现实的问题与侯惠勤教授进行探讨交流。

【“10+3”互联互通论坛】 11 月 21 日在南宁举行，中国社会科学院亚太与全球战略研究院和广西大学联合主办、广西大学中国—东盟研究院承办。论坛以“21 世纪海上丝绸之路与地区互联互通”为议题。外交部亚洲司副处长李春景、中国社会科学院国际合作局局长王镭、广西大学副校长马少健、中国社会科学院亚太与全球战略研究院副院长王灵桂分别致开幕辞并作主题发言。中国社会科学院亚太与全球战略研究院副院长韩锋主持。来自中国、日本、韩国和东盟 10 国的近 40 名官员、专家学者参会。李春景指出，探讨加强区域互联互通，缩小彼此发展差距，推动经济一体化，促进地区和平稳定与发展，服务地区人民利益是落实国家领导人的倡议与共识。加强东亚互联互通合作可以从加强顶层设计、支持东盟互联互通、增强全方位合作、解决融资问题等 4 个方面着手，探讨制定“东亚互联互通总体规划”，发挥中国、日本、韩国在资金、技术和人才方面优势，实现与东盟国家在物理、制度与人员等方面的全方位联通。与会专家学者相互交流，形成新观点，为深化“10+3”互联互通合作伙伴关系提供理论指导与参考。

【第五届广西社会科学界学术年会】 11 月 28 日在南宁举行，自治区社科联主办。主题为“全面深化改革，实现‘两个建成’”。来自广西社会科学理论界的专家学者共 300 人与会。自治区社科联党组书记、主席王士威致辞，自治区社科联副主席姚兵宣读获奖论文名单，自治区社科联副主席刘家凯、秘书长何明出席，自治区社科联副巡视员刘俊主持会议。广西大学法学院副院长余睿副教授应邀作“全面推进依法治国，重在‘共同推进’和‘一体建设’”主题报告，9 位专家学者作交流发言。王士威强调，年会是在全国深入学习贯彻党的十八届三中、四中全会精神之际召开的。在全面深化改革的大背景下，广西经济社会发展面临许多新情况、新问题、新挑战，机会和困难并存，发展和风险并存，无论是调整结构，提高质量，还是立足发展，改善民生，都必须着眼长远，顺势而为，先谋而后动；都需要科学思维，理论支撑，智力支持。广大社会科学界理论工作者和实际工作者应围绕自治区党委、政府

图为自治区党校教师理论交流座谈会现场　　（李建良　供稿）

11 月 28 日，由自治区社科联主办的第五届广西社会科学界学术年会在南宁举行 （杨龙云　供稿）

中心工作，为实现“两个建成”宏伟目标献计献策。专家学者们围绕论坛主题，探讨新形势下社科界如何服务广西的中心任务和发展大局，如广西如何更好地实现对外开放、实施好双核驱动战略、实现高于全国平均水平的广西速度、提高扶贫开发成效、加快建设民族文化强区、加强广西法治建设、统筹经济发展和社会发展等方面建言献策。年会收到论文、研究报告等 479 篇，评出一等奖 10 篇、二等奖 20 篇、三等奖 30 篇、优秀奖论文 60 篇。

【广西语言学会第八届学术年会】 11 月 29 日在广西民族大学举行，由广西语言学会主办、广西民族大学文学院承办。自治区教育厅语工处处长范纯、广西语言学会会长韦茂繁、广西民族大学副校长李尚平、中央民族大学中国少数民族语言文学学院副院长李锦芳、中国社会科学院民族学与社会学研究所研究员蓝庆元、钦州学院副校长黄宇鸿及广西民族大学文学院副院长黄平文、蒙元耀等出席，中央民族大学中国少数民族语言文学学院李锦芳、中国社会科学院民族学与社会学研究所研究员蓝庆元作为特邀专家出席。广西民族大学文学院院长韦树关主持。李尚平副校长介绍学校基本情况，指出广西是一个语言资源的“富矿区”，有壮语、瑶语、侗语等 13 种少数民族语言，还有粤语、客家话、平话等 6 种汉族方言，肯定学校文学院为语言研究与语言教学做的贡献。范纯处长表示参会者都是佼佼者，曾为国家的语言研究工作做出贡献，广西语言学会在人才培养等方面发挥作用。韦茂繁会长对林仲湘等一批老专家学者为广西语言学的教学、研究，及广西语言学会的建设发展做出的贡献表示感谢，并提议今后学会的语言学研究应更接地气，致力于推动社会的发展，服务社会。林仲湘教授在讲话中用“凤凰涅槃”来形容广西语言学会的发展历程，建议各位专家学者在培养人才方面多下功夫，转变对本科生的教学，与时俱进。

【2014 年智能图书馆建设经验交流及案例分享研讨会】 12 月 4~5 日在柳州举行，由广西图书馆学会现代技术工作委员会主办、广西科技大学图书馆承办。来自广西各高校和公共图书馆近 200 名代表与会。开幕式由广西图书馆学会现代技术工作委员会主任、广西民族大学图书馆李冠盛主持。广西图书馆学会理事长、广西图书馆馆长徐欣禄在致辞中强调，现代化技术改变着生活，推动着全球网络化、智能化图书馆的发展，与会代表带来的案例分享与交流，将给图书馆带来新的思考。广西科技大学副校长秦小云致欢迎辞。会上，徐欣禄馆长以“数字文化微聚系统：分布式区域文化数字资源发现与智能定位系统”为题向与会代表介绍文化部国家文化科技提升计划项目和国家公共文化数字支撑平台项目的发展背景、参与对象以及“中国试验型数字式图书馆”应用系统功能等各方面内容；中国图书馆学会阅读推广委员会副主任、广东省图书馆学会副理事长、东莞图书馆馆长李东来教授作题为“新时期图书馆发展的技术牵引”的学术报告，从图书馆发展历程中技术的影响，图书馆面临的新环境、新技术、新机遇以及图书馆将在技术牵引下走向再生等方面进行阐述，并指出如何在“繁花迷眼”的新技术浪潮中做出正确选择及帮助读者进行选择是图书馆的基本职能及核心服务职能之一。广西图书馆学会现代技术工作委员会副主任广西科技大学图书馆馆长梁晓天、桂林理工大学副馆长周力青、南宁市少儿图书馆书记刘斌分别主持大会案例分享与交流环节，来自广西区内公共、高校的 8 家图书馆从不同层面与角度，围绕会议主题阐述各自图书馆在智能化建设与研究中的成果、进展、工作思路和发展设想。5 位来自企业界的代表带来最新的业界信息和技术发展趋势，与代表们分享“24 小时智能书房——打造自助图书馆升级版”“图书馆知晓系统及智慧图书馆在行业中的价值和应用”“图书馆自助服务区建设”“浪潮云计算与大数据在图书馆中的应用”以及“美国正流行——图书自助扫描”等有关智能图书馆的新技术、新设备。广西图书馆学会现代技术工作委员会主任、广西民族大学图书馆李冠盛作会议总结并致闭幕词。会后，与会代表参观广西科技大学的

规划沙盘和校史展厅以及图书馆。

【广西高校师范生培养改革研讨会】 12月5日在玉林举行，玉林师范学院承办。自治区教育厅师范处处长李勇齐出席研讨会，广西师范大学、广西师范学院、玉林师范学院等广西14所开设师范专业的院校教务处、教育主管部门相关负责人参会。会议围绕师范生培养工作亮点、存在主要问题、新形势下加强师范生培养思路、对广西师范教育改革的意见建议4个议题展开研讨。李勇齐在讲话中强调，广西高校师范生培养：要努力挖掘教师教育的“抓手、突破口和切入点”，不断推动师范生改革事业稳步前进；要把师范专业尤其是教师教育方向作为重点方向来抓，大胆创新与研究；同时要创新沟通交流机制，齐心协力，共创师范生改革新跨越。

【区域合作与台商发展研讨会】 12月8日在南宁举行，由广西社会科学院与台湾中华经济研究院共同主办。广西社会科学院院长吕余生，台湾中华经济研究院院长吴中书，广西凭祥综合保税区工委副书记、常务副主任孙剑秋，广西壮族自治区台湾事务办公室副主任李文，广西社会科学院副院长黄志勇及桂台智库有关专家学者30多人参加。开幕式由黄志勇主持，吕余生、吴中书、李文分别致辞。台湾中华经济研究院第一所（大陆所）所长张荣丰和广西社会科学院台湾研究中心副主任韦朝晖共同主持主旨演讲环节。各演讲专家围绕发挥对越平台优势拓展桂台经贸合作、台湾参与区域整合的政策与现状、广西参与区域经济合作的发展与规划及台商机遇、中国大陆海陆丝绸之路战略中的台湾角色与因应之道、广西工业经济发展与桂台合作、中韩FTA实施对台湾的影响与意涵等议题进行研讨和交流。广西方发言专家介绍广西在区域合作中的优势、发展战略及桂台合作的基础及前景。台湾方发言专家更多从目前东亚地区区域合作的重大战略及事件，分析台湾参与的可能性及面临的困难。经过研讨，与会专家学者认为，桂台在区域合作中具有良好的合作前景，桂台智库专家学者应多交流、多接触、多合作、多探讨，共同促进桂台经贸文化交流合作不断发展。

【中国文化中的时与变专题讲座】 12月10日在广西财经学院防城港校区举行。学校文化传播学院副教授王伟萍博士主讲，该院师生代表200余人参加。王伟萍博士首先与同学们讨论中国文化的概念范畴。对中国文化的发展历程与变迁等作阐述。从爱国主义的价值观、勤劳勇敢的道德观、团结统一的国家观、天人合一的自然观及和合中庸的社会观5个方面对中华民族传统文化基本内涵进行阐析。

【广西党校（行政院校）系统社会科学界联合会第三届“桂海论坛”暨“推进《珠江—西江经济带发展规划》实施，加快广西实现‘两个建成’目标”研讨会】 12月11~12日在柳州举行，广西党校（行政院校）系统社会科学界联合会与柳州市委党校（柳州市行政学院）联合主办。主题：“推进《珠江—西江经济带发展规划》实施，加快广西实现‘两个建成’目标”。自治区党校副校长、广西行政学院副院长唐秀玲出席开幕式并致辞。柳州市委副书记、柳州市委党校校长杜伟，自治区社科联副主席姚兵到会并讲话。自治区党校（行政学院）相关处室负责人和广西各市、县（市、区）党校领导、相关部门负责人及获奖论文作者等代表170多人参会。围绕论坛主题，专家学者和与会人员就珠江—西江经济带开放合作协同发展研究、广西在珠江—西江经济带中的发展研究、广西各市、县（市、区）在珠江—西江经济带建设中的发展研究3个问题展开研讨。中国科学院地理科学与资源研究所知识创新基地首席研究员、博士生导师董锁成，广西大学商学院教授、博士生导师张林，华南理工大学公共管理学院副院长、教授、博士生导师王郅强和自治区党校（行政学院）经济学教研部主任、教授、博士张家寿，获奖论文作者代表齐自琨、刘平分别进行主题发言。自治区党校（行政学院）教授、国家有突出贡献中青年专家、广西优秀专家、享受政府特殊津贴专家叶裕惠，自治区党校科研处副处长、教授韦宇红，柳州市委党校、柳州市行政学院经济管理教研室主任张曙进行点评。与会者认为，通过研讨与交流，有助于推动广西党校（行政院校）系统社会科学研究人员共同研究广西发展过程中的热点、难点问题，进一步丰富研究成果，为推进《珠江—西江经济带发展规划》实施，加快广西实现“两个建成”目标提供理论支撑和智力支持。论坛及研讨会收到征文136篇，评出一等奖15篇、二等奖21篇、三等奖41篇。

【广西钱币学会2014年钱币理论研讨会】 12月11日在中国人民银行南宁中心支行举行。广西钱币学会学术委员会委员、各市钱币学会秘书长及优秀论文作者代表共50人参会。中国人民银行南宁中心支行党委委员、学会会长李彬到会并讲话。学会副会长、广西博物馆原馆长黄启善出席会议。学会副会长兼秘书长黄卫宁、副秘书长黄正亮分别主持会议。会议收到论文57篇，选出优秀论文23篇。优秀论文作者15人在会上分别就中国古代货币、中国近代货币、人民币及反假货币、外国货币、金融票证及其他研究等专题进行交

12月11日，由广西钱币学会主办的广西钱币学会2014年钱币理论研讨会在南宁举行　　（钟蔚　供稿）

流发言，与会代表就交流内容进行探讨答辩，会议学术气氛浓厚。黄卫宁通报2014年广西钱币理论研究征文获奖情况，对学会2014年的理论研究和学会工作进行总结，部署2015年学会工作。

【第三届桂海论坛】 12月12日在柳州举行，自治区党校系统社科联与柳州市党校联合主办。主题为"推进《珠江—西江经济带发展规划》实施，加快实现广西'两个建成'目标"。自治区党校副校长、广西行政学院副院长唐秀玲致辞，柳州市委副书记、市党校校长杜伟，自治区社科联副主席姚兵出席并讲话。自治区党校相关处室负责人，自治区各市、县（市、区）党校领导、相关部门负责人及论文获奖作者代表近200人参加。姚兵对自治区党校（行政学院）系统社科联成立以来的工作给予肯定。他认为，党中央和国务院对广西经济社会发展高度重视，不仅是广西发展的重大机遇，也是社科界开展理论研究服务党委政府、服务社会的重大机遇。姚兵指出，自治区党校（行政院校）系统作为广西哲学社会科学研究的重要力量，有独特优势，要进一步发挥好自治区党校（行政学院）系统社科联作用，在整合社科研究资源、加强课题调研工作及发挥好组织领导和服务协调作用等方面，为广大教研人员大胆探索研究提供良好的氛围和平台。与会代表围绕论坛主题，就珠江—西江经济带开放合作协同发展研究、广西在珠江—西江经济带中的发展研究和广西各市、县（市、区）在珠江—西江经济带中的发展研究等三个层面展开研讨与交流。

【中国—东盟金融论坛】 12月13~14日在南宁举行，广西大学主办、中国—东盟研究院承办。主题为："中国—东盟货币稳定、信用合作与投融资一体化"。来自中国与东盟10国的24位学界专家与金融实务界精英参会。广西大学党委书记、中国—东盟研究院院长梁颖教授和中国农业银行广西分行副行长于建忠致开幕辞并作主题发言。论坛开幕式由八桂学者、广西大学社会科学处处长、中国—东盟研究院常务副院长范祚军教授主持。梁颖在致辞中指出，随着中国外交战略的调整，中国—东盟钻石十年和中国—东盟命运共同体的提出，中国—东盟自由贸易区升级版启动和海上丝绸之路的规划建设与发展，中国和广西与东盟深化合作的外部环境正在优化。亚洲基础设施投资银行的建立意味着中国与东盟国家的合作进一步深入和升级，对中国—东盟的货币稳定、信用体系建设、多边投资都提出新的研究课题。于建忠在致辞中认为，"海上丝绸之路"作为中国经济转型期的战略重点，为中国利用财富资源、技术优势、市场优势参与东盟互联互通建设明确政策导向，论坛的召开为各国专家学者提供共同研究、探讨金融领域深层次问题的交流平台。他强调中国—东盟研究院是当前最主要的服务、推动中国—东盟合作的技术研究平台和资源汇集平台，希望双方加强对东盟金融合作的研究、推动和服务，实现优势互补，中国农业银行将充分借助该平台更好地融入东盟金融服务体系建设。论坛上，与会专家学者围绕会议主题进行研讨与交流。

【"社会主义核心价值观大家谈"线下研讨会】 12月19日在广西民族大学举行，自治区高校工作委员会和广西民族大学党委共同主办。自治区高校工委副书记秦敬德，广西民族大学党委书记钟海青、副书记宁耀、玉林师范学院党委书记李继兵、钦州学院党委书记赵君、广西中医药大学党委副书记董塔健、广西师范学院副院长邓艳葵等领导出席会议并与广西区外特邀专家，马克思主义、思想政治教育学术媒体代表，"社会主义核心价值观大家谈"入选论文作者等共同交流高校培育和践行社会主义核心价值观的实践经验。与会者认为，高校党委要把社会主义核心价值观的培育和践行融入基层党组织建设和广大师生的日常生活中去，充分发挥高校人才培养、科学研究、社会服务、文化传承的职能作用，把社会主义核心价值观融入人才培育上，深入发掘并提供丰富的核心价值观理论资源，在社

12 月 19 日，“社会主义核心价值观大家谈” 线下研讨会在南宁举行

（刘德怀　供稿）

会服务中践行和弘扬社会主义核心价值观，在校园文化建设中不断深化与丰富社会主义核心价值观的内涵。培育和践行社会主义核心价值观，思政教师要在四个方面成为表率。一要做坚定的信仰者。做到“真学、真懂、真信、真用”，坚定马克思主义信仰，树立中国特色社会主义共同理想。二要做认真的研究者。思政课教师要发挥自身学术研究的优势，在核心价值观的内涵、理论结构、实践要求等方面进行积极探索。三要做积极践行者。思政课教师要注重自我养成教育，自觉将核心价值观融入日常工作活动中。四是要做有力的传播者。思政课教师要通过课堂讲学、课外实践等多种渠道，将社会主义核心价值观向大学生传播，乃至向更多社会群体传播。广西区外特邀专家、天津社会科学院伦理学研究所所长杨义芹在研讨会上作“社会主义核心价值观的认同路径论析”主题报告，她从国家伦理认同、优秀传统文化基因和公民道德建设三方面阐析社会主义核心价值观构建问题。此次研讨会是结合年内由广西民族大学与自治区高校工委党委共同举办的“社会主义核心价值观大家谈”征文活动，共同交流和展示社会主义核心价值观的研究成果和经验。

【数字化时代的文学写作、出版和阅读专题讲座】 12 月 19 日在广西民族大学举行，广西民族大学文学院主办。知名作家东西主持讲座。全国政协委员、中国出版集团公司原总裁聂震宁应邀到校作题为“数字化时代的文学写作、出版和阅读”的学术讲座。文学院党委副书记吴先源及文学院师生近 200 人参加讲座。聂震宁就数字时代下的文学写作、出版和阅读做解读。他认为数字化时代出现的电子书、手机移动阅读、微信和微博等电子阅读影响着当今读者的阅读习惯，使阅读群体分流；同时，因文学内容种类的多样化改变了大众的文学口味，网络上玄幻、穿越小说倍受欢迎，但这不会对文学产生全面覆盖性影响。数字化时代的到来为文学写作发展提供了更大的自由创作平台，进一步加快了促进文化知识普及的进程。同时，因网络文学的无限制传播，导致了文学创作质量严重下降。为此，写作者应正确看待网络文学的发展，重视现实文学创作，并对文学作品负责。建议当代大学生在数字化时代要利用数字化技术资源，重视文学阅读，让文学语言与时俱进，要在慢阅读中提高文学理解能力，深度阅读优秀经典的文学作品。

【中国少数民族文学发展现状专题讲座】 12 月 19 日在广西民族大学举行，广西民族大学文学院主办。《民族文学》主编、知名评论家石一宁应邀到校作题为“中国少数民族文学发展现状”的学术讲座。广西民族大学文学院党委副书记吴先源，南宁铁路局公安处政治部主任田湘，广西作家协会主席东西、副主席黄佩华和凡一平及师生 200 多人参加。石一宁认为，当下少数民族文学的发展呈现可喜的繁荣景象，这归结于党和国家的高度重视、作家阵容强大及优秀文学作品的大量涌现。国家级的《民族文学》和各少数民族省区的文学期刊集中刊发少数民族作家的优秀文学作品，从而使中国 55 个少数民族告别了口头文学时代，进入到作家文学创作时代。为此，在当下少数民族文学创作的过程中应重点关注两大焦点：一是对全球化时代民族文化的命运和生态保护的关切，这是大视野下的写作；二是表现民族文化传统、民族生活习惯与现代性、当代现实生活的冲突。

【协商民主广泛多层制度化发展理论研讨会】 12 月 20 日在河池市宜州举行，广西社会主义学院、广西社会科学界联合会、河池市委统战部、广西市场经济研究会、河池市社会主义学院联合举办。主题是探讨在全面深化改革中如何推进协商民主广泛多层制度化发展，为深化政治体制改革凝聚合力献计献策，提供智力支持。广西、广东、贵州、云南、湖北等省（区）社会主义学院（校）、研究机构、高校和各级统战、政协机关系统共 128 人与会。收到论文 318 篇，评出一等奖 20 篇、二等奖 50 篇、三等奖 78 篇、佳作奖 117 篇。河池市委常委、统战部部长罗日新，河池市人大常委会副主任、市社会主义学院院长骆宇敏，中共广西区委党校副校长唐秀玲教授，广西社科联副巡视员、副研究员刘俊，宜州市委书记黄平权出席会议并讲话。广西市场经济研究会会长张敦教授和河池市社会主义学院副院长覃英学先后主持会议。广西社会主义学院副院长、党组副书记吕池致开幕辞，河池市社会主义学院常务副院长韦茂才作会议总结。会上，中央社会主义学院党组成员、副院长张峰教授作题为"破解民主难题，走好民主之路"的学术报告。全国政协理论研究会理事、广西社会主义学院理论教研部主任、教授许立坤、贵州省贵阳市社会主义学院工作处副处长孟捷、湖北省委党校副教授李兆雄、广东省云浮市社会主义学院理论研究室主任黄伙辉围绕"社会主义协商民主、基层协商民主制度化建设、协商民主在国家治理体系现代化中的作用、协商民主视角下的农村基层民主路径"等问题发言。会议期间，组织各与会代表参观了中国村民自治展示中心。

【中国—越南核心价值观国际学术研讨会】 12月20~22日在南宁举行，中国社会科学院哲学研究所、越南社会科学翰林院哲学所主办，广西大学政治学院、中国—东盟研究院承办。来自中国和越南的63位学界专家围绕"中国与越南的核心价值观"主题交流探讨。广西大学党委书记、中国—东盟研究院院长梁颖教授致开幕辞，中国社会科学院哲学研究所党委书记王立民教授，越南社会科学翰林院哲学所副所长阮才东教授等领导参会并讲话。广西大学政治学院院长雷德鹏教授主持。研讨会收到会议论文25篇，有22位专家学者作主题发言，包括：阮才东教授的《社会职责：作为一种价值》，越南社会科学翰林院哲学所副所长陈俊风教授的《从人发展角度看价值体系和价值体系转变》，中国社会科学院直属机关党委副书记孙伟平教授的《关于社会主义核心价值观的几点思考》，广西大学党委副书记唐平秋的《微文化背景下大学生社会主义核心价值观认同危机及其治理》，中国社会科学院哲学所科研处长单继刚的《生态公民是对自然最友善的人》，中国社会科学院哲学所伦理学研究室主任甘绍平的《自由、民主、法治——核心价值观中的一条主脉》，中国社会科学院哲学所副所长崔唯航的《在中越核心价值观互学互鉴中推进社会主义国家核心价值观建设》等，广西大学政治学院闫杰花、胡玲等从事越南研究学者也相继发言。

【"古桂柳运河湘系带的历史沿革"讲座】 12月22日在桂林旅游高等专科学校举行。邀请客座教授广西桂学研究会研究员张瑜主讲。桂林旅游高等专科学校导游系领导、导游系部分师生及相关系部学生代表聆听。张瑜从"相思埭"和"湘系带"两个名词的不同内涵出发，梳理从古至今在古桂柳运河湘系带发生的历史人物、历史事件和逸闻趣事，并分享自己在接待高规格游客时的讲解经验，使师生领略桂林作为历史文化名城的独特魅力。

【2014年度广西社会科学重点课题终审会议】 12月27日在南宁举行，自治区社科联主办。评审专家及各课题组代表等共30余人参会。自治区社科联主席王士威出席并为各课题组颁发结项证书，副主席刘家凯主持会议。评审专家对各课题成果进行点评，对各课题成果的创新性、亮点及研究价值给予肯定，指出各课题成果存在的不足，并提出修改意见和建议。王士威在总结中肯定两年来广西社会科学重点课题取得的成效，并对资助类重点课题的顺利完成表示祝贺。王士威指出，广西社会科学重点课题是结合自治区社科联职能和广西社会科学发展需要设立的，是检验广西社科界是否具有理论自觉、责任担当的有效方式。社科联要通过重点课题，组织和引导广大社科工作者围绕中心、服务大局，针对广西经济社会发展中面临的新形势、新问题，开展调查研究，推出具有较高理论水平和参考价值的研究成果，为党委、政府科学决策提供理论支撑和智力支持。

图为中国—越南核心价值观国际学术研讨会会场　（樊新艺　供稿）

【《壮族网络歌圩研究》成果报告暨网络歌圩研讨会】 12月29日在南宁举行，广西民族发展研究会、广西社科院科研处、广西社科院民族研究所联合主办。广西文联副主席韦苏文、广西社科联副巡视员刘俊出席并讲话。广西民族大学、广西大学、广西师范学院、广西社科

12月29日，由广西民族发展研究会、广西社会科学院联合主办的《壮族网络歌圩研究》成果报告暨网络歌圩研讨会在南宁举行。图为与会代表合影留念（赵明龙　供稿）

院、广西社科联、广西山歌协会、广西壮欢协会和广西电视台、《南国早报》《广西民族报》等单位专家学者、歌王和歌手等60人参会。《解放军报》文艺部副主任曹惠民发祝贺电文。《壮族网络歌圩研究》是2014年广西社会科学院重点课题，杨昌雄副研究员为课题组主要负责人。课题组在调查研究基础上，把握广西壮族网络歌圩文化发展状况和基本规律，并就发展和繁荣壮族网络歌圩提出对策。广西山歌协会会长、三月三杂志社社长覃祥周，广西壮欢协会副会长覃九宏，广西民族发展学会副会长黄家信，广西大学教授黄海云，广西民族大学教授欧宗启，广西社科院周中坚、雷猛发研究员等作专题发言。广西壮欢协会会长覃承勤、广西民族教育中心主任周克依作书面发言。与会者认为，该研究报告是壮族网络歌圩研究的开山之作。有以下特点：一是研究壮族网络歌圩的资料齐全，图文并茂。书中山歌旋律是第一手材料，作者亲自采访、记谱记音，理论联系实际，有较强的说服力；二是对壮族山歌研究有启发意义。如："壮族网络歌圩的低耗经济特性""网络歌圩是山歌发展的方向"等；三是广西山歌"押韵、平仄、节奏"严谨。语言、旋律、唱法独特；四是壮族山歌具有较强的旋律特点。如山歌大多用民族"五声调式"的徵调式、羽调式和宫调式，且调性也恰是以G调、A调和C调多；五是《壮族网络歌圩研究》中运用民族文字—壮文，方便专家学者研究，领略壮族山歌的腰脚韵。会议邀请谢庆良、黄月香、韦建康等8位来自广西河池市、河池宜州、柳州市和百色市歌王表演计算机网上对歌和手机网上对歌。广西电视台、《南国早报》《广西民族报》《三月三》杂志等媒体对研究会进行报道。

【桂航大讲坛】 桂航大讲坛是桂林航天工业学院秉承"树立品牌意识，打造精品工程"理念，打造发挥哲学社会科学育人功能的重要载体和平台。年内举办一系列提升人文综合素质的专题讲座，包括"航天情怀专题""艺术名家进桂航专题""国学经典专题""传统文化进校园"等。年内承办和协办讲座43场，1.5万多人（次）参与。桂航大讲坛"航天情怀系列讲座"中，邀请知名中国制导系统工程专家、中国工程院院士钟山主讲。钟山结合航天科技发展和科学技术创新，以老航天人的爱国情怀讲述中国航天事业从无到有、从小到大、从弱到强的奋斗历程。在"艺术名家进桂航系列讲座"中，邀请国家一级演员、知名表演艺术家、电影《刘三姐》中刘三姐的扮演者黄婉秋主讲。婉秋老师分享自己艺术生涯中难忘的故事，勉励同学们要设立人生目标，追求人生梦想。知名桂剧表演艺术家、梨园书画家马艺松应邀到"桂航大讲坛"作题为"桂剧经典与文化传承"讲座，他从桂剧流派的形成到桂林民间特有的"彩调"艺术进行表演。知名书法家、桂林中日友好书法碑林馆馆长、中日友好学校校长陈沛彬在讲座中分享交流他艺术创作的人生经历及对书法艺术、书法创作的认识与感悟，向师生展示首创的"破笔书法"和"沛彬一笔"，并把作品赠予学校。《广西日报》以《让艺术之声点亮心灵之灯——桂航艺术名家系列讲座活动侧记》为题作报道。

培训・科普活动

【2014年广西科技活动周社科展】 1月9~15日在南宁举行，以"创新驱动发展，科技引领未来——'美丽广西・清洁乡村'"为宣传主题。自治区社科联组织广西保险学会参加活动周科普知识展示。广西保险学会组织人保财险广西分公司在展会上展示人保"掌上人保"自助理赔系统。自治区社科联副主席姚兵、科普部主任马文到场参观指导。人保财险广西分公司以"用'掌上人保'，自助理赔就是这么简单"参展主题，展示"掌上人保"手机自助理赔终端的安装使用。在轻微交通事故处理中，客户使用手机组织理赔系统，可在交警或理赔查勘人员到达前自行快速拍照处理，及时撤离现场，有效缓解交通事故造成的拥堵，可使保险理赔方便、快捷。

【粮食文化教育基地学习活动】 年内全年进行。广西工商职业技术学院主办。为充分发挥粮食文化教育基地作用,把每周二作为粮食文化教育基地开放日,组织各专业学生参观学习;并把相关《粮油保藏》课程放到粮食文化教育基地中授课;在粮油保管员培训班期间,组织企业代表参观粮食文化教育基地,发挥基地在高校普及粮食文化和粮食安全教育的作用。至11月底,基地接待850人(次)。

【廉洁教育系列科普活动】 广西师范大学社科联主办,广西师范大学团委承办。年内举办系列活动5次。一是举办廉洁教育专题报告会,邀请中国廉政建设与治理研究专业委员会会长、北京航空航天大学廉洁研究与教育中心主任任建明教授给学校100多名学生骨干作主题为“大学生廉洁诚信素养”讲座。二是举办廉洁教育沙龙活动,以“放飞中国梦·廉洁伴我行”为主题,邀请学校党委副书记、纪委书记查丹明作主题报告。漓江廉洁文化社、各学院分团委学生会干部50多名学生参加。三是举办大学生廉洁诚信论坛,以“传承中华美德,践行廉洁诚信”为主题,学校不同学院7名同学围绕主题分别从“学生组织、学生干部廉洁意识培育途径”“廉洁修身,诚信做人”“高校大学生廉洁社团的现状及其完善”等方面发言。广西廉政建设研究中心特聘专家、相关部门领导和学校各学院国家奖助学金获得者代表、学生干部骨干代表和漓江廉洁文化社社员200多人参加。四是组织学生开展廉洁教育基地调研,建立学生专项调研课题——桂林市廉政教育基地建设情况调研,先后组织近100名学生骨干赴灵川县、兴安县、恭城瑶族自治县等地调研廉政基地。

【贵阳市导游人员培训班】 1月3~7日在桂林旅游高等专科学校举行,贵阳市旅游产业发展中心主办,桂林旅游高等专科学校承办。来自贵阳市各旅行社的优秀导游员38人参训。本期培训是贵阳市旅游产业发展中心年度培训项目之一,培训方案经双方沟通协商而定。桂林旅游高等专科学校选派实践经验丰富的“双师型”教师授课。培训班开设《旅游法》解读、导游职业道德修养及服务礼仪、导游应具备的服务素质及突发事件处理等理论课程。桂林旅游高等专科学校校长杨杰为学员们讲授《导游服务过程中的表达与沟通》课程。此外,桂林旅游高等专科学校资深导游结合导游员工作特点给学员们开展现场导游教学。培训历时4天。

【自治区管理干部学习贯彻党的十八届三中全会和习近平总书记系列重要讲话精神第二期、第三期研讨班】 3月1~5日、3月17~21日,在自治区党校(行政学院)举办,自治区党委组织部、自治区党校(行政学院)主办,自治区管理干部400多人(次)参加。期间,学员们观看自治区党委副书记危朝安,自治区党委常委、宣传部部长沈北海在第一期研讨班上的专题报告录像。聆听自治区党委常委、组织部部长周新建的“学习习近平总书记关于党的建设的重要讲话”专题报告。分别听取国家行政学院决策咨询部副主任、研究员丁元竹,国家行政学院决策咨询部主任、研究员慕海平,中央党校国际战略研究所教授赵磊,自治区党委副秘书长、政策研究室主任、改革办主任(兼)刘有明,自治区纪委副书记韦翼群作的专题报告,并进行2次分组讨论和1次全班交流。

3月1~5日、3月17~21日,由自治区党委组织部、自治区党校联合主办的自治区管理干部学习贯彻党的十八届三中全会和习近平总书记系列重要讲话精神第二期研讨班在南宁举行 (李建良 供稿)

【2014年东兴市乡村旅游(农家乐)从业人员培训班】 3月10~14日在桂林旅游高等专科学校举办,东兴市旅游局组织。来自东兴市乡村旅游景区、农家乐的经营管理者和村干部28人参训。桂林旅游高等专科学校继续教育学院选派经验丰富的教师团队授课,授课团队由“行政管理者+企业专家+高校教授”组成,课程围绕东兴市乡村旅游业发展现状和市场需求,设置乡村旅游网络营销、农家乐质量等级标准及评定、乡村旅游创业及案例分析、农家乐餐饮服务与客房服务技能、乡村旅游品牌形象及特色打造等专题。教学采用分组讨论、角色

模拟、案例分析等方式，注重理论与实践相结合，学习期间还安排学员考察灵川、阳朔的乡村旅游示范点。

【“爱心普法，公益维权；科学理财、健康生活”普法系列活动】 广西师范大学社科联主办，广西师范大学团委承办。3月15日，开展“3.15”维权普法周系列活动、“维权零距离”普法活动、“宪法教育活动”等，学校法学院的法律援助中心开展面向全校师生的“爱心普法，公益维权”活动。通过形式多样的普法活动，帮助学生提高自我维权意识。

【自治区党校（行政学院）处级领导干部学习贯彻党的十八届三中全会精神和习近平总书记系列重要讲话精神专题培训班】 3月17~21日在自治区党校（行政学院）举办，自治区党校（行政学院）主办，全校（院）处级领导干部参训。自治区党校（行政学院）常务副校（院）长黄学权作开班和总结讲话，并参加小组讨论和专题讲座；副校（院）长唐秀玲主持开班仪式和培训班总结，全程聆听培训班课程并参与研讨。培训期间，自治区党校（行政学院）发挥优势，通过设分会场共享同期举办的第三期自治区管理干部学习贯彻党的十八届三中全会和习近平总书记系列讲话精神研讨班的课程，结合实际增加自主课程。全体学员观看自治区党委常委、副书记危朝安和宣传部长沈北海的专题报告录像，聆听国家行政学院决策咨询部主任慕海平、中央党校国际战略研究所教授赵磊和自治区党委副秘书长刘有明、自治区纪委副书记韦翼群等专家、领导专题讲座，并分5个小组进行研讨。

3月17~21日，由自治区党校（行政学院）主办的自治区党校（行政学院）处级领导干部学习贯彻党的十八届三中全会精神和习近平总书记系列重要讲话精神专题培训班在南宁开班 （李建良 供稿）

【“大中专院校知识产权与专利申请实务”讲座】 3月20日在钦州学院举办。学院社科联副主席、科技处副处长何光耀，钦州市科技局知识产权科科长林广生，钦南区科技局副局长黄贤祥，钦南区科技局办公室主任曾凡跃及学院80多名师生参加。何光耀主持。桂林市持衡专利商标事务所经理、高级工程师马兰主讲。报告会上，马兰介绍中国专利发展形势，阐释广西知识产权战略的工作重点和广西开展全民发明创造活动的重大举措，通过讲解国内外典型案例，系统介绍专利的概念、种类、授权条件、申请方法、知识产权保护等，图文并茂，具有实用性和指导性。

【广西厅级主要领导干部“学习贯彻十八届三中全会精神全面深化改革”专题研讨班】 4月8~12日在自治区党校举办，自治区党委组织部、自治区党校主办。135名来自广西的厅级主要领导干部及110名县（区、市）委书记参加。自治区党委书记彭清华作“学习党的十八届三中全会和习近平总书记系列重要讲话精神，推进广西全面深化改革”讲话，自治区主席陈武作“学习党的十八届三中全会和习近平总书记系列重要讲话精神，深化广西经济体制改革”专题报告，自治区党委副书记危朝安作“学习党的十八届三中全会和习近平总书记系列重要讲话

4月18~12日，由自治区党校、自治区党委组织部联合主办的广西厅级主要领导干部“学习贯彻十八届三中全会精神全面深化改革”专题研讨会在南宁举行 （李建良 供稿）

精神，推进广西农村改革”专题报告。研讨班邀请中宣部思想政治工作研究所研究员、副所长戴木才教授作关于社会主义核心价值观的专题报告，中组部部务委员兼干部一局（公务员管理办公室）局长（主任）邓声明作学习贯彻新修订的《党政领导干部选拔任用工作条例》专题报告，并安排2次分组讨论。自治区党委副书记危朝安主持开办式并作研讨班小结。

【“漫谈企业文化”讲座】 4月25日在桂林旅游高等专科学校举行。桂林西麦食品集团人力资源总监任兴炎主讲，桂林旅游高等专科学校涉外文秘专业师生聆听。任兴炎总监以知名作家梁晓声对文化的解读开场——文化是植根于内心的修养、是无需提醒的自觉、是以约束为前提的自由、是为别人着想的善良，引导学生对文化及文化人的认识，由此引领学生解读企业文化。任兴炎以桂林西麦食品集团的企业文化为背景，讲述企业文化的拉力、推力、凝聚力和辐射力。讲座后，桂林旅游高等专科学校旅游外语系主任黄晓萍为受聘担任旅游外语系涉外文秘专业建设指导委员会委员的任兴炎总监颁发聘书。

【自治区管理干部学习贯彻党的十八届三中全会和习近平总书记系列重要讲话精神第五期、第六期研讨班】 4月14~18日、4月21~25日在自治区党校举办，自治区党委组织部、自治区党校主办，自治区管理干部600多人（次）参加。学员们研读党的十八届三中全会和习近平总书记系列重要讲话文件原文，学习自治区领导彭清华、陈武、危朝安等专题辅导讲话，观看自治区领导有关专题报告录像，听取自治区党委副秘书长、政策研究室主任、改革办主任（兼）刘有明作的“学习贯彻党的十八届三中全会精神，推进广西全面深化改革”，自治区纪委副书记韦翼群作的“学习习近平总书记关于党风廉政建设的重要讲话”，《求是》杂志研究员、红旗出版社原副总编辑黄苇町作的“学习习近平总书记系列讲话精神，全面深化改革”、中央党校国际战略研究所教授、博士赵磊作的“国际形势与中国对外战略”专题报告，进行2次分组讨论。

4月14~18日，由自治区党委组织部、自治区党校联合主办的自治区管理干部学习贯彻党的十八届三中全会和习近平总书记系列重要讲话精神第五期研讨班在南宁举行 （李建良 供稿）

【法国地中海俱乐部2014年亚太区培训营活动】 5月12~13日在桂林愚自乐园度假村举行。来自亚太地区地中海俱乐部的50名经理参训。桂林旅游高等专科学校黄进、王亚娟、刘治、鲍青青、苏志斌和文颖娴等6名教师及酒店管理系6名学生参训。俱乐部聘请香港Gouteen管理咨询有限公司专家为培训营作主题为“管理的差异性”专题讲座。开展以“高端服务的内涵与标准”为主题的演讲和交流。桂林旅游高等专科学校6名学生参加“款客服务技能培训”，包括吧台基本技能、餐厅基本技能、食品质量管理、吧台餐厅管理和客房服务技能等内容。地中海俱乐部高层的来访及培训营的开展，标志着桂林旅游高等专科学校与国际高端旅游企业的合作交流取得新进展。校企双方拟在师资建设、人才培养、实习就业及人力资源开发等方面制定战略合作框架协议。

【社会主义核心价值观专题讲座】 5月13日在南宁举行，南宁职业技术学院主办。邀请南宁市委市直机关工委常务副书记、南宁市社会主义核心价值观宣讲团成员张耀民到学院主讲主题为“践行社会主义核心价值观，营造崇善向上社会新风气”专题讲座。学院党委宣传部部长苏华清主持，学院中层以上领导干部及200多名教师和学生党员代表聆听。张耀民提出必须用社会主义核心价值观引领社会思潮、社会前进方向的观点，阐述社会主义核心价值观的丰富内涵和践行社会主义核心价值观的重要意义，指出“能帮就帮，敢做善成”的南宁精神，是践行社会主义核心价值观的生动体现，并强调在新形势下，培育、弘扬和践行社会主义核心价值观的必要性和紧迫性。

【2014年全国科技活动周广西活动启动仪式】 5月17日在广西科技馆举行。主题：“科学生活，创新圆梦”。自治区科技厅党组书记黄丹陪同自治区副主席黄日波参观自治区社科联展览宣传点，并与工作人员交谈。自治区社科联副巡视员刘俊、科普部主任马文、

广西社会心理学会常务副会长唐峥华教授与广西医科大学学生志愿者一行等参加。自治区社科联在科技馆广场设立心理咨询展览宣传点,向群众宣讲心理健康知识。咨询面涉及亲子关系、婚姻家庭、学习障碍、老年心理等多方面问题。接受群众咨询100多人(次)。

【2014年广西社会科学普及联合大行动启动仪式】 5月24日在柳州市人民广场举行,自治区社科联、柳州市委宣传部、柳州市社科联共同主办。主题:全面深化改革,实现"两个建成"。40家柳州市直单位、柳州市38个学术团体参加,并在启动仪式后现场为群众提供社会科学知识咨询。自治区社科联党组书记、主席王士威致辞并宣布启动,自治区社科联副巡视员刘俊、柳州市人大常委会副主任梁樑参加,柳州市社科联党组书记、主席邹继业主持。当日,举行科普文艺演出、社科知识板报宣传展览和社科知识咨询宣传等活动。柳州市发改委、司法局、文化局、规划局、安监局、环保局、发展研究中心等40个市直单位在活动现场为民众提供社科知识咨询服务,柳州市柳宗元文化研究会、妇女理论研究会、楹联学会、艺术品鉴赏学会、硬笔书法家协会、心理咨询协会、志新社会公益者协会等学术团体,宣传法律维权、艺术鉴赏、心理健康、地方文化、食品安全、劳动权益、公益慈善等各类社科知识,解答民众生产生活中碰到的各种问题,解读党的路线、方针、政策,宣传柳州"实业兴市,开放强柳"发展战略的新举措新思路,传播社会主义先进文化,弘扬积极健康向上的现代人文精神。活动展出100块宣传板报,发放各类宣传册、宣传单和宣传物品2万多份,接受咨询1万多人(次)。2014年广西社会科学普及联合大行动,在广西范围内举办100场社科普及报告会、12场社科知识咨询广场科普活动、8场社科专家谈、社科知识进14村等近130场活动。

【中华全国律协专家律师巡回讲师团西部培训班、大型专题培训班】 5月24~27日分别在南宁、桂林举行,中华全国律师协会主办。培训以"国有土地上房屋征收与补偿""建筑工程施工纠纷实务""证据规则在刑事辩护中的运用""侵权责任法后的侵权责任实务"等内容为主题,邀请中国政法大学诉讼法学研究院副院长、教授、博士生导师顾永忠,石家庄市律师协会副会长、党委副书记、河北省律师协会常务理事、房地产专业委员会主任张霄云,北京大成律师事务所高级合伙人袁华之,中华全国律师协会建筑工程与房地产专业委员会副主任、中国土地学会土地法学分会副主任、中国房地产协会常务理事并任法律事务委员会副主任李晓斌等8位专家和律师到场为广西律师授课,广西近1800名律师参加。

【"提高情商　加强领导力"主题讲座】 6月6日在桂林旅游高等专科学校举行。邀请桂林电子科技大学党委书记、中国物理学会理事周怀营教授主讲。桂林旅游高等专科学校党委书记林娜、校长杨杰、党委副书记蒋伟、副校长陈贵超和谢明、总会计师李建林及全校科级以上干部参加。周怀营教授从情商的内涵、情商的表现、情商是决定领导干部事业成败的关键、如何提高情商、增强领导能力等5方面展开。周教授结合桂林电子科技大学的发展历程,阐述情商与领导力的关系。他强调:成功=智商+情商+机遇,情商影响管理效率、管理行为和管理亲和力。领导干部要注重提高个人的情商和修养。要加强自我认知、管理情绪,多向榜样学习,学会人际交往,注重从难以相处的人身上学到东西,并把控自我、明确做人准则、改进工作作风、注重培养团队精神等。

【"做一名美丽女生"专题讲座】 6月9日,广西师范大学党委书记王枬教授、博士应邀做客"旅专讲坛",为桂林旅游高等专科学校师生带来教育部确立的国家级精品视频公开课广西师范大学《女大学生素养》系列课程首讲"做一名美丽的女生"。桂林旅游高等专科学校党委副书记蒋伟主持,学校相关部门及各院系党总书记、学工人员、学生代表聆听报告会。王教授从"美丽的定义""美丽女生的定义""美丽女生的修炼"3个方面展开,解读"美"的字形、含义、属性,指出美是性格和表现,是内在、气质、品味。谈到美丽女生的含义时,王枬教授展示"男女网友对此定义的差异,男性理想中的标准为温柔、贤惠、漂亮;女性更倾向于优雅、聪明和知性,表明女性已经开始践行"做更好的自己"。王教授通过善良、可爱、贤惠等词在女性身上出现的概率,结合中国百年美丽女人的故事,阐述女生的内涵和气质是通过修养和智慧显露出来的。她建议从3个方面修炼自己成为美丽女生:一是修养自身的人格;二是培养女性的情态之美;三是拥有自己的事业。

【"女大学生素养"系列讲座】 6月11~16日,桂林旅游高等专科学校分别邀请广西师范大学陈小燕、余昱、徐莉3位女教授、博士,为桂林旅游高等专科学校师生开设"女生的语言修养""女生的人文素养""女生的性别形成"专题讲座。讲座由学生工作部(处)副部(处)长葛剑主持。陈小燕教授在讲授《女生的语言修养》中提出,要将"提升口语艺术素养"作为提高女大学生语言修养的突破口,首先要掌握口语艺术的基本要求,即准、美、巧;其次要提升语音的准确度、遣词造句的规范度,提升语言表达的条理性和简明性,遵循"四大"基本原则,掌握"五巧"基本技法。余昱教授从"什么是人文素养”“如何解读女大学生的人文素养”两个问题展开探讨“女生的人文素养”。她从人的世界观、人生观角度进行分析，说明人文素养是做人的基本原则。她认为，女大学生应从3个方面不断充实人文素养的内涵，一是飞扬青春，感受生命的激情；二是创造自我，活出人生的意义；三是沉思苦难，叩问精神的魅力。徐莉教授从存在的问题、性别角色冲突、性格价值观回潮等方面进行解说当代女大学生的性别意识与态度，建议女大学生们应重视在大学阶段的自我完善与提高。在讨论如何“做一个有准备的女性”时，徐昱教授结合社会现状与边缘化排斥，提出女大学生应学会性别分析、增强性别敏感性，能够独立自尊自强、平等参与社会生活，达到区分理想与欲望、承担社会责任的目标。

【桂林百姓文化大讲坛】 6月14日在桂林举行，桂林市委宣传部、桂林市社科联、桂林市文联、桂林市文化局、桂林日报社、桂林市广播电视局、桂林市新闻出版局联合举办。桂林旅游高等专科学校艺术表演系教授陆栋梁受桂林市文联邀请，做客“桂林百姓文化大讲坛”作题为“湘桂走廊民间音乐中的神话解读”讲座。陆栋梁教授从湘桂走廊的地理概念和文化概念出发，重点讲述湘桂走廊民间音乐中的神话，并结合大量例子，向听众解读民间音乐中神话的文化内涵及其对现实的意义，引发人们如何处理人与自然的关系、如何建构和谐社会的思考。《桂林日报》《桂林晚报》和桂林生活网讯等媒体作宣传报道。

【食品安全活动周“放心粮油宣传日”活动】 6月18日在南宁举行，自治区粮食局主办，各设区市粮食局和自治区粮食局直属企事业单位承办。自治区粮食局副局长林愈溪，自治区粮食局及部分驻邕直属企业、南宁市粮食局及部分粮食企业负责人参加。“广西放心粮油工程”纳入2014年广西壮族自治区人民政府十大为民办实事健康惠民工程。现场设置主题展板、科普图片、产品展示、义务宣讲、专家咨询、现场服务、发放资料、消费指导等多种活动，向消费者宣传普及粮油食品安全知识。参与活动的粮食企业负责人现场签署质量安全承诺书。6月18日，自治区粮食局在广西粮食科学研究所举行“放心粮油宣传”实验室开放活动。6月，广西粮食系统共派出500多人(次)，提供咨询服务4000多人(次)，发放宣传资料近2万份。

【2014年自治区管理干部经济建设与经济体制改革专题研讨班】 6月16~25日在自治区党校举办，自治区党委组织部、自治区党校主办。广西区直、各市及有关单位50多名领导干部参加。研讨班围绕经济建设与经济体制改革主题，设计3个模块13个专题报告、3次分组讨论(其中1次学习成果交流分享)、1次学员论坛，邀请国家发改委、国家环保部、国务院发展研究中心、中央党校、全国工商联、外交学院等机构的领导专家，就全面深化经济体制改革、新形势下经济结构调整的方向与对策、国际产业结构调整与中国的产业发展、经济社会发展与环境保护、以党的十八届三中全会精神为动力，促进非公有制经济发展、广西开放的新任务新机遇等问题进行专题辅导，学员们围绕经济建设与经济体制改革重点难点问题和关键环节进行研讨。

6月16日，由自治区党委组织部、自治区党校联合主办的2014年自治区管理干部经济建设与经济体制改革专题研讨班在南宁开班　（李建良　供稿）

【“间歇年(GAP YEAR)——一起去旅行吧”主题沙龙】 6月24日在桂林举行，亚太旅游协会(PATA)桂林旅游高等专科学校学生分会主办。间歇年(GAP YEAR)是指青年们在升学或者毕业之后以及工作之前，做一次长期旅行(通常是一年)，以参加海外义工，半工作半游览的方式脱离常规生活模式和环境，站在不同角度审视自己，思考未来发展方向。沙龙现场设有休闲阅读、美食品尝、旅行海报分享等区域，安排阅读旅行书籍、品尝国际美食，认识PATA学生分会，中英文旅行文化讲解，游戏娱乐及旅行经历分享等各项活动。此次活动旨在引入国际观念，倡导积极向上、独立自主的人生态度，让参与者在互动体验式的环境中，增进自我了解，思考未来的方向，助力自身成长。

【自治区社科联素质能力提升培训班(第一期全员培训班)】 6月30日至7月4日在北海举办。自治区社科联组书记、主席王士威等自治区社科联干部职工及北海市社科联干部职工共55人参加。培训班邀请自治区党校党史党建部教授、"西部之光"访问学者凌海金,广西礼仪文化交流会会长潘玲,中国日报社驻广西记者站站长、高级记者、广西纪实摄影协会会长、博导火炎等分别以"把权力关进制度的笼子里""公务礼仪知识讲座""纪实摄影知识讲座"为主题作专题讲座。

【自治区党校(行政学院)系统网络安全与信息化工作研讨班】 7月10~11日在自治区党校举办,自治区党校(行政学院)主办。自治区党校(行政学院)办公室主任、业务指导工作处处长李波主持开班式,自治区党校副校(院)长胡建华出席并讲话。广西各市委党校(行政学院)、自治区区直工委党校、南宁铁路局党校、柳钢党委党校分管信息化工作的校领导和信息化工作的骨干以及自治区党校各处室相关工作人员近100人参训。培训班邀请自治区国家保密局、自治区公安厅、北京某网络安全公司等负责网络安全、保密工作的领导或专家授课,培训内容有:网络安全形势与对策、信息安全保障体系建设、信息化条件下的保密工作等,紧贴网络安全与信息化工作实际。

7月10日,由自治区党校主办的系统网络安全与信息化工作研讨班在南宁开班 (李建良　供稿)

【河池学院"区培计划"农村乡镇中心校校长培训班】 7月27日在河池学院举行。学院副院长罗之勇,河池市教育局副局长韦联克出席开班仪式。来自河池市11个县(市、区)的200名农村乡镇中心校校长参加。培训为期7天,培训项目采取"短期集中+跟班学习"方式,对乡镇中心校校长进行学校常规管理和校长管理能力提升培训。邀请高校相关方向的研究学者和来自小学教育改革一线的优秀校长进行专题讲座,培训内容主要为《义务教育学校校长专业标准》和《广西壮族自治区义务教育学校常规管理规定(修订)》的解读、乡镇中心校校长专业化发展、山区农村小学布局调整问题及策略,农村小学发展规划及校园文化建设等。

【2014年广西人社厅旅游电子商务专才岗位培训班】 8月25~30日在桂林旅游高等专科学校举行。来自广西各市、县(区)旅游行政管理人员、各旅游企业电子商务管理人员49人参训。培训班开设10个专题,内容涉及旅游电子商务网站建设、品牌塑造、网络营销、网络安全等多方面。授课内容具有前瞻性的趋势分析,对提升参训人员在旅游电子商务领域的认知和参与能力有积极作用。

【广西高等院校旅游专业骨干师资培训班】 8月26~31日在桂林举行,自治区旅游发展委员会主办,桂林旅游高等专科学校承办。自治区旅游发展委员会副主任甘霖到学校指导并讲话。桂林旅游高等专科学校党委书记林娜、副校长黄国良、陈贵超、谢明,总会计师李建林,校长助理周江林等领导出席开班仪式。100名学员来自广西大学、广西师范大学、广西民族大学、桂林旅游高等专科学校等广西16所高等院校旅游专业的骨干教师。通过培训,他们将所学知识运用于教学和工作中,为广西旅游产业升级转型培养适应行业、产业发展的人才,为广西旅游教育领域教学改革,科研研究提供技术支持,为广西旅游产业发展提供人才支撑。

【第一期广西旅游质监执法人员培(轮)训班】 8月28日至9月3日在桂林旅游高等专科学校举行。自治区旅游发展委员会主办、桂林旅游高等专科学校承办、桂林市旅游局协办。来自广西旅游质量监督管理所(执法总队)及各市、县(区)旅游质监所(执法大队)的负责人和业务骨干近100人参训。自治区旅发委副主任潘鸣作题为"广西旅游业面临的机遇、挑战与对策"第一课,培训还邀请国家旅游局监督管理司质量监督处处长段国强等多位专家为学员讲授11个专题。培训期间,学员们到桂林市旅游质量监督管理所(执法支队)"旅游应急指挥中心"、桂林尧山景区及王城景区进行观摩学习并开展现场执法培训。

【合山市领导干部文化旅游发展专题培训班】 9月15~19日在桂林旅游高等专科学校举行。来自合山市政府及各局领导干部59人参训。合山市政协主席覃扬星、合山市委副书记韦家玲、桂林旅游高等专科学校副校长谢明及继续教育学院的领导和相关工作人员出席开班仪式。培训班开设6个专题，涉及旅游目的地、乡村旅游、休闲农业、旅游规划、文化产业发展等多方面内容。通过培训，学员们系统地学习关于旅游业发展的相关理论知识；对文化旅游产业发展有更立体、多维度的思考；对合山市文化旅游工作的优势及存在的问题有更深刻认识。

【桂林市对口帮扶巴马县旅游扶贫管理干部、中青年管理干部及少数民族干部培训班】 9月17日至10月22日在桂林旅游高等专科学校举行。桂林市人民政府、桂林市委组织部、巴马瑶族自治县人民政府、巴马县委组织部主办，桂林市扶贫办开发办公室、巴马县扶贫开发办公室协办。来自巴马各乡镇、县直各单位135名管理干部参训。培训班结合巴马瑶族自治县的旅游发展特点，制定培训方案，理论学习与实践观摩相结合，到龙胜龙脊景区、恭城红岩新村、桂林市鲁家村、灵川特色乡村旅游区及阳朔历村、百里新村开展现场实践教学。

【“弘扬十八大·传播正能量·共筑中国梦”十八大、十八届三中全会精神系列报告会】 10月在桂林举行，广西师范大学社科联主办，广西师范大学团委承办。依托学校马克思主义理论一级学科博士点、博士后科研流动站等学科和人才资源优势，组建由6名博士研究生组成的博士宣讲团，举办报告会6场，师生1800人(次)聆听。宣讲团解读党的十八大和十八届三中全会精神内涵和意义，提升学校大学生思想政治素质。

【广西社会科学普及基地工作座谈会】 10月11日在桂林举行，自治区社科联主办。广西27个社会科学普及基地共建单位负责人和挂牌单位负责人共60名代表参会，就如何开展社科普及基地工作，推动广西社会科学普及基地建设深入发展，进行交流和探讨。自治区社科联党组书记、主席王士威出席并讲话，自治区社科联副巡视员刘俊主持会议。与会代表总结交流各自社会科学普及共建基地建立以来的工作经验及开展工作面临的主要困难和问题，提出加强社会科学普及基地建设的思路和对策，并对自治区社科联工作提出意见和建议。为推动广西社会科学普及工作规范化、法规化、制度化，建立科普工作长效机制，自治区社科联向各社会科学普及基地共建单位征求《广西壮族自治区社会科学界联合会共建社会科学普及基地管理办法》修改意见，进一步修改完善报有关部门。广西社会科学普及基地始建于2005年，至2014年末，自治区社科联与13个设区市社科联、11所高校社科联、2个县区社科联和1个学会共建27个社会科学普及基地。通过自治区社科联和各市、县、高校社科联和学会的努力，各社科普及基地开展一系列科普活动，形成一批品牌。同时当前社科普及基地工作面临的一些困难和问题，要总结成效和经验，在整体部署、完善机制、加强指导、创新思路、打造精品等方面加大力度，为繁荣发展广西社会科学事业作贡献。

【第六期广西市县社科联干部培训班】 10月14~16日在南宁举行，自治区社科联主办。广西各市、县级社科联及自治区社科联全体干部职工130余人参加。自治区社科联党组书记、主席王士威，副主席姚兵、曹平，副巡视员刘俊等领导出席。王士威指出，培训班主要目的是提高广西市县社科联干部的政治素质和研究水平，促进应用对策课题研究工作开展。要把培训当作深化和提升自身的过程；要严明纪律，强化管理，确保培训活动取得实效。培训期间，自治区党委决策咨询委员会委员、咨询专家组组长玉丕民，广西日报传媒集团党委书记、董事长李启瑞，广西思维科学学会会长、广西师范大学教授尹鑫，自治区党委办公厅文电处处长彭绍萌，《改革与战略》杂志社社长、总编辑、编审巫文强分别作“决策咨询研究报告的写作”“突发事件中的舆论引导”“议论文写作的逻辑基础”“公文写作知识讲座”“市县社科联刊物编辑要注意的几个问题”专题讲座。

【世界粮食日暨爱粮节粮宣传周活动】 10月16日在南宁举行，自治区粮食局主办，各设区市粮食局和广西粮食科学研究所承办。活动内容包括“节约一粒粮，减少损失浪费”“实施放心粮油工程，确保粮油安全”等。科技人员通过现场演示、义务讲解、专家咨询等方式，向群众宣传普及粮油食品安全和绿色节粮知识，展示农户科学储粮装具、粮油绿色加工技术、糙米米粉和火麻面条等食品安全快速检测技术，发放放心粮油产品纪念品。现场接待市民和相关媒体近200人。各设区市粮食部门在当地开展活动，悬挂横幅或横幅签名，张贴宣传画，提供咨询，500多人参加，制作板报15版，提供咨询5000多人，印发《家庭储存粮油科普小知识》《粮油质量鉴别与选购》《优劣粮油识别和购买储存常识》等宣传资料5000多份。全年印发《广西农户科学储粮专项建设简介》宣传资料10万多份。

【自治区社科联第二期全员培训班】 10月19~21日在南宁市举行。自治区社科联主席王士威，副主席姚兵、刘家凯、曹平，副巡视员刘俊等54名干部职工参加。培训班首次将党课、中心组理论学习、绩效考核工作与广西经济社会发展等内容紧密结合，自治区社科联主席王士威、自治区绩效办黄剑耀、自治区党校副校长胡建华、自治区党委宣传部副部长李海荣分别作专题辅导，刘家凯副主席、刘俊副巡视员作中心发言。王士威为培训班作廉政党课辅导，他围绕习近平总书记关于机关党建重要讲话精神，结合自治区社科联干部职工实际，以"提高综合素质，推动社科联工作创新发展"为主题作专题辅导。

11月3日，由自治区党委组织部、自治区党校联合主办的2014年自治区管理干部城乡发展一体化与农村综合改革专题研讨班在南宁开班

（李建良 供稿）

【国家社科基金申报交流会】 10月24日在河池学院举行。教育部社科司思想政治理论课专家组成员、中国人民大学教授王海军博士作题为"2015年国家社科基金申报中的技术问题"讲座，学院副院长崔晓麟出席交流会。王海军教授围绕2014年国家社科基金申报与立项回顾，国家社科基金年度项目评审的主要程序，国家社科基金申请书与活页的填写、注意事项及细节性问题进行讲述，并提出系列方法、技巧。鼓励学院教师重视对国家社科基金的申报。

10月24日，国家社科基金申报交流会在河池学院举行

（河池学院社科联 供稿）

【2014年自治区管理干部城乡发展一体化与农村综合改革专题研讨班】 11月3~12日在自治区党校举办，自治区党委组织部、自治区党校主办。自治区区直、各市及有关单位51名领导干部参加。研讨班围绕城乡发展一体化与农村综合改革主题，安排统筹城乡发展，推进城镇化建设、优化城乡产业结构，调整农村就业格局、深化土地制度改革、加快推进覆盖城乡居民的社会保障体系建设、统筹城乡发展，建设美丽村镇、全面深化农村改革，发展广西现代农业等相关课程，共设计3个模块15个专题报告、4次分组讨论(其中2次学习成果交流分享)、1次学员论坛。

【桂林市中心广场科普宣传活动】 11月8日在桂林举行，自治区社科联、桂林市社科联联合主办。桂林市政协副主席王德明等领导参加并致辞。活动以"全面深化改革　实现'两个建成'"为主题，采取展板宣传、发放资料、有奖知识问答、现场咨询等形式向广大群众宣传与人民群众息息相关的法律、教育、健康、家庭理财、社会保障、劳动者权益等知识，摆放宣传展板40块，发放宣传资料3000多份，奖品2000多份，接待咨询群众2000多人(次)。

【广西党校系统学习党的十八届四中全会精神师资培训班】 11月15~17日在自治区党校举办，自治区党校主办。来自广西各设区市、县(市、区)委党校、自治区直工委党校、南宁铁路局党委党校、柳钢党委党校共82名骨干教师参训。自治区党校副校(院)长胡建华出席开班式并讲话，自治区党校副校长陈林杰作结业总结。培

11月15日，由自治区党校主办的广西党校系统学习党的十八届四中全会精神师资培训班在南宁开班 （李建良　供稿）

训班围绕党的十八届四中全会精神，安排“党的四中全会精神与〈决定〉解读”“坚持走中国特色社会主义法治道路、推进依法行政”“加快建设法治政府、保证公正司法”“提高司法公信力、增强全民法治观念”“推进法治社会建设、加强党内法规制度建设”“完善党内法规制定体制机制”等专题辅导报告。

【新任自治区管理干部党风廉政研修班】 11月17日在自治区党校举办，自治区纪委、自治区党委组织部、自治区党校联合主办。新任职的自治区管理干部179人参加。自治区党委组织部常务副部长宋晓天主持。自治区党校常务副校长、广西行政学院常务副院长黄学权，自治区纪委常委、秘书长何敏出席。自治区党委常委、自治区纪委书记邓卫平对新任自治区管理干部进行集体廉政谈话。邓卫平强调，广西广大党员干部特别是领导干部要不折不扣落实从严治党的各项要求，自觉把从严治党新常态当成习惯，永葆共产党员清正廉洁政治本色。研修班上，宋晓天给学员作“主动融入从严管理干部新常态”专题讲座，自治区纪委副书记韦翼群给学员作“学习〈廉政准则〉，永葆公仆本色”专题讲座。自治区纪委常委、秘书长何敏作总结讲话。

【中国—东盟旅游人才教育培训基地第十二、十三期培训班】 11月16~27日在桂林旅游高等专科学校举行。来自老挝的旅游行政管理人员、越南的旅游企业管理人员参训。国家旅游局委托自治区旅游发展委员会主办，桂林旅游高等专科学校和广西民族大学承办，南宁市旅游发展委、桂林市旅游局等单位协办。桂林旅游高等专科学校副校长谢明出席开班仪式并致辞。两期培训班的课程设置以理论讲授和实地考察相结合为特点。邀请国家旅游局人事司副司长、桂林市市长助理余昌国作“桂林旅游业发展和国际旅游胜地建设”专题讲座，同时组织学员到景区和旅行社进行实地考察和交流。在主题研讨会上，桂林旅游高等专科学校请来旅行社代表和国际教育交流学院老师，针对旅游行业合作和旅游教育培训等问题，探讨与老挝、越南旅游界合作共赢的新支点，为下一步合作打下基础。两期培训班在桂林旅游高等专科学校雁山校区举行结业典礼并给学员们颁发结业证书。

11月17日，由自治区纪委、自治区党委组织部、自治区党校联合主办的新任自治区管理干部党风廉政研修班在南宁举行 （李建良　供稿）

【广西市、县党校（行政院校）主管校长培训班】 11月23~30日在山东省委党校举办，自治区党校主办，山东省委党校协办。来自广西各设区市党校主管业务指导工作和教学工作的副校长和部分县级党校主管校长参训。培训班旨在深入学习党的十八届三中、四中全会精神，进一步贯彻落实《党校工作条例》《行政学院工作条例》《2013~2017年广西干部教育培训规划》，研讨广西党校系统的业务指导工作和研究如何加大市县党校师资队伍建设，提升市县党校主管校长的履职能力，推动市县党校工作水平。山东省委党校专门设置论坛式教学、情景模拟教学、双讲分段式教学和现场教学等多种模式，安排山东省委党校的精品课程资源，使学员们接受“习近平总书记治国理政思想研究”“事故灾难应急处置”“马克思《关于费尔巴哈的提纲》解读”“当前国际政治形势与我国发展战略”等课程，考察参观济南市政府12345市民热线电话中心、浪潮集团和齐鲁软件园等现场教学点。11月27~28日，学员们专程前往中央党校主体班的体验式教学基地山东临沂市委党校观摩“群众观教育”现场教学，体验临沂市委党校的教学管理和学校管理方式，参观“孟良崮战役纪念馆”“红嫂革命纪念馆”，向烈士墓敬献花篮，并在烈士纪念碑前重温入党誓词。部分学员主动考察了解山东省县级党校的建设和管理情况。

【“数字动画创作”主题学术交流与普及活动】 12月在桂林举行，广西师范大学社科联主办，学校设计学院承办、职业技术师范学院协办。邀请中国传媒大学动画与数字艺术学院索晓玲、栾伟丽两位教授。活动由系列科普讲座和“数字动画人才培养”的教学交流构成，与教师、学生们就数字动画教学与创作、民间美术与动画创作等方面进行探讨。

【大学生安全防范知识讲座】 12月9日，在广西财经学院举行。邀请学校保卫处副处长陈叔军主讲。学校经济与贸易学院、财政与公共管理学院、管理科学与工程学院等6个二级学院学生代表200多人参加。讲座突出“三防”（防火、防盗、防骗）主题，强调大学生安全防范主要方向，分析诈骗性质、易发生诈骗原因，对求助诈骗、招聘诈骗、带路诈骗、中奖诈骗等出现的骗局作阐析：一是大学生同情心、好奇心等人性弱点被诈骗分子掌握；二是大学生自身防范意识薄弱。帮助学生分析具体情况、学会报警、克服人性弱点。

【“经济新常态下就业的挑战与机遇”专题讲座】 12月16日在桂林旅游高等专科学校举行。邀请自治区党委委员、组织部副部长、自治区人力资源与社会保障厅党组书记、厅长蒋明红主讲。桂林旅游高等专科学校党委书记林娜、副书记蒋伟及相关部门领导、教师和各院系师生参加。林娜主持。蒋明红从经济新常态下的挑战、经济新常态下就业的机遇、促进就业的路径选择3个方面展开。他指出，经济新常态下劳动力市场需求进入学历就业和技能就业并重的新时期，劳动者就业观和择业观变化的核心是追求高质量的就业，追求有尊严的工作和生活，但目前促进就业的体质与就业社会化需求存在差距。面对挑战，蒋厅长指出战略性的新兴产业和服务为就业开辟空间，为广西经济、社会及交通的发展带来就业机遇。

【学习党的十八届四中全会精神宣讲报告会】 12月19日在广西外国语学院举行。邀请南宁市委讲师团团长李东升为900多名师生代表作题为“增强法制观念，坚持依法办事”宣讲报告会。学校党委委员、纪委委员、各党支部书记、支部委员、学生党员及党校全体学员聆听报告会。校党委副书记钟志锋主持。报告会上，李团长围绕习近平总书记在十八届四中全会上的讲话精神，从全面推进依法治国重大意义、全面推进依法治国的总目标，全面推进依法治国任务举措、发挥党员干部学法守法用法模范作用4个方面对党的十八届四中全会中依法治国理念进行解读。他指出，全面推进依法治国是实现中华民族伟大复兴的必然要求，是全面深化改革的必然要求，是实现国家治理体系和治理能力现代化的必然要求，是全面建成小康社会的必然要求。建设中国特色社会主义法制体系、建设社会主义法治国家需要始终坚持中国共产党的领导、坚持人民主体地位、坚持依法治国和以德治国相结合、坚持从中国实际出发、坚持法律面前人人平等。他从依法治国是前提、严格执法是关键、公正司法是防线、全民守法是基础、法制队伍建设是保障、党的领导是保证六个方面全面地解读十八届四中全会后依法治国的重大举措。

科研成果

新著选介

·年鉴·志书·

《广西年鉴》（黄晓明　摄）

【广西年鉴·2014】 逐年编纂连续出版的资料性工具书。自治区地方志编纂委员会办公室主办。广西年鉴社2014年10月编辑出版，1500千字，收入图片300多张、图表100多幅。该书全面、系统地记录广西2013年经济和社会发展的基本情况、重大成就和深刻变化。该书分综合情况、动态信息、辅助资料三大部分。综合情况部分设特载、概况2个专栏。动态信息部分设政治、法制、军事、经济、产业、国土资源·建设·环保、教育、科学、文化、体育、医疗卫生·计划生育、民族、社会生活、市县概况、人物等15个部类。辅助资料有大事记、统计资料和附录。书前设有年度要闻、数字广西和图片专辑。图片专辑刊载中央领导人在广西、第10届中国—东盟博览会、第15届南宁国际民歌艺术节、重点建设工程、柳州汽车城、精神文明建设、"美丽广西·清洁乡村"等内容。该书配备双重检索系统及配套出版电子版（光盘）。在中国版协第五届年鉴编纂出版质量评比中，获综合年鉴特等奖。

《广西社会科学年鉴》（黄晓明　摄）

【广西社会科学年鉴·2014】 逐年编纂连续出版的资料性工具书。是中共广西壮族自治区委员会宣传部主管、自治区社科联主办的地方专业年鉴。广西人民出版社2014年12月出版，1506千字，收入图片300多张。该书全面、系统地记录2013年广西社会科学的发展状况、学术动态及科普活动等内容，设有图片专辑、特载、转辑、事业、概况、学科综述、工作动态、学术动态、科研成果、科研机构、社会科学界联合会、学术团体、社会科学教育、社会科学期刊、学界人物、大事记、附录等栏目，为社会各界提供有关广西社会科学界的基本情况和基本资料。

【广西财政年鉴·2014】 逐年编纂连续出版的资料性工具书。自治区财政厅主管，《广西财政年鉴》编辑部主编。广西人民出版社2014年12月出版，1157千字。全书由9个部分组成，分别为：财政经济概况、重要财经文献、自治区财政工作概况、地市财政工作概况、财政机构与人员概况、财政大事记、附录、财经法规选编、财政决算数据。该书全面、及时、客观、准确地记录2013年广西财政及相关工作的基本情况，展示广西财政改革和发展的主要成果，新增宣传彩页及相应栏目，有计划的宣传广西财政部门及相关单位改革创新、为民理财的主要成绩和经验，是广西财政系统的重要资料和史料。

【南宁年鉴·2014】 逐年编纂连续出版的资料性工具书。南宁市人民政府主办、南宁市人民政府地方志编纂办公室编纂。广西人民出版社2014年9月出版，1650千字。全书设类目39个，收录统计图表80个，随文配图630幅。该卷年鉴设置中国—东盟博览会·峰会·民歌节、南宁与东盟等凸显南宁地方特色与年度特点的类目，增设筹备世界体操锦标赛、美丽南宁·清洁乡村、美丽南宁·整洁畅通有序大行动等彩页专版，展现南宁市构建中国面向东盟开放合作的区域性国际城市、宜居的壮乡首府和有亚热带风情的生态园林城市取得的新成就。年鉴随书光盘采用多媒体及全文检索技术，在南宁政务网及南宁地情网同步推出，并于第11届中国—东盟博览会期间赠予外国贵宾及客商。年内，该卷年鉴获第八次广西地方志优秀成果一等奖；在中国版协第五届年鉴编纂出版质量评比中获综合一等奖。

【南宁地情手册·2014】 南宁市地方志办公室编纂，广西人民出版社2014年2月出版，224千字。全书有125张图片，32开精装。该书设16个板块，其中“两会参阅”继续收录上届市人大、政协议案和提案目录等内容，为南宁市“两会”代表、委员参政议政提供方便；“美丽南宁”展现南宁市首位城市、休闲城市、美丽工程、立体交通建设的举措和成效，展现邕城新风、壮乡歌海、最靓南宁风采。年内，获第八次广西地方志优秀成果三等奖。

【柳州年鉴·2014】 逐年编纂连续出版的资料性工具书。柳州市地方志编纂委员会办公室编，广西人民出版社2014年10月出版，1100千字。由柳州市委、市政府主办。全面、系统地记述2013年柳州市自然、政治、经济、文化、社会等方面基本情况。设34个篇，新增“开展党的群众路线教育实践活动”“开展‘美丽柳州·清洁乡村’”等栏目和内容。在中国版协第五届年鉴编纂出版质量评比中获市级年鉴一等奖。

【柳州社会科学年鉴·2014】 逐年编纂连续出版的资料性工具书。柳州市社会科学界联合会编，接力出版社2014年12月出版，240千字。该书着重记述2013年柳州市社会科学的发展状况、学术动态、社科界的重大活动与社科理论研究成果。设特稿、重要活动、社科成果、县(区)社科联、社科团体、媒体聚焦栏目。

【桂林年鉴·2014】 逐年编纂连续出版的资料性工具书。桂林市地方志办公室主办。广西师范大学出版社2014年10月出版，980千字。主要设置栏目有：特载、大事记、桂林市概貌、军事、人力资源和社会保障、旅游业、城乡建设、交通运输业、信息产业、工业、农业·水利、商业会展业、非公有制经济、对外开放、财政·税务、教育、科学技术、社会科学、文化、区县简介、人物等38个。年内，该年鉴从版面、框架、设计等方面进行创新：一是将内文版式由双栏调整为三栏，增加版面字数，内文版式更紧凑；二是内文由双色印刷改为全彩印刷，版面更美观生动；三是增加图片专辑篇幅，分领导人视察、桂林山水、桂林国际旅游胜地建设、美丽桂林清洁城乡活动、百姓大舞台、全国重点文物保护单位等类别，安排56个页码，以图片直接客观反映桂林市2013年政治、经济、社会等大事、要事。

【广西通志·财政志(1992~2004)】 自治区地方志编纂委员会编，自治区财政厅承修。广西人民出版社2014年1月出版，1000千字。该志列入第二轮《广西通志》编纂计划，较为全面、系统、客观地记载1992~2004年广西财政的主要情况和法规政策，为社会各界了解和研究广西财政事业提供重要资料。该志内容分为概述、财政收入、财政支出、预算外资金与基金预算、财政信用、财政改革、财政管理、机构队伍与科研教育、大事纪略、附录、索引及后记等篇目，其中财政收入、财政支出、财政改革和财政管理为重点。该书全面记录从1992年到2004年的广西财政的历史，涉及广西财政收支概况及比较、广西财政改革和财政管理的发展史、重要财经文献及财经法规、财政大事记等，是广西财政重要的史料成果。年内获第八次广西地方志优秀成果一等奖。

【广西名胜志】 自治区地方志编纂委员会办公室、南宁三文影视文化传播有限公司编著的地情影像志。广西人民出版社2014年5月出版，378千字。该志将传统的“志”与现代的“视”和“听”有机结合，编纂摄制成纸质图书版(7章)、电视影像版(14辑72集)和网络电子版3种版本，收录广西110多处最具代表的名胜景点。内容分为自然景观、人文景观、历史古迹、古村古镇、寺庙塔阁、名人故居、名胜荟萃等单元，每个单元下的景观又独立成篇。其中，自然类景观中有以桂林为代表的喀斯特地貌景观，以北海为代表的北部湾滨海景观；人文类景观中有龙胜龙脊梯田，三江程阳风雨桥；历史古迹类中有兴安灵渠，忻城莫氏土司衙署；古村镇类景观中有龙胜金竹壮寨；寺庙塔阁类中有容县真武阁；名人故居类中有钦州三宣堂等。较全面系统地记录广西重要名胜资源，展现广西名胜风采。

【桂林市象山区志】 桂林市象山区地方志编纂委员会编。方志出版社2014年5月出版。该志书2005年8月启动编纂工作，2009年11月经过象山区、桂林市、自治区三级评议，2013年6月通过自治区方志办审验。全志共27章、109节、1070千字、353幅图片。该志旨在弘扬桂林市象山区的传统文化、先人业绩和现代成就，为后人续志提供依据，为各级领导决策提供参考，为社会各界了解桂林市象山区政治、经济、社会、文化的演绎，促进桂林市象山区物质文明、政治文明、精神文明的持续发展起积极作用。

【广西高中志】 自治区地方志编纂委员会编。广西人民出版社2014年6月出版，1000千字。该书图文并茂，分高中教育、高中简介两部分。行文注重平实，表达力求准确。每所高中均从其存在的历史记起，下限断于2010年（个别事项延至2011年），取材时除学校沿革和学校基本情况外，尤其注重体现办学特色、教学理念、教学成果、教育科研、校友人物、学校荣誉等。该志获第八次广西地方志优秀成果三等奖。

【桂林市简志】 桂林市地方志办公室承编。广西人民出版社2014年8月出版，150千字。该志以1997年版《桂林市志》、2010年版《桂林市志（1991 ~ 2005）》及《桂林年鉴》（2007 ~ 2013）为资料基础，对内容进行提炼，记述桂林建城2100多年的自然、经济、政治、文化、社会等各方面的历史、发展与现状，集思想性、科学性、资料性、权威性和便捷性于一体。该志装帧设计古朴典雅、简洁大方。图文并茂，卷首安排彩图77幅、内文插入照片80幅。设有概述、大事年表和70个纲目，32开本精装印制，方便读者浏览和携带。

【南宁市永新区志】 南宁市永新区和西乡塘区地方志编纂委员会编。广西人民出版社2014年10月出版，945千字。该志记述时间上限追溯到有信史可考的事物发端，如1979年永新区设立之前先后称为“第四区”“永宁区（永宁公社）”等，下限至2005年3月永新区撤销。全书体裁有：述（概述）、记（大事记）、志、传、图、表、录，以志为主，采取章节结构。志书卷首设有彩色插页，正文有少量串文插图，后置附录、索引；对人物的记载有传、录、表3种形式，传收录已故人物，部门领导随机构反映，记到正职；以表收录烈士、名人、英模功臣和新中国成立后副县职以上领导干部及高级职称人员。该志记述和反映永新区自然、政治、经济、文化、和社会的历史与现状。

【柳州市城中区志（1991 ~ 2005）】 柳州市城中区地方志编纂委员会编。广西人民出版社2014年12月出版，860千字。编纂工作于2005年4月正式启动。编纂人员和资料员先后查阅各类档案资料700多卷，收集和整理文字资料4800多千字，图片380多幅。该志全面、系统地记载志书段限内城中区的自然与社会、政治与经济、历史与现状，展示城中区的文化和新姿，描述城中区15年的发展轨迹和变革，展示城中区政治、经济、文化和社会各项事业取得的成果，具有地方特色和时代特征。

【龙壁山房文集·五卷本】 ［清］王拯撰。柳州市地方志编纂委员会办公室整理，影印本，广西美术出版社2014年10月出版。王拯为清代著名文学家，马平（今柳州）人，道光二十一年进士，官至通政使。五卷本为16开本，半叶12行，行24字，四周双栏，录文98篇，一论辩叙跋，二书说赠序，三传状、四碑志、五杂记铭赞哀祭。基于传承乡贤著述的考虑，对王拯文学事业的研究有利，将之影印再版，有校勘和补辑的价值。书中附《媭砧课读图》，出自1917年3月上海神州国光社影印本，图中可见其知交钱应溥、端木埰题识，和康有为、况周颐的诗词墨迹。

【《（崇祯）梧州府志》（校补影印）、清《（光绪）临桂县志》（校补影印）、《（民国）武缘县图经》（校勘影印）】 自治区地方志编纂委员会办公室整理、广西人民出版社2013年12月影印发行（2014年面世）。明《（崇祯）梧州府志》。谢君惠修，王尚贤、马神征纂，20卷，崇祯四年（1631）刊刻。该志兵防志、赋役志记载较翔实。兵防详载各千百卫所设置情况及兵员、兵饷数额，千百户及吏目更替。赋役备载不同时期捐税，详列品名、定额、定量、递增情况。是志各专志之首均冠列“小序”，发凡起例，阐释编纂宗旨；广录艺文，建置、军政、教化及奏疏等重要文献均收录，资料丰富。清《（光绪）临桂县志》。吴征鳌修，黄泌、曹驯纂，32卷，光绪三十一年（1905年）刊刻。临桂历史悠久，人才辈出，有“一县八进士，三科两状元”美称。自三国至清末，临桂一直是郡、州、路、府治所在地。元至民国，广西省亦长期设治临桂，故有“桂郡首邑”之称。唐乾宁二年（895年），临桂赵观文廷试第一，成为广西第一个状元。陈继昌，从嘉庆十八年（1813年）至二十五年（1820年）的八年中连中三元，成为清代仅有的两个三元及第者之一。该志沿革表、选举表中均有记载。临桂物产丰富，该志记述清代临桂已种有紫蔗、白（青）蔗，并能制作片糖、沙糖和冰糖，以及红桂、黄桂、月桂等桂花树种植史料。是志收录相思埭建设史料及大量的石刻题词、已佚诗文、名胜古迹沿革。《（民国）武缘县图经》。清黄君钜初纂，民国黄诚沅续纂，8卷，光绪十一年（1885年）修，民国十年（1921年）铅印刊行。该书有“私家著述之善本”之评。全书有六大特点：一是凡例有创新。如凡例对废邑置县称谓、入志地名、官名规范、分野门类设置、祭祀典礼、舆图之确绘、沿革之详稽博考舛误、入志疆界精绘、山川纲举目详、营建入志次第方向先后规范和名宦入志标准等等,多有创新。二是舆图制作较精准有度。三是注重史料的陈引详稽。该书征引群籍217种,引文皆有出处。四是重视对征引文献资料的考证。全文夹杂200余处按语,皆为考证性文字。五是注意实地考察或采访,使用第一手采访资料150余处。六是采录诗文等作品67处,具有诗(文)史互证作用及增加可读性。

【广西政区集成】 邓敏杰、邓韬编著。首批广西地方志人才梯队建设项目的第一层次项目。由广西人民出版社2014年12月出版,1699千字。该书精选178幅古今地图,以古今正史、志乘精选地图勾勒、诠释自古而今广西各类行政建置分布、层级定位、旧治今属和界线变化。对2011年广西及其所辖14个设区市、109个县(市、区)、108个街道、702个镇、366个乡、58个民族乡等四级行政区进行追根溯源,并追溯到2000多年来曾在今属广西地域建置过的近6000个乡镇以上政区或准政区。该书横分纵述四级政区,详细记述2011年各政区区位、经纬度、四至八到、主要地形地貌、面积人口、自治民族、政府驻地、上下两级政府间的距离,以及所辖16070个建制村、社区的村(居)民委员会名称和人口等。

·历 史 学·

【汉译佛经之美术理论研究——以汉唐为中心】 侯艳(钦州学院)著。花木兰出版社2014年3月出版,200千字。钦州学院学术著作出版专项资金资助。该书研究内容包括中国汉唐时期汉译佛经之美术文献,兼及文学作品、教外文献资料中与佛经美术理论相关的材料及佛教美术作品图像与实物资料。该书以汉唐时期的汉译佛典及在其影响下出现的本土佛教文献为研究对象,收集整理其中有关佛教美术的内容,并与此期的佛教美术实证相参详,从佛教义理、佛经中的美术理论、佛教美术的特性等方面探析汉译佛经与中古佛教美术的关系。该书的主要创新点在于:以文献为依据,以汉译佛经之美术理论为研究对象,开辟佛教文献研究中的新领域,弥补以往多以美术作品为中心来探讨佛教美术的不足,是一次跨学科研究的尝试。

【利益、参与与地方治理——改革开放以来中国的实践经验】 汤玉权(广西大学公共管理学院)著。中国社会科学出版社2014年5月出版,230千字。该书分七大部分,分为导论、公民利益的生长与延伸、公民利益的兴起与扩展、公民参与与地方政府治理压力、走出治理困局:参与式地方政府构建的尝试、深化公民参与改善地方治理、结论及中国经验等。该书是国内第一部从马克思主义历史唯物主义关于利益问题的讨论入手,以利益问题为主线,全面总结和概括中国改革开放以来公民参与发生、扩展的原因与表现及其对地方政府治理的影响和应对策略,对改善地方治理有一定参考价值。

【桂林抗战艺术史】 李建平(广西社会科学院)、李江、覃国康、陆璎著。广西人民出版社2014年10月出版,530千字。该书全面介绍抗日战争时期桂林文化城的艺术活动和发展历程,反映了田汉、夏衍、徐悲鸿、张曙等重要文艺家抗战时期的活动史实与作品。

【百色起义与邓小平理论研究】 系列丛书。黄建宁(百色市委宣传部)、卞成林(百色学院)总编。广西人民出版社2014年10月出版,3000千字。该丛书为中共百色市委宣传部委托课题"百色起义与邓小平理论研究"成果,也是自治区党委宣传部设立的"广西马克思主义理论研究和建设工程百色学院研究基地"、广西高校人文社科重点研究基地"老区精神与老少边地区发展研究中心"研究成果。共13册,分别是《百色起义与中国共产党人创新精神》《百色起义与大学生思想政治教育》《百色起义与根据地制度建设》《百色起义与经济工作》《百色起义与军事工作》《百色起义与民族工作》《百色起义与党建工作》《百色起义与廉政工作》《百色起义与文化宣传工作》《百色起义与思想政治工作》《百色起义与群众工作》《百色起义与财政工作》《百色起义红色歌曲赏析》。该丛书强调史料性,运用历史唯物主义观点和实事求是态度,挖掘百色起义与中国共产党人首创精神,从根据地制度建设、经济工作、军事工作、民族工作、党建工作、廉政工作、宣传文化工作、思想政治工作、群众工作、财政工作及百色起义红色歌谣等方面探讨,展示百色起义历史画卷。

【民国时期广西县政改革研究】 曾凡贞(玉林师范学院)著。广西人民出版社2014年10月出版,400千字。该书以广西民国时期新桂系县政改革为研究对象,厘清新桂系县政改革的嬗变脉络和特点作用。主要阐述三个方面内容:一是叙述新桂系县政改革的历史过程及动因,说明新桂系县政改革是在继承传统基础,吸取历史经验教训,在多重原因叠加下开展的;二是从长时段的视野,从动态层面论述新桂系县政改革的主要内容和客观成效;三是通过比较方法,对新桂系县政改革的特点、历史作用和局限做归纳总结分析。该书着重解决如下三个问题:一是在复杂的社会背景下,新桂系如何重组县乡权力,及以何种方式"唤起民众",集聚民力。二是新桂系县政改革在内容与成效层面上反映的政府与民众关系。三是新桂系县政改革的历史评价。

·经　济　学·

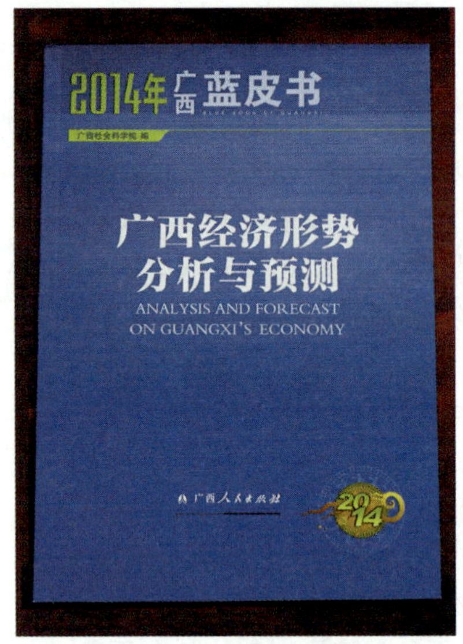

《广西蓝皮书:广西经济形势分析与预测(2014)》(黄晓明　摄)

【广西蓝皮书:广西经济形势分析与预测(2014)】 毛艳(广西社会科学院数量经济研究所)主编。广西人民出版社2014年3月出版,358千字。该书是一部综合性研究报告,汇集广西经济发展的最新研究成果。该书内容分为主报告、综合篇、产业篇、发展战略篇、专题研究篇、政策篇及资料篇7大部分。多视角地对2013年广西宏观经济形势,特别是对经济运行中出现的新情况、新问题进行分析,并且探讨2014年广西经济发展趋势及政策取向。其中,主报告吸收"2013年度广西经济形势研讨会"与会专家发言的重要观点,由研究所分析与研究而形成,集聚企、商、学、研等各界资源。综合篇和产业篇,分别汇集影响广西经济发展的投资、财政、居民收入、外贸、金融和招商引资等重点领域,以及工业、农业、服务业、房地产业、旅游业、战略性新兴产业、会展业等主要行业的发展状况分析及展望。发展战略篇,汇集现阶段广西区情、新的战略支点、"双核驱动"、建设21世纪"海上丝绸之路"、两广一体化等重大战略研究。专题研究篇,选择对广西经济发展有一定影响力的重大理论和热点问题进行分析,分别就金融改革、珠江—西江经济带、产业投资、高铁、经济增长、旅游扶贫开发、能源安全等进行研究与探讨。政策篇汇集2013年国家出台的,与广西经济社会发展密切相关,涉及深化改革、西部地区、农业、工业、服务业、基础设施建设、投融资等方面主要经济政策。资料篇,在指标选取上,突出区域发展数据。

【广西北部湾经济区旅游发展与合作研究】 范恒君(南宁职业技术学院旅游学院)著。中国时代经济出版社2014年4月出版,190千字。该书阐述广西北部湾经济区旅游发展的基础与现状、旅游跨界合作的意义,分析旅游合作发展的推动力及旅游形象塑造、旅游合作的拓展与深化、旅游合作可持续发展战略等问题,从旅游合作的保障措施、紧缺国际化旅游人才开发等方面提出对策与建议,以期促进广西北部湾经济区旅游经济的健康发展。

【新加坡投资环境分析报告】 王娟(中国—东盟研究院新加坡研究所)著。广西师范大学出版社2014年6月出版,250千字。该书是《中国—东盟研究文库》之一,是有关东盟各国投资环境分析与评价系列之一。该书系统阐述新加坡的政治、经济、社会环境、法律与政策、基础设施等状况,综合分析评价新加坡投资的机遇、双边贸易状况、投资成本、重点行业、综合投资环境等,附录新加坡投资指南。该书以投资环境分析评价为切入点,完整介绍新加坡的各方面,重点分析新加坡经济领域的宏观和微观状况。

【一个城市的发展探索】 罗建章(桂林市社科联)主编。广西师范大学出版社2014年7月出版,450千字。该书收集2012~2013年桂林市哲学社会科学规划研究重点课题《桂林国际旅游胜地建设综合协调机制构建研究》《发挥桂林在广西旅游发展中的龙头作用研究》《桂林"两化"融合推进机制研究》《桂林红色文化保护和利用研究》《桂林市第三产业与财政收入关联度研究》《桂林智慧城市建设研究》《桂林特色小城镇发展研究》《桂林城市社会环境综合整治长效机制研究》《桂林傩艺术传承与发展研究》研究成果。该文集按照审时度势、围绕中心、解放思想、瞄准前沿、创新思维、突出应用的原则,采纳桂林市委、桂林市政府有关决策部门和社会各界的意见,综合目前和今后一段时期桂林市经济社会发展的目标任务。特别是按照《桂林国际旅游胜地建设发展规划纲要》和桂林市委"加快建设新城,着力提升老城,产业融合发展,城乡协调推进,生态文化相融,富裕和谐桂林"的总要求,探索桂林市旅游、园区、产业、城建、文化等方面在发展中的理论和现实问题。

【泰国投资环境分析报告】 岳桂宁(中国—东盟研究院泰国研究所)、莫亚琳、陈昕、刘馨元著。广西师范大学出版社2014年7月出版,120千字。该书是《中国—东盟研究文库》之一,是有关东盟各国投资环境分析与评价系列之一。该书以投资环境分析评价为切入点,分9章,分别从泰国的自然地理条件、社会和经济环境、开放程度等方面介绍泰国经济社会发展的基本情况;

同时，介绍泰国与投资相关的法律法规及税收政策；对泰国主要行业的投资机遇和风险进行评估，并分析各个行业的企业投资泰国的成功经验与失败教训。

【老挝投资环境分析报告】 李好（中国—东盟研究院老挝研究所所长）著。广西师范大学出版社 2014 年 7 月出版，160 千字。该书是《中国—东盟研究文库》之一，是有关东盟各国投资环境分析与评价系列之一。该书对老挝的政治、经济、文化、政策、资源及投资环境等进行系统研究和阐述，对老挝投资法律与政策、重点投资项目、投资风险、投资前景预测等进行全面分析；附录在老挝开展投资合作的手续及程序，对投资老挝相关的服务机构进行介绍，并对其他投资相关情况作概述。该书以投资环境分析评价为切入点，重点分析评价老挝经济领域的宏观和微观状况。

【越南投资环境分析报告】 潘永（中国—东盟研究院越南研究所）著。广西师范大学出版社2014年7月出版，240 千字。该书是《中国—东盟研究文库》之一，是有关东盟各国投资环境分析与评价系列之一。该书以投资环境分析评价为切入点，重点分析评价越南经济领域的宏观和微观状况。该书对越南的投资环境状况从政治外交、宏观经济、法律政策、基础设施、生产要素等多方面进行梳理和分析，形成较为全面、合理的越南投资环境分析体系，丰富国内对越南的研究，为其他学者研究越南相关问题提供较为翔实的参考和思路借鉴。

【柬埔寨投资环境分析报告】 刘亚萍（中国—东盟研究院柬埔寨研究所）著。广西师范大学出版社 2014 年 7 月出版，320 千字。该书是《中国—东盟研究文库》之一，是有关东盟各国投资环境分析与评价系列之一。该书分 10 个章节，主要由柬埔寨发展的历史背景和地理环境条件、政治环境、经济环境、法律环境、社会基础环境、基础设施建设概况和重点发展产业和区域及未来的发展趋势等内容组成。该书完整、客观、全面地介绍和阐述柬埔寨历史、地理和风土人情概况。在此基础上，通过各种媒介，收集国内关于柬埔寨的文献资料、专著；通过商务部、柬埔寨国家政府网站、世界银行投资报告等，采集相关基本数据；实地考察分析柬埔寨的政治、经济、政策环境，重点投资区域和产业、投资的社会环境、具体的投资法规法律及总体的投资优势和发展趋势。

【马来西亚投资环境分析报告】 梁淑红（中国—东盟研究院马来西亚研究所）著。广西师范大学出版社 2014 年 7 月出版，200 千字。该书是《中国—东盟研究文库》之一，也是东盟 10 国投资环境分析与评价系列之一。该书完整、客观、全面地介绍马来西亚的政治环境、经济环境、社会环境、法律与政策环境、基础设施环境等，并对马来西亚投资的机遇、双边贸易状况、投资成本、重点投资区域、综合投资环境等方面进行综合分析评价，全面反映马来西亚的投资环境，为有意向去马来西亚发展的投资者提供可靠资料。

【社会生产和分配与人的生存发展——保障人生存发展的经济基础和途径选择研究】 巫文强（《改革与战略》杂志社）著。线装书局 2014 年 8 月出版，近 233 千字。该书是中国人的发展经济学研究成理论体系的第一部学术专著。全书分为引言和六章。其中引言：人生存和发展条件的保障及商品经济学批判；第一至第六章分别为：社会生产和分配是人生存和发展的基础；社会生产和分配的结合是保障人生存和发展条件的关键；社会机构主导型生产和分配与人的生存发展；私人资本主导型生产和分配与人的生存发展；机构和资本双导型生产和分配与人的生存发展；社会生产和分配政府和资本双导下的实践问题与制度建构。该书从社会生产和分配与人的生存和发展关系角度来研究经济发展与人的生存和发展问题，认为在人类发展历史中，社会生产的发展始终占着主要方面，社会生产和社会分配以及二者结合的好坏，决定着社会成员生存和发展的好坏；社会机构（代表社会组织来组织社会生产和社会分配以及二者的差异）主导、资本主导、社会机构和资本主导（或机构和资本双导），是当代主导社会生产和社会分配以及二者结合的三种方式；社会生产和分配方式因社会不同而不同，不同的社会生产和分配方式会产生不同的结果；每一个社会成员生存和发展命运的差异性最终由人来决定；中国社会主义市场经济的双导型生产和分配既要与发展社会主义市场经济目的一致，又要区别于政府主导型的生产和分配，在社会主义制度安排内管理社会主义市场经济双导型生产和分配的全过程，完善社会主义双导型生产和分配方式，对多元资本非公有积累条件进行社会主义改造。

【印度尼西亚投资环境分析报告】 韦倩青（中国—东盟研究院印度尼西亚研究所）著。广西师范大学出版社 2014 年 9 月出版，160 千字。该书是《中国—东盟研究文库》之一，是有关东盟各国投资环境分析与评价系列之一。该书分别从印度尼西亚的自然地理条件、社会和经济环境、开放程度等方面介绍印度尼西亚经济社会发展的基本情况；同时介绍印度尼西亚与投资相关的法律法规及税收政策；对印度尼西亚主要行业的投资机遇和风险进行评估，并分析各个行业的企业投资和印度尼西亚的成功经验与失败教训。该书以投资环境分析评估为切入点，完整介绍印度尼西亚的各方面尤其是重点分析评价印度尼西亚经济领域的宏观和微观状况。

【社会资本与区域经济增长】 金丹（中国—东盟研究院越南研究所）著。人民出版社2014年11月出版，218千字。该书的研究对象不是传统意义上的区域经济增长，而是关于如何促进区域经济增长的社会支撑系统发展的政策思路，或者说促进区域经济增长的社会政策，更多涉及区域发展中的社会网络构建与区域经济主体之间的关联互动，力图从新经济社会学的角度解构推动区域经济增长的人文社会因素。该书通过对中国—东盟区域经济增长中的社会资本因素及其作用机制的实证考察，提出有针对性和可操作性的社会资本培育策略，为进一步利用社会资本推进中国区域经济增长提供理论基础。全书分10章，遵循“提出问题→建构理论框架→实证检验→解决问题”的逻辑思路与技术路线，为解析社会资本对区域经济增长的作用机制建立系统的研究框架。

【菲律宾投资环境分析报告】 申韬（中国—东盟研究院菲律宾研究所）、薛青著。广西师范大学出版社2014年12月出版，300千字。该书是《中国—东盟研究文库》之一，是有关东盟各国投资环境分析与评价系列之一。该书在客观阐述菲律宾的历史、地理和风土人情基础上，全面介绍菲律宾的资源、政治、经济、政策等投资环境，并通过全面、翔实的资料和数据，深入分析菲律宾投资政策与法律制度、重点投资区域和产业及投资现状和发展趋势，旨在为读者提供较为客观、全面的菲律宾投资环境评估结果。

【缅甸投资环境分析报告】 黄爱莲（中国—东盟研究院缅甸研究所）著。广西师范大学出版社2014年12月出版，250千字。该书是《中国—东盟研究文库》之一，是有关东盟各国投资环境分析与评价系列之一。该书在介绍缅甸的人文、政治、经济、区域与城市等投资环境基础上，通过全面、翔实的资料和数据，分析缅甸的投资环境及中缅经贸合作的现状和发展趋势，旨在为读者提供一个较为客观、全面的缅甸投资环境评估结果。

【当代中国税收管理体制研究】 霍军（自治区国家税务局税收科学研究所）著。中国税务出版社2014年12月出版，343千字。该书是建立社会主义市场经济体制以来当代中国税收管理体制研究方面的全景式研究专著，对中国税收管理现代化建设和优化税收教材结构，有重要理论价值和现实意义。该书分8大部分：摘要、导论、税收管理体制相关理论、税收管理体制的国际比较、当代中国税收管理体制变迁的历史轨迹、中国现行税收管理体制模式、中国现行国家机构间税收立法权关系、中国现行政府间税收收入关系。该书如实反映史实和客观情况，主要研究范畴定性准确、分析框架内在逻辑完整、清晰，融入政治和经济体制的分析要素和方法，增进研究深度。

【区域经济金融研究·2013】 杨小平主编。广西人民出版社2014年12月出版，700千字。该书汇编2012年度获一、二、三等奖的广西金融学会重点课题报告（24篇）和特约稿，对促进广西金融干部思想交流，为金融改革和金融实践具有现实指导意义。

·生　态　学·

【生态文化与美丽广西】 广西可持续发展促进会和南宁市委党校编写。主编施日全。广西人民出版社2014年1月出版，210千字。获2014年全国优秀社会科学普及作品奖。该书以科学发展观为指导，可持续发展理论为基础，对生态文明和生态文化的基本概念、基本观点、基本理论做深入研究和普及性阐述，从多角度概述发展繁荣生态文化对美丽广西建设的重大意义，并通过对广西各地生态文化建设的成果展示和现实情况分析，提出构建广西生态文化体系的思路和对策。

【少数民族艺术生态学】 袁鼎生（广西民族大学）、申扶民（广西民族大学文学院）主编。民族出版社2014年3月出版，430千字。该书运用生态美学理论和生态方法，通过对少数民族审美生态和艺术生态的研究，从中概括提炼出少数民族的生态审美规律；通过对少数民族审美生态、艺术生态与民族文化关系的研究，发掘少数民族生态审美文化的规律；通过对少数民族审美生态、艺术生态、审美文化生态与社会生境生态、自然环境生态、宇宙背景生态关联的研究，升华出少数民族的生态艺术哲学原理。

【壮族地区生态文明建设研究：基于民族生态学的视角】 付广华（广西民族问题研究中心）著。广西师范大学出版社2014年5月出版，390千字。国家社科基金青年项目《民族生态学视野下的壮族生态文明建设和环境保护问题研究》(08CMZ011)结题成果。分导论、壮族地区生态文明建设概览、传统生态知识与壮族地区生态文明建设、现代科学技术与壮族地区生态文明建设、生态文明建设场景下的壮族地区环境保护、结论与建议6章。该书从民族生态学视角出发，在田野调查和文献分析基础上，对壮族地区生态文明建设展开探讨，向从事生态文明研究学者发出民族生态学界声音，在民族传统生态知识、现代科学技术、环境保护及环境冲突等论题上提出新颖观点。

【喀斯特人地系统研究】 胡宝清（广西师范学院资源与环境科学学院）、苏广实（广西经济管理干部学院贸易经济系）著。科学出版社2014年8月出版，880千字。该书以广西喀斯特地区为研究对象，用人地关系地域系统视角，沿着“系统组成—演变机理—环境效应—响应模式—决策支持”脉络，系统研究广西喀斯特人地系统及其组成部分生态系统、经济系统、土地系统、农业系统、石漠化系统、石漠化治理系统等，最终提炼出喀斯特人地系统研究主要方向、研究内容、研究方法及科学范式。

【广西喀斯特地区农村社会风险预警与农业发展研究】 黄志强、胡宝清（广西师范学院）著。上海三联书店2014年8月出版，280千字。国家社会科学基金一般项目《广西喀斯特地区农地石漠化预警、农业重建与可持续发展研究》、广西哲学社科项目和自治区教育厅社科项目《广西喀斯特地区农地生态恢复与发展研究》最终研究成果。该书以广西喀斯特生态环境系统为研究对象，分析其演变过程和石漠化侵害农业系统的成因机理与致灾过程，进行喀斯特区农村社区安全预警和石漠化危害农业生产的风险分析指标体系；依托GIS技术与空间统计分析和数学模型，建立农地石漠化受灾的风险评估模型，据此确定该区农业生产适用现代技术，构建农业生产恢复与重建发展模式，从理论方法上丰富石漠化地区农村社区风险预警理论和农业经济学及其关联性研究的学术积累，在实践上为中国西南岩溶山区石漠化侵害农业预警和灾害防治与不同类型喀斯特区农业可持续发展提供借鉴范例。

·社　会　学·

【滇黔桂民族地区水电工程移民发展实证研究】 周町波（百色学院经济与旅游管理系）、胡优玄等著。广西人民出版社2014年12月出版，200千字。该研究报告获广西第十三次社会科学优秀成果奖二等奖。研究报告通过对滇黔桂边地区天生桥一级、天生桥二级、平班、龙滩、岩滩、大化、百色水力枢纽等重大水资源开发移民生产生活安置现状进行实证调查，对国家及地方有关重大水资源开发移民安置、补偿和扶持等相关政策落实情况分析，借助有关移民理论、福利经济学理论、社会保障理论，全面系统解析滇黔桂边地区重大水资源开发民生惠及问题和移民遗留问题的成因及解决途径；通过滇黔桂边民族地区重大水资源开发惠及民问题的应用性研究，探索国家重大水资源开发保障民生、社会保障的一般规律，把应用研究升华到理论高度。报告提出库区产业开发扶贫、移民社会保障、移民生产建设开发、新农村建设发展、物价调控与生活保障等对策建议。

【广西残疾人社会工作实践与探索】 覃明兴（广西师范学院政法学院）、龙妮娜（广西师范学院宣传部）著。光明日报出版社2014年9月出版，185千字。该书是广西第一部残疾人社会工作专著。该书以广西为研究场域，通过若干专业化社会服务并梳理实务经验，探讨正处于起步阶段的广西残疾人社会工作发展若干问题。全书分为“行动研究篇”与“生命故事篇”两部分，前者由系列课题类研究性文章组成，分别从农村社区专业化助残、唇腭裂患者及家庭社会心理支持、残疾人社会工作伦理和志愿者队伍专业化培养等方面进行阐述，引发思考；后者是把口述史方法运用于残疾人个案管理过程，这些生命故事表现的不仅是残疾人的苦难，更是帮助残疾人发现生命历程中的资源和已形成的抗逆力，以达到自我成长和发展的目标。

·法　学·

【受控主体权利保护法律问题研究】 蒙连图（广西师范学院、广西方园律师事务所）著。中国政法大学出版社2014年9月出版，200千字。该书分八大部分，内容分摘要、导论、受控主体权利基本范畴解析、受控主体权利保护的理论基础、受控主体权利保护现状及其原因的实证分析——以中国宏观调控实践为中心、受控主体权利保护的对策研究、受控主体权利救济制度、结语等。作者运用逻辑分析、实证分析及多学科分析法，对宏观调控中受控主体权利的分类、权利内容、权利现状、权利受忽视的根源及权利保护路径、救济制度进行创造性探讨。该书从保护受控主体权利的角度出发，以解决宏观调控法存在的规范缺失问题，恢复宏观调控法作为调整人与人之间社会规范的本来含义，找出宏观调控法治化的基本路径。

·新闻学·传播学·

【电视新闻视听心理研究】 林奇（广西大学新闻传播

学院）著，中国传媒大学出版社 2014 年 8 月出版，280 千字。该书是国内第一部电视新闻视听心理专著。分十大部分，绪论、视觉基础、听觉基础、跨文本视野下的电视新闻、电视新闻文本特色：“现在进行时”、电视新闻解说语言优劣与对策、电视新闻让同期声“说话”、电视新闻画面叙事视觉优势、电视新闻画面连续性的魅力：好故事、电视新闻时空观等。作者针对电视新闻文本的特点，从跨文本视角、文本时态、文本的解说语言、同期声语言、画面语言等方面，研究电视新闻视听心理的特点与规律。该书注重理论体系的完整性、技巧方法的应用性，强调理论指导实践、实践强化理论的能动作用。

·文化学·艺术学·

【广西文化产业发展战略研究】 贤成毅、赵瑞娟（广西师范大学经济管理学院）著。广西师范大学出版社 2014 年 4 月出版，300 千字。该著从文化产业发展的全局考量，分析广西文化产业的竞争格局、营销策略、国际市场、文化产业政策、文化产业发展驱动因素等，影响文化产业发展战略的生产要素、需求条件、相关产业、同业竞争、政府因素等，找出广西文化产业发展全局的各个局部、因素间的关系，并找出决定广西文化产业全局发展的决定性因素，提出广西文化产业发展的战略性建议。

【边地文化视野与文学焦虑】 韦茂斌（广西民族师范学院）著。中国戏剧出版社 2014 年 4 月出版，220 千字。该书是一部边地文化视野与文学焦虑研究的专著。该书以“边地文化”的研究视野，阐述当下中国文学——“边地文学”，具体为“广西文学”“崇左文学”的创作现状，探索中国当下“边地文学”创作独具的精神个性和文化审美价值意义。该书分两部分，第一部分以包容开放的文化态度开拓“边地文化”文学研究视野；第二部分在“边地文化”视野下探索当下中国“边地文学”创作的精神实质。从 3 个层面阐述作者在“边地文化”视野下“边地文学”研究心得。该书结合“焦虑”术语和理论，阐述一系列“边地作家”的创作精神实质。指出：鬼子的创作，缘于作家“生存的焦虑”，最终形成“直面苦难”的作品风格等。该书通过人文视角对文学作品的欣赏与分析，探讨文化与文学的互动，对相关理论结合作品进行全面分析，在文学欣赏的基础上，形成全面的分析视野，进而形成创新研究。

【析龚贤山水画风转变时期的笔墨走向】 王少伦（玉林师范学院）编著。广西美术出版社 2014 年 6 月出版，210 千字。该书对明末清初山水画名家龚贤的绘画笔法、墨法、美学思想进行探讨，审视龚贤山水画艺术审美观的演变过程，分析其转变的时代背景、哲学人文因素，客观评价其对清末后期山水画的影响及对当代山水画创作的启示。该书认为，龚贤的画作具有“笔随时代、师法自然”“强调创新、突出风格”“富于人文涵养”等特点，在山水画绘画风格、形式多样的当代，全面理解和把握龚贤山水画艺术审美特征，给当代水墨画创作提供重要启示。

【中国工艺美术史】 刘世军（广西师范大学设计学院）著。西南交通大学 2014 年 7 月出版，185 千字。该著主要介绍中国古代工艺美术的历史演变和发展历程：原始社会的稚拙与神秘；奴隶社会的威严与礼制化；秦代的豪迈与质朴；汉代的雄浑大气；唐代的诗意华章；两宋的文雅与理性；元代的豪放与粗犷；清代的繁缛富丽……每个时代的工艺美术都有时代烙印与民族追求，反映中华民族上下求索，追求完美的心路历程。该著作展示这个发展过程，使人们理解中国先民的设计技艺与设计思想的变化。

【思香垌风情录】 廖才彪（广西钟山县原民族局局长、档案局局长、方志办主任，广西非物质文化遗产传承人）主编。广西人民出版社 2014 年 11 月出版，338 千字。该书从民族民俗文化传承保护入手，全面系统记录和研究钟山县两安瑶族乡独特的瑶族语言文化、饮食文化、景观文化和人文文化等，将原有的零散文化，整合成较完整的思香垌地方文化。

【濒临民间乐舞与地方高校传承的研究】 庞梅（玉林师范学院）著。广西人民出版社 2014 年 11 月出版，230 千字。该书以田野考察法及文献分析法为主要研究方法，通过对桂东南濒危民间乐舞文化进行整理与研究，分析颇具特色的地方乐舞文化形态、价值、内容的演变，探寻其演变过程中的价值取向等，挖掘桂东南濒危民间乐舞文化历史价值，提出桂东南濒危民间乐舞文化传承发展策略，并通过对桂东南濒危民间乐舞文化与地方高校传承研究，指出地方高校教育与濒危民间乐舞文化的传承保护路径和发展趋势。

【当代意义的文艺学研究】 李启军（广西民族大学文学院、广西美学学会）著。中国社会科学出版社 2014 年 11 月出版，235 千字。唯一本质主义文艺学认定文艺的本质特征、文艺学的研究对象是恒定不变的，当代反唯一本质主义文艺学则认为一切文艺活动及其成果都是历史的、具体的，文艺生产及文艺学知识生产具有鲜明的历史性、地方性、语境性、个体性。该书对种种论题的讨论，是作者作为特定个体在特定语境、出于特定目的提出并思考、探索的文艺领域的具体问题。

【物随笔转　境由心造——桂西少数民族风情人物画研究】 郑军里（广西艺术学院）等著。江西美术出版社 2014 年 12 月出版，120 千字。该书是郑军里教授主导的广西艺术学院中国画人物方向的优秀教学团队在人物画方面的论文、绘画作品研究。团队扎根本土文化研究，深入基层进行民族民间优秀文化的挖掘、收集、整理，创作出一批有影响力的优秀作品，构建时代的鲜明艺术特色与风土人情浓郁的民族画卷，反映广西各族人民热火朝天投身家园建设的劳动风采，体现各个时期广西美术表现社会发展、体现各族人民精神面貌的风采。

【大墨之韵——宁绍强山水画】 宁绍强（广西师范大学设计学院）著。天津人民美术出版社 2014 年 12 月出版，20 千字。“大墨之韵”画册的作品主要以山水画为主，以表达桂林山水为主题，尝试运用中国画的传统表达方式与现代绘画表现技法和审美情趣结合。该著在如何用合适的表现形式体现桂林山水的方式方法上，希望探索出符合个人情感抒发的风格形式。

·教　育　学·

【高等师范院校宣传思想工作理论研究与实践探索】 唐东升（广西师范学院党委宣传部）主编。广西人民出版社 2014 年 4 月出版，257 千字。该书对高等师范院校宣传思想工作生动实践和特点规律进行总结和思考。分 5 章，即学习型党政组织建设、思想政治教育、舆论引导、文明创建、文化引领和书的后记。该书结合经典案例，开展实践总结和理论探究，对新时期民族地区高等师范院校宣传思想工作的特色优势和发展途径进行全面的科学总结和实践探讨。

【中学教学模式与思维创新】 唐彰新（玉林师范学院）著。光明日报出版社 2014 年 5 月出版，360 千字。该书立足于创新视角的反思教学理论与实践，从中学教师专业化教学与管理、教师专业素养、教学组织管理模式、教师专业化和专业发展等角度，对反思性教学进行研讨。该书认为，中学反思性教学是中学教学模式中的新型教学形态，但在理论基础和实践经验尚未完善，中学反思性教学应结合传统教学经验，秉着“扬弃”精神完善教学理论体系。该书倡导从创新、发展视角看待教育，以素质教育为目标，通过学业评论和教学模式的创新，提升中学教学质量。

【高职大学生思想政治教育课实践教学模式研究】 张晓荒（南宁职业技术学院人文社会科学部）著。广西科学技术出版社 2014 年 6 月出版，320 千字。广西“十二五”规划课题“高职大学生思想政治教育实践模式创新研究”研究成果。该书基于对高职大学生思想政治教育的调查研究，构建“多维一体”实践教学模式，分析高职大学生思想政治教育课实践教学有效性的实现途径和教学质量评价，探究思想政治教育与心理健康教育的关系及协作机制，分析国外高校思想政治教育的实践模式对中国教学实践的启示，旨在提高高职大学生思想政治教育教学实践的成效。

【教师职业活动幸福感研究】 谭贤政（广西大学教育学院）著。中国商务出版社 2014 年 7 月出版，336 千字。教育部“十一五”重点规划课题“和谐社会建构背景下的青少年情感素质研究”扩展成果。该书在对具有幸福感的教师进行开放式调查和查阅相关理论研究基础上，提出教师职业活动幸福感的概念，把其限定在相对狭义的层面，对概念、特点、作用和结构进行理论构建。认为教师职业活动幸福感是指教师在学校教育活动中精神性需要得到满足而产生的持续积极正性的情感体验。这种情感体验具有人文性、成熟性、规范性、超越性、共同性、时代性、复杂性和纯洁性等特性；对教师教学能力、教学观念、教学评价等有促进作用；主要包括教师备课活动幸福感、教师课堂活动幸福感、教师课外辅导活动幸福感和教师学业成绩评定活动幸福感，是教师专业化发展必须关注的方面。通过研究发现，提升教师职业活动幸福感的途径很多，改善师生关系是关键；可选择的有效方式有学生积极反应、教师积极反应、师生积极互动和强化教师职业成就等。

【Windows XP 基础与应用（“做中学　学中做”系列教材）】 严敏（广西经贸高级技工学校）主编。电子工业出版社 2014 年 7 月出版，358 千字。该书基于“教学做合一”观点设置系列环节，建立教学模块和实用项目，具体介绍 WINDOWS 的安装、操作、资源管理、工作环境、软件使用、维护管理等内容，以典型的行业应用案例，由简到难，探索、完善和推行“做中学　学中做”课堂教学模式，让课堂更贴近实际、贴近学生、贴近生活、贴近职业。学做结合，知行合一。对发展学生的实践能力和基本“职业能力”提供内在驱动。

【建筑装饰和景观设计管理】 李红（钦州学院）著。漓江出版社 2014 年 9 月出版，150 千字。该书主要论述建筑装饰和景观设计管理的相关知识，从环境设计师的工作环境、环境设计的一般程序、环境设计管理要素、环境项目设计流程结构系统、监理与工地协调5个部分阐述，丰富了环境艺术设计专业学生的管理知识和技能，为高校环境艺术专业实习活动提供借鉴。该书将专业管理的基础知识融会贯通，在教材内容和结构编排上注重当前学科的前沿性知识传授，关注行业热点，以行业最新热点"建筑装饰和景观设计管理"为主体，扩大学生视野，有效地把知识向能力迁移，适应应用型大学环艺艺术设计学生培养要求。

【小学生学习能力的培育】 温轶群（广西桂平市西山镇中心小学）著。广西教育出版社2014年11月出版，300千字。该书系统论述了影响小学生学习能力的身心状况、生活环境状况、信号输入状况、兴趣趋向状况等十大因素，及这些因素的系统关联，并提出相应举措。全书共有十二章，分别是：绪论、关注和促进学生身心健康是第一要务、努力优化儿童的生活环境、提高对儿童信号输入功效的路径和措施、引导和增强学习兴趣的方法讨论、良好学习习惯的培育和养成、学习氛围的营造与优化、学习引领体系的建构、正确思维方式的培育和养成、学习手段的完善与优化、学习激励机制的建构和优化、小学生学习能力的测评和后记。

【农村幼儿园建设：规划与设计】 徐莉（广西师范大学教育科学学院）、覃伟合（自治区教育厅基教处）著。广西师范大学出版社2014年11月出版，210千字。该著基于当前农村幼儿园改扩建现状，依据《托儿所、幼儿园建筑设计规范》等文件，以图文结合形式，通过具体实例，对幼儿园各个部分的设计进行图解，为幼儿园建筑设计提供参考。该书认为，儿童友好的幼儿园建设基本理念，应是安全、舒适、美丽和多元的，要与当地的自然、地理及人文传统整合，要适合儿童生活成长、培育幼儿的感受性、社会性与创造力。

【2014中国远程高等教育专题研究报告——教育信息化建设】 贺祖斌（广西广播电视大学）等主编。广西人民出版社2014年12月出版，395千字。该报告是继2013年中国远程高等教育专题研究报告后出版的又一本新著。包括四部分内容：第一部分"我国远程高等教育信息化研究与评析报告"，主要对目前中国远程高等教育信息化研究进行评述，并从远程高等教育信息化的战略地位作用、基础能力建设、教育资源建设共享、创新人才培养模式、教育管理应用、教师发展及可持续发展等研究进行综述和评价。第二部分为"MOOCs对中国高等教育影响的研究与评析报告"，从MOOCs的起源及发展、MOOCs学习生态环境构建、MOOCs对传统高等教育的冲击及对策、MOOCs推进高等教育公平及优质资源建设、MOOCs对高校教师教学能力提升、MOOCs对中国开放大学建设发展等方面进行研究与评析。第三部分为"区域性远程高等教育信息化资源协同创新研究报告"，从区域性远程高等教育信息化资源的协同创新研究背景、发展现状、协同创新存在问题分析，并提出区域性远程高等教育信息化资源协同创新的思路与建议。

【开放大学学习中心建设与运行研究】 赵啸海（广西广播电视大学）、时锦雯等编著。广西教育出版社2014年12月出版，350千字。该著认为，办好开放大学已成为中国、广西教育改革与发展的重要措施，学习中心是开放大学体系的重要环节，它是组成开放大学的最小办学终端，是开放大学基层教学和管理服务的活动基地，只有把基地建设好、运用好、管理好，开放大学建设才有根基。该专著理论联系实际，通过系统地研究"学习中心"的功能作用、构成要素、管理体制和运行机制等，力图构建一个"看得见、摸得着、说得清、可复制、可推广"的"学习中心"模式。

【知识管理与现代远程教育发展研究】 李兵（广西广播电视大学）著。广西人民出版社2014年12月出版，251千字。该书从知识管理及其发展概述入手，介绍知识管理理论及其发展的基本知识和脉络，围绕现代远程教育的发展需求，以知识管理的视野进行全面审视，在完善发展"双主体学习论"的基础上，提出促进现代远程教育发展的策略框架。该书获广西社会科学重点学术著作出版资助立项，被列入《广西社会科学重点学术著作精品文库·2014》。

·文　学·

【狄更斯与他的时代】 严幸智（广西师范大学外国语学院）著。广西师范大学出版社2014年2月出版，338千字。该著主要从文学家实现自身社会担当，参与相关建设性社会活动两个层面，论述维多利亚时代文学家和社会活动家狄更斯为维护英国社会稳定和平稳过渡作的建设性努力。

【广西文学的哲学叙事研究】 王志明（玉林师范学院）、郑立峰（玉林师范学院）著。广西师范大学出版社2014年4月出版，300千字。该书以"哲学"话语重新审视与阐释"改革30年以来的广西文学"，对在边缘文化和主流文化间游转碰撞的富有特色区域文学进行探讨,揭示“广西文学”内在脉络、现代性特质和文学意蕴深度,并选取近30年来在小说、散文、诗歌创作方面成就突出、具有代表性的作家作品作为个案进行研究分析。通过哲学研究视角及文本解读方式,该书力图为广西文学研究赋予宏阔与宏大的文化视野,并深入挖掘其内在艺术奥秘与审美机理。

【槿花集——刘兴超诗词选】 刘兴超(广西师范学院文学院)著。中国文联出版社2014年9月出版,125千字。近年来,刘兴超在《诗刊》《中华诗词》等上百种诗词刊物发表500多篇诗词作品,该书是刘兴超的第一部诗词精选集。他主张新声韵、诗歌写当代生活,追求通俗易通、韵味深远的艺术效果。该书分三卷。卷一为绝句,收入大量七绝,按咏物、历代作家咏、游观、读书等主题排列;卷二为律诗,收入五律、七律等20首;卷三为词,收入词12首。全书共精选诗词400多篇。

【稀见明人诗话十六种】 陈广宏(复旦大学)、侯荣川(玉林师范学院)编校。上海古籍出版社2014年12月出版,1000千字。该书编校出发点是:明清是中国文学批评集大成、发展迅疾的时代,诗话作品是其中的代表。明代以来的诗话作品中,理论性诗学著作逐渐增多,特别是围绕明代诗学的流派纷争,出现理论性诗学体系。从《沧浪诗话》以来逐渐显著诗学理论构架,显现出中国传统诗学体系,系统整理和研究诗话作品有助于中国文学理论和文学批评重新回归自身语境。因此,应将诗话作品放入当时的文学环境、思想环境,把诗话史料纳入构建中国诗学视野。该书分上、下两册,共选汇陈霆《渚山堂诗话》等15种明人诗话,皆为尚未有专门影印或整理出版全本者,多属孤本,不少藏于海外,学界历来罕有关注、研究。

【徐锡我《我侬说诗》研究】 黄斌(广西师范学院文学院写作教研室)著。云南大学出版社2014年12月出版,300千字。广西师范学院博士点建设经费资助出版。该书分6章:徐锡我生平事迹考略、《我侬说诗》及《声中诗》考述、明清之际的诗学与《我侬说诗》、《我侬说诗》理论体系概述、《我侬说诗》与分解说诗理论、《我侬说诗》杜诗论。附录部分包括:徐锡我《声中诗》整理、徐锡我其他著述稽考、徐锡我生平事迹编年征略等。作者结合明清之际的诗学背景,在选本与评点批评的理论视野下,着重对《我侬说诗》的选评思想,尤其是分解说诗理论,进行探讨,揭示该书理论价值,同时对版本情况及作者徐锡我生平进行考证,对徐锡我的别集《声中诗》进行全面整理。

【新世纪广西诗歌观察】 罗小凤(广西师范学院文学院)著。广西人民出版社2014年12月出版,220千字。该书一方面从总体上分别论述新世纪广西诗歌发展的现状、特点、存在的困境与解决路径,新世纪以来广西诗歌中的“广西形象”所呈现出的特点与面貌及广西诗歌中“广西形象”的建构策略;一方面对刘春、盘妙彬、刘频、非亚、谭延桐、黄芳、石才夫、许雪萍、汤松波、庞白、荣斌、田湘、甘谷列、费城、水古、陈纸等数十位诗人进行评论与研究,对这些诗人的作品进行文本解读,从总体上对他们的创作轨迹、特点进行宏观把握与判断,感性与理性、文本解读与总体论述相结合,个案研究与宏观研究相辅相成,形成独特的评论风格与特点。

·语　言　学·

【当代汉语新词族研究】 杨绪明(广西师范学院国际文化与教育学院)著。中国社会科学出版社2014年5月出版,318千字。该书是教育部人文社会科学研究青年基金项目《当代汉语新词族研究》(10YJC740121)的结项成果,词汇研究专著,入选《世界汉语教学》2015年第2期“新书目”。该书分绪论、当代汉语新词族的特征、当代汉语新词族分类考释、当代汉语成族新词语的整体特征及滋生机制、当代汉语新词语族群化现象影响及词族研究价值、结论等6部分。该书认为当代汉语新词语数量庞大,成族率高,新词语族群化滋生及大量成族现象已成为当代汉语词汇滋生变异的显著特点,表明当代汉语新词语滋生的理据性增强、并在词形上表现,词汇的系统性、层级性特征进一步得到展现。新词语的族群化滋生和新词族的大量出现改变着当代汉语词汇的构成状况,丰富当代汉语的构词手段;五大基本结构形式在当代汉语新词语中有新的分布状况。新词语的族群化滋生成词族现象是受经济机制、类推机制、对称机制等语言机制和“从众从优与求新求异”等语言认知心理共同影响的结果。

【三江侗族语言使用现状及演变】 蒋兴礼(广西民族大学文学院)等著。广西民族出版社2014年6月出版,220千字。该书是国内第一部研究广西三江侗族自治县语言使用现状及演变的著作。该书分七章:绪论、三江侗族使用侗语的现状及其原因、三江侗族语言兼用情况及其成因、汉语对独峒侗语的影响、三江儿童与青少年语言状况、独峒乡民族杂居区语言状况、小结与预测。附录部分为访谈录、语言态度调查、侗族400词测试表、调查日志。著者赴该县开展关于侗族语言使用现状及演变的田野调查与研究,主要采用问卷调查法、文献法,综合语言学、人类学、民族学、社会学、文化学、统计学等知识和方法，通过图、表、个案陈述，从语音、词汇、语法等方面对该县的侗族语言使用情况及演变进行较为系统、全面、深入的描写和分析。该书主要阐述该县在与当地汉族长期交往，频繁接触，在政治、经济、文化等领域受到汉族文化影响背景下，侗族人的母语保存情况、语言使用现状及演变趋势。

【壮语语音】 蒙元耀（广西民族大学文学院少数民族语言教研室）著。广西民族出版社 2014 年 12 月出版，150 千字。该书是广西民族高校壮语文专业学生教材丛书中的壮语语音教科书。该书分十一章：引言、声调、声母、元音韵母、鼻音韵母、塞音韵母、借词、语音对应规律、壮文的创制、《壮文方案简介》、壮文的优势。附录部分为常用词表。该书旨在为高校学生掌握壮语语音基本知识，了解壮语语音的分类、音节的构成与音素的结合规律、语音的变化、音系的构成等学习壮语文相关课程打下基础，并在此基础上涉及语言学的一些基本理念与概念，为学习语言学概论、现代汉语等课程提供相应参考。

【现代壮语句法】 何霜（广西民族大学文学院）著。广西民族出版社 2014 年 2 月出版，190 千字。该书是广西民族高校壮语文专业学生教材丛书中的壮语句法教科书。该书分五章：总论、短语、句型、壮语的复句、句类——句子的语气类。该书阐述的壮语语法以句法为重点，揭示壮语语法的基本规律，展现壮语语法的基本面貌。书中既阐述短语的内部结构和语法功能，揭示短语内部的规律，也阐述和分析句型。句型分析以结构关系为主，兼顾语义关系，多层次、多角度地阐述句型系统，揭示各种句型的句法特征。句类分析以语气功能为准则揭示各类句子的功能特点。复句着力阐述其组合形式和语义结构关系类型，揭示其句法、语义特征。

【汉壮翻译基础教程】 卢勇斌（广西民族大学文学院）著。广西民族出版社 2014 年 2 月出版，140 千字。该书是广西民族高校壮语文专业学生教材丛书中的汉壮翻译教程。该书分八章：翻译的本质，翻译的分类、过程和方法，翻译的标准和影响翻译的基本因素，中国翻译理论和汉壮翻译史，词语的翻译，简单句子的翻译，复杂句子的翻译，文学本体和应用文的翻译。该书首先介绍翻译的基本知识，内容涉及翻译的概念、性质和作用，翻译的分类、过程和方法，翻译的标准和影响翻译的基本因素；接着介绍中国翻译理论和汉壮翻译史；最后针对词汇、句子和文体等三个方面从理论上逐章探讨汉语翻译成壮语的具体译法问题。该书通过实例归纳和阐明一般规律性的知识，旨在帮助学生掌握汉壮翻译的基本理论和技巧，提高汉壮翻译的能力和水平。

【中国京语词典】 韦树关（广西民族大学文学院）、颜海云、陈增瑜著。世界图书出版公司 2014 年 5 月出版，900 千字。该书是国家社科基金重点项目《广西濒危语言个案研究》系列成果之一，共收入中国京语词目近 2 万条，主要是京语日常生活用词，也收入流传在京族民间的喃字手抄本中的一些词语及若干新词术语。在中国，京语主要分布于广西防城港市所辖的东兴市江平镇的山心、巫头、沥尾三个岛（俗称“京族三岛”），使用人口 6000 人左右（约占京族人口的三分之一），是一种濒危语言。中国京语和越南主体民族越族的语言——越南语（也称京语）实际上是一种语言。但由于中国京语脱离越南语母体将近 500 年，两者在语音、词汇、语法、文字等方面出现差异。

·其　他·

【跨越界限，走向整体融贯：效用，实在，语境框架下综合“三大主流”理论的尝试】 江帆（广西大学政治学院）著。中国书籍出版社 2014 年 1 月出版，395 千字。该书通过“新现实主义”“新自由主义”“建构主义”主流理论内在逻辑进行质疑，跨学科比较研究，分析存在问题，例如本体论，认识论，方法论，对相关学科的理解等，并找到问题存在原因。该书认为，微观经济学和系统科学从属不同学科范式，无法直接进行类比。因此该书引用经济学的“稀缺性，效用，竞争，均衡”等学理内核，借鉴新制度经济学的制度变迁理论精神，分析经济学与相关学科同构性及共同变迁过程，以此建构一个以制度变迁理论为核心，兼考虑人类的认知规律，人类的认知和语言符号体系互动的关系的，突出过程并重视科学实在立场的综合的国际关系理论方法论体系。

【从主体建构到自我解构——中国新时期以来电影中农民形象演变的符号学考察】 颜小芳（广西师范学院文学院）著。苏州大学出版社 2014 年 6 月出版，210 千字。该书分七部分：导论；新时期中国电影与社会主体；第四代电影中农民主体从社会主体向启蒙主体过渡；第五代电影与启蒙主体的建构；新生代电影创作与后现代电影；现代性与后现代性交织的社会中自我的解构与重构；结语。该书的创新之处在于运用芬兰符号学家埃罗·塔拉斯蒂的存在符号学主体理论分析阐述中国当代电影中农民主体的生存现实，论证中国当代电影中农民主体经历从社会主体到启蒙主体再到后现代主体的变化发展过程，得出主体重构的必要性。

【石涛】 陈国平(广西艺术学院、中国美术家协会广西分会)著。广西美术出版社2014年8月出版,1600千字。该书是一部较为全面系统研究石涛的著作。通过大量新材料的发现及参考、引用大量史料和证据,对石涛身世、籍贯、生卒年、僧籍、行踪、艺术活动及其绘画美学思想等许多重要问题,进行深层次探讨和研究,提出新见解,并撰写新的石涛年谱,在中国和世界画坛史上有一定学术价值和资料价值。

【柳州社会科学研究文选】 柳州市社会科学界联合会编。广西人民出版社 2014 年 12 月出版,565 千字。该书收入 32 篇课题研究成果,课题围绕柳州市委、市政府中心工作,从不同角度,多层面就柳州市经济建设、文化及社会事业发展等方面的热点、难点和焦点,进行系统分析和研究,为解决有关经济社会发展中出现的问题提出思路和对策,为柳州市委、市政府有关部门决策提供参考依据。

《我爱我的家》(黄晓明　摄)

【我爱我的家】 广西壮族自治区社会科学界联合会、柳州市社会科学界联合会主编。接力出版社 2014 年 12 月出版,100 千字。该书是社会主义核心价值观普及读物。书中抓住青少年成长中的各种问题和困惑,再现家庭、学校、社会等生活场景,以日常主题活动为主线,结合知识性、趣味性、科学性,设计一系列学习实践活动,让青少年在探索中领会社会主义核心价值观真正内涵,感知道德信念,科学看待世界,形成正确的世界观、人生观和价值观。

【柳州政策应用研究·2013】 张联松主编。广西师范大学出版社 2014 年 3 月出版,450 千字。该书重点收录 2013 年度柳州市优秀政策研究成果暨柳州市政策应用研究会优秀成果。

【中国西南边疆治理模式研究】 罗彩娟(广西师范学院)、徐杰舜(广西民族大学)、罗树杰(广西大学)著。黑龙江人民出版社 2014 年 3 月出版,250 千字。该书分 8 章,分别是西南边疆的地理与民族概况、西南边疆的开发、西南边疆的民族关系、西南边疆的治理思想、西南边疆的治理政策、西南边疆治理模式、西南边疆治理思想和政策的社会影响,以及结论“统一是中华民族心中不可动摇的信念”等。全书主要从两个方面展开研究,一是从纵向历史脉络梳理历代王朝治理西南边疆的思想和治理政策;二是横向比较同属于西南边疆的云南、广西、西藏 3 省区历代不同的治理模式。该书对西南边疆治理的思想和政策进行深入探讨和研究总结,提出历史上西南边疆治理思想和政策的社会影响与现实意义,指出中央与边疆互动的历史过程中,中华民族不断发展和壮大。

【密尔对功利原则的道德哲学辩护】 刘琼豪(广西师范大学政治与行政学院)著。中国社会科学出版社 2014 年 5 月出版,323 千字。该著从边沁、密尔功利主义伦理思想形成的历史背景出发,对密尔为功利原则遭到指责的 4 个方面,即密尔对边沁功利概念的修正、对幸福作为道德标准的合理性进行的逻辑“证明”、对功利原则与正义之间冲突问题、功利原则与自由之间冲突问题的解决,分析密尔对功利原则进行道德哲学辩护的得失。为人们正确看待功利主义提供辩证视角,为处理功利与其他幸福因素提供理论借鉴。

【中国社会主义发展哲学引论】 许素菊(广西大学公共管理学院)著。广西师范大学出版社 2014 年 6 月出版,300 千字。该书由绪论和八章组成:中国社会主义发展的逻辑起点、中国社会主义发展的合规律性与合目的性、中国社会主义发展的动力、中国社会主义发展的目标和手段、中国社会主义发展的经验与代价、中国社会主义发展的新形态、中国社会主义发展的主体建设、中国社会主义发展的国际环境。该书以马克思主义哲学为指导,系统、全面的总结中国社会主义发展规律,并在此基础上提出并阐明“中国社会主义发展哲学”的命题和范畴,形成较完整的理论体系,推动中国发展哲学“形而下”问题的研究。在中国社会主义发展哲学理论体系建构基础上,该书遵循理论联系实际原则,对中国社会主义发展实践进行哲学分析和反思,揭示社会主义发展问题的深层逻辑,阐明其对中国社会主义未来发展的指导作用。

【SketchUp 2013　从入门到精通(中文版)】 孙志远(广西师范大学设计学院)著。中国青年出版社 2014 年 8 月出版,400 千字。SketchUp 应用领域涉及规划、景观、建筑、室内及产品设计领域等众多方面,也是受业内欢迎且易于使用的 3D 设计软件,有独特的简洁用户界面和便捷的推拉成型功能,可以让初学者在短期内熟练掌握,简化3D绘图过程,让设计师更加专注设计问题的解决。SketchUp是可以直接面向设计方案创作过程的设计工具,其创作过程能表达设计师的思想,也能满足设计师与客户直面交流的需要。

【红木】 李英健(广西红木文化研究会、广西大学林产品质量检测中心)著。中国轻工业出版社2014年9月出版,460千字。该书系统地阐述红木的分类、识别、培育、加工利用、红木文化、红木产业发展等方面的科学知识。该书图文并茂,科普性与趣味性紧密结合,是广大民众了解红木、识别红木、喜爱红木的综合专用书籍,对红木专业人士和红木爱好者有参考价值。

【审计问责研究】 雷俊生(自治区审计厅)著。中国时代经济出版社2014年10月出版,248千字。该书分为六大部分,绪论、审计问责的主体、范围、方式、程序和救济,以及英文版内容摘要。全书以审计权运行为主线,通过解剖代表性国家的相应制度,比较差异,查找原因,提出审计问责要素优化策略。该书部分研究成果与党中央对审计的期望形成契合,对优化审计问责机制、促进完善国家治理有借鉴意义,对审计理论研究和开展审计实践有参考价值。

【广西基督宗教历史与现状研究】 颜小华(广西师范大学历史文化与旅游学院)著。社会科学文献出版社2014年11月出版,325千字。该著从文献资料和实证考察两个方面,探究在历史惯性作用下,在自然和人文因素的双重影响、经济与文化交互作用、地缘政治与宗教文化互动背景下,广西民族地区基督宗教的历史发展脉络、宗教活动现状和社会影响,以及部分群众在维系传统民族信仰基础上,皈依基督宗教信仰的原因、方式、特点和表征,教会与地方社会的互动,宗教对地方社会经济文化的影响。

论文摘要

·哲学·宗教·

【《联共(布)党史简明教程》与马克思主义大众化探索】 汤志华(广西师范大学)撰。2013年教育部人文社科专项课题(一类)《〈联共(布)党史简明教程〉与延安时期马克思主义大众化研究》阶段性成果之一,2013年广西哲学社会科学重点课题《中国特色社会主义道路自信、理论自信和制度自信研究》阶段性成果之一。发表于《理论学刊》2014年第1期,7.9千字。该文认为,《联共(布)党史简明教程》是国际共产主义运动史中一部有深远历史影响的著作。该书在延安时期是中国共产党学习马克思主义的重要文献,对推进马列主义的普及教育发挥了积极作用,推动马克思主义在中国的大众化,同时也带来某些负面影响。作为全党学习马克思主义理论的重要著作之一,应一分为二地理解延安时期《简明教程》的学习对中国共产党推进马克思主义大众化探索的影响及启示。

【马克思主义现代性批判中的正义规范理想】 李长成(广西师范大学)撰。国家社科基金项目《全球化与科学时代的伦理规范基础研究》阶段性成果之一,广西哲学社会科学2013年度研究课题《民族地区社会主义核心价值观认同研究》阶段性成果之一,广西文科中心青年专项重点项目《法兰克福学派现代性批判的政治哲学意蕴及其当代价值》阶段性成果之一。发表于《社会科学家》2014年第6期,7.8千字。该文认为,现代性条件下,正义道德规范成了人们想要和平就必须遵守的"规则总和"。它的主要关切是处理财物占有的不稳定和稀少。马克思对以保护私人财产权为核心的现代性正义道德规范展开政治经济学和意识形态的双重批判。其正义规范理想不仅是关乎市民社会的人的权利、个体论、法律和国家的问题,也不仅是基于某种衡量标准诸如劳动、付出、能力、地位或需求等进行社会财富分配的问题,它处理的是社会和个人的终极目标问题:美好生活的本质、共同福利和幸福的实现。

【马克思"社会存在决定社会意识"的检验及其启示——以英克尔斯《从传统人到现代人》为例】 戚杰强(广西科技大学)撰。国家社科基金项目,广西教育科学"十一五"规划项目,自治区教育厅科研项目。发表于《理论月刊》2014年第2期,10.2千字。该文认为,英克尔斯的《从传统人到现代人》研究以检验马克思"社会存在决定社会意识"为动机,演绎出"工厂是培养现代性的学校"的研究假设,以阿根廷、智利、孟加拉、印度、以色列、尼日利亚等6个发展中国家的调查资料为基础,科学地检验"工厂是培养现代性的学校"正确性,从而检验马克思"社会存在决定社会意识"的正确性。这意味着马克思历史唯物主义是科学的,需要加强历史唯物主义对经验研究的指导,并在经验研究中检验和发展历史唯物主义。

【马克思和毛泽东的个人自由观和政治自由观之比较】 陈强(广西民族大学)撰。教育部留学回国人员科研启动基金项目《社团主义(corporatism)视域下的东盟一体化及中国方略》阶段性成果之一。发表于《南昌大学学报(人文社会科学版)》2014年第2期,18.1千字。该文认为,马克思和毛泽东一生皆追求个人自由和政治自由,并寻觅使最大多数人享有个人自由和政治自由的道路。两者内在关系体现为5个方面:专制和压迫促使马克思和毛泽东追求个人自由和政治自由;他们的个人自由观和政治自由观内容基本一致,毛泽东进一步细化个人自由和政治自由的具体内容;他们均把个人自由与政治自由、社会责任联系在一起;他们均认识到阶级社会中个人自由和政治自由的阶级性,都鞭笞资产阶级自由,讴歌无产阶级自由;毛泽东的个人自由观和政治自由观受到马克思思想的影响,两者有一定的源流关系,毛泽东在马克思的基础上创新和发展。不过,两者亦存在形成背景、学理性、层次三方面的差异。

【党的一大到七大马克思主义中国化理论创新的历史经验与教训】 刘国彬(广西民族大学)、余涛(广西民族大学)撰。教育部课题,广西民族大学重点课题,中共党史学科建设项目。发表于《广西社会科学》2014年第2期,7.5千字。该文认为,从党的一大到七大,党代会上的马克思主义中国化理论创新产生了成功经验,如对中国革命性质的正确判断、对中国革命道路的正确把握、阶级合作和争取革命领导权的成功探索等。但是,由于幼年时期党的马克思主义理论水平不高,以及对中国国情的误判,在马克思主义中国化理论创新上存在失误。其中,共产国际的影响使党代会上的马克思主义中国化理论创新有特殊性。这个阶段是马克思主义中国化理论创新的曲折发展阶段。只有把马克思主义理论与中国革命的实际有机结合,才能丰富发展马克思主义理论,实现马克思主义中国化理论创新。

【西方文论关键词行动】 于琦(广西师范大学)撰。国家社科基金项目《齐泽克对当代资本主义的文化批判研究》阶段性成果之一,中国博士后科学基金项目《齐泽克批判全球资本主义的理论关键词研究》阶段性成果之一。发表于《外国文学》2014年第6期,21.8千字。该文认为,行动是齐泽克政治哲学中的核心概念,借助它主体能终止与符号世界的关系。与内在于象征秩序的各种否定行为不同,行动旨在颠覆严格意义上的象征秩序本身,它具有自由的主体性维度,能够使个体或群体介入成为可能,并最终在现实层面导致政治和社会的彻底变革。行动突出的是一种实现不可能或反资本主义的政治变革能力,这将由它重塑的革命主体来完成。行动的原型人物是安提戈涅。在齐泽克的理论中,行动对未来的个人和社会变革有关键意义,但把行动的自由维度加以绝对化又使他陷于一种理论困境,因为这导致其结果的非确定性,既可能带来列宁式革命,也可能导向极权主义。

【天主教会放贷与清末广西教案】 陈峥(广西生态工程职业技术学院)等撰。国家社会科学基金项目《近代广西乡村民间借贷与民族地区经济社会发展研究》阶段性成果之一。发表于《宗教学研究》2014年第3期,12.9千字。该文认为,第二次鸦片战争后,天主教在广西迅速蔓延。为增加经济收入,发展教徒,教会还进行放贷活动,对解决贫困民众的经济困难有一定作用,但由于其利率较高、借贷条件苛刻、催债方式残暴等原因,极易引发民众与传教士之间冲突,导致教案发生。

【儒、道、释的继替与超越——基于"内向超越"的向度】 宋清员(广西师范学院)、贺根民(广西师范学院)撰。国家社科基金项目。发表于《中华文化论坛》2014年第5期,8.1千字。该文认为,儒家关注外在伦理和政治价值,道家关注个人自由和自身价值,新禅宗则关注贯通自心和宇宙的终极价值,三者旨趣不同,但在相互交流融合的过程中,呈现出继替和超越的倾向,三者次第地"内向超越",体现中华文化的"内向超越性"征,共同构筑中华文化的思想内核。这种"内向超越"型文化在塑造和完善个人的不同层级价值体系的同时,促进古代中国超稳定社会结构的形成。

【论"中国梦"的哲学基础】 许素菊(广西大学公共管理学院)、谷君峰(北京师范大学哲学与社会学学院)撰。发表于《学术论坛》2014年第4期,8千字。该文认为,"中国梦"是内涵丰富且思想深刻的时代命题,是马克思主义中国化时代化大众化的结晶。"中国梦"的提出有深刻的哲学基础。从认识论的角度看,"中国梦"符合时代发展要求,是对三大规律认识的进一步深化;从方法论的角度看,不断解决社会主义基本矛盾,推动社会科学发展是实现"中国梦"的根本途径;从目的论角度看,保障人民群众根本利益,促进人的全面发展是"中国梦"的核心指向和旨归。

【指导思想上的"亮剑"——十八大以来习近平关于坚持毛泽东思想指导地位的重要思想述略】 韦日平(广西民族师范学院)撰。发表于《党的文献》2014年第4期,10千字。该文认为,党的十八大以来,习近平重温和高度评价邓小平和党的第二个《历史决议》对待毛泽东和毛泽东思想的科学态度，反复强调要坚持毛泽东思想的指导地位，表现出新一届中央领导集体坚强的政治定力。2013 年 1 月，习近平明确提出“两个不能否定”；同年 12 月，在纪念毛泽东同志诞辰 120 周年座谈会上的讲话中，习近平对毛泽东生平、毛泽东思想作出科学评价，为阐明毛泽东思想与中国特色社会主义理论体系的关系找到方法，从毛泽东思想对中华民族复兴道路的理论指导作用、毛泽东思想与中国共产党的关系、毛泽东思想本身的精神价值等角度，论述坚持毛泽东思想对于实现中国梦的重要意义，说明毛泽东思想是实现中华民族伟大复兴所需要的正能量，具有现实意义。

【全国毛泽东哲学思想研究会与当代中国的毛泽东哲学思想研究】 韦日平（广西民族师范学院）撰。发表于《党的文献》2014 年第 5 期，10 千字。该文回顾中国毛泽东哲学思想研究会成立的背景及筹备、成立过程，并以“毛哲会”历次年会为切入口，对中国毛哲会对当代毛泽东思想研究所起的推动作用进行分析，在此基础上，该文对深化当代中国毛泽东哲学思想研究提出建议。

【世界社会主义国家百年妇女运动比较研究】 乌尼日、陆海霞（广西大学行健文理学院）撰。发表于《中国国际共运史学会 2014 年年会暨学术研讨会论文集》，8.63 千字。1917 年俄国十月革命至今近一百年，社会主义国家历经巨变，呈现出不同的模式和发展道路。妇女运动是社会主义运动的重要组成部分，随发展展示出各自特点。该文在现有社会主义制度国家各国妇女运动的发展历史和现状基础上，分析各国妇女运动的关联和差异，对百年来社会主义国家妇女运动的发展进行梳理与阐析。

【关于“思想政治教育是一种精神生产力”命题的研究——基于马克思主义人与社会发展理论的探讨】 邓艳葵（广西师范学院）撰。发表于核心期刊《学术论坛》2014 年 3 期，6.45 千字。该文针对理论界对“思想政治教育是一种精神生产力”命题研究较薄弱的情况，通过把握命题中关键概念的内涵及相互关系，基于马克思主义人与社会发展理论，对命题的合理性进行论证。

·伦理学·心理学·

【“矛盾的时代”与“矛盾凸显期”的社会道德——18 世纪的英国和市场经济的中国比较】 冼季夏（广西大学）、温凤仙（广西大学）撰。教育部人文社会科学研究一般项目。发表于《广西社会科学》2014 年第 1 期，7.4 千字。该文认为，18 世纪的英国和市场经济的中国在道德状况、道德矛盾、道德教育内容三方面存在共性：两者都具有社会同情心下降，责任意识淡化、缺失的道德现状；都存在道德与社会市场经济、原有道德观念和现有道德观念的道德矛盾；都存在强调责任感、重视爱国主义的培养、注重继承传统美德的积极因素、加强各种价值观的教育等道德教育内容。

【论财富精神塑造的伦理维度】 唐海燕（广西民族大学）撰。广西哲学社会科学规划项目，广西民族大学学科项目，教育部人文社会科学研究项目。发表于《广西社会科学》2014 年第 6 期，7.4 千字。该文认为，财富精神是财富良性发展的形而上意识域力量。在理性财富精神伦理逻辑图式的塑造中，伦理冲动力“义”与经济冲动力“利”结合形成合力，构成财富精神的动力因；包含生产正义、分配正义和消费正义三要素的财富正义构成财富精神的形式因；追寻个体人和人的“类”整体永续发展的终极价值关怀，构成财富精神的目的因。

【土地整治实施内生缺陷：逆向选择与道德风险——以广西为例】 聂鑫（广西大学）等撰。2013 年国家自然科学基金项目《主体功能区规划框架下国土资源空间开发差异化策略与跨区域生态补偿机制研究——以广西为例》阶段性成果之一，国家社会科学基金项目《民族地区主体功能区国土空间管制下土地发展权受限与空间转移研究》阶段性成果之一，2012 年教育部人文社科项目《公益性和非公益性土地征收失地农民社会经济福利变化测度及补偿政策：广西南宁实证研究》阶段性成果之一，广西自然科学基金项目《城市用地扩张过程中土地类型转换碳储碳排放效应的管控研究——以广西南宁市城乡交错区为例》阶段性成果之一，教育部哲学社会科学研究重大课题攻关项目，广西大学 211 工程四期重点学科群项目《中国—东盟经贸合作与发展研究》阶段性成果之一。发表于《农村经济》2014 年第 7 期，8.6 千字。该文认为，土地整治的实施是一个在各方面围绕提高土地利用效率而进行的土地权属调整与权益再分配的过程。由于不同利益集团间的利益冲突和信息不对称这 2 项内生式缺陷，产生逆向选择和道德风险等问题。为寻找个体的权利与社会整体利益的平衡点，从而达到各方利益的均衡。该文采用定量分析和定性分析法，从利益相关者的界定和分类出发，对广西农村土地整治发展中逆向选择和道德风险进行归纳总结，找出其存在的问题，探索土地整治过程中协调各方利益，防范逆向选择和道德风险的可行路径。

【我国少数民族地区城乡青少年媒介素养与价值观念耦合研究——以广西壮族自治区为例】 陈洪波(广西师范学院)撰。2011 年度教育部人文社科研究项目《广西民族地区大众传媒对青少年道德影响的调查研究》阶段性成果之一,2012 年度广西高校思想政治教育理论与实践立项研究课题《新形势下广西区大众传媒对青少年道德影响及引导对策分析》阶段性成果之一。发表于《新闻界》2014 年第 16 期,5.2 千字。该文选取城市、乡村作为变量,比较分析广西城乡地区青少年之间的媒介素养与价值观念差异。通过大型问卷调查数据分析发现,广西城乡青少年的媒介素养差异主要集中在媒介接触上,在媒介认知、价值观念上存在一定差异,但是总体趋势相同。综合比较发现,由于地区差异所导致的媒介环境差异对广西青少年的媒介素养和价值观念有较大影响。

【简论大学生网络德育中壮族传统德育资源的开发与利用】 何广寿(广西师范大学)撰。教育部人文社会科学研究一般项目《大学生网络道德教育中的少数民族传统德育资源开发研究——以广西壮族自治区为例》阶段性成果之一,广西人文社会科学发展研究中心"社会服务行动工程"项目《广西少数民族传统德育资源开发与德育文化软实力提升策略研究——以百色、崇左、桂林为中心》阶段性成果之一,广西师范大学德育重点课题《全面提升大学生网络素养研究》阶段性成果之一。发表于《学校党建与思想教育》2014 年第 19 期,3.1 千字。该文认为,高校大学生网络道德教育中的壮族传统德育资源包括勤劳智慧的开拓精神、保家卫国的爱国精神、团结互助的协作精神、重礼守节的道德品格和生态伦理道德精神等。开发壮族传统德育资源,应树立壮族德育资源开发的意识,大力推动高校网络德育建设,深入研究广西壮族地区传统文化,充分利用多元化传播形式。

【论心理健康教育中价值问题处理的基本原则】 潘柳燕(广西大学)撰。2012 年度教育部人文社会科学研究规划基金项目《心理健康教育的价值承载研究》阶段性成果之一,广西大学国家大学生文化素质教育基金项目《生命化心理健康教育课程改革研究》阶段性成果之一。发表于《湖北社会科学》2014 年第 2 期,5.4 千字。该文认为,心理健康教育是思想政治教育的重要组成部分,这决定心理健康教育中价值问题的处理不容回避,有独特性。心理健康教育中价值问题处理的基本原则有:生命意识和生命成全相融合原则、个人价值与社会价值相统一原则、一元价值与多元价值相共生原则、价值中立与价值干预相结合原则和本土化与普适性相补充原则。遵守原则既是思想政治教育的学科要求,也是做好心理健康教育的基本保证。

【积极心理学视野下留守儿童心理健康教育的改革】 李燕燕(广西教育学院)、张春蕾(广西博白绿珠初级中学)撰。教育部基础教育一司课题《中小学生积极心理品质调查研究》阶段性成果之一。发表于《教学与管理》2014 年第 15 期,4.6 千字。该文认为,留守儿童的心理健康教育问题引起社会各界广泛关注,各中小学对留守儿童开展不同层次的心理健康教育,但效果不显著。对当前的留守儿童心理健康教育进行改革刻不容缓。该文试图从积极心理学视野出发,分析当前留守儿童心理健康教育存在的问题,探讨留守儿童心理健康教育的改革,提出以下几点:树立积极的留守儿童心理健康教育目标;拓宽留守儿童心理健康教育的内容;丰富留守儿童心理健康教育的组织形式;完善留守儿童心理健康教育的评价体系;加强留守儿童心理健康教育师资队伍的建设等,从而促进留守儿童心理健康发展。

【中小学生积极心理品质与抑郁的相关研究】 蔡伟林(广西教育学院)撰。教育部基础教育一司课题。发表于《教育探索》2014 年第 3 期,3.4 千字。该文对 5289 名中小学生施测积极人格特质问卷儿童版(VIA-Youth)量表和流调中心专用的中文修订版抑郁量表(CES-D),以探讨积极心理品质与抑郁情绪的关系。研究认为:中小学生积极心理品质与其抑郁情绪存在显著负相关;中小学生积极心理品质对抑郁情绪具有显著的负向预测作用;除了知识与智慧、正义这两个美德外,勇气、仁慈、自制和超越自我这 4 个维度的美德均对个体的抑郁情绪具有显著的负向预测作用。教育启示:挖掘和培养中小学生的积极心理品质,应成为学校心理健康教育的重要目标,针对存在不同心理问题的学生,教育的侧重点应有所不同。

【网络游戏广告的"净"与"禁"——关于网络游戏广告的伦理探究】 王婧(广西大学新闻传播学院)撰。发表于《新闻知识》2014 年第 10 期,5 千字。该文认为,近年来中国网络游戏发展迅速,竞争激烈,广告铺天盖地而来。但是,目前网络游戏广告并不够"干净",大量的弹出广告、流氓广告充斥着网页,广告内容低俗,使受众不能拥有良好、干净、绿色的互联网环境。各部门及互联网自身监管力度不够造成该现象出现。该文从"净"与"禁"两点探究网络游戏广告的伦理缺失。

【理性的善与恶:社会道德重构中的文化价值】 李继兵(玉林师范学院)、顾能贵(广西大学)撰。发表于《学校党建与思想教育》2014 年第 3 期,6 千字。广西高等学校一般资助课题《广西高校大学生道德信仰现状及教育对策研究》阶段性成果之一。该文认为:尼布尔对理性在解决社会道德问题中所起的作用持怀疑态度,但在思考现实社会问题时他却充分运用理性的力量,接受理性的分析和对策。该文认为,应在尼布尔理性观点的基础上客观看待理性的作用,在正视情感的前提下,发掘理性的力量,探究其在当代社会道德重建中的启示性价值。

·社会学·人类学·

【迈向共同治理:社会建构下的公共参与及模式转换】 尹文嘉(广西师范学院经济管理学院)等撰。教育部人文社科研究青年基金《西部民族地区群体性突发事件的扩散路径与控制对策研究》阶段性成果之一,广西哲学社会科学规划基金《环境群体性事件的演化机理与防控策略研究》阶段性成果之一。发表于《经济社会体制比较》2014 年第 3 期,5.6 千字。中国人民大学书报资料中心复印报刊资料《公共行政》2014 年第 10 期全文转载。该文认为,公共参与是基于民主的诉求,是为提供更好的公共服务。传统公共参与理论将公众视为被动的信息供给者,导致政治输入不畅和群体性事件高发等弊端。社会建构下的公共参与将公众视为主动的信息供给者,通过政府公共机构和公众对共同关注问题进行协商,能有效地“做好事情”。公众和政府以真正合作互动的方式共同定义和重新建构治理过程,联合设计和有效实施公共服务供给方案,从而使公众与公共行政者间的关系呈现出理想互动。

【改革开放以来我国适度消费率的实证研究】 刘志雄(广西民族大学)撰。国家社会科学基金项目。发表于《广西社会科学》2014 年第 8 期,4.5 千字。该文认为,当前中国最终消费率低于适度消费率下限,中国消费率水平明显偏低,依靠扩大消费需求拉动经济增长的效果仍不明显。为此,中国需要制定中长期政策,鼓励和促进居民消费;适度控制投资规模,改变大量依靠政府投资拉动经济增长的模式;缩小收入差距,提高居民收入水平;进一步完善社会保障体系,继续深化相关配套改革。

【从建构有效约定到社会信用的实现】 王志远(广西民族师范学院)撰。国家社会科学基金项目,广西高等学校优秀中青年骨干教师培养工程,云南财经大学引进人才项目。发表于《征信》2014 年第 4 期,7.4 千字。该文认为,约定的建构是为应对互动性行为中的不确定性,无效的约定不但消除不掉不确定性,且可能会使各行为方都成为不讲信用的人。违约则是缘于一些行为方寻求收益的改进,有效的约定能够避免这种改进动机的出现,并且整体上能够促使合作的实现。在有效约定下,各行为方都有强烈的守约动机,或者不得不守约。有效约定能够培育守信者,并且加快促进社会信用的实现。

【NPO 自愿问责俱乐部理论及其借鉴】 傅金鹏(广西大学)撰。国家社科基金一般项目《社会组织承接公共服务的问责机制研究》阶段性成果之一,广西人文社科重点项目《社会管理体系建构与广西社会管理创新研究》阶段性成果之一。发表于《中共浙江省委党校学报》2014 年第 5 期,8.3 千字。该文认为, NPO 自愿问责俱乐部理论是对遍布全球的非营利组织集体性自愿问责实践的回应。俱乐部标准和俱乐部监督与执行构成自愿问责俱乐部的制度框架,并形塑 3 个基本功能:规范功能、标示功能和增益功能。该理论不仅拓展非营利组织自我问责的理论含义,还为非营利组织问责研究提供全新的视角,同时拓宽“布坎南俱乐部”应用范围。该理论同时也存在局限性。自愿问责俱乐部理论尽管生成于西方土壤,但在中国仍有适用性。当前社会组织管理体制的改革、社会组织新形态的出现和社会问责意识的增强为该理论的本土化奠定制度基础、组织基础和社会基础。

【“清风”亦是江湖事——民间文献《遏淫说》与社会养廉的本土方法论】 杨天保(广西民族大学)撰。2014 年度国家社科基金一般项目《中国特色的社会养廉机制研究》阶段性成果之一。发表于《理论与改革》2014 年第 4 期,10 千字。该文认为,广西玉林市福绵区《德香堂唐氏家谱》存录一则 900 字的《遏淫说》,它仍可作为当代治理“十贪九色”之药石。借此“戒色”规约,明清移民家族“福绵唐”在获取地方认同的进程中,强调“家族养廉”,塑造出御史唐之夔、青田县令唐敬等著名廉官,为玉林区域社会加注清风元素,彰显出民间治理腐败的组织空间和传统机制。特别是相较于历代官方打造的“红颜祸水论”,《遏淫说》支持和维系社会养廉的本土方法论。这一方法论的现代启示是,建构“清廉社会”亟待有效扩大社会参与,而降落基层,考量传统社会组织(如家族等)及其“民间表达”,最终实现社会养廉的“制度化”,已是国家治理的必然环节。

【6世纪东地中海地区的地震与政府救助刍议】 刘榕榕(广西师范大学)撰。国家社科基金项目《古代晚期地中海地区自然灾害研究》阶段性成果之一,2013年度广西高等学校人文社会科学研究项目《6世纪环地中海区域与我国华南地区疫病比较研究》阶段性成果之一,2013年度广西人文社会科学发展研究中心青年专项立项项目《早期拜占庭帝国政治秩序重建研究》阶段性成果之一,第46批留学回国人员科研启动基金《早期拜占廷帝国的自然灾害研究》阶段性成果之一,广西师范大学2012年度博士科研启动基金项目《6世纪东地中海世界的环境灾害与人口变动》阶段性成果之一。发表于《史林》2014年第3期,17.6千字。该文认为,公元6世纪,东地中海地区频繁发生地震。震后,这一地区的众多城市出现火灾、瘟疫、海啸和泥石流等次生灾害。频发的地震及火灾、瘟疫等次生灾害使该地区建筑物大面积坍塌、人口锐减、城市运转失序,严重影响到拜占廷帝国的社会稳定。以皇帝为中心的拜占廷政府在震后对受灾地区进行直接拨款、免税、修缮宗教建筑物及举行纪念活动等物质和精神层面的救助活动。中央政府的物质救助措施的实施范围和力度随受灾地区与受灾时间的不同而有所区别;因财政日益短绌,至6世纪后半期,政府逐渐将注意力从实际的物质救助转向以维系人心为目的的精神救助。6世纪前半期政府的救助措施在一定程度上对稳定灾区社会秩序起到积极作用,而6世纪中期之后帝国政府救助活动侧重点的转移则成为导致东地中海部分地区与城市衰落的重要原因,同时也反映出6世纪拜占庭帝国由盛转衰的发展趋势。

【群体交往与社会网络的建构——以打同年为例】 彭晔(广西环江中学)撰。国家社科基金一般项目《民族文化的村寨依托与保护研究》阶段性成果之一。发表于《贵州民族研究》2014年第11期,9千字。该文认为,流行于西南地区的打同年习俗,是一种集娱乐、婚姻、结盟为一体的活动,展现社会集团内部文化的深层性,为社会交往和文化网络的分析提供多个面向和角度。论文借此透视和理解具有不同于主流社会的文化规则及社会关系结构的某一族群或地域社会中人们的生存智慧;以及村民是如何在传统习俗的实践中生成一个正常运行的地方性社会的。

【人口年龄结构与中国城镇居民消费变动——基于组群方法的实证研究】 陈晓毅(广西财经学院)撰。国家社科基金项目《人口年龄结构变动对居民消费的影响及对策研究》阶段性成果之一,国家社科基金项目《边疆民族地区加快经济发展方式转变与改善民生研究》阶段性成果之一。发表于《贵州财经大学学报》2014年第5期,9.8千字。该文采用组群分析方法,利用CGSS2003—2008年调查数据,从微观层面定量分析中国城镇居民消费支出的人口年龄特征。研究发现,中国城镇居民消费支出的年龄效应和组群效应均呈线性递增趋势,前者的增长率高于后者。消费差距的年龄效应在波动中呈增长趋势,消费差距的组群效应则保持稳定增长。老龄化和组内效应对消费差距变动的贡献明显。最后,从完善社会保障制度、加大教育投资、缓减老龄化等方面提出建议。

【城乡背景对大学生初次就业结果的影响——基于全国17所高校2914名毕业生的调查数据】 肖富群(广西师范大学)撰。国家社科基金项目《解决农村生源大学毕业生就业难问题跟踪调查研究》阶段性成果之一,广西师范大学博士科研启动基金《就业压力与农村生源大学毕业生的社会适应》阶段性成果之一。发表于《广西民族大学学报》(哲学社会科学版)2014年第4期,14.8千字。该文利用对全国17所高校2914名毕业生的问卷调查数据,探讨城乡背景是否以及如何影响大学生初次就业结果。研究发现,大学生的毕业去向和就业的地区、产业、起薪有显著的城乡差异;城乡背景部分通过经济条件、社会资本和就读院校的层次影响大学生初次就业。农村大学生的就业问题更值得关注。高等教育的机会不平等是影响城乡大学生初次就业结果的关键因素。

【高校学生自我和谐孤独感与自杀意念的关系】 张姝玥(广西大学)、林艳(广西大学)撰。国家社科基金项目,广西哲学社会科学"十二五"规划课题。发表于《中国学校卫生》2014年第5期,5.6千字。该文认为,改善自我和谐和孤独感水平可以减少高校学生自杀意念的形成。该文采用多阶段随机抽样的方法,使用自我和谐量表(SCCS)、孤独量表(UCLA)和自杀意念量表(SSI)对某高校1101名大一、研三学生进行问卷调查。了解高校学生自杀意念的现状,并探讨自我和谐、孤独感与自杀意念的关系,为高校开展自杀预防和干预工作提供参考。

【大学生就业问题的社会服务机制探析】 李玉雄(广西民族大学)撰。全国教育科学规划教育部青年课题《社会转型期大学生就业问题与社会控制机制研究》阶段性成果之一。发表于《广西民族大学学报》(哲学社会科学版)2014年第2期,5千字。该文认为,大学生就业的社会服务机制是一个系统工程,除了加强政策推进、舆论引导等外部环境优化,还需强化高等教育的服务功能，以社会需求为导向，从办学格局、人才培养和教学模式等方面积极推进高等教育改革。

【大学生党建与就业工作联动机制探索】 李海平（广西大学）撰。2010年度教育部人文社会科学研究专项任务项目（高校思想政治工作）《网络党建——信息化下高校学生党建工作的创新模式》阶段性成果之一。发表于《广西民族大学学报》（哲学社会科学版）2014年第2期，4.3千字。该文认为，大学生党建工作是指高校党组织为完成培养中国特色社会主义事业合格建设者和可靠接班人根本任务而开展的一系列党建活动和工作。大学生就业工作充分体现高校完成培养可靠人才的根本任务的质量和成效，是大学生党建工作的着力点和最终目的。大学生党建与就业工作两者间存在内在联系，可建立两者相辅相成的联动机制，高等院校及其相应工作人员应提高对这一问题的认识水平，构建传统及网络工作平台和有效的协调机制，最终促进大学生党建工作发展和大学毕业生充分就业。

【农村地区留守儿童健康成长的“云公益”路径探究】 朱艺华（广西师范大学）撰。2012年全国教育科学规划课题《广西农村留守儿童数字化教育创新研究》阶段性成果之一。发表于《广西师范大学学报》（哲学社会科学版）2014年第3期，7.6千字。中国人民大学书报资料中心复印报刊资料《青少年导刊》2014年第9期全文转载。该文认为，留守儿童是随着农村剩余劳动力向城市大规模流动所产生的社会问题。农村留守儿童家庭结构的稳定性日益受到冲击父母关怀的长期缺位，使留守儿童出现多种心理不适症厌学、轻生、犯罪等现象。在当前国情下整合社会资源调动云公益的优势，用协同创新模式解决农村地区信息不对称、联系途径不畅通的问题，是促进农村地区留守儿童健康成长的有效路径。

【儿童的重复行为：正常与异常的辨析】 莫秀锋（广西师范大学）撰。国家社科基金教育学青年项目《儿童公平分配规则的发展特点与影响机制研究》阶段性成果之一。发表于《中国特殊教育》2014年第4期，10.4千字。该文认为，儿童期普发的重复行为有相当部分是正常儿童的重复练习、重复游戏和特定情境中的自我刺激行为，而有些可能是与孤独症、智力落后等异常发展症状相联系的刻板行为。辨析二者的关键在于：是否有指向性和身心发展功能；是否有广泛性、灵活性和转向性；是否涉及自伤行为；行为的发生频率与类型是否会随着年龄而变化。未来的研究可参考正常与异常儿童重复行为的本质差异设计或修订有关量表，以便及早发现儿童重复行为中的异常表现，以促进对孤独症或其他异常发展儿童的鉴别和诊断。此外，有关刻板行为的神经生理基础研究也有待加强。

【城市人民公社与妇女解放】 汪前珍（广西民族大学）等撰。国家社科基金重点项目《城市人民公社文献的收集、整理与研究》阶段性成果之一。发表于《党史研究与教学》2014年第3期，11.4千字。中国人民大学书报资料中心复印报刊资料《妇女研究》2014年第5期全文转载。该文认为，妇女解放是城市人民公社的重要内容。城市人民公社及相关组织在新中国妇女解放的基础上，采取一系列解放妇女的非常措施，对激发城市妇女的社会劳动热情，提高城市妇女各方面的地位产生重要影响。同时，也暴露出忽视女性特征与男女差异等消极因素，为妇女的进一步解放留下阴影。

【浅析美国未成年人案件社会调查制度】 张鸿巍（广西大学）撰。2013年国家社科基金青年项目《未成年人附条件不起诉的社会支持机制实证研究》阶段性成果之一，国际救助儿童会（英国）北京代表处课题《儿童监护的司法干预机制与配套儿童福利制度研究》阶段性成果之一。发表于《河北法学》2014年第5期，9.7千字。中国人民大学书报资料中心复印报刊资料《刑事法学》2014年第7期全文转载。该文认为，为实现美国少年司法对问题少年安置的个别化处分，社会调查及社会调查报告对法官作出适当安置决定至关重要。通常来说，缓刑官会承担社会调查的重任并据此向法官提交书面报告，而法官则大体倾向于采纳这份报告提出的安置建议。然而，随着对问题少年归责性的日益强调，未成年人案件社会调查涉及内容愈加全面，在关注问题少年特殊利益之余，亦加大对被害人影响陈述及防卫社会的关注。

【环境压力、企业家网络与合作创新意愿的关系】 刘二丽（广西民族大学）等撰。教育部人文社会科学青年基金项目，广东省哲学社会科学青年项目，教育部人文社会科学项目。发表于《科研管理》2014年第12期，9.2千字。该文基于社会网络理论提出环境压力、创新压力、企业家社会网络与企业合作创新意愿之间关系的分析框架，并以广东省中小企业为样本运用结构方程模型进行实证分析。研究结果显示：环境压力对创新压力、企业家社会网络和企业合作创新意愿具有显著的正向影响；企业家社会网络对合作创新意愿有显著的正向影响，且在环境压力与合作创新意愿的关系中起到中介作用;创新压力在环境压力与企业家社会网络的关系中起到中介作用。

【村干部离任制度面临的问题、原因及对策】 郑明怀(广西科技大学)撰。2012年度国家社会科学基金西部项目《村干部行为与出入机制比较研究》阶段性成果之一。发表于《农业考古》2014年第1期,5.8千字。该文认为,建立和完善村干部离任制度,有助于社会主义新农村建设。目前离任村干部面临生活补助偏低、身体状况差等问题。建立和完善离任村干部制度,要不断提高离任村干部的经济待遇;开展技术培训,提高离任村干部的致富能力;统筹解决离任村干部养老和医疗保障问题;政治上关心离任村干部;心理上关爱离任村干部。

【"走众亲":漓江流域乡土社交民俗的人类学考察】 王林(广西师范大学)撰。国家社科基金项目《少数民族村寨文化再生产与重构研究》阶段性成果之一,广西哲学社会科学"十二五"规划2011年度项目一般项目,2013年度广西师范大学青年骨干教师成长支持计划项目。发表于《广西师范大学学报》(哲学社会科学版)2014年第3期,8.4千字。该文认为,广西灵川县大圩镇是珠江水系中漓江流域的典型古镇,当地村民以"走众亲"方式连接村落社会关系,形成"众亲村""众亲圈"等村落联盟,组成以地缘为中心的社会关系网络。在这个场域中,人人可以发挥乡土社交民俗"社会资本"优势,逐步形成一致的发展目标及团结、协作、信任的公共精神。

【农村空巢老人养老模式创新】 许典利(广西民族师范学院)撰。发表于《人民论坛》2014年第2期,8千字。该文针对当前农村空巢老人所面临的经济供养、生活照料和身心健康等方面的困难,反思当前中国养老模式的实际和不足,提出建立社会支持网来解决农村空巢老人养老问题的思路。

【新桂系时期广西边疆地区医疗卫生事业发展与民智培育】 张惠鲜(广西民族师范学院)撰。发表于《广西社会科学》2014年第2期,12千字。该文认为,近代广西边疆地区疫病盛行,其主要原因在于民智水平低下,人们缺乏应有的卫生观念和医学知识。为启迪民智,20世纪30~40年代,新桂系推出一系列发展医疗卫生事业举措,主要有建立健全医疗卫生组织、筹措医疗卫生发展经费、大力宣传医疗卫生知识、加强防疫工作、着力培养医疗卫生相关人才等,一定程度上改善了边民的健康状况、卫生习惯和医学观念,但基层卫生机构及学校卫生建设成效不大。

【网络谣言与社会诚信伦理】 梁芷铭(钦州学院)撰。2013年度国家社会科学基金项目《交往理论视域下政务微博话语权研究》阶段性成果之一。发表于《新闻界》2014年第4期,8千字。该文认为,网络谣言是当今信息社会的一大痼疾,其背后的实质是人们诚信缺失在赛格空间的表现。治理网络谣言既要治标也要治本。加强社会诚信伦理建设,从源头上清理造成诚信伦理缺失的问题,为治理网络谣言提供强大的精神资源。共同抵制网络谣言,营造健康文明的网络环境成为社会各界共同关注的问题。

【重塑"劳动最光荣"价值观探析】 黄东桂(广西民族大学)、李生、梁小洁撰。发表于《桂海论丛》2014年1期,8.95千字。该文认为,随着中国改革开放和市场经济的发展,人们的劳动价值观出现多元化取向。受"金钱至上"和"享乐主义"思想侵蚀,部分人对劳动价值观认识产生偏差,在思想和行动上都背离"劳动最光荣"的核心价值观。要抵御和消除"不劳而获"和"投机取巧"的劳动价值观对人们思想的负面影响,重塑"劳动最光荣"价值观,须完善劳动保障机制,保障劳动者合法权益,实现劳动分配的公平公正,营造体面劳动的社会氛围;加强劳动价值理论的灌输和教育,丰富劳动价值观内涵,提升劳动者素养。

【从容应对老龄化:社会保险基金增值探析】 韦杰(广西政法管理干部学院)撰。发表于《广西民族大学学报》(哲学社会科学版)2014年第1期,7千字。该文从中国社会保险基金增值的现状入手,认为其投资政策缺乏科学性、投资缺乏规划性、增值缺乏创新性,为确保中国保险基金的增值,应建立全国统一的社会保险基金管理和投资运营机构,改革社会保险费的筹集方法,将社会保险费改为社会保险税,改革社会保险基金投资运营模式,成立"中国社会保险基金银行"。

【提高中小城镇资源集聚能力】 傅东平(广西师范学院)撰。发表于《人民日报》2014年3月11日,2千字。该文认为,中小城镇作为城市与农村的联结点,不断提高资源集聚能力,加快经济社会发展,提高城镇化质量和水平,有利于承接大城市转移功能,带动农村发展,推动城乡发展一体化;有利于劳动力在中小城镇获得满意的发展机会和收入,缓解大量人口涌入大城市带来的资源环境和基础设施压力。应把握好以下几个环节:改革按城镇级别配置公共资源的方式;明确政府在中小城镇发展中的作用;推动农业现代化和中小城镇建设相协调;拓宽社会资本参与中小城镇建设的渠道;加快户籍和社会保障制度改革;着力打造特色城镇。

【推进“先进性别文化”学科建设,积聚广西文化发展张力——“先进性别文化”学科建设在广西发展综述】 黄筱娜、王云翠(广西妇女干部学校)撰。发表于《2014年广西蓝皮书·广西文化发展报告》,1.1千字。该文认为,“先进性别文化”学科作为综合性新兴学科,在2003~2013年间,先进性别文化学术研究和学科建设在挖掘、研究、吸纳广西地域文化和民族文化等方面取得突破性进展,研究组织机构得到完善,研究队伍壮大,研究视阈拓展,学术交流频繁,社会性别主流化已逐步形成社会共识,男女平等基本国策得以正确贯彻与实施。

【撬动社会资本参与中小城镇建设】 傅东平(广西师范学院)撰。发表于《人民日报》2014年6月9日,2千字。该文认为,大力发展中小城镇,是中国走新型城镇化道路、实现可持续发展的重要任务,但发展中小城镇面临巨大的资金缺口。撬动社会资本参与中小城镇建设,目前还存在体制障碍、营利障碍、融资障碍、人才障碍。破除这些障碍,需改革创新,在以下几方面着力:营造公平发展环境;积极创新投资方式;构建多样化的营利模式;建立健全退出机制;更好发挥政府作用。

【基于整合营销传播理论的南宁城市品牌建设研究】 潘俊(广西外国语学院)等撰。2012年广西高校科研项目立项项目。2014年6月通过专家组鉴定,33千字。该课题研究把公共管理学的城市品牌建设理论与市场营销学的整合营销传播理论结合,通过对城市品牌建设以及整合营销传播相关理论文献的梳理和总结,廓清构成城市形象的基本要素、城市品牌建设的一般内容和基本要求,以及整合营销传播的一般途径、方法等基本理论要素,系统地阐明城市品牌的内涵、生成机理与成长路径,提出整合营销传播理论在城市品牌建设中的应用策略,并在调查了解南宁市城市品牌建设和城市形象现状的基础上,探讨应用整合营销传播工具加强南宁城市品牌建设的具体方式和方法,提出改进南宁城市品牌建设工作和提升南宁城市形象的具体建议。

【广西新型城镇化发展探析】 王莉荣(广西政法管理干部学院)撰。发表于《广西社会科学》2014年第6期,6千字。该文认为,当前广西城镇化发展存在水平地域差异显著、可持续发展能力较差、发展方式粗放、基本公共服务差距较大、滞后于工业化发展等问题。为改变现状,广西应走新型城镇化发展道路,树立“以人为本”的城镇化理念,实现城市群“扩空间”向“提功能”转变,推动工业化、信息化、城镇化、农业现代化的深度融合,并且以体制机制创新为新型城镇化提供新动力。

【加快广西国家公园建设步伐】 李丰生(广西师范学院)撰。广西学位与研究生教育改革与发展专项课题研究项目《对话:研究型教学的理论创新与路径选择》(JGY2013045)阶段性成果之一。发表于《广西日报》2014年11月11日,3千字。该文认为,党的十八届三中全会强调,“建设生态文明,必须建立系统完整的生态文明制度体系”,并明确要求建立国家公园体制。广西应积极探索符合区情的国家公园体制,加快建设国家公园步伐。现实举措有:加快建立政府主导的国家公园体制,坚持保护第一的原则,坚持规划先行,建立社区发展机制。

·民　族　学·

【近10年来中国海外民族志研究反观】 郝国强(广西民族大学)撰。教育部人文社会科学青年基金项目《老挝山地多民族地区和谐发展历程研究》阶段性成果之一,广西特聘专家岗项目《中国南方与东南亚民族研究》阶段性成果之一,中国—东盟研究中心(广西科学实验中心)青年课题《从“Laosoung”到“Hmong”:老挝苗族公民—族群身份的重构》阶段性成果之一。发表于《思想战线》2014年第5期,12.2千字。该文认为,随着全球化进程的不断深入,世界范围内各民族人口、各国商品的流动日趋频繁,给人类学研究带来机遇。中国人类学最初强调本土研究,改革开放之后开始海外民族志写作实践,近年出现小高峰。梳理近10年来中国人类学界海外民族志研究成果,归纳海外民族志具有记录文化类型、提供“他者”文化个案与经验事实、为社会科学提供想象力等三大成绩,同时思考与其发展相伴而生的,包括理论预设与本土解释、田野进入融入与产出、理论导向等问题,有益于中国海外民族志研究的发展。

【广西壮族自治区民族文化认同调查研究】 赵锦山(广西师范大学)撰。国家社会科学基金重点项目《民族自治区的文化认同与国家认同调查研究》阶段性成果之一。发表于《中南民族大学学报》(人文社会科学版)2014年第2期,7.7千字。该文认为,根据941份调查问卷分析广西壮族自治区民族文化认同状况。调查显示:人们对民族语言、传统信仰等方面的认同程度不高，但对饮食等习俗方面的认知程度较高；各族群众的族际交往频繁，族际通婚比例较高；对中华民族和广西地方的认同程度很高。民族文化认同与社会稳定及社会发展有密切联系，合理的民族认同结构可以促进社会稳定。

【多元文化冲突时代少数民族文化与基础教育课程整合论纲】 蒋士会（广西师范大学）、赖艳妮（广西师范大学）撰。广西教育科学"十二五"规划 2013 年度广西民族教育研究专题《广西民族文化与基础教育学校课程融合研究》阶段性成果之一，教育部人文社会科学研究 2009 年度一般项目（西部和边疆地区项目）《整体、持续、有效：民族贫困地区农村中小学推进新课程的特殊性研究——以广西龙胜县为例》阶段性成果之一，广西哲学社会科学规划 2013 年度研究课题《广西多元民族文化交融研究》阶段性成果之一。发表于《广西师范大学学报》（哲学社会科学版）2014 年第 4 期，10.3 千字。该文认为，在多元文化冲突背景下，将少数民族文化与基础教育课程加以整合，有利于实现少数民族文化的传承与创生，促进基础教育公平，提升学生的跨文化适应能力和激活少数民族文化的教育功能。当前少数民族文化与基础教育课程整合的现状不容乐观，表现为课程目标趋向功利，课程内容民族性弱化，课程实施表层化，课程评价单一化。要解决上述问题，促进少数民族文化与基础教育课程的整合，必须树立多元文化课程理念，追求课程目标一体化，加强课程内容的统整化，实现课程实施的深度化，完善课程评价的多元化。

【城镇化背景下民族自治地方的文化传承发展问题】 黄启学（百色市委党校）、赵静（自治区党校）撰。国家社科基金项目《发展民族文化与完善民族区域自治制度互动关系研究》阶段性成果之一。发表于《西南民族大学学报》（人文社会科学版）2014 年第 8 期，10 千字。中国人民大学书报资料中心复印报刊资料《民族问题研究》2014 年第 10 期全文转载。该文认为，在民族自治地方的城镇化进程中，民族文化的传承发展要发挥民族自治地方城镇化建设的正效应，推动民族文化从村寨传承向由城镇和村寨共同传承的历史进程；把民族自治地方的城镇建设成为民族文化传承与发展的中心；创新民族自治地方的城镇化与民族文化传承发展互动前行的模式；在城镇化的建设进程中积极应对市场经济、改革开放的挑战，因势利导，促进民族文化的传承与发展；开展民族文化进校园活动，促进民族文化的继承与传扬；民族自治地方城镇的艺术院校、文艺团体、群众艺术馆要成为弘扬和创新民族文化的中坚力量；造就有利于城镇化与民族文化互动发展和共同繁荣的生态环境。

【西部民族地区的国家认同建构应坚持"五个结合"】 韦诗业（桂林电子科技大学）、韦冬雪（广西师范大学）撰。2012 年国家社科基金《西部高校大学生社会主义核心价值体系认同教育研究》阶段性成果之一。发表于《学校党建与思想教育》2014 年第 7 期，9.8 千字。该文认为，国家认同属于爱国主义的核心问题，是现代国家的合法性根基，是统一多民族国家维护团结稳定的思想价值纽带。中国是统一多民族国家，各少数民族主要聚居于西部边陲，加强西部民族地区的国家认同建构，关乎中国社会和谐稳定、关乎中华民族大团结。当前，中国西部民族地区的国家认同建构应坚持"五个结合"，即支持西部民族地区发展与倡行"两个共同"主题相结合、完善党和国家的民族政策与强化国家公民认同相结合、尊重各民族文化与增进中华民族文化共性相结合、培养使用少数民族干部与拓宽少数民族群众政治参与渠道相结合，以及依法开展反分裂斗争与长期普遍进行民族团结思想政治教育相结合等。

【民族节日当下的实在运作——以田阳县敢壮山歌圩为例】 平锋（广西艺术学院）撰。教育部人文社会科学研究基金青年基金项目《壮族歌圩当下的转型与重构——以广西田阳县敢壮山歌圩为例》阶段性成果之一，广西艺术学院重点项目《壮族歌圩文化生态与传承机制的调查研究》阶段性成果之一。发表于《黑龙江民族丛刊》2014 年第 1 期，13.1 千字。该文认为，随着社会的发展和文化生态的变迁，许多民族节日经历变迁。作为目前规模最大的歌圩，敢壮山歌圩当下的运作与变迁过程受当前文化遗产热潮、以经济建设为中心的政策导向和少数民族自觉意识日益彰显的现实态势等社会结构性情景的促动和牵引，由地方政府、专家学者、新闻媒体、商家和普通民众等多重力量，在以利益为主和情感为辅的双重原动力驱动下展开和推进，这是当下诸多同类非物质文化遗产项目与民族节日实在运作的经验之道。

【对没有文字的民族语言开展双语教学的探讨——以贵州居都仡佬语为例】 康忠德（广西民族大学）撰。国家社科基金重大委托项目《中国少数民族语言文化研究》子课题《仡佬语志》阶段性成果之一，湖南省普通高校教学改革研究立项项目《创新型汉语言文学本科人才培养模式探索》阶段性成果之一。发表于《黑龙江民族丛刊》2014 年第 3 期，9.1 千字。该文认为，仡佬语属壮侗语族仡央语支，是横跨中国贵州、云南、广西和越南的一种少数民族语言，主体民族广泛分布在贵州境内。据田野调查结果，仡佬语是一种濒危语言。贵州的居都仡佬语是唯一保存最完好的仡佬语方言，其全民使用保持一定活力，但其代际语言能力差异较大，衰退速度快。双语教学是挽救或延缓仡佬语消亡的最有效方法。然而仡佬语的双语教学难度大，一是没有文字，二是没有教材，三是没有师资，四是没有配套的考核办法，五是没有相应的激励机制，这是开展仡佬语双语教学的核心问题。

【中缅、中老跨境民族传世铜鼓比较研究】 韦丹芳（广西民族大学）撰。国家社科基金项目《中缅、中老跨境民族铜鼓文化研究》阶段性成果之一，国家民委人文社会科学重点研究基地《中国南方与东南亚跨境民族研究基地》阶段性成果之一，广西民族大学中国—东盟研究中心项目《东南亚铜鼓研究》阶段性成果之一。发表于《贵州民族研究》2014 年第 4 期，7.4 千字。该文认为，对中缅、中老跨境民族的传世铜鼓进行比较研究。老挝、缅甸、中国和泰国的黑格尔Ⅲ型铜鼓在鼓形的设计上已基本定型，纹饰的发展规律基本相同，一些铜鼓纹饰非常相似，可能已有专门生产此型铜鼓的作坊，不排除四国在铸造技术上互相交流甚至铜鼓在某地铸造后再向他国传播的可能。

【壮族设计艺术及其文化的产生、发展与演变】 俞崧（广西艺术学院）、柒万里（广西艺术学院）撰。国家教育部人文社会科学研究一般项目《壮族设计艺术史及其文化研究》阶段性成果之一，广西教育厅科研项目《壮族设计史论》阶段性成果之一。发表于《南方文坛》2014 年第 5 期，4.8 千字。该文认为，自 20 世纪 80 年代至今，就壮族传统艺术研究方面而言，取得较大进展，主要表现为：壮族图腾、风俗研究，左江流域崖壁画研究，铜鼓艺术研究，壮族传统建筑研究，壮族传统工艺研究等。该文探讨的是壮族设计艺术起源、发展及演变的基本线索，以及壮族设计艺术体现的各种文化内涵。试图通过田野调查与历史文献相结合的研究模式来弥补壮族设计艺术理论研究上的空白，为弘扬壮族优秀传统文化、繁荣中国少数民族文化事业、促进各民族的繁荣和发展作贡献。

【高度政治化、恢复发展与博弈中变迁——转型期壮族民间文化变迁的三个阶段】 吴德群（百色学院）撰。国家社科基金青年项目《社会转型期壮族民间文化变迁研究》阶段性成果之一。发表于《广西民族研究》2014 年第 4 期，12 千字。中国人民大学书报资料中心复印报刊资料《民族问题研究》2014 年第 11 期全文转载。该文认为，转型期，壮族民间文化变迁经历高度政治化、国家引导下的恢复发展和国家、市场、社会三者博弈中变迁 3 个阶段。国家、壮族民间社会和市场三者间的互动性质，影响着壮族民间文化的变迁过程，三者的互动关系不同，壮族民间文化的实践方式和存在状态亦不同。市场经济条件下，在壮族民间文化保护与开发过程中，在国家和市场扮演着重要角色的同时，回归壮族民间社会在壮族民间文化中的基础和载体地位，意义重大。

【记忆、表征与认同——靖西壮族族群认同与国家认同研究】 罗彩娟（广西师范学院）、梁莹（广西师范学院）撰。国家社科基金项目《壮族的族群认同与国家认同研究》阶段性成果之一，广西教育厅科研项目《侬智高历史记忆与壮族认同——以靖西县为例》阶段性成果之一。发表于《广西师范大学学报》（哲学社会科学版）2014 年第 3 期，10.1 千字。该文认为，族群认同以历史记忆为基础要素，并通过文化表征加以巩固和维持族群边界。国家认同是多元族群国家中重要的国民意识，是安邦定国的思想纽带。作为南疆边陲的靖西壮族共同体，具有以真实的历史记忆作为基础的文化想象、基于传统文化表征的民族意象以及基于现实民族团结的国家形象，实现族群认同与国家认同的统一。

【新方块壮字与“云时代”壮族文化传承的适切性研究】 杨丽萍（广西师范大学）撰。国家社科基金教育学项目《少数民族学生国家认同和文化融合研究》阶段性成果之一，全国教育科学“十二五”规划 2013 年度教育部重点课题《壮族地区乡村学校教育促进壮族文化传承的个案研究》阶段性成果之一，广西教育科学“十二五”规划重点课题《壮汉双语学校壮族文化传承教育的个案研究》阶段性成果之一，广西八桂学者项目《民族地区教育发展研究》阶段性成果之一。发表于《民族教育研究》2014 年第 2 期，7.6 千字。该文认为，古壮字、拼音壮文、汉字和新方块壮字都在不同层面上对壮族文化传承发挥作用，但就适应性、契合性、有效性、可行性和认可度而言，新方块壮字有独特优势。然而，目前新方块壮字仅在民众中流行，未形成规范体系，也未成为法定文字，需借助语言学、文字学、民族学、传播学等理论方法进行理论探寻和推广实验，借助网络平台扩大影响力，使之真正成为“云时代”壮族文化传承的媒介之一，以此构建壮族文化传承的新机制，开创壮族文化传承与发展的新渠道。

【“他者”的自我维系：京族人的族群认同及其变迁】 吕俊彪（广西民族大学）撰。国家社会科学基金项目，教育部人文社会科学研究规划基金项目，广西特聘专家岗位项目《中国南方与东南亚民族研究》阶段性成果之一。发表于《广西民族大学学报》(哲学社会科学版)2014年第5期，14.5千字。该文认为，聚居在中越边境线附近地区的京族人，长期以来由于在政治、经济、文化上的弱势地位而以一种"他者"的身份生活在地方社会的边缘地带。20世纪50年代以后，尤其是90年代以来，随着一系列民族优惠政策的实施及地方经济的发展，京族人的社会地位发生了根本性变化。不过，被认为是"中国最富裕的少数民族"的京族人，仍不断运用各种社会文化资源来强化族群认同，以维持其"他者"地位。其不仅凝结当地人深厚的根基性情结，同时也是其在社会资源博弈上的策略性安排。

【京族文学的整生规律研究】 龚丽娟(广西民族大学)撰。2012年度教育部人文社会科学研究西部和边疆地区青年基金项目《生态视域中的民族文学生发规律及关系研究》阶段性成果之一，中央民族大学985工程三期建设项目。发表于《学术论坛》2014年第12期，7.9千字。该文认为，京族文学发生于多维民族文化生境中，在耦合与整生机制作用下，反映出多层次生态审美内涵，人与海洋的依生之美与竞生之美，民族生存景象中的竞生关系与共生理想，再到多样文化共塑的整生之美。京族文学的生发路径，包含着民族地域文化与传统主流文化的交融互渗，京族文学与汉族经典艺术耦合共生以及京族与汉族、南方民族和越族文化多维整生的生态规律。

【广西金秀瑶族民歌中的文化内涵】 覃晓宁(广西柳州师范高等专科学校)撰。2011年度教育部人文社会科学研究一般项目系列《瑶族民歌的地域差异研究》阶段性成果之一，广西教育科学"十二五"规划课题《广西瑶族原生态民歌的文化传承教育研究》阶段性成果之一。发表于《音乐创作》2014年第5期，4.2千字。该文认为，金秀瑶族民歌是中国多民族音乐中的重要组成部分，这些民歌贴近人民大众，从不同的角度反映金秀瑶族人民的生活和风俗习惯，展示了民俗文化、神奇的宗教文化、厚重的历史文化、多彩的语言文化等文化内涵。

【"自然"身体的文化转化：瑶族诞生礼的过渡意义】 冯智明(广西师范大学文学院)撰。国家社会科学基金青年项目，教育部人文社会科学研究西部和边疆地区项目。发表于《广西社会科学》2014年第1期，7.4千字。该文认为，过渡礼仪对个体有从自然人逐步转变为社会人的意义，对人之身体的生物性与社会(文化)性双重属性的认知为近年来各界对人身体的研究提供新思考。广西桂林市龙胜各族自治县江底乡岭寨红瑶的诞生礼从婴儿"脱身"到满月的见身认亲再从满月到对岁的卜志改运，不仅实现了产妇和新生儿的身份转换，还使得新生的个体经历从"自然"身体向社会身体的转化，并以身体为媒介逐步融入与社会和周遭环境的互动中。

【广西瑶族女童教育问题的社会性别分析】 雷湘竹(广西民族大学)撰。教育部人文社会科学研究规划基金项目《社会性别视角下瑶族女童教育研究》阶段性成果之一。发表于《广西师范大学学报》(哲学社会科学版)2014年第4期，9.1千字。该文认为，女童教育对女童个人、家庭、民族和社会的发展与进步有重要意义。近10年来，中国农村地区、少数民族地区的教育有大发展，然而少数民族地区女童的教育却仍受到制约。主要表现为：瑶族女童辍学现象严重；想继续学习，但缺乏兴趣，没有学习热情；不安全因素增多。究其原因，"男尊女卑"性别文化依然在瑶族社会占据主导地位，"女孩读书无用论"成为女童晚入学及辍学的主要原因，就业中的"性别偏见"使女童教育再遇挑战，"性别刻板印象"以及较少关注女童情感，是造成女生学习热情不高的重要原因。因此，进行性别平等教育，让性别平等意识深入每个角落，是教育者优先要做的工作。

【以刀为笔绘乾坤——白裤瑶粘膏画传统技艺调查研究】 李雅日(广西师范大学)撰。2013年国家社会科学基金艺术学项目立项《白裤瑶民间粘膏画传统技艺传承研究》阶段性成果之一。发表于《装饰》2014年第6期，5.1千字。该文认为，南方少数民族大多没有自己的文字，其文化符号多渗透于独具特色的传统技艺及其图形中。由于自然生态环境和文化生态环境的逐渐改变，很多传统技艺濒临失传或面临生存危机，白裤瑶粘膏画便是其典型代表。该文在田野调查基础上，对白裤瑶粘膏画工具的制作与材料、工艺流程等进行记录和整理，分析以刀为笔的白裤瑶粘膏画特有的绘制特点和造型特点，并就其传承现状提出思考，以期对传承传统技艺文化与民族特色文化提供文献数据支持和学术参考。

【罗城客家人与仫佬族文化融合探析】 袁丽红(广西民族问题研究中心)撰。国家社科基金项目《在互动中走向和谐》阶段性成果之一。发表于《广西民族大学学报》(哲学社会科学版)2014年第2期，11.8千字。该文认为，在罗城仫佬族自治县，与仫佬族杂居的客家人长期以来与仫佬族相互通婚，互通有无。随着时间的推移和民族交往的深入，客家人与仫佬族在民间信仰、风俗习惯等方面，出现文化融合的现象，这与两个族群的人口情况和族群特性有关。

【空间实践与侗族村落文化表征：以宝赠为例】 赵巧艳（广西师范大学漓江学院）撰。教育部人文社会科学研究青年基金项目《空间实践与文化表征：侗族传统民居的象征人类学研究》阶段性成果之一，广西高等学校优秀中青年骨干教师培养工程。发表于《广西师范大学学报》（哲学社会科学版）2014 年第 2 期，13.2 千字。该文认为，侗族村落布局经由“确立神圣中心”“界定居住边界”“明确布局层次”的过程，体现由小到大、由内往外的变化次序。在居住格局方面，侗族村民遵循的原则是：藏风聚气、祈福纳吉；聚族而居、喜聚憎散；依山傍水、负阴抱阳；方便耕作、舍远求近。这些文化逻辑和文化规范制约着侗寨的形成、衍生、发展，构建了侗族传统文化与村落空间实践的互动机制与侗族村落文化模式。

【论中国民俗学研究本体的构成】 陈金文（广西民族大学）撰。国家社会科学基金项目《壮族民间传说与族群记忆》阶段性成果之一，“广西特聘专家”专项项目。发表于《华中师范大学学报》（人文社会科学版）2014 年第 6 期，9.1 千字。该文从纵向和横向 2 个维度考察中国民俗学研究本体的构成。所谓纵向维度即时间维度；所谓横向维度即空间维度。从时间维度看，中国民俗学研究本体是由古代民俗文化和当前传承的民俗文化构成；从空间维度看，中国民俗学研究的本体是由多民族民俗文化和多区域民俗文化构成。中国民俗学研究本体呈现出多元化或多样化特色，有丰富深广的内涵。任何学科的学科体系中本体研究都是最重要、最核心的部分，它是任何学科得以成立的基础和前提。因此，对于民俗学学科本体构成的研究有重要意义。

【身体认知与疾病：红瑶民俗医疗观念及其实践】 冯智明（广西师范大学文学院）撰。发表于《广西民族研究》2014 年第 6 期，9 千字。该文认为，不同文化中的人群对身体和疾病有不同的理解，导致求医行为和治疗方式的多样性。基于身体认知和“自然”“非自然”论病因观的文化逻辑，红瑶人形成系统而严密的“神药两解”民俗医疗知识体系与实践，嵌入红瑶的自然环境、社会结构、分类体系和宗教信仰中。

【“洁净”的秩序和力量——壮族古俗“夫妻异室而居”新探】 潘春见（广西大学中国—东盟研究院）撰。国家社会科学基金重点项目《古骆越方国考》子课题《古骆越国居住文化》阶段性成果之一。发表于《广西民族研究》2014 年第 3 期，14 千字。道格拉斯的人类学名著《洁净与危险》对人类思想和文化的重要贡献之一就是创造经典命题：Dirt is matter out of place（不在其位之物为脏），换句话说，脱离秩序的事物被视为肮脏或危险，反之被视为洁净与安全。根据这一命题发现，把家屋视为最强大的控制力量，把男女两性关系视为最基础的社会规范，持续进行“无性家屋”的理想建构，成为壮族“夫妻异室而居”这一千年古俗背后的文化机制和力量源泉之所在。该文根据象征人类学关于“洁净”与“污秽”的二元对立及可建构社会的价值和秩序理论，论证壮族古俗“夫妻异室而居”背后的伦理规则，探讨其在古典干栏房子建造过程中的技术化和仪式化转向。在象征人类学的概念范畴中，“洁净”与“污秽”的二元对立被认为是充满能量的结构，可建构族群、阶层、社会和文化边界，建构社会的价值和秩序。壮民族的理想家屋，也存在一个充满能量的以“洁净”与“污秽”为二元对立的象征性结构体系。在这体系中，洁净被赋予明亮、吉祥、富于生命力，“污秽”被等同于黑暗、衰亡和诸事不顺。前者有利于造化之神莅临降福，后者会招来魑魅魍魉作祟祸害。而建筑人类学的大量资料表明，壮族的夫妻“异室而居”及其追求的无性家屋理想，实质是为了在物质与精神的不同层面维护家屋“洁净”，在自然与社会的法则间培育和打造家屋的正面力量。

【少数民族村落体育组织的生成方式与运作机制——以壮、侗、苗、瑶等少数民族古村落为例】 孙庆彬（玉林师范学院）等撰。发表于《北京体育大学学报》2014 年第 9 期，13 千字。国家社会科学基金项目《华南少数民族古村落传统体育文化调查研究与数据库构建》阶段性成果之一。该文运用文献资料法、访谈法和实地考察法，探究少数民族村落体育组织的生成方式与运作的机制，为少数民族聚居区的村落体育管理提供参考。该文认为：少数村落体育组织依托宗族关系，按照“自下而上”的“自生”方式生成；宗族关系是村落体育运作的重要依托；民间信仰是村落体育组织运作的精神推动力；族群认同是村落体育组织运作的社会心理基础；传统节庆是村落体育组织运作的载体；习俗和舆论是村落体育组织实现体育社会控制的手段；村落体育组织具有独立性和开放性。该文指出：村落体育组织在村落体育管理中处于主体地位；政府组织在村落体育管理中处于辅助地位；民间信仰是村落体育组织运作的重要文化资源。

【海村京族国家政治认同整合研究】 陈锋（钦州学院）

撰。2012年度国家社会科学基金项目《民族地区农民政治认同的特点、机制及规律研究》阶段性成果之一。发表于《广西社会科学》2014年第1期,8千字。该文认为,京族是中国28个人口较少的民族之一,是广西独有的世居少数民族之一。主要聚居和活动生息于广西防城港市东兴江平镇㳽尾、巫头和山心等小岛,俗称"京族三岛"。海村地处中越边境,受国际局势环境、国内经济形势和国家战略布局影响和制约,长期投入不足,基础设施薄弱,产业结构单一,文教卫生发展滞后,群众增收困难,生活艰苦。京族主要从事海洋捕捞、海产养殖、农业生产、边境贸易及旅游餐饮服务等。经国家和地方政府专项扶持,基本解决海村群众交通出行、人畜饮水、上学难等问题,改善"京族三岛"的基础设施条件,基本实现"五有三达到",实现居民住宅、交通通信和生活方式现代化,促进"京族三岛"城镇化,成为中国人口较少民族中最富裕少数民族之一,率先进入小康社会。海村京族有跨国民族独特政治地位,集少、边、渔、农、国民等多重身份于一身,享受国家多重叠加性优惠政策。随着改革开放深入和经济社会发展,海村京族人在穿衣饮食、居住出行、文化生活和交通通信等方面有较大变化和改善,城镇化步伐加快。京族作为外来民族,在长期生产生活实践中,适应中国西南沿海的生活环境,取得现代国家族群政治身份,并在与国家不断互动共进中,得到国家政治保护。

【论京族民间文艺的兼容性】 陈丽琴(广西民族大学文学院)、李玢辛撰。国家社会科学基金项目、自治区教育厅社会科学项目。发表于《广西师范学院学报》(哲学社会科学版)2014年第6期,7.3千字。该文认为,京族于明代由越南迁入并定居中国,与中国汉、壮等民族杂居共存,生产、生活方式及语言等发生变迁。经过500多年的沉淀与创造,京族在保留原有的海洋性文化特色的同时,吸收汉、壮、侗等民族文化为己用,形成多元性、开放性和兼容性的文化特色。该文从民间故事、传说、音乐及戏剧等多角度展现京族民间文艺丰富多彩的表现形式,揭示京族民间文艺的独特魅力。

【壮族民间侬智高传说的口述史意义】 陈金文(广西民族大学文学院)撰。国家社会科学基金项目。发表于《广西民族研究》2014年第5期,15千字。该文用比较方法,考察关于侬智高的官方文献与民间传说之异同,论述壮族民间流传的侬智高传说的口述史价值,了解壮族群众对侬智高其人其事的认识和态度。认为侬智高传说有史观价值和史料价值:侬智高传说中包含信史资料,可以与官方文献互为印证,就侬智高的某些历史问题得出定论;侬智高传说涉及许多官方文献和正史中没有的人和事,有助于深化与细化对侬智高的研究。

【仡佬族传统文化危机与应对策略——以贵州省六枝特区居都村为例】 康忠德(广西民族大学文学院)撰。发表于《广西师范大学学报》(哲学社会科学版)2014年第4期,90千字。该文认为,贵州省六枝特区居都村的仡佬族传统文化主要体现在吃新节"祭树节""织麻布""打鸡儿棒"等民俗活动中。这些活态文化的传承已濒临危境,根源在于居都仡佬族传统文化的功能缺失及人们对民族文化传承重要性的重视程度不到位。在仡佬族的传统文化保护过程中,政府提供制度保障与经济支持,专家学者提供智力支持,社会提供适合的环境,仡佬族自觉发挥主体性作用,仡佬族的文化保护工作方可取得应有成效。

【全面建设小康社会与西部少数民族文化地区建设研究】 黄筱娜(广西妇女干部学校)撰。国家社会科学基金项目,2014年2月通过全国哲学社会科学规划办公室鉴定结项,280千字。该调研报告主要观点:一是在民族文化转型时期,鼓励民族文化与现代文化接轨的同时,要宣传倡导社会主义核心价值观,使少数民族文化融入社会主义文化建设体系当中;二是西部少数民族地区经济发展环境脆弱,文化建设自给力不足,需要国家财政和社会各方力量的扶持;三是切实解决乡村"空心化"问题,引导返乡知识青年,开展新农村文化建设,化解地方文化人才匮乏与满足人民群众精神文化需求的矛盾;四是处理好经济开发与文化保护的关系;五是处理好传统文化和现代化的关系是少数民族文化发展的重要保证。在现代化、城镇化的大潮下,在新农村建设的浪潮中,不必强调少数民族地区一定要按照现代化的模式去改变自己的本色生活;要引导他们按照自己本民族的文化特点和生活方式去发展。

·政　治　学·

【共产国际十月来信与中国革命重心转变探析】 黄雅丽(广西民族大学)撰。国家社科基金青年项目《共产国际、联共(布)对中国特色革命道路形成与发展的影响研究》阶段性成果之一。发表于《党史研究与教学》2014年第5期,10.5千字。该文通过分析共产国际十月来信发生的历史背景及主要内容,说明十月来信对中国共产党的策略指导发生的转变,转向"以农村为中心";但不能说明是共产国际和苏联领导人最先提出了农村包围城市的革命道路理论,因为从理论的形成过程及时间看,在十月来信和1930年5月斯大林与周恩来谈话前，以毛泽东为代表的中国共产党人在把马克思主义与中国革命实际相结合的过程中就已初步形成了。

【中国特色社会主义制度发展的全球化视野】 杨智勇（广西师范大学）、林春逸（广西师范大学）撰。国家社科基金一般项目《当代中国文化的发展价值及其实现路径研究》阶段性成果之一，教育部人文社科基金项目《马克思恩格斯发展伦理思想及其当代价值研究》阶段性成果之一。发表于《党政研究》2014 年第 2 期，9.7 千字。中国人民大学书报资料中心复印报刊资料《中国特色社会主义理论》2014 年第 10 期全文转载。该文认为，全球化是当今世界发展的客观趋势和历史潮流，也是中国特色社会主义制度研究的新视野、实践的新主题及发展的新维度，在全球化不断发展的今天，中国特色社会主义制度的发展目标不再局限于中国的发展语境，也不能只是为适应和顺应全球化的世界潮流，而应有远大追求和广阔视野，探求如何在可操作的伦理规范下，通过经济、政治、文化及生态等全方位、多层次融合到全球化进程，以中国特色社会主义制度模式引领世界一体化和全球化潮流，这不是霸权主义，而是国际责任。

【当今垄断资本主义的新变化及其发展态势】 曹剑飞（广西社会科学院）等撰。国家社科基金重点项目《当代垄断资本金融化研究》阶段性成果之一，教育部人文社科规划基金项目《金融资本全球化及其对我国经济的内外影响》阶段性成果之一。中国人民大学书报资料中心复印报刊资料《政治经济学评论》2014 年第 2 期全文登载，22.5 千字。该文认为，垄断资本主义进入全球金融垄断阶段后，呈现出全球化、金融化、霸权化特征。2008 年国际金融危机是垄断资本全球化、金融化、霸权化条件下资本主义基本矛盾激化的必然结果。国际金融危机后，垄断资本主义在上述三个方面又出现新变化，即跨国公司战略调整，国际直接投资短期受挫；美国启动金融改革，再工业化战略初见成效；美元回流循环出现下行，美元储备货币地位下降。今后垄断资本主义发展将会呈现三重态势：一是垄断资本全球化态势将长期存在，同时垄断资本的区域化态势逐渐强化；二是垄断资本过度金融化现象有所遏制，金融化与再工业化及经济实体化同时并存；三是美元霸权的基础开始削弱，国际货币多元化态势明显增强。

【论加强我国社会主义意识形态领导权建设】 曾令辉（广西师范学院）等撰。教育部人文社会科学研究专项任务项目《（马克思主义中国化时代化大众化）青年学生社会化与政治参与问题研究》阶段性成果之一。发表于《马克思主义研究》2014 年第 1 期，13.3 千字。该文认为，实现意识形态领导权是统治阶级巩固本阶级统治地位的重要内容，意识形态领导权的实现既是统治阶级主动建构又是民众自主选择的结果。当前中国意识形态多元化和利益多样化暴露中国社会主义意识形态领导权建设的不足，势必要求加强社会主义意识形态领导权建设。西方发达国家在长期意识形态建设中形成行之有效的、相对成熟的“领导权”实现的方式方法，有一定借鉴意义。

【关于健全党员能进能出机制的思考】 曾德盛（广西社会科学院）撰。发表于《观察与思考》2014 年第 2 期，10 千字。中国人民大学书报资料中心复印报刊资料《中国共产党》2014 年第 5 期全文转载。该文认为，健全党员能进能出机制，优化党员队伍结构，是加强党的建设的重要举措。健全党员能进能出机制，重点和难点在于健全退出机制。党员能进能出机制是我们党在领导中国革命、建设和改革开放的历程中建立、演变和不断完善的，针对新情况和新问题，必须以党章为依据，加强制度创新，既要把好入党关口，健全党的纳新机制，又要畅通出党渠道，健全和创新党员各类退出机制。

【中共十八大以来健全城乡发展一体化体制机制的战略思路——十六大以来中共统筹城乡发展理论与实践研究系列论文之一】 韦廷柒（广西科技大学）、潘保兴（广西科技大学）撰。国家社会科学基金项目，广西社会科学基金项目。发表于《广西社会科学》2014 年第 5 期，6.4 千字。该文认为，党的十八大以来健全城乡发展一体化体制机制战略思路，丰富和发展了中国特色社会主义城乡关系理论。理论内容上既涉及发展城乡生产力，又包括完善城乡生产关系，体现城乡经济建设、政治建设、文化建设、社会建设、生态建设“五位一体”的有机统一；从实践逻辑上看，科学总结党领导人民统筹城乡发展的实践经验，是马克思主义城乡关系理论中国化的最新成果。

【反日耳曼人情绪与早期拜占庭帝国政治危机】 董晓佳（广西师范大学）、刘榕榕（广西师范大学）撰。国家社科基金西部项目《古代晚期地中海地区自然灾害研究》阶段性成果之一，广西人文社科项目《早期拜占庭帝国政治秩序重建研究》阶段性成果之一。发表于《历史研究》2014 年第 2 期，34.5 千字。该文认为，早期拜占庭帝国皇帝继承并进一步发展罗马共和国与帝国时期招募蛮族为兵的政策，这是针对帝国边境所面临的安全问题而推行的举措。该政策一方面有助于减轻日益严重的边境压力，增加军队兵源，另一方面又导致以日耳曼人为代表的蛮族士兵在军队中占据重要地位，造成帝国军队的蛮族化。来自帝国外部的蛮族劫掠与帝国内部蛮族士兵和将领的增多，引起早期拜占庭帝国内部的反日耳曼人情绪。这种主观存在的情绪与客观存在的拜占庭帝国政治体制内部军权与皇权间矛盾相结合，导致4世纪末5世纪初发生自君士坦丁堡落成以来最严重的政治危机。

【越南共产党党内基层民主制度建设探析】 陈元中（广西民族大学相思湖学院）、税光辉（广西民族大学）撰。国家社会科学基金项目，广西民族大学中国—东盟研究中心（广西科学实验中心）开放课题。发表于《广西社会科学》2014年第8期，8.1千字。该文认为，越共自革新开放以来，高度重视党的基层民主制度建设，初步形成党内基层民主制度体系，有效保障广大党员的民主权利，改善基层社会关系，在推进党内基层民主、党内民主与人民民主、民主与法权协同发展等方面积累经验。然而，越共党内基层民主制度建设中仍存在基层党员民主素质不高、民主运行机制不全、民主发展路径不畅等问题。

【中国与越南私营业主入党问题比较分析】 胡玲（广西大学）撰。国家社会科学基金项目。发表于《广西社会科学》2014年第6期，6.5千字。该文认为，关于私营业主入党问题，中国和越南既存在共性又存在差异。经济体制改革是两国私营业主入党问题“出场”的历史现实，争论焦点均围绕着“剥削”问题展开；但在允许私营业主入党之前，越南经过长期的对于“党员是否可以从事私营经济”的探讨，而中国由于特殊的历史现实本着“不争论”原则没有对此进行长期探讨。作为最初允许私营业主入党的两个社会主义国家，中国和越南应互为借鉴，谨慎地发展私营业主入党，做好新阶层的党建工作，以防止“和平演变”变成“自我演变”。

【论资政院激进特征的政治生态影响——以“弹劾军机大臣案”为中心】 左攀（广西师范大学）、唐仁郭（广西师范大学）撰。国家社会科学基金西部项目。发表于《河北师范大学学报》（哲学社会科学版）2014年第5期，12.3千字。该文认为，在1910年的资政院第一次常年会上，激进的议员两次弹劾军机大臣，其言论、行为、心态处处引领激进思潮。弹劾案是议院内外激进势力相互激荡的结果，也与载沣和军机大臣无视权力结构的巨大变化，依旧延续传统的政治思维和行事方式密切相关，更是宪政制度顶层设计的内在矛盾体现。议员的胆识和勇气可嘉，但他们的激进行为非但没能加快立宪步伐，反而严重破坏政治生态，这种初衷与结果背道而驰、程序与目的错误取舍促使我们对政治激进主义深刻反思。历史的教训告诫我们：改革必须步步为营，率先营造绿色政治生态是政治转型成功的先决条件。

【论行政决策文明的四重向度与价值】 李翔宇（广西师范大学）撰。国家社会科学基金一般项目《西方管理学方法论百年发展史及其启示研究》阶段性成果之一，教育部人文社会科学基金项目《多元学科方法论影响下的西方管理学方法论流变研究》阶段性成果之一。发表于《理论与改革》2014年第3期，10.8千字。该文认为，行政决策是政府重要的行政活动，它的成功与否不仅在很大程度上关系着政府行政管理的成败，也关系着执政党执政合法性的塑造和维系。行政决策文明意指行政决策的合理性，它是以民主、科学和法治为保障以实现行政决策的终极价值——以人为本的行政决策行为。这四者任何一个缺位，都有可能使行政决策文明偏失而导致行政决策受到严重影响甚至遭受失败。要实现行政决策文明，必须在行政决策过程中切实落实民主、科学、法治与人本原则，才能有效地维系和增进执政党执政的合法性。

【行政技术主义批判】 苏曦凌（广西师范大学）撰。教育部人文社科研究项目《社会管理的协同机制研究：理论模型与实证分析》阶段性成果之一，广西高等学校人文社科研究重点项目《广西社会管理协同机制的实证分析与优化对策》阶段性成果之一。发表于《广西师范大学学报》（哲学社会科学版）2014年第2期，10.7千字。该文认为，在现代行政生活中，行政技术主义是一种常见的理论倾向和实践样式。行政技术主义历经古典行政学理论、行为主义行政学理论、新公共管理理论等各种理论发展阶段，其观念内核包括实用主义的行政知识观、客观世界确定论的行政思维方式、行政技术价值中立的价值立场3个部分。行政技术主义没有对行政技术的本质、价值、地位做出科学理论界定，没有对行政技术与行政之间、行政技术与行政主体之间、行政技术与行政哲学之间的关系做出合理的理论设定，不利于构建公共的、民主的、负责任的、充满回应性的行政系统。

【边疆民族地区公共安全治理体系与能力现代化】 李俊清（广西民族大学）撰。国家社科基金决策咨询点项目，教育部人文社会科学重点研究基地重大项目《跨境民族与边疆公共事务治理》阶段性成果之一。发表于《中国行政管理》2014年第11期,9.8千字。该文认为,中国边疆民族地区公共安全事件有特殊性,即使是各类与内地相同的突发事件,由于特殊的地理区位、自然条件、经济社会环境、民族宗教等因素叠加而更复杂。此外,近年来民族分裂和宗教极端势力在一些边疆民族地区活动猖獗,且呈现不断蔓延扩张之势,严重威胁社会稳定与国家安全。因此,应根据边疆民族地区特殊情况,建构科学有效的应急体系,推进公共安全治理体系和治理能力的现代化,确保边疆民族地区的长治久安。

【当代中国乡村治理变革探源:基于人的需要之视域】 温顺生(广西经济管理干部学院)、廖业扬(广西民族大学)撰。国家社科基金项目《集中连片特困地区基础设施建设的社会动员机制研究》阶段性成果之一,广西社科基金项目《广西北部湾区域一体化中的区域公共服务供给机制研究》阶段性成果之一,广西社科基金项目《"强国家,大社会":现代国家之理想型——基于国家与社会关系的分析进路》阶段性成果之一,2012年广西民族大学政治学学科建设项目《基层民生政府论》阶段性成果之一。发表于《学术论坛》2014年第7期,10.4千字。该文认为,当代中国乡村治理是国家治理体系的重要构成部分,国家治理体系和治理能力的现代化离不开乡村治理变革,而国家治理体系和治理能力的现代化必然推动乡村治理变革;在当代中国乡村治理变革的诸多动力源中,农民的需要及其新变化是更为根本原因,也是理解建设服务型政府的关键理由之一,应从国家治理现代化的战略高度予以关注和重视。

【新时期提升地方政府政策执行力的新思路——基于社会主义协商民主的视角】 谭英俊(广西行政学院)撰。国家社会科学基金项目,自治区党校咨政类重大项目,自治区党校校(院)级课题一般项目。发表于《吉首大学学报》(社会科学版)2014年第3期,8千字。该文认为,政策执行理论进入第三代研究,以西方理论分析中国政策执行实践的现象仍比较突出。社会主义协商民主则为西方理论契合中国实际找到突破口:它完善了政策执行研究方法、扩大政策执行研究单元、揭示政策执行本质,在提升政策制定的科学性、培育有公共精神的执行对象、发展科学的执行方法、形塑有效的执行监督等方面有助于提升地方政府政策执行力。当然,社会主义协商民主还不够完善,需在完善协商民主制度、优化协商民主程序、丰富协商民主形式、培育协商民主文化等方面加以努力,才能为提升地方政府政策执行力作出应有贡献。

【"中国—东盟命运共同体"构想下南海问题的前景展望】 葛红亮(广西民族大学)等撰。教育部人文社科规划研究项目,中国海洋发展研究中心重大项目,中国—东盟研究院2014年开放性课题,解放军外国语学院科研基金项目。发表于《东北亚论坛》2014年第4期,10.8千字。该文认为,2013年10月,中国国家主席习近平在到访印度尼西亚时提出"中国—东盟命运共同体"战略构想,为中国和东盟的战略伙伴关系的发展,特别是双方政治互信和安全合作关系的增进提供新理念、新指南,同时为南海问题和南海局势的发展带来新环境、新框架。中国不仅要持续推进中国—东盟战略伙伴关系和为双方在南海问题上展开互动营造良好的政治氛围,还应积极与东盟就南海议题保证沟通渠道的畅通和正面应对东盟在南海问题上的考虑,增强互动的实效性和共同维护南海地区的稳定与和平,促使南海由争端的焦点变为中国—东盟合作关系的纽带。

【菲律宾海洋管理制度研究及评析】 雷小华、黄志勇(广西社会科学院)撰。国家社科基金项目《东盟主要成员国海洋战略研究》阶段性成果之一,广西社科规划项目《东盟国家海洋权益意识及广西海洋资源开发对策研究》阶段性成果之一。发表于《东南亚研究》2014年第1期,11.2千字。该文认为,近年来,中菲围绕南海主权争议不断,尤其是"黄岩岛对峙事件"和"台湾渔民被射杀事件"严重影响中菲关系,但也反映菲律宾加强海洋管理和海洋执法管理的事实。为避免此类事件再次上演,维护中国海洋权益,该文试图对菲律宾的海洋管理政策、海洋立法、海洋执法管理及与之相关的管理体制等多方面的管理制度进行研究、评析,并期望对中国加强海洋管理有所借鉴。

【协商民主视阈下公共决策"公共性"的实现——基于转型期我国邻避冲突的考察】 刘仁春(广西师范大学)等撰。国家社会科学基金一般项目《社会分化背景下阶层和谐的公共政策研究》阶段性成果之一,广东省社会主义学院系统科研项目《关于推进基层协商民主,完善社会治理的理论思考——以广东邻避冲突为例》阶段性成果之一。发表于《广西师范大学学报》(哲学社会科学版)2014年第5期,12.6千字。该文认为,近年来,伴随中国经济社会的持续发展,邻避冲突呈频发态势。转型期中国邻避冲突的大量发生,固然与邻避设施的负外部性密切相关,但很多时候其根源还在于政府在项目决策过程中偏离"公共性"的价值取向,忽视甚至无视公众的知情权和参与权,暗箱操作。协商民主理论主张通过对话达成共识，作出决策，这为邻避冲突的治理提供新思路。让公众真正涉入攸关自身利益的邻避决策中，通过多元主体充分讨论、协商、对话，在公民参与、风险沟通、利益兼顾、理性互动等方面建构具有内在稳定性的机制，这是保证邻避决策“公共性”得以实现的重要前提。

【少数民族地区社会主义核心价值体系建设研究】 莫丽琴（广西师范大学）撰。2012年国家社科基金项目《当代中国文化的发展价值及其实现路径研究》阶段性成果之一。发表于《贵州民族研究》2014年第7期，4.4千字。该文认为，社会主义核心价值体系是中国实现快速、稳定发展的本质。在少数民族地区构建社会主义核心价值体系是维护祖国统一，加强民族凝聚力的有效措施。从建设少数民族地区社会主义核心价值体系的重要性入手，具体分析少数民族地区社会主义核心价值体系构建的内容，以及当前构建少数民族地区社会主义核心价值体系存在的问题，并提出相应措施，以期进一步推动新时期中国少数民族地区社会主义核心价值体系建设工作的开展。

【加快广西扶贫生态移民对策研究】 庞汉（广西发展和改革委员会）撰。国家社会科学基金西部项目《西南民族地区经济社会发展的经验学习及其机制研究》阶段性成果之一。发表于《学术论坛》2014年第6期，7.2千字。该文认为，扶贫开发是广西头号民生工程，没有连片特困地区的加快发展，没有600多万贫困群众的脱贫致富，“两个建成”目标就难以实现。扶贫生态搬迁是扶贫开发的重要工程和关键突破口，实施扶贫生态移民工程，是从根本上解决广西连片特困地区贫困问题，遏制石漠化趋势和构建珠江—西江生态屏障，加快城乡一体化建设，同步全面建成小康社会的重大举措，意义重大，时间紧迫，任务艰巨。文章以实践调研数据为支撑，综合梳理当前广西实施扶贫生态移民工程的现状和存在问题，学习和借鉴国内相关省份开展扶贫生态移民工程的经验做法，并重点提出加快广西扶贫生态移民的若干对策建议。

【浅谈十八大后企业思想政治工作】 朱方红（南宁市储备粮管理有限责任公司）撰。发表于《中国科技投资》2014年3月中旬期，3.5千字。该文认为，管理是企业延续生命的重要主题之一，既包括设备管理、安全管理、生产管理等有形管理，还包括制度、文化、理念、思想等无形管理。企业思想政治工作长期存在走形式问题，无法渗进企业管理。该文根据党的十八大提出的“建设学习型、服务型、创新型的马克思主义执政党”，强调全党要“增强创新意识，坚持真理、修正错误、始终保持奋发有为的精神状态”，分析企业管理突出思想政治工作的必要性及当前存在问题，提出新形势下企业党组织思想政治工作应体现时代性、把握规律性、富于创造性，从加强学习型组织建设培养创新能力、贴近企业实际创新思想政治工作、跟上时代步伐提高自身素养等方面看法。

【20世纪40至60年代菲律宾共产主义运动与华人社会变迁】 杨静林（广西民族大学）撰。自治区“八桂学者平台建设工程专项课题”项目《广西的东南亚及亚太海洋战略》成果之一；广西民族大学引进人才科研启动项目《毛泽东思想在东南亚的传播及其对东南亚共产主义的影响》成果。发表于《当代世界社会主义问题》2014年第2期，15千字。该文认为，战后，菲律宾共产主义运动蓬勃发展，马尼拉当局视菲共与华人为菲律宾国家安全的重要威胁。菲律宾政府为此采取高压政策，镇压菲律宾共产党的同时推行排华政策，台湾国民党乘机控制菲律宾华人社会，致使20世纪50年代菲律宾共产主义运动再度沉寂和菲律宾华人左翼衰落，加剧菲律宾华人社会动摇，延缓了战后菲律宾华侨华人融入主流社会的进程。

·法　学·

【网络社会反腐的法律困境与出路】 谢尚果（广西民族大学）撰。国家社科基金重大项目《国家网络空间安全法律保障机制研究》阶段性成果之一。发表于《中国行政管理》2014年第2期，9.2千字。该文认为，信息技术的发展为反腐倡廉工作开辟新路径。网络反腐是数字化环境下公民参政权的表达，作为新兴的反腐利器，已成为世界上许多国家打击和预防腐败的重要手段。网络反腐在中国虽然开展得轰轰烈烈，但却遭遇相关法律制度缺失的困境，导致侵害个人隐私权、侵害名誉权等违法问题时常发生。网络反腐的法律规制应维护社会公共利益原则，坚持言论自由、舆论监督、知情权和隐私权的合理平衡；应加强互联网法制化和网络反腐工作机制法制化建设，完善网络反腐立法，推行网络后台实名制，实行官员财产公开，立法保障举报人合法权益等，以规范网络反腐的健康发展。

【电商时代搜索引擎运营基础法律问题探析】 齐爱民（广西民族大学）等撰。国家社科基金重大项目《国家网络空间安全法律保障机制研究》阶段性成果之一。发表于《社会科学家》2014年第6期，8.7千字。该文认为，搜索引擎是电子商务时代的典型代表，它的出现和运营方式，深刻触动经济和法律的敏感神经。搜索引擎引发的商标侵权可以分为2种类型：埋设关键词商标侵权和广告词出卖商标侵权。在搜索引擎引发的著作权侵权关系中，搜索引擎本身的地位相当于ISP应可主张避风港免责，只有特殊情况下，才相当于ICP承担侵权责任。在虚假广告情形下，搜索引擎的地位是广告的经营者，应承担侵权赔偿责任。欺诈点击的巨大危害，在有证据证明的情形下，搜索引擎应退还推广者相关点击的费用，以保证竞价排名模式的健康发展和网络经济秩序的正常运行。搜索引擎公司经营中涉及个人信息的法律关系复杂，应履行保护个人信息的义务和社会责任，以保障网民人权。

【我国产业布局的法律保障机制研究——以人口、资源、环境与经济协调发展为视】 杨莎莎（桂林旅游高等专科学校）、阳瑾瑜（广西大学）撰。国家社会科学基金项目，广西人文社会科学发展研究中心“泛北部湾发展研究团队”项目，自治区教育厅广西师范大学西南城市与区域发展研究中心项目。发表于《社会科学家》2014年第11期，8.3千字。该文从人口、资源、环境的角度梳理产业布局法的构建内容，分析产业布局法中人口、资源、环境与经济协调发展的理念是以人为本、以市场为主导、以生态保护为本位、以可持续发展为原则。认为完善中国产业布局的法律保障机制首先是要构建适应中国“十二五”规划要求的产业布局法律体系，并从人口流动机制、中小企业成长机制、生态资源开发补偿机制和循环经济保障机制等方面构建中国的产业布局的法律保障机制。

【国家投资西部工业园型资源循环利用企业若干法律问题探析——以广西为例】 付健（广西师范大学）、潘庆（广西师范大学）撰。国家社科基金重点项目《西部地区实施〈循环经济促进法〉的障碍及对策研究》阶段性成果之一。发表于《法学杂志》2014年第8期，10.8千字。该文认为，发展工业园型资源循环利用企业对中国建立覆盖全社会的资源循环体系有重要意义。目前中国西部工业园型资源循环利用企业的兴办处于起步阶段，面临资金和原料等困难，民间资本基本不具备独立发展工业园型资源循环利用企业的条件。国家基于其环境保护义务、宏观调控的需要，应直接投资参与促进循环经济，国家应当投资西部工业园型资源循环利用企业，为西部工业园型资源循环利用企业的起步保驾护航。

【行政承诺法源论：证成与适用】 贾媛媛（桂林电子科技大学）撰。发表于《政治与法律》2014年第9期，14千字。中国人民大学书报资料中心复印报刊资料《宪法学、行政法学》2014年第12期全文转载。该文认为，透过“张炽脉案”的判决及最高人民法院编撰该案例时提出的“规范依据”说，行政承诺的法源性质和功能得以呈现。运用契约原理展开的实证研究显示：行政承诺是行政机关作出履行承诺义务之具体行政行为的“诱因性”前行为，其本身并非传统行政法所称之“行政行为”，其成为行政法法源的一个必要条件是相对人的合意。当行政承诺作为行政“作为义务的来源／依据”，并被视为商谈立法模式下的沟通合意而纳入“法”范畴时，其作为行政法法源之正当性得以证成。作为行政法的不成文法源，行政承诺在司法实践中适用“法的效力”规则化解规范冲突。

【再论无权处分合同的法律效力——以我国物权变动模式的重新解读为基点】 陈琛（广西财经学院）、雷裕春（广西财经学院）撰。教育部人文社会科学研究青年基金项目，广西哲学社会科学“十一五”规划项目。发表于《广西社会科学》2014年第4期，7千字。该文认为，中国《合同法》第五十一条规定无权处分合同效力待定，是中国“债权形式主义”的物权变动模式不能彻底贯彻区分原则的产物，不利于善意受让人之保护。然而《关于审理买卖合同纠纷案件适用法律问题的解释》第三条在“物权形式主义”的理论基础上认可了无权处分合同的效力。该做法虽然彻底落实了区分原则，却不得不接受备受质疑的“物权行为”概念。事实上，通过重新解释“债权形式主义”，将事实行为的合法性纳入影响物权变动之“事实构成”中，就能彻底落实区分原则，不必引入物权形式主义。此外，落实区分原则，意味着无权处分合同是否有效不应由物权人决定，但不能反推其必然有效。当事人的主观状态应当被直接规定为影响无权处分合同效力的因素。

【美国政府信息公开诉讼中的律师费制度及启示】 杨建生（广西师范大学）撰。国家社科基金项目《政府信息公开司法审查的原理与技术研究》阶段性成果之一。发表于《广西师范大学学报》（哲学社会科学版）2014年第3期，9.1千字。该文认为，为实现公众对《信息自由法》的执行、惩罚试图阻挠合法信息申请的行政机关、消除诉讼当事人面临的经济障碍，美国国会在1974年修改《信息自由法》时引入律师费条款：即在《信息自由法》诉讼中，如果原告已实质胜诉，法院可以裁决政府承担合理的律师费和其他诉讼费。在《信息自由法》案件中，律师费的裁决是否适当，取决于一个两步走的调查：第一步，原告必须通过其实质上胜诉以证明其“有资格”获得律师费；第二步，原告必须证明其“有权利”获律师费。

【中国—东盟国际河流航运执法安全合作机制探究】 蒋巍(广西警官高等专科学校)撰。国家社科基金项目《西南边疆地区跨国犯罪及其控制研究》阶段性成果之一。发表于《广西民族大学学报》(哲学社会科学版)2014年第3期,7.3千字。该文认为,近年来澜沧江—湄公河跨国违法犯罪活动较多,中国—东盟有必要构建国际河流航运执法安全合作机制。但中国—东盟国际河流航运执法仍存在问题,需从相关法律依据入手,寻求国际法与区域法律的支撑,并以此为依据提出构建中国—东盟国际河流航运执法安全合作机制的相关措施,主要以法律保障为基础,以协调合作为核心,以信息共享为渠道,提高澜沧江—湄公河沿岸违法犯罪活动的打击力度,确保该流域的社会安全与稳定。

【特色数据库著作权侵权风险及对策研究】 吴高(广西师范大学)、韦楠华(桂林电子科技大学)撰。国家社科基金2013年度青年项目《基于制度创新视角的公共数字文化建设机制研究》阶段性成果之一,广西人文社会科学发展研究中心“科学研究工程”2011年度一般项目《广西地方特色数字文化建设机制研究》阶段性成果之一。发表于《图书馆》2014年第2期,6.5千字。该文首先分析特色数据库的内容收集三大来源,即馆藏特色文献、已购数字资源和网络资源,然后探讨特色数据库著作权侵权的三大风险即侵犯权利人复制权、信息网络传播权和技术措施权,最后从完善管理、适用法律和应用技术3个维度提出特色数据库避免著作权侵权的现实对策。

【环保法庭设立的困境与出路——以司法专门化设计为视角】 魏佳(广西警官高等专科学校)等撰。国家社科基金重点项目《西部地区实施〈循环经济促进法〉的障碍及对策研究》阶段性成果之一,广西高等学校优秀中青年骨干教师培养工程。发表于《学术论坛》2014年第5期,6.3千字。该文认为,中国的生态环境已进入生态退化和复合型环境污染的新阶段。为应对日益增多的环保纠纷案件,环保法庭的设立已受到社会众人的关注。但现实中,环保法庭的“利齿”却存在咬合不力现象。该文从专业化环保法庭的构建基础出发,深层次对中国目前环保法庭运行现实和发展困境进行分析,在此基础上以司法专门化设计为视角,探索未来环保法庭的发展路径。

【优化公安机关行政裁量基准制度的思考——以行政裁量的法治化治理为视角】 魏佳、刘建昌、黄谟媛撰。广西哲学社会科学规划2013年度研究课题《公安机关行政裁量法治化治理研究》阶段性研究成果,发表于《中国人民公安大学学报》(社会科学版)2014年第1期,10千字。该文认为,公安机关行政裁量基准本质是公安机关内部规范行政执法行为的重要技术手段和控权方式。完善的公安机关行政裁量基准制度,有助于实现行政裁量的法治化治理。重视对行政裁量因素的实证分析,推行行政裁量基准的公示和评估制度,加强对行政裁量基准工作的监督,是优化公安机关行政裁量基准制度的重要途径。

【论公务员法治思维与法治方式的养成——以现代宪法学功能转型为视角】 廖原(广西政法管理干部学院)撰。发表于《桂海论丛》2014年第3期,7.5千字。该文认为,在确立依法治国的方略后,如何实现法治就成了国家与社会的共同目标。孙中山先生在近百年前就认识到国民整体宪法意识提升对国家制度建设的重要作用,并有针对性地提出推行“训政”主张。中国的法治推行实际走的是以政府主导的模式,公务员的法治素养直接影响法治推进的步伐,训政思想精髓对中国的现代宪法学教育有启迪作用。宪法是统领一国法制体系的基本法,宪法学是以宪法为研究对象的学科,通过对宪法学功能定位的转型,将宪法学教育功能融入公务员法治思维与法治方式培养与培训,以公务员和准公务员为主要教育对象,为中国的法治及宪法实施奠定基础。

【规避版权技术措施行为犯罪化的立法问题研究】 班克庆(广西政法管理干部学院)撰。发表于《广西社会科学》2014年第6期,6千字。该文认为,目前版权技术措施规避行为的犯罪化已得到中国附属刑法的确认,但刑法典却没有将这原则具体化,缺乏相应的罪行条款。因此,需要对版权技术措施规避行为的性质、作为犯罪构成要件的装置、产品或者部件的标准、犯罪目的及刑罚的适用等问题进行研究并解答,以使未来这方面的立法更科学、更合理。

【中国—东盟争端中CAFTA功能的法律探索】 王威(广西政法管理干部学院)撰。发表于《社会科学家》2014年第10期,7千字。该文认为中国大力发展区域经济一体化,构建FTA,最成功的是中国—东盟自由贸易区(CAFTA)。该文从FTA角度出发,探讨构建中国—东盟区域经济融合的方式、途径等,并指出中国和东盟存在战略合作,也存在多种争端,比如,经济争端、政治争端等。在探讨解决中国—东盟争端的前提下,文章将构建中国—东盟区域经济融合及CAFTA功能化与中国—东盟争端问题的解决结合，探索解决的法律、经济手段等路径。

【泰王国国家赔偿法律制度基本问题研究】 周喜梅(广西民族大学)撰。广西民族大学中国—东盟研究中心开放课题成果。发表于《广西社会科学》2014年第12期，8千字。该文认为，泰王国国家赔偿法律制度经历从民事赔偿责任向行政赔偿责任的性质转变。就赔偿法律制度构成要件、诉讼程序、行政程序、赔偿标准及追偿权方面来看，泰王国国家赔偿法律制度有责任主体和履行职务行为的广泛性及赔偿范围无限定性优点，但赔偿标准较低，一定程度上损害了受损人获补偿的权利。

·经　济　学·

【论中国经济外交战略及其科学管理】 黄玮(自治区党委组织部)撰。教育部人文社会科学基金资助项目。发表于《学术论坛》2014年第11期，5.2千字。该文认为，中国当前处于国内体制改革和经济外交活动的双重发展机遇期，迫切需要对国内改革战略和对外开放战略进行科学的战略管理。通过分析新形势下中国经济外交的内部和外部环境和多元化的战略取向，尤其是通过建立SWOT矩阵确定中国经济外交的战略选择及对经济外交战略的科学管理，为把握和推进中国经济外交战略奠定基础，进而展望中国经济外交的发展方向。

【模块化三维框架：经济全球化背景下产业价值网形成与发展的战略选择】 柯颖(广西大学)撰。国家自然科学基金项目，教育部哲学社会科学研究重大课题攻关项目，广西大学211工程四期重点学科群项目《中国—东盟经贸合作与发展研究》阶段性成果之一。发表于《中国科技论坛》2014年第2期，5.7千字。该文在组织梳理产业价值网的理论演化脉络、时代背景和国内外已有相关研究的基础上，论证提出一个包含产品模块化维度、产业组织模块化维度、产业价值链模块化的关键价值区域生成与强化的模块化三维研究框架，综合多学科的研究思路与方法，将产业价值网的形成与发展纳入经济全球化的视野，研究产业价值网模块化分工与交易、模块化生产网络的组织与治理、关键价值区域形成机制及战略等，为推动产业价值网的形成与发展提供新思路。

【"花炮节"旅游开发的本真与展演——广西富禄"三月三"花炮节个案分析】 王涵(广西师范大学)撰。中国人民大学书报资料中心复印报刊资料《文化产业导刊》2014年第10期全文登载，4.6千字。该文以桂北侗族农历三月三"抢花炮"的节庆习俗为例，反思花炮节在旅游开发中出现的问题，并试图寻求解决路径。认为"花炮节"并不是简单的仪式或体育项目，它有深刻的文化内涵，背后充满隐喻，是当地族群长期互动过程中对自身身份的认同和定位，同时也蕴含对文化再创造的过程。在富禄"三月三"花炮节的旅游开发与宣传中，虽然强调各民族间的交流与融合，但关于"花炮节"背后复杂的族群变迁的文化记忆却没有提及，团结与融合流于表面，地方性文化记忆面临断裂的境遇。

【会员制下特殊收入的确认和计量探析】 伍唯佳(广西荣联普泰税务师事务所)撰。国家社科基金一般项目。发表于《新会计》2014年第5期，中国人民大学书报资料中心复印报刊资料《财务与会计导刊(实务版)》2014年第8期全文转载，3.2千字。该文对不同用途、功能的会员卡会计处理以例解方式进行分析探讨。认为会员制服务是现在广泛采用的服务模式，获得用户的推崇与欢迎，它可以提高顾客忠诚度和回头率，建立稳定的客户资源，会员制的形式一般表现为会员卡。目前会计准则没有对会员卡销售会计核算进行规范，注册会计师考试用书对此虽有所提及，但没有针对不同会员卡细化讲解，也没有给出会计科目使用以及账务处理办法。

【中国需求结构演进对经济增长及经济波动的影响】 纪明(广西师范学院)等撰。教育部人文社会科学研究规划基金项目、中国博士后科学基金项目和国家自然科学基金项目。发表于《经济科学》2014年第1期，14千字。中国人民大学书报资料中心复印报刊资料《国民经济管理》2014年第5期全文转载。该文从动态的角度构建需求结构合理化和需求结构高级化2个指标测度需求结构演进，并运用中国31个地区1998-2011年平衡面板数据，定量分析中国需求结构演进对经济增长及经济波动的影响。研究结论表明：需求结构合理化水平和需求结构高级化水平的适度降低均能够提高经济增长速度，而需求结构合理化和需求结构高级化的推进能够有效地抑制经济波动。现实条件下，为促进中国经济持续、快速和稳定增长，政府应充分考虑需求结构合理化和需求结构高级化影响经济增长和经济波动机制的异同，在努力创造需求结构高级化经济环境的同时，应更多考虑需求结构合理化。

【我国R&D投入的区域差异与经济发展差异的比较研究】 钟学思(广西师范大学)撰。国家社会科学基金项目《城乡一体化进程中的新型城乡形态研究》阶段性成果之一，广西人文社会科学发展研究中心“泛北部湾合作研究团队”项目，广西人文社会科学发展研究中心项目《西部地区高校科研综合实力非均衡差异及竞争力提升研究——以广西为例》阶段性成果之一，广西高等学校科研项目《广西高校人文社会科学研究竞争力提升策略研究》阶段性成果之一。发表于《广西师范大学学报》（哲学社会科学版）2014 年第 1 期，12.3 千字。该文对中国东、中、西和东北地区 R&D 投入的地区差异和经济发展差异进行实证分析，结果表明：中国 R&D 投入的地区总差异和地区间差异总体呈缩小趋势；中国经济发展的地区总差异、地区间差异和地区内差异从 2003 年起总体呈减小之势。东部地区 R&D 投入和经济发展的区内差异都较大；西部地区 R&D 投入的区内差异变化较平稳，经济发展的区内差异有所扩大；中部和东北地区 R&D 投入以及经济发展的区内差异都较小。为促进中国各地区 R&D 投入的稳定增长与经济发展之间的协调稳定，需要加快欠发达地区的财力支出结构调整；增强中国各地区（尤其是欠发达地区）的自主创新能力；及时制定有效的措施着力构建以企业为主体、市场为导向、产学研相结合的技术创新体系。

【我国城乡二元经济结构转换中的数字鸿沟效应与对策】 陈晓华（广西民族大学）撰。国家社会科学基金项目《桂滇黔少数民族山区农户专业化生产与反贫困路径研究》阶段性成果之一，国家民委科研项目《少数民族自治区居民信息消费成长差异性研究》阶段性成果之一。发表于《农业现代化研究》2014 年第 1 期，10.8 千字。该文认为，二元经济结构转换是中国经济持续协调发展、全面建成小康社会的必经之路，而日益扩大的城乡数字鸿沟正严重影响着其进程。该文从农业剩余劳动力转移、农业现代化发展、工业结构优化升级及新农村建设 4 个角度，分析城乡数字鸿沟对二元经济结构转换的负面效应，并就政府职能完善、信息基础设施建设、信息技术服务与推广、农民信息素养提升等方面，如何弥合城乡数字鸿沟，以促进二元经济结构转换，提出相应对策。

【中国双导型经济与人的生存和发展】 巫文强（广西人的发展经济学研究基地）撰。发表于《改革与战略》2014 年第 5 期，20 千字。中国人民大学书报资料中心复印报刊资料《社会主义经济理论与实践》2014 年第 7 期全文转载。该文认为，中国当前运行的经济是社会生产和分配由政府和资本共同主导的双导型社会主义市场经济。当前的中国双导型经济体制下，体现社会主义本质的多元资本非公有积累条件未设定、资本收益者责任的制度安排严重滞后、资本收益者的权利和义务不一致，这就必然造成政府对社会生产和分配失去控制，资本对劳动力收益的分占、非公有资本对公共资源的排他性使用和超占、强势资本对弱势资本的挤压、公有资本变异的现象不可避免。对人生存和发展保障来说，其造成的直接后果就是资本收益最大化不断给社会制造就业难、买房难、读书难、看病难、养老难等问题。中国必须做好社会主义的市场经济的制度建构工作，在体现社会主义本质的情况下实行社会主义市场经济的双导型生产和分配、在社会主义的制度安排内管理双导型生产和分配的全过程，对多元资本非公有积累条件进行社会主义改造。

【珠江三角洲城市群协调发展实证研究】 朱列（广西社会主义学院）撰。2012 年度教育部人文社会科学规划基金项目。发表于《商业时代》2014 年第 26 期，6 千字。该文以珠江三角洲城市群为对象，应用经济溢出模型，研究 1992~2007 年期间珠江三角洲城市群内部的城市协调发展状况。通过分析发现珠江三角洲城市群各城市间经济的关联性强，经济溢出作用明显。城市的总溢出效应与该城市的经济发展水平基本呈负相关，城市经济规模较低，总溢出较多。

【边境地区绿色经济发展模式及对策研究——以广西壮族自治区为例】 熊远光（广西经济管理干部学院）、刘琼秀（广西经济管理干部学院）撰。国家社科基金西部项目《西南边疆少数民族地区民生改善实证研究》阶段性成果之一。发表于《农业经济》2014 年第 9 期，5.7 千字。该文认为，广西边境地区为少数民族居住区，受历史、自然条件等因素影响，长期以来社会经济发展缓慢，边民收入低，贫困范围广，贫困程度深。边境地区要实现经济发展、边民增收，应结合当地实际，实施绿色经济发展模式，大力发展边境旅游业、边贸、林业生态农业和特色工业。

【中国—东盟经济与金融发展差异及其收敛性研究】 邓杨丰（广西大学）撰。教育部哲学社会科学研究重大课题攻关项目《中国—东盟区域经济一体化研究》阶段性成果之一，广西大学《中国东盟金融一体化的空间溢出效应研究》阶段性成果之一。发表于《学术论坛》2014 年第 6 期，8.4 千字。该文运用泰尔指数对中国—东盟经济和金融发展差距进行比较，运用 α 收敛与 β 收敛检验中国—东盟经济与金融发展差距的变化趋势。分析结果表明，中国—东盟自由贸易区各国经济发展差距缩小并呈现收敛性，但金融差距较大，其趋势变化没有呈现一致性收敛，缺乏金融合作的基础，而核心国家之间的差距较小，金融合作的基础较好。建议根据金融发展的差距在金融合作上选取子区域分步推进和分层次渐进的策略。

【中国东盟区域经济一体化程度测量——基于时序主成分分析框架】 唐文琳（广西大学）、李雄师（广西大学）撰。教育部哲学社会科学研究重大课题攻关项目《中国—东盟区域经济一体化研究》阶段性成果之一，教育部长江学者和创新团队发展计划项目。发表于《亚太经济》2014 年第 4 期，6.5 千字。该文基于时序主成分分析框架，构建起区域经济一体化程度测量模型，对中国—东盟区域经济一体化程度在 2002 年至 2012 年的变化情况进行测量。结果表明：总体上看，中国—东盟区域经济一体化程度有明显提升；可分 4 个阶段说明。

【组织学习、合法性与国际新创企业进入后速度】 周劲波（广西师范大学）等撰。国家社会科学基金重点项目，广西高等学校优秀人才计划项目，华南理工大学中央高校基本科研业务费专项基金项目。发表于《科学学与科学技术管理》2014 年第 11 期，17.7 千字。该文通过整合组织学习理论和制度理论，以中国的国际新创企业为研究对象，采用交叉案例研究设计，探索组织学习对国际新创企业进入后速度的动态影响机制。研究结果显示：(1) 不同的组织学习模式在制度化不同阶段对提升国际新创企业合法性所起的作用存在差异。(2) 初始进入阶段正式合法性越高的国际新创企业越能够加快进入后阶段的模式演进速度；而初始进入阶段非正式合法性越高的国际新创企业则越能够加快进入后阶段的国家范围速度。(3) 正式合法性和非正式合法性在加快国际新创企业进入后速度方面起互补作用。(4) 初始进入阶段的合法性在组织学习对国际新创企业进入后速度的影响中具有中介效应。

【区域创新体系中的企业信息资源服务体系研究——以西江经济带为例】 余波（广西民族大学）等撰。国家社会科学基金项目《区域创新体系中的信息资源配置与服务模式研究》阶段性成果之一，国家社科基金项目《文献计量学视角下的 NPE 及其专利的计量与评价》阶段性成果之一，广西民族大学研究生教育创新计划项目《基于信息链的少数民族文化资源产业化研究》阶段性成果之一。发表于《图书情报知识》2014 年第 2 期，10.9 千字。该文认为，信息资源已成为区域创新的战略资源，关于区域创新体系中的信息资源服务体系的研究受到国内外研究者关注。该文介绍信息资源服务体系和区域创新体系中信息资源服务体系的概念及其与信息资源配置的关系，梳理国内外区域创新体系中信息资源服务体系的研究状况，并以西江经济带为例研究企业人员的信息需求等，构建西江经济带的企业信息资源服务体系，以期为企业发展和区域发展提供有效的信息资源支持。

【经济发展、禀赋差异与政府干预的关系研究——基于北部湾经济区与珠三角经济区的比】 陆昱（自治区党校）撰。2011 年度国家社科基金项目《党的十六大以来中国特色社会主义政治实践与经济发展关系研究》阶段性成果之一，2012 年度自治区党校校级课题《从“追兵”到“标兵”：广西北部湾经济区发展战略新思考——基于与广东珠三角经济区比较的视角》阶段性成果之一。发表于《商业时代》2014 年第 32 期，4.1 千字。该文以东部的广东珠江三角洲经济区和西部的广西北部湾经济区这两个最具代表性的经济区为例进行分析指出，拥有“基础性资源”优势的西部地区之所以没有实现经济快速发展，根源在于没有像东部地区那样拥有“创造性资源”优势。要提升西部地区的自我发展能力，必须加强政府干预，在重视利用“基础性资源”的同时，更加重视创造“创造性资源”，促进区域协调发展。

【国别异质性、全球化进程与主流 FDI 理论的演化性改进】 宋泽楠（广西财经学院）撰。国家社会科学基金重大项目《未来十年中国—东盟经贸格局演变与我国南海安全战略构建研究》阶段性成果之一，广西哲学社会科学规划研究项目《对外直接投资、技术外溢与广西产业升级的外源性动力研究》阶段性成果之一。发表于《现代经济探讨》2014 年第 4 期，8.1 千字。该文认为，主流 FDI 理论成形于 20 世纪六七十年代，在解释当前发展中国家的对外直接投资时会遭遇国别异质性和时代异质性的双重局限：“企业型政府”参与社会经济发展及转型期制度环境对企业战略和海外投资行为所产生的差异化效应；不断深入的全球化进程与日益丰富的跨国运营经验必然逐渐降低企业跨国运营的“外来者劣势”，弱化或转化跨国运营对企业所有权优势的刚性依赖。为此，该文基于过程认知视角将对外直接投资划分为母国生成与东道国区位响应 2 个基本系统，并将国家特定优势和企业特定优势置入母国生成系统中进行综合分析，较好地解释当前以中国为代表的新兴市场经济体的对外直接投资。

【技术进步对于中国全要素生产率影响的实证研究】 刘丽（广西科技大学）、杨毅（广西科技大学）撰。国家社会科学基金项目，教育部人文社科基金项目。发表于《统计与决策》2014 年第 12 期,7 千字。该文认为,中国近几十年来引进大量技术,但对中国的技术进步及经济增长的作用不明晰。该文研究技术引进与中国全要素生产率间的关系,对于技术与经济增长关系与全要素生产率的相关理论进行综述,通过两部门模型对于技术引进与全要素生产率间的关系进行模型推导,使用中国近十年来的数据进行实证分析,发现中国的技术引进存在许多问题。指出在当前及未来一段时期内,需转变中国的经济增长方式,调整经济结构,注重经济效率的提升,提高经济的技术进步增长率;同时要求政府和研究人员加强自主创新能力和科学技术的投资研发力度,把所得的科研成果转化为经济增长驱动力。

【组织结构转移研究】 杨世信(广西财经学院)撰。2012 年国家社科基金项目《中小企业动态国际创业模式绩效机制研究》阶段性成果之一,2010 年自治区教育厅科研项目《后金融危机背景下民间资本助推广西中小企业技术创新研究》阶段性成果之一。发表于《社会科学家》2014 年第 7 期,9.3 千字。该文通过文献整理发现,当前关于组织结构转移研究的学术成果非常少。通过借鉴知识转移的相关研究成果,梳理组织结构的内涵及其转移的研究现状,认为组织结构有广义和狭义之分,广义上的组织结构不仅包括组织内各种要素间的相互关系,还包括本组织与外部组织之间、组织内要素与组织外要素间的相互关系;认为在组织结构转移的特征、路径、影响因素和作用结果等方面有待进一步深入研究。

【科技型中小企业技术基金筹集影响指标体系的构建探讨】 袁洁(广西财经学院)、叶莉(广西财经学院)撰。国家社会科学基金,湖南省软科学重点项目。发表于《广西社会科学》2014 年第 2 期,3.4 千字。该文认为,构建科技型中小企业技术基金筹集的影响指标体系并运用 AHP 法确定指标权重有重要现实意义。科技型中小企业有效筹集技术研发创新和技术转换所需的基金,更大程度取决于科技型中小企业“内功修炼”,也需企业外部各种力量的支持保障,优化对外筹集技术基金的外部环境。

【企业雇主品牌建设影响因素研究——以内部市场导向为基础】 于桂兰(广西民族大学)撰。国家社会科学基金重点项目《我国企业劳动关系和谐指数构建与应用研究》阶段性成果之一。发表于《学术论坛》2014 年第 2 期,6.5 千字。该文认为,雇主品牌理论的核心作用是帮助企业吸住、保留并激励员工,因此,企业的雇主品牌建设有助于其完善人力资源体系。文章针对企业雇主品牌建设中亟待解决的问题,借鉴内部市场导向理论,通过实证分析影响企业雇主品牌建设的因素,发现企业内部市场研究水平、内部沟通能力、内部响应程度都会影响企业雇主品牌建设,为进一步构建雇主品牌理论模型提供研究思路,并为企业雇主品牌实践工作提供指导。

【中国十大城市群公共服务体系运行状况比较研究】 曾鹏(桂林理工大学)、程皓(广西师范大学)撰。国家社会科学基金项目,广西人文社会科学发展研究中心《泛北部湾发展研究团队》阶段性成果之一,自治区教育厅广西师范大学西南城市与区域发展研究中心项目。发表于《地域研究与开发》2014 年第 2 期,8.6 千字。该文认为,城市群是目前中国推进城镇化的主要形态中的典型,中国十大城市群的发展引人注目。目前,建立健全公共服务体系成为中国的重要任务。因此,结合中国十大城市群对其公共服务体系进行比较研究有时代意义和现实意义。通过多层次因子分析、聚类分析和综合集成分析,对中国十大城市群公共服务体系进行定量比较研究,将中国十大城市群分为公共服务体系较完善区、一般完善区和较不完善区 3 类,它们由东至西、由沿海至内陆呈现极其不均衡的水平。最后,针对不同的类别提出不同对策,以完善各类城市群的公共服务体系。

【区位理论视阈下中国—东盟沿边跨国区域合作开发研究】 黎鹏(广西大学)撰。教育部哲学社会科学研究重大课题攻关项目,广西大学中国—东盟研究院科学技术研究重点项目。发表于《广西社会科学》2014 年第 9 期,9.6 千字。该文认为,工业、海港等区位理论及边境区位研究能够有效指导并推进中国—东盟沿边跨国区域合作开发。为此,应基于区位理论加强跨国区域相关国家及地区间的沟通协调,以形成一致的思想认识与努力方向,并以区位理论系统指导中国—东盟边境区位合作开发的务实推进,具体措施包括加强通道和口岸建设,加强服务于中国—东盟边境区位合作开发的国际协调机制建设等。

【南海资源开发的对策和建议】 廖维晓(广西大学)撰。国家社会科学基金项目《英国马克思主义研究》阶段性成果之一,广西社会科学重点课题《北部湾区域发展与海上丝绸之路建设研究》阶段性成果之一,上海财经大学研究生创新基金项目《新加坡廉政文化建设及对中国的借鉴》阶段性成果之一。发表于《理论与改革》2014 年第 6 期,8.3 千字。该文认为,中国南海资源开发取得一定进步,但相对于所拥有的南海区域巨量的资源和面对的复杂局势而言,仍面临挑战,包括开发整体水平较低,多层管理,基础设施薄弱等。中国政府以南海资源面临的挑战及应考虑的因素出发,对南海资源开发进行前瞻性和可行性的对策研究。中国政府提出“搁置争议、共同开发”的南海共识,允许部分国家参与南海资源开发,获得相关国家承认中国的主权主张,以经济利益换取国家主权,南海海域的开发合作从一开始就决定中国必须拥有主导权。中国政府南海资源开发必须与国家发展战略相一致,从提升国家综合实力出发,结合中国的硬实力和软实力、眼前利益和长远利益的区分,努力主导和控制南海局势的发展方向,妥善处理南海问题。

【一个综述:国外自然资源开发理论与模式】 覃娟(广西社会科学院)撰。国家社会科学基金项目《广西民族地区资源开发与惠及民生的实证研究》阶段性成果之一。发表于《学术论坛》2014 年第 8 期,5.7 千字。该文认为,国外自然资源开发模式的研究为开发自然资源和后期社会保障提供学理研究和实践指导,自然资源丰裕程度及开发与经济增长的关系、自然资源开发利益分配模式、资源开发对当地农民的生计影响及可持续生计重建是研究的重点。该文试图总结归纳相关研究成果,以期对中国的自然资源开发理论与实践提供有益的探索及借鉴。

【中日韩与东盟区域经济协调发展的动态演化研究】 黄立群(广西大学)撰。教育部哲学社会科学研究重大课题攻关项目。发表于《统计与决策》2014 年第 18 期,6.6 千字。该文认为,基于中日韩与东盟经济增长数据,采用核密度估计和马尔科夫分析方法,对中日韩三国与东盟的人均产出分布及经济协调发展的动态演变进行分析和预测。结果表明,中日韩与东盟的人均产出分布均呈现出从尖峰到宽峰、峰值不断下降的分化模式。从中日韩与东盟经济协调发展的动态演变来看,三者均呈现出向更高水平演进的趋势,但在很长时间内仍比较分散。相比较而言,中国与东盟更具备协调发展的潜质。

【多层级核心—边缘城市空间影响范围研究——以广东和广西为例】 张婷(广西大学)等撰。国家自然科学基金项目,教育部人文社会科学基金项目,广西大学“211”四期学科群软科学研究项目。发表于《经济地理》2014 年第 1 期,8 千字。该文首先建立反映城市综合实力的指标体系,然后运用因子分析法测算城市综合实力得分,并以此为基础构建加权 Voronoi 图,从市域、省域及跨省域等多层级核心—边缘视角研究广东与广西 35 个城市的经济影响区,得出从 2002~2010 年各城市经济影响范围的空间变化:实力弱—弱城市之间的空间吸引范围基本不变,强—弱之间有扩展趋势,强—强之间有缩小趋势,两广核心—边缘结构稳定。为进一步考虑城市等级差异性,对比分析广东与广西不同等级城市的经济腹地,研究发现,这种腹地结构是多层级、嵌套式的。理论上,各边缘区应依托其核心城市的发展,提高同核心城市之间的连通性,加强区域合作。

【制度变迁与中国城市居民住房不平等的演化特征】 魏万青(广西大学)撰。教育部人文社会科学研究西部和边疆地区青年基金项目《社会转型与城市居民住房不平等的机制研究》阶段性成果之一。发表于《江汉论坛》2014 年第 5 期,7.9 千字。该文认为,住房是透视社会结构分化状况的重要视角。与经济体制改革相对应,中国城市住房制度改革也是渐进性的。从单位住房生产体制,到房地产市场与单位住房体制双轨并行,再到新住房体制建立,城市住房领域发生极大变化,呈现出明显的阶段性特征。在住房制度改革过程中,住房产权、土地使用制度及经济发展整体模式的变化,使不同住房群体在分配体制中的位置发生变化,而住房不平等也随着经济发展与社会激励程度的增加而逐步扩大。

【人地关系协调与国土空间优化:广西的实证】 刘俊杰(广西师范大学)撰。国家社科基金项目《城乡一体化进程中的新型城乡形态研究》阶段性成果之一,广西人文社会科学发展研究中心“泛北部湾发展研究”团队项目。发表于《社会科学家》2014 年第 10 期,7.7 千字。该文认为,协调的人地关系是实现国土空间优化与经济社会可持续发展的物质基础和保障,人地关系是否协调直接决定工业化、城镇化发展的速度、结构和规模。在生态环境脆弱区,工业化与城市化加速发展导致的人地关系矛盾日益尖锐,人地关系失衡成为制约国土空间优化发展的重要瓶颈。该文以人口与耕地的动态关系为切入点,分析广西人口与耕地的变动态势,探讨广西人地关系变动的核心诱因及其对区域国土空间结构优化发展的影响,提出统筹协调人地关系、优化国土空间的基本路径,为促进广西“两型社会”建设提供决策参考。

【后自贸区时代中国—东盟农业合作的困境与转型】 胡超(广西民族大学)撰。国家自然科学基金项目《中国—东盟农产品市场一体化的障碍及解决机制研究》阶段性成果之一,教育部人文社会科学基金青年项目

《中国—东盟农产品市场一体化研究》阶段性成果之一,广西民族大学中国—东盟研究中心招标课题《中国—东盟农产品市场一体化研究》阶段性成果之一。发表于《南昌大学学报》(人文社会科学版)2014年第2期,7千字。该文认为,农业合作对中国—东盟各国经济发展有重要影响。目前中国—东盟各国的贸易结构存在贸易对象和农产品种类集中,初级产品比重高而加工品比重低的非均衡发展等问题。后自贸区时代,中国—东盟农业合作开始面临"关税削减"等制度红利消耗殆尽,后续制度供给不足诱致非关税壁垒高企的合作困境。在当前农业发展的现实背景下,中国—东盟各国在农业科研、实用技术等方面各有所长,因此基于比较优势的农业技术合作是后自贸区时代中国—东盟实现合作困境突围的有效制度安排。

【新时期农村土地流转:基于构建新型农业经营体系的思考】 文新(广西财经学院)撰。国家社科基金一般项目《新时期西南石漠化连片特困地区土地流转整体性改革研究》阶段性成果之一。发表于《学术论坛》2014年第8期,9.7千字。该文认为,新世纪以来,中国农村土地流转速度加快。围绕现代农业建设,推动农村土地流转,发挥农村基本经营制度的优越性,构建集约化、专业化、组织化、社会化相结合的新型农业经营体系刻不容缓。对于农村土地流转的理论研究和社会实践应置于构建新型农业经营体系的大背景下,该文据此通过分析新型农业经营体系的基本特征,探讨其对农村土地流转的内在要求,并提出新形势下推进农村土地流转的相关政策建议。为此,应加快构建经营性服务与公益性服务相结合、综合服务与专项服务相协调的新型农业社会化服务体系。重点培育经营性服务组织,发挥公共服务机构作用,大力发展竞争充分、形式多样、主体多元的社会化服务,推广托管式、订单式、合作式服务模式。

【重庆地票制度的价值及其对城乡一体化改革的启示】 冯桂(广西大学)撰。国家社科基金西部项目《不动产征收法律制度实施与完善研究》阶段性成果之一。发表于《国家行政学院学报》2014年第1期,7.8千字。该文认为,重庆地票制度在农村土地权利流转制度改革探索中极具特色。地票制度可为中国农村土地制度改革提供4方面启示:坚持土地集体所有制;强化农民财产权利,增加农民财产性收入;打破城乡分割,增强农地流通性;利于农民离土离乡,进城定居。

【农村信用社产权制度改革绩效评析】 付朝干(广西经济管理干部学院)等撰。国家社会科学基金项目《西部城镇化进程中金融结构演变与金融组织创新研究》阶段性成果之一,广西经济管理干部学院青年项目《广西农户金融支持问题实证研究》阶段性成果之一。发表于《金融论坛》2014年第12期,9.8千字。该文利用广西农信社、农合行和农商行2009 ~ 2013年的季度数据,考察新一轮农村信用社产权制度改革对农村信用社经营绩效的影响。研究发现:农村合作银行产权制度对农信社经营绩效没有显著影响,农村商业银行产权制度在长期内会提升农村信用社资产利润率;农合行、农商行两种产权制度对资本利润率没有显著影响,短期内农商行不良贷款率在改制后比改制前有所上升,农商行的资产规模偏小,不利于抵抗经济风险及增强自身业务能力;把资本利润率ROE作为农商行的主要准入条件之一,有利于促进经营者重视股东利益。

【差序格局与农民组织化发展的本土化路径】 蒋永甫(广西大学)、黄林海(广西大学)撰。广西哲学社会科学"十二五"规划基金项目《广西民族地区农民组织化发展对策研究》阶段性成果之一。发表于《学习论坛》2014年第5期,10.4千字。中国人民大学书报资料中心复印报刊资料《管理科学》2014年第7期全文转载。该文认为,在现代社会转型的过程中,作为中国乡土社会结构的差序格局并未完全解体,对当前农民组织化发展仍有不可估量的影响。具体表现在:能人带动是农民组织化的内生动力,而血缘与地缘关系制约农民组织化地域范围,组织内部治理结构的家庭化抑制农民合作的热情,现代契约理念的缺失制约农民组织的长远发展等方面。针对差序格局下的农民组织化发展困境,必须寻找农民组织化发展的本土化路径。因此,可以从5个方面着手:一是发挥能人在农民组织化发展中的作用;二是引入政府力量促进农民组织的现代性;三是适应现代市场经济的发展,重视契约精神,培养农民的新型合作文化,促进自由平等的观念和合作行为;四是善于整合传统的组织资源,重塑乡村社会资本;五是在农民组织化发展中,实现正式制度与本土资源的融合,以减少摩擦和阻力。

【基于农民自我发展能力的家庭农场约束因素研究】 黄跃(广西大学)等撰。国家社会科学基金项目,广西高校党的十八大精神研究专项课题项目。发表于《湖北农业科学》2014年第16期,6.2千字。该文认为,农民自我发展能力是家庭农场存在和发展的内生力量,对家庭农场的推进有根本性作用。与经济水平较发达地区相比,中国西部欠发达地区由于农民自我发展能力不足造成家庭农场建设面临一系列问题。农民自我发展能力如接受新事物的能力、市场适应能力、信息获取能力等成为制约欠发达地区家庭农场推进的关键性内生因素。

【生产性服务业集聚与制造业转型升级的机理与实证检验】 詹浩勇(广西科技大学)、冯金丽(广西科技大学)撰。国家社会科学基金青年项目《西部地区生产性服务业集聚对制造业转型升级影响及对策研究》阶段性成果之一。发表于《商业研究》2014年第4期,10.9千字。该文认为,理论分析表明生产性服务业集聚通过降低贸易成本和提升创新收益的中介效应推动制造业转型升级,实证研究发现该外溢效应依赖于城市经济基础和区位环境的支撑,同时要克服阻碍这种外溢跨区域传递的制约条件。区域性中心城市和先发工业化城市已表现出生产性服务业集聚对制造业转型升级的积极影响,但知识密集型服务业集聚尚缺乏对制造业的创新驱动作用。

【我国流通产业发展水平的测度与区域差异分析——基于1997~2012年数据的实证研究】 赵锋(广西财经学院)撰。国家社会科学基金项目。发表于《广西社会科学》2014年第3期,5.4千字。该文认为,流通产业区域不平衡成为当前制约中国社会经济发展的重大问题。在定量测度中国省际流通产业发展水平的基础上,采用基尼系数、对数离差均值和Theil指数三个互补的差异指标,从省际和东中西部的“二维视角”对1997~2012年中国流通产业发展的区域差异进行实证度量。结果表明,中国省际流通产业发展差异先减后增,大致呈现平底“U”型特征;东中西部流通产业发展的总体差异呈现长期上升趋势,区域内差异在总体差异中占有较高比重。

【区域物流需求的组合预测模型】 李国祥(广西财经学院)、夏国恩(广西财经学院)撰。教育部科学技术研究重点项目资助,广西哲学社会科学规划研究课题。发表于《统计与决策》2014年第15期,3千字。该文从定量分析的时效性和准确度两方面对区域物流预测模型进行研究,利用主成分分析,消除各指标间的相关影响,采用时间序列的方式对预测的时限延伸,结合支持向量回归机兼顾物流指标体系与物流需求量间的关联关系,构建具有较高精度的未来物流需求量的预测模型。

【我国第三方物流发展瓶颈与营销策略的创新——4Ps理论在物流行业的运用】 郑文玲(广西科技大学)撰。发表于《价格月刊》2014年第3期,5.7千字。中国人民大学书报资料中心复印报刊资料《物流管理》2014年第6期全文转载。该文认为,近年来,中国经济迅速发展,产业结构获得升级与优化,物流行业特别是第三方物流行业在中国经济发展中的地位越来越重要。然而,由于起步较晚、经验不足,中国第三方物流还存在很多缺陷。在对第三方物流业的现状与发展瓶颈进行分析的基础上,以市场营销学经典理论——4Ps战略模型对中国第三方物流企业的发展提供可以借鉴的改进方案。

【国外高速铁路空间经济效应研究进展及启示】 李红(广西大学)等撰。国家自然科学基金项目,广西大学211工程四期软科学研究科研基金项目。发表于《人文地理》2014年第1期,7.3千字。中国人民大学书报资料中心复印报刊资料《地理》2014年第4期全文转载。该文认为,国外高铁建设起步较早,发展相对成熟,而国内的相关研究则严重落后于建设实践。在对国外大量文献进行梳理的基础上,以高铁诱发的空间经济效应为切入点,将国外评估高铁空间经济效应的理论与方法归纳为成本—效益、新经济地理学、可达性、可计算一般均衡与Logit离散选择模型5类,从研究内容与方法等方面来看,国外的研究主要围绕着多维空间尺度效应、受影响的经济部门、站点周围土地利用形式、与其他交通方式之间关系及总体效应等方面。指出可从实地调查、案例对比及综合研究等方面强化国内的相关研究。

【桂西北地区香椿人工林生长规律及经济效益初步研究】 李思思(广西大学)等撰。国家社会科学基金项目。发表于《广东农业科学》2014年第3期,5.2千字。该文以桂西北地区12年生香椿人工林为调查对象,采用树干解析法,结合当地香椿成本、财务、税费、税率等评价指标,对香椿人工生长规律及经济效益进行初步研究,以期为该树种的科学营林提供依据。建议:结合桂西北地区当地生长状况,应地适树,香椿可成为当地优质乡土优质速生树种。

【基于SSM视角分析的桂林旅游业六要素优化研究】 杨永德(广西大学)等撰。教育部人文社会科学研究项目。发表于《学术论坛》2014年第3期,6.8千字。该文认为,随着国民休闲时期的到来,旅游休闲需求对桂林这样的传统旅游目的地城市提出新挑战。为准确评价桂林当前旅游业转型态势及演进程度,该文利用SSM分析方法对桂林旅游业6要素进行纵向分析,并结合国内5个休闲旅游较为发达的城市进行横向比较。量化分析证实:桂林旅游业发展已进入从观光型向观光与休闲度假复合型转型的过程。然而,与国内的5个城市横向比较也发现:转型中的桂林旅游业在住宿、餐饮、娱乐三方面的人均消费偏低。基于此,该文提出针对性的结构优化建议:增加文化元素,突出餐饮创意性;融入健康服务元素,突出娱乐文化性;完善住宿设施,突出住宿休闲性。

【我国旅游市场"柠檬问题"研究】 柳晓静(广西师范学院)、毕燕(广西师范学院)撰。广西高等学校科研项目《桂西资源富集区优势资源开发生态承载力评价与应用》阶段性成果之一。发表于《重庆理工大学学报》(社会科学版)2014年第6期,5.1千字。中国人民大学书报资料中心复印报刊资料《旅游管理》2014年第12期全文转载。该文认为,所谓旅游市场的"柠檬问题"是指市场交易中各方对产品或服务的质量信息不对称,卖方利用其信息的优势在利益的驱动下以次充好,把高质量产品或服务挤出市场的逆向选择过程,进而出现产品或服务质量普遍下降,市场紊乱甚至市场失灵的现象。随着中国旅游业的持续快速发展,旅游市场中的"柠檬问题"日渐突出。该文通过分析中国旅游市场"柠檬问题"的产生机制、表现、危害等,提出必须有效实施《旅游法》,维护旅游者合法权益;完善旅游合同立法,规范旅游市场秩序;加强监督管理,促进中国旅游业良性发展。

【国际旅游胜地建设中的核心价值塑造】 张翔云(桂林旅游高等专科学校)撰。2013年度广西哲学社会科学规划课题《基于桂林国际旅游胜地建设中的品牌管理研究》阶段性成果之一。发表于《社会科学家》2014年第9期,6.8千字。中国人民大学书报资料中心复印报刊资料《旅游管理》2014年第11期全文转载。该文认为,国际旅游胜地建设的首要问题是价值导向与核心价值定位问题。中国国际旅游胜地应该以世界一流高度、同时具有中国意义的价值内涵为核心,着重塑造其社会价值和生态价值,以面向创新的制度保证其价值方式的运作,并以世界通用性工具和手段进行价值传播。首先要立足于现实,在区域化和民族化旅游优势的基础上提高国际化程度,这是相对而言比较现实的国际化品牌之路;接着应以世界公认的价值标准内推旅游胜地的品牌内涵和运作方式,最终建设有中国传统特色和国际标准的国际旅游胜地。

【桂林低碳旅游城市构建条件与模式研究——基于旅游者视角】 杨军辉(广西师范大学)撰。国家社会科学基金项目,自治区教育厅科研项目。发表于《开发研究》2014年第3期,7千字。该文认为,面对全球经济发展模式转型与桂林旅游综合改革试验契机,桂林有必要大力发展低碳旅游,进而构建低碳旅游城市。基于旅游者视角分析认为,赴桂旅游者对低碳旅游认可度较高,旅游者的旅游活动、饮食、住宿、休闲等行为均有低碳特点;而构建障碍主要集中于旅游交通与旅游者的舒适体验追求。但总体而言,可行性大于障碍性,桂林具备低碳旅游城市构建条件。从旅游者角度考虑,桂林应通过旅游者低碳旅游意识、行为提升模式和旅游企业低碳旅游环境营造模式,构建低碳旅游城市。

【乡村采摘体验游服务质量评价研究】 彭润华(广西师范大学)、阳震青(广西师范大学经济)撰。广西高等学校科研项目重点科研项目,国家社会科学基金项目。发表于《商业研究》2014年第7期,6.3千字。该文认为,随着乡村采摘体验游的不断发展,其服务质量问题逐渐显现。服务质量是游客在服务结束后的主观评价,影响游客的推荐意愿和重游意愿。该文通过对文献指标的归纳整理,结合乡村采摘体验游的特点,采用问卷调查与统计分析的方法,建立包含5个维度18个二级指标的乡村采摘体验游服务质量评价指标体系,并对其进行验证性分析。

【基于节约算法的旅行商问题配送线路优化】 乐国友(广西财经学院)撰。国家社会科学基金重大项目《未来十年中国—东盟经贸格局演变与我国南海安全战略构建研究》阶段性成果之一,南宁市科学研究和技术开发项目《南宁市再生资源物流信息服务平台研发及应用示范》阶段性成果之一,国家发改委物流业调整与振兴规划项目《广西第三方物流城市配送信息服务平台建设项目》阶段性成果之一,广西财经学院科研课题《供应链视角下广西(南菜北运)农产品流通体系构建研究》阶段性成果之一。发表于《物流技术》2014年第3期,6千字。该文在简要介绍旅行商问题的基本概念和研究现状后,对节约算法的基本模型和求解步骤做出说明,然后以利客隆超市配送线路优化为例,选取利客隆配送中心和10个主要门店的数据信息,并结合实际,运用节约算法求出利客隆超市配送线路的近优解,根据计算结果制定利客隆超市的配送线路优化方案。由于据消费者在利客隆超市的消费需求不同(受季节、节日活动等影响),配送量会不同,从而使最终的配送线路不同。

【社会网络对跨境旅游合作者的行为影响研究】 黄爱莲(广西大学)撰。广西哲学社会科学规划项目,广西大学人文社科基金项目,教育部哲学社会科学研究重大课题攻关项目,广西大学211工程四期重点学科群项目《中国—东盟经贸合作与发展研究》阶段性成果之一。发表于《生态经济》2014年第4期,8.6千字。

该文认为,旅游目的地间的合作者行为是影响旅游业可持续发展的前提。已有文献论及旅游合作三种关系——政府部门之间、企业之间、社区之间,以及两种合作方式——基于正式的制度合作和基于非正式的关系合作,探索区域旅游合作的范围和方式,但对旅游合作者关系缺乏定量的研究。该文通过回顾区域旅游合作行为的相关理论,运用社会网络为技术工具,建构区域旅游合作者的行为模型。以中越跨国旅游合作区为例,研究发现,对于这类特殊的跨国旅游景区,旅游合作者构成一个多层关系的合作网络。其中以国家层面的正式制度合作在旅游合作中处于主导地位,而本地化的人际关系合作如民族之间情感、熟人之间的信任等因素也影响着合作者的行为。针对合作网络的不同方式,提出中越跨界旅游目的地开发过程应该加强合作者之间社会关系如人员信任、民族情感、政治沟通等要素的培育。

【关系市场视角下的东南亚游客入滇游之人文优势分析】 李雪岩(广西民族大学)撰。国家社会科学基金项目,教育部人文社会科学研究青年基金项目,广西哲学社会科学规划研究课题,广西民族大学中国—东盟研究中心招标课题《中国—东盟架构下广西青年归侨侨眷发展问题研究》阶段性成果之一,中国侨联课题。发表于《生态经济》2014 年第 2 期,11 千字。该文认为,东南亚游客入滇游不但有地理优势,还有人文优势,表现在跨国民族和越南归侨两大方面。从关系市场视角来看,云南要发展东南亚游客入滇游,需紧密结合其中的人文优势,做好主题定位和语言支持,并在交通、通信、签证等方面做出努力。

【民族文化旅游吸引力的评价体系与营造策略研究】 吴晓山(广西师范大学)撰。2010 年教育部人文社会科学研究青年项目,2011 年广西人文社会科学发展研究中心"科学研究工程"项目"旅游研究团队"阶段性成果之一。发表于《开发研究》2014 年第 1 期,6.3 千字。该文认为,民族文化旅游要打造品牌,就必然拓展市场空间,而市场的拓展则主要依赖其吸引力的大小。同时其吸引力的决定因素并非单一依靠民族文化资源本身,而是一个综合体系。通过定量研究表明,民族文化旅游吸引力的影响因素主要体现在资源特点、区域旅游环境与旅游政策环境等 3 个方面。就其中具体因子进行量化分析,以构建民族文化旅游吸引力的综合评价体系,在此基础上提出相应的发展策略。

【民族地区乡村微型旅游企业发展变迁研究——基于广西乡村微型旅游企业的实证分析】 文军(广西大学)、李星群(广西大学)撰。教育部人文社会科学研究课题《广西乡村微型旅游企业发展问题研究》阶段性成果之一。发表于《广西民族研究》2014 年第 1 期,11.8 千字。该文认为,乡村微型旅游企业将旅游开发与社区建设联系起来,已成为民族地区具有重要意义的重大商业发展动态。通过对 2006 年和 2012 年广西乡村微型旅游企业业主构成、企业经营管理、企业经营效应的调查,研究发现:广西乡村微型旅游企业总体上处于发展初级阶段,局部地区形成初级的乡村微型旅游企业集群;与 2006 年相比,2012 年广西乡村微型旅游企业业主在性别、婚姻、年龄等方面有较大变化,外来投资者增多,业主的英语能力、交际能力、风险投资意识增强,而创业对业主阅历、资金资本要求有一致性;乡村微型旅游企业创办由自由化向正规化转变,经营形式由单一家族式向家族、合伙、租赁等多种经营形式转变,管理向现代化、网络化转变,提供社会就业岗位功能增强;不同景区,乡村微型旅游企业经营效应虽有一定差异,总体上经营效应显著。针对乡村微型旅游企业发展中的新动向,提出通过转变景区经营方式、推动乡村旅游目的地产业融合等促进乡村微型旅游企业可持续发展。

【应用南方 cass 软件识别地形图辅助审计实例】 党礼新(广西钦州市审计局)撰。发表于《审计月刊》2014 年第 1 期,2.5 千字。中国人民大学书报资料中心复印报刊资料《审计文摘》2014 年第 4 期全文转载。该文认为,应用南方 cass 软件工具识别地形图纸辅助审计方法能有效地提高工作效率和确保审计工作质量,帮助审计人员提升审计手段。但该方法计算结果准确性受图纸完整度、计算人员操作准确性影响大,因此要获得准确的结果,就要求计算人员熟悉土方计算原理、南方 cass 软件功能及 autocad 功能,及明确解决问题的思路和把握该方法的关键点——把握好图形导入软件后进行图形的缩放比例调整操作。

【审计治腐改革初探】 雷俊生(自治区审计厅)撰。广西哲学社会科学规划研究课题《腐败"零容忍"语境下的审计治腐研究》阶段性成果之一。发表于《财会(月刊)》2014 年第 13 期,3.9 千字。中国人民大学书报资料中心复印报刊资料《审计文摘》2014 年第 9 期全文转载。该文认为,国家审计在反腐方面有专业性、主动性和预见性等优势。发挥审计治腐的"利剑"功能,有利于完善对腐败的惩防体系。审计机关应当改革治腐理念,实施查防并举、强化审计建议、实施整体治腐,通过加强权力型治腐主体间、权利型治腐主体间及它们相互间的协作整合治腐主体,通过强化审计鉴证、优化审计建议、完善审计移送、推进审计公告来改革治腐方式。

【基于表单的多维会计及其应用】 赵序海(广西经济管理干部学院)撰。发表于《会计之友》2014年第13期,6千字。中国人民大学书报资料中心复印报刊资料《财务与会计导刊》(实务版)2014年第8期全文转载。该文介绍基于表单的多维会计的概念及其在表单勾稽控制、报表自动生成、预算绩效管理方面的应用价值,并通过某企业案例介绍表单多维会计的综合应用,论述表单业务、多维分录、业绩评价的生成过程和内在关系。认为表单多维会计利用计算机网络技术和表单技术,通过业务表单对经济业务过程进行多维度记录,实现核算信息、管理控制信息、评价信息等多维信息的同步共享,便于对经济业务动因进行全面分析,提升企业的运营效率和经济效益。

【中泰企业会计准则体系比较——基于中国—东盟会计区域协调背景的思考】 陆建英(广西财经学院)撰。2012年度国家社科基金一般项目《中国—东盟自由贸易区环境下会计准则趋同与发展研究》阶段性成果之一。发表于《会计之友》2014年第16期,7.2千字。该文认为,中泰两国会计准则的制定方式存在着差异,但两国会计准则的内容构成与国际会计准则趋同程度较高,采用的会计处理方法和理念有很多类似的地方,这为两国的会计协调提供基础。泰国的会计准则起步早,会计水平高,对比中泰两国会计准则体系的差异,对完善中国企业会计准则体系,加快中国—东盟会计区域协调有促进作用。

【论公司财务责任——基于公司财务治理体系制衡的视角】 莫磊(广西财经学院)撰。国家社科基金重大项目,自治区教育厅科研项目。发表于《财经理论与实践》2014年第5期,15.6千字。该文以《公司法》《财务通则》和证监会监管的制度变革为依据分析中国法规对公司财务责任的现实要求,以产权理论、社会责任、利益相关者和公司契约理论为基础探讨财务责任的起源、形成及内外统一问题,提出现代公司财务责任的基本理论框架。一个有效和利益共同的公司需把公司对各利益相关方的财务责任和谐而相容财经理论与的纳入财务治理体系,才能成功。

【信贷人员具备识别企业盈余质量的技术吗】 叶志锋(广西科技大学)等撰。国家社科基金项目,柳州市软科学课题,广西科技大学博士基金项目。发表于《贵州财经大学学报》2014年第3期,9.6千字。该文认为,银行信贷人员能否识别会计信息质量取决于他们的意愿和技术。在获得有意愿识别私营企业会计信息质量的基础上,检验信贷人员的识别技术问题。以2004~2012年中国A股私营上市公司为样本,研究发现:对于简单的会计信息质量衡量指标,银行信贷人员有识别技术;对于复杂的会计信息质量衡量指标,银行信贷人员缺乏识别技术。建议银行信贷人员应加强自身的专业素质,掌握更复杂的企业会计信息质量的识别技术,以降低信贷风险,提高信贷资源配置效率。

【多产品订货与定价联合决策探讨】 王东红(广西财经学院)撰。发表于《中国流通经济》2014年第2期,7.4千字。中国人民大学书报资料中心复印报刊资料《贸易经济》2014年第7期全文转载。该文认为,在激烈的市场竞争环境下,多产品的生产和经营模式是企业的必然选择,其库存与产品定价的联合决策成为企业最为关注的问题。对多种产品的定价不受缺货情况的影响。在允许缺货的情形下,企业获得的总利润高于不允许缺货的情形。因为在不允许缺货的情形下订货次数增加,基本订购费用随之上升;在允许缺货的情形下,可以减少订购次数,从而降低基本订购费用。

【本量利分析与作业分析结合运用的案例分析探讨】 蒋美荣(广西生态工程职业技术学院)撰。发表于《商业会计》2014年第6期,5.7千字。中国人民大学书报资料中心复印报刊资料《财务与会计导刊》(实务版)2014年第6期全文转载。该文认为,本量利分析属于传统的企业管理方法,作业分析属于新兴的先进的企业管理方法,在经济全球化的今天,如能将两种管理方法进行合理的结合运用,将会对企业提升优势竞争力起到巨大作用。该文以HL公司为例,探讨结合运用本量利分析和作业分析对企业进行经营管理的方法策略。

【“营改增”后建筑企业负税及利润平衡点测算】 李达(桂林理工大学)、施玉婵(广西路桥建设有限公司)撰。发表于《会计之友》2014年第13期,6千字。中国人民大学书报资料中心复印报刊资料《财务与会计导刊》(实务版)2014年第8期全文转载。该文通过测算“营改增”后不同税率下建筑企业负税和利润的平衡点,分析“营改增”对建筑企业的影响。认为要尽快适应“营改增”政策,促进企业发展,一般纳税人建筑企业应注意尽量提高购进成本可抵扣增值税在总产值中的比重,即尽可能选择能开具增值税发票的供应商,设立能开具增值税发票的运输子公司,加强增值税发票的监督管理等,尽量使含增值税的成本与工程产值比例超过平衡点，以达到减负增利的目的。

【主流税收共识的形成及其对税收行为的影响】 焦耘（广西财经学院）撰。国家社科基金项目《基于社会认同的税制体系构建研究》阶段性成果之一，教育部人文社科研究规划基金项目《税收制度社会认同研究——税制变迁衍生社会利益冲突及其治理视角》阶段性成果之一，2010年广西高等学校优秀人才计划项目《内生比较优势视角下，广西欠发达民族地区发展制度模式创设与制度背景契合研究》阶段性成果之一，“北部湾经济区新兴产业财税政策研究中心”子课题，广西财经学院财政与公共管理学院课题（重点项目）《税制变迁与社会利益冲突理论及实证研究》阶段性成果之一，广西税务硕士学位建设规划项目。发表于《税务与经济》2014年第1期，11.3千字。该文认为，对税收行为的分析，其直接出发点是征纳过程中的行为约束的有效性，即最为直接和功利的研究目的是希望征纳过程流畅、引致的社会关注度最小。而这个目标存在一个悖论：征纳过程直接引致可支配收入格局变化，如何能使社会关注度小，从社会学视域看，税收的社会认同对解读税收行为非常重要。具体来看，社会中主流税收共识具有什么特征？如何形成？其变迁的推动力和路径如何？对税收行为产生什么影响？对这些问题的分析为研究税收行为提供新的、与实践密切联系的视角。

【中国与东盟各国税制比较研究】 蓝相洁（广西财经学院）、张建中（广西财经学院）撰。国家社会科学基金重大招标项目《未来十年中国—东盟经贸格局演变与我国南海安全战略构建研究》阶段性成果之一。发表于《地方财政研究》2014年第10期，8.8千字。该文认为，随着中国—东盟自由贸易区的建立和发展，因东盟各国和中国的税制差异而引发的国际避税、有害税收竞争与重复征税等税收矛盾也日渐凸显，成为阻碍东盟各国和中国经贸合作顺利推进的制约因素。该文通过对东盟各国和中国税制进行比较分析，分析东盟各国和中国的税制差异，有助于促进税收协调，更好地推进经贸合作。

【我国房地产税征管体系构建研究——对沪渝两市房产税试点的反思】 蔡旺清（贺州学院经济与管理学院）、蔡旺（百色学院经济管理系）撰。发表于《上海市经济管理干部学院学报》2014年第3期，6千字。中国人民大学书报资料中心复印报刊资料《体制改革》2014年第8期全文转载。该文认为，当前中国房地产税有11个税种，其中流转环节10个，保有环节1个——房产税是典型的“重流转、轻保有”。为扭转不合理状况，国务院责成上海、重庆两地先行试点开征房产税，虽取得一定成绩，但仍须反思。为使中国房地产市场得到健康发展，应构建一套适合中国国情的房地产税征管体系。该文提出：一是规范和简化流转环节税制；二是加强保有环节房产税征管；三是完善房地产税征管的相关配套措施。

【中国互联网保险发展研究】 唐金成（广西大学）、韦红鲜（广西大学）撰。发表于《南方金融》2014年第5期，8.7千字。中国人民大学书报资料中心复印报刊资料《金融与保险》2014年第9期全文转载。该文认为，互联网保险在发达国家保险业中发展迅速，但在中国发展缓慢。该文阐述中国互联网保险的发展现状及存在问题，运用SWOT法分析互联网保险的优势、劣势及其在中国发展的基础条件和潜在威胁，基于国外互联网保险发展的成功经验和中国国情，提出加快中国互联网保险发展的对策建议：一是构建互联网保险相关法规体系，保障其健康运营；二是保险行业应明确互联网保险定位，提升公众认知度；三是加强互联网保险安全技术研究，尽快建立专用网络；四是创新互联网保险产品设计，优化产品结构，理性引导消费；五是完善互联网保险监管机制，扩大监管内容，改变监管方式。

【中国—东盟金融合作研究：一个文献综述】 聂勇（广西财经学院）、彭文文（广西财经学院）撰。国家社科基金重大项目《未来十年中国—东盟经贸格局演变与我国南海安全战略构建研究》阶段性成果之一，《广西高等学校优秀中青年骨干教师培养工程》阶段性成果之一。发表于《武汉金融》2014年第4期，9.8千字。该文认为，自2000年《清迈协议》签订以来，中国与东盟国家的金融合作不断加强，中国许多专家学者对中国—东盟金融问题进行大量研究。梳理近些年来国内核心期刊发表的研究成果可以看出，关于中国—东盟金融问题的研究主要集中在4大方面，即中国—东盟金融合作的内容和途径、中国—东盟金融合作存在的问题和发展趋势、中国—东盟货币合作及中国—东盟金融监管和金融政策。通过总结和厘清中国—东盟金融合作的研究成果和脉络，对进一步深化中国—东盟金融合作有重要意义，也可为中国—东盟金融合作提供新的研究和发展方向。

【区域金融合作支撑广西战略支点建设问题研究】 申韬（广西大学）、蔡琦（广西大学）撰。教育部哲学社会科学研究重大课题攻关项目《中国—东盟区域经济一体化》应急攻关项目《中国—东盟合作与广西战略机遇》阶段性成果之一。发表于《经济研究参考》2014年第23期,6.8千字。该文认为,对于广西新的战略支点建设,学者们的解读存在一定差异性,但综合而言,就是把广西建设、发展西南、中南地区开放发展的新的战略支点。对区域金融合作支撑广西战略支点建设分析,提出区域金融合作支撑战略支点构建的政策措施:充分依托各层次区域金融合作政策;实施结构化金融产品创新;创建信用合作机制,加强金融生态环境建设;扩大开放合作,培育各类新兴金融主体。

【中国企业的融资约束:特征现象与成因检验】 曾海舰(广西大学)撰。国家自然科学基金项目,广东省人文社科重大攻关项目,国家社科基金青年项目,教育部“创新团队发展计划”项目,教育部人文社会科学研究项目基金,广东省自然科学基金项目。发表于《经济研究》2014年第2期,14.6千字。广东省哲学社会科学青年项目。该文总结现有融资约束理论逻辑下4个关联的特征现象:融资约束与公司股票收益正相关、融资约束引致企业特质风险的增加、主导小规模效应、促使企业生产效率提升;且其中后3个现象是第1个现象的具体解释。该文使用可准确区分“融资约束”与“财务紧张”概念的动态模型结构估计方法计算沪深上市公司的WW融资约束指数,对以上特征现象逐一进行实证检验。结果发现,只有第1个现象在中国存在。进一步的探索性实证研究表明,中国企业融资约束很可能源于政府对经济的干预从而融资渠道外生于市场,而非市场竞争中的摩擦引致的流动性约束。由此,融资约束成为系统性风险并对公司股票预期收益产生显著为正的影响。

【经济转型期中小企业融资策略研究】 谭冰(广西科技大学)撰。国家社会科学基金项目《西部地区中小企业融资绩效研究》阶段性成果之一。发表于《财会通讯》2014年第20期,7千字。该文针对中国中小企业融资存在的问题,提出中小企业融资策略,首先应由政府扶持,制定相关法律法规,加强融资服务力度,健全融资信用担保体系,同时加强中国中小企业的财务制度的执行与内控,提高自身信用等级,使经济转型期的中小企业摆脱融资困境,得以更好地进行市场运作和企业发展。

【人民币汇率对东盟各国汇率传染及其时变相关有效性研究】 王中昭(广西大学)、杨文(广西大学)撰。国家社会科学基金项目《基于条件约束的人民币国际化情景模拟与对策》阶段性成果之一,八桂学者和创新团队发展计划项目,广西“八桂学者创新团队”项目《中国—东盟经济合作研究》子项目《人民币汇率对东盟各国汇率影响机制及其区域性特征研究》阶段性成果之一。发表于《国际金融研究》2014年第11期,13.3千字。该文以人民币汇率对东盟各国汇率传导的有效性作为研究对象,通过构建VAR-DCC-MVGARCH模型和结构突变模型,分析中国与东盟各国汇率的时变相关性、传染性和结构突变等问题。结果表明:(1)人民币汇率短期波动对东盟各国形成一定的区域性辐射能力。(2)中国等外部因素对东盟各国汇率的波动影响平均仅占6%左右,各国汇率自身的波动集聚性起主导作用。人民币汇率对大多数东盟国家汇率传导有效,但持续性特征不存在。(3)中国与东盟汇率时变相关系数均为带有结构突变无单位根的趋势平稳过程,存在短期动态联动滞后效应,外部因素不能改变其长期均衡运行路径。(4)时变相关结构突变并没有改变人民币带动大多数东盟国家货币升值趋势,呈现出“传染性升值”,传导的有效性从弱到强,区域货币联动趋势的雏形初现。

【国际视野下最优储蓄率及其影响因素测度——基于索洛经济增长模型的研究】 范祚军(广西大学)等撰。国家社会科学基金项目《基于条件约束的人民币国际化情景模拟与对策研究》阶段性成果之一,教育部长江学者和创新团队发展计划《中国—东盟区域发展》研究创新团队项目。发表于《经济研究》2014年第9期,13.3千字。该文基于索洛的新古典经济增长模型,借助菲尔普斯的“黄金律水平”,研究全球108个国家的最优储蓄率与实际储蓄率的关系,结果表明:多数国家表现出最优储蓄率围绕实际储蓄率上下波动。考虑到各国经济增长目标的差异,进一步提出以经济增长预期为变量的理想最优储蓄率,得出能达到国家预期经济发展水平的储蓄率水平。综合影响储蓄率的经济性、制度性、结构性因素,用主成分回归分析法分析影响储蓄率的各类因素,发现这些因素随着内外部条件的变化对储蓄率的作用发生改变。

【中国—东盟自贸区直接投资效应实证研究】 韦倩青(广西大学)、苏宣云(中国银行北海分行)撰。国家社科基金项目《CAFTA贸易便利化水平测算与中国应对策略研究》阶段性成果之一。发表于《商业时代》2014年第13期,5.3千字。该文在分析中国和东盟直接投资流入变化的基础上,利用面板数据固定效应模型实证检验中国—东盟自贸区建立后的直接投资效应,得到如下结论:第一,东道国的市场规模、对外开放水平及经济发展水平对FDI流入有促进作用;劳动力成本则与FDI流入负相关。第二,在中国与东盟的直接投资效应中，各个因素的影响程度不同，市场规模、经济发展水平对中国吸引外资的影响大于东盟；劳动力成本对东盟吸引外资的影响大于中国。

【合法性与专利商业化早期绩效的实现】 陈朝晖（广西科技大学）等撰。广西哲学社会科学规划研究课题《创新型企业视角下的广西专利转化问题研究》阶段性成果之一，广西科技大学博士基金项目《企业专利商业化绩效的影响因素研究》阶段性成果之一，教育部人文社会科学研究青年基金项目《我国高新技术企业研发投入与绩效，技术创新政策的中介效应与调节效应研究》阶段性成果之一。发表于《中国科技论坛》2014年第9期，6.8千字。中国人民大学书报资料中心复印报刊资料《创新政策与管理》2014年第12期全文转载。该文在澄清专利商业化绩效与创业概念的基础上，分析合法性问题的内涵、产生原因及其作用，重点研究专利商业化早期阶段的合法性主体、客体及其相互关系。认为，以合法性为代表的制度因素对专利商业化活动有重要影响，合法性资产是专利商业化早期绩效实现的关键互补性资产，获取合法性的途径包括获取高质量专利、建立正式商业组织、撰写商业计划书以及选择策略组合。

【广西中小微型外贸企业　国际贸易融资困境成因及对策——基于对崇左企业问卷访谈调查的分析】 李好（广西大学）、吴国境（广西大学）撰。教育部哲学社会科学重大研究课题攻关项目“中国—东盟区域经济一体化研究”应急攻关项目《中国—东盟合作与广西战略机遇》阶段性成果之一，广西哲学社会科学“十二五”规划项目《后危机时期广西开放型经济研究——加快转变对外经贸发展方式》阶段性成果之一。发表于《对外经贸实务》2014年第10期，5.5千字。该文认为，2008年国际金融危机以来，提供便利化的国际贸易融资已经成为世界各国帮助企业提升贸易竞争力、拓展国际市场的重要手段。该文根据问卷数据整理和访谈调查展开分析和讨论，探讨当前广西中小微型外贸企业贸易融资现状及广西中小微型外贸企业陷入贸易融资困境的原因，提出促进广西中小微型外贸企业国际贸易融资的对策与建议：着力提升银行对中小微型外贸企业国际贸易融资的服务水平；加快推进南宁区域性国际金融中心建设，优化外部融资环境；完善中小微型外贸企业的产业供应链，发展供应链贸易融资；拓宽中小微型外贸企业的国内外融资渠道。

【中国创意产品出口贸易成本的测度与影响因素检验】 王洪涛（广西财经学院经贸学院）撰。国家社科基金重大项目《未来十年中国—东盟经贸格局演变与我国南海安全战略构建研究》阶段性成果之一，国家社科基金项目《中国—东盟自由贸易区背景下增强国家文化软实力的路径研究》阶段性成果之一，广西财经学院项目《我国文化产品出口贸易的路径选择：基于需求因素的实证分析》阶段性成果之一。发表于《国际贸易问题》2014年第10期，12.8千字。该文认为，以Anderson和Wincoop（2003）模型为基础，推导出用以测度一国进出口贸易成本的一般均衡模型。基于推导模型和UNCTAD对全球创意产品的贸易统计数据，对2003~2012年中国创意产品向25个主要贸易伙伴的出口贸易成本水平进行测度，并对影响其出口贸易成本的诸多因素进行面板数据的回归检验。研究结果表明：中国创意产品出口贸易成本总体呈下降趋势，向发展中经济体出口的贸易成本和贸易难度相对于发达经济体更低，贸易伙伴与中国的实际人均收入差额、文化差异水平、平均名义关税水平及贸易对外开放度等因素与中国创意产品出口贸易成本正相关，人民币实际有效汇率水平、陆地相邻和优惠的贸易安排等因素与其负相关，地理距离等因素不是影响中国创意产品出口贸易成本的必要条件。

【基于双边市场理论的会展平台运营策略——以东盟博览会为例】 梁君（广西师范大学）撰。教育部人文社会科学研究青年基金项目《西部地区文化产业升级机制与路径研究——基于波特钻石模型的视角》阶段性成果之一。发表于《广西师范大学学报》（哲学社会科学版）2014年第1期，7.4千字。该文认为，随着社会经济和网络科技的不断发展，市场交易模式已逐步由单边转变为双边。会展平台是典型的双边市场，基于会展双边市场的特性，会展行业的运行要注意产品差异化程度、网络交叉外部性、边际费用、交易者数量及平台服务质量等因素的影响，其平台运营策略应运用差别定价体系、比较优势、国际化发展态势等。

【打造中国—东盟自由贸易区升级版的路径与策略】 梁颖（广西大学）撰。国家社会科学基金项目《中国—东盟关系中政治与经济互动机制研究》阶段性成果之一，国家211工程四期重点建设学科群《中国—东盟经贸合作与发展研究》重点项目《中国—东盟关系影响因素的演绎研究》阶段性成果之一。发表于《亚太经济》2014年第1期，7.2千字。该文认为，打造中国—东盟自贸区升级版，要以更新和扩充中国—东盟自贸区协定的内容与范围为新起点；以不断加强互联互通、金融、海上和产业等重点领域合作；以增强政治互信以巩固和深化同东盟的战略伙伴关系，保障中国—东盟自贸区升级版的实现。

【碳规制对中国产品内贸易的影响研究】 丘兆逸(广西师范学院)撰。教育部人文社会科学研究西部和边疆地区项目《碳排放规制对我国产品内贸易的影响及其应对研究》阶段性成果之一,北部湾环境演变与资源利用教育部重点实验室开放课题,广西师范学院科研启动项目。发表于《中南财经政法大学学报》2014 年第 5 期,7.8 千字。该文认为,中国是全球产品内贸易的第二大参与者,也是未来欧美发达国家碳规制的主要影响对象。碳规制通过直接影响高碳产品出口和间接影响进口两条途径来影响产品内贸易,采用混合面板数据模型的实证研究表明:碳规制对中国产品内贸易具有负面影响,且对进口的影响大于出口;若欧美等国对每吨碳排放征收 30 美元或 60 美元的碳关税,中国产品内贸易的进出口总规模将分别下降 10.42% 和 24.31%。为应对欧美等国的碳规制对中国产品内贸易的影响,一是应根据"共同但有差别"的减排原则进行积极申诉;二是在全球产品内分工中积极朝低碳方向进行升级;三是若边境碳调节税开始实施,应根据生产者责任原则,以实际内涵碳作为征收依据,减少其不利影响。

【推进中国—东盟经贸合作的思路及对策】 刘松竹(广西财经学院)撰。国家社会科学基金重大项目《未来十年中国—东盟经贸格局演变与我国南海安全战略构建研究》阶段性成果之一。发表于《经济纵横》2014 年第 12 期,5.6 千字。该文认为,近年来,中国—东盟经贸合作的规模不断扩大、相互投资金额不断增加、各领域合作全面展开、区域次区域合作平台丰富,但双边经贸合作也面临相互竞争较强、国际环境错综复杂、缺乏有效的协调机制及合作项目推进难度大等多种挑战。中国应通过发挥合作平台作用,实现规模经济;推动"海洋入宪",保障中国—东盟经贸合作;增强海上力量,确保海上经贸通道安全;建立中国—东盟海洋合作试验区,在中国—东盟共同建设"21 世纪海上丝绸之路";扩大与东盟国家的各领域合作;完善外经贸服务支持体系;发挥区域带头优势,推进经贸合作进程等,推进中国—东盟经贸合作进程。

【中国新型城镇化的农业转移人口市民化——基于马斯洛需求理论视角】 官锡强(广西经济管理干部学院)撰。发表于《改革与战略》2013 年第 12 期,近 9.5 千字。中国人民大学书报资料中心复印报刊资料《农业经济研究》2014 年第 2 期全文转载。该文认为,农业转移人口市民化是提高城镇化质量的重要抉择。新型城镇化本质是通过提高农业转移人口的素质和能力,破除现有体制机制障碍,促进农业转移人口市民化全面发展。该文从农业转移人口市民化的定义特点出发,分析新型城镇化与农业转移人口市民化的全面发展的辩证关系,从农业转移人口市民化制度存在的主要问题查找原因,认为人口城镇化出路重点在于破解"城乡二元方程",积极推进以农业转移人口市民化为重点的户籍制度、土地制度、成本分担机制等制度创新,改革城乡一体化就业制度。

【两岸经济区治理研究:共同体视角】 刘澈元(广西师范大学经济管理学院)撰。发表于《广西师范大学学报》(哲学社会科学版)2013 年第 6 期,1.6 千字。中国人民大学复印报刊资料《台、港、澳研究》2014 年第 1 期全文转载。该文从共同体视角研究两岸经济区的治理,将两岸关系演进氛围文化共同体、经济共同体、政治共同体三个阶段,响应的治理策略为消极治理、积极治理、创造治理。

【基于人民币国际化视角的境外人民币存量扩张策略——来自缺口估计法】 范祚军(广西大学中国—东盟研究院)、温健纯(广西大学商学院)、黄娴静(广西大学商学院)撰。国家社会科学基金项目《基于条件约束的人民币国际化情景模拟与对策研究》阶段性成果之一。发表于《亚太经济》2014 年第 5 期,10 千字。该文以境外人民币存量测算作为研究核心,在人民币国际化背景下,采用缺口估计法,以 1994~2004 年季度数据为基础建立中国货币需求函数,间接测算出 2005~2014 年第二季度的人民币境外存量,在此基础上对比及借鉴美元、欧元等主要国际货币境外存量,并就如何扩大境外人民币规模提出相应的政策建议。

【免补政策下中职教育需求不足的经济学分析】 谯欣怡(广西大学教育学院)撰。发表于《职业技术教育》2014 年第 19 期,6 千字。该文认为,2007 年以来,中国陆续实行中等职业教育助学金和免学费政策提升中职教育吸引力,但对 2006 年至 2012 年中职招生数分析得出,免补政策并没有效刺激中职教育的需求。中职教育作为教育市场的"商品",应从扩大招生对象范围,扩宽毕业生发展道路,加大政府监管力度等方面,切实提高中职教育质量来增强吸引力。

【差序信任格局下的农村土地流转——基于广西玉林市福绵区的实证调查】 谢舜(广西大学公共管理学院)、周金衢(华中师范大学社会学院)撰。发表于《广西民族大学学报》(哲学社会科学版)2014 年第 1 期,9 千字。该文实证调查后发现,农户对土地经营大户的信任呈现出差序格局。在这种格局下,农户对经营大户采取差别化的行动策略。农户对经营大户的信任度越高,与其达成口头约定的比率就越高,给予其押后支付租金待遇的比率也越高,反之则越低。当中差序信任格局不利于土地流转主体间的公平竞争、妨碍土地资源的合理配置,架空正式的制度规则。因此,要加快全国统一的征信体系建设,加大对机会主义者的惩罚力度,为团体信任格局的建立奠定基础。

【制订亚太区域多边投资规则探索】 陆建人(广西大学中国—东盟研究院、中国社会科学院亚太与全球战略研究院)、孙玉红(东北财经大学国际经济贸易学院)撰。国家社科基金项目《亚太地区政治、安全、经济合作框架设计研究》中期成果。发表于《亚太经济》2014 年第 6 期,15 千字。亚太和全球长期缺乏统一的多边投资规则体系,各种各样的投资法规呈碎片化发展趋势,导致投资波动不稳,增加投资成本。该文研究当前亚太和全球区域投资协定的现状与特点,分析亚太区域主要国家之间投资规则的冲突,并就中国如何参与亚太区域多边投资规则的制订提出看法:一、中国政府正以积极姿态参与亚太投资规则制定;二、中国推进亚太区域投资规则制定的路径选择:(1) 在 WTO 框架下推进多边投资协定的形成;(2) 在区域经济合作框架下推进多边投资协定形成;(3) 推进中美 BIT 谈判进程;(4) 在 CAFTA 框架下打造中国—东盟投资协定升级版。

【广西区域经济发展差异时空变化分析】 张协奎(广西大学)、黄跃撰。国家社科基金项目《广西北部湾经济区城市群资源整合与协调发展研究》发表于《城市问题》2014 年第 9 期,8.8 千字。文章认为,广西各地市经济发展差异波动较为显著,区域之间差距逐渐拉大,处于非均衡的空间分布状态,“局部高地”与“U”型裂谷并存成为广西经济发展不平衡的重要外在表现;随着“政策性推动”现象的延续,广西部分地区地缘优势得到发挥,区位价值不断提升,空间集聚效应显现,南宁市核心地位日渐明显;广西“一超多强”的发展格局尚未形成,南宁、桂林、柳州的经济辐射能力有待增强,降低其极化效应成为重要难题;不同时期的区域发展战略是广西区域经济发展差异时空变化的关键驱动力。

【环境规制强度与国际产业转移实证研究】 张协奎(广西大学)、赵娜、罗乐撰。国家社会科学基金项目;广西自然科学基金项目。发表于《生态经济》2012 年第 4 期,5.4 千字。文章采用 1993~2010 年的年度数据,运用非线性格兰杰因果检验对广西北部湾经济区环境强度和国际产业转移进行实证研究。结果显示,环境规制强度与国际产业转移不存在非线性格兰杰因果关系,即在一定程度上加大环境管制力度,不会影响广西北部湾经济区对发达国家的产业承接,反而在促进区域经济发展的同时,使环境得到改善。

【柳州市国有资本经营预算研究】 宋涛(柳州市财政局)、覃诗敏(柳州市财政局)撰。发表于《大众科技》2014 年 1 期,6.8 千字。柳州市国有资本经营预算从 2011 年起试行,依据中央、广西政策,借鉴其他省市经验。该文重点分析柳州市开展国有资本经营预算的情况,针对当前开展国有资本经营预算存在的问题,提出完善国有资本经营预算的政策建议。

【银行业信息技术外包自主可控探讨】 曾晨(柳州银行信息科技部)撰。发表于《经济与社会发展》2014 年第 3 期,5.7 千字。该文探讨信息技术外包自主可控的概念,并从分行业信息化建设特点出发,论证实现自主可控的必要性和可能性。讨论银行信息技术外包自主可控的主要内容,提出必须采取的主要措施。

【泰国农用地百年改革及其对我国的启示】 周喜梅(广西民族大学)撰。广西民族大学中国—东盟研究中心开放课题项目《〈泰王国民商法典〉对我国民法典立法之借鉴系列研究》成果;广西八桂学者项目《中国与东南亚关系研究》成果之一。发表于《东南亚研究》2014 年第 6 期,10 千字。该文认为,泰国农用地制度 110 多年改革轨迹为“一次确认、两次权利性质转变”,即将私人享有占有权的农用地所有权确认为国家所有,将农用地上的占有权与国家所有权两种权利转变为私人所有权。泰国的农用地私有化改革引发了许多社会问题。总结泰国农用地百年改革经验教训,探讨中国农村土地承包经营权改革方向,作者认为中国土地承包经营权制度有强大的制度优越性,应不断完善。

【中国—东盟自由贸易区背景下广西海洋经济发展研究】 陈丙先(广西民族大学)、林江琪(广西民族大学)撰。发表于《广西社会科学》2014 年第 12 期,8 千字。该文认为,中国—东盟自由贸易区成立以来,广西的海洋经济总量持续增长,海洋产业结构不断优化,部分海洋产业发展迅速。然而,广西海洋资源禀赋高却未被充分利用,与其他海洋经济较发达的省市相比,海洋经济总量较小、海洋产业结构优化度较低、海洋基础设施建设相对落后,亟须实现海洋资源的高效利用,进一步优化海洋产业结构,加快海洋基础设施建设,最终实现海洋经济快速且持续发展。

·文化学·新闻学·

【左右江革命根据地时期邓小平领导宣传文化工作的特点探析】 黄家周(广西财经学院)撰。广西哲学社会科学规划2013年度研究课题《左右江革命根据地时期马克思主义在广西传播的特点和规律》阶段性成果之一,国家社科基金重点项目《中国特色社会主义理论体系基本原理研究》阶段性成果之一。发表于《毛泽东思想研究》2014年第4期,7.7千字。该文认为,左右江革命根据地时期,邓小平对宣传文化工作的领导具有以下特点:围绕党的中心任务并结合民族地区实际开展宣传文化工作;运用少数民族地区群众喜闻乐见载体开展宣传文化工作;要求领导干部以身作则带头开展宣传文化工作;重视发挥各方力量为党的宣传文化工作服务。左右江革命根据地时期邓小平领导宣传文化工作的基本经验值得吸收和借鉴。

【语言生态环境视野下的文化软实力】 谭培文(广西师范大学)、秦琳(广西师范大学)撰。国家社科基金项目《基于以人为本实现路径的利益机制协同创新研究》阶段性成果之一,广西社科基金项目《多元文化视阈下的马克思主义哲学中国化、时代化、大众化研究》阶段性成果之一。发表于《科学社会主义》2014年第2期,8.1千字。该文认为,在当下经济全球化、文化多元化的发展过程中,文化软实力占据主导地位。从语言生态环境视角下探讨文化软实力,有助于文化传播力、传统文化吸引力、汉语国际影响力三方面的扩大。应从加大核心价值观的传播力度,创造国际语言生态环境,净化网络语言生态环境,打造国际汉语言生态环境4个向度,增强文化软实力。同时必须采取全球视野、和谐理念、生态理论三位一体研究方法,遵循新现代性动态平衡性原则,全面提升中国文化软实力。

【文化生态视野下民间手工艺的传承困境及其保护路径——以国家级非物质文化遗产宝庆竹刻为例】 谢菲(广西旅游科学研究所)撰。国家社科基金青年项目《文化旅游情境中的非物质文化遗产保护研究》阶段性成果之一。发表于《中华文化论坛》2014年第5期,8.7千字。该文认为,民间手工技艺是一个整合的知识体系,兼具物质性与非物质性内涵。国家级非物质文化遗产宝庆竹刻的传承困境是历史境遇与现实发展交织的结果。地方政府和民间团体通过政策、资金支持及技艺整合的实践运作,修复宝庆竹刻的文化生态,为后申遗时期民间手工艺保护与传承提供借鉴性参考。

【"言"与商周礼仪及其歌咏——汉文化歌唱传统探源】 张国安(广西民族大学)撰。2011年度国家社科基金重大招标项目《诗词曲源流史》阶段性成果之一。发表于《文艺理论研究》2014年第5期,23.6千字。该文以卜辞、周代铭文材料的训释解读为依据,对商代、周初礼仪及其歌咏情况梳理,得出如下观点或推断:甲文"言"之初义取象于"口箫说话",口箫用以表情达意,说话交流的功能是后世"言"字派生出"言语"之义的根据;口箫乐器演奏所具有的"以乐传语"、"以语定乐"之特点,正是后世"歌永言"传统"以乐传辞""以文化乐"的原初范型。以口箫说话为造字背景的同源异构字言、舌、告,在卜辞时代其语言学意义和人文内涵已渐分化,其字指义始有所偏重而各有不同。先秦文献所谓飨、食、燕则是由卜辞告、舌、言三礼进化而来。口箫演奏的"以乐传语""以语定乐"特点确曾影响商周仪式歌咏,进而促进汉文化"歌永言"这一歌唱传统的形成与建构。

【传统食品资源产业化发展的商誉保护途径探究—食文化申请非物质文化遗产保护的启示】 林驰(广西师范大学漓江学院)撰。国家社会科学基金项目《欠发达地区实施国家知识产权战略基本问题研究》阶段性成果之一。发表于《商业时代》2014年第28期,4.8千字。该文认为,对中国多元的民族文化积淀的传统食品资源进行市场开发及产业发展,对食品来源地区的文化传承发扬及中国面向世界的文化形象树立都有重要价值意义。然而,目前国内不健全的保护机制、不正当的商业竞争等原因,使传统食品产业在发展过程中累积形成的良好商誉颇受侵扰。该文在考察国内传统食品行业发展及其商誉保护现状基础上,结合其与食文化申请非物质文化遗产保护理念的共性方面,提出中国传统食品资源产业商誉保护的对策,探讨以优质人文资源带动产业经济发展之理念。

【服装】 陈丽琴(广西民族大学)撰。国家社科基金重大项目《中国非物质文化遗产体系探索研究》阶段性成果之一。发表于《民族艺术》2014年第3期,11千字。该文认为,服装是一个民族物质和非物质文化融会而成的重要文化遗产。不同的生活条件、方式和地域环境、文化传统、穿着观念致使中西服装在各自发展道路上呈现出不同着装风格与服装体系。服装不仅能遮身蔽体,还有标识和象征等功能。世代相承的服装工艺是民众智慧的结晶,要留住传统手艺。

【论《蝴蝶君》文化产业幻象的实质】 邓玉芬(广西民族大学)等撰。教育部人文社科项目。发表于《山西师大学报(社会科学版)》2014年第3期,6千字。该文认为,黄哲伦的《蝴蝶君》挪用西方对东方理想妻子想象的"蝴蝶夫人"神话,意图解构西方/东方两元对立的模式,颠覆强势西方男性和柔弱东方女性的刻板印象。但《蝴蝶君》仍是西方文化产业幻象的组成部分,黄哲伦对幻象的颠覆并不是出于他重塑亚洲形象的欲望,而是屈从于文化产业的运作方式,这决定他对刻板印象的反讽批判不会成功,剧作最终再次铭写对亚洲"龙女"的恶毒想象。

【略论理论品牌建设在主流文化认同中的作用】 王宇(广西科技大学)等撰。2011年教育部人文社会科学研究一般项目《理论的品牌建设:马克思主义大众化进程中的高校思想政治教育资源的社会拓展》阶段性成果之一,2011年自治区教育厅立项项目《战略边疆与国家认同:广西高校马克思主义大众化推进机制研究》阶段性成果之一。发表于《学习论坛》2014年第5期,4.6千字。该文认为,主流文化与理论品牌建设的关系,从层次定位上看,是整体与部分的关系;从存在方式上看,可视为方向与符号的关系;从内在机制上看,可理解为价值一致与互动共生关系。人们的主流文化认同,通常是一种变动中的认同与认同中的变动相互交错的过程。在推动主流文化个体认同中,理论品牌有影响力的长效性、认可度的广泛性、美誉度的拓展性和忠诚度的稳定性等重要意义。

【中国当代母教文化发展探讨】 王伟萍(广西财经学院)撰。教育部人文社会科学研究青年基金项目。发表于《广西社会科学》2014年第9期,7.6千字。该文认为,随着中国进入现代社会,西方女性解放、女权主义观念的输入,女性的社会角色发生较大的变化,传统的母教观念受到冲击,当代中国社会出现生养分离、母教缺失的问题。中国当代母教要寻求新的发展,应回归优秀母教文化传统,向传统寻求发展的智慧;对学校教育和家庭教育予以重新估价,给予家庭教育尤其是母教以应有的权重;提高母亲的教育素质,保证母教良好运行。

【木刻版画中的道教文化内涵探析】 张明学(广西大学)撰。2010年教育部人文社科规划项目《道教绘画史研究》阶段性成果之一。发表于《宗教学研究》2014年第2期,7.3千字。该文认为,木刻版画是随着中国古代雕版印刷技术的发展而产生的艺术形式。道教是具有中国民族文化特色的传统宗教,在道教典籍中有各种各样的修炼图、神仙图、法会图、洞天福地图等插图版画。这些道经插图在道教教义的传播中扮演不可或缺的角色。《老子八十一画化图》《三才定位图》《罗浮山志会编》是具有代表性的以神仙、修炼及洞天福地为内容的木刻插图版画,是道教义理形象化的体现,丰富和发展了中国传统版画艺术。它既是中国美术史的重要组成部分,又是道教文化的重要组成部分。

【跨学科视野下的音乐类非物质文化遗产保护初探】 陈玉茜(广西艺术学院)撰。2013年度教育部人文社会科学研究一般项目《跨学科视野中的音乐类非物质文化遗产保护研究》阶段性成果之一。发表于《文艺理论与批评》2014年第4期,5.6千字。该文认为,音乐类非物质文化遗产是中华民族文化最古老的载体,也是中华民族非物质文化遗产中最丰富的种类,更是宝贵的不可再生资源。因此,抢救和保护这类文化遗产迫在眉睫,将这些民族文化放置于跨学科的大背景中保护,是当前音乐类非物质文化遗产探寻新出路的必然趋势。目前,应将音乐类非物质文化遗产保护工作的立足点放在追根溯源考究音乐类非物质文化遗产的形成及发展规律上,才有可能挖掘更多有价值的文化遗产,从而完成及时抢救和有效保护音乐类非物质文化遗产的重要使命。

【对文化复杂性的认知:基于中国西南地方文化抒写讨论】 秦红增(广西民族大学)撰。2011年广西"中国南方与东南亚民族研究"特聘专家岗位项目,2012年教育部"新世纪优秀人才支持计划"项目,2013年度广西哲学社会科学规划课题《"文化农庄"建设与广西少数民族文化创新研究》阶段性成果之一,广西培养新世纪学术和技术带头人专项资金资助项目。发表于《思想战线》2014年第5期,7.7千字。该文认为,在"写文化"的视角下可以看到,近些年来中国西南民族地区地方文化出现不少"复振"案例,从现实的历史、流动的区域、再现的遗失、真实的传说等4个方面对"文化抒写"进行叙事,这些源于当地人的主动性与文化自觉,实质隐含着文化重构或创新,效果上可能更有利于文化多样性的传承与保护,也有利于新的文化表达范式的产生,深化人们对文化复杂性的认知。

【地域学研究的几个基本问题——以"桂学研究"为例的探讨】 胡大雷(广西师范大学)撰。国家社科基金重大招标课题《桂学研究》阶段性成果之一。发表于《广西民族研究》2014年第4期,7.7千字。该文认为,"地域"成"学",各具学术基础、理论体系、社会需求及现实价值,而基本问题则共有。就桂学研究而言,其一，地域学研究以“人”为本，广西地域居住人口构成多民族性的特点及各种成分的士人，应予以关注。其二，地域学研究的独特性视角是地域，广西远离文化中心而又是中华文化向外域传播的前沿，由此构成桂学的特殊形态。其三，地域学研究各具学术价值，桂学研究作为新兴学问，既在于追溯学术之源，更应注重其应用价值。其四，地域学研究的社会意义，一般是传承本区域最具时代价值的民族和谐精神，而建设桂学，更要确立桂学在中华文化发展传播中的地位与作用，为中国东盟自由贸易区的发展提供文化智力支持。其五，桂学研究又承担着建立新型的地域之学的责任，既有一定方向的科学研究目标，又要为社会服务、培养人才。

【电视购物广告的媒介信用治理】 邹迎九（广西经济管理干部学院）撰。国家社会科学基金项目《我国新闻信用制度建设研究》阶段性成果之一，《广西高等学校优秀中青年骨干教师培养工程》阶段性成果之一。发表于《新闻知识》2014 年第 4 期，6 千字。该文认为，电视购物广告已成为中国电视广告的“重灾区”，近年来被多次列为重点与专项整治对象。要解决当前电视购物广告诟病频出问题，提高中国电视媒介广告信用水平至关重要。该文提出中国电视购物广告的媒介信用治理方略：全面提高电视媒介信用意识水平；健全电视购物广告信用评价制度；加强对电视购物广告信用的监管；严厉惩处电视购物广告失信行为。

【当代中越新闻改革之比较】 易文（广西大学）撰。广西大学“211 四期”区域文化传承创新与交流研究学科群 2013 年标志性成果培育选题立项项目《越南〈新闻法〉立法与实施对中国新闻立法的启示》阶段性成果之一，国家社科基金项目《越南革新时期新闻传媒研究》阶段性成果之一。发表于《新闻界》2014 年第 11 期，6.8 千字。该文认为，两国新闻事业改革的进行都是在社会的全面转型、全球化的机遇与挑战、互联网等新媒体兴起的共同背景下进行的，有共同的“路径依赖”，在改革性质、路径、结果及存在问题上都有相似之处，但存在改革中起点、经济属性发挥程度等的不同，在新闻思想上也有差异，各具特色。比较两国的做法和发展道路，可以对当下中国乃至世界社会主义新闻事业的改革提供参考和借鉴。

【“解严”后政党角力下台湾新闻自由的进步与迷思】 曹艳辉（桂林理工大学）等撰。福建省社会科学规划重点项目《闽台传媒特区与两岸政治互信研究》阶段性成果之一，厦门大学中央高校基本科研业务费项目《台湾新闻自由与两岸传媒交流合作研究》阶段性成果之一，福建省科技厅软科学项目《闽台传媒业交流合作先行先试的体制机制及政策研究》阶段性成果之一。发表于《台湾研究集刊》2014 年第 1 期，9.3 千字。中国人民大学书报资料中心复印报刊资料《新闻与传播》2014 年第 7 期全文转载。该文认为，台湾新闻自由实践在其政党角力中扮演着工具角色。换言之，新闻自由从来就不是政党角力的目的，只是权力斗争的工具。多党纷争时期，在野党高举“新闻自由”旗帜，与国民党争夺媒体资源。政党轮替后，对峙的国民两党都是表面附和“新闻自由”，实际上却采用隐性、间接的方式操控媒体。政党竞争带来广电媒体的解禁、新闻自由法律法规的修正、新闻自由观念的成熟等正面效应。但政党对媒体的变相操控却让新闻自由异化，“只问政党，不问事实”的蓝绿媒体难以承担“第四权”责任。

【基于民族视角下的文化惠民融资模式研究——以广西桂林市“百姓大舞台”为例】 赵瑞娟、唐奇展（广西师范大学经济管理学院）撰。发表于《中央民族大学学报》（哲学社会科学版）2014 年第 5 期，10 千字。该文从桂林市“百姓大舞台”的发展现状及其成功模式出发，分析桂林市民族文化惠民工程在全市的发展状况，探讨“百姓大舞台”成功的原因，并探索民族地区“百姓大舞台”及类似文化惠民项目的融资渠道，分析如何实现政府投入与民间投资相结合，实现文化惠民项目可持续发展。

【“娱乐宝”能走多远？——用互联网思维重构我国文化产业价值链的可能性分析】 张鸿飞（广西大学新闻传播学院）、童莊装（广西大学新闻传播学院）撰。发表于《新闻与写作》2014 年第 9 期，9.5 千字。该文认为，阿里巴巴在淘宝平台推出的产品“娱乐宝”是一次对文化产业运营方式的重要创新。“娱乐宝”不仅为文化产业开辟新的融资渠道，还开创文化产品运营的新模式，打造出一条富于竞争活力的新型价值链。作为“新人”，“娱乐宝”也面临着产品性质不明、市场定位不清、运作不透明等诸多考验。“娱乐宝”将在多大程度上重构中国文化产业价值链，有很多想象空间。

【死亡的文化呈现及意义阐释】 黄达安（广西大学新闻传播学院）撰。发表于《山西师大学报》（社会科学版）2014 年第 3 期，7.6 千字。该文认为，死亡作为最为强烈的否定力量，由恐惧而引发人们对生命的反思，激起深层次的艺魂与诗情，围绕死亡主题积累与沉淀的思想和实践构成了形式多样、内容丰富的死亡文化。研究死亡文化有助于树立正确的价值观念，以积极的态度面对生命和死亡，理性地看待生命的流逝和生存的价值。

【广西客家研究二十年】 陈碧（玉林师范学院）等撰。发表于《广西社会科学》2014 年第 5 期，8 千字。广西文科中心“侨乡文化研究团队”建设项目研究成果之一。该文对近 20 年来广西客家研究进行梳理和评价，以广西师范大学客家文化研究所的成立为分界线，将广西客家研究分为起步探索与逐步拓展两个阶段。该文认为，20 年来广西客家研究逐步推进，主要表现为研究成果增多，研究队伍扩展，研究领域和研究程度不断拓展与深入，以个案见长，涉及多个学科，为促进了解广西客家社会提供多个视角。但未来研究的持续发展，需回到田野、重视理论建设及比较研究。

【武术体育化时代与“文化空巢”思绎】 高会军（玉林师范学院）、陈青（西北师范大学）撰。发表于《山东体育学院学报》2014 年第 5 期，10 千字。国家社会科学基金项目《区域武术文化的地方性知识及其运行机制研究》阶段性成果之一。该文采用文献资料法、历史与逻辑分析法，通过对武术体育化“文化空巢”现象的解读，从近年来武术体育化时代视角下对中国武术历史留存的空间、标准化竞技武术的导向和武术教育薄弱所引起的武术“文化空巢”现象给予客观分析；从传统武术需要文化创新、竞技武术需要文化传承及学校武术教育兴趣培养的需要中唤醒中国武术文化的理性发展与思考。

【交互建构：共同体视角下广西农村水利的文化性研究】 王易萍（玉林师范学院）撰。发表于《广西社会科学》2014 年第 11 期，8 千字。教育部人文社会科学研究青年基金项目《西部地区农村水利困境的文化因素探求》阶段性成果之一。该文认为，农村地区水利困境形成的深层原因在于乡土社会的文化变迁。该文从水利共同体研究理论的视角阐述农村地区的用水困境通过水利共同体的建构得到消解的机制，并指出传统社会中宗教、宗族等村落传统文化力量及由此产生的共同体意识是构建农村水利社区的必要条件，并且水利、宗族、宗教等多重共同体意识间存在交互建构关系。

【数字传播条件下中国文化走出去的机遇挑战与对策】 王春林（自治区党校）撰。国家社会科学基金项目《创新文化走出去的内容、形式和途径》阶段性成果之一。发表于《出版广角》2014 年第 14 期，6.8 千字。该文认为，在数字出版条件下，中国文化走出去面临成本更低、速度更快、覆盖面更广、内容更加丰富、文化折扣减少等机遇，同时也面临数字出版物的内容质量需要提高、数字出版形态需要丰富和发展，迫切需要构建国际一流的数字传播体系等挑战。增强中国文化的国际影响力，要在加强数字出版内容建设、强化中国版权贸易国际化平台与“中国内容”数字化传播体系等方面采取措施。

【发展广西地域文化　彰显八桂地方特色】 陈学璞（自治区党校）撰。发表于《广西教育学院学报》2014 年第 2 期，13 千字。发展八桂地域文化，对激发广西各民族文化创造活力，提高地区文化软实力，推动广西社会主义文化大发展大繁荣，建设民族文化强区，具有重要作用。该文论述地域文化基本概念及对广西建设民族文化强区的意义，广西地域文化的优势与劣势，正确认识八桂历史文化资源丰富性和多样性。提出大力发展八桂特色文化的路径，一是加强地域文化的理论与实践研究，特别是加强桂学和广西传统文化研究；二是结合旅游业打造广西特色文化系列标志性精品；三是在发展文化事业和文化产业中树立广西特色文化知名品牌；四是在经济社会建设各方面，特别在推进新型城市化、新农村建设过程中，体现广西特色文化的软实力。

【广西“百年清官村”文化印象与内核及其成因】 唐贤秋（广西民族大学法学院）撰。发表于《广西民族大学学报》（哲学社会科学版）2014 年 1 期，7.85 千字。广西桂林灵川县九屋镇江头洲村被誉为“百年清官村”。该村在明清时期出现 100 多位出仕为官者，且人人为官清廉。“百年清官村”有丰富文化内核，即爱莲文化蕴含的君子人格追求、科举文化导引的读书成才取向与耻感文化昭示的知耻求荣观念。其文化之形成，得益于理学南传及其在广西传播产生的影响、德育为先的家庭教育模式产生的成效及中国古代清官文化产生的作用。

【“三个自信”——农民群众文化自信建构的重要保证】 郭星（柳州职业技术学院）撰。发表于《经济与社会发展》2014 年第 2 期，6.5 千字。该文通过回顾中国共产党 90 多年来教育和引导广大农民群众在社会主义革命和建设的道路实践、理论探索、制度建设等方面历史，总结出道路自信、理论自信、制度自信的建构历程，进而实现从文化自发向文化自信嬗变。

【新建本科师范院校校园文化建设原则与路径研究】 周淼泉（广西民族师范学院）撰。发表于《中国成人教育》2014 年第 22 期，6 千字。该文以广西近 10 年新建本科师范院校为研究蓝本，分析 6 所本科师范院校在校园文化建设活动中项目设计的相关性,提出新建本科师范院校校园文化建设的基本原则及具体实现路径。

【推动文化建设与民族乡村社会治理良性互动】 农淑英(广西民族师范学院)撰。发表于《人民论坛》2014年第34期,7千字。该文认为,文化与社会治理之间相互影响、相互渗透、相互补充,民族乡村社会治理存在的问题从深层次上看就是文化问题。乡村治理需要以文化为正向推手,建构刚柔并蕴的制度法规;重构民俗文化以提高治理效能;建设乡村新文化服务乡村新生活;提升村民文化素质为乡村社会发展提供长久支持。

·教　育　学·

【后现代主义语境中的教育观】 武博(广西科技大学)撰。发表于《当代教育与文化》2014年第4期,11千字。中国人民大学书报资料中心复印报刊资料《教育学》2014年第11期全文转载。该文认为,后现代主义思潮是一种超越现代主义的新思想或新理论,代表新的价值取向和思维范式。后现代主义思想理论是后现代教育理论的基础,对教育领域的变革和发展有重要现实意义。后现代主义语境中的教育观包括个性化、多样化的后现代主义教育目的,非线性、复杂性的后现代主义课程范式,关注个体、回归生活的后现代主义教学指向,相互尊重、平等对话的后现代主义师生关系,丰富性、差异性的后现代主义教育评价,人性化、民主化的后现代主义教育管理。后现代主义对中国教育改革的启示:变革思维范式,强调对人的关注,倡导教育的多元化发展,注重平等对话的实现。

【“云时代”的文化范式与教育变革】 孙杰远(广西师范大学)撰。国家社科基金教育学一般项目。发表于《国家教育行政学院学报》2014年第11期,6.4千字。该文认为,随着分布式处理、并行处理和网格计算的综合发展,“云时代”已来临。计算机网络发生革命性变化,文化范式也随之发生转型。“云时代”既给教育带来挑战,也带来发展机遇。在分析“云时代”学与教的方式变革基础上,提出提高教师和学生的媒介素养、推动文化数字化转化的基本应对策略。

【社会主义核心价值体系融入大学生思想政治教育全过程的过程论思考】 郭开虎(广西师范大学)撰。国家社会科学基金项目,湖南省教育厅科研项目,湖南科技学院湖南省思想政治教育重点建设学科项目。发表于《广西社会科学》2014年第9期,6.6千字。该文认为,社会主义核心价值体系融入大学生思想政治教育全过程的实质是社会主义核心价值体系教育的过程。从过程论发展的时空维度看,“融入全过程”是时间上持续空间上广延的过程;从过程论发展的横向维度看,“融入全过程”是基本要素相互作用的过程;从过程论发展的纵向维度看,“融入全过程”是基本环节相互衔接的过程。

【大学生社会主义核心价值体系接受过程的阶段划分及教育方法探微】 王惠(广西师范大学)、韦冬雪(广西师范大学)撰。2012年国家社科基金西部项目《西部高校社会主义核心价值体系认同教育研究》阶段性成果之一。发表于《学校党建与思想教育》2014年第13期,5.9千字。该文认为,关于大学生对社会主义核心价值观接受阶段及其规律的研究是提高大学生对社会主义核心价值体系认同度的重要保证。在借鉴接受过程理论基础上,把大学生接受社会主义核心价值体系教育过程分为3个阶段即依从、认同、信仰,并探讨3个阶段的教育方法,即“纠正式”教育方法、“质疑式”和“体验式”教育方法、“巩固式”教育方法及其运用,进而实现大学生接受、认同、固化社会主义核心价值体系的教育目标。

【思想政治教育话语语境论——思想政治教育话语语境的观念存在和学术发展】 冯振萍(广西科技大学)、李宪伦(广西科技大学)撰。国家社科基金项目《中国特色社会主义理论体系下思想政治教育话语学构建探研》阶段性成果之一。发表于《学校党建与思想教育》2014年第3期,5.7千字。该文认为,思想政治教育话语语境,是指思想政治教育工作者运用话语进行说事时所特有的语言环境和氛围营造,是以话语语气、话语语调、话语语音乃至语速来体现声情并茂的话语语境和氛围营造。它是思想政治教育话语内容由文字向话语的有声现象表达,体现思想政治教育说事话语的效果,揭示开展思想政治教育话语语境研究并增强话语语境氛围的营造,同时配以手势(肢体语言)和表情的话语情境和话语环境氛围的营造,对拓展思想政治教育话语研究思维,提升和改进思想政治教育的说事话语效果,值得探讨。

【城镇化进程中流动人口子女融合教育问题研究——基于符号互动理论视角】 钟海青(广西民族大学)等撰。国家社会科学基金“十二五”规划年度教育学一般课题,广西研究生教育创新机会项目,广西研究生教育创新计划项目。发表于《广西社会科学》2014年第4期,5.7千字。该文认为,符号互动理论从师生互动、社区互动、家长孩子互动三方面入手,为解决流动人口子女融合教育问题提供新视角。基于此,在城镇化过程中,流动人口子女融合教育应发挥社会工作的优势,促进融合教育互动的实施;构建政校合作良性互动管理体系,弥补政策的不足;构建符号互动视野下的师生互动关系,增进师生交流;建立互动式家庭教育模式,转变家长教育观念。

【从对立到共存:论教育研究中的本质主义与反本质主义】 郭中华(广西师范大学)、陈振中(广西师范大学)撰。2011 年度教育部人文社会科学研究一般项目《性别与教育再生产——广西农村女性社会流动的教育因素研究》阶段性成果之一。发表于《广西师范大学学报》(哲学社会科学版)2014 年第 3 期,6.2 千字。该文认为,本质主义和反本质主义是思想史上两种相对的哲学研究取向。受其影响,教育领域亦相应地出现过本质主义和反本质主义两种不同的研究取向及争议。其实,无论是本质主义还是反本质主义,虽然都从不同维度启发教育研究的思维方式,但都未能完整地把握教育的本相。教育研究的本质主义与反本质主义是互补的和辩证统一的,应发挥它们各自特点从对立走向共存。

【美国义务教育问责评价模型研究及启示】 王瑜(广西民族大学)等撰。2014 年广西高等学校科研项目《广西义务教育问责实施体系研究》阶段性成果之一。发表于《外国教育研究》2014 年第 6 期,7.9 千字。中国人民大学书报资料中心复印报刊资料《中小学学校管理》2014 年第 11 期全文转载。该文认为,教育问责评价模式是解决教育公平问题的重要工具,正日益成为国际教育的热点。美国义务教育问责主流的评价模型目前包括状态模型、轨迹模型、矩阵模型及映射模型,各类模型有其特定的实施原则、类别及特点,为实现优质教育均衡提供如下保障:影响因素量化分析,保障教育机会平等;结果、过程并重,注重教育过程平等;多元多层评价,实现教育成就平等。

【马来西亚高等教育私有化政策研究】 王喜娟(广西民族大学)撰。广西民族大学中国—东盟研究中心课题《马来西亚高等教育私营化政策与发展现状研究》阶段性成果之一,国家社会科学基金 2011 年度教育学青年课题《中国—东盟高等教育区域性合作研究》阶段性成果之一。发表于《当代教育科学》2014 年第 3 期,5.5 千字。该文认为,20 世纪 90 年代中期开始马来西亚着力发展私立高等教育,并颁布与实施有关高等教育私有化的政策法规。不但促进了私立高等教育的大发展,更为私立高等教育合法合规地发展提供保障。

【中国高等教育经费来源的变化趋势】 王贤(广西民族大学)、李枭鹰(广西民族大学)撰。国家社会科学基金 2011 年度教育学青年课题《中国—东盟高等教育区域性合作研究》阶段性成果之一。发表于《现代教育管理》2014 年第 9 期,10 千字。该文认为,近 10 年来,中国高教经费收入总量呈不断上涨趋势,但生均教育经费支出增长缓慢,经费成本分担尚未形成合理机制。此外,科研经费不足、生均学杂费偏高等问题较突出。为此,政府不仅要加大科研经费向高校倾斜的力度,进一步减少经费对学杂费收入来源的依赖性,更要通过加强民办投资、社会捐赠、校办产业和社会服务等途径促进高教经费投入的优化。

【论高等教育质量调节的市场机制】 李斌(桂林航天工业学院)等撰。发表于《高等教育研究》2014 年第 7 期,11.5 千字。中国人民大学书报资料中心复印报刊资料《高等教育》2014 年第 12 期全文转载。该文认为,市场机制主要包括市场问责机制、市场竞争机制和市场反馈机制。市场调节高等教育质量,问责机制主要有大学排行、学生或校友满意度、社会中介组织教育质量认证;竞争机制主要有校际竞争、校内竞争和虚拟教育的新竞争;反馈机制主要有毕业生就业市场反馈和高等教育服务市场反馈。要确保高等教育质量,必须认识高等教育影响因素发展趋势,把握好市场调节教育质量的机制。

【城乡职业教育一体化的内涵、理论预设与路径选择】 谭璐(广西科技大学)撰。教育部哲学社会科学研究 2010 年度重大课题攻关项目《构建城乡一体化的教育体制机制研究》阶段性成果之一。发表于《教育与职业》2014 年第 6 期,7 千字。该文认为,在城乡一体化建设的背景下,加快城乡职业教育一体化发展对城乡统筹有重要战略意义。该文对城乡职业教育一体化的内涵进行界定,从共同体论、教育公平论、社会和谐论与城市发展论等方面对城乡职业教育一体化的理论基础进行阐释,提出实现城乡职业教育一体化的路径,必须从职教资源共享一体化、职教制度建设一体化、职教师资管理一体化等方面着手。

【城乡统筹视阈下职业教育的发展与变革】 王利华(广西机电职业技术学院)撰。2008 年度教育部哲学社会科学重点课题《基于城乡一体化的职业教育发展研究》阶段性成果之一,2012 年度"广西高等学校优秀人才计划"项目《高职院校管理类专业"虚拟—仿真—

全真”实训体系的建设与创新研究》阶段性成果之一。发表于《教育与职业》2014 年第 2 期,6.0 千字。该文认为,在中国城乡统筹发展的大背景下,职业教育是为社会发展输送技能型人才的重要来源,既承担着城乡统筹发展的历史任务,也面临着发展机遇。然而,从现实情况看,中国职业教育的发展模式、规模与数量、课程与教学内容及管理体制与城乡统筹发展不协调。为更好地服务于城乡统筹发展,必须提升职业教育的人才培养水平,建立健全职业教育发展的规划体系,强化职业教育城乡之间的联动与合作,革新职业教育发展的管理体制,最终实现职业教育与城乡统筹共同、有序发展。

【新生代农民工城市融入及成人教育应对——基于山东省济宁市、泰安市分析】 刘雅婷(广西师范大学)撰。发表于《中国成人教育》2014 年第 15 期,8.8 千字。中国人民大学书报资料中心复印报刊资料《成人教育学刊》2014 年第 12 期全文转载。该文认为,新生代农民工作为城市建设的根基力量,其城市融入状况需备受关注。通过定量研究,针对新生代农民工城市融入的现状、困境与教育需求进行统计分析。调查结果表明:新生代农民工城市融入水平为 3.05,其中经济融入水平相对较低。当下成人教育应通过开展技能培训、搭建社交平台、增进城市认同等方式,帮助新生代农民工从经济、社会、心理 3 个层面更好地融入城市生活。

【当代大学生政治信仰现状及教育对策研究——基于 25 所高校实证调研的思考】 徐秦法(广西大学)等撰。教育部人文社会科学研究西部和边疆地区项目。发表于《广西社会科学》2014 年第 9 期,6 千字。该文认为,在国际国内背景的影响下,大学生群体的政治观念和价值取向也在变化。调研发现,部分大学生对政治的态度也有变化,高校的政治信仰教育面临挑战。对此,应准确把握当代大学生政治信仰变化的趋势和特征,指导大学生树立正确的政治信仰,用中国特色社会主义理论体系武装当代大学生头脑,以“道路自信、理论自信、制度自信”引领并坚定政治信仰。

【基于提升大学生实践能力的高校课程改革研究】 黄勇荣(广西大学)等撰。2012 年度教育部人文社会科学研究一般项目《跨境高等教育与中国—东盟区域互动发展研究——基于四螺旋分析框架》阶段性成果之一。发表于《黑龙江高教研究》2014 年第 5 期,5.4 千字。该文以提升大学生的实践能力为导向,分析中国高校课程领域中的课程目标、结构、内容、课程实施和评价方法等方面存在问题,提出通过深化课程目标、整合课程结构、完善课程内容、优化课程实施及活化课程评价等方式,不断改进和完善高校课程设置,为高校课程的理性改革提供思路借鉴。

【促进校际协作学习中学生的自律】 谭姣连(广西师范大学)等撰。国家社会科学基金 2010 年度教育学一般课题《基于网络校际协作学习的相互启发原理和多样性学习理论研究》阶段性成果之一,广西“民族地区教育发展研究”八桂学者专项项目。发表于《电化教育研究》2014 年第 8 期,9.9 千字。该文认为,基于网络的校际协作学习,其目标不应止于依赖他律介入的“协调”状态,而应通过学生的自律,达到和谐协作,最终实现学生“会学习”“会合作”的终身发展目标。该文从校际协作学习研究实践和存在的问题出发,根据自律学习相关理论,提出校际协作学习的自律模型,包括个体、环境、行为等因素关系及自我观察与评价、目标设置与策略计划、策略实施与监控、结果反思与评价等环节的自律循环模式。

【小学五、六年级学生数学成就情绪的调查研究】 何朝峰(广西河池学院)撰。全国教育科学规划单位资助教育部规划课题《广西仫佬族民族教育与民族文化的传承机制研究》阶段性成果之一。发表于《教学与管理》2014年第18期,3.5千字。该文采用数学成就情绪问卷,对整群抽取的 426 名小学五、六年级学生进行调查,探讨小学五、六年级学生数学成就情绪的现状,并提出相应的改进措施。

【奥巴马政府 21 世纪教学专业改革蓝图解读】 许世华(广西右江民族医学院)等撰。教育部人文社会科学重点基地重大研究课题阶段性成果之一。发表于《教学与管理》2014 年第 13 期,4.9 千字。该文认为,奥巴马政府于 2013 年 4 月发布《认识教育成功、专业卓越和协作教学的蓝图》,这是美国联邦政府在 21 世纪制定的第一个全面的、专门的、综合的教学专业改革蓝图。该蓝图从多层次、多角度对当前美国教育和教学专业面临的挑战和存在问题进行分析,提出改革教学和领导的政策框架,制定招聘、培养、提升、支持、留任及补偿教师和校长的实施策略。

【大教学、大数据、大变革——edX 首门“慕课”研究报告的分析与启示】 杨满福(广西师范学院)等撰。教育部人文社会科学研究青年基金项目《促进信息化与高校战略发展融合的体制机制研究》阶段性成果之一。发表于《电化教育研究》2014 年第 6 期,7 千字。该文认为，edX发布的基于其首门"慕课"——"电路与电子元件"的学习研究报告是采用大数据研究教学的新范例。报告对学习者行为的分析和刻画显示大数据研究的突出优势。从教学研究的宏观视野看，慕课类全球大课堂揭开"大教学"的序幕，并要求教学研究发生范式转变。在教学产业化的背景下，这种转变以大数据为基础，教学研究与教学产品研发紧密耦合，最终推动高等教育向个性化和适应性学习发展。

【高校实践教学：内涵、特性与变革趋势】 杨勇（广西财经学院）撰。国家社会科学基金项目《社会主义核心价值体系贯穿于大学生思想政治教育全过程的系统性研究》阶段性成果之一，自治区教育厅项目。发表于《河北师范大学学报》（教育科学版）2014年第1期，10.4千字。该文认为，高校实践教学是高校师生基于学习性与社会性的教学互动推行的，与教材体系、课程体系与教学体系相互关联的各种教学实践活动的总称。实践教学是师生传接知识的实践方式，是师生认识和检验知识真理性以改造主观与客观世界的实践过程，是师生认知、把握和评判教学实践对象的科学程式和有效方法。实践教学有实践逻辑的优先性、实践思维的真理性、实践过程的互动性和实践价值的客观性四重特性。实践教学的变革趋势主要表现为实践教学手段的信息化、实践教学活动的社会化、实践教学改革的国际化和实践教学体系的科学化。

【数学史在初中教学中应用的现状调查分析】 李碧荣（广西师范学院）等撰。广西高等教育教学改革工程项目《以创新研究型数学教师培养为导向构建教师教育实践教学模式的探索与实践》及《构建全日制教育硕士"三元共升，合作共赢"实习模式的实践与探索》阶段性成果之一。发表于《新课程研究》2014年第4期，5.2千字。中国人民大学书报资料中心复印报刊资料《初中数学教与学》2014年第12期全文转载。该文对西部农村初中数学骨干教师进行问卷调查和访谈发现，这一群体教师较好地掌握数学史知识，又有融入数学史的意识，但实践中却很少应用数学史教学。该文分析其影响因素并提出建议：一是"对数学史有效融入"需定位准确；二是教学中融入数学史要强调思想方法策略；三是注重数学史与数学教学的有效整合；四是发挥数学史在构建数学知识体系中的作用；五是强化数学史对数学知识理解的功效。

【一种有效设计问题的策略："问题连续体"】 付煜（贺州学院）撰。广西高等学校优秀人才资助计划项目。发表于《教学与管理：理论版》2014年第11期，5千字。中国人民大学书报资料中心复印报刊资料《中小学教育》2014年第3期全文转载。该文认为，新课程改革比较关注学生在课堂上活动的时间，因此，课堂教学由于活动的增加而活跃甚至热闹。其表现形式很多，有类似游戏或类似电视娱乐节目的课，老师们为避免传统的"满堂灌"（其实不乏精彩讲授之课）之嫌而实施"满堂问"。该文指出，问题类型本身没有好坏之分，并非每节课或每个学习内容都要到达高度"概括化"或理论水平。问题类型的设计要循序渐进，问题类型比例的选择要根据学生的认知发展规律和教学内容、教学目标及量力性教学原则等因素决定。

【试论发展儿童阅读的策略】 卢莹（广西南宁市桂雅路小学）撰。发表于《小学语文》2014年第7/8期，6千字。中国人民大学书报资料中心复印报刊资料《小学语文教与学》2014年第11期全文转载。该文认为，阅读策略是为达到特定阅读目标采取的有计划的阅读方法和技巧。在推动阅读过程中，发展儿童阅读的策略是有效的行动研究。教师洞察学生阅读中存在的问题和障碍；建设开放有活力的阅读课程，引领学生立足文本、超越文本；帮助学生成长，让学生获得有效阅读策略与技能，形成良好阅读习惯，促进阅读素养等语文综合素养的全面提升。

【语文教学应当承担起传承传统文化的使命】 洪珏（广西南宁市教育科学研究所）撰。发表于《基础教育研究》2014年第3期（上），3.1千字。中国人民大学书报资料中心复印报刊资料《初中语文教与学》2014年第9期全文转载。该文认为，语文教学有传承中国传统文化的优势，以中小学语文学科为主承担传统文化教学责无旁贷。中小学语文教师应通过各种途径掌握传统文化典籍的相关知识，掌握解读的技巧和传授要领。有中国特色的现代教育，应根据母语探索积累"蒙学"教学成果。同时，在学习西方现代教育理论时，中小学教师应做好先进理念的"本土化"工作。总之，在传承中华传统文化的过程中，语文教学要发挥应有作用，在激发学生爱国热情与民族自豪感的同时，要提高理解和运用祖国语言文字的能力。

【论情感、语言、思维三位一体的作文教学——写作学理论与中小学作文的美丽邂逅】 陆云（广西教育学院）、袁刚（广西教育学院）撰。发表于《课程·教材·教法》2014年第5期，7.6千字。中国人民大学书报资料中心复印报刊资料《初中语文教与学》2014年第7期全文转载。该文将写作学倡导大写作、生命写作、文化写作的先进理论运用到中小学作文理论研究与实践探索中，用情感突破语言和思维的二元关系，并通过多种方式，将“虚无”的情感，创造出有形有质，可以学习、掌握、迁移、运用的操作方法。提出“将情感、思维、语言三位一体结合，在生命化写作中提升表达能力和语文素养”的作文教学体系。不仅提出情感引领作文的理念，且建立情感激发的多种模型，同时集成历年来的作文教学流派的研究实验成果，辅以思维发散体系、序列化语言训练体系，形成独具特色的作文系统工程。实践证明，情感、语言、思维三位一体，能促进学生的精神、人格在作文过程中与思维、语言表达能力同步成长。

【改革开放三十年高中思想政治课程建设研究】 潘永云（广西富川瑶族自治县民族中学）撰。广西贺州市“十一五”教育科学规划课题《高中思想政治课程建设的历史研究》阶段性成果之一。发表于《基础教育研究》2014年第2期（下），5千字。中国人民大学书报资料中心复印报刊资料《中学政治及其他各科教与学》2014年第7期全文转载。该文反观改革开放30多年高中思想政治课程建设的历程，认为在今后的思想政治课程建设中需思考：一是高中思想政治的学科地位问题；二是课程设置及教材内容的稳定性问题；三是思想政治课联系学生的生活问题。在反思原来高中思想政治课脱离学生的生活世界的基础上，新的思想政治课程标准提出“回归生活世界”理念，构建以学生生活为基础，以学科知识为支撑的课程模块。

【试论探究式中学物理科普实践课程的课程设计】 宋晖（广西南宁市第二中学）撰。发表于《中学物理》2014年第7期，3千字。中国人民大学书报资料中心复印报刊资料《中学物理教与学》2014年第6期全文转载。该文认为，在中学新课程实施的背景下，以选修课为平台，探索、开设“科普探究活动式”教学形式，创设教学情境和提问，实施探究式中学物理实践课，有助于实现中学新课程教育教学目标。该文在此对探究式科普实践课程设计的基本原则进行论述。为实现“培养学生良好的科学素养”的教育教学目标，以悬疑性的实验为起点，或是以培养学生科学素养的课程系统设计为基础，寻找出能够激发学生学习兴趣、包含科学和文化背景知识、学生乐于接受的方式方法，构建探究式科普实践课程和教学模式。

【唤醒基层教师信息技术应用能力提升的内在力量——以中西部基层教师教育信息化草根共同体为例】 吴永强（柳州铁一中学）等撰。全国教育科学“十二五”规划2012年度国家社科基金教育学重点项目《信息化促进优质教育资源共享研究》阶段性成果之一。发表于《中国电化教育》2014年第8期，9.2千字。该文认为，如何使教师由被动接受培训转变为主动学习探索，提升教师的信息技术应用能力，形成主动应用机制，是当前教育信息化发展和教师信息技术培训面临的关键问题。柳州课件中心组，作为地处中国中西部地区的教育信息化草根共同体，基层教师在参与中获得发展，更以民间骨干教师团队为主体，推动区域教师信息技术应用能力的提升。组织结构的半开放性、强烈的主体性、成员的差异性、活动参与的自发性、专业成长的可见性、思想方法的辐射性是该共同体的特征。研究发现，其成长与发展与以下几方面密切相关：立足基层教师，建立民主的交流平台和平等的对话机制；关注基层需求，采用灵活的内容设计与流动弹性的活动组织方式；基于共同愿景，共享文化保证活动的持续开展；依赖去中心化，以多层次的参与方式实现自我效能提升；藉由技术优势，以多重交流持续构建情感依赖型精神家园。该研究对唤醒基层教师的内在力量，主动提升信息技术应用能力有一定借鉴意义。

【义务教育教师权益保障的问题与对策——基于广西壮族自治区的调查】 马佳宏（广西师范大学）、刘荣（广西师范大学）撰。国家社会科学基金2013年度教育学一般课题《民族地区义务教育公用经费合理配置的机制与策略研究——以广西为例》阶段性成果之一，广西教育科学“十二五”规划2011年度委托重点课题《广西义务教育生均公用经费标准的制定与实施研究》阶段性成果之一。发表于《广西师范大学学报》（哲学社会科学版）2014年第2期，13.3千字。该文认为，维护义务教育教师的合法权益，是调动义务教育教师工作积极性和创造性的需要，也是确保义务教育质量、推进义务教育健康发展的需要。中国政府从法规、政策等方面对义务教育教师的权益保障作出规定和要求，但实际工作存在诸多不足，未能落实。比较突出的问题表现在，义务教育教师工作任务繁重，压力大，但工资收入不高，住房、医疗等福利条件差，参加培训进修的机会少，参与学校民主管理程度低。为维护义务教育教师的合法利益，各级政府要加大《教师法》及相关法规政策的宣传和执行力度，在增加公共财政对义务教育经费投入的基础上提高中小学教师的工资收入和福利待遇，指导和督促各义务教育学校完善教师管理的各项规章制度，强化对义务教育教师特别是农村教师的培训，优化教师权益申诉机制和社会监督机制。

【小学语文教师文本解读的误区、归因及对策】 韦芳

（河池学院）撰。2012 年度广西教师教育课题项目《农村小学语文教师专业发展的实践研究》阶段性成果之一。发表于《教育导刊》2014 年第 6 期，5.1 千字。中国人民大学书报资料中心复印报刊资料《小学语文教与学》2014 年第 10 期全文转载。该文认为，语文教师的文本解读与教学设计、课堂教学密切相关，正确的文本解读是科学制定教学目标、教学设计与实施有效教学的前提和基础。该文认为，小学语文教师在文本解读中存在重内容轻表达、重拓展轻文本的误区，有必要对其产生的原因进行探寻，提出文本解读为语文教学服务的策略：关注内容与言语形式的和谐统一；围绕“怎样写”程序性知识预设；指向读与写的有效沟通与迁移运用。

【教师期望对学生数学自我概念影响的定量分析】 梁好翠（钦州学院）、黄岳俊（钦州学院）撰。广西教育科学“十二五”规划课题《广西农村中学生数学自我概念及其对数学学习影响的研究》阶段性成果之一。发表于《钦州学院学报》2014 年第 8 期，4.8 千字。中国人民大学书报资料中心复印报刊资料《初中数学教与学》2014 年第 12 期全文转载。该文以初中生为研究对象，采用问卷调查为主，辅以面谈，探讨初中生知觉到的数学教师期望与学生数学自我概念间关系，分析初中生知觉到的数学教师期望对学生数学自我概念的影响及影响程度，为培养初中生良好的数学自我概念提供参考。该文认为，初中生知觉到的数学教师期望与学生数学自我概念间存在显著的正相关。数学教师期望越高的学生倾向于有良好的数学自我概念，数学教师期望越低的学生倾向于有不良的数学自我概念。数学教师期望对学生数学自我概念产生有重要影响。

【农村小学语文教师课程能力的调查研究——以广西沿海三市为例】 张传月、施日梅（钦州学院）撰。广西教师教育立项 A 类课题《应用型本科院校教师教育一体化课程体系的研究与实践》阶段性成果之一。发表于《教育导刊》2014 年第 8 期，5.5 千字。中国人民大学书报资料中心复印报刊资料《小学语文教与学》2014 年第 12 期全文转载。该文以广西沿海钦州、北海、防城港三市农村小学语文教师 443 人作样本，对其课程能力进行问卷调查，结果表明：绝大多数农村小学语文教师对课程能力的重要性认知较好，但对其内涵认识较模糊；课程能力总体上处于中等偏上水平；不同教龄、学历、职称的教师课程能力存在显著差异，课程各方面能力发展不均衡。更新教师课程观念、加强适切培训、营造合作氛围、增强自主学习，有利于教师课程能力的全面提升。

【“扶困·励志·强能”三位一体高校学生资助工作模式的思考】 史凌芳（广西工学院）撰。2012 年教育部人文社会科学研究青年基金立项项目《高校家庭经济困难学生资助工作中价值观教育的研究》阶段性成果之一，广西科技大学 2013 年度学生资助工作专项课题《我校资助工作中学生社团建设与发展研究——以梦想助跑团为例》阶段性成果之一。发表于《学校党建与思想教育》2014 年第 4 期，4.8 千字。该文认为，当前高等学校家庭经济困难学生的资助模式逐步形成多样化，各种模式有不同的资助理念和体系，很大程度上确实解决了贫困大学生的实际问题。该文基于工作实践，针对中国高校当前存在的各种学生资助模式，提出构建“扶困·励志·强能”三位一体育人型资助模式，以经济扶助为基本，以意志磨砺为支撑，以能力增强为核心，对家庭经济困难学生实行“立体式”资助，做到生活上扶困、精神上励志、实践中强能、效果上育人的目的，多维度地开展家庭经济困难学生资助工作，使扶困、励志、强能三者有机结合，发挥 1+1+1 ＞ 3 的效应。在实施经济资助的同时，抓住教育的根本，把“育人”主线贯穿资助工作全过程，把社会主义核心价值观融入对受助学生的教育。

【基于系统观视角的高校生态教育体系的构建】 杨章成（广西科技大学）、王湘林（广西科技大学）撰。2012 年教育部人文社科一般项目《网络舆情：大学生思想政治教育面临的问题与出路》阶段性成果之一。发表于《中国成人教育》2014 年第 7 期，3.4 千字。该文认为，现代社会，高校的生态教育存在突出问题，高校需构建有效的生态教育体系。基于系统观视角的分析，高校生态教育体系的构建包括塑造校园整体生态环境、利用各种媒介开展多层次的教育、优化高校教育内容、倡导各学科渗透生态教育、培养生态教育师资力量等措施。通过系统的高校生态教育体系，大学生生态意识与生态价值观的培养将能更好地实现。

【高校网络舆情管理预警机制建设刍议】 潘清泉（广西科技大学）、都圆圆（广西科技大学）撰。2012 年教育部规划课题《网络舆情：大学生思想政治教育的问题与出路》阶段性成果之一。发表于《学校党建与思想教育》2014 年第 16 期，5.2 千字。该文认为，网络舆情是由于各种事件的刺激而产生的通过互联网传播的人们对该事件的认知、态度、情感和行为倾向的集合。网络成为大学生获取信息的重要途径，而网络舆情对大学生的思想政治教育产生深刻影响。研究高校网络舆情预警机制可以及时发现问题，预防不良事件产生，有效进行疏导。该文提出建立包括舆情收集机制、舆情分析机制、舆情警报机制、舆情预防机制、舆情处理机制的高校网络舆情预警机制。

【新媒体背景下高校辅导员队伍实力建设的基本向度】 龙妮娜（广西师范学院）撰。2013年度教育部人文社会科学研究专项任务项目（高校思想政治工作）二类课题《新媒体视域下大学生思想政治教育路径创新研究》阶段性成果之一。发表于《学术论坛》2014年第4期，5.4千字。该文认为，移动互联网的发展，有别于传统媒体的新媒体已成为广大青年大学生社交、求知、言论的主要渠道，给高校辅导员工作带来挑战。为应对挑战，实现高校思想政治教育工作与新媒体“共融”局面，高校辅导员队伍应重视新媒体传播优势，借助新媒体的技术优势和善用新媒体整合优势，全面加强自身硬实力、软实力与巧实力等建设。

【澳大利亚学校价值观教育的特点及其实现途径】 杨茂庆（广西师范大学）、严文宜（广西师范大学）撰。国家社会科学基金2012年度教育学青年课题《少数民族流动儿童的城市社会融入问题与对策研究》阶段性成果之一。发表于《外国教育研究》2014年第4期，6.9千字。该文认为，澳大利亚重视学校价值观教育，在价值观教育萌芽、探索和确立的过程中出台一系列政策文件，以使其符合时代发展要求，满足国家教育发展的需要。其学校价值观教育的主要特点是：培养学生的多元文化思维；注重学生的本体发展；强调学生与社会的和谐关系。基于方法引导的价值观课程开发，基于校本文化的价值观教育，基于社会团体活动的价值观教育等是其基本实现途径。

【大数据时代的教育变革与教学改进——以加拿大与中国的英语教学为例】 蒙岚（广西师范大学外国语学院）撰。发表于《江西社会科学》2014年第12期，7.1千字。该文认为，大数据拓展教育的时间和空间，传统教育方法与现代科技技术的结合有利于提高教育质量。加拿大与来自非英语国家海外移民的英语教育与中国的英语教育在教学环境、教学理念、教学内容、教材和师资等方面有诸多不同。当下，可利用大数据为学习者创建良好的英语语言环境，在教学过程中渗入以学习者为中心的教学理念，加拿大真实语言材料的输入，与时俱进地更新教学内容，构建终结性评估与形成性评估相结合的综合性评估体系，最终从多维度保障英语教学质量。

【经费、师资与自组织：加拿大博士生培养的历史考察及启示】 张薇（广西师范大学教育科学学院）撰。发表于《河北大学学报》（哲学社会科学版）2014年第5期，5千字。该文认为，加拿大博士生教育有128年历史，其培养体系较完备。随着加拿大博士生教育的发轫，联邦与省政府在经费投入上渐居主导地位；人才的国际化流动驱动其导师队伍的多元化；作为高度自组织的加拿大大学学术组织在博士生教育过程中长期协同内部张力外致与外部因素内摄的自机体均衡。审视当下，中国宜从三个层面资鉴加拿大博士生教育：一是作为教育主管部门的政府应加大财政性教育科研经费的连续性投入；二是作为师资建构平台的大学须关注导师人员构成的高质量与国际化，并建构发展性成果评价体系；三是作为博士生培养微观环境的学术组织应在控制学位规模与优选劣汰上发挥更大成效。

【校企合作视野下财经类高职院校金融类专业核心职业能力培养模式探析】 蒋亚利（广西工商职业技术学院）撰。发表于《广西教育》2014年第12期(C)，5.5千字。该文认为，为培养具有高素质、复合型金融人才，财经类高职院校金融类专业应加强校企合作办学能力，在明确金融人才职业能力定位基础上，确定核心职业能力要素，通过政策法律支持、课程体系、教学模式、实践实训等方面的改革创新，构建适应合作办学人才培养目标的职业能力培养体系。文章以广西工商职业技术学院财会金融类专业2000多名学生教学与实践受益为例，认为随着金融类专业学生核心职业能力与时俱进的实践深入，将受益于院校及学生。

【高职院校《室内效果图表现》课程创新实践能力培养的探讨】 朱明秀（广西工商职业技术）撰。发表于《教育与职业》2014年第21期，3.9千字。该文认为，结合高职院校教学实际，从教学内容、教学方法和实践教学等方面提出《室内效果图表现》课程教学中存在问题。基于大学生创新设计大赛的思路，提出创新实践能力在该课程教学改革的对策，为提高教学效果及培养创新型人才打下基础。

【高校战略成本管理研究】 张首楠（广西工商职业技术学院）撰。发表于《广西教育》2014年第5期，3.7千字。该文以加强高校成本管理为出发点，提高办学效益，寻求合适的成本管理方法已成为各高校获取竞争优势的主要手段，是高校制定发展战略的首要问题。文章分析目前高校运用战略成本管理的可行性，从战略定位、价值链和战略成本动因分析三方面阐述高校如何进行战略成本管理，从而避免传统成本管理方法缺陷，进而提高学校办学效益、增强竞争力、实现可持续发展。

【WebQuest网络教学模式及其实施方案研究】 郑华（广西工商职业技术学院）撰。发表于《广西教育》2014年第11期，4.59千字。广西教学科学“十二五”规划2011年度B类（自筹经费重点）课题《基于W ebQuest教学模式在高职院校计算机实践教学的创新研究》阶段性成果之一。该文对WebQuest网络教学模式进行概述，对使用的意义进行分析，从而形成WebQuest网络教学模式实施方案，给教学在一线的工作者将基于网络探究性学习模式引入到学校的教学活动中提供使用依据。

【制约中职计算机广告设计专业一体化教学实施的几个因素】 严敏（广西经贸高级技工学校）撰。发表于《职业技术教育》2014年第4期，3千字。中职计算机专业深化教学改革，创新培养模式，是各中职学校面临的全新课题。该文以计算机广告设计专业为例，阐明制约工学结合一体化教学实施的主要因素，从对教学模式改革的认识、学校领导的重视程度、与之相适应的教学场所和工学结合一体化教师队伍建设等方面提出中职学校一体化教学改革见解和主张。为中职学校计算机专业实施工学结合一体化教学，突出技能培养，提高学生职业综合能力，让课堂与工作岗位无缝对接，为职业技术教育培养出实用型、技能型人才的教学改革提供参考。

【中职广告设计专业教学一体化的研究与实践初探】 谢文婉（广西经贸高级技工学校）撰。发表于《职业技术教育》2014年第3期，3千字。该文通过对现行中职广告设计专业现状问题进行分析，以《图形创意》课程为例，从一体化角度提出广告设计课程实践教学研究主要方法。通过中职广告设计专业教学一体化的研究与实践，以人才市场需求为导向，使学生在校期间，紧密与企业项目设计接触，积累实践工作经验，培养学生独立工作能力、提升敬业品质及创新精神，增强就业竞争优势。

【试论积极心理学视野下大学生心理社团建设】 张利（广西工商职业技术学院）撰。发表于《教育与职业》2014年第12期，5千字。该文认为，个体都具有积极品质，大学生心理社团是高校心理健康教育工作不可缺少的部分，是心理健康教育的重要载体，是朋辈心理咨询的重要途径，也是弥补高校心理师资缺乏的重要力量。文章从积极心理学的视野对大学生心理社团的存在意义、指导实践进行探讨，提出心理社团建设的“一二八”模式，并提出建立心理健康教育中心指导下的社团组织、用爱心激发个体优势的发挥、打造品牌、激励个体上进及心理社团需要“走出去”等对策建议。

【广西高校专业设置与北部湾产业集群发展的适应性研究】 贺祖斌（广西广播电视大学）等撰。广西哲学社会科学规划研究重点项目阶段性成果。发表于《广西社会科学》2014年第1期，4.4千字。该文认为，广西高校专业设置在与北部湾产业集群互动发展的过程中，存在专业设置空白与过热现象共存、对接产业集群发展能力不强、与专业规模需求的适应性较差、对专业层次需求的适应存在局限等不适应性问题。为增强适应性，应完善专业设置管理模式，搭建专业人才供需信息平台，加快专业设置机制创新。

【基于远程教育的高校党建工作创新探讨】 韦泽红（广西广播电视大学）撰。广西教育科学“十二五”规划广西高校党建研究专项课题阶段性成果。发表于《学校党建与思想教育》2014年第24期，4.1千字。《国家中长期教育改革和发展规划纲要(2010~2020年)》明确指出要“大力发展现代远程教育”“办好开放大学”。该文以远程教育的主要力量广播电视大学为例，对开展远程教育的高校党建工作特殊性进行研究，对当前广播电视大学向开放大学转型，党建工作面临的新形势和新问题进行分析，就如何改革创新党建工作进行探讨，找出符合开放大学人才培养和建设新要求的党建工作方法和途径。

【抢抓机遇　精诚合作　延续网络教育的良好势态】 宋志生（广西广播电视大学）撰。发表于《广西广播电视大学》2014年第1期，5千字。该文论述广西网络高等教育依托市场机制合作办学，依靠试点高校优势服务学员，成为全民学习和终身教育的主力军，今后要贯彻党的十八届三中全会精神，以改革求生存、以合作促发展。

【使社会主义核心价值观成为大学生实现“中国梦”力量源泉——创新大学生理想信念教育的研究】 时锦雯（广西广播电视大学）撰。广西高校“党的十八大精神研究”专项重点立项课题阶段性成果。发表于《广西社会科学》2014年第7期，6千字。该文认为，近年来大学生的理想信念状况呈积极、健康、向上发展态势，但也存在问题。要创新大学生的理想信念教育，应把社会主义核心价值观和“中国梦”教育贯穿理想信念教育的方方面面，使社会主义核心价值观和实现“中国梦”内化为大学生的精神追求,外化为大学生的自觉行动。

【广西乡村旅游如何在“火爆”中实现可持续发展探研】 韦忠娟(广西广播电视大学)撰。广西高等教育教学改革工程项目阶段性成果。发表于《广西师范学院学报》(哲学社会科学版)2014年第1期,6千字。该文认为,乡村旅游作为新的旅游方式对促进经济增长,帮助农民脱贫致富,解决“三农”问题,缩小城乡差距有重要现实意义。旅游业是广西重要的支柱产业,通过乡村旅游方式,提高农民收入,尤为重要。广西乡村旅游实现可持续发展可从以下方面考虑:树立低碳旅游理念,尽量减少碳足迹与二氧化碳排放;保持安宁环境并向多元化项目发展,满足不同消费群体的需求;顺应供给规律做旅游,满足消费者返璞归真的需要;创新旅游营销模式;建设满足旅游者的现代化生活需求的设施;乡村旅游要适应消费需求的变化而转型;校村合作,培养乡村旅游人力资源。

【桂西民族聚居区学习型社会建构探析】 陆丹梅(广西广播电视大学)撰。广西教育科学“十二五”规划重点课题阶段性成果之一。发表于《广西民族大学学报》(哲学社会科学版)2014年第5期,6千字。该文就桂西民族聚居区学习型社会构建的必要性及其构建的制约因素进行阐述,并在此基础上,提出有效策略。认为构建学习型社会,对桂西乃至广西的经济和社会发展进步都有长远和深厚意义。

【《现代农业科技远程培训项目》研究报告】 毛汉硕(广西广播电视大学)等撰。国家级星火计划项目成果。发表于《广西广播电视大学学报》2014年第2期,7.5千字。该研究报告认为,农民教育培训工作是提高农村劳动力素质,促进农村生产力发展,培养新农村建设实用人才、促进农业人口文化素养提升的有力措施和重要途径。文章通过实施国家级星火计划“农业现代科技远程培训项目”,探讨利用现代远程教育的理念和先进信息技术手段,依托广西广播电视大学的系统优势,拓展培训方式,总结适合广西农村地区的农业科技远程培训的有效途径和模式。

【断裂与链接:少数民族教育活动的生态关联性】 龙雪津(广西广播电视大学)撰。广西高校“党的十八大精神研究”专项课题阶段性成果。发表于《贵州民族研究》2014年第10期,4.2千字。该文认为,少数民族教育活动的生态关联性是依据教育生态学原理,考察少数民族教育与自然、经济、文化等社会生态因素间的联动关系。现行教育生态学研究多致力于挖掘少数民族生态条件对教育活动产生的影响,该文则聚焦少数民族教育研究的生态错估现象,分析工具性知识与价值性知识、经济类型与生计方式、文化历时态与文化共时态对少数民族教育活动的不同作用机制,探讨当代少数民族地区自生性、共生性教育形式的失落,知识控制与社会劳动分工的脱节,以及传统文化与接受主体的衔接障碍,从断裂与链接两方面构建少数民族教育活动的生态关联性。

【综合英语教学与学生思辨能力发展探析】 卢少雯(广西民族师范学院)撰。发表于《广西民族大学学报》(哲学社会科学版)2014年第4期,7千字。“思辨缺席”是英语专业面临的难题,该文基于问卷调查和专题访谈,从教与学的角度阐释综合英语教学存在的问题,认为可在实践中构建主动批判性阅读、口语交际、学术论文写作“三课一体”的思辨能力训练课型,促进学生思辨能力的发展。

【关于我国大学制度若干价值问题的探讨】 唐世纲(玉林师范学院)等撰。发表于《现代教育管理》2014年第3期,7千字。国家社会科学教育类一般课题《现代大学制度研究——历史与现实的反思》阶段性成果之一。该文认为,规制与自由的矛盾是现代大学制度建设面对的重要关系范畴之一,这一矛盾呈现出鲜明的特殊性,不仅表现在价值矛盾本身、价值矛盾的协调方面,也表现在价值矛盾的消解模式方面,是建立和完善中国特色现代大学制度须加以关照的基本要求。

【少数民族职业教育的特殊使命与发展框架】 蓝洁(南宁职业技术学院职业教育研究所)撰。广西高等教育教学改革工程项目《少数民族地区高职教育定向培养研究》、广西高等学校人文社会科学研究项目《双重语境下的少数民族职业教育行动逻辑研究》阶段性成果之一。发表于《贵州民族研究》2014年第1期,5.5千字。该文认为,在当前国际、国内发展大形势下,民族地区职业教育肩负现代工业技能补偿、传统技艺传承发展、民族文化相融共生的特殊历史使命。民族地区的职业教育应在普适教育质量标准的要求之上探索和构建特色的发展框架,形成优势并履行特殊使命。

【基于职业能力培养的高职实训支持体系架构】 陈建新(南宁职业技术学院)撰。广西高校教学名师项目《基于职业能力培养的高职实训支持体系研究与实践》阶段性成果之一。发表于《职业技术教育》2014年第7期,5千字。该文认为,根据职业能力培养的相关理论,高职实训可概括为示范、模仿、综合、应用4个环节，各环节的实训任务及关涉的支持要素对职业能力培养成效产生重要影响。基于系统论方法，架构的高职实训支持体系包括核心作用、多元作用、外围支持3个作用层，以及实践教学、师资、设备条件、行业、企业、政策、市场、资金、文化等9个要素子系统。应以学习者职业能力培养为中心，对各作用层和要素进行关联性设计，明确要素子系统功能，形成全面的高职实训保障体系。

【“四大变化”对高职院校图书馆发展的影响】 李振秋（南宁职业技术学院）撰。发表于《南宁职业技术学院学报》2014年第6期，6千字。该文指出，传播方式、阅读习惯、教育类型和主体意识“四大变化”，给高职院校图书馆的发展带来新定位和思考。馆员工作职能的重新审视，文化传承作用的凸显，信息技术在图书情报的大量运用，推动高职院校图书馆的发展与变革。结合职业院校的特点，发展与变革的趋势应具有文化传承、开放共享、数字化和职业文化突出的特征。

【实践转向与中国特色当代美学】 黄健云（玉林师范学院文学与传媒学院）撰。国家社科基金项目《“后学”语境与马克思主义美学中国化》、教育部2008年度人文社科青年项目、2014年广西高校科研项目重点课题《马克思主义美学的中国形态研究》阶段性成果之一。发表于《文艺评论》2014年第9期，7千字。该文认为，新实践美学以其鲜明的实践特色和独特的研究思路，开辟中国当代美学发展的新境界，给中国特色当代美学的建设和发展规定基本思路：以马克思主义哲学和美学为指导思想，以中国传统美学思想为植根土壤，以西方美学为参照系，建设中国特色当代美学的思路是切实可行的。

【当代大学生公民品格的培育和发展】 林春逸、杨智勇（广西师范大学马克思主义学院）撰。发表于《思想教育研究》2014年第9期，8.1千字。该文认为，当代中国大学生是发展社会主义民主政治，建设社会主义法治国家的主力军，是实现中国梦的主力军。基于此，中国高校注重培育大学生对世界文化包容、对中华文化自信；勇于担当、敢于负责；敢于竞争、善于合作的公民品格。通过开展国际理解教育、社会主义核心价值观教育，合作学习、参与学校生活和社会实践，使当代大学生包容、自信、责任、正义、合作、互助、协商等品格不断生成、发展。

【日本比较教育研究的图景——主题、方法、地域】 杨素萍（广西师范学院）撰。教育部人文社会科学项目《比较教育范式研究》阶段性成果之一。发表于《比较教育研究》2014年第2期，11千字。该文认为，日本的比较教育研究有其自身的学术传统，其所关注的教育问题与该国的现状和需求相对应。从成立之初即致力于学术共同体的建设及专业学术期刊的创建，注重学科基础理论研究，有一支稳定的学术团队。每年根据中国现实需要，策划一个研究主题，吸引学者关注和解决问题，同时以大会报告的形式展示国内国际最新研究动态和进展。日本基于文献法的研究多，研究方法的综合使用以及引进人类学等方法都较从前有较大突破。在研究地域方面，日本比较教育研究中大规模的跨国比较以及对亚洲各国深入细致的研究引人注目。

【刘思谦的学术道路】 李仰智（广西师范学院）撰。广西学位与研究生教育改革与发展专项课题研究项目《对话：研究型教学的理论创新与路径选择》阶段性成果之一。发表于《中国现代文学研究丛刊》2014年第8期，10千字。该文认为，刘思谦是中国知名文学评论家，尤其在女性文学研究领域影响广泛。近年来，她在进行20世纪90年代女性散文专题研究的同时，主要从事文学研究方法论探讨，引起学界关注和反响，走出独具特色、稳健通达的学术之路。纵观刘思谦的学术思想，在当前学术语境下，她对文学研究方法论的深入探讨和人文主义的价值立场尤显弥足珍贵。

【增强大学生对社会主义核心价值观认同的路径研究】 莫诗浦（广西师范学院）撰。教育部人文社会科学研究专项任务项目《青年学生社会化与政治参与问题研究》阶段性成果之一。发表于《学校党建与思想教育》2014年第9期，6千字。该文认为，提高大学生对社会主义核心价值观的认同有助于“中国梦”的实现和中国特色社会主义的探索。建构大学生对社会主义核心价值观的认同路径，主要从两方面着手：一要激发内在需要，实现大学生对社会主义核心价值观的主动认同；二要优化外在环境，形成大学生认同社会主义核心价值观的良好氛围。

【民族地区高中课程资源库建设研究——以广西壮族自治区为例】 彭宁（广西师范学院）撰。广西教育科学重点研究基地重大课题《广西高中资源库建设研究》阶段性成果之一。发表于《当代教育科学》2014年第22期，5千字。该文认为，随着高中新课程改革深入开展，民族地区高中课程资源库建设却存在课程资源开发运作机制不完善、课程资源生成渠道不畅、课程资源应用程度较低等问题。着眼于民族地区高中课程资源库的应用现状及现实需求，应从建立“政府指导、区域协同、市场运作、复合评价”的运行机制，搭建高效、实用、延伸的优质课程资源生成管理平台，完善课程资源库运作的政策保障体系，构建功能整合、开放共生的高中课程资源建设模型等方面着手推进。

·语　言　学·

【红丰仡佬语的人称代词系统】 何彦诚(广西师范大学)撰。发表于《民族语文》2014 年第 1 期，5.8 千字。中国人民大学书报资料中心复印报刊资料《语言文字学》2014 年第 8 期全文转载。该文在简要分析红丰仡佬语人称代词句法表现特征的基础上重点考察篇章语用因素对代词形式的制约作用，发现篇章语用因素在很大程度上决定人称代词形式的选择和句法表现。认为，红丰铊姥语人称代词系统较复杂，三身代词除普通形式(基式)外还有较整齐的强调式和反身式。不同人称代词形式的选用除受句法条件限制外还受制于可及性、话题延续性、主观性和交互主观性等篇章一语用因素。

【山西闻喜方言子变韵来源研究】 艾红娟(广西大学)撰。教育部 2010 年人文社会科学规划基金项目《广西粤语平话表体范畴的语法化音变研究》阶段性成果之一，教育部 2011 年人文社会科学规划基金项目《山东方言表体范畴的语法化音变研究》阶段性成果之一，国家社科基金项目《古汉语变读规律及不变读原因研究》阶段性成果之一。发表于《学术论坛》2014 年第 1 期，6.4 千字。该文从文献、方言两方面的论证闻喜方言的“子变韵”很可能是早期的“儿化韵”，与现在的儿化韵是不同的层次；同时，这种底层形式是 u 的早期“儿化韵”与读 l 类音的“儿”有关系。

【多学科视角下的语言谱系说“母语”问题】 吕军伟(广西大学)撰。国家社科基金一般项目，广西高校优秀人才资助项目。发表于《理论月刊》2014 年第 5 期，5.7 千字。该文认为，近年来，随着考古学、遗传学及基因学等学科的发展，科学家通过对人类基因之研究，提出人类祖先源于非洲的假说，与此同时，也改变着人们对世界不同区域语言之关系的固有认识。人类语言是否源自同一母语？探究该问题仅依靠语言学力量，倍受限制，而借鉴遗传学、考古学等相关学科之研究成果及方法，将为原始母语之探究开辟新思路。广视野，多学科交叉的途径，有益于接近和探明语言本质。

【博白(松旺)客家话声调模型构建】 关英伟(广西师范大学)撰。国家社科基金项目《广西汉语方言的发声类型研究》阶段性成果之一。发表于《语言研究》2014 年第 1 期，7.4 千字。该文以广西博白县松旺镇客家话声调基频为基础，构建松旺镇客家话声调模型；利用该模型合成出客家话声调样本，并进行听辨实验。实验结果表明，声调模型基本合理科学。该模型不仅能在计算机上动态地、交互式地再现博白松旺镇客家话声调音高、音长和声调的凹凸变化特征的真实形态，还能构建和预测声调的发展变化轨迹，对方言保护和方言合成有一定应用价值。

【《四书五经》在英语世界的首次译介】 彭劲松(广西师范大学)撰。国家社科基金《聊斋志异》英译研究阶段性成果之一，广西文科中心青年专项重点项目。发表于《社会科学家》2014 年第 7 期，5.8 千字。该文认为，1834 年，德国传教士郭实腊在《中国丛报》第 3 卷上发表《四书五经》书评文章 The Chinese Classics，主要采取介绍加评论的方式，首次将《四书五经》整体译介到英语世界。为服务其在中国传播基督教的目的，郭实腊在文章中批判《四书五经》，他的基督教意识形态在文中频繁出现。对这些操控现象进行揭示和分析，有助于在文学价值上还原该文本本来面目，有助于读者从中获得审美体验。

【专门用途英语研究的问题、方法与趋势——《布莱克威尔专门用途英语研究手册》述评】 陈兵(广西大学外国语学院)撰。2011 年教育部人文社会科学规划基金研究项目《东盟国家语言状况及广西语言发展战略研究》阶段性成果之一。发表于《外语教学》2014 年第 3 期，5.1 千字。该文认为，作为有关专门用途英语研究的最新学术成果，《布莱克威尔专门用途英语研究手册》收录 28 篇世界各地研究专门用途英语系列问题的专业学术论文，综合汇聚世界专门用途英语研究领域著名学者的学术观点，涵盖专门用途英语与语言技能、专门用途英语研究范围、专门用途英语与教学法、研究视角与研究方法论 4 个部分。该书不仅探讨语类研究和出版用途英语等 ESP 热点问题，还特别关注人种志研究方法、多模态分析等研究方法。观点新颖、结构明晰、理论与实践相结合，反映国际 ESP 研究最新的发展现状和趋势。

【英语学术著作的汉译策略】 刘英(广西大学)撰。教育部人文社会科学研究课题《翻译式二语预制语块教学法与地方性翻译人才培养新模式的研究》阶段性成果之一。发表于《中国科技翻译》2014 年第 1 期，5.1 千字。该文认为，学术著作的翻译是传播和交流科学信息和学术思想的重要途径。学术著作的翻译不仅要求译者具备相关专业知识,还需了解学术著作的语言特征,掌握相应的翻译原则和策略。该文以英语语言学著作的英汉版本为例,探讨英语学术著作的语言特征及其翻译原则和策略。

【汉语和越南语称谓语语用对比探究】 谭群瑛(广西民族师范学院)撰。发表于《语文建设》2014年第11期,8千字。该文认为,汉语和越南语都有丰富的称谓系统,二者有异有同,相异之处对越南学生或习得汉语称谓语造成阻碍。该文对汉越称谓语的亲属称谓和社会称谓进行分析,把使用频率高的称谓语从语用学角度进行汉越对比分析,从而提高汉语和越南语跨国交际的准确性。

【越南罗刚瑶勉语语音系统研究】 盘美花(广西民族大学文学院)撰。发表于《广西民族大学学报》(哲学社会科学版)2014年第3期,10千字。该文主要以太原罗刚瑶勉语为研究对象,依据《瑶越双语读物》《越南瑶语》和相关原始语料,归纳其音系,并通过中越勉语比较揭示其音系特点。认为越南罗刚瑶勉语的语音系统跟中国勉语是大同小异的。

【关于完善壮文标调法的几点思考】 韦树关(广西民族大学文学院)撰。发表于《广西民族报》2014年12月16日,5千字。该文认为在有声调的语言中,一个音节可以没有声母,也可以没有韵尾,但声调必不可少。为有声调的语言设计拼音文字时,需用一定的符号(可以是字母,或其他符号)标出音节的声调。为简便起见,设计者往往规定几个声调中,其中一个调不标调号,如汉语拼音的轻声,越文、泰文、老挝文的第一调都不标调号,这是合理的、可行的。但《壮文方案》(修订案)第五条规定:"壮文采取部分标调的办法标写声调。……壮语舒声韵有6个调类,除第一调不标外,其余各调分别用z、j、x、q、h五个字母来标写;塞声韵有两个调类,用高音组p、t、k和低音组b、d、g两套韵尾来表示。"即壮文八个声调,第一调是不标调号的。在实际使用中,却又规定拟声词、叹词、语气词及动词和形容词的后附成分也不标调号。这样就出现多种情况不标调的现象,给阅读、理解、学习和研究工作带来不便。该文就壮文拟声词、叹词、语气词、动词和形容词的后附成分不标调的问题提出看法。

【新词语的族聚特征及其社会文化心理】 杨绪明(广西师范学院国际文化与教育学院)撰。教育部人文社会科学研究青年基金项目《当代汉语新词族研究》和自治区教育厅科研项目《网络新词语的衍变动因及其文化心理价值研究》阶段性成果之一。发表于《语言教学与研究》2014年第1期,11千字。该文认为,当代汉语成族新词语仍以双音节为优选音节,简缩既是词语再获新生的一条途径,也是高频使用词语发生变异的必然趋势。仿拟词语、后空型词语模都占较大比重。偏正结构仍是新词语的主要结构形式。同族内新词语成员越多,该词汇场的意义就被分割的越细密、词义也就越系统和丰富。新词语族聚现象彰显当代社会追求经济、讲究时效、从众求新的大众语用心理。

·新闻学　传播学·

【多元舆论格局对主流意识形态传播的影响】 田莺(广西大学新闻传播学院)撰。广西大学科研基金项目《大数据时代的新闻业研究——以广西新闻业为研究对象》阶段性成果之一。发表于《传媒观察》2014年第12期,7.7千字。该文认为,改革开放的不断深入和全媒体战略的全面部署,中国新闻舆论格局较以往有较大改变。该文从大数据时代新闻舆论的主体和客体两个角度分析舆论主、客体的多元化发展推进新闻舆论结构的多元化构建,重点探讨媒介体制改革、外媒渗透和"大数据"冲击等影响因素,以及相关多元舆论结构与主流意识形态的传播关系,认为主流意识形态仍是影响新闻舆论的主要力量,多元化的舆论格局对主流意识形态产生冲击,但两者基本处于相对的动态平衡中。

【政治与文艺的合谋:五十年代台湾报纸副刊研究】 刘晓慧(广西大学新闻传播学院)撰。广西大学"211四期"区域文化传承创新与交流研究学科群研究项目《社会的变迁·资本的转换·文化的传承:台湾报纸副刊研究》阶段性成果之一。发表于《新闻界》2014年第3期,6.8千字。该文认为,20世纪50年代是国民党在台湾推行文艺政策最关键的时期,文艺政策的推行经常诉诸道德或伦理内化于社会集体的无意识。当时副刊推动"战斗文艺"不仅是配合"文宣需求"的表态,而是文化界所谓的"共识"。一方面,当时聚集在蒋经国周围的"青协"作家群及以张道藩为首的"文协"阵营都融入到这股氛围里;另一方面,少有编辑、作者敢公然冒犯文艺政策背后的威权文化。

【政治资本向经济资本的转换——五十年代台湾报纸副刊编辑政经分析】 刘晓慧(广西大学新闻传播学院)撰。广西大学"211四期"区域文化传承创新与交流研究学科群研究项目《社会的变迁·资本的转换·文化的传承:台湾报纸副刊研究》阶段性成果之一。发表于《新闻知识》2014年第4期，6千字。该文认为，20世纪50年代台湾的政经情势主导着媒介体制与媒介内容，政治上的意识形态，配合经济制度的氛围，形成文化霸权弥漫在整个社会，作为社会指标的报业，尤其明显。副刊作为社会鼓手，协助政治、经济势力形成它的政治、文化与媒介霸权，全力贯彻与推行政治社会化。20世纪50年代的台湾报纸副刊在政治资本向经济资本的转换中谋求发展：对于“党报”“官报”而言，是它们在资源上的优势；对于民营报业而言，则借助“主动投诚”或“回避禁忌”来寻求生存空间。

【大数据背景下数据新闻的生产和挑战】 丁骋（广西大学新闻传播学院）、禤支兰（广西大学新闻传播学院）撰。发表于《新闻知识》2014年第12期，5.4千字。该文认为，大数据时代，信息呈爆炸式增长，数据新闻应运而生。数据新闻的制作过程涉及多个领域，主要通过运用多学科技术手段，把巨大且复杂的数据过滤，转变为简单明了的视觉语言呈现给读者。在国外主流媒体如《纽约时报》《卫报》等已使用数据新闻的报道方式。在中国，数据新闻正在兴起，如搜狐数字之道、网易数读和央视的“据说春运”等。该文介绍大数据和数据新闻的相关概念，并结合搜狐新闻、国际在线和中央电视台的数据新闻报道，分析数据新闻产生的时代背景、特点与优势；媒体开展数据新闻报道的流程及数据新闻的兴起与发展给新闻从业者所带来的挑战和机遇。

【中越当代新闻体制改革之比较】 易文（广西大学新闻与传播学院）撰。国家社科基金项目《越南革新时期新闻传媒研究》阶段性成果之一。发表于《新闻界》2014年第11期，7千字。该文比较中越两国的新闻改革，认为两国在几十年改革（革新）开放过程中都坚持了媒体的国有制及党对传媒的领导，走的是渐进式改革道路，从新闻观念到具体运营方式上发生了较大变化，取得巨大成就。但存在新闻思想观念、媒体政治功能表现及媒体经济属性的释放等差异。

【越南革新以来新闻传媒改革历程及特点分析】 易文（广西大学新闻与传播学院）撰。国家社科基金项目《越南革新时期新闻传媒研究》阶段性成果之一。发表于《新闻大学》2014年第5期，12千字。该文把越南1986年革新以来的新闻传媒发展历程分为4个阶段，认为越南共产党提出的越南新闻传媒既是“党和政府的喉舌，同时又是人民论坛”的观点与实践，是对当代越南社会主义新闻传媒的政治功能的重新定位与拓展，也是越南对社会主义新闻传媒事业的贡献。同时，分析越南《新闻法》的内容和性质，认为其基本立场是有限度地保障新闻自由，从目前情况看“依法治业”与“党的领导”并不矛盾，《新闻法》在越南的实施效果并不令人满意，但依法治业对越南新闻传媒的发展总体起到积极正面作用。

·文学·艺术学·

【论延安文艺制度建设的价值意义——毛泽东《讲话》精神的文艺制度思想阐发】 张利群（广西师范大学）撰。2013年教育部人文社科项目《文学批评机制研究》阶段性成果之一，2013年广西特聘专家岗项目，2013年度广西哲学社会科学规划研究课题《广西当代文艺理论发展研究》阶段性成果之一。发表于《文艺理论与批评》2014年第3期，10.8千字。该文认为，文艺制度是保障文艺的正常秩序和健康发展的体制、建制、机制形式，是落实文艺方针、方向、路线、政策的组织管理与思想保障。任何社会制度都会建立符合社会时代特征及遵循文艺规律的文艺制度，以保障文艺正常运行和发展。新中国建立后，中国从半封建半殖民地社会走上社会主义道路，也相应建立社会主义文艺制度，以保障文艺运行和发展，并通过文学批评的评价机制搭建作者与读者、文艺实践与理论联系的桥梁。

【宋代“四六话”产生与“诗话”关系考】 莫道才（广西师范大学）撰。国家社科基金项目《中国古代骈文文论研究》阶段性成果之一，广西特聘专家岗项目。发表于《广西师范大学学报》（哲学社会科学版）2014年第3期，7.3千字。该文认为，话与骈文批评的重要形式“四六话”有着密切联系。欧阳修《诗话》启蒙王銍《四六话》的创作，并对“四六话”体例产生直接影响，在博杂的内容、以句子为讨论中心的叙写方式、多讨论典源出处等方面均有体现。

【论钱氏父子的骈文流变观】 莫山洪（广西师范学院）撰。国家社科基金项目《中国古代骈文文论研究》阶段性成果之一。发表于《广西师范大学学报》（哲学社会科学版）2014年第3期，7.9千字。该文认为，在《骈文通义·流变》和《上家大人论骈文流变书》中，钱基博和钱锺书对骈文的流变有深刻认识，骈文在西汉初步形成，历经汉、六朝、唐宋明和清等几个阶段，每个阶段特点不同。骈文产生变化的原因与时代背景有关系，也与作家个人的“才力”“才气”有关。

【隐喻的身体：可见的与不可见的桥梁】 欧阳灿灿（广西师范大学）撰。国家社科基金项目《当代欧美身体研究批评》阶段性成果之一,广西师范大学博士科研启动基金。发表于《国外文学》2014年第1期,9.4千字。中国人民大学书报资料中心复印报刊资料《文艺理论》2014年第7期全文转载。该文认为,传统身体观把人的超越性从身体中抽离出来,指派为精神专属的功能,以此解释为何在拥有有限的物质身体的同时,又能在精神或心灵的指导下进行认识世界与改造世界等超越性活动。梅洛·庞蒂理论视野中隐喻的身体架起可见的与不可见的间的桥梁,也是不断由隐至显的存在意义的来源。在抛弃身心二元论后,梅洛·庞蒂认为人是凭借着隐喻的身体进行认识世界、改造世界并实现与世界的融合等超越性活动的。梅洛·庞蒂以身体为超越的创造性根源,它与被创造物始终是共生共存的,一定程度上克服理性主义的主客分裂之缺陷,还原人存在的本来面目。

【节奏的魅力——林庚新格律诗实验对传统的再发现】 罗小凤(广西师范学院)撰。教育部人文社会科学研究青年基金项目《1930年代新诗对古典诗传统的再发现倾向研究》阶段性成果之一。发表于《山西大学学报》(哲学社会科学版)2014年第3期,11.3千字。该文认为,以自由诗为主导的中国新诗一直都在寻求自身形式秩序的建设,每个时代有不同的发现、追求与建构。在1930年代新诗对形式的探索、实验与尝试中,林庚的新格律诗实验最具代表性。他试图从形式、语言的维度为自由诗重建"阵地"而实验新格律诗,在大量的实践、摸索中重新发现古典诗传统中节奏的魅力,形成对古典诗传统的再发现。

【论清人对文章学繁简理论的重建】 蔡德龙(广西师范大学)撰。国家社科基金西部项目《二百种清代文话叙录》阶段性成果之一,国家社科基金一般项目《清代实学对韩国实学的影响研究》阶段性成果之一,教育部人文社科研究青年基金项目《清代文话与清代文章学》阶段性成果之一,广西特聘专家岗项目,广西师范大学校级科研基金重点项目《清代文话研究》阶段性成果之一。发表于《四川大学学报》(哲学社会科学版)2014年第4期,13.5千字。该文认为,"繁"与"简"是中国古代文学批评史中重要的对待性范畴。历代繁简观并不固定。唐宋古文运动以后,散体古文代替骈文的流行,史籍进入散文家学习效法的视野,简洁渐成古文的审美标准。清人基于文章学内在理路,借助汉学、骈文学勃兴的外在机缘,对繁简理论进行新的阐发,重新发掘价值,古典文章学中的繁简观再次变异。

【家风与清代粤西文学家族】 王德明(广西师范大学)、何宇虹(广西师范大学)撰。广西人文社会科学发展研究中心重大项目《广西文化史》阶段性成果之一,2012年度国家社科基金重大招标项目《桂学研究》子课题《桂学学术史研究》阶段性成果之一,广西特聘专家岗项目,《八桂文化与文学》阶段性成果之一。发表于《广西师范大学学报》(哲学社会科学版)2014年第1期,10.2千字。该文认为,清代粤西文学家族的家风存在着重视儒家思想的品德教育、重视读书和崇尚文学的特点,这对文学家族产生重要影响。这些家风对清代粤西文学家族的影响主要表现在激励、约束和示范等方面,使文学家族在正确的道路上不断发展。

【"粤西儒宗"郑献甫研究的回顾与展望】 严绘(广西师范大学)撰。国家社科基金重大招标课题《桂学研究》阶段性成果之一,广西特聘专家岗项目。发表于《广西师范大学学报》(哲学社会科学版)2014年第1期,10.9千字。该文从郑献甫的生平研究、诗文研究、诗论研究等方面回顾郑献甫的研究状况。郑献甫原始资料的整理、文学研究等方面较薄弱,无论资料发掘整理、研究内容抑或研究理路与方法等仍值得关注。

【重写文学史视域下民国文论的体系书写】 贺根民(广西师范学院)撰。2013年度国家社会科学基金项目《民国文论的体系话语研究》阶段性成果之一。发表于《河北学刊》2014年第4期,10.7千字。该文认为,重写文学史的视域凸显从文化生态的角度开掘民国资源的文化向度,民国社会和文化机制所建构的新型空间及学人的现代性体验,绘制民国时期文论体系的话语风貌。现代传媒的蓬勃发展,为学人的文学想象提供公共空间,促使民国文论展现出认同文化传统和吸纳异质文化多向的现代性体验。新旧并存的文论书写形态彰显民国文论开放兼容的文化特质,民国学人勾勒中国传统文论的现代转型镜像。

【关于《文选》分体之三十九类说与其研究方法问题——《〈文选〉分体三种说论衡》之三】 力之(广西师范大学文学院)撰。国家社会科学基金西部项目《〈文选〉成书考说》阶段性成果之一。发表于《中山大学学报》(社会科学版)2014年第6期,16.5千字。该文认为,《文选》分体原既有"移",亦有"难",即其所分本为"三十九类"。今存《文选》,无论是李善注与"六臣注"之种种宋刻本无"移""难",还是"五臣注"之陈八郎本与朝鲜正德本缺"符命""史述赞",均为流传过程中所造成的。从"史"之角度说,日本学者斯波六郎之贡献不应被遗忘,尽管其《九条本文选解说》未提及《文选》的分体如何。从方法论层面说,研究《文选》分体,需结合"显内证"与"潜内证",而后者只有在《文选》为正常完成之书前提下才有必然意义;所依证据,当先"验"其有无问题;不要将两回事当一回事,并需注意从出发处辨"路向"。

【"香港意识"之香港电影批评的承前启后——论《大特写》电影双周刊的电影批评】 吴迎君(广西大学)撰。教育部人文社科青年项目《电影美学的本土建构》阶段性成果之一。发表于《当代电影》2014年第6期,13.3千字。该文认为,20世纪70年代的香港《大特写》电影双周刊,在电影本体意识和香港本土意识的双重觉醒下,发挥期刊批评的刊物优势,开拓出香港本土化电影批评新格局,推出具有宏阔批评视域和专业批评深度的"深度影评"文章乃至影评专题,形成关于世界电影批评和三种"国片"电影批评的成果,成为香港"电影批评新浪潮"的先行者。

【论明代书坊与戏曲插图的关系】 廖华(广西师范学院)撰。国家社会科学基金项目《明清书坊对戏曲的影响研究》阶段性成果之一,广西高等学校科学研究项目《出版文化视阈下的明代戏曲传播》阶段性成果之一,2012年度广西师范学院青年科研基金项目《明代戏曲的刊刻与传播》阶段性成果之一。发表于《美术学报》2014年第3期,5.9千字。该文认为,明代戏曲插图的兴盛与戏曲刊刻有莫大关系。明代书坊为提高戏曲刊本的销售量,在文本中置图;同时聘请名家绘图,提高戏曲插图水平;甚至改变画风,促使戏曲插图精美。

【整生论生态美学视域中民族文学场的历史旋升轨迹探析】 唐虹(广西师范学院)撰。教育部人文社会科学研究西部和边疆地区青年基金项目《多民族视域中广西少数民族文学关系的生态研究》阶段性成果之一。发表于《社会科学家》2014年第6期,8.1千字。该文认为,民族文学的传统研究都是在文学类型的框架下进行,不能体现民族文学历史与逻辑统一的整体规律。在整生论生态美学的视域中考察民族文学,以整生论哲学观,以历史与逻辑统一的超循环发展思想,来考察民族文学场的发生与发展,能清晰见出其经历依存性与独立性而走向整生性的历史旋升轨迹。

【让想象张开翅膀——论接受美学视域下品特式房间的建构】 刘明录(广西生态工程职业技术学院)撰。国家社会科学基金项目《接受美学视域下的品特戏剧研究》阶段性成果之一。发表于《浙江师范大学学报》(社会科学版)2014年第3期,9.7千字。该文认为,品特式房间是品特戏剧的基本设置和重要标识,从接受美学的视角看,正是由于启发读者思维意识的参与,品特式房间才有生命力,成就品特式房间的审美效应。通过让剧情发展与读者的审美期待产生背离,品特颠覆传统的房间认识,又通过召唤性结构的利用,激发观众想象力,重构房间形象。

【明朝中期园林绘画的盛行——以苏州为例】 韦秀玉(广西艺术学院)等撰。国家社科基金项目《中华优秀传统文化传承体系研究》阶段性成果之一。发表于《江西社会科学》2014年第6期,7.3千字。该文认为,明朝中期,社会经济与文化快速发展,促进不同阶层群体的形成,处于社会上层的士人们(主要指非现任入仕的官员)透过精雅生活显示身份地位。艺术雅好全面融入士人生活,如造园、戏曲、鉴古及与诗、书、画等,形成特殊的文化形态,在士人阶层的身份区分、情感认同及文化认同上起着重要作用。

【文学中图形/背景的动态关系与偏离】 刘玉红(广西师范大学外国语学院)撰。发表于《社会科学家》2014年第1期,6千字。该文认为,图形/背景是认知诗学的重要模式之一。它们的关系是对比的、动态的、可换的、有层次的,这必然导致偏离的发生。偏离是文学史演变的本质、流派内部百花齐放的动力、文学创作求新的精神,在文学批评中有广阔的运用空间。

【美国当代儿童文学研究的潮流】 范亚刚、吴代红(广西师范大学外国语学院)撰。发表于《南方文坛》2014年第1期,6.9千字。美国儿童文学发达,对儿童文学的研究在美国学术地位举足轻重。该文对发表于2007~2013年上半年期间出版的美国9家学术期刊上儿童文学研究论文进行分类和研究,发现近年来的三大潮流和存在的问题。文化融合和渗透、英雄女孩和具有后现代主义特征的奇幻小说受研究者关注。该文认为,在美国做儿童文学评论研究的学者与做儿童文学教育研究的学者沟通少,偏离儿童文学研究的目的:一切为儿童服务。

【林半觉篆刻艺术分析】 唐长兴、韦佳(广西师范大学美术学院)撰。发表于《南方文坛》2014年第5期,7千字。该文认为,林半觉先生篆刻风格古雅,类型多样,既有古玺风格,又有汉印风格,也有自家面貌。其篆刻艺术是稳扎于秦汉印的传统中,吸收清皖浙两派及吴昌硕、齐白石、赵之谦等大家之长,并广泛取法历代印章、书法,将各种风格融会贯通,自出机杼。

【故事漫画创作表现技法新探】 唐方文(广西大学新闻传播学院)撰。自治区教育厅一般项目《故事漫画创作技法表现》阶段性成果之一。发表于《大舞台》2014年第4期,3.4千字。该文认为,现代科技的进步对故事漫画的创作产生重要影响。该文从技术创新角度探讨故事漫画的表现和创作方式,提高其创作质量和速度,丰富其表现力,减轻创作者的劳动强度,使创作者把重点放在故事漫画的文学性叙事和角色性格的塑造上。

【胡应麟《诗薮》版本考】 侯荣川(玉林师范学院)撰。发表于《文学遗产》2014年第3期,12千字。国家社会科学基金重大项目《全明诗话新编》阶段性成果之一。胡应麟《诗薮》现存10余种版本存在较大文本差异,该文对其刊刻背景的考辨及文本比勘,有效清理各本源流关系,指出其版本优劣。

【重返现实:再论活着与先锋文学的转型】 杨荣(玉林师范学院)撰。发表于《当代文坛》2014年第5期,7千字。该文认为:先锋文学在1990年代初期的全面转向,是当代文学发展历程中的重要事件。以余华的《活着》为标志,先锋文学开始从“技术世界”中脱离,回到对人的生存状态和精神境遇的考察,并力图在日渐清晰的故事讲述中重建文学与现实世界的有效对话关系。先锋文学的重返现实并非是现实主义创作方法的简单复归,它不仅为当代文学提供新鲜经验与质素,更彰显永不止息的对文学本质的自由探索精神,这也是先锋文学的真正意义。

【士子游幕与乾嘉文学】 梁结玲(玉林师范学院)撰。发表于《中南民族大学学报》2014年第3期,8千字。中国人民大学书报资料中心复印报刊资料《中国古代、近代文学研究》2014年第7期全文转载。玉林师范学院重点项目《章学诚的文学观念与乾嘉学术关系之研究》阶段性成果之一。该文对乾嘉时期士子游幕社会现象进行研究和评价,指出清代中叶社会经济的发展为幕府活动提供物质基础,士子队伍的壮大及“稽古右文”的文化政策促使幕府走向兴盛。在社会矛盾多元化的背景之下,幕府在知识分子与统治阶层的对抗中起到缓冲器作用,以幕府为中心的文学活动刺激文学创作发展,形成一个个文学创作高潮。

【泰国民间说唱艺术Maw Lum的传承与发展】 陆晓芹(广西民族大学文学院)撰。发表于《歌海》2014年第1期,8千字。该文认为Maw Lum作为一种特殊的历史文化,与壮泰族群原生宗教文化、尤其是佬族民间艺术有密切关系。通过对泰国东北部Maw Lum的类型、传承人、演出活动、受众群体、传承方式、研究状况等方面的考察可知,其传承与发展,主要得力于相对封闭的环境、自成一体的文化、国家政策的推动及从业者的主动适应等原因。该文提出在非物质文化遗产保护中,强调外力如何作用于特定文化事象本身的施予式保护和可能以保护之名行破坏之实的各种开发,不会使非物质文化遗产获得长久而健康的发展,其真正的未来在于能发挥应有的社会功能。因此,使非物质文化遗产功能化,即发挥其作用,应成为大家努力的方向。

【论越南华文文学的创作成就】 谢永新(广西师范学院文学院)撰。发表于《越南华文文学》2014年4月号,7千字。该文为2013年广西哲学社会科学规划研究课题《越南华文现代诗研究》的阶段性成果之一。该文认为,越南华文文学的创作,在现代诗、散文和小说等方面取得较大成就。目前,越南华文现代诗已发展成为越南华文文学中数量最多、成就最大、影响最广的一种文学体裁,体现在创作队伍庞大,诗作除发表在海外各个华文杂志外,还出版华文现代诗选集和个人现代诗集近20部。越南华文散文的成就虽没有现代诗大,但也是众多作家喜爱的体裁,出版多部散文集。越南华文小说创作主要以短篇小说和微型小说为主,中长篇小说不多,主要原因一是小说发表空间狭窄,二是小说创作人才欠缺,缺乏深刻描绘一定历史时期内社会生活的能力,缺乏营造篇幅长、情节杂、人物多的艺术能力。越南华文文学创作成就的取得,缘于越华作家对“缪斯”的执着与追求,及坚持对越华文学创作的自信与自觉。

【“暴力美学”:暴力的美学升华】 李启军(广西民族大学文学院、广西美学学会)撰。发表于《文艺新观察》2014年第2期,13千字。该文通过四部分深入探讨“暴力美学”。第一部分“暴力美学的纷纭众说”,作者通过梳理前人观点,总结出关于“暴力美学”的广义和狭义观点。第二部分“暴力美学”的辨证,以“美学”观念为切入点,指出“暴力美学”并不是电影所独有的表现形式,而是存在于多种艺术中。同时“暴力美学”并不简单等同于“暴力欲望”、“暴力”,而是暴力的艺术形式或者暴力形式的美学表现。第三部分“暴力美学”的必然,作者一方面通过弗洛伊德的本能升华说和杜威的日常经验主义艺术论,论述“暴力美学”存在的理论基础。另一方面,从中国建设社会主义和谐社会的现实性出发,认为“暴力美学”通过艺术的形式减轻暴力欲望在现实中长期被压抑的心理压力,有助于实现人们内在心理的平衡。第四部分“暴力美学”的适度基于“暴力美学”带来的社会不良影响,提出“暴力美学”适度的观点,并给出建设性建议。

【艺术发生学的审美人类学阐释】 张利群(广西师范大学文学院)、张逸(广西师范大学设计学院)撰。教育部社会科学基金一般项目《文学批评评价机制研究》阶段性成果之一。发表于《人文杂志》2014年第12期,10千字。该文认为,基于审美人类学研究视角的艺术起源问题探讨应该确立艺术发生学理论与方法,即艺术发生与人类发生同步的基本观点。以往观点认为艺术发生主要体现在人类制作、使用工具上,原始工具作为“艺术前的艺术”,除实用功利性外还带有精神愉悦及人的本质力量对象化特征,故作为艺术发生点;更为重要的是,人类社会实践活动在改造世界的同时也改造人类自身,推动人的身心进化提升,成为人类反观自身、确证自身、认同自身的基础条件,通过近取诸身、远取诸物的推人及物方式认知世界与创造世界,由此形成基于人自身的艺术发生点。

【影印之象　心中之景——简论《拼色饰境——帅民风贴纸艺术》的创作特色】 王建平(广西社会科学院文化研究所)撰。发表于《美术大观》2014年第6期,5千字。该文认为《拼色饰境——帅民风贴纸艺术》的创作特色在于:在内容上选材广泛,中外合璧,将平民化情怀与个人化情调完美统一,形成雅俗交融的独特格调。在形式上通过使景物变象或以动活静的构图,采用逆反与渲染的着色手法,创造色境新奇;通过注入哲理含义、暗示宗教意味、创造想象空间等方式,达到韵味隽永,意趣、意味、意境深远的境界。

·其　他·

【越南使臣对晚清中国社会的观察与评论】 陈国保(广西师范大学)撰。中国博士后科学基金项目,国家社科基金青年项目《越南使臣与清代中越文化交流研究》阶段性成果之一。发表于《史学月刊》2013年第10期,19.9千字。中国人民大学书报资料中心复印报刊资料《中国近代史》2014年第1期全文转载。该文认为,“入华行纪”是越南使臣自镇南关进入中国以后,沿途依其见闻所作的记录。现存越南燕行文献中,“入华行纪”大多出自晚清越南使臣之手,主要包括燕行记和使清日记。这是一批重要的域外汉文典籍,其所保留的越南使臣对当时中国社会的观察、记录和评论,反映他们对晚清中国了解和认知的程度。由此通过呈现在他者视野中的“天朝”异域形象的解读,可以在越南赴华使臣与清代中国社会互动的特定历史情景中,发现晚清中国社会的不同面相,看到掩藏在朝贡礼仪背后的清代中越宗藩关系的邦交实质。

【抗战时期吴伯超在重庆】 李莉(广西艺术学院)等撰。广西艺术学院重大委托项目《广西艺术学院名家研究——吴伯超艺术研究》阶段性成果之一。发表于《黄钟(武汉音乐学院学报)》2014年第1期,15.2千字。中国人民大学书报资料中心复印报刊资料《舞台艺术(音乐、舞蹈)》2014年第2期全文转载。该文认为,抗战时期音乐家吴伯超在“陪都”重庆6年多。在此期间,他曾担任励志社管弦乐队、国立音乐院实验管弦乐团指挥、中央训练团音干班合唱团指挥,他是重庆早期具有官方性质音乐活动中的代表指挥家;他参与教育部音乐教育委员会等机构,参与国民政府组织的乐典工作,这使他与国民政府的音乐时政密切关联;作为音乐教育者,他先后担任中央训练团音干班副班主任、国立女子师范学院音乐系主任、国民政府最高乐府——国立音乐院院长等职务,为中国专业音乐教育发展作出贡献。

【明清时期广西土司地区的里甲制度研究】 李小文(广西大学)、胡美术(广西大学)撰。国家社会科学基金项目《历史上壮族的国家认同与社会治理研究》阶段性成果之一。发表于《广西民族大学学报》(哲学社会科学版)2014年第4期,11.8千字。该文通过对官方和民间历史文献的梳理,证实明清时期的广西土司地区推行里甲法,建立里甲组织;探讨土司地区里甲制度的区域特征、里甲组织与传统村落的关系,以及里甲长与官府的关系;里甲制度对土司地区基层行政体系与社会治理模式的变迁产生影响。

【“新民团”与边疆民族地区的发展稳定——以民国时期的广西为个案研究】 黎瑛(广西师范大学)、李辉善(广西师范大学)撰。国家社会科学基金西部项目,广西师范大学校级项目。发表于《广西社会科学》2014年第3期,7.5千字。该文认为,民国时期,新桂系集团通过民团组织和强大的政府行政网络,将国家权力直达社会底层,改变“传统国权不下县”的状况,实现政府对基层社会的有效掌控,从而全面掌握基层的政治、经济、文化、军事等资源。

【石刻文献之历史功用——广西石刻研究之七】 杜海军(广西师范大学)撰。国家社科基金后期项目《桂林石刻总集辑校》阶段性成果之一,广西特聘专家《桂学研究》阶段性成果之一。发表于《广西师范大学学报》(哲学社会科学版)2014年第1期,13.5千字。该文认为,石刻文献自其发生,因材质易得、风雨不侵、经久耐磨、外力难坏、可传久远，遂受到人们的青睐，以之作为信息传播的重要方式，在社会生活中得到广泛应用，诸如昭告国是、助理民生、推动教育发展、传播宗教信仰、记录私人行迹、传播文学、传播书法等，这些曾经的信息已成为历史文献的重要组成部分。长期以来，人们多将石刻文献作为金石学看待，使得石刻的文献价值未能得以完全发挥。了解石刻的历史功用，有助于加深学界对石刻文献价值的认识与开发利用，有助于学界对人类发展史开展研究。

【西汉儒学意识形态化的积极作用】 吴全兰（广西师范大学政治与行政学院）撰。发表于《社会科学家》2014年第1期，9千字。该文认为，西汉儒学的意识形态化，一定程度上维护了社会秩序，巩固了封建统治，对延缓中国封建社会的崩溃起到重要作用，是中国封建统治得以绵延2000多年的重要理论支撑。它在历史上的积极作用主要表现在三个方面：一是巩固西汉政权，强化中华民族的大一统理念；二是加强统治者的责任意识和自我批评精神；三是开启中国传统文化综合创新的先河。同时，西汉儒学的意识形态化在历史上也产生消极影响。

【地域形象与中国古代边疆的经略】 刘祥学（广西师范大学历史文化与旅游学院）撰。发表于《中国史研究》2014年第3期，6千字。《新华文摘》2014年第21期全文转载。该文认为，边疆地域形象与早期疆域观密切相关。中国古代疆域观最初是以“华夏中心观”与“夷夏观”为基础形成并发展起来的。考究中国古代的疆域观发现，虽然统治者宣称“普天之下，莫非王土，率土之滨，莫非王臣”，又将“海内”视为自己当然的统治疆域。其实，统治者在对待疆域方面，既有“内外之别”，也有“远近之分”。“内外之别”与“远近之分”观念是边疆地域形象塑造的重要影响因素。

【广西永福县窑田岭Ⅲ区宋代窑址2010年发掘简报】 何安益、彭长林、韦军、袁俊杰（广西师范大学历史文化与旅游学院）撰。发表于《考古》2014年第2期，12千字。永福县窑田岭窑是宋代民窑，由多个窑场组成，其中在III区发掘2座龙窑、1处作坊遗迹及大量灰坑和柱洞。作坊遗迹由储泥坑、大型泥池、排水沟组成。产品主要为碗、碟、盏、盘，多青釉，装饰以印花为主，也有少量刻划、贴花、绘彩等。根据产品特征和地层叠压关系，判断窑址年代为北宋中晚期至北宋晚期。

【从北部湾出发的汉代海上丝绸之路研究述略】 廖国一（广西师范大学外国语学院）撰。发表于《广西民族研究》2014年第5期，10千字。该文认为，国内外学者从历史文献和考古学材料确认从北部湾出发到东南亚、南亚等地的汉代海上丝绸之路的客观存在。海上丝绸之路意义重大，奠定了后世东西方海上交通的基本路线。

【旧志利用与实地踏勘丹洲古城考察纪略】 刘汉忠（柳州市地方志编纂委员会办公室）撰。发表于《广西地方志》2014年第1期，8千字。广西明代怀远古城始建于万历十九年（1591年），历代兴革修葺几经变迁，其情形在旧志、碑刻等文献中多有记载。该文以旧志为文献线索，结合碑刻等相关史料，与现存遗址进行文献勘比印证，厘清古城自始建至晚近城池建设的阶段变化，并简略考辨有关研究的不确之处。

【柳州古代石刻的文献价值述论】 刘汉忠（柳州市地方志编纂委员会办公室）撰。发表于《广西地方志》2014年6期，8千字。该文认为，作为独具特色的文化遗产，是岭南石刻遗存的重要组成部分。该文基于柳州遗存石刻的摩崖、碑碣和建筑雕刻构件，着重述论石刻的出现和消长，以及题刻地点分布的变化等，是研究当地历史存在的重要文献，兼具书法、绘画、镌刻研究和欣赏价值。

【新时期我国图书馆学研究流派分析】 罗贤春（广西民族大学）、姚明（广西民族大学）撰。发表于《图书情报工作》2014年第9期，16.5千字。中国人民大学书报资料中心复印报刊资料《图书馆学情报学》2014年第8期全文转载。该文梳理改革开放新时期以来图书馆学研究的人文学派、技术学派、实证学派的形成与演变，并从历史继承、国外引入、现实学科定位等三方面分析三个学派产生与演变的原因，认为三种研究倾向在各自独立发展的过程中会互相借鉴、互相融合，体现图书馆学内部整合，外部渗透，正逐渐成为人文社会科学知识基础的趋势，是未来图书馆学发展的重要方向。

【高校图书馆移动信息服务中轻应用模式的应用及其借鉴——基于高校图书馆微信公众号的分析】 白明凤（贺州学院）等撰。2013年度广西高等学校人文社会科学研究项目《移动泛在环境下高校图书馆阅读教育问题与对策研究》阶段性成果之一。中国人民大学书报资料中心复印报刊资料《情报资料工作》2014年第4期全文登载，4.3千字。该文在对轻应用基本理念分析的基础上，介绍国内高校图书馆“超级APP+公众账号”模式的轻应用服务现状。在此基础上，阐述轻应用服务对高校图书馆移动服务类型、为中小型高校图书馆开展手机移动信息服务提供便利的重要意义，认为高校图书馆应加强对开放平台适用性的研究。针对中国高校图书馆轻应用设计提出建议，包括建设通用模板、完善用户体验和延伸服务内容。

【基于用户信息行为调查的高校图书馆个性化服务实证研究——以广西民族大学和广西大学为例】 覃熙（广西民族大学）、曹红兵（广西大学）撰。2010年国家社会科学基金项目《高校图书馆个性化服务系统开发研究》阶段性成果之一，2011年广西教育厅科研项目立项《高校特色数据库用户信息行为研究》阶段性成果之一，2011年广西民族大学校级科研项目青年基金立项《基于用户信息行为研究的高校个性化文献信息服务体系研究》阶段性成果之一。发表于《情报理论与实践》2014年第3期，7.1千字。该文通过问卷调查法对广西民族大学和广西大学的图书馆用户进行信息行为调研，旨在解决以下3个问题：用户对当前高校图书馆个性化服务的使用情况及满意度；不同用户在使用文献信息资源时呈现出的信息行为特点和规律；在新信息环境下，高校图书馆个性化信息服务如何变化以适应用户信息需求的变化。该文认为，通过用户信息行为调查探索用户在使用文献信息及个性化服务中呈现出的需求及行为特点，对高校图书馆开展个性化服务工作有一定现实意义。

【我国各地区公共图书馆服务水平的灰色关联评价】 廉超（广西师范大学）、何小贞（广西师范大学）撰。国家社科基金2013年度青年项目《基于制度创新视角的公共数字文化建设机制研究》阶段性成果之一，广西人文社会科学发展研究中心"科学研究工程"项目《广西高校图书馆公共服务水平综合评价研究》阶段性成果之一，广西人文社会科学发展研究中心项目《西部地区高校科研综合实力非均衡差异及竞争力提升研究——以广西为例》阶段性成果之一，广西高等学校科研项目《广西高校人文社会科学研究竞争力提升策略研究》阶段性成果之一。发表于《图书馆学研究》2014年第8期，7.1千字。该文以中国31个地区的公共图书馆为研究对象，在构建各地区公共图书馆服务水平评价指标体系的基础上，运用灰色关联综合评价分析法，对各地区公共图书馆服务水平进行综合评价。研究表明：中国各地区公共图书馆服务水平的区域差距突出，影响中国各地区公共图书馆服务水平的4大因素从强到弱的顺序为资源条件、读者服务、服务效果、基础设施。资源条件、读者服务是决定中国各地区公共图书馆服务水平高低的重要因素，人均拥有公共图书馆藏书册数等是限制资源条件的重要因素。

【面向图书馆的云计算研究综述】 黎春兰（广西师范大学）等撰。教育部人文社会科学研究项目，广西高等学校人文社会科学研究项目。发表于《图书馆杂志》2014年第5期，11千字。该文从当前图书馆对云计算需求的研究现状出发，从图书馆租用云计算服务以及构建基于云计算的图书馆云服务这两个方面，综述云计算在图书馆领域的应用及研究现状，指出图书馆未来应用云计算的研究方向。为使图书馆的核心工作能统一于云端，图书馆利用云计算的理念，构建专门的图书馆云服务的研究，真正实现图书馆资源的全球共享。

【基于Oracle数据库的RAC集群技术在高校图书馆关键业务中的应用研究】 胡昌文（广西大学）等撰。CALIS广西文献信息服务中心一级项目，广西大学科研基金项目，广西大学图书馆科研基金项目，国家社会科学基金项目《高校图书馆个性化服务系统开发研究》阶段性成果之一。发表于《图书馆理论与实践》2014年第6期，4.6千字。该文在基于oracle RAC集群技术应用优势的基础上，提出oracle RAC集群系统的设计框架，实现关键业务软、硬件上的容错及负载均衡，并通过实例阐述其核心技术和实现过程。

【Nature和Science期刊基础核心区的划分——基于其2003～2012年载文的引刊分析】 严建新（广西大学）等撰。国家社会科学基金项目。发表于《中国科技期刊研究》2014年第2期，6.5千字。该文认为，科学技术期刊在学术维度上的分层是一种客观现象，来自高影响力期刊的引用有较高评价意义，因而被高影响力期刊引用的情况可作为期刊评价的辅助性依据。将期刊被Nature和Science载文（2003~2012年）的引用作为评价尺度，根据引刊的被引频次和共被引关系，提出在Nature和Science的期刊基础中划分出核心区的两种方法。

【对要求学术期刊全面市场化的质疑——以人文社会科学类期刊为例】 韦家朝（广西大学）撰。发表于《广西大学学报》（哲学社会科学版）2014年第3期，10.8千字。中国人民大学书报资料中心复印报刊资料《出版业》2014年第10期全文转载。该文通过分析期刊市场，发现学术期刊特别是人文社科期刊其实不全然适宜进行市场化。要维护民族文化、区域文化及某些学科的发展，必须有资金、政策保证期刊生存，如果停刊则对中国科研和文化事业造成损失，会削减中国文化总实力，危及国家文化安全。要提高学术期刊质量、增强中国科研和文化实力，也不宜把所有学术期刊全面市场化。该文认为，不管未来的期刊改制如何发展，相关部门应根据不同期刊类型进行改革，以引导和鼓励为主，区别对待。从繁荣国家文化角度考虑，坚持把社会效益放在首位，兼顾经济效益，找出学术期刊发展的最佳路途。

【英国高校遏制学生学术不端行为制度概述】 邓环（广西民族大学）撰。教育部、国家留学基金委2012年高校优秀学生工作者出国研修项目。发表于《学位与研究生教育》2014年第4期，6.5千字。该文介绍英国高校遏制学生学术不端行为的制度，主要包括对学术不端行为的分类以及处理、申诉、预防学生学术不端行为等方面规定。认为这些制度有界定清晰、预防得当、调查规范、效果显著等特征，对中国高校遏制学生学术不端行为制度建设有重要借鉴意义。

【学术博客的用户满意度模型及实证研究】 漆贤军（广西大学）等撰。国家自然科学基金项目《基于云计算的公共信息服务机制研究》阶段性成果之一，教育部人文社会科学青年基金项目《信息生态视角下的网络信息资源优化配置研究》阶段性成果之一，中山大学青年教师培育项目《社会网络视角下的虚拟社区知识共享研究》阶段性成果之一。发表于《图书馆论坛》2014年第10期，6.0千字。该文认为，在Web2.0环境下，学术博客的接受程度和利用效果成为学界关注的问题。综合用户满意度理论、技术接受模型(TAM)和任务技术适配模型(TTF)，构建学术博客用户满意度的结构方程模型，以高等院校和科研院所的科研人员为调查对象，通过网络问卷和纸质问卷调查获得191份有效问卷，使用偏最小二乘法(PLS)对模型进行验证。结果表明，感知有用性、感知易用性和科研任务——学术博客适配度对用户满意度有显著的正向影响作用，用户满意度对学术博客利用效果的正向影响作用显著。

【大学学术权力运行的组织支持、现实困境与匡扶路径】 谢凌凌（广西财经学院）撰。国家社科基金项目《完善中国特色现代大学制度研究》阶段性成果之一，国家自科基金重点项目《基于若干领域政策实践的中国公共决策模式及其现代化路径研究》阶段性成果之一，教育部人文社科项目《大学学术权力运行风险及其防范机制研究》阶段性成果之一，中国博士后科学基金项目，广西高校优势特色重点学科《管理科学与工程》阶段性成果之一。发表于《江苏高教》2014年第3期，7.8千字。该文认为，当前大学学术权力呈现多样化的组织支持模式，但学术组织表达弱化、虚化、分散交叉等也不同程度导致学术权力运行目标的模糊、组织结构的松散、权力强度的偏弱，甚至导致大学学术权力的明显依附特征。从制度层面确保学术权力的独立性，构建基层学术权力的组织体系，明确学术权力的表达边界，形成稳定的组织文化支持机制，将有助于增强组织表达强度，以健康持续地发挥学术权力的运行效能。

【美国高校的学术休假制度透视】 李红惠（广西师范大学）撰。全国教育科学“十二五”规划2013年度教育部重点课题《教师教学发展中心的运行与改进研究》阶段性成果之一。发表于《当代教育科学》2014年第13期，7.2千字。该文认为，学术休假思想起源于犹太民族周期性和长时间集中休假的神话故事。学术休假制度作为教师发展制度首创于19世纪哈佛大学。为历史、全面地了解该制度，该文阐述美国学术休假制度的起源、含义与构成要素、价值导向、内容规定以及运作过程，并展望其未来发展的着力点，即未来的学术休假制度将会引导教师关注和投入教学，同时将加强对休假教师的问责力度。

【微博十大“辩证特性”解读】 刘祖云（广西中医药大学）撰。国家社科基金项目。发表于《自然辩证法通讯》2014年第3期，13.2千字。该文认为，作为新生事物，微博以其“微动力”掀起“微革命”，“微生物”聚合“微生活”的姿态，成为并将继续改变中国人的生活方式。从某种程度说，读懂微博，读懂其虚拟的亦是现实的、微小的亦是巨大的、边缘的亦是中心的、自语的亦是互动的、碎片的亦是整体的、草根的亦是精英的、私人的亦是公共的、符号的亦是舆论的、技术的亦是传媒的、生活的亦是政治的10个特征，就几乎读懂了当下中国的社会境况。

【网络公益组织资源动员策略探析——以广西公益联盟的成员组织为例】 王玉生（广西大学）等撰。教育部社科研究基金规划项目《网络草根组织运行机制研究》阶段性成果之一，国家社科基金青年项目《我国社会政策议程设置模式研究》阶段性成果之一。发表于《学术论坛》2014年第8期，11.3千字。该文认为，在公益资源供给不足与需求日益增加的矛盾背景下，依托互联网运行的网络公益组织采取一系列行动策略，从网络、政府及社会获取组织所需要的公益资源，形成资源动员过程。其中最主要的动员策略包括获取网络资源的信息化策略；获取人力资源的伦理化策略；获取政府资源的合法化策略；获取市场资源的市场化策略；

获取社会资源的社会网络化策略。这些动员策略依循特定的资源动员知识，区别于政府、企业等主体的资源动员策略，并展现出多元组合的特点。

【档案工作服务国外用户新思维——以中国—东盟为例】 徐辛酉（广西民族大学）撰。国家社科基金项目《政府信息公开环境下广西档案开放利用问题研究》阶段性成果之一。发表于《档案与建设》2014年第2期，6.5千字。该文认为，档案工作服务国外用户是档案事业的组成部分，也是国家对外文化交往的方式。在已有法规基础上，档案工作服务国外用户还可以在"涉外"档案资源专题储备、与多部门联动开展涉外活动、找寻更多政策法规支持等方面寻求新思维。

【政府、民间和学界在村落体育保护传承中的角色定位】 孙庆彬（玉林师范学院）、王艳梅（广西城市建设学校）撰。国家社会科学基金西部项目《华南少数民族古村落传统体育文化调查研究与数据库构建》阶段性成果之一，国家社会科学基金教育学青年项目《民族传统体育资源的开发利用及与西部高校"阳光体育运动"的结合研究》阶段性成果之一。发表于《广西师范大学学报》（哲学社会科学版）2014年第1期，6.9千字。该文认为，在老子"道法自然，无为自化"的社会管理思想和人类学的"主客位"文化观的理论视野中，政府、民间和学界在村落体育文化保护传承中具有不同的角色定位。村落居民是村落体育文化的真正主人，在村落体育文化保护传承中应处于主体地位，承担"主体"角色；政府组织在村落体育文化保护传承中属于外在参量，应处于"辅"（辅佐）的地位；专家学者具有专业背景，在村落体育文化保护传承中应处于"导"的地位，可以为村落体育文化保护传承提供智力支持。

【特色体育课程开发视角下的少数民族传统体育项目归类与筛选】 黎晓萍（广西师范大学）等撰。国家社科基金教育学青年项目。发表于《广西师范大学学报》（哲学社会科学版）2014年第1期，9.4千字。该文认为，在教育学、逻辑学及项群理论的指导下，以《中国图书馆分类法》为归类方法的基础，借助参照系原理，建立参照物体系作为归类的具体方法，对少数民族传统体育项目进行归类和筛选，将其划分为项系—项类—项群—项型—项目5个不同层次。通过比较法进行筛选，即将已归类好的难美类、速度类等11种项型的传统体育项目分异项型、同项型、同项目3个不同等级，按照统一的标准进行多方面比较，找出适合不同地域对比，甄别出优者，最终构建出少数民族传统体育从归类到项目筛选的理论体系，从而利于特色体育课程的改革和少数民族传统体育理论建设。

【生态补偿问题国外研究进展综述】 袁伟彦（广西师范大学）撰。国家社会科学基金项目《可持续发展理论与解决西部地区贫困问题研究》阶段性成果之一。发表于《中国人口·资源与环境》2014年第11期，15.3千字。该文认为，生态补偿已成为当前国际公认的重要的生态环境保护手段之一，在世界各地得到广泛实践，也引发众多学者关注。该文尝试通过梳理近年来发表于国外主流期刊的相关研究文献，述评国外关于生态补偿的概念、机制设计与效应评估等核心问题的研究进展。结果发现，除了体现以激励换取生态服务这一共同点之外，国外生态补偿的概念内涵并不一致，从理论基础看，则主要源自于科斯或庇古经济学。由于理论出发点不同、技术制约以及制度与文化背景等的差异，国外不同生态补偿实践在包括参与者、补偿标准、支付条件和补偿方式在内的机制设计上也各不相同，直接导致生态补偿效应评估困难，以及针对生态补偿作用的诸多争议。认为完善相关理论，强调异质性，将成为未来生态补偿研究需要重点面对的问题。

【广西环境库兹涅茨曲线的实证研究】 许登峰（广西民族大学相思湖学院）、刘志雄（广西民族大学）撰。国家社会科学基金项目《西部民族地区战略性新兴产业协同创新存在的问题与对策研究》阶段性成果之一，国家社会科学基金项目《新形势下我国能源安全保障、环境保护与经济稳定增长的协同与政策优化研究》阶段性成果之一。发表于《生态经济》2014年第2期，9.8千字。该文基于环境库兹涅茨曲线，结合信息熵及模型估计方法，实证研究广西环境污染与经济增长二者之间是否存在倒"U"型曲线关系。研究发现，广西环境库兹涅茨曲线表现为倒"U"型，2008年是广西环境库兹涅茨曲线的转折点，但倒"U"型曲线的右半段并不明显。广西污染物排放强度对环境污染的影响越来越明显，经济总量对环境污染的影响在逐年下降，产业结构对环境污染的影响为负。广西需继续加大环境污染治理投资力度；加强环保政策的制定，减少污染排放；优化产业结构，加快培育发展战略性新兴产业；转变经济增长方式，实现经济增长与环境保护二者的耦合协调。

【西南5省（市、区）碳排放强度空间分布研究】 章昌平（桂林理工大学）等撰。国家社会科学基金项目。发表于《桂林理工大学学报》2014年第2期，7.5千字。该文认为，基于空间计量方法对西南5省（市、区）2000~2012年间碳排放强度进行分析，研究发现，西南5省（市、区）2000~2012年碳排放强度总体呈现减弱的趋势，多数省区碳排放强度空间属于 LH 型，表明多数省份碳排放强度较弱，但碳排放强度较强的部分省份依然存在。碳排放强度较强多数是因为能源效率不高、产业结构不合理、没有走可持续发展道路等，该文分别从这 3 个方面对减弱该地区碳排放强度提出对策。

【消费社会背景下的当代中国环境问题研究】 刘忠超（广西民族师范学院）撰。2013 年国家社会科学基金项目《生态文明建设融入经济建设的制度机制研究》阶段性成果之一，2013 年中南财经政法大学博士研究生创新基金项目《消费社会背景下的当代中国环境问题研究》阶段性成果之一。发表于《生态经济》2014 年第 8 期，10.8 千字。该文认为，消费社会是生产力发展的必然结果，是人类社会文明进程的必经阶段，有历史性进步意义。目前，中国正步入大规模消费时代，消费社会的形成一方面提升中国民众的生活水平，促进国民经济发展，另一方面带来环境污染和破坏，使中国脆弱的生态系统面临严峻形势。为此，中国当前环境问题的解决，必须重视消费社会，从经济、法律、文化等多个层面构建符合生态文明建设要求的新型消费理念和模式，缓解消费社会对环境造成的负面效应。

【应急资源联合调度博弈模型及优化】 杨继君（广西行政学院）、徐辰华（广西大学）撰。国家社会科学基金项目，国家自然科学基金重大研究计划项目。发表于《计算机应用》2014 年第 7 期，9.2 千字。该文认为，非常规突发事件爆发后，如何使用不同的运输方式联合调度应急资源就成为急需解决的关键问题。鉴于应急资源在应急资源中心、资源中转站和需求中心之间的调运，设计应急资源流转过程模型。在此基础上，考虑到多种运输方式的联合调度问题而设计面向非常规突发事件的应急资源联合调度博弈模型和算法。针对经典核心法对该模型求解可能出现无解或多解的情况，提出改进的核心法。通过应急资源调度的算例分析与比较，验证所建模型与算法的有效性和求解结果作为调度策略的优越性。

【浅论崇左旅游发展战略与宣传策略】 王建平（广西社会科学院文化研究所）撰。发表于《崇左灰姑娘文化资源及开发研究文集》（广西人民出版社 2014 年 8 月出版），7 千字。该文认为崇左市要改变旅游景区少、档次低，产品少、质量差，品牌少、名气小，统筹少、较分散的状况，必须从硬件和软件两个方面实现旅游业的大提升和大发展。主张以新的理念规划崇左旅游的发展蓝图，明确崇左的“南疆边境游”和“南宁前院游”的旅游定位，勾画崇左旅游的“一线”（边境旅游带）和“一江”（左江旅游带）的旅游格局。提出以大的力度重点打造崇左的旅游亮点，景区建设重在提升与开创，旅游宣传突出重点与策略。崇左可以从“三个一”（一条边境线、一条左江、一个灰姑娘）上大作文章，开创旅游发展新局面。

【关于第二轮志书对人口迁移记述的几点思考】 熊春云（柳州市地方志编纂委员会办公室）撰。发表于《中国地方志》2014 年第 1 期，7.5 千字。历代志书均重视对人口迁移的记述。该文认为，第二轮志书应继承优良传统，保持志书记载的连续性，既要合理设置篇目，分层次、多角度地对人口迁移展开记述，又要拓宽资料收集渠道，重视社会调查资料对人口迁移记述的作用，同时，创新修志工作模式，开辟多种修志途径。

【重复与差异的价值】 龙柳萍（柳州城市职业学院）撰。发表于《广西社会科学》2014 年第 2 期，7 千字。该文认为，网络类型小说的语言表达、人物设置和意境创造存在大量重复，由于作者创作、读者接受的差异，网络类型小说重复基于差异生成，将网络类型小说中的重复与差异在互文理论下统一观照，或许可为审视网络文学价值提供新视角。

【公务员心理健康教育的社会管理研究】 朱小根（广西政法管理干部学院）撰。发表于《广西社会科学》2014 年第 6 期，7 千字。该文认为，当前，中国公务员的心理健康现状不容乐观，心理异常人数比例偏高，工作倦怠心理问题明显。应通过政府干预，建立心理预防诊治系统、积极的心理健康教育模式、心理援助系统，同时公务员要学会心理调适方法。

【欧盟、美国和日本农产品物流追溯体系分析与比较】 张梅（南宁职业技术学院）撰。南宁职业技术学院重点课题《南宁市特色农产品流通体系研究》阶段性成果之一。发表于《世界农业》2014 年第 4 期，6 千字。中国人民大学书报资料中心复印报刊资料《物流管理》2014 年第 6 期全文转载。该文认为，农产品质量安全是国际社会高度关注的问题，多数发达国家已建立较完善的农产品物流追溯体系。欧盟、美国和日本是中国农产品出口的重要市场，通过分析和比较欧盟、美国和日本的农产品物流追溯体系，在借鉴其具体运作模式和先进经验基础上，提出中国农产品物流追溯体系建设必须与国际接轨，制定全国统一的农产品生产、加工、储运和销售规范，对部分品类、部分企业、部分地区先行建立追溯体系，同时建立区域性农产品物流追溯信息管理平台等举措。

【欧盟视听新媒体的内容规制】 张文锋(玉林师范学院)撰。发表于《电视研究》2014年第2期,8千字。中国人民大学书报资料中心复印报刊资料《新闻与传播》2014年第7期全文转载。教育部人文社会科学研究青年基金项目《媒介融合背景下西方传媒规制制度理性与实践》阶段性成果之一。该文对2010年编入欧盟法典的《视听媒体服务指令》(Audiovisual Media Services Directive:AVMSD)立法背景、界定标准、分级规制等方面进行阐述,指出该指令是为适应数字化与网络化的传播技术环境而进行的传媒内容规制立法,体现欧盟在新的传播技术条件下对复杂多样的视听媒体服务进行合理、有序规制的理念与方法,对欧盟各成员国的立法产生重要影响,可视为西方有代表性的视听媒体法规。

【建立中越边境非法移民劳工管理的区域协商机制】 韦福安(广西民族师范学院)撰。发表于《开放导报》2014年第1期,10千字。该文认为,建立中越跨界民族非法移民劳工合作管理协商机制,中越双方应围绕共同目标、规范框架和协调机构,签署双边协定解决历史遗留的难民问题,多层次多部门协商解决非法跨国婚姻问题和签署双边季节性移民劳工协议。该文以国际性战略合作的视野,谋划建立中国—东盟的区域协商机制,修正与完善当前的移民政策。

【边境知识城市品牌内涵拓展、塑造及战略路径】 李庆春(广西民族师范学院)撰。发表于《商业时代》2014年第15期,8千字。该文认为,边境城市有自身特点,将边境城市的地理特性同知识城市理论结合认识和定位城市品牌的内涵及探究塑造的路径,对深化城市品牌理论及指导城市品牌营销实践有重要现实创新意义。

【边境地区国家认同教育的困境与对策——基于对中越边境学生的调查】 黄健毅(广西民族师范学院)撰。发表于《广西师范大学学报》(哲学社会科学版)2014年第4期,10千字。该文认为,边境学生的国家认同关系边疆与国家的安稳。该文在对中国中越边境学生国家认同教育的调查中发现,中国中越边境地区学生的国家认同教育面临整体效果不佳、学校中国家认同教育偏差、家庭与社区中国家认同教育缺失的困境。在意义重大与面临困境的双重压力下,边境地区的国家认同教育应构建内容上以传承和创新文化为核心、形式上涵盖文化所有场域的国家认同教育体系,以走出困境。

【基于多元主体市场条件下运用统计调查方法收集修志资料的思考】 潘小明(广西粮食经济学会)撰。发表于《广西地方志》2014年第6期,4.4千字。该文认为,随着中国经济体制改革不断深入,市场化程度逐渐增强,多元主体市场愈加成熟,收集修志资料的方法需要根据形势发展不断创新。该文以粮食流通行业为例,通过对多元主体市场条件下运用统计调查方法收集修志资料必要性、可行性分析,论证其所能发挥的重要作用和实际意义,并具体介绍统计报表制度、普查、重点调查、抽样调查和典型调查等各种调查方法在收集修志资料工作中的运用,以及需要解决的问题和得到的支持,对在多元主体市场条件下收集或弥补修志资料工作欠缺具有一定的参考价值。

【农产品配送路径最优化问题研究】 谭波(广西工商职业技术学院)撰。广西教育厅2011年度科研立项项目阶段性研究成果。发表于《物流技术》2014年第33卷第3期,5.1千字。该文认为,解决农产品配送路径最优化路径是"农超对接"。针对"农超对接"直采模式,考虑运输成本和农产品损耗成本,建立农产品配送路径最优模型,建立农产品物流中心配送的最短路模型,采用遗传算法对其进行编码、初始化、建立适应度函数、算子的选择、交叉、变异等操作,并应用Matlab软件实现,得到农产品配送的最优配送方案,运算结果表明该方法的有效性和可行性。

【泰国孔子学院的体育传播研究】 郭旭霞(广西大学)等撰。自治区教育厅人文社科研究项目《民族传统体育文化在东盟孔子学院的传播策略研究》阶段性成果之一,广西大学科研基金项目《中华民族传统体育在东盟孔子学院的传播研究》阶段性成果之一,国家社科基金项目《中国—东盟民族体育文化差异与融合发展研究》阶段性成果之一,国家体育总局体育文化研究基地科研课题《民族传统体育文化在东盟孔子学院的现状及推广对策研究》阶段性成果之一。发表于《体育文化导刊》2014年第6期,3.4千字。该文从传播学视角对泰国孔子学院体育传播现状进行分析,研究认为,泰国孔子学院传统体育交流不足主要原因包括传播人数量不足,跨文化交际能力有限,传播受众与传播范围局限;传播内容不丰富,标准欠规范;传播媒介单一,孔院各自为营和缺乏效果研究。建议:加强教师培训;制定规范标准等。

2014年中国人民大学《复印报刊资料》转载社科类广西作者论文一览表

题目	作者	作者单位	原载	转载
本量利分析与作业分析结合运用的案例分析探讨	蒋美荣	广西生态工程职业技术学院	《商业会计》(北京)2014.6	《财务与会计导刊》(实务版)2014.6
资源环境审计技术方法分析	胥晓凤	广西广播电视大学	《中国审计》(北京)2013.20	《审计文摘》 2014.1
城镇化背景下民族自治地方的文化传承发展问题	黄启学 赵　静	广西百色市委党校,自治区党校	《西南民族大学学报:人文社会科学版》(成都)2014.8	《民族问题研究》 2014.10
一种有效设计问题的策略:"问题连续体"	付　煜	广西贺州学院	《教学与管理:理论版》(太原)2013.11	《中小学教育》 2014.3
西汉社会转型与昭宣时期汉赋观的嬗变	龙文玲	广西大学文学院	《文学评论》(北京)2013.6	《中国古代、近代文学研究》2014.2
外贸企业中商务人才的口译培训	罗　薇	广西大学	《中国高新技术企业》(北京)2013.31	《企业家信息》 2014.1
隐喻的身体:可见的与不可见的桥梁	欧阳灿灿	广西师范大学	《国外文学》(北京)2014.1	《文艺理论》 2014.7
农村地区留守儿童健康成长的"云公益"路径探究	朱艺华	广西师范大学	《广西师范大学学报:哲学社会科学版》(桂林)2014.3	《青少年导刊》 2014.9
加强高校马克思主义意识形态教育的若干思考	赖荣珍	广西大学	《学术论坛》(南宁)2013.10	《思想政治教育》 2014.2
思想品德课与生态文明教育	王运钦	广西柳州市第三十九中学	《思想理论教育》(上海)2013.5(下)	《中学政治及其他各科教与学》 2014.1
红丰仡佬语的人称代词系统	何彦诚	广西师范大学	《民族语文》(北京)2014.1	《语言文字学》 2014.8
论德勒兹生态美学思想:地理哲学、生机论与机器论	麦永雄	广西师范大学	《清华大学学报:哲学社会科学版》(北京)2013.6	《美学》2014.2
为网络游戏正名——主体间性视野中的"第九艺术"	闫爱华	广西艺术学院	《中国图书评论》(北京)2013.9	《文化研究》 2014.1
绩效工资实施中存在的突出问题与解决策略	龚　婷	广西师范大学	《教学与管理:中学版》(太原)2013.11	《中小学学校管理》 2014.3
壮语源于指示词的定语标记——兼论数词"一"的来源	覃凤余	广西大学	《民族语文》(北京)2013.6	《语言文字学》 2014.4
应用南方cass软件识别地形图辅助审计实例	党礼新	广西钦州市审计局	《审计月刊》(武汉)2014.1	《审计文摘》 2014.4
基于表单的多维会计及其应用	赵序海	广西经济管理干部学院	《会计之友》(太原)2014.13	《财务与会计导刊(实务版)》 2014.8
审计治腐改革初探	雷俊生	广西审计厅	《财会月刊》(武汉)2014.13	《审计文摘》 2014.9
试论探究式中学物理科普实践课程的课程设计	宋　晖	广西南宁市第二中学	《中学物理》(哈尔滨)2014.7	《中学物理教与学》2014.6
试论发展儿童阅读的策略	卢　莹	广西南宁市桂雅路小学	《小学语文》(北京)2014.7/8	《小学语文教与学》 2014.11
中国互联网保险发展研究	唐金成 韦红鲜	广西大学	《南方金融》(广州)2014.5	《金融与保险》 2014.9
差序格局与农民组织化发展的本土化路径	蒋永甫 黄林海	广西大学	《学习论坛》(郑州)2014.5	《管理科学》 2014.7

续表

题　目	作者	作者单位	原载	转载
高考英语书面表达中复杂结构训练例谈——以2013版人教版七上语文教材为例	蒙　坤	广西百色市高级中学	《基础教育研究》(南宁)2013.10(上)	《中学外语教与学》2014.3
中国电影理论的知识品质	熊　立	广西艺术学院	《文艺评论》(哈尔滨)2013.9	《影视艺术》 2014.1
发票违规问题的审计策略	张彦岚	广西国土资源信息中心	《中国审计》(北京)2013.24	《审计文摘》 2014.3
语文教学应当承担起传承传统文化的使命	洪　珏	广西南宁市教育科学研究所	《基础教育研究》(南宁)2014.3	《初中语文教与学》 2014.9
新时期我国图书馆学研究流派分析	罗贤春	广西民族大学	《图书情报工作》(北京)2014.9	《图书馆学情报学》 2014.8
关于健全党员能进能出机制的思考	曾德盛	广西社会科学院	《观察与思考》(杭州)2014.2	《中国共产党》 2014.5
中小企业现金流困境及其应对	黎　奇	广西工学院	《中国经贸》(北京)2013.10	《商界导刊》 2014.1
论情感、语言、思维三位一体的作文教学——写作学理论与中小学作文的美丽邂逅	陆　云	广西教育学院	《课程·教材·教法》(京)2014.5	《初中语文教与学》2014.7
改革开放三十年高中思想政治课程建设研究	潘永云	广西富川瑶族自治县民族中学	《基础教育研究》(南宁)2014年第2下	《中学政治及其他各科教与学》2014.7
“营改增”后建筑企业负税及利润平衡点测算	李达 施玉婵	桂林理工大学管理学院,广西路桥建设有限公司	《会计之友》(太原)2014.13	《财务与会计导刊(实务版)》 2014.8
小学语文教师文本解读的误区、归因及对策	韦　芳	广西河池学院	《教育导刊》(广州)2014.6(上)	《小学语文教与学》2014.10
高度政治化、恢复发展与博弈中变迁——转型期壮族民间文化变迁的三个阶段	吴德群	广西百色学院	《广西民族研究》(南宁)2014.4	《民族问题研究》 2014.11
合法性与专利商业化早期绩效的实现	陈朝晖	广西科技大学	《中国科技论坛》(北京)2014.9	《创新政策与管理》2014.12
行政承诺法源论:证成与适用	贾媛媛	桂林电子科技大学	《政治与法律》(上海)2014.9	《宪法学、行政法学》2014.12
农村小学语文教师课程能力的调查研究——以广西沿海三市为例	张传月 施日梅	广西钦州学院	《教育导刊》(广州)2014.8(上)	《小学语文教与学》2014.12
数学史在初中教学中应用的现状调查分析	李碧荣 梁江燕 刘　念	广西师范学院	《新课程研究》(武汉)2014.4(下)	《初中数学教与学》2014.12
对要求学术期刊全面市场化的质疑——以人文社会科学类期刊为例	韦家朝	广西大学	《广西大学学报:哲学社会科学版》(南宁)2014.3	《出版业》 2014.10
教师期望对学生数学自我概念影响的定量分析	梁妤翠 黄岳俊	广西钦州学院	《钦州学院学报》(钦州)2014.8	《初中数学教与学》2014.12
变革中的大数据知识服务:面向大数据的信息移动推荐服务新模式	张兴旺	桂林理工大学	《图书与情报》(兰州)2013.47	《图书馆学情报学》2014.1
车辆路径问题优化——基于改进节约算法	李远远	桂林电子科技大学	《社会科学家》(桂林)2013.11	《物流管理》 2014.2

续表

题 目	作者	作者单位	原载	转载
基于旅游竞争力评价的中国与东盟国家旅游贸易互动分析	叶 莉	广西财经学院	《经济地理》(长沙)2013.12	《旅游管理》 2014.3
美国义务教育问责评价模型研究及启示	王 瑜	广西民族大学	《外国教育研究》(长春)2014.6	《中小学学校管理》2014.11
东盟五国赴中国大陆旅游市场分析与开拓研究	吕本勋	广西民族大学	《广西民族大学学报:哲学社会科学版》(南宁)2013.6	《旅游管理》 2014.3
论自我改造与主体性教育之实践本性的重建	陈 菊	广西师范大学	《当代教育与文化》(兰州)2013.4	《教育学》2014.1
幼儿兴趣的理论思考:概念厘清与价值分析	蒋 慧	广西师范学院	《广西师范大学学报:哲学社会科学版》(桂林)2013.5	《教育学》2014.2
差序格局与农民组织化发展的本土化路径	蒋永甫 黄林海	广西大学	《学习论坛》(郑州)2014.5	《管理科学》 2014.7
中国特色社会主义制度发展的全球化视角	杨智勇 林春逸	广西师范大学	《党政研究》(成都)2014.2	《中国特色社会主义理论》2014.10
内部审计参与企业内部控制制度建设的措施与途径——以广西桂林金冠公司为例	李昌伟	南宁市咸宁资产经营有限责任公司	《梧州学院学报》(梧州)2013.4	《财务与会计导刊》(实务版) 2014.1
事业单位财务规则、会计准则和会计制度问题研究——学习新颁事业单位会计准则和会计制度的几点思考	张 孟	广西交通运输厅	《交通财会》(北京)2013.10	《财务与会计导刊(实务版)》 2014.2
企业财务战略选择研究——以北京金建投资公司为例	韦永福	广西现代职业技术学院	《财会通讯》(武汉)2013.11(中)	《财务与会计导刊(实务版)》 2014.3
国际物流业务中的责任划分和风险防范	陈彩凤	南宁职业技术学院	《广西社会科学》(南宁)2013.11	《物流管理》 2014.2
我国第三方物流发展瓶颈与营销策略的创新——4Ps理论在物流行业的运用	郑文玲	广西科技大学	《价格月刊》(南昌)2014.3	《物流管理》 2014.6
中、美、印农业融资体系比较研究	覃群发	南宁职业技术学院	《世界农业》(北京)2013.11	《农业经济研究》 2014.2
论思想政治教育精神环境的结构和功能	蔡小菊	广西师范大学	《思想理论教育》(上海)2013.10(上)	《思想政治教育》 2014.2
加强社会主义意识形态建设创新思想政治教育理论与实践——2013年全国思想政治教育学术研讨会综述	曾令辉 朱 燕	广西师范学院	《马克思主义研究》(北京)2013.11	《思想政治教育》 2014.2
我国房产税改革的可持续性与路径探讨	蔡高根	广西财政厅	《经济研究参考》(北京)2013.53	《体制改革》 2014.1
会员制下特殊收入的确认和计量探析	伍唯佳	广西荣联普泰税务师事务所	《新会计》(上海)2014.5	《财务与会计导刊》(实务版) 2014.8
农村地区留守儿童健康成长的“云公益”路径探究	朱艺华	广西师范大学	《广西师范大学学报:哲学社会科学版》(桂林)2014.3	《青少年导刊》 2014.9
城市人民公社与妇女解放	汪前珍	广西民族大学	《党史研究与教学》(福州)2014.3	《妇女研究》 2014.5
迈向共同治理:社会建构下的公共参与及模式转换	尹文嘉	广西师范学院	《经济社会体制比较》(北京)2014.3	《公共行政》 2014.10

续表

题　目	作者	作者单位	原载	转载
国际旅游胜地建设中的核心价值塑造	张翔云	桂林旅游高等专科学校	《社会科学家》(桂林)2014.9	《旅游管理》 2014.11
我国房地产税征管体系构建研究——对沪渝两市房产税试点的反思	蔡旺清 蔡　旺	广西贺州学院、百色学院	《上海市经济管理干部学院学报》2014.3	《体制改革》2014.8
生命美学与生态美学四人谈	袁鼎生	广西民族大学	《贵州社会科学》(贵阳)2014.6	《美学》2014.8
我国旅游市场"柠檬问题"研究	柳晓静 毕　燕	广西师范学院	《重庆理工大学学报:社会科学版》2014.6	《旅游管理》2014.12
中国需求结构演进对经济增长及经济波动的影响	纪　明	广西师范学院	《经济科学》(北京)2014.1	《国民经济管理》 2014.5
"慕课"潮流对大学影响的深层解读与未来展望	杨满福	广西师范学院	《中国高等教育》(北京)2014.3/4	《高等教育》 2014.5
越南使臣对晚清中国社会的观察与评论	陈国保	广西师范大学	《史学月刊》(开封)2013.10	《中国近代史》 2014.1
新生代农民工城市融入及成人教育应对——基于山东省济宁市、泰安市分析	刘雅婷	广西师范大学	《中国成人教育》(济南)2014.15	《成人教育学刊》 2014.12
中国新型城镇化的农业转移人口市民化——基于马斯洛需求理论视角	官锡强	广西经济管理干部学院	《改革与战略》(南宁)2013.12	《农业经济研究》 2014.2
人之生命存在方式探赜——论思想政治教育实践的人性根源	曹春梅	广西师范学院等	《现代哲学》(广州)2013.6	《思想政治教育》 2014.2
抗战时期吴伯超在重庆	李　莉	广西艺术学院	《黄钟(武汉音乐学院学报)》2014.1	《舞台艺术(音乐、舞蹈)》2014.2
士子游幕与乾嘉文学	梁结玲	广西玉林师范学院	《中南民族大学学报:人文社会科学版》(武汉)2014.3	《中国古代、近代文学研究》2014.7
中国双导型经济与人的生存和发展	巫文强	广西人的发展经济学研究基地	《改革与战略》(南宁)2014.5	《社会主义经济理论与实践》2014.7
后现代主义语境中的教育观	武　博	广西科技大学	《当代教育与文化》(兰州)2014.4	《教育学》2014.11
现代职业教育课程本质探析	蓝洁等	南宁职业技术学院	《职业技术教育》(长春)2013.28	《职业技术教育》 2014.3
两岸经济区治理研究:共同体视角	刘澈元 陈庆鹏	广西师范大学	《广西师范大学学报:哲学社会科学版》(桂林)2013.5	《台、港、澳研究》 2014.1
浅析美国未成年人案件社会调查制度	张鸿巍	广西大学	《河北法学》(石家庄)2014.5	《刑事法学》 2014.7
多产品订货与定价联合决策探讨	王东红	广西财经学院	《中国流通经济》(北京)2014.2	《贸易经济》 2014.7
"解严"后政党角力下台湾新闻自由的进步与迷思	曹艳辉	桂林理工大学	《台湾研究集刊》(厦门)2014.1	《新闻与传播》 2014.7
国外高速铁路空间经济效应研究进展及启示	李　红	广西大学	《人文地理》(西安)2014.1	《地理》2014.4
论高等教育质量调节的市场机制	李　斌	桂林航天工业学院	《高等教育研究》(武汉)2014.7	《高等教育》 2014.12
对话:人类学高级论坛与中国人类学家口述史	徐杰舜	广西民族大学	《民族论坛》(长沙)2014.4	《社会学》2014.7

调研报告

·社 会 学·

【推进哲学社会科学成果应用转化研究】 联合课题组完成，组长郑志远（柳州市社科联）。2014年3月通过专家组鉴定，13千字。该课题认为，社会科学成果的转化是一项系统复杂的社会工程。坚持以科学理论指导实践并根据实践不断推进理论创新是哲学社会科学发展的基本规律。

【2014年广西社会景气研究】 周可达（广西社会科学院）等完成。发表于《2014广西蓝皮书：广西文化发展报告》（广西人民出版社2014年3月出版），7千字。该课题参照经济景气分析框架，通过构建广西社会景气综合评价指标体系展开研究。社会景气评价指标体系有4个层次，其中第二层次由社会发展水平和社会满意度2个部分（维度）组成。社会发展水平由人口发展、生活水平、公共服务和社会和谐4个维度构成；社会满意度由对自身生活状况的评价、对社会状况的评价和对政府的满意度3个维度构成。结合文献分析和问卷调查进行研究，在对近5年广西社会景气运行趋势开展科学评价和分析的基础上，对2014年广西社会景气发展状况进行研判，并预测2014年广西社会景气发展趋势，为新时期广西各级党委、政府推进社会建设和社会治理提供理论指导和决策咨询。

【构建服务型政府与发挥社会组织作用的协调机制研究】 柳州市社科联课题组完成，组长熊政（柳州市社科联）。2014年3月通过专家组鉴定，14千字。该课题认为，推进服务型政府建设是经济社会转型的必然要求，作为服务型政府建设中沟通民众桥梁、重要补充形式和合作伙伴的社会组织，在参与服务中存在许多问题。有效的协调机制是维持服务型政府与社会组织间长期合作共赢的基础，柳州市在推进服务型政府时，要认清社会组织在服务型政府的角色，找准突破口，加快建立政府组织协调机制，全面提升社会组织参与服务型政府的能力和有效性，满足人们日益增长的多样化服务需求。

【柳州市实施哲学社会科学品牌战略研究】 联合课题组完成，组长邹继业（柳州市社科联）。2014年4月通过专家组鉴定，19千字。该研究从柳州实际出发，总结市内外经验，提出通过强化咨政导向、综合多维优势、政策支撑、建设哲学社会科学重点研究基地，形成跨学科、跨单位的系统开放式研究平台，从而打造咨政品牌、学科品牌、社科科普品牌、科研品牌。

【柳州市社科类社会组织管理体制和组织建设创新研究】 柳州市社科联课题组完成，组长罗永光（柳州市社科联）。2014年3月通过专家组鉴定，16千字。该课题认为，在中国改革开放的新形势新背景下，如何做好社科类社会组织管理工作和组织建设，是社科工作者急切研究探讨的重要课题。必须创新思维，加强社科类社会组织管理理论和组织建设研究，寻求社科类社会组织管理客观规律，提高社科类社会组织管理和建设水平，建立科学化、规范化、法制化、制度化的社科类社会组织管理体系。

【培育社区社会组织提升基层公共服务的研究】 柳州市政协课题组完成，组长赵建华（柳州市政协）。2014年3月通过专家组鉴定，16千字。该课题认为，社区社会组织是为满足社区居民不同需求而开展活动的社会团体和民办非企业单位，是独立于政府和市场之外的一种新型的社会组织形式，是社会组织中最贴近群众的组织，已成为创新社会管理、提升基层公共服务，构建和谐社会的重要载体。该课题从“社区社会组织”的基本概念入手，对社区社会组织的属性、分类、作用进行全面剖析，结合对柳州市社区社会组织发展现状的调查和研究，分析存在的不足，并学习借鉴其他地市经验和做法，提出如何加强扶持和培育社区社会组织的方法，为提升柳州市基层公共服务体系建设，创新基层社会管理提供参考。

【柳州市农村留守人群问题与对策研究】 柳州市委党校课题组完成，组长甘灿业（柳州市委党校）。2014年3月通过专家组鉴定，10千字。该课题通过实证分析，阐述柳州农村留守老人重责凄凉、留守儿童缺爱孤僻、留守妇女重担孤寂等现象。指出柳州农村留守人群的产生与城镇化快速发展、城乡户籍制度改革断链、市场经济下“用脚投票”、农村各项收益不断提高和城市环境不适应等密切相关。要改善其处境，需从新农村建设、城乡户籍制度改革、农村公共服务水平、就地发展经济和关爱留守人群活动等方面着手。

【柳州汽车工业园区配套功能公共设施建设研究】 联合课题组完成，组长李栋（柳州市老科技工作者协会）。2014年3月通过专家组鉴定，17千字。该课题针对柳州汽车城(柳东新区)的规划建设过程进行调研,分析指出柳州汽车城规划建设过程中存在的涉及“配套功能项目建设滞后”问题,对柳州汽车城和完善正在建设中的柳州汽车城(柳东新区)提出建议。

【柳江县撤县建区主体功能区划分与建设研究】 柳州市发改委课题组完成,组长姜琦(柳州市发展和改革委员会)。2014 年 3 月通过专家组鉴定,17 千字。该课题认为,柳江撤县设区是柳州建设超大城市的重要布局,柳江县城在地域上和市区连成一体,具备柳江撤县设区的基础。该课题从柳江县撤县建区的基础和条件、战略选择、主体功能区划分和建设重点等方面,从规划布局和项目建设的角度,提出建设设想。

【柳州文明城市建设与管理长效机制研究】 联合课题组完成,组长莫波功(柳州市委党校)。2014 年 3 月通过专家组鉴定,10 千字。该课题对柳州在文明城市建设与管理长效机制存在的主要问题,剖析原因,提出在长效机制建立方面需要进一步建立健全组织领导机制和工作机制、责任机制、活动引导机制、咨询机制、监督机制、督查机制、考核机制、教育机制、保障机制等。

【柳州城市窗口行业精神文明建设存在的问题及其治理长效机制研究】 柳州市委党校课题组完成,组长吴啸虎(柳州市委党校)。2014 年 3 月通过专家组鉴定,10 千字。该课题认为,近年来柳州市以创建全国文明城市为契机,在全市窗口行业开展一系列服务社会公众、展示柳州形象的精神文明建设活动。窗口行业的精神面貌和服务水平有提高,但仍存在众多问题。该课题从分析柳州市窗口行业精神文明建设活动的现状入手,分析存在问题的深层次原因,重点提出以完善体制为重点构建窗口行业精神文明建设长效机制等建议。

【融安县域经济发展定位及其主体功能区规划建设研究】 广西融安县委党校课题组完成,组长韦宁(融安县委)。2014 年 3 月通过专家组鉴定,10 千字。该课题根据国家经济发展定位及其主体功能区规划政策要求,融安根据柳州市委、市政府关于柳州发展战略,从建设柳州市域次中心城市角度,定位县域经济发展战略,根据融安县域地理条件,依据自治区关于县域经济开发性质,规划县域经济发展主体功能区。

【社会科学对柳州在广西率先全面建成小康社会进程中的作用研究】 柳钢党校课题组完成,组长黄宗科(柳钢党校教研科)。2014 年 3 月通过专家组鉴定,21 千字。该课题认为,社会科学是推动中国经济社会发展的重要力量,是解决理论认识和科学思维、社会建设和社会管理的重要工具,为人们解决世界观、人生观和价值观问题提供正确理论指导。柳州在广西率先全面建成小康社会进程中,需充分发挥社会科学的正确理论引领作用,发挥社会科学对柳州经济、政治、文化、社会、生态文明建设等方面的实践引领和理论支撑,为其提供实践途径和有效方法。

【推进鹿寨撤县设区规划建设研究】 广西鹿寨县委党校课题组完成,组长江祖林(鹿寨县委党校)。2014 年 3 月通过专家组鉴定,15 千字。该课题认为,鹿寨撤县设区后其功能规划应重点突出工业园区、商贸及物流集散地、菜篮子基地、旅游休闲去处、城镇化建设示范区等。功能确立后,应有效推进规划建设,同时应把握好 4 个方面原则。鹿寨撤县设区工作是复杂的系统工程,制约其推进规划建设的因素主要是资金问题。

【城镇就业促进政策与社会保障联动机制研究——以柳州市为例的分析】 柳州市人力资源和社会保障局课题组完成,组长李红英(柳州市人力资源和社会保障局办公室)。2014 年 3 月通过专家组鉴定,11 千字。该课题认为,近年来柳州市在建立统筹城乡就业体系、构建城乡一体化的社会保障方面取得突出成绩,民生改善、社会和谐。党的十八大对就业和社会保障提出更高要求,如何在实施就业促进政策的同时进一步构建完善的社会保障体系面临很多困难和挑战。各级人力资源和社会保障部门需进一步完善与就业有关的社会保障制度,形成较健全的社会保障体系框架;推进农村劳动力转移就业,统筹城乡就业;加强职业能力建设体系建设,全面提高劳动者技能素质;完善劳动关系调解体制。

【柳州工业城市都市现代农业发展规划研究报告】 柳州市农业局课题组完成,组长刘小萍(柳州市农业局)。2014 年 3 月通过专家组鉴定,18 千字。该课题以国内外发达地区都市现代农业发展状况为对象,采用资料文献法、实证分析法及综合分析和比较分析的方法,剖析柳州工业城市发展都市现代农业的政策、区位、经济等优势条件,指出存在的主要问题,运用指标体系模型对柳州市都市现代农业发展水平进行评价,提出柳州发展都市现代农业的总体思路、空间布局、重点项目和对策措施。

【柳州工业化城镇化融合发展战略研究】 柳州市委课题组完成。发表于《柳州改革发展战略研究·2013》(广西人民出版社 2014 年 4 月出版),29 千字。该课题通过理论研究路径，全面客观的分析柳州工业化城镇化融合发展的背景，运用数量模型定量、定性及比较分析等多种方法，对柳州工业化城镇化融合发展开展综合分析，并依据背景特征结合分析结论提出以中心城区、产业新城、周边县城、重点乡镇4个层级为主的工业化城镇化融合发展模式，在此基础上提出相关对策建议。

【桂林智慧城市建设研究】 刘俊杰（广西师范大学）等完成。2014年11月通过专家组鉴定，36千字。桂林市哲学社会科学规划研究重点课题。课题立足“创建桂林特色智慧城市”总体定位，借鉴国内外智慧城市建设经验，结合桂林经济社会发展水平及其智慧城市建设比较优势，按照基础先行、急迫优先、先易后难、保障到位的方针和数字化—智能化—智慧化方向，突出重点，侧重智慧化管理及智慧旅游、交通、政务等方向，从顶层设计、信息化统筹、智慧基础设施建设、推进信息共享、实现智慧应用等方面，提出整合外部资源，建立多元化投资机制，促进信息化与工业化、城市化、农业化现代化融合，建设“绿色桂林、生态桂林、和谐桂林、魅力桂林”的基本路径。指出以智慧旅游为突破口和信息产业增长点，带动智慧农业、交通等一系列智慧产业发展，逐步达成桂林整体智慧城市的信息化建设，形成社会安定、全民受益的和谐发展新格局。

【桂林特色小城镇发展研究】 谢雨萍（桂林旅游高等专科学校）等完成。2014年11月通过专家组鉴定，28千字。桂林市哲学社会科学规划研究重点课题。课题在文献研究和广泛调研基础上，综合运用旅游学、产业经济学、区域经济学、管理学和社会学等学科相关理论，定量分析桂林小城镇结构演进及空间结构布局，定性分析桂林特色小城镇集群发展机制，实证研究桂林旅游发展与城镇化的相关性与耦合性，提出总体方针、政策设想及实施的对策建议，并对桂林特色小城镇的相关个案进行研究。

【广西推进新型城镇化路径与体制机制创新研究】 陈禹静（广西社会科学院工业经济所）、蒋小勇、周枫涵、邓磊、蒙洁、柳庆刚等完成。2014年12月通过专家组鉴定，32千字。2014年度广西社会科学院重点课题。该课题介绍了新型城镇化基本理论，包括城镇化相关理论借鉴、新型城镇化内涵及特征，着重分析广西城镇化发展历程、发展现状存在的突出问题，深入剖析广西推进新型城镇化在规划管理、户籍制度、土地制度、投融资体制、公共服务等方面存在的体制机制问题。在比较借鉴国内外城镇化发展路径基础上，提出广西推进新型城镇化整体思路。研究认为，广西推进新型城镇化要突出构建城镇群、增强中心城市辐射带动能力、提高城市综合承载能力、加强综合交通网络建设、推进农业转移人口市民化、统筹城乡发展。同时提出广西要围绕城乡一体化发展、农村产权管理、投融资、城镇融和发展、城镇建管、新型城镇化推进体制机制促进创新。

【促进南宁市城乡人口合理有序转移研究】 南宁市统一战线理论研究会完成，组长罗辉。2014年12月通过专家组鉴定，30千字。该研究课题认为，城镇化是中国经济社会发展的新引擎，促进农村人口合理、有序向城镇转移是中国步入新世纪，实现“四化”协同发展面临的新问题、新挑战。南宁是广西的政治、经济、文化、科教、金融和贸易中心，也是中国—东盟博览会永久举办地。在城镇化发展进程中，南宁市城乡人口的有序转移对广西经济社会发展有重要影响。在南宁市城镇化率迅速提升的同时，城市人口占比不断增加，在此背景下科学合理推进农村人口转移始终是一个重要课题。

【南宁市构建现代公共文化服务体系研究】 南宁市党的建设学会完成，组长黄玉娇。2014年12月通过专家组鉴定，32千字。该研究课题认为，随着经济社会的快速发展和人民生活水平的不断提高，人们对公共文化服务的需求越来越多元化。构建结构合理、功能完善、惠及全民的公共文化服务体系成为各级政府的重要任务。近年来，南宁市在公共文化服务水平大幅提高的同时，还存在着基础设施投入不足、城乡发展不平衡、专业人才紧缺、公共文化服务供给主体单一等问题，如何改革创新文化体制机制，理顺政府和市场的关系，构建与经济社会发展水平相适应，不断满足人民群众日益增长文化需求的现代公共文化服务体系，成为南宁市党委、政府面临的重大课题。

·经　济　学·

【柳州探索建设港澳台工业园战略研究】 柳州市委课题组完成。发表于《柳州改革发展战略研究·2013》（广西人民出版社2014年4月出版），24千字。该课题通过理论和实践相结合的研究方法，从区域经济学、产业经济学的角度，学习借鉴自治区内外城市建设工业园区的有益经验，运用定量、定性及比较分析等多种方法，对柳州建设港澳台工业园的优势、劣势、机遇和挑战等进行全面分析，并围绕未来柳州建设港澳台工业园产业选择进行深入分析，提出柳州建设港澳台工业园区与港澳台地区产业选择和对接的基本方向。同时围绕科学选址、招商方式、发展环境、管理体制、政策扶持等建设港澳台工业园的关键环节，提出相关对策建议。

【构建柳州特色现代产业体系战略研究】 柳州市委课题组完成，发表于《柳州政策应用研究·2013》（广西师范大学出版社2014年3月出版），51千字。该课题阐述构建现代产业体系的相关理论基础，重点从产业发展的结构、效率、动力、支撑体系及可持续发展能力等方面分析柳州现代产业体系的发展现状，并对发展潜力作出全方位评估，提出构建柳州特色现代产业体系的战略思路和对策建议。

【产能过剩背景下广西工业转型升级研究】 韦艳南（广西社会科学院工业经济所）、蒋小勇、周枫涵、宁小红、柳庆刚等完成。2014年12月通过专家组鉴定，50千字。2014年度广西社会科学院重点课题。该研究课题认为，广西是后发展欠发达地区，工业结构不均衡，高能耗、高污染和产能过剩行业占工业比重较大，如何处理工业发展中总量与结构、传统优势产业与战略性新兴产业、工业化与信息化、工业化与城镇化、工业化与农业现代化重大关系，加快产业结构转型升级，打造广西经济升级版，是亟须解决的重大问题。研究提出，广西工业转型升级要坚持工业转型升级与工业跨越目标相一致，“三步走”“两优化”“三提升”，选择产业集群升级模式、产业链延伸升级模式、循环经济发展升级模式、产业周期创新模式，从加强企业技术改造、增强自主创新能力、提高工业信息化水平、促进工业绿色低碳发展、实现质量和品牌战略、推动大企业与中小企业协调发展、优化工业空间布局、提升对外开放层次和水平等方面提出相关对策和保障措施。

【县级党政主要领导干部经济责任同步审计研究——以南宁为例的县级党政领导干部经济责任同步审计探索】 南宁市审计学会承担完成，组长边作新（南宁市审计局）。2014年12月通过专家组鉴定，60千字。党政主要领导干部经济责任同步审计是经济责任审计的新方式，县委书记、县长，城区委书记、区长同步审是党政主要领导干部同步审计的重点，党政主要领导干部同步审计由此试点并逐步推广至乡科级以及地市级和省部级。近年来，县级党政主要领导经济责任同步审计方面已有不少理论探索，但从审计方法、目标、内容和责任界定、评价体系及结果运用等全过程进行系统性的研究较少。该课题对县级党政主要领导干部经济责任同步审计开展研究，以南宁为例，进行探索，并提出对策与建议。

【分税制框架下广西地方税体系完善的路径选择】 自治区国家税务局课题组完成，组长王柳德。发表于《经济研究参考·地方财经》2014年65T-11期，21.6千字。党的十八届三中全会从国家治理体系现代化的高度做出深化财税体制改革的战略部署，提出完善地方税体系的重大改革任务。该文借鉴其他民族自治地区经验，结合广西实际，探索广西地方税体系完善的路径。

·政　治　学·

【建立健全党政机关廉政机制研究】 柳州市人民检察院课题组完成，组长韦震玲（柳州市检察官协会）。2014年3月通过专家组鉴定，14千字。该课题认为，廉政制度建设是党的建设五大基本任务之一，党政机关的廉政建设关系到国家机关及其公职人员能否依法行使被赋予的公共权力。改革开放以来，中国的廉政建设取得一定成效，但仍存在各种问题。通过剖析原因，提出在新形势下构建完善的廉政制度体系的对策建议。

【司法工作人员在诉讼活动中渎职行为的法律监督机制研究】 广西鹿寨县人民检察院课题组完成，组长吴永辉（鹿寨县人民检察院）。2014年3月通过专家组鉴定，11千字。该课题在分析司法工作人员诉讼中渎职行为的类型、现状基础上，归纳司法工作人员诉讼中渎职行为特点及成因，对司法工作人员诉讼中渎职行为法律监督机制存在的问题和不足进行分析，并结合检察机关办案实践，提出检察机关在办理审查逮捕、审查起诉、抗诉、民事申诉等诉讼阶段对司法工作人员渎职行为加强监督的对策建议。

·文　化　学·

【三江侗族自治县民俗文化及其保护调查】 柳州市老年学学会课题组完成，组长蒙志琨（柳州市老年学学会）。2014年3月通过专家组鉴定，24千字。该课题从问题切入，深入三江社会基层，通过对三江的桥楼、节庆、歌舞、饮食、服饰及侗族各类文化、文学作品保护现状进行全面调查研究，并对保护的成功点与欠缺点进行比较论证，剖析产生的背景及原因。在此基础上，从树立保护民俗文化的意识与责任、利用多种调查方式掌握民俗文化概况、完善民俗文化保护的管理机制、多渠道融资、组织专家进行专题研究、培养本土民俗文化保护的专业人才、实现民俗文化保护与开发及政府、企业、社会三元保护的统一等方面提出解决问题的具体措施。

【南宁职业技术学院服务南宁市文化产业发展的对策

研究】 南宁高等职业技术教育研究会完成，组长张春玲（南宁高等职业技术学院）。2014年12月通过专家组鉴定，35千字。该课题依据南宁市文化产业发展的现状及趋势和对文化产业相关专业人才的需求，分析南宁市文化产业发展对南宁职业技术学院的影响与作用，探析适应南宁市文化产业发展的南宁职业技术学院教育战略调整的对策，为加快南宁市文化产业发展提供高技能人才支撑。

【柳州市非物质文化遗产传统技艺的保护和产业化发展的研究报告】 柳州城市职业学院课题组完成，组长刘洪波（柳州城市职业学院）。2014年3月通过专家组鉴定，16千字。该课题认为，一个地区的非物质文化遗产保护和产业化发展过程是一个系统工程的建设过程，该系统的建设仅依靠政府行为难以形成合力和活力，其良性系统的建立需要整合地方政府、科研机构、企业和文化传承人（群）多方资源，通过行业协会将社会资源有效组织，形成跨行业平台，同时加强传统技艺项目的基础性研究工作，推动传统技艺的职业教育发展，培育人才。以一个或者多个非遗传统技艺项目为基地，建立研究、保护、产品研发、生产、销售、人才培养于一体化模式，在一个基地成功的基础上不断复制，形成非遗传统技艺保护和产业化的良好环境。

·教　育　学·

【柳州市特殊教育发展思路与对策研究】 柳州市政协课题组完成，组长覃国安（柳州市政协）。2014年3月通过专家组鉴定，16千字。该课题认为，特殊教育是中国教育事业的重要组成部分，全日制特殊教育学校是当前中国特殊教育安置的主要形式之一。特殊教育是为满足特殊儿童学习的需要而提供的，在于帮助特殊儿童逐步适应最少限制的环境，使其尽最大可能与正常儿童一同参与普通学校的学习活动，以达成能适应正常生活的目标。坚持教育优先发展、促进教育公平是新形势下教育改革与发展的指导方针和重大举措。如何加快特殊教育的发展，使特殊教育与普通教育协调发展，使残疾人能够接受良好的教育，对构建和谐社会有重要意义。

【发展柳州高职教育与城市经济建设人才相适应研究报告】 柳州职业技术学院课题组完成，组长谭界忠（柳州职业技术学院）。2014年3月通过专家组鉴定，17千字。该报告从区域产业经济理论、高等职业教育理论研究入手，论述高职教育与城市区域经济社会发展间的关系，剖析国内外高等职业教育与区域经济发展典型案例经验教训。通过分析柳州经济社会发展及高等职业教育现状，对柳州高等职业教育规模、布局、层次及专业结构与城市经济建设人才需求适应程度进行分析，对存在问题提出相应对策和建议。

【中华经典诵读与中华传统文化传承创新的实证研究】 黄文吉（广西外国语学院）等完成。2012年广西高校科研项目立项项目，2014年5月通过专家组鉴定，6.8千字。该课题采用问卷调查法、文献研究法和个案研究法等研究方法对广西外国语学院学生开展中华经典诵读活动调查，同时通过对文学院学生作品“一二三”经典诵读和经典文学作品“读、研、写、演”的实践探索与实证研究，提出经典诵读与中华传统文化传承创新实施的思路与方法。该项目阶段性成果之一《中华经典文化》课程网站获第十三届全国多媒体大赛高校文科组一等奖。

【南宁市学前教育办学模式创新研究】 南宁高等职业技术教育研究会完成，组长方绪军（南宁高等职业技术学院）。2014年12月通过专家组鉴定，37千字。南宁市所辖学前教育机构（包括幼儿园）有900多所，但长期存在财政投入偏低、管理结构混乱、教学内容小学化严重等问题。南宁市学前教育的办学模式多为民办和公办两种形式。民办幼儿园的办学条件和质量影响南宁市学前教育整体发展。该课题研究基于南宁市学前教育面临着入学难、入园贵等现实问题，通过调研得出南宁市学前教育办学模式存在的不足，并提出办学模式创新大的路径，以供教育行政机构在学前教育决策时提供参考和借鉴。

·其　他·

【推进柳州市不可移动文物保护研究】 柳州市政协课题组完成，组长覃泽芬（柳州市政协）。2014年3月通过专家组鉴定，16千字。针对柳州市不可移动文物保护现状和存在的主要问题，该课题建议通过加大宣传力度、加强组织领导、建设数据信息库、健全体制机制、加大经费投入等方面推进文物保护工作，同时加快实施白莲洞国家考古遗址公园、鲤鱼嘴遗址保护展示中心、柳宗元纪念馆等重点项目，推动不可移动文物的保护工作提升及合理价值利用。

科研机构

自治区直属科研机构

【广西社会科学院】 自治区党委、自治区人民政府直接领导的综合性社会科学研究机构。内设机构17个，其中研究机构10个，分别为哲学研究所、区域发展研究所、工业经济研究所、农村发展研究所、数量经济研究所、东南亚研究所、民族研究所、社会学研究所、文化研究所和台湾研究中心。科研辅助机构2个，分别为信息中心和院刊编辑部。行政后勤管理部门5个，分别为办公室、人事处、科研处、党群处、后勤管理处。二层机构1个，即当代广西研究所。增挂广西北部湾发展研究院牌子。2014年末在职人员129人，其中研究人员118人(其中具有高级专业技术职务资格73人，中级32人)。有国家级突出贡献专家4人(含离退休人员，下同)，享受国务院政府特殊津贴专家20人，广西优秀专家10人，广西有突出贡献科技人员5人，入选广西"新世纪十百千人才工程"第二层次人选7人。设有自治区"八桂学者"(泛北部湾合作与发展研究)岗位1个，现聘专家吕余生。自治区"特聘专家"(北部湾经济区开放开发研究)岗位1个，现聘专家杨亚非。院长吕余生。

学术活动与交流　年内，顺应党的十八大以来中央对两岸关系和周边外交的新形势，充分发挥地缘优势和优长学科优势，积极与台湾地区及周边友好国家的研究机构进行友好交流，筹办一系列高水平论坛和研讨会，较好地发挥智库在推动两岸关系和周边外交方面的作用。为推动两岸关系和桂台合作，2月，与台湾中华经济研究院在台北市共同主办"中越边境合作与台商机遇"学术研讨会；与台湾两岸共同市场基金会在台北市台湾政治大学国际关系研究中心共同主办第九届两岸产业共同市场论坛。5月，举办纪念奠边府战役胜利60周年研讨会。越南驻南宁总领事馆、广西大学中国—东盟研究院、广西民族大学东盟学院、广西东南亚研究中心等单位的40多名专家学者出席研讨会，11家国内媒体和3家越南媒体到会采访报道，获得中央领导的批示与肯定。8月，参与承办第八届泛北部湾经济合作论坛和泛北智库峰会。9月，与广西国际博览事务局、广西北部湾发展研究院承办由中国社会科学院和广西壮族自治区人民政府主办的第七届中国—东盟智库战略对话论坛暨首届中国—新加坡经济走廊智库峰会。来自东盟10国、印度和中国的100多名专家学者、政府官员和企业家代表参加论坛。11月，主办第十届西部社会科学院院长联席会议，就"一带一路"经济发展战略和智库建设进行深入讨论。此外，广西社科院专家、学者还分别参加中国社科院、外交学院，江西、上海、吉林、云南、贵州、广州等地主办的各种高层次国际国内学术会议，并作会议主持或主旨发言。全年接待来自菲律宾、泰国、新加坡等国家及中国社科院和各省社科院的国内外专家学者11批(次)50人(次)。

11月17日，由广西社会科学院主办的第十届西部社会科学院院长联席会议暨"一带一路"论坛在南宁举行　　(张　磊　供稿)

科研成果　年内，承担国家社会科学基金课题5项，自治区社会科学规划课题5项，自治区党委政府重大招投标课题1项，自治区发改委"十三五"重大前期研究课题2项；院级立项重点课题30项（其中28项验收合格通过，2项申请延期至2015年完成），委托课题25项，国情（区情）调研课题18项，2015~2016年所基础理论研究课题11项，北部湾经济区开放开发特聘专家岗位配套课题2项，国家及自治区课题配套8项。科研成果总字数约1638万字。其中著作33部，研究报告150篇，论文233篇，科普读物2部。在《广西日报》《当代广西》等报刊发表35篇文章。在权威报刊发表科研成果5项。《广西经济形势分析与预测》《广西西江经济带发展报告》《广西农村发展报告》《广西文化发展报告》《广西县域竞争力报告》《广西工业发展报告》《广西沿边地区开发开放报告》《越南国情报告》《广西社会发展报告》《广西民族地区发展报告》等10本蓝皮书先后出版发行。编发公开刊物《学术论坛》12期、《经济与社会发展》6期、《东南亚纵横》12期、《沿海企业与科技》6期；内刊《中国—东盟简讯》《广西社会科学院院讯》各24期，《社会科学决策》9期，《读书·调查·思考》7期，近440千字。科研成果获第13次广西社会科学优秀成果奖28项，其中一等奖1项、二等奖9项、三等奖18项。年内，起草自治区文件和领导讲话稿3篇。完成与广西北部湾经济区和东盟开放合作办公室合作的《共建21世纪海上丝绸之路研究》、与自治区教育厅合作的《关于在广西南宁建立中国—东盟联合大学研究》、自治区党委办公厅委托的《广西与周边省区开放合作研究》、自治区政协委托的《推动建立中国（广西）边境自由贸易示范区战略研究》等多个事关广西经济发展大局战略性课题研究。《广西建设民族文化强区战略研究报告》《广西民营企业重大项目融资难问题对策研究》《创新扶贫模式，加快广西糖业市场化转型研究》《做大做强广西松香产业的对策建议》《广西边境地区农业农村发展与中国周边地缘战略问题研究（修订版）》《稳定广西海洋捕捞渔民队伍，维护我国海洋权益》等8项研究成果得到中央和自治区主要领导的批示和肯定，有些建议进入自治区党委、自治区人民政府的决策，其中《广西边境地区农业农村发展与中国周边地缘战略问题研究（修订版）》研究报告成果由自治区党委办公厅编成《广西信息》第683号上报中央办公厅；政协提案《以制度创新和管理创新推动农民工市民化》和《关于加强第四十五届体操世锦赛相关工作的建议》，获自治区党委书记彭清华等领导督办；《第45届体操世锦赛宣传工作有待加强》在《广西政协信息》内参发表，获时任自治区党委常委、宣传部部长沈北海批示。

【广西地方志编纂委员会办公室】 自治区地方志编纂委员会常设办事机构、自治区人民政府直属正厅级事业单位。主要职责：负责向自治区人民政府提出三级地方志编纂规划建议，负责组织、指导、督查全自治区编修地方志、年鉴工作，审查验收自治区三级地方志书、出版年鉴等。是广西从事地方志（含年鉴、古籍整理，下同）学科研究的专门机构。与广西地方志协会合办学术期刊《广西地方志》，共同举办学术研讨会、组织地方志编纂与培训、科研、学术交流活动。内设机构7个：秘书处、通志工作处、市县志工作处、地情信息处（广西地情信息中心）、古籍整理处、年鉴处（广西年鉴社）、机关党委（兼管人事等工作）。2014年末有专业技术人员27人（包括退休仍从事方志学研究者5人），其中具有高级专业技术职称8人，中级10人；在职人员中有享受国务院特殊津贴专家1人。主任李秋洪。

学术活动 9月，在河池市宜州市召开修志方法创新理论研讨会。收到论文60篇，会上宣读17篇。广西地方志办公室干部职工发表论文30篇，入选全国新方志论坛论文2篇。11月3~4日，举办第八次广西地方志优秀成果奖评选，评出优秀成果一等奖5项、二等奖11项、三等奖16项、佳作奖23项。其中，广西地方志办公室申报的成果《广西节庆志》获一等奖，《武缘县图经》获二等奖，《广西高中志》《（崇祯）梧州府志》获三等奖。

志书编纂、评稿工作 年内，一是推进《广西通志（1979~2005）》编纂工作。2月完成各卷评稿，8月完成各卷审查验收，各卷完成审查验收后进入修改阶段。年末，完成政治、经济卷总纂。二是广西通志各专志的

11月3~4日，广西地方志编纂委员会办公室开展第八次广西地方志优秀成果奖评选活动 （施均显 供稿）

评稿和审查验收进展加快。年内,评稿6部,审查验收2部,出版1部。其中,《共产党志》《审计志》《文化志》《医疗卫生志》《发展计划改革志》《科学技术协会志》完成评稿,《文学艺术志》《共产党志》通过审查验收,《财政志》出版。三是市、县志评稿和审查验收有新突破。年内评稿5部,审查验收3部,出版发行3部。其中,《临桂县志》《灵川县志》《柳州市志(上半部)》《东兴市志》《钦州市志》《隆林各族自治县志》完成评稿,《南宁市城北区志》《天等县志》《临桂县志》通过审查验收,《南丹县志》《桂林市象山区志》《荔浦县志》出版发行。年内,市县志编修成果多年空白的钦州市、防城港市、百色市实现零的突破,送评县区志4部,广西14个设区市均有志稿送评、送审或出版。

年鉴和古籍整理工作　年内,《广西年鉴·2014》加强条目选题和资料图片运用,高质量的编辑校对,反映"美丽广西 生态广西"的装帧设计。11月,《广西年鉴》在由中国版协年鉴工作委员会(年鉴研究会)组织开展的全国年鉴编纂出版质量评比中,再次进入特等奖行列。桂林市县(区)年鉴编纂出版工作全面启动,17个县(区)中有16个启动综合年鉴编纂工作,出版县(区)综合年鉴13部。年内,完成清《(嘉庆)平乐府志》的影印出版,对清《(嘉庆)广西通志》实施清样、排印和校对,对《(民国)广西通志稿》进行重排。6月出版《广西高中志》,《广西长寿志》(地情影像志)取得阶段性进展。

地情资料信息服务工作　年内,一是自治区、市、县地情网站加快对三级志书、年鉴的数字化,丰富广西地情网数据库。年内以广西方志文化惠民工程项目方式资助新建县级子站25个。二是开展地情资料年报试点工作。在广西确立8个地情资料年报试点单位,通过组织试点单位到外省(市)考察学习取得试点工作经验,保障试点工作经费。三是拓展读志用志服务平台,在全国方志系统率先投用"广西地情移动传播平台"。5月29日,"广西地情移动传播平台"启用新闻发布会在广西方志馆举行。11月15日,联合广西专家咨询服务协会,在南宁举办以"读方志,知区情,爱广西"为主题的假日广场方志文化活动,展示新编广西地方志成果,开展手机互联互动答题赠书活动,向市民普及广西基本区情,展示方志魅力。

地方志督查工作　年内,广西地方志办公室继续用平时检查和集中督查手段推进地方志编修工作。至年底,对部分区直专志编辑室、市县志办进行进行调研、督查,掌握情况,为推进下一步工作打下基础。

年内,广西地方志人才梯队建设项目承担方广泛收集资料、撰写论文或编写著作,承担的立项课题《广西政区集成》(第一层次项目)、《广西旧方志编修制度初探》(第三层次项目)等已出清样或公开发表。

年内,《广西通志·照片志》《广西年鉴·2014》分获广西第十三次社会科学优秀成果奖二等奖、三等奖,《广西年鉴·2014》获全国版协年鉴专业委员会组织评比综合特等奖。

【中共广西壮族自治区委员会党史研究室】 2014年末有工作人员34人(其中具有高级专业技术职务资格9人、中级8人)。内设机构7个(秘书处、科研管理处、宣传教育处、征研一处、征研二处、征研三处、机关党委)。主任陈平。

工作会议　3月6日,在南宁召开第一次广西各级党史研究室主任会议。主要议题是深入学习贯彻党的十八大和习近平总书记系列重要讲话精神,传达学习中央和自治区党委领导重要指示及全国党史研究室主任会议精神,总结2013年党史工作,表彰广西获全国党史和广西社会科学优秀成果,研究部署2014年广西党史工作。自治区党史研究室及各设区市党史研究室主任、副主任近60人参会。11月12日,在南宁召开第二次全区党史研究室主任会议,深入学习贯彻党的十八大、十八届三中、四中全会和习近平总书记系列重要讲话精神,传达学习全国党史工作调研座谈会议精神,研究2015年工作计划。

党史编撰　年内,抓好《中国共产党广西历史》第二卷(1949.12~1978.12月)书稿编纂工作,已进行第11次修改。《中国共产党广西历史》第三卷(1978.12—2013)

3月6日,2014年全区党史研究室主任会议在南宁召开　(秦先灿　摄)

已拟定提纲并多次修改，已形成编纂提纲，并进行有关专题初稿撰写工作。

党史专题征研　年内，完成中央党史研究室及自治区党委交办的关于党史资政及党史宣传教育专题文章撰写。首次编纂出版大型综合年鉴类书籍《中共广西区委执政纪事》。2013年卷于10月由广西人民出版社出版发行。推进《中国共产党维护民族团结的历史经验研究》《中国共产党在民族地区文化建设的历史考察与经验研究》两项国家社科基金课题研究。完成中央党史研究室《抗日战争时期广西人口伤亡和财产损失》A卷编撰工作，成为全国抗损课题A卷第一批12个省市区公开出版发行书籍。开展B卷抗损课题修改工作，完成中央党史研究室《改革开放纪实·广西篇》编纂工作。根据中央党史研究室工作部署，组织广西区直有关部门和各设区市党史部门完成《广西改革开放纪实系列丛书》第一卷编写工作。开展新民主主义革命时期广西党史资料抢救征集工程，制定实施方案和细则，加强对抗战资料、口述资料的征集。组织开展编纂《百色起义与党的群众路线读本》《模范广西》《中国红色旅游指南—广西壮族自治区》《广西"五区建设"专题研究》《西部大开发在广西》《广西知识青年上山下乡》《广西革命遗址通览》《广西改革开放党史专题研究集》等党史书籍。分别与百色市委、崇左市委合作编纂《革命理想高于天—百色起义中的共产党员》《重走红七军远征路》《英勇红八军》《红旗插上镇南关》等书籍。与自治区党委办公厅联合编撰《广西·中共广西市县组织志》等。

年内，有12篇文章在国家级和省级刊物发表，一批优秀党史著作和文章获奖。其中著作《中国共产党领导广西民族团结进步60周年》《领导干部读党史经典》分获第十三次广西社会科学优秀成果奖著作类三等奖和中纪委56本干部推荐书目；论文《邓小平民族团结理论的国家认同和整合模式》入选中央文献研究室"纪念邓小平诞辰110周年学术研讨会"和"全国纪念邓小平同志诞辰110周年学术研讨会"；论文《邓小平领导左右江革命根据地建设的思想之历史地位》入选中央文献研究室"纪念邓小平诞辰110周年学术研讨会"；《试论邓小平与党史研究》《百色起义宣传群众的经验和现实意义》分获"纪念邓小平同志诞辰110周年暨在色起义85周年学术研讨会"一等奖、二等奖。8月22日，与中央文献研究室、中央党史研究室、自治区党委宣传部、百色市委市政府等单位在南宁联合举办"纪念邓小平同志诞辰110周年暨百色起义85周年学术研讨会"，80多人参会。收到征文107篇，评出优秀论文38篇，其中一等奖3篇、二等奖6篇、三等奖9篇，并将论文结集由中央文献出版社出版发行；5~10月，在南宁举办"弘扬党的优良传统和作风，践行社会主义核心价值观"学术研讨活动，收到论文63篇，评出优秀论文30篇，其中一等奖3篇、二等奖5篇、三等奖7篇，并将论文结集由广西民族出版社出版发行。

党史纪念教育活动　率先在全国推进领导干部学习党史国史长效机制建设。自治区党委以桂办发〔2014〕3号文件下发《广西壮族自治区领导干部学习党史国史制度》，自治区党委党史研究室在广西卫视、《广西日报》、人民网、中央党史网、广西党史网进行宣传报道。邀请中央党史研究室副主任李忠杰在南宁为"领导干部时代前沿知识系列讲座"开讲。建立自治区党史国史宣讲专家库，开展党史宣讲活动。年内，党史专家在广西电视台广西新闻栏目、广西历史文化大讲堂开讲11次，在广西区直单位、党校及各市县讲授80多场党史专题讲座。同时，加强广西党史网站建设，大力提升网站质量和影响力。年内，上网信息345条、编辑更新信息2256条，主要内容有时政要闻、工作动态、红色八桂、党史研究、党史视频等。被中国共产党历史网报采用91篇，排在全国各省市区第三名。至年末，网站点击率突破100万人(次)。年内，配合自治区党委开展纪念邓小平诞辰110周年座谈会和纪念韦拔群诞辰120周年座谈会，并达到预期效果。

党史业务培训　年内，组织党史研究人员参加在中央党校和延安、井冈山干部学院举行的党史干部培

3月25日，广西领导干部"时代前沿知识"系列讲座第92讲在南宁举行

(秦先灿　摄)

训班。10月13~16日,在自治区党校举办广西党史干部培训班,培训市县两级党史部门科级干部40人。先后17批次选送26名干部参加广西区内外培训。

审读各类党史书籍　年内,完成对《贵港革命遗址》《张震球画传》《中共梧州党史简明读本(1921~1949)》《中国共产党广西历史读本》《中共中央南方局与新四军》书稿及部分设区市及县(区)党史专题陈列方案的审读工作。年内,出版发行《传承》杂志12期,推出特别策划栏目,如"纪念邓小平诞辰110周年""纪念百色起义85周年""纪念红军突破湘江战役85周年""践行群众路线有效途径""纪念北海(含防城港)成为沿海开放城市30周年""广西铁路百年回顾"等专题,并刊发市县主要领导执政主题文章。编印内刊《党史工作情况交流》12期。

自治区各部门科研机构

【广西社会科学院信息中心】　从事社会科学文献信息和计算机网络服务的科研辅助机构。内设图书馆、网络部、信息研究开发部。2014年末在编人员10人,其中具有高级专业技术职务资格4人。主任林智荣。

年内,围绕部门职能开展工作,完成书刊采编和借阅服务、计算机软硬件技术服务及网络服务。在数字化建设方面,完成中国知网《中国期刊全文数据库》《博士论文数据库》,万方《学位论文数据库》,社会科学文献出版社皮书数据库、读秀(图书)知识库和百链云图书馆订阅及服务工作;完成院局域网提速扩容项目和独立内网建设项目。配合院有关部门做好各项信息发布及信息化工作。编印内刊《广西社会科学院院讯》《中国—东盟简讯》各24期。在科研方面,开展文献信息研究工作,为《广西年鉴·2014》编写文摘及大事记,为《广西社会科学年鉴·2014》撰写学科综述。主持完成广西社会科学院基础课题1项(《知识管理与社会主义新智库建设研究》),委托课题1项(《地方社科院机构知识库建设研究》),自治区情调研项目1项(《广西新型城镇化进程中的信息化问题》),参与完成院重点课题1项(《广西边境自由贸易区建设思路及对策研究》),委托课题1项(《加快推动中国(南宁)—新加坡经济走廊建设对策研究》)。参与编著出版《释放先导效应　共建海上丝路——泛北部湾经济合作回顾与展望》(广西人民出版社2014年5月出版)。

【广西社会科学院东南亚研究所】　广西研究越南、柬埔寨、老挝以及其他东盟国家政治经济文化等方面的专业研究机构,是广西东盟人才小高地战略人才研究基地。2014年末有研究人员14人(其中具有高级专业技术职务资格9人,中级5人)。

学术活动　1月,东南亚所科研人员赴桂林、玉林、北海、钦州等地对台资企业发展情况进行区情项目调研。5月4日,承办的"纪念奠边府战役胜利60周年研讨会"在南宁举行,中国、越南两国主流媒体进行宣传报道。9月12~13日,参与在南宁举行的第七届中国—东盟智库战略对话论坛暨首届中国—新加坡经济走廊智库峰会各项筹备工作,会议围绕"共建21世纪海上丝绸之路"主题,就"共建21世纪海上丝绸之路""共建中国—新加坡经济走廊""共同打造中国—东盟自由贸易区升级版"3个主要议题展开交流与讨论。10月12~21日,东南亚研究所科研人员赴辽宁省开展"辽宁边海互动战略对广西的启示"专题调研活动,对辽宁沿海开放与内陆开放、沿江开放、沿边开放良性互动发展的主要情况进行实地调研,为广西完善区域开放格局提供参考。

学术交流　4月16日,邀请菲律宾大学教授罗慕洛到东南亚研究所讲学。这是研究所首次与菲律宾方面开展学术交流活动。9月,东南亚所科研人员与参加中国—东盟智库战略对话论坛的菲律宾大学、菲律宾人民参政研究中心主席瑞恩教授和行政主管伊维塔教授举行学术座谈会,并签订学术交流合作协议。年内,东南亚所科研人员参加亚太学会年会,与美国新闻媒体交流座谈会,与中国社会科学院、江苏省社会科学院世界经济研究所、云南省社会科学院交流座谈会等。

科研成果　年内,承担国家课题3项,完成广西社会科学院院级重点课题3项,其他科研课题10多项。主要包括:院基础研究课题《中国—东盟交通互联互通建设研究》、委托课题《东南亚文化》、重点课题《释放先导效应 共建海上丝路——泛北部湾经济合作回顾与展望》《第三次大开放浪潮——广西实施以开放为主导的跨越式发展战略研究》等;完成《筹建中国—东盟联合大学思路研究》《建设中国沿边地区开发开放排头兵的对策研究——以广西东兴重点开发开放试验区建设为例》《广西沿边重点口岸互联互通建设对策研究》《广西边境旅游发展战略研究》等科研课题。发表各类研究论文20多篇。此外,在《广西日报》发表文章10多篇,在《环球时报》及其他中央及地方报纸发表文章10多篇。出版著作有《越南国情报告·2014》《中国—东盟年鉴·2014》《广西沿边地区开发开放报告》。年内,出版《东南亚纵横》期刊12期。

【广西社会科学院工业经济研究所】 内设企业管理研究咨询中心、工业规划发展研究中心。主要职能:研究区域宏观经济与发展;研究和制定工业发展、工业化战略及对策措施;研究及编制区域性工业发展规划;进行关于产业经济理论与实践、工业产业科学合理布局、工业企业(项目)选点研究;企业改革与发展战略;企业管理、企业文化建设、劳动力资源开发与管理等问题研究和咨询服务;市场开拓与产品营销研究和咨询服务;为各级党委政府进行有关工业发展和推进工业化决策提供依据、意见和建议等。主要职能涉及区域性宏观经济改革与发展、工业经济、工业企业改革与发展、推进工业化等领域,重要职责是为广西探索一条实现工业经济又好又快发展、加快推进新型工业化的可行路子。2014年末有专职研究人员8人,其中具有高级专业技术职务资格3人,享受国务院政府津贴1人,广西优秀专家1人。所长姚华。

年内,公开发表论文14篇,其中在核心期刊发表文章4篇,《广西日报》发表文章6篇,主持或参加完成课题研究23项,研究报告23项,累计完成各类科研成果1000余千字。主要成果有《2014年广西蓝皮书——广西工业发展报告》《"十三五"时期广西发展的历史方位和重大使命研究》《"十二五"时期广西经济社会发展情况分析研究》《广西推进新型城镇化路径与体制机制创新研究》《产能过剩背景下广西工业转型升级研究》《十八大后的经济政策思考》《光伏产业背景调查报告》《关于建立中国—东盟"内商务区"的建议》《关于当前房地产政策的四点建议》《加快构建广西现代产业体系研究》《广西工业转型升级研究》《我国沿海地区与北部湾经济区开放开发比较分析与对策研究》《加强新社会组织从业人员统战工作的思路和建议》《论毛泽东的文化大战略思想》《毛泽东经济发展战略研究》《人的发展经济学研究对象及其内容》《柳州服务产业城发展建议书》《中国防城港产业服务中心项目建议书》《武汉城市经济圈海吉星农产品集散中心项目策划方案》等。

【广西社会科学院数量经济研究所】 重点研究数量经济学理论与应用的科研单位。2014年末有在职人员6人,其中研究员2人、副研究员3人,中级经济师1人。科研人员中,有全国五一劳动奖章获得者1人,享受国务院特殊津贴2人,广西优秀专家2人,广西终身教授1人,广西"新世纪十百千人才工程"第二层次人选2人。所长陈洁莲。

科研工作与成果 年内,主持或参加合作研究课题17项,完成课题报告160.9万字。承担的课题研究主要有:《桂港中医药壮瑶医药合作战略研究》《经济周期,周期调控和反周期调控》《2014~2015年广西经济形势分析与预测》《"十三五"广西实施创新驱动战略研究》《2015~2020年广西固定资产投资规模研究》《广西政府融资平台企业可持续发展研究》《广西整村推进扶贫开发研究》《广西农业转移人口市民化研究》《南宁市"十三五"经济社会发展指标体系研究》《南宁市优化投资结构、提高投资效益研究》《南宁市社会办医发展与改革研究》《南宁市社会办学发展与改革研究》《广西北部湾经济区经济运行分析报告》《2014~2015年广西医药卫生行业人才开发目录》《自备电厂接入电网带来的影响分析》《广西资源及园区经济与电力协同发展规划研究》等。年内,研究所牵头承担的《广西医药卫生人才中长期发展规划(2013~2020年)研究》,课题成果提出的医药卫生人才发展的主要任务和重大计划,以及创新和完善人才发展机制与制度的措施、构建人才服务与发展的平台等内容,被《广西医药卫生人才中长期发展规划(2013~2020年)》采用,为规划的制订提供支撑。

发表论文 年内,发表论文8篇,主要有:《2014年上半年广西经济运行情况分析及下半年经济工作对策建议》《新常态下广西经济保持平稳持续健康发展的对策建议》《理性研判经济形势 献策助推广西经济发展——2013年广西经济形势研讨会综述》《2013年广西和全国经济形势分析》《稳中求进,改革创新——当前货币政策和金融政策》《对当前经济工作总基础的认识兼谈2013年我国货币政策及金融政策》等。

编纂出版 年内,编辑出版《广西蓝皮书:广西经济形势分析与预测(2014)》。

【广西社会科学院农村发展研究所】 广西专门从事农村发展问题的学术机构。主要任务是吸收和借鉴国内外各种科学的研究方法和理论成果,探索农村经济和社会发展的规律。立足于广西农村经济社会发展的实际开展科研工作,着重从战略思维的视角对广西农村发展的热点难点问题进行研究,注重跨学科的重要理论和现实问题的探索,承担各级党委政府、企事业单位委托的各种调查、研究课题,为其决策提供参考。并对外承担举办专题学术会议和学术讲座的任务。2014年末有科研人员6人(其中研究员2人、副研究员3人、助理研究员1人);享受国务院特殊津贴专家1人,广西首批特聘专家1人。自治区重点岗位——广西社会科学院北部湾经济区开放开发研究岗位设在该所。所长杨亚非。

学术活动 6月10日,在自治区党委组织部部署的自治区处级干部"广西区域经济发展"专题培训班上杨亚非作"'两个建成'与广西区域经济发展"专题

讲座。8 月 29 日,召开《广西蓝皮书 · 广西农村发展报告·2014》新闻发布会。9 月 13 日,杨亚非参加由中国社会科学院、广西人民政府主办的“第七届中国—东盟智库战略对话论坛”,并在会上作专题发言。11 月 1 日,召开“深化农村改革研讨会”,自治区内 10 多个单位派代表参会并进行研讨,新华社、《广西日报》对会议进行专题报道。年内,副所长刘东燕参加广西 2014 年生态旅游业可持续发展高层次紧缺人才赴澳大利亚培训项目,深入考察澳大利亚生态旅游发展的先进做法与经验,并完成相关研究。

科研工作　年内,完成《广西北部湾经济区渔民生存状况调查与分析》《“战略支点”视角下广西与东盟经贸合作问题研究》《广西参与大湄公河次区域合作的趋势分析及制度安排选择》《广西乡村贫困向城市转移的趋势与治理问题研究》《建立“崇左国家兴边富民综合改革试验区”的战略构想》《广西基本公共服务均等化与农民工问题研究》《广西跨国劳工社会管理研究》《广西整村推进扶贫开发对策研究》《少数民族农民工社交网络研究》《CAFTA 背景下广西与东盟现代农业产业合作研究》《发挥开发性金融优势,支持广西经济社会协调发展研究》等。同时,开展国家社科基金项目研究工作,主要包括《滇黔桂石漠化区生态移民的社会融入问题研究》和参与的《滇黔桂石漠化片区贫困农户可持续生计策略优化研究》。主编出版《广西蓝皮书:广西农村发展报告·2014》。

年内,《广西边境地区农业农村发展与中国周边地缘战略问题研究(修改版)》《稳定广西海洋捕捞渔民队伍,维护我国海洋权益》两篇调研报告得到自治区党委书记肯定性批示。此外,受自治区人大要求,代表广西社会科学院向自治区人大提交法律修改意见的报告,包括“关于对《广西壮族自治区实施〈中华人民共和国水土保持法〉办法(修订草案)的若干意见》”“关于对《广西壮族自治区湿地保护条例(草案)》修改意见”。对照正式颁布的上述两个法律内容,所提交意见得到相应的采纳。

年内,在广西第十三次社会科学优秀成果奖评选中,主持完成的科研成果获二等奖 2 项。

【广西社会科学院文化研究所】　内设机构有《沿海企业与科技》杂志社,广西文化发展学会、广西抗战文化研究会和广西文学创作协会秘书处设在该所。主要职责为:从事广西文学、文化史和民族文化研究,围绕广西文化发展战略和文化产业发展开展应用对策研究,提供文化研究调研报告和对策建议。2014 年末有在职人员 9 人,其中研究员 3 人、副研究员 4 人。所长覃振锋。

12 月 30 日,广西文化蓝皮书十周年座谈会暨 2015 年选题工作会议在南宁召开。广西社会科学院院长吕余生、自治区新闻出版广电局副局长陈映红等出席会议。自治区党委宣传部、广西新闻出版广电局、广西社会科学院、自治区文化厅领导及广西各高校专家学者共商广西文化蓝皮书未来发展大计。吕余生指出,蓝皮书是广西社科院打造的知名品牌,其作用一是对广西文化建设和经济社会各方面的记载,发挥政府智库作用;二是通过这个平台载体,培养一批老中青科研骨干力量;三是通过开门办蓝皮书,加强社科院与自治区直单位、文化领域资深专家的联系,各学科综合,各部门联合,为提升文化蓝皮书质量提供保障。陈映红肯定2014年出版的文化蓝皮书比往年内容全面、厚重,研究涉及文化领域的诸多前沿问题,充分调动政、产、学、研等各方面的力量。与会专家学者黄健、陈学璞、李建平、马丕环、张利群等分别对《广西文化蓝皮书》编纂出版十周年进行评述。12 月 31 日,广西社会科学院副院长黄天贵率文化研究所所长覃振锋等一行 5 人到广西新闻出版广电局商讨共同编写《2015 年广西蓝皮书:广西广电十年改革创新发展报告》。双方就蓝皮书的主题、构架、结构、板块等方面问题进行探讨并签署合作协议。

年内,出版著作 8 部,完成研究报告 5 项,发表论文47篇,主办区域性大型学术会议5次,出版期刊6期。吕余生、覃振锋研究员主持的著作《广西建设民族文化强区战略研究报告》核心成果得到中央领导肯定性批示,是 30 年来首次突破性的成就,获广西第十三次社会科学优秀成果奖研究报告类一等奖。

【广西社会科学院民族研究所】　内设《壮学丛书》办公室,负责《壮学丛书》项目日常事务,同时设民族经济研究所、民族旅游研究所。研究方向为:以民族学和人类学为研究平台,以人类社会民族现象及其发展规律为研究对象,以马克思列宁主义、毛泽东思想、邓小平理论、“三个代表”重要思想、科学发展观为指导,通过调查研究、实地研究、实验研究、文献研究、评估研究和现代信息技术等手段,开展以广西为重点兼顾西南民族地区的经济、政治、社会、生态、历史、文化、宗教和跨国壮泰族群等基础理论与应用对策研究,现阶段以研究广西 11 个少数民族经济社会、历史文化和改革开放为重点,为自治区党委、政府咨政服务。主要任务有:(1)开展马克思列宁主义、毛泽东思想、中国特色社会主义民族理论体系的学习研究和宣传;(2)承担民族学、人类学等学科重大课题研究,包括国家、自治区重点哲学社会科学和软科学研究项目,以及国际合作项目,为各级党政机关提供政策建议,为社会提供公益性服务;(3)根据中国国情和广西区情,开展民族地区中长期战略研究、规划和改革开放应用对策研究，为民族地区经济、政治、社会、文化、生态建设和对外开放合作提供政策建议和咨询；(4)研究东南亚、南亚跨国民族问题，尤其是壮泰族群合作发展问题，为广西对外开放提出意见和建议；(5)收集掌握民族问题研究学术动态方面的重要信息等。2014年末有在职人员9人，其中具有高级专业技术职务资格7人。所长赵明龙。

学术活动　6月24日至7月7日，研究所组织科研人员赴云南省迪庆州和西藏自治区的16个县市作科研考察，行程2646公里，主要目的是研究西南边疆的民族旅游，完成研究报告1份，并安排研究人员撰写专著。9月，赵明龙所长应邀参加由中国社会科学院、自治区人民政府主办的"第七届中国—东盟智库战略对话论坛"，撰写论文《人文交流：海上丝绸之路建设不可或缺的内容》《中国南宁—新加坡旅游走廊建设研究》2篇，并在会上就丝路人文交流内容进行演讲。10月14日，潘文献副研究员参加在大连民族学院举行"2014年人类学民族学年会"，并提交论文《试论村寨发展过程中苗族文化适应的滞后性》。10月31日，赵明龙出席在广西民族大学举行的"第二届全国民族理论与民族政治论坛"学术研讨会，提交论文《民族旅游开发的社会文化影响与调适——以广西壮族自治区为例》。11月，刘建文副研究员赴海南参加学术交流。11月5日，赵明龙出席在南宁举行的"中国西南民族研究会学会第十七次会员代表大会暨学术研讨会"，并提交论文《壮族经济发展研究与壮学建立》。11月8日，广西社会科学院安排赵明龙等一行参加在云南河口举行的"第三届中国沿边开放高层论坛"，提交论文《关于建立中越老泰缅跨境旅游圈的构想》，并在会上发言。11月18~20日，赵明龙率团参加缅甸壮泰族群文化学术研讨会，提交论文2篇，并在大会上作主题发言。12月29日，与广西民族发展研究会、广西社科院科研处联合主办的"《壮族网络歌圩研究》成果报告暨网络歌圩研讨会"在南宁举行。广西民族大学、广西大学、广西师范学院、广西社科院、自治区社科联、广西山歌协会、广西壮欢协会等单位领导、专家学者、歌王、歌手等60人参会。杨昌雄副研究员代表课题组作题为"壮族网络歌圩研究"成果报告。广西山歌协会会长、三月三杂志社长覃祥周，广西壮欢协会副会长覃九宏，广西民族发展学会副会长黄家信，广西大学教授黄海云，广西民族大学教授欧宗启，广西社科院周中坚、雷猛发研究员等作专题发言。

课题立项　年内，新立项各类课题9项。其中，广西社会科学院重点课题3项，分别是杨昌雄副研究员申报的《壮族网络歌圩研究》，刘建文理研究员申报的《中越跨境经济合作区的理论与实践研究》及潘文献申报的《少数民族农民工社交网络研究——以在邕少数民族农民工为例》；八桂学者岗位项目1项，即《中越跨境劳务合作研究》。4项院级课题结题。

科研成果　年内，研究所2项成果：《南宁至新加坡旅游走廊研究》《南海丝绸之路与中国——东南亚民族经济文化交流研究》获第十三届广西社科优秀成果奖三等奖。年内，发表论文4篇，2万多字；完成调研报告15项，50多万字，出版专著1本。

【广西社会科学院社会学研究所】　主要研究方向为青年社会学、城乡社会学、老年学、社会心理学、民族社会学和发展社会学及社会舆论研究、重大项目及重大决策社会稳定风险评估等。广西社会调查研究会挂靠该所。2014年末有在职人员6人，其中研究员2人，副研究员2人。所长周可达。

建所以来，先后承担"中国百县市经济社会调查"的南丹县、玉林市、柳州市和兴安县调查及多项国家哲学社会科学基金课题，独立或合作完成数十项省级、地市级和县级经济社会发展战略研究、婚姻家庭研究和青少年犯罪对策研究等课题，完成一批地方或企业委托的社会调查项目。独立或合作发表学术论文400多篇、调查研究报告100多篇、译文10篇，出版个人专著10部、合著32部、译著2部、工具书5部、论文集9部等，内容涉及社会舆论、社会心理学、城乡社会调查、青少年研究、婚姻家庭研究等领域。代表著作有《中国国情丛书——百县市经济社会调查》的南丹卷、玉林卷、柳州卷、兴安卷，《中国农民的心理世界》《人类生育心理与行为》《广西民族交往心理》《公共关系心理学》《德育环境学》《中国少数民族青年发展研究》《嬗变与发展——从广西看党外知识分子问题研究课题》《走出心灵的阴影——人的异常心理及其矫治》《远离犯罪》《当代舆情理论与舆情机制研究》等。以研究人员为主完成或独立完成的研究成果获省部级二等奖25项、三等奖近38项，全国青年社会科学优秀成果奖2项，全国和省级学会和科研研究优秀成果评奖中，该所获二等奖3项、三等奖2项。

年内，编辑出版学术品牌《广西蓝皮书：广西社会发展报告(2014)》。研究所发挥学科优势，运用社会学研究方法和计算机技术等手段参与各种社会问题探讨和社会学学术活动。历年举办或主要发起的国内重要学术活动有23项，每年派研究人员参加全国性学术会议和研究课题。

年内，研究所开展多项国家社科基金课题及广西哲学社会科学院级课题，自治区经济社会发展横向研究课题。长期开展"广西公众舆论和社会热点调查"，开展重大项目及重大决策社会稳定评估工作等。

【广西社会科学院台湾研究中心】 内设政治研究室、经济研究室、综合研究室等附属机构。宗旨和任务是对台湾政治、经济形势及广西与台湾开展经济、文化、科教等方面交流与合作问题进行研究，同时通过学术交流等形式，加强与台湾岛内各界人士的接触与联系，拓展广西与台湾在各方面交流与合作，在学术领域建立广西对台交流的重要窗口，为广西经济与社会发展服务，为促进海峡两岸关系发展和完成祖国统一大业服务。主要研究方向：对台湾政治、经济形势和台湾与东南亚及台湾诸方面的问题进行研究和跟踪；对广西与台湾在经济、文化、科教等方面开展交流合作问题进行探讨，开展对台湾问题的区域比较研究，即广西与台湾问题的比较研究、海峡两岸诸问题的比较研究等。2014 年末有研究人员 10 多人。中心副主任主任韦朝晖。

学术交流活动 年内，中心两次组团赴台开展交流活动。2 月 20~28 日，中心组织参与由广西人民政府主办的“两岸产业高峰会议——2014 年桂台经贸文化合作论坛系列活动”，为自治区领导草拟重要讲话稿 2 篇；完成赴台主办“第九届两岸产业共同市场研讨会”工作并取得好成效；与台湾中华经济研究院共同举行“中越边境合作与台商机遇”学术研讨会；在高雄参加“两岸产业高峰会议——2014 年广西两岸经贸文化合作论坛”等自治区统一安排的交流活动，部分成员参与重要会务工作；在广西对台工作的重点花莲和高雄开展台情专题调研。编印《两岸产业高峰会议——2014 年桂台经贸文化合作论坛暨第九届两岸产业共同市场研讨会文集》。8 月 7~14 日，组织智库合作交流小组，赴台与台湾智库、高校开展学术交流与合作及专题调研等活动。在台期间，智库合作交流小组分别与台湾两岸共同市场基金会举行专题工作对接会；与中华经济研究院共同主办“中越关系与台商发展”研讨会；与国政基金会就两岸携手应对周边环境新态势和两岸合作新契机议题进行专题座谈研讨；与中山大学举行高雄自由贸易港发展经验研讨会等。12 月 8~11 日，台湾中华经济研究院代表团回访中心，在南宁共同主办“区域合作与台商发展”研讨会。年内接待 3 批以上的学者交流，并接待台湾政治大学研究生康议文到广西进行驻点研究。此外，中心配合有关部门参与组织桂台学术交流活动 10 多项，接待 20 多位台湾学者和外国学者交流座谈。此外，参与“中国—东盟智库战略对话”等学术交流活动。

调研工作 1 月，中心组织相关人员赴桂林、玉林、北海、钦州对台资企业发展情况等进行调研，与驻桂台商进行座谈交流，了解桂台合作情况，为桂台合作研究打下基础。8 月，广西社会科学院领导和中心人员到驻桂台企昆仑物流集团南宁总部开展调研，了解台企在越南的境况及投资意向。

课题研究 年内，中心科研人员完成院级重点课题《海峡两岸农业试验区比较研究——基于促进海峡两岸（广西玉林）农业试验区发展视角》《台湾物流业发展研究》等课题研究；完成《台湾文化创意产业发展与经验启示》《新形势下广西对台合作的对策建议》等涉台研究论文。

年内，主持和参与完成课题研究 2 项，撰写、编辑书籍 3 部，编辑刊物 2 种。参与完成广西社会科学院院级课题《广西—东盟开放合作十周年回顾与展望》撰写工作。参与书籍《中国—东盟年鉴 ·2014》等的研究撰写和编辑工作。与广西社会科学院东南亚研究所科研人员共同参与《东南亚纵横》杂志编辑工作；与广西社会科学院信息中心、东南亚研究所科研人员共同参与《中国—东盟简讯》的编辑工作。中心研究人员在《东南亚纵横》《中国—东盟简讯》等刊物上发表论文 6 篇。

【广西人文社会科学发展研究中心】 广西壮族自治区党委、人民政府依托人文社会科学力量雄厚的广西师范大学建立的省级科学实验中心。与广西师范大学社会科学研究处实行两块牌子一套人马的运行机制，内设机构 3 个（秘书科、科研科、社会服务科）。2014 年末有在职人员 7 人。2010 年成立以来组建了 27 个特色研究团队和 3 个特色服务团队。中心主任林春逸。

学术活动 年内主办或承办的学术活动近 20 次，其中影响较大的有：服务新海上丝绸之路建设，围绕“新海上丝绸之路建设问题”，与荷兰乌特勒支大学(Utrecht University)联合举办“新海上丝绸之路构建：从泛北部湾到欧洲”国际学术研讨会，来自美国、荷兰、意大利、印度、印度尼西亚、中国港台地区及中国社会科学院等知名高校和研究机构的专家学者 30 多人参会。年内举办人文强桂系列学术沙龙 12 期，主题涉及抗战文化、高中语文新课改、桂林米粉、珠江—西江经济带发展、公共文化服务体系、西南戏剧、新海上丝绸之路构建、客家乡村社会等。

学术交流 年内，中心学术交流“引进来、走出去”10 次，影响较大的有：5 月 9 日，中国社会科学院语言研究所方言研究室副主任、博士生导师、全国汉语方言学会副会长李蓝研究员莅临学校雁山校区作题为“方言学的新理论和新方法”学术报告。5 月 22 日，自治区社科联副主席曹平、外联部副主任韦正委、副调研员梁成红一行 3 人到校调研。5 月 30 日，上海师范大学人文与传播学院博士生导师刘泽民教授莅临学校育才校区作题为“历史语言学漫谈”学术报告。6 月 6 日，厦门大学中文系教授、博导、国家语言资源监测与研究

教育教材中心主任、厦门大学嘉庚学院人文与传播学院院长苏新春教授应邀到校指导，主持中心第72期学术沙龙并作“人用词汇研究与机用词汇研究的冲突与调和”专题学术报告。9月8日，《中国社会科学》杂志社副总编王利民一行2人到校调研，并围绕“哲学社会科学前沿问题研究”进行座谈。6月至9月，由中心“广西语言研究团队”骨干成员组成的“中国语言资源有声数据库广西库建设”项目组、“广西客家方言研究”项目组，相继在桂林、柳州、来宾、北流所辖多县开展多次方言田野调查和有声数据采集。调查活动由“广西语言研究团队”首席专家白云教授、陈小燕教授负责组织，团队其他骨干成员及广西师范大学汉语言文字学专业方言学方向的研究生共同参与调研。9月25日，与泛北部湾区域研究协同创新中心联合主办，学校经济管理学院、历史文化与旅游学院承办的“新海上丝绸之路构建：从泛北部湾到欧洲”国际学术研讨会在桂林举行。中国科学院经济学研究所副所长刘兰兮、自治区教育厅研究处处长傅源方、学校副校长钟瑞添、荷兰杜特勒兹全球经济史研究中心、意大利、英国的相关研究专家学者及来自云南社科院、福建社科院、台湾中华研究院、清华大学、复旦大学、中山大学、苏州大学、台湾云林科技大学、香港科技大学等各高校的相关专家和学者参加开幕式。11月2日，与厦门大学“两岸关系和平发展协同创新中心”的协同合作协议签订仪式在厦门举行。厦门大学校党委副书记、副校长、“两岸关系和平发展协同创新中心”主任李建发，学校副校长钟瑞添代表双方签订协同合作协议。中心与学校社科处、桂台合作研究所、经济管理学院有关负责人出席签约仪式。11月3日，北京市社会科学研究院专家一行7人在科学社会主义研究所副所长张文登的带领下到中心进行调研交流。12月9日，中心第79期“人文强桂”系列学术沙龙在桂林举行，中国知名政治学者、华中师范大学中国农村研究院院长、国家首批文科“长江学者”徐勇教授应中心“民族地区社会主义新农村建设综合研究团队”邀请，到校作题为“大碰撞——国家一体化进程中的边疆治理”学术报告。

科研工作与成果　年内，以“高地（科学研究高地）+基地（服务社会示范基地）”总体建设目标，加强“团队+问题”的科研运作模式探索，通过解放思想，实现哲学社会科学理念与方法上的基本转向。在桂学研究、珠江—西江经济带发展研究、泛北部湾区域发展研究、广西民族教育研究、南岭民族走廊研究、西江黄金水道文明与可持续发展研究等领域形成自身研究特色并取得成效。一是特色研究团队考核引入“特色导向”考核机制，量化分值分为“特色分值”和“非特色分值”，特色分值与团队建设目标密切相关、真正凸显团队特色研究方向，非特色分值实行最高分值限制，避免团队建设过度偏离建设主线，确保团队特色研究领域的凝练和打造。进一步创新科研评价要素体系，加大对科研团队整体质量和效益的考核，建立由人才称号、平台建设、高层次项目、高水平成果、学术交流、社会影响力等11项要素构成的科研团队评价体系。实行“保障与奖励”相结合的经费投入机制。年内，完成中心23个特色研究团队的中期考核，在考核后拨付研究团队下一期建设经费，在此基础上，分别对考核等级为优秀、良好的9个团队追加建设经费，激励研究团队继续围绕“精诚合作、凝练特色、打造学术精品、提高服务地方经济社会发展的能力”的建设宗旨开展团队建设工作，产出高水平研究成果和实效性的决策咨询成果，打造自治区内领先、国内有重要影响力的特色研究领域和研究团队，整体提升学校人文社会科学的核心竞争力。二是设立开放项目，支持兄弟高校培育打造人文社会科学特色研究领域。坚持中心的开放性与合作性，注重支持自治区内本科兄弟院校尤其是新升格的本科院校开展学术研究，带动相关兄弟高校人文社会科学特色领域的打造与发展。年内中心在梧州学院设立以“珠江—西江经济带发展研究”为主题的专项科研项目，资助梧州学院研究经费25万元。三是协同自治区教育厅科研处，改革创新广西高校重点人文社科研究基地、协同创新中心管理机制体制。承接广西高校人文社科重点研究基地、协同创新中心的管理工作。在自治区教育厅组织领导下，出台《广西高校人文社科重点研究基地管理办法（试行）》等系列管理文件，推出《广西高校人文社会科学重点研究基地建设指标体系》；组织由自治区内外专家组成专家组，对广西高校人文社科重点研究基地（含培育基地）进行实地检查和指导，对基地建设存在的问题进行全面梳理，并提出建议解决存在问题。

年内，结题项目189项，其中国家级8项，部级8项，省级25项，厅级以下164项。在广西第十三次社科优秀成果奖评选中，获一等奖4项、二等奖10项、三等奖36项。在桂林市第三次社会科学优秀成果奖评选中，获一等奖2项、二等奖6项、三等奖7项。广西师范大学马克思主义学院谭培文教授在《中国社会科学》2014年第6期上发表题为《社会主义自由的张力与限制》学术论文，是学校科研人员在《中国社会科学》杂志上发表的第一篇原创性学术论文。年内，学校人文社科学者发表、收录、转载论文606篇，其中北图核心期刊论文184篇；发表CSSCI论文85篇，其中在学校认定的人文社科奖励期刊发表论文138篇，较2013年（59篇）增长133.9%。出版人文社科类专著59部，较2013年度（55部）增长近7.27%。

【广西发展和改革委员会经济研究所】 内设办公室、综合研究室、前沿跟踪研究室、地区经济研究室和工程咨询部及《市场论坛》杂志社等业务机构。主要职责为:参与自治区国民经济社会发展规划、计划研究编制及跟踪评估;组织开展自治区国民经济发展重大问题、发展战略研究、参与及组织开展自治区经济社会发展有关重大政策法规研究起草和制订;参与及进行广西经济运行状况与质量监控监测,监测广西重大产业及产品的国内外市场动态;组织自治区发展和改革系统科研成果评奖与统计;编辑出版公开刊物《市场论坛》杂志、内刊《宏观经济信息》和《广西重要产业产品国内外市场动态监控》;承担自治区发展改革委学术委员会办公室日常工作;完成自治区党委、政府和自治区发改委交办的其他任务。2014年末有研究人员15人,其中享受国务院特殊津贴1人,具有高级专业技术职务资格4人、中级6人,博士1人;聘用广西区内外高等院校、科研机构教授、研究员及相关领域科研人员10人,返聘离退休专家9人。所长黄永辉。

课题研究　年内,完成《广西扶贫生态移民工程总体规划(2014~2020)》,并上报自治区人民政府。完成自治区党委重大课题《广西深入实施北部湾经济区和西江经济带“双核”驱动战略研究》,并通过评审验收。课题《广西“十三五”实现建成全面小康社会目标课题》编制完成。参与自治区十三五国民经济和社会发展思路和规划纲要编制,抽调科研人员参加该规划领导小组办公室。此外,主动与广西地市县发展改革系统联系沟通,开展规划编制和重大问题研究,为地市县发展改革服务。

学术动态　年内,开展2014年度广西发展改革系统优秀研究成果奖评选活动。收到参评优秀论文62篇,评出特等奖1篇、一等奖3篇、二等奖8篇、三等奖18篇。其中研究所《加快广西新型城镇化发展重大意义及路径》《国民收入分配对人的发展的影响分析及对策建议》分获三等奖。

编纂出版　年内,编辑出版《市场论坛》12期、《广西重要产品国内外市场动态监控》(内刊)12期、《广西宏观经济信息决策参考》(内刊)12期。

【广西财政厅政策研究室】 内设机构4个(综合室、调研室、编辑室、广西财政学会秘书处)。主要职责为:承担自治区重大财政、财务、税收政策调研、指导和跟踪分析的有关工作,为自治区财政经济改革与决策提供意见和建议;研究自治区财政中长期发展规划;组织开展财政政策宣传工作;组织开展财政、财务与会计、税收、国有资产管理政策理论调查研究及相关经济问题研究;组织开展民族地区财政政策研究和专题调查研究;制定自治区财政厅重点财政调查研究活动计划并组织实施和进行评审验收;负责广西财政学会秘书处的日常工作;组织开展学术交流和财政理论研究成果评选活动;承担《中国财政年鉴》广西部分及《广西通志》《广西年鉴》《广西社会科学年鉴》等财政部门撰稿任务;指导各设区市财政调查研究工作;负责财政政策资料的搜集、整理分析及图书资料管理工作。2014年末有在编人员12人(其中具有高级专业技术职务资格8人,中级2人)。主任刘进。

5月,为充分利用自治区财政厅宏观管理和广西财经学院经济管理学科优势,进一步在学术研究、政策咨询、人才培养、社会服务及国际合作等方面取得新突破,自治区财政厅和广西财经学院联合组建广西(东盟)财经研究中心。该中心选派研究人员到自治区财政厅挂职学习,使研究人员贴近财政业务实际,利于开展相关课题调研。

6月,参加在桂林举行的全国财政协作课题《事权与支出责任划分的若干政策建议》研讨会。会议围绕主题进行交流讨论,对课题总报告进行任务分工,并明确各协作单位分报告的侧重点。

年内,编辑出版《经济研究参考·地方财经》12期。与广西财经学会共同编印《广西财政信息》月刊12期,内容涉及生态保护、服务型机关建设、基本公共服务均等化、“十二五”规划评估和“十三五”规划编制、社会保险基金管理、政策性农业保险、财政网络与信息安全、政府和社会资本合作(PPP)等。

【广西壮族自治区国家税务局税收科学研究所】 主要职责是组织实施自治区国家税务局系统税收科研工作规划、方案,承担税收理论和专题研究等工作。2014年末有在职人员8人(其中具有高级专业技术职务资格2人、中级1人,享受国务院特殊津贴专家1人)。所长霍军。

学术交流　年内,牵头承办中国国际税收研究会学术研究委员会重点调研课题“电子商务税收征管的国际借鉴研究”研讨会,来自中国国际税收研究会、国家税务总局税收科学研究所、中国税务杂志社,广东、浙江、山东、云南、重庆、山西、宁夏、湖北等省市的国家税务局、地方税务局代表,以及中南财经政法大学等院校教授近50人参会,收到研究成果9项。组织参加全国税务系统课题成果研讨会13人(次),其中参加国家税务总局课题研讨会2次、中国税务学会课题研讨会2次、中国国际税收研究会课题研讨会9次。组织召开系统群众性税收调研课题研讨会2次。

科研工作　年内,拟定并印发《2014年广西国税系统税收重点调研课题安排》(桂国税办发〔2014〕52号),安排课题35项。通过广西税务学会常务理事会暨工作会议及《关于2013年广西税务学会调研课题和有关事项的通知》,安排广西国税系统群众性调研课题2项,由广西各设区市税务学会参加。开展2013年度广西税务学会群众性调研课题优秀成果评选活动,收到参评论文71篇,评出一等奖4篇、二等奖14篇、三等奖25篇。开展科研培训,在北海举办广西国税系统科研骨干培训班,100人参加;组织1人参加全国税务系统科研所长培训班、3人参加广西国税系统处级领导干部培训班、1人参加广西国税系统组织的总局领军人才选拔培训班。

课题研究　年内承担并完成国家税务总局税收科学研究所、中国税务学会、中国国际税收研究会的税收重点研究课题7项,分别是《税收现代化目标体系建设研究》《提高中国在东盟、博鳌论坛税收话语权问题研究》《电子商务税收征管的国际借鉴研究》《2013年世界税收征管发展趋势研究》《中国税收战略管理的抉择》《适应新一轮税制改革发展的税收征管机制研究》《新一轮经济改革趋势对广西财税发展的分析与展望》。组织研究广西国税系统战略性研究课题7项:《营改增背景下广西服务业转型升级研究》《利用增值税促进企业技术进步问题分析》《基于产业协同的广西服务业税收经济发展状况分析》《增值税促进广西公路、水路、码头、西江黄金水道发展进步研究》《分税制框架下广西地方税体系完善的方向》《广西电子商务和糖业改革发展对策》《税收法制建设研究》。提交政府专报10项,其中,提交政府工作专报5项,提交政府信息专报7项(同时报工作专报2项)。获省部级奖励和省部级以上领导肯定批示税收研究成果4项,其中《广西集团企业国税收入跨省流出的问题与建议》获广西第十三次社会科学优秀成果三等奖;《关于广西电子商务和糖业改革发展的两点建议》得到自治区政府领导批示和肯定;《我区铁路和交通运输业"营改增"平稳实施对我区两大行业影响积极》《我区深化税制改革取得的成效及建议》经自治区人民政府办公厅上报、被国务院办公厅采用,并获国务院领导批示。

【广西壮族自治区审计科学研究所】　隶属于自治区审计厅。主要工作职能是组织开展审计科研、审计宣传工作,承担广西审计学会秘书处工作。2014年末编制12人,实有人员12人,其中在该所工作的6人(具有高级专业技术职务资格1人、中级2人)。所长田茂祥。

学术活动　年内,参加自治区社科联主办的第十六期广西发展论坛、审计署干部教育学院(南京)财务会计培训班、2014年审计理论研究骨干培训班、广西社会科学发展研究会马克思主义新闻观培训班等学术交流活动。

科研成果　5月22日,会同广西审计学会报经自治区审计厅批准,确定《广西审计工作质量研究》《生态环保专项资金审计研究—以"美丽广西"乡村建设重大活动专项资金审计为背景》等20个课题为2014年广西审计重点研究课题。承担并完成《广西审计工作质量研究》《审计治腐主体研究》等4个课题研究。7月25日,代表自治区审计厅和广西审计学会在南宁联合举办广西经济责任审计专题研讨会。自治区审计厅、广西审计学会领导,各市审计学会会长、秘书长及获奖论文作者代表等60人参会。会议收到论文113篇,评出一等奖3篇、二等奖7篇、三等奖12篇、优秀奖15篇;柳州市审计学会等4个单位获评优秀组织奖。广西审计学会会长黄必贵、自治区审计厅经济责任审计局局长周国彪和自治区社科联副主席姚兵出席会议并讲话。获奖论文作者代表在会上发言。广西审计学会副会长朱林玉主持研讨会并作总结。

队伍与制度建设　年内,所长田茂祥参加审计署审计科研所举办的全国审计科研所所长培训班;派员参加自治区党校为期三个月的主体班培训和北京交通大学会计硕士班学习,参加注册会计师资格考试;派员参与审计项目开展研究式审计。承担自治区审计厅交办工作,参与广西审计机关处级正职领导干部培训班暨审计现场管理交流会的会议准备及材料组工作。11月24~26日,会同广西审计学会在南宁举办广西审计理论研究骨干人才培训班,广西审计系统审计理论研究骨干人才及各市审计学会秘书长共103人参加培训。邀请广西财经学院、广西民族大学专家、教授讲授《财政公共支出绩效评价》《人文与科研写作》《广西审计理论研究的现状与发展》《审计成果质量提升和审计要情写作》《基于审计实践的审计研究》等课程。年内,出台《广西审计科研所科研管理办法》。

审计宣传　会同广西审计学会编印《广西审计》(双月内刊)6期,共刊登209篇文章。会同广西审计学会,收集历年专题研讨会审计科研成果,集成《广西民生事项审计论文集》《广西资源环境审计论文集》《广西政府跟踪投资审计论文集》共600千字,即将正式出版。4月16日,《广西通志·审计志(1993~2005)》评稿会在南宁召开。自治区地方志办公室主任李秋洪,广西地方志协会会长蓝日基、办公室副主任秦邕江,自治区审计厅厅长何小聪、副厅长吴云、陈勇新、总审计师刘一原等领导,地方志办公室的专家和审计厅相关处室负责人共40人参加评稿会。年末,完成全书20章中前10章的修改。自治区审计厅2014年度审计志工作经验编入广西地方志工作会议经验材料。年内,完成《广西审计年鉴(2010~2011)》《中国审计年鉴·2014》《广西年鉴·2014》《广西社会科学年鉴·2014》等年鉴中有关广西审计机关、广西审计学会篇目的编撰工作。收集整理2012年、2013年广西审计业务文书共6卷1800万字。组织完成《中国审计》《中国审计报》《审计研究》《审计文摘》《中国财经审计法规选编》等审计报刊在广西的2014年度征订发行工作。

【广西统计研究所】 隶属自治区统计局。主要职责是组织开展统计理论、统计方法制度及相关经济和社会发展问题的研究,承担广西统计学会秘书处工作。2014年末有在职人员6人,所长杨寿欧。

统计科研　一是组织开展统计监测分析和课题研究工作。与有关单位、高等院校合作,调动各方力量参与统计科研工作。由广西统计学会牵头,参与组织有关部门开展《玉林市全面建成小康社会统计监测研究》《国家开发银行广西分行棚户区改造贷款对广西经济社会发展影响的时政分析》《自治区交通运输厅区域公路运输量调查与统计方法研究》等课题研究。组织完成《2014中国地区经济监测报告》广西地区篇、重点城市篇的编写和上报工作。二是抓好统计科研的组织和管理工作。受广西第三次全国经济普查工作领导小组办公室委托,以广西统计学会名义,负责广西第三次全国经济普查课题研究管理工作。转发《中国统计学会关于开展第四届统计科普征文活动的通知》、国家统计局统计科学研究所《关于开展2014年度全国统计科学研究计划项目申报工作的通知》,组织各地、各有关单位、参与统计科普征文活动和科研项目申报工作,投稿4篇。

统计宣传　年内,按照国家统计局统计科学研究所要求,开展《统计研究》《调研世界》等期刊2014年度宣传征订工作。

年内,组织参加中国统计学会举办的各项学术研讨活动,开展科研、科普等学会工作。

【广西地方税收科学研究所】 隶属自治区地方税务局,是自治区地方税务局的直属事业单位。主要职责是负责广西地税系统税收科研的长远规划和研究计划的制定,并组织协调督促科研计划的落实;负责广西地税系统重点研究课题的调研,组织撰写调研文章;负责编印《广西地税调研》,编辑出版《广西地税年鉴》《广西通志·地方税务志》《广西地税系统优秀论文系列丛书》;负责自治区地税局机关资料室的管理。2014年末有工作人员8人(其中具有高级专业技术职务资格2人)。所长张星强。

科研组织管理　年内,完成年度科研课题招投标工作,承担广西地方税收系统科研课题78项中标课题组,其中自治区地税局机关和直属单位课题组36项、各市局课题组31项、总局科研所下达课题组1项、对外合作课题组5项、"十百千"人才课题组5项。中标课题涵盖中国财税体制改革发展趋势、自治区改革发展热点问题、企业税收难点问题,有时代先进性和工作指导性。

重点课题研究　年内,根据自治区地税局工作部署和重点,完成4项重点课题,分别是:由研究所牵头,联合研究所得税处和收入规划核算处共同开展课题《广西个人所得税规模与经济发展的协调性》《广西企业所得税与经济发展相关性研究》,由研究所牵头,联合研究所财产和行为税处共同开展课题《地方税主体税种研究》《广西车船税征管工作研究》。

书刊杂志编辑　年内,一是编印《广西地税调研》(内刊)常刊10期、专刊3期,100多万字;二是出版《2013年广西地税系统优秀科研论文系列丛书》(1~5),编校260多万字;三是完成《广西地税年鉴》(2013年卷)(2014年卷)的组稿、编辑工作,编校200万字;四是编辑出版《广西通志·地方税务志》,编校30万字。

其他工作　年内,研究所结合广西地税实际,在调查研究基础上,制定出台《广西地税系统优秀税收科研成果评选及奖励办法》《广西壮族自治区地税系统税收科研课题管理办法》。年内,研究所加大对新进人员的培养力度,切实提高其业务技能、科研能力和水平;注重发现和培养税收科研骨干。加强科研人才队伍建设,积极组建科研人才库,在重点课题负责人选择、课题经费使用、参加学术交流和培训等方面,注意对税收科研骨干和"十百千"人才的培养。

【广西少数民族语言文字工作委员会民族语文科研处】 主要职责:承担研究、起草广西少数民族语言文字管理工作的政策措施和法规条文;承担广西少数民族语言文字规范化、标准化、信息化和科研工作;承担广西少数民族语言文字遗产的抢救、保护和传承工作;承担广西少数民族语言文字工具书的编纂和出版工作;承担广西少数民族语言文字学术研究、交流活动的有关工作;承担广西少数民族语文学会的日常工作。2014年末有在职人员6人。处长黄如猛。

调研和科研工作　年内,分别到河池市罗城仫佬族自治县、环江毛南族自治县、宜州市、巴马瑶族自治县、都安瑶族自治县、大化瑶族自治县,桂林市龙胜各族自治县、恭城瑶族自治县,柳州市三江侗族自治县、融水苗族自治县,来宾市金秀瑶族自治县,贺州市富川瑶族自治县,防城港市等采取座谈、随机问卷、实地考察等方式，从语言习得和语言使用情况、文字掌握和使用情况、语言文字学习途径、态度等方面开展广西少数民族语言文字使用状况调研，充实和完善了原有《调研报告》数据，充分掌握广西民族语文政策法规的落实情况，以及民族语言文字使用现状，了解少数民族群众对民族语文的基本需求。

语言文字抢救、保护和传承工作　年内，继续开展广西少数民族语言资源有声数据库建设试点工作。以濒危的仡佬语多罗方言作为试点建设对象，在完成仡佬语概况、实地记音、语料录入等前期工作后，聘请有关专家就工作规范和技术规范进行培训指导，并通过现代技术手段实地采集到4600条多罗方言词汇，并对百色市那坡县的彝语开展调查。

语言文字编纂工作　年内，根据广大读者的要求和壮语文工作发展的需要，组织54位壮语文专家学者对1984年出版的《壮汉词汇》进行修订，上半年完成《壮汉词汇》(第二版)初稿，全书近160万字(字节)，比修订前增加近100万字(字节)。该书的修订是加快壮语文规范化、标准化、信息化建设的重要内容。该项目被列为教育部“十二五”规划自筹科研项目。12月，在南宁召开《壮汉词汇》(第二版)专家审稿会。

成立广西民语委民族语文工作专家咨询委员会　年内，为履行“三定方案”赋予的管理广西少数民族语言文字工作职责，保障少数民族使用和发展本民族语言文字的权利，科学保护各民族语言文字，发挥专家的智囊作用，推动民族语文工作科学发展，成立广西民族语文工作专家咨询委员并召开第一次工作会议。

业务培训学术交流　10月，派员参加全国信息技术标准化委员会在新疆库尔勒召开的少数民族信息技术国家标准工作组会议。11月，派员参加在中央民族大学举办的广西民委(宗教局)系统干部高级研修班。12月，派员参加在百色市田东县召开的2013~2014年度广西少数民族语文学会年会暨学术研讨会。

【广西民族问题研究中心】　隶属自治区民族事务委员会。内设民族理论政策研究部、壮学研究部、民族历史文化研究部、民族关系研究部、民族发展研究部、《广西民族研究》期刊研究部、资料信息部、行政事务部等8个部。主要研究方向及工作职责：广西世居民族的社会、政治、经济、文化、历史等方面的理论及问题研究；广西各民族与东南亚各民族的关系研究；组织和参与自治区民委开展民族理论政策研究、民族工作文件起草、民族工作决策咨询论证、民族工作文献整理等工作。2014年末有在职研究人员15人(其中具有高级专业技术职务资格7人、中级8人)。主任俸代瑜。

科研工作与成果　年内，协助自治区民委，组织开展自治区民委咨询委员会2014年委托课题立项工作。通过确立课题范围、招标、评审、立项等，完成14项委托课题立项工作，其中：重点委托课题3项，一般委托课题7项，专家申报一般委托课题4项。协助自治区民委，开展纪念民族区域自治法颁布实施30周年征文征集、评审及文集编印工作。收到征文46篇，经专家组匿名评审出35篇优秀征文辑集公开出版。主持开展自治区民委系统2014年课题调研评奖活动，收到调研报告140篇，经专家组匿名评审，评出优秀、良好、一般3个等次调研报告42篇。与广西社科院合作开展“广西民族地区民生事业发展报告(蓝皮书)”项目，对广西世居民族聚居地区民生事业发展状况研究，完成相关文稿及调研报告辑成《2014年广西蓝皮书——广西民族地区发展报告》一书由广西人民出版社公开出版。完成《“十一五”广西民族研究成果摘要汇编》编辑整理工作，全书近400千字，送广西民族出版社出版发行。组织编纂纪念《广西民族研究》创刊30周年系列丛书，分摘要、索引和专题文选，梳理创刊30年刊载论文，全套丛书共计2000千字。组织设立2014年中心级研究课题，对6项课题予以立项，内容涉及民族干部、民族文化、民族教育、民族特色产业等，每个课题由2~3个科研人员组成。

年内，《广西民族研究》由季刊改为双月刊，通过国家社科基金期刊资助年度评审，全年共出版6期，刊载文章约130篇，近1690千字。科研人员独著、合作出版专著、编著《壮族地区生态文明建设研究——基于民族生态学的视角》《中国共产党民族工作的伟大实践——广西卷》等，编撰书稿《“十一五”广西民族研究成果摘要汇编》《纪念〈广西民族研究〉创刊30周年系列丛书》等6部，公开发表论文、调研报告16篇，近4200千字。获国家社科基金西部项目1项，资助经费20万元。

年内，获广西第十三次社会科学优秀成果奖著作类三等奖1项、论文类三等奖1项。获广西民委系统调研报告评比优秀奖2项、良好奖1项、一般奖3项(评比分优秀、良好、一般三个等级)。获纪念民族区域自治法颁布实施30周年征文评比一般奖2项。《广西民族研究》刊载文章被中国人民大学《报刊复印资料》全文刊载14篇，被《新华文摘》论点摘编1篇；在四年一度的北京大学中文核心期刊综合评比中，位列全国民族学类核心期刊第二位；通过国家社科基金期刊资助年度评审，获“良好”等级。

学术交流　7月3~12日，组织学术考察小组一行5人到甘肃省进行民族发展及民族研究主题学术交流。11月5~7日，承办在南宁举行的“中国西南民族研究学会第十七次会员代表大会暨学术研讨会”，北京、云南、贵州、四川、西藏、重庆、湖南、湖北、福建、广东、青海、广西等12个省区市100多位专家学者参会，围绕壮学的建立发展和西南各民族研究展开学术研讨。12月9~14日，组织学术考察小组一行6人到内蒙古自治区就关于跨境民族有关问题和政府实施"兴边富民行动"等内容进行学术交流。

【广西人口研究所】 挂靠自治区党校(行政学院)。主要研究方向为：人口老龄化与老年人口、民族人口、劳动力人口、人口与发展、人口政策等。在自治区党校为党政领导干部开设人口经济学等人口学课程及人口问题研究等专题课。2014年末有研究人员2人(均有正高专业技术职务资格)。所长莫龙。

学术活动 年内，继续翻译《殊途同归？——中国和加拿大人口老龄化比较研究》，该文是莫龙教授在加拿大蒙特利尔大学人口学系留学时撰写的博士论文，大部分内容已在国外用法文或英文发表(出版)。原文为法文，现译为中文，旨在将国外完成的成果介绍给国内同行和关注中外人口老龄化的读者，推动学术交流。该文翻译获国家人事部留学回国人员科技活动项目择优资助，获自治区党校(行政学院)出版资助。8月1日签订出版合同，将由社会科学文献出版社(中国社会科学院)出版。9月1~2日，"中国人口学会第八届会员代表大会暨2014年会"在北京举行，全国人大原副委员长、中国人口学会名誉会长彭珮云出席会议，国家卫生和计划生育委员会主任李斌出席会议并讲话。专家学者、计划生育工作者和学生近300人参会。莫龙教授提交论文《科学认识和应对我国面临的人口老龄化挑战——兼论中国应对人口老龄化挑战的六个有利条件》，韦宇红教授提交论文《探索建立社会养老服务体系资金保障机制》。会上，莫龙教授连任中国人口学会理事。

年内，完成广西地方志编纂委员会主编的《广西通志(1979~2005》第三篇社会科学人口研究条目编纂工作。参与完成多项学术评审和鉴定工作：10月，应全国哲学社会科学规划办公室邀请，莫龙参与"征求2015年国家社科基金人口学选题建议"工作，提出16项选题建议；4月，参与"2014年国家社科基金立项通讯评审"工作，共评审29份申报材料；9月，完成1项国家社科基金项目结项鉴定工作。

科研立项 年内，获1项国家社会科学基金年度一般项目立项(《中国实现现代化的人口条件及对策研究》)，项目由莫龙博士主持，课题组成员包括中国人民大学人口学系、南京大学社会学系和中国人口与发展研究中心的3位副教授(副研究员)等。获1项自治区党校校级咨政类重大课题委托项目：《创新漓江生态补偿机制研究》，韦宇红教授为项目负责人。

成果获奖 12月，莫龙和韦宇红合著文集《中国人口：结构与规模的博弈——人口老龄化对中国人口发展战略的制约及对策》获"全国行政学院第三届优秀科研成果"著作类一等奖。韦宇红的《广西经济增长中的人口红利效应研究》获"全国行政学院第三届优秀科研成果"论文类三等奖。

职称晋升 年内，1位教授被评聘为二级教授。11月，莫龙博士获二级教授任职资格，12月，获自治区党校(行政学院)聘任为二级教授。

【广西教育科学研究所】 自治区教育厅直接领导事业单位，指导广西教育教学研究工作的职能部门。主要职责是开展教育决策研究、教育科学研究，组织、统筹、协调广西教育科学研究，承担广西教育科学规划领导小组办公室的日常管理工作，管理广西教育学会等学术团体。2014年末有专业技术人员13人(其中具有高级专业技术职务资格8人、中级1人)。所长覃壮才。

决策研究 年内主要工作有：一是完成自治区重大课题研究2项：自治区党委政府重大招标课题《广西加快现代职业教育体系建设重点、难点和着力点研究》，该成果转化为自治区党委、政府重大决策；自治区发改委重大专题《"十三五"广西振兴教育、建设人力资源强区战略研究》。二是完成决策研究性著作2部：《广西教育发展报告(2013)》和《广西教育数据分析(2013)》，由自治区教育厅各业务处室行政人员和研究所研究人员，分别从不同角度对广西各级各类教育工作进行总结，对影响广西教育发展的重点、难点和热点问题进行分析和探讨完成的研究成果。三是完成专题调研1项：《广西农村义务教育营养改善计划运行成本分析专项调研》，是自治区教育厅根据自治区领导指示，委托研究所开展的专题调研，是从成本运营的角度对广西实施营养改善计划进行专业了解和评估。研究所联合广西财经学院先后完成对广西所有实施营养改善计划试点县的书面调研，以及对巴马、西林两县12所学校的实地调研，取得广西实施农村义务教育营养改善计划成本结构，对完善营养改善计划资金财政分担机制，提高广西农村义务教育营养改善计划实施质量提供政策建议。

改革研究 年内主要工作有：一是开展《广西普通高中课程资源库建设研究》和《广西普通初中课程资源库建设研究》。年内，针对中小学校教师教学资源偏少的现状，研究所联合各市教育科学研究所和各优质学校，先后启动高中资源库建设和初中资源库建设。完成高中资源库一期成果建设任务，形成语文、数学、英语、物理、化学、生物六个学科17册教学资源，成果

由广西教育出版社出版。研究所与各市教育科学研究所合作，与示范学校同步研发完整资源库。采取点面结合方式，通过发动中小学开展“一校一科一单元”教学设计大赛，调动基层学校老师积极性，推动资源库建设。二是开展《整体推进县域课堂教学改革试点》研究。从2013年起，研究所分别在桂东南和桂西北选取百色市田阳县、贵港市桂平市、来宾市兴宾区，通过授权试点县、不定期组织自治区专家指导等方式，在县域内全面推进整体推进课堂教学改革。三是开展《中小学语文课堂教学改革实验区建设研究》。选取桂林市7所中学作为实验学校，研究所联合高校、桂林市教育科学研究所、相关中小学协同开展初中语文教学改革。四是推进职业教育教学改革研究，围绕现代职业教育体系建设，推动实施集团化办学实验研究，以广西10所自治区示范性高职职教集团为实验对象，启动集团化办学试点。重点围绕中高职衔接、产教融合、校企合作完善职业教育办学机制，服务广西经济转型升级。

课题研究及管理　年内主要工作有：一是组织专家评审、上报广西全国教育科学“十二五”规划课题材料100项。二是完成广西教育科学规划2014年度课题立项工作，其中：设立委托重点课题68项、广西教育科学重点研究基地重大课题12项、广西考试招生专项课题8项、广西高校党建工作专项课题50项、广西高校统战工作专项课题30项、广西民族教育专项课题33项、广西学生资助专项课题47项。三是完成广西教育科学规划办的课题变更、成果鉴定、结题等常规管理工作。

其他工作　年内，一是完成广西教育学会移交工作，规范学会秘书处工作，《基础教育研究》编委及管理人员已正常开展工作。二是参加广西高等教育综合改革工作会议相关调研、主文件起草、自治区领导讲话稿起草等工作。三是配合自治区教育厅业务处室完成多项专题调研、检查评估等工作，如：国家基础教育质量监测、进城务工子女受教育情况调研、广西学前教育调研等。

【北部湾海洋文化研究中心】　隶属自治区教育厅。其前身为建立于2007年的广西高校重点建设研究基地——“北部湾人文研究中心”。9月，经申报批准，广西高校人文社会科学重点研究基地“北部湾海洋文化研究中心”（以下简称“中心”）在钦州学院挂牌成立。中心定位为把北部湾海洋经济与中心打造成广西人文社会科学相关领域科学研究、社会服务的特色品牌、高端新型智库，成为在国内具有较高声誉的海洋经济和北部湾文化研究机构，使研究队伍具有参与国家级和国际海洋经济和文化学术对话与交流的能力，研究成果具有较高国内外影响力与知名度。主要研究方向：新海上丝绸之路研究、北部湾海洋经济与文化互动研究、北部湾海疆语言与民族文化研究。2014年末有专兼职研究人员40人，其中教授及研究员20人，副教授14人，讲师2人，有博士学位16人。有“广西有突出贡献科技人员”称号者1人，“广西优秀人才支持计划人选”称号者2人。中心主任徐书业。

年内，12人（次）参加5次各类学术会议：中国社会科学院亚太研究所与广西民族大学主办的“21世纪海上丝绸之路与中国—东盟命运共同体”学术研讨会；中国经济史学会、广东省社科院等主办的“海上丝绸之路与明清广东海洋经济”国际学术会议；浙江大学“海洋文化传播与海洋文化产业发展国际学术研讨会”；防城港市“京族文化与海洋文化名城建设”学术研讨会；集美大学海洋文化研讨会等。

中心聚焦北部湾经济区经济社会发展的热点问题，立足广西北部湾地区开展调查研究活动。对沿海地区文化遗产、明清古建筑、广西沿海古书院、广西滨海旅游、广西海洋生物多样性等进行调研。主动服务广西沿海地区经济社会发展，参加钦州市申请列入“海上丝绸之路”世界文化遗产申报城市工作、“钦州市古城保护与利用规划研究”等，参加由国家海洋局宣教中心组织编写的《广西海洋文化发展策划》《广西海洋文化及海洋文化产业发展规划纲要》，出版《中国海洋文化（广西册）》。编写《广西海洋文化奇观趣闻》《广西海洋经济概论》《广西沿海汉族原住民语言研究》等专著。

年内，中心开设网站，主要栏目有：科学研究、研究团队、学术交流、社会服务等。开辟“泛北部湾区域经济与文化动态”专栏，建设文献资料库的电子文献资料库，获赠或购买图书1000多册，收集与北部湾地区和东盟相关的历代方志电子版资料一批。

年内，中心承担市厅级以上科研项目10多项，其中国家社会科学基金项目2项、省部级项目2项、厅级项目10项、横向项目3项，获项目研究经费80多万元；出版专著2部，发表学术论文100多篇（其中核心50多篇），撰写研究咨询报告10篇，政策建议6篇被设区地市级以上人民政府或部门、企事业单位采纳。年内，获省级社科优秀成果奖二等奖2项、三等奖2项，市级社科优秀成果奖15项。

【广西东南亚经济与政治研究中心】　隶属于广西社会科学界联合会。主要职责：开展对东南亚经济与政治及相关问题的研究，编撰出版有关书刊，举办相关主题的研讨会，组织有关专家同东南亚等国家相关研究机构进行互访、学术交流，开展咨询、培训活动。2014年末有研究人员50人(含兼职研究员36人),其中具有高级专业技术职务资格的专兼职研究人员43人。干事长张雪,主任韦树先。

学术活动　5月10日,在东兴组织召开“跨境自由贸易区建设问题研讨会”,广西社会科学院、广西区内部分高校、自治区直学会和防城港市、东兴市有关领导、专家共40多人参会,会议综述在《广西日报》上刊发。6月6日在南宁举办主题为“面向东盟的现代物流产业及其发展”的专职、兼职研究员培训班。8月28日,在南宁承办由广西社科联主办的“深化广西面向东盟开放合作,打造新的战略支点”研讨会。来自自治区党校、广西国际博览事务局、广西社会科学院、中国人民银行南宁中心支行、广西大学等区内部分高校以及自治区直学会、相关市社科联的专家学者共50多人参会。9月16日中国—东盟博览会开幕当天《广西日报》对专家们的主要观点进行专版刊载,国内多家网站转载。年内,与桂林电子科技大学社科联在桂林共同承办2014年第1期“中国—东盟大讲坛”,由自治区党校教授陈学璞主讲“大力推进中华文化走进东盟”。桂林电子科技大学共400多名师生参加讲坛。6月19日,钦州市社科联在钦州承办2014年第2期“中国—东盟大讲坛”,由广西民族大学教授高歌主讲“中国东盟自贸区升级版与广西战略支点打造”。钦州市处级以上领导干部和钦州学院共300多名师生参加讲坛。10月16日,与广西科技大学社科联在柳州共同承办2014年第3期“中国—东盟大讲坛”,由广西民族大学相思湖学院院长陈元中教授主讲“中国—东盟政治制度与政治关系发展”。广西科技大学共200多名师生参加讲坛。10月31日,与广西民族大学社科联在南宁共同承办2014年第4期“中国—东盟大讲坛”,由广西财经学院副院长夏飞教授主讲“海陆经济一体化与广西建设海上丝绸之路的战略选择”。广西民族大学共300多名师生参加讲坛。

5月27日,由自治区社科联主办、广西东南亚经济与政治研究中心与桂林电子科技大学社科联承办的“中国—东盟大讲坛”在桂林举行　(钟智全　供稿)

科研成果　年内,围绕广西经济社会发展重大决策开展课题研究,组织开展《CAFTA背景下广西与东盟工业产业合作重点及策略研究》《加快沿边开放开发与跨境自由贸易区建设路径和对策研究》《CAFTA背景下广西与东盟现代农业产业合作研究》《中国—东盟自贸区物流业发展与合作的法律保障机制创新研究》《广西铁路建设地方配套资金筹融资方案研究》等课题研究。1~9月,结合课题分别赴云南、江西、四川、贵州及广西钦州、东兴、凭祥等地调研。发动和组织兼职研究员申报国家社科基金项目11项,通过自治区社科规划办评审后上报国家社科规划办。其中,《打造升级版背景下中国—东盟自由贸易区物流合作发展法律保障研究》和《法社会学视角下我国西部地区湿地保护地方立法研究》获2014年度国家社科基金立项资助。年内,承担的课题研究项目《广西涉东盟商贸纠纷解决实践的反思中国—东盟商贸纠纷解决之理念重塑、路径选择与机制完善调研报告》《加快陆路东盟南(宁)崇(左)经济带发展对策研究》分获第十三次广西社会科学优秀成果二、三等奖。

【广西体育科学研究所】　隶属自治区体育局,接受自治区科技厅和自治区体育局的双重领导。占地2000多平方米,建筑总面积1580平方米。重点开展运动生物化学、运动训练学、运动员科学选材、运动生理学、运动生物力学、运动员体适能、运动心理学、运动康复保健和国民体质等领域研究。内设机构有办公室、研究一室、研究二室、研究三室、《体育科技》编辑部和《运动精品》杂志社等5个。2014年末有在职人员16人,其中专业技术人员14人(具有高级专业技术职务资格4人、中级8人),有硕士学位9人。所长黄中校。

年内,在自治区体育局主管领导和业务处室的支持下,进行以运动队目前存在问题为主要立项依据的课题研究,开展田径、射击、羽毛球队开展机能评定、FMS功能及纠正和技战术分析等4项课题实践研究,并申报举重功能训练、水上项目女运动员“三联征”和女子摔跤专项力量训练诊断干预等3项课题。

年内出版《运动精品》12期,刊发体育科研论文420篇;《体育科技》6期,刊发体育科研论文392篇。

【广西人力资源和社会保障研究所】　广西人力资源和社会保障厅直属事业单位。主要职责是:为广西人力资源和社会保障厅重大决策提供信息调研、理论论证和技术咨询服务，研究和咨询的领域涵盖人事人才理论、收入分配、劳动关系、社会保障等方面。主办《人事天地》杂志，主编《决策资讯》内刊等。内设机构5个，分别为综合管理部、科研管理部、杂志编辑部、信息管理部、成果推广部。2014年末有在职人员18人，其中科研人员13人（其中具有高级专业技术职务资格5人，中级8人）；科研人员中，有广西“新世纪十百千人才工程”第二层次人选1人。所长李国君。

学术活动　年内，完成2013年度广西人力资源和社会保障优秀统计分析研究课题报告评选工作。完成2014年“我为广西人社事业发展献计策”优秀科研成果征集活动，评选出优秀科研成果13个。开展2014年度人力资源社会保障重大政策课题研究征集立项工作，对18个通过评审的课题给予立项。编辑出版《广西人力资源和社会保障发展报告2014》《人事天地杂志研究文集(2013.7~2014.12)》。完成中国劳动保障科学研究院课题《边境地区居民养老和医疗保险问题研究》，联合自治区党委组织部开展课题《广西高端科技人才培育和政策支撑体系研究》；与业务处室和地方人力资源社会保障系统开展合作课题研究7个。

设区市科研机构

【南宁市社会科学院】　隶属南宁市人民政府。内设机构8个（办公室、经济发展研究所、社会发展研究所、城市发展研究所、农村发展研究所、东盟研究所、科研管理所、《创新》杂志编辑部）。2014年末有在职人员36人（其中具有高级专业技术职务资格10人，中级11人，博士6人，硕士15人）。院长胡建华。

课题研究与成果　年内，一是完成2013度市重大课题2项：3月，《南宁市农民收入倍增计划实施难点与实现路径战略研究》通过专家组评审，获“优秀”等级；6月，《南宁市全面建成小康社会对策研究》通过专家组评审，获“良好”等级。二是完成2014年度市重点课题6项，分别为《建设南宁市城乡统一的建设用地市场研究》《南宁市推进政府购买公共服务研究》《建设首府现代文化市场体系研究》《打造南宁智慧旅游城市研究》《南宁市发展空港经济对策研究》《现代学校学生心理疏导的策略研究》。11月，6项重点课题均完成并提交结题评审，经专家组评审验收，均获“良好”等级。三是完成院级课题9项，其中有《南宁市农业转移人口市民化成本分担机制研究》《南宁市食品安全社会共治研究》《南宁市设施农业发展对策研究》《海上丝绸之路背景下加强北部湾经济区产业合作研究》《南宁与东盟的文化合作交流研究》等，8月，9项课题成果通过专家组评审。四是完成横向课题一批。受县区、相关部门委托，年内承担横向课题10多项，其中《南宁市乡镇经济发展研究》《兴宁区重点产业发展规划》《南宁市园林事业管理体制改革探索研究》《南宁市民族关系研究》《南宁市工业地产发展研究》《南宁市机动车停放服务收费调整社会风险评估》《〈南宁市停车场管理办法〉评估》等课题。在年内相继完成并被各相关部门采纳。年内，市社会科学院科研人员在《学术论坛》《当代广西》《广西日报》《东南亚纵横》《改革与战略》《学术交流》《广西社会科学》《南宁日报》等报刊上发表理论文章、学术论文50多篇。年内，市社会科学院对近年来完成的重大课题进行修改和整理，《现代产业体系发展研究——以南宁市为例》《农民收入倍增：南宁的实践、难点与路径选择》《南宁市加强和创新社会管理研究》《南宁市城中村改造研究》《南宁市统筹城乡综合配套改革研究》等5部专著分别由经济科学出版社、广西科技出版社等公开出版。

编书办刊　年内，《创新》杂志出版6期，刊登文章148篇，有201位作者。据统计，在201位作者中，具有副高级以上职称占作者总数的70.15%。其中，作者为广西区外重点大学或全国知名研究机构正高职称（含博士后）并独立署名的专家文章28篇，占文章总数的18.92%，比上年提高4.4个百分点。另外，基金项目支持的文章70篇，占文章总数的47.3%，比上年增长1.2个百分点。至11月底，获全文转载5篇，获《新华文摘》论点摘编1篇，获新华文章篇目辑览2篇。在“两会”前如期出版《2014年南宁蓝皮书》（经济卷、社会卷）《咨询与决策》并分送代表委员。

决策咨询　一是10多项成果获市领导肯定性批示。其中《广州空港经济的发展及其对南宁的启示》《高铁时代背景下南宁发展高铁经济的对策研究》分获市委、市政府主要领导肯定性批示；《关于在全市迅速开展“地下排污”专项检查的建议》《尽快强化农村留守儿童呵护机制的建议》《规范南宁“两站一场”出租车营运秩序的建议》《南宁市实现农民收入倍增目标的难度分析与建议》《进一步加强南宁市农产品质量安全问题的建议》《关注南宁市农村社会治安问题》等分获周红波、吕洁、石文怀、田文东、胡明朗、黄宁等市领导批示。二是2项成果获直接转化。4月，由市社会科学院专家团队代为起草的《南宁市开展养老服务业综合改革试点的工作方案》等获市政府采纳。7月30日，民政部办公厅发展改革委办公厅印发《关于做好养老服务业综合改革试点工作的通知》（民办发〔2014〕24号），确定包含南宁市在内的42个城市（地区）为全国养老服务业综合改革试点地区。10月，由市社会科学院与市民政局合作完成的课题《南宁市社区公共服务事项准入制度研究》及所附的《南宁市社区公共服务事项准入管理办法》《南宁市社区公共服务事项准入目录》等相关成果获市委、市政府采纳，并转化为文件印发实施。三是2项调研类成果被中共中央办公厅、宣传部采用。年内，市社会科学院将相关成果向市委办、市政府办主办的内刊报送30多条信息，调研类成果被采用，其中《基于广西“文化”走出去战略视角对发展广西边境地区文化的对策和建议》等2项成果被中共中央办公厅、宣传部内刊采用，是近年来市社会科学院相关成果首次被中央级内刊采用。

理论宣传　年内，市社会科学院专家学者参与南宁市社会主义核心价值观、中国梦、党的十八届四中全会精神等专题宣讲，年内宣讲20多场（次）。此外，市社会科学院科研人员就经济社会发展中的热点问题接受媒体采访，引导社会舆论，年内接受《广西日报》、广西电视台、《南宁日报》等媒体采访40多次。

其他工作　一是按照党中央、自治区党委和市委关于开展第二批党的群众路线教育实践活动的统一部署和要求，在市委教育实践办第九督导组的具体指导下，市社会科学院扎实开展党的群众路线教育实践活动，认真完成学习教育、听取意见阶段，查摆问题、开展批评阶段及整改落实、建章立制阶段的工作任务。在教育实践活动中，坚持立行立改，注重抓长、抓常、抓细，同时制定建章立制计划，先后起草、修订制度20项，涉及密切联系群众、规范决策、厉行节约、绩效考核、干部管理、科研管理、规范执行、加强基层基础等方面内容，年底出台实施。二是根据市委、市政府及相关部门要求，相继选派10多人（次）到市美丽办、市实践办、市政府办、五象新区指挥部等部门参与和服务南宁市重大活动和中心工作。市社会科学院驻社区工作队及全院干部职工参与开展“美丽南宁·清洁乡村”“美丽南宁·整洁畅通有序大行动”，确保工作成效。此外，完成驻贫困村党组织“第一书记”换届交接工作，确保驻村工作力度不减，较好地完成贫困村帮扶工作。三是根据国家、自治区及南宁市相关政策，年内全力推进全院干部职工首次岗位设置工作。年底，首次岗位设置及竞聘上岗工作的所有规定程序履行完毕，所有在职人员签订聘用合同。

社科评奖　4月，在南宁市第十二次社会科学研究成果奖评选中，市社会科学院有15项成果获奖，获奖率达到78.9%，其中研究报告类一等奖1项、二等奖3项、三等奖4项、优秀奖2项；论文类二等奖1项、三等奖1项、优秀奖3项。10月，在广西第十三次社会科学优秀成果奖评选中，市社会科学院研究报告《南宁市构建现代产业体系研究》获三等奖，是首次获省部级奖项。5月，在全国城市社会科学院第24次院长联席会议上，市社会科学院被授予“全国城市社科院先进单位”称号。

【南宁市地方志编纂委员会办公室】　隶属南宁市人民政府。内设机构5个（秘书科、志书编审科、年鉴编辑科、地情信息科、机关党支部）。2014年末有在编人员18人，在职人员17人（其中具有高级专业技术职务资格1人，中级7人）。主任王德宾。

编纂工作　年内，加快完成经济卷、文化卷资料补充完善、编辑深加工及总纂。7月，政治卷、综合卷通过终审。9月至10月，组织开展经济卷、文化卷志稿样书打磨2次。12月，将经济卷、文化卷51个专志，近300万字送广西地方志编纂委员会办公室终审。《南宁通史》《南宁简史》编纂。《南宁市志(1991~2005)》分为综合、政治、经济（上、下册）、文化四卷五册，88部专志。1月13~16日，广西师范大学、广西人文社会科学发展研究中心泛北部湾历史文化研究团队的专家组一行9人在南宁开展第五次调查研究。分别前往自治区图书馆，南宁市委政策研究室、市档案馆、市发改委、市统计局为与南宁市地方志办公室合作编写《南宁通史》收集历年南宁市经济社会发展情况的相关资料。10月29日～11月1日，广西师范大学历史文化与旅游学院

12月24日，2014年南宁市志鉴编写人员培训班在南宁举行

（覃庆梅　供稿）

院长周长山、《南宁通史》编纂项目专家组首席专家廖国一教授一行11人到上林县、武鸣县、大明山管委会调研。专家组先后对武鸣县宁武镇伏塘综合示范村、花花大世界的开发与经营、武鸣富安休闲农业示范基地建设，上林县不孤村（文明村、状元村）、南丹卫遗址、壮族歌圩活动，以及大明山的自然、保护及开发经营等进行实地考察、采访和田野调查，为《南宁通史》编纂收集第一手资料。11月，南宁市地方志办公室与中国社会科学院就组织邀请有关专家对《南宁通史》初稿评审事宜达成初步意向。年末，专家组完成初稿写作140万字。编纂出版《南宁年鉴·2014》《南宁地情手册·2014》，其中《南宁年鉴·2014》获第八次广西地方志优秀成果一等奖，被中国出版协会评为第五届年鉴编纂出版质量评比综合一等奖；《南宁地情手册·2014》系列丛书获第八次广西地方志优秀成果三等奖。并启动《南宁体操世锦赛志》编纂。

网站建设　年内，南宁地情网站发布信息3122条，访问量超过109万人（次）。年内，更新信息122条，新增访问量超过39万人（次）。11月，南宁地情网改版。改版后，南宁市志、县（区）志、年鉴、旧志古籍、地情资料等栏目放在首页醒目位置，突出地方志重点工作，方便群众查阅。整理上传《南宁年鉴·2014》《南宁地情手册·2014》《南宁新百年图录(2006~2010)》电子书。完善办公OA系统，提高办公自动化程度，实现单位发布通知公告、外单位来文办理、文件传阅、内部文件处理、信息上报、书籍赠送审批的网络无纸化办公。

业务培训　年内，开展地方志业务培训2期。9月12日，南宁市地方志办公室在广西干部培训中心（广西转业军官培训中心）举办地方志业务培训班。邀请全国知名地方志专家、浙江省地方志办公室编纂一处副处长、《浙江通志》总编室副主任颜越虎授课。主讲志稿的编写、地方志书的总纂和村级志书编写3个方面内容。市地方志办公室、各县（区）地方志办公室参与地方志编修工作人员90人参训。12月24日，市地方志办公室在南宁举办地方志资料年报、综合年鉴编写人员培训班，运用菜单式教学模式，就地方志资料年报与年鉴编写的区别、资料年报内容与编写要求、年鉴条目编写进行专题培训。《南宁市志》《南宁年鉴》147个供稿及承编单位191人参训。

业务指导　年内，南宁市地方志办公室对12个县（区）地方志工作进行督查指导，重点对二轮修志进度相对较慢的横县、宾阳县、上林县、马山县、兴宁区进行实地指导，现场解决实际问题，教县（区）修志者业务知识。结合督查情况，印发《南宁市县（区）地方志工作进展情况通报》。10月，出台《南宁市地方志书审核要点》。12月，开展《宾阳县志》《横县志》三级评稿。并受邀到市中级人民法院、青秀区、良庆区、隆安县、兴宁区进行地方志资料年报、年鉴编修业务指导。

制度实施　5月，南宁市列为广西壮族自治区地情资料年报试点单位。11月20日，召开南宁市地方志资料年报工作推进会。12月，南宁市地方志办公室组织开展地方志资料年报编写人员业务培训班。至年末，市级部门报送2006年至2010年资料年报材料112份，报送率92.56%；2011年资料年报材料121份，报送率100%；2012年资料年报材料121份，报送率100%；2013年资料年报材料117个，报送率96.69%。

项目建设　10月16日，南宁市方志馆项目开工建设。项目为南宁市方志馆与南宁市档案馆一并建设，总投资3.4亿元，总建筑面积3.33万平方米，其中方志馆设计为地下一层、地上五层（建筑面积5800平方米）。计划于2016年10月竣工交付使用。建成后，将成为广西第一个市级方志馆。

【柳州市地方志编纂委员会办公室】　隶属柳州市人民政府，是参照国家公务员制度管理的正处级事业单位，为柳州市地方志编纂委员会的常设办事机构。主要负责组织、指导、督促和检查全市地方志工作；拟定地方志工作规划和编纂方案；组织编纂地方志书、地方综合年鉴；搜集、保存地方志文献和资料，组织整理旧志，推动方志理论研究；组织开发利用地方志资源。2014年末有在编人员10人（其中具有高级专业技术职务资格2人，中级3人）。主任吴玛霞（任至9月）、罗方贵（9月起任）。

学术活动　9月24~26日，派员参加在宜州举行的自治区续修地方志创新理论研讨会，并在大会上宣读论文《新编地方志重经济轻人文的成因剖析》；报送论文《康熙〈荣县志〉孤本的发现及其价值》参加2014年杭州第四届中国地方志学术年会，入选《2014·杭州第四届中国地方志学术年会论文集》。

地方志工作　1月，完成《汽车工业志》《机械工业志》《冶金工业志》等9部分志的市级评审。5月20~21日，首轮《柳州市志》(1991~2005)49部分志自治级评稿会在柳州召开。会后，由责任编辑将自治区评审意见反馈给各承编单位，至年末，有41家单位返稿。年内，按自治区评审意见修订市志篇目框架，先后召开研讨会18次，在完善原分志平列体篇目基础上，初步修订出纲目体篇目。县区完成《融安县志》《柳城县志》（部分）的市级评审和意见反馈。12月，《柳州市城中区志(1991~2005)》出版发行。年内，补充修改《鹿寨县志》《融水苗族自治县志》《三江侗族自治县志》；编纂《柳江县志》初稿。整理出版地情资料书《龙壁山房文集·五卷本》（附《媭砧课读图》），参与《广西年鉴·2014》《广西社会社科年鉴·2014》《柳州社会科学年鉴·2014》等相关条目的编撰。

业务指导与培训　年内，到县、区实地指导15次，组织参加各级培训、研讨4期。3月10日，组织2人参加在南宁举行的《广西年鉴·2014》组稿培训。4月1日，举办《柳州年鉴》2014年卷业务培训班1期，培训年鉴撰稿人员180多人。6月23~27日、8月21~27日，分批组织12名市、县、区修志人员参加在广西师范大学和浙江大学举办的第一期、第二期广西地方志业务培训班。

科研成果　年内，出版《柳州年鉴·2013》《柳州年鉴·2014》，分别新增“抗击柳江河镉污染”“绩效考评”“政府集中采购”“污水处理”“防洪工程”和“开展党的群众路线教育实践活动”“开展‘美丽柳州·清洁乡村’”等专栏或条目，分获第八次广西地方志优秀成果一等奖和第五届年鉴编纂出版质量评比市级年鉴一等奖。发表《柳州古代石刻的文献价值述论》《旧志利用与实地踏勘丹洲古城考察纪略》《清代广西文人墨痕录十笔》《关于第二轮志书对人口迁移记述的几点思考》等论文12篇。

年内，获2012~2014年度广西地方志系统表扬集体称号。

【中共柳州市委党史研究室】　参照国家公务员制度进行人事管理的事业单位，主要工作任务是负责柳州地方党史资料的征研、党史书刊的编写和党史宣传教育。中共柳州市委员会主管。内设机构3个(秘书科、征编科、科研宣传科)。2014年末有工作人员12人(其中具有高级专业技术职务资格1人，中级4人)。主任覃琪涛。

5月20日，《柳州市志（1991~2005）》（部分）自治级评审会在柳州召开
（黄志坚　供稿）

科研工作与成果　年内，研究室编辑出版《烽火浴血保家国——柳州各界抗日纪略》。该书反映柳州抗战初期抗日宣传，民间捐款，学生军上抗战前线，第四战区中共特别支部在柳兴教，苏联和美国援华空军、韩国光复阵线青年工作队在柳开展异国抗日，抗战时期科学家在柳州沙塘坚持农业科研，柳州机场在抗战时期的历史作用等。全书14个板块内容、20多幅图片，近250千字；联合市委宣传部编辑出版《红色柳州》系列漫画口袋书(一套10本)，这是广西第一套采用漫画口袋书形式普及地方党史的读物，全部为柳州市中小学生原创作品。该书采用连环漫画形式将柳州党史故事展现；编辑出版《柳州市大事摘编》12期，收录图片160多幅、300多千字。年内，研究室首次争取并完成中央党史研究室立项国家级课题《柳州市经济体制综合改革试点回眸》，完成自治区级课题《柳工国际化战略的实施》《“再造一个工业柳州”的提出及实施》。研究室代市委完成《中共广西区委执政纪事》(2013卷)柳州部分文字采写及图片收集。

宣教活动　年内，柳州市出台《柳州市领导干部学习党史国史制度》(柳办发〔2014〕32号)，为柳州市新提拔、异地交流任职的领导干部，换届后新一届领导班子成员及党校举办处级班、中青班等主体班学员学习党史国史提供制度保障。与柳江县委党史办为市县四家班子领导、300多个单位、1万多名党员干部，举办320多场柳州党史“听、看、走”——成团会议旧址革命传统教育活动，服务全市党的群众路线教育实践活动。4月，研究室牵头组建由党史工作者和高校、科研院所党史教学、研究人员组成的党史国史专家宣讲团，下发20个宣讲课题，举办33场学习党史国史专题讲座。年内，加强对市区18处革命遗址的保护和修缮，并争取市委、市政府及社会各界的重视与支持，促成“成团会议”旧址保护修缮项目立项，由市财政、柳江县财政共同投资236.92万元予以修缮，解决柳州市日益增长的红色革命教育需求和“成团会议”旧址残破现状间的矛盾。联合市委宣传部、市委党校、柳州日报社举办“柳州市纪念邓小平同志诞辰110周年学术研讨会”，收到论文40多篇，评出优秀论文17篇。组织开展纪念魏伯同志诞辰100周年活动，在《柳州日报》《今日柳州》等报刊刊发纪念文章。参与开展“铭记历史、圆梦中国”柳州市纪念抗日战争胜利69周年主题教育活动。

【桂林市地方志编纂委员会办公室】 隶属桂林市人民政府，是桂林市人民政府参照公务员管理的事业单位。内设机构4个：秘书科、地方志科、年鉴科、资料科。12县中，6县（阳朔、临桂、灵川、兴安、资源、荔浦）有独立的地方志工作机构，5县（自治县）（全州、永福、灌阳、平乐、恭城）有党史、地方志“二合一”工作机构，龙胜各族自治县有档案、党史、地方志“三合一”工作机构，均为参照公务员管理事业单位；5城区有地方志编纂委员会办公室，均为挂靠自治区政府办公室的临时机构。2014年末有编制人员20人，实有18人（其中具有高级专业技术职务资格3人，中级4人）。主任徐朝凯。

年内，市志办争取桂林市政府支持，申请立项和经费，启动《桂林图志》编纂工作。5月，在全市开展入志照片（图片）资料征集工作；6~10月，落实分工，进行框架拟定和细化；11~12月，组织编纂人员，分3个小组赴杭州、宁波、成都、重庆、西安和咸阳，学习借鉴外地编纂图志经验，并搜集桂林历史照片。12月，收集各类照片1万多张。

年内，市志办加大对县（区）地方志工作的指导，县（区）编修工作取得新进展：出版发行志书2部（《桂林市象山区志》《荔浦县志》），占自治区县（区）志书年度出版发行总数的66.7%；完成自治区、市、县三级综合评稿县志2部（《灵川县志》《临桂县志》），占自治区年度三级综合评稿的40%；通过终审验收1部（《临桂县志》），送自治区终审2部（《恭城瑶族自治县志》《桂林市秀峰区志》）。年末，桂林市18部计划内的志书出版发行7部，其余11部中，已通过或正在等候自治区终审验收3部，已完成三级综合评稿正在修改5部，正在进行初稿总纂3部。桂林市第二轮地方志书编修进度居自治区各设区市第一。

11月25日，市志办主办的“2014年桂林市地方志理论研讨会”在桂林召开。收到论文47篇，其中市志办人员递交论文14篇，县、城区志办递交论文33篇。评出一等奖5篇、二等奖10篇、三等奖25篇。市志办人员提交的论文获奖13篇，其中一等奖2篇、二等奖5篇、三等奖6篇。年末，桂林市17个县（区）中有16个开展年鉴编纂工作。13个县（区）综合年鉴出版发行，居自治区各设区市前列。其中4个县做到当年年鉴当年出版，确保年鉴信息的时效性。年内，《秀峰年鉴·2013》参加由中国出版协会主办、年鉴工作委员会承办的第五届年鉴编纂出版质量评比活动，获综合二等奖；《阳朔年鉴·2013》《灌阳年鉴·2013》《灵川年鉴·2013》参加第八次广西地方志优秀成果奖评选活动，均获佳作奖。12月，市志办获2012~2014年度广西地方志系统先进集体，并作为广西地方志系统唯一候选单位，报送国家人力资源和社会保障部与中国地方志指导小组，参加全国地方志系统先进集体评选。在中国出版协会主办、年鉴工作委员会承办的第五届年鉴编纂出版质量评比中，《桂林年鉴·2014》获综合一等奖，框架设计二等奖，条目编写特等奖，装帧设计一等奖。

年内，市志办启动实施桂林地情资料年报试点工作；新开通县地情网站4个，并实现与广西地情网链接。至年末，全市有8个县建立地情网站。年内，桂林地情网站发布信息100多条，访问量超过50万人（次）。其中，年内新发布各类信息20多条，新增访问超过20万人（次）。上传已出版的第一轮《桂林市志》（上册、中册、下册）及《桂林年鉴》1998年卷至2014年卷。全年收集桂林市地情资料600多条，800多千字、图片800多张。

8月，由桂林市地方志编纂委员会办公室组织编纂的《桂林市简志》正式出版发行（徐李宁　覃丰展　供稿）

【梧州市地方志编纂委员会办公室】 隶属梧州市人民政府，为梧州市地方志编纂委员会常设办事机构。内设机构2个（联络指导科、编辑出版科）。2014年末有工作人员10人（其中具有高级专业技术职务资格1人，中级4人）。主任覃成号。

编纂工作　3月27日，梧州市人民政府办公室下发《关于印发梧州年鉴2014年卷编纂方案的通知》（梧政办发〔2014〕43号）文件，根据文件精神和要求，市志办按编目落实编纂责任，注重组稿工作进度，要求各责任编辑树立全局观念，按照编纂工作的基本要求和主要任务，加快组稿进度；注重进度和质量的统一性，协调好稿件的质量和进度关系，确保稿件零差错；注重相互间协调配合，各责任编辑互相支持，形成合力，促进组稿工作顺利开展。11月，完成《梧州年鉴》(2014年卷)总纂和市政府审定，12月由广西人民出版社正式出版。年内，根据梧州市实际情况，经专家讨论和上级部门初步审定，重新确定《梧州市志》为中篇体结构，完成篇目结构调整，全志调整为31篇。为科学统筹安排市志资料的编辑和修补工作，市志办按新修订的《梧州市志》编目要求，以篇归类，以《梧州市志》编修工作小型座谈会形式，与有关承编单位负责人交流，查找志稿中存在问题，达成修志共识，加快完成第二轮《梧州市志》编纂工作任务。年内，根据梧州市委要求，梧州市委宣传部与市志办联合编写《梧州第一》人文丛书，224千字，9月公开出版发行。

课题研究　《南安古今》是广西地方志人才梯队建设项目，是市志办2014年重点研究课题。课题以历史唯物主义和辩证唯物主义为指导，探讨藤县南安的历史及现状，通过"解剖麻雀"方式，研究浔江边圩镇的兴衰更替，剖析西江流域村镇的发展，研究其经济和社会发展进程，提示其发展规律。12月，完成《南安古今》基本资料的收集和整理。

业务培训和指导　年内，为确保《梧州年鉴》和地方志书编修任务完成，市志办加强对梧州市直各部门和县(市、区)的年鉴及志书组稿、编修的指导，不定期地开展检查指导工作，派出业务骨干到岑溪市开展方志业务培训班1期。组织各级领导和业务人员参加上级方志业务培训班2期，受训8人。

【中共梧州市委党史研究室】　隶属中共梧州市委员会。内设秘书科、征编研究科。2014年末有工作人员8人。主任程琰洪。

年内，开展党的群众路线教育实践活动，围绕"为民务实清廉"的主题，以开展扶贫工作、清洁乡村美丽梧州、千个支部万名党员进社区双报到活动为载体，开展民主评议党员等相关工作。加深对党的群众路线的认识，推动党史部门转变工作作风、改进工作方法，为做好新形势下党史工作夯实基础。完善中共梧州地委、中共广西特委旧址和广西第一个农村党支部纪念馆等党史教育基地布展党史资料，搭建现场体验教育实践活动平台，发挥党史教育基地资政育人作用。研究室领导给市委办等部门作题为"1925~1929年中共在梧州的革命活动"党史专题讲座，结合市委党校开设党史国史课程，在春季主体班上作题为"梧州——广西的革命摇篮"党史专题讲座。

研究成果　3月，自治区党委党史研究室在广西党史研究室主任会议上表彰2008年至2012年广西党史部门党史优秀科研成果。研究室编纂的《中国共产党梧州历史》(第一卷)获著作类特别奖；与市委组织部、宣传部及市文新局、电视台联合拍摄的电视片《梧州：广西革命的摇篮》获音像制品类二等奖；《论中共在广西的第一个农村支部——中共多贤支部》《红色火种在梧州》获论文类二等奖；《党在大革命时期党史文化遗产的发掘与开发保护——以广西梧州为例》《试论百色起义的成功经验和现实意义》获论文类三等奖。

党史资料征集　年内，根据自治区党委党史研究室《关于征集知识青年上山下乡资料的通知》(桂史发〔2014〕10号)精神，征集了一批知青回忆文章、照片、档案资料，并撰写《梧州市知识青年上山下乡运动概述》。根据自治区党委党史研究室《关于开展〈广西改革开放纪实〉课题研究编写工作的通知》(桂史〔2013〕36号)精神，撰写《梧州工商业对外开放成就》专题稿件。年内，继续做好梧州新民主主义革命时期党史资料抢救、征集工作。以梧州大革命时期的重要党史人物周济、李省群为重点突破口，启动《周济、李省群纪念文集》资料征集和编写工作，共搜集到材料60多份、照片30多张，形成近250千字的《周济、李省群纪念文稿》第一稿。另外还搜集到一批新民主主义时期其他党史资料，共整理出文字资料51份、图片92张。同时，推进社会主义时期党史资料征集工作，重点征集1949年11月至1978年12月在梧州发生的重大活动、重大决策、重大运动、重要会议、重要政策等多方面内容，征集到有关材料近250千字，形成《中共梧州地方历史专题研究》(第二辑)初稿。

党史宣传教育　一是发挥党史教育基地平台作用，结合中共梧州支部、梧州地委、广西特委重要时期丰富的党史事件和人物资源，挑选、完善相关图片和实物，审核介绍文字，切实提升党史教育基地资政育人的作用。二是抓住广西领导干部学习党史国史制度的实施，5月，出版发行《中共梧州党史简明读本(1921~1949)》。9月24日，邀请自治区党史国史宣讲专家李金庆为梧州市副处级以上领导干部作题为"坚持中国共产党的核心领导地位为实现中华民族伟大复兴中国梦而奋斗"党史专题辅导。三是贯彻落实党的十八大和习近平总书记关于"用党的历史教育党员、教育干部、教育群众尤其教育青少年，积极推动党史教育进学校、进课堂、进学生头脑"讲话精神，6月，与梧州市教育局、共青团梧州市委员会、市关心下一代工作委员会联合发文《关于认真组织观看中国共产党党史教育电影〈守望明天〉的通知》(梧史发〔2014〕1号)，组织梧州市各单位各部门广大党员、干部、职工收看，1800多人受教育。

【北海市地方志编纂委员会办公室】 北海市地方志编纂委员会常设机构、北海市人民政府直属参照公务员法管理事业单位。主要职责有:负责向市政府提出地方志编纂规划的建议,负责组织、指导、督查市志、县区志及年鉴编纂工作。内设机构3个:综合管理科、编纂研究科、业务指导科。编制13人,2014年末实有13人(其中高级职称1人,中级5人)。主任符丽明。

年内,完成《北海年鉴·2014》编纂出版工作,该年鉴共设特载、特辑、大事记、内文、附录共5个部类,1100多千字,较为全面系统地记录了北海市2013年各行各业的发展成就。编辑出版《北海地情手册·2014》,该手册共12个部类,主要内容包括产业发展、旅游、社会民生等,约100千字,图片120多幅,较为直观地反映北海市情、社情和民意。

【中共防城港市委党史研究室、防城港市地方志编纂委员会办公室】 分别隶属于中共防城港市委员会、防城港市人民政府,两室合署办公,是参照公务员管理的正处级事业单位。内设机构4个(党史科、地方志科、年鉴科、综合科)。2014年末有在编工作人员9人。主任黄有第。

队伍建设 一是加强干部业务培训,选送业务骨干参加广西、全国的各种业务培训学习。6月、8月,研究室分派5名修志人员参加自治区地方志办公室在广西师范大学和浙江大学举办的修志业务培训班;11月,黄有第参加中央党史研究室在井冈山干部学院举办的全国党史干部培训班。二是以会代训,结合召开全市党史工作会议,开展党史工作业务培训。三是加强与广西区内外地市的交流学习。研究室领导带队到南宁、崇左等地红色文化资源地市学习交流党史研究、党史宣传、党史展馆建设等业务工作;组织修志人员到昆明、楚雄等地学习交流修志经验。四是提拔1名科级干部为副处级干部;考察2名干部拟提拔担任正科级领导。

党史工作 一是开展防城港市新民主主义革命时期党史资料抢救征集工程。收集在防城港参加过革命斗争的老革命、老干部、老领导等人员基本情况,制定外出采访计划方案,召开防城港市抢救征集工程实施工作会议。二是10月完成《防城港市历届党委重要文件汇编》(第一册)的资料收集和编纂工作。三是完成防城港市党史基本著作第二卷的大纲编写工作,11月上报防城港市委审查通过。四是完成抗战时期防城港市人口伤亡和财产损失B系列成果课题调研的修改整理,将于2015年2月上报自治区和中央党史研究室编辑出版。五是编纂出版《中共防城港市委执政纪事》首编本,近600千字,已完成并送印刷厂付印。

修志工作 7月,完成《防城港市志》(初评稿,创修本,近1200千字)编修工作;8月中旬报送自治区地方志办公室相关专家进行初评。

年鉴编纂 一是完成《广西年鉴·2014》防城港市本级资料的编写任务;二是出版《防城港年鉴·2013》;三是启动《防城港年鉴·2014》的资料收集和编纂工作。

网站维护 加强防城港史志网站日常维护管理工作。规范网站的运行和管理,不断充实网站内容,增强信息资料的真实性、时效性和实用性,为党政部门和大众提供史志资料。9月,东兴市地情网完成网站建设,11月开通运行。上思县地情网站适时更新内容,不断丰富地情资料。

【钦州市地方志编纂委员会办公室】 隶属钦州市人民政府,是钦州市地方志编纂委员会常设办事机构。主要职能是拟定全市性地方志编纂规划并组织实施;指导、督促和检查市辖县区的县志、区志、乡镇志和全市部门志的编纂工作,并对志稿进行审定验收;负责《钦州市志》《钦州年鉴》和其他地情书编纂工作;负责调查研究,积累资料,整理旧志,提供地情咨询服务;开展地方志理论研究,培训修志队伍,总结修志经验。内设机构4个:秘书科、编辑出版科(年鉴编辑部)、联络指导科、地情古籍科。2014年末有人员13人,其中在编11人。主任韦杰。

修志工作 11月5~6日,《钦州市志》三级评稿会召开。该书自2007年重新启动编修,2014年8月完成送审稿,近5000千字。

年鉴编纂 12月,《钦州年鉴》完成编辑加工,进行彩版、文字初样排版,并落实付印有关事宜。

地情书编纂 年内,《钦州荔枝史话》《钦州港图志》重新组建编写团队,加强编写人员队伍。年末,《钦州荔枝史话》完成初稿编辑加工并付印。《钦州港图志》确定编写篇目并基本完成资料收集工作。

网站和网络平台建设与管理 年内,钦州市、县(区)均建立地情网站。通过建立健全网站信息管理制度、保密制度,加强网站管理,指定专人负责更新和完善地情网内容,加强网站建设。灵山地情网在网页设计、运行管理、资料发布等方面创新思路,得到自治区方志办领导肯定,在广西市县地方志工作会议上作经验介绍。

开展读志用志工作 年内,在钦州开展古城利用与保护规划研究工作并撰写《钦州故城变迁及历史发展概况》,为重修改建钦州中山公园、保护开发明清民国时期钦州民居、街道提供重要参考建议。为钦州中山公园地图、历史文化浮雕方案进行认真补稿、审稿,发挥地方志作用。

【中共钦州市委党史研究室】 市委直属事业单位。内设机构4个(秘书科、征编科、出版科、宣传教育科)。2014年末有在职在编11人。县(区)党史工作机构有灵山县、浦北县、钦南区、钦北区4个。主任覃运生。

年内,开展党的群众路线教育实践活动,参与"美丽钦州·清洁乡村"活动,完成党支部换届选举。年内,研究室向市级领导干部推荐《中国共产党钦州历史(第一卷)》,灵山县委党史研究室向灵山县机关单位和个人免费赠送《难忘岁月—灵山革命斗争故事集》,钦北区委党史研究室向各级领导干部、企事业单位、中小学赠书800多本。5月15日,钦州中共党史学会召开成立大会暨第一次会员代表大会。30人参会。会议审议通过《钦州市中共党史学会章程(草案)》,选举第一届理事会理事组成人员,并选举会长、副会长、秘书长。

党史征编　年内,出版《中共钦州党史大事记(1950~2008年)》,记叙1950年1月至2008年12月间社会主义时期各个历史阶段钦州党的自身建设和当地党委结合实际贯彻执行党的路线、方针、政策,领导钦州人民进行政治、经济、文化建设的重要活动、事件和成就。年内,钦北区委党史研究室编写出版《烽火岁月农师慎》,主要记叙钦州革命武装斗争时期主要领导人之一农师慎在革命战争年代的主要事迹,是建区以来钦北区党史编研内部出版的第一部党史普及读物。年内,出版《中共钦州市委党史年编(2013年卷)》。编印内刊《钦州大事速览》12期。

专题研究　年内,根据自治区党委党史研究室工作部署,钦州市"广西改革开放纪实"课题为《钦州港建设的主要成就和经验》,研究室6月完成课题调研和成果报送;完成《广西知识青年上山下乡》一书的《钦州知识青年上山下乡概述》部分。

年内,钦州浦北县党史研究室与当地党委、政府协调,完成大成镇金街纪念馆修缮工作。东馆小学革命遗址、张世聪故居的修缮工作也在紧密修复。年内,研究室以学校为宣传平台,开展"党史进校园"活动。组织党史专家、党史学会会员、离退休老干部,联合市关工委等部门组成宣讲团,到20多所中小学开展"钦州革命斗争史暨社会主义核心价值观教育进校园"宣讲活动,并向各中小学赠送党史读物。年内,组织开展党史宣教活动35场(次),受教育师生8万多人。

【贵港市地方志编纂委员会办公室】 贵港市人民政府直属事业单位,是贵港市地方志编纂委员会常设办事机构。内设综合科、编纂科。2014年末有在编工作人员9人(其中具有中级以上专业技术职务资格5人)。主任韦芬萍。

年内,协助市委宣传部编纂《贵港通史》,搜集整理太平天国金田起义史料并形成资料汇编。市地方志办公室副主任周朝宁担任总纂,指导贵港市人大常委会编纂出版《贵港市人民代表大会志》(广西人民出版社2014年2月出版)。全书860千字,记载从1950年贵县召开第一届各届人民代表会议至2013年底的贵港市人民代表大会的发展过程。此外,编辑出版《贵港年鉴·2014》(广西人民出版社2014年10月出版),全书600千字。

【玉林市地方志编纂委员会办公室】 隶属玉林市人民政府,内设科室2个。主要负责组织、指导、督促和检查地方志工作;拟定地方志工作规划和编纂方案;组织编纂地方志书、地方综合年鉴;搜集、保存地方志文献和资料,组织整理旧志,推动方志理论研究,组织开展业务培训;组织开发利用地方志资源。2014年末有在编人员10人(其中具有高级专业技术职务资格1人,中级3人)。主任黎成(任至10月),韦忠云(10月起任)。

业务培训与交流　年内,召开《广西年鉴》《玉林年鉴·2014》县(市、区)组稿会,并作《规范地方综合年鉴条目编撰》专题辅导;派员到兴业县为县志撰稿人培训班作主题讲座1次;派出9人次分别赴北京、杭州、南宁、桂林等地参加中国、广西方志系统举办的业务培训班,派员到钦州观摩《钦州市志》三级评稿会6人(次)。派人赴广西梧州和广东肇庆、佛山、清远学习第二轮志书编纂经验1次。

科研工作　9月,编纂出版《玉林年鉴·2013》,全面推进《玉林年鉴·2014》资料收集、编辑加工。完成《广西年鉴》《广西社科年鉴》《中国城市年鉴》2014年卷玉林市部分文字撰稿任务。年内,《玉林年鉴·2012》获第八次广西地方志优秀成果奖二等奖。课题《城市综合年鉴框架设计分析研究》获广西地方志人才梯队建设项目立项,是广西14个地级市中唯一年鉴课题立项;论文《突出特色个性 提高地方综合年鉴编纂质量》被录入《广西续修地方志创新理论论文研讨会交流论文集》。

修志工作　年内,《玉林市志》收集123个单位的市志资料共9620多千字,编辑加工形成市志近1050千字。《玉林县市概况》累计收集117个供稿单位的资料1000多千字,编辑形成初稿500千字。

地情网站建设　年内,"玉林地情网"网站设置栏目13个,累计发布信息398条,近210千字。

【中共玉林市委党史办公室】 中共玉林市委员会直属事业单位。内设机构3个(秘书科、征编科、宣教科)。2014年末有工作人员9人。主任周慧。

科研工作与成果　年内,编写自治区党委编纂的

《广西改革开放纪实》中的《广西第一个全国农村改革试验区的建设》《中小企业商机博览会(中国·玉林)的发展》2个专题并上报自治区党委;配合玉林市委编写自治区党委部署的《中共广西区委执政纪事(2013年卷)》撰写工作;编写自治区党史研究室编纂的《广西知识青年上山下乡》玉林篇撰稿专题;开展《玉林农村改革试验纪实》课题调研,主要研究作为全国第一批10个县(市)农村改革试验区之一的县级玉林市开展农村改革试验的举措、取得的成效和改革经验,该课题入选中央改革开放课题,为党委和政府决策提供历史经验;继续开展《中国共产继续党玉林历史》(第二卷)》编写工作,同时抓好党史资料征集工作,加强新民主主义革命时期党史资料抢救、征集工作,开展党史专题的研究。年内,玉林市参与自治区党史征文获奖论文类1篇、获市级奖论文类1篇,同时做好玉林市党史工作动态信息报道工作,被各级党刊党报、网络新闻媒体采用信息40多篇。年内,编辑出版《玉林市革命遗址遗迹简介》,编印《玉林市党史大事记》(内部资料)4期;陆川县委党史办公室协助陆川县西区党史编辑委员会出版《陆川西区红旗》;容县县委党史办公室编印《容县党史大事记》(内部资料)4期;玉州区、兴业县、福绵区合著《中国共产党玉林历史(县级玉林市)》;兴业县党史办公室办编印《辉煌十五年——兴业县大事记(1997~2012)》。年内启动《中国共产党玉林历史图片集(1921~1949)》专辑编纂工作。

党史宣教活动　4月,配合玉林市委办公室做好市委中心组分别到玉林市人民公园和北流市李明瑞、俞作豫纪念馆开展革命传统教育活动的有关工作。年内,市党史办研究人员应邀在桂东南抗日武装起义烈士纪念塔等地多次为广大党员干部进行玉林党史的宣讲。7月,与玉林市直机关工委联合举办以"党章、党史、党纪知识"为主题的答题竞赛活动,掀起党员干部学习党章、党史、党纪知识热潮,同时利用党史书刊做好党史宣传。免费发放《传承》《玉林市党史大事记》等资料杂志,接受300多人(次)咨询,免费发送党史资料3000多份(本)。

特色构建　年内,一是探索建立领导干部学习党史国史制度新路子。以市委办公室名义下发《玉林市领导干部学习党史国史的实施方案》到各级党委部门,组织成立玉林党史专家库,在爱国主义教育活动中进行党史知识宣讲。二是开展党史"六进"宣传教育活动,举办党史知识讲座和座谈会等,向机关单位的干部讲授党史;接受群众咨询党史知识,免费发送《玉林大事记》等党史资料杂志3000多份。三是开发和利用革命遗址遗迹。扩展桂东南抗日武装起义烈士纪念馆内的党史陈列内容,参与朱锡昂烈士陵园的历史文化长廊建设。市党史办有关领导和业务人员就进一步完善和丰富纪念塔的陈列内容开展专项整治,对原有陈列内容从视觉、听觉上进行翻新、完善和补充,并对配套环境加强管理。四是配合玉林市委组织部筹建部史风展室,配合玉林武警支队、玉林双拥办等多家部门筹建网站党史专栏,配合玉林军分区筹建玉林军史馆。会同市旅游局探索红色旅游线路的扩展方法。五是指导并协助玉林市离退休干部成立玉林市革命烈士研究会,该协会成为广西首家研究党史人物的社会团体。

【中共百色市委党史办公室、百色市地方志编纂委员会办公室】　分别隶属百色市委员会、百色市人民政府,两室合署办公。内设秘书科负责日常行政工作,业务一科负责党史工作,业务二科负责地方志工作。编制11人,2014年末有工作人员10人。主任黄汉儒。

党史工作　年内,参与百色市委市政府纪念邓小平诞辰110周年暨百色起义85周年活动相关工作,邀请部分专家,协助对接区党史研究室和市委宣传部落实研讨会征文事宜及协助市委市政府处理部分文案工作,对口接待中央党史、中央文献研究室及区党史领导在百色期间的活动安排等,与自治区党史研究室合作开展《革命理想高于天——百色起义中的共产党员》《远征——红七军传奇》2部书的编写出版工作。起草《中共百色市委执政纪事(2013)》。推进《广西改革开放纪实》百色部分的编写工作。协助自治区党史征集知识青年上山下乡相关资料,先后到百色市档案馆、人社局、右江区档案馆等单位查阅旧档案100多份,翻阅旧报纸近50期,抄录资料近1万字。推进滇黔桂边课题研究,10月20日向各县(区)党史部门下发《〈中国工农红军滇黔桂边游击根据地革命斗争研究〉百色课题组工作方案》(百史办通〔2014〕1号),落实专人开展资料收集工作。开展新民主主义革命时期资料抢救工作。结合百色开展纪念邓小平同志诞辰110周年暨百色起义85周年活动,采访老同志1人,查找、征集档案资料20张,开展专题党史研究2个,征集党史图片30多张。

二轮修志工作　年内,百色市二轮修志进展如下:《百色市志》完成总体任务的50%;《右江区志(1988~2005)》收到53个右江区直单位初稿;田阳县完成36章360节初稿编写,完成初稿编辑近80%;田东县完成10多个单位稿件的初纂;平果县交稿率90%;《靖西县志》交稿率33.6%;《凌云县志》完成篇目大纲的调整;《乐业县志》完成51个单位资料长篇编写;田林县已审长编资料105部门,针对初稿编写件质量问题,提出修改意见和建议105个,指导100个单位完成初稿编写,基本定稿单位90个,完成全书编纂工作的

78%；《西林县志》完成文字资料收集整理6万字，收集彩色图片50张，完成年度编纂任务的80%。

年鉴编纂工作　年内，出版《德保年鉴·2013》《靖西年鉴·2012》《那坡年鉴2008~2009》《乐业年鉴2009~2010》《隆林年鉴2011~2012》。

地情信息建设　年内，百色市及田阳、田东、靖西、凌云、西林5县正式开通地情网。田东、靖西、凌云、乐业和隆林5县列入广西方志文化惠民工程项目建设单位。

其他工作　年内，市县两级完成《广西年鉴·2013》组稿任务；自治区地方志人才梯队建设，百色市获准立项2项，其中《恩城州存废及遗址探考》为第二层次项目，《县级开展实施地方志资料年报工作制度的探讨》为第三层次项目。乐业县志办组织人员前往广西大学图书馆、自治区图书馆查阅资料，完成第一部《乐业县志》查缺补漏和重印工作。田林县组织开展14部乡镇志和29部部门志的编纂工作。9月，草拟《田林县开展乡镇（部门）志编纂工作方案》报田林县委县政府并下发相关单位，确定乐里镇、定安镇和县教育局、水利局、地税局为示范单位，重点指导示范乡镇《定安镇志》编纂工作。西林县完成《西林县享受自治县待遇20周年资料汇编》编纂出版工作。《西林县第十一届人民政府重要资料汇编》正在收集资料。年内把西林县人大办、水利局作为部门志编纂示范点。《西林水利志》已完成资料收集。

【中共贺州市委党史研究室、贺州市地方志编纂委员会办公室】 分别隶属贺州市委、贺州市人民政府。内设机构4个，分别为秘书科、党史征编科、地方志编纂科、年鉴编纂科。承担贺州市中共党史编研、宣传和地方志编修、旧志整理、地方志开发利用等工作。2014年有在职工作人员9人（其中具有高级专业技术职务资格1人，中级4人）。主任黄观壮。

编纂出版工作　9月，启动《贺州年鉴·2014》编纂工作，至年底，收集初稿1500多千字。10月，《贺州年鉴·2013》编纂工作完成并付印，11月底出版发行。年内，创办《中共贺州市委执政纪事》，每年编纂出版1卷。该书由贺州市委员会主管，贺州市委党史研究室主办，全面反映每年贺州市委执政活动，突出党委工作特点和贺州特点，是贯彻党务公开、交流执政信息、积累党史资料、提高党的建设科学化水平的重要平台、载体。《中共贺州市委执政纪事·2014》全书近400千字，图文并茂，12月公开出版发行。年内，完成《中国共产党贺州历史（第一卷）》，启动《中国共产贺州历史（第二卷）》编纂工作，制定编纂大纲并完成编目设置。

专题申报工作　年内，根据自治区党史研究室《广西改革开放纪实》课题研究编写工作要求，贺州市确定将《中国首个水电电气化市》作为《广西改革开放纪实》贺州专题申报。3月，获自治区党史研究室批准并提出撰写意见。8月底完成专题编写并报送自治区党史研究室。

人才梯队建设　2013年，贺州市地方志编纂委员会办公室参与广西地方志人才梯队建设，申报地方志课题研究项目《贺州历史文化名镇名村研究》，2014年3月获自治区地方志编纂委员会办公室批准为2014~2015年度广西地方志人才梯队项目立项。

【中共来宾市委党史研究室、来宾市地方志编纂委员会办公室】 简称“市史志办”，正处级事业（参公管理）单位。编制8人，在岗7人。内设秘书科、征编科、编审科。主要负责编纂地方党史正本和党史资料丛书，编修本级地方志和年鉴业务工作，协助指导市直部门和各县（市、区）开展党史、地方志编修工作。主任李勇。

党史编纂　《中国共产党来宾历史》经6年努力，第六稿向29位厅级领导和5市12县征求意见结束，并经自治区党史研究室专家初审，完成第七次修改，形成送审稿报送自治区审查。《来宾市志》经8年努力，形成4300千字定稿，9月报送自治区审查。

研究成果　探寻红色印记，为来宾市革命遗址遗迹保护提供依据的《永恒的丰碑—来宾市革命遗址遗迹名录》于11月由广西人民出版社出版发行。配合来

3月7日，来宾市委党史研究室主任李勇（右二）到象州县党史宣传教育基地进行调研

（杜红旗　供稿）

宾市群众路线教育实践活动编印《人民利益高于天—来宾市群众路线教育实践活动读本》(地方党史篇),向市处级以上干部和各级党组织发放4000册。编纂的《来宾年鉴·2013》,800千字,10月由广西人民出版社出版发行。11月,完成中央党史研究室交办的《来宾市抗日战争时期人口伤亡和财产损失》课题研究。形成350千字成果报自治区党史研究室审核。10月,完成《广西改革开放纪事》来宾部分的《为了旱区人民的期盼—桂中治旱工程建设纪实》《实施“三求”惠民工程搭建农村精神文明建设的载体》两篇文章的撰稿任务,并通过自治区党史研究室审核。9月,完成《中共广西区委执政纪事(2013年卷)》来宾市《坚持科学发展 构建文明和谐新来宾》文稿的撰写工作。此外,还完成《广西年鉴·2014卷》文稿的撰写任务。

专题研究　①新中国成立前党史资料抢救性征集。向全市450名广西新民主主义革命时期亲历者、离休老干部、革命先烈后裔、亲属、抗战老兵等开展“亲历、亲见、亲闻”口述资料和历史文献、影像、实物等史料征集。年内完成采访50人,撰写回忆文章35篇。②知识青年上山下乡资料征集。配合范围内知青资料征集活动,在全市范围内组织征集知青图片250幅,回忆文章20篇,完成《青春绽放在田野—来宾市知识青年上山下乡纪实》,并报送自治区。③百年大事记史料征集。为夯实来宾历史文化基础,在全市范围启动开展来宾百年大事记史料征集,征集工作正在进行。④地名志资料收集。地名志是地方文化的重要组成部分,在全市范围开展地名志资料征集,征集工作正在进行。⑤地情概览专题资料征集。编纂本土地情教材,教育干部群众爱家乡、爱国、爱党,组织征集来宾市地情概览资料,征集工作正在进行。⑥纪念场馆规划论证。结合来宾市革命遗址遗迹和新民主主义时期来宾人民抗战救国等历史素材,开展昆仑关战役指挥部旧址调研工作和来宾市纪念场馆规划论证工作,向市政府上报调研成果和论证报告。⑦历史文化资源调查。征集来宾地区历史文化资源,为市委、市政府5~8年的文化发展规划提供决策依据。

古籍整理　年内,整理完成《象州志》(清·乾隆二十九年)等九部古籍,并上报自治区地方志办公室古籍整理处。

资政育人　一是首创党史国史教育体验式教学模式。在市委党校主体班次上开设地方党史专题课,为乡镇书记培训班、妇女干部培训班、青年干部培训班等主体班次到广西省工委交通站旧址、桂中第一支部旧址等开展地方党史国史现场体验教学活动。二是创建广西首个“地方史志文化阅览平台”。在市图书馆创建“地方史志文化阅览平台”,将3000多册史书、7000余份文献面向社会公众开放。三是扩大宣传教育成果。与来宾日报社联合开办“纪念建党93周年专栏”、“党的群众路线教育党史专栏”,先后刊发相关文章30余篇;向《广西党史网》、《广西党史工作交流》供稿25篇;“来宾党史网”、“来宾地情网”浏览量达280万人(次);争取自治区建站扶持资金4万元建成“武宣地情网”、“忻城地情网”;提交5篇论文参加广西地方志协会理论研讨会等等。

服务社会经济　多次参与城市道路命名,提供地情资料服务《和谐西江行》拍摄,参加市博物馆布展工作,参与蓬莱州历史文化现场考察,为市政府提供地情咨询服务。

高等院校科研机构

【广西大学马克思主义生态经济发展研究院】　省级重点研究基地。研究学科有生态经济学、政治经济学、发展经济学。有4个研究方向:一是中国特色社会主义经济研究,二是生态马克思主义经济学研究,三是马克思主义世界经济学研究,四是马克思主义经济学与广西社会经济发展研究。其中生态马克思主义经济学研究成就最大、成果最多。2014年有教授、副教授10多人。主任刘思华。

年内,对国家“十二五”重点图书《绿色经济与绿色发展》丛书的第一批书稿与第二批书稿进行审核,完成第二批书稿审核。出版社将出版第一批专著。年内,研究院根据为实现广西与全国生态经济又好又快发展、开拓广阔的道路提供咨询与服务的宗旨,致力于探索少数民族地区文明形态创新跨越发展的新道路,为广西生态环境优美的民族地区(县镇)从农业文明走向生态文明、实现文明形态新跨越发展寻路,与百色学院分别承担有关上述内容的2项课题。12月5日,研究院与百色学院在广西大学联合举行“广西少数民族地区文明形态跨越发展座谈会”,自治区直高校与研究机构专家学者参会。座谈会主题为:探讨广西少数民族地区县域、乡域建设生态文明,实现从农业文明向生态文明跨越发展的新路。主要议题包括:一是广西部分县、乡建设生态文明、发展绿色经济、开辟既能发展经济、脱贫致富又能保护生态环境的发展新路的经验;二是少数民族地区绕开工业化发展带来生态危机弊病,创建生态文明的必要性与可行途径;三是少数民族地区利用工业化、信息化、高科技的成果发展生态型、循环型农业经济的战略策略。座谈会上，百色学院课题组汇报研究情况，研究院课题组汇报研究思路。

【广西大学经济发展研究所】 依托广西大学商学院主要开展产业经济、房地产经济、区域发展与区域规划、经济体制改革与经济发展、国际经济合作、农村社区发展和金融市场运行等方面的研究。2014 年末有科研人员 36 人(其中具有高级专业技术职务资格 32 人)。所长覃巍。

学术交流　8 月 6~7 日，研究所李欣广参加“中国生态建设狮山论坛”，并作报告。12 月 11 日，覃巍、郭南芸、毕先萍参加“2014 年中泰区域经济一体化国际研讨会”，并作英文报告。10 月 11 日，郭南芸参加“中国工业经济学会 2014 年学术年会暨‘产业转型升级与产能过剩治理’研讨会”，并作分会场报告。9 月 5~6 日，毕先萍参加“第七届‘创新与创业’国际学术会议”，并作报告。11 月 1 日，朱仁友参加“2014 年广西房地产及住宅研究会学术年会”，并作大会发言。11 月 29~30 日，李欣广参加“世界经济发展学会 2014 年年会”，并发言。11 月 8~9 日，李欣广、黄丽馨参加“中国第六次人的发展经济学研讨会”，并发言。

科研工作与成果　获国家自然基金项目立项 1 项〔《中小企业生态性创新网络优化促进西部中小企业自主创新成长研究》(71462003)〕；获广西第十三次社会科学优秀成果奖三等奖 1 项，获第五届广西社会科学界学术年会优秀论文一等奖、三等奖各 1 项。发表论文 10 多篇。

社会服务　8 月 29 日，覃巍参加广西国有资产监督委员会举办的“《自治区党委 自治区人民政府关于全面深化我区国资国企全面改革的意见(代拟稿)》专家论证会”并发言。12 月 16 日，覃巍参加自治区人大财政经济委员会举行的广西 2014 年国民经济计划执行情况和 2015 年计划草案初步审查活动，提交书面报告并作发言。年内，覃巍教授担任自治区人大财政经济委员会计划审查监督咨询专家、广西劳动保障学会第七届理事会副会长；李欣广教授任中国生态经济学会教育专业委员会副会长、广西人的发展经济学研究会副会长、广西比较经济学会副会长、世界经济发展学会常务理事；朱仁友教授任广西住宅与房地产研究会副会长；郭南芸副教授担任广西数量经济学会理事；黄丽馨副教授担任广西人的发展经济学研究基地研究员；彭剑波副教授为南宁市人大代表。

【广西大学旅游科学研究中心】 集旅游教学、旅游科研、旅游规划、旅游项目策划及旅游企业管理咨询于一体的专业性旅游研究单位。研究中心融合旅游、建筑、园林、历史、文学、地理、经济、管理等多个学科，配置有旅游资源开发与规划、旅游企业战略管理、旅游服务技能培训、酒店与景区管理等团队。2014 年末有专业教学科研人员 20 人，其中教授 8 人、副教授 8 人，讲师 4 人。有博士学位 11 人，硕士学位 18 人，国务院特殊津贴专家 1 人，国家旅游局旅游业青年专家 1 人。负责人刘民坤。

学术交流　研究中心主办或承办国内学术会议 3 次。9 月，承办“2014 年国家旅游局旅游业青年专家研讨会”。选派中心研究人员参加境内外学术会议 50 人(次)，邀请国内外知名专家学者举办旅游管理专业学术讲座近 20 次。

人才培养　研究中心专兼职研究人员吸收旅游管理学术型、专业型研究生和本科生参与课题研究，培养学生科研能力。选派刘亚萍、黄爱莲、陈红玲等专职研究人员 15 人(次)出国访问，选派刘亚萍、陈红玲、阳月星等 10 人(次)赴国内著名大学深造。

科研工作　近 5 年来，研究中心获国家自然科学基金 3 项、国家社会科学基金 2 项，自治区级研究课题 20 多项，计划内横向项目 100 多项(科研经费 1500 多万元)，项目涵盖广西、湖南、江西、安徽、湖北、浙江等省区的地市、县级的旅游发展总体规划、景区开发建设规划及旅游项目可行性研究报告。出版学术专著 20 部、在《旅游学刊》《人文地理》《管理世界》等核心刊物上发表学术论文 100 多篇。

社会服务　10 月，刘民坤教授受国家旅游局邀请，为旅游业青年专家授课，主讲“青年专家的责任与创新”。杨永德教授于 2013 年主持自治区人民政府《国民旅游休闲纲要广西实施细则》文件撰写工作，该文件于 2014 年 2 月自治区政府主席常务会讨论通过。多名研究人员长期担任自治区发改委、旅游委、科技厅、招商投资局等部门评审专家。

【广西大学经济与管理实验中心】 隶属广西大学商学院。广西高校重点实验室，广西唯一的经管类国家级实验教学示范中心。实验中心面积 2700 平方米。2014 年末有骨干队伍 64 人，有教授职称的占 38%，副教授职称占 44%；有博士学位的占 53%，硕士学位占 22%。主任阎世平。

中心作为学院实验教学和研究中心，承担工商管理类、经济学类共 11 个全日制本科专业；5 个第二专业；应用经济学博士；16 个硕士专业，以及 EMBA、MBA、专业硕士、继续教育相关专业等各层次 1 万多名学生的实验教学任务。开设 53 门实验课程，300 多个实验项目。

年内，中心接待21批180多人（次）来自自治区内外高校，美国，东南亚国家，中国台湾地区的高校、政府部门、企业团体等来访及交流，中心成员走访自治区内外高校20多人（次），从事调研、参会、项目合作等交流活动。中心作为广西高等教育学会经济管理实验教学专业委员会秘书长单位，承办“2014广西地方金融改革创新发展暨金融创新人才培养研讨会”等。

年内，主持国家自然科学基金项目2项、国家社会科学基金项目1项、省部级项目6项、计划内横向项目5项、厅级项目4项、校级项目4项（其中实验教改项目1项）；发表论文79篇（其中实验教改论文12篇），出版专著4部、编著1部、教材7种。获省部级优秀成果奖14项、地厅级优秀成果奖5项。

【广西大学中国—东盟研究院（东南亚研究中心）】 隶属广西大学正处级独立建制单位，广西高校人文社会科学重点研究基地。内设10个国别研究机构（越南、缅甸、老挝、泰国、文莱、新加坡、马来西亚、印度尼西亚、菲律宾、柬埔寨国别研究所）和10个专业研究机构〔CAFTA研究中心、大湄公河(GMS)研究中心、泛北部湾区域发展研究中心、中马产业园发展研究所、中国—东盟生态研究所、国际关系研究所、民族文化研究所、法律关系研究所、中国—东盟战略研究所、中国—东盟财政金融政策研究中心〕，并启动建设中国—东盟研究国际在线研讨平台和中国—东盟全息数据研究与咨询平台，强化科研基础设施建设。以211重点工程“中国—东盟经贸合作与发展研究学科群”“文化传承与创新学科群”2个重点建设学科群为中心，建成“中国—东盟国际金融合作与跨国投资研究”等16个研究小团队。此外，设行政办公室、科研办公室、外事办公室、教学/培训办公室等行政性机构。2014年末有专职研究人员24人，校内兼职研究人员75人，校外兼职研究人员50人，国外合作研究人员9人。校内专兼职人员中有博士学位65人、教授36人、研究员7人、副教授28人、副研究员8人、中级职称24人、东盟国家小语种专职翻译人员7人；国家“百千万”人才工程第二层次人选3人、教育部“新世纪优秀人才”3人、“八桂学者”1人、中国科学院百人计划人选1人、广西“新世纪十百千”人才工程第二层次人选8人、享受政府特殊津贴专家2人、广西高校百名中青年学科带头人3人、广西高校优秀人才3人、兴桂学者2人。院长梁颖。

学术活动与交流 年内，主办或承办会议或学术交流活动10多次，其中，规模较大、规格较高的学术交流活动主要包括：2014年中国—东盟区域发展论坛、中国—东盟研究院与剑桥大学学术交流会、中国—东盟区域发展研究创新团队发展规划专家论证会、第十一届中国金融学年会理事会暨年会、2014年中国亚洲太平洋学会年、“10+3”互联互通论、中国—东盟金融论坛等。9月14~15日，中国—东盟区域发展协同创新中心发展规划专家论证会议在广西桂林召开。来自外交部、商务部、中共中央对外联络部、中国社会科学院、国家开发银行、中国出口信用保险公司等中央机关和企事业单位，南京大学、南开大学、中国人民大学、中央财经大学、厦门大学、云南大学等重点高校，中国南海研究院、东中西区域改革和发展研究院、安邦咨询公司等智库研究机构的30多名专家学者参会。推动广西大学“中国—东盟区域发展”研究由“国内最大”向“世界最强”跨越，成为“国家急需、世界一流、制度先进、贡献重大”的中国特色新型高校智库。9月14日，自治区副主席唐仁健会见与会专家学者并讲话。唐仁健表示，希望与会专家学者继续支持广西大学中国—东盟区域发展协同创新中心建设，支持其申报为国家级协同创新中心。中国知名经济学家、南京大学原党委书记洪银兴教授，中国社会科学院学部委员、中国知名国际问题专家张蕴岭教授就如何进一步做好中国—东盟区域发展研究创新团队建设、申报国家级协同创新中心提出建议。自治区人民政府副秘书长蒋家柏，自治区教育厅厅长秦斌，中共桂林市委常委、常务副市长秦春成陪同会见。年内，研究院与马来西亚ISIS、印尼大学、菲律宾大学、柬埔寨皇家金边大学、新加坡国立大学、南洋理工大学、老挝国立大学、东盟秘书处及东盟各国驻华使领馆等东盟国家高校、研究机构建立密切合作关系，加强与美国东西方研究中心、英国伯明翰等域外高校或研究机构的联系，提高研究院国际影响力。年内，研究院与安邦咨询公司合作成立安邦—广西大学东盟研究中心，与外交学院签订合作备忘录；与中国出口信用保险公司签订《中国出口信用保险公司—广西大学合作备忘录》；与中国农业银行举办中国—东盟合作与广西金融发展机遇高端论坛等。

科研成果 年内，研究院在2013年实施广西大学“211工程”四期重点建设学科群“中国—东盟经贸合作与发展研究学科群”建设项目的基础上，持续支持科研项目211科研项目重点项目6项，一般项目15项(2014年末已组织中期检查14项，通过中期验收14项，结项3项）。年内，研究院按照《社会科学研究项目管理办法（试行）》规定，公布210个研究选题，分二批共招标重大项目4项、重点项目17项、一般项目37项、青年项目13项。年内，在院内安排一般项目29项、重点项目8项。主持国家级项目10项，其中，国家社会科学基金项目6项、国家自然科学基金项目2项、国家社会科学基金西部项目2项。主持省级项目5项。

年内，广西大学中国—东盟研究团队在中国—东盟研究领域获广西第十三次社会科学优秀成果奖一等奖3项(《提升沿边开放与加强跨国区域合作研究——以CAFTA背景下中国西南边境跨国区域为例》《珠江—西江经济带上升为国家战略问题研究》《差异性金融结构“互嵌”式“耦合”效应——基于泛北部湾区域金融合作的实证》)；二等奖7项(《人民币国际化的条件约束与突破》《城市群资源整合与协调发展研究——以广西北部湾城市群为例》《广西资源富集区投资策略研究—基于优势资源的分析》《群体公民行为塑造：基于柔性激励的战略人力资源实践耦合模型》《国际贸易商品价格的进出口国议价能力评析——以中国和东盟为例》《房产价值与公司投融资变动——抵押担保渠道效应的中国经验证据》《社会资本与区域经济增长：一个理论分析框架 / 金丹城市群空间演进与产业联动——以广西北部湾城市群为例》)；三等奖6项(《我国小额贷款公司信用风险管理研究》《国际文化合作的经济分析——以中国—东盟区域为例》《中国与东盟双向投资合作研究》《广西城镇人口分布和城镇化空间布局研究》《中国—东盟“南南竞争”区域生产网络价值创造战略途径探寻》《CAFTA价值网下北部湾经济区产业升级研究》《边缘省区县域经济差异的空间格局演化分析——以广西为例》)。新增东盟领域国家社会科学基金项目3项，国家自然基金项目3项。研究院院长、广西大学党委书记梁颖牵头完成的《中国—东盟合作与广西发展机遇》研究成果获自治区党委书记、自治区人大常委会主任彭清华和自治区副主席张晓钦重要批示。范祚军教授牵头完成的《柬埔寨、老挝、新加坡调研报告》获中共中央政治局常委、国务院副总理张高丽重要批示。

【广西大学区域社会管理创新研究中心】 教育厅批准成立的广西高校人文社会科学重点研究基地。依托广西大学公共管理学院，下设“社会组织与区域社会治理创新”“公共政策与地方政府管理创新”“管理思想与民族文化创新”3个重点研究方向。研究基地旨在建设国内先进，具有一定的国际影响，有效服务国家及广西发展社会管理创新需求，为政府科学决策提供高水平智力支持的特色鲜明的新型高校智库，打造成为中国—东盟非政府组织与社会管理创新研究的领军阵地，将社会组织、地方治理等研究方面的学术影响力辐射到东盟国家。2014年末有专职研究人员41人，兼职研究人员21人，97%的研究人员具有博士学位，其中正高级研究人员36人，副高级研究人员16人。主任王玉生。

年内，基地召开学术研讨会1次。基地依托广西大学公共管理学院现有的校际合作关系网，与自治区内外知名大学展开课题合作、协同创新。年内，发布合作课题8项，研究生创新课题20项，研究经费100万元。与自治区民政厅、岑溪市人民政府、梧州市人民政府、凭祥市人民政府、广西教科所等部门及八桂义工协会、广西公益联盟等非政府组织有项目合作与人员交流，获横向课题研究经费65万元。

【广西民族大学广西知识产权培训基地】 自治区科技厅、自治区教育厅共同指导与管理，是省部级研究培训基地。内设基地培训工作室及秘书处、知识产权会谈实验室、知识产权案例讨论实验室、多媒体培训室、知识产权审判实验室、专利文献检索实验室、知识产权图书馆——“智慧书院”、知识产权鉴定中心、知识产权评估中心、知识产权文化角、知识产权绿色文化长廊、知权咖啡等。2014年末专职培训师资18人，其中博士生导师2人，教授3人、副教授8人，讲师5人。兼职教师86人，其中行政管理部门19人，企事业单位22人，中介服务机构23人及其他单位22人。主任谢尚果。

学术活动　6月17日，自治区党委组织部主办，自治区科技厅和基地承办的“2014年广西县处级领导干部科技创新与知识产权专题培训班”在广西民族大学开班，培训班将知识产权理论研究与地方领导干部工作经验相结合，促进双方共同进步。广西区内县处级领导干部49人参训。培训内容包括科技创新与经济转型升级、经济全球背景下的知识产权、知识产权保护

6月2日，腾讯公司聘任广西知识产权培训基地主任谢尚果（右）为研究员

（刘德怀　供稿）

与典型案例等。分别邀请中国科学院博士生导师李顺德教授，自治区科技厅原党组书记陈大克，自治区科技厅副厅长钟会超，自治区科技厅副厅长、知识产权局局长李昌华，广西知识产权发展研究院院长齐爱民教授主讲。10月10日，自治区知识产权局、南宁市科技局（知识产权局）主办，基地承办的"2014年南宁市知识产权实务培训班"在广西民族大学开班。南宁市各区县科学技术局知识产权管理人员、高校科研人员、高新技术企业知识产权研发人员和管理人员近160人参训。培训班主要从理论与实践相结合角度，全面开展知识产权实务知识培训教学。培训班邀请河南省新乡市知识产权局局长罗占新，广西知识产权发展研究院院长齐爱民教授，腾讯公司专利运营总监李富山等专家授课。年内，基地继续开展一系列人才培训工作，如智慧书院大讲堂品牌系列培训、专利战略培训、知识产权人才培训、广西知识产权师资队伍人才培训、广西县处级领导干部科技创新与知识产权专题培训等。培训内容围绕广西社会经济发展与知识产权工作实际状况，结合广西少数民族的民族性与地域性。邀请吴汉东、宁立志、蒋志培在内的全国知名法学家与知识产权实务专家授课。年内基地开展培训工作30余次，培训人员1000余人（次）。

科研工作与成果　年内，基地获国家社科基金、国家民委项目等多项科研项目。基地主任谢尚果教授主持2014年度国家民委民族问题研究项目广西跨境民族及公共事务治理研究；基地常务副主任齐爱民教授主持2014年度广西专利专项资金项目"广西知识产权培训（广西民族大学）基地试点建设""2014年南宁市发明专利倍增计划助推行动"等。

对外合作与交流　年内，基地与广西助农畜牧科技有限公司、广西有色金属集团、广西南机动力有限责任公司等企业建立合作关系，推进人才的协同创新培养培训。基地承担由自治区党委组织部主办、自治区科技厅和知识产权局承办的2014年广西县处级领导干部科技创新与知识产权专题培训班。与南宁科技局（知识产权局）展开合作，对南宁市各级知识产权行政管理人员和高新技术企业开展专题培训。与广西区内外知名企业如腾讯、中兴、比亚迪、风华高科、重庆富侨、广西助农、广西有色金属、广西南机动力等建立合作关系，为知识产权实务培训的开展奠定基础。与重庆强大凯创专利代理事务所、广西慧拓律师事务所建立战略伙伴合作关系，推动知识产权实务人才培训。与广西知识产权法学研究会、广西知识产权学会建立合作关系，拓展知识产权培训的广度和深度。

【广西民族大学中国—东盟研究中心】　广西科学实验中心之一，与广西民族大学东盟学院实行"一套人马，两块牌子"运行模式，内有东盟研究中心（教育部国别与区域研究培育基地）、中国—东盟文化交流与发展协同创新中心、中国与东南亚关系研究岗八桂学者科技创新平台等重点研究基地（平台）。中心下设机构8个，其中研究机构6个（东盟文化与公共外交研究所、东盟法律研究所、东南亚族群与教育研究所、东南亚华侨华人研究所、东南亚文字信息处理研究所、东南亚科技与投资研究所）；科研辅助机构1个（信息资料室），行政后勤管理部门1个（中心办公室）。通过"固定岗、柔性岗和兼职岗"三岗结合模式，2014年末学术团队有91人，其中博士和副教授以上职称研究人员占80%以上，40岁以下研究骨干占40%。中心学术领军人物为自治区"八桂学者"庄国土教授。2月27日前，中心主任为崔晓麟，2月28日后中心主任为杨晓强。

学术活动与交流　年内，中心将"走出去"与"请进来"相结合，拓宽国内外学术交流途径，邀请暨南大学、中国社科院、厦门大学、西华师范大学、察哈尔学会、菲律宾国立大学亚洲中心、泰国乌隆府法院、泰国孔敬大学东盟研究中心、马来西亚华社研究中心等国内外专家讲学或短期学术访问20人（次），派出学者30人（次）赴马来西亚、印尼、泰国等国家和中国香港地区参加学术会议或调研活动。其中，由印尼教育部支持的"印尼语言与文化发展国际研讨会"在印尼和马来西亚有较大影响力，中心主任杨晓强应邀在大

12月20日，中国—东盟文化交流与发展协同创新中心理事会会议在南宁召开
（刘德怀　供稿）

会上就“印尼语言推广与中印尼战略伙伴关系”议题发言。年内，中心举办“海内外的东南亚研究：回顾与展望”“2013年东盟形势及中国—东盟关系研讨会”“海上丝绸之路与中国—东盟命运共同体建设研讨会”“2014年教育部国别与区域研究培育基地能力建设专题研讨会”“中泰语言文化国际学术研讨会”等5次较大规模学术研讨活动。其中，中心与中国社科院、厦门大学、云南民族大学、云南社科院、海口经济学院等单位联合开展东盟各国形势分析及中国—东盟各国关系分析研究，并于4月联合举办“2013年东盟形势及中国—东盟关系研讨会”，研究成果《东盟发展报告(2013)》结集出版；与中国社科院亚太与全球战略研究院合作开展“海上丝绸之路”研究，并于6月联合召开“海上丝绸之路与中国—东盟命运共同体”研讨会，邀请自治区北部湾办、广西国际博览事务局、广西社科院东南亚所、钦州学院等政府部门、高校的相关专家进行讨论、交流，研究成果已结集出版。

科研项目　年内，申报并承担国家社科基金项目、国家民委项目等高级别科研项目12项，其中国家哲学社会科学重大项目1项，国家哲学社会科学一般项目、青年项目和西部项目4项，省部级以上项目4项，横向项目3项。周建新教授申报的《中国边疆地区的边民离散与回归研究》项目，获2014年度国家社会科学基金重大项目(第二批)立项。该项目是中心与云南民族大学、延边大学、西北民族大学相关学者联合申报，是年内广西唯一入围的国家社科基金重大项目，中心第一次获该级别项目。中心在综合评估国内外的东盟研究现状与动态、政府及社会各界对东盟研究现实需求的基础上紧扣“一带一路”建设和“西江经济带”等区域合作与发展主题，制定课题招标指南，开展开放课题、创新研究团队招标工作。年内招标5个创新研究团队和31项课题(含一般课题和青年课题)。其中重点招标的研究团队分别为：中国—东南亚教育文化交流研究、中国—东盟自贸区法律问题研究、东南亚语境下的科研教学平台研发研究、面向东盟的文化与新闻传播智能平台的构建研究。

科研成果　年内，出版专著、译著3部，发表学术论文60余篇；8项成果获广西第十三次社会科学优秀成果奖。中心共向中央和地方政府各部门及新华社递交咨询报告15篇，其中1篇获中共中央政治局常委批示。年内，出版《东盟参考》12期。

社会服务　中心承办由南宁市委组织部、南宁市人力资源和社会保障局、南宁市公务员局组织的为期5天的“中国—东盟自贸区建设专题研修班”。南宁市政府各机关63名干部学员参加。中心设计广西与东盟旅游合作、中国—东盟自贸区建设、中国—东盟关系中的华人华侨、中国—东盟博览会、东盟商务接待礼仪等10门课程，邀请广西区内外知名教授和政府主管部门领导主讲。年内，中心选派多名教师，配合广西民族大学法学院、政治与国际关系学院承办南宁市法学会东盟法律培训基地“泰国法研修班”和广西区直干部“东盟文化与经济”“国际形势与国家安全”专题培训班。5月，广西卫视《新闻夜总汇》特约中心多名研究人员作专家评论员，年内，中心应邀为该栏目做26期节目。在节目中，中心研究人员结合研究成果，针对印尼、泰国、越南、菲律宾等东南亚国家热点问题及事件以专家视角进行剖析。

平台建设　年内，中心是全国42个培育基地中指定的4个牵头开展系列专题研究基地之一，负责《国别和区域研究的能力建设问题》研究工作，获教育部专项经费10万元。10月16~17日，在广西民族大学召开“国别和区域研究培育基地能力建设专题研讨会”，全国各培育基地60余名专家共同交流研究成果。会后，中心按要求撰写研究报告，连同会议论文集报教育部国际司。此外，中心申报培育基地指向性研究课题，7项获教育部批准，获下拨专项研究经费10万元。3月，中国—东盟文化交流与发展协同创新中心通过中期检查，获专项资助100万元。中心根据上级及学校相关专项经费管理办法、协同创新中心发展规划，制定2014年建设任务书。学校党委书记、协同创新中心负责人钟海青教授组织召开本中心理事会会议，核心协同单位广西国际博览事务局、察哈尔学会主要领导及北京大学国际关系学院翟崑教授等专家出席。理事会讨论协同创新中心运行和管理办法、资金管理细则、机构和人员组成及2015年中心工作要点等议题，并聘任5位教授为中心首席专家。

人才培养　中心启动中国与东南亚文明博士点建设工作，并在原有的国际关系、中国与东南亚文明、东盟研究3个二级学科硕士学位点基础上，争取到诉讼法(东盟方向)二级学科硕士学位点，同时修订完善每个学位点的培养计划和具体培养方案。年内，招收4个专业硕士研究生新生19人，全日制在读硕士研究生45人。其中，国际关系专业22人，中国与东南亚文明专业9人，东盟研究专业12人，诉讼法专业2人。为满足中国—东盟关系快速发展背景下社会对人才的需求，中心一是修订完善培养计划，增设公共外交及中国—东盟文化产业合作等相关课程；二是加大培养经费投入，设立研究生出国访学的资助基金，鼓励研究生结合毕业论文或参与学院科研课题，申请短期出国访学。

条件建设　年内，新增20万元用于购置法律、政治、历史等领域东南亚语种书籍。2014年末中心有英文图书2000册、中文图书3000册、马来语图书196册、泰语图书50册、缅甸语图书20册、柬埔寨语图书33册;中文期刊44种,越南报刊174种,泰国报纸15种,新加坡报纸6种,印尼报纸12种,缅甸报纸9种、杂志8种,文莱报纸4种、杂志29种,柬埔寨报纸4种。

信息平台　年内,东盟信息平台已基本完成架构建设,新建数据库9种,分别是《东盟参考》数据库、东盟国家法律数据库、东盟国家资讯数据库、东盟国家文献研究索引数据库、东盟硕博论文数据库、东南亚报纸数据库、东南亚期刊数据库、东南亚热点问题预警信息库及中国—东盟研究中心出版物数据库。《东盟参考》数据库资料大部分已上传,其他数据库资料在陆续上传中。

规章制度　年内,中心修订完善《中国—东盟研究中心课题经费管理制度》《中国—东盟研究中心学术委员会章程》《中国—东盟研究中心科研人员聘任及管理办法》等规章制度;新制定《中国—东盟文化交流与发展协同创新中心运行和管理办法》《中国—东盟文化交流与发展协同创新中心资金管理细则》《中国—东盟研究中心研究生出国经费管理办法》等。

【广西民族大学生态审美与民族文艺学研究基地】 中央与地方共建高校特色优势学科实验室项目,为"十一五"期间自治区人文社科基地,是广西民族大学的特色优势学科之一,也是广西高校人文社会科学重点研究基地。2014年末有教授17人、副教授6人、讲师7人,具有博士学位14人,硕士学位16人,博士生导师2人,其中文学创作一级3人,国务院政府特殊津贴专家2人,全国先进工作者1人,中宣部"四个一批"人才1人,广西优秀专家2人,广西第十四批新世纪"十百千人才"1人。负责人袁鼎生,主任黄秉生。

科研工作　年内,完成2项课题:申扶民教授主持的国家社会科学基金项目《广西西江流域生态文化研究》;龚丽娟副教授的教育部人文社会科学研究青年基金项目《多民族视域中广西少数民族文学关系的生态研究》;在研项目10余项:袁鼎生教授主持的中央民族大学"985工程"课题《民族文学生态关系论:以壮族文学经典谱系生发为例》;龚丽娟副教授主持的2014年自治区高等教育教学改革项目《文艺理论课程中的生态和谐教育》;翟鹏玉研究员主持的2014年度国家社科基金项目《中国—东盟那文化交往范式研究》和广西社科规划项目《岭南花婆信仰与广西文化发展战略的生态范式研究》;李启军教授主持的广西社科规划项目《广西电影史》等。在核心期刊发表论文10多篇:袁鼎生教授的《大道自然——黄海澄教授的学术生态》(《南方文坛》2014年第3期);黄晓娟教授的《论钟敬文的新诗研究》(《中山大学学报》2014年第6期);陈丽琴教授的《民俗传统:京族民歌传承的文化生态》(《广西师范大学学报(哲社版)》2014年第2期);龚丽娟副教授《京族文学的整生规律研究》(《学术论坛》2014年第12期)等。出版《少数民族生态艺术研究》等学术著作,获广西社会科学优秀成果奖4项,其中,翟鹏玉的《那文化生态审美学》(广西师范大学出版社2013年版)获广西第十三次社会科学优秀成果一等奖;范秀娟的《黑衣壮民歌的审美人类学研究》(广西师范大学出版社2013年版)获广西社会科学优秀成果奖二等奖;袁鼎生的《整生论美学》(商务印书馆2013年版),袁鼎生、蒋新平、龚丽娟合著的《桂林景观生态与环境研究》(社科文献出版社2013年版),蒋新平的《仪式视野中的广西少数民族口传文学》(漓江出版社2013年版)分获广西第十三次社会科学优秀成果奖三等奖。

科研成果　年内,研究基地共发表论文350余篇,其中CSSCI来源期刊100余篇,中文核心期刊120余篇;主持或参与国家社科基金课题近10项,主持省部级科研课题18项、教改课题7项,主持校级科研课题19项、教改课题6项,与东南亚国家合作项目1项,与港澳台合作项目2项,项目经费共150多万元,出版有影响专著14部,获省部级科研奖18项,省部级教学奖3项。

【广西民族大学民族研究中心】 内设壮学研究中心、广西人口较少民族研究中心等。2014年末有在职在编专职人员5人,在职不在编兼职人员3人,其中研究员3人、副教授1人。主任李富强。

学术活动与交流　3月,邀请瑞士苏黎世大学南因果(Ingo Nentwig)博士来校讲学。4月,派员参加湖南江华神州瑶族文化博览园瑶学专家座谈会,介绍广西金秀坳瑶服装、建筑特点,并对博览园的建设提出建议。5月,李富强率"中国—东南亚铜鼓"课题组赴越南考察,与越南考古学会洽谈合作研究越南铜鼓事宜。6月,派员赴广西民族师范学院讲学、参加广西民族艺术研究院主办的非物质文化传承发展研讨会。8月,接待美国华盛顿大学詹姆斯·安德森(James Anderson)博士来访,派员参加"第四届中国土司制度与土司文化国际学术研讨会",提交参会论文《论雍正朝对广西泗城的改土归流及黔粤划界事宜》。9月,派员参加崇左市宁明县召开的花山申遗暨文化旅游产业发展研讨会。10月,派员参加由中国社会科学院民族学与人类学研究所和广西民族大学召开的"第二届中国民族理论与民主政治论坛",赴浙江大学讲学、交流。11月,邀请越南考古学会会长宋中信(Tong Trung Tin)和秘书长阮麟强(Nguyen Lan Cuong),中国国家民族事务委员会政策法规司原司长毛公宁研究员、云南大学副教授陈学礼来校讲学,派员参加自治区人民政府召开的花山岩画与壮族文化学术研讨会,并赴桂林博物馆、大化县讲学。11~12月,承办2014年广西国际民族志影展·广西民族大学分会场。12月,参与筹备和举行欢度2014年盘王节暨庆祝广西瑶学学会成立30周年座谈会,邀请美国艾墨里大学(Emory University)副教授邱垂珍、广西电视台导演吴向列来校讲学,接待日本盛岗大学学者矢田尚子副教授赴百色市平果、田林两县做田野调查,派员赴浙江大学讲学和交流。

科研成果　年内,获教育部哲学社会科学基金2014年度青年课题1项(《生态移民中瑶族家屋重建研究》),横向课题3项(《骆越人的历史与文化习俗研究》《花山岩画和左、右江流域现存民俗文化关系研究》《左江流域各族居民对花山岩画的认知研究》),组织实施《百越古道研究》《中国—东南亚铜鼓》《广西人口较少民族历史文化资料集成》等3项横向课题。招标自设课题立项3项(《中国扶持人口较少民族发展政策与实践研究:以广西为例》《广西彝族法文化研究》《南岭民族走廊视野下边陲中心的历史建构——以桂林为视域》)。编辑出版"中国壮学文库"《其命维新:壮族传统文化保护与发展实践论》著作1部,《民族·文化·发展丛书》《瑶史考辨》《草根的守望——民间视角下的壮剧传承与发展研究》2部。另完成著作5部:《中国—东南亚铜鼓·老挝卷》《家屋与家先——粤北瑶族的家观念与实践》《断裂与延续——毛南族生计与文化研究》《毛南族历史与文化资料集成》《清雍正朝广西改土归流与土目治理研究》。完成译著1部(《反叛与认同:侬智高研究》)。发表论文5篇:《盘瓠出世:瑶族起源于豫东鲁西》《雍正朝对广西思明土府土目的治理》《雍正朝清廷对丽江府的治理与开发》《"走出去"的民俗学教学创新——以民俗学与地方博物馆的互动为中心》《壮族铜鼓文化保护、传承和发展的实践与思考》。《壮族社会生活史》获广西第十三次社会科学研究优秀成果一等奖。

【广西民族大学瑶学研究中心】　隶属学校领导、跨院系的实体性研究机构。2014年末有教授(研究员)20人,博士、硕士14人,其中有国家突出贡献中青年专家1人,享受国务院特殊津贴专家8人,广西优秀专家4人,广西有突出贡献科技人员2人。中心主任玉时阶。

年内,"瑶学丛书"立项12个课题;出版"瑶学丛书"5部,分别是瑶学丛书编辑委员会编的《20世纪上半叶瑶族调查报告文集》、玉时阶等人的《中越边境线上的蓝靛瑶》、赵书峰的《湖南瑶传道教音乐与梅山文化》、谷家荣的《旅游业与滇越跨境民族贫困问题研究》、玉时阶主编的《瑶族文化生态保护研究》。《20世纪上半叶瑶族调查报告文集》收集20世纪上半叶国内知名学者吴文藻、颜复礼、商承祖、徐益棠、杨成志、江应樑、王兴瑞、罗比宁、刘伟民等人在广西、广东瑶族地区的调查报告,展示了那个时期两广地区瑶族的宗教信仰、生产与生活、衣食住行等各方面情况。《中越边境线上的蓝靛瑶》通过对中越边境线上的云南省河口瑶族自治县瑶山乡蓝靛瑶的调查,对瑶山乡蓝靛瑶的经济生活、婚姻家庭、教育、科技、卫生、生活习俗、宗教信仰进行探讨,对河口蓝靛瑶的源流页提出新看法。《湖南瑶传道教音乐与梅山文化》对湖南省蓝山县瑶族还家愿、资兴市瑶族梅山信仰仪式音乐及其相关问题进行考察、分析后认为,湖南瑶传道教与梅山信仰仪式音乐是瑶、汉族文化互动、交融的结果,瑶族梅山信仰体系、仪式和音乐特性有鲜明的瑶传道教文化色彩。《旅游业与滇越跨境民族贫困问题研究》认为,滇越边境民族,特别是瑶族地区资源丰富,应通过旅游开发实现"去贫困",促进边疆稳定。《瑶族文化生态保护研究》收集2013年11月由广西瑶族文化保护与发展促进会、《光明日报》广西记者站、广西富川县委县政府联合主办的瑶族文化生态保护学术研讨会43篇论文,论文作者分别来自北京、广西、广东、湖南、云南、湖北、四川、福建和越南,大部分论文围绕瑶族文化生态保护问题展开探讨,另收入建立国家级南岭瑶族文化(贺州)生态保护区的倡议书。

年内,作为《瑶族百科辞典》的组织执行单位,经主编、自治区政法委原书记彭祖意同意,执行副主编玉时阶先后在南宁主持召开2次编纂工作会议,通过词条样条写法,落实编写人员,撰写初稿。

【广西民族大学广西民族文化保护与传承研究中心】　成立于2014年,下设2个研究所(广西民族文化研究所、广西本土语言文学研究所)。有广西民族文化、广西民族古籍整理、广西语言、广西文学、广西民族生态审美等5个研究方向。研究团队有42人,其中高级职称34人,博士30人,硕士7人。团队成员中,国务院政府特殊津贴专家1人,广西特聘专家1人,广西优秀专家1人,广西"新世纪十百千人才工程"第二层次人选2人。主任韦树关。

近5年来,中心所在的学科承办6次学术会议,其中全国性学术会议4次。邀请专家来校作学术报告120余人(次),派教师外出参加学术会议200余人(次)。

【广西师范学院区域经济研究所】　以区域开放与区域

合作、区域工业化与城镇化、区域财政与金融、区域物流经济等为重点研究方向。研究所有区域经济学硕士学位授权点，在读硕士研究生20多人。2014年末有研究人员18人，其中具有高级专业技术职务资格12人，中级6人，博士6人。所长韦海鸣。

学术交流　年内，多次邀请自治区内外区域经济研究领域知名专家学者来校讲学，举办学术讲座10场。

科研成果　年内，主持国家社会科学基金课题3项，国家自然科学基金课题1项，广西哲学社会科学课题5项，自治区教育厅项目8项，其他课题10项，并承担各类横向课题多项。出版专著2部，发表论文50多篇，其中，核心期刊20多篇，多篇论文获奖或被人大复印资料收录。其中，纪明博士的论文《需求结构演进逻辑及中国经济持续均衡增长》获广西第十三次社会科学优秀成果奖二等奖，丘兆逸博士的专著《国际垂直专业化对中国环境影响研究》获广西第十三次社会科学优秀成果奖三等奖，韦海鸣博士的论文《广西沿高速路经济发展战略研究》获第五届广西社会科学界学术年会优秀论文一等奖。研究主要集中于：中国—东盟自贸区建设、广西北部湾经济区经济发展、西江经济带发展、区域物流发展、广西城乡一体化发展等方面。

【广西师范学院心理教育研究所】　内设研究实验室6个，分别为脑成像数据研究实验室、电生理实验室(ERP)、眼动实验室、教育情境(行为)观察室、教育与心理测量室、模拟现实实验室。设备资产价值500万元。为本科生、研究生教学科研提供服务。2014年末有在职研究人员4人(其中具有高级专业技术职务资格1人，中级3人；有博士学位1人，硕士学位3人)。所长颜志雄。

年内，与中国社会科学院心理研究所建立长期合作伙伴关系，多次邀请中科院专家作学术报告(讲座)，派出研究人员交换学习。参与国际人脑发育会议并作专题报告，社会认知的神经机制及其教育意义研究成为研究所科研特色。不断加强与自治区内学术机构的联系，以座谈研讨方式与自治区内兄弟单位开展合作交流，参加自治区心理学学术年会等活动。围绕教育和心理发展开展课题研究，承担国家社会科学基金项目1项、广西高校科学研究重点项目1项。在留守女童、教育教学、认知神经领域积累较好的科研成果。在《心理科学》《心理与行为研究 》《教育研究》等刊物上发表论文5篇。

【广西师范学院高等教育研究所】　2014年末有专职研究人员10人，其中，博士3人，硕士7人；兼职研究人员7人。所长彭宁。

学术活动　年内，围绕广西高等教育教学改革发展中的重大问题，结合学校实际，主动承担多项课题研究任务，主持《以职业能力为导向的师范生培养机制与政策创新研究及实践》《民族地区师范生协同培养机制创新研究》《广西基础教育教学质量评价体系构建研究》《加强师范生教学研究能力培养的实践平台的建设》《广西农村小学全科教师培养质量保障体系建设的理论与实践研究》《广西高等学校分类发展实证研究》等重点课题。承担自治区教育厅委托的多项课题研究任务，主持《中小学(中职)教师培养规划研究》，《“十三五”广西振兴教育、建设人力资源强区战略研究》子课题《广西“十三五”义务教育发展战略研究》等重大课题，为自治区政府重大教育决策和教育宏观管理工作提供科学依据和信息服务。

科普活动　年内，承担2014年“国培计划——置换脱产研修项目”，开展“二次置换”的顶岗实习支教新模式探索，研究教师教育职前职后一体化建设及改革。继续实施并推进“MS-EEPO”有效教育，筹借专项资金45万元，设立有效教育专题研究项目20个，以“基础教育发展对教师培养方式变革的影响”为主题，探索“MS-EEPO有效教育”体系下师范生的人才培养模式。年内，学校教师教学发展中心开展第二届中青年教师教学竞赛活动，通过评比，鼓励中青年教师开展教学改革研究，推动课堂教学方法与手段的改革和创新，提高课堂教学质量。

科研成果　年内，组织广西教育科学“十二五”规划课题、广西教师教育课题的申报工作，获广西教育学科规划各类课题立项18项，广西教师教育研究专项课题8项。年内，获新世纪广西高等教育教学改革工程重点项目3项，资助项目15项。确立校级教学改革工程立项项目36项。通过专项检查和结题验收的自治区级、校级项目27项。

【广西马克思主义理论研究和建设工程广西师范学院研究基地】　2014年末有研究人员40人，其中校内33人(具有正高职称12人、副高职称15人，有博士学位10人、硕士学位16人)；校外7人。设有基地领导机构及基地学术委员会，现任领导班子是第二届。基地主任莫诗浦，学术委员会主任于琛。

学术活动　6月28日，召开“思想政治教育学科设立30周年学术研讨会”，广西大学、广西师范大学、广西医科大学等16所高校思想政治教育专家参会。4月至12月，邀请中国社科院马克思主义研究院党委书记、院长邓纯东，中央编译局研究员许宝友，北京大学长江学者朱苏力教授，中国人民大学教授梁树发、陶文昭，贵州师范大学教授唐昆雄及自治区内专家学者举办20多场学术讲座。

科研成果 年内，研究基地骨干教师获国家社会科学基金立项1项，省部级项目3项，厅级项目7项，校级及其他类别项目27项，科研经费60多万元。研究基地骨干教师在《马克思主义研究》《人民论坛》等核心刊物发表论文20多篇，出版学术著作2部。曾令辉教授的著作《虚拟社会人的发展》获教育部"纪念思想政治教育学科设立30周年优秀成果"二等奖；邓艳葵教授的著作和论文分获广西第十三次社会科学优秀成果奖二等奖；黄少琴教授的论文获广西第十三次社会科学优秀成果奖三等奖。

【广西师范学院青少年德育研究中心】 2014年末有研究人员36人，其中正高职称4人、副高职称9人，博士5人、硕士12人。研究中心主任曾令辉。

学术活动 11月10日至12月20日，组织柳州柳城县中小学校长赴南宁开展跟班研修班；12月22~26日，组织开展柳江县中小学德育管理者核心素质提升专题培训班。

科普活动 年内，在柳城县、柳江县、东兴市等多所中小学指导学校德育文化建设。

科研成果 年内，承担自治区及各地市部门委托课题4项，即自治区教育厅委托课题《2014年广西高校大学生思想政治状况滚动调查》、南宁市青少年活动中心委托课题《青少年社会教育(课程、教材、教学)一体化与规范化建设工程项目》、柳城县教育局委托课题《柳城县中小学校长赴南宁跟班研修项目设计与实施》、柳江县教育局委托课题《柳江县中小学德育管理者核心素质提升专题项目设计与实施》。发表论文10多篇，其中发表在核心期刊4篇。完成教育部人文社科项目《青年学生社会化与政治参与问题研究》《南宁市未成年人网络适应性现状调查》等课题的结项工作。曾令辉教授主持的《中小学德育课立体化教育教学模式建构与实践》项目获国家级教学成果奖二等奖。

【广西师范学院马克思主义与民族地区社会管理创新研究中心】 2014年末有专兼职研究人员28人，其中专职研究人员9人，校内兼职人员9人，校外专职研究人员10人；博士生导师2人，硕士生导师24人；有教授17人，副教授8人，研究员1人；有博士学位19人，硕士学位7人。研究中心主任曾令辉。

学术活动 4月19日，举办2014年民族地区社会治理创新学术研讨会，中国社科院马克思主义研究院党委书记、院长邓纯东，北京师范大学教授王淑芹，广西大学教授闭伟宁、魏敦友，广西民族大学教授秦红增等自治区内外专家围绕民族地区社会治理体系创新进行探讨。11月8日，举办广西社会学学会2014年学术年会暨民族地区乡村治理研讨会，南京大学博士生导师风笑天教授、中央民族大学博士生导师贾仲益教授、浙江师范大学鲁可荣教授及来自广西15所高校和科研院所的100多名从事乡村治理研究的专家学者与会研讨。4月至12月，邀请风笑天教授、贾仲益教授、鲁可荣教授，广西师范大学张坚教授，自治区妇联主席、学校社会工作专业硕士研究生导师王革冰等自治区内外10多名专家作学术报告，并组织多名中青年科研骨干参加国内外学术会议10多次。

科研成果 年内，先后主持承担各类科研课题17项，其中，国家社会科学基金项目2项，教育部社科司项目3项，广西教育科研项目4项，广西高校科研项目1项，广西研究生教育创新计划项目2项，广西城乡一体化发展研究中心开发基金项目2项，广西师范学院校级项目3项；确立开放课题22项，其中重点课题4项，一般课题18项。此外，围绕社会管理创新和文化体制改革等重大问题发表论文20多篇。

【桂林理工大学社会工作研究中心】 主要致力于社会工作理论与实践研究，立足本地，面向全国，丰富和发展社会工作理论与实践知识体系，提高专业解决问题和参与社会发展能力。通过学术研究、专题项目的开展及与国内外高水平大学的学术交流，培养理论与专业水准兼备的社会工作研究人才。2014年末有研究人员15人，其中教授3人、副教授5人。主任黄梅芳。

年内，有3名成员作为自治区民政厅社会工作督导员继续在河池片区开展社会工作督导工作，2名成员创办的桂林市博仁社工服务中心开展龙胜各族自治县"三区"社会工作专业人才支持计划的社会工作人才队伍培养服务等多项专题服务。举办5次关于社会学、心理学、管理学等方面的专题讲座，指导学校社会工作协会开展社工文化节，并多次组织社工学生开展青少年儿童、老年人、特殊群体社工专业服务活动。年内在研国家社科基金项目2项，教育部课题2项，广西教改重点项目1项，纵向课题1项；完成省部级项目2项，出版著作2部，发表论文50余篇，获民政部论文奖1篇、自治区民政厅社工案例一等奖1个。

【桂林电子科技大学软科学研究院】 桂林电子科技大学独立建制的科研机构，由校内外从事软科学研究的科研人员组成的科研组织。主要致力于发展战略、区域规划、产业政策、管理科学、体制改革、科技法制、技术经济分析、重大项目可行性论证以及软科学理论和方法研究。设有系统工程研究部、区域经济研究部、产业经济研究部、城市经济研究部、公共管理研究部、科技创新研究部、企业战略研究部、东南亚经济研究所、经济技术开发中心、培训部。发展思路:坚持四项基本原则,坚持改革开放,以科学发展观为指导,贯彻“百花齐放,百家争鸣”方针,整合校内外的相关科研资源,形成强有力的科研团队,紧跟国内外软科学研究动态,加强对相关学科理论的应用研究,提升综合研究能力,促进学校各学科的协调发展,为广西地方经济建设提供发展思路,为国家经济政策的制定提供科学依据。2014 年末有研究人员 136 人,其中具有博士学位的占 53%,具有高级职称的占 78%。院长肖作平。

自软科院成立以来至 2014 年末,主持、主研完成国家级科研项目 83 项、省部级科研项目 412 项、市级科研项目 353 项、企业委托科研项目 415 项。出版学术专著 60 部,获各类奖项 209 项。发表论文 5312 篇,其中 ISTP、SCI、EI 检索类论文 106 篇,核心期刊 1125 篇。

【广西艺术学院广西文化创意产业协同创新中心】 广西首批“2011 协同创新中心”培育建设单位。中心以广西艺术学院为牵头单位,内部依托“八桂学者”团队及广西文化创意研发中心、漓江画派艺术研究中心等研究平台。年内,协同漓江画派促进会、百色市人民政府、广西人民美术出版社等多家单位共同构建成促进广西文化发展的协同创新体。年内主要协同创新项目《小平的足迹——漓江画派走进百色》文化艺术创作,打造百色市历史文化名片与文化产业等。2014 年末有科研人员 22 人。中心主任黄格胜。

年内,中心获自治区专项建设经费 100 万元。中心人员潘兆业申报的《少数民族动画资源产业化发展研究》获立项为全国艺术科学规划项目,蒙莉申报的《面向东盟的广西艺术产业发展研究》获立项为文化部文化科学研究项目。

【广西艺术学院动漫研究中心】 广西高校人文社会科学重点研究基地。第一批自治区动漫人才培养基地。中心主要围绕民族元素与动漫艺术研究、建筑漫游动画及民族生态景观、广告动画及数字影像作品、少数民族动漫周边产品设计与包装等 4 个方向进行研究。2014 年末有科研人员 19 人,其中高级职称 10 人、中级职称 9 人。中心主任黄卢健。

年内,派员外出学术交流 3 次,获国际奖项 1 项,出版印刷物 1 部;专著 1 部、发表论文 6 篇。

【广西艺术学院阳太阳艺术研究中心】 广西高校人文社会科学重点研究基地。中心主要依托广西艺术学院桂林中国画学院的师资力量开展科研工作。2014 年末有研究人员 9 人,其中教授 6 人、副教授 3 人。研究方向为中国画研究。中心主任阳山。

年内,出版画册 1 册,在国内期刊发表学术论文和作品 8 篇(件)。钟涛副教授申报的中国画《壮乡览胜》获立项为 2014 年度国家艺术基金项目。

【广西艺术学院广西民族民间音乐文化发展与传承基地】 广西高校人文社会科学重点研究基地。主要开展民族艺术教育及非物质文化遗产保护的音乐学、民俗学、人类学、戏剧表演等方面的研究。2014 年末有研究人员 20 人,特聘 20 位国内顶尖音乐学、民族学专家为中心客座教授。负责人徐寒梅。

年内,承担国家社会科学基金艺术学项目《广西民歌传承人保护机制与方法研究》通过结题验收。发表论文 10 篇。

【广西艺术学院造型艺术创作研究中心】 广西高校人文社会科学重点研究基地。中心以广西名画家为群体,在原有中国画、油画成就基础上,通过项目建设,加强版画、水彩、雕塑等其他造型艺术的创作与研究,强化广西美术品牌,打造一批涵盖各种艺术形式、反映广西精神风貌的造型艺术精品。2014 年末有科研人员 12 人,其中教授 10 人、副教授 3 人。中心主任雷务武。

年内,开展学术讲座 8 场(次),学术展览 10 场(次)。邀请 5 名国内外专家来校交流,外出交流学习 15 人(次)。出版著作 2 部,发表学术论文 10 篇。

【广西艺术学院漓江画派艺术研究中心】 广西高校人文社会科学重点研究基地。中心主要对漓江画派的发展历史、画派对比、艺术特征、画家个案、表现技法、创作经验等方面的理论研究,一方面促进漓江画派发展,提高其创作水平和学术水平;另一方面集中科研人才,提升广西艺术学院美术教师科研水平,促进美术学学科建设,培养更多后备力量。2014 年末有科研人员 26 人,其中具有正高职称 9 人、副高职称 14 人。中心负责人刘新。

年内,举办 5 场学术研讨会。组织创作人员到重庆、元宝山、百色等地开展写生活动,创作出一批绘画作品。举办“格物致知—黄格胜教学展”等 2 场创作精品展。组织撰写著作稿 3 部。刘新申报的《20 世纪广西美术史》获立项为全国艺术科学规划一般项目。

【广西艺术学院中国—东盟华语有声语言研究中心】 广西高校人文社会科学重点研究基地。中心立足于广西和东盟地区独特的文化背景和特色，依托中国—东盟在经济、文化、教育交流的良好形势，开展对中国—东盟地区独具民族、地域特色的以华语有声语言为载体的非物质文化遗产的保护和研究，通过科学手段和现代化影音设备对该地区具有民族和地域特色的各种艺术、技艺及礼仪、节庆和体育竞技活动等进行抢救性保护，将这些口述历史、技艺、传统等珍贵的第一手资料内容刻录成光盘资料并进行分类整理和保护，为进一步发掘利用和研究积累原始资料。2014年末有研究人员16人，其中高级职称11人。中心主任罗幸。

年内，开展国际性学术交流活动2次，参加国内重点学术交流活动10次。承担各级各类科研项目6项，发表学术论文30篇。

【广西艺术学院中国—东盟传媒艺术研究中心】 广西高校人文社会科学重点研究基地。研究中心立足广西文化资源优势，努力拓宽广西与东盟各国之间文化艺术传播与交流渠道，提高国际影响力。研究方向为中国及东盟各国的传媒艺术与国家、民族、文化等的传播及表现方式等。2014年末有科研人员16人。中心负责人汤晓山。

年内，赴新加坡、马来西亚等东盟国家开展国际性学术交流活动1次，参加国内重点学术交流活动15次。发表学术论文20篇，其中发表在中文核心期刊5篇。

【广西艺术学院广西少数民族传统艺术研究中心】 广西高校人文社会科学重点研究基地。研究中心主要有广西少数民族传统音乐研究、广西少数民族服饰与服装研究、广西少数民族舞蹈研究等3个研究方向。2014年末有研究人员35人，其中具有正高职称18人（院外3人）、副高职称12人。中心主任陈坤鹏。

年内，开展学术交流活动8次，出版专著2部、画册4种，发表学术论文10篇。

【广西艺术学院中国—东盟艺术创作与展演研究中心】 广西高校人文社会科学重点研究基地。中心立足广西传统文化，面向现代化进程，深入了解各地宗教、民俗等历史文化背景，以创作新作品为载体，在提供广阔实践舞台的同时，向东南亚、及全世界推广既有民族特色又代表现代化发展方向的艺术研究成果与作品。2014年末有研究人员26人，其中正高职称10人、副高职称8人。中心负责人张小春。

年内，承接课题6项，其中杨志晓申请的《群舞〈蛙神祭〉》获立项为2014年度国家艺术基金项目。发表学术论文6篇。

【广西艺术学院广西文化创意研究中心】 广西高校人文社会科学重点研究基地。中心以“深化文化产业研究，构建政产学研用一体化平台，服务地方经济发展”为宗旨，发挥广西艺术学院人力与智力资源优势，加强和各级政府部门的沟通，与国内外文化产业研究实体、行业协会及企业界的合作，凝聚整合校内外研究力量，在学术研究、决策咨询、产品研发、产业运作、社会服务等方面开展工作，坚持学术影响与社会效益并重，加强对广西优秀民族文化的继承创新，提升广西文化产业研究的学术水平和应用产品研发能力，促进广西文化事业、文化产业核心竞争力和整体实力不断壮大。2014年末有研究人员18人，其中正高职称10人、副高职称6人；博士1人。负责人闵锐。

年内，承担自治区重点研究基地建设项目等各级各类项目5项，策划大型歌舞晚会3台。

【广西艺术学院广西非物质文化遗产民歌研究展示中心】 自治区文化厅重点研究中心。中心以“保护为主、抢救第一、合理利用、传承发展”为宗旨，对广西非物质文化遗产的活态与式样性进行研究。2014年末有研究人员10人，其中教授6人、副教授2人。中心主任徐寒梅。

年内，承担课题5项，其中承担的全国艺术科学规划项目《广西民歌传承人保护机制与方法研究》通过结题验收。发表学术论文5篇，在广西区内外作学术报告10次。

【广西艺术学院中国—东盟音乐跨界传播与传承研究中心】 广西高校人文社会科学重点研究基地。中心旨在进一步弘扬中国—东盟各民族传统文化，推动中国与东盟各国的文化交流与项目合作。发挥艺术创作与研究作用，以传播音乐文化为纽带，拓展广西与东盟国家文化交流与合作的多边渠道。研究方向：1. 中国—东盟音乐创作与展演研究方向以区域民族音乐的特色元素结合中西作曲技术，构建地域性与时代性融合的音乐创作和表演体系，“中国—东盟音乐周”成为全国业内高端交流平台之一；2. 中国—东盟音乐文化研究方向侧重对各国音乐文化、共同文化圈、创作技法等研究；应用性研究以乐器改良、音乐数字库建设为基础，成果服务于创作与展演；3. 中国—东盟音乐传播与文化产业研究方向围绕中国—东盟特色文化与旅游区开发的可行性问题，建立“民族特色音乐资源数字库”，打造“中国—东盟民族音乐文化特色旅游区”品牌，以项目带动广西文化产业发展。一是以“广西民族民间艺术数字博物馆”“东盟乐器博物馆”“中国与东盟音乐文化产业资料库”等学术实体展件和数字媒体库为服务提供；二是依托“创演项目”，完善“民族管弦乐团”“合唱团”“漓江民族室内乐团”等展演实体，为广西区内各重大文艺演出提供优秀作品，服务广西地区文化建设及对外宣传。2014年末有学术骨干25人，其中正高职称10人，副高职称8人，中级职称7人。中心主任侯道辉。

年内，开展学术讲座2场，举办专业音乐演出6场。承担厅局级以上课题5项，出版著作2部，发表学术论文12篇，获科研创作成果奖5项。

【广西民族师范学院广西边疆问题研究基地】 自治区教育厅批准并资助的特色研究基地之一。研究基地以边境社会管理问题、边境经济与旅游问题、边境民族体育与艺术问题、边境民族语言与文化问题、边境红色资源挖掘与开发、边境中小学基础教育问题及边境国家认同教育问题等为研究重点。2014年末有研究人员45人（其中具有高级专业技术职务资格25人、中级20人）。基地负责人韦国善。

年内，基地围绕广西边疆地区社会发展中的重大问题，集中力量进行研究，获各类立项77项，其中国家级项目1项、省部级项目10项、厅级项目20项，获科研经费149.65万元。

【广西民族师范学院基础教育研究中心】 2014年末有研究人员20人（其中具有高级专业技术职务资格13人、中级2人）。中心主任易其顺。

年内，获重要项目有国家民委科研项目《民族院校服务民族地区青少年科普的教育模式研究》、广西教师教育课题《地方师范院校教师教育师资队伍建设研究》《基于物理科普教具自制与展演的小学科学老师职前培养研究》、国家社科基金“十二五”规划教育学一般课题重点子课题《民族、边境地区农村留守中小学生家庭教育立德树人研究》《广西边境地区传统家庭教育对爱国主义精神的培养研究》等。

【广西民族师范学院广西左江花山岩画研究院】 2014年6月成立。崇左市批准成立并资助的区域文化研究基地，主要任务：左江花山岩画本土研究力量的培养、组织工作；左江花山岩画相关研究资料的收集、整理工作；组织开展对左江花山岩画的保护、开发、传承研究，安排相关学术交流、研讨；组织完成市政府交给的相关课题研究等任务。2014年末有研究人员50人（其中具有高级专业技术职务资格27人），有管理人员3人。院长韦日平。

年内，研究院以花山岩画为研究主题，发布立项课题12项。

【广西民族师范学院广西边疆少数民族文化研究中心】 2014年11月成立。自治区教育厅认定的广西高校人文社会科学重点研究培育基地。研究中心围绕自治区党委提出的“将广西建成西南中南地区开放发展新的战略支点”和崇左市委提出的实现“两加”“两成”战略目标，立足边疆少数民族地区，以跨境经济合作、边疆民族文化、边疆文化跨国传播为研究方向，紧扣民族经济与文化建设这一重点，开展基础性、战略性、宏观性和前瞻性研究工作，向广西边疆地区经济与文化领域的新型智库和重要的学术交流基地的奋斗目标努力前行。研究中心有一支由经济学、管理学、文学、民族学、艺术学、历史学等组成的跨学科研究团队。主任韦永恒。

年内，研究中心发布立项课题19项，资助经费24万元。

【广西外国语学院桂台经济贸易合作与发展服务基地】 2014年1月成立，自治区教育厅确定为广西高校哲学社会科学服务地方经济社会发展特色基地。2014年末有专兼职研究人员13人（其中具有高级专业技术职务资格6人，博士4人）。主任韦克俭。

年内，承担台湾民主自治同盟南宁市支部委员会党派调研课题《关于加快推进邕台经济深度合作吸引台资入邕的调研》，对南宁市近300家台资企业进行调查研究，调研走访南宁市政府有关部门收集资料，到武鸣里建台湾统一企业广西公司、麦斯鞋业广西公司、楠熙鞋业广西公司等多家台商企业进行调研、召开座谈会、发放问卷调查表，将撰写的调查研究报告上报中共南宁市委统战部。创办和撰写第一期《桂台交流合作工作简讯》内刊，为两岸同胞、两地政府、海峡两边经济社会发展、桂台产学研用一体化、桂台经济贸易合作与发展服务。9月，承办桂台民办高校高峰论坛。广西民办教育协会、台湾私立学校文教协会、台湾私立科技大学协进会主办，广西外国语学院承办。来自台湾、广西内外省区共80多所民办高等院校董事长、校长、专家学者120多人参加。自治区教育厅厅长秦斌，自治区台湾事务办公室主任刘侃，台湾教育大学总校长吴清基，台湾中州科技大学董事长柴云清，中国民办教育协会高等教育专业委员会理事长季平，自治区政协常委、科教文卫体委员会主任于瑮分别在开幕式上致辞。论坛收到论文12篇，22对（47所）高校签订合作协议，为两岸高校合作与交流搭建了平台。

基地成立以来，接待多批台湾来访的合作对象、专家学者与企业经营投资者。如台湾景美女中拔河队、台湾中州大学交流合作代表、台湾首府大学交流合作代表等。7月11~18日，校社科联副主席韦克俭教授带领师生共36人到台北海洋职业技术学院等台湾高等院校考察交流学习，重点考察该校国际贸易经营管理系、海空物流与营销(航运企业管理)系、旅运经营管理系、多媒体与游戏发展科学系等，学习该校的人才培养模式、课程设置科目、实践教学方法、与企业(公司)合作办学的做法等。

【桂林航天工业学院航天旅游发展研究所】 设立宗旨是加强学校与旅游业界、政府对接，培养、锻炼旅游专业教师对外交流能力，承担政府或企业委托研究的横向课题。研究方向：为旅游产业的转型升级和旅游规划，发挥大学服务社会的功能。主要与有规划资质的公司共同承担景区规划、县域或市域规划，为相关旅游企业提供战略咨询、培训服务等。2014年末有科研人员8人。所长罗敏。

年内项目规划成果:《兴安猫儿山景区创AAAA项目》《荔浦低空体育主题公园建设概念性规划》《阳朔低空旅游基地建设概念性规划》《桂北旅游扶贫政策性研究课题》《广西扶绥佰仁乡村生态旅游区总体规划》《浦北县越州天湖景区旅游开发总体规划》等6项。

【桂林航天工业学院人力资源管理研究所】 设立宗旨是增进与国内外企事业单位和研究机构的合作研究与学术交流，服务社会和教学、为政府和企业提供人力资源的智力支持。研究方向：人力资源管理领域学术理论研究和应用研究。为国家机关、企事业单位人力资源管理提供决策参考，承担政府和企业的人力资源研究项目，为企业提供人力资源的咨询和培训服务。2014年末有科研人员8人。所长王蕴。

年内获自治区级科研课题立项1项，自治区级教学改革工程项目立项2项。横向课题1项：与桂林市临桂新区城市建设投资有限公司合作《人力资源管理体系设计》，经费28.1万元。《人力资源管理》获国家级精品课程。出版教材6种。《广西高职高专院校教师职业行为与教教学质量保障的关系研究研究与实践》《以工作过程为导向的高职高专人力资源管理专业课程建设研究》研究成果获自治区级教学成果三等奖。

【桂林旅游高等专科学校旅游规划设计研究院】 具有独立法人资格和旅游规划设计丙级资质的研究机构。研究领域和方向：旅游资源开发、旅游项目策划、旅游景点设计、风景园林设计、环境景观设计、旅游环境保护、旅游市场营销、行业及地方旅游标准制定等。2014年末有教授8人、副教授6人，讲师8人。院长黄国良。

年内，为自治区旅游发展委员会，桂林市发展和改革委员会、旅游局、商务局、雁山区旅游局、龙胜各族自治县旅游局、阳朔县旅游局，东兴市旅游局，桂林市源泓实业有限公司等企事业单位提供《旅游低空开放发展及竞猜型体育彩票课题研究》《桂林生态农家宾馆服务标准化分级标准》《2014年桂林市国内旅游抽样调查》《雁山区旅游发展总体规划(2014~2025)》《桂林市“十三五”文化事业及文化产业发展研究》《桂林世外人间生态养生建设项目可行性研究》等技术支持和服务。

【桂林旅游高等专科学校广西旅游科学研究所】 自治区人民政府授牌，桂林旅游高等专科学校主管的旅游行业专门性研究机构。下设旅游政策与发展战略、旅游产业运行与企业发展、区域旅游发展与规划、东盟旅游研究、研究所办公室等5个二层机构。主要业务范围是：旅游管理与旅游发展战略研究；旅游规划与技术咨询服务；旅游经济发展与旅游文化研究；旅游工艺品技术设计与研发等。2014年末有专兼职研究人员35人，其中具正高职称15人，博士学位12人，专业涵盖旅游、经济、生态、环境保护、景观设计、历史文化、人文地理、管理学等学科。所长黄国良。

年内，获国家社科基金项目、全国旅游职业教育教学课题、广西教育厅科研项目、广西高校“党的十八届三中全会精神研究”专项课题、广西高校思想政治教育理论与实践研究项目、广西社会科学重点课题、桂林市科学研究与技术开发项目、桂林市哲学社会科学规划项目等其他科研项目26项，出版各类著作5部，发表学术论文近100篇。

【桂林旅游高等专科学校桂林天地人旅游商品研究所】 研究范围：旅游工艺品研制开发、影视制作、舞台美术设计。2014年末有科研人员30人(其中具有高级专业技术职务资格9人，中级13人)。所长梁立新。

5月，参加在浙江义乌举办的第六届中国旅游商品博览会；9月参加广西桂林第五届旅游博览会；年末，参加第四届广西发明创造成果展览交易会。

年内，完成艺术作品60多件。

社会科学界联合会

【广西壮族自治区社会科学界联合会】 2014年末有团体会员209个〔其中自治区级学会、协会、研究会、促进会158个，设区市社科联14个，高校社科联34个，中共广西区委党校（行政院校）系统社科联1个，民办社科研究机构13个，国有大中型企业社科联1个〕。内设机构6个〔办公室、学会部、学术部、外联部、科普部、机关党委与人事处（合署办公）〕，下设事业单位3个（东南亚经济与政治研究中心、《广西社会科学》和《改革与战略》编辑部、机关服务中心）。2014年末有编制43人。现任领导机构是第七届委员会，有委员200人，其中常务委员45人。主席王士威、沈德海（2014年12月30日召开自治区社科联七届二次常委会会议，沈德海当选自治区社科联主席，王士威转任自治区政协民族和宗教委员会副主任），秘书长何明。

领导关怀 年内，自治区党委书记、自治区人大常委会主任彭清华，自治区党委副书记危朝安，自治区党委常委、秘书长范晓莉亲临自治区社科联看望全体工作人员；自治区副主席李康到自治区社科联调研指导工作；自治区党委常委、宣传部部长沈北海，自治区副主席李康专门听取自治区社科联汇报成立30年来主要成绩和当前需要解决的困难和问题。

科研与学术活动 年内，围绕广西全面深化改革发展过程中出现的实际问题，自治区社科联招标、邀标立项资助开展《广西农村生产经营组织体系创新研究》等11项广西社会科学重点课题研究，招标立项组织团体会员自筹经费开展《县级民生财政的实现机制——基于广西4县财政数据的分析》等54项广西社会科学课题研究，内容涉及广西农业、金融、财政、矿业及沿边开放开发、城乡一体化建设等重大问题；资助广西市、县（市、区）社科联开展86项应用对策课题研究，资助出版《中国—东盟自由贸易区贸易便利化研究》等9部重点学术著作；自主开展《中国—东盟自贸区物流业发展与合作的法律保障机制创新研究》等4项课题研究，承接自治区铁办《广西铁路建设地方配套资金筹融资方案研究》课题项目，组织发动东南亚经济与政治研究中心兼职研究员申报国家社科基金项目获立项2项：《打造升级版背景下中国—东盟自由贸易区物流合作发展法律保障研究》《法学会学视角下我国西部地区湿地保护地方立法研究》。围绕广西热点、重点、难点问题，分别以“加快南崇经济带发展，实现北部湾经济区边海互动和陆海联动”“广西涉东盟商贸纠纷解决实践的反思——中国—东盟商贸纠纷解决之理念重塑、路径选择与机制完善”“我国扶贫开发模式需要实现三大转变”为主题编印3期《专家建言专报》供各级党委、政府及相关部门作决策参考。联合自治区扶贫办和百色市委、市政府以“扶贫攻坚与广西全面建成小康社会”为主题举办第十六期广西发展论坛；以“全面深化改革，实现‘两个建成’”为主题举办第五届广西社会科学界学术年会；举办“深化广西面向东盟开放合作，打造新的战略支点”研讨会、中国第六次人的发展经济学研讨会、中国首届人的发展经济学青年论坛；组织东南亚经济与政治研究中心兼职研究员召开“跨境自由贸易区建设问题研讨会”；分别与桂林电子科技大

12月10日，由自治区社科联主办的广西第十三次社会科学优秀成果奖颁奖暨广西社科联成立三十周年座谈会在南宁举行 （朱汝胜 供稿）

学、钦州学院社科联、广西科技大学社科联、广西民族大学社科联以“大力推进中华文化走进东盟”“中国—东盟自贸区升级版与广西战略支点打造”“中国—东盟政治制度与政治关系发展”“海陆经济一体化与广西建设海上丝绸之路的战略选择”为主题，举办4期“中国—东盟大讲坛”；分别以“广西社科界学习解读社会主义核心价值观内涵”“广西社科界学习解读党的十八大四中全会精神”为主题举办2次广西社科专家学者学术交流活动；举办申报国家社科基金项目专题讲座、面向东盟的现代物流产业及其发展学术报告会；资助广西金融学会等社会科学学术团体和民办社会科学研究机构开展“广西沿边金融改革研讨会”等49项学术活动23.8万元；资助柳州市社科联等10个设区市社科联开展学术活动34万元；资助广西大学社科联等申报的26项学术活动14.3万元。通过上述科研学术活动引领广西社科联系统单位根据各自优势和特点，聚焦广西经济社会发展重大理论和实际问题，组织开展大量课题研究，举办各种学术活动，取得新的科研成果，部分研究成果得到自治区领导批示，不少优秀成果进入各方面各层次的决策。据不完全统计，广西社科界开展课题研究3000多项，其中厅局级单位立项课题1000多项，省级以上单位立项课题300多项，国家哲学社会科学基金项目立项课题100项，获厅局级以上单位采纳的科研成果250多项；出版学术著作近1000部；公开发表论文3万多篇。举办研讨会、论坛、年会、座谈会等学术活动1200多场(次)，征集论文6万多篇，25万多人(次)参加。其中，跨部门、跨地区学术活动200多次，国际性学术活动70多次。

社科普及　年内，以在柳州举办的“2014年广西社会科学普及大行动启动仪式暨柳州市人民广场科普活动”作为启动和指导，组织团体会员单位围绕“全面深化改革，实现‘两个建成’”年度科普主题，举办100场社科普及报告会、14场社科知识咨询广场科普活动、8场社科专家谈、社科知识进14村等136场广西社会科学普及联合大行动科普活动。组织广西保险学会以“用‘掌上人保’，自助理赔就是这么简单”为主题参加广西科技活动周活动；组织广西社会心理学会参加全国科技活动周广西活动。在深入市、高校社科联调查研究基础上，召开共建科普基地工作经验交流会，修改印发《广西壮族自治区社会科学界联合会共建社会科学普及基地管理办法》；组成科普立法调研组赴广西区外社科联调研，撰写科普立法调研报告和《广西壮族自治区社会科学普及条例(讨论稿)》第二稿报自治区人大教科文卫委，推动自治区制定《广西壮族自治区社会科学普及条例》。资助出版《人无德不立》等5种重点科普读物。与河池市东兰县社科联、桂林电子科技大学社科联、梧州市岑溪市社科联共建社会科学普及基地。据不完全统计，广西社科联系统共开展各类科普活动5000多场(次)，发放各类社科书籍20多万册、科普资料50多万份、科普宣传单100多万份、展摆科普展板3000多块，参与群众近300万人(次)。

对外交流　年内，广西社科联系统通过参加会议、考察学习、举办活动等加强与广西区外的联系和交流，组织开展1200多次考察学习交流活动，1.3万多人(次)参与。广西社科联先后4次派出20多人(次)参加在云南举办的2014年全国社科联联席会议、在新疆举办的全国社科联第十五次学会工作会议、在海南举办的全国第十六次社会科学普及工作经验交流会、在广州举办的2014年(第十届)泛珠三角区域合作与发展社科专家论坛等活动；组织社科工作者分别赴湖南、广东、福建、江西等10多个省、自治区、直辖市社科联考察学习、交流经验，互通哲学社会科学发展情况；先后接待江苏、辽宁、内蒙古、河南等6个省、自治区、直辖市社科联来广西考察；组织广西社科联代表团赴老挝、柬埔寨进行金融改革调研工作；组织广西社科联代表团赴台湾交流调研；承办全国部分省区市社科联第三届社会科学年鉴工作交流会等。

5月24日，由自治区社科联主办的“2014年广西社会科学普及大行动启动仪式暨柳州市人民广场科普活动”在柳州举行。图为科普广场的文艺表演

（莫励芬　供稿）

组织建设及管理　年内，自治区社科联领导班子成员深入基层开展调查研究工作，了解社科类学术团体组织建设、办公条件、活动开展、经费来源、财务管理、课题调研、学会基层党组织建设等现状，听取意见建议，分析社科类学术团体在创新发展过程中出现的新问题，探索社科类学术团体发展新路子，促进社科类学术团体事业健康发展。广西民联教育研究院在自

治区民政厅组织开展的广西社会组织等级评估中获评5A等级；参加团体会员单位组织召开的各种学术研讨会、座谈会和换届、成立大会；深入百色市、县社科联检查指导换届工作；深入广西各设区市社科联及部分县（区）级社科联调研指导工作，了解市县（区）社科联工作难点，研究提升工作对策措施；深入高校社科联调研，制定《广西高校社科联管理办法（试行）》并印发实施。广西各设区市社科联领导深入所辖县级社科联和所属学会开展调研，了解基层开展社科工作存在的问题，研究探讨新形势下社科工作发展的方向和思路，建立健全社科工作制度。批准成立广西发展与改革研究会等8个自治区级学会；指导成立右江医学院社科联等3个高校社科联，广西高校社科联达到34个；推动成立5个县级社科联，广西县级社科联达到84个，占广西109个县（市、区）的77%；指导成立广西柳工机械股份有限公司社科联，开创广西在国有大中型企业成立社科联先河，社科联工作网络实现创新发展。广西各市、县社科联各级各类学术社团发展到600多个，会员近2万人。广西社科联举办第六期广西市县社科联干部培训班，学习开展社会科学活动的方法和社科联工作业务知识。据不完全统计，广西社科联系统组织开展业务培训活动1200多场，累计参与培训人员6万人（次）。

平台建设　年内，《广西社会科学》入选中国人文社会科学核心期刊，刊发文章523篇，其中国家社科基金项目179篇，占29.3%；以“中共执政理论”为研究方向，申请成立广西社科联马克思主义理论研究和建设工程基地。《改革与战略》入选2014年度“中国国际影响力优秀学术期刊”，刊发文章336篇，中国人民大学报刊复印资料全文转载10篇，索引301篇，“人的发展经济学研究”栏目特色凸显。出版《社会生产和分配与人的生存发展》《人的发展经济学论稿》、第四辑《人的发展经济学研究》，编印5本人的发展经济学研究阶段成果和学习参考资料。完成《广西社会科学年鉴·2014》编辑出版工作，报送《广西社会科学年鉴·2012》参加全国第五届年鉴编纂出版质量评比，获综合一等奖。《广西社科联志·1984~2013》完成第一轮初编工作。编印6期《广西社科联通讯》、出版4卷《社会科学论丛》，及时更新广西社科联网站。试点资助柳州市和百色市田东县社科联编纂出版市、（县）域经济发展蓝皮书。

社科评奖　年内，开展广西第十三次社会科学优秀成果奖评选活动，收到参评成果2600多项，2332项进入评审，评选出397项获奖成果。有27项被自治区级以上采用，其中1项被全国政协采用，8项被国家有关部委采用，18项进入自治区决策；46项被有关厅局或设区市采用；1项获国家领导人批示；15项获自治区主要领导或国家部委领导批示；部分成果在全国推广应用，部分获奖成果介绍通过新华社内参等渠道上报中央领导。防城港市、河池市、百色市、钦州市、钦州市浦北县等市县社科联开展社科优秀成果奖评选，推出一批优秀研究成果。

纪念社科联成立三十周年　12月，在南宁召开广西第十三次社会科学优秀成果奖颁奖暨广西社科联成立三十周年座谈会。自治区党委常委、宣传部部长沈北海出席并讲话，自治区副主席李康出席并宣读自治区人民政府关于奖励广西第十三次社会科学优秀成果的决定，自治区党委宣传部副部长李海荣，广西社科联历届老领导，广西社科联第七届委员会主席、副主席、常委及各市社科联主席、团体会员单位代表、第十三次社科优秀成果奖作者代表等200多人参会。会议回顾广西社科联30年发展历史，总结广西哲学社会科学事业发展经验，探索新形势下社科联工作特点和规律。

机关建设　学习贯彻落实党中央、自治区党委政府的重大决策和重要工作部署，学习宣传贯彻习近平总书记系列重要讲话精神，确保社科联系统工作发展方向正确。贯彻落实中央八项规定和自治区党委实施意见，将每年一次的全委会、自治区社科联工作会议、秘书长联席会、舆情信息工作会合并召开，将广西第十三次社会科学优秀成果奖颁奖会和广西社科联成立三十周年座谈会合并召开，节约经费，改进会风作风。制定年度理论学习计划，组织中心组成员开展4个专题理论学习；以“党员干部职工素质能力提升”为主题开展全员专题学习培训，系统学习公文写作基础知识、公务基本礼仪、限制权力运行的制度建设、纪实摄影基本知识等内容，提升党员干部职工的道德素质、业务能力和服务水平；举办年度第二期全员培训班，提升党员干部综合素质；组织党员和干部职工赴湖南开展革命传统和爱国主义教育，增强宗旨意识。组织学习《世界社会主义五百年》《党员干部读书系列读本——专家专题讲座稿选》《习近平机关党建论述》等读本，开展党的群众路线教育实践活动理论征文、党史征文等活动；组织干部职工收看吴天来先进事迹报告会现场直播节目，开展扶贫、“献爱心、送温暖”“美丽广西·清洁乡村”等活动。对原有17项制度全部进行修订；新制定13项制度，其中反对形式主义4项，反对官僚主义6项，反对享乐主义1项，反对奢靡之风2项，特别是加强机关财务管理，制定实施《自治区社科联机关财务管理暂行办法》，规范财务工作。

【南宁市社会科学界联合会】 2014年末有下属学会14个，团体会员29个，个人会员70多万人。内设机构

2个(办公室、学会部)。现任领导机构是第六届委员会,有委员56人,其中常务委员9人。主席谭耀武,秘书长赵天宝。

团体会员管理与服务　年内,一是印发《2014年学会管理考评细则》,要求各学会按考评细则规范各项活动,加强对各学会管理工作的指导,重点抓好重大活动的审批。年内审批学会开展活动23场(次),现场指导活动9次。二是做好学会年检的指导督促工作。三是解决学会经费问题。市社科联继续为南宁市企业家协会和市壮学学会协调10万元工作经费补助。四是指导学会开展换届工作。指导南宁市党的建设研究会、市财政学会、市监察学会等学会换届选举工作。五是召开市社科联工作会议,指导学会工作。3月7日,召开2014年社科联工作会议,市社科联常委、市属学会负责人30多人参会。会议总结2013年和部署2014年工作、组织学习学会管理办法、强调学会日常工作注意事项。

年内,组织学会参加全国大中城市社科联工作会议1次;组织开展学术交流活动2次,学术座谈会3次;到百色、钦州、云南保山等地开展学会交流活动。

课题研究　3月,向市属各学会发布《南宁市资助社会科学研究项目2014年度研究指南》,发动南宁市社科专家学者申报项目,收到63项。经组织专家综合评审,市政府常务会审批通过立项资助31项。年内,完成《南宁市城中村学校教育管理研究》《南宁市文化资源现状与开发应用前景研究》等重点课题研究工作。

社科评奖　年内,组织南宁市社科成果参加广西第十三次社会科学优秀成果奖评选活动,64项符合条件参评。

科普工作　年内,组织开展大型广场科普宣传活动2次,科普进社区活动1次,科普报告会5次,科普下乡2次。6月27日,市社科联组织学会到市民族广场开展南宁市社科界服务第45届世界体操锦标赛科普宣传活动,活动共展出社科知识、世锦赛知识宣传展板42块,组织学会专家30多人开展咨询活动,为南宁市举办体操世锦赛发挥社会科学引导舆论作用。年内,市社科联分别到市企业家协会和市教育学会科普分基地开展调研,就开展分基地科普活动进行指导。南宁市企业家协会科普分基地召开“服务世锦赛·企业家在行动”座谈会,号召南宁市企业在市委、市政府领导下,完成服务体操世锦赛各项任务;市教育学会分基地依托南宁市各中学对教师开展培训活动,提高教师教学水平;市教育学会分基地召开“2014年南宁市普通高中毕业班考前动员大会”、举办综合素质发展教育(心理健康发展项目)启动仪式暨2014年中小学校长提升培训班等培训活动。年内,市社科联机关召开以“我们的价值观·我们的中国梦”为题的报告会,市社科联机关党支部书记莫善宁作专题宣讲。组织部分学会专家学者到学校、社区、企业开展“培育和践行社会主义核心价值观”报告会,阐述培育和践行社会主义核心价值观的必要性,对国家、社会的重要意义,弘扬社会道德正能量。11月,组织部分学会及高校志愿者到武鸣、马山等县区农村开展科普进村活动,组织高校志愿者入户开展科普宣传。

其他工作　1月21日,市委常委、副市长韦力平到市社科联看望慰问南宁市优秀专家、市社科联副主席莫善宁副研究员,并送上新年祝福。年内,根据南宁市委部署,在市委第十督导组指导下,通过“学习教育、听取意见”“查摆问题,开展批评”“整改落实,建章立制”“强化学习”等环节,完成党的群众路线教育实践活动任务。按照市委和市美丽办指示,派驻工作队到南宁市西乡塘区北湖街道办事处北湖中社区开展“美丽南宁·清洁乡村”活动。年内组织全体机关干部到社区开展清洁社区卫生死角工作6次,清运陈旧性垃圾9车。多次组织党员干部到宾阳县思陇镇六岑村开展扶贫工作,与村委会干部交流,共同制定基础设施建设规划,按计划开展扶贫工作,确保工作取得成效。年内,加强机关内部建设工作,一是完善各项制度;二是加强党支部工作,“三会一课”制度,组织机关党员开展志愿服务活动、创建先锋示范城活动;三是组织职工参加各类文体活动、开展慰问困难党员、职工活动、按时缴纳工会会费等。

6月27日,由南宁市社科联主办的“2014年南宁市社科界服务第四十五届世界体操锦标赛广场科普宣传活动”在南宁举行　(李国燕　供稿)

年内,编印社科宣传小册子2000

多份,以及内刊《南宁社会科学》3 期、《学会动态》2 期、《专家建议》2 期。

【柳州市社会科学界联合会】 2014 年末有团体会员 94 个,个人会员近 2 万人。内设机构 4 个(办公室、学会工作部、学术编辑部、科普培训部),工作人员 15 人。现任领导机构是第五届委员会,有委员 122 人,其中常务委员 14 人。主席邹继业,秘书长赵选忠。

学会建设 年内,新成立社科团体会员 6 个:柳州书法艺术院、柳州唐文化研究会、柳州市内部审计协会、柳州市桂楚经济文化发展促进会、柳州市弘勤民族文化研究会、柳州市商品流通促进会。

社科成果与学术活动 年内,组织完成《深化改革扩大开放“柳州版”的探索与实践研究》等 17 项哲学社会科学重点课题、《城镇化进程中推进优质基础教育资源均衡配置发展研究》等 6 项青年课题、《柳州市发展老龄产业问题研究》等 14 项自选课题研究。年内,编纂出版《柳州社会科学年鉴·2014》《柳州社会科学研究文选》《全面深化改革与柳州“实业兴市 开放强柳”》《我爱我的家》等 4 部地方性社科读物。9 月 29 日,在柳州举办“柳州‘实业兴市 开放强柳’发展战略”学术报告会,探讨如何在实施战略中发挥作用,4 个城区及代表近 200 人参会。

社科普及活动 年内,举办广场(社科)科普活动 4 场、开展系列科普讲座 6 场、“内部审计如何为单位提供增值服务”等 6 场主题科普活动。组织各学会开展各种专业培训 20 多场(次)、公益讲座(论坛)10 场(次)、社会活动 17 次。向市民提供哲学社会科学、妇女维权、计划生育、法律维权、食品安全、生态健康、禁毒知识、楹联文化、艺术品鉴赏、汽车文化、心理健康、乡村旅游、家庭理财、钱币知识、经济金融、古城历史等专题义务咨询,发放社科知识书籍 3000 本,赠送春联 5000 多幅,宣传资料 2.5 万份,宣传环保袋 6000 个。1~2 月,柳州市楹联学会、书画篆刻研究院、硬笔书法家协会等学会近 45 人到学校、农村、社区、企业、广场开展免费书写赠送春联活动。4 月,在柳州召开首届“调查柳州”——青少年学生综合素质社会科学调查竞赛活动颁奖会暨提升青少年学生科学素养研讨会,推动青少年学生提升科学素养,培养科学思维习惯、调研实践能力。4 月,与柳州市企业与企业家联合会、柳州市汽车行业协会联合举办“有效预防用工风险与劳动争议”人力资源专题讲座。会上,解读国家相关法律政策,掌握协调员工关系的技巧及防范劳动争议、劳动关系实例、职等管理在企业中的运用。企业人力资源负责人及相关管理人员近 200 人参加。4 月,柳州市柳宗元文化研究会在柳侯公园开展清明祭柳传统文化活动,10 多个有关单位参与,近 300 人参加。5 月,市汉源文化促进会开展端午节屈原祭祀暨爱国主义教育活动,60 人身着汉服参加。5 月,以“全面深化改革,实现‘两个建成’”为主题在柳州举行“2014 年自治区社会科学普及联合大行动启动仪式”,40 家市直单位、38 个社科学会参加启动仪式并为群众提供社科知识咨询。展出宣传板报 100 版,发放各类宣传册、宣传单和宣传物品 2 万多份,接受群众咨询 1 万多人(次);宣传柳州“实业兴市,开放强柳”发展战略的新举措新思路,传播社会科学。7 月,由柳州市文明委主办、市社科联承办的以“行孝心,践孝行,做美德少年”为主题的“道德讲堂”在柳州市八中举行,在校师生近 100 人参加。9 月,汉源文化促进会举办“我们的节日——情聚风情港,月满中秋节”活动,包括各种汉服演示、礼仪演示、汉礼中秋祭祀等活动,展示汉民族服饰文化和礼仪文化,传承弘扬中华传统文化。10 月,在柳州举办柳州国际水上狂欢节活动,市美食联盟协会承办参与,有关社团还参与狂欢巡游活动及文庙祭孔大典活动,市创意协会参与承办“创意集市”活动。11 月,柳州市楹联学会在鱼峰公园举办“柳州市首届园林楹联书画工艺展”,展品近 200 幅,展期 1 个月,市内外、境外观众近 2 万人(次)参观。

柳州市社科联组织的新年送春联活动现场 (莫励芬 供稿)

社科学会 年内,市社科联根据自身优势特点,采取进社区、进企业、进广场或面向社会等形式,开展各项社会公益活动。

柳江县社会科学界联合会 现任领导机构是第一届委员会,有委员 29 人,其中常务委员 13 人。主席张栩,秘书长田燕。年内,以公益宣传、论坛、研讨会等方式推动县域经济社会发展，举办科普讲座6场，开展科普广场活动1场，开展科普报告会2场。主要有：1月，与柳州市社科联在县文化宫广场共同主办"笔墨真情送春联 文化惠民献爱心"活动，市楹联学会10位书法家参加，书写春联、新居联、婚联500多副。5月，与自治区社科联联合举办"学习贯彻党的十八届三中全会精神，全面深化改革，实现广西'两个建成'"科普报告会。邀请县委党校教师陆校作专题报告，县直属机关、乡镇领导干部104人参会。6月，分别与阳灿幸福工作坊联合举办"爱与成长·成人早教"专题讲座1期，与全国促进传统文化发展工程德育教育研究开发工作委员会联合举办主题为"穷养 富养 都不如教养"的"立德树人·家校共育"公益讲座5期。10月，与县英才书画院联合举办全国书法爱好者免费培训班。11月，与柳州市社科联联合举办携手建设幸福宜居新柳江——走进科学、体验科技、走进民众、惠普民生报告会。邀请县科技局副局长赵丽娟作科普报告，县直属机关领导干部90多人参会。

柳城县社会科学界联合会 2014年末有团体会员19个。内设结构1个(办公室)，在编5人。现任领导机构是第一届委员会，有委员31人，其中常务委员13人。主席黄余政，秘书长廖益民。年内，主要开展工作有：一是开展课题研究。组织开展《柳城县打造茶园经济升级版对策研究初探》课题研究，课题组多次到伏虎华侨经济管理区、柳华经济管理区实地调查了解柳城县茶业经济发展面临的现状，结合当前柳州市、广西及中国茶叶行业经济发展趋势，撰写研究报告，为柳城县茶叶经济发展提供参考。二是撰写《柳城县域经济发展蓝皮书》。年内，配合完成柳州市社科联组织撰写《柳州市县域经济发展蓝皮书》工作，提交蓝皮书柳城县部分报告《2010~2014年柳城县经济形势分析及2015年经济预测》。三是加强科普宣传活动。3月，会同柳城县科技局组织教育、卫生、计生、农业、建设等部门在柳城县城设点开展科普活动，以科技展板、科技挂图、科普宣传车、科普咨询、医疗义诊、科技录像放映等形式宣传，发放2万多份宣传资料。四是开展科普报告会。6月，在柳城县委党校举行"学习贯彻党的十八届三中全会精神 提高人大代表依法履职能力"专题报告会，柳城县委党校常务副校长兼柳城县社科联副主席曾繁光作专题报告，400多人参会。12月，举办"准确定位 分工协调 依法处理'村两委'的关系"专题报告会，柳城县委党校教师陈济平作专题报告，近300人参加。

三江侗族自治县社会科学界联合会 2014年末有在编人员13人，个人会员44人。内设机构3个(办公室、学会部、科普部)。现任领导机构是第一届委员会，有委员55人，其中常务委员7人。主席杨顺丰，秘书长邓兰英。年内，选派杨顺丰、邓兰英参加中山大学、四川省委党校、柳州市委党校师资培训班学习；选派刘洵、云赞、覃恩源等到广西北海干部学院、武汉市委党校、云南等院校参训。年内，加强教师队伍建设，开设主体班培训10多期1000多人(次)参训，社会培训班20多期2000多人(次)参训。9月22日，柳州市三江侗族自治县社会科学界联合会(高友)科普讲堂开讲。主题是茶叶科普知识。三江侗族自治县社科联主席杨顺丰就茶叶产业科学管理作主题讲座，县农业部门技术人员杨澜就种植、加工作现场指导。90多人参加。之后在高友村进行二期培训360人，科普宣传效果良好。年内，以杨顺丰为组长，邓兰英、覃恩源、云赞为成员的课题组分别完成柳州市社科联、柳州市委宣传部，柳州市委党校及自治区社科联等课题:《三江侗画产业发展研究》《柳州市茶业发展问题研究》《三江县域经济发展研究》。年内，邓兰英撰写的《农村基础教育存在的问题及其对策研究》上送市妇联征文办、《加快发展三江民族文化旅游产业的思考》调研报告上送柳州市县域经济发展蓝皮书编辑部、《三江县建设交通枢纽，带动柳州北部区域统筹协调发展问题研究》在《柳州论坛》(内刊)2014年第2期发表。年内编印《思辨三江》刊物1~5期。年内，杨顺丰主编《三江茶诗书画摄》，广西人民出版社出版。该书集诗歌、书法、绘画及摄影等作品，多角度、多层次、立体地展现生态农业成

9月22日，三江县社科联(高友)科普讲堂正式开讲。图为三江县社科联主席杨顺丰给茶农们讲解茶叶产业科学管理知识 (三江县社科联 供稿)

果，突出表现三江茶品质优、信誉好、品牌强主题。年内，建立三江党校网（社科联网）网站、社科联科普讲堂及三江科普园地。

鹿寨县社会科学界联合会 2014年4月30日成立，年末有团体会员19个。内设机构1个（办公室）。工作人员3人。现任领导机构是第一届委员会，有委员35人，其中常务委员15人。主席张俭文，秘书长朱柳依。4月30日，召开鹿寨县社科联成立大会暨第一次会员代表大会，选举产生鹿寨县社科联第一届委员会常务委员15人、主席1人、专职副主席1人、兼职副主席7人、秘书长1人、名誉主席1人。年内，组织参加广西社科联系统学术交流总结大会2次。年内，组织人员参加社科知识普及活动1次，在柳州人民广场开展惠民广场科普活动。展出板报1块、组织社科工作者现场提供咨询服务，发放资料1000多份，内容涉及教育、劳动保障、法律法规、心理咨询、健康养生、惠农政策等。指导鹿寨县文联组织农村文艺工作者培训1次，内容包括彩调、小品、舞蹈等艺术创作，柳州、来宾、桂林3市77人参训。年内，承担自治区社科联资助课题《农村土地承包经营权流转方式和途径研究》，参加柳州市社科联组织编撰的《2015年柳州市县域经济发展蓝皮书》中的鹿寨县县域经济发展报告部分编写任务。

4月30日，鹿寨县社会科学界联合会成立暨第一次代表大会在鹿寨召开

（鹿寨县社科联　供稿）

【桂林市社会科学界联合会】 2014年末有团体会员58个，个人会员1万多人。内设机构4个（办公室、学会部、科研科普部、社会科学家杂志社）。工作人员25人。现任领导机构是第三届委员会，有委员89人，其中主席团成员9人。主席罗建章，秘书长廖润平。

学术活动 年内，召开学术研讨会3次，300多人（次）参加。3月26日，桂林市委宣传部、市社科联联合举行“桂林市培育和践行社会主义核心价值观、提升文明素质”研讨会。桂林市直机关和驻桂林高校的领导、专家学者50多人参会。专家学者围绕社会主义核心价值观的核心内容，紧贴桂林实际，分别从理论和实践层面对提升市民素质提出建议。11月20日，灌阳县委、桂林市社科联在桂林举行“‘湘江战役之新圩阻击战’灌阳红色旅游资源保护与开发”研讨会。灌阳县委书记沈荔芳、市社科联主席罗建章及桂林市和驻桂林高校专家学者30多人参会交流。与会者认为，湘江战役对中国现代革命史产生重要影响。保护和开发经典红色历史文化资源，对传承保护红色文化遗产、开展爱国主义教育、建设桂林国际旅游胜地，有重大现实意义。12月23日，桂林市七星区人民政府、市社科联联合举行“漓江东岸七星区福隆园、塔山片区城中村改造项目”研讨会。相关部门、桂林市旅游界专家学者40多人参会。与会专家学者围绕如何把福隆园和塔山片区城中村改造项目打造成有历史、有文化、有特色的文化休闲旅游街区精品项目进行研究探讨。会后形成《专家建言专报》报送桂林市四家班子领导和相关部门。

9月23日，桂林市委常委、宣传部部长、副市长陈丽华为荣获桂林市第三次社会科学优秀成果奖获奖作者魏华龄（95岁）老先生颁奖　　（蒙启恒　供稿）

科普活动 年内，举办大型社科

知识普及活动2次,1万多人(次)参加。5月27日,与桂林图书馆、资源县社科联等单位在资源县车田乡脚古冲村开展“美丽乡村,支教助学”暨科普图书进村入户活动。捐助美丽乡村建设经费1万元和价值4000元文具用品,邀请社科专家宣讲党的十八届三中全会精神,农科专家进行西红柿科学种植知识讲座,教育专家给小学生作“传承国学经典,提升青少年思想道德素质”科普讲座。发放宣传资料2000多份,接待群众咨询200多人(次),1000多人(次)参与。11月8日,由自治区社科联、市社科联等单位共同主办的以“全面深化改革 实现‘两个建成’”为主题的社科普及宣传活动在桂林举行。活动主要采取展板宣传、发放资料、知识问答和设置咨询点、现场指导、有奖答题等形式宣传法律法规、交通安全、教育、健康、家庭理财、社会保障、劳动者权益等方面知识。制作宣传展板48块,发放宣传资料1万多份,接待咨询群众1000多人(次),2000多人(次)参与。作为“桂林百姓文化大讲坛”主办单位之一,邀请《中国摄影报》总编曾星明、广西师范大学出版社党委书记姜革文、桂林师范高等专科学校教授邓玲等8位嘉宾作专题讲座。

课题研究 年内,组织开展《桂林“两化”融合推进机制研究》《桂林第三产业与财政收入关联度研究》《桂林“智慧城市”建设路径研究》等10个2013~2014年度市级社科规划重点课题研究工作。公开征集桂林市哲学社会科学2014~2015年立项重点课题选题,经专家评审组确定,《桂林历史文化资源保护与利用研究》《桂林体育休闲产业研究》《漓江生态保护与旅游开发研究》《提升桂林国际旅游胜地核心竞争力路径研究》《“十三五”桂林经济发展战略思路》等9个课题入选。年内,辑成出版《一个城市的发展探索》——桂林市哲学社会科学规划研究课题文集(2012~2013)。发表论文290多篇,完成研究课题60多项。

组织建设 一是加强管理,学会工作稳步发展。年内,采取会议部署、加强指导、资助活动等方式,推动市级学会稳步发展。市政策应用研究会为市政府起草的《全国文化与科技融合示范城市规划》上报国家科技部,桂林市获“全国文化与科技融合示范城市”称号。开展《桂林老工业基地调整发展规划(2013~2022年)》《三产对财政贡献的关联度研究》《桂林市“十三五”全面深化改革研究》等重大研究课题,举行国际旅游胜地建设背景下的高新技术产业发展研讨会,出版《创新驱动与国际旅游胜地建设——桂林国际旅游胜地建设背景下的高新技术产业发展研讨会文集》。市旅游学会承担国家旅游局旅游改革发展重点课题《桂林旅游产业用地改革试点实践研究》,出版《提升桂林国际旅游胜地核心竞争力研究文集》,组织“乡村旅游成片发展”支招活动。市旅游饭店协会举办《旅游法》实施一周年座谈会。市检察学会撰写完成《2011~2013年我市检察机关诉讼监督工作情况分析》专题调研并在市人大常委会上作专题报告。市抗战文化研究会承担市委市政府《桂林抗战文化遗产的遗址、遗迹史料的田野调查》《桂林国际旅游胜地建设背景下的抗战文化保护、发掘与利用研究》课题研究,举行桂林保卫战及其电影剧本创作学术研讨会、西南剧展70周年纪念学术研讨会,出版《抗战时期范长江在桂林新闻史料研究》《桂林抗战文物精品集萃》《西南剧展70周年学术研讨会文集》《温故桂林——1934至1944年》。市职业教育与成人教育学会开展《桂林市主体功能区及产业发展规划对技能型人力资源需求的分析》课题研究。市经济学学会完成《灵渠保护与可持续发展对策研究》《相思埭·会仙喀斯特国家湿地公园保护与可持续发展对策研究》调研课题。市民族研究会完成《桂北民族丛书》的编写出版。市图书读者协会举行纪念抗战胜利主题书画展,召开“世界反法西斯战争”主题研讨会。市工商行政管理学会起草《关于加快落实微型企业资本金补助资金的请示》向市政府提出工作建议,获采纳;开展“寻找最美工商人,集结工商正能量”活动。市钱币学会组织以“动物是人类的朋友”为主题的外国钱币展。市金融学会开展“金融改革创新与实体经济发展”征文评选活动。市茶文化研究会举行“桂林市第六届茶艺暨茶席设计大赛”。市儒学学会举行孔孟儒学忠义铸就爱国精魂——纪念抗日战争胜利69周年学术讨论会。市收藏家协会举行第二届“紫玉山水”赏析周活动等。年内,市级社科学会举办学术研讨会50多(场)次,开展课题研究30多项,为各级党委、政府或企事业单位决策咨询服务20多次,开展或参与社会科学宣传普及活动40多(场)次。指导成立桂林文化艺术研究会,石涛书画研究院2个市级学会。二是突出重点,县(区)社科联工作稳步推进。深入各县(区)社科联开展调研,了解掌握基层社科联的工作现状和实际困难。举办县(区)社科联干部业务学习培训班2期,分别就如何开展学会管理和社会科学研究调查报告写作及社科成果评奖等方面内容作专题授课。召开桂林市县(区)社科联工作交流会,对县(区)社科联工作进行交流。各县(区)社科联在完善组织机构建设、课题研究、社科普及宣传等方面取得成绩。年内,各县(区)社科联开展社科宣传普及活动40多场(次),开展应用对策课题研究18项。临桂、兴安、阳朔等县社科联申报的《破解征地拆迁难题 服务临桂新区建设——关于破解桂林世界旅游城征地拆迁安置等瓶颈难题的调查与思考》《广西猫儿山自然生态现状与保护发展研究》《漓江阳朔兴坪——杨堤段村民参与旅游贫困减轻调查报告》等课题获市社科联立项和自治区社科联经费资助并完成。兴安县社科联课题组的《广西猫儿山自然生态现状与保护发展研究》等6项研究成果分获优秀研究成果一、二、三等奖。

临桂县社会科学界联合会 2014年末有团体会员16个。内设机构3个(办公室、学会部、科研科普部),工作人员4人。现任领导机构是第一届委员会,有委员15人。主席陈家斌,秘书长李芳萍。1月18日,联合县直相关部门在五通镇圩场开展"三下乡"活动;3月12日,在临桂县中学举行"临桂文化大讲堂";5月12日,与县地震局、国土资源局等22个县直单位在县城金山广场开展主题为"提高防灾减灾意识"科普宣传活动。制作板报24块,悬挂科普标语20条,发放各种科普宣传资料6000多份。11月5日,与县科技局、教育局、卫生局、林业局、科协等10多个单位到两江镇开展"十月科普大行动"系列活动,通过布置科普展板,发放科普资料、文艺演出等形式开展科技咨询,向群众宣传科普知识。"十月科普大行动"期间组织科技下乡4次,举办科普讲座3场,组织县城社区科普展1次,科普进校园2次,发放宣传资料共2万多份,义诊300多人(次),接受群众咨询3000多人(次)。指导成立县收藏家协会。临桂县民间文化研究会编辑出版的《临桂村名凤头联》经过上海大世界基尼斯总部认证,获"中国村名凤头楹联第一县"大世界吉尼斯之最。完成《关于优化我县旅游发展布局的调查与思考》《关于进一步挖掘塑造少数民族文化的思考》等调研报告和自治区社科联资助课题《破解征地拆迁难题 服务临桂新区建设——关于破解桂林世界旅游城征地拆迁安置等瓶颈难题的调查与思考》的研究工作。9月,临桂县社科联被评为"全国先进社科联"。

灵川县社会科学界联合会 2014年末有团体会员14个。内设机构3个(办公室、学会部、科研科普部),工作人员5人。现任领导机构是第一届委员会,有委员13人。主席褚君,秘书长汤林平。3月8日,与县妇联联合举办关注女性的社科知识宣传活动,以讲座形式开展女性素质提升知识宣讲。5月30日,与大境瑶族乡中心小学联合举办"心系瑶乡教育,情洒贫困学童"活动,开展"亲手包粽子,体验中国传统文化"活动,并组织社会各界爱心人士赠送书籍和学习用品等。组织开展"我国新型城镇化的若干思考"专题讲座、"漓江流域文化"报告会等各类讲座、培训12场(次)。年内,发放各类图书、刊物、宣传资料9000多份(册),现场接待群众咨询3600多人(次),悬挂横幅30条,摆放各类展板48块,服务群众近1万人(次)。指导成立县甘棠流域文化研究会和长岗岭商道古村落研究会。建立灵川长岗岭商道古村生态博物馆社科宣传普及基地。完成自治区社科联资助课题《甘棠江流域文化的现状和传承研究》的研究工作。

全州县社会科学界联合会 2014年末有团体会员15个。内设机构1个(办公室),工作人员5人。现任领导机构是第一届委员会,有委员15人。主席龙安军,秘书长李宗和。4月23日,与县教育局、文化局、科技局等多个部门联合举办"世界读书日"主题活动,将1万多册优秀图书送到学校、社区、村屯;组织中小学学生诵读经典诗词作品,弘扬中华优秀传统文化;组织学生开展绿书签签名活动。5月20日,与县政务服务中心等20多个单位共同举办以"全州县第二届政务公开日活动暨普及社科知识,共建美丽全州"为主题的大型广场科普活动。活动发放宣传资料1万多份,摆放宣传展板86块,接受群众咨询4000多人(次)。10月29日,邀请桂林市委政策研究室调研员王清荣为县200多名党员领导干部作"建设法治全州,构建和谐社会"专题报告会。年内,指导成立县幼儿教育协会,在县桂北思源民俗博物馆挂牌成立全州县社科联第二个社科知识宣传普及基地。完成自治区社科联资助课题《全州县金槐产业探究》的研究工作。

兴安县社会科学界联合会 2014年末有团体会员18个。内设机构3个(办公室、学会部、科研科普部),工作人员5人。现任领导机构是第一届委员会,有委员34人。主席赵时斌,秘书长周玉祝。年内,与县委宣传部联合组织开展以"践行社会主义核心价值观,建设美丽兴安"为主题的演讲比赛活动,宣传倡导社会主义核心价值观,县直和乡镇18个单位30名选手参赛,2000多人(次)参加。联合县文化旅游局、文联、音乐协会等单位举办"贯彻十八大·唱响中国梦"歌唱比赛,宣传党的十八大精神。邀请广西师范大学教授汤志华为党员干部宣讲党的十八届三中全会精神。指导成立县红色文化研究会。完成自治区社科联资助课题《猫儿山自然生态现状与保护发展及综合开发》的研究工作。"兴安社科在线"网页不断完善。年内,赵时斌被评为"全国先进社科工作者"。

永福县社会科学界联合会 2014年末有团体会员10个。内设机构1个(办公室),工作人员2人。现任领导机构是第一届委员会,有委员11人。主席梁红,秘书长余世桂。年内,分别在罗锦镇和堡里乡开展"党的十八大精神"和"全面深化改革、实现'两个建成'"专题报告会,讲解"党的十八大精神"和"中国梦"精神实质,300多人(次)参加。9月25日,与县文明办、农业局、林业局、气象局、民族局、科协、地震局等单位联合在永福镇银洞村横石屯开展以"加强生态文明科普,助推美丽永福建设"为主题的社科知识进社区进村屯活动。采取现场讲解、发放宣传资料、科普书籍、科普图片展等形式，向群众普及科学知识、倡导科学方法、传播科学思想、弘扬科学精神，倡导群众树立清洁环保、保护生态、节约能源、保护资源观念和抵御灾害的信心。活动向群众发放各种科普宣传资料1000份、科普书籍300多册，赠送横石屯村文体活动器材一批。完成《永福县老龄化社会调查与探究》等调研报告。

阳朔县社会科学界联合会 2014年末有团体会员11个。内设机构1个(办公室)，工作人员3人。现任领导机构是第一届委员会，有委员13人。主席容道禄，秘书长赵梓辛。2月11日，与县科协、气象局、农业局、林业局、计生局、环保局、工商局等科普成员单位骨干20人到阳朔县8个乡镇，开展"三下乡"为民服务活动，为农民群众发放科技、卫生、农业、法律、计生、消费者权益保护等宣传资料并为群众答疑解惑。5月16日，分别在福利镇枫林村委和白沙镇蔡村援建两家"农村社科书屋"，赠送图书4000多册，内容涉及党的方针政策、国家法律法规、科学技术、文化教育、文学艺术及青少年思想道德建设、种养殖等。9月1日，与县委宣传部在高田镇民族中学举办"我学习，我践行"社会主义核心价值观主题报告会。报告会分别邀请40年来先后为村义务修整5条道路的高田镇古登村委路腊村的老共产党员周茂发，36年如一日先后照料38位孤寡老人生活的福利镇福利居委会党支部副书记粟玉萍，2012年感动中国人物、第四届全国道德模范何玥的父亲何先航作专题发言。9月21日，与葡萄镇政府在葡萄镇翠屏村联合举办第三届阳朔葡萄诸葛亮文化节。来自阳朔、临桂、荔浦3县的民间社团、企业代表等参加。11月22~23日，与阳朔大师傅啤酒鱼饭店联合举办"阳朔首届啤酒鱼产业论坛"。广西烹饪餐饮协会、桂林烹饪餐饮协会及全国各地的餐饮界、旅游界、文化界、新闻界50多人参加。论坛收到论文及"我与阳朔啤酒鱼的故事"互联网征文获奖作品40多篇，分别从阳朔啤酒鱼打造阳朔标准、国际标准，立足阳朔、走出阳朔乃至走出国门，做大做强等方面提出意见与建议。年内，完成自治区社科联资助课题《风景名胜区旅游减贫机制研究——以漓江杨堤至兴坪段为例》的研究工作。

灌阳县社会科学界联合会 2014年末有团体会员12个。内设机构1个(办公室)，工作人员3人。现任领导机构是第一届委员会，有委员11人。主席谢明义，秘书长史春来。年内，组织3名社科理论工作者参加灌阳县党的十八届三中全会精神宣讲团，深入全县各乡镇、农村、社区、学校、企业宣讲党的十八大精神，宣讲78场(次)，3000多人(次)参与。与县委宣传部、县教育局、县卫生局、县农业局等单位利用春节、"二月八"农具文化节、世界读书日等节日开展"科技、文化、卫生"三下乡活动，通过现场咨询、文艺演出、展出展板等方式，对群众进行社科知识宣传普及，发放宣传资料1.5万多份。编印《灌阳社科简报》4期。

龙胜各族自治县社会科学界联合会 2014年末有团体会员21个。内设机构3个(办公室、学会部、科研科普部)，工作人员2人。现任领导机构是第一届委员会，有委员13人。副主席兼秘书长陈燕燕。年内，成立由21名社科理论专家和技术骨干组成的全县理论宣讲小组，开展"理论政策面对面"活动29场(次)。参与组织第二届中国(桂林)国际健康养生服务产业创新发展高端论坛(龙胜会会场)活动。布置龙胜风情摄影展、龙胜鸡血玉文化展、龙胜民俗文化展等，推广龙胜社科文化。在瓢里小学举办"'大手拉小手'，积极培育社会主义核心价值观"主题活动。完成自治区社科联资助课题《龙胜县彭祖坪自然保护区"民俗·生态游"的开发和保护研究》的研究工作。

资源县社会科学界联合会 2014年末有团体会员7个。内设机构3个(办公室、学会部、科研科普部)，工作人员2人。现任领导机构是第一届委员会，有委员12人。主席李桥英。年内，组织社科理论宣讲骨干到各乡镇、县直各单位进行"理论宣讲面对面"理论宣讲10场(次)，1500多人参加。参与举办"'4·23'全民读书日"宣传活动、"'5·12'防灾减灾日"宣传活动，"'6·10'公共机构节能宣传周"活动，"'12·4'法制宣传日"活动。5月27日，联合市社科联、广西桂林图书协会、市企业研究会、市茶文化研究会、县卫生局、车田苗族乡政府等单位在资源县

9月1日，由阳朔县社科联主办的"我学习，我践行"社会主义核心价值观主题教育实践活动在阳朔举行 (阳朔县社科联 供稿)

车田乡脚古冲村开展“美丽乡村，支教助学”暨科普图书捐赠活动，为脚古冲村委捐赠美丽乡村建设专项款3万多元，为脚古冲完小捐赠9800元的科普图书及学习用品和体育用品一批，并捐资为竹叶水小学、向阳坪小学硬化升旗活动场地。市社科联领导罗建章、李春毅，县人大常委会副主任唐碑生，县政协副主席何春艳出席活动。8月9日，在资源县“两节”期间，与县河灯民俗协会承办“桂林百姓大舞台”走进资源专场演出活动。结合3个少数民族建乡30周年庆典，通过文艺专场、发放宣传资料、咨询服务等形式，与县委宣传部、县民族局共同开展系列民族团结宣传活动。完成《资源县河灯歌节的传承发展及对经济发展的促进作用研究》调研报告。

平乐县社会科学界联合会 2014年末有团体会员9个。内设机构3个（办公室、学会部、科普部），工作人员4人。现任领导机构是第一届委员会，有委员13人。主席林文创。年内，配合县委宣传部组织社科理论宣讲骨干组建理论宣讲团，参与“理论政策面对面”群众性宣讲教育活动，到县机关、乡镇、社区、企业、学校、村屯为党员干部、群众、学生宣讲80多场（次）。1月16日，参与桂林市2014年文化科技卫生“三下乡”暨“我们的中国梦”文化进万家活动启动仪式，组织书法家为农民群众义写春联200多对，发放宣传资料2000多份，书籍400多册。3月至4月，与县委宣传部组织社科工作者和平乐热线网民开展“网友看平乐”系列活动，组织网友观看平乐的旅游项目、城镇化建设项目、农业产业化项目、工业园区项目、美丽乡村示范点等，为平乐县经济社会发展建言献策。5月，与县委宣传部等单位承办桂林百姓大舞台“走进平乐”专场文艺演出活动。10月，与县桂江民俗文化研究协会联合举办“2014’平乐·珠子洲南瓜灯火狂欢节活动”“2014’首届平乐金字岭重阳登高节活动”。完成《平乐县特色农业产业发展研究》《平乐县旅游文化资源开发利用的思考与对策》《提升平乐县城建设品位，打造特色港口山城的思考》等3个课题研究，其中《平乐县特色农业产业发展研究》获自治区社科联应用对策研究课题资助。

荔浦县社会科学界联合会 2014年末有团体会员10个。内设机构3个（办公室、学会部、科研科普部），工作人员3人。现任领导机构是第一届委员会，有委员19人。主席古翠兰，副主席兼秘书长李才佳。年内，组织县社科联干部到蒲芦瑶族乡福文村、黎村践行党的群众路线，与群众开展“五同、五进、五提升”和“九个一”活动。联合县科技、农业、卫生、文化等部门开展100名技术员拉动农业科技发展科普培训活动。与县科协等部门联合开展“中国流动科技馆巡展”活动，向学校、企业赠送科普书籍，实现科普知识进校园、进企业。9月15~16日，分别在荔浦师范学校和裕祥家居用品有限公司开展“培育和践行社会主义核心价值观”及实现“两个建成”科普讲座，3000多人（次）参与。10月28日，与县科协等科普成员单位在花簣镇开展“2014年荔浦县十月科普大行动”科普宣传活动启动仪式。年内，编印《荔浦社科》6期，完成自治区社科联资助课题《荔浦县民营企业可持续发展研究》的研究工作。

恭城瑶族自治县社会科学界联合会 2014年末有团体会员11个。内设机构3个（办公室、学会部、科研部科普部），工作人员3人。现任领导机构是第一届委员会，有委员17人。主席刘先春，秘书长李振杰。年内，配合县委宣传部组织社科理论宣讲骨干到县机关、乡镇、社区、企业、学校、村屯为基层党员干部群众宣讲党的十八大精神和有关政策法规60多场（次）。与县科协、科技局等单位开展社科知识普及宣传活动及“社会科学走进新农村”科普活动，到县6个乡（镇），以现场发放资料、现场解答疑问等方式进行实用科学等宣传普及，向群众发放科普宣传资料、光碟等6000多份。邀请市委政策研究室调研员王清荣作“恭城休闲农业发展及乡村旅游与桂林国际旅游胜地建设”专题报告，全县副科级以上领导干部200多人参加。利用网站“恭城520社区”“恭城油茶论坛”和《今日恭城》《恭城广播电视台》等平台，以专版、专栏形式，进行防艾、保健、避险等科普宣传。指导县集邮协会编印邮册《文化名

10月23日，恭城瑶族自治县社科联举办以“全面深化改革，实现‘两个建成’”为主题的报告会
（杨龙云 供稿）

城之旅——恭城》，指导县瑶学研究会编印3期《瑶学研究》。完成自治区社科联资助课题《梅山文化与恭城生态旅游》的研究工作。

【梧州市社会科学界联合会】 2014年末有团体会员35个。内设机构1个（办公室），下设编辑部1个，工作人员3人。现任领导机构是第二届委员会，有委员43人。主席蔡伟波。

学术活动 5月10日，自治区社科联与梧州市社科联在桂江船厂联合举办题为"全面深化改革，实现两个建成"大型报告会，邀请梧州市委政策研究室主任刘继斌作宣讲报告。刘继斌从全面深化改革的战略意义和部署、加快实现"两个建成"目标等方面，重点解读全会提出的经济、政治、文化体制改革，社会建设改革及生态文明建设等突破性重大改革举措，200多名企业干部职工参加。12月19日，梧州市委宣传部、市社科联、市委党校、梧州日报社联合召开"梧州市社科界学习贯彻党的十八届四中全会精神座谈会"，邀请梧州市政法委、市中级法院、市检察院、市委政策研究室、市发改委、市司法局、市人社局、市食品药品监督局、市环保局、市法制办等相关单位领导进行座谈。

科普工作 年内，利用"梧州市社会科学普及基地"，开展科普活动3次，2500多人（次）参加。1月18日，组织党员干部参加以"为民服务当先锋，党员义工连万家"为主题的2014年春节机关党员义工集中为民服务活动，向市民群众派发"梧州市八大城市文化"宣传资料和内刊《西江经济社会》，宣传社科知识并接受群众咨询。10月23日，自治区社科联与梧州市社科联在藤县新庆镇夏荣村夏荣小学联合开展"社科知识进村进社区"活动，为夏荣小学赠送体育用品和科普书籍，并邀请梧州市特级教师、全国优秀科技辅导员张棣生为同学们上科学知识普及课，向孩子们传授科普知识。12月4日，在梧州大塘丰业新苑小区开展"弘扬宪法，推进法治梧州建设"宣传活动，向市民群众发放法律知识宣传资料，宣传党的十八大和十八届三中、四中全会关于社会主义民主法制建设，依法治国重要论述等法律法规，并接受群众咨询。

学会管理 年内，指导成立梧州市民俗文化研究会、梧州市珠宝学会2个学会。1月18日至2月18日，与梧州市万秀区人民政府、梧州市金沙玉石文化协会等联合举办的首届金沙玉文化节暨"梧州市中小学生硬笔书法现场比赛和书法艺术展"活动在富民特色街举行。

科研成果 年内，深入各县（市）社科联、各基层学会调研10多次，了解开展社科工作存在的问题，研究探讨新形势下社科工作发展方向和思路，围绕近年来梧州市、县两级社科联履行"围绕中心、服务大局"基本职责情况和社科普及工作开展情况进行调研摸底，完成《关于社科工作服务中心工作的思考》《梧州市社会科学普及基地建设管理》2个调研报告，4月16日、10月28日分别召开社科界意见征集座谈会和社会科学学术团体工作座谈会，广泛听取基层学会的意见。完成自治区社科联重点课题《如何利用梧州宋代元丰监遗址建设钱币文化公园对策研究》，获2014年自治区社科联系统应用对策课优秀研究报告三等奖。年内，编印内刊《西江经济社会》，公开出版发行《漫话社会科学基本知识》。

蒙山县社会科学界联合会 2014年末有团体会员10个。内设机构1个（办公室），工作人员1人。现任领导机构是第一届委员会，有委员11人。主席吴广升，秘书长关新。年内，召开各种学术研究会、报告会4次，700多人（次）参加。9月14日，组织县摄影协会一行15人到长坪瑶族乡采风，创作出反映长坪乡山水风光、人文风情的摄影作品，传播、提升蒙山县旅游知名度和美誉度。10月23日，发挥协会、研究会的纽带作用，组织县社科工作者及县摄影协会一行21人到长坪瑶族乡参加建乡30周年活动，对瑶族婚庆、饮食等民族风俗文化进行调查研究。10月，完成自治区社科联调研课题，撰写1万多字的调研报告《开发利用蒙山旅游资源，创建广西特色旅游名县》，为蒙山创建广西特色旅游名县提供智力支持。10月30日，岑溪市社科联一行8人到蒙山县考察生态文化，交流社科工作经验和亮点，参观长坪水韵瑶寨、西炮台公园、梁羽生公园等地，加强与兄弟县级社科联的交流，开拓工作思路。年内，举办各种形式社科讲坛、知识宣讲活动10多场，发放图书1万多册，发放社科知识宣传单1.2万多份。12月2日，组织县卫生协会、红十字会等部门在县东市场大广场举行艾滋病宣传活动，悬挂横幅1条，展出展牌6块，发放宣传资料2000份及环保袋3000多份，接受群众咨询1000多人（次）。10月，组织县摄影协会会员参加由《中国摄影报》，蒙山县委、县政府主办的"文化古城·养生福地"蒙山全国摄影大赛，吴广升的《三妹瀑韵》获三等奖，关新的《小憩》获优秀奖。吴广升的摄影作品《瑶乡盛事》获《中国摄影报》"走进长坪瑶乡"影友擂台赛二等奖；《双虹映新城》获《中国摄影报》"走进蒙山"影友擂台赛三等奖。在县社科联的组织、协调下，由社科工作者刁光全撰文、吴广升负责拍摄图片的《蒙山瑶族》，列入广西"瑶学丛书"研究课题，由广西瑶族文化保护发展促进会立项，由蒙山县委、县政府成立编委会负责组织编写。该书将填补蒙山县没有瑶族专著的空白，填补瑶族历史中族源、迁移等部分环节的空白，成为蒙山县瑶族资料最齐全的一部专著，有历史研究价值和现实意义。11月，《蒙山民歌》完成200多千字的初稿。该书通过自治区有关专家组初审。刁光全编著、吴广升拍摄图片，广西人民出版社出版的《蒙山家族史》获《广西地方史》2014年度优秀成果二等奖。

【北海市社会科学界联合会】 2014年末，下辖区、县社科联3个，有团体会员（市直学会、协会、研究会）26个，其中属于业务主管的团体会员16个。内设机构2个（办公室、科研室），编制5人，实有工作人员4人。秘书长李文红。

学术活动与交流　5月8日，与广西社科院在北海联合召开广西海上丝绸之路建设研究座谈会。广西社科院副院长刘建军等13名专家与北海市委政策研究室等10个单位30多人进行座谈。与会人员为广西参与海上丝绸之路建设提出建议。5月15日，与上海社科院共同召开调研座谈会。会上，上海社科院院长王战等7名专家与北海市委政策研究室、发改委等10个单位20多人就北海在中国新一轮改革开放形势下的发展战略问题进行座谈。市委秘书长彭鸣达出席并主持会议。年内，开展并完成市社科联2014年社科课题研究。即《北海城市社区社会管理创新的研究》《坚持党的群众路线，以居民为主体，创新社区管理》《“当代中国马克思主义‘画说式’展览　是践行党的群众路线的有效途径”》《领导者应对群众路线再认识再作为》。此外，承担2014年自治区社科联资助课题“论北海文物优势与保护利用”的研究。年内，配合广西北部湾（北海）发展研究院开展工作。配合上海社科院领导和专家在北海开展课题研究、国情调研和学术交流，接待来访专家3批。

5月15日，北海市社科联与上海社会科学院共同召开北海调研座谈会

（李文红　供稿）

科普活动　年内，推进区市共建的“北海市社会科学普及基地”建设。开展科普讲座——北部湾讲坛、社科知识展览、社科咨询、科普知识进农村进社区进校园等一系列社科知识普及活动。科普展览先后到银海区平阳包家村和大墩海村、合浦还珠广场和廉州广场、北部湾广场等举办，向群众和青年学生展出“画说党的十八大精神”“画说党的十八届三中全会精神”“北海三年跨越发展工程取得的成就”“画说资本论”“画说中国梦”等专题展板124块，共5000多人参观展览。年内，与北海市委宣传部联合在一县三区巡回展出“画说党的十八届三中全会精神”专题展览，共展出100场，累计参观人数13万人次。1月31日至2月8日，在北部湾广场举办“2014年广场科普日活动”，展出“画说党的十八大精神”“画说党的十八届三中全会精神”等专题共52块展板，近15000名群众参观。5月19日，再次在北部湾广场举办“2014年广场科普日活动”，展出“画说党的十八大精神”“画说党的十八届三中全会精神”“画说资本论”“画说中国梦”等专题共124块展板，近500名群众参观。3月24日和4月15日，在市银海区平阳包家村、大墩海村分别举办社会科学知识进农村活动，展出“画说党的十八届三中全会精神”“北海三年跨越发展工程取得的成就”展板52块，向村民解读党的十八届三中全会精神。年内，举办“北部湾讲坛”3场，由市电视大学副校长戚旺家主讲。“讲坛”分别在市银海区银滩镇白虎头村、平阳包家村、大墩海村举办，内容以“学习贯彻党的十八大和十八届三中全会精神”“实现北海工业跨越发展”“北海历史文化与海上丝绸之路”等为主。12月2日，在市华侨中学主办“学习党的十八届三中全会精神”报告会，由市电视大学副校长戚旺家主讲，通过图解形式学习宣传党的十八届三中全会精神，让学生初步领会党的十八届三中全会精神。

学会工作　年内，组织所属学术团体开展社会科学知识宣传普及和咨询活动。组织有关学会会员、社科专家参加自治区社科联资助课题“论北海文物优势与保护利用”的课题调研活动。资助市艺术设计协会举办“2014年绘画艺术年度展”活动；资助市收藏研究会开展“2014年收藏品交流会”活动等。会同民政部门开展学会年审工作。指导和资助银海区和合浦县社科联开展科普活动。年内，市艺术设计协会和市收藏研究会被自治区社科联评为2014年度工作成绩突出的学会。

社科成果　年内编印4期《北海

社会科学》(内刊)。登载37篇论文约25万字。其中第一、二期是市开展党的群众路线教育实践活动专刊,刊登北海市开展党的群众路线教育实践活动的部分优秀论文。

北海市银海区社会科学界联合会 内设机构1个(办公室),工作人员2人。现任领导机构是第一届委员会,有委员20人。主席林辉毅。4月,组织社科联委员进学校作报告会,分别在三合口民族学校、华侨小学、福成中心小学、福成中学作题为“学校德育工作”报告会。6月,社科联兼职副主席黄光强在中日友谊中学作“如何把‘以学生为主体的教学理念落到实处’”专题讲座。8月,组织画说“十八届三中全会”知识图片展活动,进机关、进社区、进农村、进校园、进企业展览25场,发放社科知识宣传单2500多份。10月,与银海区文明办、教育局联合开展未成年人思想道德教育,利用板报巡展形式,在银海区各镇和各中小学巡展宣传“社会主义核心价值观”和“中国梦”。12月,邀请北海市社科联副主席邓超斌、北海市电大副校长戚旺家到华侨中学给学生作“社会主义核心价值观”和“中国梦”主题讲座。

【防城港市社会科学界联合会】 2014年末有团体会员28个(其中市社科联1个,市属学会、协会、研究会27个)。内设机构2个(办公室、学会部)。现任领导机构是第四届委员会,有委员45人,其中常务委员15人。主席林世勇,秘书长谌永平。

9月18日,召开防城港市社会科学界联合会第四次代表大会,修改通过《防城港市社会科学界联合会章程》,选出第四届委员会委员及领导机构等。

科普活动 年内,举办大型社科知识普及活动4次,3000多人(次)参加。7月,在全国社会科学普及工作经验交流会上,防城港市社科联与市委党校合作共建的科普基地,获“全国人文社会科学普及基地”。5月19日,在防城港港口区举行主题为“保护生态环境.共筑美好家园”的2014年全国科技活动周防城港市系列科普知识宣传活动首场,通过展示图片、模型和发放宣传资料等形式,宣传保护环境与健康生活科普知识,展出图片40多幅,展板20多块,发放宣传资料3000多份。8月13日,组织防城港市汉文化研究会和防城区社科联等单位承办的“弘扬民族精神,增强爱国意识”报告会在防城区那良镇举行,居民和中小学生近300人参会。报告会后,进行义卖臻品活动,捐助22名大学新生。11月17日,市属学会防城港市钱币学会、防城港市集邮学会联合举办钱币展和邮票展。展出钱币和邮票各200多册(本),发放宣传资料300多册(份),组织专家6人,接待咨询群众100多人(次),参与群众300多人。

学术活动 年内,召开京族文化研究学术研讨会和学术讲座各1次,150多人参会。收到论文28篇。11月26日,在京族聚居地东兴市江平镇召开“京族文化与海洋文化名市建设”研讨会。12月12日,特邀自治区社科联学会部主任张流、人事处处长韦正委到防城港市给全市社科联系统人员授课。授课内容为社会科学普及、学会管理等。

征文活动 年内,与市政协联合举办“充分发挥人民政协作为协商民主重要渠道作用”征文活动1次,收到征文22篇,评出一等奖1篇、二等奖2篇、三等奖3篇、优秀奖10篇。

课题研究 年内,立项课题3项:《整市推进扶贫工作研究》《如何打造清洁乡村、生态乡村、宜居乡村、幸福乡村研究》《完善城市管理机制,巩固美丽创建成果》。与广西生态城市职业技术学院合作立项课题2项:《防城港市港口区海洋线状生态旅游资源生态文化保护与开发研究》《上思县森林生态旅游资源挖掘与展示研究》。课题均在12月完成验收。年内,完成《中国少数民族大辞典·京族卷》样稿编撰。配合广西社科院开展海上丝绸之路研究,配合自治区社科联开展东南亚经济研究。

全年编印《防城港社会科学》4期、《社科专家建言》2期。

9月18日,防城港市社会科学界联合会第四次代表大会在防城港召开

(谌永平　供稿)

防城港市港口区社会科学界联合会 2014年末有团体会员5个,个人会员300人。内设机构3个(办公室、

学会部、科普部),工作人员3人。现任领导机构是第一届委员会。主席严世存,秘书长李就仁。10月27日,在港口区桃花湾广场举行“十月科普大行动”暨科普进社区活动。通过制作社科知识板报和传单、安排人员现场接受群众咨询等形式进行宣传。设置展版1块,制作党的十八届四中全会精神要点,社科知识导读等宣传册3份,向群众发放宣传资料100多份。11月1日,在港口区光坡镇红沙村委承办自治区社科联资助科普活动“全面深化改革,实现两个建成”辅导报告会。港口区社科联全体干部职工、红沙村两委全体干部及红沙党员代表、村民代表等50多人参会。邀请防城港市人大常委会副秘书长、广西民间文艺家协会副主席奉仰崇作主题为“港口区旅游文化礼仪知识讲座”专题报告。年内,承担课题《丰富文化内涵,提升发展水平——港口区发展旅游业的思考》。12月,课题研究成果提交自治区社科联验收。年内,编印《港口区社科工作》2期。

防城港市防城区社会科学界联合会 2014年末有团体会员8个,在编3人。内设机构1个(办公室)。现任领导机构是第一届委员会,有委员15人,其中常务委员7人。主席骆万强,秘书长黄海秀。年内,开展的主要工作有:一是学术交流。10月12日,召开“如何践行社会主义核心价值观”研讨会,各会员单位、社科专家20多人参会。与会代表和社科专家结合工作实际,就如何贯彻落实社会主义核心价值观进行交流,指出存在问题,提出意见和建议。二是科普活动。5月17~24日,联合防城港区科技局举办2014年全国科技活动周系列活动。通过展示视频、图片、模型和发放宣传资料等形式宣传科技创新、节能环保、防灾减灾、食品安全、卫生与健康、国防教育等知识。制作板报20多块,印发科普知识宣传资料3万份。8月13日,联合防城港市汉文化研究会在防城区那良镇刘永福故居举办主题为“弘扬民族精神,增强爱国意识”报告会,对边境群众、中小学生进行爱国主义传统教育。10月20日,联合防城区基层办在防城区新农村建设指导员培训基地举办党的十八届三中全会精神宣讲报告会。报告会通过具体事例解读党的十八届三中全会关于农业农村工作主要精神。三是科研工作与成果。完成自治区社科联调研课题《防城区旅游资源开发与保护》。

【钦州市社会科学界联合会】 2014年末有团体会员36个,个人会员近3200人。内设机构1个(综合部),有在职在编工作人员5人。全市有4个县区社科联,每个县区社科联配备专职2~3人,主席由县区宣传部副部长兼任。现任领导机构是第三届委员会,有委员45人,其中常务委员20人。主席阮成武,秘书长许兆满。

年内,被评为“全国先进社科组织”“全国人文社科普及基地”,被自治区社科联评为“先进社科联”等。

社科阵地建设　年内,编印内刊《钦州社会科学》4期。加强《钦州社会科学》组稿、编辑等工作,刊发理论研究文章和时效性、价值性社科动态信息,把《钦州社会科学》办成学术理论交流平台和理论人才培养平台。年内,按照“三个1”和“五个2”(“三个1”即建立一个评奖机制、创办一本刊物、建立一个专家人才库;“五个2”即年内举办两次理论研讨会、两场报告会、两次征文活动、成立两个新学会、出版两本科普读物)要求县区社科联狠抓落实。灵山、钦南、钦北3个社科联开办社会科学内刊,钦北区成立2个新学会,各县区社科联各项工作有长足发展。市社科联与钦北区社科联举办写作理论培训班。年内,成立钦州港经济技术开发区社会科学研究中心。

课题研究　年内,市社科联开展5个课题调研;县区社科联分别承担自治区社科联安排课题,并按时结题。市社科联完成自治区社科联下达的《钦州市社科类社团管理对策研究》应用性课题研究,指导钦北区社科联完成课题《钦北区农村学生人文社会科学素养的研究》并获自治区党委宣传部年度课题优秀奖;市社科联的《钦州市行政审批制度改革研究》和钦北区社科联的《钦北区新城区产城融合发展的研究》分别被自治区社科联评为年度课题二等奖。

学术活动　年内,举办“学术论坛”“专题理论研讨会”等活动。先后与多个市直单位合作编辑出版专(编)著《冯子材传论》《扶贫论坛专集》《人口计生论坛专集》《林业生态论坛专集》《地方税务局成立20

3月22日,钦州市社科联三届八次全委会暨第二次社会科学优秀成果评选颁奖会在钦州召开
(曹允青　供稿)

周年论文专集》等。

科普活动 年内,一是抓好与自治区社科联共建1个基地;二是巩固市县(区)两级共建的4个基地,在共建基地开展专题讲座和送书活动,全年举办科普讲座和报告会16场;三是完成自治区社科联2个科普项目;四是配合自治区社科联在钦州举行“中国—东盟大讲坛”报告会。

学会管理 年内,一是完善《钦州市社会科学学会管理暂行办法》,探索新形势下学会管理新途径;二是指导各学会工作。深入各学会(协会、研究会)开展调查研究,了解掌握学会发展情况,指导学会依法办会,规范学会管理;三是与市财政学会、国际税收学会开展论文评选工作,资助市传统文化协会出版科普读物《钦州民俗大观》,资助市易学文化研究会出版《大易随笔集》等。全年发展新学会3个。

党建工作 年内,一是组织市社科联干部职工到灵山县等联系点开展义务劳动、慰问特困老党员活动;安排1名干部到浦北县泉水镇挂职任镇党委副书记、小蒙屯村第一书记,驻村两年开展“美丽钦州,清洁乡村”工作,筹集资金开展乡村建设及扶贫工作。二是以反“四风”为抓手,抓好建设廉政制度,重点抓好党员学习《中国共产党党员领导干部廉洁从政若干准则》的“52个不准”,要求党员严格遵守《廉政准则》。

年内,组织采编出版《钦州古仔》。该书开设12个栏目,多次组织作家及社科专家到市县区进行采风,年末共收集到多种类文稿300多篇,《钦州古仔》已进入编辑工作,取得阶段性成果。

信息制度建设 年内,舆情信息被自治区社科联采用30多条,被钦州市委办、《钦州日报》、钦州大事速览、《钦州社会科学》等单位采用信息60多条。市社科联被评为“广西社科系统舆论信息先进单位”。

【玉林市社会科学界联合会】 2014年末有团体会员55个。内设机构1个,工作人员2人。现任领导机构是第一届委员会,有委员43人,其中常务委员17人。主席黎波,秘书长刘宁。

年内,有6名常委完成16项科研成果,其中有5项被玉林市委、市政府采纳或得到有关部门重视。

年内,编印内刊《玉林社会科学》4期,开设栏目20多个,刊发论文、科普作品等300千字。举办“玉林领导干部知识讲座”“玉林论坛”及玉林人文社科发展研讨会等25场报告会、讲座、研究会,5000多人(次)参加。在玉林市福绵区樟木镇罗冲村建立科普进村联示点,开展2次农村经济讲座,向村委会赠送社科书籍。与《玉林日报》合作,逢周五在《玉林日报》重要版面上开设“道德论坛”栏目52期。各种科研机构、学术团体开展学术活动和科普活动100次,1.1万多人(次)参加。科研人员参加全国性学术会议60人(次),出版著作18种,在省级理论刊物发表论文55篇,完成科研课题80项。

年内,举办玉林市第二届社科研究优秀成果评奖活动,收集参评作品82项,其中著作22项,研究报告16项,论文44项。完成自治区社科联下达的课题《玉林市产业结构调整战略研究》。

玉林市玉州区社会科学界联合会 2014年末有团体会员29个,在职工作人员3人。内设机构2个(综合股、秘书股)。主席张婕,秘书长卢冠良。年内,参加2014年全国科技活动周玉林市玉州区活动。5月17日,参加“玉城科普一条街”活动,在青年广场设立科普宣传点,向各界群众宣传新时期农村(社区)常见法律问题等社会科学知识,向100多名群众提供咨询和发放科普材料。玉州区社科联先后到玉州区玉城街道镇忠社区、名山街道太阳村开展社科知识科普宣传活动,向近200名群众提供咨询和发放法律知识宣传书籍、材料。7月8日,在玉州区举行“燃烧激情 快乐工作——干部自身完善和提升”科普讲座。玉林市社科联主席黎波主讲。黎波结合公务员工作特点,通过实例分析,归纳工作倦怠的成因和危害、工作激情的重要性及保持工作激情的有效途径。玉州区四家班子领导及副科级以上领导干部300多人参加。年内,玉州区社科联通过走访调查、数据收集和文献查阅等方式,对玉林市和玉州区城乡一体化发展状况进行调查,形成《玉林市玉州区城乡一体化的区域特点与对策研究》课题报告并上报自治区社科联,获自治区社科联年度扶持学术研究课题。该报告系统阐述城乡

7月8日,玉林市社科联在玉州区举行科普专题讲座　(刘　宁　供稿)

一体化的相关理论与实践，科学分析玉林市及玉州区的城乡一体化现状、特点及存在的问题，提出推进玉州区城乡一体化发展的对策。6月、7月，先后接待玉林市容县社科联、陆川县社科联调研组，就社科联自身建设、工作开展等方面进行交流，相互借鉴经验做法，并提出在今后工作中要加强信息联系，建立工作沟通机制，促进社科工作的开展。6月中旬，玉州区社科联领导干部通过参与百色市西林县社科联的《广西农村经纪人队伍建设研究》课题调研，学习课题组对调研工作的构思、规划和调研方式方法。年内，玉州区社科联通过资金扶持、学术指导、工作督导等措施，推进社科类协会建设和发展。年内，新发展城西街道玉豸村老年协会等社科类协会4个。

北流市社会科学界联合会 2014年末有团体会员43个，个人会员6589人。内设机构2个（秘书股、综合股），工作人员2人。现任领导机构是第一届委员会，有委员25人。主席凌旺聪，副主席兼秘书长李小刚。年内，开展的社科工作有：(1)学术活动与交流。年内，召开学术研讨会、报告会2次，300多人参会，收到论文26篇。3月13日，玉林市社科联主席黎波一行3人到北流市社科联指导工作，共同就做好社科研究与课题管理、社科评奖、学会工作、社科普及、刊物出版等问题进行交流和探讨。4月18日，协助相关单位举办日用陶瓷结构调整与优化提升论坛，张儒岭、赵立泉、张锡秋等中国知名日用陶瓷产业专家出席并演讲，内容涉及日用陶瓷发展的技术升级、产品升级与产业结构调整、优化提升等。5月6日，与北流市陵城街道办事处组成调研组，深入陵城街道各居委会就“北流市城市居民社会教育”开展课题调研。(2)社科普及。一是举办科普活动。5月23日，开展以“科技创新，美好生活”为主题的北流市社会科学普及活动，组织咨询专家7人，发放宣传资料5000多份。二是加强社会科学普及阵地建设。开通北流社科网，将社科动态，社会知识传播给广大群众。三是协助玉林市社科联、北流市委举办1期北流干部发展讲坛社科报告，邀请玉林市社科联主席黎波作题为“领导干部的核心能力建设”社科报告。四是与市团委、妇联联合主办北流市青年企业家、女企业家企业创新管理报告会。市青年企业家、女企业家代表60多人参加。(3)科研工作。年内，成立2个课题调研组，分别以市社科联主席凌旺聪为组长的北流市城市居民社会教育课题调研组，以副主席李小刚为组长的北流市推进协商民主与实现公民有序政治参与研究课题调研组。研究成果《推进协商民主与实现公民有序政治参与研究》报送自治区政协参加优秀成果评选，《北流市城市居民社会教育研究》获广西第十三次社会科学成果奖三等奖。

容县社会科学界联合会 2014年末有团体会员30个，在编人员3人。现任领导机构是第一届委员会。主席陈维真，秘书长何厚源。9月26日，容县社会科学界联合会第一次代表大会召开。会议审议并通过《容县社会科学界联合会章程》，选举产生县社科联第一届委员会及领导机构。年内，县社科联加强与自治区、玉林市社科联的联系，开展社科知识普及工作；逐步完善与各学会的联系机制，发挥社科联联系、协调、管理县学会的职能作用；结合县委、县政府中心工作，做好相关课题的调研工作，为县委、县政府的决策提供参考。年内召开2次县学会骨干人员座谈会，围绕贯彻落实党的十八届三中全会关于全面深化改革的若干重大问题的决定精神，结合县委、县政府关于“一活动三会战三提升”工作部署，商议县社科研究方向及课题。座谈会确定《容县党的群众路线教育实践活动的思考》《容县“三大会战”的战略意义及现实需要》《容县园区经济发展的思考》等10个课题。通过一系列调研活动，撰写《容县创建广西生态文化旅游示范县的思考》，为容县创建“广西特色旅游名县”的决策提供参考。

【百色市社会科学界联合会】 2014年末有县级社科联12个，社科类学术团体86个（其中市直社科类27个，

10月28日，由百色市社科联主办的百色市第四次哲学社会科学优秀成果表彰会在百色举行

（百色市社科联　供稿）

县(区)社科类59个),全市社科类学术团体中研究人员中级、高级人员20多人。内设机构3个(办公室、科普部、学术部),有工作人员7人。现任领导机构是第二届委员会,有委员42人,其中常务委员13人。主席苏祖纯,秘书长杨国志。

学术活动 年内,向自治区社科联申报,确定主题为"扶贫攻坚与广西全面建成小康社会"的第十六期广西发展论坛于10月28日在百色举行,全市获奖28篇,占广西总数的28%,其中评出一等奖3篇、二等奖2篇、三等奖6篇、优秀奖17篇。联合市扶贫办、市革命老区建设促进会等启动百色市扶贫发展理论研讨论文评奖活动,组织全市社科工作者围绕百色革命老区、边疆民族地区、水库移民区、石漠化片区等专题开展应用对策研究。年内,组织社科工作者到凌云县泗城镇陇雅村,对该村自上个世纪90年代末以来,"为了生存,永不放弃"的陇雅精神进行专题调研,着力揭示该村打造成为百色市乃至广西石山区农村扶贫发展、民生改善和经济持续发展的历程,解读促其成为引起广西内外高层媒体关注的陇雅现象,撰写形成10多千字的《陇雅现象:桂西石山区农村转变经济发展方式经验和启示》在《右江日报》上发表,也在业务刊物《百色科学发展谈》(内刊)分3期刊登。

科普工作 年内,一是指导县(区)编制项目31个向自治区社科联申报,入选13个,其中市本级项目5个,10月底所有项目实施完结。二是依托全国5月科技活动周等平台,组织开展形式多样的社科普及活动。市社科联先后到右江区汪甸瑶族乡、隆林县德峨镇开展以"社科知识与百姓生活"为主题的社科知识咨询宣传活动。三是抓好社科普及基地共建和常规社科普及工作,通过举办报告会、专题讲座、咨询宣传等多种方式,把共建社科普及基地建设成为全市社科优秀人才优化组合的重要阵地。四是编印社科普及宣传产品。年内编印《农村实用法律知识百问》《农村实用科技种植知识》《农村常用养殖技术知识》《农村药用植物加工栽培技术知识》《家庭健康生活小常识》系列社科普及宣传读本(口袋书)1万多册。此外,编印社会主义核心价值观宣传山歌挂图1~3版1万多张。五是推行领导联系学会和县(区)工作制度,指导学会和县(区)社科联开展业务活动,不断探索和建立县(区)级社科普及工作长效机制。年内,市社科联领导班子成员先后12次到学会和县(区)开展工作调研,解决实际困难和问题,促进县(区)社科工作有序开展。据不完全统计,各县(区)组织开展社科普及活动60多场(次),参与活动社科工作者250多人,受益群众2.25万多人。

社科交流 年内,继续抓好县(区)级社科联建设发展工作,先后有广西区内的南宁、贵港、防城港3市社科联到访,广西区外的辽宁、河南、内蒙古3省(区)及云南省楚雄州社科联来访,就县(区)级社科联建设进行探讨和交流。同时,组织右江区、田阳、靖西、西林、隆林、田林等县(区)社科联先后到台湾、云南等地开展社会科学发展与管理学习交流活动。

会员单位管理与服务 年内,一是推进学会管理与建设工作。采取会议部署、跟踪指导、典型引导等措施,推动市级学会开展工作。指导所属学会开展研究、社科普及、形势宣讲等活动。年内,市级社科类社团举办学术研讨会16场,组织课题研究15项,为党委、政府或企事业单位决策咨询服务20多次,开展社会科学普及活动10多次。二是指导各县(区)社科联有效开展工作。协助市辖各县(区)结合实际制定课题研究,指导田东、靖西等县举办社科学术研讨会。引导县(区)社科联办好社科综合性内部刊物。年内,12个县级社科联内部刊物编印正常。指导各县(区)扎实开展"五个一"社科普及活动(举办一场社科知识讲座、开展一场学术研讨、邀请专家作一场专题报告会、开展一场社科咨询、开展社科读物进一村)。三是严格学术团体根据业务实际制定年度工作计划、提出研究目标和主攻方向、开展活动和决定重要事项报备制度,做到年初有计划、年中有汇报、年底有总结。

课题研究 年内,一是指导学会和县(区)社科联根据地方党委、政府中心工作设计研究课题9个参加2014年广西社会科学重点课题申报工作,其中《广西农村经纪人队伍建设研究》等4个课题获立项并资助,年内12个课题最终成果已上报自治区社科联;二是组织指导学会、县(区)社科联向自治区社科联申报2014年应用对策研究课题项目,形成《桂西山区农村与广西同步建成小康社会对策探析》等12个课题研究项目,均获立项并资助;三是组织参加广西第十三次社会科学优秀成果奖评选活动,全市选送34项成果参评;四是推行市级2014年度重大课题招标,确定入围应标课题4个,立项3个;五是推荐优秀成果参加第五届广西社会科学学术年会论文征集67篇,其中12篇分获二、三等奖和优秀奖;六是配合市委、市政府举办纪念邓小平诞辰110周年暨百色起义85周年学术研讨会,市社科联1篇论文入选并获优秀奖。

百色市右江区社会科学界联合会 2014年末有团体会员4个。内设机构1个(办公室),工作人员10人。现任领导机构是第二届委员会,有委员21人,其中常务委员9人。主席黄艳莲,副主席兼秘书长阮奕铭。年内,选送各类理论文章37篇参加"纪念邓小平同志诞辰110周年暨百色起义85周年学术研讨会"等学术交流活动,其中《百色革新桥》(研究报告类)获广西第十三次社会科学优秀成果奖三等奖,论文《右江革命根据地工人运动的特点》获“纪念邓小平同志诞辰110周年暨百色起义85周年学术研讨会”论文优秀奖，《推进土地流转 发展现代农业 促进农民增收——百色市右江区农村土地流转问题探讨》《右江区“一乡一品”发展研究》获百色市扶贫发展研讨论文征集评选活动三等奖，《论法官法治思维的培养与建构》获“法治思维和法治方式”主题征文比赛三等奖。有《基于生态文明理念视域下生态广西建设》《城镇化进程中农民利益保护问题探讨》等近20篇论文分别入选《社会科学论丛》《百色市宣传文化系统干部理论文集》《传承》《右江日报》等刊物上发表。年内，通过“红城讲坛”“十月科普大行动”等载体，推动社科理论宣讲和社科知识普及进企业、进农村、进机关、进校园、进社区。参与举办“红城讲坛——党的群众路线专题辅导下基层活动”等系列讲座30多场(次)，参加党员干部群众5000多人(次)。参与全国科技活动周暨广场科普系列活动、打击非法集资宣传咨询活动、广西社科普及联合大行动之百色市“社科知识与百姓生活”咨询宣传活动、全国科普日活动暨右江区十月科普大行动和“科普大篷车”进右江区中小学巡展等多项活动，2000人参与，咨询服务4000人(次)，展出宣传展板60块，发放宣传资料1.5万多份，各类农村实用科技种养知识4000册；《社会主义核心价值观山歌宣传挂图》2400张。整合自治区党委宣传部、自治区社科联、自治区党校等部门的社科骨干开展课题研究工作，其中《推动右江区新型城镇化发展路径研究》获自治区社科联应用对策研究资助项目，《右江区非物质文化遗产瑶族“云梯歌”的保护传承与发展研究》获百色市社科联应用对策研究资助项目。与自治区党委宣传部联合拟定重点课题调研专题12个，收集各级各部门领导干部调研文章120多篇；加强展示理论成果。年内编印《右江社科通讯》4期83篇文章，开展《右江区“23456”科学发展论文集(2013~2014)》征集工作，征集广西各级领导干部文章40篇。12月12日，右江区社会科学界联合会第二次代表大会召开，选举产生右江区社科联第二届委员会及其领导班子，完成右江区社科联换届工作。年内派员参加各类学习考察和培训活动30人(次)。

田阳县社会科学界联合会 2014年末有团体会员5个。内设机构3个(办公室、科普部、学会部)，工作人员4人。现任领导机构是第二届委员会，有委员19人，其中常务委员9人。主席杨智杰，副主席兼秘书长罗丽荣。年内，开展田州古城壮民族文化讲座1次，内容包括壮民族文化内涵、壮民族文化的地位和作用。与县广电局联合举办布洛陀文化电视讲座，在县城布洛陀文化广场大屏幕播出，连续播出5个月。在布洛陀广场开展社科知识宣传活动，发放资料2000多份。配合举办布洛陀麽经文化交流座谈会，壮族、布依族等6个民族38名民间艺人与10名壮学专家参会，就各民族的麽经文化交流进行交流。向市社科联组稿30多篇布洛陀文化论文，编入有关布洛陀文化丛书。推荐2篇论文参加第十六期广西发展论坛征集论文活动，其中《选准产业是推动扶贫的重要途径》获论坛优秀论文三等奖。完成自治区社科联资助县社科联对策课题课题《依托田阳“农业孵化器”优势，大幅提升农民收入水平的思考》，获自治区社科联课题论文三等奖。编印《田阳社科通讯》4期(含合刊)，收入各类文章80多篇。召开田阳县社会科学界联合会第二次代表大会，选举产生第二届领导班子成员。年内获百色市2014年度综合工作一等奖，社科研究工作先进单位，业务刊物评比二等奖，社科普及工作先进单位，杨智杰获先进工作者；获广西社科联工作成绩突出县级社科联，杨智杰荣获先进个人。

田东县社会科学界联合会 2014年末有团体会员2个。内设机构3个(办公室、科普部、学会部)，工作人员6人。现任领导机构是第二届委员会，有委员21人，其中常务委员11人。主席谢佩霞，副主席兼秘书长廖美江。年内，继续推进百越古道文化品牌打造工作，于芒果文化活动月期间，刻录发行纪录片《百越古道》光盘1000张。开展应用对策课题研究工作，课题《整合红色旅游资源，推动旅游经济发展》获自治区社科联应用对策研究资助，12月结项并被评为广西应用对策课题优秀研究报告三等奖。组织社科工作者撰写论文参加各级评奖活动，李玉华的《以田东为例破解农村金融改革扶贫难题的实践与思考》获百色市扶贫发展研讨论文二等奖、第十六期广西发展论坛论文优秀奖。年内，完成自治区科普资助报告会1场、社科知识进村进社区1场。组织开展科普活动12次，受众5万多人，拉挂横幅标语12幅，展示展板40块，发放资料3.6万多份，科普知识小册子6000册。编写《田东县经济发展蓝皮书》(2014)，形成专题调研文章14篇，为县委、县政府科学决策提供依据。编印《社科纵横》1期(合刊)。10月，获全国大中城市社科联工作会议主席团授予“全国先进社科组织”称号。

平果县社会科学界联合会 2014年末有团体会员8个。内设机构2个(办公室、科普部)，工作人员4人。现任领导机构是第二届委员会，有委员19人，其中常务委员5人。主席陆东立，副主席兼秘书长林庆华。年内，举办学术论文写作培训班1期，125人参加。组织开展以“营造创新环境，建设创新型平果”为主题的十月科普宣传活动，向民众宣传、普及科普知识，20个县直部门60多人参加，接受群众咨询5000多人，发放宣传资料8000多份，受益群众9000多人(次)。组织召开平果县社会科学界联合会第二代表大会，选举第二届社科联领导机构及成员。为《平果县科学发展论文集(2013~2014)》征集论文72篇，确定县级领导干部重点调研课题43个；组织参加“县域体育产业发展研究专题调研”活动和平果县嘹歌文化论坛学术研讨。编印《平果社科论坛》4期，刊发文章74篇，获百色市2014年度县(区)优秀期刊一等奖。

德保县社会科学界联合会 2014年末有团体会员16个。内设机构1个(办公室)，工作人员3人。现任领导机构是第二届委员会，有委员15人，其中常务委员7人。主席黄金城，秘书长梁海兰。年内，主要开展的工作有：一是开展特色科普活动。深入开展“全县科技活动周”“防灾减灾日”“学校安全活动月”“社科知识进农家”等科普活动，制作板报12版，咨询活动2场(次)，发放科普宣传资料9000份。二是深入开展社科理论研究，开创工作新局面。围绕争创“自治区理论学习先进县”目标，配合县委办、县委宣传部深入开展县理论学习工作，做好全县理论学习全年工作计划，组织开展各级党委(党组)中心组学习、红城讲坛及党的十八届三中、四中全会精神宣讲等各项理论学习工作。其中，德保县委书记谢德强的《德保围绕“五个切实”深入开展教育实践活动》，德保县委常委、宣传部部长、副县长杨科的《牢牢把握意识形态工作主动权 为党同人民保持血肉联系鼓与呼》及县各级领导干部撰写的31篇论文在自治区、百色市党报党刊发表。组织县教育局、扶贫办专家参加自治区社科联组织开展的应用对策课题研究，撰写《桂西石漠化贫困地区教育扶贫研究——以德保县为例》。组织参加第五届广西社会科学界学术年会论文征集、第十六期广西发展论坛、百色市扶贫发展理论研讨论文征集评奖等征文活动，上报县社科论文12篇。三是办好县社科联内刊。编印社科刊物《德保社科天地》2014合成本1期。四是做好人才推荐工作。组织调查摸底县社会科学人才，建立社科人才库，向自治区社科联报送广西社科人才名单。五是完善内部管理机制，做好学会、协会、研究会组织管理工作。六是召开德保县社科联第二次代表大会召开，选举产生县社科联第二届委员及领导班子。年内，县社科联被评为百色市社科联系统2014年度工作综合奖二等奖、社科普及工作先进单位、社科研究工作先进单位、业务刊物评比二等奖。

靖西县社会科学界联合会 2014年末有团体会员7个。内设机构3个(办公室、科普部、学会部)，在编人员4人。现任领导机构是第一届委员会，有委员19人，其中常务委员9人。主席冯政，秘书长李鹏。年内，与县委宣传部联合举办“学习党的十八届三中全会精神，推进靖西科学发展”征文研讨会，征集到理论类文章45篇，心得体会类文章62篇；评出两类文章各一等奖2篇、二等奖5篇、三等奖8篇、优秀奖10篇。年内，与县委组织部联合举办“争当好干部，践行群众观”征文比赛，征集到理论文章(评论文章)31篇、心得体会文章47篇，评出理论文章(评论文章)一等奖1篇、二等奖3篇、三等奖5篇；心得体会文章一等奖1篇、二等奖3篇、三等奖5篇、优秀奖8篇。年内，完成自治区社科联资助项目《广西创新沿边开放开发合作机制研究——以中国龙邦—越南茶岭跨境经济合作区建设为例》《地域文化与城市发展共融推进的探究——以靖西县为例》课题结题并上报自治区社科联，其中课题《地域文化与城市发展共融推进的探究——以靖西县为例》获2014广西市、县(市、区)社科联应用对策课题优秀研究成果二等奖。组织专家学者开展调研，形成《推进靖西县新型城乡一体化提速发展路径分析》《以地方特色为视角探究党的群众路线与提高宣传思想文化科学发展的关系——以靖西县工作为例》《传播本土“好声音”聚集发展正能量——靖西县以地方特色为视角，组建壮语宣讲团调研》《构建和谐社会实现“中国梦”需要树立新的“均贫富”理念》《政协协商民主的“主角色”地位思考》等调研文章，发挥社科界“智囊团”和“思想库”的作用，推动有价值的意见建议进入各级党委、政府决策参考。开展科普活动9场(次)。年内，组织县民间文艺家学会等3个学会开展社科调研，指导整理编辑专著1部、论文1篇。年内，编印《靖西社科纵横》4期，刊发文章70多篇。

那坡县社会科学界联合会 2014年末有团体会员2个。内设机构4个(办公室、学会部、科普部、学术部)，工作人员3人。现任领导机构是第二届委员会，有委员15人，其中常务委员7人。主席李素珍，副主席兼秘书长农天宏。年内，联合19个县直部门利用传统圩日到9个乡镇开展9场社科普及宣传咨询活动，发放科普读物4万多册，科普宣传资料6万多份；进乡村、进学校、进企业、进社区开展“党史教育”“健康教育”“职工维权”“企业安全生产”4期系列专题讲座；进扶贫联系点举办“母猪科学饲养与管理技术”“山豆根栽培技术及科学管理”3期科技培训班；举办“送社科读物进校园活动”2场；举行“培育和践行社会主义核心价值观”科普报告会1场；李素珍作为县宣讲团成员到县农业局、百合乡、百南乡作题为“用中国特色社会主义伟大旗帜引领全面深化改革——学习宣传贯彻党的十八届三中全会精神”辅导报告3场。组织完成课题论文2篇，其中《沿边地区开放开发对策研究——以那坡县为例》是自治区社科联应用对策课题，《推进精准扶贫工作 促进全面建成小康社会——以那坡县为例》是重点课题。在公开刊物发表论文7篇。编印科普读物《社会科学基础知识手册》5000册；编印《那坡社会科学》4期共4000册。完成那坡县社会科学界联合会第二次代表大会，选举产生那坡县社科联第二届委员会及其领导班子。年内，县社科联获“全国先进社科组织”“2014年度自治区社科联系统工作成绩突出单位”“2014年度自治区社科联系统舆情工作成绩突出单位”、百色市社科联系统“2014年度社会科学工作一等奖”“社科普及工作先进单位”“社科工作研究先进单位”“业务刊物评比一等奖”。《推进精准扶贫工作促进全面建成小康社会——以那坡县为例》获百色市扶贫发展理论研讨征文活动评比优秀奖，获那坡县“机关绩效考评二等奖”；主席李素珍被评为“2014年度自治区社科联系统舆情工作成绩突出者”“百色市社科系统先进个人”。

凌云县社会科学界联合会　2014年末有团体会员2个。内设机构1个(办公室)，工作人员3人。现任领导机构是第二届委员会，有委员17人，其中常务委员9人。主席陈琦，秘书长彭丽平。年内，组织开展凌云扶贫专题系列讲座，深入扶贫联系点加尤镇央里村开展学习宣传党的十八届三中、四中全会精神报告会2场。会同县科技局、科协、农业、林业等部门到乡镇、村屯开展实用技术培训和社科普及活动9场。会同县工商局、质监局开展国际消费者权益日宣传活动1场。会同县科协、科技局等单位在泗城镇陇雅村举行“十月科普大行动”——农村实用技术培训、凌云实施“五个一”工程农村适用技术培训活动8场(次)。在县城以LED电子宣传屏宣传科普知识5场(次)。组织推荐社科论文、著作参加自治区、百色市社科优秀成果评选活动，其中推荐参加第十六期广西发展论坛论文8篇，参加百色市第四次社科优秀成果奖评选6项(著作2部，论文4篇)。申报应用对策研究课题《做强做大凌云县白毫茶产业的思考》获自治区社科联立项资助。指导县诗联学会倡导学诗、作诗、传诗、诵诗等为民服务活动。编印内刊《凌云社科纵横》2期，刊发社科文章60多篇。

乐业县社会科学界联合会　2014年末有团体会员2个。内设机构1个(办公室)，工作人员3人。现任领导机构是第二届委员会，有委员17人，其中常务委员11人。主席黄艳凤，秘书长姚再禧。年内，开展学习宣传党的十八届三中、四中全会精神报告会2场(次)。会同县科技局、科协、农业、林业等部门到乡镇、村屯开展实用技术培训和社科普及活动3场(次)。会同县工商局、质监局开展国际消费者权益日宣传活动1场。会同县科协、药监局等单位联合开展食品安全周宣传活动。在县城以LED电子显示屏宣传科普知识20条。推荐社科论文、著作参加自治区、百色市社科优秀成果评选活动，其中推荐参加第十六期广西发展论坛论文1篇，参加百色市第四次社科优秀成果奖评选3篇。应用对策研究课题《发展生态观光农业的思考》获自治区社科联立项资助。编印内刊《乐业社会科学》3期，刊发社科文章70多篇。

田林县社会科学界联合会　2014年末有团体会员1个。内设机构2个(办公室、学会工作部)，工作人员2人。现任领导机构是第二届委员会，有委员19人，其中常务委员9人。主席杨秀德，秘书长鄂桂青。年内，推荐《打造油茶产业科技示范县，建设美丽富裕文明新田林》等3篇论文参加广西第十三次社会科学优秀成果奖评选活动，组织7篇论文参加第五届广西社会科学界学术年会论文征集活动及百色市宣传系统优秀论文评比。年内，增加《田林社科》内刊发行量，从500份增至1000份，增发给14个乡(镇)3家班子全体成员、165个行政村党支部及县直部门领导成员、社科工作者。联合县科协、教育局、科技局等单位到利周、潞城、八桂3个瑶族乡开展“科普大篷车”进校园巡展活动，1500多人参加。9月28日，以自治区社科联科普大行动为契机，组织县科协、农业局、水产畜牧局等单位专家到潞城瑶族乡各烟村那额屯开展“科学发展清风惠民 社科知识进村屯”活动，发放宣传资料500份，图书800册，挂图50套，600人(次)受益。11月28日，田林县社会科学界联合会第二次代表大会召开。会议选举产生田林县社科联新一届领导班子。申报的应用对策课题《田林县立足山区优势　大力发展生态农业研究》获自治区社科联立项资助并于年末结项。

隆林各族自治县社会科学界联合会　2014年末有团体会员3个。内设机构2个(办公室、科研科普与规划部)，工作人员2人。现任领导机构是第二届委员会，有委员23人，其中常务委员11人。主席韦达书，副主席兼秘书长农峰。年内，围绕广西“两个建成”目标，以党的十八届三、四中全会精神和城乡社区居民生活相关的科技种养、法律维权、家庭理财、心理健康、社会保障、食品安全、劳动权益、优生优育、防病防疫等知识为科普内容，以分发资料、现场咨询、专题讲座、文艺表演等形式，把党的路线、方针、政策送到广大群众中。2月21日，组织县司法、农业、卫生等11个部门在县城中广场开展广场科普活动，发放各种社科资料5000多份，4000多人受益。5月16日，组织举办“全面深化改革与惠民政策”专题报告会1场，600多名县直机关干部职工、教师和新州镇干部职工参加。9月28日，配合百色市社科联组织县科技、民族、卫生、疾控中心、计生等部门在德峨街开展“社科知识与百姓生活”咨询宣传活动，发放科技资料3万多份，现场接受群众咨询3000多人。编印《公民维护权益常识》(内刊)读本。年内，组织完成《隆林各族自治县产业结构调整与优化动态研究》《充分发挥基层党校在宣传马克思主义中国化最新成果作用》《以思路创新推动基层理论大众化宣讲》《社科联如何成为当地党委政府智库研究》等22项应用课题研究，其中有被列入自治区社科联资助应用对策课题研究项目《桂西民族县区生态城镇化建设研究》等。抓好社科工作者发表科研成果园地、互相进行交流平台和传播社科知识阵地的建设，编印《隆林发展论坛》4期。10月24日，县社科联副主席农峰参加全国大中城市社科联第25次工作会议并作“社科联如何成为当地党委政府智库”经验交流发言，发言材料被收录《全国社科工作经验集萃》。10月30日，县社科联第二次代表大会召开，会议选举产生第二届委员会委员及领导机构。年内，获百色市社科联系统“年度工作综合二等奖”“业务刊物评比一等奖”“社科普及工作先进单位”“社科研究工作先进单位”等称号；农峰被授予“全国社科工作先进个人”称号。

西林县社会科学界联合会 2014年末有团体会员4个。内设机构2个(办公室、科普部)，工作人员5人。现任领导机构是第二届委员会，有委员23人，其中常务委员9人。主席巫清丽，秘书长黄文。年内，举办“揭秘岑氏家族”社科知识专题讲座1场，“岑氏一门三总督”学术研讨会1场，组织县宣讲团成员分赴县8个乡镇和中小学等开展“践行社会主义核心价值观”宣讲活动13场，受众2万多人。联合县党校、司法局、团委、妇联、食品药品监督管理局、信用社、妇幼保健院、科协等单位开展社科知识普及活动8场，选送县社科联书记农正光论文《当前广西农村扶贫开发面临问题及对策》、副主席农显慧论文《创新驻村扶贫主体新模式浅探——以县区为视角》、县科协书记黎炳锋论文《贫困地区扶贫对象增收的有效途径——以西林县为例研究农村贫困对象增收问题》参加第十六期广西发展论坛论文征集活动，其中农正光论文获优秀论文三等奖，农显慧和黎炳锋论文均获优秀论文奖。年内开展自治区社科联重点资助研究课题《广西农村经纪人队伍建设研究》，年底结题。10月16日，西林县社会科学界联合会第二次代表大会召开，选举产生第二届委员会委员及其领导机构。

【贺州市社会科学界联合会】 2014年末有团体会员45个。内设机构2个(综合科、规划科)，工作人员3人。现任领导机构是第二届委员会，有委员21人，其中常务委员15人。主席陈文珍。

学术活动 年内，与贺州市委宣传部、贺州学院、贺州市党建研究会等共同策划举行“贺江论坛”研讨活动，围绕贺州经济社会发展的热点难点及群众关心的问题，组织社科工作者探讨发展对策，为贺州经济社会发展献计献策。11月25日，举行“贺江论坛”揭牌仪式，并举办第一期“生态环境建设保护”专题座谈会。来自广东省社会科学院现代化发展战略研究所、广西师范大学、桂林理工大学等单位的专家学者及贺州市直有关单位干部100多人参加。12月10日，举办第二期社会主义核心价值观专题报告会。邀请自治区政协常委、教科文卫体委员会主任于瑮作“培育和践行社会主义核心价值观—为中国梦凝心聚气”专题讲座。贺州市直有关单位及学院师生400人聆听。

科普活动 3月4日，在钟山县同古镇举办贺州市文化科技卫生“三下乡”春季集中宣传服务活动，市社科联展出展板30块，内容包括贯彻落实科学发展观、社会主义核心价值体系等党的十八大精神及贺州市哲学社会科学发展等。9月25日，在贺州市“十月科普大行动”启动仪式上，市社科联与钟山县社科联共同展出社会主义核心价值观知识展板，并向师生发放宣传资料500份。10月，市社科联以报告会、专题讲座等形式，围绕党的十八届三中全会精神进行宣传。贺州市委常委、宣传部部长、副市长朱东为贺州平桂管理区各级干部作科普前沿知识讲座。市社科联举办主题为“秩序与稳定：政治发展理论对当代中国全面深化改革的启示”“全面深化改革，实现‘两个建成’”专题讲座，分别邀请贺州八步区开山镇党委书记、法学博士于福坚和市委党校副教授杨春燕主讲。三县两区社科联也分别到各乡镇举办报告会，宣传党的十八届三中全会精神。

科研工作 年内，市社科联协调自治区社科联和

贺江论坛——“集智聚力 特色兴贺”专题座谈会现场 （潘晓东 供稿）

贺州市财政局等部门争取经费完成研究课题15个。一是围绕贺州市委、市政府工作重点开展哲学社会科学规划课题研究,资助开展课题8个。二是向自治区社科联争取到市、县应用对策研究课题资助项目6个。三是成立由朱东任组长,市社科联干部、社科专家及清华大学八桂文化交流协会博士为成员的课题组,开展《探索美丽贺州之路》课题研究。

社科成果　年内,编印《贺州社会科学》(内刊)4期,刊发文章100篇。编辑出版《人文贺州》《贺州市循环经济发展研究》《贺州市瑶族文化资源产业化开发研究》著作3部。

社科评奖　年内,开展贺州市第二次社会科学优秀成果评选活动,收到申报成果100份。评出优秀成果29项,其中著作类成果8项、论文类成果14项、调研报告类成果7项。市社科联牵头研究的《贺州市循环经济发展研究》《贺州市瑶族文化资源产业化开发研究》获著作类一等奖。

贺州市八步区社会科学界联合会　2014年末有团体会员6个,个人会员86人。内设机构1个(办公室),工作人员5人。现任领导机构是第二届委员会,有委员15人,其中常务委员9人。主席陈秋艳,秘书长杨德启。年内,开展的主要工作有:一是学术活动与交流。举办学术研讨会、报告会2次,参加人数600多人。收到论文40篇。6月18日,邀请广西教育学院党委书记、博士生导师陈洛教授到贺州八步区开展学术交流培训活动,并作"先进文化建设中的艺术教育取向"专题讲座,近300名文化工作者、艺术教师参加;邀请贺州市八步区委党校副校长袁何树副教授作题为"发挥自身优势,实现八步区'两个建成'目标"专题讲座等。二是社科普及。年内,举办大型社科知识普及活动4次,1万多人(次)参加。1~3月、12月,配合宣传部等部门分别开展走基层、进社区、到农村开展党的十八届四中全会精神"走基层"宣讲活动,组织6个宣讲团,举行报告会22多场,2600多人(次)参加报告会。6月,在全国科普日、文化科技卫生"三下乡"、"十月科普大行动"、科技活动周、环境日等活动中,发放各类科普知识宣传手册、资料宣传单2万多份,举办文艺下乡演出400场。到城东街道办太白社区开展"普及社科知识,建设美丽家园"活动,发放社科知识书籍500多册,发放科技种养、医疗知识等宣传资料、挂图4000多份。三是科研工作。开展社会科学理论研究工作,开展《加快示范区建设 助推县域经济发展》重点课题研究,在《贺州社会科学》(内刊)发表理论文章5篇。

贺州市平桂管理区社会科学界联合会　2014年末有团体会员19个。内设机构1个(办公室),工作人员11人。现任领导机构是第一届委员会,有委员15人,其中常务委员7人。主席陈仕贵,副主席兼秘书长叶欢敬。年内,与平桂管理区党工委宣传部、贺州学院、平桂管理区科协等部门共同策划组织举办两场关于"两个建成"的专题讲座,由贺州学院教授张百顺和陈仕贵分别主讲。年内,与各有关单位、乡镇(街道)合作,在西湾电厂等地开展科普活动,向青少年、老年人、单位职工和群众发放2000多本科普书籍和国学小册子,800人受益。年内,由组长陈仕贵,副组长叶欢敬,成员莫朝健、李小燕等人组成的课题调研团队,通过近3个月的实地调研,完成自治区社科联资助的社科应用对策课题《平桂管理区资源枯竭城市应用对策》,获优秀研究成果评比二等奖。年内,辑成《平桂客家故事》《平桂客家歌谣》,编印《文明和谐与项目同行》等5本画册和综合性材料。发表论文6篇。

昭平县社会科学界联合会　2014年末有团体会员6个,工作人员7人。现任领导机构是第一届委员会,有委员15人,其中常务委员10人。主席黄金定,秘书长刘玲。年内,召开各种学术研讨会、报告会2次,350多人参加,收到论文40篇。8月,配合做好贺州市社科联到县社科联开展调研活动,配合《探索美丽贺州之路》课题组到县开展调研访谈活动。10月,按照贺州市社科联关于开展贺州市第二次社会科学优秀成果奖评选活动要求,县社科联发动全县各乡镇各单位干部职工、社科工作者参与。10月29日,联合县创特办组织乡镇、县创特办成员单位100多人在县委党校召开报告会,围绕"发挥生态优势,推动旅游发展"作专题辅导讲座。为领导干部围绕"生态昭平 长寿茶乡 养生之都"发展定位,推进昭平县生态文明建设和旅游业跨越发展开阔视野,理清思路。年内举办社科知识普及活动3次,2000多人(次)参加。结合十月科普月、理论宣讲等活动,县社科联以设置宣传咨询台、展示宣传展板、分发社科知识资料册等形式向广大群众普及惠民政策、计划生育、老年保健、养生常识、林产品种植技术、水利法律法规等社科知识。发放宣传资料及宣传画报、挂历等4000多份。同时,组织社科界各学会、协会学习宣传党的十八大、十八届三中全会、中国特色社会主义和中国梦、社会主义核心价值观、党的群众路线等重大理论专题,开展社科普及活动。10月14日,组织黄姚、樟木林、凤凰、富罗等乡镇100人在黄姚镇政府听取贺州市委讲师团成员、市委宣传部副部长宋启愿进行社会主义核心观宣讲。10月17日,组织200多人在县委小礼堂参加贺州市委宣讲团成员、贺州学院马克思主义学院院长吴继寿的社会主义核心价值观宣讲报告会。年内,完成8项课题研究,并围绕县重点工作,申报《挖掘地方优势 助推昭平旅游产业发展》课题研究项目,形成调研报告送自治区社科联。

钟山县社会科学界联合会　2014年末有团体会员10个，个人会员近500人。内设机构3个（办公室、学术股、科普股），编制9个，工作人员8人。现任领导机构是第一届委员会，有委员15人，其中常务委员7人。主席李振。年内，召开各种学术研讨会、报告会5次，1000多人（次）参会，收到论文90多篇，在《广西经济》及内刊《钟山社会科学》《贺州社会科学》《今日贺州》等刊物发表论文60多篇。6月9日，制定并印发《钟山县哲学社会科学规划研究课题管理办法》。7月1日，制定并印发《钟山县社会科学优秀成果评选奖励办法》。7月，创办贺州市首部县级社会科学专业期刊《钟山社会科学》（内刊）。8月28日，贺州市委常委、宣传部部长、副市长朱东应邀到钟山县作专题理论报告。9月25日，2014年贺州市"十月科普大行动"启动仪式在钟山县举行，贺州市直42家单位和钟山县相关单位1500多人参加。11月27日，召开首届健康长寿理论研讨会，挖掘长寿文化和宣传敬老爱老传统美德。12月9日，钟山县两安瑶族乡举办建乡30周年庆典活动，活动有民族风情图片展、门唻歌和瑶族羊角长鼓舞等民族节目，并编撰《思香垌风情录》。年内，举办社科知识普及活动30多场（次），近2万人（次）参加。4月17日，以"科技成就青春梦想"为主题的"科普大篷车进校园"活动在钟山县职业技术学校举行，1850名师生参加。5月20日，2014年全国科技活动周贺州活动走进钟山县公安镇里太村，科普活动涉及法律、养老、生育、心理咨询、健康养生等内容。11月3日，在钟山县城新世纪广场举办反邪教专题宣传活动，向市民群众发放各类宣传资料（手册）2000余份。12月4日，在钟山县城新世纪广场开展以"弘扬宪法精神，建设法治中国"为主题的国家宪法日暨全国法制宣传日系列宣传活动，展出法制宣传展板30多块，发放法制宣传资料3000余份，现场接受法律咨询50多人，受教育群众2000多人。年内，与钟山县红色文化研究协会合作，共建钟山广西省工委革命历史纪念馆，接待自治区、贺州市及贺州市三县两区参观学习团队近800个，讲解700多场（次），接待参观学习观众近10万人（次）。年内，收到各类社科论文90多篇。编印《钟山社会科学》2期，在钟山社会科学网发表社科动态、学术研究文章50多篇。

【河池市社会科学界联合会】　2014年末有团体会员46个，其中县（市、区）社科联11个，市属社科学术团体35个。核定编制4人，有工作人员5人。现任领导机构是第二届委员会，有委员45人，其中常务委员25人。主席周龙，副主席兼秘书长韩建猛。

年内，市社科联、巴马县社科联、都安县社科联、大化县社科联、环江县社科联被自治区社科联评为2014年度自治区社科联系统工作成绩突出单位，韦立勋等5人被评为自治区社科联系统工作先进个人；6个县级社科联和6人分别被评为广西社科联系统舆情工作成绩突出单位和个人；4项课题研究成果分获自治区社科联应用对策课题优秀研究成果一、二、三等奖。

学术活动　年内，全市社科联系统共完成自治区、市、县三级课题26项：4项课题成果获奖，16项课题获县以上领导批示。《河池市长寿产业发展对策研究》调研报告在《广西社科论丛》发表。完成《大石山区农业产业化运营模式研究——以广西大华城生态科技有限公司发展山葡萄产业模式为例》调研报告，为大石山区石漠化治理、生态文明建设，为河池市石山地区整乡推进开发式扶贫提供参考和借鉴。巴马瑶族自治县社科联创办《直言切谏》简报，年内出刊7期，为巴马的旅游发展、产业发展规划等提供科学决策和参考依据。此外，巴马瑶族自治县《巴马长寿国际养生区休闲养生产业发展探索》、东兰县《东兰县民族文化产业开发研究》、宜州市《"柳来河一体化"宜州发展战略研究》具有较高学术水平和应用价值。都安瑶族自治县社科联组织完成《喀斯特地区发展生态旅游产业策略研究—以都安县为例》《生态文明视野下都安县发展生态农业的路径探索》等3个研究课题。大化瑶族自治县调研课题《大化瑶族自治县发展现代渔业对策研究》通过自治区社科联专家组鉴定。河池市长寿学会《实施长寿战略 全面实现小康》调研报告，为推动全市长寿市建设提供对策与思路。

年内，全市有9个县（市、区）创办《社会科学》内刊，全年出版22期，刊登社科理论文章300多篇。市社科联通过联合办刊等方式，编印《河池社会科学》（内部）4期，扩大刊物社会影响力。

科普活动　一是举办讲坛。年内，"红水河讲坛""盘阳河讲坛""龙溪讲坛"影响大，全年举办讲座15期，听众2600多人（次）。其中，由市委宣传部、市社科联和市民族图书馆联合主办的"红水河讲坛"举办9期，邀请自治区内知名专家、教授、学者、作家等20人主讲，内容涵盖心理健康、群众路线、文学创作、社会主义核心价值观、孔子文化、土司文化和巴马长寿养生区规划等，1800多人（次）聆听。二是举办广场科普活动。全市共举办12场，1万多人（次）参加，共发放宣传资料5000多份。9月24日，市社科联与科协等有关单位在环江毛南族自治县洛阳镇联合举办河池市、环江毛南族自治县"十月科普大行动"暨黔桂两省（区）科普联合行动启动仪式，1000多人参与，设立咨询台20多张，发放宣传资料2000多份（册）。南丹县、天峨县、罗城仫佬族自治县编辑出版科普宣传读物。三是开展送

书进校园进社区活动。全年举办送书活动3场，向3个小学、社区赠送书籍1000多册，价值1.5万多元。11月27日，市社科联联合市民族图书馆给罗城仫佬族自治县小长安镇双合村中心小学送价值8000多元书籍，包括社会主义核心价值观读本、社科知识丛书、小学优秀作文、历史民俗类、少儿类、农家致富、心理健康等书籍600多本(册)。

社科评奖　年内，市社科联组织开展河池市第一次社会科学优秀成果奖评奖活动。收到参评成果292项，其中208项符合参评条件，评出优秀成果52项。其中，一等奖3项、二等奖21项、三等奖28项。

会员单位管理与服务　年内，建立完善市直社科团体花名册；组织金融学会、壮学会、长寿文化研究会、教育学会、保险行业协会、图书馆学会等市直社科团体参加在环江洛阳镇举行的全市"十月科普大行动"启动仪式；组织学会参加河池市第一次社会科学优秀成果奖评选活动。完善河池社科专家人才库，在首批40多名专家学者入库基础上，组织20名优秀社科专家入库；组织市级社科社团及社团工作者参加自治区社科联系统先进学会和学会工作先进个人评选，河池市长寿文化研究会和市金融学会获"2014年度自治区社科联系统工作成绩突出学会"，市长寿文化研究会副会长邓克昂和市茂森特色教育研究所所长韦茂森获"2014年度自治区社科联系统工作成绩突出学会工作者"；年内，组织全市11个县(市、区)社科联申报科普资助项目39项，获准资助17项，申报12项课题资助项目获批准。组织开展2014年度县级社科联绩效考评核验、评比、表彰工作，巴马、大化、都安、金城江等4个县(区)社科联获一等奖，环江、南丹、宜州3县(市)社科联获二等奖，东兰、罗城、天峨3县社科联获三等奖。

河池市金城江区社会科学界联合会　2014年末有团体会员11个，工作人员3人。现任领导机构是第一届委员会，有常务委员11人。主席韦立勋。1月17日，开展"社科知识走进百姓生活"三下乡活动，到区侧岭乡开展社科知识进村活动，发放各类宣传资料3000余份，赠送社科图书500多册，接受群众咨询1200多人(次)。4月18日，开展社科知识进驻军营活动，联合区民政局为武警金城江区中队官兵送去《金城春秋》《魅力金城江》《中国双拥》等图书100余册，总价值3000多元，该活动新闻线索被中央双拥网转载。4月，由广西人民出版社出版论文集《金城发展新思路》，内容涉及党建、财税、工农业、教育四大类。年内，编印内刊《金城社科纵横》2期。

宜州市社会科学界联合会　2014年末有团体会员16个，工作人员3人。现任领导机构是第一届委员会，有委员17人，其中常务委员9人。主席温宜纯。1月17日，与市图书馆联合在武警宜州市中队举办第五期"龙溪讲坛"，邀请河池学院文学与传播学院谭为宜教授作题为"中国梦—强军梦"讲座。武警中队、消防大队40余人聆听讲座。市图书馆向消防大队、武警中队捐赠图书各100册。5月19日，组织市科技局、农业局、卫生局、科协等单位在城南广场举办广场科谱活动，通过展板展示、发放资料、宣传咨询等方式进行科普宣传，发放资料2000多份(册)。8月15日，与市图书馆联合举办以"孝敬父母和行善积德是幸福人生的基础"为主题的第六期"龙溪讲坛"，邀请市第四小学副校长吴琮恒主讲。10月29日，举办"全面深化改革，实现'两个建成'报告会"暨第一期宜州发展论坛，河池市委党校原副校长韦辉国教授作专题报告，就"柳来河"一体化背景下宜州的改革发展、战略布局、战略重点及战略步骤，发展面临的主要问题及有利条件等进行分析论述，为宜州改革发展提供新思路和新视角。市各乡镇分管领导、市直各单位，中央、自治区、河池市驻宜州各单位和部分企业负责人300多人听取报告。12月12日，与河池市委宣传部、河池市社科联、河池市民族图书馆等单位，在宜州博物馆举办第35期"红水河讲坛"。河池市委宣传部副部长杨合作主题为"孔子种下的智慧果实"讲座。引导广大党员干部群众汲取孔子的智慧和能量，指导自己的工作和生活。年内，完成《"柳来河一体化"宜州发展战略研究》调研报告，获2014年自治区社科联系统应用对策课题优秀研究成果三等奖。年内，创办《宜州发展论坛》内部社科期刊，刊发河池市社科工作者理论研究、课题调研成果16篇。

罗城仫佬族自治县社会科学界联合会　2014年末有团体会员10个，工作人员3人。现任领导机构是第一届委员会，有委员19人，其中常务委员9人。主席韦如代。5月29日，联合县检察院到乔善乡岩口村、大城村开展专题党课和送社科书籍活动，发放图书资料1000余份，250人参加活动；10月，联合县教育、科技、科协、农业、卫生、计生、司法、教育、广电等近20个部门开展"十月科普大行动"活动，实施各类服务项目20多个，展出宣传板报50多版，发放宣传资料1万多份，现场为群众提供咨询服务1000多人(次)；10月11日，联合县委组织部举办"社会主义核心价值观知识"讲座，邀请河池市委党校常务副校长韦茂才主讲，各乡镇、县直各单位副科级以上领导干部400人参加；11月24日，协助县人民政府在罗城举办"长寿文化产业发展"论坛，邀请广西保健养生学会会长潘琦，北京养生文化创意产业协会会长、教授赵立冬，广西壮医医院院长、主任医师韦英才，自治区卫生厅妇幼保健处原处长、教授陈荔丽等作专题发言，各乡镇、县直各单位科级以上领导干部及参加罗城30年县庆部分嘉宾共300

人参加。年内，完成《创新管理模式提升乡镇文化站公共文化服务能力》调研报告；编印内刊《罗城社会科学》1期；协同县司法局、县山歌协会印制《罗城山歌唱普法》，以山歌形式向农村开展普法宣传。

环江毛南族自治县社会科学界联合会 2014年末有工作人员4人。现任领导机构是第一届委员会，有委员19人，其中常务委员9人。主席覃日泉。5月29日，在县大安乡开展送社科书籍进社区活动，发放图书资料1000余份，300人参加。9月24日，与市社科联等有关单位在环江举办河池市、环江县"十月科普大行动"暨黔桂两省（区）科普联合行动启动仪式广场科普活动，1000多人参与，设立咨询台20多张，发放宣传资料2000多份；同日，协助举办第32期"红水河讲坛"，邀请市林业局专家唐忠洋主讲核桃种植技术及规划，洛阳镇新农村指导员、村干、核桃种植大户等100多人参加。10月20~24日，参与组织广西社会科学普及联合大行动十八届三中全会精神与环江经济发展巡回报告会，先后在全县12个乡镇政府举行，乡、村干部近2000人参加。年内，完成《环江县域工业发展新跨越问题》课题调研，编印内刊《环江社会科学》2期。

南丹县社会科学界联合会 2014年末有团体会员6个，工作人员4人。现任领导机构是第一届委员会，有委员15人，其中常务委员7人。主席苏宏流。4月，会同县委宣传部组织开展"中国梦·我的梦"征文比赛活动，征集文章70多篇。5月25日，配合县委宣传部到县罗富乡六内村立厂屯、塘才屯、纳才屯等开展进村入户向留守妇女和村民群众宣传普及艾滋病预防知识和禁毒知识活动，发放宣传资料200多份。9月4日，配合县委宣传部在县文化馆举行道德讲堂总堂活动启动仪式，以道德讲堂为宣传阵地，促进学习并践行社会主义核心价值观。9月19日，联合县文明办举办第14个"国防教育日"主题报告会和2014年广西社会科学普及联合大行专题报告会，邀请县委常委、县人武部政委邓小华和县委党校常务副校长刘安平分别作"勿忘国耻，心系国防""南丹县培育和践行社会主义核心价值观"专题报告，300多人聆听。12月16日，承办"红水河讲坛"第36期，邀请县政协副主席慕仕凡作题为"南丹土司文化漫谈"讲座，120多人聆听。年内，组织开展"南丹县农村学前教育改革和发展研究""南丹县有色金属产业转型升级研究"课题调研，分别形成《南丹县农村学前教育改革和发展调研报告》《南丹县有色金属产业增量提质的思考—南丹县有色金属产业转型升级研究调研报告》。编印科普读物《防震减灾知识手册》，利用进村开展活动、送知识进村等活动，加强社科知识普及力度。年内，编印内刊《南丹社科论坛》2期，收录地方民族文化论文30余篇。年内，县白裤瑶民俗文化保护与发展协会举办白裤瑶"年街文化节"、白裤瑶过小年活动、编写《白裤瑶历史》；县志愿者协会开展捐赠书籍活动；县法学会召开"学习党的十八届四中全会精神，建设法治南丹"座谈会，配合市法学会在南丹县高中举行"河池市青少年普法志愿者法治文化基层活动暨校园青少年法制教育示范基地启动仪式"，在首个国家宪法日组织开展法制宣传活动等；县教育学会开展新课堂理论学习培训及研讨活动23场（次），邀请30名广西区内外专家授课，1600多人（次）参加，编印内刊《南丹教育》，刊发教师教学论文及作品81篇。

天峨县社会科学界联合会 2014年末有团体会员23个，工作人员1人。现任领导机构是第一届委员会。主席姚文忠。年内，联合县科技、科协、卫生、文明办等23个单位组成27支志愿服务队开展"五下乡"志愿服务活动，把理论、法律政策纳入"五下乡"工作，先后在县岜暮乡上朝村、林朵林场、六排镇、云榜村、更新乡更新村、上福村等地举办形势政策教育报告会，发放宣传资料1万份（册），义诊400多人，发放物品合计2.3万元，惠及群众4500多人。10月，开展"十月科普大行动"，组织县林业局、农业局、扶贫办、环保局、科技局等30多个县直单位举行科普知识板报巡回展活动，向市民宣传先进科普理念、知识，倡导文明健康生产生活方式，制作板报35块，发放宣传资料2500份。年内，完成《天峨县红水河原生态国际旅游区建设探索》调研报告，提出把天峨纳入巴马长寿养生国际旅游区等建议。

东兰县社会科学界联合会 2014年末有团体会员2个，工作人员3人。现任领导机构是第一届委员会，有委员15人，其中常务委员7人。主席韦正勇（黄福军7月接任）。9月25日，联合有关单位在东兰县青少年活动中心举办"快乐科普校园行"活动，开展青少年科技创新与体验、实物展示操作、科技创新体验、最新科普讲座等系列活动。9月29日，开展社科知识进社区活动，在县三石镇纳合村通过张贴图片、发放科普资料、社科咨询等多种形式，进行科技知识、科学养殖、人口与计划生育等宣传。9月28日至10月2日，在县文化中心广场开展以"养生福地、快乐东兰"为主题的"东兰县生态 养生文化摄影作品展"，展出221幅作品，50多个展板，包括东兰生态、长寿养生文化、民族文化、民风民俗多个领域的图片和相关文字介绍说明，全面系统地介绍东兰的绿色文化、生态休闲、养生文化、铜鼓民族风情文化等。年内，编印内刊《银海洲》4期，刊发全县在经济、政治、社会、生态及精神文明等方面文章80多篇；完成《东兰县民族文化产业开发研究》课题调研报告。

巴马瑶族自治县社会科学界联合会 2014年末有团体会员11个，工作人员3人。现任领导机构是第一届委员会，有委员19人，其中常务委员9人。主席谭文胜。2月19日，开展送社科知识进村屯活动，给县那桃乡干部群众送去社科图书2000册，发放宣传资料6000份，800人参加。6月21日，在县委党校举办题为“党的十八届三中全会精神和巴马的改革与发展”报告会，河池市委政策研究室副主任、市委改革办副主任唐焰主讲，各乡镇、县直各单位主要领导干部200人聆听。10月27日，联合县文体局、司法局等29个单位、社科团体在巴马寿乡文化广场举行广场科普宣传活动，发放党的十八大三中、四中全会《决定》知识、巴马长寿养生国际旅游区建设、法律法规、节能降耗、社会保障、食品安全、环境保护等科普宣传资料5000多份，社科图书300多册，巴马镇4个社区及周边群众、“候鸟人”、游客等5000多人参加。12月12日，在巴马开展科普宣传活动，发放党的十八大三中、四中全会《决定》知识和《巴马长寿养生国际旅游区规划纲要知识》等科普宣传资料2000多份，社科图书300册，城中社区居民、“候鸟人”等500多人参加。年内，举办三期“盘阳河讲坛”：分别邀请广西知名作家彭匈和巴马县委宣传部领导等主讲。年内，编撰《直言切谏》内刊（简报）7期，为巴马的旅游发展、产业发展规划等提供科学决策和参考依据；完成自治区级调研课题《巴马长寿养生国际旅游区休闲养生产业发展探索》，获2014年度自治区社科联系统应用对策课题优秀研究成果一等奖；完成市委宣传部课题调研《国际旅游核心区视域下提升巴马城乡居民文明素质的调查思考》《新形势下加强农村党组织思想政治工作主导权对策研究》；开展县级课题调研并撰写调研报告9篇。年内，编印内刊《盘阳河》3期。年内，组织县各学会、协会深入县直、乡镇、学校、企业、农村等开展理论学习和理论宣讲活动6次；指导县税收研究会开展税收调研理论文章评选活动和论文集编辑出版工作；指导县新闻者协会、思想政治研究会、志愿者协会和巴马明诚书院等4个协会筹建。年内，县志愿者协会和巴马明诚书院成立。组织学会开展服务基层活动3次，创办县级社科普及示范基地1个。

都安瑶族自治县社科联于9月上旬至10月底，在县城及19个乡镇举办“社会主义核心价值观解读”巡回报告会　（都安县社科联　供稿）

都安瑶族自治县社会科学界联合会 2014年末有团体会员13个，工作人员3人。现任领导机构是第一届委员会，有委员19人，其中常务委员9人。主席韦荣。4月14日，联合县教育学会在三只羊乡建良村开展以“我的中国梦”为主题的科普讲坛，300多人参加，发放资料300多份。5月28日，开展送社科知识进村活动，到三只羊乡建良村发放有关书籍、资料200余册。3~12月，联合县文联组织文艺志愿者协会开展“五乡二镇”文艺下乡活动，赞助6500元活动经费，在县拉烈、百旺、龙湾、菁盛、加贵、拉仁、九渡等7个乡镇举行7场文艺晚会，1.2万多人观看。10月18日，联合县科协等单位在县城屏山大道举办“十月科普大行动”广场科普活动，现场解答群众科普问题132个，发放资料3200多份（册），3000多人参加。11月28日，在县委大礼堂举办“大力弘扬都安精神　汇聚瑶山跨越发展正能量”科普报告会。年内，开展《都安县实施“旅游旺县”发展战略的思考》课题调研，编印内刊《都安社会科学》2期。

大化瑶族自治县社会科学界联合会 2014年末有团体会员8个，工作人员3人。现任领导机构是第一届委员会，有委员19人，其中常务委员9人。主席韦敏。3月19~20日，联合县图书馆到雅龙乡温合村、温合村小学开展送社科知识进基层、进学校、进库区活动，在村部和小学播放种养知识及科技知识等影片，500多人参加。9月11~15日，在县铜鼓广场开展主题为“全面深化改革，实现两个建成”科普周活动，以咨询服务、分发资料、展板等形式，开展社科宣传活动，40多个单位，1000多人参加。活动实施各类服务项目43个，展出宣传展板45块，发放各类图书、刊物及宣传资料1.6万多份，现场解答群众咨询500多人（次），义诊200多人（次），免费发放各类药具130份，受众5万多人（次）。10月24日，承办第34期“红水河讲坛”，邀请河池市委党校党委书记、常务副校长韦茂才到大化瑶族自治县第二中学主讲“社会主义核心价值观的践行和培育”报告会，800多名师生聆听。10月27日，联合县图书馆到岩滩镇开展科普宣传活动，在镇文化站播放种养知识及科技知识等影片，镇干部群众100多人参加。年内，完成课题《新时期大化库区扶贫工作对策研究》（获河池市第一届社科优秀成果二等奖）《大化县发展现代渔业对策研究》。年内，编印内刊《大化社会科学》2期。

【来宾市社会科学界联合会】 2014年末有团体会员35个，其中县（市、区）社科联6个，市属学会、协会、研究会29个。内设机构1个（办公室），工作人员4人。现任领导机构是第二届委员会，有委员17人，其中常务委员6人。主席邹凤豪，副主席兼秘书长臧海恩。

学术活动 9月28~29日，与来宾市委宣传部主办，来宾市委讲师团、象州县委宣传部承办的以“‘党的群众路线’‘培育和践行社会主义核心价值观’”为主题的来宾市中国特色社会主义理论体系研究专家课题调研活动暨2014年理论工作研讨会在象州县举行。来宾市中国特色社会主义理论体系专家库的专家、各县（市、区）理论宣传工作负责人、社科优秀论文获奖作者代表60多人参会。收到论文150多篇。《来宾日报》、来宾电台、来宾电视台等媒体对会议进行宣传报道。会议期间，与会人员参观象州县“三求”（求知、求技、求乐）小课堂、理论小广播、农家书屋、远程电教室和文化广场等学习活动阵地，以及小谷米饼加工示范户、喜力屯葡萄园种植示范基地等2个理论成果转化示范点。

科普活动 10月30日，在市兴宾区举行“2014年广西社会科学普及联合大行动之科普报告会”。臧海恩作主题为“城乡一体化解读”报告会。兴宾区桥巩镇100多名党政机关干部及村委负责人参加。10月30日，在兴宾区城南新区举行“全面深化改革，实现‘两个建成’”十家谈讲座。来宾市中国特色社会主义理论体系专家库签约理论专家、来宾市委党校综合教研室主任罗克良作题为“以党的十八届四中全会精神为指导 全面推进法治来宾建设”科普讲座。兴宾区200多名区直单位主要领导和兴宾区委宣传部人员参加。10月30日、11月4日，先后到兴宾区桥巩镇桥巩村、合山市岭南镇里兰村开展“2014年广西社会科学普及联合大行动之社科知识进村”活动。市社科联领导邹凤豪、臧海恩等参加，给2个村委送去涵盖政治、经济、文化、艺术、计生、种养等与农村生产生活相关的400多本、价值6000多元的科普图书。11月20日，臧海恩秘书长将200多册、价值6000多元的社科书籍送给自治区社科联与来宾市社科联共建的科普基地来宾市第二中学。年内，指导来宾市第二中学、忻城县土司博物馆、金秀瑶族自治县博物馆、兴宾区良塘乡北合村和凤凰镇龙旺村理论转化成果基地等5个社科普及基地开展各种科普活动。拨付忻城县土司博物馆、金秀瑶族自治县博物馆科普基地建设资金各5000元。

理论宣讲 年内，以学习贯彻党的十八大，十八届三中、四中全会精神，习近平总书记系列重要讲话精神及社会主义核心价值观等宣讲解读活动为主线，开展政策理论宣讲活动。以“乡村讲坛”为平台，建立市、县（市、区）、乡三级宣讲队伍，每月到两个乡镇、一个村屯，面对面向基层群众宣讲培育和践行社会主义核心价值观、党的方针政策等，促进理论宣讲工作常态化。同时，为市直部门干部队伍的理论学习提供宣讲服务。年内，开展宣讲活动近30场，听众6000多人（次）。

10月30日，由来宾市社科联主办的2014年广西社会科学普及联合大行动科普讲座在来宾举行 （臧海恩 供稿）

课题研究 一是围绕来宾“十二五”规划目标，“柳州—来宾—河池”一体化、西江黄金水道发展战略，城市经营管理与城镇扩容提质、文旅一体化发展、生态文明与社会治理相融合等发展中的重大问题，组织社科优秀人才开展对策性应用研究，为来宾市委、市政府科学决策提供参考。年内完成《创国家森林城市与美丽来宾建设研究》《来宾市生态乡村的林业建设问题研究》《农村社会主义核心价值观培育常态化的调查与思考》等重点课题。二是加强与相关部门、普通高校合作，开展课题研究。与来宾市科协合作开展《后发展地区公民科学素质提升研究》研究，与河池市社科联、柳州市社科联及河池学院合作开展《红水河流域传统歌谣文化

的保护与开发研究》的整理工作等。

会员单位管理与服务　一是指导忻城县、金秀瑶族自治县社科联做好换届工作,指导各县(市、区)社科联开展各种社科活动。年内6个县(市、区)社科联开展理论研讨会9场、广场科普活动17场、科普报告会10场、社科知识进村7次、主题宣讲活动137场,举办培训活动8次。各县(市、区)社科联依托"三求"文化惠农工程,科学整合资源,挂牌成立村级"学用理论政策服务中心"724个。通过"三求"小课堂、理论小广播、农家书屋、远程电教室和文化广场等学习活动平台,开展社科普及活动。二是市直各学会、协会、研究会发挥职能作用。认真贯彻落实党的十八大和十八届三中、四中全会关于"加强治理体系和治理能力建设,加强社会组织建设和管理"的精神,强化学会的业务指导和规范管理,做好年度年检工作,修订完善《来宾市社科联学术团体管理办法》等制度,探索对团体会员指导管理的绩效考核机制;推进学会的党建工作。年内,指导市新闻工作者协会做好换届工作,指导来宾市少年文学研究会、传统文化促进会、弘勤文化研究会筹备成立。同时,加强指导各学会开展理论研究、科普宣传、学术交流等活动:指导市金融学会举办学术报告会、市旅游协会举办"足球狂欢节"、市传统文化促进会筹备组举办来宾市第一届中华优秀传统文化公益论坛等。

舆情信息　年内,向《来宾日报》、来宾市委办公室、自治区社科联等单位报送舆情信息50多篇。

编辑出版　年内编印《红水河论坛》(内刊)2期,栏目有科学发展观、社会管理、培育和践行社会主义核心价值观、专家建言、红水河文化、社科普及与动态等。

来宾市兴宾区社会科学界联合会　2014年末有团体会员13个,工作人员3人。现任领导机构是第一届委员会,有委员9人,其中常务委员5人。主席莫益路,秘书长李立群。年内,召开"美丽广西"研讨会,为开展清洁乡村活动以来面临的新问题、新挑战献计献策。9月,开展理论征文活动,组织"党的群众路线""培育和践行社会主义核心价值观"征文参加来宾市中国特色社会主义理论体系研究专家课题调研暨2014年理论工作研讨会,4篇文章获奖。年内,举办大型社科知识普及活动6次,1万多人(次)参加。5月20日,在兴宾区桥巩乡葵花村委举行"2014年广西社会科学普及联合大行动之"深化土地制度改革 激发农村发展活力"科普报告会。5月21日,组织单位人员及市计生等学会,参加2014年全国科技活动周兴宾活动,展出科普板报16块,发放科技、科普宣传资料1.8万份,4200多人(次)咨询。7月18日,联合兴宾区委宣传部、计生局、卫生等部门到凤凰长福村开展"三下乡"活动,举办政策宣讲、党的十八大精神知识抢答、山歌传唱理论政策等活动。10月30日,到桥巩镇举办科普报告会,市社科联副主席臧海恩作主题为城乡一体化报告,镇、村两级负责人等80多人聆听。11月24日,组织开展首届国家网络安全宣传周活动。12月19日,在良塘乡举办党的十八届四中全会精神宣讲报告会,邀请市社科联主席邹凤豪作"依法治国"专题报告。该乡、村两级负责人等近100人聆听。年内,邀请来宾市社科联、市委党校有关专家宣讲,与兴宾区委宣传部宣讲员到机关、乡镇、村屯等开展学习党的十八届三中、四中全会精神宣讲活动32场(次)。年内,成立兴宾区家庭教育学会,挂靠兴宾区妇联。加强学会的管理和协调工作,推广先进学会的先进经验,督促学会加强自身建设,参与指导学会业务工作。

象州县社会科学界联合会　2014年末有团体会员40个。内设机构1个(办公室)。核定事业参公编制2人,在职人员1人。现任领导机构是第一届委员会,有委员9人。主席韦颖婷,秘书长陈桂秀。年内,借助"麒麟山讲坛"平台及邀请来宾市中国特色社会主义理论体系研究专家库签约理论专家、广西干部教育培训师资库教师等多名专家学者举办社科理论人文知识系列专题讲座。年内举行各类科普讲座30多场(次),受众1万多人(次)。《"壮欢"在文化建设进程中的传承与保护思考》在自治区社科联开展的应用对策课题研究活动获三等奖,是来宾市县级社科联唯一获此奖项的课题。年内,根据来宾市2014年社科普及周实施方案,结合象州实际,制定《象州县社会科学普及周活动实施方案》。10月17日,以"传递正能量,共筑中国梦"为主题,在大乐镇举办"十月科普大行动",组织县教育局和科技局、农业局、司法局等10多个相关单位,通过组织社科专家咨询、主题图片展、科普图书展、广场文艺演出等形式,开展人文社科知识宣传普及活动。发放各种资料3000多份,5000多人受益。以县未成年人思想道德教育基地——郑小谷故居为依托,在青少年中开展爱国主义教育、国防教育和素质拓展等活动。年内,编印《象州论坛》(内刊)4期。组织社科界学者座谈会2次,社科团体骨干培训会1次,不定期对所属学会、协会、研究会的基本情况进行调研,为规范管理、指导学会协会、研究会工作奠定基础。

武宣县社会科学界联合会　2014年末有团体会员12个。内设机构1个(办公室),核定事业参公编制2人。现任领导机构是第一届委员会,有委员11人。主席杨振文,秘书长覃小庆。1月,联合相关部门巡回到各乡镇村屯以文艺演出、社科知识咨询、发送社科资料等形式开展2014年"我们的中国梦"送社科文化知识下乡活动。5月,结合党的群众路线教育实践活动,开展社科知识进红色教育基地活动,印制社科文化知识小册子到革命纪念馆、桂中第一支部革命旧址分发给游客与群众，使社科文化与红色文化融为一体，让广大党员干部接受红色文化教育的同时了解社科知识。6月，联合相关部门开展党的群众路线教育实践活动理论调研征文比赛活动。9~10月，结合县开展的“仙城文化艺术节”，开展社科知识科普大行动，通过举办科普展板宣传、科普咨询、文艺演出等多种形式向公众普及哲学社会科学知识。12月28日，在思灵乡灵池村民委举办“以科学发展观为指导，创新建设社会主义新农村的理论与政策”为主题的科普报告会，思灵村民委60多名共产党员、村民代表参会，向灵池村民委图书室赠送200册价值6000元的社科图书。年内，组织社科界学者交流座谈会1次，不定期对所属学会、协会、研究会的基本情况进行调研。

忻城县社会科学界联合会 2014年末有团体会员3个，个人会员400多人。内设机构1个(办公室)。现任领导机构是第一届委员会第二任领导班子，有委员11人，其中常务委员3人。主席黄大华，秘书长罗献吉。3月31日，召开忻城县社会科学界联合会第一届委员会第二次会议，进行增补委员选举并投票选出新一任社科联主席、专职副主席和秘书长。年内，召开学术研讨会和报告会各1次，2500多人(次)参会，收到论文176篇。8月19~22日，在忻城县召开“第四届中国土司制度与土司文化国际学术研讨会”，来自东南亚及海峡两岸长期致力于中国土司问题研究的专家学者，中国学术机构、高等院校教授及新闻媒体等2000多人参会。邀请国家文物局中国文化遗产研究院院长刘曙光，国际古迹遗址理事会副主席、中国古迹遗址保护协会副主席兼秘书长郭旃，中国古迹遗址保护协会副主席、中国建筑设计总院建筑历史研究所所长、文化遗产保护规划国家文物局重点科研基地主任陈同滨等出席。9月15日，联合忻城县委组织部分3期对全县副科级领导干部开展“培育和践行社会主义核心价值观”“全面深化改革实现广西‘两个建成’”宣讲报告会。每期150多人参会。年内，举办社科知识普及活动2次，300多人(次)参加。10月21日，联合县科技局、县科协在北更乡开展“科普知识进乡村”活动：以“营造创新环境，建设新型忻城”为主题的“十月科普大行动”启动仪式暨科普文艺演出。向群众发放科普宣传资料1000多份，接受群众200多人(次)咨询。10月30日，资助新圩乡丹灵村“农家书屋”500多册社科书籍，赠送一批价值5000多元的电脑学习设备，包括投影仪等。年内立项课题2项，罗献吉主持的《忻城土司旅游发展空间及措施应对初探》12月末通过自治区社科联结题验收。完成课题《如何发展特色旅游产业促进扶贫开发》，为县委、县政府提供决策参考。

金秀瑶族自治县社会科学界联合会 2014年末有团体会员4个。内设机构1个(办公室)，工作人员2人。现任领导机构是第一届委员会，有委员13人，其中常务委员6人。主席罗珊，秘书长李威宏。年内，联合县思想道德法制教育办公室抓实“读好一本书、上好一堂课、一轮知识竞赛、一次最美金秀人物评选、一个电视专栏、一批活动板报”的“七个一”活动。利用村级小广播、远程教育站、图书室等开展“社科知识广场活动”“社科知识巡讲”等主题宣传教育活动10多场。通过电视、广播、宣传栏等媒体，通过举办专题讲座、悬挂横幅标语、开设社科联建设工作宣传栏等方式开展宣传教育活动，发放宣传资料2000多份。10月16日，组织协调县妇联、县科协等8个部门到金秀镇长二村寨堡屯开展社科普及行动进瑶寨活动，通过山歌传唱、文艺晚会、悬挂横幅标语、发放宣传资料等方式，推进县科学技术普及。重点配合县委中心组以党委中心组学习为载体，建立金秀县领导干部专题学习日制度，邀请专家到县巡讲；通过专家讨论，帮助县广大干部尤其是各级领导干部增强运用科学发展观驾驭经济社会工作的能力及政治理论素质和工作水平。联合县委党校组织成立学习党的十八届三中全会精神宣讲团、学习习近平总书记一系列重要讲话精神宣讲团，分组到各乡镇、各部门开展宣讲活动。组织引导社科工作者围绕县委、县政府中心工作，针对县经济社会发展的问题与对策展开调查研究，确定《金秀瑶族自治县大瑶山野生茶资

3月31日，忻城县社会科学界联合会第一届委员会第二次会议在忻城召开

（罗献吉 供稿）

源的保护和开发》《金秀瑶族自治县生态民俗文化旅游的继承与发展》《少数民族山区如何引进优秀人才》3个重点课题。年内，召开课题研讨会、交流会，推进重点课题研究，如党的群众路线教育活动中，征集涉及政治、经济、社会、文化等方面的调研材料64份，上报调研材料13份。年内，利用县政府网、党建网和大瑶山论坛等网站，解答网民关心关注的热点问题，完成舆情监管和信息报送工作。

合山市社会科学界联合会 2014年末有团体会员8个。内设机构1个(办公室)，工作人员5人。现任领导机构是第一届委员会，有委员13人，其中常务委员5人。主席覃建博，秘书长覃晓华。年内举办大型社科知识普及活动活动5次，2000多人(次)参加。2月10日，以开展“三万三进”活动为契机，到岭南镇里兰村开展科普进村活动，通过文艺演出开展科普知识问答活动，500多人(次)参与。9月19日，由自治区社科联主办，合山市委宣传部、市社科联承办的科普报告会在合山市举行，是自治区社科联组织的“全面深化改革，实现两个‘建成’”百场报告会之一。市社科联专职副主席黄洪毅主持，市各单位部门近200名干部职工聆听。邀请来宾日报社纪检组长、市社科联副主席黄任波作题为“合山如何做好转型大文章”科普报告。9月22~25日，在合山新世纪广场及各乡镇开展“十月科普大行动”社科知识宣传普及活动，发放资料3000多分，接受群众社科知识咨询2500多人(次)。年内参与编印《光热城》(内刊)12期。

【崇左市社会科学界联合会】 2014年末有团体会员25个。内设机构1个(办公室)，有工作人员2人。现任领导机构是第一届委员会，有委员26人，其中常务委员13人。主席苏川，专职副主席兼秘书长黄德世。

课题研究 年内，组织开展《崇左市加力开放合作研究》《扶绥县推进土地流转对策研究》《大新县旅游产业发展对策研究》等8个应用对策课题研究。6个研究成果在自治区社科联开展的优秀研究成果评比中获奖。其中《扶绥县推进土地流转对策研究》《小块并大块 并出新天地——全国首创的龙州县“小块并大块”耕地整治》获二等奖，《崇左市加力开放合作研究》《天等县外出务工创业的现状、问题及对策研究》《宁明县城镇化发展战略的思考》《凭祥市外贸产业转型升级对策研究》获三等奖。3月，向崇左市委、市政府申请设立2014年全市经济社会发展研究课题。9月，围绕崇左市左江花山岩画文化研究、崇左市深化农村土地改革研究、崇左市加快旅游业跨越式发展研究、崇左市口岸经济发展研究等内容面向全市进行公开招标。10月，收到14份课题申请。12月，组织相关专家进行评审和召开会议复审，确定中标课题组，按要求组织人员开展课题调研工作。

科普活动 年内，订《新华每日电讯》100份，免费发放到各县(市、区)社科联、非公企业党组织及挂点联系的扶绥县山圩镇宣传文化站、大新县堪圩乡谨汤村委、天等县宁干乡台村偶屯、宁明县明江镇洞廊村委、龙州县上金乡明江村委等，使基层干部群众及时了解党的新理论、新政策。年内，举办9场社科普及报告会、1场社科知识咨询广场科普活动、社科知识进村等11场科普资助活动，1.5万人(次)参加。年内，以全市新建的新农村数字电影院为载体，与相关部门沟通协调，在每场电影正式放映前播放20分钟科教知识，或结合实际不定期邀请市、县宣讲员进行相关知识讲座。全年播放200多场(次)科教宣传知识片，开展8场(次)社科知识宣讲。

7月30日至8月4日，配合做好自治区社科联在崇左市龙州县进行的广西第十三次社会科学优秀成果奖评选活动的服务工作；协调做好自治区社科联到凭祥市和南宁市社科联到宁明县开展的调研服务工作；配合崇左市委宣传部开展“大榕树课堂”实体化建设与研究工作，参与完成《百姓悦读》编写工作，《小山歌大理论》山歌集的收集工作等。

崇左市江州区社会科学界联合会 2014年末有团体会员6个，个人会员85人。内设机构3个(办公室、学会部、科普部)，有在职在编人员5人。现任领导机构是第一届委员会，有委员27人，其中常务委员15人。主席谭春丽、副主席兼秘书长甘进雄。年内，联合有关单位分别举办习近平总书记系列重要讲话精神解读、农业科技创新、“培育和践行社会主义核心价值观”等专题讲座，邀请自治区党校教授许进品等专家作专题报告，江州区近500多人(次)聆听。按时完成自治区社科联2014年科普资助项目之一：“全面深化改革，实现‘两个建成’”报告会。年内，通过以党员进社区亮身份转变机关工作作风，社科联干部黄波、李育桂两名党员被江州区委选派为太平街道中山社区、驮逐村第一书记，驻村工作以来，开展各项工作，得到江州区委有关领导的肯定。年内，会同江州区科技局、科协、食品药品监督管理局、文化体育新闻出版局等有关单位在江州区范围内组织开展每年一次的科普月活动，到石景林街道丽金社区、太平街道中山社区，驮卢镇莲塘村等，以社科知识、花山申遗、科学种养、食品药品知识等为内容制作做展板，以科普咨询、知识问答、文艺演出等形式进行宣传。发放科普宣传咨询资料近3万份，接待群众咨询2000多人(次)，开展科技赶场2次，科普进社区活动4次，科普进学校活动5次，放映电影10场，文艺演出5场，受服务群众3万多人(次)。年内，到罗白乡、新和镇、驮卢镇及旅游局等相关乡镇、单位进行调研，掌握江州区区域生态文化旅游第一手材料，组织课题组人员撰写《江州区区域生态文化旅游研究》调研文章，并及时上报自治区社科联，为江州区的生态文化旅游发展提供参考。年内，江州区社科联获自治区社科联工作成绩突出单位，江州区社科联专职副主席韦武泉获自治区社科联工作先进个人。

大新县社会科学界联合会　2014年末有工作人员3人。现任领导机构是第一届委员会，有委员29人，其中常务委员9人。主席廖德峰。年内，联系县工商学会、计生协会、税务协会、法学会等社会团体，开展社科知识"进社区、进乡村"普及宣传。3月15日，县法学会在宝圩乡宝圩社区举办农村土地权属纠纷调处要点讲座；5月28日至6月1日，县反邪教协会分别组织各成员到全县各级中小学校开展8场教育讲座课，受益群众、学生4500人。10月30日，县社科联到福隆乡开展"全面深化改革，实现两个建成"专题报告会，邀请县政法委副书记、综治办主任农江同志作"大新县农村基层综治工作管理与创新"专题讲座。福隆乡村级"两委"班子成员、部分村民小组长和乡级综治工作成员单位负责人126人参会。年内，参与广西社科课题申报工作，组织上报3项社科规划项目，其中2项获自治区社科联资助：2014年广西应用对策课题研究《大新县旅游产业发展对策研究》《大新县农村基层综治工作管理与创新》，10月30日前完成并呈报自治区、崇左市社科联。

天等县社会科学界联合会　2014年末有团体会员6个。内设机构1个（办公室），工作人员3人。现任领导机构是第一届委员会，有委员23人，其中常务委员9人。主席黄振兆。年内，主要开展的工作有：一是社科普及。举办社科知识普及活动3次，1万多人（次）参加。10月15日，开展送书进校园活动，给县民族高中捐赠图书200多册。"霜降节"组织各学会、协会在向都镇中和街开展科普知识进农村活动，展出板报6版，组织8位专家现场提供咨询服务，发放资料1万多份，内容涉及教育、农业科技、劳动保障、法律法规、健康养生、老年保健等。10月28日，在县民族高中开展以"解读十八届三中全会《决定》中高考改革问题"为主题的报告会，县民族高中教务处副主任卢恩春主讲，300多名学生参加。二是课题研究。4月，完成《天等县外出务工创业的现状、问题及对策研究》课题申报工作。8月，组成调研组到各乡镇和基层就外出务工创业的现状、问题及对策开展课题调研并撰写调研报告，获广西社科联应用对策课题优秀研究成果奖三等奖。三是社科成果评选与推介。5月，组织社科工作者参与自治区级学术成果评比，选出7篇送自治区社科联参评。12月，组织全县优秀社科作品参加崇左市社会科学优秀成果奖评选，选出优秀论文22篇、著作3部。

宁明县社会科学界联合会　2014年末有工作人员2人。现任领导机构是第一届委员会，有委员29人，其中常务委员11人。主席黄国斌。年内，组织开展县经济社会发展重点课题研究，完成自治区社科联资助课题《宁明县城镇化发展战略的思考》。此外，协助县委宣传部完成《宁明县创新开设"大榕树课堂"的实践探索》《宁明县爱店镇堪爱村板堪屯"美丽广西·清洁乡村"活动贯彻党的群众路线的实践体会》等2篇论文，分别被市委宣传部评为理论大众化宣讲成果征集评选论文一等奖和二等奖。10月，组织人员参加自治区社科联举办的广西第六期市县社科联干部培训班，提高干部的业务能力和理论水平。5月，在县委党校举办主题为花山申遗将改变我们生活的"全面深化改革，实现两个'建成'"科普报告会，150多人参会。协助县委宣传部重点开展以党的十八届三中、四中全会和习近平总书记系列重要讲话精神、党的群众路线教育实践活动、宁明全面崛起168计划等为主要内容的社会宣传活动，推动社科知识进乡镇、进学校、进社区。

凭祥市社会科学界联合会　2014年末有团体会员48个。内设机构1个（办公室），有工作人员1人。现任领导机构是第一届委员会，有委员19人，其中常务委员9人。主席黄雨珊。年内，到市各学会、研究会、协会对凭祥

10月28日，天等县社科联在县民族高中举办以"解读十八届三中全会《决定》中高考改革问题"为主题的报告会　（天等县社科联　供稿）

市社会科学领域干部人才队伍建设情况进行调研，并组织召开“推进社科人才队伍建设”研讨会，就学会的组织建设、学术研讨等内容进行交流，提高凭祥市社会科学团体的队伍建设能力。年内，组织各相关单位开展科普教育活动。12月，联合凭祥市委宣传部科普知识“三下乡”活动，并向基层单位、学校、村屯赠送科普书籍和宣传画册。年内，组织社会科学团体会员撰写并在报刊发表《“以沿边开放开发成果检验 群众路线教育实践活动的成效”——推动凭祥市党的群众路线教育实践活动的思考》《加快推进沿边开发开放——基于凭祥市的思考》《关于边关民族文化传承保护与开发利用的思考》《凭祥市规模以上服务业企业培育入库工作思考》《新形势下凭祥市农民增收途径探讨》《关于加强边境地区扶贫开发工作的思考》《提高农民卫生意识加强农村环境治理——浅谈建立健全清洁乡村长效机制》等论文和调研文章，为当地党委政府提供决策参考；组织人员参加自治区社科联或其他部门开展的论坛、研讨会。年内完成自治区社科联应用对策课题研究《凭祥市外贸产业转型升级对策研究》，并获优秀研究成果三等奖。《凭祥市整合力量 强化法制服务非公经济工作》获“2014年度自治区统战工作实践创新成果奖”并被自治区党委统战部作为广西2篇优秀创新成果之一报中央统战部；《凭祥市创新“商农携手”发展模式的调研》获“2014年度崇左市统战理论政策研究成果三等奖”，《论刑事诉讼中的瑕疵证据》《未成年人附条件不起诉制度浅析》《凭祥市社区矫正工作中存在的问题研究》等在第七届崇左市检察理论研讨会评比中获奖。年内，举办凭祥市2014年自治区社会科学普及联合大行动之“全面深化改革，实现‘两个建成’”报告会、凭祥市基础教育改革成果评选活动等，协助自治区社科联到凭祥开展《中国—东盟自贸区物流业发展与合作的法律保障机制创新研究》课题调研。

7月22日，贵港市社科联主席李胜（右四）带领课题组成员到平南县开展《家庭农场建设》课题调研　（黄海燕　供稿）

【贵港市社会科学界联合会】 2014年末有团体会员20个。内设机构2个(办公室、学会部)。现任领导机构是第一届委员会，有委员30人，其中常务委员7人。主席李胜，秘书长黄海燕。

学会管理与服务 采取会议部署、跟踪指导、典型引导等措施，推动市级学会开展工作。年内，市级社科类社团举办学术研讨会16场，开展课题研究15项，开展社会科学普及活动10次。其中，贵港市党的建设研究会被评为自治区2014年度工作成绩突出学会。

社科研究 年内，联合贵港市委办公室、市委宣传部，以课题公开招标方式，组织全市社科理论与实际工作者开展贵港市社会科学课题研究工作，评审立项重点课题10项、一般课题30项。申报并获立项的广西社科联应用对策课题《贵港市家庭农场建设研究》，经评审，获结项并评为广西社科联优秀研究成果一等奖。创办《贵港社会科学》内刊。

科普活动 年内，组织申报科普活动项目，有4项入选自治区2014年科普大行动项目。组织有关学会参加2014年贵港市“十月科普大行动”行动。组织开展社科知识进校园活动，向贵港港北区大圩镇永福村小学赠送图书200多册，与市委宣传部联合开展《改革热点面对面》进校园宣讲活动，赠送书籍2000册。

县级社科联建设 年内，市港北、港南、覃塘3个区和平南县获批成立社科联，定为正科级群团机关。

桂平市社会科学界联合会 2014年末有团体会员20个。内设机构1个(办公室)，工作人员1人。现任领导机构是第二届委员会，有委员33人。主席卢炤岳，秘书长植振锦。5月20日，市社科联与市委宣传部、市计生协会联合举办“桂平市社科界学习党的十八届三中全会精神报告会”，社科工作者、理论和实际工作者90多人与会。主题为“全面深化改革，实现‘两个建成’”。由桂平市党的十八届三中全会宣讲团团长、市委宣传部副部长张小兰作主讲。报告会围绕提出的新思想、新观点、新论点，全面深刻地阐述党的十八届三中全会精神的重大意义、背景分析、精神实质，对广西“两个建成”目标进行深入解读。7月15日，贵港市委宣传部副部长、市社科联主席李胜到桂平市开展贵港市家庭农场建设研究课题调研活动，桂平市委宣传部副部长张小兰、市社科联副秘书长严小良陪同考察调研。调研活动中，与桂平市农业局、水产畜牧局、财政局、工商局等部门负责人召开座谈会，了解桂平市家庭农场的建设成效，当前家庭农场建设存在的主要困难和问题及今后家庭农场建设的思考。10 月，桂平市社科联根据贵港市委办、市委宣传部、贵港市社科联《关于申报 2014 年贵港市社会科学研究课题的通知》（贵宣通〔2014〕30 号）文件精神，卢炤岳主席申报并担任《贵港西江经济产业发展中的生态保护》课题负责人获贵港市社科联批准立项。年内，编印《桂平社科联通讯》4 期，500 多千字。刊物栏目设有政策法规、社联工作、学会活动、调研报告、文化信息、科普园地等，较系统地提供社科知识和科普信息，为广大社科工作者提供交流平台。年内，推荐 2 篇论文参加广西第十三次社会科学优秀成果奖评选活动；市社科联获广西社科联系统舆情信息工作先进单位表彰，副秘书长严小良获评为广西社科联系统先进工作者和舆情信息工作先进个人。

【广西大学社会科学界联合会】 2014 年末有团体会员 18 个，个人会员 1400 多人。现任领导机构是第四届委员会，有委员 30 人，其中常务委员 13 人。主席张协奎，秘书长吕伟斌。

学术活动 年内，主办和承办中国音韵学研究会第十八届学术讨论会暨汉语音韵学第十三届国际学术研讨会、2014 年旅游业青年专家学术研讨会、“全球化与区域社会发展：基于文化的视角”国际学术研讨会、第三届广西公益论坛“公益组织的管理创新”等 4 个人文社科类高级别学术会议；学校学术基金资助 13 人（次）参加社科类国内外学术会议；举办社科类君武大讲坛学术报告 6 场；组织哲学社科类骨干研修班培训 2 次。

科普活动 年内，开展社会科学知识普及宣传展活动 4 场（次），1000 多人参加。9 月，开展国学（分文史哲三部分）知识普及活动，设立两处展台、6 块展板；开展文化艺术与哲学修养知识普及活动，设立两处展台，8 块展板，通过提供现场咨询、问题解答等方式，吸引师生参与。另开展社会科学知识宣讲专题报告会、学术讲座 3 场，文化讲座 2 场；利用 7~8 月暑假期间，分赴桂林、来宾等地开展 17 场（次）社科知识进村、进社区活动，与当地政府和农民探讨和交流科学兴农知识。

科研项目及成果 年内，会员承担各级各类人文社会科学研究项目 234 项，合同经费 3316.56 万元，到校经费 2077.44 万元。组织会员申报国家社科基金年度项目 87 项（不含单列学科），获立项 14 项，立项率 16.1%，资助经费 295 万元，其中重点项目 1 项、一般项目 3 项、青年项目 4 项、西部项目 6 项。项目立项总数、资助总经费和立项率居自治区各申报单位前列；组织申报国家社科基金单列学科艺术学项目 5 项，获立项 2 项；组织申报教育部人文社科一般项目 62 项，获立项 8 项，其中规划基金项目 4 项、青年基金项目 4 项，总资助金额 72 万元。会员出版著作 58 部，发表论文 789 篇，其中在中文核心期刊发表论文 224 篇、在 CSSCI 期刊发表论文 100 篇；组织申报广西第十三次社会科学优秀成果奖，报送参评成果 233 项，获奖成果 68 项，其中一等奖 4 项、二等奖 22 项、三等奖 42 项，获奖比例 29.2%。

9月24日，由广西大学社科联承办的2014年旅游业青年专家学术研讨会在南宁召开 （樊新艺 供稿）

【广西师范大学社会科学界联合会】 2014 年末有团体会员 26 个，个人会员 2000 多人。内设机构 6 个，专职工作人员 1 人。现任领导机构是第四届理事会，有理事 39 人，其中常务理事 17 人。主席钟瑞添，常务副主席兼秘书长林春逸。

学术活动与交流 年内，据不完全统计，举办学术活动 16 次，670 人（次）参加，征集论文 37 篇。其中，跨部门、跨区域合作举办学术活动 4 次；举办国际性学术交流活动 1 次。其中较为重大学术交流有：1 月 7~8 日，由教育部人文社会科学重点研究基地西南大学西南民族教育与心理研究中心、学校教育科学学院主办，广西民族教育研究生中心承办，广西八桂学者（民族地区教育发展研究）专项经费资助的“云时代学习与民族教育发展”学术论坛在桂林举行。西南地区 43 位教育专家代表、广西民族教育研究者

及学校师生100多人参会。2月28日，广西普通高中课程改革学科教学指导组长工作研讨会在广西师范大学田家炳教育书院召开，自治区课改办相关负责人、广西普通高中课程改革学科教学指导组管理办公室相关负责人、各学科组组长、教师教育学院相关负责人参会。广西普通高中课程改革学科教学指导组管理办公室主任、学校副校长、教师教育学院院长钟瑞添教授出席会议。3月21日，学校在育才校区举办"中国—印尼关系展望"主题讲座。邀请印尼驻广州总领馆总领事亚利特，印尼驻广州总领馆领事优博、总领事秘书麦克参加。5月28~29日，第十届中美国际教育研讨会在桂林举行。来自美国霍华德大学、旧金山大学、尼亚加拉大学、德克萨斯州孤星学院、纽约州立大学水牛城分校、贝休恩—考克曼学院、德克萨斯州农工大学、费耶特维尔州立大学等高校的10名教授和学校部分学院教师代表及桂林兄弟院校专家参会，就中美教育相关问题进行交流与探讨。6月12日，云南省曲靖高校社科联一行到校调研交流。7月4日，纪念梁羽生、钟文典先生诞辰90周年暨蒙山县旅游发展学术研讨会在广西蒙山举行。梁羽生先生之子陈心宇、钟文典教授夫人张玉霞教授，蒙山县政府、县人大和县政协主要领导，广西历史学会会长黄铮研究员，学校党委副书记唐仁郭教授，及来自北京、香港、台湾、广东、南宁、桂林、梧州、河池、钦州等地的专家学者、各界媒体和蒙山县各界人士近200人参加。8月11日，由中央统战部、中华海外联谊会联合举办的"中国(上海)自由贸易区与全面深化改革"专题研讨会在上海举行，学校罗知颂教授作为中华海联会资深理事和经济委员会专家委员应邀出席并作主题发言。8月20~22日，由中国社会科学院历史研究所主办，学校历史文化与旅游学院、河池学院、柳州师范高等专科学校、来宾市文化新闻出版局和忻城县人民政府共同承办的第四届"中国土司制度与土司文化国际学术研讨会"在广西来宾市忻城县召开。来自国内外各科研机构、高等院校等单位的近170名专家学者参会。这是历年来规模最大、档次最高的一次全国土司制度与土司文化研究会。9月25日，由广西人文社会科学发展研究中心、泛北部湾区域研究协同创新中心主办，学校承办的"新海上丝绸之路构建：从泛北部湾到欧洲"国际学术研讨会在桂林举行。中国社科院经济学研究所副所长刘兰兮，自治区教育厅研究处处长傅源方，学校副校长钟瑞添，荷兰杜特勒兹全球经济史研究中心研究员，意大利、英国的相关研究专家学者及来自云南社科院、福建社科院、台湾中华研究院、清华大学、复旦大学、中山大学、苏州大学、台湾云林科技大学、香港科技大学等各高校的相关专家和学者参加开幕式。11月29~30日，中国高等教育学会师范教育分会2014年学术年会在江苏师范大学举行，学校副校长钟瑞添率教育学院及教务处相关领导出席会。12月1日，第14届中国MBA发展论坛暨北大光华MBA20周年庆典在北京大学开幕，学校MBA教育中心主要负责人受邀出席活动。

社科普及　年内，一是组织"2014年广西社会科学普及联合大行动"，举办大型社科知识普及活动6次，2000多人(次)参加。围绕廉洁教育专题举行系列活动。邀请全国廉政建设与治理研究专业委员会会长、北京航空航天大学廉洁研究与教育中心主任任建明教授给学校100多名学生骨干作主题为"大学生廉洁诚信素养"讲座。以"放飞中国梦·廉洁伴我行"为主题，举办廉洁文化沙龙，学校党委副书记、纪委书记查丹明出席活动并作主题发言和报告，漓江廉洁文化社、各学院分团委学生会干部50多名学生参加。举办大学生廉洁诚信论坛，以"传承中华美德，践行廉洁诚信"为主题，来自学校不同学院7名同学进行主题发言，广西廉政建设研究中心特聘专家、相关部门领导和学校各学院国家奖助学金获得者代表、学生干部骨干代表和漓江廉洁文化社社员200多人参加。组织学生开展廉洁教育基地调研，建立学生专项调研课题——桂林市廉政教育基地建设情况调研，并先后组织近100名学生骨干赴灵川、兴安、恭城等地调研廉政基地。开展以"爱心普法，公益维权；科学理财、健康生活"为主题的普法系列活动，开展以"弘扬十八大·传播正能量·共筑中国梦"为主题的学习党的十八大、十八届三中全会精神系列报告会。二是开展重点社科普及活动。举办"社科评奖与社科研究"报告会，以社科评奖促进社科研究与社科普及队伍的建设。5月29日，自治区社科联副主席曹平研究员到校作"社会科学评奖与社会科学研究"专题报告。学校各文科学院80多名分管科研副院长和专任教师参会。主办"数字动画创作"为主题的学术交流与普及活动，学校设计学院承办、职业技术师范学院协办。邀请中国传媒大学动画与数字艺术学院教授索晓玲、栾伟丽主讲。活动由系列科普讲座和"数字动画人才培养"教学交流构成，就数字动画教学与创作、民间美术与动画创作等方面进行探讨。从学校相关学科在校博士生中遴选出6人组成宣讲团，邀请钟瑞添教授、林春逸教授对讲师团进行短期培训。举办"女大学生素养"系列讲座4期。举办"独秀大讲坛"系列讲座8场。

社科评奖　年内，在广西第十三次社会科学优秀成果奖评选活动中，报送305项人文社科类成果，50项成果获奖，其中《中国循环经济促进法理论与实践问题研究——兼论循环经济促进法对广西经济社会可持续发展的影响及应对》《桂林石刻总集辑校》《当今边疆地区环境史视野下的"瘴"研究辨析》《马克思主义大众化的语言哲学解读》4项获一等奖,《广西彩调研究》《有效教学的设计原理、策略与评价》等10项获二等奖,《壮族地区人地关系过程中的环境适应研究》《民族政策法规与少数民族身份认同研究——以广西龙胜各族自治县为例》等36项获三等奖,其中一等奖获得数创学校历史最优,居广西高校首位。年内,在桂林市第三次社会科学优秀成果奖评选中,学校15项成果获奖,其中《广西古代诗文发展史》《垂直专业化与研发投入:来自中国高技术产业的经验证据》等2项获一等奖,《桂林特大城市空间结构研究》等6项获二等奖,《全球化、现代化与马克思主义中国化的互动关系》等7项获三等奖。桂林市第三次社会科学优秀成果奖一等奖5项,学校获2项;二等奖14项,学校获6项;获奖数占到总获奖数的31.25%。

科研工作　年内,会员获各级各类科研项目245项,科研经费总额1905.33万元,比上年度增加368.96万元,增长24%。其中,纵向科研项目125项,经费额833.6万元(国家社科基金21项,经费410万元,省部级及其他项目经费423.6万元);横向合作项目120项,经费1061.73万元。另外,获科研平台经费880万元。国家社科基金项目数持续位居广西高校榜首。年内,获国家社科基金项目22项,资助经费总额470万元。分别是国家社科基金项目重大项目1项、一般项目12项、青年项目1项、西部项目4项、艺术学项目1项、教育学项目3项。学校成为广西唯一获得"桂学研究""全面推进依法治国与促进西南民族地区治理体系和治理能力现代化研究"等国家社科基金重大项目的高校。年内,获教育部人文社会科学研究项目2项,全国教育科学"十二五"规划教育部青年课题1项,国家民委民族问题研究项目1项,全国高等院校古籍整理项目3项,中国博士后基金项目4项。首次获国务院侨办科研课题1项。省级项目立项方面,获广西重大招标项目1项、"十三五"广西重大专题研究招标课题1项、广西重大课题委托课题2项、广西哲学社会科学规划委托课题1项。年内,新增横向项目74项,经费总额898.54万元,立项项目数和科研经费分别比2013年增长15.6%和34.22%。其中,历史文化与旅游学院副教授陆军与桂林旅游股份有限公司签订《资源资江——天门山景区旅游基础设施投资规划》的单项项目经费149.6万元;单项项目经费50万元以上横向项目有4项。

科研成果　学校人文社科学者发表、收录、转载论文606篇,其中北图核心期刊论文184篇;发表CSSCI论文85篇,其中在学校认定的人文社科奖励期刊发表论文138篇,比2013年(59篇)增长133.9%。出版人文社科类专著59部。年内开展2013年度校级单篇优秀论文奖励工作,81篇论文获奖,奖金额28.1万元,获奖论文数比2012年增加47篇。组织广西文科中心"人文强桂"系列丛书申报出版工作,推出相关项目研究成果6部。

【广西医科大学社会科学界联合会】 2014年末有团体会员26个。内设机构1个(办公室),工作人员6人。现任领导机构是第二届委员会,有委员25人。主席韦安光,秘书长文秋林。

年内,修订并印发《关于进一步规范报告会、研讨会、讲座、论坛等活动审批和登记备案的补充通知》,完善工作机制,明确各类学术活动坚持"谁主办谁负责""谁主管谁负责""统一管理分级负责"管理原则,实行分级审批管理方式,加强审批、监管力度。年内,新增2个"基地":获自治区党委宣传部同意在广西医科大学建立广西马克思主义理论研究和建设工程研究基地;获教育厅认定广西医科大学"健康与经济社会发展研究中心"为广西高等学校人文社会科学总店研究培育基地。

课题研究　组织申报校内外各种课题。申报"广西高校思想政治教育理论与实践研究课题科研项目"5项,广西高校"党的十八届三中全会精神研究"专项课题3项,其中6项获立项。在思想理论研究成果上,形成《立德树人导向下的医学生核心价值观研究》《沟通—参与—示范—养成:大学生社会主义核心价值观培育的原则与机制探讨》等理论成果。其中,《以邓小平的"三农"思想指导新农村建设》获广西高校纪念邓小平同志诞辰110周年学术研讨会优秀论文三等奖。

编纂工作　年内,学报编辑部出版《广西医科大学学报(社会科学版)》1期,分为论坛、教改实践、高教管理、卫生管理、图书情报、心理探讨板块,刊发文章100多篇。完成《广西医科大学志(1934~2014,第三版)》编纂工作,2014年12月出版。《广西医科大学志》(第三版)是在前两版的基础上补充2004~2013年的历史发展情况,对2003年以前有错漏的予以更正或补充。编辑出版《广西人文医学发展报告》,分成6章共45篇文章,近250千字。

社科评奖　10月至12月,举办2014年广西医科大学社会科学优秀成果奖评选活动,收到参评成果30多项,评出一等奖2项、二等奖3项、三等奖5项、优秀奖5项。

【广西民族大学社会科学界联合会】 2014年末有团体会员18个,个人会员920人。内设机构4个(秘书处、办公室、学术部、普及咨询部),工作人员4人。现任领导机构是第三届委员会，有委员45人，其中常务委员14人。主席何龙群，秘书长梁桂娥。

理论学习　年内，根据中央部署和自治区党委关于理论学习的有关文件精神，开展9个专题理论学习：学习贯彻习近平总书记系列重要讲话精神；学习贯彻党的十八届三中全会精神；深化中国特色社会主义和中国梦学习教育；培育和践行社会主义核心价值观；学习新修订的《党政领导干部选拔任用工作条例》；加强反腐倡廉教育，推进党风廉政建设；学习领会广西教育发展大会精神，推进学校各项事业；学习党的十八届四中全会精神；学习有关法律法规和推进高等教育改革发展必需的各方面知识，提高教职工法律素养和教学、管理和服务能力。

学术活动　年内，承办自治区社科联主办、资助召开的学术研讨会、科普活动3场。11月8~9日，团体会员马克思主义学院、马克思主义理论研究与建设工程基地与广西人的发展经济学研究基地共同承办的“中国第六次人的发展经济学研讨会”在广西民族大学举办，100多人参会；11月29日，与团体会员文学院共同承办的“多学科视野下广西非物质文化遗产研究、传承与保护研讨会”，在广西民族大学举办，50多人参会。10月31日，与自治区社科联东南亚经济与政治研究中心共同承办的“2014年中国—东盟大讲坛”（第四期）在广西民族大学举办，自治区社科联副主席曹平，广西民族大学校长、自治区社科联兼职副主席谢尚果出席。300多名师生参会。11月28日至12月1日，校社科联主办，团体会员民族学、社会学学院与马来西亚大学联合承办的“中国与东南亚民族论坛”第六届研讨会在马来西亚吉隆坡举行。年内，首次集中举办“学术活动月”活动，分上下半年2个时间段集中举行，每段持续一个半月，每个团队会员以一个专题举办系列学术报告、讲座。开展社科类学术交流活动近200场，其中，“学术活动月”期间举办的学术报告、讲座119场，大型学术研讨会8场，举办“2013年东盟形势及中国—东盟关系”学术研讨会和“第六届中国与东南亚民族论坛”国际学术会议2个大型国际性学术研讨会，以及中国法学会民族法学研究会2014年年会、第二届中国民族理论与民族政治论坛等全国性学术研讨会6场。

社科研究与成果　年内，获各级各类项目立项350项，获资助经费4921.9万元，同比增长38.55%。其中社科类科研经费2450.2万元，同比增长11%。其中，国家级项目14项，资助经费400万元；部委级项目6项，资助经费27万元；自治区级项目5项，资助经费33.5万元；厅级项目108项，资助经费191.5万元；横向合作项目38项，资助经费328.1万元；其他项目86项，资助经费240.10万元，社科类科研平台经费1230万元。国家社科基金重大招标项目和广西重大招标项目分获立项，实现高级别重大项目“零”的突破；国家社科基金项目立项总数14项，创历年最高；国家社科基金重点学术期刊项目《广西民族大学学报（哲学社会科学版版）》经全国社科规划办考核2014年度评为“优秀”等级，是“优秀期刊”中唯一一家民族类期刊。组织12项国家社科基金项目申请结题，8项获准结题。组织会员申报和开展自治区社科联组织的2014年广西社会科学课题、广西社会科学重点学术著作出版资助项目、高校社科联学术活动资助共11项，获立项3项。年内，在学术期刊发表论文845篇，出版各类著作45部。有45项成果获广西第十三次社科优秀成果奖，其中，著作类21项（一等奖4项、二等奖6项、三等奖11项），研究报告类2项（二等奖1项、三等奖1项），论文类22项（二等奖9项、三等奖13项）。1项成果获广西第十三届精神文明建设“五个一”工程优秀作品奖。合作单位察哈尔学会出版的《中国与东南亚国家公共外交》《中国国家形象全球调查报告》引起社会关注；“八桂学者”庄国土教授的学术著作《菲律宾华人通史》被列为国家“十二五”规划重点图书，并获国家出版基金项目资助，入选第四届“三个一百”原创图书。

社科平台建设与人才培养　年内，依托国家民委人文社科研究基地、教育部培育中心“东盟研究中心”“2011协同中心”等21个省部级以上人文社科重点研究平台，与18家广西区内研究机构、地方政府、企业行业等组成“强强联手、优势互补”合作模式，共同推进海内外高级别研究平台和新型人才培养模式。组建海外学术合作基地，促进高水平国际科研合作。分别与越南、老挝、马来西亚、菲律宾等东南亚国家知名单位成立海外学术合作基地；与越南、泰国、印尼、马来西亚等国家10所大学建立科研、人才培养合作协议。年内，创建“辅修东南亚国家语种+跨国田野调查”开放式硕博研究生培养模式。9月，获国家人力和社会保障部、全国博士后管理委员会授予“民族学博士后科研流动站”。获自治区设立“八桂学者”文科岗位3个、特聘专家2人；引进国内和境外研究机构资深专家、著名大学毕业博士20多人。

舆情工作　年内，向自治区社科联报送社科系统舆情信息、社会科学论丛文稿20多篇（条）。完成《广西社科联志·1984~2013》条目编纂工作。参与完成《广西壮族自治区高等学校社会科学界联合会管理办法（试行）》制订工作；参与全国部分省区市社科联第三届《社会科学年鉴》工作交流会；承担“中国—东盟大讲坛”主讲任务等。

服务社会　年内，承担地方政府、企业、行业、高校及科研院所等科研课题研究28项；主动承接国内外各级政府部门、企业、行业人才培训项目,培训国内外东盟法律界精英、越南党政干部、内外东盟旅游人才、广西区内外志愿者等500多人。龚永辉研究员的成果《两“最”之间的三“字”答卷——关于民族问题上的“最大分歧”和“最大公约数”》得到全国政协主席俞正声的关注和批示,相关的理论观点纳入2014年中央民族工作会议材料;党委书记钟海青教授2014年1月向自治区党委、政府提交的《关于加强我区边境地区教师队伍建设的建议》,12月得到自治区党委常委、自治区常务副主席黄道伟和自治区副主席李康的批示。

【桂林电子科技大学社会科学界联合会】 2014年末有团体会员7个,个人会员40多人。内设机构1个,工作人员3人。现任领导机构是第二届委员会,有委员29人。主席孙宁,秘书长廖柏明。

学术活动 年内,参加省级以上学术会议80人(次),校内外专家教授举办社科类学术报告28场。1月10日,学校召开2014年国家社科基金项目申报辅导动员暨申报辅导会,邀请广西社会科学规划办主任徐高潮,学校设计学院胡易荣博士及国内知名专家进行专题辅导,学校副校长王玫、全体文科院系分管科研领导及科研秘书,文科院系博士、教授及青年教师60多人参会。5月15日,自治区党委宣传部副部长、自治区讲师团团长李海荣应邀到校作关于“习近平总书记系列讲话重点解读”辅导报告。5月29日,自治区高校工委宣传部部长、自治区教育厅思政处处长李美清应邀为全校辅导员作题为“关于高校辅导员队伍建设政策的认识和思考”专题辅导报告。6月6日,李美清、自治区高校工委副书记莫锦荣、自治区教育厅安稳处副处长熊忠良到校调研指导工作并作报告,校党委书记周怀营、校长古天龙接待,校党委副书记孙宁陪同调研。12月5日,自治区高校纪工委副书记、自治区纪委、监察厅派驻教育厅纪检组副组长、监察室主任吕逸在学校花江校区为学校副科级以上干部作题为“正确认识反腐倡廉建设形势,科学有效预防腐败”专题报告。

科研成果 年内,获国家社科基金项目7项,到位研经费312.5万元;发表论文418篇,出版著作21部;其中学校艺术与设计学院吕屏老师的《南岭走廊瑶族民间美术传承图谱的编制与研究》获2014年国家社科基金艺术学项目立项,是首次获得的国家社科基金艺术学项目。

【桂林理工大学社会科学界联合会】 2014年末有团体会员21个,个人会员400多人。现任领导机构是第三届委员会,有委员17人,其中常务委员8人。代理主席王赣华,代理秘书长罗盛锋。

学术活动 年内,召开学术研讨会2次。6月28日,承办“第三届全国高校英美文化教学与研究研讨会”,全国60余所高校近100位代表参会。12月15日,举办“党的十八届四中全会精神研讨会”,80余人(次)参会,特邀华中师范大学原社科处处长、发展研究院副院长石挺教授,广西人文社会科学发展研究中心主任、广西师范大学社科处处长林春毅教授,国家社科基金重点项目主持人、广西文科重点研究基地—广西民族旅游研究中心负责人吴忠军教授等专家作专题辅导报告,会议围绕“依法治国”、文科科研团队建设和2015年国家社科基金申报等进行研讨。

科研活动 年内,校社科工作者获国家社会科学基金项目3项,国家自然科学基金(管理学类)项目2项,教育部人文社科项目2项,省部级项目20多项,承担旅游规划、企业咨询、政府调研等各类社会服务项目100多项,获科研总经费1000多万元;以第一作者发表社科类学术论文200多篇。

社科评奖 3月,组织教师参加第广西十三次社会科学优秀成果奖评选活动,有5项成果获奖,其中闫春教授的《农村嵌入与西部地区农村劳动力转移就业——基于广西和贵州1611份调查问卷的实证分析》获论文类一等奖;吴忠军教授的《民族旅游与少数民族妇女发展》、曾鹏教授的《面向后发地区的区域技术战略对企业迁移作用机理研究》获著作类三等奖;陈炜等的《桂滇黔少数民族传统体育文化资源调查与开发利用研究》、李敦祥等的《我国民族地区经济追赶进程中的优势叠加、优势冲突与反冲突研究——以桂滇为例》获研究报告类三等奖。

讲座、报告会 年内,与学校各学会承办或合办各类人文社科讲座20余场。3月,2014“梦想之旅”中国大学生励志系列公益讲座在校内举办,新东方教育科技集团首批十位“集团演讲师”与在座4000余名师生分享学习奋斗经历和生活感悟。4月8日,邀请广西师范大学王枬教授主讲“做一名美丽女生”,从中国传统文化、西方文化思潮、时代潮流发展、历史变革等方面,介绍女性地位、女权运动、女性思潮变化,200多名师生参加。5月,邀请第十八届中国青年五四奖章获得者、中央人民广播电台中国之声首席记者、96级校友白宇作主题为“成长·行万里路”专题讲座,诠释新闻人的责任与担当,鼓励师生做契合时代、做符合人民需要的青年人,做社会主义核心价值观的践行者和传播者。6月,与管理学院邀请80级校友、天津天石伟业建筑工程检测有限公司董事长张志强作关于人生立志感悟专题报告,200多名学生聆听。10月,邀请北京经济贸易大学杨河清教授作题为“提高国家课题申报成功率”学术报告,

为2015年社科基金申报奠定基础。12月12日，邀请华中师范大学石挺教授作关于高校文科科研团队建设专题报告，为校科研团队和科研平台建设提供经验。

社团活动　6月，举办社团会员书画、剪纸、手绘作品展；社团联合会“三下乡”社会实践研究生团队开展“阳朔漓江环保调研实践”主题活动；11月21日，在校附属小学开展“传播中华剪纸文化 弘扬民间剪纸艺术”讲座；11月26~27日，举办第八届星级社团评比成果展；12月6~8日，举办“桂工特色文化”主题书画剪纸比赛；12月10日，开展“走下网络、走出宿舍、走向操场”主题团日活动。

【广西中医药大学社会科学界联合会】 2014年末有团体会员2个（广西中医药大学思想政治教育研究会、广西中医药大学人文社科学院），个人会员176人。内设机构1个（办公室），工作人员2人。现任领导机构是第二届委员会，有委员26人，其中常务委员15人。主席董塔健，秘书长韦兆钧。

年内，会员发表论文12篇，成功申报自治区级课题2项、教育厅课题4项、校级课题10项；召开各种学术研讨会、报告会2次，2000多人（次）参会。

【广西艺术学院社会科学界联合会】 2014年末有团体会员18个，个人会员300多人。内设机构1个（办公室）。现任领导机构是第一届委员会，有委员57人，其中常务委员23人。主席邓军，秘书长刘新。

学术活动　年内，举办各种学术活动50余次（含专业性音乐会、画展），500多人（次）参加，收到论文20余篇，作品100多件。9月26~30日，黄格胜“格物致知——黄格胜教学展”在桂林举行。广西艺术学院院长、漓江画派促进会会长、漓江画派研究院院长黄格胜教授宣布画展开幕。黄格胜教授一直坚持写生与创作结合方式进行教学实践，并通过教学展检验教学质量。“格物致知——黄格胜教学展”已举办八回。展览以“长卷”为特定创作样式，借《漓江百里图》创作30周年之际，举办黄格胜教授教学实践长卷大型展览，气势和体量超过往届。展出黄格胜教授2014年教学示范新作及历届研究生和国家画院高研班学院、漓江画派高研班学员、漓江画派课程班学员们的长卷50幅。10月9~12日，画展在广西艺术学院南湖校区美术馆展出。

科普活动　年内，举办大型社科知识普及活动10次，200多人（次）参加。6月26日至7月8日，学校影视与传媒学院、建筑艺术学院、音乐学院、民族艺术系、舞蹈学院等5支文化下乡服务队，120余名学生志愿者到“美丽广西·乡村建设”驻村点扶绥县昌平乡联豪村开展“清扫家园”“爱心支教”“关爱慰问孤寡老人”“美化校园墙绘活动”“美丽乡村总体规划设计和民居设计实地调研”“友谊篮球赛”“专场文艺演出”“音乐舞蹈图文影音资料收集整理”“舞蹈支教与交流”等活动。7月7~13日，学校大学生文化下乡服务团分别在玉林市容县，梧州市岑溪市，贺州市富川瑶族自治县，桂林市区及灌阳县、永福县，崇左市扶绥县举办7场专题交响管乐音乐会，开展“美丽广西·清洁乡村”宣传活动。

社科评奖　11月，组织开展广西艺术学院2014年度科研创作成果奖评奖活动，收到申报科研创作成果500项，评出10项学校发展成果奖、115项科研成果奖、56项优秀创作成果奖。

课题研究　年内，会员获立项课题96项；99项课题通过结题验收。其中刘新主持的《20世纪广西美术史》和潘兆业主持的《少数民族动画资源产业化发展研究》分获立项为2014年度全国艺术科学规划一般项目和青年项目；杨志晓主持的《群舞〈蛙神祭〉》获立项为2014年度舞台艺术创作资助项目小型舞台剧（节）目，桂林中国画学院钟涛主持的《壮乡览胜》获立项为2014年度美术书法摄影创作人才资助项目。

社科刊物　年内，编辑出版《艺术探索》7期，发表文章223篇。

【广西师范学院社会科学界联合会】 2014年末有校属研究中心15个、研究所20个、研究基地1个，团体会

12月31日，广西师范学院社会科学界联合会第四次会员代表大会在南宁召开

（刘晖晖　供稿）

员36个，个人会员800多人。内设机构2个(学术交流部、科普工作部)。现任领导机构是第四届委员会，有委员32人，其中常务委员20人。主席李丰生，秘书长傅东平。

12月31日，在南宁召开第四次会员代表大会，大会选举产生第四届委员会委员及工作机构负责人。

学术活动 年内，召开学术研讨会和报告会各3次，1200多人(次)参会，收到论文64篇。2月23日，在南宁承办"广西地理科学与资源环境论坛暨北部湾环境演变与资源利用省部共建教育部重点实验室建设工作会议"，来自中国科学院、北京大学、河海大学、广西气象局、广西国土厅等专家参会。学校领导、实验室学术委员会成员、专家学者和学生代表200人参会。6月28日在南宁承办"思想政治教育学科设立30周年学术研讨会"。武汉大学、华中师范大学及广西大学、广西师范大学、广西医科大学等16所高校的思想政治教育专家参会。5位领导、专家在会上作学术报告。与会者围绕"思想政治教育学科建设与发展""思想政治理论课建设与发展"两大主题进行分组研讨与交流。

科普活动 年内，举办社科知识普及活动1次，参加活动200多人。11月7日，学校政法学院与南宁铁路运输法院开展法治教育宣传和研究活动，南宁铁路运输法院模拟法庭公开审理王某某涉嫌故意伤害及附带民事诉讼一案。南宁铁路检察院指派检察官出庭公诉，被告及被害人、律师参加诉讼，双方亲属近10人到庭旁听，政法学院相关教师、法学专业本科学生和思想政治教育专业研究生200多人参加旁听。

社科评奖 3月，组织申报广西第十三次社会科学优秀成果奖评选活动，收到申报成果66项，获一等奖2项、二等奖8项、三等奖9项。3月，组织申报第十届广西文联文艺评论奖，收到申报成果8项，获一等奖1项、二等奖1项、三等奖2项，学校获"组织工作奖"。第十届广西文联文艺评论奖评选委员会推选学校李仰智教授的论文《真实:"花非花"》获第九届中国文联文艺评论奖二等奖。6月，组织申报自治区社科联第五届广西社会科学界学术年会论文，收到申报成果8项，获一等奖1项、二等奖1项、三等奖1项、优秀奖3项。

课题研究 年内，会员承担国家社会科学基金一般项目课题4项，青年项目1项，西部项目3项，后期资助项目1项，教育部人文社会科学研究项目1项，广西重大课题研究招标课题1项，广西哲学社会科学规划课题1项，广西科学研究与技术开发计划项目5项，广西高校科研项目54项，广西社科重点学术著作出版资助1项，广西社会科学重点课题1项，各类开放课题161项。出版《广西残疾人社会工作实践与探索》《广西喀斯特地区农村社会风险预警与农业发展研究》《中国西南边疆治理模式研究》《保险法合理期待原则研究》《受控主体权利保护法律问题研究》《新世纪广西诗歌观察》《槿花集——刘兴超诗词选》《清代广西巡抚列传》《空心人》《从主体建构到自我解构——新时期以来中国电影中农民形象演变的符号学考察》《当代汉语新词族研究》《喀斯特人地系统研究》《高速铁路背景下促进南宁城市发展与产业转型升级研究》《中国古代小说俗语大辞典》《读懂林徽因》《文学教育识小录》《中国诗学的道德批评维度》《读懂王国维》《〈规划师〉论丛·2014》《高等师范院校宣传思想工作理论研究与实践探索》《面向中国—东盟自由贸易区经济管理类人才培养模式的探索》《城市群区域城际轨道交通与城市公交衔接系统研究》等学术著作。

【桂林医学院社会科学界联合会】 2014年末有团体会员1个，个人会员280人。现任领导机构是第二届委员会，有委员13人。主席宿富国，秘书长孔慧。

学术活动与交流 12月22日，校社科联举行"践行社会主义核心价值观"学术年会，宿富国主席作题为"雷锋精神与社会主义核心价值观"主题报告；校社科联委员、护理学院党委书记曾凡能，校社科联委员、学工处处长胡友根，校社科联委员、人事处副处长王海平，学校"青马工程卓越班"第一期学员蓝惠茹，从理论和实践两个层面，分享学习和实践体会。

科普活动 年内，自治区社科联、桂林市社科联主办，校社科联协办以"打造国际旅游胜地，建设和谐美丽桂林"为主题的"2014年广西社会科学普及联合大行动之桂林市中心广场科普活动"，校医疗卫生咨询服务队参加，负责健康义诊和医疗卫生知识宣传工作，宣传疾病预防保健知识，发放养生保健宣传材料。

科研成果 年内组织社科联会员和学校社会科学工作者向全国哲学社会科学规划办公室、自治区社科联、自治区高校工委申报党建、德育等社科研究课题。其中1项获国家社会科学基金后期资助项目立项，资助金额20万元；1项获自治区高校工委党的十八届三中全会精神研究专项课题立项；1项获广西第十三次社会科学优秀成果著作类三等奖。组织申报2014年校级哲学社会科学研究课题，10项课题获立项，资助金额1.5万元。

调研活动 组织大学生到广西贺州各医疗卫生单位进行毕业生调研，完成《桂林医学院毕业生在桂东地区从业现状的调查—以贺州为例》调研报告。

【玉林师范学院社会科学界联合会】 2014年末有团体会员9个，个人会员318人。现任领导机构是第二届委员会，有委员27人，其中常务委员9人。主席王志明，秘书长蓝蔚。

学术活动与交流　年内，举办（协办、参办）学术活动（包括研讨会、论坛、年会、座谈会等）7次，征集论文65篇，近500人（次）参加。1月14日，组织人员参加习近平总书记讲话精神轮训辅导报告会；9月13日，参办广西知识产权违法行为举报奖励制度研讨会；9月24日，开展校社科联各学会专题学习讨论会，学习习近平总书记党的十八大以来关于教育工作重要论述和教师节的重要讲话精神；10月16日，与自治区社科联联合举办“2014年广西社科专家学者学术交流会”；10月18日，参办第七届广西高校经管学院（系）院长（主任）联席会议；10月24~26日，参办广西心理学会第十七次学术研讨会；10月27日，协办玉林师范学院发展定位规划暨学术道德规范征求意见座谈会；11月4日，召开学院社科联学习党的十八届四中全会精神专题会；11月，参办广西高校校园媒体工作会议暨高校校报协会2014年年会；12月19日，召开学院社科联2014年学术年会，主题为：师范院校培育和践行社会主义核心价值观。年内，邀请学院内外专家讲学15人（次），受众2500多人（次）。6月11日，广西师范大学周长山教授应邀到学院作题为“近代日人桂边调查——以东亚同文书院的活动为中心”讲座；11月29日，蓝蔚秘书长为全校师生作题为“现代化进程中的人文关怀”理论教育讲座；11月18日，广西教育学院党委书记陈洛教授应邀到学院作题为“教育均衡发展中的教育自觉与教育自信”学术报告；11月19~20日，玉林文化时空研究会会长罗秀兴、副会长刘福光等举办玉林乡土文化系列讲座；11月25日，华南农业大学杨乃良教授应邀到学院作题为“广西村治历史与现状”学术报告会；另外，文学与传媒学院主办以“享受自由思想的盛宴，倾听学术前沿的声音”为主题的“人文讲坛”系列学术讲座12场，邀请北京大学教授郭锡良、华中科技大学教授赵振宇、人民艺术家协会副会长籍更森教授等知名学者到学院开展专题讲座。

社科普及　年内，利用挂靠的自治区社科联共建社会科学普及基地、玉林市青少年科技教育基地、广西青少年教育基地等平台开展科普活动。协助举办常规性科普活动，包括政经形势、推广普通话、安全教育、心理健康、社会诚信教育宣传等，协办、参办活动8次，展出展板10块，发放资料和调查问卷500多份，1500多人参加。如在全国科技活动周期间开放参观基地展馆，在玉林市中心青年广场开展食品安全宣讲，到和睦村开展社区文化服务活动，为玉林市第六次全国体育场地普查培训工作等。4月，参与玉林市知识产权局知识产权宣传周系列活动。4月24日，协助举办玉林市中小企业知识产权讲座，参加培训学员120多人。举办广场科普活动1次，展出展板8块，发放资料450份；举办社科知识进村、进社区、进学校科普活动3场，发放资料400多份；举办科普报告会2场，听众300多人。年内，获广西社会科学普及联合大行动项目3项。

学科建设　年内，稳固发展自治区重点建设学科“华侨华人学”建设基地、自治区重点学科中国现当代文学、广西教育科学重点研究基地、广西高校人文社会科学重点研究基地等科研平台的建设工作，通过学术研讨交流、宣传板报、工作简报等方式营造利于学科发展新环境。

科研工作与成果　年内，申报各级各类项目104项，获立项67项，其中国家级3项、省部级5项、厅局级29项，横向项目4项，资助经费总额近300万元。袁名泽教授组建的中国史学术团队，进行“道教农学思想”系列研究，主持的国家社会科学基金项目《道教农学思想史纲要》结项，该项目在研期间发表阶段性成果论文14篇，其中在中文核心期刊上发表9篇，《朱权农学思想考论》《〈太上妙法本相经〉农学思想考论》《陈旉农书之农史地位考》等3篇在人大《报刊复印资料》全文转载，1篇入选《新华文摘·要目辑览》。该项目成果获自治区哲学社会科学规划办全额资助。其专著《道教农学思想发凡》获广西第十三次社会科学优秀成果奖专著类三等奖。发挥学科优势，开展《壮族文化元素在桂东南陶瓷产业中的运用研究》《中国海外能源投资法律问题研究——以我国对东盟投资为视角》《广西上市公司改进绩效考评方法研究》等项目研究，发表《桂东南特色文化资源共建共享现状与对策》《法律援助工作的现状及对策——以广西玉林市为例》等成果。年内，会员发表论文278篇，其中在核心期刊发表论文91篇；出版学术著作（含会员个人）4部。获广西高校人文社会科学重点研究基地1个（民族地区文化安全研究中心），广西高校人文社会科学重点研究培育基地1个（桂东南农村新型社区建设研究中心培育基地），广西重点学科1个（中国现当代文学）。11月22日，《玉林师范学院学报》被全国高等学校文科学报研究会评选为“第五届全国高校优秀社科期刊”。

服务地方工作　年内，以广西高校重点研究基地“民族地区文化安全研究中心”（负责人：李继兵）、“桂东南农村新型社区建设研究中心”（培育基地）（负责人：王志明）为主要平台，进行区域性调研。形成《乡村旅游跨文化传播中村庄社区认同的悖论——基于桂东南L村的田野调查》《农村青少年媒介素养的现状分析——基于桂东南Y中学的调查》等调研报告5部。4月17日，与玉林市人民政府签订“市校合作框架协议”。6月，以学院社科联副主席蒋慧为负责人的“广西企业知识产权维权援助服务的试点示范——广西玉林制药有限责任公司试点”项目获广西知识产权局立项。11月14日,蒋慧牵头的“征信宣教合作项目”,与中国人民银行玉林市中心支行签订合作协议。11月18日,学院成立玉林经济社会发展研究院,学院社科联副主席陈莉任研究院玉林文化研究与服务中心主任,并发表《玉林市非物质文化遗产保护情况的调查报告》。

【河池学院社会科学界联合会】 2014年末有个人会员320多人。现任领导机构是第三届委员会,有委员24人。主席韦仕珍,秘书长韦宏思。

5月20日,召开河池学院社会科学界联合会第三次代表大会。自治区社科联副主席曹平,学院院长郎耀秀、党委副书记韦仕珍出席,学院第二届社科联副主席谢铭、贺卫国、韦文广及社科联第三次代表大会正式代表100多人参会。会议选举产生学院社科联第三届委员会委员及领导机构。新当选主席韦仕珍对学院社科联今后工作提出五点意见:一是要始终坚持马克思主义指导,团结组织学院社科工作者不断解放思想,探索真理,开展策略研究和决策咨询研究,为文化大发展大繁荣作贡献。二是加强与自治区社科联的联系,积极参加自治区社科联大型研讨学术活动,争取更多的社科研究项目和社科优秀成果奖。三是要发挥学院科研人才聚集优势,加强科普工作与科研服务地方工作,加强与广西区内外高校社科联开展学术交流,提高能力。四是开展学术研究与交流活动,形成哲学社会科学研究基地和学术交流的重要窗口。五是抓好学院社科联自身建设,加强外联内联工作,发扬优势,建言献策,当好学院党委行政的思想库与智能团。

学术活动与交流 1月6日,自治区新闻出版局副局长黄健应邀到学院作题为“实现中华民族伟大复兴的关键抉择”宣讲报告。3月14日,阳国亮教授应邀到学院作“学习贯彻党的十八届三中全会和习近平总书记系列讲话精神”专题讲座。3月21日,广西民族大学副校长、广西优秀专家吴尽昭教授应邀到学院作主题为“国家科技发展基本动态”报告。3月28日,郎耀秀作题为“走内涵式发展道路,全面提升学校的办学软实力”讲座。4月11日,广西民族大学副校长、博士生导师袁鼎生教授应邀到学院作题为“学术超越”学术报告。4月25日,学院副院长周鸿作题为“学习十八届三中全会精神 推进社会治理创新”讲座。4月25日,福建师范大学硕士生导师习英应邀到学院作主题为“舞蹈人体与科学训练”学术讲座。5月9日,学院副院长罗之勇作“关注民生问题,构建和谐校园”主题讲座。5月16日,学院副院长崔晓麟作题为“学习党史国史 坚定道路自信”讲座。6月6日,韦仕珍作题为“推进大学生思想政治教育”讲座。6月10日,广西政协教科委员会主任于瑮教授应邀到学院作题为“培育和践行社会主义核心价值观,为中国梦凝心聚力”报告。11月25日,《光明日报》驻广西记者站站长、高级记者刘昆应邀到学院作题为“新闻与大学生活”讲座。11月26日,广西人才市场高校毕业生就业服务部部长助理、广西人才市场特聘礼仪培训师李晓晗和广西人力资源服务行业协会副秘书长、广西人才交流服务中心特聘就业指导专家郭新娟应邀到学院分别作“求职面试形象与礼仪”“简历制作和求职面试技巧”主题讲座。

科普活动 7月10日,学院举行2014年大学生“为祖国勤学修德 以实践明辨笃实”主题暑期社会实践活动启动仪式。学院党委书记韦春北、各部门负责人、指导老师及学生450人参加。活动内容包括实践类、调研类、市直机关挂职等实践类别,在践行美丽广西、纪念五四运动95周年、革命老区考察体验、大学生专业素质拓展、大学生非专业素质拓展、专业研究、与地方结对共建等方面开展活动。社会实践活动团队到宜州市德胜镇、大化瑶族自治县、巴马瑶族自治县、罗城仫佬族自治县等少数民族及偏远地区,向当地乡村群众宣传党的十八大精神、习近平总书记系列重要讲话精神、社会主义核心价值观及如何进行深化改革等重要理论政策,并开展美丽广西清洁乡村、心连心·关爱空巢老人和留守儿童等系列活动。8月24~26日,学院大学生志愿者暑期“三下乡”实践团赴忻城县红渡镇雷洞村开展服务活动。活动由自治区高校工委、教育厅主办,学院承办,以“河

5月20日,河池学院社会科学界联合会第三次代表大会在河池召开

(河池学院社科联 供稿)

池学院 美丽雷洞"为主题,由政策宣讲团、桑蚕帮扶团、义务家电维修团、文化下乡团、"美丽广西 清洁乡村"服务团、环保实践团、关爱留守儿童团、关爱空巢老人团、深化改革观察团等组成,开展政策宣讲、家电维修、关爱"空巢"老人和留守儿童、垃圾污染处理、水污染调查等活动。

课题研究 年内,获广西高校科研项目立项36项。其中重点项目4项,一般项目15项,立项项目17项,立项资助经费60万元。其中社会科学类项目获立项8项,资助经费18万元。获广西教育科学"十二五"规划反腐倡廉建设理论研究专项课题4项。获广西教师教育立项课题3项,重点课题1项,一般课题2项。

科研奖励 年内,获广西第十三次社会科学优秀成果奖三等奖4项,其中著作类三等奖2项、论文类三等奖2项。获河池市第一次社会科学优秀成果奖13项,其中著作类二等奖3项、三等奖1项,论文类二等奖3项、三等奖6项。

【广西财经学院社会科学界联合会】 2014年末有团体会员34个,个人会员744人。现任领导机构是第二届委员会,有委员29人,其中常务委员3人。主席韦良,秘书长邓文勇。

学术活动 年内,主办、承办或联合主办、承办学术活动20多次。1月4日,学校与泰国暹罗大学联合举办第一届中泰教育合作论坛,并与防城港市政府、泰国暹罗大学在防城港联合举办第一届中泰经贸合作研讨会;3月4日,"共青团广西区委百场创业创新沙龙进高校"活动在学校举行,共青团广西区委副书记刘玄启带领广西欧博软件科技有限公司董事长李建新、广西南宁鸿运国际旅行社有限公司副总经理余林峰等企业家代表到校与有志于自主创业的大学生交流互动。3月9日,中国知名高等教育学家潘懋元先生应邀到校讲学,作题为"大学教师发展的理念、内涵、方式、动力"专题报告。5月8日,学校举行"百名名师进校园"系列讲座第4讲,法国克莱蒙费朗第一大学教师、法国国家一级教授Denis RICHARD先生应邀作"应用技术型本科人才培养"专题讲座。5月26~31日,学院副书记、社科联副主席黄光云应邀对美国中央华盛顿大学进行访问并签订国际金融教育合作项目框架协议。6月4日,学校"百名名师进校园"系列讲座第5讲在明秀校区举行,南开大学高等教育研究所所长、教师发展中心主任、博士生导师沈亚平教授应邀到校作"深化人才培养模式改革的反思"专题讲座。10月12日,中央财经大学周利国教授应邀到校作题为"物流与供应链金融的理论与实践"专题讲座。10月25日,经济学博士、教授、博士生导师、教育部长江学者特聘教授、全国知名经济学家黄少安和《经济研究》杂志常务副主编郑红亮应邀到校分别作主题为"我国土地产权有关问题研究""高水平论文选题思路与撰写要求"学术报告。11月6日,广西高校总会计师论坛在学校召开。席鸿建校长出席并致辞,宁旭初总会计师主持并作主旨发言。广西大学总会计师梁家斌、广西师范大学总会计师丁静、广西科技大学总会计师韦锦义、贺州学院总会计师王瑞龙、桂林电子科技大学总会计师曹辉景、桂林旅游高等专科学校总会计师李建林、南宁职业技术学院总会计师杨清源到会并作主旨发言,广西财政厅会计管理处处长陈海涛到会指导。

科普活动 年内,举办各种科技培训班8期,3000人(次)参加;举办各类科普讲座、报告10多场,5000多人参加。10月9日,组织举办"新生适应性心理健康教育讲座",学校心理健康教育与咨询中心副教授吴名扬以"用激情点亮人生"为主题,从大学生心理状况、心理健康的标准、大学生常见的心理问题、大学生心理健康问题应对策略4个方面展开论述。通过现场互动,与同学探讨大学新生生活困惑、压力调节、时间管理及学习目标的重新定位问题等,帮助新生尽快适应大学生活。讲座惠及大一新生3000人。12月1日,组织"互联网金融专题讲座",邀请中央财经大学博士生导师傅强教授主讲,讲解互联网行业的现状和特点,互联网对当前经济、生活、社会和金融的影响。学校教师和学生代表100多人参加。12月9日,组织"大学生安全防范知识讲座"。邀请校保卫处副处长陈叔军主讲。经济与贸易学院、财政与公共管理学院、管理科学与工程学院等6个二级学院学生代表200多人参加。讲座突出"三防"即防火、防盗、防骗主题,强调大学生安全防范的主要方向,帮助学生分析具体情况、学会报警、克服人性弱点。12月10日,邀请文化传播学院副教授王伟萍博士到学校防城港学院举办"中国文化中的时与变"专题讲座,该院师生代表200多人参加。

三下乡科普活动 年内,组织信息与统计学院、文传学院、国际教育学院、工商学院等开展4次三下乡科普宣传活动,主题包括食品安全、交通安全、保险与理财等,受益地区包括南宁、柳州、防城港、东兴、上林等地。参加科普师生近300人,发放各类科普、科技资料、图书5000份(册),组织宣传演出2场,受益群众6000人。

课题研究 年内,立项课题87项,完成结题验收64项,获国家级课题13项,其中国家社科基金项目9项(重点项目1项),国家社科基金项目立项数排名居广西第4位;国家自科基金项目4项。

全年出版《广西财经学院学报》4期,出版专著9部。

【百色学院社会科学界联合会】 2014年末有团体会员7个。内设机构1个(办公室),兼职工作人员1人。现任领导机构是第一届委员会,有委员22人。主席梁文化,秘书长吕嵩崧。

学术活动 8月22日,配合中央文献研究室、自治区党委在百色举办"纪念邓小平同志诞辰110周年暨百色起义85周年学术研讨会"。自治区党委常委、宣传部部长沈北海出席并讲话。中央文献研究室室务委员、秘书长闫建琪,百色市委书记、市人大常委会主任彭晓春及百色学院党委副书记、院长唐拥军出席。百色市市长周异决主持研讨会。中央和广西区内外党史界、理论界专家、学者等100多人参会。与会专家学者从改革开放、党建、统战、经济建设、宣传思想工作等方面对邓小平理论重大历史贡献和现实意义进行研讨与交流。会议收到论文108篇,评出一等奖3篇、二等奖6篇、三等奖9篇、优秀奖20篇。7月10日,第六届全国革命老区高校联席会在百色学院召开。延安大学、陇东学院、渭南师范学院、嘉兴学院、曲靖师范学院、吉首大学、临沂大学、湘潭大学、井冈山大学、武夷学院、龙岩学院等近50所革命老区高校党委书记、校长、学者参会,共商革命老区高等教育改革和发展对策,老区高校建设与发展。教育部高等学校社会科学发展研究中心主任、《中国高校社会科学》总编杨河,中国老区建设促进会宣传部部长何洪利,广西壮族自治区高校工委副书记莫锦荣,百色市委常委、宣传部部长、副市长黄建宁出席会议。百色学院党委书记卞成林主持,唐拥军院长致辞。参会代表分4个小组围绕"传承革命精神,共话立德树人""弘扬红色文化发展老区高校"等内容进行研讨与交流。会议通过《第六届全国革命老区高校联席会关于传承革命精神实现合作共赢》决议。

课题研究 年内,学校共获各级各类科研项目115项:其中国家社科基金项目2项,省部级科研项目5项,厅局级项目68项,横向项目6项,总经费400多万元,其中获上级资助经费200多万元。年内,有1项国家社科基金项目、1项教育部人文社科研究项目、1项广西哲学社会科学规划课题结项。其中周叮波副教授主持的教育部人文社科研究项目研究成果获广西第十三次社会科学优秀成果奖研究报告类二等奖。

【贺州学院社会科学界联合会】 2014年末有个人会员300多人。现任领导机构是第一届委员会,有委员19人。主席吴郭泉,秘书长朱其现。

学术活动 3月24日,广西科技大学校长周德俭应邀在学院作题为"大学文化及其地方高校大学文化建设的若干思考"专题讲座。学院领导梁丁丁、吴郭泉、梁华、林明、黄文韬、王瑞龙,全体中层干部,二级学院院长助理、团委书记、辅导员等到场听取讲座。3月28日,广西师范大学教授胡大雷应邀到学院作题为"桂学研究的历史、现状与前瞻"学术讲座,南岭民族走廊研究院院长李晓明教授主持,学院人文社会科学方面相关学者和教师代表聆听讲座。12月19日,天津大学党委副书记李义丹应邀到学院作题为"天津大学学生工作的实践与思考"专题讲座。11月25日,学院、贺州市委宣传部、贺州市社科联、贺州市党的建设研究会主办的"贺江论坛"启动仪式暨"集智聚力 特色兴贺"专题座谈会在贺州举行。贺州市委常委、组织部部长、市党的建设研究会会长覃黎魁,贺州市委宣传部常务副部长、市社科联主席陈文珍,学院领导梁丁丁、林明、何星存出席仪式和座谈会,贺州市社科工作者及市直相关部门90多人参会。广东省社科院现代化战略研究所研究员姚立、桂林理工大学环境学院教授成官文、广西师范大学环境与资源学院教授黄智、贺州学院经济与管理学院博士杨主泉、贺州市发展研究中心副主任梅佳、贺州市环保局高级工程师王振兴博士、贺州市委党校法学教研室主任林秋琴等人参会并作主题发言。12月10日,"贺江论坛"第二期报告会在学院举行。自治区政协常委、政协科教文卫体委员会主任于瑮教授作"培育和践行社会主义核心价值观,为'中国梦'凝心聚气"专题报告。

7月10日,由百色学院社科联承办的第六届全国革命老区高校联席会在百色召开 (吕嵩崧 供稿)

科研成果 年内,学院获国家社科基金项目1项《代际转换视角下农

民工市民化的成本与收益政策研究》，主持人王荣。获教育部社科项目2项，主持人分别为古贤明、刘宇亮；最高人民检察院检察理论研究课题1项，主持人奉晓政；厅级社科项目40项。累计获资助经费80万元。学院教师公开发表社科类学术论文240多篇，其中在中文核心期刊发表43篇。出版《中国和谐文化建设理论与实践》《客家人生态性生存》《旅贺历史名人》等专著教材18部。

科研获奖　年内，学院社科工作者获广西第十三次社会科学优秀成果奖2项，其中黎琼锋获著作类三等奖1项，付煜获论文类二等奖1项。获贺州市第二次社会科学优秀成果奖16项，其中二等奖5项、三等奖11项。获贺州学院第一次社会科学成果奖31项，其中一等奖3项、二等奖6项、三等奖9项、优秀奖13项。

科研人才培育　年内，学院资助获博士学位教师，投入专项经费30万元，用于博士科研启动，其中文科类博士启动基金4万元。

基地建设　年内，自治区教育厅重新对广西高校重点实验室和研究基地进行申报。学院广西东部族群文化研究基地获立项。

【钦州学院社会科学界联合会】 2014年末有团体会员11个，个人会员372人。内设机构1个，工作人员2人。现任领导机构是第二届委员会，有委员9人，其中常务委员5人。主席王国红，秘书长何光耀。

学术活动　年内，会员参加省级以上学术会议100多人(次)。3月20日，学院社科联在校内举办“大中专院校知识产权与专利申请实务”讲座。学院社科联副主席、科技处副处长何光耀，钦州市科技局知识产权科科长林广生，钦南区科技局副局长黄贤祥，钦南区科技局办公室主任曾凡跃及学校80多名师生参加。3月31日，自治区社科联副主席曹平教授应邀在学院作“社会科学评奖与社会科学研究”专题讲座，学院社科联和社科工作者近100人聆听。4月23日，在学院举办“钦州市践行社会主义核心价值观的思考”专题讲座，钦州市委宣传部副部长、市文明办主任马瑞主讲。5月15日，学院社科联与法律与公共管理学院联合举办“发挥法院的职能作用，推动社会正能量”专题讲座，钦州市中级人民法院审判监督庭庭长赵洪忱主讲。5月19日，与学院校友办在校内举办“两个历史时期”实践探索的本质一致性——学习习近平总书记重要系列讲话的体会为主题的讲座，广东省委党校教授、钦州学院校友吴智棠主讲。学院副院长、社科联副主席黄宇鸿教授，督导组颜昌廉教授，校友办和社科联有关领导及各二级学院学生代表参加。6月14日，北京大学教授、博士生导师董秀芳应邀到学院举办“词汇化的类型与规律”讲座。学院副院长、社科联副主席黄宇鸿，学院学报编辑部主任黄昭艳，中文与传媒学院语言学教研室教师和2013级本科生参加。6月17日，清华大学国家级教学名师傅水根教授应邀到学院作题为“整合优质教学资源 致力服务本科教学”专题讲座。学院党委副书记、院长徐书业教授，副院长、社科联主席王国红教授出席，学院工程训练中心、海洋学院、海运学院等师生代表参加。6月18日，邀请学院美术学院陶瓷艺术计教研室主任、高级工艺美术师王宁作题为“应用型教育背景下的坭兴陶教育”专题讲座。学院社科联领导何光耀、曹允青，美术学院100名师生参加。6月19日，“2014年中国—东盟大讲坛”在钦州市行政信息中心举行，广西民族大学教授高歌应邀作题为“中国—东盟自贸区升级版与广西战略支点打造”专题报告。钦州市人大常委会副主任方文主持，自治区社科联副主席曹平出席，学院社科联副主席何光耀，社科联二层分会领导，商学院和法律与公共管理学院的领导、教师和学生100多人参加。11月7日，协助学院承办全国性学术会议“全国沿海高校服务区域经济发展联盟第四届学术研讨会”。中国科学院、中国科学院烟台海岸带研究所、上海大学、南通大学、辽东学院等20所高校、科研机构的专家学者及学校师生代表参会，以“建设新丝路，聚焦北部湾”为主题共同探讨沿海高校服务区域经济发展的相关议题。

科普活动　6月22日，与钦州学院化学化工学院党支部联合，在钦北区开展“节约用水，保护环境”的科普知识宣传活动。学院社科联领导何光耀、曹允青，化学化工学院院长石海信、学生工作办公室主任兼二支部书记黄学仁，钦北区子材街道沙坡社区居民委员会主任刘和平，化学化工学院党支部20多名党员志愿者参加。10月17日，联合学院共青团委员举办纪念邓小平诞辰110周年专题讲座暨“践行核心价值观，共筑美丽中国梦”道德大讲堂活动。钦州市关工委副主任、钦州师范高等专科学校原党委书记颜昌廉教授主讲。学院团委书记罗福勇、副书记马秀明，学院社科联副秘书长曹允青，部分二级学院的党总支书及学生代表等300多人参加。11月8日，与广西科学院共同主办的2014年钦州月亮湾国际清洁海滩活动在广西钦州月亮湾开展。广西科学院副院长刘书龙，学院科技处处长梁好翠、团委副书记马秀明、社科联副秘书长曹允青及社会各界人士共同参与。11月28日，在中华环境保护基金会TOTO水环境基金、钦州市文明办、学院社科联的资助下，大学生绿色文化社在校内开展“生命之源——你我携手保护”专题图片展，广西电视台、广西新闻网、钦州电视台及《广西日报》《当代广西》《南国早报》《钦州日报》《北部湾晨报》等多家媒体进行采访报道。

科研工作与成果　年内，承接国家社会科学基金项目2项；教育部人文社会科学研究专项项目1项，广西高校人文社科研究项目20项，广西高校统战工作研究专项课题项目立项3项，横向课题8项等，获科研资助经费总额200多万元。发表论文200多篇，资助出版《汉译佛经之美术理论研究——以汉唐为中心》等著作。年内，获省级社科优秀成果奖二等奖2项、三等奖2项；市级社科优秀成果奖32项。

社科评选　10月，启动第二届钦州学院社会科学优秀成果奖评选工作，评出优秀著作奖5部，研究报告奖2项，优秀论文奖19项。

【梧州学院社会科学界联合会】 2014年末有团体会员18个，个人会员400多人。内设西江研究院、西江流域民间文献中心、西江经济带产业发展研究中心、马克思主义哲学中国化研究中心、软件开发中心、联合研发中心、心理健康咨询中心、可行性研究中心、梧州学院战略研究院、粤桂合作特别试验区协同创新研究中心、教师教学发展中心等科研机构18个，有工作人员100多人。现任领导机构是第二届委员会，有委员23人，其中常务委员7人。主席杨奔，秘书长刘爱军。

学术活动　年内，召开各种学术研讨会、报告会7次，900多人(次)参会。4月18日，由自治区教育厅、自治区科技厅、梧州市人民政府主办，梧州学院承办的2014年广西高校科研工作会议暨2013年高校科研管理研究专业委员会工作年会在梧州召开，来自广西30多所高校领导及科研部门负责人100多人参会。6月23日，举办“中西音乐文化的碰撞与融合——20世纪以来中国钢琴艺术发展分析”学术报告，100多人参会。9月27日，举办广西高等教育“教师教育课程标准配套教材暨全国教师资格考试通用教材”编写研讨会，60多人参会。10月30日，举办“海峡两岸词汇对比及文化内涵的探索”学术报告，60多人参会。10月31日，举办“传承、创新、融合”学术报告，300多人参会。11月18日，在梧州举办丝绸之路和“一路一带”学术报告，广东省珠江文化研究会会长、中山大学黄伟宗教授围绕“何为丝绸之路”、从“三个理论”看“一路一带”、梧州文化的战略地位等方面作学术报告，来自校内外的200多名师生参加。11月18日，与广东省珠江文化研究会、广西社会科学杂志社在梧州学院联合举办“纪念牟子诞辰千年暨梧州作为岭南古代佛城地位学术研讨会”，60多位来自全国各地的专家学者参会。

学术交流　年内，接待韩国东国大学、泰国华侨崇圣大学、台湾大汉技术学院访问团及中山大学、南开大学、山东大学、湖南大学、厦门大学、合肥工业大学、中央歌剧院、肇庆学院、广西大学、广西师范大学等多所高校访问团、调研组来访。组团到台湾国立东华大学、美和科技大学、台湾大汉技术学院等高校进行学术交流；组团到南京大学、中山大学、华南师范大学、华南农业大学、中国药科大学、南昌大学、广西大学、广西科技大学、广西师范学院等省内外高校进行学习交流。11月12~13日，在重庆市参加由重庆科技学院举办的地方本科高校转型发展路径选择的学术交流；12月6~7日，在浙江省宁波市参加由应用技术大学(学院)联盟及中国教育国际交际协会共同举办的“产教融合发展战略国际论坛2014年秋季分论坛”；12月13日，在桂林市参加由广西师范大学文学院主办的桂学研究协同创新(培育)中心建设研讨会；12月23~25日，在江苏省南京市参加南京大学、中国药科大学就推动学校综合改革发展的学术交流；12月25日，在黄淮学院、石家庄经济学院就地方高校转型发展及应用型人才培养参加学术交流。

9月27日，由梧州学院主办、梧州学院社科联承办的广西高等教育“教师教育课程标准配套教材暨全国教师资格考试通用教材”编写研讨会在梧州召开

(郑文峰　摄)

社科普及　年内，在学院内举办大型社科知识普及活动2次。学院党委宣传部部长李远林副教授在宝石与艺术设计学院、经济管理学院、信息与电子工程学院举行主题为“加快粤桂合作特别试验区建设，打造向东开放西江龙头城市”科普报告会，师生和社会科学工作者500多人参会。机械与

化工学院党委书记易敬源副教授分别在机械与化工学院、宝石与艺术设计学院、国际交流学院、信息与电子工程学院、师范学院举办"两个建成"目标解读辅导报告会,1100多名师生参会。

社科评奖　年内,获广西第十三次社会科学优秀成果奖三等奖3项,其中著作1项、论文2项。组织开展梧州学院第一次社会科学优秀成果奖评选活动,评出优秀成果13项,其中一等奖3项(专著类1项、研究报告类1项、论文类1项)、二等奖3项(论文类3项)、三等奖7项(论文类7项)。

科研工作与成果　年内,承担研究课题(人文社会科学)8项,其中国家级课题3项,省部级课题5项;获科研经费94万元,其中国家级课题经费60万元。出版著作3种,发表论文243篇。获省部级奖励科研成果3项。

年内,出版《梧州学院学报》6期,刊发论文125篇。

【广西民族师范学院社会科学界联合会】 2014年末有团体会员13个。内设机构1个(秘书处),工作人员1人。现任领导机构是第一届委员会,有委员20人。主席张劲松,副主席兼秘书长韦国善。

学术交流与活动　年内举办社科类学术报告10场,2800人(次)参加。其中有:1月8~9日,邀请贺州学院副院长何星存教授、河池学院教务处处长邓维安教授、钦州学院评建办主任钟其鹏教授一行3人到学院作关于本科教学工作合格评估报告;3月24日,副院长韦日平教授作题为"学习习近平总书记重要系列讲话"学术报告;4月15日,邀请广西民族大学党委书记钟海青教授到学院作高等教育管理专题报告;6月11日,邀请广西大学原党委书记阳国亮到学院作题为"全面深化改革的伟大纲领,实现伟大中国梦的强大动力——学习党的十八届三中全会决定"专题报告;9月22日,自治区教育厅到学院举行"我的教师梦"主题报告会,广西八桂名师、南宁二中副校长徐华作题为"教育,需要五个学会"讲座,南宁市人民路东段小学校长雷竺翠作题为"行走在教育路上"讲座。学习习近平总书记与北京师范大学师生代表座谈时重要讲话精神,引导师范生树立教师职业理想、专业思想,提高专业素养。11月11日,邀请中国中外关系史学会、中国民族理论学会、中国宗教学会理事孙振玉教授到学院作题为"留不住青春就留不住文化:变迁视角下的民族文化及其研究批判"学术报告;11月27日,邀请教育部高等教育教学评估中心副主任王战军到学院作题为"努力做好合格评估,实现'以评促建'"讲座;12月24日,邀请广西知名作家鬼子、李约热到学院作题为"文学创作与生命意义"讲座。年内承办社科交流活动4次:5月13日,举行西南大学西南民族教育与心理研究中心与学院共建田野考察工作站挂牌仪式,西南民族教育与心理研究中心主任张诗亚教授向学院院长武波授"田野考察工作站"牌匾。年内举办"道德讲堂"活动3次:6月8日,学院政管系承办首期"道德讲堂"活动;10月26日,学院团委和中文系举行以"梦想"为主题的第2期"道德讲堂"活动,学院人事处处长韦茂斌及3位梦想实践者与现场师生座谈;12月28日,学院经济与管理系举行以"赠人玫瑰,手有余香"为主题的第3期"道德讲堂"活动,崇左市公安局江州分局城南派出所所长梁世军及民警代表吴秋丽应邀出席并发言。9月9日,学院举行以"立德树人,爱生乐教"为主题的首届师德论坛,探讨新形势下师德建设问题,研究全面加强和改进师德建设的思路和举措,提高教师队伍师德水平和整体素质。学院党委副书记农克良出席并讲话。论坛上,学院戴红稳教授、李荣娟副教授、杨秋萍教师,学院后勤处副处长莫仕龙、学工处管理干部刘琨,辅导员唐月、方晗、周丽云等8人在论坛上作主题发言,分享和交流自己在教学及管理工作中的体会、感悟及对师德的看法。

社科普及　年内举办校内社科类科普活动12次,近1000人(次)参加。12月6日,学院在体育馆前开展以"让健康相伴,让快乐相随"为主题的女性生理、心理健康知识科普展。12月5~25日,学院组织全院11个教学单位分别举办学术沙龙活动。活动以自由式畅谈教师个人的科研进展及下一步的努力方向,或系(部)的科研问题与建议对策为主题方向。

社科获奖　年内,获校外社科类奖10项,其中王志远博士的著作《模糊偏好形成机制研究》获广西第十三次社会科学优秀成果奖著作类三等奖。

科研工作　年内,会员发表论文235篇,出版著作、编著4部,承担研究课题78项。

【桂林航天工业学院社会科学界联合会】 2014年末有个人会员600人,下设分会7个。现任领导机构是第一届委员会,有委员19人,其中常务委员5人。主席旷永青,秘书长叶桂郴。

学术活动　年内,主办和协办学术讲座12场,全校文科教师近1000人(次)参加。11月20日,召开学院社科联2014年学术年会,100多名代表参会。收到学术年会论文65篇,研讨内容涉及哲学研究、党建与思想政治研究、高等教育、经济与管理、旅游与环保、文学和艺术等。评出优秀论文21篇,其中一等奖3篇、二等奖7篇、三等奖11篇。

科研成果 年内，承担纵向课题49项，横向课题12项，获资助经费总额103.9万元。课题涵盖哲学、党建设与思想政治研究、高等教育、经济与管理、旅游与环保、文学和艺术等学科领域。其中获国家社科基金项目立项1项：张一纯的《西部地区县域软实力对中小微企业竞争力的影响及对策研究》；获教育部基金项目立项1项：张萍的《广西少数民族民间体育节事的体育人类学研究》。学校“广西航空物流研究中心”获广西高等学校人文社会科学重点研究培育基地立项。获2014年自治区社科联社会科学重点项目2项。论文《对农业产业化和农产品贸易之间的关系探讨》被中国人民大学《复印报刊资料》全文转载。获广西第十三次社会科学优秀成果奖2项。年内，在广西工艺美术作品暨大师精品展览上获银奖1项、铜奖1项、优秀奖2项。

年内，成立人力资源管理研究所、航天旅游发展研究所、民族体育文化研究所、北部湾区域贸易研究所等4个科研机构，承担横向课题3项、市厅级以上纵向课题4项，资助经费总额43万元。

【桂林旅游高等专科学校社会科学界联合会】 2014年末有个人会员360人(其中具有高级专业技术职务资格120人，中级160人)，秘书处挂靠科技产业处，工作人员2人。现任领导机构是第二届委员会，有常务委员16人。主席蒋伟任，秘书长谢雨萍。

年内，会员新增纵向科研项目41项，其中国家社科基金项目2项。为企事业单位提供技术支持和服务11项。出版各类著作5部，发表学术论文120多篇，研究咨询报告10份，科研成果鉴定1项，艺术作品50多件。获3项外观设计专利，2项实用新型专利，2项软件著作权登记。

【柳州师范高等专科学校社会科学界联合会】 2014年末有个人会员300多人。内设机构1个(秘书处)。现任领导机构是第一届委员会，有委员28人。主席侯代忠，副主席兼秘书长伍新德。

学术活动 5月19日，学校心理健康教育与研究中心主任黄群瑛教授在来宾校区作题为“心理危机干预”学术讲座。学校心理发展部、各系心理发展部代表及各班代表参加。5月27日，中国当代新锐艺术家、人文创意设计师、“无用设计”概念倡导与推动者傅天文艺术总监应邀到校作题为“无用设计的作品研发与推广”专题学术讲座。6月6日，来宾市首届产教融合发展论坛在学校来宾校区举行。来宾市政协主席景宪法，副市长刘德祥，学校党委书记侯代忠，校长张鹏，副校长蓝海、曾令宏，来宾市各机关单位、企业、学校代表及学校全体中层干部和学生代表参加。7月31日，学校多媒体信息安全技术科研创新团队在柳州北校区召开年度研讨会，该团队全体成员参会。8月20~22日，由中国社科院历史研究所主办，学校作为五家承办单位之一的第四届中国土司制度与土司文化国际学术研讨会在来宾市忻城县举行。9月23日，由自治区教育厅师范处调研员黄耀强，广西师范大学教务处副处长邹艳丽，唐晓琳老师，柳州市第十六中学校长黄健明，河池市南丹县第一小学校长岑丹玲组成的报告团，应邀到学校来宾校区作题为“我的教师梦”主题教育活动专题报告会。学校副校长曾令宏，学工处、教务处、校团委等职能部门负责人，各系党总支书记、副书记、辅导员及来宾校区部分在校生参加。11月12日，学校党委中心组在来宾校区召开主题为“来宾社会经济发展与人才状况分析”学习会。学校党委中心组成员、部分行政部门和来宾校区教学系副职领导参会。来宾市发改委主任刘伟东应邀作专题报告。11月13日，学校在来宾校区举办“桂中地区地方特色文化研究与发展研讨会”，是自治区社科联高校社科联学术活动资助项目。学校党委书记、社科联主席侯代忠，校长张鹏，副校长蓝海、曾令宏等学校领导及学校社科联全体委员、学校地方特色文化研究专家学者、教师代表及来宾市、相关县份文化管理部门、文化机构、社科联的特邀嘉宾等60多人参会。12月4日，学校财经系覃翠玲教授在来宾校区作题为“走进《消费者权益保护法》”学术讲座。12月9日，来宾市文联副主席蓝海洋应邀到校来宾校区作主题为“改变我们

11月13日，由柳州师范高等专科学校主办、学校社科联承办的桂中地区地方特色文化研究与发展研讨会在来宾举行 （伍新德 供稿）

命运的文学”学术报告。12月9日,学校财经系副教授刘健桂在来宾校区作题为“中小企业生存之道”学术讲座。12月11日,美国东北大学王申培教授应邀到校作题为“Similarity-Based Biometrics and Forensics Using IPR Techniques in Fuzzy Learning Environment”学术报告。12月23日,学校编辑部副主任雷文彪副教授在来宾校区作题为“桂中少数民族服饰文化赏析与研究”学术讲座。是学校科学技术处、社科联共同主办的地方特色文化研究专题系列讲座之一。科技处副处长伍新德、学工处副处长方家珏及160多名师生参加。

科普活动 3月4日,参加来宾市志愿者学雷锋统一行动日活动,在来宾市区设立服务点,义务开展“雷锋小屋”爱心义卖及关爱农民工子女“微愿望”活动、“家电义务维修”“心理服务”等服务项目。3月12日,学校教心系心理咨询121班在来宾校区开展主题为“现场咨询与测量”志愿者活动。3月19日,来宾市妇联组织优秀岗位建功女性宣讲团到校开展“巾帼建新功,共筑中国梦”主题宣讲活动。学校党委书记、社科联主席侯代忠、来宾市妇联主席廖燕玲,宣讲组成员陈琨、蒙金华、韦元助、李欣蓉、黄美兰、蓝绍会,校团委、学生工作处等相关部门领导,以及教职工、学生代表300多人参加。4月15日,学校学工处副处长、副主任李乃干,学生资助管理中心谢菲老师分别在来宾校区和柳州校区举办“学生资助政策宣传月”系列活动之辅导员资助专题培训活动。4月23日,由团区委组织开展的“我的中国梦——奋斗的青春最美丽”2014年广西西部计划优秀志愿者高校分享会,在学校北校区举行,近200名师生参加。4月29日,学校学生资助管理中心协同心理健康教育与研究中心分别在柳州校区和来宾校区共同为部分系别家庭经济困难学生代表举办心理素质拓展专题系列活动。活动由“生命教育活动”“团队拓能训练”“团队沙盘游戏”等主题组成。5月15日,学校保卫处分别在柳州校区和来宾校区召开安全工作座谈会。学校党委副书记、纪委书记朱宝骧,副校长曾令宏,保卫处、后勤处、各系分管学生工作的党总支副书记、辅导员及学生代表参加。座谈会上,与会人员围绕学校周边环境、安全教育、学生的人身安全、外来人员的管理、防火防盗防骗、校园安全保卫等问题进行交流。6月20日,学校在来宾校区举办中层干部培训班。学校领导班子成员、全体中层正副职干部,以及在来宾校区的科级干部,100多人参训。邀请来宾市委常委、组织部部长黄丽娟作“学习贯彻新《干部任用条例》”专题辅导报告。8月26日,学校大学生志愿者在洛桥村委召开教育关爱实践活动座谈会及教育关爱留守儿童室内外活动、文化艺术会演等。8月29日,学校志愿者前往来宾市城厢乡开展“黄金水道西江行”——红水河环保实践服务活动。活动包括:以环境污染、水资源保护、垃圾处理为主题的调研,环保科普知识宣讲及“爱护红水河”清洁行动等项目。11月5日,“我们代表祖国——中国第二支赴南苏丹维和警队先进事迹主题情景报告会”在学校来宾校区举行。自治区公安厅政治部警务处副处长郑嘉、共青团广西高校工委副书记彭松林、学校副校长蓝海及师生代表270多人参会。报告会是自治区教育厅、公安厅为引导高校大学生自觉培育和践行社会主义核心价值观、深入开展党的群众路线教育实践活动而推出的,采取主题情景报告形式,通过广西7名赴南苏丹维和警队代表的故事讲述、视频资料展示、图片文字插播、解说配乐渲染,再现维和队员在战火纷飞和疾病肆虐的南苏丹忠实履行维和警察使命的感人故事和先进事迹。11月27日,学校在来宾校区举办“交通安全进大学校园”专题知识讲座。来宾市公安局交通警察支队宣传科民警姜建军应邀到校作交通安全知识讲座。12月9日,学校外语系教师范华在学校柳州校区作题为“高职高专类毕业生就业择业及语言类考证”知识讲座。12月11日,学校2014年“青马工程”大学生骨干培训班在来宾校区开班。学校党委副书记、纪委书记朱宝骧,共青团来宾市委学校部部长欧颜,学校学工处处长郑盛锦,校团委书记、学工处副处长许金龙,校团委副书记陈红球及各团学组织指导老师出席开班仪式。学校2014级校级学生干部、各学生社团负责人和各系团总支、学生会干部代表近250人参加。学校纪检监察审计办主任王官旺作题为“努力践行社会主义核心价值观”主题讲座。12月26日,与柳州方盛汽车有限公司来宾分公司在来宾校区共同举办“弘扬汽车文化 展现汽车魅力”首届汽车文化节。通过汽车展示、汽车主题讲座、汽车文化展板宣传、参观汽车4S店等活动使广大师生对最前端、最热点的汽车产业有进一步了解,丰富其课余文化生活。

科研成果 年内,会员获各类立项课题35项,其中省、市、厅级课题25项。发表论文210篇,其中发表在核心期刊上的论文28篇,被SCI、EI、ISTP等国际三大索引收录4篇。主编或参编教材18部。张庭辉副教授等人编写的教材《心理学基础》获广西第十三次社会科学优秀成果三等奖。张庭辉的论文《家庭教养环境与幼儿人格特点的关系探究》获自治区妇联主办的“家和万事兴共筑中国梦”学术年会论文二等奖,雷文彪的论文《广西南丹白裤瑶母性崇拜的文化表征》获三等奖,肖立青、伍新德的论文《论文化教育与大学生社会性别观念的培养与践行》获优秀奖。

【桂林师范高等专科学校社会科学界联合会】 2014年末有个人会员357人。内设机构1个(办公室),工作人员4人。现任领导机构是第二届委员会,有委员17人。主席王源平,秘书长黄丽茹。

学术活动 3月7日,邀请桂林日报社摄影部主任刘教清在学校甲山校区作题为“新闻图片纪实之‘解’新闻爱好者”专题报告,300多名师生参加。3月28日,邀请广西艺术学院钢琴系副教授雷霙在学校信义校区举办“品位高雅·桂林百姓大舞台钢琴独奏音乐会”,300多名师生参加。4月19日,王源平主席应邀到华中师范大学作题为“主体视阈下高校思想政治教育协同创新问题探讨”学术报告。4月30日,邀请自治区社科联副主席曹平在学校信义校区作题为“社会科学评奖与社会科学研究”专题报告,社科教师300多人参会。5月9日,邀请广西师范大学社科处处长、党的十八大广西高校宣讲团成员林春逸到学校信义校区作题为“切实做好高校宣传思想工作,助推‘中国梦’的实现”辅导报告,学校领导教师100多人参会。5月18日,学校音乐系主任王祖阳应邀到桂林百姓文化大讲坛作题为“从歌声中感受美、发现美、创造美”专题讲座,500多人参加。6月6日,邀请桂林市戏剧创作研究院唐振芳、庞建宁、周强到学校信义校区举办“地方戏曲进校园”音乐会,300多人参加。6月13日,邀请作家黄土路、周昱麟、刘澍萌、邓荔华参加在学校甲山校区举办的“作家进高校校园·2014”散文讨论会活动。学校社科联领导王源平、吴江萍、林伯明,校社科联部分会员和中文系30多名文学爱好者参加。10月30日,邀请华中师范大学教授秦在东到学校信义校区作题为“新政治生态下的思想政治教育前沿问题”学术报告。学校社科联主席王源平、副主席吴江萍,校长文祥辉、副校长蒋彦忠、何红雨及学校政工干部、思政课教师代表200多人参加。

科研成果 年内,会员承接各级各类课题89项,其中自治区级24项、市厅级2项、校级63项;获批项目结题35项。出版专著、教材8部(种),发表学术论文169篇,其中在中文核心期刊发表42篇。

(杨红秀 供稿)

【广西广播电视大学社会科学界联合会】 2014年末有个人会员680人。内设机构1个(秘书处)。现任领导机构是第二届委员会,有委员31人,其中常务委员6人。主席崔践,秘书长陆丹梅。

11月14日,广西广播电视大学社会科学联合会第二次代表大会在南宁召开,会议选出第二届委员会委员及领导机构。

学术活动 年内,举办学术报告会、学术讲座11次。5月29日,国家开放大学图书馆技术专家对学校教职工进行专场培训,加强“开放大学数字化图书馆”的推广、宣传和使用,发挥数字资源在教学和科研中的作用。总校全体教职工、各分校领导及相关教师和管理人员150人参训。7月4日,学校召开开放教育共享专业建设会议,进一步明确共享专业建设是开放大学建设的首要任务,突出专业优势与特色,提升广西开放大学品牌,全校专兼职教师参会。7月14日,国家开放大学信息处处长蒋国珍教授作“MOOC知识与发展”专题学术报告,全体教职工参加。9月15日,开展第四届工会工作理论研讨活动,学习贯彻党和国家有关工会工作的方针政策,推进学校民主建设,构建和谐校园,提高工会干部的政策理论素养和工作水平。11月6日,学校邀请厦门大学教授别敦荣作“高等教育的形势与远程教育”专题学术报告。广西电大系统教学科研代表参会。11月18日,学校教育技术中心面向全校教职工召开移动学习平台培训会,培训内容为移动学习平台的介绍、安装和使用,教育技术中心技术人员对教师们围绕无线网络接入、教学移动学习平台安装、使用等问题进行现场指导、解答。12月31日,学校理工学院组织全体教师开展《组网技术》精品课程建设交流讨论会,张宜老师从建设思路、目标定位、团队构建、建设内容和成果应用等方面介绍《组网技术》精品课程的建设成果,并通过操作演示和案例讲解,与现场教师进行互动交流。

社科评奖 年内,学校新修订科研奖励办法,评出23名广西电大系统优秀科研工作者,33项优秀科研成果。组织广西电大系统教师2013年度科研

7月14日，广西广播电视大学邀请国家开放大学信息处处长蒋国珍教授来校作“MOOC知识与发展”专题学术报告　　（陆丹梅　供稿）

成果登记奖励，奖励科研成果113项（包括论文、著作和研究报告）。

课题研究　年内，会员承担各级各类人文社会科学研究项目32项。公开发表学术论文96篇，出版著作9部，教材2种。获广西第十三次社会科学优秀成果奖三等奖3项；获国家开放大学系统第六届优秀科研成果奖3项。

【广西教育学院社会科学界联合会】　2014年末有团体会员47个（含学生团体会员），个人会员357人。内设机构2个（办公室、秘书处），工作人员5人。现任领导机构是第二届委员会，有委员22人，其中常务委员5人。主席王兴辉，秘书长韦吉锋。

学术活动　年内，主办或承办各种学术报告12次，7000多人（次）参加。3月，厦门大学高等教育科学研究所名誉所长、中国高等教育学会副会长、全国高等教育学研究会理事长潘懋元教授应邀到学院作题为“大学教师发展的理念、内涵、方式、动力”学术报告。6月，“八桂贫困学子助读行动”赠书仪式暨“阅读点亮中国梦”学术报告会在学院举行。6月20日，知名摄影家、柳州市政协主席胡锦朝应邀到学院作题为“影像与生活”学术报告。6月26日，湖南师范大学教育科学学院博士生导师、刘德华教授应邀在学院作题为“教育与社会关系问题的文化思考”学术讲座。9月，黑龙江师范大学博士生导师李诚忠教授来学院作题为“教育中国梦”学术讲座。9月26日，由自治区政府驻京办、广西桂学研究会举办的桂学研究座谈会在北京举行。中央宣传部副部长鲁炜、自治区政协主席陈际瓦出席并讲话，与50多位专家学者就“加强桂学研究，推动文化发展”展开研讨。学院党委书记陈洛和院长容本镇共同主编的《桂学研究瞭望》第1卷被列为会议重要阅读和研究资料之一。11月11日，广西日报传媒集团党委书记、董事长李启瑞教授应邀到学院作题为“突发公共事件中的舆论引导”学术报告。

科普活动　年内，举办科普活动2次，2000多人参加，展出展板4块，发放宣传资料500多份；举办科普讲座（或培训班）1次，1000多人（次）参加；组织300多名大学生入社区、乡镇、农村开展理论及宣传政策宣讲、科技兴农等活动。

科研成果　年内，会员获厅级以上科研课题立项22项，其中省级课题2项；结项课题13项，其中省级课题1项、厅级项目9项、校级3项；发表论文220篇，其中在核心期刊发表论文35篇、EI收录24篇；出版著作3部。

【广西经济管理干部学院社会科学界联合会】　2014年末有团体会员28个。内设机构1个（办公室），工作人员5人。现任领导机构是第一届委员会，有委员23人，其中常务委员7人。主席韦茂繁，秘书长陈湘桂。

学术活动　年内，参与、主办或承办学术活动10多次，共2000多人（次）参加。4月15日，邀请广西日报社资深记者张洪作题为“新闻与新闻人”的专题讲座，文化与传播系、外语系学生到场听取讲座。5月9～10日，广西东南亚经济与政治研究中心在东兴市开展主题为“跨境自由贸易区建设问题研究”的调研活动，学院教授官锡强等人作为该中心兼职研究员应邀参与。来自广西农业科学院、人民银行南宁支行、广西环保科学研究院及广西大学等高校的专家学者20余人参加。6月26日，召开广西经济管理干部学院第二届学术委员会第十六次全体会议，对学院2014年度科研项目立项进行评审，11个项目获得立项，其中，一般项目7项，青年项目4项。9月9日，邀请学院兼职副教授、自治区统计局普查中心副主任陈玉娟高级统计师作题为“统计调查与统计执法监督检查”学术讲座。学院统计科学研究中心成员与会计系、财税金融系高职2012会统专业学生共300人聆听讲座。9月18日，举办专题报告会。学院党委宣传部部长武刚教授以“培育和践行社会主义核心价值观”为题进行主题宣讲。学院各党总支委员、各党支部委员、学院团委委员、各团总支委员、社科部教师、全体辅导员、班主任参加报告会。11月5日，学院滨湖论坛举行报告会，邀请自治区教育厅原厅长、教育部院校设置评审委员会资深专家车芳仁研究员为学院改制转型工作把脉开方，学院

全体教职员工聆听报告。11 月 7 日，由自治区工业和信息化委员会委托自治区信息安全测评中心主办、学院承办的广西信息安全发展研讨会在学院信息安全产学研基地举行。中国工程院院士、国家信息化专家咨询委员会委员、自治区主席顾问沈昌祥在会上作“网络空间安全战略思考与启示”的专题讲话，并与参会人员就当今信息安全发展形势及相关技术发展进行研讨。广西经济管理干部学院院长郑作广、副院长林霁峰，自治区信息安全测评中心主任潘海源及广西经济管理干部学院相关教师等参会。11 月 21 日，主办“高校反腐败机制创新和制度保障”研讨会，学院科研管理中心、学工处、组织部、文传系、公管系、贸经系、社科部等学院部门领导参会，社科部全体教师、科研管理中心、纪检监察室和图书馆部分人员与会。广西民族大学监察室副主任吴易安和廉政文化中心调研员李济权应邀参会。会上，与会专家学者结合工作实际，围绕研讨会主题，从不同角度提出高校创新反腐败机制和制度保障对策。

科普活动　4 月 30 日，邀请广西南宁角动量计算机有限公司总经理韦科在学院作题为“软件开发”的科普知识讲座，计算机信息管理专业及信息管理与信息系统专业学生和部分教师参加。活动中，韦科根据自己在 IT 行业多年的招聘面试经验，与计算机信息管理教研室的教师就学生在 IT 行业求职时应聘需要具备的知识和技能基础进行深入交流。9 月 11 日，举行反恐防暴消防疏散演练科普活动。广西经济管理干部学院各部门、各系约 700 名师生参加演练。按照演练方案，开展反恐防暴消防疏散演练、消防应急疏散、自救互救、医疗救援、心理疏导教育等课目。

科研工作与成果　年内，会员承接国家社科基金项目 1 项，2014 年度获广西高校科学技术研究项目、2014 年广西社会科学重点课题(自筹类)、广西教育科学“十二五”规划 2014 年度反腐倡廉建设理论研究专项课题、2014 年度广西高校大学生思想政治教育理论与实践研究课题、广西高校“党的十八届三中全会精神研究”专项课题等科研项目立项共 23 项，纵向课题共获科研经费资助总额 31.5 万元。立项院级课题 11 项，资助研究经费 4.3 万元。在国内外公开刊物发表论文 431 篇(其中：核心期刊 80 篇，EI、SCI、ISTP 等三大索引收录 7 篇，其他论文 344 篇)；公开出版专著(编著)6 部，主编教材 6 部。组织申报广西第十三次社会科学优秀成果奖，获二等奖 2 项、三等奖 2 项。

【广西政法管理干部学院社会科学界联合会】 2014 年末有团体会员 28 个。内设机构 1 个(办公室)，工作人员 5 人。现任领导机构是第一届委员会，有常务委员 16 人。代理主席叶晖，秘书长欧锦雄。

年内，与学会主办、协办各种学术活动 10 多次，1000 多人(次)参加。与学院举办院内专家学者系列学术讲座，其中玉梅教授作“法律文书与法律思维”讲座；李冬青博士作“CAFTA 投资保护：海外投资保险之展望”讲座；廖原博士作“国家权力结构法治化与行政保留”；张利霞副教授作“世界区域经济一体化总趋势下——东亚区域经济一体化问题研究”讲座；李滔博士作“管理创新与行政分权法治”讲座；梁峻教师作“互联网的力量”讲座等。

年内，会员获地厅级课题立项 10 项，在研广西社科规划课题 2 项。会员出版专著或教材 2 部(种)，发表各类学术论文 85 篇，其中核心期刊或权威刊物 15 篇。王威教授的科研成果《国际航运发展之〈鹿特丹规则〉中海运履约方法律制度研究》获广西第十三次社会科学优秀成果奖著作类三等奖。

【南宁职业技术学院社会科学界联合会】 2014 年末有团体会员 11 个，个人会员 115 人。内设机构 1 个(秘书处)，工作人员 3 人。现任领导机构是第一届委员会，有委员 22 人，其中常务委员 6 人。主席朱朝霞，秘书长唐锡海。

学术活动　年内，分别与前来考察交流的香港职业训练局高峰进修学院、泰国曼谷北部大学、泰国曼谷吞武里大学、泰国皇家技术大学、开封文化艺术职业学院、乐山师范学院、沈阳职业技术学院、武汉职业技术

10月10日，北京大学博士生导师马戎教授（右三）应邀到南宁职业技术学院参加人文课程品牌化建设研讨会（江俊锋　摄）

学院等20多所院校开展学术研讨30多次，与有合作意愿的院校签署合作协议。此外，邀请知名专家到校开展学术讲座。4月1日，清华大学历史系博士生导师、经学研究中心主任彭林教授应邀来校作题为“传统礼仪与中国文化精神”学术讲座。学校党委书记陈建新，党委副书记、校长张宁东，副校长韩伟平、李振秋、周旺及学校1100多名师生参加。10月10日，知名社会学家、民族学家，北京大学社会学系、社会学人类学研究所教授、博士生导师马戎参加学校人文课程品牌化建设研讨会，他结合国内各高校人文课程建设的经验与情况，对学校人文课程建设提出特色建设、品质建设、精练建设、师资共享、课程共享等建议。10月30日，国内知名导演杨东建、戏曲表演艺术家“花腔之王”吴霜到校举办两场讲座。杨东建导演作“关于影视视听语言”的演讲；吴霜结合自身成长经历，开展关于人生成长的专题讲座，她强调人生的成功必须经过不懈努力与拼搏才可能实现。

课题研究　年内，会员获各级各类科研课题立项117项，通过专家评定结题91项。出版学术专著2部；发表学术论文485篇，其中在中文核心期刊发表75篇，SCL/EI/ISTP来源期刊17篇。

【柳州职业技术学院社会科学界联合会】 2014年末有团体会员4个，个人会员247人。内设机构1个（办公室）。现任领导机构是第一届委员会，有委员60人，其中常务委员20人。主席朱伟才，秘书长谭界忠。

学术活动　4月16日，朱伟才教授应邀为柳州市直机关科级以上领导干部700多人作“实业兴市，开放强柳：历史的抉择”专题讲座。6月22日，美国新泽西学院终身正教授唐凌慧女士应学院素质教育基地博雅·素质大讲堂之邀，到学院为150多名师生作题为“一个普通而自由的灵魂可以走得很远很远”专题讲座。10月17日，自治区社科联副主席曹平研究员、广西民族大学相思湖学院院长陈元中教授应邀为学院150多名教师分别作“社会科学研究与社会科学评奖的对接”“提高课题论证质量的思考与实践”专题学术讲座。11月10日，《科技日报》主任编辑、中国科普作家协会常务副秘书长尹传红应邀到学院作“科普作品写作和科普创意”专题学术讲座。12月19日，主办“实践‘实业兴市，开放强柳’战略，打造柳州区域性职业教育中心”理论研讨会。来自柳州市发展与改革委员会、柳州市社科联、柳州市委宣传部、广西柳工路创制造科技有限公司等专家学者和学院教师60多人参会。

学术交流　年内，接待国内外23个考察团200多人到学院进行考察交流。3月10日，自治区社科联副主席曹平在柳州市社科联副主席韦巧玲、秘书长赵选中陪同下，莅临学院调研并对学院社科联工作进行指导。4月10日，柳州师范高等专科学校党委书记侯代忠、校长张鹏等一行11人到学院考察交流。4月28日，德国巴伐利亚州经济教育集团国际处处长Faller，在洋森博士及柳州市教育局副局长潘旭阳等陪同下，到学院考察交流。4月28日，国家行政学院非洲国家青年领导人研修班一行20人到学院参观考察。研修班学员分别来自加纳、尼日利亚、利比利亚、乌干达等10个非洲国家，都是各国执政党的青年领袖。5月8日，广西工业职业技术学院院长金长义、副院长韩志刚、郑琪等6人到学院参观交流。5月21日，民进广西区委会议政调研部部长丘映含带队到学院进行《广西加快改革创新全面振兴教育有关政策措施落实情况跟踪研究》课题调研。6月17日，广西职业技术学院党委书记黄党源，副院长黄云峰、程云燕等一行6人到学院交流。9月1日，英国总领事馆文化教育处职业教育项目总监钟伟华、经理龙燕及英国现代学徒制专家黛比（Debbie Shandley）一行到学院参观考察，对学院实训基地和学生培养、培训机制表示关注。9月19日，柳州市委宣传部副部长刘子林一行5人到学院考察调研，探讨建立新的合作机制，促进高校理论研究与政府部门合作，在融合中寻求突破，共同推进柳州市“实业兴市，开放强柳”发展战略的实施。10月8日，中国社会科学院马克思主义研究院国际共运部当代世界社会主义研究室主任、中国社会科学院世界社会主义研究中心特邀研究员、越南问题研究专家潘金娥到学院考察交流，并对学院如何利用自身优势走好职业教育国际化之路，如何与越南在职业教育方面合作办学，提出建议。11月4日，沈阳大学应用技术学院党委书记顾国良、人文旅游系主任牟昆、基础教学部主任陈良生等一行6人到学院访问交流。12月16日，在英国总领事馆文化教育处的支持下，学院正式与英国瑞尔学徒制公司签署为期3年的《中英物流业现代学徒制项目合作备忘录》。

科普活动　4月20日，由柳州市环保局主办，学院环境与食品工程系承办的“珍惜地球资源——共护自然生态家园”世界地球日环保宣传活动在柳州举行，柳州市环保局副局长赵福、柳州市绿色环保系列创建活动办公室主任宋小玉和学院党委副书记、社科联副主席阳旭应邀出席。5月8日，柳州职业技术学院第十一届“‘5·25’心理健康教育宣传月”启动仪式在柳州举行。学院领导阳旭及相关部门、心理健康教育中心教师、各系学生代表、阳光心理协会全体成员出席。6月26日，经柳州市科学技术协会组织专家实地察看和评审，学院被正式命名为“柳州市科普教育基地”。

科研工作与成果　年内，会员承担的广西哲学社会科学规划课题《科学发展观的哲学基础研究》结题；承担的2013年柳州市哲学社会科学规划课题《新形势下媒体怎样走好群众路线》于12月通过专家组评审；承担的2014年度广西社会科学重点课题（自筹类）《广西工业制造企业绿色物流模式选择及绩效评价研究》(gxsk201418)经自治区社科联评审结题；教师撰写的《广西工业物流“两化”融合现状及对策研究》在第五届广西社会科学界学术年会论文征集活动中获优秀奖；学院社科联主办的“实践‘实业兴市，开放强柳’战略，打造柳州区域性职业教育中心”理论研讨会被自治区社科联确立为2014年高校社科联资助项目；承担的《供应链环境下精益物流管理在柳州市汽车制造业的应用研究》被确立为2014年柳州市哲学社会科学规划一般资助课题。学院朱伟才、石令明、阳旭、鞠红霞、黎凤环、左妮红、谭界忠、傅昌德、姜献生、宋小梅、董绿英等11位教授入选自治区社科联专家库。

【广西国际商务职业技术学院社会科学界联合会】 2014年末有团体会员8个，其中社团法人2个（广西国际经济贸易学会、广西对外经济贸易会计学会）；个人会员350人（其中具有高级专业技术职务资格29人）。内设机构1个（秘书处），工作人员2人。现任领导机构是第二届委员会，有委员21人。主席谢云，秘书长李庆文。

学术活动　年内，举办各种学术讲座、报告和讲座20多场（次）。主要有：3月18日，自治区商务厅办公室主任谭秀洪作“公文处理规范、常见错误和常用公文写作方法”主题讲座。5月5日，自治区党校二级教授陈学璞作题为“大力推动中华文化走向世界走进东盟”讲座；自治区党校原常务副校长、广西行政学院院长张敦教授作题为“全面推进依法治国”讲座。5月14日，中国社会科学院政治学研究所副所长、博士生导师，中国政治学会副会长、秘书长，《政治学研究》杂志副主编杨海蛟作题为“全面深化改革的几个问题”讲座。6月9日，常熟理工学院党委副书记、院长，朱士中教授作题为“以师生为本，为管理决策服务”讲座。6月25日，桂林旅游学院周其厚教授作题为“旅游职业教育国际化”专题讲座。

学术交流　3月4日，泰国陕迪拉工商管理学院副校长何美芬率团访问学院。3月11日，学院党委副书记青增计率团访问马来西亚UCSI大学。3月26日，台湾致理技术学院代表团来学院访问。3月28日，台湾醒吾科技大学代表团来访。4月16日，广西工业职业技术学院副院长郑琪一行来访。4月22日，海南外国语职业技术学院访问学院。5月7日，广西民族大学商学院来学院进行学术交流。6月4日，百色学院代表团来访。6月19日，美国全球环境可持续发展研究所创始人宋雅杰教授来学院访问。

科研成果　年内，会员获地厅级以上科研项目23项，其中自治区商务厅招标课题2项，自治区教育厅科研项目8项，自治区社科联课题1项，自治区地税局课题1项。

【广西外国语学院社会科学界联合会】 2014年1月成立，2014年末有个人会员600多人。现任领导机构是第一届委员会，有委员21人，其中常务委员10人。主席李露，秘书长李春醒。

学术活动　9月，在南宁举办桂台民办高校高峰论坛，来自台湾、广西和其他省区80多所民办高等院校的董事长、校长、专家学者120多人出席，收到论文12篇，有22对(47所)高校签订合作意向。年内，开展12次系列教学科学研究方法学术沙龙或研讨会，专家和教师300多人（次）参加。开展“百场学术讲座”“海外博士进课堂”活动，邀请国内外知名专家学者来校讲学，如自治区人大常委会副主任刘新文、自治区政协教科文卫委员会主任于瑮、新东方创始人俞敏洪、美国北卡罗纳卡莱纳大学于彭等多位知名专家先后到校讲学。年内，举办各类学术讲座近100场，受众师生1万多人（次）。开展东盟研究论丛论文等征文工作，收到论文50篇。

科普活动　年内，开展社科普及活动4场（次），5000多人（次）参与。3月25日，邀请广西大学心理健康研究所所长杨新国副教授为学校2013级学生作题为“大学生心理调适”专场讲座。学校首次采用先进多媒体同步视频技术提高讲座的普及范围和效果，分别设立主会场和分会场，2000多名学生同步聆听。“广西外国语学院5·25心理健康操大赛”在广西高校大学生心理健康教育特色项目中获三等奖。5月13日，第四届“校园读书月”暨“校园科普活动周”开幕。学校与自治区地震局、自治区民政厅减灾委员会、自治区科协、自治区图书馆、自治区自然博物馆、南宁市科协科技咨询中心、南宁市图书馆等单位合作，举办古生物标本展、科技发明展、科普知识讲座等，发放资料300多份，展出展板20多块，并推荐一批优秀图书供学生阅读。9月13日，对2014级4000多名新生进行安全知识讲座，开展消防演练，提高学生安全意识、普及安全自救技能。

科研成果　年内，会员获各级各类课题28项，校内立项54项。其中《红水河流域生态长寿文化建设推动旅游发展的探索》《广西“城市书房”推动全民阅读的战略论证与实践（高校篇）》获广西高校哲学社会科学社会服务能力提升建设项目“社会服务行动工程”

开放项目立项;2014年广西社会科学重点课题《京族文化品牌的价值与开发研究》《广西重点开放开发试验区打造国际服装产业城的可行性研究》完成研究任务。由校社科联副主席韦克俭教授主持的桂台经济贸易合作与发展服务基地于2014年被评为广西高校哲学社会科学服务地方经济社会发展特色基地,该基地承担完成台湾民主自治同盟南宁市支部委员会党派调研课题《关于加快推进邕台经济深度合作吸引台资入邕的调研》。

【广西工商职业技术学院社会科学界联合会】 2014年末有个人会员248人。内设机构1个(秘书处)。现任领导机构是第一届委员会,有委员11人,其中常务委员2人。主席蒙启成,秘书长阙勇平。

4月15日,在南宁召开广西工商职业技术学院第一次代表大会,大会审议通过《广西工商职业技术学院社会科学界联合会章程》,选出第一届委员会委员及领导机构。

学术活动 年内,举办学术活动(包括研讨会、论坛、年会、座谈会等)6次,340人(次)参加,其中,跨部门、跨地区合作举办学术活动1次。5月29日,在南宁承办全国粮油购销与物流教育教学指导委员会成立大会暨一届一次会议。黑龙江粮食职业学院、山东商务职业学院等9所来自全国各地中高职粮食院校的委员代表30人参会。国家粮食局职业技能鉴定指导中心处长李寅铨、国家粮食局财务司处长罗文娟出席。10月至11月,为做好召开"高校普及推广粮食文化及粮食安全教育理论研讨会"前期工作,组织人员到南宁、防城港、钦州等地粮食行业企业,先后对8家粮食企业行业单位进行调研,发放调查问卷120多份,回访粮食行业毕业生15人。

科普活动 年内,举办社科知识普及活动18场(次),2000多人(次)参加。5月、7月、10月、11月期间,结合学习习近平总书记在新华社《网民呼吁遏制餐饮环节"舌尖上的浪费"》材料上的批示,组织召开15场以爱粮节粮、粮食安全、传递粮食文化为主题的座谈会和主题班会。在世界粮食日期间,先后组织爱粮节粮、粮食安全、优秀企业文化进校园专题报告会3场。

课题研究 年内,会员获立项课题28项,结题课题19项。获广西第十三次社会科学优秀成果奖二等奖1项。学院院长陈杰教授主持的《粮食行业人才需求和专业设置指导报告》获教育部行业指导职业院校专业改革与实践立项课题。2月,自治区教育厅规划处处长李向红和陈杰教授主持的《高校诊断:专业结构与发展趋势研究》获自治区教育厅委托课题。

年内,编印《广西工商职业技术学院学报》2期,《学习贯彻党的十八大三中全会和习近平总书记系列重要讲话精神》论文集1部;会员发表学术论文77篇,其中中文核心期刊24篇,广西优秀期刊11篇。

【广西警官高等专科学校社会科学界联合会】 2014年6月11日,广西警官高等专科学校社会科学界联合会成立大会暨第一次代表大会在南宁召开。学校党委书记刘向荣,校长张军、副校长谭建华,学校党委副书记、纪委书记陈恃中及会员代表近200人参会。自治区社科联副主席曹平、科普部主任马文到会指导,学校党委委员、社科部主任廖萍主持。现任领导机构是第一届委员会,有委员15人,其中常务委员3人。主席谭建华,秘书长魏佳。

学术活动 12月27日,广西经济法学研究会第二届理事大会暨学术研讨会在广西警官高等专科学校召开。自治区法学会副会长韦军,自治区法学会研究部副主任徐卫华,自治区社科联副主席、自治区法学会副会长曹平出席会议。拟任广西经济法学研究会第二届理事会的理事、常务理事、正副会长、正副秘书长、名誉会长人选及广西各高校教师与研究生代表参会。会议选举产生广西经济法学研究会新一届领导机构。在广西经济法学界2014年学术年会暨广西第十次经济法理论学术研讨会上,曹平代表自治区社科联发言。广西警官高等专科学校、广西民族大学、广西财经学院、桂林电子科技大学、广西政法管理干部学院和广西大学代表围绕党的十八届四中全会建设法治国家给广西社会经济与社会发展带来的新指导、新方向,广西经济法学新探索等问题展开研讨。

社科普及 11月6日,在广西警官高等专科学校仙湖校区举办2014年广西社会科学普及联合大行动之"全面深化改革,实现'两个建成'"报告会,曹平出席会议。邀请广西大学法学院副院长李晖副教授作题为"环境保护法"专题报告,220名师生参加。

【广西党校(行政院校)系统社会科学界联合会】 2014年末有团体会员21个。内设机构1个(办公室),工作人员3人。现任领导机构是第一届委员会,有委员57人,其中常务委员15人。主席黄学权,秘书长谭焰。

学术活动 年内,举办学术活动2次。1月14~15日,广西党校(行政院校)系统2013年度科研咨询工作会议暨社会科学界联合会首届学术年会在自治区党校举行。自治区党校(广西行政学院)领导胡建华、陈林杰、李彦明、唐秀玲及来自广西党校(行政院校)系统的250多位代表参会。会议邀请国内知名专家学者分别就领导科学、党的建设、公共管理、区域经济、马克思主义理论、政治学理论等学科领域中的热点、难点、重点

研究问题进行学术回顾与前瞻，并邀请江苏省委党校范金教授、广西党校（广西行政学院）叶裕惠教授就国家社科基金课题申报进行辅导。会议对广西第十三次优秀科研成果奖获得者、首届先进科研工作单位和优秀科研管理工作者进行表彰。12月11日，在柳州市委党校召开广西党校（行政院校）系统社会科学界联合会第三届“桂海论坛”暨“推进《珠江—西江经济带发展规划》实施，加快广西实现‘两个建成’目标”研讨会。自治区党校副校长、广西行政学院副院长唐秀玲出席并致辞，柳州市委副书记、柳州市委党校校长杜伟和自治区社科联副主席姚兵到会并讲话。与会专家学者围绕论坛主题，就珠江—西江经济带开放合作协同发展研究，广西在珠江—西江经济带中的发展研究和广西各市、县（市、区）在珠江—西江经济带建设中的发展研究3个方面展开研讨。中国科学院地理科学与资源研究所知识创新基地首席研究员、博士生导师董锁成，广西大学商学院教授、博士生导师张林，华南理工大学公共管理学院副院长、教授、博士生导师王郅强和自治区党校经济学教研部主任、教授、博士张家寿，获奖论文作者代表齐自琨、刘平分别作主题发言；自治区党校教授、国家有突出贡献中青年专家、广西优秀专家、享受政府特殊津贴专家叶裕惠，自治区党校科研处副处长、教授韦宇红，柳州市委党校、柳州市行政学院经济管理教研室主任张曙进行点评。论坛收到征文136篇，评出一等奖15篇、二等奖21篇、三等奖41篇。

社科评奖 年内，在广西第十三次社会科学优秀成果奖评选活动中，会员著作类获奖7项，其中二等奖2项、三等奖5项；论文类获奖8项，其中二等奖5项、三等奖3项；研究报告类获奖3项，均为三等奖。获全国党校系统第十届优秀科研成果奖4项，获全国行政学院第三届优秀科研成果奖5项，获第六届人口科学优秀成果奖1项。32篇论文在第五届广西社会科学界学术年会征文评选中获奖，其中一等奖3篇、二等奖、三等奖各5篇，优秀论文19篇。24篇论文在第十六期广西发展论坛征文中获奖，其中一等奖2篇、二等奖5篇、三等奖6篇、优秀论文11篇。

课题研究 年内，会员获2014年度国家社科基金项目立项6项，其中重点项目1项、一般项目3项、西部项目3项。自治区党校（广西行政学院）凌经球研究员申报的课题《滇桂黔石漠化片区贫困农户可持续生计策略优化研究》首次获重点项目立项，是广西党校（行政院校）系统国家社会科学基金项目立项史上的重大突破；南宁市委党校（行政学院）贾岚申报的课题《规范并严格执行领导干部工作生活保障制度研究》获西部项目立项，实现广西市县级党校国家社科基金项目申报立项的重大突破。此外，获2014年度全国党校系统重点调研课题立项3项、2014年广西社会科学重点课题立项5项、2014年度自治区社科联著作出版资助1项。年内，会员承担的国家社科基金课题3项、广西社科规划课题3项、2014年度全国党校系统重点调研课题2项通过评审结项；出版著作（教材）23部；发表论文198篇，其中核心期刊31篇。17个市委党校（行政学院）会员出版专著和论文集11部，发表论文469篇，其中核心期刊8篇。

【广西柳工机械股份有限公司社会科学界联合会】 2014年4月16日成立，年末有团体会员6个，个人会员8000多人。内设机构1个（办公室）。现任领导机构是第一届委员会，有委员46人。主席曾光安，秘书长王栋。

5月6日，召开广西柳工机械股份有限公司社会科学界联合会成立大会暨第一次代表大会，通过《柳工社科联章程（草案）》，选出第一届委员会委员及领导机构。

学术活动 年内，召开报告会4次，研讨会1次，调研活动1次，1400多人（次）参加，收到论文及调研报告45篇。3月17日，举办深入学习贯彻党的十八届三中全会精神报告会，中央党校经济学部教授、博士生导师、清华大学经济管理学院博士后张玉杰应邀主讲，广西柳工集团有限公司董事长王晓华主持大会。广西柳工集团有限公司、广西柳工机械股份有限公司高层领导、中层管理人员及经理人员，各基层党组织委员、工会主席、团支部书记400多人参会。4月18日，中国人民武装警察部队政治部副主任、国家一级导演张继钢受邀开设“文化的力量”专题讲座，柳工中高层经理和400多名员工代表参加。7月9日，柳工2014年企业文化高层务虚研讨会在柳州召开，柳工高层领导及部分中高级经理与会，就柳工在全面深化改革关键期，如何用文化引领公司渡过行业低迷期，取得长效发展进行讨论。

科普活动 年内，参与大型社科知识普及活动1次，2000多人（次）参加。5月24日，在柳州参与2014年自治区社会科学普及联合大行动启动仪式暨柳州市社科知识广场咨询宣传活动，制作主题展板，组织专家现场提供咨询服务，编印1000份资料现场分发，内容主要有工程机械产品介绍、柳工发展沿革、柳工企业文化、柳工社会责任等。

社科评奖 6月，组织开展柳工2014年度思想政治工作重点课题调研活动，收到会员申报成果36项，17项成果获奖，评出一等奖2项、二等奖5项、三等奖10项。

科研成果 年内，编印《政治理论导读》12期，《2013年精神文明建设工作资料汇编》《2013年政治理论学习成果汇编》《柳工管理理念汇编》各4期，《柳工员工文明礼仪行为规范》等。

学术团体

【广西历史学会】 2014年末有团体会员10个，个人会员575人(其中具有高级专业技术职务资格350人，中级225人)。现任领导机构是第十一届理事会，有理事49人，其中常务理事27人。会长黄铮，秘书长冼少华。

7月3~5日，学会与广西师范大学历史文化与旅游学院、蒙山县人民政府在蒙山联合主办“梁羽生、钟文典诞辰90周年纪念活动暨‘太平天国在永安与蒙山旅游发展研讨会’”“梁羽生武侠文化与蒙山旅游发展研讨会”。会长黄铮、广西师范大学党委副书记唐仁郭、蒙山县政协主席何健、梁羽生儿子陈心宇、钟文典夫人张玉霞等在大会上致辞，广西区内外各界代表近100人参会。会上，与会者围绕钟文典教授学术思想和贡献展开研讨，并对《钟文典在太平天国史研究领域的主要成就及其特色》《钟文典在保护和研究广西历史文物方面的突出贡献》《钟文典的客家史观、研究思路与贡献》《钟文典教授“两条腿走路”的治学方法》等论文进行交流，表达广西史学界对钟文典教授的缅怀和追思。此外，与会者就蒙山县如何保护、开发、利用本地特色文化资源，发展特色文化旅游提出对策建议：一是发掘和拓展梁羽生武侠文化内涵，发展文化旅游；二是对蒙山名人苏元春、韦杰三、陈漫远、钟文典等名人群体整体推出。在现有梁羽生公园基础上，建设综合性名人文化公园。会上举行钟文典乡村书屋移交仪式及广西师范大学出版社向蒙山县赠书仪式。会议期间，与会代表分别参观蒙山县城太平天国封王建制遗址公园和新建成的梁羽生公园，并举行梁羽生公园开园仪式。

年内，会员著作成果有：贺金林的专著《1945~1949年间学界阵营分合研究》；王林的专著《景观村落旅游与社区参与》；颜小华的专著《广西基督宗教历史与现状研究》《东盟宗教》；范玉春的专著《男逸女劳：岭南经济民俗的历史地理学考察》《论新桂系的金融垄断政策》。江田祥的专著《隋唐桂州理定县考》《碑刻的制作与篡改——广西恭城县的例证》等。刘祥学主编的教材《中学历史课程与教学论新编》；唐凌主编的《广西商业会馆系统碑刻资料集》。论文成果有：刘祥学的《地域形象与中国古代边疆的经略》被《新华文摘》2014年第16期全文转载；唐凌的《美国“飞虎队”轰炸机在广西兴安县坠崖事件调查工作述评》；何海龙的《居延汉简所见“养”浅析》；邹长清的《清代翰林院庶吉士待遇及其身份探究》；廖国一的《新形势下环北部湾少数民族经济社会发展对策研究》《从北部湾出发的汉代海上丝绸之路研究述略》；黎瑛的《新民团与边疆地区的发展稳定：以广西为个案》《论新桂系政权对乡土社会的动员与整合》；周长山的《关于保护传统村落、建设美丽广西的思考》《“海上丝绸之路”概念之产生与流变》；周建明的《古代广东广西地区人口的发展与差异》《第一次世界大战前后德国生活水平探析》；蓝武的《区域民族地理研究的探索与创新——〈壮族地区人地关系过程中的环境适应研究〉介评》《西南地区土兵制度与军事战争研究的集大成之作——〈土司时期西南地区土兵制度与军事战争研究〉介评》；李庆忠的《高考文综广西卷用图瑕疵一则》等。

（卢芳明　供稿）

【广西中共党史学会】 2014年末有团

体会员15个，个人会员698人（其中具有高级专业技术职务资格93人，中级205人）。内设机构1个（秘书处），工作人员1人。现任领导机构是第七届理事会，有理事87人，其中常务理事28人。会长陈平，秘书长向济萍。

学术活动与交流　5～10月，与自治区党委党史研究室联合举办“弘扬党的优良传统和作风，践行社会主义核心价值观”学术研讨活动。收到论文64篇，评出获奖论文30篇，其中一等奖3篇、二等奖5篇、三等奖7篇，并将论文结集出版。

年内，组织会员参加各级各部门举办的“纪念邓小平同志诞辰110周年学术研讨会”征文活动。1篇论文入选全国举办的研讨会；2篇入选中央文献研究室举办的研讨会；1篇入选中央党史研究室举办的研讨会。参加中央文献研究室三部、中央党史研究室科研管理部、自治区党委宣传部等部门联合举办的“纪念邓小平同志诞辰110周年暨百色起义90周年学术研讨会”，15篇论文入选。组织会员参加“第二届全国党史文化论坛”，报送论文7篇。

科研成果　年内，会员2项国家社科基金项目《中国共产党在民族地区文化建设的历史考察与经验研究》《关于中国共产党维护民族团结历史及经验研究》取得阶段性成果。参与《中国工农红军滇黔桂边游击根据地革命斗争研究》《改革开放实录》广西部分研究工作。编著出版《凝聚广西》《中国共产党广西历史简明读本》《党的群众路线教育实践读本》《革命理想高于天》《中国共产党民族工作的伟大实践·广西卷》等10余部书籍，其中参与编研的《广西抗战时期人口伤亡和财产损失》A卷成为全国第一批出版的调研丛书之一。年内，30多名会员在各级各类评奖活动中获奖。其中论文获省部级奖一等奖2篇、二等奖4篇、三等奖6篇；2部著作获省部级奖二等奖。

人才培训　年内，选派11名专家为2014年广西党史干部培训班、广西区直中直驻桂单位党史联络员培训班、崇左市党史干部培训班等培训班授课，培训370多人。5名会员参加中央党史研究室举办的4期培训班。

科普活动　7～8月，会员为“广西历史文化大讲堂”主讲《桂南大会战铁血昆仑关》《中共诤友陈铭枢》。年内，会员分别为自治区供销社、自治区残联、广西农科院、自治区司法厅、广西社会科学院等12单位举办党史专题讲座。会员参与策划广西卫视纪念广西抗战专题节目并接受专访；在《广西日报》《当代广西》《广西政协报》等报刊发表党史文章10多篇。

年内，协助自治区党委党史研究室编辑出版《传承》杂志12期，协助自治区党委党史研究室加强广西党史网建设。

【广西经济学会】 2014年末有团体会员3个，个人会员179人（其中具有高级专业技术职务资格57人），工作人员5人。现任领导机构是第四届理事会，有理事15人，其中常务理事9人。会长詹宏松，秘书长蒋小勇。

学术交流　2月，学会派员赴台湾参加第九届两岸产业共同市场论坛；3月9日，在深圳组织并参加深圳社科联主办的“净土信仰、终极关怀与中国文化软实力”学术沙龙研讨会，并作主题发言；6月28日，为来宾市200多名民营企业家作“民营企业：上市、核心竞争力和创业板”专题报告；7月21日，学会在南宁召开自治区社科联资助的“净土信仰、终极关怀与中国文化软实力”学术沙龙研讨会；7月25～28日，参加香港中文大学在香港举办的第九届青年佛教学者学术研讨会暨中国佛教研讨会，作“佛教在广西的传布与黄益泉居士为广西佛教作出的贡献”会议发言；8月10日，应深圳市委宣传部与深圳市社科联邀请，在“深圳市民文化大讲堂”作“菜根谭与现代生活”演讲；9月，参加在南宁举行的第七届中国—东盟智库战略对话论坛暨首届中国—新加坡经济走廊智库峰会；10月2～5日，参加江西真如禅寺在庐山西海举办的“云居虚云与历代祖师国际学术研讨会”，提交《虚云法师的禅净统合观及其现代意义》论文被收入《虚云老和尚暨云居历代祖师国际研讨会论文集》，并作会议发言。

课题研究　年内，会员主持或参加完成课题研究

7月21日，由广西经济学会主办的“净土信仰、终极关怀与中国文化软实力”学术沙龙研讨会在南宁召开　（蒋小勇　供稿）

23 项，研究报告 23 项，累计完成各类科研成果 1000 余千字。主要成果有《2014 年广西蓝皮书——广西工业发展报告》《"十三五" 广西发展的历史方位和重大使命研究》《"十二五" 时期广西经济社会发展情况分析研究》《十八后的经济政策思考》《光伏产业背景调查报告》《关于建立中国—东盟 "内商务区" 的建议》《关于当前房地产政策的四点建议》《加快构建广西现代产业体系研究》《广西工业转型升级研究》《我国沿海地区与北部湾经济区开放开发比较分析与对策研究》《加强新社会组织从业人员统战工作的思路和建议》《论毛泽东的文化大战略思想》《毛泽东经济发展战略研究》《人的发展经济学研究对象及其内容》《柳州服务产业城发展建议书》《中国防城港产业服务中心项目建议书》《武汉城市经济圈海吉星农产品集散中心项目策划方案》等。

论文发表　年内，会员发表论文 14 篇，其中在核心期刊发表 4 篇:《论毛泽东的文化大战略思想》《毛泽东经济发展战略研究》《人的发展经济学研究对象及其内容》《科学发展广西资源型工业的探讨》；在《广西日报》发表《商贸往来奠定国际合作基础》《加快现代物流合作增强国际物流合作枢纽》等 6 篇；在《证券时报》上发表《茅台已经不是酒》《北京低价地铁票惠民之余的忧思》《融资融券促进创业板的健康发展》等；在其他期刊上发表《善导的弥陀净土思想与印光的善导观》《广西与东盟十年合作发展的轨迹与思考》《北部湾经济区推进中国与东盟加强商贸合作的战略思考》等。

【广西图书馆学会】 2014 年末有团体会员 87 个。内设机构 2 个(秘书处、《图书馆界》编辑部)。现任领导机构是第九届理事会，有理事 81 人，其中常务理事 21 人。会长徐欣禄，秘书长贾莹。

学术活动　5 月 22~24 日，全国中小型公共图书馆联合会 2014 年研讨会在安徽省马鞍山市举行。广西图书馆学会负责论文征集组织工作，荣获 "2014 年研讨会征文活动最佳组织奖"，提交论文获一等奖 4 篇、二等奖 2 篇、三等奖 7 篇。10 月 10~12 日，由文化部主办、中国图书馆学会等单位承办的 "2014 年中国图书馆年会——中国图书馆学会年会·中国图书馆展览会" 在北京举行。广西图书馆学会秘书处组织广西 69 位代表参会，广西图书馆资助的 10 个县级图书馆馆长到会。在系列颁奖活动中，广西荣获多项荣誉和奖项：开幕式上，文化部部长蔡武、北京市委宣传部部长李伟等领导向获得 "2014 年中国图书馆榜样人物" 的 8 位图书馆工作者颁奖，广西图书馆馆长徐欣禄榜上有名。"中华优秀传统文化专业论坛" 分会场上，举行 2014 年 "中华古籍保护计划" 成果宣传推广活动颁奖仪式，广西图书馆和广西图书馆学会受到通报表彰。"阅读的起点——儿童与图画书" 分会场上，举行全国少年儿童 "故事达人" 大赛颁奖仪式，广西少年儿童图书馆和南宁市少年儿童图书馆获得优秀组织奖。闭幕式上，举行中国图书馆学会年会征文活动个人奖和组织奖以及全民阅读奖项颁奖仪式，广西共 18 篇论文获奖，其中，一等奖 2 篇、二等奖 10 篇、三等奖 6 篇。11 月 5~7 日，广西图书馆学会 2014 年年会暨第 32 次科学讨论会在钦州召开。来自广西公共、高校、科研三大系统图书馆 260 多名代表与会。为探索会议新形式，广西图书馆学会在年会学术研讨版块中策划广西图书馆人才培养和读者服务工作案例作交流，从提交的 28 份案例中分别选取公共馆和高校馆 8 个案例，通过现场展示、现场互动等环节，交流与推广各馆事业推进中的经验与做法，激发与提升图书馆服务的创新意识和能力，进一步推动广西图书馆事业的发展。年会评出一等奖 1 篇、二等奖 3 篇、三等奖 12 篇。广西图书馆、钦州学院图书馆、贺州学院图书馆获 "广西图书馆学会 2014 年会征文活动组织奖" 荣誉称号。11 月 10~12 日，中国图书馆学会在福建省厦门市召开第六届青年学术论坛。广西图书馆学会推选广西民族大学图书馆欧阳剑作为发言青年代表。

科普活动　6 月，与广西图书馆在南宁举办多项

11月5~7日，广西图书馆学会2014年年会暨第32次科学讨论会在钦州召开

（韦绍芬　供稿）

科普活动，让市民了解广西乃至全国古籍保护情况，体验修复古籍、传拓石碑过程。“中华古籍保护计划”成果展旨在展示古籍保护计划、普查成果、文化知识等内容。“八桂遗珍——广西少数民族古籍保护成果展”主要介绍广西各民族古籍、入选国家及自治区珍贵古籍名录古籍、古籍整理出版成果及广西民族古籍保护现状。2007~2014年，为扩大广西古籍保护工作成果的影响力和展览宣传辐射力，学会和广西图书馆联合桂林、玉林、北海、贵港及防城港等图书馆，分别在各地同步举办展览，使“藏在深闺人不知”的古籍走近大众。“八桂遗珍——广西少数民族古籍保护成果展”在北京国家民族图书馆展出，年底在南京和上海图书馆展出。

7月2日，由学会承办的“网络书香·掠美瞬间”数字图书馆推广工程摄影作品巡展在广西图书馆举办。2月，由国家图书馆和中国图书馆学会联合各地图书馆举办“网络书香·掠美瞬间”数字图书馆推广工程摄影大赛，大赛共收到3000余幅作品，并在广西图书馆展出获奖作品及部分优秀作品共200多幅。摄影展从不同角度定格阅读瞬间，展现数字阅读魅力。

年内，广西图书馆学会、广西图书馆开展社科知识进村进社区系列活动。一是到贺州市昭平县黄姚镇界塘村慰问并帮助养殖户。1月23日，广西图书馆党总支副书记黄河陪同自治区文化厅党组成员、纪检组长李晓泉和副巡视员任保胜到对口扶贫点昭平县黄姚镇界塘村的山羊养殖示范户进行新春慰问，并捐赠新书和期刊杂志近千册，黄河代表广西图书馆与李赍生签订帮扶协议，提供1万元扶持资金，为界塘村公共文化服务注入新动力。二是文化进企业服务进城务工人员。1月19日，文化共享工程广西分中心和广西图书馆学会、广西图书馆到南宁丰达企业为进城务工人员开展“春节文化服务”活动，围绕活动主题，开展汽车图书馆阅览服务、知识有奖竞猜、送春联和办证活动。活动现场，展出10块精心制作、图文并茂的宣传展板，以建设美丽广西、科普知识为主要内容。活动采取有奖答题形式，根据宣传展板的内容设计问卷，吸引企业女工积极参与，踊跃答题，活动参与者2000多人(次)，送出奖品3000份，春联300对。三是文化信息宣传服务社区居民。2月16日，与广西图书馆、广西少儿图书馆、南宁市图书馆、南宁市少儿图书馆在南宁三元小区开展知识服务进社区活动，为社区居民提供信息咨询、现场办证、图书阅览，制作《文化信息资源共享工程简介》《广西少儿图书馆：小读者的知识乐园》《文化新亮点知识大讲坛：八桂讲坛公益讲座》宣传板深受欢迎。此次活动共接待读者200多人(次)，发放宣传资料300多份，汽车图书馆阅览50多人(次)，50多份调查表全部回收，活动取得良好效果。

3月8日，广西图书馆学会、广西图书馆在南宁联合举办“中国航天发展与航天精神”专题讲座。邀请中国运载火箭技术研究院原党委副书记李光亚研究员为读者解读“中国航天发展与航天精神”。读者、文化志愿者和高校学生200多人聆听讲座。报告会结束后，李光亚对读者提出的问题进行解答并向其赠送《中国航天事业发展的哲学思想》一书。

【广西语言文学学会】 2014年末有个人会员261人(其中具有高级专业技术职务资格227人，中级34人)。现任领导机构是第六届理事会，有理事40人，其中常务理事14人。会长胡大雷，常务副会长兼秘书长杨东甫。

年内，胡大雷继续主持国家重大社科基金项目《桂学研究》等，杨东甫出版专著《清代广西巡抚列传》，并作为主要撰稿人参与编撰《广西现代文化史》。据不完全统计，学会成员共出版著作7种，发表论文90多篇。获广西第十三次社会科学优秀成果奖著作类一等奖1项、三等奖2项。

【广西教育学会】 2014年末有团体会员172个(其中市级学会14个、会员学校158个)，专业委员会30个。内设机构2个(秘书处、《基础教育研究》杂志社)，工作人员16人。现任领导机构是第六届理事会，有理事75人，其中常务理事35人。会长秦斌，秘书长覃壮才。

组织建设 7月，完成学会归由广西教育厅管理、秘书处设在广西教育科学研究所交接工作。新一届理事会加强学会的组织建设：一是完善秘书处机构，配齐副秘书长及其他工作人员。二是加强学会分支机构的管理。召开分支机构负责人会议，出台《关于做好分支机构换届选举及进一步加强分支机构管理的通知》《广西教育学会分支机构活动管理细则》等文件，制定学会财务管理制度，加强对分支机构的活动、经费和财务制度管理。三是重新调整学会刊物《基础教育研究》杂志编委。

学术活动 年内主要开展的活动有：一是举办各种培训活动。学会所属的各专业委员会配合教育行政部门承担培训任务：少数民族教育专业委员会开展双语学校教师全员培训，举办壮汉双语教师教学培训、百名壮汉双语名师培养工程、“培训+学历”模式培训等培训班，年内举办自治区级壮汉双语教师培训班11期，1903人(次)参训；现代教育专委会配合广西“中小学教师信息技术能力提升工程”和“教学点数字教育资源全覆盖项目”实施，推进中小学教师信息技术应用培

训工作，培训骨干教师2532人。二是配合高中新课改开展教研活动。2012年广西高中进入新课改，学会组织力量参与新课改实验，各专业委员会年内组织开展新课改研讨活动12场(次)。三是举办各种优质课比赛活动。学会及各专业委员会举办广西赛课活动，选拔教师参加全国优质课及教学技能比赛并在比赛中取得优异成绩。

课题研究　一是继续下发“十二五”规划课题指南，发放课题申报材料。学会会员在研“十二五”规划课题385项，其中A类课题135项，B类课题250项。二是引导会员和教师申报中国教育学会“十二五”立项课题。三是各专业委员会牵头承担中国教育学会、自治区社科联、广西教育科学规划办等各级各类课题共12项。四是对已立项课题，做好初期培训、中期检查、结题验收工作。

杂志网站　年内，编辑出版《基础教育研究》24期，刊发文章706篇，320千字。学会网站登录浏览近300万人(次)。

【广西农村金融学会】 2014年末有团体会员14个。内设机构1个(秘书处)，工作人员4人。现任领导机构是第八届理事会，有理事51人，其中常务理事9人。会长廖家旺，秘书长莫名添。

2月18日，在南宁召开第八次会员代表第二次会议，总结学会工作成绩，部署下一步工作任务，取消5个直管支行单位会员，调整变更部分常务理事和秘书长。

学术活动　10月25日，在南宁举办年度重点课题评比交流会，农行广西分行行级领导、机关部室负责人，各二级分行行长61人参会，收到调研报告29篇，评出一等奖1篇、二等奖2篇、三等奖3篇。12月5日，在南宁召开2014年度广西农村金融学会课题研讨会，广西各地市农行办公室主任和部分课题主笔24人与会，收到论文161篇，评出一等奖1篇、二等奖3篇、三等奖5篇、优秀奖20篇及优秀组织奖2个。

科研成果　年内，完成中国农村金融学会和广西金融学会等专题和重点课题调研报告4项，其中《滇桂沿边金融综合改革实验区建设进程中农业银行的对策研究》获中国农村金融学会重点课题立项，《商业银行金融服务新型综合农业经营主体发展路径研究——基于广西分行的实证分析》获广西金融学会2014年度重点研究课题佳作奖。年内编发《广西分行参阅件》和《广西分行简报》共26期。

12月5日，由广西农村金融学会主办的2014年度课题研讨会在南宁召开

（卢　滨　供稿）

【广西会计学会】 2014年末有团体会员35个，个人会员230人(其中具有高级专业技术职务资格60人，中级102人)。内设机构1个(秘书处)，工作人员3人。现任领导机构是第七届理事会，有理事117人，其中常务理事35人。会长李崇玉，秘书长陈海涛。

3月25日，召开学会七届三次常务理事会会议，审议通过2013年工作报告，对学会2014年的工作进行分析探讨，并提出意见和建议。

学术活动　11月23日，在南宁召开广西高层次会计人才高级研修班暨学术年会，广西财政厅副巡视员冯任佳，学会会长李崇玉、副会长李鹰，广西民族大学副校长李珍刚，广西民族大学商学院院长王新哲等领导出席。开幕式由陈海涛主持。广西部分企业和高校的总会计师、学术界的会计学专家教授及广西会计人才小高地的专家学者、拔尖会计人才等230多人参会。年会围绕广西会计改革与经济发展中的热点难点问题，对管理会计在广西的研究与应用层次会计人才的培养，事业单位新会计制度实施的情况进行交流研讨。广西大学商学院财务与会计系主任韦德洪教授作学术研究与学术论文写作专题报告，广西财经学院宁旭初总会计师、广西投资集团罗真总会计师、广西铁路投资集团周长信总会计师围绕行政事业单位的会计人才培养、大型企业集团管理会计的应用、国际会计准则发展趋势与变迁等依次发言。年会收到论文147篇，评出一等奖2篇、二等奖5篇、三等奖8篇，优秀奖30篇。

科普活动　6月14日，在南宁举办“申报高级会计师人员培训班”，内容包括高级会计师申报要求及业务自

11月23日，由广西会计学会主办的广西高层次会计人才高级研修班暨学术年会在南宁举行（钟英俊　供稿）

传写作、全国高级会计师资格考试试题分析与答题技巧、会计专业论文写作技巧等，广西财政厅有关专家讲授，100多人参加。

年内，编印《广西财务与会计》6期，刊发文章100多篇。

【广西财政学会】 2014年末有团体会员15个，个人会员300多人。内设机构1个(秘书处)，工作人员6人。现任领导机构是第七届理事会，有理事111人，其中常务理事33人。会长苏道俨，副会长兼秘书长刘进。

7月，召开第七届常务理事会第一次会议，通报学会秘书处工作情况，集中审议并通过《2014年度学会工作计划》《广西财政重大课题研究招投标管理暂行办法》。

学术活动　4月，自治区财政厅首次组织开展广西财政重大课题研究招投标工作，标志广西财政重大课题研究形式重大创新，确定财税领域5个招投标课题，按照程序开展相关投标评标及公示等工作，确定5个中标单位。4月，学会常务理事范世祥、学会副会长兼秘书长刘进赴江苏省连云港市参加全国财政科研工作会议，刘进作题为“搭建平台完善机制努力提高课题研究与管理水平”发言。6月，全国财政协作课题《事权与支出责任划分的若干政策建议》研讨会在桂林召开。财政部科研所基础理论室及广西、江西、西藏、海南4个省(区)财政科研(政研)机构代表20人参会。会议围绕课题题目、总报告提纲等事项进行交流讨论，对课题总报告进行任务分工，并明确各协作单位分报告的侧重点。9月，中国与东盟财税合作共建海上丝绸之路—中国东盟财税合作论坛在南宁举行，学会组织相关人员参加。11月，财政部在北京举办“新预算法专题研读会”，学会领导范世祥、刘进、胡德期参会。范世祥作为地方代表就地方贯彻新预算法的精神，推动全社会形成办事依法、遇事找法、解决问题用法、化解矛盾靠法的良好法治环境，做好新预算法实施与深化财税体制改革的协调推进等方面进行发言。11月，海峡两岸财税学术研讨会在台湾台北市召开，学会副秘书长邓小莲参会并发言。此外，参加全国财政协作课题《事权与支出责任划分的若干政策建议》，组织广西14个设区市完成3个广西财政协作课题。

课题研究　年内，会员完成《加强广西边境地区开放发展的若干建议》《广西社会科学财政投入问题研究》《广西城乡一体化进程中的基本公共服务均等化问题研究》等课题，并中标自治区哲学社会科学规划领导小组审批立项省部级招标项目课题《深化广西财政资金分配制度改革研究》。配合自治区财政厅经济建设处、教科文处、国际金融处共同完成《广西打造战略支点的金融支撑体系问题研究》(著作)、《西江经济带社会民生事业发展问题研究》《广西财政教育投入保障政策问题研究》《促进广西教育均衡发展的问题研究》《广西参与大湄公河次区域合作研究》(专题调研报告)等。年内，学会完成全国财政协作课题1项、广西财政重点调研课题14项、广西财政协作课题3项及

7月19日，广西财政学会召开第七届常务理事会第一次会议（刘　进　供稿）

个人课题3项。

年内，与自治区财政厅政策研究室共同编印《广西财政信息》信息月刊12期。与中国财经出版传媒集团合作编辑出版《经济研究参考·地方财经》12期，11月，将其更名为《经济研究参考·地方财税与会计》，并与广西国税局科研所、广西地方税收研究会、广西会计学会、广西（东盟）财经研究中心联合承办该杂志。杂志改版之后，成立专门编辑组负责杂志约稿、编辑及发行等工作。完成《广西通志·财政志(1992~2004)》《广西财政年鉴·2014》编纂出版任务。

社科评奖　年内，在广西第十三次社会科学优秀成果奖评选中，代表自治区财政厅参评的课题：吴胜泽的专著《中国政府间转移支付制度效率研究》获二等奖，刘进、黄力明、吴胜泽、张俊军、邓小莲的《广西社会科学财政投入问题研究》和张俊军的《广西医疗卫生基本公共服务领域市场与政府调控双失灵的财政投入选择》获三等奖。在第八届广西地方志优秀成果评选中，《广西通志·财政志(1992~2004)》获一等奖。据不完全统计，学会会员在《中国财政》《经济研究参考》《财政研究》《税务研究》等期刊杂志上发表文章50多篇。

【广西民族研究学会】 2014年末有团体会员4个，个人会员310人（其中具有高级专业技术职务资格190人，中级87人）。内设机构1个（秘书处），工作人员7人。设民族历史文化、民族经济与旅游、民族文化遗产保护、民族文化产业、民族影视、民族古籍等6个学术专业委员会，每个委员会设2~3名主任委员。现任领导机构是第五届理事会，有理事83人，其中常务理事26人。会长俸代瑜，秘书长黄仲盈。

学术活动　7月3~12日，组织学术考察小组到甘肃省进行学术交流，与甘肃省民族研究所、佛学院、藏学研究所、天水师范学院部分专家学者进行座谈；考察小组在临夏回族自治州实地考察穆斯林清真寺建设情况和佛教寺院情况。11月5~7日，在南宁与广西壮学学会承办，中国西南民族研究学会、自治区民委联合主办的“中国西南民族研究学会第17次会员代表大会暨学术研讨会”，北京、云南、贵州、四川、西藏等12个省区市100多位专家学者参会；会议选举第九届学会理事会成员，并按议程组织与会专家学者围绕壮学的建立发展和西南各民族研究展开学术研讨；收到论文54篇。12月9~14日，组织学术考察小组到内蒙古自治区进行学术交流，分别与呼伦贝尔学院、满洲里市民族事务局进行关于跨境民族有关问题和政府实施“兴边富民行动”等内容的学术交流；期间，考察组实地考察呼伦贝尔市陈巴尔虎旗民族小学、呼伦贝尔民族博物馆等地。

科研工作　年内，与广西社会科学院合作开展《广西民族地区民生事业发展报告（蓝皮书）》项目，对广西世居民族聚居地区民生事业发展状况进行研究，书稿送出版社公开出版。协助自治区民委，完成自治区民委咨询委员会2014年委托课题立项工作。通过确立课题范围、招标、评审、立项等，完成2014年咨询委员会14项委托课题的立项工作，其中重点委托课题3项、一般委托课题7项、专家申报一般委托课题4项。协助自治区民委开展纪念民族区域自治法颁布实施30周年征文活动的征集、评审及文集编印工作，收到征文46篇，评出35篇优秀征文结集由出版社公开出版。协助自治区民委完成自治区民委系统2014年课题调研评奖活动并将获奖成果结集由出版社公开出版。

科研成果　年内，会员出版学术著作12部，近4100千字，内容涉及民族理论、民族历史、民族关系、民族文化、民族经济、民族语言、民族教育等。发表学术论文88篇，近1000千字，部分发表在《民族研究》《广西民族研究》《广西民族大学学报》《中央民族大学学报》等核心期刊上。年内，获国家社科基金项目（包括西部项目）5项，省部级项目6项，地厅级课题约15项。在广西第十三次社会科学优秀成果奖评选中，获著作类一等奖2项、二等奖1项、三等奖6项，调研报告类三等奖8项，论文类一等奖1项、二等奖2项、三等奖5项。

【广西金融学会】 2014年末有团体会员58个。内设机构2个（秘书处、编辑室），工作人员10人。现任领导机构是第六届理事会，有理事155人，其中常务理事52人。会长杨小平，秘书长黄盛文。

学术活动　9月30日，邀请中国人民银行总行金融研究所伍旭川博士到学会作学术报告。11月3日，在北海举办广西沿边金融改革研讨会，中国人民银行金融研究所所长金中夏等专家到会指导，与会人员围绕广西沿边金融综合改革试验区建设展开讨论，提出对策建议。12月6日，与广西金融青年联谊会、广西青年企业家协会联合举办金融支持实体经济银企研讨会，学会副会长杨正东主持会议，中国人民银行副行长罗跃华出席并作总结发言。广西青年企业家代表、部分银行业金融机构50余人对探索解决中小企业融资难、融资贵等问题进行座谈。此外，学会派员到自治区党校给广西女处级干部和女企业家培训班讲课。

课题研究　5月30日，在向各会员单位征集研究课题选题基础上，召开广西金融学会学术委员会议，确定82项学会重点课题。9月29~30日，组织召开中期报告会，对学会重点课题研究进行中期检查和点评；11月，收到76项课题报告，评出一等奖1项、二等奖4项、三等奖8项、鼓励奖10项。年内，完成人民银行总行

2014年度重点研究课题《中国—东盟区域债券市场研究》；完成2014年广西社会科学重点课题《深化广西金融体制改革研究》；与广西社会科学院共同完成自治区党委、政府2014年度广西重大课题《广西建设沿边金融综合改革试验区对策研究》；与自治区财政厅共同完成重大研究课题《广西打造战略支点的金融支撑体系研究》；完成自治区沿边金融综合改革试验建设领导小组办公室3个重点课题研究。中标中国—东盟研究院2014年开放性课题《人民币对东盟各国货币外汇风险暴露实证研究》。参与人民银行总行金融研究所《国际贸易投资规则重建对中国经济影响》重点课题研究。协助广西县域促进会完成《凭祥试验区金融改革创新研究报告》。年内，将2013年度学会重点课题报告获奖课题整理汇编出版《区域经济金融研究》(2013年度)文集。

征文活动　5月29日至9月30日，开展以“金融改革创新与实体经济发展”为主题的征文活动，收到论文218篇。评出二等奖8篇、三等奖18篇、鼓励奖30篇。

编纂工作　5月，《广西金融年鉴·2013》出版发行。《广西金融年鉴·2013》获第八次广西地方志优秀成果佳作奖。同时，学会加大工作力度，编纂2014年《广西金融年鉴》。

“金惠工程”工作　6月8~12日，根据中国金融教育基金会通知要求，学会对百色田东、靖西两县金惠工程进行现场评估验收；组织2个试点县到云南禄劝县参观评估会，初评通过。10月27日，派员到北京参加专家集中评审会议，靖西县获评合格，田东县获评优秀。10月10日，中国金融教育发展基金会表彰优秀组织者和志愿者，田东、靖西两县各有3人获奖。

会刊管理　年内，做好广西新闻出版广电局开展的学术期刊认定及清理工作，自查自纠，确保期刊规范发展。召开2015年通联工作座谈会，总结《区域金融研究》2014年度通联工作，表彰2014年度先进通联站和先进通联工作者，讨论和部署2015年通联工作。与贵州省金融学会合办期刊，期刊2014年订数比2013年增加250份。做好《区域金融研究》的选稿、编辑、校对等工作，按时出版2014年期刊。部分文章被中国人民大学书报资料中心(《金融与保险》)及国务院发展研究中心(国研网)全文转载。

获奖情况　12月10日，在广西第十三次社会科学优秀成果奖颁奖暨广西社科联成立30周年座谈会上，学会会员李健、范祚军、谢巧燕的《差异性金融结构“互嵌”式“耦合”效应——基于泛北部湾区域金融合作的实证》获论文类一等奖；曾海舰的《记产价值与公司投融资变动——抵押担保渠道效应的中国经验证据》，滕莉莉、韦妃、梁权熙的《管理人持基的投资基金治理效应：理论分析与经验证据》获论文类二等奖；唐金成、曹亚楠的《广西甘蔗种植保险发展研究》获论文类三等奖。潘永等7人的《广西资源富集区投资策略研究》，蔡幸、周建胜、叶栋梁、聂勇等8人的《深化桂港澳产业投资合作的途径及对策研究》获研究报告类二等奖；粟庆品、彭强华等7人的《发展创业风险投资研究——以西南地区为例》获研究报告类三等奖。范祚军、唐文琳、潘永等17人的《人民币国际化的条件约束与突破》获著作类二等奖；申韬的《我国小额贷款公司信用风险管理研究》获著作类三等奖。

【广西人才学会】 2014年末有团体会员99个，个人会员686人(其中具有高级专业技术职务资格335人，中级290人)。内设机构5个(秘书处、培训部、科研部、国际交流合作部和专家咨询顾问中心)，工作人员15人。现任领导机构是第六届理事会，有理事90人，其中常务理事27人。会长韦大开，副会长兼秘书长莫蔚。

3月30日，在南宁召开理事会(会长扩大会)，30人参加，会上决定学会换届选举后的工作机构和领导分工，任命张频等9位副秘书长，通过学会2014年工作计划。10月，在南宁组织劳动关系协调专家20人编纂完成广西社科联重点科普读物《劳动关系协调实务指南》，全书350千字，广西人民出版社出版发行。11月20日~21日，按照广西社科联科普资助项目要求，先后在梧州市和贺州市组织专家进行主题为“劳动关系协调的机制手段和发展方向”的报告会，300多人参加。11月，编印《广西人才学会第六次会员代表大会

12月23日，由广西人才学会主办的依法治国与政府决策咨询专家研讨会在南宁举行

(蒋承雄　供稿)

纪念画册》,向会员和有关单位发送500册。12月23日,学会专家顾问咨询中心在南宁举办“依法治国与政府决策咨询专家研讨会”,围绕如何参与行政决策、如何使政府决策科学化等问题进行研讨,20位专家学者参会。12月,在广西开展劳动关系协调师(员)国家职业资格技能培训鉴定工作,140多人参训、考试,其中111人通过并取得劳动关系协调师(员)职业资格。12月25日,与广西华夏良师教育投资有限公司在南宁开展国家职业资格中医药行业特有工种的职业技能的培训鉴定工作。有56位学员参加高级中医刮痧师的理论和实操知识技能的面授和实训,45人通过全国统一考试,并由国家人社部和卫生部下发高级中医刮痧师的职业资格证书。

【广西新闻学会】 2014年有团体会员96个。内设机构3个(办公室、《新闻潮》杂志编辑部、外联部),工作人员6人。现任领导机构是第四届理事会,有理事179人,其中常务理事45人。会长李启瑞,秘书长黄祖江。

5月,与广西保险行业协会组织专家对广西各单位推荐的新闻作品进行评选,16件作品获奖,其中一等奖3件、二等奖6件、三等奖7件,2个单位获优秀组织奖。7月,组织2013年度广西新闻奖评选。自治区党委宣传部、自治区主要新闻单位、高校新闻学院、主要专业报、新闻期刊、电台、电视台等领导和副高以上专业职称编辑记者代表90人组成6个评委会,评出报社、通讯社、新闻期刊、广播、电视和新闻网站754件作品获奖,其中一等奖119件、二等奖230件、三等奖405件。将广西新闻奖12件优秀新闻作品参加中国新闻奖评选,获二等奖2件、三等奖3件。12月24~26日,广东、广西、云南、江西、四川、重庆、贵州、海南、湖北、湖南10省(区)市记协工作协作会在南宁举行。与会代表就“讲好中国故事”“传统媒体与新媒体融合发展”“如何加强新闻队伍建设”“怎样做好记协工作”等4个议题,交流经验和做法。

全年编辑出版《新闻潮》杂志12期,刊发论文300多篇。

【广西科学社会主义学会】 2014年末有团体会员14个,个人会员76人(其中具有高级专业技术职务资格39人,中级37人)。内设机构1个,兼职工作人员3人。现任领导机构是第三届理事会,有理事27人,其中常务理事12人。会长郑作广,秘书长甘毛文。

学术活动　12月28日,广西科学社会主义学会2014年年会暨“法治中国与实现国家治理体系和治理能力现代化”研讨会在南宁举行。学会会长、广西经济管理干部学院院长郑作广教授出席并讲话,学会副会长、自治区党校(行政学院)副校(院)长唐秀玲教授主持。驻邕的学会理事及自治区党校、广西社会科学院、广西民族大学、广西师范学院、广西经济管理干部学院、广西国际商务职业技术学院等单位专家学者30多人参会。与会代表主要观点有:一是法治建设要回归法治本质即维护人的基本权利;推进法治进程,既要重视法治机构、法律体系硬件建设,也要重视法治理念、法治文化软件建设。二是国家治理体系与制度建设关系紧密,完善国家治理体系、进行制度创新,必须坚持正确的政治方向,立足国情,做到顶层设计与实践探索相结合、前瞻性与现实性相结合、继承性与创新性相结合、系统性与协调性相结合等。三是完善中国特色社会主义基本制度是推进国家治理体系和治理能力现代化的前提与核心,需在认知方法上解放思想,实事求是,坚持历史唯物主义的历史观和方法论,走出“两个空想”。四是认为推进依法治国要理顺4个关系,即以宪治国与依法治国关系,党的领导、人民民主、依法治国三者关系,以德治国与依法治国关系,法治与民主关系。

科普活动　11月,学会领导郑作广、唐秀玲及学会专家李金庆、瞿磊、张辉、李肇忠、曾林、许进品等应邀到自治区直机关及基层宣讲党的十八届四中全会精神及习近平总书记系列重要讲话精神。据不完全统计,学会领导及专家先后上辅导课82场(次),听众8700多人。

课题研究　年内,会员出版著作8部,发表论文220篇,调研报告13份,完成课题14项。

12月28日,由广西科学社会主义学会举办的2014年年会暨“法治中国与实现国家治理体系和治理能力现代化”研讨会在南宁举行　（张　辉　供稿）

【广西人力资源社会保障学会】 2014年末有团体会员72个。内设机构4个(秘书处、综合部、培训部、外联部),专职工作人员3人。现任领导机构是第七届理事会,有理事117人,其中常务理事21人。会长陈天生,秘书长田代强。

学术活动 7月,学会组织开展"2014年广西城乡居民养老保险制度完善理论研讨活动",针对城镇居民养老保险扩面征缴、经办管理、转移接续、城乡一体化、区域统筹等内容进行研讨和交流,并将研讨成果报送中国劳动学会、自治区人民政府、自治区人力资源和社会保障厅,为广西制定、完善相关制度提供决策参考。

年内,田代强担任主要负责人,开展并完成《区域性高层次人才集聚和创新环境建设研究——广西人才小高地为例》的课题研究,获自治区人力资源和社会保障厅课题研究二等奖。该课题研究从高层次人才的特点出发,从经济产业、行政智力、政策机制、资源环境、市场与服务、文化环境、社会生活、企业内部环境8个方面分析影响高层次人才集聚和创新环境因素,为区域实施人才集聚和创新战略提供依据。

科普活动 4月15日,举办新修订的《工伤保险条例》高级研修班,培训人员161人;6月18日,举办"劳务派遣暂行规定"新政策培训班,培训人员182人;8月12日,举办"企事业单位薪酬管理"培训班,培训人员333人;10月16日,举办"事业单位人事管理条例"培训班,培训人员257人。通过组织开展系列培训活动,让用人单位学法、懂法、用法,促进广西劳动关系和谐发展。

年内,学会和自治区人力资源和社会保障厅法规处、农民工工作处、就业局、宣传中心于2014年春节前共同开展广西农民工就业社会保障和权益维护有奖知识竞赛活动,将国家、自治区相关法律法规,以答题形式通过《南国早报》、广西新闻网及自治区人力资源和社会保障厅门户网站等媒体刊载,得到21个省、市、自治区近6000余名民众参与,取得良好宣传效果。

4月15日,广西人力资源社会保障学会举办新修订的《工伤保险条例》高级研修班在南宁开班 (王巧兰 供稿)

【广西美学学会】 2014年末有团体会员8个,个人会员150人(其中具有高级专业技术职务资格110人,中级40人)。现任领导机构是第五届理事会,有理事15人,其中常务理事5人。会长袁鼎生,秘书长李启军。

学术活动与交流 学会依托广西民族大学,邀请国内知名学者来南宁讲学。9月3日,北京师范大学教授王德胜在广西民族大学作题为"微时代的美学"学术讲座,探讨微时代美学问题,60名师生聆听讲座。他认为,微时代是社会学、文化界的研究对象,微时代的美学有当下发展价值。年内,学会会员参加各级各类学术会议350多人(次)。

学术成果 学会紧跟自治区社科联"整体策划、板块推出、上下联动、规模效应"的工作思路,发展学术事业拓展学术视野。年内,学会会员发表论文60余篇,出版学术著6部,获省部级以上科研课题7项。如:袁鼎生、申扶民主编的《少数民族艺术生态学》(民族出版社2014年3月版),李启军专著《当代意义的文艺学研究》(中国社会科学出版社2014年11月版),李启军发表在《广西林业》上的"广西森林审美漫谈"系列文章等。

【广西高等教育学会】 2014年末有团体会员院校51所,22个专业委员会。内设机构2个(秘书处、《高教论坛》编辑部)。现任领导机构是第五届理事会,有理事64人,其中常务理事20人。会长车芳仁,副会长兼秘书长曹方。

学术活动与交流 3月25日,在广西医科大学召开常务理事及秘书长会议。会长车芳仁在会上回顾2013年学会的各项工作,并就2014年的工作要点作说明。会议讨论并通过2014年工作计划,对学会30周年庆典活动的内容、形式和地点进行重点讨论,并形成会议纪要。4月18日,广西高等教育学会保卫学专业委员会组织广西各高校保卫干部参加由自治区教育厅主办的2014年广西高校反恐防暴消防应急演练观摩会。使师生、员工进一

11月15日，广西高等教育学会成立30周年纪念大会暨广西高等教育论坛在南宁举行　　（曹　方　供稿）

步增强安全意识，不断提高面对突发事件的应变能力、面对重大灾害的逃生避险能力、自救互救能力。4月至12月，由广西高等教育学会计算机基础教育专业委员会承办的第八届广西高校计算机应用大赛，以"放飞青春梦想"为主题进行网页和网站设计，共有40所高校142件作品参赛，共评出一等奖10件、二等奖20件、三等奖30件、优秀奖40件。5月至12月，广西高等教育学会后勤管理专业委员会联合自治区高工委和广西大学，在广西大学举办第二期广西高校后勤干部培训班，认真设置课程并聘请在后勤管理各领域有经验的专家授课，培训班顺利举办并取得较好效果。7月，广西高等教育学会后勤管理专业委员会在广西师范大学举办四年一度的广西高校烹饪技术大赛，来自广西33所院校的210多名一线技术骨干报名参赛。7月14~16日，由广西高等教育学会保卫学专业委员会承办的广西高校反恐防暴培训班在南宁举行。广西70多所高校100多位学员参加培训。7月17~19日，受自治区教育厅高教处的委托，广西高等教育学会在桂林举办"第一期本科教务管理培训班"，高教处长赵益真、副处长叶硕及其他成员参加。学会组织相关领域的专家授课，广西本科院校160多名教务管理干部参训。7月18日，由广西高等教育学会化学化工类专业委员会会员单位广西中医药大学药学院等单位承办的中—泰传统药物研究联合实验室第一届年会在南宁召开。共有17位中外专家在大会上作学术报告，来自6个国家的80余名专家学者，围绕中国—东盟传统药物研究这一主题，进行广泛深入的学术交流。9月13~15日，由广西高等教育学会化学化工类专业委员会会员单位广西师范大学承办的第三届全国原子光谱及相关技术学术会议在阳朔召开。来自中国、美国、加拿大及中国台湾、香港地区的大专院校，科研单位及中科院院士黄立本、张玉奎、江桂斌等263名代表参会。本次会议是中国原子光谱及相关技术领域的一次学术盛会，为中国原子光谱及相关技术领域的科技人员和分析仪器厂商提供一个良好的学术交流平台。9月28~29日，由广西高等教育学会科研管理专业委员会承办的广西高校自然科学类"2011协同创新中心"建设工作推进会在广西大学举行，21个广西高校自然科学类"2011协同创新中心"（含认定和培育建设单位）的负责人和成员、15所普通本科院校会员单位分管校领导和科技管理部门负责人共90余人参会。与会者就协同创新中心建设中的组织管理、人事制度、人才培养、人员考评、科研模式、资源配置方式等方面的改革设计进行研讨。11月15日，由广西高等教育学会主办、广西大学承办、《高教论坛》编辑部协办的广西高等教育学会成立30周年纪念大会暨广西高等教育论坛在广西大学召开。自治区副主席李康、自治区政协原副主席侯德彭来电祝贺。中国农业大学原党委书记、中国高等教育学会会长瞿振元，自治区教育厅厅长秦斌，广西大学党委书记梁颖，自治区教育厅副巡视员陆燕，自治区社科联学会部主任张流，自治区民政厅民间组织管理局副局长刘宏等领导和嘉宾与会。学会理事单位、各专业委员会及广西35所高校近150位代表参会。会议对广西师范大学教务处等13个学会工作先进团体、罗志发等13名学会优秀工作者、唐纪良等13名高等教育研究有突出贡献学者予以表彰。11月28日，由广西高等教育学会科研管理研究专业委员会主办的2014年广西南片区科研管理经验交流活动在南宁学院开展，来自广西29所高校近80名科研管理工作者参加交流会和参观考察活动。研讨会围绕促进广西高校科研管理创新发展主题，共同交流院校在科研管理上的新理念和新举措，探讨有关科研管理改革的新动向和新精神。12月12日，由广西高等教育学会科研管理研究专业委员会主办的2014年广西北片区科研管理经验交流活动在桂林理工大学举行。90余人参会。华中师范大学教授石挺和桂林理工大学教授方亮分别作题为"高校文科科研团队建设"和"高校知识产权管理存在的问题及建议"的专题报告。

【广西价格协会】 2014年末有团体会员113个，个人会员289人。内设机构1个（秘书处）。现任领导机构是第八届理事会，有理事88人，其中常务理事13人。会长吴文龙，秘书长安继烈。

组织建设　9月3日，在南宁召开协会第八届会员代表大会，183名会员代表到会。选举出广西价格协会

9月3日，广西价格协会新老领导班子成员合影留念　（安继烈　供稿）

第八届理事会领导成员及常务理事、理事。7月，完成电价分会新一届理事会换届工作。年内，继续着手筹备成立广西价格协会旅游价格分会。

学术活动与培训　年内，与中国价格协会、自治区民政厅、自治区社科联、自治区发改委经济研究所、《价格理论与实践》和《中国物价》杂志社及广西区外省级价格协会开展工作联系，以"走出去"和"请进来"形式学习、交流、宣传、研讨和互助合作。年内，协会配合自治区物价局各处、局属单位开展市、县物价局长业务培训、收费员培训、成本监审培训、价格认证培训等，在广西各地组织上课20期，培训人员近1300人。此外，会同自治区物价局内各处、分局、中心等参加中国价格协会举办的"价格监测制度及预测方法培训""医疗服务价格项目规范培训""价格鉴证师继续教育培训""规范道路旅客运输价格培训"等。

课题研究　一是编印《2014年广西价格课题论文汇编》，收录2013年广西价格系统及广西价格协会各会员单位完成的调查报告或论文70篇，近480千字。二是下达2014年广西价格课题调研计划。3月，协会与自治区物价局联合发文，向广西价格系统各单位和各协会成员安排部署2014年价格课题调研计划，收到上报论文和调研报告66篇。三是按照《广西价格课题评奖奖励办法》相关规定，开展广西2014年度优秀价格课题论文评选。评出一等奖4篇、二等奖7篇、三等奖14篇。年内，在自治区发改委公布的"2013年度广西全区发展改革系统优秀研究成果奖获奖名单"中，自治区价格认证中心陈孟的《涉税财务价格认定》获特等奖；自治区物价局综合处的《保持广西(西江经济带)市场价格基本稳定的研究报告》，百色市物价局、自治区价格监测分局的《百色市居民消费价格CPI运行特点分析与调控策策研究》和桂林市物价局的《探讨和实践游览参观点"精品优价"工作》分获三等奖。6月，协会向自治区第十六期广西发展论坛提交由广西成本分局、百色市物价局、南宁市物价局等单位撰写的10篇论文。7月，协会参加中国价格协会主办的"全国蔬菜价格波动成因分析及政策措施建议研讨会"，广西成本分局提交论文《广西蔬菜市场价格波动成因分析及政策建议》。11月，提交10篇论文参加第五届广西社会科学界学术年会，其中，《建立广西农产品目标价格制的必要性研究》等3篇论文入选优秀论文奖。梧州市物价局《开展涉税财物价格认定工作为财税增收做贡献》等5篇论文被《广西社会科学论丛》采用。《逾期资产继续使用的政府定价成本问题研究》获中国价格研究最高学术奖项—第六届"薛暮桥价格研究论文奖"。

【广西统计学会】　2014年末有团体会员10个，分支机构6个，个人会员600人。现任领导机构是第七届理事会，有理事133人，其中常务理事39人。会长邱祖强，秘书长方春。

学术活动　年内，参加中国统计学会及自治区社科联举办的各项活动。一是转发国家统计局《关于开展2013年度全国统计科研计划项目申报工作的通知》，组织广西各地、各有关单位开展项目申报工作，获一般项目课题1个。二是转发中国统计学会《关于第十七次全国统计科学讨论会征文通知》《关于开展第三届统计科普征文活动的通知》《第十五次全国中青年统计科学研讨会暨〈统计研究〉杂志创刊30周年征文通知》，号召各地、各有关单位参与征文活动。

科研活动　年内，加强对GDP、固定资产投资、社会消费品零售总额、城乡居民收入、节能降耗等重要指标的监测，突出抓好经济运行分析，应用统计信息资料，适时编报《广西统计月报》《统计分析》《统计信息》《调查报告》等，一批统计分析报告得到自治区领导批示。学会牵头，组织有关部门、高等院校开展《广西软件与信息服务业统计评价指标体系及模式研究》《建立广西战略性新兴产业运行监测指标体系研究》《迈向小康社会的中国人口》广西分册资料书稿编写等项目课题研究工作。组织完成《广西全面建设小康社会统计监测报告(2013)》《中国地区经济监测报告(2013)》(广西地区篇、重点城市篇)编写和上报工作。完成《中国信息化发展指数统计监测年度报告(2013)》广西部分的监测评价分析报告。

教育培训　年内，为学习宣传和贯彻执行《统计法》，加强统计法制建设，学会与自治区统计局有关处室合作，先后举办两期统计法规知识培训班，500多名来自广西各市、县、乡镇的统计基层人员参训。

科普宣传　年内，开展统计科普宣传工作，一是部署《统计研究》《调研世界》2013年度宣传征订工作。二是由学会向统计系统、有关部门及社会各界组织征订《广西干部统计知识手册》（统计局编印）。

年内，根据自治区社科联关于建立广西社会科学专家库的通知要求，由学会牵头，结合学会实际情况，在统计系统内，组织遴选并推荐广西社科专家库专家候选人31人。

5月20日，自治区党委书记、自治区人大常委会主任彭清华（中）到广西律师协会调研指导工作　（黄都恒　供稿）

【广西律师协会】 2014年末有团体会员541个（其中设区市律师协会14个，律师事务所527个），个人会员6027人。现任领导机构是第八届理事会，有理事69人。常设机构是秘书处，秘书处内设部门6个（党组办公室、行政办公室、会员部、培训部、业务部、宣传部），工作人员20人。设财务、律师行业规则与发展、维护律师执业合法权益、惩戒、律师教育、女律师工作、青年律师工作、律师参政议政事务、宣传、文体等10个专门委员会，及刑事、民商、知识产权、东盟法律、行政法、涉外、劳动与社会保障法、房地产、金融证券和保险、环境与资源法、未成年人保护、公司业务、海商海事等13个专业委员会。会长黄志文，秘书长黄都恒。

年内，广西律师共担任政府和企事业单位法律顾问4518家，办理刑事诉讼辩护及代理11568件，办理民事诉讼代理32269件，办理非诉讼法律事务5039件，办理法律援助案件7057件，调解案件1887件。

3月11日，协会会长黄志文主持召开第八届会长办公会第十一次会议。自治区司法厅党委委员、副厅长，协会党组书记王荣华，司法厅律师管理处（行政审批处）处长韦晓出席会议。会议审议议题有：《广西律师协会2013年工作总结》《广西律师协会2014年工作计划》《广西律师协会公益法律服务中心经费使用管理方案》《广西律师协会2013年财务决算报告》《广西律师协会2014年财务预算》《广西律师协会专门委员会专业委员会经费管理办法》（修订稿）《广西壮族自治区申请律师执业人员实习管理办法》《申请律师执业实习人员考核复核办法》等。3月23日，召开第八届理事会第四次会议，会议总结2013年工作，研究部署2014年工作。会议审议并表决通过《广西律师协会2013年工作总结》《广西律师协会2014年工作计划》等相关事宜。王荣华出席会议并讲话。自治区司法厅副厅长王荣华在讲话中肯定2013年广大律师在服务经济社会发展、维护社会稳定中做出的积极贡献及第八届理事会工作取得的成绩，并从政治、发展、管理三个方面对律师工作提出要求：一要认真学习贯彻习近平总书记系列重要讲话精神。二要找准切入点，发挥律师职能优势，抓住发展机遇，关注了解新的经济热点、区域重点，有所作为，为全面深化改革提供优质高效法律服务。三要加强律师队伍执业道德、执业纪律、执业诚信建设，弘扬律师文化，大力推动广西律师事务所专业化、品牌化、规模化发展。协会要在做好调查研究的基础上，与有关部门沟通，不断改善执业环境，争取减轻律师税赋负担，为律师执业创造更好的环境，注重增强自身宣传能力，多方面、多层次地向社会宣传律师在维护法律尊严和社会公平正义的独特作用，以正能量引导社会舆论。8月30日、9月16日，协会在北海和柳州分别召开2014年广西律师协会第八届理事会北海片会和桂柳片会。会议学习贯彻习近平总书记、彭清华书记对律师工作的重要批示和讲话精神，传达中华全国律师协会律师服务全面深化改革业务创新拓展推进会、各省（自治区、市）律师协会秘书长座谈会精神；与会各市律师协会汇报1~8月份工作情况和后几个月工作打算，协会秘书长黄都恒通报2014年1月至8月工作情况，部署后几个月工作任务。9月12日，协会会长黄志文主持召开第八届会长办公会第十二次会议。会议议题有《关于组团赴天津、辽宁、内蒙古三省律师协会及律师事务所考察学习的请示》《关于组团赴外省开展业务交流活动的请示》《关于举办区直律师事务所主任、律师协会秘书长培训班的请示》《关于组织广西律师代表团参加第六届西部律师论坛的请示》等相关事宜。

5月20日，自治区党委书记、自治区人大常委会主任彭清华到协会调研视察并提出广西律师要走专业化、品牌化、规模化道路要求。彭清华深入广西律师协会详细了解律师考录、培训、管理和公益法律援助等情况，鼓励广西律师通过对外合作、引进人才等方式，提升专业化水平，打造一批品牌律师事务所。按照自治区党委组织部、自治区非公经济组织和社会组织党工委（以下简称自治区非公党工委）部署，在自治区司法厅党委领导下，协会分别在南宁、桂林举办两期“关注党员成长．激发基层党组织活动”律师党建专题培训班，对广西180多名律师事务所党员骨干进行培训；推荐3家律师事务所作为自治区非公党工委党建工作联系点，推荐2个律师事务所党支部作为律师行业非公党建示范点，并被自治区非公党工委确立为示范点；联合非公有制经济组织和社会组织党工委，在广西开展“百名律师党员服务百家非公企业”活动，推动律师党建服务经济发展。按照自治区司法厅关于构建公共法律服务体系要求，参与起草《关于律师法律服务体系建设方案》，提出政府购买律师法律服务的内容、标准和经费。自治区人民政府办公厅印发的《关于政府购买服务的实施意见》，明确将法律服务列入政府购买服务目录。8名律师受聘担任自治区人民政府第一批法律顾问。北海率先实现政府法律顾问全覆盖。协会编印《担任律师顾问律师事务所推介名录》《承办投资融资贸易法律事务律师事务所推介名录》《涉外律师人才推介名录》《突发疑难重大群体性敏感事件律师服务团等11个法律服务团律师推介名录》，与14家律师事务所150多名律师签约为南宁—崇左—凭祥对外开放经济带、梧州粤桂合作特别试验区等5个园区、40多家企业提供法律服务。

年内，组织中国—马来西亚钦州产业园区律师法律服务团、南宁五象新区律师服务团、柳州汽车城律师服务团和各市律师服务团为园区企业开展法律体检、法律知识讲座、法律服务等，服务广西的重大项目、重点工程、重要工作。柳州市律师协会率先成立旅游法律服务律师团，定期开展涉旅游业法制宣传、法律咨询活动。梧州市律师协会完善“五园八区”法律服务工作机制，选派律师参与重大项目谈判、论证、评估，涉及金额45.26亿元。北海市律师协会制定出台《共建法治园区实施意见》，组织律师为园区管委会和企业提供法律服务。

年内，115名各级律师人大代表、政协委员提交议案和提案约120余件，内容涉及未成年人权益保障、生态环境保护、道路交通安全等社会生活多个领域。

11月14日，与自治区司法厅、梧州市粤桂合作特别试验区工作领导小组、梧州市司法局、梧州市律师协会共同组建的粤桂合作特别试验区（梧州）法律服务团成立，这是广西首个为省际流域合作特区服务而成立的法律服务团。为粤桂合作特别试验区的依法行政、依法决策、依法管理及驻区企业依法经营全方位提供法律服务，促进试验区依法建设、依法管理，加快推进珠江—西江经济带和粤桂合作特别试验区建设。

年内，充分发挥广西电视台、《南国法援》《当代生活报》《南宁晚报》《广西法治日报》等媒体的舆论宣传作用，组织律师参与接待当事人和解答来信来访，共接待来访26684人（次），在纸质媒体上解答法律咨询398人（次），广西电视台综艺频道播出《律师到现场》84期，参与律师81人，《律师到现场》栏目被评为“2014年度全国十大创新民生栏目”。加强与《法制日报》的沟通合作，刊发《机制保障县区留住律师留住律所》《市厅合作构建边关公共法律服务体系》《蒋三努：婚姻家事案的攻心专家》等多篇报道，宣传广西律师行业的先进事迹。开展广西律师行业法制好新闻评选活动，评出一等奖作品1件、二等奖作品2件、三等奖作品3件。办好自有网站、刊物和简报，加强信息报送，协会上报信息被司法部、全国律师协会、司法厅等采用5篇（条）。协会采用各市律协、各律师事务所稿件50篇。《广西律师》刊发稿件117篇。广西律师网站更新信息306篇（条）。11月，协会创办的《广西律师》杂志获“中华全国律师协会第二届律师协会会刊评比优秀奖”，为编印《广西律师成立三十周年宣传画册》《〈广西律师〉“庆祝广西律师协会成立三十周年随想文集”》收集素材和组稿。

年内，先后选送20多名广西优秀涉外律师、青年律师、县域律师事务所主任参加中华全国律师协会举办示范性培训，其中2名入选中华全国律师协会涉外领军人才库律师被选派赴西班牙律师事务所跟班学习。依托西南政法大学举办以律师事务所品牌建设与实践、律师事务所的营销策略和律师案源拓展、公司化律师事务所与传统律师事务所的区别和优势等为主题的专项培训，来自14个设区市律师协会的秘书长和47家律师事务所负责人参训。

年内，广西共为298人办理《申请律师执业人员实习证》，安排191名实习人员参加实习期满面试考核，考核合格157人。举办2期实习人员集中培训班，565人通过培训考核并领取结业证。集中培训班在历年来开设刑事审判示范模拟法庭基础上，首次开设民事审判示范模拟法庭。

年内，协会、自治区司法厅继续加强与自治区公检法机关的沟通协商，使律师执业权益得到保障，律师行业的“四难”问题得到缓解。先后举办自治区直律师事务所会员活动、广西女律师联谊活动、广西区直律师事务所羽毛球比赛和汽排球比赛，600多名律师参加。组织广西律师合唱团开展声乐知识系统培训。组织广西区直律师事务所538名律师进行健康体检。慰问身患重病律师5人，送去慰问金1.9万元。

协会宣传委员会联系《法制日报》广西记者站，对协会、自治区司法厅组织律师参与南宁—崇左—凭祥开放开发经济带公共法律服务体系建设进行采访报道，协会成为法制日报社在全国律师界第一家、也是广西第一家挂牌成立的基层工作联系点。刑事专业委员会召开2次刑事典型案例研讨会，组织委员从案件定性量刑、被害人过错、自首情节等进行研讨，提高刑辩律师办理刑事案件技能。民商专业委员会顺应实习人员实务训练需求，组织人员进行民事审判示范模拟法庭训练，为实习人员提供新的实务训练项目。东盟法律专业委员会和涉外专业委员会承办涉越法律实务培训班，邀请有关院校教授分别就越南律师制度、辩护制度及中国企业在越南贸易、投资等法律问题进行讲解，256名律师参训。未成年人保护委员会邀请自治区人民检察院、广西区团委等单位参加"未成年人在校学生犯罪附条件不起诉专题研讨会"，共商青少年法制宣传教育和未成年人合法权益保障工作。海商海事专业委员会组织召开海商海事法律实务研讨会，邀请北海海事法院法官到会交流，构建律师、法官互动关系。

年内，陈承帼、陈云肖、滕华、蒋三努、黄丽娟5名女律师个人事迹入编中华全国律师协会出版的《中国女律师》。李安华、林忠明律师撰写的《乘东风远航—浅谈党中央做出全面加快推进依法治国决定后的律师队伍建设》和黄以忠律师撰写的《经济欠发达地区稳定律师队伍之我见》获中华全国律师协会"律师队伍建设之我见"征文活动入围奖。年内，协会还组织"广西十大优秀公益律师"评选工作。

协会工作　年内，协会起草《广西律师事务所规模化、专业化、品牌化建设指导意见（2015~2018年）》，并多次征求意见，修改并补充；举办涵盖刑事诉讼法律实务、涉东盟法律实务、公司法律事务等业务领域培训班16期，4800多人（次）律师参训。8月8日，协会在南宁召开"未成年人权益保护研讨会"。协会副会长林敢、广西关心下一代工作委员会副主任谢景开、自治区法律援助中心副主任刘三萍、自治区高级人民法院刑事审判庭未成年人刑事案件合议庭审判长欧阳文、自治区妇联副调研员李霞、南宁市新竹社区书记覃毓宁、广西法律心理研究会心理咨询师李祖枢及自治区公安厅、自治区团委、自治区未成年犯管教所、广西女子监狱、广西大学法学院、桂林市法律志愿者协会等单位派员出席会议，协会未成年人保护委员会全体成员参会。10月10日，协会惩戒委员会2014年年会在防城港召开。协会副会长黄玉华，协会惩戒委员会主任庞才友、副主任张宏新及惩戒委员会委员等30人参会。10月25~26日，协会环资法委和行政法委在柳州融水苗族自治县召开新农村生态旅游与环境和谐发展研讨会暨环资法委、行政法委2014年年会。12月20~21日，协会在崇左举办涉越法律实务培训班暨东盟、涉外法律业务座谈会，协会副会长陈承帼出席会议并致辞，崇左、百色、防城港律师代表及协会东盟法律专业委员会、涉外专业委会的委员等256人参会。

会员培训　7月14日~8月23日，在广西经济干部管理学院举办自治区2014年度申请律师执业人员培训班，分两期对562名实习人员进行岗前培训。年内，举办3场大型远程专题培训班，自治区3000多名律师接受法律和业务知识培训。组织55名律师赴广东参加中华全国律师协会"百千工程"培训班。协会和司法厅举办2期广西律师行业"关注党员成长激发组织活力"集中培训班，120名律师行业基层党组织负责人、党务工作者、律师党员参训。11月，协会为广西执业律师开通"点睛·政法网络学堂"，律师可享"点睛网"1000多门视频课件、40多个专业标准教程、600多名专家

①3月28日，广西律师协会第八届理事会第四次会议在南宁召开　②9月13日，广西律师协会第八届理事会桂柳片会现场
③8月30日，广西律师协会第八届理事会北海片会现场　④8月30日，广西律师协会第八届理事会梧州片会现场

（黄都恒　供稿）

级师资库教育资源，全面实现律师线下、电脑、手机、平板电脑等多渠道即时参训。

会员管理　年内，各级律师协会和司法行政机关派出工作组对广西律师事务所和执业律师开展2013年度检查考核，454家律师事务所评定为合格，5199名律师评定为称职等次。协会共收到投诉案件58件，直接受理24件，其中调解结案7件，撤诉2件，不予立案10件，立案5件（包括立案未结案2件，不构成行业处分2件，作出通报批评行业处分1件）；转各市律师协会办理34件。

对外交流　年内，先后组织51名律师分赴新疆乌鲁木齐市和湖南长沙参加西部律师发展论坛和中南六省（区）律师论坛。协会先后组织律师赴广东、湖南、湖北、山东、福建、黑龙江等9个省市律师协会考察学习行业管理经验和律师事务所“三化”建设经验。与香港及新加坡、马来西亚等东盟国家律师行业交往密切，选派6名青年律师赴港参加青年律师论坛，与新加坡、马来西亚律师公会互访4次，选送6名青年律师赴马来西亚3家律师事务所进行为期15天跟班学习，安排4名马来西亚律师在广西律师事务所学习考察，为广西律师拓展香港及东盟国家业务领域搭建平台。9月16日，应邀来南宁参加第11届中国—东盟博览会的新加坡律师公会会长骆维明在协会会长黄志文、秘书长黄都恒等陪同下访问协会并进行交流座谈。11月22~26日，协会受新加坡律师公会邀请组织律师到新加坡访问，双方就新加坡律师公会与协会业务交流合作事项进行会谈，并就今后双方合作原则、方式签署《新加坡律师公会与广西律师协会交流学习项目合作备忘录》，为促进和加强双方律师业务合作交流奠定基础。

法律援助　年内，组织广西近1000名律师分为4个活动小组深入14个设区市开展为期1个月的庆祝首个“国家宪法日”暨广西律师公益法律服务月活动，举办法律义务咨询11场，法制讲座11堂，座谈会8次，模拟法庭2场，接待法律咨询5000多人（次）。协助做好“1+1”法律援助律师工作，选派广西益远律师事务所冯勤律师赴新疆克孜勒苏柯尔克孜自治州乌恰县开展法律援助。广西广大律师参与“一平台六中心”值班，为社会各界提供法律咨询和法律帮助。协会公益法律服务中心共安排241名律师值班，接待和处理来电、来访、来信523人（次），为群众答疑解惑。组织广西区直律师事务所126名律师到自治区信访局值班126天。根据自治区司法厅与崇左签订的厅市合作框架协议，协会选派12家广西区直律师事务所与崇左市辖12家律师事务所结成“一对一”帮扶对子，加强对帮扶律师事务所的指导和帮助。各市律师协会也组织律师开展各种形式的结对帮扶活动。据统计，广西近70家律师事务所与贫困生、基层司法所、武警边防部门、经济欠发达地区律师事务所等结成“一对一”帮扶对子，提供现金捐助38.6多万元，物资捐助折合人民币3.8万元。

会刊及网站　年内，《广西律师》杂志被中华全国律协评为“第二届律师协会会刊评比优秀奖”，主要栏目有：卷首语、法苑论坛、律师实务、法眼聚焦、领导关怀、爱心扶贫、行业动态等。2009年11月，协会官方网站《广西律师》网替换原《广西律师协会网》正式上线并启用gxlawyer.org.cn域名。主要栏目有：律协简介、工作动态、通知公告、律师黄页、律师党建、律师培训、会员中心、活动专题、市民服务等。

【广西瑶学学会】 2014年末有个人会员270人。现任领导机构是第八届理事会，有理事60人，其中常务理事33人。会长莫金山，秘书长李大庆。

8月16日，在南宁召开广西瑶学学会第八次代表大会，广西、云南、贵州、广东、湖南、北京等省（区、市）高校、科研机构专家和各瑶族自治县民宗局负责人150多人参会。学会名誉会长、广西原副主席奉恒高，广西民族大学副校长李珍刚等领导出席会议。大会审议第七届理事会工作报告和财务报告，选举产生第八届理事会，广西民族大学民族研究中心副主任、瑶学专家莫金山教授当选学会会长，李大庆当选秘书长。9月6日，莫金山与副会长盘美花等一行赴金秀瑶族自治县六巷乡，开展主题为“重走费老路”走访调查活动，探寻费

8月16日，广西瑶学学会第八次会员代表大会在南宁召开（李大庆　供稿）

孝通先生瑶山调查足迹，为开展费孝通先生瑶山调查80周年纪念活动做前期工作。10月2日，莫金山出席在广西民族大学召开的广西第三届瑶族大学生交流会并讲话。11月6日，学会部分驻邕常务理事与桂林学者王永胜等在南宁召开学术座谈会，探讨瑶族传说中千家峒的来源、特征、内容、方位等问题。11月7日，学会接待全美瑶人协会秘书长盘杰一行，双方就学会与全美瑶人协会关于文化旅行的合作项目，进行探讨。11月22日，在广西民族大学召开第八届驻邕常务理事第一次会议，总结学会下半年工作，商议筹备2014年盘王节暨庆祝广西瑶学学会成立30周年座谈会，决定面向广西区内大学生设立"瑶学新秀奖"，鼓励瑶族学子参与瑶族文化研究工作。11月25日，正式开通广西瑶学学会网站，莫金山担任站长兼总编辑，李大庆担任常务副站长，胡宗传担任常务主编，设采编人员5人。12月6日，在广西民族大学召开欢度2014年盘王节暨庆祝广西瑶学学会成立30周年座谈会，与会者共同回顾30年发展历程，共商学会发展大计，并在会上颁发"瑶学新秀奖"。12月20日，各驻邕常务理事组成代表团参加第28届南宁苗年节。

【广西经济体制改革研究会】 2014年末有团体会员5个，个人会员215人。内设机构4个(秘书处、专题部、编辑部、专家委员会)，工作人员6人。现任领导机构是第六届理事会，有理事103人，其中常务理事19人。会长刘清平，秘书长闭灏。

年内，承接并完成《围绕南宁重点产业和产业链扩大对港台招商引资对策研究》《中国—马来西亚钦州产业园区招商引资政策研究》《南宁市工业空间布局及园区产业选择研究》《广西中邮物流有限责任公司2016~2020年发展规划》《培育壮大农业龙头企业引领资源枯竭型城市转型升级发展——关于合山市木瓜产业发展和研究》《"十三五"广西加强和创新社会治理研究》《"十三五"崇左市沿边金融业改革问题研究报告编制》及《"十三五"崇左市推进新型城镇化发展研究报告编制》等研究课题及项目。

7月，研究会主办"广西崇左—东盟矿产品集散中心"项目论证会。自治区发改委、自治区工信委、自治区国土资源厅、自治区国资委、自治区政府发展研究中心、广西社会科学院及崇左市各相关部门领导、专家参会，建议相关部门尽快落实论证成果的转换。11月，研究会承接广西中邮物流有限责任公司发展规划项目举行评审会，项目成果作为企业2016~2020年发展规划和实施依据，并成为广西物流业"十三五"发展规划制定的参考。年内，研究会完成的课题《广西国际道路运输中长期发展研究》获广西第十三次社会科学优秀成果奖三等奖。

【广西伦理学学会】 2014年末有团体会员52个，个人会员197人(其中具有高级专业技术职务资格125人)。现任领导机构是第五届理事会，有理事106人，其中常务理事35人(含全国伦理学会理事4人)。会长卫荣凡，秘书长刘华政。

学术活动 4月11~13日，学会与云南民族大学妇女性别研究与培训基地、云南省民族伦理学会共同主办的"民族伦理与少数民族道德生活史学术研讨会"在云南昆明召开。云南、广西20多个单位50多位专家学者与会，会议收到论文41篇。云南省委宣传部副部长张瑞才、中国少数民族伦理学研究会会长李伟教授等出席并致辞。会上，与会者围绕"民族伦理道德建设与多民族社会道德生活史""少数民族伦理道德生活和伦理道德变迁""民族伦理与少数民族妇女发展"等问题展开研讨。学会领导卫荣凡、刘华政、覃守达等在会上作专题发言。7月25~30日，为推动2013年度国家社科基金重大项目《我国多民族道德生活史研究》的开展，中国伦理学会民族伦理学专业委员会在兰州大学召开"我国多民族道德生活史研究"学术研讨会。学会领导卫荣凡、刘华政参会并作发言。会议第一阶段是国内民族学、社会学、伦理学等方面专家围绕"国内民族学的研究现状及展望""道德生活史研究范式的转换""回族道德生活史研究构想""裕固族研究进展""影视人类学方法"等学术专题作学术报告，并就民族道德遇到的生活史研究相关问题展开探讨；第二阶段是与会代表赴甘肃省肃南裕固族自治县对裕固族

5月11日，广西伦理学学会会长卫荣凡教授在广西教育学院开展的"2014年大学生科普讲座"上给大学生作主题讲座　　(刘华政　供稿)

民族文化和道德生活状况进行考察。12月20~22日，组织会员参加在南宁举行的由中国社会科学院哲学研究所、越南社会科学翰林院哲学所主办，广西大学政治学院、广西大学中国—东盟研究院承办的"中国越南核心价值观国际学术研讨会"。来自中国与越南的63位学界专家围绕"中国与越南的核心价值观"主题交流探讨。广西大学党委书记、中国—东盟研究院院长梁颖教授致辞，中国社会科学院哲学研究所党委书记王立民教授、越南社会科学翰林院哲学所副所长阮才东教授作主题发言。开幕式由广西大学政治学院院长雷德鹏教授主持。收到会议论文25篇，22位专家学者作报告。12月27~28日，学会在南宁召开"道德教化与法治文明"研讨会暨2014年年会，广西区内78位专家学者参会。会长卫荣凡对学会2014年工作进行回顾，并提出2015年工作设想。名誉会长何兆雄研究员到会指导。常务副会长任浩明作会议总结。研讨会收到论文38篇，从中筛选25篇汇编成论文集。大会增补广西民族大学相思湖学院副书记李玉雄为学会第五届理事会理事。

11月14日，由广西农业经济学会主办的深化农村经济改革、加快推进农业现代化研讨会在南宁召开 （孙益友　供稿）

科普讲座　5月11日，学会在广西教育学院开展"2014年大学生科普讲座"，会长卫荣凡作主题为"上进自律是大学生的最佳选择"主讲，150名大学生参加讲座。

科研成果　年内，卫荣凡主持的《壮族道德生活史研究》被确立为国家社科基金重大项目《我国多民族道德生活史系列研究》子课题。会员出版著作（含学术著作、教材、思想教育读本等）5部（种），发表学术论文180多篇，其中在核心期刊上发表60多篇，与伦理学相关的有30多篇。

【广西农业经济学会】 2014年末有团体会员14个，个人会员1800人（其中具有高级专业技术职务资格73人），专职工作人员1人。现任领导机构是第六届理事会，有理事31人，其中常务理事14人。理事长韦吉田，秘书长李明灌。

学术活动　4月，在南宁举办广西农村经营管理工作座谈会，100多人参会，对土地承包流转、新型经营主体培育、推进农业产业化和农业保险等进行政策理论和实践探讨。11月14日，学会围绕深化农村改革、加快推进农业现代化主题，在南宁召开研讨会，36位专家学者参会。5位代表围绕粮食安全保障体系、农业支持保护制度、农村土地制度改革、新型农业经营体系构建等方面分别作"基于交易费用视角的'公司＋合作社＋农户'合作机制探析""广西农业产业化龙头企业发展的SWOT分析与策略研究""基于SWOT分析的广西大米品牌发展探讨""与现代农业相适应的农业生产经营组织体系特征分析""美国发展家庭农场的经验及启示"发言。

培训活动　12月，在梧州举办广西农村集体产权制度改革现场会暨提升农经干部综合素质培训班，160多名农经系统干部参训。

课题研究　5~10月，在广西农经系统开展深化农村改革加快推进农业现代化征文活动，征文选题涉及25个课题，收到论文35篇，评出特等奖1篇、一等奖2篇、二等奖7篇、优秀奖25篇。

【广西职工思想政治工作研究会】 2014年末有团体会员62个。内设机构1个（秘书处），有工作人员10人，其中专职工作人员2人。现任领导机构是第六届委员会，有理事单位62个。会长韦刚强，副会长兼秘书长吴双平。

5月28日，研究会召开第六届会员代表大会，选举产生新一届理事会和会长、副会长、秘书长。自治区国资委党委副书记、纪委书记、巡视员韦刚强当选研究会会长。

科普活动　1月，研究会组织企业职工参与由自治区党委宣传部、广西日报传媒集团、广西电视台联合举办的"中国梦"国情区情知识竞赛，在书面答题活动中，获一等奖、二等奖、三等奖各1名，优秀奖11名。9月3日，研究会组织广西区直企业参加由自治区党委宣传部、广西电视台主办的广西第六届"我邀明月颂中华"经典爱国诗词配乐朗诵大赛，获二等

5月28日，广西职工思想政治工作研究会第六届会员代表大会在南宁召开

（吴双平　供稿）

奖。12月，组织企业参加自治区党委宣传部组织的第三届基层文艺会演，推荐的11家企业12个节目获奖。12月30日，与广西企业摄影书画协会、广西企业文化建设协会、广西图书馆共同举办第三届广西企业摄影书画作品展，推动企业群众性摄影书画活动开展。

理论研讨　年内，研究会召开广西企业学习践行社会主义核心价值观研讨会，学习贯彻中央《关于培育和践行社会主义核心价值观的意见》。5月28日，研究会举办广西企业文化建设业务培训会，邀请国内知名企业文化战略管理咨询专家杲占强授课。会上，广西投资集团、广西机场管理集团、南宁百货大楼公司、桂林银行等4家广西企业文化建设示范基地单位交流介绍开展企业文化建设先进经验。各市国资委、自治区直属企业、中直驻桂企业及“两会”会员单位的党务、政治思想工作、企业文化建设工作者近180人参训。5月，起草下发《广西职工思想政治工作研究会、广西企业文化建设协会2014年工作要点》文件，推进企业思想政治工作和企业文化建设工作的改革创新，发挥研究会作用。9月，印发《关于深入开展向吴昆等企业先锋模范学习的通知》，引导广大党员、干部改进工作作风，践行全心全意为人民服务宗旨。10月，组织企业参加广西党的群众路线理论研讨征文活动，有5篇论文获奖，其中一等奖1篇、优秀奖4篇。12月，组织自治区直属企业参加第五届广西社会科学界学术年会论文评选活动，有3篇获奖。12月，组织开展2014年企业优秀政工论文评选活动，总结交流企业党务政工干部学习宣传贯彻落实党的十八大，十八届三中、四中全会和习近平总书记系列重要讲话精神，新形势下企业党建、职工思想政治工作、企业文化建设的研究成果和经验。

先进评优　7月，研究会深入企业检查文化达标工作情况，建立企业文化建设长效机制，评出十一冶建设集团有限责任公司为“广西企业文化示范基地”。

【广西档案学会】 2014年末有团体会员57个，个人会员848人(其中具有高级专业技术职务资格198人，中级271人)。下设6个学术专业委员会：档案学基础理论学术委员会、档案文献编纂学术委员会、档案整理鉴定学术委员会、档案保护技术委员会、企业档案学术委员会、档案信息化管理技术委员会。内设机构2个(办公室、广西档案用品服务中心)，专职工作人员2人，兼职工作人员7人。现任领导机构是第四届理事会，有理事65人，其中常务理事19人。理事长黄明初，副理事长兼秘书长李泰城。

学术活动　年内，学会组织广西获中国档案学会2014年年会优秀、入选论文作者代表及有关市县档案局领导，参加中国档案学会在福建省厦门市举办的2014年全国档案工作者年会，学会被中国档案学会评为2014年全国档案工作者年会优秀组织工作奖。

培训讲座　年内，在自治区档案局举办“党的十八大与档案”专题讲座，邀请中国档案学会秘书长方鸣研究馆员主讲。根据中国档案学会关于开展档案数字化质量控制专题培训班的通知精神，学会组织广西85人到青海省西宁市参加中国档案学会举办的“档案数字化质量控制专题培训班”。组织49名档案工作者、学

6月7日，自治区档案局局长黎富文（右一）带领局干部职工、学会人员到社区开展档案管理工作宣传

（刘林森　供稿）

会会员参加中国档案学会在内蒙古呼和浩特市举办的培训班。

年内，编发《广西档案》6 期。

【广西粮食经济学会】 2014 年末有团体会员 38 个，个人会员 1382 人。内设机构 1 个(秘书处)，工作人员 5 人。现任领导机构是第六届理事会，有理事 124 人，其中常务理事 43 人。会长封成斌，秘书长潘小明。

学术活动 6 月，以粮食流通工作“一大战略”（即国家粮食安全战略）、“五项改革”（即粮食流通管理体制改革、粮食储备管理体制改革、国有粮食企业改革、粮食行政管理体制改革和粮食流通统计制度改革）、“两项工程”（即“粮安工程”和“科技人才兴粮工程”）为主题征集论文，收到论文 13 篇，在《广西粮食》（内刊）刊发交流。9 月，派员参加广西地方志办公室、广西地方志协会在河池市宜州市共同举办的续修地方志创新理论研讨会。10 月，根据广西社科联资助学术活动项目，在广西工商职业技术学院举办高校普及推广粮食文化及粮食安全教育理论研讨会。国家粮食局职业技能鉴定指导中心，自治区粮食局，广西、上海、黑龙江、贵州、山东等各地中高职粮食院校及各地粮食企业代表 56 人参会。

科研工作 年内，利用学会信息平台组织开展学术交流，将会员报送的质量较高的信息和论文推荐到广西区内外具有较高影响力的刊物，全年推荐各种文稿 35 篇，被《中国粮食经济》采用 4 篇，《社会科学论丛》《广西社科联通讯》及广西社科联网站采用 11 篇，《广西地方志》采用 1 篇。据不完全统计，年内广西粮食系统和会员出版著作 3 部，参编著作 3 部；在各种报刊发表论文和调研报告 120 篇，在《广西粮食》发表论文和调研报告 36 篇。11 月 18 日，举办一期修志资料长篇编写培训班，20 多人参加，邀请自治区通志办有关专家授课。12 月，组织开展 2014 年度广西粮食系统舆情工作先进集体及优秀信息员评选活动，评出先进集体 13 个，优秀信息员 25 名。

编纂工作 全年编印《广西粮食》6 期共 550 千字、7200 册，分发给自治区党委、政府领导，各有关厅局和市县粮食局及各团体会员单位。第二轮《广西通志·粮食志(1988~2005 年)》已收集文字资料 7000 多份文件共 13000 多千字，表式资料和图片资料 1000 多份(张)，书刊资料 200 多册，年鉴、志书资料近百部。年内基本完成编制纸质和电子文档目录，制作电子卡片 2000 多份，启动资料长篇编写工作。完成《广西通志(1979~2005)(经济卷粮油业章)》资料收集和初稿编写。完成编写《广西大事要事(1979~2005 年)》粮食流通部分资料文献。完成《广西社科联志(1984~2013 年)》广西粮食经济学会部分初稿及修改。编写《1985~1990 年广西粮食流通体制改革及其作用和影响》资料文献。

学会建设 2 月 24 日，采取通讯形式召开理事会，发出会议通知 56 份，收回 37 份，增选封成斌为学会副会长。8 月 29 日，在南宁召开第六届会员代表大会，出席会议代表 221 人，选举产生第六届理事会理事 124 人，常务理事 43 人，新任会长、法定代表人封成斌，常务副会长巫连慧，秘书长潘小明。9 月，学会党支部组织党员和入党积极分子赴凭祥中越边境友谊关等基地接受爱国主义教育。年内，组织学会工作人员参加自治区粮食局、社科联、通志办等业务主管单位举办的相关理论学习和业务培训共 5 人(次)；新发展团体会员 7 个；向自治区社科专家库推荐 1 名专家候选人。

8月29日，广西粮食经济学会第六届会员代表大会在南宁召开

（潘小明　供稿）

【广西翻译协会】 2014 年末有团体会员 1 个，个人会员 1094 人(其中具有高级专业技术职务资格 325 人，初、中级 612 人)。内设机构 6 个(秘书处、学术部、翻译部、培训部、民语部、桂林分部)，工作人员 3 人。现任领导机构是第五届理事会，有理事 142 人，其中常务理事 38 人。会长黄天源，副会长兼秘书长卢保江。

3 月，民族语文会员为全国“两会”提供壮语笔译和同声传译服务。9~12 月，与广西高校大学外语教学研究会合作，举办第六届广西翻译大赛，2 万多人参赛。12 月 13 日，在广西民族大学举办“广西高校外语学科建设暨翻

10月20日，广西翻译协会举行新任会长覃修桂（右）、老会长黄天源（左）交接仪式 （卢保江 供稿）

译研究论坛”，142人参加。收到翻译(包括外语和壮语翻译)、语言、文学、文化、教学学科论文20余篇。邀请翻译理论家、中山大学博士生导师王东风教授作关于诗歌翻译最新研究成果讲座。广西专家黄天源、金龙格、袁斌业、杨扬作学术发言。10月20日，在南宁召开广西翻译协会换届大会暨新一届理事会会议，选举产生新一届常务理事会及正副会长、秘书长，覃修桂当选会长。

年内，编印《广西译讯》内刊(电子版)2期；与西部13省合作出版学术刊物《译苑》和《中外社科论丛》各4期；编辑出版论文集《语言文化与翻译研究》1部。

【广西审计学会】 2014年末有团体会员34个，个人会员308人(其中具有高级专业技术职务资格42人、中级150人)。内设机构2个(秘书处、学术委员会)，有工作人员7人(其中专职1人，兼职6人)。现任领导机构是第六届理事会，有理事81人，其中常务理事31人。会长黄必贵，秘书长田茂祥。

学会建设　年内，修订完善《广西审计科研项目管理办法》、《广西审计年鉴管理办法》和《广西审计在线编辑管理办法》。11月10日，以通讯方式召开广西审计学会第六届理事会第四次会议，增补3名理事、常务理事。

年内，学会秘书长田茂祥参加中国审计学会举办的培训班学习，安排秘书处人员参加广西社科联系统信息员培训班的学习。7月8日，经学会秘书处审核，共遴选出49名审计理论研究骨干人员，成立财政审计、投资审计、经济责任审计、资源环境审计、绩效审计、审计管理等6个专题研究组，并以此为基础开展专题理论研究工作。至年末，6个专题研究组共收到研究成果18篇。11月24~26日，与自治区审计厅在南宁联合举办广西审计理论研究骨干人才培训班。广西审计系统审计理论研究骨干人才及各市审计学会秘书长共103人参加培训。自治区审计厅党组成员、副厅长陈勇新到会讲话。广西财经学院教授梁素萍，广西民族大学文学院教授张桂林等5名专家、学者讲授《财政公共支出绩效评价》《人文与科研写作》《广西审计理论研究的现状与发展》《审计成果质量提升和审计要情写作》《基于审计实践的审计研究》等课程。

学术活动　年内，参加自治区社科联组织第十六期广西发展论坛、审计署干部教育学院(南京)财务会计培训班、2014年审计理论研究骨干培训班、广西社会科学发展研究会举办的马克思主义新闻观培训班等学术交流活动、自治区地志办组织的修志方法创新理论研讨会、第十三届西部审计理论研讨会等论文征集活动。自治区审计厅副处长、副研究员雷俊生论文《审计问责研究》被评为2014年度审计署优秀博士学位论文优秀论文奖，论文《国家治理视角下的审计问责》获广西第十三次社会科学优秀成果奖二等奖。此外，向中国审计学会推荐公共资金绩效审计研讨会论文6篇，

11月26日，广西审计理论研究骨干人才培训班在南宁开班（彭斯慧　供稿）

其中《桂林地区财政性教育支出绩效审计研究》入选中国审计学会《公共资金绩效审计论文集》。

科研工作　2014年广西审计课题研究工作进行了改进：一是课题立项采用竞争方式。凡拟参加课题研究的人员均需提交课题计划书，由自治区审计厅、广西审计学会对获得专家组评审通过的课题予以批准立项。二是审核完善课题计划书。对已立项课题的课题计划书由有关专家审核后，申报人修改完善。三是强化对课题研究过程的管理。立项课题均需在规定的保密网络硬盘上进行在线研究、完成撰稿工作，由学会秘书处安排专人实时监控。四是深化对课题研究的指导和服务。安排专人收集和提供课题研究所需的参考文献并提供必要的指导和服务，吸引高等学校专家学者参与课题研究，评议课题研究成果。

6月10日，人民银行南宁中心支行行长崔喻（中）、副巡视员李彬（右）到广西钱币学会检查工作　（钟　蔚　供稿）

5月，学会会同自治区审计厅印发《广西壮族自治区审计厅　广西审计学会关于开展2014年广西审计重点课题研究工作的通知》，确定“广西审计工作质量研究”、“生态环保专项资金审计研究——以‘美丽广西’乡村建设重大活动专项资金审计为背景”等20个课题为2014年广西审计重点研究课题；并将“自然资源资产负债审计研究”课题作为2014年广西审计学会重点课题进行立项研究。10月，中国审计学会会员、广西审计学会学术委员会成员雷俊生出版个人审计专著《审计问责研究》。

宣传工作　年内，广西审计学会按照“早定主题、深挖稿源、在线编辑、网盘运行”的方式，编印《广西审计》（双月内刊）6期，共刊登209篇文章，总字数501千字。收集历年专题研讨会审计科研成果，集结成册，组织编撰《广西民生事项审计论文集》《广西资源环境审计论文集》《广西政府跟踪投资审计论文集》，共600千字。协助《广西财经学院学报》编辑部做好该刊“审计专栏”的组稿和推荐工作，2014年向该专栏推荐并刊发广西审计人员的优秀研究成果10篇，总字数69.9千字。

【广西钱币学会】 2014年末有团体会员24个，个人会员574人（其中具有高级专业技术职务资格56人）。内设机构4个（秘书处、学会综合科、《广西钱币》编辑部、学术委员会），工作人员9人。现任领导机构是第六届理事会，有理事51人，其中常务理事14人。会长李彬，副会长兼秘书长黄卫宁。

学术活动　3月12日，广西轻工技师学院会计电算班20名师生到广西钱币博物馆进行实践教学；4月15~16日，黄卫宁、周俏梅参加柳州市钱币学会第八次会员代表大会暨柳州钱币学会成立30周年纪念大会。4月16~17日，黄正亮副秘书长参加在北京举行的“中国货币与金融博物馆联盟”成员单位年度工作会；6月8~14日，黄卫宁参加广西社科联举办的赴黑龙江、吉林两省学习调研活动。6月13日，学会副秘书长、广西钱币博物馆副馆长邵广华组织专家赴钦州钱币学会指导学会陈列馆重建及布展工作；6月18日，黄卫宁率广西钱币博物馆员工到广西区、市规划馆，美术馆开展调研；6月26~27日，派员参加在南宁举行的“全国部分省区市社科联第三届社会科学年鉴工作交流会”；8月25日，召开“海上丝绸之路”合浦出水钱币研究座谈会。9月17日，广州金融办、南宁金融办一行8人到学会参观电子货币专题展；9月19~21日，派员参加在江西南昌举办的第十一届“中国铜元研讨会”；10月11日，邵广华、周俏梅赴桂林参加广西社科联召开的“广西社会科学普及基地工作座谈会”；10月19~21日，黄卫宁、邵广华赴浙江温州参加“中国钱币与银行博物馆委员会2014年会暨学术研讨会”；11月18日，黄卫宁参加广西社科联在南宁举办的2014年广西第二次社科专家学者学术交流会；11月25日，黄卫宁参加中国钱币学会在郑州举办的2014年度秘书长培训学习；11月28日，邵广华参加广西社科联在南宁举办的第五届广西社科界学术年会；12月11日，2014年广西钱币理论研讨会在南宁召开，黄卫宁主持会议，50人参会。会议收到征文57篇，其中23篇文章被评为2014年广西钱币理论研究获奖征文，其中一等奖2篇、二等奖5篇、三等奖16篇。组织学会会员参加中国钱币学会组织的2014年学术研讨会，报送论文2篇。年内，举办专题展览3次，近1万人（次）参观；举办钱币沙龙活动10次，近1000人（次）参加。

科普活动 年内，学会在自治区博物馆东侧一楼定期每月开展钱币沙龙活动，每月月末举办专题讲座，由学会钱币专家主讲，为会员答疑解惑，进行钱币交流。活动为普及钱币知识，弘扬钱币文化做出贡献。年内开展钱币沙龙活动10次，参加人数1000人（次）。

调研活动 10月9日，邵广华一行4人赴广西合浦县博物馆开展调研，对合浦出土的有关海上丝绸之路文物及有关资料进行深入探究。

学会宣传 一是利用广西钱币学会网站作为钱币爱好者交流的平台，扩大宣传面，广泛搜集钱币界、收藏界适时新闻、动态及国家出台的有关政策、规定等，通过网站的BBS开展学术研究、交流、展示，进一步拓宽交流面和研究内容。二是办好会刊《广西钱币》（内刊），年内编印2期，主要开设钱币论坛、钱币赏析、铜元研究、银币收藏、外国及港澳货币鉴赏、人民币与反假、泉坛动态栏目。三是年内及时将学会的活动向广西社科联、民政厅、民间组织管理局、中国钱币学会送投信息稿20篇，组织完成各相关年鉴中学会条目的编撰工作等。

【广西先进文化发展促进会】 2014年末有个人会员220人（其中具有高级专业技术职务资格204人）。内设机构1个（办公室），工作人员4人。现任领导机构是第六届理事会，有理事47人，其中常务理事33人。名誉会长丁廷模、梁超然，会长杨炳忠，副会长兼秘书长王建平。

年内，召开常务理事会1次，讨论召开第七届校园文化论坛事宜，通报筹备学术研讨会情况。6月，杨炳忠参加自治区社科联学习调研团到东北学习调研；10月，王建平参加自治区社科联组织的赴玉林专家学者日活动。连续7年举办广西校园文化论坛，成为广西社科学术品牌。9月19~20日，与自治区社科联和广西写作学会联合主办，百色学院承办第七届广西校园文化论坛。主题为中国梦与校园文化建设。广西写作学会会长容本镇和百色学院副院长韦复生分别致辞，自治区社科联学会部主任张流作讲话。玉林师范学院教授王志明、广西大学教授王建平和广西民族师范学院教授谢永新分别主持论坛。来自广西各地、各高校的专家学者和研究生50多人，围绕主题展开研讨与交流。黄佩华、谭为宜、谢永新、郭金世等14位学者发言。自治区社科联网站、百色电视台等媒体进行报道。

年内，会员参与各种学术会议130人（次）、学术考察活动5次，承担国家社会科学基金项目等各类各级科研项目20项，发表论文120余篇，调研报告10余篇，其他评论文章50余篇，出版著作13部，获广西第十三次社会科学研究优秀成果奖13项，获第十届广西文艺评论奖、第五届广西社会科学界学术年会优秀论文奖等厅级奖8项。学会领导多次接受全国和自治区媒体如中央电视台、广西电视台、广播人民广播电台、《广西日报》、《南国早报》、《南宁日报》等的采访和报道，其中，陈学璞和王建平受到中央电视台采访，对文化热点现象进行评论，分别在2月18日 “新闻联播”和10月9日 “新闻直播间”栏目播出。

年内，会员展开社会科学普及工作。据不完全统计，会员进行社科普及讲座和教学4000多人（次）。陈学璞分别在4月21日、5月26~29日、9月23日、12月11日在南宁、桂林、百色等地为领导干部和大学生进行“社会主义核心价值”和“大力推动中华文化走向世界走向东盟”等科普讲座5次，受益人数2300多人。王建平在南宁为国家商务部对外培训班的46位外国官员及中国写作学会公文写作培训班258人作“中国山水文化”和“新闻与舆情信息写作”科普讲座4次。

年内，陈学璞被国家社科规划办评为“认真负责的鉴定专家”，王建平入选教育部、文化部专家信息库，评审国家社科基金项目1项、国家艺术基金项目39项。

【广西税务学会】 2014年末有团体会员30个。内设机构2个（秘书处、学术委员会），工作人员4人。现任领导机构是第四届理事会，有理事94人，其中常务理事29人。会长谢景开，秘书长章成伟。

学术活动 3月20日，召开学会工作会议暨常务理事会会议，对2014年群众性税收调研活动进行研究，明确群众性调研课题。下发《关于2014年广西税务学会调研课题和有关事项的通知》，对调研活动安排和要求等作具体说明。会上，对评出的5个2014年度先进税务学会和71篇优秀论文，以及23名2014年度广西税务学会先进工作者予以表彰。9月28日，北海市国税局、北海市税务学会牵头的《广西各类经济区的发展与税收服务如何形成良性互动关系的实践与探索》课题研讨会在北海召开，南宁、柳州等14个设区市税务学会和广西税务干部管理学校等单位近50人参加，收到论文29篇。10月29日，由河池市国家税务局，河池市税务学会牵头的《“营改增”扩围后加强税收征管的实践与思考》课题研讨会在河池召开，收到论文28篇。

3月20日，广西税务学会2014年工作会在南宁召开　　（章成伟　供稿）

该课题围绕当地“营改增”工作实际和具体行业管理入手，多角度、全方位地探讨“营改增”工作中出现的问题及对策。

年内，完成2个中国税务学会安排课题：一是“宏观经济与税收政策的研究”，具体研究方向是《适应新一轮税制改革发展的税收征管机制研究》。8月底结题，并由课题组主要成员携论文赴陕西西安市参加全国税收理论专题研讨会。二是“优化纳税服务及税收队伍建设的研究”，围绕这个课题，年内完成调研并撰写《新一轮经济改革趋势对广西财税发展的分析与展望》，参加9月底在湖北省武汉市举行的全国税收理论专题研讨会。

科研成果　一是报送3项调研成果参加广西第十三次社会科学优秀成果奖评选活动，其中《广西集团企业国税收入跨省流出的问题与建议》获研究报告类成果奖三等奖；二是参加广西社科联组织的先进社科学会和先进社科工作者评选活动，被评为2014年广西社科联系统工作成绩突出学会，谢景开会长被评为2014年度工作成绩突出学会工作者。三是开拓学会学术交流。编印《学会动态》14期，编辑出版《笔耕不辍收获不止——广西税务学会2014年优秀论文集》。

【广西宏观经济学会】 2014年末有团体会员62个，个人会员628人（其中具有高级专业技术职务资格116人，中级378人）。内设机构1个（秘书处），专职工作人员5人。现任领导机构是第四届理事会，有理事81人，其中常务理事25人。会长穆虹，秘书长蒋升湧。

编纂出版　年内，协助广西发改委经济研究所及民建广西区委会联合编纂出版《广西民营经济发展蓝皮书(2009~2012)》；与广西发改委经济研究所共同编辑出版《市场论坛》12期，编印《广西重要产业产品国内外市场动态监控》《广西宏观经济信息决策参考》各12期。

成果评奖　年内，协助广西发改委学术委员会开展“2014年度自治区发改委系统优秀研究成果奖”评奖工作。评出特别奖一项：《榜样与镜鉴—广西发展改革系统开展党的群众路线教育实践活动学习读本》；一等奖3项：《把广西成为我国西南中南地区开放发展新的战略支点总体思路》《〈国务院关于进一步促进广西经济社会发展的若干意见〉落实情况中期评估报告》《当前广西社会关注的改革热点问题调查分析及改革对策建议》；二等奖8项、三等奖18项。

【广西行政管理学会】 2014年末有团体会员5个，个人会员1060人。内设机构3个（办公室、财务部、学术部），工作人员4人。现任领导机构是第六届理事会，有理事86人，其中常务理事36人。会长覃卓凡，副会长兼秘书长韦绍行。

学术活动　9月20日，在自治区党校召开“提高党政机关办公室工作人员业务素质·建设高素质文明队伍”研讨会，会长覃卓凡、自治区党校副校长唐秀玲、自治区发展研究中心副主任崔忠仁等领导出席，自治区直各部门、各市县代表及各大专院校论文作者代表200多人参会。收到论文100多篇，评出一等奖10篇、二等奖16篇、三等奖20篇。10篇论文在人民网、中国共产党新闻网、法制网、《广西日报》发表。

科普活动　5月、11月，在南宁举办2期“自治区办公室党政机关新公文知识培训班”，700多人参训学习。崔忠仁、自治区人民政府办公厅原处长韦绍行及自治区政府办公厅信息处处长刘剑红等授课。

年内，编印内刊《八桂行政管理》2期。

【广西少数民族语文学会】 2014年末有个人会员296人（其中具有高级专业技术职务资格82人，中级146人）。内设机构1个（办公室），工作人员5人。现任领导机构是第六届理事会，有理事70人，其中常务理事22人。会长杨启标，秘书长赵春金。

学术活动与交流　12月18日，2013~2014年度广西少数民族语文学会年会暨学术研讨会在百色市田东县召开。学会理事、各市县（区、市）民语部门会员代表、自治区民语委会员代表和论文作者等120人参会。会议收到论文32篇。学会会长、自治区民语委副主任杨启标在会上作年会工作报告。对学会2013~2014年度

12月18日，2013~2014年度广西少数民族语文学会年会暨学术研讨会在百色召开

（王江苗　供稿）

学术活动进行回顾并部署2015年学会工作。会上进行民族语文学术研讨交流活动。

课题研究　继续参与开展广西少数民族语言文字使用状况调研工作，充实和完善原有《调研报告》，为广西开展民族语文工作提供决策参考。参与那坡县彝语调查，防城港市边境少数民族语言文字使用状况调查，百色市彝族、瑶族语言文字等民族文化调研，融水苗族自治县香粉乡等10个乡镇民族分布、民族语言分布调查和数据分析工作。参加自治区民语委牵头开展的全国民族语文唯一省部级标准化考试壮语文水平考试试点工作。参与完成国家语委"十二五"科研规划项目《壮汉词汇》修订工作，完成近1600千字（字节）修订初稿。参与编写《壮文社会用字规范手册》初稿。防城港市会员与玉林师范学院完成《京族喃字民歌集》（英文版）初稿编写。三江侗族自治县会员完成《侗文侗歌传承保护与运用研究》课题项目。河池、崇左、平果、靖西等市县会员分别整理、编纂、翻译《壮族俗语集成—河池篇》《民间文学"三套"集成》《嘹韵》《靖西壮族民间故事选集》（壮汉文版）等作品。

调研工作　协助自治区民委与广电局进行广西民族语广播影视译制播放工作专项调研，提出建设性意见建议，并向自治区上报《关于加强广西少数民族语言广播影视译制和播放工作的请示》，引起上级党委政府及有关部门高度重视，对争取开办壮语卫视频道、壮语广播频率和成立广西少数民族语影视译制中心等方面工作起积极推动作用。协助参与对广西使用壮汉两种文字书写单位牌匾、路牌等社会用字情况的调查。参与开展部分现行民族语文政策法规落实情况调研和督查工作。南宁市相关会员参与开展《南宁市壮文社会使用管理办法》执行情况专项检查工作，依法规范壮文在公共、司法、交通等领域的使用，促进壮文翻译和规范使用。河池市会员参与开展相关调研和督查工作，河池市法定单位牌匾、社会团体公章96%按要求规范使用壮汉两种文字。

学习培训　年内，参加全国、广西壮文翻译业务骨干培训班，参加广西公务员网络培训、普法网络培训，进一步提高会员业务水平和工作能力，扩大广西民族语文工作的影响力。

【广西家庭教育研究会】 2014年末有个人会员112人。现任领导机构是第四届理事会，有理事43人，其中常务理事15人。会长周爱平，副会长兼秘书长梁夏宁。

学术活动　年内，开展家庭教育论文征集活动，征集到论文143篇，论文议题包括留守儿童、亲子教育、预防未成年人犯罪、儿童心理健康等，并汇编成《广西家庭教育优秀论文集》。12月19~20日，广西家庭教育研究会在自治区党校召开广西家庭教育研究会年会暨专家论坛，会议邀请中国儿童活动中心书记丛中笑作"家庭教育的使命与创新发展"专题讲座。12月20~21日，自治区妇联联合广西家庭教育研究会、广西妇女理论研究会、广西婚姻家庭研究会3个学会召开"家和万事兴，共筑中国梦"学术年会，凝聚全社会弘扬家庭美德、树立文明家风、促进社会和谐的力量，将性别平等、婚姻家庭与子女教育的理论研究与创建文明

12月19~20日，广西家庭教育研究会年会暨专家论坛在南宁举行

（梁夏宁　供稿）

家庭的社会活动结合起来。丛中笑书记在年会上作专家主旨发言。

科普活动 年内，学会举办两期广西家庭教育骨干培训班，分别是：3月4~7日，在广西经济管理干部学院举办2014年第一期广西家庭教育骨干培训班。14个设区市的部分幼儿园、小学骨干教师及家庭教育讲师团成员共100人参训。培训班课程主要围绕“儿童安全教育”设计，有《为女童安全护航——关注和反思频发的性侵女童事件》《儿童心理安全与健康成长》《儿童居家意外伤害与家庭急救措施》《儿童交通、乘车安全以及预防措施》《儿童饮食安全以及预防措施》《儿童消防安全以及预防措施》等方面的内容。3月24~28日，在广西经济管理干部学院联合举办美丽家庭大讲堂——“万场家庭教育报告会进社区、进村屯”家庭教育骨干师资培训班。来自14个设区市的部分幼儿园、小学的骨干教师，教育、妇联系统的相关人员以及部分家庭教育讲师团成员共100人参训。自治区妇联副主席、研究会会长周爱平主持开班仪式，自治区文明办未成年人思想道德建设工作处处长刘波参加开班仪式并讲话，强调家庭教育对未成年人思想道德教育的重要性。培训班课程主要有社会主义核心价值观和未成年人思想道德教育、预防未成年人犯罪、女童安全保护、儿童意外伤害与预防急救措施等多个专题。

年内，开展家庭教育大讲堂八桂行活动，重点宣传社会主义核心价值观，关注儿童安全、女童性侵等问题，开展家庭教育报告会进社区、进村屯活动，邀请区内外专家赴河池、崇左、桂林、来宾、防城港、百色等地举办家教专题报告会。针对预防女童遭受性侵害、未成年人网瘾等热点问题，组织专家编印《让每个孩子成为有用之才》宣传册5万册，发放到各县，为基层家教工作者开展家庭教育指导工作提供参考。截至11月份，广西各级家教会、家教指导中心、妇联共举办家教报告会2913场，受益家长达52万人(次)。

课题管理 在2013年开展农村留守儿童调研基础上，完成《广西农村留守儿童状况调查报告》，该文从留守儿童基本情况、存在问题、建议与对策等方面进行深入分析。全文编入《2014年广西蓝皮书——广西社会发展报告》中，获2014年自治区妇儿工委实施两纲优秀调研报告一等奖，并被选送到国务院妇儿工委参加全国评选。2014年，广西家庭教育研究会协助自治区妇联组织专家赴南宁、桂林、北海、钦州、来宾等市了解农村单亲留守儿童数量和当前状况。调研中发现，农村单亲留守儿童问题产生的主要原因是农村经济落后，年轻父母缺乏责任意识，社会福利等公民权益在外地难以得到保障。广西家庭教育研究会及时向有关部门反映，建议加大对农村寄宿制学校建设和留守儿童(特别是单亲留守儿童)的关爱、保护和家庭教育宣传的力度，加大对基层的扶贫力度，调整产业发展和农业结构，发展家门口产业，鼓励农民返乡创业等。

【广西地方志协会】 2014年末有团体会员195个，个人会员1009人(指专职修志人员，含在职在编修志人员、聘用1年以上的离退休和社会其他人员)。内设机构1个(秘书处)，有兼职工作人员3人。现任领导机构是第五届理事会，有理事82人，其中常务理事35人。会长蓝日基，秘书长施均显。

年内，一是做好协会日常工作。完成协会与登记管理机关、业务指导部门、中国地方志协会等单位的通联工作，参加广西历史学会(协会是其团体会员)活动等。二是参与协办编纂出版《广西地方志》。三是协办桂林市地方志协会2014年度学术研讨会，促进地市间学术交流。四是9月，协会在河池宜州市举办修志方法创新理论研讨会，收到论文60篇(在会上宣读17篇)，部分论文择优在《广西地方志》发表。五是协会理事和会员参与地方志和年鉴地情书编纂出版工作。六是驻会理事和会员投入地方志理论科研工作，年内发表论文30篇，入选全国新方志论坛论文2篇；年内，与广西地方志办公室联合举办第八次广西地方志优秀成果评选活动，评出优秀成果一等奖5项、二等奖11项、三等奖16项、佳作奖23项。

【广西国际共运史学会】 2014年末有分会5个，团体会员88个、个体会员28人(其中具有高级专业技术职务资格96人，中级20人)。内设机构1个(秘书处)，工作人员6人。现任领导机构是第八届理事会，有理事38人，其中常务理事7人。会长陈元中，副会长兼秘书长刘国彬。

学术活动 4月28日，清华大学马克思主义学院院长、博士生导师艾四林教授应邀在南宁作“自信发展中国特色社会主义问题及深化对‘中国梦’的认识”专题讲座。广西民族大学政治学与国际关系学院部分师生聆听讲座。针对“自信发展中国特色社会主义”问题，艾四林教授认为发展中国特色社会主义要从历史、现实和未来3方面增强自信。对“中国梦”的认识，艾四林教授解读习近平总书记对“中国梦”的认识，总结出“四个不要”“三个独特”“一个相通”。四个“不要”指理解“中国梦”不要概念化、不要固化、不要庸俗化、不要好高骛远。三个“独特”即要我们认识中国独特的历史命运、历史文化和国情。一个“相通”即中国梦与其他国家人民的梦、与世界人民的梦是相通的，中国的发展是和平的发展，是合作共赢的发展。5月5

日，华中师范大学博士生导师李良明教授应邀在南宁作“共产国际与中国革命关系研究”专题讲座，从3个历史阶段分析共产国际与中国革命的关系。学会部分会员、广西民族大学政治学与国际关系学院部分师生聆听。5月24~27日，广西民族大学政治学与国际关系学院院长、学会会长陈元中教授率团访问越南河内国家大学所属人文社科大学，双方就马克思主义在中越两国高校的教学、马克思主义在中越两国的发展及马克思主义研究生专业课程的教学科研合作等3个专题进行座谈研讨，达成共同举办马克思主义在中越高校教学研讨会的共识。6月9日，广西民族大学政治学与国际关系学院“马克思主义与社会主义核心价值观”主题系列活动之二，中国人民大学马克思主义学院梁树发教授应邀在南宁作题为“在历史经验中认识马克思主义”讲座，广西民族大学政治学与国际关系学院部分教师、学会会员及研究生聆听。8月21日，刘国彬教授的《论邓小平“制度是决定因素”》由中央文献研究室第三编研部、中央党史研究室科研管理部、自治区党委宣传部、自治区党委党史研究室、百色市委等联合举办的“纪念邓小平同志诞辰110周年暨百色起义85周年学术研讨会”评为三等奖。10月19日，学会副会长、广西师范大学副校长、博士研究生导师钟瑞添教授应邀在信阳师院作题为“论传统文化与当代马克思主义大众化”报告。钟瑞添教授从“科学的对待民族传统文化是一个政党是否成熟的标志、马克思主义大众化的过程就是与中国传统文化相融合的过程及实现中国梦仍要传承和发扬中国优秀传统文化，同时努力让其成为中国人民的精神支柱”3个方面作阐述。10月22日，中国人民大学王海军教授受邀到广西民族大学政治学与国际关系学院作“马克思主义中国化研究学科的拓展与深化——基于马克思主义传播史的角度考察”学术讲座，从4个不同方面探讨马克思主义中国化研究学科在中国近现代发展史上的发展问题。部分教师和会员聆听。12月6日，陈元中会长给会员作主题为“学习党的十八届三中全会精神迎接全面深化改革大潮”的讲座，30多人聆听。他主要从3个方面展开：一是深刻认识全面深化改革的重大意义；二是准确把握全面深化改革的目标任务；三是重点突破全面深化改革的关键环节。

课题研究　年内，学会会员获课题38项，其中国家课题2项，省级课题20项，厅级课题16项。发表各种课题研究论文148篇，出版学术著作6部，参加各种学术会议获一等奖2项、二等奖12项、三等奖18项。

【广西保险学会】 2014年末有团体会员73个。内设机构3个(秘书长室、综合管理部、理论研究部)，工作人员5人。现任领导机构是第八届理事会，有理事89人，其中常务理事11人。会长张学萍，秘书长徐海。

3月，召开广西保险学会第七届理事会第16次书面会议，会议审议2013年度财务收支审核报告。

学术活动　4月，学会主办“保险让生活更美好”有奖征文活动。收到征文183篇，其中广西保险系统内来文103篇。评出一等奖4篇、二等奖7篇、三等奖12篇、优秀奖15篇。4月，学会组织开展2014年度保险理论研究活动，至11月底，收到论文76篇，并在年底召开理论研讨表彰会。

课题研究　11月6日，学会召开2013~2014年度重点课题评审会，广西金融办、广西保监局、广西农业经济管理总站、广西大学商学院、广西财经学院、人保财险广西分公司等近30名学术研究委员会委员参会。会上，对学会2013~2014年度6项重点课题研究成果进行交流评审。各课题组代表分别介绍课题研究架构、实地调研、文献资料搜集、分析整理、观点阐述等情况。广西大学商学院保险研究所所长、保险学研究生导师唐金成教授，广西财经学院金融保险学院副院长叶安照博士，广西大学商学院黄绥彪教授，广西财经学院保险学院主任梁玉等10多位专家教授在会上对6项重点课题成果分别进行点评，并同意课题结项。

科普活动　1月9日，学会根据自治区社科联的安排，组织人保财险广西分公司参加2014年广西科技活动周科普知识展示，在展会上展示人保财险“掌上人

11月6日，广西保险学会召开2013~2014年度重点课题评审会

（胡　斌　供稿）

保”自助理赔系统，自治区社科联副主席姚兵到场参观指导。

年内，学会组织相关人员在人保财险广西分公司各下属公司报送原始数据基础上，通过整理并运用行业数据、同比增幅、市场占比、公司业务结构占比等指标，编制《2014年第一季度广西保险业统计报表》（分财产险、人身险两部分）并印刷成册，供各级保险公司经营者参考。

年内，编制2014年培训课程，报名参加网上在线教育培训9933人（次），培训通过5551人（次）。

【广西写作学会】 2014年末有个人会员426人（其中具有高级专业技术职务资格162人，中级120人）。内设机构1个（秘书处），兼职工作人员3人。现任领导机构是第七届理事会，有理事100人，其中常务理事38人。会长容本镇，秘书长郭金世。

科普活动 年内，会员容本镇、陆云、袁刚在钦州、岑溪、上思、北流、大新、防城、桂林等地宣传、培训、推广新派作文教育；李荣军在南宁、防城港、崇左、贵港等地学校作禁毒预防教育宣教公益活动；韦明刚到泰国中小学传授汉字书法及中国传统文化；郭金世组织300名学生到广西第三戒毒所参观学习，接受禁毒知识教育；陆志峰驻村任第一支部书记，向农民宣传科普知识，带领农民致富等。8月3日，在南宁召开广西写作学会第十七次学术年会；9月18~20日，与自治区社科联、广西先进文化发展促进会、百色学院在百色联合举办第七届“校园文化论坛”；11月6~7日，在岑溪召开新派作文现场会。容本镇、陈学璞、张利群、黄晓娟、东西、凡一平、黄佩华、袁刚、梁培林、黎海英、陆云、崔忠仁、黄筱娜、林忠伟、谢永新、蒋兴礼等参与组织或参加各种不同类型和主题的学术研讨活动。

学术成果 年内，会员获各级各类研究课题34项，其中容本镇、陆云、袁刚主持的《通过构建学校和社会联通的大写作平台促进青少年思想道德建设》获广西哲学社会科学重点课题立项；蒋兴礼主持的《转型期民族院校大学生宗教信仰调查研究》《我国高校权力制约与监督及“制度笼子”的建构模式研究》分获国家民委科研项目思想政治教育专项课题和广西教育科学“十二五”规划2014年度反腐倡廉理论研究专项课题；黄健运主持的《马克思主义美学的中国形态研究》《桂东南区域文化研究》分获广西高校科研项目重点课题和广西人文社会科学发展研究中心重点项目；黄筱娜主持的《全面建设小康社会与西部少数民族地区文化建设研究》获国家社科基金课题；谢永新主持的《越南华文现代诗研究》获广西哲学社会科学规划研究课题；熊素玲主持的《中国茶文化的生态》获广西社科课题；郭金世主持的《庇荫与传承：仡佬族祭祖文化研究》获广西教育厅社会科学研究课题一般项目立项。年内，会员出版著作26部，发表学术论文93篇、文学作品63篇（首），撰写调研报告5篇。年内，会员获各级各类奖29项，其中陈学璞的《桂学的学科性质和特色研究》（系列论文）、张利群的《桂学理论及其方法论研究》（系列论文）、杨炳忠的《网络文学研究》（系列论文）获广西第十三次社会科学优秀成果二等奖；陈学璞的《面向东盟的广西文化产业发展新格局研究》（调研报告），张利群的《文学机制论》（著作），覃可霖的《写作思维与技巧论稿》（著作），陶志红、王建平的《当代民间常用文书写作方法》（著作），王建平等的《加快发展面向东盟的广西文化产业》（调研报告），郭金世等的《经典重构与文学化境——“读、研、写、演审美体验工程”理论探索》（著作）获广西第十三次社会科学优秀成果三等奖；董迎春的《反讽时代的孤寂诗写　当代诗歌话语研究》（著作）获广西文艺评论一等奖；张利群的《文学机制论》（著作）获广西文艺评论二等奖；王建平的《流光溢彩的喜悦与遗憾——评〈第六届广西摄影家协会会员作品选集〉》（著作）获广西文艺评论三等奖；白光强的《构建与生态文明相协调的殡葬管理服务体系研究》获国家民政部民政政策理论研究优秀成果三等奖；陆云、袁刚的《用具象化指导搭建从思维到表达的桥梁》获中国教育学会2014年度优秀论文三等奖；黄芸芳的《当下中国传统文化教材的问题与对策》获中国教育学会举办的“全国优秀教育论文评选大赛”一等奖；董迎春的《迷雾中的光

8月3日，广西写作学会第十七次学术年会在南宁召开　（郭金世　供稿）

源》(组诗)获第二届中国李白诗歌优秀奖;陈学璞的《发展广西地域文化,彰显八桂地方特色》(论文)获2014年第五届广西社会科学界学术年会论文一等奖;陈学璞的《广西申遗工作如何走出遭受挫折的困境——申报世界遗产调研报告》(执笔)获广西科学技术工作者协会颁发的"广西科协系统2010~2013年度优秀决策成果"三等奖;林忠伟的《做大做强广西松香产业对策研究》(论文)获"第十五期广西发展论坛"二等奖;林忠伟的《大石山区致富带头人奇缺问题对策研究》(论文)获"第十六期广西发展论坛"三等奖;林忠伟的《专家学者多"上山下乡"对策研究》(论文)获第五届广西社会科学界学术年会优秀论文三等奖;田湘的《铁警之歌》(歌词)获公安部金盾工程奖;梁培林主编的《广西社会科学》获中国人文社会科学核心期刊等。

【广西民族发展研究会】 2014年末有个人会员95人(其中具有高级专业技术职务资格82人)。内设机构1个(秘书处),工作人员1人。现任领导机构是第五届理事会,有理事53人,其中常务理事25人。会长赵明龙,秘书长杨昌雄。

学术交流 12月29日,由研究会、广西社会科学院科研处、广西社会科学院民族研究所联合主办的"《壮族网络歌圩研究》成果报告暨网络歌圩研讨会"在南宁举行。广西民族大学、广西大学、广西师范学院、广西社会科学院、广西社科联、广西山歌协会、广西壮欢协会等单位领导、专家学者、歌王和歌手等60人参会。杨昌雄副研究员代表课题组作题为"壮族网络歌圩研究"成果报告。广西山歌协会会长、三月三杂志社社长覃祥周,广西壮欢协会副会长覃九宏,广西民族发展学会副会长黄家信,广西大学教授黄海云,广西民族大学教授欧宗启,广西社会科学院研究员周中坚、雷猛发等作专题发言。9月,会长赵明龙应邀参加由中国社会科学院、自治区人民政府主办的"第七届中国—东盟智库战略对话论坛",撰写论文《人文交流:海上丝绸之路建设不可或缺的内容》《中国南宁—新加坡旅游走廊建设研究》2篇,并在会上演讲。10月14日,潘文献副研究员参加在大连民族学院举行的"2014年人类学民族学年会",并提交论文《试论村寨发展过程中苗族文化适应的滞后性》。10月31日,赵明龙出席在广西民族大学举行的"第二届全国民族理论与民族政治论坛"学术研讨会,提交论文《民族旅游开发的社会文化影响与调适——以广西壮族自治区为例》。11月5日,会长赵明龙,副会长罗树杰、黄家信、黄桂秋等出席在南宁举行的"中国西南民族研究会学会第十七次会员代表大会暨学术研讨会",并提交论文《壮族经济发展研究与壮学建立》等4篇。11月18~20日,赵明龙等参加缅甸壮泰族群文化学术研讨会,提交论文2篇,并在会上发言。

调研活动 6月24日至7月7日,赵明龙发起与策划、广西社会科学院出资组团开展跨省区国情调研活动。活动主题是"研究西南边疆的民族旅游",以广西社会科学院民族研究所所长、会长赵明龙牵头承担的院级基础研究课题《西南边疆民族地区旅游开发的理论与实践》为载体,组织研究会会员和广西社会科学院、广西民族艺术研究院等科研单位13人赴云南、西藏开展为期15天的科研考察工作,行程2646公里,在云南迪庆州和拉萨市西藏社会科学院举行座谈会2次,听取云南、西藏学者和旅游部门等介绍旅游开发情况和问题,收集旅游调研资料10多份,现场考察云南省迪庆州和西藏自治区16个县市数十个重要旅游景区景点,访问雪山高原旅游景区所在地20多位村民和游客,撰写近10千字的《赴滇藏地区开展旅游调研考察报告》供有关部门参考。

课题研究 8月6日,赵明龙主持、研究会多名会员参加的国家社科基金项目《南海丝绸之路与东南亚民族经济文化交流》通过评审结题,并形成400千字专著出版发行,部分成果由新华社广西分社采写被新华社总社《国内动态清样》采用多篇,其中6篇得到李克强等国家领导人批示;新华社、《南国早报》、广西电视台等对该成果新观点作报道,对中国构建"一带一路"建设提供理论支撑;5月,广西电视台参考该成果书稿部分内容撰写三集大型

12月29日,在《壮族网络歌圩研究》成果报告暨网络歌圩研讨会上,与会歌手即兴表演山歌对唱 (赵明龙 供稿)

电视专题片《海上新丝路》解说词；7月，广西人民出版社以该成果书稿申报国家出版基金项目获立项，是广西2014年申报获6个国家出版基金资助项目中唯一的经济类资助项目，排在该类15个项目第二名。年内，研究会承接政府各类决策咨询课题新项目12项：赵明龙等承担八桂学者岗位项目《中越跨境劳务合作研究》；刘建文、赵明龙、龙裕伟等承接自治区发改委《南海邮轮母港建设研究》《崇左市凭祥重点开发开发试验区专题研究》《崇左市实施〈左右江革命老区振兴规划〉实施方案及专题报告》；赵明龙主持承接自治区民委《少数民族事业“十三五”

12月29日，广西毛泽东哲学思想研究会2014年年会暨学术研讨会在钦州举行

（张文安　供稿）

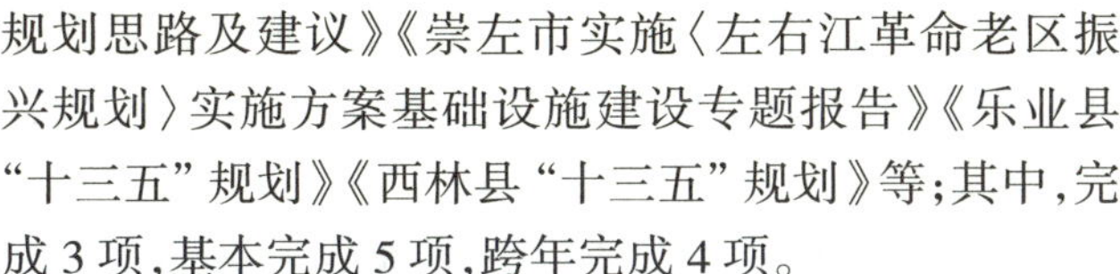
规划思路及建议》《崇左市实施〈左右江革命老区振兴规划〉实施方案基础设施建设专题报告》《乐业县“十三五”规划》《西林县“十三五”规划》等；其中，完成3项，基本完成5项，跨年完成4项。

智库外交　年内，以举办智库论坛、出境参加国际学术研讨会等形式配合有关部门开展民间外交，邀请印度、印尼等国3名资深学者参加广西重要智库会议，加深国外学者对中国“一带一路”建设的认识和理解。11月15日至12月1日，研究会和广西经济社会发展战略研讨会领导一行5人出访缅甸掸邦地区、仰光、曼德勒等地开展民族宗教、境外投资风险防范等调研工作，历时半个月，撰写《加强中国—东盟智库合作的几点建议》等4篇研究报告并提交有关部门。

学术成果　年内，会员出版著作（专著、编著）8部，完成研究报告50多项，发表论文40篇。获广西第十二次社会科学优秀成果奖13项，其中二等奖5项、三等奖8项。

【广西毛泽东哲学思想研究会】 2014年末有团体会员47个，个人会员415人（其中具有高级专业技术职务资格174人）。内设机构1个（秘书处），工作人员2人。现任领导机构是第七届理事会，有理事单位41个，理事82人，其中常务理事46人。会长李海，秘书长张文安。

12月28~29日，与钦州市教育局共同主办，广西财经学院学工部（处）团委、马克思主义学院，钦州市新华书店协办广西毛泽东哲学思想研究会2014年年会暨学术研讨会，会员单位代表75人参会，收到论文30篇，评出优秀论文一等奖3篇、二等奖9篇、三等奖18篇。会上，广西财经学院马克思主义学院黄家周、河池学院韦庆儿等5位学者，围绕“践行核心价值观 教育助推中国梦”主题，就如何培育和践行社会主义核心价值观，如何把培育和践行社会主义核心价值观融入人才培育全过程、落实到经济社会发展和社会治理各项实践中等问题，对“高校大学生践行社会主义核心价值观的问题与机制”“培育和践行社会主义核心价值观的路径”等5个维度，分别作主题发言。黄家周认为，当前高校大学生践行社会主义核心价值观存在的问题，一是由认知到认同的困惑，二是认同与践行脱节，三是在校与离校的差异；产生原因在于社会转型期的多元价值冲突、工具理性泛滥、大众文化精神的侵染；培育和践行社会主义核心价值观必须创新认知与认同的机制——在实践交往中认知和认同核心价值观；调整动力机制——内因和外因相结合；完善矫正机制——发挥人文精神的反思批判功能；探索长效机制——把社会主义核心价值观有机融入并主动引导社会文化。韦庆儿认为培育和践行社会主义核心价值观的首选路径是培育社会主义核心价值观；根本路径是强化实践社会主义核心价值观；最佳路径是认识与实践的结合。会议还对培育和践行社会主义核心价值观的其他问题进行交流与研讨。研究会会长、广西财经学院副院长李海，钦州市政府副秘书长熊子成出席会议并致辞，钦州市教育局局长王锦山出席，研究会副会长、桂林医学院党委副书记宿富国、钦州市教育局副局长田茂群分别主持，张文安秘书长作会议总结。学会会员代表，广西财经学院学工部团委领导、各二级学院党委副书记、马克思主义学院部分教师，钦州市教育局相关职能部门领导、部分教师代表参会。会议增选钦州市教育局为学会常务理事单位，增选钦州市教育局局长王锦山为学会常务理事。

年内，会员获厅级以上科研项目立项5项，项目结项4项，在研科研项目13项，在省级以上学术期刊发表学术论文25篇。

【广西妇女理论研究会】 2014年末有团体会员14个，个人会员345人(其中具有高级专业技术职务资格138人，中级182人)。内设机构1个(秘书处)，工作人员3人(志愿者)。现任领导机构是第五届理事会，有理事84人，常务理事29人。会长王革冰，副会长兼秘书长黄筱娜。

学术动态 5月21~23日，研究会会员滕洁贞、罗树杰、叶文静参加在北京举行的主题为“中国妇女研究会年会暨家庭和谐、社会进步与性别平等”研讨会。滕洁贞的《妇女在婚姻家庭中地位变迁的思考》，罗树杰、叶文静的《生计方式变迁对京族妇女社会地位的影响初探——以广西东兴市海村为例》等论文入选。11月15~16日，研究会会员刘萍、陈慧杰参加全国妇联妇女研究所在北京举行的2014年中国妇女社会地位调查研讨会。刘萍的《社会性别视阈下的广西妇女法律地位实现状况及思考》，陈慧杰的《对女性生活方式的探究——以广西第三期妇女社会地位调查数据为基础》等论文入选。12月20日，在广西妇女干部学校举行主题为“强化社会性别意识，推动基层妇女参政议政”研讨会。自治区妇联副主席伍艳娟，黄筱娜、关夏及来自广西14个设区市、自治区直机关、科研单位、大中专院校等50位女性社科工作者参加。研讨会对当前广西在推进社会性别意识主流化进程中面临的挑战、广西基层妇女参政议政的现状和面临的主要问题及采取的对策等进行研讨和交流。

工作动态 12月3日，在广西妇女干部学校举行主题为“女性干部成长规律与参政特点”座谈交流会。研究会领导黄筱娜、关夏，北京市委党校社会学教研部教师及广西妇女干部学校教师20人参加。会上，就广西在促进女性职业发展、女性干部成长等方面的特点和优势、女性干部成长过程中遇到的主要问题及女性干部在平衡工作家庭方面存在的问题等展开讨论。12月20~21日，在南宁举行主题为“家和万事兴 共筑中国梦”学术年会。自治区人大、自治区妇联、自治区社科联领导，各设区市妇联主席，研究会、广西家庭教育研究会、广西婚姻家庭研究会理事及会员，获奖论文作者代表及第四期广西女性专业技术人才高级研修班学员等300多人参会。会上，对获奖论文作者进行表彰；中国家庭教育学会常务理事、全国妇联家庭教育研究指导中心主任丛中笑及获奖论文作者代表发言交流；自治区人大常委会副主任刘新文作“中国梦与诚信”专题报告。会议收到论文248篇。论文涉及婚姻家庭、子女教育、妇女参政议政、妇女理论等内容，经专家评选确定入选论文120篇，其中，一等奖6篇、二等奖18篇、三等奖30篇及优秀奖论文66篇，并辑成《家和万事兴 共筑中国梦》论文集。12月21日，在南宁举行主题为“广西妇女理论研究会2014年工作总结与2015年工作计划”年会。会长王革冰、副会长唐秀玲与孙小迎、学术顾问刘旭金出席。50多人与会。会上，唐秀玲总结研究会2014年工作，一是推进先进性别文化进党校进高校活动，宣传男女平等基本国策；二是开展学术研讨活动，取得丰富科研成果；三是完成申报立项的社科联项目。针对2015年工作，唐秀玲提出以下计划，一是参与自治区社科联组织的各项活动，开展哲学社会科学研究。二是整合高校、科研机构师资力量和资源，深入开发第三期广西妇女社会地位调查数据，创造出学术成果。三是与中国人力资源开发研究会女性人才研究会合作，做好承办2015年“全国女性人才发展论坛”工作。四是重点建设妇女儿童合法权益的社会支持网络。五是深化男女平等基本国策宣传“进机关、进党校、进学校”活动。六是配合“北京+20”纪念活动，与中国妇女研究会合作开展“中国推动性别平等优秀案例选编”活动。12月23日，在南宁举行主题为“广西妇女与柬埔寨妇女工作就业情况”座谈会。自治区妇联领导、女企业家、城乡女能人、女性科技人才人员代表、研究会会员及柬埔寨妇女代表团等50人参加。柬埔寨妇女代表团团长金占伦女士介绍柬埔寨妇女工作情况。南宁市妇联主席重点介绍南宁市妇女工作就业状况和传授构建美丽家庭评选活动经验。

12月20~21日，广西妇女理论研究会在南宁举行主题为“家和万事兴 共筑中国梦”学术年会 （何 玲 供稿）

科普活动 3~9月，在南宁、贺州等地举行“在经济社会急剧变革时期如何认识与维护婚姻家庭的和谐”专题讲座。讲座先后开展5场，直接受益民众1687人，其中女性职工735人，女性学生917人，家庭式教育35户175人。间接受益民众覆盖广西妇联系统，贺州市、南宁市江南区、南宁市良庆区等多个区域近8350人。研究会会员苏雪军通过向妇女干部展现经济社会变革时期婚姻家庭的相关数据变化，以课堂互动、小组讨论与问答等形式，与妇女讲师团干部讨论如何帮助广大妇女维护妇女权益，促进家庭关系和谐发展。8月30日、9月19日，在南宁与自治区妇联联合主办“先进性别文化与大学生成长成才”专题报告会。900多人参会。王革冰会长从树立正确的世界观、人生观和价值观，做社会主义核心价值观的实践者；构建和谐的两性关系，帮助男性走下“神坛”；增强女性主体意识和群体意识，做“四自”新女性、先进性别文化的概念内涵、落后性别文化的影响、先进性别文化的作用等方面解读，讲述大学生如何在先进性别文化引导下树立正确的世界观、人生观、价值观、择业观和婚恋观。9月26日、11月24日，分别在南宁、北海举行“弘扬先进性别文化，贯彻男女平等基本国策”专题报告。600多人参加。11月10日，在自治区安监局举行“先进性别文化与和谐家庭建设”专题报告。自治区安监局领导班子成员、机关各处室干部职工及局属单位领导、妇女干部等100多人参加。王革冰阐述中国制定男女平等基本国策的由来和发展现状，解读马克思主义妇女观五个基本观点，并就如何建设和谐家庭提出对策和建议。11月27日，在广西中医药大学与自治区妇联联合主办“四自新女性，弘扬先进性别文化”专题报告。广西中医药大学领导、师生400多人参加。黄筱娜从自身成长成才经历谈人生体验、分享成功感悟，弘扬女性“四自”精神，为大学生尤其是女大学生的成长成才励志引航，共话“中国梦”。

科研成果　年内，完成国家社会科学基金课题1项，妇联委托撰写调研报告1项，完成社科联科普资助项目2项。据不完全统计，年内会员公开发表论文和调研报告20多篇。其中，《第三期广西妇女社会地位调查》书稿进入出版审稿阶段，《推进“先进性别文化”学科建设，积聚广西文化发展张力——“先进性别文化”学科建设在广西发展综述》等论文发表。承担《广西社科联志(1984~2013)》50多个条目撰写和10多个表格制作及多张历史照片的收集工作等。

【广西国际经济贸易学会】 2014年末有团体会员18个，个人会员32人。内设机构4个(教育培训部、国际交流部、法律服务部、企业服务部)，专职工作人员1人。现任领导机构是第六届理事会，有理事50人，其中常务理事11人。会长陆耀新，秘书长李亦芝。

5月9日，在南宁召开常务理事会议，会议由陆耀新会长主持。会议主要内容是总结2013年工作和研究部署2014年工作。会议增选广西经贸对外服务公司总经理梁曦为学会副秘书长。

年内，学会与贵港市职业教育中心协商国家改革发展示范校中等和高等职业教育协调发展特色项目建设和终期验收检查各项准备工作，并委托广西国际商务职业技术学院和广西工业职业技术学院共同完成。年内，学会参与政府课题研究服务采购招标，获2014年广西商务厅重大课题《构建广西—文莱经济走廊可行性初探》，并于12月31日结题。组织专家参与南宁市工业和信息化委员会3个课题研究。

年内，学会开展广西外经贸从业人员职业资格认证考证项目，与广西国际商务职业技术学院联合试点，并到广西民族大学商学院、南宁学院、柳州职业技术学院等院校洽谈合作意向。

年内，学会派员参加中国国际贸易学会举办的2014年学术年会及相关学术活动，参加自治区社科联开展的学术研讨会和其他学术活动。10月16~17日，会长陆耀新到玉林参加自治区社科联专家学术研讨会，围绕会议主题“践行社会主义核心价值观”作专题发言。11月18日，陆耀新会长参加在南宁举行的广西社会科学界专家“全面推进依法治国”学术交流会，发言观点在11月21日《广西日报》理论版刊登。11月28日，陆耀新会长在南宁参加广西社科联第五届学术年会。12月10日，在南宁参加广西第十三次社会科学优秀成果颁奖暨广西社科联成立30周年座谈会。

【广西老社会科学工作者协会】 2014年末有个人会员130人(其中具有高级专业技术职务资格78人，中级51人)。内设机构1个(办公室)，工作人员3人。现任领导机构是第四届理事会，有理事49人，其中常务理事34人。会长韦英生、莫珍英，秘书长蓝晨。

形势与任务教育　3月28日，在广西图书馆《八

3月28日，由广西图书馆主办、广西老社会科学工作者协会承办的“党的十八届三中全会精神解读讲座”在南宁举行　(蓝　晨　供稿)

桂讲坛》栏目举办党的十八届三中全会精神解读讲座，由广西区党校党史党建教研部主任、教授、协会副会长黄飚主讲，56名会员参加。7月12日，在广西图书馆《八桂讲坛》栏目举办当前经济形势和全面深化改革热点问题报告会。由广西社科院原副院长、研究员、协会副会长钟启泉主讲，会员及社会各界群众80多人参加。

科普活动 12月12日，在南宁举办“突破利益固化与全面深化改革”理论讨论会，30多名会员参加。讨论会围绕什么是利益固化，利益固化对深化改革的危害和如何突破利益固化藩篱等问题展开热烈讨论。与会者认为，改革的实质是利益关系的调整。我国30多年的改革，在成就伟大历史变迁的同时，逐步形成各类特殊的既得利益群体，使各类不合理的既得利益合法化，不断得到强化和固化。面对改革面临的矛盾和困难，勇于突破利益固化的藩篱，是我国改革进入深水区和攻坚期的新要求。冲破思想观念障碍，冲破利益固化的藩篱，首先要解放思想，面对当前一些单位部门固守既得利益，不思改革，不思进取，甚至对深化改革设置障碍。如不克服部门掣肘，跳出条条框框的限制，深化改革就无法取得突破。

9月23日，由广西老年学学会主办的“广西长寿之乡建设与发展”座谈会在南宁召开

（齐白鸽　供稿）

【广西老年学学会】 2014年末有团体会员5个，个人会员967人（其中具有高级专业技术职务资格169人，中级206人）。内设机构1个（办公室），工作人员5人。现任领导机构是第五届理事会，有理事71人，其中常务理事24人。会长邵博文，秘书长齐白鸽。

学术活动 6月，与广西大学公共管理学院社会问题研究所科研人员赴广西8个县（市）对长寿之乡的现状、存在问题进行调查分析，撰写调研报告并提出对策及发展思路。6~10月，与广西社科院社会学研究所科研人员，对广西14个设区市500多名老年人和30个社区居家养老服务发展现状进行调查，提出广西居家养老新途径、新思路。9月23日，在南宁召开“广西长寿之乡建设与发展”座谈会，中国老年学学会领导及广西各县（市）长寿之乡党政领导60多人参会。11月1~4日，学会领导邵博文、钟成林、齐白鸽参加中国老年学学会在上海召开的主题为“老年权益、尊严与责任”高峰论坛及全国老年学学会工作经验交流会，广西报送论文85篇，60人获优秀论文奖。学会获论文组织奖及第二届中国老年学学会工作创新奖。11月25~27日，在柳州召开“广西老年权益保障与社会责任”理论研讨会，收到论文108篇，评出优秀论文37篇，会上，分别对组织单位和论文作者颁奖。另将论文编辑成册，分送自治区党委、政府相关部门，为党委和政府应对人口老龄化问题提供科学依据。

科普活动 4月21日，与广西老科学技术工作者协会在崇左市驻南宁管理处举行“2014年《老年人权益保障法》和自我养生知识万里行宣传活动”启动仪式。活动组织法律和医疗专家到广西23个市、县作巡回报告，宣讲《老年人权益保障法》和自我养生科普知识。6~10月，参加中国老年学学会开展的“第七届中国十大寿星暨第五届中国十大百岁夫妻”排行榜活动，河池市117岁黄乜依和116岁罗乜昌百岁老人入选“中国十大寿星”排行榜，学会连续4年荣获“中国十大寿星”排行榜组织奖。

10月，会长邵博文，副会长张敢、钟成林，秘书长齐白鸽赴广西中医药大学看望慰问老专家、教授及生活困难退休职工，感谢他们在中医药领域作出的成绩和贡献。

年内，被自治区社科联评为2014年度工作成绩突出学会。

【广西行为科学学会】 2014年末有团体会员74个，个人会员997人。内设机构4个（行为科学培训中心、秘书处、信息资料服务部、学习型组织研究中心）；设创造行为、公共关系、医学行为、关心残疾人行为、教学行为、企业文化、法学行为、企业行为、旅游行为9个专业委员会及老年科学技术分会和玉林办事处等11个分

3月16日，广西行为科学学会与企业联合在南宁举办《PDP识人用人之道》培训班　　（刘承勇　供稿）

支机构。现任领导机构是第五届理事会，有理事152人，其中常务理事65人。会长兼秘书长何品荣。

学术活动　8月24~27日，全国行为科学联席会主办、辽宁省行为科学学会承办的“全国行为科学联席会2014年会暨第25届学术研讨会”在东北财经大学召开，学会常务理事、专业委员会主任高少波参会，并在会上参加论文交流。10月31日，学会副会长黄少雄主编的《难忘的知青岁月》出版座谈会在南宁举行。奉恒高、张文学等自治区老领导和专家学者、知青代表50多人参会。11月20日，召开学会第六届常务理事第六次会议，在邕会长、副会长及常务理事42人参加，会议总结2014年工作情况，商定2015年工作计划，同时对个别常务理事和副秘书长做相应调整。

科普活动　3月16日，学会与南宁市德睿企业管理顾问有限公司在南宁举办《PDP识人用人之道》培训班。美国PDP管理教练技术大陆区认证授权师、美国PDP领导力发展与绩效研究中心资深讲师及高级顾问许植应邀作主讲报告。广西华蓝设计集团有限公司、广西中烟工业有限责任公司、广西泓福物业有限责任公司、广西百色西江投资发展有限公司、广西正泓能源科技有限公司等人力资源部和中层管理人员50人参训。4月2日，学会副会长徐向东应邀对南宁绿港建设投资集团有限公司发展前景作战略规划和集团管控体系项目，内容包括集团产业选择、组织机构设置、工作流程、绩效考核薪酬管理等。10月21日，学会对贵港市妇联职工进行《战略与战略管理》培训，40多人参训。副会长徐向东主讲。10~11月，学会医学行为专业委员会副主任刘颖对南宁、百色、河池、崇左、贺州、贵港、玉林、梧州等市公安局民警进行心理健康活动巡回辅导，1000多名一线干警参训。12月4日，学会法学行为专业委员会主任黄平生等在南宁举行法制科普咨询活动，宣传法律维权活动，发放资料60多份。

【广西广播电影电视协会】　2014年末有团体会员136个。内设机构2个(秘书处、史志编辑室)，工作人员6人。现任领导机构是第六届理事会，有理事156人，其中常务理事47人。会长苏新生，秘书长郑永明。

1月20日，召开协会六届二次常务理事会，审议通过协会2013年度工作报告和2014年度工作计划、财务工作报告及理事、常务理事调整议案。依据协会《章程》吸收广西大学新闻传播学院、广西民族大学艺术学院、广西艺术学院艺术与传媒学院为团体会员。

成果评选　3~4月，协会组织开展2013年度广西广播电视奖作品评选，收到广西各级广播电视机构送评的新闻、社教、广播文艺、播音主持、外宣、广播电视报、论文、广播电视网站、县级广播电视台站及创新奖等9个类别作品共1453件，评出获奖作品854件，其中一等奖121件、二等奖289件、三等奖425件、创新奖19件。年内，出版《2013年度广西广播电视奖获奖作品选》，并将获奖作品音视频汇集，在广西广播电影电视局网站开辟广西广播电视奖优秀作品专题网页，供业内采编播人员学习借鉴。年内，协会承担2013年度广西新闻奖广播电视类作品评选工作，评出获广西新闻奖作品346件，其中一等奖58件、二等奖102件、三等奖188件。

刊物出版　年内，协会会同广西广播电视报社办好学术刊物《视听》，全年出版12期，刊发论文450篇，从中选出的优秀作品在第六届全国广播电视论文评选中《探析电视节目模板的法律保护与合理利用》《碎片化趋势下电视新闻的差异化诉求》分获二、三等奖。

业务培训　3~9月，协会派员分别到大化、南宁、防城港、贺州等市县为当地广播电视采编播人员作节目创优评优专题讲座，600多人参训。在岑溪、南宁、永福、柳州等地作广西广播电视奖评选总结会，邀请承办单位的采编播人员参会，把总结会办成业务培训课。

网站建设　12月31日，协会在自治区新闻出版广电局网站开设“广电协会”专属网页，容纳协会工作主要方面和“获奖精品赏析”“服务信箱”等，并链接中广协会和兄弟省市协会。年内，协会被评为“2014年

度自治区社科联系统舆情工作成绩突出单位”。

史志编纂　年内,完成近1000千字《广西通志·广播电影电视志》(第二部)初稿,提交专家初审。为《中国广播电视年鉴·2014》提供9个栏目文字和图片,完成《广西年鉴·2014》广播电视部分9个项目供稿和2013年《广西广播电影电视大事记》。

11月8日,由广西社会学学会主办的“广西社会学学科建设研讨会”在南宁召开。图为与会代表合影留念　（魏万青　供稿）

【广西供销社会计学会】 2014年末有团体会员102个(其中具有高级专业技术职务资格7人),工作人员2人。现任领导机构是第六届理事会,有理事34人,其中常务理事11人。会长吴显振,秘书长蓝雄勋。

8月6~8日,学会在桂林举办直属院校事业单位财务管理培训班,20人参加,主要培训内容有事业单位新财务制度、会计准则和预算编制知识等。9月28~30日,学会在桂林召开会计学会常务理事会暨新网工程资金管理培训班,广西各市供销社财会科长、负责项目申报的工作人员及学会理事40人参训,对做好2014年中央新网工程资金申报、管好用好财政专项资金进行学习和研讨。12月22~23日,学会在桂林举办新网工程暨财会人员后续教育培训班,自治区国税局副处长徐刚、厦门大学教授游相华授课,讲授营业税改增值税法规、企业内部控制以及项目申报知识,学会理事及各市、县供销社财会科长120人参训。

年内,学会收集汇总《2013~2014年广西供销社财务规章制度选编》;编印内刊《广西供销社会计》4期,刊发各类文章75篇。全年正常印刷供应系统使用的各种会计账证报表。

【广西社会学学会】 2014年末有团体会员8个,个人会员127人。内设机构1个(秘书处),工作人员1人。现任领导机构是第六届理事会,有理事44人,其中常务理事23人。名誉会长邓壬富,秘书长闭伟宁。

学术活动　11月8日,学会在广西师范学院召开年度大会暨广西社会学学科建设研讨会,中央民族大学及南京大学的专家学者参会。收到论文18篇。

课题研究　年内,学会承担中国综合社会调查(CGSS)广西区调查;2014年中国综合社会调查老年问题调查广西区调查;社会组织承接公共服务的问责机制研究、当代大学生马克思主义民族观教育研究等课题项获得国家社科基金立项;农地城市流转中失地农民多维福利变化及可行性能力构建研究课题获得国家自然科学基金项目立项;学会成员主持或参与的国家部委课题及其他各级各类横向科研项目60余项。

研究成果　年内,会员在各级各类学术期刊上发表论文近90篇,6篇论文被人大复印资料、中国社会科学文摘等刊物转载。

【广西东南亚研究会】 2014年末有团体会员46个,个人会员305人(其中具有高级专业技术职务资格112人,中级155人)。现任领导机构是第七届理事会,有理事35人,其中常务理事15人。工作人员5人。会长古小松,秘书长农立夫。

5月4日,由广西社会科学院主办、广西东南亚研究会承办的“纪念奠边府战役胜利60周年研讨会”在南宁举行。图为部分与会代表合影留念　（农立夫　供稿）

学术活动　4月14日，邀请菲律宾大学人民权益中心政治研究室主任、内部政策研究室分析师罗慕洛(Romulo M. Tuazon)教授，就“中菲关系”进行为期1天的讲学。5月4日，广西社会科学院主办，研究会和广西社会科学院东南亚研究所承办的“纪念奠边府战役胜利60周年研讨会”在南宁举行。广西社会科学院副院长黄志勇主持，广西社会科学院院长吕余生和越南驻南宁总领事馆潘辉明领事分别代表中方和越方致辞。越南驻南宁总领事馆、广西社会科学院、广西大学中国—东盟研究院、广西民族大学东盟学院、广西东南亚研究中心等单位专家学者参会。北京大学梁志明教授寄来书面发言材料，广西社会科学院原副院长黄铮、广西社会科学院东南亚研究所原副所长周中坚、副研究员农立夫、研究员孙小迎等专家学者在会上发言。中国新华社、《人民日报》、中央人民广播电台、中央电视台驻广西记者站记者、《广西日报》、广西人民广播电台、广西电视台、越南通讯社、越南之声广播电台、越南电视台驻北京记者站记者到会报道。会后，广西社会科学院将研讨会活动内容书面汇报自治区党委宣传部，宣传部上报中宣部，受到习近平总书记高度评价，批示原件留存中宣部。9月12~13日，研究会研究人员参与由中国社会科学院、自治区政府主办，广西国际博览事务局、广西社会科学院、广西北部湾发展研究院共同承办的第十一届中国—东盟博览会系列论坛之一的“第七届中国—东盟智库战略对话论坛暨首届中国—新加坡经济走廊智库峰会”组织策划工作。论坛主题是“共建‘21世纪海上丝绸之路’”，通过“共建‘21世纪海上丝绸之路’，共建中国—新加坡经济走廊”“共同打造中国—东盟自贸区升级版”3个主要议题，使东盟10国及其他国家专家学者对“海上丝绸之路”有更多理解，携手共建“21世纪海上丝绸之路”蓝图，体现广西在“21世纪海上丝绸之路”中的战略地位与作用。11月中旬，农立夫和广西社会科学院民族研究所原所长、研究员赵明龙应邀前往缅甸参加缅甸东枝大学举办的壮泰族群文化研讨会和掸族新年庆典，受到缅甸副总统赛茂康的接见。年内，接待来自越南、老挝、柬埔寨、泰国、缅甸等东盟国家的访问学者和学术代表团。

科研成果　年内，会员出版著作《越南国情报告·2014》《中国—东盟年鉴·2013》等2部，其中《中国—东盟年鉴·2013》获全国年鉴评比特等奖；在《广西日报》《东南亚纵横》等公开报刊上发表论文多篇。

【广西商业经济学会】 2014年末有团体会员130个，个体会员142人(其中具有高级专业技术职务资格40人)。内设机构1个(秘书处)，工作人员4人。领导机构是第七届理事会，其中常务理事40人。会长夏飞，副会长兼秘书长刘宁杰。

学术活动　年内，举办各种学术活动15次，其中全国性学术活动3次，1000多人(次)参加，收到论文200多篇。6月20~22日，与广西财经学院主办、管理科学与工程学院承办在南宁举行的“Grow行动——2014BIM时代全国高校建筑专业实践教学交流会”。广联达有限公司教育事业部西部大区经理谢军及广西建设职业技术学院、南宁职业技术学院、广西机电职业技术学院、南宁学院、柳州城市建设职业技术学院、广西城市建设学校、广西理工学校等20多所高校80多位教师参会。7月5~6日，与高等教育出版社、广西财经学院主办，工商管理学院承办的2014《市场调研》课程高级研修班在南宁举行。云南财经大学、湖北经济学院、广西大学、桂林电子科技大学、南宁学院等广西区内外20多所高校100多位专家学者参加。10月18日，与高等教育出版社、广西财经学院主办，学会与工商管理学院承办的2014《哈佛案例教学的本土化应用》高级研修班在南宁举行。广东外语外贸大学、广东工业大学、湖北经济学院、广西大学、桂林理工大学等广西区内外30多所高校100多位专家学者参加。11月14~16日，与广西财经学院主办、经济与贸易学院和商务外国语学院联合承办的第四届中国—东盟国际化商务人才培养模式创新与实践研讨会在南宁举行。广西科技大学、桂林电子科技大学、广西师范学院、广西财经学院、广西国际商务职业技术学院等20多所高校的专家学者，以及广西商务厅、新华网等政府部门和企

10月18日，中山大学王海忠教授应邀到广西财经学院作“哈佛案例教学的本土化应用”专题讲座　（刘宁杰　供稿）

业家代表共120多人参会。与会者就“一带一路”建设背景下推进中国—东盟国际化商务人才培养模式的创新与发展等问题进行交流与探讨。

科普活动　年内，举办各种科普活动12次，1000多人（次）参加，展出展板60多块，发放宣传资料2500多份，接受群众咨询近1万人（次）；举办科普讲座（或培训班）10多次，近1万人（次）参加；开展科普下乡活动10多次，赠送书籍1000多册。7月15~18日，与广西财经学院联合主办的科普活动在南宁市上林县大丰镇、明亮镇举行。主题为农业电子商务的应用与发展。广西财经学院、全州县农业局、全州县农办等单位参加。内容涉及农业电子商务、农产品流通、消费维权等。展出展板20多块，发放宣传资料600多份，现场接受群众咨询500多人（次）。

科研成果　年内，资助会员开展课题调研35次，形成调研报告35篇。出版著作20部，完成调研报告60多篇，发表论文300多篇。获广西第十三次社会科学优秀成果奖一等奖1项、二等奖8项、三等奖10多项。年内，学会社会科学研究优秀成果奖评选收到参评成果300多项，评出获奖优秀成果184项，其中一等奖40项、二等奖64项、三等奖80项。

会员单位管理与服务　年内，指导成立柳州市商业经济学会、桂林市商业经济学会、梧州市商业经济学会等3个设区市学会。

【广西壮学学会】　2014年末有团体会员9个，个人会员500多人（其中具有高级专业技术职务资格230人，中级140人）。内设机构1个（秘书处），工作人员7人。内设壮族史、壮族文化艺术、壮族文学、壮族语言文字、壮族哲学与宗教信仰、壮医壮药、经济与旅游、国际学术交流与壮学论坛、文化传播、壮欢、影视网络传媒、民族考古、投资运营等14个专业委员会，每个委员会设2~3名主任委员。现任领导机构是第三届理事会，有理事80人，其中常务理事23人。会长覃彩銮，秘书长刘建平。

学术活动　4月6~8日，由学会与百色市人民政府主办，田阳县委、县人民政府承办的“2014年百色市布洛陀民俗文化旅游节”在田阳县举行；期间，召开布洛陀麽经文化座谈交流会，广西、云南、贵州三省（区）的壮族、布依族、仫佬族、水族、毛南族、侗族等38名民间艺人与10名壮学专家参会，就各民族的麽经文化进行研讨与交流。11月5~7日，中国西南民族研究学会、广西壮族自治区民委主办，广西民族问题研究中心承办的“中国西南民族研究学会第17次会员代表大会暨学术研讨会”在南宁召开，学会围绕“壮族研究与壮学的建立”主题，组织10多篇专题论文参会。论文主要论述新中国成立后特别是20世纪90年代以来壮学研究与壮学体系的构建问题。与会者认为，壮族研究是广西的优势和特色，发展壮学研究是建设文化广西、建设民族文化强区的重要基础，中国壮学繁荣发展之根在广西。

课题研究　6月，副会长覃德清教授申报《壮族非物质文化遗产的诗性传统与文化建设的整合研究》，副秘书长黄家信教授申报《明代以降广西民族人口比例逆转研究(1368~1953)》，理事陈丽琴教授申报《教育人类学视野下的京族民间文化传承研究》获国家社科基金一般项目立项；理事袁丽红副研究员申报《南岭走廊的民族交往与构建和谐民族关系研究》获国家社科基金西部项目立项。11月，学会申报国家社科基金特别重大委托项目获立项6项，主持人均为学会顾问和领导。

科研成果　年内，据不完全统计，会员出版《广西民族地区发展报告·2013》《中华民族史记》《石上红莲——广西彝王寨的巨变》《壮族地区生态文明建设研究——基于民族生态学的视角》等著作10多部；在《国外社会科学》《广西民族研究》《广西民族大学学报》《广西日报》等报刊和论文集发表论文30多篇，撰写研究报告10余篇；获广西第十三次社会科学优秀成果奖一等奖2项、二等奖2项、三等奖4项。

【广西纪检监察学会】　2014年末有团体会员12个，个人会员321人（其中具有高级专业技术职务资格26人，

12月16日，广西纪检监察学会在南宁举办“地方党委落实党风廉政建设主体责任的现状、存在问题和对策建议”理论研讨会　（梁汉弟　供稿）

中级29人)。内设机构1个(秘书处),有专职人员3人。现任领导机构是第五届理事会,有理事48人,其中常务理事17人。会长何开长,副会长兼秘书长常弼宇。

学会建设 年内,筹备广西监察学会第5次会员代表大会。成立学会换届筹备工作领导小组,领导小组下设办公室。领导小组先后2次召开筹备工作会议,研究拟定理事、常务理事和学会领导成员候选人;办公室组织草拟第四届理事会工作报告和领导讲话、修改学会章程。10月,完成学会换届选举,并将广西监察学会更名为广西纪检监察学会。协调指导成立地级市纪检监察学会。建立和完善学会内部各项制度。

学术活动 年内,组织会员参加"广西社科联第七届第一次代表大会""2014年广西第二次社科专家学者学术交流会""第五届广西社会科学界学术年会"。年内,撰写论文《当好学会秘书长的几点思考》参加民政部民间组织服务中心、中国社会组织杂志社共同开展的征文活动;推荐《浅谈"村官"腐败现象产生的根源与治理》等4篇论文参加"第五届广西社会科学界学术年会";撰写、推荐《柳州市构建扶贫资金监管长效机制》等3篇论文,参加广西社科联与广西扶贫办共同举办的"第十六届广西发展论坛"征文活动。选送研究法规室撰写的论文《法治思维和法治方式视阈下的反腐败研究》参加中国监察学会中南学联组2014年理论研讨会,并在会上作学术交流发言;推荐《如何运用法治思维和法治方式反对腐败》等6篇论文,分别参加中国监察学会2014年优秀论文评选,中国纪检监察杂志社、中央纪委监察部廉政理论研究中心开展的征文活动。年内,在南宁举办"地方党委落实党风廉政建设主体责任的现状、存在问题和对策建议"理论研讨会。广西各市纪委监察局,南宁铁路局纪委监察处领导、分支机构、单位会员负责人、获奖论文作者代表46人参会。会议收到论文120多篇,评出一等奖5篇、二等奖10篇、三等奖15篇、优秀奖22篇。学会建设分会举办理论研讨征文活动,收到论文46篇,评出一等奖3篇、二等奖10篇、三等奖12篇、优秀奖17篇。年内,将理论研讨会上获奖的52篇论文编印成册,呈报中国监察学会,分发给各省级监察学会及广西各市纪委监察局和获奖论文作者;编印会刊4期,编入各单位会员领导讲话、理论研究文章10多篇,编发信息80多条。按时完成《广西社会科学年鉴》《广西社科联志(1984~2013)》组稿工作;开展《广西监察学会(1992~2013年)》编撰工作;参加广西社科联成立30周年纪念活动;报送文章活动信息至《社会科学论丛》《广西社科联通讯》《广西社科联网站》。

科普活动 年内,联合南宁市监察学会在武鸣开展社科知识进村进社区活动,赠送科普书籍950册,价值1.1万多元。组织开展医疗卫生知识讲座,请广西中医药大学教授、瑞康医院治未病中心主任黄彬主讲,为村民义诊,捐赠价值4000多元办公设备。

【广西比较经济学学会】 2014年末有团体会员51个,个人会员320人(其中具有高级专业技术职务资格60人)。内设机构4个(办公室、学术部、外联部、财务部),工作人员3人。现任领导机构是第三届理事会,有理事110人,其中常务理事29人。会长林卓群,秘书长黄山。

11月15日,在南宁召开"广西比较经济学学会成立20周年学科、学术发展研讨会"。自治区老领导林超群、奉恒高及来自广西大专院校、社会团体的专家学者和企业家代表等40多人参会。会上,通过图片资料演播方式,全面总结和展示20年来学会各个时期的重大活动情况及学会在学科、学术发展方面取得的成果。

学术交流 2月25日,林卓群应邀到中国人民网广西频道讲授《企业和谐管理》;6月8日,林卓群在广西经济发展战略研究会,运用比较经济理论原理向青年企业家讲授企业管理和市场营销课程。11月20日,林卓群在广西财经学院作题为"创新思维　打造品牌"学术报告,学院师生260多人参加。年内,协助会员单位及有关部门接待来自美国、澳大利亚、越南、缅甸、柬埔寨等国家和中国香港、台湾地区的客商13人(次);接待来自北京、内蒙古、贵州、云南、广东、福建等地的客商15人(次)。协助洽谈项目3个:5月,协助南宁远路贸易有限公司承接广西农业升级的火龙果项目,协调南宁市江南区农业部门为该项目联系育苗基地及扶持资金,并在江南区江西镇落实开发150亩土

11月15日,"广西比较经济学学会成立20周年学科、学术发展研讨会"在南宁召开。图为与会代表合影留念　(黄　山　供稿)

地作为优质耐寒火龙果苗繁育基地。二期项目用地600亩正在落实中。至12月,该项目累计投入资金700多万元;7月,为南宁远路贸易有限公司在崇左市扶绥县“广西中国—东盟青年产业园”开设“扶绥剑麻床垫深加工生产项目”,协助解决落实项目用地指标,已有50亩落实到位;10月,参与南宁远路贸易有限公司与南宁市祥津养殖有限公司洽谈合作开发“大鲵(娃娃鱼)良种场合作项目”的洽谈与协调工作,促成合作协议签订。该项目现存栏养殖大鲵1万多条,第一次实现大鲵在广西人工育种繁殖成功。

11月8日,由广西生产力促进会主办的“广西水库移民信贷扶持政策问题”研讨会在南宁召开 (梁华腾 供稿)

课题研究与成果 年内,学会组织专家分别承担自治区重点课题《中国—东盟经贸信息平台与支撑机制创新研究》、广西社科重点课题《深化国有企业管理体制机制改革研究》、南宁市重点课题《南宁市加快生产性服务业发展思路及政策措施研究》3项课题研究工作。年内,完成《广西社科联志(1984~2013)》条目撰稿任务。11月28日,参加自治区社科联在南宁举办的“第五届广西社会科学界学术年会”学术活动,提交学术论文1篇,被评为优秀论文。年内,学会会员发表论文4篇,出版学术著作《红木》。

咨询服务 年内,组织专家到南宁化工集团有限公司、广西五星化工有限公司、南方食品集团有限公司、柳州顺驰汽车配件有限公司、南宁昌奥商贸有限公司、广西南宁海玖商贸有限公司、广西富乐华房地产开发有限公司等企业开展调研活动,并为单位会员提供咨询、维权服务。

【广西生产力促进会】 2014年末有团体会员29个。内设机构3个(秘书处、财务处、驻北京联络处),工作人员6人。现任领导机构是第七届理事会,有理事37人,其中常务理事9人。会长梁华腾,秘书长韦广平。

11月8日,促进会在南宁组织广西区内专家学者就“广西水库移民信贷扶持政策问题”召开学术研讨会。自治区党委政策研究室、自治区政府发展研究中心、自治区发改委、自治区财政厅、自治区水库移民局、广西农村信用合作联社和部分市水库移民局专家学者12人参会。11月6~16日,促进会组织部分专家学者与自治区水库移民局业务处负责人到自治区水库移民局及河池、来宾等市就“广西水库移民信贷扶持政策问题”开展调研活动,与移民村民和县水库移民局干部召开5次座谈会,共100多人参加。

年内,促进会会员承担自治区人大法制工作委员会课题《广西湿地保护对策研究》,自治区发改委课题《实施“一带一路”战略广西骨干工程研究》《广西糖业循环经济发展提质塘效途径研究》,自治区工信委课题《广西工业对出口依存度研究》《广西工业富民战略研究》《利用与粤港澳合作契机推进广西产业转型升级问题研究》《广西工业与就业的关联度研究》《2013年广西工业和信息发展蓝皮书》《加快广西实体经济发展壮大的财政政策研究》《广西跨省经营集团企业税源建设研究》,广西电网公司课题《广西铝工业用电需求和企业自备电厂管理的研究》,自治区水库移民工作管理局课题《水库移民信贷扶持政策课题研究》,广西统计学会课题《广西第三次全国经济普查研究》,广西科技信息网络中心课题《广西知识产权战略实施评估报告材料收集与数据处理》,广西中医药大学课题《广西海洋生物制药产业快速和可持续发展研究》,桂林市发改委课题《桂林市“十三五”经济社会发展动力及转型基本路径研究》《桂林市“十三五”创新驱动的战略重点与创新型城市建设研究》,玉林市玉州区发改委课题《“十三五”玉州区经济社会发展重大研究专题研究》等。

【广西研究生联合开发促进会】 2014年末有团体会员12个,个人会员58人。内设机构2个(秘书处、财务部),工作人员4人。现任领导机构是第四届理事会,有理事10人,其中常务理事3人。会长刘耀宁,秘书长董明。

学术活动 12月19日,在南宁举办“广西研究生联合开发促进会2014年学术年会”,促进会会员、广西大学、广西民族大学等单位代表32人参会。会议围绕

12月19日，广西研究生联合开发促进会2014年学术年会在南宁举行

（董　明　供稿）

人学书院之理念及其筹建，思维科学之变革，官产学研互动之瓶颈及其突破等问题进行讨论交流。年内，促进会举办6场主题为“科级企业孵化器创立”专题培训会，培训单位分别是玉林市政府、柳州市柳南区政府等6家单位，近450人参训。主办“关于‘产、学、研’和组织发展的有效结合”“关于‘产、学、研’的运作与发展”“企业进入资本市场挂牌和上市的优势”等主题沙龙5期。

科研成果　年内，促进会完成《广西工程技术研究中心管理条例》《编制2013年广西工程技术研究中心工作报告》；受自治区科技厅高新技术发展与产业化处委托，促进会会长刘耀宁及副秘书长韦小华组织专家团队，开展“2013年广西科技企业孵化器发展”课题调研，并完成《2013年广西科技企业孵化器发展调研报告》。8月~10月，通过对桂林、柳州、梧州等14个设区市进行考察服务，对50家广西科技企业孵化器进行实地调研，研究广西科技企业孵化器发展中存在的问题及建设发展的新形式，为下一步广西科技企业孵化器的建设、升级做好基础工作。年内，促进会会员发表学术论文29篇。

【广西数量经济学会】 2014年末有个人会员86人。内设机构1个(秘书处)，工作人员6人。现任领导机构是第四届理事会，有理事86人，其中常务理事36人。会长陈洁莲，秘书长姚华。

科研工作与成果　年内，会员主持或参加合作研究课题17项，完成课题报告160.9万字。承担的课题研究主要有：《桂港中医药壮瑶医药合作战略研究》《经济周期，周期调控和反周期调控》《2014~2015年广西经济形势分析与预测》《“十三五”广西实施创新驱动战略研究》《2015~2020年广西固定资产投资规模研究》《广西政府融资平台企业可持续发展研究》《广西整村推进扶贫开发研究》《广西农业转移人口市民化研究》《南宁市“十三五”经济社会发展指标体系研究》《南宁市优化投资结构、提高投资效益研究》《南宁市社会办医发展与改革研究》《南宁市社会办学发展与改革研究》《广西北部湾经济区经济运行分析报告》《2014~2015年广西医药卫生行业人才开发目录》《自备电厂接入电网带来的影响分析》《广西资源及园区经济与电力协同发展规划研究》等。学会牵头承担的课题《广西医药卫生人才中长期发展规划(2013~2020年)研究》，其成果提出的医药卫生人才发展的主要任务和重大计划，以及创新和完善人才发展机制与制度的措施、构建人才服务与发展的平台等内容，被《广西医药卫生人才中长期发展规划(2013~2020年)》采用，为制订规划提供支撑。

年内，会员发表论文8篇，主要有：《2014年上半年广西经济运行情况分析及下半年经济工作对策建议》《新常态下广西经济保持平稳持续健康发展的对策建议》《理性研判经济形势　献策助推广西经济发展——2013年广西经济形势研讨会综述》《2013年广西和全国经济形势分析》《稳中求进，改革创新——当前货币政策和金融政策》《对当前经济工作总基础的认识兼谈2013年我国货币政策及金融政策》等。

编纂出版　年内，编辑出版《广西蓝皮书：广西经济形势分析与预测·2014》。

【广西市场经济研究会】 2014年末有团体会员66个，个人会员420人(其中具有高级专业技术职务资格186人，中级166人)。内设机构8个(办公室、理论部、培训部、咨询服务部、法律服务部、综合发展部、东盟经贸发展部、非公经济发展研究中心)，工作人员27人(专职3人，兼职24人)。现任领导机构是第四届理事会，有理事175人，其中常务理事58人。会长张敦，秘书长赵禹骅。

工作动态　1月15日，在南宁召开“第四次会员代表大会”。听取并审议研究会第三届理事会工作报告、研究会第三届常务理事会财务情况报告和新修订的《广西市场经济研究会章程》；推荐和选举第四届理事会成员及领导机构。到会代表156名。经大会选举，张敦再次当选为研究会会长。2月20日，在南宁召开第一次常务理事会，贯彻落实自治区社科联第七次代表大会精神，商议2014年上半年工作安排，21人与会。

12月20日，由广西市场经济研究会主办的“推进协商民主广泛多层制度化发展”理论研讨会在宜州召开　（聂观石　供稿）

3月10日，在南宁召开第二次常务理事会，研究2014年科研工作方向、内容、范围及重点课题，16人与会。3月19日，在南宁召开第三次常委理事会，22人与会，会议深入讨论了有关工作及理论研究问题。12月20日，在宜州召开2014年理事会，研究会会长张敦教授作2014年研究会工作报告，并提出2015年工作初步设想，供会议讨论，108人与会。

学术活动　6月3日，在南宁召开“新型城镇化与新时期扶贫开发理论研讨会”，52人与会。10月29日，在南宁召开“以文化和科技融合促进产城融合理论研讨会”，42人参会。完成2014年自治区社科联学会部资助项目。12月20日，在宜州召开“推进协商民主广泛多层制度化发展”理论研讨会，128人与会。收到论文318篇，评出一等奖20篇、二等奖50篇、三等奖78篇、佳作奖117篇。

科普活动　9月18日，在南宁举办“把广西打造成为西南中南地区开放发展的新的战略支点”专题讲座。该讲座为2014年自治区社科联科普资助项目——“全面深化改革，实现‘两个建成’”十家谈之一。广西市场经济研究会副会长张家寿教授主讲，126人聆听。

【广西抗战文化研究会】　2014年末有个人会员143人（其中具有高级专业技术职务资格73人，中级41人）。内设机构2个（秘书处、财务处），工作人员4人。现任领导机构是第五届理事会，有理事29人，其中常务理事16人。会长李建平，副会长兼秘书长王建平。

学术活动　年内，举办4次学术研讨会和座谈会。3月21日，与广西社会科学院文化所联合举办“丘振声学术思想研讨会”，来自高校、研究机构等部门22人参会。7月24日，与广西社会科学院文化所联合主办“《广西抗战文化研究丛书》编撰出版学术研讨会”，南宁、桂林、柳州、广西区直机关、科研院所和高等院校专家学者26人参会。7月24日，召开“西部地区抗战遗址调查与抗战精神传承学术研讨会”，25名专家参会。9月3日，与广西社会科学院联合召开“中国人民抗日战争胜利纪念日(2014)座谈会”，广西社会科学院副院长黄志勇出席并讲话，李建平、王建平、覃振锋作主题发言，28名专家参会。

科普活动　年内，举办图片展3次，举办讲座和授课4次。9月2日，举办“西部地区抗战遗址调查工作汇报图片展”，在广西社会科学院橱窗展出考察图片36幅，参观人员300多人（次）；与八路军桂林办事处纪念馆共同举办“奋发图强　共圆中国梦”展览，宣传、学习党的十八大精神，并将展览送进社区、单位、学校巡回展出，1200多人（次）参观；与桂林市民委和八路军桂林办事处纪念馆联合举办“民族团结，共同抗战——广西各民族人民共同抗战图片展”，宣传抗战时期广西各民族群众抗日精神，2100人（次）参观。

7月24日，由广西抗战文化研究会主办的“西部地区抗战遗址调查与抗战精神传承学术研讨会”在南宁召开　（陆　璎　摄）

课题成果　年内，会员出版著作 5 部，发表论文 6 篇。开展 2014 年度国家社科基金西部项目《中国西部地区抗战遗址调查与保护研究》研究，参与 2013 年度国家社科基金课题《唐宋寓桂文人对桂林地域文化的影响与传播研究》(13BZW071)，开展 2014 年广西文化精品项目《广西抗战文化研究丛书》研究。10 月，主办《抗战文化研究》第 8 辑(2014 年版)年刊，汇集论文 32 篇，共 350 千字。

年内，在中宣部首次举办的全国文化名家评选活动中，研究会理事万忆获“全国文化名家”称号。副会长唐凌担任桂林历史文化研究院院长，获科研经费 40 万元。编印内刊《广西抗战文化研究会会刊》1 期，召开理事会 1 次。

【广西新四军历史研究会】 2014 年末有个人会员 167 人(其中具有高级专业技术职务资格 3 人)。内设机构 3 个(办公室、编辑部、学术委员会)。现任领导机构是第四届理事会，有理事 30 人，其中常务理事 12 人。会长区济文，常务副会长兼秘书长马忠桂。

年内，召开常务理事会 11 次，研究部署工作；加强对外交流，派员参加中国新四军历史研究会召开的学术研讨会；培训刊物通讯员 3 次；完成《广西社科联志(1984~2013)》材料撰写，向自治区民政厅报送社会组织登记数据材料。年内，编写出版史料书籍《广西青年抗战回忆录》《在伟大的时代里》《抗战中的广西女兵》3 部。编印会刊《铁军风采》4 期，近 180 千字。

【广西卫生经济卫生统计学会】 2014 年末有团体会员 70 个。内设机构 1 个(办公室)。现任领导机构是第五届理事会，有理事 97 人，其中常务理事 29 人。会长黄高明，常务副会长兼秘书长倪建。

学术活动　年内，学会召开常务理事会议 6 次，参加自治区社科联七届二次全委暨自治区社科联工作会议、参加自治区民间组织管理局举办的“2014 年广西社会组织评估培训班”。理事会主要内容是年初对 2013 年工作进行总结和讨论 2014 年的工作计划；讨论并确定推荐参加中国卫生经济学会第 17 次学术研讨会、中南六省(区)第 28 次学术研讨会的论文名单；讨论及确定第二届“健康杯”筹备分工、经费预算等事宜。组织并推荐专业人员参加高层次学术研讨会、报告会 3 次。12 月 10~13 日，会长黄高明、秘书长倪建率队 20 人赴北京参加“中国卫生经济学会第 17 次学术年会”并发言，推荐 10 篇论文，2 篇被收入年会论文集；9 月 24~26 日，组织人员赴海南三亚参加“中南六省(区)第 28 次卫生经济学术研讨会”，选送 13 篇论文被收入研讨会论文集。11 月 27~29 日，派专家参加国家卫生计生委在陕西西安举行的“2014 年全国卫生总费用及政府卫生投入监测研讨会”等。学会各专业专家多次受邀参加广西区内外各种学术会议，并作专题发言。

课题研究　年内，会员完成自治区发改委、财政厅、卫生计生委的《“十三五”广西深化医药卫生体制改革问题研究》《广西社区卫生服务管理模式的评价研究》《广西城市社区卫生服务机构全科医师岗位培训情况调查与分析》《政府卫生投入与医药费用变动的关联效应研究》《2013 年广西卫生总费用测算研究》《广西实施国家基本公共卫生服务规范项目的效果评价》《广西基本药物制度实施的效果评价》及北海市发改委委托的《北海市城乡大病保险筹资标准等主要数据测算》等 8 项课题研究。协助完成《广西人文医学发展报告蓝皮书》编撰工作。

年内，学会会员发表论文 25 篇。

【广西工商行政管理学会】 2014 年末有团体会员 91 个。内设机构 2 个(秘书处、《广西工商》编辑部)，工作人员 7 人。现任领导机构是第五届理事会，有理事 80 人，其中常务理事 22 人。会长易安辉，副会长兼秘书长何云翔。

学会活动　年内，以全面开展商事登记改革、职能划转以及“美丽广西·清洁乡村·净化市场”“六治六保”等活动为契机，结合工商工作实践，开展理论研讨活动。围绕“五大职能”、商事登记改革和职能划转进行

12月23日，由广西工商行政管理学会主办的广西工商系统写作培训班在南宁举行

(黄仁琰　供稿)

专题调研活动。各地工商干部撰写12300多篇调研文章,部分文章被《广西工商》选登。会同市场处开展“网络市场监管”征文活动,各级工商干部撰写调研文章近200篇,其中12篇报送中国工商学会。会同柳州市工商学会和北海市工商学会举办“理论骨干培训班”,副会长兼秘书长何云翔,常务副秘书长黄仁琰给培训班授课。

学会建设　年内,强化各级工商学会组织建设和制度建设。学会领导多次深入基层调查研究,听取各级学会加强学会建设意见和建议,积极与市、县工商局领导沟通,协调解决基层学会机构建设、人员配备、经费保障等问题。重视和支持基层学会开展理论调研和理论骨干培训工作。年内,学会先后指导和帮助桂林市、柳州市、北海市、崇左市在全市范围内开展专题理论研讨活动,协调做好优秀论文评审工作。组织部分市级学会理论骨干参加中国工商学会的理论骨干培训班、新闻撰稿人培训班和高层论坛;举办一期广西工商学会秘书长、理论骨干培训班,聘请有关专家授课。协助召开《广西工商》改版研讨会,提出《改版方案》并获局党组批准实施。

学术活动　年内,向广西工商系统征集理论研究课题;承接广西统计学会《广西个体工商户地域和行业分布特点研究》。

其他工作　10月,进行学会换届选举,产生了新一届学会理事会。年内,做好《中国工商管理研究》发行工作。广西工商学会获发行集体二等奖,获个人一等奖1人、二等奖1人、三等奖2人。参加自治区社科联和中国工商学会组织的各种活动。协助相关处室工作,参与广西工商行政管理局工商文化建设。筹备成立广西工商书画协会和广西工商摄影协会。

年内出版《广西工商》杂志6期,刊发文章近300篇,近600千字。

【广西社会心理学会】 2014年末有团体会员12个,个人会员660人(其中具有高级专业技术职务资格36人,中级120人)。内设机构3个(学术科普部、社会服务部、秘书处),工作人员7人。现任领导机构是第三届理事会,有理事42人,其中常务委员11人。会长吴中任,秘书长曹钧盛。

学术活动　1月11日,在广西医科大学召开学术年会,63人到会,主题是:发挥学会优势,服务和谐广西。会上,吴中任作“警察心理的调查与研究”专题讲座;柳州启航中心吴昕介绍公益服务活动项目及取得的成果,蒋宗顺介绍柳州市第二妇幼保健院开展医护心理健康教育工作成效,韦海花介绍社会工作发展中心成立过程及工作经验,田小芬介绍曙光心理中心在团体心理辅导工作方面经验,龙冰冰介绍教育培训与科学中心工作成果,苏朝丹介绍家庭亲子教育中心工作,苏雪军代表绿荫中心介绍在妇女心理健康维护上的公益项目成果,赵勇军介绍青少年注意力训练中心工作等。

科普活动　年内,举办科普宣传活动5次,受惠人群600多人(次)。5月,学会代表自治区社科联,参加在广西科技馆举行的2014年全国科技活动周。活动中,学会展出的脑波训练仪、儿童注意力训练小机器人。自治区副主席黄日波在启动仪式上宣布活动开幕后,与展台专家交谈,了解心理学在社会人群中的运用情况,并肯定学会工作。10月,学会组织专家、会员,在南宁和贵港举办主题为“关注心理健康,培育核心价值观”的社科广场科普活动,为市民和中小学生进行心理咨询。在南宁市金花茶公园开展“关爱老年人,营造和谐家庭、和谐社区”宣讲活动。12月5日,在南湖公园开展“关注心理健康,快乐先行—南湖公园健步走”科普活动。年内,学会专家深入广西各高校、中小学、电力系统、烟草系统、公安司法系统、武警部队、医疗卫生系统等部门,开展心理健康宣传讲座和培训,全年累计讲座和培训60次,1万多人(次)参加。

社区帮教　年内,学会继续与南宁市中级人民法院、检察院、司法局联合开展“新航少年司法心理辅导与合适未成年人项目”公益活动。学会组织心理专家

12月5日,广西社会心理学会和南宁市津头乡社区联合举办的南宁市南湖公园健步走活动现场
（唐峥华　供稿）

和志愿者，对有违纪违法的未成年人开展各种形式的心理咨询与治疗，并对其家属进行系统的心理帮教，累计帮教 35 次。

科研成果　年内，张玲主编教材《大学生心理与健康》，2014 年 9 月由电子科技大学出版社出版，500 千字。课题《警务心理》，2014 年度广西高等教育教学改革工程项目（2014jgb289），自治区教育厅立项，负责人张玲。

【广西创造学会】 2014 年末有团体会员 5 个，个人会员 793 人（其中具有高级专业技术职务资格 82 人，中级 24 人）。内设机构 4 个（秘书处、学术部、宣传联络部、科技开发服务部），有工作人员 6 人（其中专职 2 人，兼职 4 人）。现任领导机构是第三届理事会，有理事 90 人，其中常务理事 41 人。会长甘自恒，秘书长肖安宝。

11 月 29 日，在广西大学召开广西创造学会 2014 年学术年会，主题是：研讨新的中央领导集体的改革创新观。学会正副会长、正副秘书长、常务理事、理事代表、会员代表 91 人参会，会议分两个阶段进行。甘自恒主持会议第一阶段，学会副会长、广西大学政治学院院长雷德鹏致欢迎辞。会议增选广西大学政治学院副院长杨兴华为副秘书长，增选元普秋等 7 位博士为理事。雷德鹏主持会议第二阶段。甘自恒，学会副秘书长、广西大学政治学院董伟武博士，学会副秘书长、广西玉林师范学院李杰博士，广西大学政治学院硕士生黄凯旋、宋振泫、严汉健、李墨林，分别作题为“试论习近平同志的文化创新观”“党的十八届四中全会与中国法治社会建设”“全面深化改革关键在人”“党的十八届四中全会关于依法治国的若干创新举措”“制度创新是全面深化改革的关键”“习近平同志系列重要讲话中的若干创新观点”“习近平同志关于反腐败的新观点”的专题发言。

年内，会员获国家社科基金项目 3 项：肖安宝的《马克思的资源哲学思想及其当代价值研究》、顾强的《东盟国家对南海问题的主体间认知差异及政策反应研究》、黄璇的《马尔库塞与海德格尔哲学》。获自治区级课题 6 项：其中社科规划项目 3 项：廖维晓的《北部湾区域发展与海上丝绸之路建设研究》、顾强的《东盟国家对南海问题的主体间认知差异评析》、董伟武的《广西高校管理体制改革研究》获重点课题立项；获新世纪广西高等教育教改工程项目 1 项：雷德鹏的《民族地区高校思想政治理论课与学科一体化建设研究》；获广西教育科学“十二五”规划课题 2 项：罗绍康的《广西典型案例教育现状及教育功能研究》、董伟武的《反腐风暴视域下提高大学生廉洁教育实效性研究》。

年内，会员出版专著 1 部：《跨越界限，走向整体融贯—效用、实在、语境框架下综合“三大主流”国际关系理论的尝试》，江帆著，中国书籍出版社 2014 年 1 月出版。

年内，会员获全国性奖励 1 项：甘自恒的《孝道创新三字经》被全国社会科学普及工作经验交流会组委会评为全国优秀社会科学普及作品。获广西第十三次社会科学优秀成果奖 7 项：李继兵的《形势与政策教育读本》、王志远的《模糊偏好形成机制研究》获著作类三等奖；曾冬梅的《广西落实和扩大高校办学自主权研究报告》获研究报告类三等奖；宋凤宁的《高校教师组织变革与组织沉默的关系研究：上级支持感的调节作用》获论文类二等奖；柯丽菲的《城市联盟与北部湾经济区产业协调发展》、覃安基的《我国社区管理中存在的主要问题及其解决途径》、许素菊的《毛泽东社会主义发展动力论评析》获论文类三等奖。年内，学会成员发表论文 100 多篇。

11月29日，广西创造学会2014年学术年会在南宁召开　（甘自恒　供稿）

【广西公共关系协会】 2014 年末有团体会员 29 个，个人会员 63 人。内设机构 4 个（办公室、培训部、创投委、法律部）。工作人员 7 人。现任领导机构是第三届理事会，有理事 19 人，其中常务理事 6 人。会长邓东，秘书长邓顿。

年内，根据自治区党委组织部、自治区党委宣传部关于在广西开展党建活动的实施意见，组织开展党建工作专门会议，强调开展党建工作的重要性，布置有关工作，并发动筹备成立党支部。开展培训活动，进行论文评比，获优秀奖 8 篇。

年内，协会创投委设立农村创业基地，先后联合百色市有关乡镇在广西启动柑桔、火龙果、木瓜、葡萄等经济果树项目工程。把优质砂糖桔果苗和优质木瓜苗及一批火龙果、巨峰葡萄树苗发放农户种植。协会领导到南宁郊区、百色市农村开展公关活动，发动群众通过“公司＋基地＋农户”等种植推广模式，通过独资经营、股份合作、合资经营实现果树基地建设，促进农民与农业增收。在玉林市建设新农村基地，以兴业县大平山镇陈村为主要联系点。要求：一要切实按要求办好基地；二要按建设社会主义新农村要求，集中能力办好培训班；三要互相配合，使社会资金和其他方面的支持有机结合；四要听取农民群众意见，按质按量完成任务。

【广西青少年研究会】 2014年末有团体会员1个，个人会员260人(其中具有高级专业技术职务资格8人)。内设机构2个(秘书处、编辑室)，工作人员11人。现任领导机构是第四届理事会，有理事64人，其中常务理事13人。会长邓劲夫，秘书长古雅丽。

学术活动　9～12月，开展首届“青少年和青少年工作研究”优秀成果征文和评选活动，收到文章50篇，评出一等奖4篇、二等奖5篇、三等奖7篇。12月23日，在南宁召开广西青年干部教育培训创新发展研讨会，30多人与会。会议就如何学习贯彻党的十八届三中、四中全会精神，推进广西青年干部教育培训创新发展问题进行研讨与交流。年内，有7篇论文被2014年《社会科学论丛》收录刊发，入选广西第六届青年学术论坛论文1篇。

科普活动　12月23日，在南宁召开深化改革加快实现“两个建成”目标报告会，40人参加。副会长龙润忠重点解读广西为加快实现与全国同步全面建成小康社会的一系列具有突破性的重大改革举措。副秘书长罗婵重点解读广西建成“新的战略支点”的意义、基本内涵，分析广西打造新的战略支点的优势和面临的挑战，以及广西共青团工作要肩负起助力“两个建成”的政治责任。

课题管理　年内，会员获厅局级单位立项课题2项：一是邓劲夫、古雅丽、罗婵的《中国东盟青年干部研究》，二是龙润忠、王振宇的《青年文明号活动的“瓶颈”及突破研究》。2项课题均已结题，研究成果在《学术论坛》《广西青年干部学院学报》上刊发。

12月23日，由广西青少年研究会主办的“广西青年干部教育培训创新发展研讨会”在南宁举行。图为与会代表合影留念　（古雅丽　供稿）

【广西经济法学会】 2014年末有团体会员10个，个人会员178人。现任领导机构是第二届理事会，有理事86人，其中常务理事43人。会长唐安邦，秘书长杨亦龙。

学术活动　年内，组织开展和推动经济法学术研究与学术交流活动。一是筹备并在南宁召开广西经济法学界2014年学术年会暨广西第十次经济法理论研讨会。广西社会主义学院副院长、广西经济法学会副会长邓路遥，广西法学会研究部副主任徐卫华，广西师范大学法学院教授、博士、广西法学会经济法学研究会会长付健等领导及经济法学会部分理事出席会议。付健主持。广西社科联副主席曹平、广西法学会副会长韦军讲话。会上，广西大学、广西民族大学、广西师范大学、广西财经学院、桂林电子科技大学、广西政法管理干部学院、广西警官高等专科学校100多名高校代表发言，围绕党的十八届四中全会建设法治国家给广西社会经济与社会发展带来新的指导和方向、广西经济法学新探索等问题展开研讨。

课题研究　副会长付健主持国家社科基金重点课题《西部实施环环经济促进法的障碍与对策研究》，曹平承担的国家法治与法学研究项目《中国—东盟自贸区经贸争端解决法律机制研究》和广西社科规划重点课题《广西重金属污染及其综合防治研究—以广西重金属污染综合防治立法研究为中心》等课题的研究已启动；段晓红副秘书长组织申报广西社科规划重点课题《劳动合同纠纷调解与仲裁问题研究》，黄中显副秘书长组织申报广西社科规划重点课题《广西湿地保护立法研究》等课题的研究继续进行。三是完成广西社科联资助课题《循环经济促进法理论与实践问题研究—兼论循环经济促进法对广西经济发展的影响与应对》研究任务；确定《中国—东盟自贸区物流法律问题研究》《中国—东盟自贸区金融监管合作法律问题研究》《中国—东盟自贸区生态环境保护合作问题研究》等3项课题为学会2015年新课题；全年会员个人合作撰

12月27日，由广西经济法学会主办的“广西经济法学界2014年学术年会暨广西第十次经济法理论研讨会”在南宁召开 （曹平 供稿）

写专著2部、论文50篇，28篇论文在书刊上发表。年内，组织学会有关专家教授参加《广西森林防火条例(草案)》起草和论证工作；组织学会有关专家教授参加《广西实施〈循环经济促进法〉办法立法研究》课题研究。

学会建设 年内，分别在梧州、北海等设区市落实成立市级经济法学会发起人，开展筹备建立经济法学会工作。同时抓好会员发展工作，全年发展团体会员2个、个人会员5人。

科普活动 10月，在广西社会科学普及联合大行动中，学会组织和发动会员参加各地社科联活动，向公民和企业宣传经济法律，提供经济法律咨询服务。11月，广西经济法学会在南宁举办《新环保法》讲座，李晖主讲，广西警官高等专科学校副厅级调研员刘建昌教授主持，曹平出席，220名师生聆听。年内，曹平、付健、廖柏明副秘书长担任桂林市雁山区政府法律顾问，继续为该区政府提供义务法律咨询服务。

【广西学校壮汉双语教学研究会】 2014年末有团体会员158个，个人会员136人(其中具有高级专业技术职务资格28人，中级93人)。内设机构1个(秘书处)，工作人员4人。现任领导机构是第二届理事会，有理事32人，其中常务理事16人。会长黄永和，秘书长零兴宁。

5月，在百色市德保县举办广西壮汉双语教学研讨活动(南片区)。来自广西南部方言区的17个县壮汉双语学校的96名教师参加。活动收到壮汉双语教学论文57篇。10月，在南宁举办第三届广西小学生讲标准壮语故事比赛。来自广西壮汉双语小学的105名小学生参赛，其中获一等奖10名、二等奖25名、三等奖40名。11月，举办2014年度广西壮汉双语教育论文比赛。收到论文413篇，评出获奖论文120篇，其中一等奖20篇、二等奖40篇、三等奖60篇。12月，在南宁市上林县举办广西壮汉双语教学研讨活动(北片区)。来自广西北部方言区的18个县壮汉双语学校的126名教师参加。活动收到壮汉双语教学论文76篇。

年内，协助自治区教育厅、广西师范学院实施“壮汉双语教师定向培养计划”。面向壮汉双语教育实验县(市、区)的乡镇定向招收78名壮汉双语专业免费师范生，为双语学校定向培养双语教师。年内，举办自治区级壮汉双语教师培训班11个，参训1903人(次)。壮汉双语教师壮语文教学培训、壮汉双语学前教师培训、《快乐壮文》教学培训、壮汉双语小学语文数学教师培训、百名壮汉双语名师培养工程、壮汉双语小学校长培训、壮汉双语小学教导主任培训、壮汉双语教研员培训、壮汉双语教育县教育局长培训班、“培训＋学历”模式培训等。通过集中教学、专家引领、案例探讨、同伴交流、在岗研修等培训方式，提升双语学校领导的管理能力、壮汉双语教师的业务水平，促进民族双语学校教学质量提高。

年内，按时完成全年教材编写、审查、出版任务。5月、11月分别举办2014年秋季教材和2015年春季教材审查活动，组织50位壮汉双语教育专家审查43种壮汉双语教材。7月、12月，分别在隆安、天等两县举办壮汉双语教材编写人员培训班。培训壮汉双语教材编写人员60人。年内，组织壮汉双语专家学者编写出版《壮族民间经典幻想故事》《壮族经典地方传说》《壮族机智人物经典故事》等10种壮文版版课外读物。

【广西学会学研究会】 2014年末有团体会员55个。内设机构1个(秘书处)，工作人员1人。现任领导机构是第二届理事会，有理事34人。会长方芳，秘书长莫如平。

学术活动 7月2日，召开学会工作座谈会，加深各会员单位间的信息交流，听取学会工作意见。8月27日，承办在南宁举行，自治区科学技术协会主办的“第四届广西防灾减灾与可持续发展专家论坛”。9月17日，承办在南宁举行，主题为“绿色交通、低碳经济”的“第五届中国—东盟工程项目合作与发展论坛”。来自中国、马来西亚、柬埔寨、泰国、新加坡、缅甸、美国、澳大利亚及中国香港、澳门、台湾等国家和地区工程界的知名专家学者、企业代表，以及部分自治区级学会、地市科学技术协会负责人等90多人出席，共谋中国—

东盟工程项目合作与发展。12月17日，承办在南宁举行，自治区科学技术协会主办的“广西现代特色农业发展暨第五届广西农业新亮点论坛”。

科研工作与成果　年内，编印《关于建立和完善农村气象预警信息发布网络的建议》《关于加强广西宝玉石矿产资源勘查开发，把宝玉石产业培育成为新的经济增长点的建议》《关于促进广西光伏产业发展的建议》《关于实施大数据战略，推进广西数据产业发展的建议》《关于加快绿色和谐矿山建设，清除水源田园污染隐患的建议》等《广西科技工作者建议》5期。年内，向自治区政协十一届三次会议提交《关于把发展广西特色林产化工产业纳入“十三五”规划的建议》《关于把发展广西小杂粮产业纳入“十三五”规划的建议》《关于把发展大数据产业纳入广西“十三五”规划的建议》《关于把广西石漠化治理工作纳入“十三五”规划的建议》《关于加强农业环境污染治理，建设生态田园的建议》等5件政协提案。组织气象、地质、地震、水利等行业专家就近年发生的自然灾害进行调查研究，编印《2014年广西减轻自然灾害白皮书》。

【广西新闻摄影学会】 2014年末有个人会员80人(其中具有高级专业技术职务资格5人)。内设机构3个(秘书处、创作部、社会活动部)，工作人员3人。现任领导机构是第二届理事会，有理事30人，其中常务理事10人。执行主席黄耀高，副主席兼秘书长农如松。

7月30日至8月5日，与广西民俗摄影协会联合在防城港组织开展“聚焦宁渔家、民俗文化”摄影采风活动，来自广西各地的新闻摄影会员近90人参加。

7月30日，防城港市港口区企沙镇渔港举行《嗨海》开海民俗活动，主要有绞大绳、织渔、起航升等。学会与广西民俗摄影协会、防城港港口区委宣传部联合开展采风活动，50多名会员参加。会员拍下数千幅精彩图片，先后在《广西日报》《广西新闻网》《南国早报》《南宁日报》《南宁日报》等媒体刊发报道。

7月30日，广西新闻摄影学会组织会员到防城港市港口区企沙镇渔港举行《嗨海》开海民俗活动　（农如松　供稿）

【广西区域与城市经济研究会】 2014年末有团体会员8个，个人会员60人(其中具有高级专业技术职务资格45人)。内设机构1个(秘书处)，兼职工作人员8人。现任领导机构是第三届理事会，有理事22人，其中常务理事11人。会长李敦祥，秘书长赵子健。

年内，以通讯方式召开2次常务理事会和2次理事会会议，以落实自治区社科联的年度工作部署，以及对年度工作进行微调。增选桂林电子科技大学管理学院副院长蔡翔教授为副会长。

年内，大力做好服务政府的工作。围绕自治区公布的《柳州来宾河池区域一体化发展规划》，就自治区工信委下达的课题《柳来河一体化产业发展研究》在9月10~14日和10月21~27日分别到柳州、来宾、河池、南宁四市进行实地调研。10月5~9日，与国家发改委经济研究所就《桂贺区域经济一体化研究》到贺州、桂林进行实地考察调研。11月15~25日，就桂林市发改委下达的课题《桂林市“十三五”扩大开放与合作发展研究》到桂林、贺州部分政府部门和县进行实地调研。按时完成上述3个课题研究，研究会服务政府的工作受到相关单位好评。

【广西礼仪文化交流协会】 2014年末有团体会员50多个，个人会员1500多人。内设机构3个(办公室、培训部、大赛部)，工作人员11人。现任领导机构是第三届理事会，有理事36人，其中常务理事2人。会长潘玲，秘书长周林。

年内，协会先后组织或受邀开设举办“上思县女性素质提升知识讲座”“三江县女领导干部礼仪培训班”“‘优雅、温柔、真挚’淑女魅力气质和风范养成专题讲座”“‘三八’妇女节礼仪培训”“金牌服务礼仪”“高校学生礼仪文化讲座”“商务礼仪培训”“政务礼仪”“商业服务礼仪(上、下)”“公务礼仪、化妆培训”“礼仪形象与化妆”“医护服务礼仪”“道德讲堂之涉外礼仪”“高端旅客的有效沟通”“会务商务礼仪”“2014’中国—东盟工商论坛礼仪知识培训志愿者培训”“涉外执法文明礼仪”“医务服务礼仪”“第45届世界体操锦标赛开闭

9月25日，广西礼仪文化交流协会专家对在南宁举办的第45届世界体操锦标赛颁奖人员进行礼仪培训 （潘 玲 供稿）

幕式礼仪引导员培训金牌服务礼仪”“广西区直机关礼仪比赛”“上林县、隆安县地税政务礼仪培训”“潘玲老师‘顾问培训’”“大学生礼仪讲堂仪态训练”“校园教师文明礼仪讲堂”“2014’教师礼仪风采比赛”“驻邕高校礼仪风采比赛赛务活动”培训课程和活动53个(次)，教师授课41人(次)。

3月启动2014年中国—东盟礼仪形象大使大赛。经过中国及东盟国家进行21场大型选拔赛，选出50多名选手参加8月6~13日的总决赛选手集训营，接受礼仪综合素质训练与提升。14日，缅甸CHAW SU LINN PHYU THANT斩获女子冠军，广西唐凌云、辽宁冷玲获女子亚军，黑龙江宋虹颉、四川蒋媛媛、辽宁朱丹获季军；广西肖瑚获男子冠军，广西覃宁和黑龙江潘振东分获亚军和季军。11名东盟国家选手获“国际友谊奖”，20名中国和东盟选手分获“亿超obillion最佳爱心奖”“永明珍珠最佳亲和奖”等11个单项奖。

【**广西国际税收研究会**】 2014年末有团体会员13个。内设机构1个(秘书处)，工作人员2人。现领导机构是第二届理事会，有理事78人，其中常务理事41人。会长刘铭达，副会长兼秘书长汪星明。

学术研究　一是抓好重大课题研究，服务经济社会发展。围绕全国、自治区经济社会发展的大政方针和税收中心工作，突出重点和难点，努力加强研究的深度，解决深层次的问题。开展《广西个人所得税规模与经济发展的协调性》专题课题研究，并将研究报告成果报送相关决策部门参考。二是做好中国国际税收研究会的课题，承担并完成《完善地方税体系的国际借鉴研究》《从培育主体行业入手培养地方税主体税种的国际借鉴研究》和《应对电子商务税基侵蚀和利润转移的对策研究》等课题研究。

课题评优　年内，研究会邀请广西区内外权威专家和科研骨干，对2014年度广西国际税收研究成果进行评审，评选出20篇获奖论文，其中一等奖3篇、二等奖6篇、三等奖11篇。并编辑出版《2014年度广西国际税收优秀论文集》。

培训交流　8月，研究会2人参加中国国际税收研究会举办的2014年国际税收研究会系统翻译培训班。12月，派员参加2014年度国际税收信息资料中心工作会议，向中国国际税收研究会汇报本年度广西国际税收研究会税收信息资料各项工作的完成情况并接受2015年度的信息资料翻译任务。

【**广西社会调查研究会**】 2014年末有团体会员4个，个人会员65人(其中具有高级专业技术职务资格6人)，工作人员6人。现任领导机构是第二届理事会，有理事15人，其中常务理事6人。会长周可达，秘书长傅慧明。

年内，研究会会员承担多项国家、省部级、地市及各部门等各层次课题，其中：自治区哲学社会科学规划项目课题《“十三五”广西实施创新驱动战略研究》。自治区软科学研究课题《地方政府间财政科技支出竞争力与区域发展研究》《加强广西科研院所能力对策研究》。广西社会科学院院级课题《2014年广西社会热点与公众心态调查》《2014年广西社会景气研究》《广西农业转移人口市民化研究》《广西深化农村土地制度改革的经验与路径选择研究》。发表论文《城市社区居家养老服务研究——以广西为例》等。

年内，编辑出版《2014年广西蓝皮书：广西社会发展报告》。

年内，研究会组织会员到凭祥、大新等边境地区开展跨国劳工社会管理调查研究，为今后开展广西区情调研积累经验。

【**广西书画艺术研究会**】 2014年末有个人会员70人(其中具有高级专业技术职务资格21人)。内设机构9个(秘书处、书法篆刻委员会、中国画委员会、理论研究委员会、鉴赏收藏委员会、艺术教育委员会、摄影艺术委员会、交流开发中心、桂林交流创作中心)。工作人

5月25日，广西书画艺术研究会第二届会员代表大会在南宁举行

（何　明　供稿）

员2人。现任领导机构是第二届理事会，有理事45人，常务理事19人。会长郑军里，秘书长何明。

5月25日，研究会第二届会员代表大会在南宁举行，56人参会。会议由广西书画艺术研究会副会长、广西作家协会原常务副主席罗传洲主持。何明代表上届理事会作题为《团结奋斗，为繁荣发展广西书画文化艺术作出新贡献》工作报告，回顾研究会自2006年1月成立以来的工作，总结经验，对研究会今后五年提出工作意见，并汇报上一届理事会财务报告。张达平副会长作关于修改《广西书画艺术研究会章程》说明，会议审议通过工作报告和新修改的《广西书画艺术研究会章程》，表决通过会费标准，经民主选举产生研究会第二届理事会理事44人，由第二届理事会第一次会议选举产生常务理事19人、会长1人、执行会长1人、副会长7人、秘书长1人。

学术活动　5月25日，举办“广西书画创作与市场研讨会”，北京故宫博物院书画部副研究员金伟东，故宫博物院紫禁城书画院副秘书长李广生，国家一级演员、鲁迅饰演者、书画家陈友旺，北京中联国兴书画院创作部部长、画家师曾先生，广西知名画家、收藏家郑军里、王晓晗、肖畅恒、王云高、罗传洲、何二民等与会。6月6日，韦广寿学术沙龙活动在桂林举行，研究会执行会长何明，理事叶向慈、吕元忠等参加。研究会副秘书长韦广寿通过投影向参加者展示介绍其新作及中国画创作体会，并赠送《经典·风范——中国当代核心画家作品集　韦广寿》（天津人民美术出版社）画册，与会人员结合各自的体会就韦广寿的作品、中国画的创作和研究会的发展进行交流。8月15日，研究会摄影艺术委员会举办的“摄影艺术作品交流分享会”在南宁举行。研究会理事、摄影艺术委员会副主任张秀清主持，何明讲话，研究会常务理事、摄影艺术委员会主任张清作总结，20多位摄影艺术家与会。分享会分别由黄岩、张桂媛、黄世峰、黎克平作“重曝光和画意摄影”“自然生态的清新回归”“另类摄影的红外风范”“梦想的创意天空”专题发言。各专题主讲摄影家现场放作品照片并讲解，介绍自己创作经验与体会。9月4日，研究会副会长张达平、执行会长何明应邀在南宁参加“广西丹青”频道网络访谈《说艺小段》节目。张达平就艺术创作与作者个性的问题，何明就画家如何保持年轻的创作心态与主持人进行交流与探讨。这是广西电视网为宣传普及书画艺术新推出的网视节目，研究会副秘书长罗伟鹏任节目总策划，节目将有计划地介绍宣传研究会书画家。9月27日，与《南宁晚报》“财智荟”共同举办的“丹青绘盛世　翰墨书国庆”名家书画品鉴沙龙在南宁举行，何明，副会长王晓晗、罗传洲等20多名书画家、收藏家、各界人士与会。会上，广西泓历拍卖公司董事长、收藏鉴赏家王晓晗介绍目前收藏投资的趋势和广西现状，就学习书画与养生、书画艺术品鉴赏收藏与投资的收益与风险等问题，结合自身经历分享经验。何明就书画的鉴赏收藏与投资阐述自身见解和经历。会上专家回答与会者提问，并对古今字画、赏石等进行鉴定交流。11月24~30日，与美国理士满书画协会主办的“梦回仙境——天堂画派创始人旅美青年艺术家陈绍强书画篆刻展”在南宁举行。陈绍强出版有《陈绍强书画篆刻作品集》，在《书法报》《中国书画》《Direct Art Magazine》、秋圃书社等发表，曾在美国、中国杭州举办个人书画展，代表作《佛州印象》。

作品成果　年内，经中国美术协会批准，研究会常务理事梁惠统加入中国美术家协会。梁启德中国画作品《吉祥水》《吉祥颂歌》入选由中国美术协会主办的“多彩贵州”“七彩云南”美术作品展。8月，耿国华摄影作品《姐妹》《好日子》参加中国摄影协会主办的“第七届全国珠峰展”中获优秀奖。12月，耿国华摄影作品《走访到山寨》参加全国公安第二届摄影艺术展中获银奖。8月，《陈绍强书画篆刻作品集》由广西人民出版社出版。9月，黄高中国工笔画作品《新晴》入选第十二届全国美展并获提名奖进京展出。12月，《漓江画派中国人物画研究》（郑军里等著）获广西第十三次社会科学优秀成果奖三等奖。年内，会员陶志红、王建平的《当代民间常用文书写作方法》，陈学璞、李建

平、王建平等的《加快发展面向东盟的广西文化产业》分获广西第十三次社会科学优秀成果奖三等奖；王建平的《流光溢彩的喜悦与遗憾——评〈第六届广西摄影家协会会员作品选集〉》获第十届广西文艺评论奖；陈学璞、李建平、王建平等的《广西申遗工作如何走出遭受挫折的困境——申报世界遗产调研报告》获广西科协系统2010~2013年度优秀决策咨询成果三等奖；《当代民间常用文书写作方法》《方舟——桂林抗战文化城记事》分获2013年度重大文化精品项目"奖励类"奖(颁奖单位:自治区党委宣传部)。陈勇静、黄耀登篆刻作品获2014年广西艺术展篆刻优秀奖。

年内,编辑出版《清漓流芳》《水墨国华》两本书画册(由岭南美术出版社出版)等。

【广西才智文化艺术研究院】 2014年末有工作人员15人(其中具有高级专业技术职务资格7人)。现任领导机构是第一届理事会,有理事5人。院长罗传洲,秘书长赵子红。

3月20日,与北海高新技术产业园区举行合作基地揭牌仪式。罗传洲主持,自治区社科联副巡视员、秘书长何明与园区工委书记刘永康为合作基地揭牌。随后,举行座谈会。会上,罗传洲介绍研究院聚集广西社科界、文化艺术界和高校的人才,是一所文化艺术领域内多学科研究和推进文化创意产业发展的民办科研机构,与北海高新技术产业园区合作既是探索也是挑战。刘永康介绍园区建设发展过程中表示,文化是一切综合竞争力的核心力量,期待通过合作为园区建设增添文化内涵,推进园区文化产业创新发展。9月4日,研究院副院长张达平、理事何明应邀在南宁参加"广西丹青"频道网络访谈《说艺小段》节目。张达平就艺术创作与作者个性问题,何明就画家如何保持年轻的创作心态问题与主持人进行交流与探讨。10月,研究院承担自治区党校道德课堂书画创作布置任务,为自治区党校创作布置中国画作品14幅。

7月,研究院研究员黄焕光词作选《岭南足音》由广西人民出版社出版,收录词200首。9月,研究院创作员黄高中国工笔画作品《新晴》入选第十二届全国美术作品展并获提名奖进京展出。广西共有4幅中国画作品入选,1幅获提名奖并进京展出。年内,研究院创作员梁启德中国画作品《吉祥水》《吉祥颂歌》入选由中国美术协会主办的"多彩贵州""七彩云南"美术作品展。8月,研究院创作员耿国华摄影作品《姐妹》《好日子》参加中国摄协主办的"第七届全国珠峰展"中获优秀奖;12月,耿国华摄影作品《走访到山寨》参加全国公安第二届摄影艺术展中获银奖。12月,研究院研究员郑军里等著的《漓江画派中国人物画研究》获广西第十三次社会科学优秀成果奖三等奖。

年内,研究院研究员王建平参加各种学术活动10次,学术工作会议26次,学术研讨会9次,参加各种评委评奖19次,发表文章35篇。陶志红、王建平的《当代民间常用文书写作方法》;陈学璞、李建平、王建平等的《加快发展面向东盟的广西文化产业》分获广西第十三次社会科学优秀成果奖三等奖;王建平的《流光溢彩的喜悦与遗憾——评〈第六届广西摄影家协会会员作品选集〉》第十届广西文艺评论奖;陈学璞、李建平、王建平等的《广西申遗工作如何走出遭受挫折的困境——申报世界遗产调研报告》获广西科协系统2010~2013年度优秀决策咨询成果三等奖;《当代民间常用文书写作方法》《方舟——桂林抗战文化城记事》获2013年度重大文化精品项目"奖励类"奖(颁奖单位:自治区党委宣传部)。

3月20日,广西才智文化艺术研究院北海高新区合作基地揭牌仪式在北海举行。自治区社科联副巡视员、秘书长何明(前排左二),研究院院长罗传洲(前排左三),园区工委书记刘永康(前排右二)出席揭牌仪式　(何　明　供稿)

【广西行政教育对外交流协会】 2014年末有个人会员52人。现任领导机构是第三届理事会,有理事7人,其中常务理事4人。会长王宁湘,秘书长张荣晖。

3月21日、4月17日、8月8日,会长王宁湘教授应广西武警总队训练营基地邀请主讲"政务礼仪",310名武警官兵参加。7月22日,自治区党委组织部干部二处在柳州市委党校举办"广西公开选聘城市社区党建工作上岗"培训班,王宁湘教授应邀讲授"公

3月17日，广西行政教育对外交流协会会长王宁湘教授应邀到自治区工商局为干部职工作“公务员行为规范与职业道德”主题讲座　　（王宁湘　供稿）

务行为规范与公务礼仪”。11月10日，协会与南宁市水利局，在南宁联合召开“重视行为规范　加强礼仪修养”研讨会，近80人参会。11月21日，在南宁市林业和园林局举办“压力与情绪管理”专题讲座，125名林业系统人员参加。12月5日，协会与广西警察学校联合举办“全面推进依法治国——深入学习贯彻党的十八届四中全会精神”专题报告会，120人参会。

年内，协会领导王宁湘、周健、农飞、蒋京湘、周恒就等专家学者，应邀到广西警察学校、广西检验检疫局、广西区（市）地税局、南宁市公务员局、南宁市委党校等单位作专题演讲、报告会55场（次）。

【广西中国—东盟文化研究会】 2014年末有个人会员108人。内设机构1个（秘书处），工作人员1人。现任领导机构是第三届理事会，有理事42人，其中常务理事16人。会长甘安顺，秘书长谢锦荣。

学术活动与交流　9月，第十一届中国—东盟博览会在南宁开幕，期间，研究会在南宁华南城轻工展中，与全国工商联古玩业商会中国产业传统文化研究会、中国管理科学研究院地方政府管理研究所联合举办“中国—东盟文化艺术展示活动”。展示期间来自东盟的民间艺术家（包括字画、古玩、缅甸玉器、红木家具、金丝楠木、根雕艺术、民族服饰、民间手工艺、工艺品等）通过展示、表演、文化艺术交流等方式，弘扬中国—东盟悠久历史的灿烂文化艺术，增强对东盟国家各国历史、文化、艺术的了解，加深各国民间艺术家间的友谊和文化交流。

科普活动　12月1~3日，举办的“2014作文教学流派展示活动”在钦州开幕，研究会在钦州市与中国写作学会作文教研中心、广西教育学院教研部、广西写作学会作文教研中心联合举办“第一届中国作文教学流派展示交流活动及学术研讨会”学术专题研讨。主要交流与探讨的内容有：一是值得借鉴的作文教学改革探索；二是写作的革命和写作学的革命；三是写作感受论（提纲）；四是写作能力增长教育中的创新与超越；五是中小学作文教学改革的出路；六是做一名成功的作文教师（提纲）。来自钦州市委市政府领导、市教育局领导，国内专家教授，有关高等院校，各级中小学校，新闻媒体专家学者2800人参会。

人才培训　7月14~23日，在防城港市上思县举办“新派作文精英培训班”，会长甘安顺、副秘书长袁刚为学员授课。

【广西现代东盟教育研究院】 2014年末有个人会员32人（其中具有高级专业技术职务资格5人）。现任领导机构是第二届理事会，有理事7人，其中常务理事5人。院长刘浩，秘书长戴勇。

学术活动　3月15~16日，2014年“名师论坛”暨全国特级教师大课堂活动在玉林举行，邀请武琼、张宏、刘松、贲友林等特级教师进行课堂教学展示和教学

3月15~16日，由广西现代东盟教育研究院主办的2014年“名师论坛”暨全国特级教师大课堂活动在玉林举行　　（刘　浩　供稿）

专题报告，玉林市教育部门领导及各学校教师4000多人参加。5月31日至6月1日，桂林市2014年现代教育名家大讲堂学术报告会在桂林举行，邀请高金英作班主任工作报告，张宏作语文教学专题报告，刘松作数学教学专题报告。桂林市各县、自治区教育部门和学校领导、老师3000多人参加。11月29~30日，“2014年‘名师论坛’暨中国教育名家报告会”在玉林举行，6600多名学校领导、中小学班主任和幼儿园教师参加。

科普活动 4~12月，特邀中国名师大课堂首席讲师团书记姚伟文，国学专家龙昭雄，中高考备考专家陈劲、黎光辉等分别到玉林市容县、北流、博白等10多所中学作专题报告，共有3.5万名师生聆听。3~6月、9~12月，举办“2014年全国金钥匙杯教育科研论文比赛”“第三届广西中小学教师教育科研成果评比活动”，收到参赛作品3805篇，评出获奖作品2986篇，其中一等奖587篇、二等奖895篇、三等奖1504篇。

年内，编纂出版《论语与现代生活》《三字经与现代启蒙教育》《弟子规与现代人生教育》等国学经典读物，被列为广西社科联重点科普读物。

【广西城市发展研究会】 2014年末有团体会员8个。内设机构9个（秘书处、办公室、教育培训部、财务部、《市长参考》编辑部、城市研究咨询部、城市文化艺术发展委员会、城市环境规划委员会、城市资源开发委员会），工作人员35人。现任领导机构是第二届委员会，有理事8人，其中常务理事3人。会长甘越帆，秘书长蒋康林。

5月9日，在南宁协办2014年“多彩青秀”中国—东盟当代水墨交流展，是中国—东盟文化交流年新形势下的首届中国—东盟博览会文化展，由中国—东盟博览会秘书处、自治区文化厅主办。政府领导、海内外书画名家、著名收藏家、社会名流、书画艺术爱好者等参加，现场举行开幕仪式。文化展以中国—东盟文化精粹、文化创意、动漫游戏、传媒出版、休闲养生等为主题展览内容，打造文化交流新平台。其中中国—东盟当代水墨交流展暨当代水墨艺术展望高峰论坛，中国书法的跨文化交流与合作暨第九届汉字书法教育国际研讨会和国际书法邀请展，是重要活动项目，与“多彩青秀”文化艺术活动同期同地举办。

研究会主办会刊《市长参考》（内刊）关注城市经营和经营城市、解读城市管理者的影响力、聚焦中国东盟投资最新动态、扫描中国与东盟各国风土人情、开发城市资源与东盟商机、汇聚项目投资与融资。研究会与广西境内其他各大城市及东南亚各国城市进行合作，办好会刊。

【广西金融工程学会】 2014年末有团体会员8个，个人会员89人（其中具有高级专业技术职务资格51人，中级38人）。内设机构1个（秘书处），工作人员4人。现任领导机构是第二届理事会，有理事49人，其中常务理事34人。会长黄晓虹，秘书长甘海源。

12月22日，在广西财经学院召开学会第三次会员代表大会。学会会长、广西财经学院副校长黄晓虹，学会副会长、广西财经学院金融学院院长周建胜等领导出席会议，广西金融机构代表及学会会员参会。黄晓虹会长在总结学会组织管理、科研创新、学术交流、科普活动及财务管理工作，对学会2015年工作作规划要求，并强调学会要充分发挥智库作用，着力解决广西金融领域新问题、新困难，为实现广西金融业持续健康发展作出新贡献。

学术活动 年内，开办学术研讨会、学术讲座3场，职业培训2场，邀请上海财经大学统计与管理学院金融统计与风险管理系主任、博士生导师陈艳博士，宝城期货公司南宁营业部副总经理蓝宗颖，中央财经大学博士生导师傅强教授等广西区内外金融专家开办学术讲座。邀请行业专家开展保险企业、职业技能、上海期货交易所“期货大讲堂”等培训，为建设银行广西分行、宝城期货等合作单位提供各类咨询、策划等服务10次。

科研工作与成果 年内，会员主持国家社科重点项目1项，主持国家社科基金课题2项、广西省级及其他课题16余项。会员发表学术论文36篇，出版学术著作1部。获地厅级奖项20余项。

【广西酒店管理学会】 2014年末有团体会员115个，个人会员125人（其中具有高级专业技术职务资格10人，中级20人）。内设机构8个（秘书处、财务部、学术与教育培训委员会、酒店联盟委员会、职业经理人委员会、投资人委员会、物料生产与流通委员会、设计与装饰委员会），分支机构1个（专家咨询委员会），工作人员9人。现任领导机构是第二届理事会，有理事31人，其中常务理事13人。会长林军，副会长兼秘书长吕玉荣。

学会组织建设 3月19日，学会第二届四次理事会扩大会议在南宁召开，理事、联盟成员酒店总经理参会，会议讨论并通过成立广西酒店联盟营销中心和网络营销平台建设、学会网站改版、亚太酒店讲坛培训模式工作计划。7月10日，2014年广西酒店管理学会年中会议暨会员活动日在北海召开。会长林军、副会长吕玉荣、唐勇刚及学会会员代表50人参会。吕玉荣主持会议并作2014年广西酒店管理学会年中工作汇报。广西酒店联盟畅悦会负责人曹进勇作“广西酒店联盟畅悦会网络营销推广计划”“广西酒店联盟畅悦会系

7月10日，2014年广西酒店管理学会年中会议暨会员活动日在北海举行

（吕玉荣　供稿）

统上线说明”发言。畅悦会销售网络平台的实现，是广西酒店联盟各成员酒店销售方式从常规单一模式向智能化网络营销方式转化。10月24日，学会成立中国共产党广西酒店管理学会党支部，选举产生以赵芳为书记的第一届支部委员会。12月25日，学会党支部党员参加自治区社科联机关党委换届选举党员大会，听取报告，履行职责。12月，被自治区社科联评为“2014年度工作成绩突出的学会”，卓越被评为“2014年度工作成绩突出的学会工作者”。

学术活动　1月11日，学会与广西宏桂集团和苏州酒店经理人商会在南宁联合举办“2014年北部湾酒店节能环保新技术应用论坛”，来自苏州、广州及广西区内科研院所、院校、律师事务所等企业工程技术人员、酒店投资人、总经理、工程师等120人参加。论坛就酒店业节能环保设计、筹建、节能设备更新改造及节能增效管理工作先进经验和存在问题进行专题演讲，推进酒店业低碳节能发展战略，促进行业转变经营方式，打造节能减排、低碳环保绿色饭店。年内，学会与广西亚太酒店文化发展研究院联合打造学术品牌“亚太酒店讲坛”，重视培养酒店行业学习型高级管理人才，组织大专院校旅游饭店管理专业教授、学会亚太酒店讲坛讲师团队举办各类讲坛、座谈会、培训班。学会对2014年“亚太酒店讲坛”培训课题、课程及方式，联盟成员参与培训优惠名额等调整，新推出培训课程学习卡套餐，全年组织“网络信息时代旅游酒店业市场分析及营销”“酒店纳税策划与涉税风险”“酒店客房内训师”等27期培训，1109人参加。年内，学会与广西亚太酒店文化发展研究院打造又一品牌“九人智库”，内容涵盖酒店项目前期咨询、设计、建造、筹备，运营管理，培训，集团经营，战略管理，分销平台管理等酒店领域各个产业链，为酒店行业提供全球酒店专业领域社会化阅读分享智库平台。

对外交流　4月20日，学会组织为期8天的广西酒店总经理赴重庆、成都考察学习，广西10家酒店15位总经理参观重庆洲际酒店、富力凯悦酒店、凯宾斯基酒店、环球中心天堂洲际大饭店等。5月，吕玉荣与广西永恒朗悦总经理曾巧宁、万兴酒店总经理韦林、北海辰茂海滩大酒店房务总监梁蔚珊等11人赴广东从化碧水湾温泉度假村考察学习。6月23日，吕玉荣、北海辰茂海滩酒店总经理唐勇刚等18人赴广东从化碧水湾温泉度假村观摩学习。7月10日，学会组织第二批为期6天的广西酒店总经理赴海南省三亚海棠湾考察学习，广西12家酒店19位总经理参观海棠湾凯宾斯基、天房洲际、威斯汀、奥戴斯多家国际品牌酒店，并与部分酒店高管进行座谈交流。

【广西骆越文化研究会】　2014年末有个人会员201人（其中具有高级专业技术职务资格47人，中级50人）。专职工作人员4人。内设机构7个（办公室、稻作文化专业委员会、文物考古专业委员会、文化艺术专业委员会、民俗宗教专业委员会、旅游开发专业委员会、医药养生专业委员会）。现任领导机构是第二届理事会，有

骆越文化旅游节现场

（谢寿球　供稿）

理事37人，其中常务理事11人。会长谢寿球，副会长兼秘书长谢中国。

学术活动　年内，参与主办或承办重要学术活动15次。主要有：1月19日，研究会和广西民族医药协会在南宁马山县永州镇主办中国第一个骆越长寿之乡永州镇授牌仪式活动。举行骆越养生成果新闻发布和骆越长寿知识普及宣传活动和壮医下乡义诊活动，30多名专家、16名媒体记者，3000多名群众参加。4月1日，受武鸣县委县政府委托主办的骆越祖母王祭祀大典和骆越文化与旅游业发展专家交流会在武鸣举行。主题是骆越祭祖大典民俗体验和武鸣骆越文化的中心地位与文化旅游产业开发的对策研究。国家民委政策法规司原司长毛公宁和谢寿球主持。30多名专家、30000多名群众参加。收到论文15篇。6月16日，研究会和广西民族医药协会主办的骆越端午年端午祭暨2014壮医药文化年启动仪式在武鸣县罗波镇骆越祖庙罗波庙举行。谢寿球和广西民族医药协会会长黄汉儒主持。向当地群众普及骆越端午医药养生文化知识和向媒体发布2014年壮医药文化年活动的主要内容。活动公布骆越夏至祭习俗向端午祭习俗和五月初五端午节习俗演变研究成果。8月15日，研究会和隆安县文化体育与新闻广播电视局主办的壮族稻神祭民俗展示和文化开发研讨活动在隆安县乔建镇举行。主题是壮族稻神祭民俗体验与骆越稻作起源文化资源的开发对策研究。谢寿球和隆安县文化体育与新闻广播电视局局长梁毅主持。20多名专家、3000多名群众参加。收到论文12篇。

科研工作与成果　年内，会员完成国家社科重点课题《骆越方国考》，实现国家重点课题零的突破。《骆越方国考》用民族学、历史学、考古学、语言学、地名学、宗教学、民族关系学、民间文学等理论知识，将汉文史籍、考古成果、壮族古壮字古籍、语言材料、地名、文物古迹、宗教和民间传说融为一体，对骆越方国历史进行全方位研究。全书1300多千字。田野调查中，一是破解壮族古籍中四大稻作再生圣地“香炉”山、“遨山”坡、“郎汉”家、“洲眉”坳的千古之谜，认定“香炉”山是贵港龙头山，“遨山”坡是来宾市兴宾区鳌山，“郎汉”家是武鸣县大明山，“洲眉”坳是隆安县西大明山。这一发现确认广西是中国和世界栽培稻的发源地。二是发现大量旧石器时代的玉手斧、玉砍砸器、玉刮削器，确认骆越的玉山和玉河，认定右江河谷是中国玉文化的发源地。三是发现古骆越玉桂集散地，认定古贵港是古之桂林郡，是骆越水事文化中心。年内，会员出版专著5部，发表论文42篇，完成调研报告5篇，完成课题8项。会员蒙元耀、韦如柱参与编写的专著《壮文》获广西第十三次社会科学优秀成果奖专著类二等奖，赵明龙《播撒文明的记忆——南海丝绸之路与东南亚民族经济文化交流研究》《南宁至新加坡旅游走廊建设研究》、潘春见《珠江流域中上游少数民族贫困山区参与式乡村社会发展研究》获广西第十三次社会科学优秀成果奖调查报告类三等奖。

【广西六堡茶文化研究会】　2014年末有团体会员12个，个人会员81人（其中具有高级专业技术职务资格14人，中级67人）。内设机构1个（秘书处），工作人员1人。现任领导机构是第一届理事会，有理事8人，其中常务理事6人。会长梁北雄，秘书长梁峰。

4月3日，研究会召开常务理事会，安排下半年举办六堡茶茶船古道线路考证研讨活动准备事项。9月2日，在南宁召开总结会议，总结2014年研究会取得成绩并进行2015年工作布置。

学术活动　11月，研究会联合南宁雅致人生文化有限公司雅致名茶店，与南宁有关羽毛球俱乐部合作，举办雅致杯六堡茶羽毛球比赛活动，在南宁羽毛球球友茶友中推广六堡茶文化。12月24日，研究会在收集、整理六堡茶资料和六堡茶文化研究的基础上，在南宁高新区举办六堡茶茶船古道历史路线考证研讨会，为2015年组织筹办“六堡茶茶船古道历史考证研讨活动”，开展六堡茶文化研究工作，计划到中国香港、台湾以及马来西亚、日本等历史上六堡茶盛行地进行六堡茶文化考察和交流传播，把广西六堡茶推向世界，让世

12月24日，由广西六堡茶文化研究会主办的“六堡茶茶船古道历史路线考证研讨会”在南宁举行　（梁　峰　供稿）

界了解六堡茶做好前期准备工作。

科普活动 年内，副会长覃并带队到深圳、广州、西安、云南、安徽、上海、南京、苏州、杭州等地进行六堡茶文化传播及六堡茶市场考察，与各地茶商茶客交流探讨，推广六堡茶文化。5月，南宁华南城举办广西春茶节活动，研究会在春茶节展览会上通过多种形式传播六堡茶文化及推广广西六堡茶。同时，联合广西茶业协会、《世界名茶》、南宁雅致人生文化公司及广西星壮网络科技公司举办广西茶叶行业电子商务论坛，引导和推动广西茶叶行业电子商务发展，促进广西茶叶行业种植与市场营销同步发展。

9月27日，广西红木文化研究会第二次会员代表大会在南宁召开。图为与会代表合影留念

（黄　山　供稿）

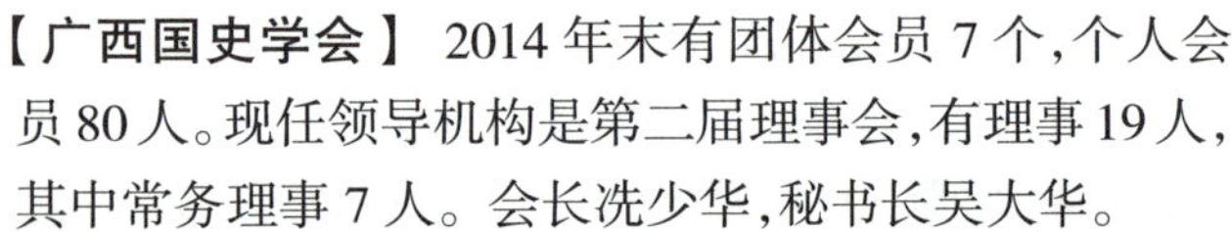

【广西国史学会】 2014年末有团体会员7个，个人会员80人。现任领导机构是第二届理事会，有理事19人，其中常务理事7人。会长冼少华，秘书长吴大华。

学术活动 年内，先后召开2次广西抗战老兵口述史座谈会，广西各地抗战历史爱好者、志愿者50多人与会。与会者就广西桂系军队抗战历史展开研讨与交流，认为要在中国人民抗日战争暨世界反法西斯战争胜利70周年之际开展相关研究，并编辑出版广西抗战老兵口述史和广西抗战历史图片资料汇编。5月，会长冼少华参加在北京举行的全国社科院世界史研究联席研讨会并作题为“越南历史与中越关系”发言；11月，参加在武汉召开的中国史学会单位会员负责人座谈会。

课题研究 年内，会员完成国家社科基金项目《中越毗邻地区非公有制经济党组织建设及相互影响研究》，完成研究报告《广西扶贫开发历程研究》《古代广西交通与域外文化传播研究》《广西华侨史(1949~1979年)》《广西城市史(1949~1979年)》《海上丝绸之路与广西文明进步之关系研究》《广西跨国劳工社会管理研究》。参加自治区党委重大决策课题《广西资源型产业转型升级问题研究》调研与撰写，课题成果被自治区党委采纳。公开发表论文1篇。出版《广西港口发展史》《中越友谊的历史见证—阮文追学校资料选编》著作2部。年内，会员搜集、整理广西抗战老兵抗战资料《广西抗战老兵口述史》，搜集广西知青史文字资料1000余千字，历史照片100多幅。

【广西红木文化研究会】 2014年末有团体会员30个，个人会员82人(其中具有高级专业技术职务资格36人)。内设机构3个(秘书处、学术服务部、项目发展部)，专职工作人员2人，兼职工作人员5人。现任领导机构是第二届理事会，有理事46人。其中常务理事12人。会长罗励，秘书长黄山。

9月27日，在南宁召开研究会第二次会员代表大会，到会代表68人。大会审议并通过研究会第一届理事会会长卢礼杰作工作报告；审议并通过《章程》修正案和第一届理事财务工作报告；选举产生第二届理事会领导班子成员：罗励当选会长，黄山为秘书长。推举广西比较经济学学会会长林卓群、卢礼杰为名誉会长；推举中国明清家具材质研究专家、国家红木评审委员会委员周默教授为特聘顾问；推举广西大学林学院教授、国家红木标准评审委员会委员徐峰为首席顾问。

学术活动 4月，与中国红木委桂作红木文化研究会、越南红木与工艺美术协会、广西家具木雕协会在南宁国际会展中心共同举办“第三届中国(南宁)国际红木家具与木雕艺术展暨首届广西红木家具与木雕艺术大赛”，来自越南和广西100多家红木家具生产厂家及商家参加。7月，在玉林市容县主办“中国广西珍贵树种—格木学术研讨会”。来自广西区内外的专家学者、当地政府领导、红木(格木)爱好者、民间人士、新闻媒体共60多人参会。研讨会组织参观考察容县真武阁、县底镇冠塘村和松山镇大水村的野生格木林及容县人民会堂“格木家具展示厅”展示的100多件承载广西历史文化的精品格木家具。研讨会对格木申报列入国家红木种类标准范围及把容县打造成为“中国格木之乡”进行论证。9月，在南宁举办“红木文化讲座”，60多人参加。研究会副会长、红木专家、高级工程师李英健作“当前红木市场发展状况分析”主题讲座；澳大利亚木材专家、教授Russell作“国际木文化发展趋势”主题讲座。9月，李英健编著《红木》一书，由中国轻工业出版社出版发行。

年内，通过与广西福摩斯科技有限公司和广西大学林产品质量检测中心建立的合作关系，共为单位会员和会员检测鉴定红木家具400多件(套)；检测木材样品100多件。9月，联系并组织10多家会员单位和红木生产企业及红木商家参加在南宁国际会展中心举办的“中国—东盟博览会林产品及木制品展”博览会。12月,组织6人专家代表团出席在崇左市凭祥市举办的“2014中国红木文化盛典暨红木文化流派大会”。

【广西生态工程与生态文化研究会】 2014年末有团体会员15个,个人会员91人(其中具有高级专业技术职务资格55人,中级18人)。现任领导机构是第二届理事会,有理事32人,其中常务理事15人。会长温远光,秘书长吕伟斌。

学术活动 4月25日至6月19日,研究会与依托单位广西大学林学院联合举办“绿色八桂教授论坛”3次,论坛分别就“海陆过渡带与生态经济”“用物种多度曲线来分析群落构建中生态位过程和中性过程的相对作用”“树木在活动:环境,生理,植物特征及对森林的影响”等专题展开研讨与交流,300多人参加。5月7日,温远光会长率专家组一行4人到广西生态职业技术学院、国有黄冕林场就联合培养人才、科技合作与学术交流等方面考察调研。6月11日,温远光率专家组赴河池市考察调研,与河池市委组织部、科技局、党校等单位领导就基层干部的专业素质培训、科研成果转化等方面进行探讨与交流。6月28日,广西生态学学会召开代表大会及学术交流会,温远光当选副理事长并在会上作学术报告,会员招礼军副教授当选副秘书长、庄嘉副教授当选常务理事。11月4日,学会领导温远光、项东云等陪同中国科学院院士许智宏教授现场考察广西桉树人工林林区,并就桉树人工林的现状及其可持续发展等问题进行探讨与交流。

课题研究 年内,据不完全统计,研究会会员承担各级种类科研项目25项,获科研经费700多万元,其中获国家自然科学基金资助项目8项,经费363万元。发表学术论文50多篇,其中SCI、EI、ISTP收录11篇,中文核心期刊20多篇。3月,学会领导温远光、梁宏温、朱宏光主持的中央财政和国家林业局项目《广西马山县石山(石灰岩)地区造林绿化优良速生树种栽培技术推广示范》(合同编号:[2010]TK46号)通过国家林业局组织验收,并被评为优秀。

【广西范仲淹研究会】 2014年末有个人会员136人(其中具有高级专业技术职务资格24人,中级29人)。专职工作人员1人。现任领导机构是第三届理事会,有理事53人,其中常务理事29人。会长范绍沛,秘书长范耀义。

11月,在南宁召开第二次会员代表大会,就研究会章程、理事会、社团组织领导班子等改选事宜进行相关协商和预备会议,并取得一致意见。12月18日,经过修缮的“范仲淹文化走廊”在北海市合浦公馆镇南山村重新开放,激励当地人民群众学习范公“先天下之忧而忧,后天下之乐而乐”的精神。12月26日,在南宁召开广西范仲淹研究会第五届理事会,范绍沛主持,45人参会。会上通报有关工作进展情况与2014年工作总结,选举范耀义任秘书长。会上,自治区原党委书记陈辉光、法人代表范徽江发言,韦英生、李里宁、杜朝由等领导成员参会并讲话。

年内,副会长范先锋在钦州市贵台范家村设立“高考奖学金”综合管理办法:考上一本的奖励10000元,考上二本的奖励8000元,考上三本的奖励5000元。副会长范豪光在北海市合浦山口镇设立“贫困学子助学金”让每个学生不因“贫困”失学。

11月4日,广西生态工程与生态文化研究会会长温远光(左二)、副会长项东云(右一)陪同中国科学院许智宏院士(右二)到广西桉树人工林林区考察

(温远光 供稿)

【广西房地产及住宅研究会】 2014年末有团体会员2个,个人会员65人(其中具有高级专业技术职务资格20人,中级46人)。内设机构1个(秘书处),工作人员1人。现任领导机构是第一届理事会,有理事25人,其中常务理事11人。会长张协奎,秘书长陈伟清。

学术活动 年内,参与多渠道、全方位学术交流活动,加强与社会各界专家学者的交流,共同为繁荣广西经济社会的发展献计献策。11月1日,研究会2014年学术年会在广西大学召开。广西大学副校长、会长张协奎教授,广西中大股份有限公司总裁邬文康研究员,广西大学商学院教授朱仁友、邬丽萍,广西大学土木建筑工程

11月1日，广西房地产及住宅研究会学术年会在南宁召开（陈伟清　供稿）

学院教授陈伟清，广西师范学院国土资源与测绘学院副院长杨小雄教授等专家及嘉宾、理事、会员代表共60余人与会。会议由张协奎会长主持。主题为“中国楼市调控与房价合理回归”。张协奎、邬文康、朱仁友、杨小雄及邬丽萍等五位专家分别作题为《楼市调控与房价合理回归》《楼市何去何从——央行930救市政策效应研究》《依法治国对房地产供地和用地行为的影响》《楼市调控与土地制度改革》《经济“新常态”与房价理性回归》的主题报告。本次学术报告会提供房地产行业最新资讯交流平台，利于促进广西房地产及住宅研究的学术交流与探讨。

年内，以研究会为平台，协助课题组承办多次小型专题研讨会，如：新型城镇化背景下中国房价合理水平测定研讨会、广西北部湾经济区“智慧城市”建设模式研讨会、广西城乡发展一体化战略研讨会等。

课题研究　年内，研究会组织会员开展多项课题研究工作，发表10余篇相关学术论文，课题结题4项，课题立项1项。具体有：广西哲学社会科学规划特别委托项目《加快北部湾经济区协同创新研究》（批准号：12MJ10），4月通过结题验收；广西高等教育教学改革工程项目《面向北部湾混凝土结构的课程群建设与实践》（2012JGB103一般项目B类），6月通过结题验收；广西教育科学“十二五”规划2011年度立项课题《高校教师绩效考核改革研究》（2011B0001，B类自筹经费重点课题），已申请验收；广西科学研究与技术开发计划项目《广西建设创新型城市发展战略研究》（编号：桂科软10191002—21），已申请验收。在研课题有：国家社会科学基金项目《新型城镇化视角下的中国房价合理水平研究》（批准号：13BJL030）；国家社会科学基金项目《广西北部湾经济区“智慧城市群”协同建设模式研究》（批准号：14BJL093）；国家社会科学基金项目《促进西部地区房地产市场稳定健康发展研究》（批准号：10XJY018）；广西哲学社会科学规划项目《广西首府南宁“智慧城市”建设战略研究》（批准号：13BJY007）；新世纪广西高等教育教改工程重点资助项目《地方综合性大学区域特色学科建设与区域经济社会的契合研究与探索》（编号：2011JGZ002）；广西防灾减灾与工程安全重点实验室2013–2014年系统性研究项目《基于灰色系统理论的工程建筑变形分析与预报研究》（编号：2013ZDX03）；广西高校“党的十八大精神研究”专项课题《广西城乡发展一体化研究》（编号：DSBD13ZD002）；广西高校人文社会科学研究重点项目《广西北部湾经济区协同创新战略研究》（编号：SK13ZD001）。

【广西信用研究会】 2014年末有团体会员31个，个人会员19人，诚信志愿者注册16293人。内设机构10个（秘书处、会员部、法务部、研究中心、网络工程部、征信调查和监测监督部、会刊部、培训中心、诚信志愿者俱乐部）。现任领导机构是第一届理事会，有理事17人，其中常务理事7人。会长兼秘书长杨良玉。

工作动态　年内，研究会联合广西社区诚信志愿者协会举办普惠信用公益活动，共同举办“实现中国梦，社区文明建设”“实现中国梦，感恩·和谐家庭”为

8月2日，广西信用研究会与广西社区诚信志愿者协会联合举办“实现中国梦，社区文明建设”为主题公益讲座活动（杨良玉　供稿）

主题公益讲座活动，在广西境内开展11场（次）。

科研工作与成果　年内，深化转化2012~2013年度《创新和加强社会服务管理研究"一网一卡一册三系统'广西模式'"》成果升级转化"中华飞鸽APP移动终端"系统平台，《CCEE9000人防志愿者版认证系统V2.0》加强版升级开发。研究会发挥"信用广西网"互联网平台优势，按照《研究会章程》核准的"信用监督、投诉处理、信用征信"等业务范围，确立"维护宪法权威，依法行使第三方公正客观对政务、司法的社会信用监测监督权"社会专业监督导向，支持广西依法治区建设。在CCEE9000信用体系管理机构的指导下，研究会推出《信用履职监督指导方案》，为研究会开展第三方社会信用监测监督稽查工作提供有效保证。全面升级《2013年度南宁市全国文明城市"南宁市志愿者档案和志愿服务数据库管理平台"》，为广西辖区"信用志愿者监督官"执业资质资格培训奠定基础。继续深入第三方社会信用监测监督，提高《南宁市全国文明城市舆情监测年度报告》质量，强化"南宁市全国文明城市达标整改负面清单"，为2015年研究会课题研究提供支持服务。CCEE9000第三方社会信用公示系统政务版、企业版模型建构定稿，年内开发上线。《CCEE9000社区综合信息信用征信系统模型1》已转化为系统（软件）产品，是2014年广西社科重点课题《社区公共服务综合信息信用体系系统建设研究》（经费自筹）的重要工作部分。完成《公民职业信用信息公共服务平台——"云档案"系统建设研究(gxsk201462)》2014年广西社科重点课题，经课题主管单位审核准予结项结题。2014年广西社科重点课题《社区公共服务综合信息信用体系系统建设研究》（经费自筹）集成系统平台网站：中华信用网、中华云社区（南宁云社区）、第三方社会信用信息公示系统（广西）、南宁市社区志愿者网、321社区商城（同城乡信用销售消费第三方信用服务平台）、中华飞鸽即时通讯平台（手机移动终端APP）等，已上线运行。

【广西比干文化促进会】 2014年末有团体会员7个，个人会员132人。内设机构6个（秘书处、财务处、项目部、影视部、运营部、学术研究部）。工作人员17人，专职人员5人。现任领导机构是第二届理事会。会长林超群，秘书长林干文。

社团活动　11月，召开促进会第二届换届大会，选举产生新一届理事会及领导机构。12月18日，广西老年摄影家协会、广西摄影家协会、广西民族协会主办，促进会与广西天雅文博艺术文化公司承办，推出时光印记系列"镜头下的老南宁"，"镜头下的老柳州""镜头下的老桂林"等。

学术交流　8月7日，由促进会等单位主办，文博书画院承办的"当代书画艺术的价值"学术研讨会在文博书画院举行。会长林超群，中国书法家协会理事、广西书法家协会副主席、清华大学美术学院书法高研导师林建勋，中国泼墨书画研究会副会长、国家高级美术师林汉寿，内蒙古书协副主席白光，中国当代知名文艺评论家张驰等参会。艺术家们对当代书画艺术价值取向进行探讨与交流，着重研究中国书画艺术价值、传承渊源，为促进中国书画艺术收藏与走进市场建言献策。8月9日，促进会邀请中国国家画院访问学者周本刚、林建勋、白光等国内知名书画艺术大师就公益名家书画精品作品赏析和书画艺术品收藏进行专题讲座，讲解书画艺术审美价值，提高名家书画作品的鉴赏水平，培育公众艺术文化审美情趣。8月11~13日，在促进会林建勋和林干文的陪同下，白光、张驰和深圳中华报社主编陈移山等艺术家和学者到桂林市林半觉艺术馆参观，并与中国书法家协会会员、国家高级美术师林汉涛座谈，对书画艺术进行交流。

公益活动　年内，初步达成与广西卫视全国首档美丽乡村公益栏目《第一书记》合作。该栏目以选派的3000名扶贫"第一书记"为主角，采用外景拍摄和演播室录像相结合方式，展示他们脱贫致富的工作，并邀请"第一书记"到节目现场，与100位企业家和爱心人士接触，传播扶贫助困的社会大爱精神，提升促进会及会员单位知名度和形象。

【广西速记速录协会】 2014年末有团体会员2个，个人会员118人。内设机构5个（秘书处、会员部、培训部、学校部、咨询部），工作人员3人。现任领导机构是第二届理事会，有理事15人。会长范俭，秘书长钟蕾。

11月15日，广西速记速录协会第二届会员代表大会在南宁召开（范　俭　供稿）

社会活动 9月16~19日，为在南宁举行的第十一届中国—东盟博览会、商务与投资峰会提供速录服务。

11月15日，在广西大学召开协会第二届会员代表大会。广西大学学报原主编韦俊谋、《中国银行业》杂志广西站站长苏志军、广西大学文学院文秘考研室主任谢仁敏及相关企事业单位广西速记速录工作者100多人参会。大会审议协会第一届理事会工作报告和财务报告，选举产生第二届理事会，特邀手写速记专家韦俊谋广西大学学报原主编、教授为协会名誉会长。会长范俭对新一届理事会的工作方向提出要求：一是加强与政府主管部门沟通和联系；二是开展课题研究；三是参加全国、区域性或自治区有关部门组织的理论研究、协作、交流及与速录相关的考察活动；四是举办速记研讨会，促进广西速记研讨活动发展。

科普活动 年内，在广西大学、广西师范大学、广西财经学院、南宁职业技术学院、广西政法管理干部学院、广西机电职业技术学院、广西经贸职业技术学院、柳州铁道职业技术学院、广西幼儿师范高等专科学校、广西石化高级技工学校、南宁市一职校等学校成立速记速录分会，开设各类专业讲座和培训。同时，对各高校会员进行专业培训，完善各会员档案存档工作。

【广西农村发展与改革研究会】 2014年末有个人会员50多人(其中具有高级专业技术职务资格28人，中级16人)。内设机构3个(秘书处、外联部、财务室)，工作人员4人。现任领导机构是第一届理事会，有理事25人，其中常务理事15人。会长杨亚非，秘书长袁珈玲。

学术活动 6月10日，在自治区党委组织部组织的自治区处级干部"广西区域经济发展"专题培训班上，研究会会长、广西社会科学院农村发展研究所所长杨亚非应邀作题为"两个建成"与广西区域经济发展的专题讲座。8月29日，召开《广西蓝皮书·广西农村发展报告·2014》新闻发布会。9月13日，杨亚非参加由中国社会科学院、自治区人民政府主办的"第七届中国—东盟智库战略对话论坛"，并在会上作专题发言。10月，曾艳华副会长等人参加在陕西杨陵西北农林大学承办的"2014年全国中青年农业经济学者学术年会暨全国高等院校农林经济管理院长(系主任)联谊会"，并在会上作专题发言。11月1日，召开"深化农村改革研讨会"，自治区内10多个单位代表参与并进行研讨，新华社、《广西日报》对会议进行专题报道。11月，参与广西农业经济学会学术年会，学会会员邵法焕、曾艳华、周保吉等师生在会上作主题发言。12月，曾艳华教授带队参观华中农业大学经济与管理学院，考察农经专业学科的建设和改革情况。

科研工作与成果 年内，会员完成国家社科基金项目及开展系列省级和部门及地方课题的研究工作。包括:《广西现代农业创新研究》《"战略支点"视角下广西与东盟经贸合作问题研究》《广西参与大湄公河次区域合作的趋势分析及制度安排选择》《广西乡村贫困向城市转移的趋势与治理问题研究》《广西基本公共服务均等化与农民工问题研究》《广西跨国劳工社会管理研究》《广西整村推进扶贫开发对策研究》等。开展的国家社科基金项目的研究工作，包括主持《滇黔桂石漠化区生态移民的社会融入问题研究》和参与《滇黔桂石漠化片区贫困农户可持续生计策略优化研究》《基于农业现代化的农民发展能力研究》等。主编出版《广西蓝皮书:广西农村发展报告·2014》。发表的学术论文有:《浅论农林经济管理专业本科生实验教学》《论中国特色现代农业的发展》《猪肉价格稳定影响因素分析研究——以广西为例》《"空心村"形成必然性与改造合理性研究》《基于农民自我发展能力的家庭农场约束因素研究》《需求断裂、信任缺失与中西部农村地区劳动力转移》等。

年内，《广西边境地区农业农村发展与中国周边地缘战略问题研究(修改版)》《稳定广西海洋捕捞渔民队伍，维护我国海洋权益》两篇调研报告得到自治区党委书记肯定性批示。

学术奖励 年内，在广西第十三次社会科学优秀成果奖评选中，会员主持完成的科研成果获二等奖3项。

11月1日，由广西农村发展与改革研究会举办的"深化农村改革研讨会"在南宁召开　　（杨亚非　供稿）

【广西—东盟经贸促进会】 2014年末有团体会员20个。内设机构2个(秘书处、编辑室),工作人员6人。现任领导机构是第一届理事会,有理事5人,其中常务理事3人。会长黄海波,秘书长梁安。

工作会议 1月20日,促进会常务理事会召开会议,确定2014年基本工作目标:开展中国—东盟经贸政策研究,服务广西人民政府,帮助广西企业向东盟国家"走出去"。6月25日,召开促进会常务理事会会议,总结开展广西与东盟经贸合作情况。

学术活动 9月6日,与星展银行举办银企对接会,47个企业会员到场,活动为帮助年销售额在5000万以上企业实现与星展银行资金对接,帮助企业年末生产与市场开展资金链供给。9月,组织100多名专业人员参加中国—东盟博览会。9月17日,促进会会长黄海波率10余家优秀企业会员代表参加中国—东盟商界领袖论坛。现场260余家各国商界代表听取新加坡、马来西亚、菲律宾等国代表共建海上丝绸之路的执行方案与目标。9月18日,中韩民间贸易交流中心启动仪式暨产品展示推广会在南宁举行,大韩桂投资公司董事长徐正龙与黄海波会长及北京英联邦协会、世界华人联合会总会副主席郑飞,韩国各相关协会及企业代表嘉宾出席活动。10月9日,与中韩民间贸易交流中心在南宁举办韩国进出口项目说明会。11月22日,在南宁举办会员企业融资对接会,近140人参加。12月21~25日,组织相关人员赴柬埔寨进行商务考察,开展柬埔寨农业稻米种植、建筑材料、包装市场、小商品贸易等考察及与当地政府相关部门对话,帮助更多企业了解与柬埔寨投资合作的优劣势。

11月1日,由广西西大城市发展研究院举办的南宁市"智慧城市"发展战略研讨会在南宁召开。图为部分与会代表合影留念 (陈伟清 供稿)

【广西西大城市发展研究院】 2014年末有个人会员10人(其中具有高级专业技术职务资格3人)。内设机构1个(秘书处),工作人员1人,兼职研究人员6人。现任领导机构是第一届理事会,有理事5人。院长兼秘书长陈伟清。

学术交流 年内,结合所研究课题,主办多次小型研讨会,主要有:广西北部湾经济区城市整合协调发展与资源环境关系研讨会、南宁市"智慧城市"发展战略研讨会、广西北部湾城市群房价与地价关系研讨会、西部地区就近城镇化研讨会等。

课题研究 年内,会员发表8篇学术论文,课题立项1项,结题4项。具体有:广西哲学社会科学规划特别委托项目《加快北部湾经济区协同创新研究》(批准号:12MJ10),4月通过结题验收;广西高等教育教学改革工程项目《面向北部湾混凝土结构的课程群建设与实践》(2012JGB103一般项目B类),6月通过结题验收;广西教育科学"十二五"规划2011年度立项课题《高校教师绩效考核改革研究》(2011B0001,B类自筹经费重点课题),已申请验收;广西科学研究与技术开发计划项目《广西建设创新型城市发展战略研究》(编号:桂科软10191002-21),已申请验收。

在研课题有:国家社会科学基金项目《新型城镇化视角下的中国房价合理水平研究》(批准号:13BJL030);国家社会科学基金项目《广西北部湾经济区"智慧城市群"协同建设模式研究》(批准号:14BJL093);广西哲学社会科学规划项目《广西首府南宁"智慧城市"建设战略研究》(批准号:13BJY007);新世纪广西高等教育教改工程重点资助项目《地方综合性大学区域特色学科建设与区域经济社会的契合研究与探索》(编号:2011JGZ002);广西防灾减灾与工程安全重点实验室2013-2014年系统性研究项目《基于灰色系统理论的工程建筑变形分析与预报研究》(编号:2013ZDX03);广西高校"党的十八大精神研究"专项课题《广西城乡发展一体化研究》(编号:DSBD13ZD002);广西高校人文社会科学研究重点项目《广西北部湾经济区协同创新战略研究》(编号:SK13ZD001)。

【广西民族文化发展研究会】 2014年末有个人会员61人(其中具有高级专业技术职务资格15人,中级9人)。内设机构3个(办公室、调研部、剪纸艺术推广部),工作人员6人。现任领导机构是第一届理事会,有理事11人，其中常务理事3人。会长莫兆钦，秘书长梁晴。

年内，研究会采用新的模式宣传推广广西民族文化，发展参与电子商务的企业加入。会员企业食宅购商城上线和食宅购慈善超市开业，用020电商模式做慈善事业，提供数千个就业岗位，安置专业军人、协力大学生创业；利用广西民族文化品牌力量，带领研究会会员企业打造广西首个电子商务和实体经济互补融合的综合性电子商城，使具有广西民族特色的广西名特优产品走向全国和国际市场。9月，研究会作为指导单位，参与“2014年首届泛北部湾（玉林）饮食文化节暨北部湾美食烹饪大赛”活动，推动广西民族饮食文化发展。

【广西创新与创业研究会】 2014年末有个人会员89人（其中具有高级专业技术职务资格42人，中级21人）。现任领导机构是第一届理事会，有理事39人，其中常务理事9人。会长兼秘书长陆柳萍。

9月19日、10月20日，研究会与南宁市委组织部在广西大学主办“科技人员业务能力提升培训班”。研究会副理事长、广西知识产权研究会副理事长、广西法学会知识产权顾问、广西大学知识产权与技术管理研究中心首席顾问柯涛教授，国家“知识产权百千万人才工程”百名高层次人才人选、广西大学知识产权研究中心教授韦铁、洪军，广西大学物理科学与工程技术学院教授万玲玉、周文政等科技人员和教师180多人参会。培训班就“广西科技创新发展对策”“广西知识产权战略实施”“高科技创新环境建设”“知识产权管理学科与技术经济管理学科的相关性”等议题进行研讨。韦铁、柯涛分别作题为“知识产权管理学科与技术经济管理学科的相关性”“知识产权基础及复合性人才培养模式”的主题报告。

【广西产业与技术经济研究会】 2014年末有团体会员3个，个人会员53人。内设机构3个（秘书处、办公室、研究部），工作人员5人。现任领导机构是第一届理事会。会长杨鹏，秘书长李瑞红。

12月13日，在南宁举行新形势下广西工业实施开放合作战略研讨会，广西社会科学院、自治区政府发展研究中心、自治区发改委、自治区工信委、广西国土资源规划院、广西大学、广西民族大学、广西财经学院、广西师范学院、南宁学院等相关高校和研究机构的专家学者参会。研讨会上，与会者围绕“广西工业发展所面临的新形势、新机遇和新挑战”“‘一带一路’背景下，广西如何实施工业开放合作战略”“‘双核驱动、三区统筹’战略下，如何进一步优化广西工业开放格局”等展开研讨。与会者认为，在新形势新常态下，广西开展工业开放合作，应体现：一要促推产业结构的升级，要通过加快积极承接东部地区产业转移，加强生产性服务业配套，实现结构优化升级；二要促推产业布局的优化，在“双核驱动、三区统筹”和高速路网不断完善背景下，要突出推进产城互动，积极打造高铁经济带；三要促推产学研用的结合。要进行项目的联合申报与产品的协同创新，要建设和提升一批产业创新平台载体等。

【广西人的发展经济学研究会】 2014年末有团体会员9个，个人会员103人（其中具有高级专业技术职务资格54人，中级48人）。内设机构1个（办公室），工作人员1人。现任领导机构是第一届理事会，有理事19人，其中常务理事5人。会长巫文强，秘书长官锡强。

3月15日，在南宁召开第一届第六次常务理事会议，会长巫文强，副会长、广西大学教授李欣广，广西日报社高级编辑黄信，副会长兼秘书长、广西经济干部管理学院教授官锡强，监事长陆壹东等参会。会议总结2013年研究会工作情况，传达自治区社科联七届一次全委暨全区社科联工作会议精神，重点讨论2014年研究会工作重点：中国第六次人的发展经济学研讨会组织筹备、广西第十三次社会科学优秀成果奖评选、2014年广西社会科学重点课题、2014年广西社会科学重点学术著作出版资助项目、自治区社科联2014年学术活动资助项目等申报及人的发展经济学研究资料汇编工作。

11月8日，由自治区社科联和广西民族大学联合举办的“中国第六次人的发展经济学研讨会”在南宁召开 （王政武 供稿）

学术活动 8月30日，在南宁参与协办由光明日报光明网理论频道、《创新》杂志社、广西人的发展经济学研究基地主办的中国首届人的发展经济学青年论坛。主题为：经济发展与青年发展权实现。华东师范大学、西南大学、北京大学、陕西省委党校、广西大学、广西师范大学等高校及相关单位50多位研究人员撰文或现场参会。收到论文近40篇。光明日报光明网、中国社会科学网等媒体报道。巫文强到会指导，研究会副秘书长王政武主持专题发言环节。此外，研究会协助广西人的发展经济学研究基地做好《社会生产和分配与人的生存发展—保障人生存发展的经济基础和途径选择研究》《人的发展经济学教程》（征求意见本）《人的发展经济学研究辑刊》第四辑（上下册）《人的发展经济学论稿》《资本论讲稿》（上下册）《经济人反思》《教育金融》的策划、编辑、校对、出版等工作。

9月26日，广西纪实摄影协会会长火炎应邀为广西边防武警总队通讯员进行新闻摄影培训 （李念平 供稿）

科研工作与成果 年内（不完全统计），会员出版著作10部，完成调研报告18项，发表论文200余篇。会员获广西第十三次社会科学优秀成果奖著作类三等奖1项、研究报告类三等奖3项、论文类三等奖3项；获第五届广西社会科学界学术年会一等奖2项、二等奖5项、三等奖1项、优秀奖2项；获广西社科联党的群众路线理论研讨会征文一等奖1项、三等奖3项。

年内，巫文强、官锡强被评为享受国务院政府特殊津贴专家。

年内，光明日报光明网刊发研究会会员人的发展经济学研究成果（含摘要）18篇、通讯报道7篇，《改革与战略》刊发会员人的发展经济学研究成果12篇，自治区社科联通讯和网站刊发研究会报道5篇（次）。

【广西纪实摄影协会】 2014年末有个人会员80人，工作人员10人。现任领导机构是第一届理事会，有常务理事9人。会长火炎，副会长兼秘书长李念平。

3月，会长火炎组织拍摄“中国呼吸”项目。3月至4月，火炎、蓝林、何晓桥、梁方明等4人，完成“中国呼吸”广西点拍摄。4月17~21日，火炎应邀赴陕西参加“华山论剑纪实摄影研讨创作”活动，全国20多位知名摄影家参加。6月18日，火炎、李念平、曹全义、张广学、蓝林、何晓桥参加广西大学新闻传播学院举办的“华山论剑摄影研讨会”摄影理念交流讲座，广西大学新闻类研究生60多人参加。6月20~22日，协会与贵港市委宣传部、华隆超市联合举办“华隆杯聚焦贵港”大型摄影活动，火炎、李念平、曹全义、阎天际、蓝林、张广学、何晓桥及协会会员40多人与当地摄影家共80多人参加，拍摄2000多幅（组）照片，评出优秀奖110幅（组），9月30日至10月10日在贵港展出。7月，在自治区社科联组织的培训会上，火炎应邀为50多名学员进行“纪实摄影”培训讲座。7月12日，在河池市举办2014年摄影提高班，火炎应邀为学员进行培训讲座，100多摄影人参训。9月，火炎应邀为广西边防武警总队通讯员进行新闻摄影培训，120多人参加。9月19日，协会何晓桥代表“中国呼吸”广西拍摄点参加2014年平遥国际摄影展；11月10日，火炎赴浙江丽水参加首届中国年度排行榜颁奖仪式，火炎获首届（2013）年度排行榜第一名。11月1~30日，火炎作品《大梦华山》《博弈华山》，参加第五届济南国际摄影双年展，火炎获优秀摄影师称号。12月15日，火炎赴海南三亚参加“聚焦三亚暨华人摄影联盟成立大会”，火炎当选为华人摄影联盟理事。

【广西人力资源管理发展研究会】 2014年末有团体会员166个，个人会员110人。内设机构3个（秘书处、培训中心、会员中心），工作人员8人。现任领导机构是第六届理事会，有理事65人，其中常务理事25人。会长温回开，秘书长李志明。

学术活动 年内，开展活动42次，其中各项沙龙讲座活动11次，（EAP活动）交流座谈会26次，户外拓展活动4次，年度峰会1次。全年参与人员2000多人（次）。

科普活动　年内，建立和完善广西人力资源管理发展研究会新网站(www.nnql.cn)，及时发布人力资源管理行业最新动态，发布研究会各类活动内容，全面涵盖各个项目内容及自治区人社厅相关活动信息。年内，以各行各业、大中小企业组织为横坐标，以基层、中层、高层、学术研究等各级岗位为纵坐标，利用现有资源进行有针对性的人力资源专业培训班、实操班、社区平台和研讨会，举办大学就业指导活动和校园招聘。

【广西网媒文化促进会】 2014年末有团体会员15个，个人会员45人(其中具有高级专业技术职务资格23人)。内设机构3个(办公室、财务部、编辑部)，专职工作人员4人。现任领导机构是第一届理事会，有理事13人，其中常务理事5人。会长林德荣，秘书长潘丽娟。

5月13日，在南宁召开理事会讨论并审议促进会与广西金海潮广告有限公司关于挂名主办《风尚大典》刊物合作决定。《风尚大典》是广西主流市场服务媒体，也是大型的直投DM读物。5月28日，在南宁召开常务理事会，讨论通过促进会与南方都市网合作，挂名成立广西网媒网。广西网媒网是由促进会主办，由南方都市网提供网络平台和技术支持。网站主要是提供广西网络作者撰写博客平台及网络推广、网络广告、企业人物访谈、专题制作等服务。7月11日，促进会和漓江人饮业有限公司联合举办的“广西网媒网络作者走进桂林漓江人王府料理店和阳朔鲜花满屋客栈采风”主题活动在桂林和阳朔两地举行，广西网媒网、南方都市网、广西城市网等30余名人气作者参加活动。8月23日，促进会与人民日报(民生周刊)杂志社在南宁共同主办首届广西风尚大典颁奖礼主题活动。广西书法家韦克义、广西画家梁耀分获书画界最具影响力奖；卓君获年度广西人气明星大奖。10月12日，促进会主办2014广西网络媒体文化座谈会，与各地企业和企业家代表进行学术探讨和座谈，进一步推动广西时尚文化和时尚产业发展。12月23日，由人民日报网广西频道指导，广西网媒文化促进会主办，《GXCM风尚大典》时尚杂志、广西网媒网承办，苏酒集团贸易股份有限公司等企业支持的“‘双沟珍宝坊’2014首届广西风尚品牌年会暨双沟珍宝坊新品高端鉴赏会《GXCM风尚大典》时尚杂志答谢会”在南宁举行。广西跨世纪大酒店、南宁保时捷中心等10家企业获最具实力好品牌奖，新华雅苑名家字画艺术馆、广西南宁华美整形美容医院等16家企业获最佳风尚文化品牌单位。

10月12日，由广西网媒文化促进会主办的2014广西网络媒体文化座谈会在南宁举行。图为与会部分代表合影留念　　（潘丽娟　供稿）

【广西可持续发展促进会】 2014年末有团体会员10个，个人会员180人。内设机构1个(秘书处)，工作人员2人。现任领导机构是第一届理事会，有理事35人。会长李德敏，秘书长刘萍。

4月，促进会与南宁市委党校在南宁举办“弘扬生态文化　建设美丽广西”研讨会，促进会、南宁市委党校、广西妇干学校、南宁市社科联等单位30多名专家学者和领导出席会议。李德敏会长提出，实现美丽广西须走生态文明的道路；繁荣的生态文化不仅是生态文明建设和美丽广西建设的软支撑，还是建设成果的重要表现形式。因此，要重视硬件建设，如发展循环经济建设、生态环境修复、生态基础设施建设等，也要重视繁荣发展生态文化。与会者就生态文明、生态文化、美丽广西建设等问题展开讨论，探讨弘扬生态文化的重要意义、生态文化与美丽广西的内在联系及进一步弘扬生态文化、建设美丽广西的现实途径。《广西日报》作题为“弘扬生态文化　建设美丽广西”综述报道。

年内，会员完成广西社会哲学规划办课题《广西长寿资源与长寿产业体系构建研究》阶段成果论文2篇，完成河池凤山县政府委托课题《凤山县重点生态功能区扶贫试验区实施方案》，完成河池宜州市政府委托课题《宜州市创建国家循环经济示范市实施方案》，完成崇左天等县政府委托课题《天等县主体功能区建设试点示范方案》。出版广西社会科学界联合会重点科普

4月17日，由广西可持续发展促进会与南宁市委党校联合主办的"弘扬生态文化　建设美丽广西"研讨会在南宁举行　（蒙国莲　供稿）

读物《生态文化与美丽广西》,2014 年 1 月广西人民出版社出版,210 千字,获全国优秀社会科学普及作品奖。

【广西公共政策研究会】 2014 年末有团体会员 4 个,个人会员 74 人(其中具有高级专业技术职务资格 67 人,中级 7 人)。内设机构 3 个项目部,工作人员 8 人。现任领导机构是第一届理事会,有理事 27 人,其中常务理事 19 人。会长余伯明,秘书长陈道远。

企业调研活动　年内,开展企业调研活动 9 次,为企业提供经营管理咨询服务。主要服务企业包括沃尔玛超市朝阳店、杭州沃尔玛临平店、利客隆超市公司、南宁尚易科技有限公司、马山县和林木业公司、广西英铭广告公司、广西易莱篮科技有限公司、国悦集团、南宁大地飞歌文化集团有限公司等。

课题研究　年内,开展社会服务活动 12 项。其中会员完成政府委托研究项目 2 项,企业委托项目 6 项,在研项目 1 项。具体包括:3 月,完成广西英铭广告有限公司委托项目研究,向公司提交《"沃创富"2014 广西青年创业大赛项目策划与实施》和《广西"卓识"2014 电子商务核心价值链发展论坛市场推广》等项目的咨询报告。6 月,完成广西鹏臻投资开发有限公司宜州分公司委托项目研究,向公司提交《宜州东盟国际茧丝绸交易中心发展战略与可行性研究报告》,获公司采纳。7 月,根据南宁高新区国税局的要求设计培训计划,组织并完成"青年岗位能手"培训项目,获得好评。11 月,完成马山县经信局委托项目研究,提交《马山县农产品加工业发展规划》,获县委常委会审议通过。12 月,完成南宁尚易科技有限公司委托项目研究,向公司提交《广西南宁尚易网络科技有限公司岗位绩效管理方案》,获公司采纳。12 月,完成广西利客隆超市有限公司委托项目研究,向公司提交《电子商务发展战略与亲和营销策略咨询报告》,获公司采纳。年内,组织研究团队参与"中国—东盟联合大学项目研究"、"南海国际邮轮母港及航线建设项目研究"、"左右江革命老区振兴发展实施方案及政策研究"等项目的招投标。

科研工作与成果　年内,研究会会员出版著作 1 部,完成调研报告 25 篇,发表论文 230 多篇。

【广西新农村建设促进会】 2014 年末有团体会员 35 个,个人会员 20 人。内设机构 5 个(秘书处、设计院研究所、农产品营销中心、电子商务中心、物流配送中心),工作人员 5 人。现任领导机构是第一届理事会,有理事 9 人,其中常务理事 5 人。会长李俊龙,副会长兼秘书长黄康。

3 月 10 日,促进会在南宁举行会员代表大会,45 名会员代表参加,会议围绕 2014 年中央一号文件相关精神进行学习,领会当前新农村建设的紧迫性,讨论推进广西下一步新农村建设工作,为服务"三农"做贡献。6 月 10 日、10 月 9 日,在南宁讨论设立钦州和贵港办事处,通过设立办事处,更好地开展农村工作及高新农业技术的推广。8 月 8 日,在南宁召开常务理事会,会上,确立南宁市石柱岭广西总工会培训中心为农民工培训中心,如期举办三期农民工技能培训,帮助 150 名农民工自行创业和再就业。

【广西发展战略研究会】 2014 年末有个人会员 438 人(其中具有高级专业技术职务资格 416 人)。内设机构 5 个(财务处、课题处、宣传处、发展处、秘书处),工作人员 7 人。现任领导机构是第一届理事会,有理事 36 人,其中常务理事 15 人。会长江东洲,秘书长刘昊。

学术活动　7 月 26 日,研究会与贺州市委宣传部在南宁举办"发挥向东开放排头兵的作用,把贺州建成广西对接东部和中部地区的重要门户和枢纽"专题座谈会,自治区旅游发展委员会、广西日报社、广西社会科学院、广西大学、自治区发改委、自治区政府发展研究中心、自治区科技厅、自治区农业厅、自治区文化厅、广西电影集团和广西交通投资集团等单位领导和专家学者共 26 人参会;与会者重点围绕现代工业、项目建设、交通建设、生态保护、特色旅游、特色农业、特色城

镇及科技教育支撑等方面为贺州经济社会发展提出对策与建议。12 月 22 日，在南宁举办学习党的十八届四中全会精神交流会，广西区内外高等院校、科研机构及相关产业实体专家学者和实际工作者等 90 多人参会。交流会上，与会者从加快经济建设，建设西部经济强区；加快文化建设，建设民族文化强区；加快社会建设，建设社会和谐稳定模范区；加快生态文明建设，建设生态文明示范区；加快民族事业建设，建设民族团结进步模范区；加强党的建设等方面展开，探讨推动广西经济社会实现跨越发展之道。

1月18日，广西社会科学学术团体发展促进会2013年年会在来宾市象州县召开
（钟永锋　摄）

公益活动　5 月，研究会与科技日报广西记者站和千千网联合承办“助力广西‘两个建成’大型志愿服务活动”，组织青年学生为主体的志愿者队伍围绕基层经济社会发展和干部群众生产生活实际需求，开展“面对面”采访活动、发现“美丽广西”活动、《社会救助暂行办法》宣传普及活动、禁毒宣传活动，撰写活动体会或采访文章并将其进行专题展示和编纂出版。年内，研究会承办自治区民政厅社会工作处组织的“关爱农村留守老人和儿童大型志愿服务活动”，组建 1126 支大学生志愿服务分团。8 月 18~25 日，全国 1200 多所高校近 10 万名大学生志愿者，结合地方特色和学生专长，到广西 111 个县（市、区）、1126 个乡镇、14353 个建制村开展关爱农村留守老人和儿童大型志愿服务活动；开展入户慰问、交流互动、赠送关爱用品等关爱活动，开展困难救助、矛盾调处、人文关怀、心理疏导、关系调剂、社会功能修复服务活动。年内，承办“关爱农村留守妇女大型志愿服务项目”。6~12 月，对广西 14353 个建制村 2 万名农村留守妇女，针对劳动强度高、精神负担重、缺乏安全感等问题开展农村妇女卫生培训关爱活动。

科研成果　年内，编印《助力广西“两个建成”大型志愿服务活动——文章选集之一》《助力广西“两个建成”大型志愿服务活动——文章选集之二》《助力广西“两个建成”大型志愿服务活动——图片集》《助力广西“两个建成”大型志愿服务活动——与百岁老人面对面》《关爱农村留守老人和儿童大型志愿服务活动——典型案例》5 部文章选集。

【广西社会科学学术团体发展促进会】 2014 年末有团体会员 36 个，个人会员 60 人（其中具有高级专业技术职务资格 29 人，中级 16 人）。内设机构 1 个，工作人员 1 人。现任领导机构是第一届理事会，有理事 7 人，理事单位 14 个。会长刘新华，秘书长袁梅花。

1 月 18 日，在来宾市象州县召开促进会 2013 年年会，部署 2014 年促进会工作。促进会领导班子成员、理事参会。自治区社科联领导汤竹庭、姚兵应邀出席。

年内，协助自治区学会部做好以下工作：一是为加强对广西社科联所属学会的管理、指导和服务，深入学会调研，践行群众路线，进行工作指导，提高对所属学会的指导和管理能力。3 月 27 日，广西社科联党组书记、主席王士威，秘书长何明，学会部主任张流等一行 4 人到广西税务学会、广西伦理学学会、广西写作学会、广西信用研究会、广西高等教育学会、广西老年学学会等学会调研指导工作。4 月 15~17 日，广西社科联副主席姚兵，学会部主任张流，促进会副会长、调研员玉明等一行 4 人到广西酒店管理学会、广西亚太酒店文化发展研究院、广西六堡茶文化研究会、广西民联教育研究院、广西学校壮汉双语教学研究会、广西庐江文化投资促进会、广西纪实摄影协会及挂靠在广西师范学院的广西语言文学学会、广西彝学学会、广西区域科学学会和广西经济管理干部学院的广西科学社会主义学会、广西行为科学学会、广西公共政策研究会等 13 个自治区直学会进行调研，与学会有关人员探讨交流，了解学会组织建设、办公条件、活动开展、经费来源、财务管理、课题调研等，听取各学会对社科联工作的意见和建议，分析学会在创新发展过程中出现的新问题，探索学会发展新路子，促进学会事业健康发展。7 月 18 日，协助广西社科联学会部下发《自治区社科联关于协助做好社会团体基本情况调研工作的通知》（桂社科联函〔2014〕47 号），计划到各设区市社科联对市、县（市、区）二级学会情况进行调研。9 月 4 日，姚兵率学会部主任张流等一行 4 人深入广西社会道德文化研究会进行座谈交流，了解学会办会情况、活动开展情况等。10月28~31日，姚兵率张流等一行4人深入梧州、贺州、桂林3市社科联及苍梧、恭城瑶族自治2县社科联对市、县基层学会工作情况进行调研，与梧州市档案学会、贺州金融学会、桂林市教育学会等20个学会就学会建设和学术活动开展、学会基层党组织建设等问题进行座谈交流，对学会发展现状及存在问题进行深入了解。二是加强学术活动开展与交流。5月8日，姚兵率学会部人员参加在百色市那坡县召开的广西彝族地区旅游文化座谈会，就广西彝族聚集区大力发展和开发有民族特色的生态旅游提出意见和建议。年内，姚兵及学会部领导分别参加20多个自治区级学会组织召开的各种学术研讨会、座谈会和换届、成立大会。6月26~28日，协助广西社科联在南宁举行主题为“社会科学年鉴编纂的规范与创新”的全国部分省区市社科联第三届社会科学年鉴工作交流会。来自北京、天津、河北、内蒙古、辽宁、黑龙江、上海、江苏、山东、河南、贵州、云南、陕西、宁夏、新疆、广西等16个省、自治区、直辖市及广州市社科联领导和代表70多人与会，收到社科年鉴工作经验交流材料13篇。王士威主席出席并致辞。北京市社科联党组副书记赵峰、副主席陆奇，天津市社科联副巡视员张同顺，河北省社科联常务副主席曹保刚，内蒙古自治区社科联副巡视员乌兰，辽宁省社科联副主席金虎，江苏省社科联副主席徐之顺，贵州省专职纪检委员陈新义，云南省社科联《年鉴》执行主编、研究员杨荣华，宁夏回族自治区社科联党组书记徐永富、副巡视员姚迎利，广西社科联副主席刘家凯、曹平及副巡视员刘俊出席。姚兵主持。中国版协年鉴工作委员会主任许家康编审作“改进和完善体例，提高社会科学年鉴编纂质量”主旨发言。与会者围绕会议主题进行交流与探讨。

年内，协助举办广西社科专家学者学术交流会2次，发挥社科联桥梁纽带和思想库作用，服务经济社会发展。10月16日，在玉林师范学院举办2014年广西社科专家学者学术交流会。主题为：广西社科界学习解读社会主义核心价值观内涵。自治区党委宣传部副巡视员、自治区文明办副主任宋家浩，姚兵，刘俊，玉林师范学院党委副书记、社科联主席王志明，玉林市社科联主席黎波等领导、专家学者50人与会。11月18日，在南宁举办2014年广西第二次社科专家学者学术交流。主题为：广西社科界学习贯彻党的十八届四中全会精神。王士威、姚兵、刘家凯、曹平，广西比干文化促进会会长林超群，广西大学区域发展研究院院长阳国亮，广西社会科学院原副院长、研究员钟启泉等40位领导专家学者与会。与会专家学者围绕会议主题进行交流与探讨。2次活动中专家学者的主要学术观点分2期在《广西日报》理论版摘要刊发。

【广西四海壮学研究院】 2014年末有个人会员12人(其中具有高级专业技术职务资格6人)。内设机构5个(行政办公室、壮学研究中心、民族建筑文化研究中心、壮医壮药研究中心、考古研究中心)，工作人员9人。现任领导机构是第一届理事会，有理事8人，其中常务理事5人。主席张丹竹，院长兼秘书长李伟宁。

年内，联合广西西田影视传媒有限公司与靖西文化和体育局签订《胡志明与壮族人民陈列馆》策划、布展协议。项目3月份正式动工，研究院多次组织专家团队前往靖西、德保、龙州、柳州等地进行有关“胡志明与壮族人民”课题的调研和资料收集，并召开多次座谈会、论证会、方案策划会等。该陈列馆目前已打造完毕，将于胡志明诞辰125周年期间(初定2015年5月20日)开馆迎宾。

年内，联合广西邕尚置业投资有限公司与靖西政府签订《靖西壮寨特色文化产业园项目》《靖西县安德名镇特色文化旅游综合建设项目》开发协议。项目选址考察、民族文化元素调研、文化旅游地产分析、可行性研究报告编制、立项等前期工作进展顺利，预计项目将于2015年下半年开工建设。

【广西区域科学学会】 2014年末有个人会员91人(其中具有高级专业技术职务资格43人)。内设机构1个(办公室)，兼职工作人员3人。现任领导机构是第一届理事会，有理事17人。会长韦海鸣，秘书长汪

8月16~17日，由广西区域科学学会主办的“广西参与大湄公河次区域合作成果与展望”研讨会在南宁召开。图为与会代表合影留念　（汪德荣　供稿）

德荣。

年内，会员共承担26项课题的研究工作，即承担自治区发展改革委员会委托的《两广跨省产业合作园区建设新模式》《广西区域合作与产业转移投资概览》《广西参与大湄公河次区域合作成果与展望》等3项课题研究工作；承担广西工业和信息化委员会委托的《广西工业基础能力提升研究》《广西生产性服务业发展研究》《广西县域工业园区与县域经济发展研究》等3项课题研究；承担南宁市工业和信息化委员会委托的《南宁工业对全市经济社会发展贡献研究课题》等1项课题；承担南宁市国土信息中心委托的《南宁市产业园区土地利用调查专题研究》等1项课题；承担北海市发展与改革委员会委托的《"十三五"北海中长期能源发展战略研究》等8项课题；此外，还承担桂平市发改局、陆川县发改局等委托的10项课题。

8月16~17日，学会召开"广西参与大湄公河次区域合作成果与展望"研讨会，20多位会员参会，与会专家学者对广西参与大湄公河次区域合作成果与展望进行讨论与交流，形成共识。

【广西地方税收研究会】 2014年末有团体会员14个。内设机构1个(秘书处)。现任领导机构是第一届理事会，有理事52人，其中常务理事30人。会长吴殿禄，秘书长汪星明。

科研课题　年内，研究会调研课题在各市地方税收研究会申报的基础上，经研究会秘书处审核并报自治区地税局领导审定后，确定广西地方税收研究会系列调研课题16个中标课题组。课题均按时完成结题工作，并于11月下旬组织专家对调研课题进行评审，形成2014年度优秀科研成果。

书刊编辑　编辑出版《2013年度广西地方税收研究会优秀论文集》，共268千字；编辑出版《广西地税年鉴·2013》；完成《广西地税年鉴·2014》组稿、编审工作，约2000千字。

规范管理　1月，申请加入广西社会科学学术团体发展促进会；3月，向南宁市青秀区国税局提交《广西地方税收研究会关于不认定增值税一般纳税人的书面报告》，获得审批；6月，拟定《广西地方税收研究会聘用人员管理办法》并正式施行，进一步规范广西地方税收研究会财务管理及人员管理制度，加强学会自身内部建设，扩大与广西各界人士的交流与联系。

【广西婚姻家庭研究会】 2014年末有个人会员68人(其中具有高级专业技术职务资格4人)。现任领导机构是第一届理事会，有理事12人，其中常务理事8人。会长吴若梅，秘书长孙艳。

学术活动与交流　3月，会长吴若梅率众参加深圳婚姻家庭动力沟通培训，与深圳市各学术团体探讨如何"开启婚姻和谐家庭有效沟通"专题。4月，名誉副会长陈一分别完成3场广西邮政储蓄银行职场减压的定向心理培训、疏导和凭祥保税区公务员职场培训。200多人参训。6月，副会长覃文达和秘书长孙艳参加中国劳动社会保障部在北京举办的高级婚恋家庭咨询师交流培训班，并获得人社部颁发认证的高级婚恋家庭咨询师证书。覃文达、孙艳与中国性学会青少年性教育专业委员会主任、中国婚姻家庭研究会专家委员会副主任陈一筠教授，上海睿家社工服务社、东莞心理协会、山西省心理协会等对社会发展中有关妇女和婚姻家庭的热点难点问题，展开理论研讨。10月，召开"自治区妇女系统权益干部婚姻家庭培训"会，200多人(次)参会，广西妇女联合会副主席田维、权益部部长潘艳，各地市权益部部长、副部长负责人与会。12月，参加广西妇女联合会举办的"家和万事兴　共筑中国梦"学术年会，研究会13篇论文获奖。陈一的《论广西的传媒发展对广西妇女发展工作的影响》获二等奖，孙艳的《农民工的性需求应引起社会关注》获优秀奖。12月，在南宁召开2014年广西婚姻家庭学术研讨暨广西会员联谊活动会，收到论文66篇，评出一等奖2篇、二等奖6篇、三等奖10篇、优秀奖20篇。

科普活动　年内，前往河池市罗城县妇联，给当地

10月31日，广西婚姻家庭研究会在河池市罗城举行2014年婚姻家庭基层工作实践分析讲座　（吴若梅　供稿）

县、镇、乡、村妇联干部讲授《婚姻家庭基层工作的时间和技巧》,300 多人参加。陈一及心理学专家给当地干部群众普及心理学知识和婚恋咨询的经验、实践、工作技巧、手段、注意事项。

【广西亚太酒店文化发展研究院】 2014 年末有工作人员 12 人(其中具有高级专业技术职务资格 4 人,中级 2 人)。院长刘莉平。

学术活动 1 月 11 日,与广西酒店管理学会、广西宏桂集团和苏州酒店经理人商会在南宁共同举办“2014 年北部湾酒店节能环保新技术应用论坛”,苏州、广州、广西区内的科研院所、院校、律师事务所等企业的工程技术人员、酒店投资人、总经理、工程师等 120 人参加。论坛以中山大学旅游管理学院彭青常务副院长“酒店业经营市场现状分析,节能环保为酒店节约运营成本,增加利润点”论题开篇,就酒店业节能环保设计、筹建、节能设备更新改造及节能增效管理工作先进经验和存在问题进行专题演讲,推进酒店业低碳节能发展战略,促进行业转变经营方式,打造节能减排、低碳环保的绿色饭店,加快推动旅游酒店经济可持续发展。

科普活动 年内,与广西酒店管理学会共同打造以“致力酒店业,服务酒店人”为宗旨的“亚太酒店讲坛”学术品牌。3 月 20 日,在南宁举办《网络信息时代旅游酒店业市场分析及营销》培训班 42 家酒店 96 名酒店营销精英参训。6 月 6~7 日,在南宁举办《酒店纳税策划及涉税风险防范》培训班,30 家酒店 49 名财务管理人员参加。7 月 23~24 日,在南宁举办《酒店设备规范运行与节能降耗》培训班,18 家酒店 29 名酒店工程部经理、主管参训。8 月 26~28 日,在南宁举办《打造实效酒店客房内训师》培训班,23 家酒店 33 名酒店工程部经理、主管参训。9 月 27~28 日,在南宁举办《酒店中层管理人员高效执行力之创新管理》培训班,18 家酒店 47 名总监、部门经理级管理人员参加。10 月 27~28 日,在南宁举办《非人力资源经理的人力资源管理》培训班,18 家酒店 45 名酒店部门经理级人员参加。11 月 27~28 日,在南宁举办《酒店经理人的成功销售》培训班,13 家酒店 40 名酒店酒店部门经理、主管参加。12 月 27~28 日,在南宁举办《酒店督导管理技能提升》培训班,12 家酒店 42 名酒店酒店部门经理、主管参加。

对外交流 4 月 20 日,与广西酒店管理学会联合组织为期 8 天的广西酒店总经理赴重庆、成都考察学习,10 家酒店 15 位总经理参观重庆天来酒店、洪崖洞大酒店、洲际酒店、富力凯悦酒店、凯宾斯基大酒店、丽笙世嘉酒店、海逸酒店,成都索菲斯民族大酒店、花样年隆堡酒店、明宇豪雅饭店、城市名人酒店、伍德酒店、环球中心天堂洲际大饭店。7 月 10 日,与广西酒店管理学会联合组织为期 6 天的广西酒店总经理赴海南省三亚海棠湾考察学习,12 家酒店 19 位总经理参观三亚万宁中奥戴斯温泉度假酒店、海棠湾天房洲际酒店、海棠湾威斯汀酒店、海棠湾凯宾斯基酒店、亚龙湾丽兹卡尔顿酒店、瑞吉酒店、湾财富海湾酒店、湾唐拉雅秀酒店并与部分酒店高管进行座谈交流。

【广西庐江文化投资促进会】 2014 年末有团体会员 2 个,个人会员 88 人(其中具有高级专业技术职务资格 8 人)。内设机构 2 个(办公室、秘书处),工作人员 5 人。现任领导机构是第一届理事会,有理事 25 人,其中常务理事 8 人。会长何权,秘书长何滨生。

1 月 11 日,在南宁举行广西庐江文化投资促进会新春团拜研讨会,200 多人与会。年内,在南宁举行全体会员大会暨中秋联谊会,近 200 多人参会。学会会员及在邕企业家、社会学者、商界人士出席。与会者在会上分析探讨未来金融、文化等各领域产业的前景,就如何把握当前投资形势各抒己见。

4月20日,广西亚太酒店文化发展研究院组织广西15位酒店总经理赴重庆、成都考察学习 (刘莉平 供稿)

【广西知青文化研究会】 2014 年末有个人会员 220 人。内设机构 7 个(办公室、会员部、宣传部、研究部、文化体育部、联络部、财务部),工作人员 5 人。现任领导机构是第一届理事会,有理事 45 人,其中常务理事 25 人。会长阳国亮,秘书长潘海深。

9 月 28 日,在广西幼儿师范高等

10月31日，广西知青文化研究会第二届学术研讨会在南宁召开

（庞世强　供稿）

专科学校与广西群众艺术馆共同举办"三丰杯"广西第七届知青文艺会演，南宁、柳州、桂林、梧州、贵港等市共12支团队660多人参加。10月28日，研究会领导阳国亮、潘海深率工作人员一行与南宁邕宁县党委办公室人员赴南宁市打造12个城乡统筹发展综合示范村之一的邕宁县新江镇那蒙坡进行城乡统筹发展及知青文化活动基地选点实地考察。10月31日，在广西广播电视大学召开"弘扬知青正能量研讨会暨广西第二届知青文化学术研讨会"，60多名知青代表专家学者参会。收到论文和评论文章19篇，著作2部。

【广西保利置业研究院】 2014年末有个人会员18人（其中具有高级专业技术职务资格5人，中级10人）。内设机构2个（综合部、研究室），工作人员6人。现任领导机构是第一届理事会，有理事8人，其中常务理事3人。会长吴光明，秘书长朱立本。

学术活动与交流　年内，举办各种学术活动12次，452人参加，收到论文5篇。4月12日，广西保利置业9周年"筑悦中国和美生活"品鉴汇在南宁市君悦湾项目举行，近300人参加。《广西日报》、广西时空网、搜房网等10多家媒体现场报道，开启文化复合地产新征程。4月18日，南宁市教育局局长潘永钟等领导到研究院调研，并与研究院相关领导就广西保利开发项目的教育资源配套、办学模式创新等问题进行座谈交流，双方重点就广西保利引进国外优质教育资源办学的创新模式进行探讨。5月23日，院长吴光明率秘书长朱立本等一行赴梧州调研考察，与梧州市长朱学庆、副市长何棠等领导就共同谋划合作良机，推动地方和企业共赢发展进行交流，并对部分拟开发商业地块进行实地调研。6月23日，《保利人家文化报》6周年庆典在南宁市罗伞岭山庄举行，近200名业主参加，见证"保利红袖坊""保利兰亭会""保利中国行""保利熠熠生辉"四大文化组织的成立。9月21日，玉林市委副书记、玉东新区工委第一书记李常官率玉东新区班子成员及各局办相关负责人到广西保利参观交流，双方就旅游文化项目新型模式、城市开发建设等多方面的合作进行探讨。9月15~17日，应自治区党委书记彭清华、主席陈武的邀请，集团公司董事长徐念沙赴广西南宁出席第十一届中国—东盟博览会、中国—东盟商务与投资峰会系列活动，期间，实地视察调研广西公司在建的君悦湾、山渐青项目及重点拓展的领秀前城、广西文化艺术中心项目。

科研工作与成果　年内，在"文化保利　筑福天下"品牌主题下，探索文化与居住复合、文化与商业复合、文化与旅游复合的新发展模式，并在前城、桂林文化产业园等项目上落地实践，迈出向文化符合地产转型的征程。年内，落实"七好保利"标准，不断提升产品质量，形成第一稿《"七好保利"研究报告》，对公司产品和服务标准的提升指明方向。在置业集团三选、两定、一验收的标准流程下，新设立品质提升工作小组

5月23日，广西保利置业研究院院长吴光明（中左）率团赴梧州调研考察，图为与梧州市市长朱学庆（中右）进行交流座谈　　（朱立本　供稿）

和保利精工队，针对客户反映的突出问题，进一步规范设计、选材、工艺、管理等流程，探索房地产开发新型模式，为公司转型发展取得先机，积极探索实践“轻资产”运营模式。

【广西世纪红榕创业投资与企业价值研究院】 2014年末有专职人员22人，其中科研人员15人。内设机构2个（办公室、研究部）。现任领导是第一届理事会，有理事7人，监事1人，其中常务理事3人。院长钱克勇，秘书长丁肇亮。

年内，研究院每月组织内部人员进行红榕创业学习、研究、信息报告，进行行业分析，企业价值体系。

学术活动 5月，为培养创业团队，引领成员明晰研究院战略目标，丁肇亮秘书长为全体员工作培训。5月6~9日，以自治区政协副主席刘正东为组长，自治区政协教科文卫体委员会主任于瑮、自治区政协副秘书长万朗为副组长，自治区政协委员、研究院法人黄冠杰，有关部门负责人及专家学者为成员的专题调研，先后赴玉林、北海、钦州、防城港等市调研；5月13~17日，赴天津滨海新区、上海自贸区考察，为深化广西北部湾经济区综合配套改革专题协商会的召开做好前期准备工作。7月11日，与自治区政协在南宁召开深化广西北部湾经济区综合配套改革专题协商会，自治区政协等单位50人参会。会上，自治区党委书记彭清华肯定自治区政协近年来为广西发展作出的贡献。

科研工作与成果 12月，研究院组织的“解密新三板——资本市场的一次投资盛宴”投资交流会及恭榕基金发布会在南宁举行。南宁市工商联会员部部长黄云浦，南宁市民营企业家联合会秘书长彭长才，研究院董事长黄冠杰，浙江红榕董事长钱克勇，广西四川商会会长李润及南宁温州商会常务领导等参会。交流会由新三板资深专家丁肇亮主讲，为现场企业家解密新三板，并对红榕资本发起的“恭榕基金”进行介绍。

12月8日，广西世纪红榕创业投资与企业价值研究院组织的“解密新三板——资本市场的一次投资盛宴”投资交流会在南宁举行　（丁肇亮　供稿）

【广西江夏文化发展研究会】 2014年末有团体会员20个，个人会员63人。内设机构6个（办公室、人力资源中心、宣传推广中心、商贸投资中心、财务中心、法律中心）。专职工作人员2人。现任领导机构是第一届理事会，有理事26人，其中常务理事17人。会长黄任文，秘书长黄桐华。

学术活动与交流 6月，会长黄任文一行4人到贵州省贵阳、遵义、仁怀等地考察，与贵州省江夏文化研究会（筹）进行经济文化交流，开创省际研究会间学习交流局面。8月、10月，研究会领导和企业家一行7人2次到广东省茂名市考察，与广东、湖南、海南省江夏文化研究会和相关企业达成合作开发意向。9月，研究会副会长、广西鼎越矿业集团董事长黄尳出席第十一届中国—东盟博览会，参加“矿业项目投资论坛”，与东盟国家相关企业达成合作开发意向。研究会副秘书长黄少雄参加印尼、澳大利亚等国家的经贸合作关系交流会。11月，编印《广西江夏文化》（试刊号）1期。12月6~7日，在钦州市灵山县举行“首届广西江夏文化论坛”。研究会主办，钦州市江夏文化研究会协办。广西各市、县江夏文化研究会（促进会）代表，海南省江夏文化源流研究会、湖南省江夏文化研究会（筹）、贵州省江夏文化研究会（筹）和广东省深圳市、茂名市江夏文化研究会代表共120多人参加。论坛主题为：传承与创新，研讨江夏文化发展新思路。各地代表就“发掘江夏文化底蕴，传承当地江夏文化遗产”“保护文化遗产，发扬中华民族优秀文化传统”“文化交流推动经济发展”等方面进行研讨。会长黄任文的《中华民族博大精深　江夏文化源远流长》论文受与会代表称赞。会上，交流16篇论文和材料。黄任文在会上要求，江夏文化研究工作者要立足创新，提高理论研究成果层次；立足实效，推动理论研究成果应用，为民族文化研究事业和广西经济社会的创新发展提供智力支持和理论服务。

学会工作 年内，学会领导黄任文、黄桐华、黄卫民等多次到梧州、灵山、河池等地开展调研工作，收集第一手资料。通过交流，感受民族文化研究的必要性、目的性和正能量，会员表

12月6~7日，由广西江夏文化发展研究会主办的“首届广西江夏文化论坛”在钦州市灵山县举行　　（黄小妹　供稿）

示要全力支持研究会各项工作。年内，利用广西江夏商会平台，组织和鼓励海内外企业家和投资者到广西投资兴业，发展经济。组织江夏企业开发产业，帮助和支持江夏企业做强做大。同时开展建设广西江夏大厦前期工作。

【广西民族传统文化学会】 2014年末有团体会员3个，个人会员60人。现任领导机构是第一届理事会，有理事13人，其中常务理事5人。会长蓝怀昌，副会长兼秘书长苏海帆。

3月22日，学会在南宁召开电视连续剧《红庙》剧本研讨会，学会领导蓝怀昌，林万里、常海军、苏海帆、梁越及专家学者32人出席。与会者对剧本主题——韦拔群后时代广西中共坚持革命斗争的传奇故事给予肯定，并对剧本关于共产主义信仰问题的展现和惩罚共产党叛徒的内容给予赞扬，《红庙》剧本将据研讨会意见进行第四次修改。6月12日，学会在南宁召开电视连续剧《大藤峡》剧本研讨会，35人参会。二级教授常海军对剧本作主旨发言；剧作主题和内容得到与会者肯定，对通过电视连续剧形式展现200多年“瑶变”的根源和实质给予赞扬。年内，学会与中国网络电视台广西频道签署战略合作伙伴合同，启动《广西记忆——广西非物质文化遗产》系列纪录片的制作。策划与中央电视台共同制作播出《国宝档案》走进南宁、百色项目，该项目将于2015年实施。

【广西荣誉品牌发展研究院】 2014年末有个人会员13人（其中具有高级专业技术职务资格8人）。内设机构4个（办公室、财务室、编辑部、科研部），专职工作人员7人。有理事11人，其中常务理事5人。理事长林德荣。

年内，向国家工信委等部门核准，通过正规手续、购买服务器和网络空间，正式创建广西品牌资讯网，完善广西品牌发展网络空间。10月12日，研究院召开关于“广西品牌如何影响出去”专题研讨会，围绕品牌创建与发展展开研讨。会上，研究院分别与商家签订战略合作协议。

【广西民族文化与旅游发展研究会】 2014年末有个人会员54人（其中具有高级专业技术职务资格15人，中级12人）。内设机构2个（办公室、研究会工作部），工作人员6人。现任领导机构是第一届理事会，有理事38人，其中常务理事10人。会长滕健，秘书长陈贵利。

4月17日，召开研究会常务理事会，讨论2014年研究会工作计划和建议。参会常务理事提出组织会员参与民族文化旅游研究、加强会员间联系和学术交流、组织选编民族文化旅游成果、完善网上研究成果交流平台等建议。12月4日，召开第二次常务理事会及理事大会，回顾总结研究会2014年工作，研究部署2015年工作。

学术活动　年内，先后召开“旅游规划编制与实

8月8日，由广西民族文化与旅游发展研究会主办的地方如何发展旅游业学术交流会在南宁举行　　（陈贵利　供稿）

施办法”“旅游景区标识系统规划设计”“旅游景区创A学习交流”“旅游概念规划”“地方如何发展旅游业”“南宁邕州饭店创建民族文化主题酒店”“俞孔坚景观设计思想”“旅游景区景观价值评价”“旅游规划的几个概念”“旅游集散中心规划设计浅析”“乡村旅游发展的思考与讨论”等学术交流会。年内，不定期召开内部学习交流会，研究会会长、副会长或聘请广西区内专家学者亲自授课，讲解相关规划规范和国家标准、民族文化产业发展动态、民族文化特色旅游案例、民族文化旅游品牌、民族文化旅游产品等知识，并将先进技术和经验与工作人员交流。年内，参加自治区社科联、自治区旅游委开展的业务知识培训。

课题研究　2月28日，召开《花山岩画文化景观遗产旅游价值研究》论证会，并通过评审，完成编制。年内，受南宁邕州饭店委托，负责并完成《南宁邕州饭店民族文化苑项目建议书》编制工作。

数据统计　年内，研究会举办学术活动3次，近40人(次)参加，征集论文5篇。组织考察学习交流活动近10次，近250人(次)参加；组织业务培训活动近10场，近200人(次)参训。

【广西发展与改革研究会】　2014年5月9日经自治区民政厅批准登记成立。有个人会员97人(其中具有高级专业技术职务资格8人，中级13人)。内设机构1个(秘书处)，专职工作人员2人。现任领导机构是第一届理事会，有理事97人，其中常务理事31人。会长韦坚祥，秘书长徐焕奕。

6月，广西发展与改革研究会以韦坚祥为组长的专家调研组到钦州、河池、柳州等地考察调研　(徐焕奕　供稿)

3月15日，在南宁召开广西发展与改革研究会成立暨第一次会员大会，嘉宾、会员代表108人参会。大会审议通过研究会章程，选举产生第一届理事会及领导机构。5月，中标自治区党委政府重大课题《广西深入实施北部湾经济区和西江经济带“双核”驱动战略研究》；6月，以韦坚祥为组长的专家调研组在梧州、崇左、北海、钦州、防城港、百色、河池、柳州、来宾、贵港等10个市进行调研、座谈；12月，课题成果提交自治区党委政府，通过评审验收。年内，受政府有关部门委托，承担各类课题14项。

【广西管理科学研究会】　2014年末有团体会员102个。内设机构4个(秘书处、财务部、管理科学研究院、信息化研究中心)，工作人员3人。现任领导机构是第一届理事会，有理事36人，其中常务理事7人。会长苏全水，秘书长陈斌。

12月20日，与东兴市人民政府联合主办以“总结和研究国内城市城乡一体化发展经验，提出东兴市城乡发展模式，为广西城乡一体化发展探索新路子”为主题的东兴城乡一体化发展规划研讨会在东兴市举行。自治区党委办公厅、自治区人民政府发展研究中心、自治区发展改革委、住房和城乡建设厅、农业厅、统计局、东兴市人民政府有关部门代表50人参会。会议提出东兴市要以建设国家重点开发开放试验区为载体，以统筹城乡发展为主线，以改革创新为动力，以缩小城乡差距、努力消除城乡二元结构、满足人民过上更好生活的强烈愿望为根本出发点，以“1355工程”(一个中心、三个集中、五个城乡、五个新型)构成东兴城乡一体化发展的模式与路径，着力在城乡规划基础设施、产业布局、市场体制、社会管理、公共服务等方面推进一体化进程，促进城乡要素平等交换和公共资源均衡配置，形成以工促农、以城带乡、工农互惠、城乡一体的新型工农、城乡关系，成为在广西率先实现城乡一体化目标、沿边地区城乡统筹发展的全国典范城市。

年内，承担完成东兴市人民政府《东兴市城乡一体化发展规划》编制工作，通过自治区党委办公厅、农业厅、住房和城乡建设厅、国土资源厅、统计局、发展改革委联合专家组评审，成为广西第一个县域城乡一体化发展规划的编制者，创新提出中国沿边城市城乡一体化的东兴模式。承担完成自治

12月20日，由广西管理科学研究会与东兴市人民政府联合主办的“东兴城乡一体化发展规划研讨会”在东兴市举行　（陈　斌　供稿）

区人民政府办公厅《广西高糖高产原料蔗发展对策》和自治区林业厅《广西林业工作站管理模式改革》课题等。

【广西年鉴学会】 2014年4月28日经自治区民政厅批准登记成立。有团体会员55个，个人会员80人。第一届理事会有理事45个，其中常务理事15个。会长许家康，秘书长莫声光。

3月10日，在南宁召开广西年鉴学会第一次会员代表大会，130人参会。大会通过《广西年鉴学会第一次会员代表大会筹备工作报告》和《广西年鉴学会章程》，选举产生理事会。理事会由45个理事单位组成，选举产生常务理事单位15个、会长1人、副会长3人、秘书长1人。广西年鉴学会的成立，对年鉴学术研究，增强广西年鉴工作的协调、沟通和管理，保证党的路线、方针、政策在年鉴编纂出版工作中的贯彻和执行等起到积极的推动作用。

【广西现代法学研究院】 2014年5月5日经自治区民政厅批准登记成立。现任领导机构是第一届理事会，有理事5人。院长付健，秘书长黄中显。

11月6日，研究院联合广西警官高等专科学校在长湖校区举办2014年广西社会科学普及联合大行动之“全面深化改革，实现‘两个建成’”报告会，研究院研究员、广西大学法学院副院长李晖作题为“对2014年《环境保护法》修订的评析”专题讲座，广西警官高等专科学校副厅级调研员刘建昌教授主持，220名师生参加。12月27日，与广西警官高等专科学校社科联、广西经济法学研究会、广西经济法学会联合主办广西经济法学界2014年学术年会暨广西第十次经济法理论学术研讨会在南宁召开，广西大学、广西民族大学、广西师范大学、广西财经学院、桂林电子科技大学、广西政法管理干部学院、广西警官高等专科学校100多名高校代表参加。

12月，研究院成功竞标广西壮族自治区发展与改革委员会招标课题《广西壮族自治区实施〈中华人民共和国循环经济促进法〉办法立法研究》，并到贺州、梧州、武汉等地调研，已按时完成。

12月，广西现代法学研究院课题组成员到梧州市发改委考察调研　（曹　平　供稿）

【广西专家顾问咨询中心】 2014年末有个人会员10人。内设机构5个（秘书处、专家处、外联处、项目处、调研处）。现任领导机构是第一届董事会，有理事3人，其中监事2人。理事长莫蔚。

4月，中心专家组与贵港市港北区相关职能部门完成《广西贵港市港北区国家现代农业示范区项目》申报工作，7月3日，自治区农业厅在南宁举行的国家现代农业示范区申报创建评审会上，该项目获2014年上报国家农业部资格。10月，中心承接《广东省江门市“十三五”发展战略与发展思路研究》《江门市“十三五”投资形势及政策研究》2项课题的前期研究与编制。11月，为夯实“美丽乡村”和社会主义新农村建设产业基础，自治区党委、政府决定开展现代特色农业(核心)示范区创建工作，中心组织专家为凌云县编制现代特色农业示范区规划。年内，自治区农村综合改革工作领导小组办公室委托中心组织专家对广西申报的163项2014年美丽乡村建设项目进行论证评审。中心组织专家采取独立评审方式，严格保密专家个人信息，统分阶段由自治区财政厅纪检监察室工作人员监督把关，顺利完成评审工作，并将结果提交自治区综改办。12月23日，中心在南宁举办“依法治国与政府决策咨询专家研讨会”，20位专家学者参会，与会者围绕如何参与行政决策、如何使政府决策科学化等问题进行研讨与交流。

9月13日，由广西儒学学会、桂林博物馆联合主办的“纪念抗日战争胜利69周年学术讨论会”在桂林举行。图为与会代表合影留念　　（唐建明　供稿）

【广西儒学学会】 2014年末有团体会员5个，个人会员287人。内设机构5个(秘书处即办公室、学术委员会、外联委员会、儒学普及委员会、学会驻南宁办事处)。专职工作人员2人，兼职工人员5人。现任领导机构是第四届理事会，有理事49人，其中常务理事17人。会长唐建明，副会长兼秘书长朱方枫。

9月13日，学会、桂林博物馆主办，桂林市儒学学会承办，在桂林举行“孔孟儒学忠义铸就爱国精魂——纪念抗日战争胜利69周年学术讨论会”，67人参会，16人提交学术论文。桂林市社科联副主席李春毅，广西师范大学原校长张葆全教授、历史系教授钱宗范、文学院博士导师张利群教授、政经学院尹鑫教授，桂林市民政局原副局长邬武保，阳朔县人大常委会副主任莫连苟，临桂县委宣传部副部长陈秀忠等到会并讲话。学会副会长、桂林博物馆唐春松教授主持，会长唐建明致开幕辞。会上，李春毅副主席联系桂林市社科工作实际情况，强调坚守国家核心利益，实践社会主义核心价值观，为建设伟大的祖国而努力。张葆全教授联系桂林抗日战争的具体情况，颂扬阚维雍将军的英雄事迹，强调青年一代要弘扬爱国主义精神，不忘历史，为中华民族伟大复兴而努力奋斗。10月19日，桂林儒学学会在桂林举行学习习近平“在纪念孔子诞辰2565周年学术讨论会上的讲话”座谈会。学会、桂林市儒学学会领导和专家学者19人参会。会上，唐建明会长、钱宗范教授、周其厚教授作发言。年内，学会专家学者到桂林市各地讲学，内容为：中国国学、儒学及传统文化；桂林历史文化；配合群众路线教育实践活动，到临桂作题为“儒宗廉臣陈宏谋”等讲座。

【广西骆越长寿养生研究院】 2014年末有研究人员51人(其中具有高级专业技术职务资格32人，中级16人)。享受国务院政府特殊津贴专家2人，广西有突出贡献科技人员5人，现任领导机构是第二届理事会，有理事15人，其中常务理事9人。院长罗世敏，秘书长赵宗元。

学术成果　年内，对广西长寿养生状况和发展前景进行研究，撰写《长寿养生在广西》《长寿养生产业彰显广西文化特色和魅力》等文章，其中，《长寿养生在广西》在2014年第20期《当代广西》发表，《长寿养生产业彰显广西文化特色和魅力》在广西长寿养生网发表。

发展会员　年内，发展团体会员2个，个人会员5人。

【广西社会道德文化研究会】 2014年末有团体会员7个，个人会员135人。内设机构5个(事业发展委员会、教育传播委员会、表演艺术委员会、书画研究委员会、秘书处)。现任领导机构是第一届理事会，有理事45人，其中常务理事18人。会长覃明兴，常务副会长兼秘书长欧建雍。

学术活动与交流　4月9日，研究会教育传播委员会召开专题工作会议，讨论“广西道德文化讲坛”试讲评审会工作。会议就到公务员当中开展道德讲坛工作具体工作事宜展开讨论。4月20日，广西道德文化讲坛试讲评审会在南宁召开。5月23日，在南宁明秀北社区举行以“践行社会主义核心价值观”为主题的“广西道德文化”讲坛进社区活动，崇左驻南宁管理处、友爱社区、北湖社区、明秀北社区近100人参加。人民网、

5月23日，广西社会道德文化研究会在南宁市明秀北社区举行"广西道德文化"讲坛进社区活动（欧建雍　供稿）

新华网、中新网等20多家中央及地方新闻媒体对活动进行报道。8月25日，由中国·企业家日报社主办，研究会、广西东盟文化传播研究院等协办主题为"德行天下，诚信广西"的广西诚信道德模范企业评选活动启动仪式在南宁举行。来自广西民营企业家协会、世界华人企业家协会、广西上海商会、广西深圳商会等广西31家商业协会近200名企业家参加。活动主要为贯彻落实党中央、国务院《关于培育和践行社会主义核心价值观的意见》《关于社会信用体系建设的意见》，努力践行社会主义核心价值观，推动企业信用建设。11月27日，研究会常务会长欧建雍、副会长覃滋高等一行4人，到桂林阳朔县金宝乡，探访感动中国人物、全国道德模范何玥家乡，了解"何玥德育基地"建设情况，为建设研究会道德基地进行调查摸底工作。发起以何玥事迹改编的电影《新月》获国家广电总局开拍批复，正式进入筹拍准备工作。11月29日，研究会会员单位、道德文化共建单位南宁市主角传媒公司摄制，南宁市中心血站出品的广西首部无偿献血题材公益微电影《非常爱》首映礼暨广西巡映启动仪式在广西民族影城拉开帷幕，为传播道德大爱作贡献。

学术成果　年内，编印会刊《道德看法》1期，刊发文章40多篇；更新网站《道德观察》稿件，发布网络道德文章2000多篇；年内，创办研究会微信公众平台，不定期向社会发布研究会动态和道德美文共50多篇；向自治区社科联网站等各类媒体传送稿件近20篇，出版科普读物《人无德不立》。

【广西当代管理科学发展研究会】 2014年末有团体会员52个。内设机构2个（秘书处、编辑室），下设部门7个（行政办公室、人力资源部、会员管理部、对外联络宣传部、课题调研部、融资投资管理部、财务部），工作人员10人。现任领导机构是第一届理事会，有理事6人，其中常务理事3人。会长唐拥军，秘书长邹东华。

3月21~27日，研究会组织"百色百矿高级研修班"培训活动，50人参训。邀请中国科学院管理科学工程博士后、北京大学企业精神实验室主任普巴和中国人民大学MBA、著名心理咨询专家陈星权主讲。主要内容有经济理论与政策、城市管理与发展战略、经济管理理论与政策、就业于公共部门人力资源管理、经济政策比较、公共经济制度比较等。7月，"四建高中层创新管理高级研修班"培训活动在桂林举办，235人参训，主讲老师为普巴和北京大学经济学院副院长、博士生导师章政。培训内容有卓越领导力塑造与提升、项目管理与监控、投融资战略与资本运营、就业于公共部门人力资源管理、经济政策比较、公共经济制度比较、经济理论与政策、城市管理与发展战略、经济管理理论与政

7月7日，由广西当代管理科学发展研究会主办的"四建高中层创新管理高级研修班"在桂林开班（邹东华　供稿）

策等。

【广西大学生创业就业研究会】 2014年末有团体会员1个，个人会员88人。内设机构4个（秘书处、会员部、培训部、咨询部）。工作人员2人。现任领导机构是第一届理事会，有理事50人。会长董金明，秘书长范俭。

11月29日，由广西大学生创业就业研究会主办的2014年广西高校创业交流会在南宁举行　（范　俭　供稿）

社会活动　11月29日，2014年广西高校创业交流会在南宁举行，10多所高校创业老师参加。会上，各高校创业老师围绕大学生创业问题发言，对大学生创业项目咨询、项目培养、项目投资、项目运营等展开研讨，为大学生创业提出意见和建议。7～12月，由自治区教育厅主办，研究会、广西毕业生就业促进会、广西学子创业投资管理有限公司在南宁承办2014年广西大学生创业大赛。鼓励广西高校大学生创新创业，推广创业理念，培养创业意识，引导创业，搭建资本和项目交流与对接平台，吸引优秀创业人才、团队和项目汇聚广西。

年内，在广西大学、广西师范大学、广西财经学院、南宁职业技术学院、南宁学院、广西国际商务职业技术学院、广西电力职业技术学院、广西建设职业技术学院、广西水利电力职业技术学院、广西工业职业技术学院、广西经济管理干部学院等学校成立“创想家”大学生创业服务中心，与学校合作开展创新创业比赛，组织大学生参加校内外创新、创业类实践活动，挑选优秀创业人才和创业项目；同时针对学生团队，在创业导师和学子创投公司指导下，对项目进行培养、诊断、孵化。

【广西彝学学会】 2014年末有团体会员2个，个人会员102人（其中具有高级专业技术职务资格2人，中级8人）。内设机构1个（秘书处），工作人员1人。现任领导机构是第一届理事会，有理事23人，其中常务理事9人。会长王光荣，秘书长王春燕。

年内，先后召开两次常务理事会议和一次会员代表大会，选举产生新一届学会领导机构、会长、副会长和秘书长，讨论并布置首届学术研讨、课题研究和广西彝族重大文化活动事宜，主办广西在校大学生联谊座谈会。

学术活动与交流　5月26～27日，在百色市那坡县举行“彝族地区旅游文化”学术研讨会。收到论文13篇。年内，学会领导王光荣、杨义杰、梁卫锋、黎日东、王文魁、王春燕，会员林学兵等分别参加在四川省西昌市和贵州省毕节市举行的学术研讨会。其中，王光荣、王文魁、黎日东向大会提交论文。

科研成果　年内，有8名会员在各级各类刊物上发表学术论文。

5月26～27日，由广西彝学学会主办的“彝族地区旅游文化”学术研讨会在百色市那坡县举行，自治区社科联副主席姚兵（左三），广西彝学学会会长王光荣（左四）出席　（黄晓明　供稿）

社会科学教育

本科院校

【广西大学】 广西唯一国家"211工程"学校,教育部和广西共建省部共建高校、中西部高校提升综合实力计划建设高校。校园占地面积4605亩,校舍总建筑面积153.55万平方米。教学科研设备总值10.3亿元,有各类藏书730万册(含学院资料室),其中纸质图书358万册,电子图书372万册。全文电子期刊3.5万种,各类大型中外文数据库85种,数字图书馆建设具有一定规模,已形成纸质文献和电子文献并重的文献信息保障体系。2014年末有各类在校生8万多人,其中全日制本科生23677人,全日制硕士、博士研究生7061人,在站博士后研究人员65人,来自40多个国家的留学生1223人,各类在职教育学生5.2万多人。有在职在编教职工3530人,其中专任教师2169人。专任教师中,具有正高级专业技术职务资格560人,副高级专业技术职务资格1046人,有专业技术二级岗位人员56人,终身教授6人。博士生导师233人,硕士生导师1557人。有双聘院士4人,外籍教授、专家10人,国家自然科学二等奖获得者1人,"973"项目首席科学家1人,国家杰出青年基金获得者3人,教育部长江学者特聘教授3人,教育部长江学者讲座教授1人,"万人计划"百千万工程领军人才1人,享受国务院政府特殊津贴专家25人,国家"百千万人才工程"人选8人,国家杰出专业技术人才2人,国家教学名师2人,中国科学院"国外引进杰出人才"(百人计划)人选1人,全国文化名家暨"四个一批"人才1人,国家有突出贡献中青年专家3人,"青年千人计划"人选2人,国家优秀青年基金获得者1人,科技部中青年科技创新领军人才1人,教育部"新世纪优秀人才支持计划"人选7人。校长赵艳林。

设有31个学院,学科涵盖哲、经、法、文、理、工、农、管、教、艺等10大学科门类,有95个本科专业,36个一级学科硕士点,186个二级学科硕士点,8个一级学科博士点,56个二级学科博士点和10个博士后科研流动站。其中,人文社会科学学院有12个,开设专业38个,一级学科硕士点9个,二级学科硕士点64个;一级学科博士点1个,二级学科博士点10个。有2个国家重点学科,1个国家重点(培育)学科;2014年工程学学科进入ESI世界前1%行列。有4个国家级实验教学示范中心,1个国家级虚拟仿真实验教学中心;1个国家重点实验室和1个省部共建国家重点实验室培育基地,4个教育部重点实验室和工程研究中心,1个国家林业局重点实验室和一批广西重点建设的实验室、研究基地。

年内,到校科研经费2.24亿元,获国家自然科学基金立项122项(含国家自然科学基金重点支持项目1项),资助经费5751万元。获国家社科基金项目14项,资助经费295万元。首次获国家社科基金单列学科——艺术学项目立项2项,资助金额31万元。发明专利申请受理1654件,全国高校排名第七。

广西大学法学院　二级学院。下设人权与地方法制研究中心、财产法研究中心、金融法研究中心、刑事司法研究中心、环境法研究中心、法学实践教学中心、法律诊所教学中心等院属研究机构和法学理论、刑法、民商法、经济法、国际法5个教研室。学生实践平台有模拟法庭、广西农民土地权益普法咨询中心、广西法律援助中心广西大学工作站及40多个在法律实务部门建立的实习基地。2014年末有专职教师37人,其中教授9人(博士生导师2人)、副教授16人,超过50%的教师有博士学位。在任教师中有全国"五一劳动奖章"获得者、全国优秀教师、国家级教学名师、自治区教学名师、自治区优秀专家;享受国务院政府特殊津贴2人、入选广西"十百千人才"工程3人、列入广西高校百名中青年学科带头人资助计划3人,被授予广西"杰出法学家"称号3人。院长蒋超。

5月11日,由广西行政法学研究会主办,广西大学法学院承办的"广西行政法学研究会第二届理事大会暨2014年全区行政法学术研讨会"在广西大学举行。

会议收到论文30多篇，来自自治区内各高校、各级人民政府法制部门及相关职能部门、各级人大、各级人民法院、各级人民检察院、律师事务所等机构中的长期开展行政法学理论研究和从事行政法实务工作的专家学者60多人参会。广西行政法学研究会会长张军主持。会议围绕"转型社会中的行政法治""行政法实施中的问题与对策"两大主题展开4场主题学术研讨，涉及当今行政法学界理论与实务的前沿问题，与会专家学者从不同角度对相关问题进行探讨，形成学术成果。

年内，到校科研经费40万元，其中横向经费10万元，纵向经费30万元。科研项目立项10项，其中省部级1项，地厅级9项。出版专著4部，发表论文10余篇。专著有龙晟等人参编的《法理学》教材，魏敦友独著的《当代中国法哲学的基本问题——新道统论及其语境》等。获广西第十三次社会科学优秀研究成果奖三等奖2项：蒋超教授的《习惯法研究中的"实用主义"倾向之反思》、余睿副教授的《论以虚假身份信息骗取登记之婚姻关系的解除》。

广西大学公共管理学院　设有哲学、公共管理、社会学与社会工作3个系和MPA教育中心，有广西高校人文社会科学重点研究基地（"区域社会管理创新研究中心"）、广西首批高校高水平创新团队（"非政府组织与社会管理创新研究团队"）和卓越学者（谢舜），设有中国—东盟社会组织与公共管理研究中心、广西大学农村发展研究中心、科学技术哲学研究所、社会发展问题研究所。有哲学（管理哲学方向）、公共事业管理、社会工作3个本科专业，公共管理和哲学2个一级学科硕士点、社会学二级学科硕士点、公共管理硕士（MPA）专业学位授权点，以及公共经济学二级学科博士点。其中，公共管理一级学科硕士点下设行政管理、教育经济与管理、土地资源管理、社会保障、公共经济与社会治理5个二级学科硕士点，哲学一级学科硕士点下设马克思主义哲学、科技哲学、外国哲学、中国哲学、管理哲学5个二级学科硕士点。公共事业管理专业是广西特色专业，《公共部门人力资源开发与管理》是广西精品课程，公共管理教学实验室、社会工作教学实验室是广西实验教学示范中心；公共管理学与哲学是广西大学重点学科，"中国—东盟社会组织与公共管理研究"是广西大学国家"211工程"三期重点学科建设子项目。2014年末有在校本科生569人，学术型硕士和专业硕士研究生384人，其中学术型硕士研究生282人（含留学生32人），专业硕士102人。2014年本科毕业生151人，一次就业率90.07%，本科生考研升学率24.05%；硕士研究生119人，一次就业率91.6%。2014年招收全日制本科生137人，学术型硕士研究生98人（留学生10人），专业硕士招生53人。有教职工76人，其中专任教师70人。专任教师中，有教授22人、副教授27人，有博士学位46人，博士生导师3人，硕士生导师72人（兼职导师16人）。院长谢舜。

年内，获各类纵向经费资助293.6万元。国家社科基金项目新增立项2项；国家自然基金项目新增立项1项；教育部项目新增立项2项；厅级以上项目有11项获立项。其中"非政府组织与社会管理创新团队"入选自治区教育厅首批创新团队，"区域社会管理创新研究中心"获自治区教育厅批准成为广西高校人文社会科学研究重点研究基地。出版教材和学术专著16部，发表学术论文100篇（核心期刊44篇），被人大复印资料转载3篇。广西高校人文社会科学研究重点研究基地"区域社会管理创新研究中心"获自治区财政资助100万元。自治区教育厅创新团队"非政府组织与社会管理创新团队"获财政资助90万元。获广西第十三次社会科学优秀成果奖二等奖3项、三等奖9项；获自治区教育系统工会理论研究和调研成果奖一等奖1项。撰写研究报告7部，研究成果获广西岑溪市人民政府、广西扶贫办、广东佛山市社会工作委员会等部门采纳。年内，越南社会科学院、泰国清迈大学代表团到学院访问；18位国内外重要学术机构或高校知名专家学者受邀到学院作学术报告。3月20日，公共管理学院社会学与社会工作系农民工社区工作服务站"广西南宁市西乡塘区万秀村农民工子弟能力拓展项目"获全国第三届优秀社会工作案例评选三等奖、自治区第一届优秀社会工作专业服务案例一等奖。4月9日，加拿大YORK University Paul Anisef phd来学院讲座。4月25日，中国社会学界泰斗、中国社会学学会名誉会长、国务院特殊津贴专家、中国人民大学一级教授、博导郑杭生应邀到校作题为"'理性类型'与中国特质——社会学视野下的社会治理"专题讲座。4月25日，中国人民大学博士生导师李迎生、中央财经大学博士生导师杨敏分别作题为"非营利组织社会服务的改革与创新——以民族地区反贫困为例""在新型城镇化过程中建构'新三农'发展格局"专题学术讲座。5月29日，《广西日报》高级记者周仕兴到校作"仰望星空，脚踏实地"专题讲座。11月24日，中国人民大学哲学院教授、哲学博士、博士生导师张志伟作题为"当代西方哲学对西方文明的反思"学术报告。

广西大学教育学院　设有国家大学生素质教育基地、广西高校大学生心理健康教育研究培训基地、广西中职教育教师培训基地和广西大学心理健康研究所。学院有国家心理咨询师职业资格培训和广西中小学教师资格培训资质。学院设心理学、教育学和教育技术3个系，有教育经济与管理和社会医学与公共卫生事业管理硕士点2个，应用心理学、教育学和教育技术学3

个本科专业，其中应用心理学专业可以授予第二专业学位，应用心理学开设成人函授教育的高升专与专升本，学前教育开设成人函授专升本。2014年末有研究生和全日制本科、研究生班、第二专业、函授本科、函授专科学生700多人，其中在校全日制研究生100多人。有在编教职工45人，其中教授（研究员）10人，副教授（副研究员）15人；博士16人，博士后2人，在读博士后2人，在读博士6人，硕士15人，博士生导师1人，硕士生导师19人。有广西第十三批"新世纪十百千人才工程"第二层次人选1人，广西高等学校优秀人才资助计划2人。院长曾冬梅。

年内，教师承担国家级课题2项，省部级课题5项，地厅级课题4项，校级课题3项，横向课题1项；发表论文55篇，其中核心期刊21篇；获广西第十三次社会科学优秀成果奖8项。

广西大学商学院　设经济学系、国际经济与贸易系、财政税务系、金融保险系、企业管理系、市场营销系、财务会计系、农业经济管理系、旅游管理系、商务信息管理系等10个系及应用经济研究中心。设马克思主义生态经济发展研究院、财政金融研究中心、经济发展研究所、糖业经济研究所、人才与人力资源开发管理研究所、中小企业管理研究中心、农业经济研究所、国际商务研究中心、一方企业诊断与策划研究中心、低碳经济研究中心、财务管理研究中心、战略研究中心、桂商研究中心、桂港合作研究中心、台港澳研究中心等15个科研机构。经济与管理实验中心是广西唯一的经济管理类国家级实验教学示范中心、广西高校重点实验室。有应用经济学一级学科博士授权点，10个二级学科博士授权点；有应用经济学和工商管理学2个一级学科硕士学位授权点，16个二级学科硕士学位授权点；有工商管理硕士(MBA)、高级管理者工商管理硕士(EMBA)、金融硕士、保险硕士、国际商务硕士、旅游硕士等6个专业学位授权点；有政治经济学、金融学、旅游管理学3个专业高校教师硕士学位授权点；有12个专业的学士学位授权点。11月，学院获批成为应用经济学博士后流动站建设单位，实现广西大学文科博士后流动工作站零的突破。首批20人获应用经济学博士后导师资格。2014年末有在校生9713人（包括来自越南、印尼、老挝等10个国家的留学生218人）。其中全日制本科生2570人，博士生39人，科学硕士生504人，EMBA学生318人，MBA学生521人，其他专业硕士学生215人，在职研究生1148人，成教学生4180人。有教职工182人，其中专任教师163人。专任教师中，具有正高级专业技术职务资格55人，副高专业技术资格71人；有博士学位教师64人，在读博士12人；享受政府特殊津贴专家5人，教育部优秀人才资助计划人选2人，自治区优秀专家1人，广西"新世纪十百千人才工程"第二层次人选6人，八桂学者1人，国家旅游业青年专家1人。院长阎世平。

4月26日，与国泰君安联合承办由广西高等教育学会经济管理实验教学专业委员会主办的"2014年广西地方金融改革创新发展暨金融创新人才培养研讨会"。4月28日，与台湾高苑科技大学商管学院联合主办、捷克国立瑞德克罗拉夫大学(University of Hradec Kralove)协办"第一届海峡两岸产业发展与企业管理研究国际学术研讨会"。9月24~26日，承办由国家旅游局人事司主办的"2014年国家旅游局旅游业青年专家培训会及学术研讨会"。国家旅游局、自治区旅游发展委员领导出席会议，来自全国近30个省区的50多位旅游业青年专家进行培训和专题研讨。10月24~26日，与中国—东盟研究院联合承办，由广西大学主办的"第十一届中国金融学年会理事会暨年会大会"。11月26~28日，与中国—东盟研究院及德国不来梅大学航运经济与物流研究所(ISL)联合主办、国家自然科学基金委中德科学中心全额资助的"中德创新型物流管理国际研讨会"(GZ1103)在德国不来梅举行。这是商学院"走出去"办会的一次重要实践，也是2013年在广西大学举行的中德物流国际研讨会的延伸。12月5日，承办由广西大学马克思主义生态经济发展研究院与百色学院联合主办的"广西少数民族地区文明形态跨越发展座谈会"。12月11~12日，与泰国那黎宣大学联合举办"2014中泰区域经济一体化国际研讨会"。来自那黎宣大学、自治区内院校的专家学者共50人参会。

年内，获立项课题有：国家社科基金项目2项，国家自科基金项目4项；教育部人文社科规划项目2项、广西软科学项目1项、广西社科重点项目1项、广西自科项目1项等。立项总经费837.09万元，其中纵向经费696.28万元，横向经费140.81万元。发表论文168篇，其中核心期刊54篇。出版学术专著8部，编著2部，教材7种。获广西第十三次社会科学优秀成果奖一等奖2项、二等奖9项、三等奖15项。

广西大学外国语学院　设英语、日语、东南亚语、大学英语、成人教育5个系部，有英语、翻译、日语、越南语和泰语5个本科专业和外国语言学及应用语言学、英语语言文学和日语语言文学3个硕士研究生授权点及翻译硕士专业学位授权点；设外国语言文学研究所、外语教育研究所和日语语言文化研究所；有托福(TOFEL)、英国剑桥商务英语(BEC)、外语水平考试(WSK)、全国翻译专业资格考试、出国培训备选人员资格考试、全国外语翻译证书考试6个全国考试中心。2014年末有在编教师165人，其中具有高级专业技术职务资格66人，有博士学位1人，硕士生导师43人；

校外导师12人，兼职(客座)教授23人;外籍教师8人。院长祝远德。

11月15日，广西外国文学研究会会员代表大会在广西大学举行。会议选举第一届理事会理事及常务理事，祝远德当选会长。年内，与美国墨海德大学，加拿大Nipissing大学，日本三重大学、歧阜大学、熊本县立大学，泰国法政大学、泰国博仁大学，越南国家大学等开展教师培训和交换学生合作项目，与自治区、南宁市政府及多家企事业单位有多项科研合作项目。

年内，获科研立项28项，其中计划内横向11项，国家级课题3项，教育部项目1项，厅级课题10项，校级课题3项。出版著作7部，发表论文90多篇。

广西大学文学院　设9个教研室，有汉语言文学、戏剧影视文学、汉语国际教育、秘书学4个本科专业，有"中国语言文学"一级硕士授权点(含8个目录内和2个目录外自设共计10个二级学术型硕士学位授权点)及1个"汉语国际教育"专业型学位硕士授权点，"中国语言文学"为广西重点一级学科。有研究生教学用房面积270平方米;实验室面积680平方米;有摄影中心1个，视听观摩室1个，古籍整理实验室1个，语言研究实验室1个，综合演播厅1个，并配备播放、摄录、后期制作、语音测试及相应计算机一批，万元以上的仪器设备41台(件)，仪器设备总价值310.9万元;有综合图书资料室1个，图书存量1.54万册，期刊种类数量64种。2014年末有专任教师57人，其中教授16人，副教授24人，讲师16人，博士与博士后42人，博士生导师1人，硕士生导师50人。院长李寅生。

年内，聘请校外专家教授讲课讲学6场(次)，包括国际知名汉学家、德国波恩大学Wolfgang Kubin(顾彬)教授，北京大学中国语言文学系博士生导师董秀芳，武汉大学文学院博士生导师方长安等。主办全国性学术会议1次，即中国音韵学研究会第十八届学术讨论会暨汉语音韵学第十三届国际学术研讨会。年内，教师国外讲学8人(次)，参加国内学术会议10人(次)。

学院围绕广西经济社会发展，以及广西—东盟语言、文学、文化关系为研究对象，多年来以解决推动北部湾经济区开放开发、中国—东盟自由贸易区建设和广西14+4重大产业发展进程中语言、文学、文化问题为核心，注重语言、文学、文化的传承与创新，在传统优势学科基础上进行嫁接改造，从区域性、地方性、民族性、科学性出发，按照语言、文学、文化、文献等8个方向进行学科布局。年内，获国家社科金项目3项，省部级项目6项，校级课题4项，科研经费79.5万元。获省部级奖7项，发表、出版论文论著64篇(部)。

年内，获广西第十三次社会科学优秀成果奖7项，其中一等奖1项:梁扬、谢仁敏等的《清代广西作家群研究》;二等奖2项:谢仁敏的《晚清小说低潮研究——以宣统朝小说界为中心》、龙文玲的《西汉社会转型与昭宣时期汉赋观的嬗变》;三等奖4项:庞希云和李志峰的《文化传递中的想象与重构——中越"翁仲"的流传与变异》、唐七元的《汉语方言同源词研究》、田春来的《〈祖堂集〉介词研究》、龙文玲的《盐铁论争与西汉文学"崇文过武"主题的形成》。

广西大学新闻传播学院　设新闻学、广播电视学、广告学和播音主持艺术4个本科专业;有新闻传播学一级学科硕士授予权，下设新闻学、传播学、广告学和传媒经济4个二级学科硕士点;设有新闻传播研究所、东盟传媒研究所、广播电视中心和实验教学中心;有新闻出版总署西南地区新闻人才培养基地和中国—东盟文化产业(传媒)人才培养基础。新闻学专业为国家级特色专业，广播电视学专业为自治区级特色专业。2014年末有在职人员56人，其中专任教师36人(教授9人，副教授16人，讲师11人，有博士学位14人)。聘请国内知名学者、自治区专家担任兼职教授10多人，其中享受国务院政府特殊津贴专家1人，全国"四个一批"专家1人，首批全国新闻出版行业领军人才1人，担任教育部高等学校新闻传播学指导委员会委员1人。院长唐华。

7月8日，自治区党委宣传部与广西大学共建新闻传播学院领导小组(院务委员会)召开第一次会议，自治区党委常委、宣传部部长沈北海，自治区副主席李康出席并讲话。根据协议，双方将在共建管理机构、精品课程、骨干队伍、实践基地和研究智库等5个方面展开合作，共同打造国家应用型、复合型新闻传播人才和面向东盟的国际新闻传播人才教育培养基地。年内，学院主办学术讲座5次，分别邀请华中科技大学、新华社广西分社、中国青年报社、中央电视台、香港凤凰卫视等单位和媒体专家、栏目主编或主持人作演讲。学院派出9位老师参加国内学术会议并发言。

年内，获教育部人文社科项目1项，出版专著5部，发表论文29篇。

广西大学艺术学院　二级学院。设公共艺术实验教学中心、东南亚艺术研究所、艺术实践中心、大学生艺术团、广西区非物质文化遗产研究中心、广西大学民乐团等院属研究机构。内设音乐系、美术系、舞蹈系、设计系以及视觉传达系等5个系。学生实践平台有广西东盟博览局艺术人才培养基地以及10多个艺术创作研究教学基地。2014年末有在编教师78人，其中教授4人，副教授13人，讲师26人;在校本科生831人，研究生20人。院长帅民风。

8月21~24日，欧洲中国音乐基金会(European Foundation for Chinese Music Research)第十八届年会在

丹麦奥胡斯大学召开，100多位来自欧美各国及中国的音乐学者参加，欧阳宜文受邀参会并宣读论文《Rural Sounds in the Name of 'Intangible Cultural Heritage'–A Study of Folk Music and Cultural Policies in Guangxi》（非遗名义下的乡村声音：广西音乐与文化政策研究）。9月13~17日，第十届全国艺术学学会年会以"艺术学理论新视野与新方法"为主旨，由全国艺术学学会主办，鲁迅美术学院承办，在沈阳鲁迅美术学院举行，张明学教授参加并提交论文《侗族农民画中的地域文化及在美术教育教学中的运用》。11月14~18日，第八届全国高等院校美术史年会在四川大学举行，全国高等院校美术史年会组委会主办，四川大学艺术学院、艺术研究院承办，会议主题是"从视觉到艺术：美术史研究与知识范式的转变"，张明学参加并提交论文《桂林文化城抗战美术研究》。

3月，田昀艳在《歌海》杂志发表论文《都安布努瑶的婚恋曲》；4月，在《艺术探索》杂志发表论文《都安布努瑶的婚恋曲的生存现状及传承机制研究》；在《黄河之声》发表论文《试论多样化的声乐课教学形式》。6月，吴朝光在《华章》发表论文《共青团"非公团建"调查报告——以高校团干部在北流团委挂职为例》（第二作者）和论文《少数民族音乐教学在广西音乐教育中的战略地位》（第二作者）；7月，在《纪念中国少数民族音乐学会成立三十周年暨第十四届年会论文集》刊发论文《贵州瑶麓青瑶音乐调查报告》。陈希在《音乐大观》发表论文《拉赫玛尼诺夫钢琴作品的重要特质——悲剧性》；在《大众文艺》发表论文《舒伯特钢琴小品的创作风格》。李伟光在《陶瓷科学与艺术》发表论文《只在此陶中——刍析帅民风的泥兴陶艺术》。贾朝红在《艺术百家》发表论文《广西南宁绣球主题文化广场概念设计系列》。10月31日，《应用化工》刊物2014年第9期首页刊登陆志科教授等的《肉桂降糖活性成分提取方法的研究》。欧阳宜文在《广西大学学报》2014第1期发表《20世纪西方"绝对音乐"观念的消解》。张明学在全国各类学术期刊发表的论文有：《木刻版画中的道教文化内涵探析》《文化名人在桂林》《桂林文化城抗战漫画研究》《霍去病墓石刻雕像〈马踏匈奴〉艺术语言探微》《抗战时期的桂林木刻版画》《地域民俗文化广西三江侗族农民画中的》《木刻版画中的道教文化》。其中《广西三江侗族农民画资源在高校教学中的开发与利用》《广西三江侗族农民画资源在高校教学中的开发与利用》分获2014年广西高校教学科研论文评选一等奖、2014年教育部高校教学科研论文评选三等奖。

近几年学院获各种级别科研项目66项，科研经费182.4万元。获国家级课题4项，省部级课题5项；发表论文225篇，其中核心期刊52篇。获省部级人文社科奖3项（其中二等奖1项、三等奖2项）；获省部级以上创作成果奖16项。

广西大学政治学院 设政治经济系和思想教育系2个教学系，有省级研究机构2个（即广西马克思主义理论研究与建设工程基地、广西人民政协理论研究工作站）、厅级科研机构2个（即广西高校思想政治理论课骨干教师研修基地、广西教育系统廉政建设研究与培训基地）、校级研究机构5个（即广西大学马克思主义研究院、广西大学廉政研究中心、广西大学现象学与马克思主义研究所、广西大学妇女与发展研究中心、广西大学邓小平理论研究中心）。2014年末有教职工55人，其中专任教师49人。专任教师中，有教授9人，副教授23人，有博士学位21人。有广西教学名师2人，广西高校思想政治理论课教育教学指导委员会委员4人，广西思想政治理论课课程建设首席专家4人，广西高校思想政治理论课教学名师、优秀教师各1人。院长雷德鹏。

年内，学院先后承办广西高校思想政治理论课新任教师岗前培训班、广西高校"毛泽东思想和中国特色社会主义理论体系概论"课骨干教师培训班等。12月20~22日，中国社会科学院哲学研究所、越南社会科学翰林院哲学所主办，学院和广西大学中国—东盟研究院承办的"中国越南核心价值观国际学术研讨会"在广西大学举行。来自中国和越南的63位学界专家围绕"中国与越南的核心价值观"主题交流探讨。年内，邀请武汉大学马克思主义学院院长佘双好，中国社会科学院哲学所博士生导师、哲学所伦理研究室主任、中国社会科学院长城学者甘绍平，中国社会科学院哲学研究所副所长、中国辩证唯物主义研究会常务理事、副秘书长崔唯航，中国社会科学院直属机关党委副书记、国家级"百千万人才工程"人选、博士生导师孙伟平，中国社会科学院哲学研究所研究员、《哲学研究》编辑部主任主编鉴传进，中国人民大学哲学院博士生导师张志伟，陕西师范大学政治经济学院原院长、陕西省普通高等学校"教学名师"、国务院特殊津贴获得者、博士生导师王振亚等国内知名学者来学院讲学。学院派出江帆等青年教师出国参观学习考察。

年内，2011级宁德鹏毕业论文《当代大学生政治信仰教育研究》获2014年度全国高校思想政治教育学科优秀硕士学位论文奖（全国共评出20篇）；国家社科基金项目获准立项3个；《人民政协开展基层民主协商研究》在2014年度广西政协重大课题研究招标中中标。出版专著2部，发表学术论文63篇，其中核心期刊23篇。主持国家社科基金4项，厅级以上课题31项。

广西大学中加国际学院 国家级、自治区级复合型创业人才培养模式改革实验基地,广西首个国家级人才培养模式创新实验区。发挥广西大学学科专业齐全优势,采用有开放性、动态性特征的跨学科楔合式分流模式,与广西大学其他学院联合培养英语专业或“英语+专业”复合型外向型创业人才。学生入校后前2年主攻英语,主要课程全部由来自以英语为母语国家的外籍教师讲授。同时,经学院批准,学生可按规定修读今后分流专业的相关基础课程。2年后,学生可以根据个人学习基础提出申请,经学院批准进入广西大学的各专业学习。内设中国加拿大比较研究中心、比较教育研究中心、继续教育中心。2014年末有在校生957人。有教职工40人,其中专任教师35人(含外籍教师25人,中方教师10人),有高级专业技术职务资格4人,有博士学位教师3人,在读博士1人,兼职教师19人。院长覃成强。

年内,在研科研项目18项,其中国家级1项,澳大利亚政府资助项目1项,省部级6项,校级9项,地市级1项。科研项目总经费176.5万元。

【广西师范大学】 自治区重点大学,广西实施“人文强桂”建设工程主体单位和广西中小学师资队伍建设“21世纪园丁工程”的技术支撑单位。有王城、育才、雁山3个校区,校园面积4100多亩。全校图书馆舍总建筑面积3万多平方米,馆藏纸质图书272.64万册,中外文期刊5573种,电子图书15360GB,图书馆被确定为“全国古籍重点保护单位”。建有球类馆、武术体操馆、塑胶田径场等各类现代体育设施,总面积10多万平方米。2014年末有各类在校(在籍)生42288人,其中博士研究生122人、各种类型硕士研究生4734人、在职研究生982人,普通高等教育本科生21949人、成人高等教育本专科生13254人、高等教育自学考试助学班本专科生841人、外国留学生406人。有在职教职工2230人,其中专任教师1460人。专任教师中有高级职称790人。校长梁宏。

设21个教学学院(含独立学院——漓江学院),其中二级人文社会科学学院12个,分别是文学院、历史文化与旅游学院、政治与行政管理学院、经济管理学院、法学院、教育科学学院、外国语学院、美术学院、设计学院、音乐学院、职业技术师范学院、国际文化教育学院。学校是广西具有博士授予权的6所高校之一,有3个博士后科研流动站、2个博士学位授权一级学科、12个博士学位授权二级学科、22个硕士学位授权一级学科、154个硕士学位授权二级学科、11个专业硕士学位授权点和72个全日制普通本科专业。有35个广西(高校)重点学科,学科专业涵盖哲学、经济学、法学、教育学、文学、历史学、理学、工学、农学、医学、管理学、艺术学等12大门类。

年内,获各类国家社科基金项目21项,跻身全国百强。获各级各类科研项目190项,科研经费总额1722.14万元,比上年度增加185.77万元。其中,纵向科研项目122项,经费额711.9万元;横向合作项目68项,比2013年增长6.25%,获经费1010.24万元,比2013年增长35.23%。在广西第十三次社科优秀成果奖评选中,报送19个学科门类305项人文社科类成果,50项成果获奖,其中一等奖4项、二等奖10项、三等奖36项,一等奖获得数创学校历史最优,居广西高校首位。马克思主义学院谭培文教授在《中国社会科学》2014年第6期上发表《社会主义自由的张力与限制》(27千字)的学术论文,是学校科研人员在《中国社会科学》杂志上发表的第一篇原创性学术论文。历史文化与旅游学院刘祥学教授在《中国史研究》2014年第3期发表学术论文《地域形象与中国古代边疆的经略》,近6千字,《新华文摘》2014年第21期对该文予以全文转载。

【广西民族大学】 国家民委和自治区人民政府共建高校、“十二五”时期广西重点建设高校。2013年通过立项建设博士学位授予权单位整体验收。有教学科研仪器设备价值2.01亿元,中外文电子期刊8万多种,馆藏纸质文献175万册,电子图书572万册。2014年末有全日制在校生20348人,其中研究生1417人、本科生15082人、专科生772人、预科生2247人、留学生830人。在校生中,少数民族学生占48%,涵盖壮、苗、瑶、侗等48个民族。有教职工1910人,专任教师中具有正高职称196人、副高职称311人,有博士学位255人、硕士学位587人;有享受国务院政府特殊津贴专家12人,博士生导师27人,“新世纪百千万人才工程”国家级人选1人,教育部“新世纪优秀人才支持计划”2人,全国宣传文化系统“四个一批”人才1人,广西“新世纪十百千人才工程”第二层次人选14人,自治区优秀专家10人,自治区“八桂学者”5人,自治区“特聘专家”2人,自治区有突出贡献科技人员3人,广西高等学校卓越学者1人,广西高校引进海外高层次人才“百人计划”人选1人,广西高校人才小高地创新团队带头人3人,自治区“八桂名师”2人,自治区级教学名师7人。校长谢尚果。

设有25个学院(含1个独立学院),学科涵盖哲学、经济学、法学、教育学、文学、历史学、理学、工学、管理学、艺术学等10个学科门类。有3个一级学科博士学位授权点、11个一级学科硕士学位授权点、79个二级学科硕士学位授权点、6个专业硕士学位授权点、74个全日制普通本科专业、1个博士后科研流动站和2个博士后流动站科研基地。有国家级人才培养基地1个(非科研基地),教育部区域研究中心(培育中心)1个,国家民委人文社会科学重点研究基地2个,自治区级重点实验室2个,广西知识产权培训(广西民族大学)基地1个,自治区级实验教学示范中心5个,广西重点教学实验中心5个(非科研基地),广西高校协同创新中心(含培育建设单位)6个,广西科学实验(研究)中心1个,广西高校重点实验室(基地、中心)11个,广西高校校企校地共建创新平台8个,自治区"八桂学者"科技创新平台2个,广西高校人才小高地创新团队3个,广西高校高水平创新团队及卓越学者2个。有国家级精品课程2门,国家级精品视频公开课1门,国家级特色专业建设点5个,国家级专业综合改革试点1项,国家级教学团队1个,立项建设国家级精品资源共享课2门,自治区级精品课程20门,自治区级精品视频公开课1门,广西教师教育精品课程2门,广西高校思想政治理论课精品课程2门,自治区级优质专业12个,自治区级特色专业与课程一体化项目11项,自治区级优势特色专业建设点7个,自治区级教学团队6个,广西创新人才培养教学团队4个,自治区级教师教育学科教学团队1个,自治区级人才培养模式创新实验区2个,广西创新人才培养基地2个,国家级大学生校外实践教育基地1个,自治区级大学生校外实践教育基地1个。

年内学校科研经费4921.9万元,同比增长38.55%。其中科研课题经费2611.8万元,科研平台经费2310.1万元。年内,申报各级各类科研课题570项,350个课题获立项,课题资助率达61.40%,比较突出的有:第一,学校高级别重大项目实现"零"的突破——国家社会科学基金重大招标课题获立项《中国边疆地区的边民离散与回归研究》;第二,国家级科研课题立项创历年新高,立项数34项,同比增长88.88%,资助经费1225万元,同比增长117.97%。申报国家社科基金课题71项,获资助立项14项,资助率19.72%,资助经费400万元;申报国家自科基金课题59项,获资助立项18项,资助率30.51%,资助总经费769万元,项目数量同比增长100%,资助经费总额同比增长98.20%;国家软科学项目1项,资助金额6万元。文化名家暨"四个一批"人才工程项目1项,资助金额50万元。部委级项目6项,资助金额27万元;自治区级项目40项,资助金额527.5万元;厅局级科研项目126项,资助金额234.5万元;企事业单位委托等横向合作项目49项,资助金额478.7万元;校级科研项目95项,资助金额119.1万元。学校新增各级各类科研平台15个,共获科研平台项目(含校级平台)经费2310.1万元,其中广西"2011协同创新中心"获900万元;广西科学实验室中心获600万元;自治区重点实验室获250万元;广西高校人文社科重点基地(重点实验室)获450万元。

年内,发表论文1052篇,其中中文核心期刊论文346篇,被国际权威检索机构检索论文128篇;出版各类著作45部,其中学术专著39部,申报发明专利35件,软件著作权4件,获授权发明专利16件,软件著作权2件。年内有45项成果获广西第十三次社科优秀成果奖(一等奖4项、二等奖16项、三等奖25项),其中,著作类21项(一等奖4项、二等奖6项、三等奖11项),研究报告类2项(二等奖1项、三等奖1项),论文类23项(二等奖9项、三等奖13项)。学校理学院刘振海教授的研究成果《非线性偏微分方程的若干问题研究》获2014年广西自然科学奖二等奖,另有2项发明专利获第四届广西发明创造成果银奖。

学校与17个国家和地区的137所高校及机构建立实质性的交流与合作关系,与泰国玛哈沙拉坎大学、老挝国立大学、印尼丹戎布拉大学合作建立孔子学院;是首批"国家外语非通用语种本科人才基地""中国—东盟法律培训基地""中国—东盟旅游人才培训教育基地""东盟国家汉语人才培训中心""海外汉语教师来华培训项目"执行学校、"中国支持周边国家汉语教学重点学校""中国政府奖学金留学生接收高校""汉语水平考试(HSK)高等考点""汉语作为外语教学能力认定考试点""孔子学院奖学金生接收院校""国际汉语教师志愿者项目"培训和选拔院校;泰国教育部在学校建立泰语水平测试点。

【广西医科大学】 全国建校较早的22所医学院校之一,是全国最早定点招收外国留学生、中国港澳台学生和华侨学生的8所医学院校之一,是教育部批准的有招收本科临床医学专业(英语授课)留学生资格的首批30所高校之一,是广西政府重点建设的大学之一,是广西医学教育、医学研究、临床医疗和预防保健的中心。学校本部占地面积71万多平方米。学校临床技能培训中心是省级实验教学示范中心,总面积3000平方米,配备300多件(套)高端现代化教学设备和多媒体教学录播监控回放系统。教学用计算机4163台,多媒体教室和语音实验室座位17003个。图书馆馆藏书刊123.11万册,电子图书12.5TB,数字资源32.5TB。校园信息网络功能优良,"千兆(1Gbps)为主干,百兆到桌面",覆盖全校区及直属附属医院。学校和下辖的3所直属附属医院教学、科研、医疗设备先进,拥有激光共聚焦扫描系统、超高速CT等大批现代化的设施设备。2014年末有专任教师1259人,其中正高职称343人,副高职称412人,高级职称教师占专任教师总数的60%,硕士及以上学位教师占专任教师总数的84.7%,

有“新世纪百千万人才工程”国家级人选2人，国家有突出贡献的中青年专家6人，教育部新世纪优秀人才支持计划入选者7人，享受国务院政府特殊津贴专家76人，广西“新世纪十百千人才工程”第二层次人选31人，广西“八桂学者”3人、“特聘教授”3人，中华医学会专业学会常委、委员46人，中华医学会系列杂志编委36人，广西医学会各专业学会主任委员49人，还有一批优秀人才被选为国家级和省级高校中青年学科带头人等人才工程重点培养对象。2014年末有全日制在校生14506人，其中高职生3374人、本科生7147人、硕士生2983人、博士生257人、留学生745人。学生来自全国26个省、自治区、直辖市和中国港澳台地区及19个国家。1978年开始招收留学生，至今留学生来源国达54个。校长赵劲民。

学校现有基础医学院、公共卫生学院、第一临床医学院、肿瘤医学院、口腔医学院、护理学院、药学院、研究生学院、继续教育学院、高等职业技术学院、国际教育学院、人文社会科学院、外国语学院、全科医学院、信息与管理学院及第三附属临床医学院（南宁市第二人民医院）、第四附属临床医学院（柳州市工人医院）、第六附属临床医学院（玉林市第一人民医院）、第七附属临床医学院（梧州市工人医院）、第八附属临床医学院（贵港市人民医院）、第九附属临床医学院（北海市人民医院）、附属南宁市第一人民医院、第十附属临床医学院（钦州市第一人民医院）、附属民族临床医学院等24个学院和体育部、思政部2个教学部。已形成本科、硕士、博士、博士后完整的医学教育培养体系，是广西高层次医学人才培养的重要基地。设有高职专业（方向）15个、本科专业（方向）25个，其中有国家级特色专业建设点5个、国家级人才培养模式创新实验区2个、国家级本科专业综合改革试点项目1个、国家级精品课程1个、国家级精品资源共享课1个、国家级教学团队1个。获国家级教学成果奖二等奖1项，国家级质量工程项目15项等。学校现拥有医学、理学、工学、文学、管理学、法学等6大学科门类，是国务院批准的首批硕士、第二批博士学位授权单位，共有博士学位授权一级学科3个、硕士学位授权一级学科10个、博士专业学位培养单位1个、硕士专业学位培养单位5个、博士后科研流动站4个。有国家重点（培育）学科1个、省部共建教育部重点实验室2个、卫生部国家临床重点专科13个、国家中医药管理局重点专科1个、国家级国际联合研究中心1个、国家联合地方工程研究中心1个、教育部“长江学者和创新团队发展计划”创新团队1个、“区域高发恶性肿瘤生物靶向诊治创新团队”入选科技部创新人才推进计划重点领域创新团队1个、广西人才小高地3个、广西高校人才小高地创新团队11个等。新增戴尅戎院士工作站、樊代明院士工作站、于金明院士工作站共3个。

学校在广西常见病、多发病的防治研究方面，如在血红蛋白研究、蛇毒研究、心血管疾病防治、区域高发肿瘤防治、药物创制研究、肝脏移植、断指再植、外周血造血干细胞移植、地中海贫血防治等研究领域具有特色优势。“十一五”以来，获省级以上课题1743项，其中主持国家自然科学基金446项，获得项目和资金居于广西高校前列，获国家科技进步奖、广西科学技术进步特别贡献奖、广西科技进步一等奖等各类奖项151项，申请并获得授权专利30件，发表SCI论文1014篇。主办有《中国癌症防治杂志》《结直肠肛门病外科杂志》《广西医科大学学报》3种学术期刊，其中《广西医科大学学报》是中国综合性医药卫生类及中国科技核心期刊。

学校自20世纪80年代以来，先后派出优秀教师和科研人员3400多人（次）到美国、英国、法国、德国、丹麦、瑞典、日本、韩国、澳大利亚、越南、泰国等50多个国家和地区的大学、医院、医疗或研究机构、学术机构讲学、留学、进修、攻读学位及开展国际学术交流，并建立稳定的学术交流渠道和合作关系。接待40多个国家和地区的专家学者来校访问、讲学、交流与科研合作5000多人（次）。

学校现有81个临床教学实习基地（含7个社区卫生服务中心及全科医学实践教学基地）、15个校外研究生培养基地、1个医学人文技能培训基地、12所附属医院均为“三级甲等”医院，其中3所直属附属医院（第一附属医院、附属肿瘤医院、附属口腔医院）是广西规模最大的“三级甲等”综合医院或专科医院，引领壮乡高等医学教育、医学科学研究和医疗卫生服务的发展。第一附属医院是广西历史悠久、专科配备最齐全、医疗设备最先进、技术力量最雄厚、规模最大的省级综合性医院，是全国“百佳”医院、全国百姓放心示范医院。附属肿瘤医院是广西唯一的一所集医疗、科研、教学、预防保健、社区服务与康复为一体的省级三级甲等肿瘤医院。附属口腔医院是广西口腔医学专业技术人员最多、专业最齐全的省级三级甲等口腔专科医院，首批获得全国百姓放心医院的称号，承办两年一届的中国—东盟国际口腔医学交流与合作论坛，影响深远。

“十一五”以来，学校本科生每年总体就业率均达90%以上，国家医师资格考试（临床执业医师）平均通过率高出全国平均水平近20%。

【桂林电子科技大学】 工信部和自治区人民政府共建高校。以工学为主，电子信息学科和国防军工特色鲜明、优势突出，理、管、经、文、法、艺等多学科协调发展的多科性大学。占地面积4770多亩,分为金鸡岭校区、花江校区和北海校区。学校馆藏中外文现刊2900种,中外文电子期刊1.6万种,有52个中外文电子原文数据库,是首批接入中国教育科研计算机网的全国百所高校之一。设有22个学院(教学部),并设有研究生院。有广西重点学科16个,其中广西优势特色重点学科5个;一级学科博士学位授权点(信息与通信工程、机械工程、仪器科学与技术)3个;一级学科硕士学位授权点11个,二级学科硕士学位授权点(不含一级学科覆盖点)3个,有工商管理硕士(MBA)、工程硕士(含11个工程硕士领域)2类专业学位授权点;本科专业60个。近年来获国家综合改革试点专业1个,国家级特色专业5个,卓越工程师教育培养计划专业6个,广西区级特色专业及课程一体化项目11个;国家级精品课程3门,国家级双语教学示范课程1门,国家级精品资源共享课项目2项,广西区级精品课程26门。2014年末有在校全日制文科本科生6325人,研究生2000多人,留学生300多人。有在职教职工2600多人,其中专任教师1400多人,高级专业技术职务资格教师近900人,博士学位教师300多人。有国家级教学团队2个,自治区级教学团队9个,广西人才小高地3个,广西高校人才小高地7个,广西高校创新团队1个。教师队伍中有"长江学者"特聘教授1人、国家杰出青年基金获得者3人、"国家百千万人才工程"人选3人、全国杰出专业技术人才1人、享受国务院特殊津贴专家40人、中科院"百人计划"人选3人、教育部"新世纪优秀人才支持计划"人选4人、广西"八桂学者"7人、广西优秀专家8人、广西特聘专家3人、广西教学名师9人、广西"新世纪十百千人才工程"人选12人、有150多人(次)进入国家级和省部级各类高层次人才行列。中国绕月探测工程总设计师、国家最高科学技术奖获得者、中国科学院孙家栋院士为学校名誉校长。校长古天龙。

设人文社会科学学院5个,分别为艺术与设计学院、商学院、外国语学院、法学院、公共事务学院(马克思主义学院)。设本科专业19个,硕士点8个。

年内,教师获省部级及以上研究课题立项32项,到位科研经费292.18万元;获省部级以上奖励9项。在国内核心期刊发表论文105篇,在国外学术期刊发表论文8篇,在国内一般期刊发表论文107篇。出版专著8部。

【**桂林理工大学**】 中央与地方共建高校。有屏风、雁山、安吉、空港4个校区,总面积3300余亩。设二级学院19个,有71个本科专业,2个博士后科研流动站,3个一级学科博士学位授权点,16个一级学科硕士学位授权点,5个专业学位类别(其中工程硕士类别有11个专业领域),有推荐优秀应届本科毕业生免试攻读硕士研究生资格。2014年末有全日制本科生、硕士研究生、博士研究生2.1万多人。有教职工1600多人,其中专任教师1070人。专任教师中具有高级职称512人,博士学位353人,国家"千人计划"入选者、教育部优秀教师资助计划等国家级高层次专家、人才9人,广西"八桂学者"、特聘专家、优秀专家、"八桂名师""十百千人才工程"等省部级高层次人才64人。学校入选教育部第二批"卓越工程师教育培养计划高校",有7个学科领域、5个本科专业列入教育部卓越工程师教育培养计划。获国家级本科质量工程项目23项,包括国家级教学团队2个、精品课程4门、双语教学示范课程1门、精品视频公开课程2门、实验教学示范中心2个、人才培养模式创新实验区1个、特色专业建设点5个、专业综合改革试点项目1个、精品资源共享课立项项目4个、大学生校外实践教育基地1个。近一届获国家级教学成果奖2项、自治区级教学成果奖23项。校长解庆林。

学校有省部共建国家重点实验室培育基地1个,教育部重点实验室1个,教育部工程研究中心1个,广西重点学科24个(其中5个为优势特色学科),广西区政府院士工作站2个,广西重点实验室7个,广西工程研究中心1个,广西人文社科重点研究基地2个,广西高校协同创新中心3个(2个培育)。设人文社会科学学院6个,分别是管理学院、旅游学院、人文社会科学学院、马克思主义学院、外国语学院、艺术学院;设15个二级学科硕士点,分别是产业经济学、企业管理、中国少数民族经济、旅游管理、马克思主义基本原理、思想政治教育、外国语言学及应用语言、公共经济与管理、环境设计艺术等9个。

近5年来承担国家级、省部级等各类科研项目2643项,其中"973"前期专项、"863"计划、国家自然科学基金、国家社会科学基金等国家级项目255项,获专利授权370项。学校曾获国家科技进步特等奖,近5年来获国家技术发明二等奖、广西自然科学一等奖、广西科技进步一等奖及广西社会科学优秀成果一等奖等国家及省部级奖47项。学校以应用型高级专门人才培养为目标定位,在"挑战杯"全国大学生课外学术科技作品竞赛中,连续8届比赛总分名列广西高校第一。近10年毕业生初次就业率均保持在90%以上,连续13年被评为"广西高校毕业生就业工作先进集体",2009年获"全国普通高等学校毕业生就业工作先进集体"荣誉称号。

年内,科技处到位科研总经费12054万元(含校办产业科研经费1310万元),比上年度增长16%,其中纵向科研经费 8468 万元(含各类平台建设经费 4030 万元),比上年度增长 18.3%。新增鉴定科技成果 3 项,获广西科学技术奖 5 项,其中特殊贡献奖 1 项、二等奖 2 项、三等奖 2 项,中标率达 70% 以上。如陈平教授等完成的《水泥绿色制成技术创新与系统集成及产业化应用》获广西特别贡献奖,实现学校该奖项 20 年来零的突破;解庆林教授等完成的《高硫高氮有机废水处理中功能性微生物组合工艺关键技术研究及应用》获广西科技进步二等奖;陆绍荣、吴群英、李景文等教授分别获广西技术发明二等奖、广西自然科学奖三等奖、广西科学技术三等奖。获广西第十三次社会科学优秀成果奖 5 项,其中闫春副教授完成的《农村嵌入与西部地区农村劳动力转移就业——基于广西和贵州 1611 份调查问卷的实证分析》获论文类一等奖,吴忠军教授、曾鹏教授分获著作类三等奖,陈炜教授、李敦祥教授分获研究报告类三等奖。年内,SCI/EI/ISTP 收录论文 500 余篇,人文社科双核心论文 34 篇。申请专利 436 项(其中发明专利 406 项,实用新型专利 30 项),授权 151 项(其中发明专利 130 项,实用新型专利 21 项),为历年新高。

年内,举办学术讲座 200 多场(次),1 万多人(次)参加;承办国际国内学术会议 10 多场(次),如"第十二届全国电分析化学学术会议""第六届亚太非饱和土学术会议筹备会""'发展中国家水资源可持续利用'国际学术会议""2014 国家杰出青年科学基金地球科学领域项目结题验收及中期评估会议""第二届全国地质资源与地质工程学科院长论坛"等;配合自治区(市)科技部门做好发明展、科技活动周、知识产权宣传周、知识产权竞赛活动;做好国家、自治区科学技术协会和桂林市地质学会、地球物理学会等学术组织日常联系管理工作。

桂林理工大学管理学院　二级学院,为适应国际经济一体化和西部大开发对经济管理人才的需要而设立。有工商管理、市场营销、会计学、国际经济与贸易、人力资源管理、电子商务、房地产经营与管理、物流管理等 8 个本科专业(其中市场营销专业是与英国伯明翰城市大学合作举办的"2+2"本科教育项目)。2014 年末在校本科生 2800 多人。学院现有教职工 114 人,其中专任教师 99 人(教授 21 人,副教授 32 人);博士生导师 2 人,硕士生导师 43 人,广西高校优秀人才资助计划 1 人;教师中有博士学位 35 人。院长连漪。

有广西重点学科 1 个(企业管理),一级学科硕士学位授权点 1 个(工商管理),二级学科硕士学位授权点 1 个(产业经济学)及"工商管理硕士"(MBA)、"会计硕士"(MPAcc)等 2 个专业学位授权点,在校研究生近 300 人。有国家和自治区级质量工程项目 6 项:广西经济管理类首门国家级双语示范课程《管理学》,自治区级实验教学示范中心 1 个(管理科学实验教学中心),广西高等学校特色专业及课程一体化建设项目 1 项(工商管理),自治区级精品课程 1 门(市场营销学),广西优质专业 2 个(工商管理、市场营销)。有自治区级科研平台 1 个("现代企业管理研究中心"广西高校人文社会科学重点研究基地),有 2 个校级科技创新平台。近 10 年承担 20 多项国家级研究课题,各类科研项目到位科研经费 3000 多万元。近年先后获包括广西社会科学优秀成果一等奖在内的社科成果奖、科技进步奖、政府决策咨询成果奖、教学成果奖等省部级教学科研成果奖近 20 项。

桂林理工大学旅游学院　二级学院,有旅游管理、酒店管理、风景园林 3 个本科专业,旅游管理、中国少数民族经济、风景园林 3 个学术型硕士专业和旅游管理专业硕士(MTA)。2014 年末在校本科生近 1200 人,研究生 150 人。下设旅游开发与景区管理、民族经济与旅行社管理、酒店管理、风景园林 4 个教研室;有广西"2011 协同创新中心"(广西文化旅游产业协同创新中心)、广西高校人文社会科学重点研究基地(广西民族旅游研究中心)、桂林桂工旅游规划设计研究院、桂林理工大学民族发展研究中心、桂林理工大学民族旅游研究中心、桂林理工大学景观工程研究所等科研机构。有专任教师 46 人,其中博士 21 人、高级职称 26 人、博士生导师 1 人、省级"十百千人才工程"人选 1 人、广西高校卓越学者 1 人、国家旅游业青年专家资助计划 2 人、广西高校优秀人才资助计划人选 3 人、广西高校优秀中青年骨干教师 2 人。先后获国家特色专业建设点、广西高校优势特色重点学科等 16 个省级以上教学科研平台;先后承担国家级科研课题(项目)18 项,其中 2010 年以来承担 10 项。院长吴忠军。

桂林理工大学马克思主义学院　二级学院,是学校思想政治理论课教学部门和马克思主义理论研究机构,马克思主义理论学科点的依托单位,马克思主义理论和思想政治教育专业人才培养单位。下设马克思主义基本原理、思想政治教育、中国特色社会主义理论、中国近现代史纲要、形势与政策 5 个教研室和马克思主义理论研究中心、思想政治教育研究所、高校辅导员发展研究中心 3 个校级研究机构。有国务院学位委员会授权的马克思主义理论硕士学位一级学科,有马克思主义基本原理、马克思主义中国化、思想政治教育 3 个二级学科点,其中思想政治教育是自治区重点学科。2014 年末有教职工 30 多人,其中教授 10 人、副教授 15 人、硕士研究生导师 19 人。有广西高校思想政治理论课教学指导委员会成员 2 人、课程建设专家组成员 5 人,其中课程首席专家 1 人;有首届广西高校思想政治理论课“教学名师”、首届广西高校思想政治理论课“优秀教师”、校级“拔尖人才”各1人。院长邱杰。

近年获自治区级教学成果二等奖2项,4门高校思想政治理论课为广西高校思想政治理论课精品课程,有多人(次)获广西高校思想政治理论课“精彩一课”奖。“思想道德修养与法律基础”教学团队是校级教学团队。《现代西方哲学十讲》获第二届广西优秀教材;“思想道德修养与法律基础”课件获广西首届高校思想政治理论课多媒体课件比赛一等奖。近年来,先后承担省部级以上项目50多项,其中国家社科基金项目2项,教育部人文社会科学研究项目等10多项。获教学科研奖项30多项,出版学术专著20部、教材近10部,在国内外专业核心期刊上发表学术论文200多篇,被人大复印资料收录10多篇。获多项自治区级社会科学优秀成果奖。

桂林理工大学人文社会科学学院　二级学院,有行政管理、社会工作、广告学3个本科专业,公共经济与管理、社会服务与管理2个二级学科硕士学位授权点,公共管理硕士(MPA)专业学位授权点。2014年末有教职员工57人,专任教师47人。专任教师中,有教授5人,副教授13人,博士学位9人,广西优秀中青年骨干教师1人。在校本科生和硕士研究生851人。设有行政管理、社会工作、广告学、文学和公共艺术5个教研室。副院长曾鹏主持工作。

年内,获全国多媒体课件大赛一、二等奖各1项,广西优秀教学成果奖三等奖1项,广西教育科学研究成果奖二、三等奖各1项。近年来在“挑战杯”全国大学生课外学术科技作品竞赛中获一等奖2项、二等奖1项、三等奖2项;在“挑战杯”广西大学生课外学术科技作品竞赛中,获特等奖1项、一等奖3项、二等奖5项。近年来承担国家级研究课题6项,省部级和厅级课题30多项。获广西社会科学优秀成果奖二等奖2项、三等奖4项。

桂林理工大学外国语学院　二级学院,有全日制英语本科专业(开设经贸、旅游、翻译等3个方向)与日语本科专业(开设商务方向),学制4年。近年来,英语本科专业每年招生近90人,日语本科专业招生近60人。英语专业与日语专业每年招收专升本学生30多人。招收外国语言学及应用语言学专业硕士研究生,学制3年。设有语言与文化和(大学)英语教学2个方向。每年招收英语硕士研究生10多人。依据广西区内外语学科布局与历史发展及现状,结合学院人才队伍专长与特点,以硕士点建设为抓手,确定英语教学、翻译与英美文化为学院专业发展的3个专业研究方向。每年举行文化、翻译与应用语言学3个专业方向建设研讨会。院长全克林。

5年来学院完成与在研的科研项目有国家社科基金项目3项2011年度国家社科基金项目《广西壮学资料研究英译汇编研究》,2012年度国家社科基金西部项目《西南地区汉传佛教文化遗产旅游开发的适宜性评价及管理研究》,2013年国家社科基金后期资助项目《英国旅游文化史》;省部级课题5项:2009年教育部人文社科项目《基于南博会的汉语、英语及东南亚语言对应与语码互译的语料库建设》,2010年教育部人文社科青年基金项目《基于英语母语语料库的社会工作专业英语实用手册编制研究》,2011年度广西哲学社会科学项目《服务中国—东盟的商务英语本科人才培养模式创新与开拓研究》,2012年度广西哲学社会科学项目《东盟现代文化的构建及其对我国少数民族地区的启示——以广西为例》,2013年度广西哲学社会科学项目《壮母语大学生英语发音调查研究及有声语料库建设》。出版专著6部,译著2部,主编教材近20部。每年发表论文近50篇。

桂林理工大学艺术学院　二级学院,有环境设计、视觉传达设计、产品设计、服装与服饰设计、艺术设计专业(公共艺术方向)、工艺美术、动画7个本科专业。有城市规划与设计、环境设计2个二级硕士学位授权点,有推荐优秀应届本科毕业生免试攻读硕士研究生资格。院行政设办公室、学生工作办公室、综合实验办公室;教学机构设环境设计、视觉传达、产品设计、服装设计、动画、工艺美术、基础艺术7个教研室,设桂林理工大学艺术研究所、桂林理工大学高校美育研究所2所研究机构。有教职工81人,其中专任教师75人。在专任教师中,具有高级职称22人,中级职称33人,硕士生导师8人。2014年末有在校生1455人,其中本科生1432人、硕士研究生23人。副院长李本建主持工作。

近两年来,学院承担自治区级教改课题6项;获自治区级教学成果奖1项、获“十二五”规划教材建设立项9项;校级精品课程立项一门;发表教改、科研论文300余篇;获教育部西部项目、广西哲学社会科学研究课题等省部级科研课题30多项;出版著作、作品集、教材等10多部。在第11届全国美展、建军80周年全国美术作品展、“从洛桑到北京”国际纤维艺术双年展、中国现代工艺美术作品展、中国民族百花奖美术作品展、中国陶瓷琉璃艺术大奖赛、全国造型艺术新人展、全国高校艺术教育科研论文比赛等活动中,10多人(次)获奖。获全国第二届大学生艺术展演活动艺术设计类专业组一等奖、全国第三届大学生艺术展演活动艺术设计类专业组三等奖、全国大学生广告艺术大赛优秀奖、全国大学生工业设计大奖赛优秀奖、全国大学生工业设计大奖赛广西赛区一等奖、“我的手艺”大学生设计大赛银奖等。2011年获自治区教育厅与文化厅授予的首批“广西动漫人才培养基地”,与重点学科“设计学”、人文社会科学重点研究基地“广西民族民间艺术研究中心”成为学院3个重要教研平台。

【广西中医药大学】 中国5个少数民族自治区中唯一独立建制的高等中医药院校。学校以中医药学科为主,医、理、工、管等多学科协调发展,具有鲜明中医药、民族医药特色,产学研医紧密结合、对外交流合作优势突出的高等中医药院校。有仙葫、明秀、东葛、华东、北湖5个校区,其中仙葫校区占地面积1334亩,建筑面积58万平方米。学校拥有教学科研仪器设备价值2.7亿元,现有馆藏文献79万册,电子书38万册。学校现有14个学院:基础医学院、药学院、人文社科学院、成人教育学院、壮医药学院、瑶医药学院、研究生学院(研究生处)、骨伤学院、针灸推拿学院、第一临床医学院、瑞康临床医学院、护理学院、国际教育学院、高等职业技术学院;1个独立学院:赛恩斯新医药学院;设有3个教学部:外语部、体育部、信息网络中心。2014年末有各类在校生17287人。其中全日制本科生7875人,研究生1249人。现有各类在职正高职称313人,副高职称558人,博士学位209人,硕士学位845人。有博士生导师21人,硕士生导师603人。其中,原有国医大师1人,全国名老中医33人、享受国务院政府特殊津贴专家19人、全国优秀教师3人、广西名老中医20人、广西名中医64人、“桂派中医大师”24人、广西优秀专家4人、广西“优秀教师”2人、广西“八桂名师”2人、广西高校“八桂学者”4人、广西高校“教学名师”4人;广西“中药研究创新团队”1个、自治区人才小高地创新团队1个、广西高校人才小高地创新团队4个、广西首批高校高水平创新团队1个,教育部新世纪优秀人才支持计划人选3人,广西“十百千人才工程”人选7人。校长唐农。

设有25个普通本科专业,覆盖医学、理学、工学、管理学4个学科门类。有中医学、中药学、中西医结合、药学、临床医学5个一级学科硕士学位授予点,44个二级学科硕士学位授予点。拥有中药学、中医学和针灸推拿学3个国家级特色专业。学校是广西博士学位授权建设单位,现有博士后科研工作站1个,院士工作站1个,中国—东盟传统医药交流合作中心1个,中—泰传统药物研究联合实验室1个。学校拥有国家卫生部专科诊疗技术培训基地4个,国家中医药管理局重点学科14个及重点研究室3个,国家临床重点专科10个。有广西优势特色学科4个及广西重点学科6个,广西医疗中心6个;广西医疗卫生重点建设学科5个,广西重点中医建设专科14个。拥有国家中医药管理局科研三级实验室4个,国家中医药管理局中医药科研二级实验室12个,自治区金源单位1个,自治区重点实验室2个,广西高校重点实验室7个,广西中医药科学实验中心1个,广西首批“2011协同创新中心”1个和“2011协同创新中心”建设基地2个,校地校企共建科技创新平台共3个,临床技能实训中心1个。

学校利用自身办学特色和优势,推进办学国际化,在中医药民族医药、医疗保健、人才培养、科研开发等方面进行全面交流与合作,骨伤手法、壮医药线点灸等特色诊疗技术吸引大批海外学生留学、进修,形成以东盟国家及中国港澳台地区为主、覆盖40多个国家和地区的对外教育格局。先后与美国、德国、加拿大等16个国家及中国香港、台湾等地区的47所高校、医疗机构签署合作协议。近年来,学校主办、承办20多次国际学术会议,国际手法医学与传统疗法学术会议、中泰传统医药和天然药物研究学术研讨会、中国—东盟传统医药高峰论坛等已举办多届,架起与国际医药界教育、医疗、科研等合作桥梁。

设有思想政治理论课教学研究部、人文社科学学院合署1个(下称人文社科学院),下设马克思主义基本原理教研室、毛泽东思想和中国特色社会主义理论体系概论教研室、思想道德修养与法律基础教研室、卫生事业管理教研室、公共事业管理教研室、心理学教研室、形势与政策教研室及艺术教研室8个教研室。在学校“立足广西、依托广西、服务广西”总体规划下,人文社科学院在学校发展中发挥重要作用。有专职教师31人,其中高级技术职称10人,博士4人,在读博士生3人,中级技术职称15人。另有兼职教师25人。人文社科学院主要承担学校本、专科学生和研究生的思想政治理论课的教学及研究工作,招收和培养公共事业管理(卫生)、应用心理学(医学心理学)、信息管理与信息系统和市场营销(医药方向)4个本科专业学生,及医学社会学1个研究生专业。院长韦兆钧。

年内,科研人员承担各类研究课题412项,获资助经费1760万元。出版专(编)著35部,发表学术论文2011篇。

【广西师范学院】 全日制普通本科师范院校。有明秀、长岗、五合3个校区,占地面积1688.7亩,校舍建筑面积33.68万平方米,教学、科研仪器设备总值1.33亿元,馆藏图书285万册(其中纸质图书156万册,电子图书129万册);设有21个学院、6个教辅单位、43个科学研究机构和1所附属实验学校,合作举办1所独立学院。2014年末有全日制普通本科生12482人,专科生158人,硕士研究生1146人,留学生148人,成人高等教育在校学生20080人。有在职教职工1223人,其中专任教师857人，具有正高职称136人，博士学位172人。在职教师中，享受国务院政府特殊津贴专家2人、全国“五一劳动奖章”获得者1人、教育部“新世纪优秀人才支持计划”1人，广西“五一劳动奖章”获得者3人、广西优秀专家3人、广西“新世纪十百千人才工程”第二层次人选5人、广西青年科技奖1人、八桂名师称号2人、广西高校教学名师4人、广西高校思想政治理论课教学名师1人、广西百名中青年骨干教师资助计划4人、广西高校优秀人才支持计划资助16人、广西高校青年骨干教师培养计划13人、广西高等学校优秀中青年骨干教师培养工程7人，有广西高校人才小高地创新团队4个、自治区级教学团队5个、自治区级教师教育学科教学团队4个。院长李丰生。

设有23个学院(含1个独立学院)，学科专业涵盖哲学、经济学、法学、教育学、文学、历史学、理学、工学、管理学、艺术学等10个学科门类。开设63个普通本科专业，其中教育部高等学校特色专业建设点4个、教育部本科专业综合改革试点1个、自治区级精品专业1个、自治区级重点专业1个、广西高校优质专业9个、广西高校优势特色专业建设点8个、广西高校特色专业及课程一体化建设项目8个。有一级学科硕士学位授权点11个、二级学科硕士学位授权点43个、硕士专业学位授权点4个。是自治区首批立项建设特色高校之一，也是教育部批准的可以接受外国留学生和港、澳、台学生的院校之一。学校有教育部本科专业综合改革试点1个、广西高校特色专业及课程一体化建设项目8个、广西高校重点教学实验中心5个、自治区级实验教学示范中心3个、自治区级实验教学示范建设中心2个；自治区级人才培养模式创新实验区建设立项2个。国家级精品视频公开课1门，教师教育国家级精品资源共享课立项建设课程2门，自治区级精品课程34门，其中广西教师教育精品课程14门；自治区示范性教师教育基地1个，广西研究生教育创新人才联合培养基地1个、广西高校研究生联合培养基地5个。

年内，承担国家社会科学基金“十二五”规划教育学青年课题1项，自治区级教改项目68项；获国家级大学生创新创业训练计划项目36项，自治区级大学生创新创业训练计划项目112项。年内获各级各类科研项目立项402项，其中国家级课题26项；省部级课36项；厅局级各类科研项目56项；横向合作项目118项；其他项目166项。获省部级以上科研奖励21项。

学校坚持开放办学，主动融入广西—东盟国际教育合作框架，在校内建立“泰国语言文化中心”，在印尼等东盟国家建设“汉语中心”“汉语教育实习学校”。开展中外教育文化合作交流平台建设，与澳大利亚教育国际集团合作成立“中澳学院”，与广西侨务部门共建“广西外派华文教师培训基地”，与英国卡迪夫城市大学合作举办旅游管理本科教育项目，新增国外合作高等院校及教育机构20多所。学校被授予“广西政府东盟国家奖学金”留学生接收学校。学校先后获全国民族团结进步先进单位、国家级语言文字规范化示范学校、全国群众体育先进单位、全国学校体育卫生工作先进单位、全国高校军训工作优秀学校、第二届全国优秀高等教育研究机构、中华经典诵读全国优秀组织机构、全国学校艺术教育工作先进单位、全国志愿助残示范基地、广西高教学会工作先进团体、广西爱心大学、广西高校安全文明校园、自治区级卫生优秀学校、绿色大学等荣誉称号。

【广西艺术学院】 文化部与自治区人民政府共建高校，全国6所综合性普通本科高等艺术院校之一。有南湖校区、相思湖校区、西校区、桂林校区4个校区，占地面积700余亩，建筑面积47.31万平方米，体育馆场1.13万平方米。图书馆藏书104.5万册，电子图书305万册。设人文社会科学、自然科学学院(部)20个。2014年末有在校全日制本专科学生、硕士研究生、留学生15000余人。有教职工1000多人，其中专任教师1100人。专任教师中，具有高级职称350人。院长郑军里。

设有美术学院、设计学院、桂林中国画学院、音乐学院、舞蹈学院、人文学院、影视与传媒学院、民族艺术系、建筑艺术学院、造型艺术学院、管弦系、国际教育学院、美术教育学院、音乐教育学院、职业技术学院/继续教育学院、漓江画派学院、思想政治理论课教研部、公共课教学部和附属中等艺术学校等19个教学单位，1所艺术研究院。有艺术学理论、音乐与舞蹈学、戏剧与影视学、美术学、设计学、新闻传播学6个一级学科硕士授权点，37个二级学科硕士授权点和3个专业学位授权点，33个本科专业，70个本科专业方向，16个高职专业。各学科专业都有广西乃至全国知名的优秀教师、艺术家和专家学者。学校先后获一批国家级特色专业、国家精品课程、国家级人才培养模式创新实验区、国家级实验教学示范中心、国家级教学团队及自治区重点学科、优质专业、精品课程、自治区高校人文社科重点研究基地等教学成果。2010年以来，学校承担省部级以上科研项目30余项，其他各类科研创作项目300多项，获专利11项。师生在“金钟奖”“文华奖”“孔雀奖”“桃李杯”及全国美展、全国大学生艺术展演、全国大学生广告艺术大赛、中国校园戏剧节、CCTV全国电视舞蹈大赛等专业演展比赛中，获国内外奖项近700项。以学校美术教师为主体的“漓江画派”已发展成走向世界的文化品牌，为扩大广西影响力和知名度作出重要贡献。学校主办的“中国—东盟音乐周”已成为全国“新音乐”创作的三大平台之一。学校先后与美国朱莉亚音乐学院、英国格林多大学、俄罗斯列宾美术学院、新加坡南洋艺术学院等30余所国外院校和艺术团体开展艺术交流与教育合作。2012年5月，外交部在学校挂牌成立“中国—东盟艺术人才培训中心”，为加强与东盟国家文化艺术交流开创新局面。

年内，师生承担在研课题200多项，其中国家级课题4项。出版著作25部，发表论文1000多篇。

【玉林师范学院】 有东、西2个校区，校园面积1800亩，办学用房建筑面积34万平方米，体育场馆面积10960平方米。馆藏文献总量181万册，教学仪器设备总值近1亿元。年内，再次成为广西新增硕士专业学位授予单位立项建设。

设有18个二级学院，学科涵盖经济学、法学、教育学、文学、历史学、理学、工学、管理学、农学、艺术学等10大学科门类，有55个普通本科专业，27个高职（专科）专业。学校面向全国28个省（市、自治区）及东南亚国家招生。2014年末有全日制在校普通本专科生（含留学生、初中起点免费师范生）17418人，成高生近12000人，联合培养在校研究生13人（与陕西师范大学联合培养）。有教职工1103人，其中专任教师858人，正高职称82人，具有博士、硕士学位教师517人，具有博士、硕士研究生导师资格60多人，享受国务院政府特殊津贴3人，全国教育系统先进工作者1人，全国优秀教师1名，广西优秀专家2人，广西“十百千人才工程”第二层次人选3人，广西有突出贡献科技人员1人，广西高校教学名师奖获得者1人，曾宪梓教育基金获得者4人，广西高校百名中青年学科带头人2人，“广西高校优秀人才资助计划”资助人选16人，“广西高等学校骨干教师培养计划”资助人选15人，“广西高校中青年骨干教师培养工程”资助人选4人。院长梁伟江。

学校先后获评为广西高校师范专业办学能力提升计划项目首批示范性教师教育基地、广西21世纪园丁工程B类教师培训基地、广西第一批初中教师教育基地、广西第一批幼儿园教师教育基地、广西小学教师教育基地、广西高校“大学生创业教育示范基地”，年均就业率保持在90%以上，连续6年获“自治区普通高等学校就业工作先进集体”。先后被授予“自治区级文明单位”“全国五四红旗团委”“全国优秀社会实践服务团”“全国绿化模范单位”“全国模范职工之家”等荣誉称号。

学校有省级重点实验室（培育）1个（广西农产品加工重点实验室培育基地），广西高校重点实验室2个（广西高校农产资源高效利用重点实验室、广西高校复杂系统优化与大数据处理重点实验室），广西高校人文社会科学重点研究基地1个（民族地区文化安全研究中心），广西高校重点实验室培育基地1个（广西高校桂东南珍稀经济物种保护利用重点实验室培育基地），广西高校人文社会科学重点研究培育基地1个（桂东南农村新型社区建设研究中心培育基地），广西教育科学重点研究基地1个，广西重点学科3个（应用数学、生物化工、中国现当代文学）。

设有人文社会科学专业二级学院11个，分别是：法商学院、政史学院、教育科学学院、体育学院、文学与传媒学院、外国语学院、音乐舞蹈学院、美术与设计学院、职业技术学院、国际教育学院、继续教育学院等。本科社科专业（含方向）29个，分别是：经济学、法学、思想政治教育（师）、教育学、学前教育（师）、小学教育（师）、汉语言文学（师）、秘书学、英语（应用英语方向）、英语（应用英语方向3+1）、英语（师）、日语（应用日语方向）、广播电视新闻学、广告学、美术学（师）、绘画、舞蹈学（师）、音乐学（师）、视觉传达设计、服装与服饰设计、环境设计、历史学（师）、市场营销、财务管理、行政管理、旅游管理、应用心理学、汉语国际教育、电子商务。专科社科专业（含方向）12个，分别是：服装设计、会计电算化、市场营销、电子商务、旅游管理、烹饪工艺与营养、烹饪工艺与营养（餐饮营养方向）、商务英语、文秘（文秘与办公自动化）、文秘（涉外文秘）、影视动画、广告设计与制作。

年内，师生获科研课题立项180项，其中国家级项目9项，省部级23项，厅局级96项，其他项目51项，承担科研经费862.98万元。申请专利13项，获国家授权专利8项，其中发明专利6项，实用新型2项。出版著作16部，其中专著4部。发表学术论文562篇，其中核心期刊179篇，SCI/EI/ISTP收录82篇（次），人大复印报刊资料全文转载论文2篇。获各级社科类专业奖项80多项，其中获广西第十三次社会科学优秀成果奖5项（二等奖1项、三等奖4项）。获2项2014年自治区社科联科普科研资助项目。《玉林师范学院学报》获评为第四届、第五届全国优秀社会科学期刊。成立承担校市、校企合作工作的校直属机构“玉林经济社会发展研究院”。主办省级学术会议5次，举办学术讲座52场，国内外学术交流100多人（次）。

【河池学院】 实行“自治区与河池市共建，以自治区为主”办学体制的全日制综合性普通本科高校。涵盖经济学、法学、教育学、文学、历史学、理学、工学、管理学、艺术学等9大学科门类为一体的综合性应用型大学。校园占地面积40多万平方米。校舍建筑总面积28万平方米，教学科研仪器设备总值1.2亿元，图书馆藏文献总量190多万册(含电子图书)。学生来自全国19个省(自治区、直辖市),2014年末有全日制本专科在校学生11300人,成人教育学生2000多人。有教职工700多人,其中专任教师500多人(其中具有副高及以上职称200多人,有博士、硕士学位390多人)。院长郎耀秀。

设有人文社会科学学院8个,分别是文学与传媒学院、政治与历史文化学院、外国语学院、体育学院、艺术学院、教师教育学院、经济与管理学院、思想政治理论教学部;设人文社会科学本科专业26个,分别是汉语言文学(师范类)、汉语言文学(文秘方向)、新闻学、汉语国际教育、思想政治教育、历史学、英语(师范类)、英语(应用英语方向)、商务英语、体育教育、社会体育指导与管理、视觉传达设计、环境设计、美术学、产品设计、服装与服饰设计、音乐表演、音乐学、舞蹈学、小学教育(语文教育方向)、学前教育、行政管理、市场营销、人力资源管理、旅游管理、贸易经济。2014年招生3380人(其中本科2710人,专科670人),毕业生2420人(其中本科2150人,专科270人)。

年内,承担研究课题53项,其中省部级课题8项;获科研经费138.25万元。出版著作17部,发表论文704篇。

【**广西财经学院**】 现有明秀校区、相思湖校区、防城港校区(防城港学院)、南校区4个校区。校园占地面积133.87万平方米,教学科研仪器设备总值10573.47万元,拥有教学用计算机7419台,纸质藏书168.38万册,各类教室503间;校园网覆盖全校。明秀校区占地面积370亩,可容纳学生1万多人。相思湖校区占地面积777亩,总投资约8.76亿元,可容纳学生1.6万人。建设项目是自治区成立50周年大庆重大教育项目,也是自治区统筹推进的重大项目之一。防城港校区(防城港学院)是学校与防城港市政府合作、举办全日制高职高专教育的校区(学院),占地面积600多亩,设置国际商务、市场营销、金融与保险、会计电算化等共23个高职专科专业。南校区占地面积261亩,可容纳学生3000多人。因建设南宁铁路枢纽沙井货运中心,南校区已被南宁市列入城市建设规划征用地范围。2014年末有全日制在校生22450人,其中本科生占72.9%。有教职工1355人,其中专任教师1032人,具有硕士以上学位教师726人,占专任教师比例70.35%,高级职称占专任教师比例35.08%。院长夏飞。

学校设置14个教学院(部),1个继续教育学院和3个教辅机构,25个科研机构。设本科专业46个,专科(高职)专业26个,覆盖经济学、管理学、文学、法学、理学、工学、艺术学等7大学科门类。学校实施“质量立校”战略,牢固确立教学工作中心地位,组织实施“质量工程”建设。获省部级以上教改工程117项,获国家教学成果二等奖1项;自治区级教学成果一、二、三等奖18项。学校已建成会计学、财政学、金融学、企业管理、国际贸易学、农业经济管理、数量经济学、区域经济学、管理科学与工程、统计学、社会保障等11个广西高校重点学科;管理科学与工程、统计学、农业经济管理等3个广西特色优势学科;获应用经济学、工商管理、管理科学与工程、统计学、农林经济管理、公共管理6个自治区规划和建设的硕士学位授权点一级学科及税务、金融、应用统计3个自治区级硕士专业学位授权点建设项目。3个自治区级重点实验室(研究基地),6个自治区级校地校企共建科技创新平台。获各级各类科研项目1200多项,国家级60项(其中,国家社会科学基金重大项目1项,国家社会科学基金重点项目1项);获省部级以上科研成果奖72项。

学校有2个中外合作办学项目(中澳会计学本科、中法金融与会计专科),7个校际交流项目(中英会计本科、中美会计本科、中法会计本科、中泰国际经济与贸易本科、中越国际经济与贸易本科、中马国际经济与贸易本科、中马会计专科),2个本科ACCA国际会计实验班。具有独立组织ACCA笔试考试资格并接收境外学生参考。学校践行“诚以修身,信以立业”校训,持续开展校风、教风、学风建设,以培养和增强学生“四种能力”为导向,全面推进素质教育,毕业生就业率一直保持在90%以上,先后7年获“自治区高校毕业生就业工作先进集体”。学校先后获自治区文明单位、“五五”普法先进单位、和谐学校、卫生优秀学校和广西高校“安全文明校园”、广西高校大学生创业先进单位、广西高校资助贫困生工作先进单位及南宁市社会治安综合治理先进单位等荣誉称号。

学校学生作品获国家级“挑战杯”大学生课外学术科技作品竞赛和创业计划大赛奖项10余项,并连续3年承办广西“挑战杯”比赛;成功培育莲湖经济论坛、企业经营沙盘模拟大赛和“菁英会计”专业技能大赛等12项校园品牌项目,获ERP(企业经营沙盘模拟竞赛)、会计专业技能大赛、数学建模竞赛等全国各类学科竞赛一、二、三等奖140余项;打造大学生骨干暑期“实岗挂职”社会实践活动品牌项目。年内,学院科研人员出版专著8部,发表论文近1039篇。

【**百色学院**】 自治区和设区市共建高校。有东合、澄碧2个校区,主校区为东合校区,占地面积1874亩,另百色市人民政府在百东新区预留用地1800多亩。2014年末有价值9600多万元教学科研仪器设备,馆藏纸质图书78万册,电子图书123万种。2014年末有

12月27日，自治区副主席李康（右四）到百色学院考察调研　（吕嵩崧　供稿）

全日制在校生12314人，其中本科生8867人、专科生2853人、预科生566人、留学生28人。有在职教职工816人，其中专任教师551人，有博士学位28人，硕士学位309人，具有高级专业技术职务资格157人，硕士生导师资格15人，“双师型”教师124人；获“全国优秀教师”“广西优秀教师”“八桂名师”“广西高校卓越学者”“百色市拔尖人才”等称号28人，聘有国内外知名客座教授、兼职教授60多人，长期聘请3~4名外籍教师到校任教。院长金长义。

设有中文系、经济管理系、外语系、物理与电信工程系、化学与生命科学系、艺术系、数学与计算机信息工程系、教育科学系、政治与法律系、体育系、思想政治理论教学与研究部、商学院、预科教育学院、继续教育学院等14个教学系（部、二级学院），1所附属中学和1所职业中专。开设有39个本科专业、36个专科（高职）专业，涵盖经济学、法学、教育学、文学、理学、工学、管理学、艺术学、农学等9大学科门类。有自治区级重点学科5个，广西高校重点实验室、人文社会科学重点研究基地、广西教育科学重点研究基地、校地校企共建科技创新平台8个，被确定为广西马克思主义理论研究和建设工程研究基地。年内，学校被自治区教育厅确定为硕士专业学位立项建设单位；有6个自治区级教学团队，1个广西高等学校高水平创新团队。有自治区级急需或特色优势专业7个，自治区级特色、精品课程12门，自治区级大学生校外实践教育基地建设项目1个，自治区级教学团队6个，广西高校重点教学实验中心2个，广西创新人才培养基地3个，被确定为广西教师教育重点培育基地。年内，承担自治区级教改项目10项，获国家级大学生创新创业训练计划项目17项，自治区级大学生创新创业训练计划项目62项。

年内，获国家级课题2项，省部级课题5项，厅局级项目68多项，横向合作项目4项。获省部级以上科研成果奖4项。发表论文560多篇，其中全国中文核心期刊120多篇。经全国高等学校文科学报研究会专家综合评审，《百色学院学报》获第五届“全国高校优秀社科期刊”，“文学人类学研究”栏目获“全国高校社科期刊特色栏目”。

学校立足红色资源文化打造，实施“六个一”工程，以百色起义精神办学育人，培养具有老区特质的高素质的应用型人才。学校与华南师范大学、广州大学、广西民族大学、桂林理工大学、中山大学签订合作办学协议；与百色市12个县（区）人民政府及　86个广西区内外企事业单位签订人才培养合作协议，其中与广州市劳动力市场服务中心签订应用型人才培养输送与合作协议；与美国2所大学、越南3所大学、泰国4所大学、马来西亚1所大学等签订合作办学协议；先后获“全国红色经典艺术教育示范基地”“全国精神文明建设工作先进单位”“全国大中专学生志愿者暑期‘三下乡’社会实践活动先进单位”“国家级语言文字规范化示范学校”“全国中华经典诵读试点单位”“全国节约型公共机构示范单位”等称号，年内，被确定为“广西新建本科学校转型发展试点学校”，成为广西首批4所新建本科学校转型发展试点学校之一。

【贺州学院】 现有东、西2个校区，校园占地总面积1500多亩，校舍建筑总面积22万多平方米。学院获自治区“安全文明校园”“绿色大学”“文明单位”“安全文明校园”“文明卫生学校”等称号。教学科研仪器设备总值5516万元，馆藏纸质图书92.69万册，电子图书227.23万种。2014年末有全日制在校生9769人。有教职工912人，其中正高级职称31人、副高级职称164人，博士35人、硕士297人。院长吴郭泉。

设有文化与传媒学院、外国语学院、理学院、经济与管理学院、机械与电子工程学院、化学与生物工程学院、计算机科学与信息工程学院、教师教育学院、艺术学院、体育学院、建筑工程学院、马克思主义学院等11个学院。有普通本科专业34个、专科专业12个。已发展成以工学、理学、教育学为主，文学、经济学、管理学、艺术学、法学等多学科协调发展的应用型本科院校。

有广西重点学科3个、广西高校特色专业4个、广西高校重点实验室1个、广西高校重点研究基地1个、自治区级实验教学建设中心1个，是广西重点培育教师教育基地。建成具有地方特色的族群文化博物馆和贺州矿冶钱币博物馆，建立24个科研机构。在南岭走廊族群文化、贺州方言、桂东特色资源利用与开发等领域的研究颇具特色，取得一批较高水平的教学、科研成果。年内获广西第十三次社会科学优秀成果奖二等奖2项，获国家自然科学基金项目和国家社科基金项目3项。

学院以“理想信念教育”为主题，以实施“大学生素质拓展计划”为主线，继续开展“桂东百家讲坛”为品牌、参加科技部开展的“科研机构和大学向社会开发活动”并获优秀奖；“桂东百家讲坛”邀请中国地理学学会会长曾大兴教授等60多位知名人士到学院讲学；5年来团组织或社团先后获自治区级奖励60多项。

【广西外国语学院】 2014年通过学士学位授权评估。占地面积1015亩，空港校区新征地1300亩，校舍建筑面积30.67万平方米。教学科研设备总值3720万元，馆藏纸质图书102万册，期刊1.5万册，电子图书、期刊45.2万册。有校内实验室68个，校外实践教育基地58个。2014年末有全日制在校生12124人，其中本科在校生5514人，外国留学生52人。有教职工576人，其中专任教师423人。专任教师中，具有高级职称104人，省级高校教学名师3人。院长李露。

设有泰国语、越南语、缅甸语、印尼语、柬埔寨语、汉语、英语、法语、日语、西班牙语等10个语种及各类本、专科专业70多个，涵盖文学、管理学、经济学、艺术学和工学五大学科门类。其中，越南语专业和国际经济与贸易专业获自治区级特色专业与课程一体化建设项目立项建设；东盟语种群获广西新建本科转型发展首期试点项目立项；泰国语、国际经济与贸易、行政管理、播音与主持艺术、英语等5个本科专业获自治区级民办高校重点专业立项建设。

学校设有东南亚语言文化学院、欧美语言文化学院、国际工商管理学院、信息工程学院、文学院、艺术学院、国际经济与贸易学院、国际会计学院、国际教育学院、创业学院和教育培训学院等11个二级学院。有东南亚研究所、高等教育研究所、桂台交流合作研究所（与自治区人民政府台湾事务办公室共建）、中国—东盟企业管理研究所、泰国文化研究中心（与泰国驻南宁总领事馆共建）、桂台合作研究中心、桂台产学研用一体化基地、桂台经济贸易合作与发展服务基地（获批为广西高校哲学社会科学服务地方经济社会发展特色基地）、中泰经济贸易合作与发展研究中心等研究机构，1个自治区级大学生校外实践教育基地。

学校先后获“全国民办教育先进集体”“中国民办高等教育优秀院校”“国家安全人民防线先进单位”“广西安全文明校园”“广西卫生优秀学校”“广西高等学校就业工作先进集体”“全国高校网络培训工作先进集体”等多项省级以上荣誉称号。

年内，获各级各类科研项目立项28项，校级项目54项。出版著作2部，发表论文234篇。

【钦州学院】 自治区政府重点建设高校，教育部首批应用技术大学联盟理事高校，广西新建本科院校整体转型发展试点单位，广西沿海唯一公立本科院校，广西唯一获国家高级海船船员培养培训资质和国家一级渔业船员培训机构资质高校。有3个校区，其中东、西2个校区占地近700亩，新校区占地2070亩。馆藏图书128万册，其中纸质文献75万册，电子图书53万TB，期刊27088种。2014年末有全日制在校生近1.2万人，其中本科9000多人，外国留学生80多人，各类成人函授生4600多人。有教职工900多人，其中专任教师630人，具有高级职称219人，其中正高职称59人；有硕士及以上学位483人，其中博士55人，在读博士生30人。“双师型”专任教师156人，外籍教师5人，自治区特聘专家2个，外聘院士2人。院长徐书业。

学校确立“立足北部湾、服务广西、面向全国、辐射东盟”办学定位，着力打造“地方性、海洋性、国际性”办学特色。设有海洋学院、海运学院、机械与船舶海洋工程学院、石油与化工学院、食品工程学院、电子与信息工程学院、资源与环境学院、人文学院、经济管理学院、教育学院、陶瓷与设计学院、理学院、建筑工程学院（筹）、思想政治理论课教学部、体育教学部、国际教育学院、继续教育学院、工程训练中心等18个教学单位。面向全国29个省、直辖市、自治区招生。有本科专业41个，覆盖工、管、文、理、法、农、经、教育、艺术等9大学科门类。有钦州市人才小高地3个，广西高等学校高水平创新团队1个。有自治区级重点实验室1个、广西高校人文社科重点研究基地1个、广西高校重点实验室3个、广西高校重点研究机构2个；自治区级重点学科3个、广西高校优势特色重点学科1个、硕士专业学位建设点3个；广西院士工作站1个（海洋类）、省级博士后创新实践基地1个、广西校地校企共建科技创新平台2个、国家级科技特派员创业培训基地1个。年内与钦州市食品药品监督局共建“嵌入式”试验室——“北部湾食品药品监测实验室”，与广西海洋研究院合作筹建第二个“嵌入式”实验室——广西海洋监测实验室。

学术交流与合作　年内，举办“北部湾大讲坛”“博士教授论坛”10多场，邀请国内外知名专家学者来学院主讲。先后邀请英国纽卡斯尔大学教授、博导王耀东作“可持续发展·可再生能源”专题报告，清华大学傅水根教授作“整合优质教学资源　致力服务本科教学”专题报告，华东师范大学教授、博导杜金洲、戴志军分别作“基于同位素示踪的近海环境过程”“河口海岸动力地貌与动力沉积、河口泥沙运动研究”专题报告等。同时组织学院内外学者讲座100多场。年内,学校进一步巩固与泰国、越南、老挝等东盟国家高等院校和行业的合作办学;拓展欧美国际合作办学领域;联系国家留学管理部门,申报学历教育留学项目,开展留学生互换工作,完善留学生教育软硬件配套建设,实施留学生教育规模和质量提升工程,完善留学生教育中心管理方案。年内招收长、短期留学生60多人,提高国际合作的学历层次;开辟海外实习实训基地,拓宽留学生教育渠道,打造国际职业培训平台;选派教师到国外开展业务培训或科学研究,增强国际科研合作能力。培养外籍留学生300多人,聘用外籍教师16人。派送泰国、越南、马来西亚等国家留学生80多人,选派出国深造教师20多人(次)。

科研工作与成果　年内,获厅级以上立项科研项目59项,其中国家自然科学基金项目3项、国家社会科学基金项目2项、教育部人文社会科学研究一般项目1项、全国教育科学规划课题1项、广西自然科学基金项目5项、自治区教育厅科研项目30项、自治区教育厅反腐倡廉等专项立项8项、各类横向项目9项,获合同科研经费824多万元。组织院级科研课题立项工作,立项59项,资助金额20.7万元;开展高级别培育项目、地域特色项目及专利培育项目的立项工作,立项29项,资助金额93万元。年内师生发表学术论文500多篇,其中SCI收12篇、EI收录2篇、ISTP收录1篇,全国中文核心期刊论文131篇。出版著作4部。年内发明专利8项、实用新型专利30项,外观设计专利5项获国家授权。年内,获省级科研成果奖二等奖2项、三等奖3项,市级科研成果奖32项。

年内,按照自治区党委、政府的统一部署,钦州市委、市政府举全市之力实施“交钥匙”工程筹建北部湾大学,筹措资金约24亿人民币,规划总建筑面积约60万平方米。其中43万平方米的一期工程正在建设中,将于2015年10月竣工,完成校园整体搬迁。

【**梧州学院**】　地方全日制普通高等本科院校,实行“区市共建,以市为主”的管理体制。占地近1000亩,另有扩建及预留用地1000多亩。图书馆面积2.5万平方米,馆藏图书91.5万册。建有各类实验室70多个,面积2.3万平方米。体育馆及露天球场面积3.3万平方米。2014年末有在校本科生12130人,高职高专生1974人、留学生86人、成人教育学历生8185人。有教职工1093人,其中专任教师565人(教授24人、副教授149人)。院长杨奔。

设本科专业40个,高职高专专业30个,涵盖工学、经济学、管理学、理学、文学、艺术学、法学、教育学、哲学等学科门类。工学、管理学、经济学是学校的优势学科。信号与信息处理、产业经济学、旅游管理、机械及自动化是广西重点学科,软件工程是广西重点培育学科。电子信息工程、国际经济与贸易是全国高校特色专业,旅游管理、艺术设计(首饰设计方向)、软件工程是广西高校特色专业与课程一体化建设项目,电子信息专业群、林产化工、制药工程专业群是广西新升本科高校转型发展首批试点专业,电子信息工程、林产化工、环境设计、国际经济与贸易、软件工程、制药工程、机械设计制造及其自动化是广西高校优势特色专业建设项目。有人文社会科学学院5个,分别是艺术与宝石设计学院、经济管理学院、文法学院、国际交流学院、师范学院;其中本科专业25个,专科专业13个。专任教师431人(其中教授15人、副教授115人)。2014年招收本科生1857人,专科生693人;本科毕业生1581人,高职高专毕业生586人;年末在校本科生6701人,高职高专1783人。

年内,师生承担研究课题(人文社会科学)8项,其中国家级课题3项,省部级课题5项;获科研经费94万元,其中国家级课题经费60万元。出版著作3种,发表论文243篇。获省部级奖励科研成果3项。

【**广西民族师范学院**】　自治区政府与崇左市政府共建全日制普通本科院校。占地面积1089亩,建筑面积36.9万平方米。教学仪器设备总值6920多万元。校内实验实训室79个,教学计算机2329台,多媒体教室和语音室座位数7643个,校外实习实训基地64个。图书馆馆藏纸质图书86万册、电子图书63万册、中外文期刊3.78万册。2014年末有在校生11268人,其中少数民族学生5134人。有在职教职工573人,其中专任教师463人。专任教师中有副高以上职称教师109人,具有博士、硕士学位教师296人,有广西优秀专家1人,广西“新世纪十百千人才工程”2人,广西高校优秀人才资助计划人选13人。院长武波。

设有中文系、外语系、经济与管理系、政治与公共管理系、音舞系、美设系、数学与计算机科学系、物理与电子工程系、化学与生物工程系、体育与健康教育系、思想政治理论课教学部等11个教学系部,有思想政治教育、学前教育、体育教育、汉语言文学、英语、数学与应用数学、信息与计算科学、物理学、化学、电子信息工程、通信工程、计算机科学与技术、化学工程与工艺、制药工程、行政管理、物流管理、旅游管理、音乐学、美术学、环境设计、产品设计、服装和服饰设计、越南语、财务管理、国际经济与贸易等28个本科专业及汉语、应用越南语、应用英语、商务英语、应用泰语、国际经济与贸易、物流管理、市场营销、旅游管理、会计电算化、通信技术、药品经营与管理等15个高职专业。

有人文社会科学系(部)7个,分别是中文系、外语系、音舞系、美设系、思想政治课理论教学部、政治与公共管理系、经济与管理系,设本科专业15个。有专任教师301人,其中高级职称78人。2014年招收全日制本专科生1969人,2014年6月专科毕业生884人、本科毕业生749人;2014年末有在校生7207人。

年内,师生承担研究课题78项;出版参编著作4部;发表论文235篇,其中核心期刊58篇。

【桂林航天工业学院】 以工学为主,管理学、经济学、艺术学等各学科协调发展的应用型普通本科院校。学校占地面积1123亩,校舍建筑面积35.2万平方米。设有工商管理系、信息工程系、机械工程系、电子工程系、汽车工程系、外语系、人文社会科学系、经济与贸易系、自动化系、建筑环境与能源工程系、传播与设计系、理学部、思想政治理论课教学部、体育部、继续教育学院、国际教育交流中心、图书馆、现代教育技术中心等18个教学教辅机构。开设15个本科专业、38个高职高专专业。检测技术与自动化装置学科被列为自治区重点培育学科。省部级优质、特色与优势专科专业11个、本科优势特色专业4个,本科教学改革试点专业3个、专科教学改革试点专业3个,广西新建本科学校转型发展首期试点专业群2个。国家级精品课程1门,省级精品课程10门,特色课程14门。各类实验室和实训基地77个,其中,中央财政支持的职业教育实训基地1个,自治区示范性高等职业教育实训基地7个,中央财政支持地方高校发展专项资金实验室12个,中央与地方共建高校专项资金特色优势学科实验室10个,中央与地方共建高校专项资金基础实验室8个。2014年末有全日制本专科生10837人。有专任教师601人,其中高级职称184人(教授41人),硕士以上学位教师占专任教师比例71%。有享受国务院政府特殊津贴专家2人,八桂名师1人,自治区优秀专家2人,广西“十百千人才工程”第二层次人选2人,全国优秀教师1人,广西教学名师1人、广西优秀教师1人,“广西高校优秀人才计划”2人,有广西高等学校自治区级教学团队2个、广西创新人才培养教学团队1个。院长易忠。

学院设人文社会科学教学单位9个,分别是工商管理系、外语系、人文社会科学系、经济与贸易系、传播与设计系、思想政治理论教学部、体育部、继续教育中心和国际教育交流中心。普通高等教育设5个本科专业,11个专科专业。2014年末有专任教师310人,其中正高职称21人、副高55人。普通高等教育文科专业2014年招生1258人、毕业生1558人,2014年末在校生4246人。成人高等教育设12个专科专业,3个本科专业。2014年招生880人、毕业539人,2014年末在校生1486人。

学校围绕国家重大需求、广西重点发展的产业集群科研项目、航天科技民用化项目开展科学研究,加强“团队+学科+基地+项目”的产学研一体化建设,重点建设11个重点实验室、科技创新平台、工程中心和人文社科基地3个,培育焊接机器人及相关技术应用、空间无线通信技术及应用和智能检测与自动化装置等创新团队3个。

年内,承担国家级、省部级科研项目19项,获国家专利25项。承担市厅级以上科研项目及横向课题82项,获科研经费资助178.9万元。出版著作(教材)11部,发表论文234篇。

桂林航天工业学院南校区美景 (叶桂槲 供稿)

【广西广播电视大学】 自治区人民政府主办、自治区教育厅主管,业务上接受国家开放大学(原中央广播电视大学)指导的远程教育大学,是各类教育及培训资源整合平台和终身教育公共服务机构。学校实行自治区、市、县、社区分级办学,有13所设区市电大、3所行业电大及95所县级电大教学中心、10多个社区学习中心,是广西最大的现代远程教育系统,也是全国广播电视大学系统的组成部分。校园占地面积1.26万平方米,校舍总建筑面积1.90万平方米。教学科研设备总值5665.31万元。有各类藏书79.76万册,电子图书1442GB。学校建有宽带校园网、功能完备的卫星电视、VBI、IP接收系统和双向视频教学系统,有应用计算机网络在线教学平台、教务平台、办公平台和远程教育服务中心等,已形成“天网地网融合、三级平台互动”的网上教学、管理和学习支持服务的现代远程开放教育体系，成为广西发展现代远程教育和终身教育的主要基地。学校实现了总校和广西设区市电大分校、县级教学中心、社区学习中心之间网络高速互联。总校有教室48间，其中网络多媒体教室25间，集成最新信息技术的“云教室”2间，有多个用于计算机辅助设计、计算机网络技术培训、多媒体视频制作、网络视频教学、数字图像处理的教学实训基地，包括蓝厢虚拟演播室、录播控制中心、教学资源录制中心、双向视频教学会议中心、网络数据中心、大型计算机网络机房、会计模拟实验室、数字媒体设计实验室等。学校有广西电大专网系统，支持建成了包括桂林市电大分校、梧州市电大分校、北海市电大分校、防城港市电大分校、钦州市电大分校、贵港市电大分校、百色市民族电大分校、贺州市电大分校、来宾市电大分校等设区市电大的“云教室”11个，建成覆盖广西电大的移动光纤专线网络系统和双向视频教学会议系统，有计算机2300多台，网络设备管理系统包括100多个硬件终端、300多个软件终端、50多台高性能专业服务器、千兆光纤网络、海量数据网络存储管理系统、各专业网络教学模拟软件和虚拟化教学设计软件等。2014年末有各类学历教育学生70520人，其中，开放教育本科生9942人、开放教育专科生32704人；教育部“一村一名大学生计划”本、专科生1592人；成人高等教育本、专科生1162人；网络教育本、专科生25120人。有教职工815人。南宁总校有教职工201人，其中专任教师159人。专任教师中，具有正高职称8人、副高职称43人；有硕士学位89人、博士学位教师2人。有广西优秀专家、广西“新世纪十百千人才工程”人选、广西高校优秀人才支持计划资助等多种人才称号10多人(次)。校长贺祖斌。

设有文经教学部、理工教学部、开放学院、继续教育学院与网络教育学院等5个学院，有开放教育本科专业23个，包括会计学、中文(对外汉语教育)、物流管理和计算机应用技术(网络技术)等4个国家开放大学重点建设专业；有开放教育专科专业50个，包括行政管理、学前教育、老年服务与管理、健康管理、公共关系和建筑施工与管理等6个国家开放大学重点建设专业；有“一村一名大学生计划”专科专业15个，其中重点建设专业为农村行政管理专业。与国内12所重点院校等机构协作开设网络教育专业46个。年内成功申报健康管理和公共关系2个专业为国家开放大学共享专业。举办非学历教育培训59342人(次)。

年内，获各级各类科研项目立项32项，其中省部级课题11项；厅局级课题20项；横向课题1项。发表学术论文96篇；出版著作9部，教材2种。获广西第十三次社会科学优秀成果奖三等奖3项；获国家开放大学系统第六届优秀科研成果奖3项。年内，出版《广西广播电视大学学报》4期，刊发文章88篇。学校先后与美国、英国、德国、日本、韩国、泰国等国家及中国港澳台地区的远程教育机构开展科技文化交流与合作，是亚洲开放大学协会(AAOU)和国际远程开放教育理事会(ICDE)成员。

【广西教育学院】 自治区直属成人本科高等院校。学院主要承担中小学教师培养与培训、中小学校长培训、教育行政干部培训、中小学教学研究、中小学教学参考资料出版发行等任务。自治区设在学院机构有：广西中小学教师继续教育指导中心、自治区高中会考办公室、自治区课程改革办公室、广西教育学会秘书处、广西陶行知研究会。学院占地面积4.74万平方米，建筑面积8.39万平方米，运动场地4101平方米，绿化用地1.62万平方米。教学科研仪器设备总值3000万元，拥有教学科研用计算机1000台，语音实验室座位300个，多媒体教室座位2500个。馆藏一般图书45万册，数字资源量1.8万GB。学院下设二级学院有教育科学学院、文学院、数学与信息科学学院、外国语学院、法商学院、艺术学院、培训学院、成人教育学院，共36个普通专科专业、23个成人本科专业和18个成人专科专业。2014年末有专任教师220人，其中正高职称31人，副高职称91人；博士学位28人，具有研究生学历教师110人；兼职博士生导师1人、硕士生导师10人，广西高校优秀人才3人；享受国务院政府特殊津贴专家4人。2014年末有各类在校生6800人，其中普通专科生3700人，成人本科生2100人，成人专科生880人，留学生70人。院长容本镇。

年内，获厅级以上科研课题立项22项，其中省级课题2项；科研结项课题13项，其中省级课题1项，厅级项目9项，校级3项；发表论文220篇，其中核心论文35篇；出版著作3部，EI收录24篇。主办或承办自治区内外学术会议14次，组织学术报告会12次，参与师生7000多人(次)。

【广西经济管理干部学院】 自治区人民政府直属、自治区工业和信息化委员会主管的成人高校，是教育部批准的具有高等学历教育招生资格的高等院校，也是自治区各级各类经济管理干部、企业经营管理人员培训基地。占地面积555.09亩(其中：现校区314.88亩，新校区240.21亩)，校舍建筑总面积18.27万平方米，图书馆馆藏纸质图书71.46万册。2014年末有全日制在校生5996人，其中高职生5129人，成人教育本科生809人，成人教育专科生58人。有在职教职工426人，其中专任教师360人，具有副教授(副高级)以上职称

172人(正高级57人,副高级115人);具有研究生学历或硕士、博士学位的161人(其中博士21人)。院长郑作广。

设有会计系(财税金融系)、工商管理系、贸易经济系、土木建筑系、公共管理系、信息管理系、外语系、计算机系、文化与传播系和社会科学教学部、公共课教学部、继续教育部等13个教学系部,开设42个高等职业技术教育专业、22个成人教育本科专业、22个成人教育专科专业。学院拥有"语言文字、文化信息研究中心""广西东盟企业经营管理人才研究中心"2个自治区级高校人文社会科学重点(建设)研究基地,另有院、系两级学术机构36个。学院以主动服务广西地方经济社会发展为抓手,坚持"面向广西,服务广西"科研战略,全面拓展服务广西的渠道和空间,系统构建服务广西的机制和平台,为自治区人民政府及有关部门、地市决策和各级各类企业制定发展战略提供咨询和指导服务。

年内,学院编制完成《中长期科研发展规划(2013~2020年)》;获国家社科基金项目1项;学院一研究团队入选广西高等学校高水平创新团队及卓越学者计划;《桂南平话研究》丛书(共13本)获国家民族文字出版专项资助(资助金额100多万元);与上海市高校比较语言学E研究院合作研发的《语言学文献查询系统》研究项目及"地理信息系统中的方言特征处理""语言田野调查系统"等研究平台,实现重大突破;4项科研成果获广西第十三次社会科学优秀成果奖;"企业经营管理人才研究中心"入选广西高校科技服务平台;与沈昌祥院士团队正式签订"广西网络安全和信息化院士工作站合作协议";推进"广西物联网技术应用与推广中心"建设;"珠江—西江互联互通物联网关键技术研究与应用"等2个项目通过科技成果鉴定,鉴定结果均为"国内同类领先水平",并得到广泛应用。年内,学院科研人员出版著作7部,发表学术论文443篇,其中核心论文76篇,四大索引论文7篇。

专科院校

【桂林旅游高等专科学校】 自治区直属全日制高等专科学校。有骖鸾、雁山2个校区。校园总占地1885亩,校舍建筑面积约21万多平方米。教学仪器设备总值3203.65万元,图书藏量近120万册(纸质图书70万余册)。是联合国世界旅游组织的重点支持单位及其教育委员会附属成员单位,国家旅游局旅游饭店总经理、部门经理岗位证书培训定点学校、中国—东盟旅游人才教育培训基地、广西旅游人才培训基地、广西中职师资培训基地、中国大学生棒垒球训练基地、自治区直属全日制高等专科学校、自治区首批职业教育攻坚示范性高等职业院校、自治区示范性高等职业院校。2014年末有在校生9000多人;有专任教师530多人,副高职称以上教师占32.2%;有自治区级教学名师3人;自治区优秀教师1人;全国旅游系统先进个人1人;广西西部计划出国留学特别项目15人;广西财政资助出国留学2人;9人获广西高校优秀人才资助计划。校长杨杰。

设有广西旅游科学研究所、桂旅旅游规划设计研究院、天地人旅游商品研究所等科研和社会服务平台,参与制定广西乡村旅游、农家乐等6项评定标准,并完成《广西田林老山生态农业漂流养生度假区总体规划》《柳江县旅游发展规划(修编)》《灵川县休闲农业与乡村旅游发展专项规划》《灵川县旅游发展规划(修编)(2013~2020)》等38项规划,设计开发"象山水月"等旅游工艺品并投入生产。2013年获2项国家社科基金项目,是广西唯一一所获2项该项目的高职高专院校。学报《旅游论坛》是国内重要旅游学术研究平台,连年被评为"广西高校十佳学报"。学校有6个专业获世界旅游组织国际旅游质量教育认证,是广西唯一获认证高校。多个教育部教改试点专业、自治区级精品专业、教改试点专业和优质专业,获多项国家级、省部级教学、科研成果奖。

学校连续九年被评为广西高校毕业生就业先进单位,就业率和就业质量名列前茅。220多名学生到国外交流、实习、就业,与迪拜帆船酒店等世界顶级酒店建立长期稳定合作关系。代表广西参加全国职业技能竞赛获一等奖最多的高职高专院校,打造"外文戏剧节""导游风采大赛""旅专讲坛"等享誉广西区内外的校园文化活动品牌。作为中国大学生棒垒球训练基地,获8项全国赛事冠军,在最佳东方迈点网主办"酒店人最喜爱的十大品牌"评选中,名列"十大国内旅游院校"榜首。是中国旅游院校五星联盟理事会会员单位,中国旅游协会理事单位,中国旅游协会旅游教育分会副会长单位,广西旅游协会副会长单位,广西旅游协会教育分会会长单位,广西棒垒球协会挂靠单位。教育部高职高专院校人才培养工作水平评估优秀学校。设有旅行社与导游文化研究所、大学生生涯发展指导与研究中心等研究所和桂旅旅游规划设计研究院、天地人旅游商品研究所、青葱岁月旅行社等校办产业。设有旅游与休闲管理系、酒店管理系、旅游外语系、导游系、商务系、视觉艺术系、艺术表演系、旅游交通运营与服务系、基础部、社科部、公共外语部、继续教育学院、国际教育交流学院等教学单位，设有专业（含方向）56个。

年内，有教育部教改试点专业1个，自治区级精品专业、教改试点专业和优质专业15个，获世界旅游组织TedQual（旅游教育质量国际）认证专业6个；国家级精品课程2门、自治区级精品课程15门；中央财政支持的实训基地2个、自治区级示范性职业教育实训基地5个，建立42个覆盖技能训练型、拓展创造型、仿真实战型的专业实践教学场所；职业技能鉴定工种48个；与130多家企业共同建立长期校外实训基地。先后与辽宁金通航空培训公司合作开办空乘专业、与台湾万钧集团合作开办“美葆翡翠珠宝首饰专业班”等。形成以实践教学体系为主线、以国际合作办学为平台、以人文素质教育为内涵的“三位一体”人才培养模式，构建认知实习、基础技能训练、专业技能训练、职业综合能力训练的系统性实训体系。

年内，新增纵向科研项目41项，其中国家社科基金项目2项。为企事业单位提供技术支持和服务11项。出版各类著作5部，发表学术论文120多篇，研究咨询报告10份，科研成果鉴定1项，艺术作品50多件。获3项外观设计专利，2项实用新型专利，2项软件著作权登记。

【柳州师范高等专科学校】 自治区人民政府与来宾市人民政府共管的全日制普通高等专科学校。设南、北、西和来宾4个校区，占地1617亩，建筑面积37.22万平方米。图书馆藏书71.56万册，中外文期刊2760多种。设26个职业技能鉴定站（点）。自治区教育厅大学英语教学改革试点院校，全国中小学和幼儿园教师资格考试考点单位，广西教师教育重点培育基地。设有人文社会科学、自然科学系（部）11个；有校级地方特色文化基地、智能信息计算与应用研究中心、桂中民族植物资源利用与生态环境保护中心、体育人文社会研究基地、人力资源开发与管理研究中心、心理健康教育与研究中心等7个研究机构；有广西民族药用植物活性成分研究、跨文化交际与英美文学研究、新型城镇化建设研究、植物纤维素的机构活化改性与应用研究、计算机多媒体信息安全技术、物流营销研究等6个校级科研创新团队。开设专业46个。2014年末有全日制在校生6732人。在职教职工555人，其中专职教师383人（具有高级专业技术职务资格165人，具有硕士及硕士以上学位教师172人）。校长张鹏。

设有人文社会科学系（部）、研究中心共9个，分别是中国语言文学系、外国语言文学系、体育与健康教育系、公共管理系、教育与心理科学系、财经系、艺术系、社会科学研究部和心理健康教育与研究中心；共设专业32个，其中自治区级优势专业2个，急需专业1个，特色专业1个。2014年招收学生2159人，毕业学生1757人。

年内，全校教职工共获各类立项课题62项，其中省、市、厅级课题50项。发表论文246篇，其中发表在核心期刊上43篇，被国际三大索引收录11篇。主编或参编教材31部。获发明专利4项，实用新型专利35项。获广西第十三次社会科学优秀成果奖三等奖1项。

【桂林师范高等专科学校】 桂林市人民政府主管的全日制普通高等学校，是“幼儿教师国家级培训计划”项目实施学校、广西重点培育教师教育基地、广西小学校长和幼儿园园长培训基地。有信义、甲山和临桂3个校区，信义、甲山校区占地面积430亩，在建的临桂新校区占地面积890亩。图书馆纸质藏书65.14万册，电子图书9.902GB。设人文社会科学、自然科学系（部）16个，设专业（方向）45个。2014年末有全日制在校生6272人，年内招收专科生2347人，毕业生1853人，学生就业率连续三年达95%以上。有教职工472人，其中专任教师384人（其中具有高级专业技术职务资格153人，研究生或硕士以上学历学位228人，博士生20人）。校长陈慕杰。

设人文社会科学系（部）8个，分别是政治经济系、中文系、外语与旅游系、音乐系、美术系、教育与管理系、公共艺术教学部和社会科学教学部；设专业28个。其中音乐、美术两系是广西培养基础教育艺术师资的主要基地。

年内，承接各级各类课题89项，其中自治区级24项，市厅级2项、校级63项；获批项目结题35项。发表学术论文169篇，其中中文核心期刊42篇。出版专

图为柳州师范高等专科学校来宾校区大门　　（伍新德　供稿）

著、教材 8 部。

【广西警官高等专科学校】 自治区公安厅主管、教育厅指导的广西唯一一所培养警务专门人才的全日制普通高等院校。是广西公安人才培养和在职民警教育训练的主阵地、公安理论与实战技术研究中心、公安科研和业务咨询中心，有广西公众司法鉴定中心、广西公安民警心理健康服务中心 2 个服务机构。占地面积 42.75 万平方米(641.188 亩)，校舍建筑面积 27.83 万平方米，体育场馆面积 5.5 万平方米。有馆藏纸质图书 56.68 万册；电子图书 15.7 万册，电子资源数据量 12.49TB。学校电子资源与实战部门的公安信息网络连接，资源共享。建有 53 个校内实验室和实训场所，34 个校外实习、实训基地。2014 年末有在校生 4180 人。有专任教师 309 人，其中教授 23 人、副教授 105 人。校长张军。

设有教学系部 6 个，分别是侦查系、治安系、法律系、社科部、基础部与警体训练部。有侦查、禁毒、治安管理、交通管理、警察指挥与战术、警察管理、法律事务、法律文秘等 11 个专业。

年内，学校师生发表论文 137 篇，其中核心刊物 21 篇；出版著作 8 部，教材 11 种；课题立项 44 项(其中国家级 1 项，省部级 6 项、地厅级 37 项)，获资助经费 103.7 万元，课题结题 19 项(其中省部级 7 项、地厅级 12 项)，科研成果获省部级奖 4 项。学校组织教师申报 2014 年广西高等学校高水平创新团队，“边境与民族地区社会稳定研究团队”被自治区教育厅确定为 2014 年广西高等学校高水平创新团队培养单位。

【广西政法管理干部学院】 广西培养专科层次应用型法律人才的全日制成人高等学校。学院占地面积 150 亩，建筑面积 6.8 万多平方米，正在筹建仙葫校区 1300 多亩。图书馆藏书 22 万册，体育场馆 4 个。2014 年末有在校生 4600 多人。有教职工 270 多人，其中教授、副教授、高级讲师或其他高级职称教学科研人员 60 多人。院长韦杰。

设有教学系(部)8 个：法律系、民商法系、司法警察系、信息工程系、公共管理系、外语系、基础部、社科部，各系部下设教研室。开设法学、法律事务、司法助理、司法信息技术、法律文秘、东盟法律及应用、司法警务、法律英语、营销与策划、社区管理与服务、计算机网络技术、贸易法律及应用、涉外法律及应用、行政执行、刑事执行等 19 个专业。学院有相当一部分法律专业课教师是具有律师资格的“双师型”教师，既有扎实的专业理论知识，又有丰富的办案实践经验，保证了教学质量和人才培养规格。

年内，承担省部级课题 2 个，承担地厅级课题 10 项。出版专著和教材 2 部，发表论文 80 多篇。

【南宁职业技术学院】 全国首批 28 所、广西首家国家示范性高职院校，自治区、南宁市共建的全日制综合性高等职业院校。学校占地面积 130 多万平方米，校舍建筑面积 50 多万平方米。图书馆藏书纸质图书 90.9 万册、电子图书 5040GB。教学仪器设备总价值 1.8 亿元。2014 年末有全日制高职在校生 1.6 万多人，非全日制在校学生 1125 人。有在编在岗教职员工 649 人，其中专任教师 506 人。有国家优秀教学团队 1 个，国家教学名师、国家“万人计划”教学名师 1 人；自治区教学名师 5 人，自治区优秀教学团队 7 个。院长张宁东。

设有 10 个二级学院，60 多个高职专业，其中室内设计技术、机电一体化技术、物流管理、酒店管理、应用泰国语、软件技术等 6 个专业为国家示范重点专业。有国家级教学成果奖 3 项，国家级精品专业 1 个、国家级精品课程 9 门，是至今广西唯一拥有国家级精品专业、唯一连续 6 年获国家级精品课程的高等院校。学校坚持“砺志、崇实、强技、尚新”的校训，初步形成“校政互动、校企互融、产学研创四位一体”的人才培养模式。通过政府支持、社会融资、企业投入的多渠道形式，建立以西班牙政府贷款项目建设的工业实训中心为骨干的 6 大校内生产性实训基地。近年来毕业生就业率均在 95% 以上。

学校围绕人文南职、创意南职和科技南职 3 大核心文化，铸就培育特色校园文化品牌名片，如金葵校园文化、大爱南职文化、金葵奖颁奖典礼、金葵花之声新年音乐会、金葵义务维修队、金葵校园车队、残疾人高职教育等。

设有人文社会科学学院(部)8 个，分别是艺术工程学院、商学院、国际学院、公共管理学院、旅游学院、开放教育学院、财经学院和人文社会科学部。艺术工程学院有国家示范性重点专业群 1 个，开设有室内设计技术、服装设计、电脑艺术设计、环境艺术设计、装潢艺术设计、人物形象设计、影视动画、影视表演和音乐表演等 9 个专业。有国家级和自治区级教学名师各 1 人；国家教学团队 1 个；国家精品专业 1 个，自治区级优质专业 3 个；国家精品课程 2 门，自治区级精品课程 4 门，校级精品课程 9 门。与知名企业、科研院所建立 20 多个实训基地和设计工作室。设有行政主管部门和行业学会授权的专业资格认证点近 10 个。商学院有以物流管理专业为核心的“财经与商务专业群”，涵盖市场营销、国际贸易、电子商务、营销与策划、商务管理 6 个高职大专专业。2014 年末有专职教师 58 人，其中双师型教师占 70%，教授 3 人，副高职称占 30%，博士

2人。教师中硕士研究生、MBA占50%以上,80%以上教师有行业经验,兼职教师100多人。聘请20余名行业专家、技术能手为专业指导委员会成员,参与专业建设和教学、教改工作。教师共编写和出版教材20多部(其中2部获国家工商类教学指导委员会推荐),《营销策划》《营销策划创意》教材获“十二五”职业教育国家规划教材。年内在核心期刊发表论文17篇,普通期刊100多篇。有以专业为背景各具特色的国贸协会、物流协会、证券协会、青年志愿者协会、外语俱乐部等9大学生社团。国际学院有国家示范性重点专业群1个,开设有国际经济与贸易、国际会计、国际酒店管理、国际航运业务管理、应用泰国语、应用越南语、应用英语(商务英语、市场营销)、涉外事务管理8个高职大专专业,其中,应用泰国语专业是广西第一且唯一外语类国家示范重点专业,应用越南语专业是广西第一家大专院校开设的,被评为广西特色东盟小语种专业。有国家精品课程2门,自治区级精品课程3门,数量名列广西高校外语类院系第一。有自治区优秀教学团队1个,“双师型”教师占72%,高级职称占30%,企事业专家行家兼职教师占32%。有10个校内实训室、34个国内外实习实训基地。就业率保持在90%以上。公共管理学院开设有文秘、传媒策划与管理、新闻采编与制作、社区管理与服务、体育服务与管理5个专业。2014年末有校内专兼教师41人,教授、副教授15人;企业、行业专家教师30余人。有新闻传媒专业实训室、新闻演播厅、文秘综合实训室、传媒策划实训室、社区管理实训室、体育馆综合实训中心等。与广西日报传媒集团、广西榜样传媒集团、深圳观澜湖高尔夫球会、广西嘉和温泉有限公司、南宁和立集团、《南宁日报》、重庆商会等知名企事业单位建立实习、实训合作关系。旅游学院有国家示范性重点专业群1个,开设有酒店管理、烹饪工艺与营养、旅游管理、国际邮轮乘务4个专业。其中酒店管理为国家示范重点建设专业、广西高等学校特色专业,烹饪工艺与营养为广西优质专业、广西高等学校急需专业,旅游管理为广西优质专业。有国家精品课程2门,自治区精品课程4门,校级精品课程14门。2014年末有专职教师36人,其中教授4人、副教授6人、高级技师7人、国家职业技能考评员11人,“双师型”教师占70%,有全国模范教师1人、自治区优秀教师1人。烹饪工艺与营养专业教学团队是广西优秀教学团队。财经学院开设有会计、报关与国际货运、国际经济与贸易、投资与理财、证券投资与管理5个专业,毕业生初始就业率超过90%。2014年末有专任教师34人,其中教授3人、副教授9人,占师资总数的35%,硕士和研究生以上学历24人,占71%;“双师”素质教师占70%以上,有企业或行业工作经历教师占56%;有来自合作企业的专家担任兼职教师。

年内,获各级各类科研课题立项117项,通过专家评定结题91项。学院师生发表学术论文485篇,其中中文核心期刊75篇,SCL/EI/ISTP来源期刊17篇;出版学术专著2部。

【广西国际商务职业技术学院】 自治区商务厅主管的国家公办全日制高等职业教育院校,广西高职“国际商贸人才小高地”项目建设学校,教育部高职高专院校人才培养工作水平评估优秀学校,自治区示范性建设高职院校,自治区职教攻坚示范性院校。学院占地总面积930亩,分为明秀路校区、大学路校区和金陵校区3个校区。图书馆藏书75.55万册,电子图书容量1.88万G;教学用计算机1394台,多媒体教室和语言实验室座位4587个;中央财政支持实训基地3个,自治区示范性实训基地10个,校外实训基地121个。设人文社会科学和自然科学学院(系、部)9个,高职专业50个。2014年末在校生12017人,其中全日制专科生9079人,非全日制生3696人。现有教职工604人,其中专任教师410人。有教授29人,副教授98人,讲师216人,专职辅导员41人;全国优秀教师1人,自治区优秀教师3人,自治区教学名师2人。院长王国红。

设有人文社会科学系(部)9个,分别是国际贸易系、应用外语系、会计系、市场流通系、旅游管理系、信息工程系、金融系、公共基础教学部、社会科学教学部。

年内,出版教材、编著、专著7部;公开发表学术论文234篇,其中核心期刊论文24篇。

【广西工商职业技术学院】 教育部备案的国家公办全日制普通高等职业技术学校,自治区示范性高等职业院校重点培育单位。占地面积22.1万平方米,校舍总建筑面积16.8万平方米。教学、科研仪器设备总值3698万元。有各类藏书125.5万册。2014年末有全日制在校生7529人,成人教育学生1992人。有在职教职工300人,其中专任教师248人。专任教师中,具有高级专业技术职务资格76人,有研究生学历或博士、硕士学位教师141人(含在职研究生),“双师素质”教师129人。有自治区级优秀教学团队1个,自治区教学名师2人,自治区级专家5人。院长陈杰。

设有会计系、经管系、财信系、公共基础部、社会科学部等人文社会科学系部5个。开设人文科学类专业(方向)28个,有自治区特色专业6个,中央财政支持高等职业学校专业建设发展项目2个,自治区示范性建设高等职业教育实训基地3个,国家职业技能鉴定所1个。

年内,获地厅级以上教改科研项目28项。院长陈杰教授主持的《粮食行业人才需求和专业设置指导报告》获教育部行业指导职业院校专业改革与实践立项课题。自治区教育厅规划处处长李向红和陈杰院长主持的《高校诊断:专业结构与发展趋势研究》获自治区教育厅委托课题。年内完成项目研究 19 项,包括自治区社科联资助项目《高校普及推广粮食文化及粮食安全教育理论研讨会》。年内,主参编教材 17 种,公开发表学术论文 77 篇,其中北大中文核心期刊 24 篇,广西优秀期刊 11 篇。在各级各类竞赛中获全国性奖项 4 项,自治区级一等奖 4 项、二等奖 8 项、三等奖 11 项、优秀奖 2 项。

学校经过多年的高职实践性教育教学研究与探索,凝练办学过程中的成功经验与优势,树立"特色兴校"理念,逐渐形成"强财经、专职业、重质量、精培训、树示范、显文化"六大办学特色。先后或多次获"广西壮族自治区卫生先进单位""广西壮族自治区高等学校安全文明校园""全区普通高等学校毕业生就业先进集体"等称号。

其他院校

【中共广西壮族自治区委员会党校、广西行政学院】 实行"两块牌子,一套人马"管理模式。校园占地面积 468 亩,建筑面积 13 万平方米。中共广西壮族自治区委员会党校(简称中共广西区委党校或自治区党校)是自治区党委直接领导的培训、轮训副厅级、县处级党员领导干部、理论干部和乡(镇)党委书记的学校。校长危朝安。广西行政学院是自治区人民政府直接领导的培训副厅级领导干部、县处级领导干部及其后备干部等国家公务员的学校,是自治区政府直属事业单位。院长黄道伟。

2014 年末有在编教职工 254 人(其中具有正高职称 34 人,副高 56 人)。有处室 24 个,其中行政处室 7 个、教辅处室 9 个、教研部 8 个,研究所(中心、基地、室)12 个。8 个教研部分别是哲学(社会学)、经济学、政治学(科学社会主义)、党史党建、文史、公共管理、法学教研部和领导力拓展教研部。12 个研究所(中心、基地、室)分别是广西马克思主义理论研究和建设工程自治区党校研究基地、广西地方立法研究评估与咨询服务基地、广西应急管理培训基地、广西人民政协理论研究工作站、自治区党校中国特色社会主义理论体系研究中心、自治区党校计算机培训中心、广西人口研究所、广西干部教育研究所、自治区党校民族研究所、自治区党校 BFT 培训中心、自治区党校中国—东盟研究中心、自治区党校战略与决策实验室。办有国内外公开发行的理论期刊《桂海论丛》。

年内开设班次有 4 类:一是常规主体班。如自治区管理干部研修班、中青年干部培训班、县处级领导干部进修班(一班、二班)、县处级公务员任职培训班、少数民族领导干部培训班、县处级女干部培训班、乡(镇)党委书记培训班等。每年开办 14~16 期。二是厅级领导干部专题研讨班。如自治区管理干部学习贯彻党的十八届三中全会和习近平总书记系列重要讲话精神研讨班、自治区管理干部专题研讨班、新任自治区管理干部党风廉政研修班等。三是学历班。主要是研究生班,开设专业有:中共党史(党建)、国民经济学、经济管理、公共管理、政治学、行政法学、社会学、文化管理等。四是社会培训班。与党政机关、企事业单位联合举办的各类短期培训班。

年内各类培训班次、规模、人数均创历史新高。开办领导干部培训班主体班次 30 期,培训学员 3119 人。其中,常规主体班次 18 期,学制 3 个月自治区管理干部研修班 2 期;自治区管理干部学习贯彻党的十八届三中全会和习近平总书记系列重要讲话精神研讨班 5 期;自治区管理干部专题研讨班 3 期;广西密码工作专题研讨班 1 期;新任自治区管理干部党风廉政研修班 1 期。发挥应急管理培训基地作用,举办广西县处级领导干部应急管理(事故灾难领域、公共卫生领域)培训班 2 期,培训广西各县(市、区)分管安全生产工作、公

(李建良 供稿)

共卫生工作的相关领导及自治区直机关分管安全生产相关处室负责人238人。充分利用学校培训设施，承接自治区党委、政府和自治区直各部门委托举办的非主体班次76期，培训学员5133人(次)；接受外省委托培训班9期，学员451人(次)。开办8个专业共43个在职研究生班，在读研究生1969人。此外，成立网络培训部，开展并完成"广西干部网络学院"筹建工作，组织开展广西领导干部网络学习培训。

年内，为提升培训质量，进行六方面的努力工作：一是坚持开展立体化党性教育，彰显办学特色。通过导学模块明确党性教育和学风建设要求，引导学员形成"走进来，砥砺品格增长智慧；走出去，服务人民造福社会"的培训共识；开设党性知识和理论专题课程，夯实党性理论基础；举行升国旗仪式、国旗教育报告会和唱红歌活动等进行爱国主义教育；以百色、东兰、龙州等革命老区为基地，开展主题为"体验革命先辈战斗生活　坚定共产主义理想信念"的现场体验式教学；以南宁监狱为廉政教育基地，开展廉洁从政的警示教育；以"三同"（与群众同吃、同住、同劳动）为主题赴农村基层开展群众观教育；将"自我认知和心智发展"理论与行动学习方法引入党性分析，深化党性教育实效；把加强学员自主管理、建设优良学风作为党性教育的重要环节。二是在党校"一个中心、四个方面"和行政学院"一个核心、三个重点"总体教学布局下，调整和充实教学内容。年内，在主体班中新开设"科学思维与领导决策"教学模块及领导者情商的培养与提升方面专题，以提升领导干部科学思维与决策能力。三是探索促进教研咨一体化的干部教育培训模式。在学制为3个月的自治区管理干部培训班中，以问题为导向，围绕广西经济社会发展热点难点问题，组建几个项目组；综合运用研究式教学、行动学习法等方式，采取专题研究、小班教学、有针对性地开设相关课程；项目组教师与学员到自治区内外进行调研并撰写咨政报告；最后，由校内外专家、实际工作部门专家组成的评审组对各咨政报告进行集中评审。这一模式一定程度上促进教学、科研、咨政的一体化。四是坚持"请进来和走出去"，拓展办学空间。年内，举办的自治区管理干部学习贯彻党的十八届三中全会和习近平总书记系列重要讲话精神研讨班及自治区管理干部专题研讨班共邀请自治区内外领导、专家76人(次)，其中自治区外领导、专家41人(次)。在常规主体班中，以校(院)"高端讲坛"为平台，探索建立健全党政领导干部上讲台制度，定期邀请各级党政领导干部来校(院)作专题报告，年内共举办外请报告43场，分别邀请了国防大学战略研究所所长、教授、少将金一南，中国社会科学院国家文化安全与意识形态建设研究中心主任、马克思主义研究院原党委书记侯惠勤，中央党校党建部主任王长江教授，自治区党委常委、纪委书记邓卫平，自治区副主席陈刚等专家、领导到校(院)"高端讲坛"作专题报告。组织学制3个月的常规主体班，分赴复旦大学、浙江大学等著名高校和四川省委党校、上海市委党校、福建省委党校等兄弟党校开展为期1周的异地培训，借鉴发达地区经验，谋划广西的改革与发展。五是开展培训者培训，为提高培训质量提供持续动力。为学习发达地区党校先进的教学理念与教学方法，年内共组织23位专职教师赴江苏省委党校跟班学习，并进行集体备课，取得良好学习效果。此外，"晚聚习"和"网聚习"活动，有效拓展课堂教学空间，为学员提供充分交流，分享学习成果，进行能力锻炼的平台。六是校(院)通过建立健全行政、后勤、图书信息工作各项规章制度，按照管理科学化和服务规范化的要求深化改革，提高管理水平、服务质量和保障能力。

年内，举办"21世纪海上丝绸之路建设"暨全国党校系统第二届国际战略研讨会、广西党校(行政院校)系统社会科学界联合会第三届"桂海论坛"暨"推进《珠江—西江经济带发展规划》实施，加快广西实现'两个建成'目标"研讨会、"社会治理创新与领导力提升"专题学术研讨会、"应急管理与社会建设"研讨会。加强与中共中央党校、国家行政学院、中国政法大学及美国乔治亚大学卡尔文森政府学院、爱沙尼亚塔林理工大学弗纳克斯创新与治理学院等有关科研机构的学术合作与交流。年内，共选派28名教研骨干赴中央党校等国家级重点干部学院参加学习培训；组织5批(次)25人赴国外进行学术交流和专题培训，其中开展学术交

自治区党校大门前景　　（李建良　供稿）

流3批(次),9人分赴美国、泰国开展学术交流和培训项目调研。开展因公出国(境)培训2批(次),分别赴香港参加《广西如何服务“升级版”中国—东盟自贸区建设的政策研究》专题培训班和自治区政府应急管理办公室组织的赴澳大利亚培训项目。年内,组织29名处级干部到浙江大学参加“敢于担当,善于担当”专题培训班,97名教职工到福建省委党校参加以“开放合作,敢于担当”为主题的培训班。先后选派6人到贫困村担任党组织第一书记或挂职锻炼;选派4人到自治区党委办公厅、组织部跟班学习。

年内,获省部级以上课题立项11项。其中,获国家社科基金项目立项5项(重点项目1项、一般项目1项、西部项目3项)。国家社会科学基金重点项目立项实现了零的突破。获省部级课题立项6项,其中2014年度全国党校系统重点调研课题立项3项,广西社会科学重点课题(自筹类)2项。为加强教研人员国家社科基金课题申报的前期学术积累,提高课题申报的立项率和结项率,开始设立国家社会科学基金课题申报培育项目,获立项12项。根据校(院)被确立为自治区决策咨询委员会成员单位,以及作为桂林市雁山区县(区)域经济帮扶单位和美丽广西乡村建设(扶贫)驻村单位等工作实际,进一步加强决策咨询课题研究力度,在确定4项咨政类重大项目招标课题的基础上,确定8项咨政类重大项目委托课题。年内,获省部级以上科研奖励25项。其中,获全国党校系统第十届优秀科研成果奖4项(二等奖2项、三等奖2项);全国行政学院系统第三届优秀科研成果奖5项(一等奖1项、二等奖1项、三等奖3项);第六届中国人口科学优秀成果奖一等奖1项;广西第十三次社会科学研究优秀成果奖15项(二等奖3项、三等奖12项)。

年内,教研人员出版学术著作(教材)23部(种);发表学术论文198篇,其中在中文核心期刊刊发31篇。年内,完成多项决策咨询报告,其中《关于加强低保边缘家庭社会救助的建议》被提交第十二届全国人民代表大会。《党校要报》编发内参咨政报告13篇,获自治区党委、政府领导肯定性批示4篇,其中获自治区党委书记肯定性批示1篇,有的被自治区有关厅局或设区市党委吸收转化为具体政策措施。自治区人大常委会确定校(院)为“广西地方立法研究评估与咨询服务基地”,1名教师被聘为自治区人大常委会立法专家顾问。创设“桂理昕研习社区”,将校委中心组学习与各处室(党支部)周五集中学习制度结合开展。以“桂理昕”为笔名发表理论宣传文章20篇,以自治区党校马克思主义理论研究基地发表5篇,获自治区领导关注和肯定。

【广西社会主义学院】 自治区党委领导的统一战线性质的政治学院,广西各民主党派和无党派人士的联合党校,广西统一战线人才培养基地、理论研究基地和方针政策宣传基地,党外代表人士教育培训的主阵地,党和国家干部教育培训体系的重要组成部分。占地面积45亩,建筑面积3.4万平方米。图书馆藏书3.35万册,报刊200余种;体育场馆面积1500平方米。2014年末有在职教职工76人,其中专兼职教师23人(教授3人、副教授8人),有博士学位3人,硕士学位19人;外聘兼职教授5人。院长刘慕仁。

年内,举办各类培训班45期,培训广西民主党派、工商联、无党派领导干部,各市、县党委统战部领导干部,人大、政府、政协党外处级领导干部,党外高级知识分子,宗教界人士,少数民族党外代表人士,归国留学人员,新的社会阶层人士,非公有制经济代表人士和港澳社团骨干等各类学员2505人(次)。

年内,完成科研成果78项,其中在省级以上刊物发表论文52篇(其中核心期刊5篇),承担或参与各类课题研究26项。在已结项成果中,获全国统战理论政策研究创新成果三等奖2项,广西统战理论政策研究创新成果一等奖2项、二等奖1项,全国社会主义学院系统科研项目优秀等次1项。以“全面深化改革与统一战线的巩固和发展”为研究重点,开展2014~2015年度广西社会主义学院系统课题招标活动。聚焦“协商民主”研究,联合市级社会主义学院举办“推进协商民主广泛多层制度化发展”理论研讨会。

社会科学期刊

综合类期刊

【当代广西】 自治区党委机关刊物，半月刊。自治区党委主管、主办。社长、总编辑牙韩彰。曾获广西“十佳”社会科学期刊、广西装帧设计优秀期刊、广西优秀期刊奖、“广西双十强报刊”等。主要栏目有：桂海潮声、时政速览、特别报道、本期关注、经济、社会、党建、人物、论坛、文化、博览、资讯综合、本期封面等。

2014年第1期起，期刊启动第二次全面改版，对栏目设置、封面和版式设计、文章语言风格都进行全新调整。一批文章获全国党刊优秀作品奖、西部地区党刊优秀作品奖、广西新闻奖，社会效益和经济效益在广西期刊业处于较优水平。

年内出版正刊24期，近3000千字。

【学术论坛】 全国中文核心期刊、中国社会科学引文索引(CSSCI)来源期刊(2014~2015)、中国人文社会科学核心期刊(2013版)、RCCSE中国核心学术期刊(A)、中国期刊方阵双效期刊、中国学术期刊综合评价数据库统计刊源期刊、“万方数据—数字化期刊群”入网期刊、龙源期刊网数据库全文收录期刊，社科类综合性学术月刊。广西社会科学院主管、主办。社长、总编辑刘汉富。常设栏目有：马克思主义、哲学、政治学、经济学、法学、文艺学、历史学、社会学、文化、教育学等。

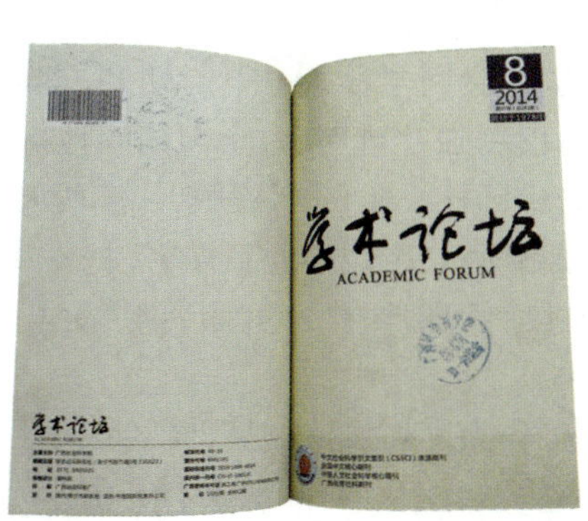

《学术论坛》 （黄晓明 摄）

年内出版12期，刊发论文441篇，近4320千字。年内，被人大复印报刊资料等重要报刊转载26篇，其中人大复印报刊资料23篇，《学术界·学术论点》2篇，《文摘报》1篇。

【广西社会科学】 全国中文核心期刊、CSSCI扩展版来源期刊、RCCSE中国核心学术期刊、中国人文社会科学核心期刊、广西“十佳”社科期刊，中国知网、万方数据、维普资讯等全文收录。广西社科联主管、主办，社长、总编梁培林。常设栏目有：中共执政理论、广西论坛、中国—东盟研究、文化遗产保护研究、社会科学各学科研究等。

年内出版12期，刊发论文480多篇，被转/摘文章9篇，其中人大复印报刊资料7篇，《中国社会科学文摘》1篇，《文摘报》1篇，在全国综合性社会科学类期刊中排第65位。

【社会科学家】 全国中文核心期刊、中国人文社会科学核心期刊、《中文社会科学引文索引》(CSSCI)来源期刊。桂林市委主管、桂林市社科联主办。社长、主编周玉林。主要栏目有：名家访谈、名家特稿、博导新论、哲学与当今世界、文艺论丛、历史纵横、法学与法制建设、旅游理论与实践、政治文明与构建和谐社会、经济新视野、管理学与企业发展、教育新探索、语言与文化。

《社会科学家》 （黄晓明 摄）

年内，“名家访谈”栏目推出吉林大学教授张文显的《我的学术研究与改革开放的伟大实践进程同步》、清华大学教授汪晖的《绘制思想知识的新图景》、中国社会科学院教授冯颜利的《“一体两翼”不断深化国外马克思主义研究》、复旦大学教授刘放桐的《西方哲学教学和研究的回顾与前瞻》、吉林大学教授孙正聿的《人文社会科学研究要用心于"真"》等;"名家特稿"和"博导新论"推出张文显的《运用法治思维和法治方式治国理政》、冯颜利的《赛耶斯的公正思想及其启示》、郑忆石的《相同与相异:21世纪的俄罗斯哲学与中国马克思主义哲学》、沈国兵的《弱势美元战略及其贸易影响:历史相似性与差异性》、丁志刚的《建设"丝绸之路经济带"背景下的中国中亚外交》等国际国内知名博导、学者文章。

年内出版12期,发表论文360多篇,近2600千字。有32篇文章被《新华文摘》、《中国社会科学文摘》、人大复印报刊资料转载、摘编。

【东南亚纵横】 广西优秀社会科学期刊、中国核心期刊(遴选)数据库收录期刊、《中国学术期刊综合评价数据库》来源期刊。广西社会科学院主管,广西社会科学院东南亚研究所主办。主编罗梅。主要栏目有:东南亚政治、经济、外交、社会、文化,中国与东南亚关系,建设丝绸之路经济带和21世纪"海上丝绸"之路、建设中国—东盟命运共同体、中国—东盟"2+7合作框架"、中国与东盟经济合作,中国—东盟自由贸易区,中国—东盟博览会,泛北部湾区域经济合作,沿边开发开放,华侨华人研究,历史研究,区域经济合作,学术研究动态等。

年内,参加学术活动主要有:9月12~13日,编辑部全体人员参加在南宁举行的由中国社会科学院、广西人民政府主办,广西社会科学院、广西国际博览事务局、广西北部湾发展研究院共同承办的第七届中国—东盟智库战略对话论坛暨首届中国—新加坡经济走廊智库峰会,并在期刊第10期刊发由编辑部编辑韦朝晖、张磊执笔的《第七届中国—东盟智库战略对话论坛暨首届中国—新加坡经济走廊智库峰会会议综述》。10月12~21日,编辑部人员参加广西社会科学院副院长、期刊编委会副主任黄志勇率领的广西社会科学院调研组,赴辽宁开展"辽宁边海互动战略对广西的启示"专题调研活动,对辽宁沿海开放与内陆开放、沿江开放、沿边开放良性互动发展的主要情况进行实地调研,为广西完善区域开放格局提供参考。

年内出版12期,刊发论文190篇,近1980千字。

【经济与社会发展】 中国学术期刊综合评价数据库统计源期刊、"万方数据—数字化期刊群"入网期刊、龙源期刊网数据库全文收录期刊,社科类综合性学术双月刊。广西社会科学院主管、主办,柳州市社科联协办。社长刘汉富,主编戴庆瑄。常设栏目有:马克思主义研究、哲学、经济学、区域经济研究、政治学、法学、社会学研究、文史研究、教育学等。

年内出版6期,刊发论文244篇,近1836千字。

【桂海论丛】 广西十强期刊,中国期刊方阵"双效"期刊,中国期刊网、中国学术期刊(光盘版)全文收录期刊,万方数据—数字化期刊群来源期刊,《CAJ—CD规范》执行优秀期刊。自治区党校、广西行政学院主管、主办。主编唐秀玲。常设栏目有:马克思主义研究、政治学研究、哲学研究、党建研究、经济学研究、公共管理研究、社会学研究、法学研究、文化研究、决策咨询研究等。

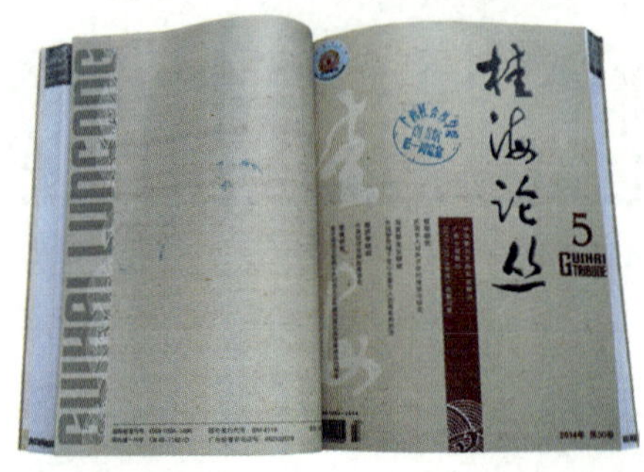

《桂海论丛》 (黄晓明 摄)

年内,第一期推出"构建西南中南开放发展新战略笔谈"专题栏目,刊发清华大学马克思主义学院副院长、博士生导师韩东雪教授,中国人民大学区域与城市经济研究所所长、博士生导师孙久文教授等专家学者文章4篇;第二期推出"党的十八届三中全会精神研究"专栏,刊发文章2篇;第三期推出"全面深化改革专题研究"专栏,刊发湖北大学高等人文研究院院长、教育部长江学者、博士生导师江畅教授等专家学者文章3篇;第五期推出"纪念邓小平诞辰110周年"专栏,刊发文章2篇。

10月,获"全国高校优秀社科期刊"称号;全年被中国人民大学《复印报刊资料》全文转载文章6篇,在2014年度全国党政干部学校排名第29位。

年内出版6期,刊发论文164篇,近1476千字。刊发文章中省部级以上社科基金课题论文73篇,占全年刊发文章总数的44.51%;其中国家社科基金课题论文39篇,占刊发文章总数的23.78%。

【广西大学学报(哲学社会科学版)】 中国期刊方阵"双效"期刊,全国高校百强社科期刊,全国民族地区"十佳"学报,RCCSE中国核心期刊(扩展版)。广西大学主管、主办。主编肖德生。主要栏目有:哲学、中国—东盟研究、经济学、法学、管理学、社会学、新闻传播学、语言文字学等。

年内,期刊组稿工作力度加强,特别是哲学类稿件数量与质量提升。围绕专题组稿的有"现象学研究""罗马法研究""少年司法研究"等。名家特约稿件增多,

《广西大学学报》（哲学社会科学版）（黄晓明　摄）

主要有中山大学教授倪梁康的《意向性理论的现象学视角与心理学视角》，中山大学教授陈立胜的《表坐在儒家修身学中的意义》，中国人民大学教授张志伟的《21世纪哲学能做什么？》，越南社会科学院教授杜进森的《东盟和中国战略伙伴关系十年回顾与展望》，上海交通大学教授薛桂芳的《有效控制原则视角下的南海岛礁主权问题研究》，台湾中正大学教授郑瑞隆的《"以教代罚"和"以辅代惩"——论台湾少年"司法"特性》，厦门大学教授徐国栋的《罗马选举舞弊研究》等。5篇论文被中国人民大学《复印报刊资料》全文转载，被中国人民大学书报资料中心评为"复印报刊资料"重要转载来源期刊(2014年版)。年内，被中国社会科学院中国社会科学评价中心评定为"中国人文社会科学综合评价AMI"扩展期刊。

年内出版6期(不含增刊)，刊发论文120篇，近170千字。

【广西师范大学学报(哲学社会科学版)】 全国中文核心期刊，中国人文社科学报核心期刊，全国百强社科学报，广西十佳社科期刊，中国学术期刊综合评价数据库来源期刊，中国学术期刊(光盘版)全文收录期刊。广西师范大学主管、主办。主编钟瑞添。主要栏目有：哲学、美学、政治学、经济学、法学、教育学、文学、语言学、文艺理论、史学等。

年内，"哲学"专栏推出杨文华、李海艳的《网络文化空间中马克思主义意识形态领导机制的建构》，丁来先的《马克思主义、浪漫文化意识与自然的层面》，袁聚录、苏晔的《分析的马克思主义对辩证法三个维度的否定剖驳》，郑国玉的《论杜威对传统哲学的变革》，林楠、吴佩婷的《新媒体时代下的碎片化现象分析》，李晔、苗青的《道德"错误理论"与伦理学理论的"自然化"——种制度性事实理论的视域》。"政治学研究"专栏推出褚添有的《强制行政：我国传统政府行政的运作逻辑》，苏曦凌的《行政技术主义批判》，王冬云的《社会主义核心价值观的人文关怀》，罗健的《科学发展观与马克思社会有机体理论》。"法学研究"专栏推出金星的《自然法对于法律体系化进程的影响》，黄竹胜的《日常人的法律认识：发生条件与法理特征》，陈宗波的《论遗传资源作为知识产权客体正当性及其法律进路》。李翔宇、游腾芳的管理学论文《是孔德的实证主义还是穆勒、斯宾塞的实证主义？——对科学管理方法论基础的审查》被中国人民大学报刊复印资料全文转载。"经济学研究"专栏推出李远远的《区域物流系统综合评价指标体系构建研究》，阳震青、彭润华的《移动电子商务服务补救对顾客忠诚的影响研究》。"人类学研究"专栏发表罗易扉的《写文化之后的意义关怀：20世纪90年代以来西方艺术人类学思潮》，孙庆彬、王艳梅的《政府、民间和学界在村落体育保护传承中的角色定位》。"文学研究"栏目推出莫道才的《宋代"四六话"产生与"诗话"关系考》，胡大雷的《曹魏"尚实"政风与文体学》，蒋柳、何敏的《论清小说在英语世界的传播及其经典化建构过程》。"语言学"栏目推出李怀奎的《用意的范畴化新探》，韦爱云的《国内外词汇功能语法研究述评》。"教育学研究"专栏推出李宏翰、袁书的《我国农村留守儿童问题研究的基本情况、主要不足和若干建议》，农汉康的《民办幼儿园：市场逻辑、内在公益性与政府资助》，郭中华、陈振中的《从对立到共存：论教育研究中的本质主义与反本质主义》。"历史学研究"栏目推出李宁、王莹的《论建国初期九三学社的思想改造》，贾艳敏的《农村调查与中国农业合作化运动的加速》。

年内重点打造"中国南疆研究"栏目，旨在配合国家发展战略的实施，组织广东、广西、海南、云南3省1区的学术界开展区域社会经济、历史文化等方面研究，每期发表3~6篇论文。年内推出蒋团标、陈芬、廉超的《北部湾城市群城市蔓延的测度及其调控》，秦敬云、张成的《北部湾经济区与国内城市土地利用比较研究》，曾春花的《生态型小微企业与珠江流域喀斯特地区经济发展研究述评》，蒋士会、赖艳妮的《多元文化冲突时代少数民族文化与基础教育课程整合论纲》。年内哲社版的影响因子是0.56，在广西期刊界处于第二位。年内，"中国南疆研究"被评为全国高校社科期刊"特色栏目"；《广西师范大学学报》(哲学社会科学版)被评为全国高校"百强"社科期刊；和"广西高校学报优秀团队"。

年内出版6期，刊发论文157篇、书评1篇。

【广西民族大学学报(哲学社会科学版)】 全国中文核心期刊、中国人文社会科学核心期刊、中文社会科学引文索引(CSSCI)来源期刊，国家期刊奖百种重点期刊、国家社科基金资助期刊、中国期刊方阵双效期刊、教育部名栏·名刊入选期刊、国家社科基金资助期刊。广西民族大学主管、主办，主编谢尚果，执行主编秦红增。

《广西民族大学学报》（哲学社会科学版） （黄晓明 摄）

每期开设主打栏目，力邀学术名家、大家担任主持人（封面学者），围绕某学科或重大问题研究领域推出优秀论文。年内，刊出老龄社会、文学地理、古苗疆走廊、民族典籍翻译、文化留村、民族医药等6个主打栏目。除人类学品牌栏目外，另设民族学、中国—东盟、经济学、历史学、法学、管理学、文学、语言学、教育学和书评等栏目。学报保持在人类学、民族学研究领域的学术导向，被美国哈佛大学、日本东京大学、英国伦敦政治经济学院、韩国首尔大学等国际知名高校和北京大学、中山大学、南开大学、南京大学、厦门大学、云南大学、中央民族大学及中国香港中文大学等人类学系或研究机构订阅，作为必读期刊；被南开大学认定为二级学科（人类学）一类期刊，被中山大学认定为综合社会科学类二类期刊；入选南京大学中国社会科学研究评价中心《CSSCI (2014~2015)来源期刊》，在民族学与文化学学科类14种期刊中排名第三；中国人民大学人大书报资料中心“复印报刊资料”重要转载来源期刊；1月获“广西期刊奖”，10月获全国高等学校文科学报研究会“第五届全国高校社科名刊”(31种）等。年内考核被全国哲学社会科学基金规划办公室评为“优秀”等级，是全国民族类期刊中唯一一家。

年内出版6期，刊发论文208篇。

【广西师范学院学报(哲学社会科学版)】 全国高校优秀社科期刊，RCCSE中国核心学术期刊（扩展版），《CAJ—CD规范》执行优秀期刊，《中国人文社会科学引文数据库》来源期刊，《中国核心期刊(遴选)数据库》收录期刊，《中国期刊网》《中国学术期刊(光盘版)》全文收录期刊；获广西期刊奖提名奖。广西师范学院主管、主办。主编邓艳葵。主要栏目有：非物质文化遗产研究、马克思主义理论与民族地区发展研究、哲学研究、经济学研究、文艺学研究、教育教学研究、语言学、传播学研究等。“非物质文化遗产研究”栏目是全国高校社科期刊特色栏目。

年内，“非物质文化遗产研究”栏目推出北京大学教授段宝林的《立体的文化自觉与文艺规律》、广西民族大学教授陈丽琴的《论京族民间文艺的兼容性》、广西师范大学教授刘道超的《我国中元习俗之现代价值及其利用》、北京大学陈连山的《月亮的圆缺变化与不死观念》等。“文学研究”栏目推出北京大学教授孔庆东的《茅盾次奥说创作的开端》、福建师范大学教授齐裕焜的《关于建构水浒学的思考》、贵州大学教授黄海的《陈与义诗词互动之考察》、广西师范大学教授胡大雷的《中古“学人之诗”的类型与诗体革新》等，汇集一批国际国内知名博导、学者的文章。

年内出版6期，刊发论文195篇，近2000千字。

【艺术探索】 全国中文核心期刊、国家级中文核心期刊（艺术类）、全国高校优秀社科期刊、全国高校社科期刊特色栏目（“艺术史与民族艺术”栏目）、全国民族地区学报名栏（“艺术史与民族艺术”栏目）、全国民族地区优秀学报（期刊）。《中国学术期刊(光盘版)》《中国核心期刊(遴选)数据库》全文收录。广西艺术学院主管、主办。主编黄格胜，执行主编、编辑部主任李桂生。主要栏目有：艺术史与民族艺术、艺术理论与批评、艺术教育与文化管理、美术学、设计学、音乐与舞蹈学、戏剧与影视学、广艺名师名家、探索美术馆等。

年内，继续打造重点栏目“艺术史与民族民间艺术”“艺术理论与批评”，着力建设“广艺名师名家”栏目。年内，完成黄海澄、丘振声、马万里、陆华柏等专栏，并第六次专栏报道“格物致知——黄格胜教学展”。11月，在第五届全国高校社科期刊评优活动中，《艺术探索》被评为“全国高校优秀社科期刊”；重点建设栏目“艺术史与民族民间艺术”被评为“全国高校社科期刊特色栏目”；编辑刘绽霞获“全国高校社科期刊优秀编辑”荣誉称号。12月，《艺术探索》被广西高校学报研究会授予“优秀团队”称号，执行主编李普文教授获“优秀主编”称号，编辑李晨辉、关绮薇获“优秀编辑”称号。11月27日，“教育部高等学校艺术学理论类专业教学指导委员会第四次工作会议暨艺术学理论类专业建设高峰论坛”在广西艺术学院举行。会议由教育部高等学校艺术学理论类专业教学指导委员会和广西艺术学院主办，《艺术探索》编辑部承办。全国20多所高校的“教指委”委员及特邀代表参会。

年内，出版7期（含1期增刊），发稿224篇，近1400千字。另附彩页76页（含4封），发表艺术作品225幅。

【玉林师范学院学报】 第四届、第五届全国优秀社会科学期刊，广西期刊奖获提名奖期刊，广西高校优秀学报一等奖期刊。中国期刊网、中国学术期刊（光盘版）全文收录，是中国学术期刊综合评价数据库来源期刊，中国人文社会科学引文数据库来源期刊，中国核心期刊（遴选）数据库收录期刊。玉林师范学院主管、主办。主编李继兵。主要栏目有：名家特稿、桂东南历史文化、泛北部湾论坛、太平天国史、书评、法学、哲学、历史学、文艺学、文化研究、语言学、教育学、新闻传播学、图书馆学、数学、物理、化学、生物、计算机、体育等。

年内,"名家特稿"栏目推出四川大学詹石窗教授的《伏羲氏与〈周易〉的"平安"精神考论》、河北师范大学董丛林教授的《明恩溥对清季乡村的认知及社会反应说略》、广西师范大学麦永雄教授的《当代西方文论范式转向及其中国化问题》、广西师范大学张利群教授的《论桂学研究的民俗学理论与方法论基础》等。"桂东南历史文化"栏目是该刊特色栏目,推出较知名的桂东南历史文化学者论著,如中国社会科学院贾熟村研究员等的《钟文典与罗尔纲的深情厚谊》、广西容县地方志办公室覃正副研究馆员的《广西容县地区农运红色风暴始末录》、广西师范学院吴锡民教授的《当代北海疍民生计变化与选择论》、肇庆学院肖起清教授的《民间信仰的内涵、特征及其影响——以西江流域民间信仰为基础》、南京师范大学王金伟的《宋元勾漏诗文献考订》等。"泛北部湾论坛"栏目推出一系列切合时下热点论文,如《构建玉林"北部湾商贸物流基地"的探讨》《西江流域生态文化及其对当代生态文明建设的启示》《北部湾经济区:以现代产业新体系打造新战略支点》等。

年内出版 6 期,刊发论文 200 多篇。

【**河池学院学报**】 全国民族地区高校优秀学报,全国高校优秀社科期刊,第三届广西优秀社科期刊。中国期刊网、中国学术期刊(光盘版)、中国核心期刊(遴选)数据库收录期刊。河池学院主管、主办。主编周鸿。主要栏目有:马克思主义中国化研究、文学研究、广西现当代作家作品研究、语言研究、政治研究、行政管理、法学、历史研究、民间文化研究、教育与管理、专业与课程建设、教学改革与实践、图书馆学、体育、旅游与经济、新闻出版等。设置科学与人文、粤西文人与文献研究、刘三姐文化研究、广西少数民族研究、资源开发与环境保护等特色栏目,"粤西文人与文献研究"栏目曾被评为全国民族地区高校学报名栏。12 月 19 日,在广东韶关召开的广西、广东高校学报学术研讨会上,学报编辑部被评为优秀团队。

年内出版 4 期(哲学社会科学版),刊发论文 104 篇,近 900 千字。

【**广西财经学院学报**】 经济类学术期刊,中国学术期刊综合评价数据库、万方数据—数字化期刊群、中文科技期刊数据库、中国核心期刊(遴选)数据库、中国期刊网、中国学术期刊(光盘版)全文收录期刊。广西财经学院主管、主办。主编唐拥军。主要栏目有:民族文化产业研究、中国—东盟财经问题研究、广西财经问题研究、区域经济、理论探讨、财政税收、金融保险、贸易经济、财务会计、三农问题、旅游经济等。

《广西财经学院学报》(黄晓明　摄)

年内,专题栏目"广西财经问题研究"和"民族文化产业研究"着力于广西地方经济的建设和发展,刊发《广西民族贫困山区农民工返乡创业行为影响因素分析》《广西农村学校"特岗计划"财政支出绩效探讨》《促进广西民营企业可持续发展的税收研究》《传承创新:广西动漫产业发展的战略思考及路径选择》《广西地域文化的动漫创意与开发》等高理论价值和现实应用价值文章。

年内,刊发文章 132 篇,其中基金项目成果 55 篇,国家级项目成果 13 篇,省部级项目成果 20 篇,其他项目成果 22 篇。

【**百色学院学报**】 综合性学术期刊。百色学院主管、主办。主编唐拥军。主要栏目有:文学人类学研究、西南边疆语言与文化研究、多民族国家文化与文学研究、民族学人类学研究、左右将革命老区发展研究、壮学研究等。

年内,"文学人类学"栏目推出中国社科院研究员、国家社科基金重大项目《中国文学人类学理论与方法研究》首席专家叶舒宪先生的《为什么说"玉文化先统一中国"——从大传统看华夏文明发生》等。"民族学人类学栏目"刊发厦门大学教授、国家社科基金重大项目《中国文化遗产体系探索研究》首席专家彭兆荣的《"贡献"之于"工册":我国古代的一种登记制度》《水传统与中国文化遗产的生命表》等,以及广西民族大学徐杰舜教授关于东南亚土生华人研究系列文章。"西南边疆语言与文化"栏目发表中央民族大学李锦芳教授的《泰语词类划分的主要原则》等。此外刊发梁庭望的《古骆越方国考证》,金露(问),纳尔逊·格拉本(Nelson Graburn)(答)《人类学视野下的少数民族旅游与遗产:中国和西方的比较研究文化—遗产研究与实践系列访谈之 Laurajane Smith 专访》,劳拉简·史密斯(Laurajane Smith)(答),朱煜杰(问)《话语与过程:一批判遗产学的视角——文化遗产研究与实践系列访谈之Laurajane Smith专访》等。在结合地方性和民族特色相关栏目中发表有：段鑫《百色市区革命遗迹的历史变迁及其保护与开发研究》、刘绍卫《近十年来邓小平与左右江革命根据研究述评》、陈峥《论壮族在抗战初期正面战场上的历史贡献》等。

年内出版6期，刊发论文150余篇，近1600千字。

【贺州学院学报】 中国期刊网、中国学术期刊(光盘版)全文收录，中国核心期刊(遴选)数据库、中文科技期刊数据库收录期刊。贺州学院主管、主办。主编黄文韬。主要栏目有：桂学与南岭民族走廊研究、语言学、哲学与政治学研究、文学与艺术、经济学与管理学研究、教育教学研究、自然科学理论探索、实验与技术等。年内，被评为"全国高校优秀社科期刊"，"语言学"栏目被评为"全国高校社科期刊特色栏目"。

年内，"桂学与南岭民族走廊研究"栏目推出陈洪波教授的《走廊之前的走廊：新石器时代与先秦时期的桂东北》、朱其现教授的《从〈百蛮遵道〉石刻看桂江流域明代汉瑶等民族关系》等。在"语言学"特色栏目推出聂志军博士的《唐代墓志中"举大事"考辨》、王宝红教授的《清代藏学汉文文献与大型语文辞书的编纂》、卢小群教授等的《北京话的"给"字句研究》、王芸华博士的《被动句主语的语义角色考察》、曾昭聪教授的《从文献角度看近代汉语异形词的来源》、项梦冰教授的《保留入声的汉语方言》、赵晓驰博士的《汉语颜色词词义演变模式与认知阐释》等。

年内出版4期，刊发论文129篇，近800千字。

【钦州学院学报】 综合性学术期刊，中国期刊网、中国学术期刊(光盘版)全文收录期刊，中国学术期刊综合评价数据库统计源期刊，中国期刊数据库全文收录期刊，中国高校优秀编辑质量社科学报，全国高校优秀社科期刊，广西高校优秀社科学报。钦州学院主管、主办。主编赵君。主要栏目有：邓小平理论研究、哲学研究、政治学研究、法学研究、经济学研究、文学研究、语言文字学研究、历史学研究、中国—东盟研究、教育心理学研究、北部湾文化研究、中国新诗研究、环境伦理学研究、教育教学研究、图书馆研究。其中特色栏目有：中国—东盟研究、北部湾文化研究等。自然版主要栏目有：海洋与生物研究、船舶与航海研究、数学研究、物理研究、电子技术研究、计算机技术研究、机械与自动化研究、化学与化工研究、体育研究、物流管理研究、经济研究等。

年内，发表与北部湾文化研究相关的文章146篇，其中有《冯子材与其麾下的萃军》《北海文学三十年的历史进程》《防城港名人及其开发利用》《中国"海上丝绸"始发港探源》《浅论北部湾地区的独特民居群落》《从〈陈济棠自传稿〉文本探究陈济棠的重生意识》等。

年内出版12期，刊发论文264篇，近1500千字。

【梧州学院学报】 中国期刊网、中国学术期刊(光盘版)、中国核心期刊(遴选)数据库收录期刊。梧州学院主管、主办。主编杨奔。以发展先进文化，培育民族精神，推荐名家新论，追踪学术前沿，研究地方经济，促进学术创新与交流为宗旨。常设栏目有：泛珠三角、佛学研究、经济与管理、政治与法律、文化与艺术、基础理论、应用研究、教育与教学等。

年内，获全国高校文科学报研究会主办的第五届全国高校社科期刊评优为"全国高校优秀社科期刊"。

年内出版6期，刊发论文125篇，近1599千字。各类基金项目成果占全年发文量的52.8%。

【广西民族师范学院学报】 中国期刊网、中国学术期刊(光盘版)、万方数据—数字化期刊群、中文科技期刊数据库(全文版)收录期刊。广西民族师范学院主办。主编易忠。期刊坚持为学校教学科研服务和为促进广西民族师范学院与兄弟院校交流服务原则，突出学术性、地方性。主要栏目有：南方民族研究、东南亚探究、语言翻译研究、语言文字与广告研究、经济研究、公共政策与经济研究、法律与金融、经济制度研究、文艺理论研究、教育教学研究、民族作家作品研究、崇左文艺研究、自然科学研究、哲学研究、逻辑学研究、出版编辑研究等。

年内出版6期，刊发文章237篇，近1374千字。

【桂林航天工业学院学报】 广西高校优秀学报，获全国高校科技期刊优秀编辑质量奖。季刊。桂林航天工业学院主办，广西航空航天学会协办。主编叶桂郴。以突出学术性与创新性，坚持航空航天特色，提倡学术争鸣与研究，扶持新人新作，传播高新技术信息，提高教育教学水平为宗旨。主要栏目有：信息与电子工程、机电技术应用、计算机技术及应用、经济与管理、高校管理、数学研究与应用、英语园地、学术苑等。

年内出版4期，刊发文章103篇，近800千字。

【旅游论坛】 RCCSE中国核心学术期刊、《中文社会科学引文索引》(CSSCI)扩展版来源期刊和《全国报刊索引》核心期刊。自治区旅游发展委员会主管，桂林旅游高等专科学校主办。主编黄国良。主要栏目有：特稿、会展与节事旅游、旅游理论研究、旅游者研究、旅游资源研究、旅游业研究、旅游文化研究等。

年内,影响较大的文章有:胡抚生的《旅游金融服务质量对游客满意度及消费意愿影响研究》,李正欢的《话语、权力与目的地治理转型:鼓浪屿遗产化研究》,孙九霞、张霭恒的《流动性背景下跨国婚姻缔结的影响因素:阳朔案例》,何会文、赵翊的《参展商互动行为对参展绩效营销影响的实证研究》等。

年内出版6期,刊发论文84篇,近680千字。

【柳州师范高等专科学校学报】 全国优秀社科期刊,广西优秀社科期刊,自治区教育厅职称改革工作领导小组认定的广西高职高专教师系列职称评定人文社会科学类国内核心(优秀)期刊,中国学术期刊(光盘版)全文收录期刊,中国期刊网全文收录期刊,中国学术期刊综合评价数据库来源期刊。柳州师范高等专科学校主管、主办。主编张鹏。坚持"以特色求生存,以弘扬学术为己任,立足本校,面向全国,走向世界"办刊理念。常设栏目有:美学与人类学研究、文学·语言、政治·经济·法律、哲学·历史·社会学、教育学·高等教育、理工学、基础教育等。

年内出版6期,刊发论文268篇,近1400千字。

【桂林师范高等专科学校学报】 中国学术期刊(知网)、万方数据—数字化期刊群、维普期刊网、中国核心期刊(遴选)数据库全文收录,中国学术期刊综合评价数据库、中国人文社会科学引文数据库来源期刊。广西高校优秀学报。桂林市教育局主管,桂林师范高等专科学校主办。主编何红雨。主要栏目有:广西方言、思想、政治、历史、文化、经济、哲学、法学、英语、汉语、文学、图书、档案、高校教育、基础教育、艺术及自然科学研究等。其中"广西方言研究"栏目是重点栏目,是全国高校文科学报第四届、第五届"特色栏目"、全国民族地区高校学报"优秀栏目"。

年内出版4期,刊发论文174篇,近125千字。

【广西警官高等专科学校学报】 以探讨和研究新形势下公安理论与公安实践为主的综合性期刊。中国期刊网数据库、中国学术期刊数据库、中国期刊全文数据库、中国学术期刊综合评价数据库、中国核心期刊(遴选)数据库全文收录。广西警官高等专科学校主管、主办。主编谭建华。主要栏目有:边境治安管理研究、警务研究、犯罪研究、法学研究、社会管理研究、教育教学研究、心理学研究等。

年内,"警务研究"栏目推出南宁市副市长、南宁市公安局党委书记、局长、督察长胡明朗的《柳州市涉法涉诉信访工作改革对策研究》;柳州市副市长、柳州市公安局党委书记、局长周长青的《法治公安背景下的执法规范化建设——以广西柳州市公安机关执法规范化建设为例》等。重点栏目"边境治安管理研究"推出李明研究员的《边境地区反恐背景下的基层民警培训研究——以新疆2013年发生的恐怖暴力事件为例》、尹彦博士的《群体性突发事件背景下应急思想政治教育方法探析——基于边境地区的视角》等文章。"戒毒研究"栏目推出学校侦查系副主任张晓春参与的国家社会科学基金项目、中国博士后科学基金资助项目阶段性研究成果《美沙酮维持治疗争议的讨论与思考》等。在"法学研究"专栏中推出覃珠坚教授的《简析赌博机犯罪之司法认定——以"两高一部"〈意见〉为视角》、林竹静博士的《"蝇虎齐打"态势下的司法反腐》等法学文章。在"教育教学研究"栏目推出谭建华教授的《提升广西公安教育层次,破解广西警力不足困局》。

年内出版6期,刊发论文156篇,近1444千字。

【广西广播电视大学学报】 中国核心期刊(遴选)数据库、中国期刊网全文数据库、中国期刊网、中国学术期刊(光盘版)全文收录期刊,中国学术期刊综合评价数据库统计源期刊。广西广播电视大学主管、主办。主编贺祖斌。主要栏目有:远教研究、八桂文化研究,教育教学研究、学术论坛、语言学研究等。

年内,学报先后刊登"特稿"2篇、"远程教育研究"24篇、"教育教学研究"18篇、"学术论坛"19篇、"旅游学研究"7篇、"应用技术研究"12篇、"语言学研究"2篇、"文化建设研究"2篇、"审计学研究"1篇等。学报还宣传广西广播电视大学系统的出版著作、摄影、书法等方面成果,包括学术著作《2013中国远程高等教育专题研究报告——开放大学建设》《高等教育质量论》《云计算与远程教育》,何小敏摄影作品选,吴葆俭摄影作品选,宋耀乾书法作品选,广西现代远程教育研究中心介绍等。

年内出版4期,刊发文章86篇,近420千字。

【广西教育学院学报】 中国期刊全文数据库全文收录期刊、中国学术期刊综合评价数据库统计源期刊(国际标准刊号:ISSN1006—9410;国内统一刊号:CN45—1075/G4),中国核心期刊(遴选)数据库收录期刊、全国高校优秀社科期刊、全国民族地区高校优秀学报、全国教育院校优秀学报、广西期刊提名奖获奖期刊,广西十佳学报、广西高校一等奖获奖学报。广西教育学院主管、主办。主编陈洛。主要栏目有:桂学研究瞭望、政治学·社会学聚焦、语言文学·哲学沙龙、思想政治教育论坛、高校教改之窗、数理化·体育学·艺术学拾贝、基础教育探究等。主打栏目"桂学研究瞭望"被评为全国民族地区高校学报优秀栏目。2月,被广西新闻出版局授予2012~2013年度广西期刊提名奖。9月，荣获“全国高校优秀社科期刊”称号。“桂学研究瞭望”栏目首次荣获“全国高校社科期刊特色栏目”。

年内出版6期，刊发论文312篇，近2400千字。

【广西经济管理干部学院学报】 中文核心期刊（上海图书馆评）、全国优秀社科学报、全国高校优秀社科期刊、全国高职成高核心期刊、全国高职成高十佳学报、广西优秀社科期刊、广西十佳学报、RCCSE中国核心（扩展版）学术期刊。广西经济管理干部学院主管、主办。主编郑作广。主要栏目有：中国—东盟经贸论坛、社会保障研究、管理新视野、经济学前沿、热点问题研究、休闲经济研究、观察与思考、区域经济、兴桂方略、高教研究、文化产业研究、学界名家等。年内获第五届“全国高校优秀社科期刊奖”，学报“社会保障研究”栏目获“全国高校社科期刊特色栏目奖”。

年内，开设“文化产业·老字号研究”专题栏目。刊发李宇军、张继焦《中国“老字号”企业的经营现状与发展前景》，赵巧艳《广西“老字号”发展建设研究报告》，陈阁《老字号“火宫殿”的保护和传承》等文章。“旅游研究”栏目开设“民族旅游研究”“乡村旅游研究”“跨境旅游研究”“都市旅游研究”专题，刊发吴忠军、韦俊峰《国内民族旅游研究综述》，夏日、朱赟《国内乡村旅游研究进展》，郝飞、方旭红《2013~2014年中国出境旅游安全形势分析与展望》，吕本勋《“居客”视角下的旅游城市形象感知与提升研究》等文章14篇。“学界名家”栏目刊发苏东水《东方管理学说的创新与实践》学术自述，余自武《东方之水，人为为人—苏东水教授治学评介》学术评述，夏兴园《我的学术之路》学术自述，胡俊超的《辛勤耕耘，不断创新—我的导师夏兴园教授》学术评述。

年内出版4期，刊发论文73篇，近700千字。其中省部级、国家基金论文25篇。

【广西政法管理干部学院学报】 中国期刊网、中国学术期刊（光盘版）全文收录期刊，中国学术期刊综合评价数据库来源期刊，中国核心期刊（遴选）数据库收录期刊。广西唯一公开发行的专业法学理论期刊。双月刊，逢单月出版。中共广西区党委政法委主管，广西政法管理干部学院主办。主编何峥嵘。常设栏目有：法学论坛、问题研究、研究生论坛等。年内刊发法学相关学科论文占90%以上。基金项目成果47项，其中国家级社科基金项目成果6项，省部级社科基金项目成果21项，地厅级社科基金项目成果20项。

年内出版6期，刊发论文158篇，近1500千字。

【南宁职业技术学院学报】 中国学术期刊综合评价数据库来源期刊，“万方数据—数字化期刊群”来源期刊，中文科技期刊数据库来源期刊，中国核心期刊（遴选）数据库收录期刊。南宁职业技术学院主管、主办。主编张宁东。主要栏目有：饮食文化研究、服饰文化研究、中国—东盟发展研究、南宁发展研究、职业教育研究、旅游学研究、民俗学研究、经济学研究、管理学研究等。

年内出版6期，刊发论文160篇，近1236千字。获全国高校文科学报研究会授予第五届“全国高校优秀社科期刊”，是学报连续三届获此殊荣；年内入选中国知网《中国学术期刊影响因子年报》统计源期刊。

【柳州职业技术学院学报】 中国期刊全文数据库全文收录期刊、《中国学术期刊（光盘版）》全文收录期刊、中国学术期刊综合评价数据库统计源期刊、首届《CAJ—CD规范》执行优秀期刊、中文科技期刊数据库收录期刊、全国职业技术学院优秀期刊、广西高校优秀学报。柳州职业技术学院主管、主办。主编林若森。主要栏目有：政治经济法律研究、高等教育研究、理工农学研究、语言文学艺术研究、高教课程研究、新闻学与传播学研究、图书馆学研究、心理学研究等。

年内出版6期（双月刊），刊发论文172篇，近1025千字。

【广西社会主义学院学报】 广西唯一面向全国公开发行的统战理论研究学术期刊。中国学术期刊综合评价数据来源期刊、中国核心期刊（遴选）数据库收录期刊，中国学术期刊（光盘版）、中国期刊网、万方数据库、华艺CEPS中文电子期刊、龙源数据库等国内知名电子期刊服务数据库全文收录。广西社会主义学院主管、主办。主编梁经成。

年内，以统一战线理论与政策研究为重点，兼顾政治、经济、法律、文化等领域的理论研究，着力突出统战性、理论性、宣传性、地方性办刊特色。常设栏目有：中国特色社会主义理论研究、统战理论与实践、协商民主研究、政党与政党制度研究、民族研究、宗教问题研究、中华文化研究、观察与思考、法律与经济问题研究、干部培训研究等。

年内出版6期，刊发论文139篇，近1133千字。

【广西青年干部学院学报】 广西青少年研究会会刊。中国期刊网、中国学术期刊（光盘版）全文收录期刊，“万方数据—数字化期刊群”全文收录期刊，中国核心期刊（遴选）数据库收录期刊，广西高校优秀学报，首届《CAJ—CO规范》执行优秀期刊。共青团广西区委主管，广西青年干部学院主办。主编邓劲夫。主要栏目有：理论研究·热点研究、青少年研究·大学生研究、教育教学研究、社会经济文化研究、国外青年等。

年内，“国外青年”栏目，主要翻译介绍国外青年，特别是东盟青年生存情况，以期开阔广大青少年研究者的视野。“理论研究·热点研究”栏目，主要刊发理论深厚、阐述严谨的关于马列主义、毛泽东思想、邓小平理论、“三个代表”重要思想和科学发展观及中国共产党其他创新理论的研究文章，帮助读者增强其理论素养。“社会经济文化研究”栏目，围绕行政改革、社会民生、新农村建设、和谐社会的构建、政治参与、弱势群体、文化发展等社会焦点问题，开展探讨。

年内出版6期(双月刊)，刊发论文138篇，近825千字。

专业类期刊

【广西经济】 中国期刊方阵双效期刊和广西优秀期刊，自治区人民政府唯一综合性经济月刊，自治区人民政府指导广西经济建设和各项事业发展的重要平台。秉承服务自治区人民政府领导经济工作决策，服务决策咨询，服务经济建设的办刊宗旨。社长丁焰辉，主编马仕生。主要栏目有：聚焦、专题报道、开放合作、改革发展、新型城镇化、新型工业化、沿海战略与发展、区域经济、企业之窗等。

年内，调整办刊宗旨和定位：及时准确传达和宣传贯彻自治区党委和自治区人民政府有关经济工作的部署和安排；深度解读国家、自治区有关经济政策及发布相关决策咨询研究成果；深度交流广西各部门、各区域推进经济社会发展的新思路、新成就、新突破、新举措、新经验，加快推进广西经济的科学发展、和谐发展和跨越发展。确定刊物新定位：服务自治区党委、自治区人民政府经济工作的重要决策、重点部署与重大安排，服务经济决策咨询，服务广西经济建设。

年内出版12期，刊发文章600多篇。

【区域金融研究】 中国人民银行南宁中心支行主管，广西金融学会主办。主编关守科。主要栏目有：特稿、区域金融调控、区域金融监管、区域金融理论、区域金融市场、区域金融发展、区域金融实务、区域金融合作、东盟经济金融、区域经济纵横、交流平台等。年内，召开通联工作会议，总结《区域金融研究》2014年度通联工作，表彰2014年度先进通联站和先进通联工作者，讨论和部署2015年通联工作。

年内，出版正刊12期，刊发文章240篇，近1990千字。

【沿海企业与科技】 中国学术期刊(光盘版)、万方数据库—数字化期刊群全文收录、龙源国际期刊网入网期刊。广西社会科学院主管，广西社会科学院企业文化研究中心主办。社长、总编辑覃振锋。常设栏目有：经济纵横、企业发展与管理、科技论坛、技术与应用、区域发展研究、改革与战略、文化产业研究、探索与思考等。

年内出版6期，刊发论文145篇，近1000千字。

【改革与战略】 中国最具国际影响力学术期刊之一、中国人的发展经济学专业学术平台期刊、中国学术期刊经济类核心期刊。自治区社科联主管、主办。社长、总编辑巫文强。主要栏目有：人的发展经济学研究、经济与制度研究、战略与管理、中国城镇化研究、金融财税研究、农业与农村发展、区域发展、产业对策研究、企业发展论坛、国际经验与中国发展、就业与保障、研究动态与述评等。

7月18日，在南宁开展坚持正确办刊方向全员培训活动。自治区社科联党组书记、主席王士威，副主席刘家凯到会指导并分别作坚持正确办刊方向培训的专题讲话。7月20~23日，组织员工到河池市东兰县开展革命传统教育活动。实地参观东兰韦拔群广场、韦拔群烈士纪念馆、将军园、中国工农红军第七军前敌委员会旧址魁星楼、广西农民运动讲习所旧址列宁岩、韦国清纪念馆、韦国清故居等爱国主义教育基地，增强员工爱国主义情怀和参与建设中华民族伟大复兴的责任感、使命感。11月8日，参与协办在广西民族大学举办的中国第六次人的发展经济学研讨会，主题为“社会主义市场经济与人的协调发展”。会议由广西社科联、广西民族大学主办，广西民族大学马克思主义学院、广西民族大学马克思主义理论研究与建设工程基地、广西人的发展经济学研究基地承办。清华大学、中国社会科学院、中国人民大学、中山大学、西北大学、中南财经政法大学、上海大学等近50家单位约110名专家学者参加。

年内出版12期，刊发论文336篇，约2688千字。其中，重点栏目人的发展经济学研究刊发文章24篇。中国人民大学复印报刊资料全文转载10篇，索引收录301条。被评为“2014年中国国际影响力优秀学术期刊”，是广西唯一入选该年度评出的中国最具国际影响力学术期刊和中国国际影响力优秀学术期刊的120家人文社会科学期刊。获广西社科联党的群众路线理论研讨会征文一等奖1人、三等奖2人,获第五届广西社会科学界学术年会征文一、二等奖各1人。

【广西地方志】 中文社会科学引文索引(CSSCI)来源期刊、中国核心期刊(遴选)数据库收录期刊、中国知网发行期刊、中国学术期刊(光盘版)收录期刊和万方数据——数字化期刊群源期刊。广西地方志办公室与广西地方志协会联合主办。主编李秋洪。主要栏目有:编纂论坛、地方志创新理论研讨会论文集、专题探讨、方志视域、八桂一览、工作研究、典籍整理、一览"方志人"、大事记等。

年内出版6期,刊发文章112篇,近600多千字。其中刊发方志理论类文章39篇、地情类文章22篇,工作研究交流类文章3篇、史料研究与整理文章7篇、大事记文章4篇、报道文章41篇。

【广西民族研究】 国家社科基金资助期刊、全国中文核心期刊、中文社会科学引文索引(CSSCI)来源期刊、中国人文社会科学核心期刊、中国人文社科引文数据库来源期刊。广西民族事务委员会主管,广西民族问题研究中心主办。主编俸代瑜。主要栏目有:民族理论政策、民族学、人类学、壮学、瑶学研究、民族经济研究、民族历史文化研究、民族教育研究、民族旅游研究、学者与成果评介等。

年内,刊期由季刊变更为双月刊。"民族理论政策研究"栏目连续6期刊发知名民族理论专家龚永辉教授系列论文,对学者提出"第二代民族政策"及驳正之论作评述。该选题以对"中国梦与构建共有精神家园"进行民族理论研究为主题,回顾和梳理中国民族理论起源、形成和发展过程,对当前民族理论研究有启示作用。2014年第3期以"纪念《民族区域自治法》颁布30周年"为主题开辟特稿专栏,邀请敖俊德、毛公宁、金炳镐等在全国民族理论政策研究界有影响的专家学者撰写论文。此外,配合中国西南民族研究学会第17次年会的召开,《广西民族研究》编辑部围绕"壮学的建立和发展"主题,组织刊发《壮学的发展与前瞻》《那文化体系述论》《广西考古学研究与壮学的建立发展》《壮族生态研究与壮学的构建》等专题研究论文。

年内出版6期,刊发论文130篇,书评8篇,近1900千字。论文被中国人民大学《复印报刊资料》《新华文摘》等转载、转摘16篇次。

【基础教育研究】 中国学术期刊数据库统计源期刊,中国核心期刊(遴选)数据库收录期刊,中国学术期刊(光盘版),中国知网、万方数据库、龙源期刊网全文收录期刊。广西教育学会主管、主办。社长覃壮才,总编何世明。主要栏目有:教育论坛、德育纵横、治校方略、班主任之家、名师论教、教师教育、教研园地、教学新探、心理健康教育、幼教天地等。

年内发表重要选题有:促进教育均衡发展,深化素质教育,学校文化建设,加强未成年人思想道德建设,高中新课程改革热点,教师专业化发展,关注学前教育等。

年内出版24期,刊发文章686篇,近268千字。月发行量2万册。

【高教论坛】《中国学术期刊(光盘版)》全文收录期刊、《中国学术期刊综合评价数据库》来源期刊和首届《CAJ—CD规范》执行优秀期刊、RCCSE中国核心学术期刊。广西高等教育学会主管、主办。主编曹方。主要栏目有:院校长论坛、党建与思想政治教育、项目论文、教育教学改革、师资队伍建设、高校管理、研究生教育、职业与成人教育、招生与就业、研究与探索、国外高教评介等。年内出版12期,刊发论文451篇,近307千字。

11月15日,由《高教论坛》编辑部协办的广西高等教育学会成立30周年纪念大会暨广西高等教育论坛在南宁举行。自治区副主席李康、自治区政协原副主席侯德彭来电祝贺;中国农业大学原党委书记、中国高等教育学会会长瞿振元,自治区教育厅厅长秦斌、副巡视员陆燕,广西大学党委书记梁颖,自治区社科联学会部主任张流,自治区民政厅民间组织管理局副局长刘宏等领导和嘉宾到会祝贺。学会理事单位、各专业委员会及广西区内35所高校近150位代表参会。为庆祝广西高等教育学会成立30周年,由《高教论坛》编辑部编纂出版纪念画册《三十维物 且歌且行——纪念广西高等教育学会成立30周年》,自治区党委原书记曹伯纯,教育部原副部长周远清,中国农业大学原党委书记、中国高等教育学会会长瞿振元,中国知名高等教育学家潘懋元,自治区政协原副主席侯德彭、潘鸿权等领导和专家为画册题词。

【市场论坛】 中国期刊网、中国学术期刊(光盘版)、中国核心期刊(遴选)数据库等收录期刊。由广西发展和改革委员会主管、广西发展和改革委员会经济研究所和广西宏观经济学会主办的综合性学术期刊。社长黄永辉。以研究市场理论,探索宏观管理,寻求市场规律,传播市场信息,把握市场脉搏,为发展改革、宏观管理、理论研究服务,为企业服务为宗旨的综合经济管理类期刊。主要栏目有:发展改革、区域经济、"三农"探索、企业发展、财务管理、项目管理、金融市场、产业市场、营销市场、旅游市场、文化教育市场等。年内,刊发国家发改委社会发展研究所杨宜勇、徐振斌、潘华的《美国新兴战略性产业与科技人力资源开发》《尽快建立中小城市综合改革指标引导体系》《国外中小城市人口增长和流动的特征及其对广西的启示》等系列文章。

年内出版12期,刊发文章500篇,近1000千字。

【出版广角】 全国中文核心期刊,第二届国家期刊奖百种重点期刊,中国期刊全文数据库、龙源期刊网、万方数据等全文收录。广西新闻出版广电局主管,广西出版杂志社主办。社长邓锟。半月刊。常设主要栏目有:特稿、专题、新观察、实务、对话、传媒、观点、阅读和资讯9大版块。

"专题"是杂志面向出版业界的强势板块,也是打造期刊品牌特色的重要栏目。年内,结合出版动态,推出"自媒体""大数据""全民阅读""学术出版""走出去"等专题,体现杂志作为"中国出版产业观察期刊"的主旨。"新锐榜"是杂志打造的品牌项目,年内延续往年评选风格,全面梳理2013年度书业大事和大势,并通过专家评析,突显"榜样的力量"。在第24期,杂志以关键热词总结年内出版热点,为2015年"新锐榜"启动造势。

年内,杂志通过邀约优秀作者、采访优秀出版人等组稿方式,提升杂志转载率。荣新江的《书评那点事:什么是理想的学术书评》被《新华文摘》转载,肖东发的《从传播学、出版学的视角看自媒体》、刘千桂的《自媒体:激活出版业与相关产业融合发展》、何奎的《立足两项基础 抓好六个统筹——中美数字出版差异、启示及建议》等10篇文章被中国人民大学《复印报刊资料》全文转载。

年内,杂志以主办媒体组织两期"博雅出版"论坛,协办"第二届上海童书展",入选第一届"中国最美期刊"。

年内出版24期,其中10月、11月、12月均为合刊。刊发文章838篇,近150千字。

【南方文坛】 全国中文核心期刊,中文社会科学引文索引(CSSCI)来源期刊,中国期刊方阵"双效"期刊,广西十强期刊。自治区文学艺术界联合会主管、主办。主编张燕玲。主要栏目有:点睛、今日批评家、批评论坛、当代前沿、译介与研究、理论新见、现象解读、个人锋芒、诗坛万象、打捞历史、对话笔记、最新文本、本土研究、台港澳文苑、绿色批评、艺术时代、文坛评述、当代艺术视角等。

3月,中国人民大学书报资料中心发布2014年论文转载量排名领先。8月,《南方文坛》刊发张新颖的论文《中国当代文学中沈从文传统的回响——〈活着〉、〈秦腔〉、〈天香〉和这个传统的不同部分的对话》获中国作家协会第六届鲁迅文学奖;李仰智的论文《真实:花非花——一个问题、两部小说、三点启发》获广西第十三次社会科学优秀成果奖一等奖,获第九届中国文联文艺评论奖二等奖。

5月10~12日,在青海与青海湖国际诗歌节组委会、《人民文学》杂志社等联合主办第二届全国青年作家批评家主题峰会,主题为"中国梦与文学高地"。青海湖国际诗歌节组委会主席、青海省委常委、宣传部部长吉狄马加与会,来自全国各地的50多位青年作家、文艺评论家共同研讨建设文学高地的历史使命和艺术担当。峰会投票评选出2013年度青年作家和年度青年评论家。《人民日报》《文艺报》等10多家媒体报道。7月24~25日,深入贺州市八步区步头镇黄石村开展文艺志愿者服务活动,并作文学公益讲座。11月8~10日,在南宁与中国现代文学馆联合举办《南方文坛》2014年度优秀论文颁奖会暨第五届"今日批评家"论坛。中国作家协会副主席李敬泽、中国现代文学馆馆长吴义勤、作家出版社总编张陵,以及全国文学评论名刊名编、中国现代文学馆客座研究员近30名国内专家与会,同时与来自广西各地30余名青年评论家进行专题座谈,为广西青年评论家成长搭建高端平台。10多家媒体进行报道。

年内,新设"译介与研究"栏目,推介国际汉学的新成果,以顺应中国文化输出新形势。以专辑推介老文艺家与新生力量,齐头并进系统地扶持本土文艺创作,如在品牌栏目"今日批评家"推介广西青年批评家董迎春,"最新文本"栏目推介李约热新长篇小说《我是恶人》,"现象解读"栏目推出80岁文学理论家黄海澄专辑、"本土研究"栏目推出周民震小辑、阮直与顾文评论小辑等。

年内出版6期,刊发文章202篇,210千字。20多篇文章被各权威报刊转载和报道,影响因子和转引量继续居于全国同类期刊前列。

【图书馆界】 中国学术期刊(光盘版)、中国期刊网、中国科技期刊数据库、万方数据—数字化期刊群、龙源期刊网收录期刊。广西图书馆学会和广西图书馆联合主办。馆长徐欣禄,主编陈大广。致力于图书馆界的理论探索、学术研讨和工作经验交流,坚持理论与实践相结合。主要栏目有:理论探索、科研项目和工作研讨等。

年内出版6期,刊发文章148篇,1816千字。

学界人物

（以姓氏笔画排序）

【张宁东】 年内入选中国职业院校教师素质提高计划专家库成员，获"全国职业教育先进个人"荣誉称号。南宁职业技术学院党委副书记、院长，教授。女。1957年4月生，湖南祁阳人。历任南宁职业技术学院党委副书记、纪委书记、副院长、学院国家示范性高职院校办公室主任等。曾获广西特级教师、广西优秀党务工作者和广西优秀教育工作者(记个人二等功)等近10项荣誉奖项。在核心期刊发表多篇学术论文，出版专著1部，主编教材1种，主持或主要参与课题10多项。获国家级教学成果二等奖2项、自治区级教学成果一等奖1项，获南宁市第十二次社会科学优秀成果奖二等奖1项。主管的《南宁职业技术学院学报》被评为第二届"全国高职高专核心期刊"和"全国十佳学报"，蝉联"全国高校优秀社科期刊"。获全国高职高专学报优秀主管等称号。

【张　敦】 年内再次当选广西市场经济研究会会长，教授。1949年1月生，广西全州人。1976年毕业于南开大学政治经济学专业。1994年任中共广西区委党校副校长、广西行政学院副院长，2004年8月至2008年6月任中共广西区委党校常务副校长、广西行政学院院长，是校学术委员会主任委员。2008年1月在广西壮族自治区十一届人大一次会议上当选自治区人大常务委员会委员、教育科学文化卫生委员会主任委员，2013年5月退休。20世纪80年代末以来，主持完成国家社科基金项目3项。出版著作13种(其中独著3种、合著11种)，发表论文90余篇。科研成果主要有：《政治经济学简明读本》(主要撰稿人，获1983~1986年广西社科优秀成果奖三等奖)、《中国：通向世界强国之路》(2人合著，获1987~1990年广西社科优秀成果奖二等奖)、《柳州市国有企业改革新思维》(主编，获1996~1999年广西社科优秀成果奖二等奖)、《外向型经济概论》(副主编，获1987~1990年广西社科优秀成果奖三等奖)、《中国现代化：决战西部》(主编，获1999~2001年广西社科优秀成果奖三等奖)、《广西强势企业研究》(主编)、《张敦集》《工业化中期的劳动密集型产业研究》等13部(种)。主要论文有：《西部地区工业化中的资金积累》《社会主义市场经济体制初探》《加快形成国有企业的新优势—柳州市国有企业改革启示》(3人合撰，获1995年度中宣部"五个一工程"入选作品奖)、《启动后发优势—欠发达地区加快经济发展的战略思想探讨》《中国所有制结构的地区差异》《试论所有制结构与生产力结构的非对应性—兼谈社会主义初级阶段多种所有制成分并存的根据》(获1999~2001年广西社科优秀成果奖二等奖)、《走出劳动密集型产业的误区》等。1997年获享受国务院政府特殊津贴专家。曾任广西社会科学界联合会兼职副主席。现任广西县域经济研究会会长、广西比较经济学会顾问等。

张敦教授

【巫文强】 年内获享受国务院政府特殊津贴专家。广西社科联两刊编辑部三级编审，《改革与战略》杂志社社长、总编辑，研究员、编审。1958年5月生，广西宾阳人。1984年南宁师范专科学校(现广西民族师范学院)汉语言文学专业专科毕业，2005年中共中央党校函授学院法学本科毕业。曾在军队服兵役。历任铁道部工程二局五处宣传科理论干事、党校教员，南宁市十七中教员，南宁市信访局科员，广西社科联东南亚经济与政治研究中心副主任、法定代表人，广西社科联编辑部副主任，2011年至今任《改革与战略》杂志社社长兼总编辑。长期从事理论研究和编辑工作。研究方向为制度经济学、人的发展经济学、中国—东盟合作、战略与管理、期刊编辑等。主持、参与主持或主要参与哲学社会科学科研项目20多个，主持可行性研究项目3个；撰写或主要执笔撰写完成的课题研究报告和调查报告20多个，可行性研究报告3个，共500千多字。参与主持自治区党委重点课题1项，南宁市重点课题1项。作

巫文强研究员

为主创人员筹办和主持全国性学术会议6次，组织筹办或主持主题与东盟有关的大型国际学术研讨会2次、国外专家学术报告会1次。公开发表论文60多篇，部分论文被中国人民大学书报资料中心《复印报刊资料》全文转载和《光明日报》摘编。获广西社会科学优秀成果奖二等奖2项、三等奖1项。主要学术著作有《经济运行的制度因素》《社会生产和分配与人的生存发展—保障人生存发展的经济基础和途径选择研究》《人的发展经济学论稿》。参与主持和推动《中国少数民族大辞典》纳西族卷、黎族卷、白族卷、哈尼族卷、仫佬族卷编纂出版工作。推动创建广西人的发展经济学研究会和广西人的发展经济学研究基地并主持工作，主编《人的发展经济学研究》辑刊(4辑5本)。编著《人的发展经济学教程》《人的发展经济学研究概览》《社会主义市场经济与人的协调发展》。被《中国改革报》、光明日报光明网分别列为推动中国人的发展经济学研究的4个倡导者之一和中国人的发展经济学研究领军人物。现任广西人的发展经济学研究基地主任、广西人的发展经济学研究会会长、广西市场经济研究会副会长、中国少数民族大辞典系列编纂委员会执行主编、《中国少数民族大辞典》总策划、中国少数民族大辞典系列广西编委会执行主编。

【官锡强】 年内获享受国务院政府特殊津贴专家，任广西人的发展经济学研究会副会长兼秘书长。广西经济管理干部学院区域与城市经济研究中心主任，广西财经学院、广西经济管理干部学院学科带头人，广西大学兼职教授，MBA导师，硕士生导师，南宁市十大签约理论专家，经济学教授，自治区优秀教师，自治区社科联第六届委员会委员。1959年8月生，广西博白人。1977年至1980年就读于玉林师范学院，1985年7月至1988年6月就读于广西教育学院，2004年6月广西大学商学院研究生班毕业。历任玉林市博白县王力中学教研室科组长，广西商业高等专科学校社科部副主任，广西财经学院经济系副主任，广西财经学院经济系区域与城市发展研究中心主任、副院长。研究方向为区域经济、产业经济研究。主持国家社会科学基金项目《资源枯竭城镇反贫困模式选择及制度构建的研究》，课题成果入选国家规划办出版的专供中央政治局常委、委员阅读内参《成果要报》。曾主持广西重大招标课题、广西自然科学基金项目、广西哲学社会科学规划课题等省部级课题10项。其中广西重大招标课题3项：《改革完善管理体制机制壮大广西大型企业集团问题研究》《加强广西公共安全体系建设研究》《广西北部湾经济区一体化发展战略研究》；广西自然科学基金项目1项：《基于区域资源环境容量的广西北部湾经济区域市整合协调发展研究》；广西哲学社会科学规划课题6项：《基于区域资源环境要素禀赋的城市整合协调发展研究—以广西北部湾经济区为例》《城市化理论与南北钦防城市群结构体系优化研究》《基于产业集群成长的广西欠发达地区农村城镇化发展的研究》《中国—东盟自由贸易区背景下的广西会展业研究》《广西实现城乡基本公共服务均等化政策研究》《广西民族地区文化产业与旅游产业整合创新模式研究》。主要参与广西重大招标课题、中国科协课题、广西社科规划课题、教育部教改项目等课题8项。获广西社会科学优秀成果奖二等奖3项，广西哲学社会科学“十五”规划课题优秀成果奖三等奖1项。在《人民日报》《城市发展研究》《人口、资源与环境》《开放导报》《学术论坛》《改革与战略》等报刊发表论文100多篇。主要学术专著有：《产业集群与西部农村城镇化》《资源枯竭型城镇反贫困的战略研究》《以产业整合打造区域竞争力—中国东盟合作战略与广西产业整合》。现任广西战略咨询委员会专家，广西市场经济研究会常务理事兼副秘书长，广西区域与城市经济研究会常务理事，广西可持续发展促进会常务理事。

官锡强教授

【夏　飞】 年内当选广西财经学院院长。二级教授，国务院政府特殊津贴专家，博士。1964年8月生，湖南桃江人。2005年毕业于南京理工大学，获博士学位。历任长沙交通学院管理系办公室主任、教研室主任，湖南商学院学位与研究生教育办公室主任，民盟湖南省委常委，湖南省教育厅厅长助理(挂职)等。长期从事区域经济、产业经济与企业管理研究，在《管理世界》《财贸经济》《系统工程》《统计研究》《财政研究》《数量经济技术经济研究》等学术期刊发表论文60多篇；出版著作、教材10多部(种)，其中《中国南海海陆经济一体化研究》获广西社会科学优秀成果奖一等奖，《高速公路与我国新农村发展》获湖南省第八届优秀社

夏飞教授

科学术著作出版资助。《关于建设广西北部湾自由贸易港区的政策建议》在自治区政协第十一届二次会议大会发言并获自治区党委书记彭清华重要批示。《加强财源建设,提高我区人均财力》列为自治区政府重点提案。《加快推动设立中国—东盟基础设施投资银行的政策建议》刊发在国家社科基金《成果要报》。主持国家社科基金重大项目《未来十年中国—东盟经贸格局演变与我国南海安全战略构建研究》《高速公路对我国农村工业化、城镇化、现代化的影响研究》《节能减排政策压力下资源富集区产业转型发展研究——以桂西地区为例》等国家级课题4项。主持省部级重大、重点项目10多项。获湖南省人民政府一等功、湖南省参政议政先进个人及省部级、地州厅级科技进步奖、优秀成果奖12项。1997年获国家统计科技进步奖三等奖。2000年获国家统计优秀成果奖三等奖。2005年获湖南省社科基金研究课题优秀成果奖三等奖。2008年入选"教育部新世纪优秀人才支持计划"人选,获湖南省哲学社会科学优秀成果奖三等奖。2009年获湖南省"一等功",入选"新世纪百千万人才工程"国家级人选,获国务院政府特殊津贴专家。2011年被聘为教育部本科教学合格评估专家。2013年被授予"广西优秀专家"称号,被聘为国家社会科学基金项目评委。年内获广西第十三次社会科学优秀成果奖一等奖、湖南省科学技术进步奖三等奖。是民盟广西区委副主委,自治区政协委员,广西商业经济学会会长,中南大学博士生导师,湖南大学、广西大学、湖南师范大学、湘潭大学等高校兼职教授和硕士生导师。

【徐欣禄】 年内获"2014年中国图书馆榜样人物"称号。广西图书馆馆长,研究馆员。1955年10月生,广西桂林人。1972年11月至1980年11月在桂林市园艺场工作。1980年11月至2005年4月在广西桂林图书馆工作。长期从事读者服务、研究辅导、业务管理、信息化与数字资源建设、文献信息资源开发与利用等工作,先后担任副主任、主任和副馆长、馆长等职。从1991年开始从事图书馆信息化建设,是广西公共图书馆信息化建设创建者之一,参与组织实施"广西壮族自治区桂林图书馆计算机网络系统"项目,获国家文化部科技进步三等奖;参与国家科技项目"试验型数字图书馆"获第一届文化部创新奖。组织全国和广西文化信息资源共享工程、数字图书馆推广工程建设。参与"全国图书馆志愿者行动",获第三届文化部创新奖。多次应邀参加文化部和文化共享工程国家管理中心组织的系统建设项目、图书馆评估标准等科技项目评审会和论证会;参加省级图书馆评估专家组和文化共享工程督导组工作;组建广西古籍保护中心,成立广西古籍保护工作专家委员会,组织制定广西古籍保护工作规则、制定各项制度并实施;开展古籍普查登记和普查人员培训。在国家、省、市级刊物和专业学术会议上发表学术论文40多篇,参与编辑出版著作12部。2008年获"文化部优秀专家"称号。是国家公共文化服务体系建设专家委员会委员、全国图书馆标准化技术委员会委员、全国文化信息资源共享工程专家咨询委员会委员。是中国图书馆学会常务理事、广西科协常务委员、广西社科联委员、广西图书馆学会理事长。

徐欣禄研究馆员

【符韵林】 年内当选广西红木文化研究会副会长。广西大学林学院副院长,教授。1977年10月生,广西博白人。2006年毕业于北京林业大学,获工学博士学位。历任广西大学林学院木材科学与工程系副主任、讲师、副教授、教授。主要研究方向为红木识别与鉴定、木材材性及功能改良。先后主持国家自然科学基金项目1项,教育部霍英东基金、广西自然科学基金重点项目等省部级科研项目5项,自治区林业厅、南宁市等地厅级项目4项。在《wood Science and Technology》《复合材料学报》《材料科学与工艺》《林业科学》等学术期刊发表学术论文50多篇,其中SCI、EI收录10余篇。出版学术专著5部,出版教材2篇。获国家发明专利4项,实用新型专利3项。获自治区级优秀教学成果特等奖、一等奖各1项,获中国林学会梁希青年学术论文奖三等奖1项。

【黄春波】 年内入选国家首批"万人计划"教学名师。南宁职业技术学院副院长,教授。广西大学、广西师范大学硕士研究生导师。全国百佳资深室内设计师、南宁市首批特聘专家,国家级教学团队带头人,南宁市新世纪学术和技术带头人,高级工艺美术师,高级室内建筑师。1965年4月生,广西柳州人,壮族。曾获国家教学名师、广西优秀专家、广西“八桂名师”、“全国百名优秀室内设计师”“广西十佳资深室内建筑师”等荣誉称号。主要研究方向为高等职业教育、室内设计、民族建筑装饰。出版专著1部;主编出版作品集3部。主持省部级课题6项,发表论文及作品10多篇。曾任总主编,与湖南大学出版社组织近11所高职院校共同参与编写出版《室内设计素描》等10多部室内设计专业“十二五”规划精品系列教材。是国家建设部高专教育土建类专业教学指导委员会委员、中国高等职业技术教育研究会艺术设计协作委员会副主任、全国行业职业教育教学指导委员会住房和城乡建设职业教育教学指导委员会委员、中国建筑学会室内设计分会广西专业委员会副会长、广西装饰协会理事、广西美术家协会理事、广西工艺美术协会理事会顾问、高职高专土建类教学指导委员会建筑类专业分委员会副主任。

【黄筱娜】 年内获“全国民族团结进步模范个人”荣誉称号,主持的国家社会科学基金课题《全面建设小康社会与西部少数民族地区文化建设研究》通过鉴定结项。广西妇女干部学校校长、教授、硕士生导师。女。1957年11月生,广西靖西人。1982年毕业于广西民族学院(现广西民族大学)获文学学士学位。1992年起历任中共广西区委党校副教授、文史部副主任,2009年起任广西妇女干部学校校长、教授、广西师范学院社会工作专业硕士生导师。从事社会科学研究20多年,主要研究少数民族地区文化建设、妇女发展和社会管理问题等。完成科研成果100多项,出版个人学术专著1部、其他编著8部,发表论文及各类评论文章80多篇。主持完成国家社会科学基金项目1项、省级社科规划项目2项、厅级重点课题2项,论文、论著共有20多个项目获奖。其中省部级一等奖1项(集体)、二等奖2项(个人、集体各1项)、三等奖多项。现为中国妇女研究会妇女教育专委会副秘书长、广西社科联委员、广西传统文化研究会副会长、广西先进文化发展促进会副会长、广西妇女理论研究会副会长兼秘书长、广西民族学学会常务理事、广西家庭教育研究会常务理事等。

黄筱娜教授

【覃修桂】 年内当选广西翻译协会会长,广西民族大学外国语学院院长。1957年1月生,广西横县人。1981年毕业于广西师范大学外语系,获英语语言文学学士学位;1989~1994年在美国北依阿华大学(University of Northern Iowa)与路易斯.克拉克学院(Lewis & Clark College)学习,获文科教学硕士学位;2000~2003年在北京师范大学外国语言文学学院攻读英语语言文学专业,获文学博士学位。曾担任广西师范大学外国语学院副院长、教授、硕士生导师。外国语言文学一级学科带头人、博士生导师。给研究生开设课程有认知语言学、构式语法、第二语言习得、隐喻学概论、英语教学的基本原理等。给本科生开设课程有综合英语、英语写作、英语演讲、英语口语、语言学概论等。研究领域包括认知语言学、第二语言习得及外语教学,在《外语教学与研究》《外国语》《外语学刊》《外语与外语教学》《外语教学》《外语界》《北京师范大学学报》等中文类核心期刊发表论文近30篇,其中关于认知隐喻研究系列论文在学术界影响较大。主编《英语学术关键词》辞典1部。主持完成2项校级科研项目、2项厅级科研项目,现主持广西哲学社会科学规划项目1项。厅级教改项目《英语教学交际系统模式的理论与实践》获自治区教学成果奖二等奖;论文《“眼”的概念隐喻—基于语料的英汉对比研究》获广西第十一次社会科学优秀成果奖三等奖。

覃修桂教授

大事记

1月

1日 由自治区群众艺术馆主办的“思古幽情——广西首届乡土文化展演”在南宁市民族广场举行，来自广西各地的民间艺人展演12个节目。

1~3日 由南宁市委宣传部、南宁市文化新闻出版局、南宁大地飞歌文化产业集团有限公司主办，南宁市群众艺术馆、南宁市艺术剧院有限责任公司、南宁国际会议展览有限责任公司、南宁大地飞歌文化传播有限责任公司承办的“大地飞歌·南宁市2014年元旦系列文化活动”在南宁国际会展中心举行。活动包括“大地飞歌·南宁市2014年新年音乐会”、话剧《隐婚男女》、“笑星大联盟迎新年晚会”等。

4日 广西财经学院与泰国暹罗大学在广西财经学院防城港校区举行“第一届中泰教育合作论坛”。广西财经学院副校长黄晓虹、泰国暹罗大学校长Pornchai、泰国暹罗大学代表团成员以及广西财经学院专家和师生代表参加。并与防城港市政府、泰国暹罗大学联合举办第一届中泰经贸合作研讨会。

5日 由广西桂台经济科技文化交流协会和台湾中华运动传播协会共同主办的首届桂台青少年拔河友谊赛在广西外国语学院举行。自治区台办副主任李文、广西外国语学院院长周兆祥、台北景美女中校长林丽华出席。期间，台湾景美女子高级中学与广西外国语学院就文化、体育及教育活动发展合作交流签订合作备忘录。

6日 “广西陶行知研究会第六次会员代表大会暨学术研讨会”在广西教育学院召开。自治区教育厅副厅长白志繁，自治区民政厅党组副书记、副厅长韦力行到会指导并讲话。广西教育学院领导陈洛、容本镇、卫荣凡、王兴辉出席开幕式，广西各级各类学校的广西陶行知研究会会员代表、学院各职能部门负责人200多人与会。

△广西外国语学院越南语、泰语专业在由武汉大学在中国科学评价研究中心等机构完成的2014~2015年中国本科教育大学竞争力排行中位列第一位和第二位。

7日 广西律师协会完成《关于彻底解决广西无律师县（区）问题的报告》，提交全国律协。

8日 广西师范大学承担的“广西人文强桂建设工程——人文社会科学博士点与博士后科研流动站建设”和“广西人文社会科学文献资源共享平台建设”项目通过结项验收。

9日 2014年广西科学技术奖励大会暨第23届广西科技活动周开幕式在南宁举行。会议表彰154项2013年度广西科学技术奖（其中，广西大学完成的“反重力近终形铸造技术及其应用”项目获科学技术特别贡献奖）、10名获得2013年度广西“金绣球奖”的来桂国（境）外专家以及广西5项荣获2013年中国专利优秀奖的专利、2012年度国务院政府特殊津贴专家、2013年国家百千万工程“有突出贡献中青年专家”。自治区党委书记、自治区人大常委会主任彭清华宣布广西科技活动周开幕，自治区主席陈武讲话，并共同给获奖代表颁奖。活动周主要包括广西科学技术奖励大会暨第23届广西科技活动周开幕式、广西新技术新产品交流交易会、科技专题活动、科普活动4大板块内容。

△广西哲学社会科学规划领导小组办公室主任徐高潮应邀到广西师范大学作申报辅导报告会，学校各科研单位主要负责人、计划申报国家社科基金项目的教师、社科处全体工作人员等近200人参会。

11日 由广西社会心理学会主办的“社会心理与和谐广西研讨会”在广西医科大学举行。主题为：发挥学会优势，服务和谐广西。

△由广西亚太酒店文化发展研究院与广西酒店管理学会、广西宏桂集团和苏州酒店经理人商会共同主办的“2014年北部湾酒店节能环保新技术应用论坛”

在南宁举行。苏州、广州及广西区内的院校、科研院所、律师事务所等企业的工程技术人员、酒店投资人、总经理、工程师等120人与会。

△由桂林旅专与桂林市旅游局联合主办，桂林市旅游学会和广西旅游科学研究所联合承办的“提升桂林国际旅游胜地核心竞争力研讨会”在桂林举行。

13~14日 自治区社科联党组书记、主席王士威，副主席姚兵、曹平，秘书长何明率队，在柳州市融安县委常委、组织部部长王汉强、融安县政协副主席朱柄文等陪同下，赴融安县浮石镇起西村开展春节前慰问活动。

14~15日 “广西党校（行政院校）系统2013年度科研咨询工作会议暨社会科学界联合会首届学术年会”在南宁举行。广西党校（广西行政学院）领导胡建华、陈林杰、李彦明、唐秀玲及来自广西党校（行政院校）系统的250多位代表与会。

△由广西摄影家协会、隆林各族自治县县委宣传部、乐业县委宣传部、武宣县委宣传部、上林县委宣传部、鹿寨县委宣传部、广西右江矿务局有限公司共同主办的“我们的中国梦—广西摄影家协会摄影创作基地联展”开幕式在广西博物馆举行。共展出180幅优秀摄影作品。广西文联党组副书记、副主席、广西摄影家协会名誉主席赵如锋，广西文联副主席、广西摄影家协会主席施兴良，广西摄影家协会副主席韦从克、李放、张小宁及隆林、乐业、武宣、上林、鹿寨等县领导出席开幕仪式。

△由广西市场经济研究会主办的“广西市场经济研究会第四次会员代表大会”在南宁召开。广西市场经济研究会名誉会长、自治区原常务副主席袁正中，广西社科联副主席曹平、广西行政学院副院长唐秀玲等出席会议。156人与会。

17日 中国—东盟泛北部湾经济合作高官会在南宁召开。会议讨论通过《中国—东盟泛北部湾经济合作路线图（战略框架）》，建议加快制定泛北部湾经济合作行动计划，并提交2014年度中国—东盟经贸部长会议和领导人会议审议通过。来自中国商务部与东盟各国政府部门、亚洲开发银行、东盟秘书处、国内有关省区的官员以及路线图写作组专家、国内有关金融机构代表等60多人出席。

20日 广西天珠堂艺术博物馆在南宁举办首届广西沉香雕刻艺术展，共展出100余件沉香木雕作品。展品来自中国、越南、新加坡、印尼等地，既有明、清、民国时期的老物件，也有出自当代雕刻名家之手的新作，展期至3月18日。

24日 自治区党委宣传部副部长李海荣受自治区政协副主席刘正东委托，在自治区社科联党组书记、主席王士威陪同下，到自治区社科联慰问国务院特殊津贴专家、广西优秀专家、自治区政府参事、自治区社科联副主席刘家凯。

△自治区政协主席陈际瓦在秘书长禤沛钧等陪同下到广西优秀专家、著名画家、广西艺术学院副院长郑军里教授家慰问，致新春问候，感谢他在艺术创作和教育教学方面取得的突出成绩。

2月

7~9日 由广西群众艺术馆、广西话剧团排演的曹禺经典话剧《雷雨》在广西明星剧场上演。

9日 由中国侨联、广西侨联、北海市委市政府共同主办的“亲情中华·欢聚北海”大型文艺晚会在北海市人民剧院上演。中国侨联常委、广西侨联主席韦干，中国侨联文化交流部副部长何继宁，北海市委常委、统战部部长毛艳琼出席演出现场并致辞。广西侨联副主席林振龙和北海市归侨侨眷、从海外回国过年的华侨华人，以及关心支持北海发展的各界人士1000多人观看演出。

△广西师范大学经济管理学院刘澈元教授申报的课题《东盟华商组织推动ECFA与CAFTA机制衔接促进国家统一的路径与方式研究》获国务院侨务办公室批准，确立为2014~2015年度国务院侨办科研课题。

10日 自治区党委书记、自治区人大常委会主任彭清华在自治区党委副书记危朝安和自治区党委常委、秘书长范晓莉的陪同下，先后到广西贸促会、自治区台办、广西红十字会、自治区社科联、自治区文联、自治区科协、自治区信访局、自治区侨联和自治区残联，看望慰问干部职工。

11日 自治区社科联主办的“自治区社科联申报国家社科基金项目专题讲座”在南宁举行。广西哲学社会科学规划领导小组办公室主任徐高潮、广西财经学院院长夏飞分别作专题报告。自治区社科联副主席姚兵、刘家凯、曹平，副巡视员刘俊等出席。自治区社科联各部、室、中心相关人员及东南亚经济与政治研究中心兼职研究员40余人聆听讲座。

13日 由自治区社科联主办的“自治区社科联深

人开展党的群众路线教育实践活动工作总结大会”在南宁举行。自治区社科联党组书记、主席王士威作总结讲话。自治区教育实践活动办第十督导组副组长韦彩英出席并讲话。自治区社科联全体党员干部与会。

19日 “自治区侨联九届二次全委会议”在南宁召开。自治区党委副书记危朝安出席会议并讲话。

△“自治区妇联十二届五次执委暨全区妇联主席工作会议”在南宁召开。自治区党委副书记危朝安出席并讲话。

20日 广西文联第九届委员会第三次全体委员会议在南宁召开。

△由广西社会科学院和台湾中华经济研究院共同主办的“中越边境合作与台商机遇学术研讨会”在台湾台北举行。广西社会科学院及台湾中华经济研究院WTO研究中心、大陆研究所的专家学者与会。

△“广西广播电影电视协会第六届常务理事会第二次会议”在南宁召开。自治区新闻出版广电局局长、广西广电协会名誉会长彭钢,副局长黄著诚、陈映红、朱日荣,驻局纪检组组长潘瑾兴,副巡视员林旭乔,广西电视台台长周文力,广西人民广播电台台长李德刚,广西电影集团有限公司董事长匡达蔼等出席。来自广西广电系统和中央驻桂广电新闻单位的常务理事与会。

△自治区副主席陈刚到柳工集团公司调研,柳州市市长肖文荪、自治区政府副秘书长黄敏、自治区工信委主任束华、自治区国资委主任管跃庆等领导陪同调研。

△由广西外国语学院社科联副主席韦克俭教授为首席的专家建设的“桂台经济贸易合作与发展服务基地”被自治区教育厅确定为广西高校哲学社会科学服务地方经济社会发展特色基地。

21日 由广西社会科学院与台湾两岸共同市场基金会共同主办的“第九届两岸产业共同市场论坛”在台湾台北举行。主题为:两岸携手合作,开拓共同市场。台湾政治大学国际关系研究中心主任丁树范、广西社会科学院院长吕余生、两岸产业共同市场基金会董事长詹火生、广西台湾事务办公室副主任李文、两岸产业共同市场基金会执行长陈德升、中国社会科学院台湾研究所副所长张冠华、台湾电机电子工业同业公会罗怀家、台湾工业总会顾问徐纯芳、广西农垦局副局长杨海空及企业家代表等共60多人与会。

△河池学院“广西长寿文化研究基地”确定为广西高校哲学社会科学服务地方经济社会发展特色基地。“广西长寿文化研究基地”以“收藏、保护、展示广西长寿文化遗产,引领广西长寿文化产业发展,为推动地方经济社会发展服务”为宗旨,坚持“教、学、研”结合的指导思想,依托多学科综合研究优势和良好的运行机制,致力于广西长寿文化资源的挖掘、整理、保护、宣传及产业化。

22日 由中国机械工业联合会和《中国机电工业》杂志主办的“2014装备中国企业领袖峰会暨2013中国机电工业年度人物颁奖盛典”在北京举行。柳工集团公司总裁、股份公司董事长曾光安获“2013中国机电工业年度人物”称号。

25日 广西红十字会第八届理事会第二次会议在南宁召开。会议决定聘请自治区党委书记、自治区人大常委会主任彭清华担任广西红十字会名誉会长。

26~28日 由中央电视台、中国电视艺术家协会、广西广播电影电视局主办,中央电视台纪录频道、广西电视台、中国视协电视纪录片学术委员会联合承办的中国纪录片年会暨第19届中国电视纪录片颁奖活动在南宁举行。主题为“汇聚力量、创新改变、携手发展、共赢未来”。其中,广西电视台纪录片《走南闯北广西人》获“第19届中国电视纪录片年度栏目”奖、《河池之水》获“第19届中国电视纪录片短片十佳作品”、《长寿村的那些事儿》获“第19届中国电视纪录片长片十佳作品”,广西电视台吴红宇获“第19届中国电视纪录片最佳编导”奖。

28日 广西企业科学发展促进会在南宁举办“美丽广西低碳共赢合作论坛”。低碳经济研究学者、中国低碳经济行动联盟主席张桦,国际太阳能学会副主席黄鸣,美国佐治亚大学博士、北京大学绿色建筑技术研究所副所长周剑峰等在会上作主旨演讲。

△“自治区社科联七届一次全委暨全区社科联工作会议”在南宁举行。自治区社科联第七届委员会委员、各团体会员单位秘书长等430余人与会。

△桂林旅游高等专科学校校长助理周江林、国际教育交流学院书记曾朝辉、副院长张海琳在学校与台湾康宁大学健康科系主任郑宇涵、交换生进行交流座谈,标志着桂林旅游高等专科学校与台湾康宁大学实现学生交换启动。

3月

3日 由自治区党委宣传部文艺处、广西人民广播电台联合主办,以“中国梦”主题歌曲创作研讨会暨广西新创作歌曲《我们的中国梦》开播仪式在广西人民广播电台举行。广西文联副主席韦苏文，广西人民广播电台台长李德刚，广西文联副主席、自治区党委宣传部文艺处处长黄云龙，广西新闻出版广电局文艺处处长黄向群，广西人民广播电台总编室主任苏鹏程，广西音协名誉主席张名河，广西音协常务副主席、作曲家黄朝瑞及广西知名词曲作家潘立远、傅滔、唐力、曾令荣、利宇翔、何镇国等与会。

4 日 “共青团广西区委百场创业创新沙龙进高校”活动在广西财经学院举行，共青团广西区委副书记刘玄启率企业家代表到学校与有志于自主创业的大学生交流互动。

5 日 泰国驻南宁总领事馆总领事琶姹妮、领事陈大伟等一行 5 人莅临广西外国语学院参观访问，就学校泰国文化研究中心升级工作及筹办第八届泰语演讲比赛相关事宜进行商谈。

6 日 第 11 届中国—东盟博览会高官会在南宁召开。来自中国和东盟 10 国的高官共同总结博览会推动中国—东盟合作“黄金十年”发展的成功经验，共商博览会长远发展大计。

11 日 由自治区党委宣传部、自治区新闻出版广电局、广西电视台联合举办的以“中国梦”为主题的爱国主义题材电视连续剧《冯子材》专题座谈会在南宁举行。

14 日 中国—东盟研究中心邀请暨南大学教授曹云华作题为“中国与周边关系：困惑与出路”学术讲座。

15 日 “广西发展与改革研究会成立暨第一次会员大会”在南宁召开。108 人与会。

15~16 日 2014 年“名师论坛”暨全国特级教师大课堂活动在玉林举行。邀请武琼、张宏、刘松、贲友林等特级教师进行课堂教学展示和教学专题报告。4000 多位领导、教师参加。

16 日 广西行为科学学会与南宁市德睿企业管理顾问有限公司在南宁联合举办《PDP 识人用人之道》培训班。美国 PDP 管理教练技术大陆区认证授权师、美国 PDP 领导力发展与绩效研究中心资深讲师及高级顾问许植先生应邀作主讲报告。广西华蓝设计集团有限公司、广西中烟工业有限责任公司、广西泓福物业有限责任公司、广西百色西江投资发展有限公司、广西正泓能源科技有限公司等人力资源部和中层管理人员 50 人参训。

21 日 由广西抗战文化研究会主办的“丘振声学术思想研讨会”在南宁举行。广西社会科学院副院长黄天贵出席并讲话。

△泰国邦布工业社区教育学院中国语言文化体验班开营仪式在广西外国语学院举行，来自泰国的留学生在学校开展为期1个月的中国民族舞蹈、剪纸、太极、书法、茶艺等语言文化体验活动。

23 日 “广西·贵州经济社会发展座谈会”在南宁举行。自治区党委书记、自治区人大常委会主任彭清华与贵州省委书记、省人大常委会主任赵克志出席并讲话，并签署关于进一步深化合作的会议纪要。

△“广西律师协会第八届理事会第四次会议”在南宁市召开。自治区司法厅副厅长、广西律师协会党组书记王荣华等应邀出席。

25 日 广西领导干部“时代前沿知识”系列讲座第 92 讲在南宁举行。中央党史研究室副主任李忠杰作题为“改革开放历程的经验与启示”专题报告。自治区领导陈际瓦、范晓莉、李彬，自治区检察院检察长崔智友出席并聆听讲座。

△广西外国语学院邀请广西大学心理健康研究所所长杨新国为 2013 级学生作题为“大学生心理调适”讲座，2000 多名学生通过多媒体同步视频聆听。

26 日 由桂林市委宣传部、市社科联主办的“桂林市培育和践行社会主义核心价值观、提升文明素质”研讨会在桂林举行。桂林市直机关和驻桂林高校的领导、专家学者 50 多人与会。

△由国务院人力资源和社会保障部、中国机械工业联合会举办的全国机械工业先进集体、劳动模范和先进工作者表彰大会在北京举行。柳工股份公司获“全国机械工业先进集体”称号；装载机公司生产服务中心磨具班班长扈海安获“全国机械工业劳动模范”称号。全国人大常委会副委员长路甬祥，全国人大常委会副委员长顾秀莲等领导为获奖代表颁奖。柳工党委副书记、纪委书记、工会主席王相民代表公司接受颁奖。

27 日 自治区社科联党组书记、主席王士威，秘书长何明，学会部主任张流一行 4 人到广西税务学会、广西伦理学学会、广西写作学会进行座谈调研。

28 日 广西律师协会联合广东省律师协会在南宁举办题为“劳动争议热点及疑难问题处理—规章制度民主程序问题”“无固定期限劳动合同签订问题”“加班费举证责任问题”“年休假时效问题”“工伤争议有关问题处理”“劳务派遣新规对企业人力资源管理的影响—劳务派遣最新规定及要点解析”“劳务派遣新规对人力资源管理的影响”等内容的律师业务讲座，由广东省律师协会劳动法律专业委员会副主任沈威律师主讲，广西 240 名律师参训。

28~30 日 2014 年广西青少年科技创新大赛在广西科技馆举行。来自广西各市的 14 支代表队、292 名学生和 62 名科技辅导员参加。190 项入围决赛。其中，小学生科技创新成果竞赛项目入围决赛 25 项，中学生科技创新成果竞赛项目 80 项，青少年科学 DV 作品 20 项，科技辅导员科技创新成果竞赛项目 48 项，青少年科普剧竞赛申报项目 17 项。

29 日 由广西艺术学院主办、广西艺术学院音乐学院承办的“越南国家音乐学院钢琴、长笛音乐会”在广西艺术学院音乐厅举行。来自越南国家音乐学院的 8 名师生演奏肖邦的《圆舞曲 2 号》、德彪西的《阿拉伯风情曲 1 号》、李斯特的《弄臣》演绎曲等 6 首钢琴独奏曲。

30 日 广西博物馆、广西织绣发展研究会与台湾花莲县秀林乡秀林社区发展协会共建的民族文化产业发展研究基地在南宁揭牌。

31 日 《区域全面经济伙伴关系协定》第四轮谈判在南宁举行。东盟 10 国及中国、日本、韩国、印度、澳大利亚、新西兰代表团共 500 余人参加谈判。以商务部部长助理王受文任团长的中国代表团，由发展改革委、工业和信息化部、财政部、农业部、海关总署、工商总局和质检总局等部门代表组成。本轮谈判历时 5 天，各方就关税减让模式、服务和投资自由化模式、协定章节框架等问题进行商讨。

4 月

1 日 柳州市柳宗元文化研究会在柳侯公园开展清明祭柳传统文化活动，10 多个有关单位参与，近 300 人参加。

1~7 日 2014 年中国壮乡·武鸣“三月三”歌圩暨骆越文化旅游节在武鸣县城举行。活动项目 25 项，来自广西内外的数万名游客参加。

11 日 中国—东盟研究中心邀请中国社科院亚太研究所教授许利平作题为“东南亚伊斯兰：发展与挑战”学术讲座。

△中国—东盟研究中心邀请厦门大学教授李一平作题为“从马航客机失联事件看中马关系”学术讲座。

11~13 日 广西伦理学会与云南民族大学妇女性别研究与培训基地、云南省民族伦理学会共同主办的“民族伦理与少数民族道德生活史学术研讨会”在云南昆明召开。云南省委宣传部副部长张瑞才、中国少数民族伦理学研究会会长李伟等出席。

12~13 日 由广西民族大学东盟学院主办的“2013 年东盟形势及中国—东盟关系”学术研讨会在广西民族大学举行。主题为：回顾、总结 2013 年度东盟各国形势以及中国与东南亚各国、中国与东盟之间的政治、经济关系，并对 2014 年进行展望。厦门大学、广西社会科学院、中国社会科学院、海口经济学院、云南省社会科学院、云南民族大学等国内外知名学者及广西民族大学相关研究人员与会。

14 日 自治区党委统战部副部长李东兴一行 3 人到广西律师协会开展调研并进行座谈。自治区司法厅副厅长、广西律师协会党组书记王荣华，广西律师协会秘书长黄都恒、副会长黄玉华等参会，李东兴就《广西党外知识分子联谊会 同心·律师服务团成立方案（征求意见稿）》《自治区新的社会阶层代表人士综合评价工作实施方案（试行）》听取意见。

15~17 日 自治区社科联副主席姚兵，学会部主任张流、调研员玉明到广西酒店管理学会、广西亚太酒店文化发展研究院、广西六堡茶文化研究会、广西民联教育研究院、广西学校壮汉双语教学研究会、广西庐江文化投资促进会、广西纪实摄影协会及挂靠在广西师范学院的广西语言文学学会、广西彝学学会、广西区域科学学会和广西经济管理干部学院的广西科学社会主义学会、广西行为科学学会、广西公共政策研究会等 13 个自治区级学会进行调研指导。

16 日 由自治区社科联主办的“2014 年广西第一次社科专家学者活动日”在广西民族师范学院举行。主题为“加快陆路东盟南（宁）崇（左）经济带建设”。自治区社科联党组书记、主席王士威率广西社科界近 30 名专家学者参加。

△世界经济论坛（达沃斯论坛）与博斯公司在北京举行“中国企业全球化最佳实践项目发布会”。柳工股

份公司入选为最佳实践案例。

16~19 日 由广西红木文化研究会和中国红木委桂作红木文化研究会、越南红木与工艺美术协会、广西家具木雕协会共同举办的“第三届中国(南宁)国际红木家具与木雕艺术展暨首届广西红木家具与木雕艺术大赛”在南宁国际会展中心举行。来自越南和广西的100多家红木家具生产厂家及商家企业参展参赛。

17 日 自治区妇联在南宁举办广西现代女性大讲座活动,邀请第十二届全国人大常委会委员、外事委员会主任委员傅莹作题为“外交礼仪与对外沟通”专题讲座。自治区政协主席陈际瓦、自治区人大常委会副主任刘新文出席并聆听讲座。

△由自治区工商联、广西企业与企业家联合会、中欧国际工商学院校友会广西分会联合主办的“企业发展中的人才战略”讲座在南宁举行。中欧国际工商学院管理学教授、拜耳领导力教席教授忻榕博士主讲。近600位广西企业高层管理者参加。

△在梧州市举行2014年广西高校科技服务梧州新发展活动,自治区教育厅、自治区科技厅、梧州市人民政府联合主办,梧州学院承办。来自广西30多所高校,梧州市相关部门、企业代表参加。

18 日 由自治区教育厅、自治区科技厅、梧州市人民政府主办,梧州学院承办的“2014年广西高校科研工作会议暨2013年高校科研管理研究专业委员会工作年会”在梧州召开。来自广西30多所高校的领导及科研部门负责人100多人与会。

△中国人民武装警察部队政治部副主任、国家一级导演张继钢到柳工授课。张导演以“文化的力量”为题,从文化创新方面解析文化概念,从艺术角度阐述文化对企业发展的重要性。

20 日 由柳州市环保局主办,柳州职业技术学院环境与食品工程系承办的“珍惜地球资源——共护自然生态家园”世界地球日环保宣传活动在柳州举行。柳州市环保局副局长赵福、柳州市绿色环保系列创建活动办公室主任宋小玉和柳州职业技术学院党委副书记、社科联副主席阳旭出席。

△新东方创始人俞敏洪为广西外国语学院师生作主题为“理想的力量”演讲,与学校就共同打造国际复合式人才战略合作签订协议,并受聘为学校客座教授。

20~22 日 由中国企业家俱乐部、广西工业和信息化委员会和南宁市人民政府联合主办的“2014年中国绿公司年会”在南宁召开。主题为“改变的年代:现实与远见”。芬兰总理卡泰宁、比利时首相范龙佩、法国总统奥朗德分别发来视频和贺信表示祝贺。自治区党委书记、自治区人大常委会主任彭清华发表演讲,自治区主席陈武致欢迎辞。1000多位国内外知名企业领袖、各界精英和各方媒体与会。

△中国审计学会会长翟熙贵到桂林、柳州调研并召开座谈会。对广西审计学会理论研究骨干人才动态管理,柳州审计学会研究式审计以及桂林审计学会的工作中所取得的成绩给予了充分肯定,同时对继续搞好广西审计学会各项工作提出意见和建议。

21 日 经自治区党委领导同意,由自治区党委办公厅主办、自治区党委党史研究室承办的“自治区直、中直驻桂单位党史工作联络员培训班”在南宁举办。200名党史联络员参加培训。

28 日 由广西大学科协、台湾高苑科技大学商管学院联合主办,捷克国立瑞德克罗拉夫大学协办的首届海峡两岸“产业发展与企业管理研究”国际学术研讨会在广西大学举行。广西大学商学院副院长陆善勇教授出席并致辞,两岸学者分别就并购竞合策略、金融借贷、公司治理等问题进行探讨。

29 日 由广西文联、广西书法家协会主办的广西书法理论研讨会在南宁举行。就“八桂书风”理论思想研究成果,包括书法理论研究、书学思想、书法教育、书法创作、书法评论、作品考据、技法研究、工具材料等探讨和交流。收到学术论文30多篇。来自广西各市、县书法研究领域的专家学者50余人与会。

△钦州市委书记、市人大常委会主任肖莺子应邀做客钦州学院北部湾大讲坛,为师生作题为“北部湾的开发崛起　钦州学院之使命”专题报告,钦州市委常委、宣传部部长、副市长杨丛,市委常委、秘书长林庆山出席报告会,钦州学院党委书记赵君主持。学院党委副书记、院长、学院社科联主席徐书业,党委副书记、纪委书记赵伟,副院长曾彦、黄鹄、黄宇鸿及学院科级以上干部和师生代表360多人参加。

30 日 由自治区党委宣传部,自治区高校工委、教育厅,共青团广西区委主办的“我们的中国梦·五月的鲜花·唱响纯真年代”2014年广西高校五四青年暨原创歌曲大赛决赛晚会在广西艺术学院举行。自治区高校工委书记、教育厅厅长秦斌,共青团广西区委书记白松涛,自治区党委宣传部常务副部长刘咏梅,自治区高校工委副书记、纪工委书记、教育厅纪检组组长秦敬德，自治区高校工委副书记莫锦荣，广西汉军集团董事长莫汉军，广西音乐家协会副主席黄朝瑞以及驻邕各高校领导、团委书记，教育厅部处室和直属事业单位主要负责人与会。

△由广西社会科学院和广西美学学会联合主办的"《壮族山歌及歌圩的百年变迁》研究成果推介暨壮族山歌文化研讨会"在南宁举行。广西社会科学院院长吕余生、纪检组长黄信章等出席并讲话。中国民族语文翻译局、广西社会科学院、广西民族大学、广西师范学院、广西民族教育发展中心和三月三杂志社等单位专家学者60多人与会。

△"桂林师范高等专科学校社会科学界联合会第二次代表大会"在桂林师范高等专科学校甲山校区举行。自治区社科联副主席曹平、桂林市社科联副主席李春毅、桂林师范高等专科学校党委书记王源平、校长义祥辉等领导及广西院校社科联领导与会。

5月

2~4日 由广西文联、中国舞蹈家协会舞蹈考级中心、广西舞蹈家协会等单位主办的"广西首届流行舞蹈大赛"在南宁举行。来自广西各社会艺术培训机构800多名舞蹈爱好者、120多个节目参加比赛。

4日 由广西社会科学院主办，广西东南亚研究会和广西社会科学院东南亚研究所承办的"中越纪念奠边府战役胜利60周年研讨会"在南宁举行。来自越南驻南宁总领事馆、广西社会科学院、广西大学、广西民族大学、广西东南亚研究中心等单位40多名专家学者与会。

6日 由自治区妇联、文明办、总工会、高校工委、广电局联合发起的寻找"美丽家庭"活动完成评选工作。50户家庭入选广西"美丽家庭"。

△"广西柳工机械股份有限公司社会科学界联合会成立大会暨第一次代表大会"在柳州举行。会议通过《柳工社科联章程(草案)》，选出第一届委员会委员及领导机构等。

7日 广西领导干部"时代前沿知识"系列讲座第93讲在南宁举行。北京大学社会科学学部主任、光华管理学院名誉院长厉以宁教授应邀作题为"广西经济改革与发展的几个问题"专题报告。自治区党委书记、自治区人大常委会主任彭清华主持讲座。自治区主席陈武、自治区政协主席陈际瓦出席并聆听讲座。讲座以视频会议形式举行，设广西人民会堂、自治区党委礼堂、自治区党校3个会场。沈北海、黄道伟、唐仁健、范晓莉等自治区四家班子成员，自治区两院负责人和其他省级领导，在南宁党政干部、企业管理人员、专家学者、高校师生代表等3000多人聆听讲座。

8日 由全国高等中医药院校青年研究会主办、广西中医药大学承办的"2014年第五届全国中医青年发展论坛暨第二届'百年乐·远志杯'全国高等中医药院校大学生课外学术科技作品竞赛"在南宁举行。主题为"笃信·传承·共享"。来自全国24所高等中医药院校以及相关企事业单位的专家、青年教师和学生代表400多人与会。

△由广西国土资源厅、广西商务厅、广西地质矿产勘查开发局、中国国际贸易促进会广西分会、广西有色金属集团共同主办，广西珠宝协会、广西民营企业家协会、广西东宝投资有限公司承办的"中国—东盟矿物珠宝展"在南宁开展。设国际标准展位700个、总面积1.5万平方米。来自中国和东盟国家800多家企业和个人参展。为期5天。

△北海市社会科学界联合会与广西社会科学院在北海联合召开"广西海上丝绸之路建设研究座谈会"。广西社会科学院副院长刘建军等13名专家与北海市委政策研究室等10个单位30多人与会。

△广西财经学院举行"百名名师进校园"系列讲座第四讲，法国克莱蒙费朗第一大学教师、法国国家一级教授Denis RICHARD先生应邀作"应用技术型本科人才培养"专题讲座。

9日 由广西书画院主办的广西书画院书画家精品展系列"静与花亲·姚震西作品展"在广西博物馆开展。展出知名画家姚震西的中国画作品30余幅。展期2个月。

9~10日 由自治区社科联东南亚经济与政治研究中心主办的"2014年兼职东盟问题研究员主题活动暨跨境自由贸易区建设研讨会"在防城港市东兴市举行。来自广西区内东盟问题研究专家、东南亚经济与政治研究中心专职兼职研究员等近50人与会。

10日 自治区社科联与梧州市社科联在桂江船厂联合举办主题为"全面深化改革，实现两个建成"大型报告会，邀请梧州市委政策研究室主任刘继斌主讲。200多名企业干部职工与会。

△"'神州视景杯'第六届全国旅游院校服务技能(导游服务)大赛专家论坛"在桂林旅游高等专科学校举行。主题为"体验旅游下导游人员素质提升策略、路径和制度安排"。300多人与会。

10~12 日 2014 年中国—东盟矿业合作论坛暨推介展示会在南宁举行。主题为“加强矿产技术合作,推动矿业科学发展”。自治区主席陈武、国土资源部副部长汪民在开幕式上致辞。缅甸民族院矿产资源委员会主席吴内温吞出席开幕式。自治区副主席陈刚主持开幕式。自治区政府秘书长莫恭明及中国和东盟有关政府机构、商协组织、矿业协会、投融资企业负责人等与会。

11 日 由自治区教育厅、自治区科技厅、梧州市人民政府主办的“2014 年广西高校服务梧州新发展科技活动”在梧州开幕。广西师范大学副校长钟瑞添率社科处、科技处负责人及部分学院有关专家,自治区教育厅党组副书记、副厅长杨伟嘉,梧州市有关领导及广西 70 多所高校领导、科技工作者与会。

△由广西行政法学研究会主办、广西大学法学院承办的“广西行政法学研究会第二届理事大会暨 2014 年广西行政法学术研讨会”在南宁举行。收到论文 30 多篇。来自自治区各高校、各级人民政府法制部门及相关职能部门、各级人大、各级人民法院、各级人民检察院、律师事务所等机构中的长期开展行政法学理论研究和从事行政法实务工作的专家学者 60 多人与会。

11~15 日 由广西县域科学发展促进会、广西老龄产业协会主办的首届“中国长寿之乡”健康博览会在广西展览馆举行。主题为“美丽广西,健康长寿”。来自广西区内外的 22 个“中国长寿之乡”携优质特色产品和健康养生资源亮相。

12 日 由中国广播电视协会电视剧编剧工作委员会等单位主办的“中国电视剧编剧 2014’(南宁)创作年会”在南宁举行,全国 100 多名编剧、制片人、导演、演员等与会。

△由柳工股份公司人力资源部、党委工作部组织的中高级经理能力提升(AMD 进阶)培训项目,在柳工国际管理学院启动。该项目重点培养总经理式的高级管理人才,支撑公司战略目标的实现,提升经理人员的管理及专业能力。培训项目分 5 期,每期历时 3 个月。课程内容有柳工公司战略管理、董事会治理、人力资源、财务管理、营销等。

13 日 广西外国语学院第四届“校园读书月”暨“校园科普活动周”开幕。学院党政领导及自治区、南宁市相关单位领导出席活动启动仪式,当天举办古生物标本展、科技发明展、科普知识讲座等,展出展板 20 多块。

15 日 “第八届泛北部湾经济合作论坛”在南宁开幕。主题为“携手推进泛北合作,共建海上丝绸之路”,围绕共建 21 世纪海上丝绸之路的战略构想、重点领域、实现路径以及泛北金融创新、泛北智库合作、泛北贸易与投资、泛北港口与物流合作、泛北文化传播合作与创新等 6 个专题进行研讨。

16~18 日 由自治区教育厅、全国大学生机械创新设计大赛广西赛区组委会主办,广西大学承办的“第六届全国大学生机械创新设计大赛广西赛区预赛”在广西大学西校园体育馆举行。主题为“幻梦课堂”,以“教室用设备和教具的设计与制作”为内容,广西 27 所高校 1500 名师生 213 件作品参赛。

17 日 由自治区科协、教育厅主办,广西科技馆、广西青少年科技中心、广西青少年学生校外教育培训基地承办的 2014 年广西青少年机器人竞赛在广西科技馆举行。来自南宁、柳州、桂林等 12 个设区市 228 支青少年代表队、600 多名参赛选手及教练员参赛。

△由自治区妇联、文明办、教育厅、文联及共青团广西区委共同主办的中国梦·家乡情——广西第五届“八桂画童”美术、书法、摄影大赛优秀作品展在广西博物馆开展。展出 400 多件作品,涉及儿童画、水粉画、素描、工笔画、版画、中国画、书法、摄影等类别。展期至 18 日。广西少年儿童“八桂画童”大赛,从 2013 年 8 月启动,数万名少年儿童参与,征集到 14 个设区市的少儿美术、书法、摄影作品 6140 幅。

19 日 由广西艺术学院与广西国际博览事务局共同主办的广西中国·东盟书法教育研究会在南宁成立。

20 日 河池学院社会科学界联合会第三次代表大会在河池召开。自治区社科联副主席曹平,河池学院院长郎耀秀、党委副书记韦仕珍出席,学院第二届社科联副主席谢铭、贺卫国、韦文广及社科联第三次代表大会代表 100 多人与会。

△自治区党委书记、自治区人大常委会主任彭清华在自治区党委常委、政法委书记温卡华,自治区党委常委、秘书长范晓莉等陪同下深入广西律师协会进行调研。

22 日 自治区社科联副主席曹平、外联部副主任韦正委、副调研员梁成红一行 3 人到广西师范大学调研,学校党委书记王枬出席调研座谈会。

23 日 由广西社会道德文化研究会、崇左市南宁管理处及南宁市明秀北社区、北湖社区等主办的“广西道德文化讲坛走进社区”活动在南宁举行。主题为“践行社会主义核心价值观”。广西社会道德文化研究会“道德讲坛”讲师黄生国主讲。崇左驻南宁管理处及南宁友爱社区、北湖社区、明秀北社区近 100 人与会。

24 日 由自治区文联主办,自治区直机关文联、广西书法家协会、广西桂学研究会协办,广西榜样传媒集团有限公司、榜样·中国—东盟艺术馆承办的“书艺撷英·潘琦书法小品展”在南宁榜样·东盟艺术馆开幕。主题为“书艺撷英”,展期至 6 月 10 日。

△由自治区社科联、柳州市委宣传部、柳州市社科联主办的“2014 年广西社会科学普及联合大行动启动仪式”在柳州市人民广场举行。主题为“全面深化改革,实现两个建成”。40 家柳州市直单位、市 38 个学术团体参加。自治区社科联党组书记、主席王士威,自治区社科联副巡视员刘俊、柳州市人大常委会副主任梁樑出席。

△由广西社科联、广西先进文化促进会、广西写作学会联合主办,广西民族师范学院承办的“第六届广西校园文化论坛”在崇左举行。主题为“民族传统文化与高校校园文化建设”。广西先进文化发展促进会会长杨炳忠,广西写作学会会长容本镇及来自广西各高校的专家学者 70 多人与会。

△由国家工信部为指导单位,中国工业报社等单位主办的第十届中国工业论坛暨中国工业年度人物发布活动在北京举行。发布会上,柳工股份公司获“2013’中国工业示范单位”称号;柳工集团公司总裁、股份公司董事长曾光安获“2013’中国工业先锋人物”称号。

24~27 日 中华全国律师协会主办的“2014 年中华全国律协专家律师巡回讲师团西部培训班大型专题培训班”分别在南宁、桂林举行。

25~26 日 由中国饭店协会、自治区商务厅等单位联合举办的“第五届全国饭店业职业技能竞赛”(广西赛区)在南宁举行。有 50 支代表队、217 名选手参赛,分中式烹调、中式面点、中餐服务、茶艺表演竞赛四大项目。

25~30 日 广西艺术学院主办的 2014 年中国—东盟音乐周在南宁举行。音乐周共举行 16 场音乐会、3 场高峰论坛及 4 场大师班讲座。来自泰国、新加坡、菲律宾、印度尼西亚等东盟国家,美国、法国、新西兰、波兰等欧美国家,以及中央音乐学院、中国音乐学院、上海音乐学院、武汉音乐学院和中国台湾、香港、澳门地区近 150 位音乐家、学者齐聚音乐周舞台及高峰论坛等国际学术交流活动。

27 日 由广西社科联主办,广西社科联东南亚经济与政治研究中心与桂林电子科技大学社科联承办的“中国—东盟大讲坛”在桂林举行。由自治区党校陈学璞教授主讲“大力推进中华文化走进东盟”。自治区社科联副主席曹平出席。桂林电子科技大学党委副书记孙宁主持论坛。

△桂林市社科联与桂林图书馆、桂林市企业研究会、桂林市茶文化研究会、资源县社科联等单位在资源县车田乡脚古冲村开展“美丽乡村,支教助学”暨科普图书进村入户活动。

△中国—东盟研究中心杨静林、潘艳贤赴厦门参加华侨大学的“华侨华人与中国周边公共外交”学术研讨会。

28 日 由自治区党委宣传部和广西文联主办的“中国梦·美丽广西”——广西美术家走进“清洁乡村”采风活动启动。来自广西 37 名知名画家分赴百色田阳、隆林,河池大化、都安,桂林龙胜、临桂等地采风。

29 日 由自治区地方志办公室、广西专家咨询服务协会联手合作的“广西地情移动传播平台启动仪式”在南宁启动。

△“广西集邮协会东盟集邮分会成立大会”在南宁国际会展中心举行。广西国际商务职业技术学院荣获“全国青少年集邮活动示范基地称号”。

△由国家粮食局主办,广西工商职业技术学院承办的“全国粮油购销与物流教育教学指导委员会成立大会暨一届一次会议”在南宁召开。主题为“在高职高专院校课程体系中融入粮食元素教育,培养粮食科技和管理人才”。

△自治区社科联副主席曹平研究员到广西师范大学作题为“社会科学评奖与社会科学研究”专题报告。学校各文科学院 80 多名分管科研的副院长和专任教师参会。

29~30 日 由中国书法家协会、中国—东盟博览会秘书处、广西艺术学院和美国汉字书法教育学会共同主办的“中国书法的跨文化交流与合作暨第九届汉字书法教育国际研讨会和国际书法邀请展”在南宁举行。主题为“中国书法的跨文化交流与合作”。共征集到论文 53 篇。来自广西区内外和东盟国家及美国等近 100 名书法名家与会。

29 日至 6 月 1 日 由中国—东盟博览会秘书处、自治区文化厅共同主办的“2014’中国—东盟博览会文化展”在广西南宁国际会展中心举行。主题为“中国—东盟共建 21 世纪‘海上丝绸之路’”。包括文莱、柬埔寨、印尼、马来西亚、菲律宾、泰国和越南等东盟国家，中国、日本、韩国，以及欧美近 800 家企业参展参会。同期举行电影签约仪式。老挝驻华大使宋迪·本库、柬埔寨驻南宁总领事馆总领事恩索斐、老挝驻南宁总领事馆总领事习彭·班忠帕妮、缅甸驻南宁总领事馆总领事吴敏吞、越南驻南宁总领事馆总领事范星梅、泰国驻南宁总领事馆领事陈大伟等应邀出席文化展启幕仪式。

△由南宁市青秀区委区政府、广西政协教科文卫体委员会主办，南宁市青秀区委宣传部、文体局、文联，广西海外艺术家联谊会承办，广西城市发展研究会、广西收藏家协会协办的“2014 年‘多彩青秀’中国—东盟当代水墨交流展暨当代水墨艺术展望高峰论坛”在南宁国际会展中心举行。活动秉承“弘扬青秀区文化发展新活力，增进中国与东盟文化交流合作”的宗旨，汇聚了中国(含港澳台地区)、东南亚、韩国等 100 余名书画大家的 200 余幅书画精品。

30 日 由自治区党委宣传部、广西文联主办，广西美术家协会承办的“中国梦·美丽广西”广西美术家走进“清洁乡村”采风活动到河池市大化瑶族自治县达悟村采风。

△上海师范大学人文与传播学院博士生导师刘泽民教授到广西师范大学育才校区作题为“历史语言学漫谈”学术报告。

△广西金融学会召开学术委员会议，确定 82 项学会重点课题。

31 日 由广西日报传媒集团主办，当代生活报社、广西日报传媒集团广告中心、广西十方文化传播有限公司承办的“2014’广西(南宁)儿童用品博览会”在广西科技馆拉开帷幕。为期 3 天。

△中国—东盟研究中心邀请厦门大学教授庄国土作题为“美国的亚太战略与国的周边局势解读”学术讲座。

6 月

1 日 在中共中央宣传部首次举办的全国文化名家评选活动中，广西抗战文化研究会理事、广西大学教授万忆获“全国文化名家”称号。

1~6 日 由梧州市旅游协会、文化旅游发展有限公司举办的“2014 年中国·梧州龙母文化旅游节”在梧州举行。活动主要有龙狮贺龙母祈福游行活动、文化旅游节开幕式活动、龙母诞辰 2304 年庆典晚会、六堡茶文化展示、“龙母赐福，福礼大派送”活动、“慈孝博爱，万鲤放生”仪式、现场书画表演等。

2 日 厦门大学中文系教授、博导、国家语言资源监测与研究教育教材中心主任、厦门大学嘉庚学院人文与传播学院院长苏新春教授主持广西师范大学广西文科中心第 72 期学术沙龙并作“人用词汇研究与机用词汇研究的冲突与调和”专题学术报告。

3 日 由广西市场经济研究会主办的“新型城镇化与新时期扶贫开发理论研讨会”在南宁举行。主题为“如何推进新型城镇化与新时期扶贫开发”。自治区发改委、各级行政学院、高等院校、学术团体、新闻媒体的专家学者和企业家 50 多人与会。

5 日 应自治区党委宣传部邀请，新华通讯社社长、党组书记李从军在自治区党校报告厅作“推进传统媒体和新兴媒体融合发展”专题报告。自治区党委常委、宣传部部长沈北海出席并主持报告会。自治区、南宁市宣传思想文化系统和广西高校师生 800 多人聆听报告。

△由国务院侨办和自治区侨办联合主办、贺州市承办的“2014 年海外华裔青少年‘中国寻根之旅’夏令营”——“八桂情韵”贺州营在贺州学院开营。主题为“汉语·文化·寻根”，以“文化”为核心。来自贺州市和马来西亚、泰国共 100 名华裔优秀青少年参加。

6 日 广西知识产权发展研究中心与广西北部湾产权交易所在南宁签署《联合共建“广西知识产权交易中心”战略合作协议》，标志着自治区级知识产权交易平台建设工作正式启动。

△由自治区社科联主办的“面向东盟的现代物流产业及其发展学术报告会”在南宁举行。广西财经学院物流研究所所长、教授彭欣作“物流基本理论与中国—东盟物流合作发展现状问题对策”主旨报告。自治区社科联副主席曹平出席并主持。《中国—东盟自贸区物流业发展与合作的法律保障机制创新研究》课题相关人员，自治区社科联各部、室、中心相关人员，东南亚经济与政治研究中心兼职研究员共 30 多人聆听报告。

7 日 由自治区党委宣传部、自治区教育厅、自治区新闻出版广电局和自治区妇联主办，广西新华书店集团有限公司承办的自治区青少年“美丽中国　美好家园”爱国主义读书教育活动演讲暨讲故事比赛在南宁举行。主题为“建设美丽家园　实现中国梦”。来自广西各地14支代表队64位选手参赛。

△“九三学社中央坚持和发展中国特色社会主义学习实践活动巡回宣讲报告会”在南宁举行，全国政协委员、九三学社主要创始人许德珩之孙许进应邀作报告。300多名九三学社广西区委、各市委、区直各支社骨干成员聆听报告。

10日　由共青团广西区委、自治区教育厅、自治区科技厅等单位联合举办的2014年“创青春”广西大学生创业大赛决赛在广西大学举行。共有340份作品进入决赛，并推选出28件优秀作品进行公开答辩。

11日　“广西警官高等专科学校社会科学界联合会成立大会暨第一次代表大会”在南宁举行。广西警官高等专科学校党委书记刘向荣，校长张军，副校长谭建华，学校党委副书记、纪委书记陈恃中及会员代表近200人与会。自治区社科联副主席曹平等到会指导。

△“川、吉、苏、冀、桂”五省（区）图书馆学会第十四届学术研讨会在南宁召开。收到论文449篇，评出一等奖49篇、二等奖125篇、三等奖67篇。自治区文化厅党组成员、纪检组长李晓泉，中国图书馆学会秘书长霍瑞娟，四川省图书馆馆长王嘉陵，吉林省图书馆馆长、吉林省图书馆学会理事长鲍盛华，南京图书馆副馆长、江苏省图书馆学会副理事长全勤，河北省图书馆馆长、河北省图书馆学会理事长李春来，广西图书馆馆长、广西图书馆学会理事长徐欣禄等领导、嘉宾出席开幕式。194人与会。

△国家海洋局宣教中心《广西海洋文化发展规划纲要》调研组应邀到钦州学院进行座谈。国家海洋局宣教中心海洋文化处处长刘家沂，国家海洋局南海分局政策法规与规划处处长徐志良，钦州学院副院长黄鹄、科技处处长梁好翠、学院社科联副主席何光耀等参加。

13日　“广西师范大学出版社集团有限公司数字教育实验基地”和“CCTV中学生频道教学实验基地”授牌仪式在桂林市资源县第二中学举行，标志着广西首个数字教育实验基地成立。

14日　广西会计学会在南宁举办“申报高级会计师人员培训班”。内容包括高级会计师申报要求及业务自传写作、全国高级会计师资格考试试题分析与答题技巧、会计专业论文写作技巧等，广西财政厅有关专家讲授，100多人参训。

16日　广西师范大学获国家社科基金年度项目18项，其中一般项目13项、青年项目1项、西部项目4项，立项数位居广西高校之首。

17日　由中国商务部主办、中国—东盟博览会秘书处承办的“2014年中国—东盟国家经贸记者研修班”在南宁开班。缅甸信息部新闻官员和文莱《婆罗洲公报》《文莱时报》，老挝国家电视台、老挝国家广播电台、《万象时报》等东盟国家主流媒体的经贸记者参训。

18日　由中国对外友好协会、中国—东盟协会、广西对外友好协会和东盟10国对华友好协会联合主办的“魅力东盟·走入中国”文化之旅在中国广西防城港市正式启动。主题为“传播文化　互信共融”。来自东盟各国领导人、东盟各国对华友好协会代表、东盟驻华使馆及驻南宁总领事馆官员、东盟文化艺术团、东盟媒体团以及自治区相关领导等近200名外宾、侨领、官员和中外文化领域、民间友好交流领域的领军人物及专家学者参加启动仪式。

△由自治区文联、广西美术家协会主办的“漓江画派·2014‘关注时代——广西当代人物画创作作品展览’”在广西博物馆开展。共展出200件作品。

△由自治区粮食局主办，各设区市粮食局和自治区粮食局直属企事业单位承办的食品安全活动周“放心粮油宣传日”活动在南宁举行。

19日　“自治区民委咨询委员会成立暨第一次全体大会”在南宁举行。

△由自治区社科联主办，自治区社科联东南亚经济与政治研究中心、钦州学院社科联承办的“2014年第一期中国—东盟大讲坛”在钦州举行。广西民族大学教授高歌作题为“中国—东盟自贸区升级版与广西战略支点打造”专题报告。

20~22日　广西财经学院、广西商业经济学会和广西财经学院管理科学与工程学院联合举办“Grow行动——2014BIM时代全国高校建筑专业实践教学交流会”在南宁举行。广联达有限公司教育事业部西部大区经理谢军及广西建设职业技术学院、南宁职业技术学院、广西机电职业技术学院、南宁学院、柳州城市建设职业技术学院、广西城市建设学校、广西理工学校等20多所学校80多位教师与会。

21~22日　自治区司法厅律师管理处、广西律师协会党总支组织自治区直律师事务所党支部和党员律师到自治区司法厅扶贫工作联系点—桂平市社坡镇禄全村开展庆“七一”捐资助学活动。收到建设校舍捐款5.36万元,11个律师事务所党支部、6名党员律师“一对一”帮扶贫困生35人1.75万元,捐物折合人民币1.33万元。

22日 由泰王国驻南宁总领馆主办、广西民族大学协办的“2014年广西高校学生泰语综合能力大赛暨第八届泰语演讲公开赛”在南宁举行。广西16所院校的131名选手参赛,广西民族大学和广西师范学院分获团体非专业组和团体专业组第一名。

22~26日 由自治区党委宣传部、自治区文化厅、自治区新闻出版广电局、自治区文联主办的“广西小戏小品曲艺及舞蹈电视比赛决赛”在南宁举行。主题为“中国梦”。决赛作品分小戏、小品、曲艺、舞蹈四大类,共有71个节目参加决赛,小戏小品曲艺类评出一等奖作品3个、二等奖作品9个、三等奖作品13个以及优秀奖作品17个;舞蹈类评出一等奖作品2个、二等奖作品6个、三等奖作品11个以及优秀奖作品10个。

23~29日 “家园·黄格胜小品展”在南宁举行,展出中国美协副主席、致公党中央副主席、广西政协副主席、广西艺术学院院长黄格胜教授的150多幅作品。自治区领导陈际瓦、沈北海、黄道伟、唐仁健、李康、李彬、赖德荣、刘志勇、刘正东到场观看。展期7天。

26日 自治区政协第26期“同心”讲座在南宁举行。致公党中央副主席、自治区政协副主席、中国美术家协会副主席黄格胜就“艺术人生”主题演讲。自治区政协主席陈际瓦,副主席张秀隆,秘书长禤沛钧出席。

△广西民族大学东盟学院与中国社会科学院联合主办的“海上丝绸之路与中国—东盟命运共同体建设”学术研讨会在广西民族大学召开。

△由自治区社科联主办的“全国部分省区市社科联第三届社会科学年鉴工作交流会议”在南宁举行。主题为“社会科学年鉴编纂的规范与创新”。自治区社科联党组书记、主席王士威出席并致辞。来自北京、天津、河北、内蒙古、辽宁、黑龙江、上海、江苏、山东、河南、贵州、云南、陕西、宁夏、新疆、广西等16个省、自治区、直辖市及广州市社科联的领导和代表70多人与会。

28日 由广西大学“211四期”区域文化传承创新与发展交流学科群、美国华人人文社科教授协会、《文化与传播》编辑部共同主办的“全球化与区域社会发展:基于文化的视角”国际学术研讨会在广西大学举行。来自国内外20多所高校的36位专家学者与会。

△由桂林理工大学主办的“第三届全国高校英美文化教学与研究研讨会”在桂林举行。来自全国60余所高校近100代表与会。

△由广西马克思主义理论研究和建设工程广西师范学院研究基地、广西师范学院马克思主义学院联合主办的“思想政治教育学科设立30周年学术研讨会”在南宁举行。主题为“深入贯彻落实习近平总书记五四重要讲话精神,总结思想政治教育学科设立30年来的理论成果和实践成果,推动思想政治教育的创新发展”。武汉大学、华中师范大学及广西大学、广西师范大学、广西医科大学等16所高校的思想政治教育专家学者30人与会。

29日 自治区直属机关工委在广西音乐厅举办“永远跟党走——庆祝建党93周年交响音乐会”。自治区领导彭清华、陈武、陈际瓦、危朝安、沈北海、黄道伟、唐仁健、周新建、范晓莉、邓卫平、杨道喜与自治区直机关优秀共产党员、优秀党务工作者及基层党员代表观看演出。

30日 由广西市场经济研究会主办的“新型城镇化与新时期扶贫开发理论研讨会”在南宁举行。

7月

1日 由自治区党委宣传部、自治区“美丽办”和自治区文联共同主办的“中国梦·美丽广西——广西美术家走进‘清洁乡村’采风写生创作作品展”在广西博物馆开展。165幅优秀作品参展。自治区领导危朝安、沈北海、李康出席开幕式并参观展览。

△由自治区党委组织部策划,自治区文化厅、广西戏剧院倾力打造的现代壮剧《第一书记》在南宁明星剧场上演。自治区领导周新建、邓卫平、王跃飞、李康、刘正东、罗殿龙观看演出。

△由自治区党委宣传部和自治区文联联合主办,广西音乐节协会、广西电视台承办,广西电视台综艺频道录制播出的“我们的中国梦”广西创作歌曲作品展示暨第九届中国音乐金钟奖(合唱)广西选拔赛在广西电视台举行。共征集到170多首作品,通过录像评选,广西民族师范学院合唱团、青秀合唱团、广西歌舞剧院附属合唱团、广西艺术学院合唱团等7支队伍参赛。广西艺术学院合唱团获比赛第一名。

△由自治区党委党史研究室主编的《中国共产党广西历史读本(1921~2013)》正式出版发行。

△广西师范大学分获广西重大招标项目和“十三五”广西重大专题研究招标课题1项，中标项目分别为《广西深化行政体制改革对策研究》《“十三五”广西建设民族文化强区研究》。

2日 自治区残联在南宁市残疾人活动中心举行“第五次全国自强模范与助残先进事迹报告会广西专场”。“轮椅上的禁毒斗士”马霄、创办民间公益组织“安琪之家”王芳等4名助残先进代表作典型事迹报告。520多人聆听报告。从6月10日至7月4日，宣讲报告团先后在北海、南宁、崇左、百色市举行。

3日 由自治区总工会主办的广西职工“中国梦·劳动美·我与改革创新”主题演讲比赛在南宁举行。来自广西各行业的40名选手进入决赛。

3~5日 由文化部公共文化司牵头，国家图书馆、中国图书馆学会主办，广西图书馆、广西图书馆学会承办的2014年“全国图书馆未成年人服务提升计划”（广西站）培训活动在南宁举行。

△广西历史学会、广西师范大学历史文化与旅游学院、蒙山县人民政府在蒙山联合主办“梁羽生、钟文典诞辰90周年纪念活动暨‘太平天国在永安与蒙山旅游发展研讨会’”“梁羽生武侠文化与蒙山旅游发展研讨会”。广西历史学会会长黄铮、广西师范大学党委副书记唐仁郭、蒙山县政协主席何健、梁羽生儿子陈心宇、钟文典夫人张玉霞等在会上致辞，广西区内外各界代表近100人与会。

4日 由广西红木文化研究会和容县人民政府联合主办的“广西珍贵树种格木学术研讨会”在容县召开。主题为“传承和创新格木文化，提升格木文化品位”。来自广西区内外的专家学者、当地政府领导、红木（格木）爱好者等60多人与会。

7~11日 由南宁市委组织部、南宁市人社局、南宁市公务员局主办，中国—东盟研究中心承办的“中国—东盟自贸区建设专题研修班”在广西民族大学举行。南宁市政府各部门66名科级以下干部参加。

8日 “自治区职业教育工作会议”在南宁召开。自治区党委书记、自治区人大常委会主任彭清华，自治区主席陈武对加快发展广西现代职业教育作出重要批示。自治区党委常委、自治区常务副主席黄道伟，自治区副主席李康出席会议并讲话。

△“自治区综治委预防青少年违法犯罪专项组全体会议”在南宁召开。自治区副主席高雄，自治区党委政法委副书记、综治办主任陈延国出席并讲话。会议由自治区综治委预防青少年违法犯罪专项组办公室主任、团区委副书记郑胜景主持。自治区综治委预防青少年违法犯罪专项组21家成员单位的成员和联络员等50多人与会。

△“第17期广西非公有制企业成长讲座”在南宁举行。知名企业家、研祥高科技控股集团董事局主席陈志列受自治区工商联邀请，为广西民营企业家作题为“坚持自主创业　赢得世界尊重”的主题演讲。

8~10日 自治区社科联党组书记、主席王士威到百色市社科联及田林、西林、田阳、田东县调研指导社科联工作。期间，百色市委书记，市人大常委会主任彭晓春，百色市委常委、宣传部部长、副市长黄建宁先后会见王士威一行。

9日 由自治区人力资源和社会保障厅主办的第一届广西创业大赛正式启动。广西14个设区市人社部门海选出70个创业项目进入初赛，最后遴选出12个创业项目进入决赛，分海选、初赛、复赛、决赛4个阶段进行，历时4个月。

11日 由广西农科院与广西农业产业商会联合举办的“联百企”座谈会暨战略合作协议签订仪式在广西农科院明阳基地举行。广西农科院党组书记曾东、自治区工商联副主席韦峥芳、广西农科院副院长邓国富、广西农业产业商会会长黄定寿出席签约仪式。自治区科技厅、农业厅、扶贫办、工商联，广西农科院及广西农业产业商会30多家会员企业代表100多人与会。

12日 由共青团广西区委主办的“保护母亲河·美丽乡村行”广西大学生清洁乡村环保行动暨“爱心传递·绿色梦想”主题活动在南宁启动。广西组织华南理工大学、云南大学等全国27所高校近200名环保志愿者，分3条路线深入河池、钦州、北海、百色等地开展环保行动和关爱山区留守儿童行动。

△“第18期广西非公有制企业成长讲座”在南宁举行。知名企业家、吉利集团董事长李书福受自治区工商联邀请，为广西民营企业家作题为“吉利集团的国际化经营”演讲。

13日 由广西关心下一代工作委员会、广西民营企业家协会、ACIC国际少儿艺术认证管理中心、国际模特推广联盟、广西舞蹈家协会、中国少年儿童活动联盟（网）主办，广西金盟广告传媒发展有限公司、广西南宁奔腾文化交流有限公司承办的“2014’童盟之星ACIC国际少儿模特大赛启动仪式暨南宁晋级赛”在南宁国际会展中心举行。南宁晋级赛决出的优秀选手将代表南宁赛区参加全国总决赛。

14~16日　由广西大学主办、广西大学外交学院协办，广西大学中国—东盟研究院、外交学院亚洲研究所、广西大学学报（哲学社会科学版）共同承办的“中国—东盟区域发展论坛”在南宁举行。论坛围绕“中国—东盟自由贸易区的升级版”和“海上丝绸之路”两大议题展开。来自中国与东盟10国的28位专家学者出席并演讲。

△由广西高等教育学会保卫学专业委员会承办的“广西高校反恐防暴培训班”在南宁举行。广西70多所高校100多人参训。

15日　由香港特区政府康乐及文化事务署与广西文化厅、广西文物局联合主办的“瓯骆汉风：广西古代陶制明器”展在香港历史博物馆揭幕。中央人民政府驻香港特别行政区联络办公室副主任杨健、香港特别行政区政府民政事务局局长曾德成、广西壮族自治区副主席李康、外交部驻香港特别行政区特派员公署副特派员胡建中，香港特别行政区政府康乐与文化事务署署长廖昭薰，以及香港各界知名人士、香港主要媒体共同参加开幕式。展出114件展品，均为从广西汉代墓葬出土的陶屋、陶仓、陶井、陶船、陶乐坊、陶城堡等建筑明器。展期2个月。

16日　国务院以国函〔2014〕87号发布《国务院关于珠江—西江经济带发展规划的批复》，原则同意《珠江—西江经济带发展规划》，请广东、广西两省区政府和国家发展改革委组织实施。

17日　“21世纪‘海上丝绸之路’建设暨第二届全国党校系统国际战略研讨会”在中共广西区委党校召开。中央党校国际战略研究所及辽宁、吉林、山东、浙江、福建、安徽、湖北、重庆、四川、贵州、云南、陕西、青海、广西等14所省级党校和西安、成都、武汉、宁波等市委党校的80多位教授、专家与会。

18~19日　由中国民族法学研究会主办、广西民族大学承办的“中国法学会民族法学研究会2014年年会”在南宁召开。主题为“民族事务依法治理的理论与实践”。收到论文82篇。中国法学会党组成员、副会长兼秘书长鲍绍坤和广西法学会会长彭祖意出席并讲话。中国民族法学研究会会员及代表120多人与会。

21日　由国务院侨务办公室、中国海外交流协会、自治区侨务办公室、广西海外交流协会共同主办的“2014年海外华裔青少年‘中国寻根之旅’夏令营——八桂情韵集结营”在广西医科大学开营。来自26个国家和地区的600名华裔青少年参加。为期10天。

△由自治区文化厅主办，广西群众艺术馆和广西博物馆承办的“自治区文化系统庆祝建党93周年廉政文化书画展”在广西博物馆开展。展出206幅美术和书法作品。

22日　由广西少年儿童文化艺术委员会、广西群众艺术馆等联合举办的“广西第八届少年儿童艺术比赛”在南宁启动。来自广西各地1500多名少年儿童参赛，共有参赛代表队45支，参演节目653个。

22~24日　由中华诗词学会、广西诗词学会主办的“《说家佐诗》《商海诗涛》恳谈会”在容县举行。来自全国各地50多位著名诗人与会。

24日　由中央文化办、中国文联、中国曲艺家协会主办，自治区党委宣传部、自治区文明办、自治区文联、南宁市委市政府承办的“讲述道德故事　弘扬中国精神——2014’全国道德模范故事汇基层巡演活动”在南宁举行。

△由自治区工信委、广西企业与企业家联合会主办的“2014年广西企业家活动日”在南宁举行。主题为“实现两个建成目标　广西企业家的使命”，对2013年度为广西经济社会发展作出特别贡献的企业和企业家予以表彰。自治区党委书记、自治区人大常委会主任彭清华，自治区党委常委、秘书长范晓莉，自治区副主席陈刚会见广西获2013—2014年度全国优秀企业家，2013年度广西十佳企业、十佳企业家，优秀企业、优秀企业家，2014年度广西企业100强的代表。

△广西抗战文化研究会与广西社会科学院文化所在南宁联合主办“《广西抗战文化研究丛书》编撰出版学术研讨会”。广西社会科学院副院长黄天贵出席会议并讲话。

△广西抗战文化研究会在南宁召开“西部地区抗战遗址调查与抗战精神传承学术研讨会”。广西社会科学院，广西各高校、自治区党校、自治区直文化部门和桂林市、柳州市文化单位的抗战文化研究专家与会。

25日　广西领导干部“时代前沿知识”系列讲座（94讲）在南宁举行，阿里巴巴首席技术官王坚博士作题为“大数据与云计算”专题讲座。自治区党委、人大、政府、政协四家班子部分成员，自治区直、中直驻邕单位在职副厅级以上干部和驻邕自治区直、中直企业主要负责人共1300多人聆听讲座。

△自治区审计厅和广西审计学会在南宁联合举办“2014年广西经济责任审计专题研讨会”。收到论文113篇。自治区人大环资委主任委员、广西审计学会会长黄必贵，自治区社科联副主席姚兵、自治区审计厅经济责任审计局局长周国彪等领导及各设区市审计学会会长、秘书长和研讨会获奖论文作者代表共60人与会。

27日 “2014年自治区年中经济工作会议”在南宁召开。自治区党委书记、自治区人大常委会主任彭清华，自治区主席陈武在会上作重要讲话。自治区政协主席陈际瓦出席会议。自治区党委副书记危朝安主持会议。自治区领导白念法、沈北海、温卡华、黄道伟、唐仁健、周新建、范晓莉、王小东、邓卫平，自治区高级人民法院、自治区人民检察院负责人，其他省级领导，各市县党政主要负责人，自治区党委巡视组组长，自治区直、中直驻桂有关单位及自治区管理的国有大中型企业主要负责人与会。

29日 由广西桂台经济科技文化交流协会、台湾海峡两岸农业渔业交流协会主办的“两岸桑蚕产业合作研讨会”在来宾举行。主题为“新桑蚕·新科技·新生活”。主办双方签订两岸(广西·台湾)桑蚕产业高新技术合作框架协议。自治区党委副书记危朝安发来贺电，国务院台办经济局副巡视员叶向东、来宾市副市长朱贾莲、台湾两岸农渔业交流发展投资协会理事长林享能出席并致辞。研讨会由广西台办主任刘侃主持。来自海峡两岸100多名专家学者、企业精英及有关部门代表参加。

30日至8月5日 广西新闻摄影学会与广西民俗摄影协会联合在防城港组织“聚焦宁渔家、民俗文化”摄影采风活动，来自广西各地新闻摄影会员近90人参加。

31日 由自治区党委宣传部、广西军区政治部、自治区文化厅共同主办的“旗帜飞扬——纪念建军87周年交响音乐会”在广西音乐厅举行。自治区党政军有关部门领导和广西军区400多名官兵代表、复退军人代表、首府各族各界群众代表观演。

△由广西翻译协会与上海外国语大学高级翻译学院主办、广西民族大学外国语学院承办的“翻译研究与教学高级研修班”在广西南宁结束。来自全国15个省(区、市)30多所院校及政府机关、企事业单位95名学员参加。

8月

7日 由广西比干文化促进会等单位主办，文博书画院承办的“当代书画艺术的价值学术研讨会”在南宁举行。

7~9日 中国—东盟研究中心教授庄国土、副教授周喜梅、陈丙先博士、蒙翡琦老师赴泰国参加“第三届泰中战略研讨会”。

8日 广西律师协会在南宁召开“未成年人权益保护研讨会”。广西关心下一代工作委员会副主任谢景开、广西法律援助中心副主任刘三萍、广西高院未成年人审判庭审判长欧阳文、南宁市新竹社区书记覃毓宁等14家单位代表，广西律师协会副会长林敢和未保委全体委员与会。

15日 “广西食品安全协会揭牌仪式”在南宁举行。来自广西区内食品领域的领导、各级党委政府相关部门负责人、食品企业代表等近100名嘉宾参加揭牌仪式。

△由广西环保产业协会主办，广西环保产业协会重金属污染专业委员会及广西生态学学会共同承办的“2014’重金属污染防治发展高端论坛”在南宁举行。主题为“固废处理与重金属污染防治”。

△由广西骆越文化研究会和隆安县文化体育与新闻广播电视局主办的“壮族稻神祭民俗展示和文化开发研讨活动”在隆安县乔建镇举行。主题为“壮族稻神祭民俗体验与骆越稻作起源文化资源的开发对策研究”。收到论文12篇。20多名专家、3000多名群众参加。

16日 由清华大学公共管理学院和南宁市委政研室、市政府发展研究中心共同主办的“清华大学第九届公共管理高层论坛”在南宁举行。主题为“城市治理与区域发展”。来自全国各地的专家学者、学术界代表200多人与会。

20~21日 由中国社会科学院历史研究所与广西师范大学历史文化与旅游学院、河池学院、柳州师范高等专科学校、广西来宾市人民政府文化新闻出版局、忻城县人民政府联合举办的“第四届中国土司制度与土司文化国际学术研讨会”在忻城县举行。来自东南亚及中国港澳台地区专家学者，以及中国各学术机构、高等院校近200人与会。

21~22日 在长春召开的全国机械工业文化建

设暨机械政研会30年成果展示会上，柳工集团公司获2011~2013年度全国机械行业文明单位、全国机械行业十大企业文化特色单位；柳工集团公司党委书记、董事长王晓华获“全国机械行业十大文化建设领军人物”，副书记王相民获“全国机械行业十佳政研会工作者”称号。

22日 经中央批准，中央文献研究室、自治区党委、百色市委等7家单位在百色联合举办“纪念邓小平同志诞辰110周年暨百色起义85周年学术研讨会”。自治区党委常委、宣传部部长沈北海出席研讨会并讲话。来自中央和自治区内外的党史界、理论界专家学者等100多人与会。

△广西领导干部“时代前沿知识”系列讲座（第95讲）在南宁举行。国务院发展研究中心主任李伟应邀作题为“科技创新与中国经济转型升级”的专题报告。讲座以视频会议形式举行。自治区领导彭清华、陈武、陈际瓦、危朝安、黄道伟、唐仁健、周新建、范晓莉，自治区检察院检察长和其他省级领导，自治区直、中直驻邕各单位在职副厅级以上干部，自治区直、中直驻邕企业主要负责人等1000余人在主会场聆听讲座。

△自治区教育厅下发《关于公布广西新建本科学校转型发展试点学校和首期试点专业群的通知》（桂教规划［2014］19号），百色学院、钦州学院、南宁学院、广西科技大学鹿山学院等4所学校被确定为广西新建本科学校转型发展试点学校，31个专业群为新建本科学校转型发展首期试点专业群。

23~24日 广西律师协会在柳州市举办房地产法律实务大型专题培训班。邀请最高人民法院法官、全国法院办案标兵、全国政法系统第一位“双博士后”王林清和河北新业律师事务所主任周秀海分别就《房地产纠纷司法实务探讨》和《国有土地上使用权流转实务》授课。广西律师协会副会长袁公章、李杰及南宁、柳州、桂林、玉林、贵港、北海、梧州、钦州、崇左、防城港、来宾、贺州和广西区直律师事务所827名执业律师参训。

25日 由中国·企业家日报社主办，广西社会道德文化研究会、广西东盟文化传播研究院等协办的“2014年度诚信道德模范企业评选活动启动”在南宁举行。主题为“德行天下，诚信广西”。来自广西民营企业家协会、世界华人企业家协会、广西上海商会、广西深圳商会等广西31家商业协会近200名企业家参加。

25~28日 由自治区党委统战部牵头，自治区非公有制经济工作领导小组办公室、自治区发改委、自治区投资促进局、自治区工商联联合组织的第二批“桂商情系故乡行”暨2014年第四批广西引入民间资本项目活动在广西举行。期间，在南宁召开第二批“桂商情系故乡行”暨第四批广西引入民间资本项目合作交流座谈会。来自广西区内外8个省市和德国、美国、英国、加拿大、匈牙利、澳大利亚等6个国家和中国港澳台地区的150多名桂商参加。

27日 由自治区台办、自治区文化厅主办，广西群众艺术馆承办的‘广西·花莲文化交流座谈会’在南宁举行。主题为“‘广西民族文化’、‘花莲原住民文化’的研究管理成果互动”。自治区文化厅、广西民族文化艺术研究院、广西群众艺术馆、广西民族博物馆、广西博物馆、广西歌舞剧院等单位代表及台湾花莲县文化参访团成员与会。

28日 由自治区社科联主办，自治区社科联东南亚经济与政治研究中心承办的“‘深化广西面向东盟开放合作，打造新的战略支点’研讨会”在南宁举行。自治区社科联副主席姚兵、刘家凯、曹平出席。来自自治区党校、广西国际博览事务局、广西社会科学院、中国人民银行南宁中心支行、《广西日报》、广西大学及自治区直学会、相关市社科联的专家学者50多人与会。

29日 由桂林市政府、自治区旅发委、广西博览局联合主办的第五届桂林国际旅游博览会在桂林国际会展中心开幕。主题为“相约桂林山水，博览天下旅游”。40个国家参展。

△由中华文化促进会主办，广西礼仪文化交流协会、广西俪人行文化传媒有限公司、大连国韵十方文化传媒有限公司联合承办的第十届中国—东盟礼仪大赛国际总决赛在大连举行。从国内外3000多名选手中选拔出63名优秀晋级选手参加总决赛，来自广西选手肖瑚和缅甸仰光选手查淑琳分获男女组冠军。

△广西粮食经济学会在南宁召开换届大会，221位会员代表出席。会议选举产生广西粮食经济学会第六届理事会理事及领导机构，选举封成斌为学会会长。自治区粮食局局长黄显阳、副局长林愈溪出席并讲话。

△由广西社会科学院负责编撰的《2014年广西蓝皮书：广西农村发展报告》新闻发布会在南宁举行。自治区农业厅、统计局、水利厅、人社厅、水产畜牧兽医局、林业厅、教育厅、卫生厅、环保厅、扶贫办、民政厅、广西调查总队及自治区直属涉农管理部门的专家学者和实际工作者30多人与会。

29~31日 “广西医院协会医院文化建设专业委员会成立大会暨医院文化建设和管理创新研讨会”在百色召开。来自广西区内各级医院领导、代表200多人与会。

△第五届中国桂林国际旅游博览会在桂林举行。旅博会展会面积2.3万平方米，参展商近800家，来自全球五大洲的52个国家和地区参展参会，专业观众6000人，15万人(次)参观。自治区旅游发展委员会主任陈建军、副主任贾玉成和桂林市旅游局局长林业江等领导出席并视察桂林旅游高等专科学校展位。

30日 由《创新》杂志社、广西人的发展经济学研究基地、光明日报光明网理论频道共同主办的“中国首届人的发展经济学青年论坛”在南宁举行。主题为“经济发展与青年发展权实现”。收到论文35篇。华东师范大学、西南大学、北京大学、华中农业大学、北京科技大学、南开大学、武汉大学、陕西省委党校、广西大学、广西师范大学、广西民族大学、广西师范学院、广西财经学院等高校及相关单位50多位专家学者与会。

9月

1日 “第二届广西桂台经贸文化交流协会会员代表大会”在南宁召开。选举产生第二届协会理事会理事及领导机构。新一届协会聘请自治区副主席张晓钦为名誉会长，选举自治区台办主任刘侃为会长。来自广西区内有关单位110多名会员与会。

3日 由广西社会科学院和广西抗战文化研究会联合主办的“中国人民抗日战争胜利纪念日(2014)座谈会”在南宁举行。广西社会科学院副院长黄天贵主持会议。广西社会科学院副院长黄志勇讲话。广西区内党校、高校、社科院等专家学者30多人与会。

△“广西价格协会第八届全体会员大会”在南宁举行。183名会员代表与会。选举出广西价格协会第八届理事会领导成员及常务理事、理事。

5日 由自治区教育厅和广西电视台联合主办的“2014年师德论坛”在南宁举行。主题为“美丽教师，幸福人生”。

△由自治区妇联、文明办、总工会、高校工委、新闻出版广电局、文联联合主办的“家和万事兴　共筑中国梦”——广西“美丽家庭(园)”女性摄影作品展在广西博物馆开展。自治区妇联党组书记、主席王革冰，广西文联党组副书记、副主席赵如锋，广西文联副主席、广西摄影家协会主席施兴良等领导嘉宾出席开幕式。活动收到参赛作品1389幅，206幅作品入围展览，其中50幅作品分获一、二、三等奖。

6日 由自治区直属机关工委和自治区“美丽广西·乡村建设”领导小组办公室、广西摄影家协会、自治区直机关文联共同主办的“记录清洁乡村·见证美丽广西”纪实摄影大赛获奖作品展在广西图书馆开展。主题为“人民群众和广大党员干部创造美丽家园的现实生活”。活动收到参赛作品1100多幅，评出130多幅优秀作品展出。

8日 《中国社会科学》杂志社副总编王利民一行2人到广西师范大学调研，并围绕“哲学社会科学前沿问题研究”进行座谈。

10~11日 自治区社科联副主席、课题组组长曹平率《中国—东盟自贸区物流业发展与合作法律保障机制创新研究》课题组一行11人到凭祥市调研中国—东盟自贸区物流业发展与合作法律保障机制、立法协调机制、法律冲突处理机制、风险防范法律机制、纠纷解决机制等方面情况。

11日 “2014年全国农村工作座谈会”在南宁召开。会议交流各省(区、市)的农村工作经验，为起草2015年中央指导农业农村工作的文件作准备。自治区主席陈武出席并致辞。中央农村工作领导小组副组长、办公室主任陈锡文主持会议。自治区领导唐仁健，自治区政府秘书长莫恭明，各省、自治区和直辖市党委农村综合部门主要负责人与会。

△由共青团广西区委、自治区文化厅、广西国际博览事务局和南宁市政府共同举办的“第八届中国—东盟青年艺术品创作大赛获奖作品展”在广西博物馆开展。收到来自中国和东盟各国青年的水墨、水彩、书法、摄影、油画、版画类别作品1533件，展出234件获奖作品。自治区政协副主席黄格胜，老挝、柬埔寨王国、缅甸驻南宁总领事馆领导及主办方单位领导出席开幕式并参观作品展。来自中国与东盟的青年艺术家和青年代表1600多人参观作品展。展期至13日。大赛组委会于9月17日举办中国—东盟艺术品慈善竞拍会，将拍卖所得成立广西留守儿童帮扶基金，用于留守儿童活动场地建设、图书馆建设、交流活动等。

12日 由中国警察协会主办、自治区公安厅和广西警察协会承办的“第一届中国—东盟警学论坛”在南宁举行。中国警察协会主席田期玉，公安部副部长李伟，自治区副主席、公安厅厅长高雄，柬埔寨内政部政府顾问先·拉普莱斯，泰国警察总署顾问乌东出席论坛开幕式并致辞。中国内地、香港、澳门和东盟10国的代表共120多人出席。

12~13日 由中国社会科学院和广西壮族自治区人民政府主办，广西社会科学院和广西国际博览事务局、广西北部湾发展研究院承办的“第七届中国—东盟智库战略对话论坛暨首届中国—新加坡经济走廊智库峰会”在南宁举行。主题为“共建21世纪海上丝绸之路”，主要议题是“共建21世纪海上丝绸之路”、“共建中国—新加坡经济走廊”、“共同打造中国—东盟自由贸易区升级版”。来自东盟10国、印度和中国的100多名专家学者、政府官员和企业家代表与会。

13~14日 由桂林市人民政府、自治区发改委主办的“第二届中国（桂林）国际健康养生服务产业创新发展高端论坛”在桂林召开。主题为“创新驱动发展，健康造福未来”。来自欧美、亚太地区及中国港澳台地区的270余位养生专家学者，以及大型养生机构和健康养生产业企业代表出席。

15日 由自治区政府与新加坡工商联合总会共同主办的“汇商聚智　携手圆梦——共建21世纪海上丝绸之路”知名企业·专业人才交流会在南宁举行。新加坡与广西有6个项目现场签订协议或备忘录。自治区党委常委周新建在交流会上致辞，自治区副主席蓝天立主持会议。周新建、蓝天立会见新加坡工商联合总会主席张松声一行。来自新加坡及广西区内外的有关知名人士、企业家、专家学者代表等200多人与会。

△由世界文化产业交流联合会发起并携手巨玖文化产业机构、中国汉画艺术研究院、首都书画院等单位共同主办，中国书画艺术发展协会、中国部长将军书画院、南宁美术家协会、广西儒商投资发展有限公司、北京龙玺承文化传播公司等单位协办，北京星光京颖文化艺术发展有限公司、广西巨玖文化产业有限公司承办的“世界情　中国梦　走进东盟”首届大型书画交流展在南宁中国—东盟艺术馆开幕。世界文化产业交流联合会会长续炳义致辞，自治区老领导潘琦、张文学、林超群，中央国家机关美术家协会主席王阔海，联合国教科文组织亚太区原主任金筑，国家日史委副主任兼秘书长王兆新，著名词曲作家、书画家姚明等各界领导嘉宾、书画艺术家、企业家及媒体记者等500多人出席。展出近150名书画艺术家的248幅书画作品。书画展至9月18日。

△中国—东盟研究中心邀请中国现代国际关系研究院马加力研究员作题为“印度与东盟关系走向”学术讲座。

15~16日 由文化部和自治区政府主办的“第九届中国—东盟文化论坛”在南宁举行。主题为“国际性艺术节的管理与实践”，自治区副主席李康，文化部部长助理刘玉珠，新加坡总理公署兼文化、社区及青年部政务部长陈振泉，中国、东盟10国、东盟秘书处、东盟基金会和中国—东盟中心的代表出席论坛。

15~19日 由科技部和自治区政府共同主办的“第二届中国—东盟技术转移与创新合作大会”在南宁举行。主题为“创新·合作·发展”。科技部副部长曹健林以及柬埔寨、老挝、缅甸、泰国等东盟国家科技主管部门官员出席高层论坛并发表主旨演讲，自治区副主席黄日波出席大会并致辞。来自国内各省区市及东盟各国代表800多人与会。

15~25日 由中国—东盟协会、农业部渔业渔政管理局、国家体育总局社会体育指导中心、全国水产技术推广总站、中国渔业协会、广西国际博览事务局、广西农业厅、广西水产畜牧兽医局等单位共同主办的“2014’中国—东盟（南宁）渔业文化周”在南宁举行。主题为“产业、文化、交流、合作”。主要活动内容有全国龟鳖评比大赛、中国—东盟博览会农业展渔牧精品展、碧海丝路沙雕展示比赛、桂台少数民族渔业文化交流活动、海上丝绸之路·国际渔业合作论坛、全国龟鳖拍卖会、碧海丝路海钓比赛、2014’中国—东盟钓鱼大赛、2014年全国钓鱼锦标赛（广西南宁站）等。来自全国各地名龟鳖养殖企业、养殖好手和数万社会各界人士参加。

16日 由中国—东盟博览会秘书处、中国机械工业集团有限公司、中国农业机械流通协会、中国农业机械化协会、中国农业机械工业协会、中国循环经济协会联合主办，北京厚德和慕控股集团有限公司，广西—东盟商贸企业发展促进会共同承办的“首届中国—东盟农业机械发展论坛暨农业循环经济发展论坛”在南宁举行。主题为“合作、创新、发展”。中国农业部副部长牛盾、自治区人大常委会副主任荣仕星、中国机械工业集团有限公司总经济师刘大功、中国农业机械流通协会会长毛洪、中国循环经济协会副会长张谦分别在开幕式上致辞和讲话。来自印度尼西亚、老挝、越南、柬埔寨、马来西亚等国的政府官员，中国农业部、自治区政府、国家发改委环资司、中国科学院以及各地方政府有关部门，涉农的农垦、央企、外企、民企、农业园区和科研院所等单位的领导和代表400多人出席。

△新加坡律师公会会长骆维明在广西律师协会会长黄志文、秘书长黄都恒的陪同下访问广西律师协会

并进行交流座谈。双方在座谈中达成初步共识。一是双方互派代表团到对方国家访问，探讨双方在律师行业的交流合作方式。二是签订合作协议、选派青年律师到对方国家跟班学习等方式促进双方在律师业务领域的合作交流。

16~17 日 由中国电力企业联合会、中国电力发展促进会和中国—东盟博览会秘书处共同主办，中国广核集团有限公司协办的“2014’中国—东盟电力合作与发展论坛”在南宁举行。主题为“发展清洁电力，建设智慧家园”。自治区副主席陈刚出席论坛开幕式并致辞，来自 15 个国家和地区近 200 名电力行业管理精英和行业代表出席。

△由中国电子商务协会、中国服务贸易协会电子商务委员会、广西壮族自治区人民政府、中国—东盟博览会秘书处共同主办，广西壮族自治区商务厅、广西壮族自治区工信委、广西壮族自治区投资促进局、京东集团、艾瑞咨询集团联合承办的“首届中国—东盟电子商务峰会”在南宁举行，主题为“跨境电商”“数字互联网城市”“互联网新经济趋势”。中国商务部副部长房爱卿、自治区副主席张晓钦出席开幕式并致辞。来自新加坡、马来西亚、泰国、印尼、越南等东盟国家优秀企业家代表，亚马逊、沃尔玛等知名跨国公司，阿里巴巴、京东、国美在线、顺丰等行业巨头参加。

△“中国—东盟大法官论坛”在南宁举行。主题为“司法合作与中国—东盟自贸区发展”。中国首席大法官、最高人民法院院长周强出席开幕式并讲话，自治区党委书记、自治区人大常委会主任彭清华致辞，最高人民法院常务副院长沈德咏主持开幕式。来自文莱、柬埔寨、印度尼西亚、老挝、马来西亚、新加坡、泰国等东盟国家大法官在会上致辞。最高人民法院副院长贺荣，自治区领导温卡华、范晓莉，自治区高级人民法院院长罗殿龙、自治区人民检察院检察长崔智友，广东、海南、云南等省高院负责人出席开幕式。

△由自治区教育厅主持，广西大学主办、中国—东盟研究院承办的“中国—东盟区域发展研究创新团队发展规划专家论证会议”在广西桂林召开。来自外交部、商务部、中国社会科学院、中国出口信用保险公司、南京大学、中国人民大学、中央财经大学、厦门大学、云南大学、中国南海研究院、东中西区域改革和发展研究院、安邦咨询公司等智库研究机构等专家学者与会。

16~19 日 “第十一届中国—东盟博览会”、“中国—东盟商务与投资峰会”在南宁举行。中共中央政治局常委、国务院副总理张高丽，第十一届中国—东盟博览会主题国新加坡总理李显龙，柬埔寨首相洪森，老挝国家副主席本扬，缅甸副总统年吞，泰国副总理兼外交部部长他那萨，越南副总理兼外交部部长范平明，文莱工业和初级资源部部长叶海亚，印尼贸易部副部长巴尤·克利斯纳穆迪，马来西亚贸工部副部长李志亮，菲律宾贸工部副部长诺拉·特拉多，东盟秘书处副秘书长年林，中国商务部副部长房爱卿，中国国际贸易促进委员会会长姜增伟，自治区党委书记、自治区人大常委会主任彭清华共同为博览会和商务与投资峰会启幕。中国最高人民法院院长周强，自治区领导陈际瓦、沈北海、温卡华、黄道伟、唐仁健、周新建、范晓莉、王小东、邓卫平，中国与东盟国家相关各部部长和地方行政长官，自治区人大、政府、政协领导班子成员，东盟各国大法官、金融机构代表、商协会领袖，国际组织官员，著名企业代表，专家学者等 1300 多人出席开幕大会。

△由中国摄影家协会、人民网、中国—东盟博览会秘书处联合主办的“包商银行杯”首届中国—东盟国际摄影季活动在南宁国际会展中心举行。活动包括“共建 21 世纪‘海上丝绸之路’摄影展——暨首届中国—东盟国际摄影展示周”“海上丝绸之路”文化旅游论坛、中国—东盟国际摄影季颁奖仪式三大内容。评出一、二、三等奖和入围奖。其中，何永安作品《盐田》、阮志峰作品《林中之王》、葛小明作品《巴夭儿童》、刘乘良作品《星耀金山寺》和 Zay Yar Lin 作品《蒲甘的冬季日出》获一等奖。自治区党委常委、宣传部部长沈北海，中国文联副主席李前光，中国摄影家协会主席王瑶，以及来自各个领域的“海上丝绸之路”研究学者参加开幕式。

17 日 由国家工商总局、自治区人民政府主办，国家工商总局国际合作司、国家工商总局企业注册局、自治区工商局承办的“首届中国—东盟工商论坛”在南宁举行。主题为“公司注册改革与合作”。自治区主席陈武出席并致辞，国家工商总局副局长刘俊臣、文莱工业和初级资源部部长叶海亚、缅甸商务部部长吴温敏分别发表主旨演讲。来自东盟 8 国政府机构、国家相关部委、全国各省（市、区、计划单列市）工商局负责人、国内知名经济学家、企业家等代表 200 人与会。

△由自治区政府、中国金融学会、中国银行业协会、中国证券业协会、中国保险业协会、中国银行主办的“第六届中国—东盟金融合作与发展领袖论坛”在南宁举行。主题为“跨境人民币业务创新”。自治区党委常委、自治区常务副主席黄道伟出席论坛并致辞，同时为中国银行人民币兑柬埔寨瑞尔现钞汇率启动、中国工商银行跨境人民币业务中心（南宁）、中国银行跨境人民币指数发布等揭牌。来自全球 20 多个国家和地区的 124 家机构、310 人与会。

△由环保部和自治区政府共同主办的“2014 年中

国—东盟环境合作论坛”在南宁举行。主题为“可持续发展的国家战略和区域合作:新挑战和新机遇”。自治区党委常委、自治区副主席唐仁健致欢迎辞,环保部副部长李干杰作主旨演讲。来自东盟各国和东盟秘书处的高级官员,联合国环境规划署、亚洲开发银行等国际合作代表,以及国家环保部、广西、中国香港和澳门特别行政区的有关官员、学者和企业界代表近200人与会。

△由中国国际贸易促进委员会、自治区人民政府主办,中国—东盟商务与投资峰会秘书处承办的“中国—东盟商界领袖论坛”在南宁举行。主题为“共建21世纪‘海上丝绸之路’”。自治区副主席蓝天立在论坛上致辞,自治区政协副主席磨长英出席。来自中国、新加坡、马来西亚、菲律宾、越南、老挝、缅甸、泰国和澳大利亚等国的工商界代表与会。

△由中国国际贸易促进委员会、文莱国家工商会、柬埔寨总商会、印度尼西亚工商会馆、老挝国家工商会、马来西亚全国工商总会、缅甸工商会联合会、菲律宾工商会、新加坡工商联合总会、泰国工业联盟和越南工商会共同主办,中国—东盟商务与投资峰会秘书处和中国国际贸易促进委员会法律事务部承办的“第十一届中国—东盟商务与投资峰会框架下的‘中国—东盟商事法律服务合作研讨会’”在南宁举行。主题为“共同应对挑战,实现共赢发展”。中国—东盟商务与投资峰会副主任、中国贸促会副会长尹宗华,自治区人民检察院检察长崔智友出席研讨会并致辞。中国贸促会、新加坡、老挝、马来西亚、缅甸和越南的法律专家出席研讨会并发言。

△桂平市举办恐龙王朝探秘展,由广西民族博物馆、桂平市博物馆联合主办。

18日 由国际贸易中心和自治区政府联合主办的“中国与柬埔寨、老挝和缅甸贸易发展研讨会”在南宁举行。主题为“提高亚洲最不发达国家在区域贸易中的出口能力”。80多名官员、专家学者与会。

△由香港商报、全球商报联盟和广西桂港交流合作促进会联合主办的“首届桂港合作论坛暨广西投资合作项目对接会”在南宁举行。主题为“江海新战略背景下的桂港合作新机遇”。自治区副主席蓝天立致辞,国务院侨办副主任何亚非、自治区政协副主席刘志勇发表主旨演讲。桂港两地及海内外著名的专家、商界领袖出席。

△由自治区发改委主办,广西中小企业信息网、广西北部湾股权交易所、北部湾产业投资基金管理有限公司共同承办,广西网融网金融服务有限公司执行的“第二届泛北部湾股权投资论坛”在南宁举行。主题为“区域资本市场与产业投资”。自治区发改委副主任梁志强等领导出席论坛并发表致辞,自治区发改委、农垦局及金融机构、企业代表和各媒体记者近150人与会。

△广西市场经济研究会在南宁举办“把广西打造成为西南中南地区开放发展的新的战略支点专题讲座”。广西市场经济研究会副会长、自治区党校教授张家寿主讲,广西区直单位处级党政领导干部126人聆听。

18~19日 由自治区人民政府、中国物流与采购联合会及大湄公河次区域运输商协会共同主办的“中国—东盟财富论坛——第四届中国—东盟物流合作论坛”在南宁举行。主题为“海上丝绸之路,物流共促发展”。自治区副主席陈刚出席论坛并致辞。来自中国和东盟国家的物流行业领军人物、专家学者、政府官员及企业代表400多人与会。

△由国家互联网信息办公室与自治区人民政府共同举办的“首届中国—东盟网络空间论坛”在南宁举行。主题为“发展与合作”。中共中央政治局常委、中央书记处书记、中央网络安全和信息化领导小组副组长刘云山致信祝贺。自治区党委书记、自治区人大常委会主任彭清华出席开幕式并致辞。中央网络安全和信息化领导小组办公室主任、国家互联网信息办公室主任鲁炜发表主旨演讲。东盟轮值主席国缅甸通信与信息技术部部长吴妙亨发表主旨演讲。中国国家互联网信息办公室副主任任贤良主持开幕式。自治区领导沈北海、范晓莉、陈刚以及来自中国和东盟10国的政府、企业和学术界代表近200人与会。

19日 桂台民办高校高峰论坛在广西外国语学院举行。论坛上,广西16所民办高等院校与台湾18所私立高等院校签订《学术交流与合作意向书》。

19~20日 由广西民办教育协会、台湾私立学校文教协会和台湾私立科技大学协进会主办,广西外国语学院承办的“桂台民办高校高峰论坛”在南宁举行。主题为“民办教育发展途径与桂台高校合作探讨”。台湾前教育部门负责人吴清基,中国民办教育协会高等教育专业委员会理事长季平,自治区高校工委书记、教育厅厅长秦斌,自治区台湾事务办公室主任刘侃,自治区政协常委、科教文卫体委员会主任于瑑致辞,中国民办教育协会监事会主席、黄河科技学院董事长胡大白以及桂台两地80多所民办高等院校和相关机构负责人120多人出席论坛。论坛上,广西16所民办高等院校与台湾18所私立高等院校签订《学术交流与合作意向书》。

△由自治区社科联、广西先进文化发展促进会、广西写作学会联合主办，百色学院承办的“第七届广西校园文化论坛”在百色学院举行。主题为“中国梦与校园文化建设”。来自广西各地、各高校的专家学者和研究生50多人及百色学院中文系150名学生与会。

19~22日 由自治区人力资源和社会保障厅、教育厅、科学技术厅、总工会共同主办，广西职业技能鉴定中心、广西机械高级技工学校和柳州职业技术学院承办的“第六届广西数控技能大赛全区决赛”在柳州举行。来自自治区14个设区市和自治区直属职业院校共23个代表队近250名选手报名参赛。

20日 由自治区党委组织部、宣传部等联合举办的2014年全国科普日活动暨广西“十月科普大行动”在南宁启动。主题为“营造创新环境，建设创新型广西”。3大主题12类活动同时在自治区各地开展，300场科普活动持续至12月底。

△中国文物学会古村镇专业委员会与自治区文化厅主办的“城镇化与古村落保护研讨班”在桂林市龙胜各族自治县举行。来自全国各文物局、博物馆、科研单位近100名专家学者就城镇化进程中如何保护古村落等问题进行探讨与交流。

△由广西财经学院、全国高校财政学教学研究会、中国高等教育学会财经教育分会财政学专业委员会联合主办，广西（东盟）财经研究中心、中国—东盟金融与财税人才培训中心、广西财经学院社科联承办的“中国—东盟财税合作论坛”在南宁举行。广西财经学院副校长、社科联副主席蒙丽珍教授在开幕式上致辞。中央财经大学、中南财经政法大学、中山大学、厦门大学等广西区内外20所高校和自治区财政厅、广西财政学会、广西国际税收研究会、广西地方税收研究会等部门和科研院所领导及广西财经学院财政公共管理学院教师80多人与会。

21日 第九届中国音乐金钟奖合唱比赛全国总决赛在苏州落幕。广西音乐家协会驻会副主席黄朝瑞领队，广西艺术学院教授华山指挥，广西艺术学院合唱团以总分第四名的优异成绩，获合唱比赛银奖。

23日 广东省佛山市律师协会一行23人到广西学习考察，期间在广西律师协会副会长李安华陪同下到北京大成（南宁）律师事务所座谈交流。

24~25日 广西律师协会会长黄志文、秘书长黄都恒、副会长孙骏、林敢、李安华、秘书处办公室兼宣传部主任刘莹及21名律师代表参加在新疆乌鲁木齐市举办的第六届西部律师发展论坛。

24~26日 由广西地方志办公室、广西地方志协会主办的“续修地方志创新理论研讨会”在河池宜州市举行。收到论文60篇。广西地方志办公室主任李秋洪，副主任邓敏杰、秦邕江，广西地方志协会会长蓝日基，河池宜州市长周飞等近70人与会。

△由国家旅游局人事司主办、广西大学商学院承办的“2014年国家旅游局旅游业青年专家培训会及学术研讨会”在广西大学举行。主题为“旅游业青年专家的责任与发展”。国家旅游局人事司副司长崔素香，自治区旅委副主任、副书记甘霖等出席。工程院院士、全国旅游界著名教授及美国著名专家等对来自全国近30个省（区）的50多位旅游业青年专家进行培训和专题研讨。

24~27日 由广西人文社会科学发展研究中心、泛北部湾区域协同创新研究中心与荷兰乌特勒支大学联合主办的“新海上丝绸之路构建：从泛北部湾到欧洲”国际学术研讨会在桂林举行。主题为“丝绸之路上的多元文化互动、环丝绸之路区域经济的长期表现、新海上丝绸之路构建与中欧自由贸易区建设”。来自荷兰乌特勒支大学、意大利比萨大学、中国社会科学院、中华经济研究院（台湾）、上海国际问题研究院、福建省社会科学院、广西社会科学院、云南省社会科学院、清华大学、复旦大学、北京师范大学、对外经济贸易大学、云林科技大学（台湾）、逢甲大学（台湾）、香港科技大学、广西师范大学等知名高校、研究机构专家学者50人与会。

25日 广东省旅游局、自治区旅发委、广西玉林市政府联合主办，玉林市旅游局承办的“2014’两广10市区域旅游合作（玉林）联席会议”在玉林召开。主题为“上山下海、智慧旅游”。广东的云浮、茂名、湛江、阳江，广西的玉林、北海、防城港、钦州、贵港、来宾等10市政府和旅游部门相关领导出席。

△广西师范大学经济管理学院、历史文化与旅游学院承办的“新海上丝绸之路构建：从泛北部湾到欧洲”国际学术研讨会在桂林举行。

25~26日 由农业部、中华全国总工会、中国就业培训技术指导中心联合主办，农业部生态与资源保护总站、农业部职业技能鉴定指导中心、广西林业厅承办的“2014年中国技能大赛——第三届全国沼气生产职业技能竞赛”在南宁举行。大赛评出一等奖3名、二等奖5名、三等奖7名、优秀组织奖13名。来自全国27个省(自治区、直辖市)的代表队参加。

26日 由自治区政府驻京办、广西桂学研究会举办的“桂学研究座谈会”在北京举行。中宣部副部长鲁炜、自治区政协主席陈际瓦出席座谈会,50多位专家学者就“加强桂学研究,推动文化发展”进行研讨与交流。

△原广西北部湾经济区规划建设管理委员会办公室更名为广西北部湾经济区和东盟开放合作办公室揭牌仪式在南宁举行。

△由广西艺术学院、漓江画派促进会共同主办的“第八届‘格物致知——黄格胜教学展’(桂林篇)”在桂林举行。展期5天。

27日 广西培训师联合会在南宁揭牌。同期举行“桂培联走进企业活动”启动仪式。广西“百佳”培训师、百家知名企业和50家培训咨询机构代表、国内16家培训师联合会代表出席。

△由南宁市摄影家协会和南宁市万锦摄影器材城联合主办的“百花争艳——南宁市摄影家协会会员作品展”在南宁开展,共展出摄影作品100幅。

△“广西红木文化研究会第二次会员代表大会”在南宁举行。大会选举产生第二届理事会领导班子成员。罗励当选会长。

28日 河池学院开展2014年广西高校重点学科“民族学”及广西高校人文社会科学重点研究基地“广西人口较少民族发展研究基地”课题招标工作。11项课题通过“广西人口较少民族发展研究基地”评审,并获立项,其中重点课题3项、一般课题8项;6项课题通过广西高校重点学科“民族学”评审,并获立项,其中重点3项、一般6项。重点课题经费资助3万元,一般课题经费资助2万元。

28~29日 由广西高等教育学会科研管理专业委员会承办的广西高校自然科学类“2011协同创新中心”建设工作推进会在广西大学举行,21个广西高校自然科学类“2011协同创新中心”(含认定和培育建设单位)的负责人和成员、15所普通本科院校会员单位分管校领导和科技管理部门负责人共90余人与会。

29日 由自治区人民政府主办,自治区党委宣传部、自治区工业和信息化委、自治区文化厅、自治区文联、自治区二轻工业联社承办,广西旅游发展集团有限公司、广西美协、广西书协、广西工艺美术协会、广西美术馆协办的“庆祝中华人民共和国成立65周年2014’广西壮族自治区艺术作品展览”在广西美术馆举行。900件作品入选展览。评出4个门类优秀作品90件。自治区党委常委、宣传部部长沈北海,广西文联领导韦守德、赵如锋等出席开幕仪式并参观展览。

△广西老科学技术工作者协会在南宁举办“九九重阳敬老大会”。800名老科技工作者、老专家、老教授与会。

△由自治区旅游发展委员会、南宁市人民政府主办,南宁市旅游发展委员会承办的“美丽广西　乐游乡村”活动广西(南宁)主会场暨南宁乡村旅游节启动仪式在南宁举行。自治区旅游发展委员会主任陈建军、副主任贾玉成,南宁市副市长郭敏出席启动仪式。

10月

1日 由自治区关工委、教育厅关工委、文化厅关工委、广西中华文化促进会和南宁市关工委联合主办的“祖国　我爱你”老少同心共筑中国梦联欢会在南宁市青秀山上演,近1000名青少年与老干部、老战士、老专家、老教师、老模范参加。

9~12日 自治区社科联党组书记、主席王士威在秘书长何明陪同下,到桂林市社科联及龙胜、临桂、永福、高新七星区县(区)社科联,桂林电子科技大学调研指导工作。

10日 广西领导干部“时代前沿知识”系列讲座(第96讲)在南宁举行。中国民用航空局局长李家祥应邀作题为“更好地发挥民航业在经济社会发展中的战略作用”专题报告。自治区党委书记、自治区人大常委会主任彭清华主持讲座,自治区主席陈武出席并聆听讲座。讲座以电视电话会议形式举行,设立主会场和11个分会场,自治区领导沈北海、温卡华、王小东、邓卫平等及自治区直、中直驻邕单位在职副厅级以上干部在主会场聆听讲座。

△广西律师行业惩戒工作会议在防城港召开。自治区司法厅律师管理处处长韦晓、广西律师协会秘书长黄都恒、副会长黄玉华、惩戒委员会主任庞才友及14个设区市律师协会秘书长、惩戒委员会主任约40人参会。

11日 由国家卫生计生委、国际地中海贫血联盟主办,中国妇幼健康研究会、自治区卫生计生委、广西医科大学共同承办的“第二届地中海贫血暨出生缺陷预防国际研讨会”在南宁举行。十一届全国人大常委会副委员长桑国卫出席开幕式并致辞,国家卫生计生委副主任王国强出席会议并讲话。十二届全国人大农业与农村委员会副主任委员、中国妇幼健康研究会会长江帆，自治区副主席李康、国际地中海贫血联盟代表迈克尔出席会议。来自国内外各组织的代表及相关专家150多人与会。

△由自治区社科联主办的“广西社会科学普及基地工作座谈会”在桂林举行。自治区社科联党组书记、主席王士威出席并讲话，自治区社科联副巡视员刘俊主持会议。广西27个社会科学普及基地共建单位负责人和挂牌单位负责人共60名代表与会。

11~26日 广西律师协会选派广西欣和律师事务所何石、广西创想律师事务所覃凤雯、广西广合律师事务所蒋三努、广西天狮灵动律师事务所韦彦婷、广西精一律师事务所梁恩、广西盛力律师事务所满玲等6名青年律师赴马来西亚 Azri, lee Swee Seng&Co 律师事务所、Ricky Tan&Co 陈行昌律师事务所、罗章武律师事务所进行为期15天的跟班学习，学习和了解马来西亚法律体系和律师业务，观摩马来西亚庭审，参与办理学习所在律师事务所部分律师业务。

12日 由广西—东盟文化传播研究院、广西科技馆联合主办的“广西—东盟(各国)的文化建设和传播的研讨会”在南宁举行。自治区党校副校长唐秀玲，广西—东盟文化传播研究院院长凌海金、执行院长谢平祥、副院长马宁，广西大学教授陈洪涛、徐秦法，广西科技馆副馆长杨海霞等出席。来自越南、柬埔寨、泰国、老挝、德国的外国学者及自治区党校、广西大学、广西民族大学、广西教育学院等专家学者50多人与会。

13日 由联合国世界旅游组织、亚太旅游协会共同主办的“第八届世界旅游趋势与展望国际论坛”在桂林举行。主题为“旅游跨界融合与桂林国际旅游胜地建设”。国家旅游局副局长杜江、联合国世界旅游组织执行主任祝善忠出席并致辞。来自20多个国家和地区近200名旅游专家学者及企业高管参加。

△由广西艺术学院、漓江画派促进会主办的第八届“格物致知—黄格胜教学展”在广西艺术学院美术馆开展。展出长卷50幅。

13~17日 自治区司法厅、广西律师协会组织南宁、柳州、桂林、防城港市司法局律管科负责人及广西万益、广合、谦行、众维、嘉合、精一、北京大成(南宁)律师事务所负责人分成2个工作考察组赴湖北、福建和安徽、山东进行考察学习。

14日 由文化部、中央文明办主办，文化部公共文化司、自治区文明办、自治区文化厅等单位承办的2014年“春雨工程”全国文化志愿者边疆行暨第六届广西“魅力北部湾”群众文化活动在钦州启动。天津、湖南、海南及广西100多名文化志愿者参加。

△全国政协常委、自治区人大常委会副主任刘新文应邀到广西外国语学院为师生作“中国梦与诚信”专题讲座。

14~16日 由自治区社科联主办的“第六期广西市县社科联干部培训班”在南宁开班。自治区社科联党组书记、主席王士威，副主席姚兵、曹平，副巡视员刘俊等出席。广西各市、县级社科联及自治区社科联干部130多人参训。

15日 由自治区残联、自治区人社厅共同举办的“第四届广西残疾人职业技能竞赛”在南宁开幕。广西各设区市和南铁残办共15支代表队的200余名残疾选手参加计算机、工艺美术等5大类17个项目竞赛。

16日 由广西社科联主办，广西社科联东南亚经济与政治研究中心、广西科技大学社科联承办的广西2014年“中国—东盟大讲坛”第三期在广西科技大学举行。东盟政治研究专家、广西民族大学相思湖学院院长陈元中教授应邀作题为“中国—东盟政治制度与政治关系发展”的学术报告。广西科技大学师生200多人参加。

△由自治区社科联主办，玉林师范学院社科联、玉林市社科联和广西社会科学学术团体发展促进会共同协办的“2014年广西社科专家学者学术交流会”在玉林举行。主题为“广西社科界学习解读社会主义核心价值观内涵”。

△由自治区粮食局主办，各设区市粮食局和广西粮食科学研究所承办的“世界粮食日暨爱粮节粮宣传周活动”在南宁举行。现场接待市民和相关媒体近200人。各设区市粮食部门在当地开展相关活动，500多人参加，摆展板报15版，接受群众咨询5000多人(次)。

△由桂林旅专与香港理工大学酒店及旅游业管理学院联合主办的“第二届旅游教育与培训国际论坛暨第九届中国旅游论坛”在桂林举行。

16~17日 中国—东盟研究中心在南宁举办“2014年教育部国别和区域研究培育基地能力建设专题”研讨会。广西民族大学党委书记钟海青出席开幕式并致辞。全国42家培育基地60多名专家学者围绕教育部国别和区域研究培育基地实体化建设与资源整合等问题进行探讨。

17 日 由国家体育总局、广西壮族自治区政府和东盟秘书处共同主办的“2014 年第八届中国—东盟国际汽车拉力赛暨中国—东盟媒体汽车拉力赛”在南宁发车。这是拉力赛创办 9 年来首次在国内举办。拉力赛队伍由 24 辆车、100 人组成，其中来自东盟国家车手 31 人。赛事路线途经广西、贵州、重庆、四川、陕西、山西、河南 7 省市自治区，历时 15 天，全程约 5000 公里。

△由自治区党委统战部牵头，自治区扶贫办、自治区非公有制经济组织和社会组织党工委、自治区工商联共同举办的“广西千家民营企业扶助千个贫困村动员会暨启动仪式”在南宁举行。

△由自治区国资委主办的“广西国有企业引入非公资本对接合作项目挂牌启动仪式”在广西北部湾产权交易所举行。共推出 86 个国企项目，涉及交通、能源、农林、物流、商贸、旅游等多个领域，计划采用投资合作、产权转让以及增资扩股等方式引入非公资本金额超过 325 亿元。

△“广西监察学会第五次会员代表大会暨广西纪检监察学会成立大会”在南宁举行。自治区纪委副书记、自治区监察厅厅长、自治区预防腐败局局长何开长当选会长。自治区党委常委、自治区纪委书记邓卫平出席会议并讲话。

17~20 日 由中国音韵学研究会主办，广西大学文学院承办的“中国音韵学研究会第十八届学术讨论会暨汉语音韵学第十三届国际学术研讨会”在广西大学举行，主题为“音韵学与汉语方言研究”和“音韵学与语言接触研究”。收到论文 80 多篇。

17~21 日 由文化部、自治区人民政府主办，自治区党委宣传部、教育厅、文化厅、新闻出版广电局及广西艺术学院联合承办的“第五届全国青少年民族乐器演奏比赛复决赛”在广西艺术学院举行。来自全国各地 1093 名青少年及 53 个组合，共有 444 名选手闯入复赛，其中包含 17 名来自中国港澳台地区及加拿大、马来西亚、越南等国家的参赛选手。

18 日 由宜州市文化旅游体育局主办，广西民族村承办的“广西宜州第五届刘三姐文化旅游节”在宜州市拉开帷幕。旅游节活动内容有 4 个大项 15 个小项，包括开幕式暨文艺演出、全国山地自行车越野赛、怀远龙舟赛、民俗巡游大联欢活动、刘三姐故乡之旅、乡村系列文体活动、美食荟萃及旅游商品会展、“刘三姐杯”全国山歌邀请赛等。为期 1 个月。

△由广西财经学院、高等教育出版社、广西财经学院工商管理学院、广西商业经济学会联合主办的“2014’哈佛案例教学的本土化应用研讨会”在南宁举行。广东外语外贸大学、广东工业大学、湖北经济学院、广西大学、桂林理工大学等广西区内外 30 多所高校 200 多位专家学者与会。

21 日 由自治区台办、自治区文化厅、台湾佛光山文教基金会共同主办的“台湾星云大师一笔字书法展”在广西民族博物馆开幕。自治区政协主席陈际瓦出席开幕式并观展。展出星云大师精彩墨宝 120 多件。自治区党委常委、自治区副主席唐仁健，自治区政协秘书长禤沛钧，广西文化、艺术、书法、宗教等各界嘉宾 500 多人观展。

△在北京举行的“中国文化艺术政府奖第二届动漫奖颁奖仪式”上，广西艺术学院美术学院教师潘丽萍作品《踮脚张望》系列漫画获“第二届中国文化艺术政府奖最佳漫画作品奖”。

22 日 第五届全国青少年民族乐器演奏比赛获奖选手音乐会在南宁举行。该比赛由文化部、自治区人民政府主办。广西艺术学院刘郁强获古筝青年组铜奖，广西艺术学院民乐组合获小型民乐室内乐铜奖，指导老师王岚岚、蔡央、舒芳获“园丁奖”，广西艺术学院获“优秀组织奖”。

24 日 著名艺术家黄婉秋到桂林航天工业学院作“‘刘三姐’黄婉秋的艺术人生”讲座。

24~26 日 由广西大学主办，广西大学中国—东盟研究院与商学院承办的“第十一届中国金融学年会理事会暨年会大会”在南宁召开。广西大学党委书记、中国—东盟研究院院长梁颖，中国金融学年会秘书长郑振龙，第十届中国金融学年会理事会主席刘玉珍在大会开幕式上致辞。来自广西内外 56 所高校近 300 名学者或入选论文作者代表与会。

△由广西心理学会、广西科协主办，玉林师范学院承办的“广西心理学会第十七次学术研讨会”在玉林举行。主题为“心理学与社会创新”。广西心理学会理事长韦义平致开幕辞。广西各高校、科研机构的专家学者近 80 人与会。

24~29 日 广西律师协会副会长孙骏率领秘书处工作人员一行 6 人到内蒙古、辽宁、天津学习律师行业管理工作经验，并就律师事务所专业化、品牌化、规范化建设、创新开展律师事务所党建工作、开展政府法律顾问工作、开展律师公益活动问题进行座谈交流。

25日 由自治区文明办、自治区科协共同举办的“广西第二届乡村学校少年宫素质教育技能竞赛”在南宁举行。来自广西14个设区市的180名少年参赛。

26日 在南宁和贵港两地，广西社会心理学会组织，开展主题为“关注心理健康，培育核心价值观”广场科普活动。

28日 由自治区社科联、自治区扶贫办、百色市委市政府联合主办，百色市社科联、扶贫办协办的“第十六期广西发展论坛”在百色举行。主题为“扶贫攻坚与广西全面建成小康社会”。收到论文、研究报告等274篇，评出一等奖10项、二等奖20项、三等奖30项、优秀奖40项。

△由广西美术家协会、漓江画派促进会、广西艺术学院主办的“点·线·面——30年同窗同学作品展”在广西艺术学院美术馆举行开幕式。共展出16名画家的国画、油画、版画、水彩画等佳作100多幅。展期至11月2日。

29日 自治区政协在南宁举办第27期“同心”讲座。第十一届全国政协委员、中国战略文化促进会常务副会长兼秘书长、军事科学院世界军事研究部原副部长、少将、博士生导师罗援应邀作“周边安全环境和软实力建设”专题报告。

△由广西市场经济研究会主办的“以文化和科技融合促进产城融合理论研讨会”在南宁举行。主题为“探讨如何以文化和科技融合促进产城融合”。

△桂平市举行“文化产业前沿问题与商业模式”知识讲座，邀请北京大学文化产业研究学院副院长陈少峰主讲。

30日 由广西文艺理论家协会、广西文学杂志社、广西作家协会联合主办的“致敬经典散文”广西文艺论坛在南宁举行。自治区内外专家学者就如何促进广西散文创作的发展和繁荣展开研讨与交流。

31日 由广西环保产业协会主办的广西环保产业网在南宁正式上线，标志着广西的环保产业核心资讯服务平台启动。

△由广西社科联主办，广西社科联东南亚经济与政治研究中心、广西民族大学社科联承办的2014年“中国—东盟大讲坛”（第四期）在广西民族大学举行。广西财经学院副院长夏飞教授应邀作“海陆经济一体化与广西建设海上丝绸之路的战略选择”专题报告。自治区社科联副主席曹平，广西民族大学校长、自治区社科联兼职副主席谢尚果出席。300多名师生参加。

△广西知青文化研究会在南宁举办“弘扬知青正能量研讨会暨广西第二届知青文化学术研讨会”。收到论文和评论文章19篇，著作2部。60多名广西知青代表及专家学者与会。

△中国—东盟研究中心邀请《广西社会科学》杂志社总编梁培林作题为“学术论文撰写规范与投稿”学术讲座。

31日至11月1日 由中国社会科学院民族学与人类学研究所《民族研究》编辑部与广西民族大学共同举办的“第二届中国民族理论与民族政治论坛：制度·权利·国家认同学术研讨会”在南宁举行。收到论文70多篇。来自中国社会科学院、中国藏学研究中心、国家民委、华东政法大学、南京大学、中央民族大学、天津师范大学、广西民族大学、中南民族大学、西南民族大学、贵州民族大学、西藏大学、江西财经大学、江苏大学、贵州大学、青岛大学、台湾“国立”政治大学等单位及学术期刊、出版社的80多位专家学者与会。

11月

1日 由自治区发改委和梧州市委、市政府共同主办的“第七届西江经济发展论坛市长圆桌会议”在梧州举行。主题为“携手共建珠江—西江经济带”。来自粤桂两省区15个城市的市长、副市长和有关专家出席。

△由中国美术家协会、广西百色市委市政府主办，致公党广西区委、广西艺术学院、百色市委宣传部、漓江画派促进会等承办的“小平的足迹——漓江画派走进百色”美术作品在北京中国美术馆展出。

△广西房地产及住宅研究会2014年学术年会及自治区社科联“全面深化改革，实现‘两个建成’十家谈”在广西大学举行。主题为“中国楼市调控与房价合理回归”。广西大学副校长张协奎教授，广西中大股份有限公司总裁邬文康研究员等专家、会员代表共60多人与会。

△“广西比干文化促进会第二届会员代表大会”在南宁举行。大会选举产生新一届理事会，通过聘任广西比干文化促进会名誉会长、顾问，分支机构、内设机构负责人。近400人与会。

1~3日 由自治区文化厅指导、广西群众艺术馆主办、梧州市群众艺术馆承办的“2014’广西（桂东南）粤曲邀请赛”在梧州举行。来自梧州、贺州、贵港、玉林、南宁、柳州、百色、北海、钦州的粤曲爱好者参加。贵港市代表队林华、梧州代表队梁欢愉、南宁市代表队宁靖和包卓金分获子喉、平喉和综合三个组别的一等奖。

1~4日 由中国珠宝玉石首饰行业协会、中国—东盟博览会秘书处、梧州市人民政府共同举办的“第十一届梧州宝石节”在梧州举行。期间举办西江经济发展论坛、梧州国际珠宝展、桂东南特色文化荟萃等12项活动。其中签约项目36个，总投资105.76亿元。来自海内外近1000名嘉宾、企业家代表参会。

2日 共圆中国梦——中国文联“送欢乐下基层”中国当代表演艺术家书画作品展暨慰问活动在桂林举行。130余幅书画作品在桂林美术馆展出。全国政协常委、中国文联副主席覃志刚，全国政协委员、中国文联副主席、作曲家徐沛东，全国政协委员、中国文联演艺中心主任、歌唱家郁钧剑，老一辈著名表演艺术家王晓棠、陶玉玲，著名歌唱家李双江、宋祖英，中央电视台主持人朱军，著名表演艺术家郭达、刘劲、卢奇，新生代歌唱家刘和刚、王丽达等125位表演艺术家和特邀嘉宾参加交流互动活动。

3日 广西金融学会在北海举办“广西沿边金融改革研讨会”。中国人民银行金融研究所所长金中夏等专家到会指导。

3~4日 广西地方志办公室开展第八次广西地方志优秀成果评选活动，对2011年7月至2014年6月间正式出版的广西地方志优秀成果进行评选。

5日 中国—东盟研究中心邀请泰国乌隆府法院马泰臣博士作题为“泰国当前政治局势”学术讲座。

5~7日 由中国西南民族研究学会、广西民委联合主办，广西民族问题研究中心承办的“中国西南民族研究学会第17次会员代表大会暨学术研讨会”在南宁举行。主题为“壮族研究与壮学的建立”和“西南民族研究与民族文化软实力建设”。自治区人大常委会副主任荣仕星，全国政协民宗委原副主任、中国人类学民族学研究会常务副会长周明甫，广西民委党组书记、主任卢献匾，中国社会科学院民族学与人类学研究所所长王延中，中国西南民族研究学会会长何耀华等出席开幕式并致辞。来自全国12个省区市的100多位民族研究专家学者与会。

△“广西图书馆学会2014年年会暨第32次科学讨论会”在钦州举行。来自广西区内公共、高校、科研三大系统图书馆260余名代表与会。年会评出论文一等奖1篇、二等奖3篇、三等奖12篇。

6日、13日 广西律师协会举办两期题为“论公司章程的法律问题与制作”“对越投资及人身、财产保护”业务讲座，分别邀请广西律师协会公司委主任李洁、广西民族大学副教授覃翊授课。广西近200名律师参训。

7日 由自治区工业和信息化委员会委托自治区信息安全测评中心主办、广西经济管理干部学院承办的“广西信息安全发展研讨会”在广西经济管理干部学院信息安全产学研基地举行。中国工程院院士、国家信息化专家咨询委员会委员、自治区主席顾问沈昌祥在会上作“网络空间安全战略思考与启示”专题报告。沈昌祥院士及团队，自治区工业和信息化委员会信息安全协调处处长廖忠群，广西经济管理干部学院院长郑作广、副院长林霁峰，自治区信息安全测评中心主任潘海源等与会。

8日 由自治区社科联、广西民族大学主办，广西民族大学马克思主义学院、广西民族大学马克思主义理论研究与建设工程基地、广西人的发展经济学研究基地承办，广西民族大学政治学与国际关系学院、《改革与战略》杂志社协办的“中国第六次人的发展经济学研讨会”在广西民族大学举行。主题为“社会主义市场经济与人的协调发展”。

△由自治区社科联、桂林市社科联等单位共同主办的以“全面深化改革　实现‘两个建成’”为主题的社科普及宣传活动在桂林举行。活动主要采取展板宣传、发放资料、知识问答和设置咨询点、现场指导、有奖答题等形式宣传法律法规、交通安全、教育、健康、家庭理财、社会保障、劳动者权益等方面知识。制作宣传展板48块，发放宣传资料1万多份，接待咨询群众1000多人(次)，2000多人参与。

△由广西社会学学会主办，广西师范学院政法学院、马克思主义与民族地区社会管理创新研究中心承办的“广西社会学学会2014年学术年会暨民族地区乡村治理研讨会”在南宁举行。广西15所高校和科研院所100余名从事乡村治理研究的专家学者、社会学和社工专业研究生与会。

8~9日 由桂林旅专主办的2014年“相思江・中国旅游青年学者论坛”在桂林举行。来自全国32所旅游院校的40多位青年博士及桂林旅专青年博士，广西师范大学历史文化与旅游学院、桂林理工大学旅游学院部分研究生参加。

9日 由中国现代文学馆与南方文坛杂志社联合主办的"《南方文坛》2014年度优秀论文颁奖会暨第五届'今日批评家'论坛"在南宁举行。全国知名文学评论家李敬泽、吴义勤、张陵及全国文论名刊、名编与广西区内外作家、青年批评家80余人出席颁奖会及论坛相关活动。

△由广西群众艺术馆主办的"'青春飞扬·我的中国梦'——2014年广西首届戏剧大赛暨广西高校戏剧作品展演"在南宁举行。共有6台话剧大戏和19台话剧片段小戏小品展演。活动持续至11月15日。

△广西律师协会民商专业委员会、公司业务委员会、金融、证券和保险专业委员会共同举办"公司法及公司登记制度修改后的律师实务培训研讨会",邀请南宁中级人民法院民二庭庭长黄德标、自治区工商行政管理局企业处处长刘伟业、广西大学法学院副教授张元强分别就公司法审判实务、公司登记制度的修改及公司非诉业务等3个问题作主旨演讲。

10日 由国家文化部文化科技司、自治区文化厅、自治区教育厅主办的"第十届(2014)'红铜鼓'中国—东盟艺术教育成果展示"在广西艺术学院举行。全国政协副主席马飚,中国美术家协会副主席、致公党中央副主席、广西政协副主席、广西艺术学院院长、漓江画派促进会会长黄格胜,中国国家画院院长杨晓阳,中国美术馆馆长吴为山,中国国家画院常务副院长卢禹舜,全国政协联络局巡视员、全国政协书画室办公室主任程瑾,百色市市长周异决,自治区文化厅厅长黄宇,副厅长顾航、朱创伟,广西艺术学院领导邓军、禤思、郑军里、韦俊平及广西艺术学院附中,广西戏剧院、广西艺术学校、浙江艺术职业学校、江苏省戏剧学校、济南杂技学校等学校领导嘉宾出席并观展。

11日 广西艺术学院在南湖校区开展第十四期"琢玉"系列主题教育活动,邀请国家文化部文化科技司司长于平主讲,主题为"文艺工作者要做灵魂工程师""教育'规划纲要'视野中的艺术职业教育"。学院党委书记邓军主持,学院领导禤思、黄志豪、赵焕春、陈应鑫、郑军里出席。

△第十届(2014)"红铜鼓"中国—东盟艺术教育成果展演在广西艺术学院举行。国家文化部文化科技司司长于平、教育处处长刘玉普,自治区文化厅厅长黄宇,自治区教育厅副厅长白志繁,学院领导邓军、黄志豪、陈应鑫及东盟各国领事等领导出席。成果展上,与会领导嘉宾为第十届(2014)"红铜鼓"中国—东盟艺术教育成果展演中获奖师生及优秀组织颁奖。

12日 由自治区党委宣传部、自治区乡村办主办,广西日报传媒集团承办的"'美丽广西·清洁乡村'摄影纪实暨'美丽广西'乡村建设宣传微平台升级版正式启用"活动在广西博物馆举行。自治区党委宣传部、自治区乡村办、广西日报传媒集团等相关单位负责人,以及社会各界群众代表近200人参加活动。

△在上海举行的第四届"中国校园戏剧节"展演和评选上,由广西文联、广西戏剧家协会选送,广西师范大学在校学生演出的话剧《秋声赋》获得最佳导演奖、优秀剧目奖、优秀组织奖3项大奖。

13日 柳州师范高等专科学校在来宾校区举办"桂中地区地方特色文化研究与发展研讨会"。学校党委书记、社科联主席侯代忠,校长张鹏,副校长蓝海、曾令宏等学校领导及学校社科联全体委员、学校地方特色文化研究专家学者及来宾市县文化管理部门、社科联等60多人与会。

14日 "广西电大科研工作会议暨广西广播电视大学社会科学联合会第二次代表大会"在南宁举行。广西广播电视大学党委书记崔践、校长贺祖斌出席并讲话。总校教学科研工作者、分校及学习中心代表120人与会。

△"广西高校校园媒体工作会议暨高校校报协会2014年年会"在玉林师范学院举行。广西高校工委副书记莫锦荣,广西高校工委宣传部部长、广西教育厅思政处处长李美清,广西高校校报协会理事长、玉林师范学院党委书记李继兵出席。来自广西60余所高校近100名负责校园媒体宣传工作人员与会。

△自治区司法厅、梧州市粤桂合作特别试验区工作领导小组、广西律师协会、梧州市司法局、梧州市律师协会共同组建的粤桂合作特别试验区(梧州)法律服务团成立。自治区司法厅党委副书记、副厅长、广西律师协会党组书记王荣华出席成立仪式并讲话。

15日 由中国社科院马克思主义研究院主办的首届"执政党建设理论与实践论坛"在桂林市临桂县举行。全国70多位专家学者与会。

△"广西比较经济学学会成立20周年学科、学术发展研讨会"在南宁举行。自治区老领导林超群、奉恒高,学会领导、常务理事代表和来自广西大专院校、社会团体有关专家学者代表、企业家代表及特邀嘉宾40多人出席。

△由广西高等教育学会主办、广西大学承办的“广西高等教育学会成立30周年纪念大会暨广西高等教育论坛”在广西大学举行。自治区副主席李康、自治区政协原副主席侯德彭电话表示祝贺；中国农业大学原党委书记、中国高等教育学会会长瞿振元，自治区教育厅厅长秦斌，广西大学党委书记梁颖，自治区教育厅副巡视员陆燕，自治区社科联学会部主任张流，自治区民政厅民间组织管理局副局长刘宏等领导和嘉宾到会祝贺。学会理事单位、各专业委员会及广西区内35所高校近150名代表与会。

15~16日 由自治区教育厅主办、广西师范大学承办的“2014年广西高校师范生演讲比赛”在广西师范大学举行。主题为“明天，我如何做教师”。广西17所设置师范专业的高校共69名选手参赛。来自广西师范大学、广西师范学院、百色学院、玉林师范学院、广西艺术学院等7名学生获第一名。

17日 由广西社会科学院承办的“第十届西部社会科学院院长联席会议暨‘一带一路’论坛”在南宁举行。主题为“共建丝绸之路经济带和21世纪海上丝绸之路与西部大开发”。自治区党委宣传部副部长李海荣出席并讲话。来自重庆、四川、贵州、云南、西藏、陕西、青海、宁夏、新疆、内蒙古和广西等省区市社会科学院的80多位专家学者与会。

18日 自治区社科联主办的“2014年广西第二次社科专家学者学术交流会”在南宁举行。主题为“广西社科界学习贯彻党的十八届四中全会精神”。自治区社科联党组书记、主席王士威，自治区社科联副主席姚兵、刘家凯、曹平，广西比干文化促进会会长林超群，广西大学区域发展研究院院长阳国亮等40位有关领导和专家学者与会。

△由梧州学院、珠江文化研究会、《广西社会科学》杂志社联合举办的“纪念牟子诞辰暨梧州作为岭南古代佛城地位学术研讨会”在梧州学院举行。主题为“梧州——岭南古代佛城”。来自全国各地的60多位专家学者与会。

△自治区政协常委、政协科教文卫体委员会主任于瑮为广西外国语学院作题为“培育和践行社会主义核心价值观，为中国梦凝心聚气”专题讲座。

△桂平市举行“中华传统文化与社会主义核心价值观专题”讲座，国家关工委事业发展中心专家李英庆教授主讲，380多人聆听报告。

18~19日 由中国亚洲太平洋学会主办、广西大学中国—东盟研究院承办的“2014年中国亚洲太平洋学会年会”在南宁举行。主题为“中国与亚太：构建新型关系”。来自全国各高校和研究机构近100名专家学者与会。

19日 由自治区国资委与广西财经学院联合主办，广西企业法制建设协会与广西财经学院社科联、法学院联合承办的“法治中国与依法治企”研讨会在南宁举行。自治区国资委党委书记、主任管跃庆，副主任秦武亮，广西企业法制建设协会会长肖太福，广西财经学院院长夏飞、党委副书记李海出席会议。来自自治区高级人民法院、自治区检察院、自治区司法厅、广西大学、广西师范大学、广西财经学院、广西民族大学、桂林电子科技大学、玉林师范学院以及国有企业等司法界、法学界、企业界的60余名代表与会。

20日 由自治区文化厅主办的“花山岩画与壮族文化研讨会”在南宁举行。来自中国社会科学院、中国文化遗产研究院、中央民族大学、广西高校与科研院所的36位相关领域资深专家，自治区党委宣传部和自治区文化厅、民委及崇左市政府有关负责人与会。

△广西灌阳县委县政府、桂林市社科联联合主办的“湘江战役·新圩阻击战”红色经典旅游项目研讨会在桂林举行。主题为“保护和开发红色文化资源，弘扬红军不怕牺牲的大无畏革命精神”。桂林市社科联党组书记、主席罗建章主持。

△2014年桂林航天工业学院社科联学术年会在桂林举行。评出优秀论文21篇，其中一等奖3篇、二等奖7篇、三等奖11篇。

△印度尼西亚阿赫玛·达兰大学校长卡斯雅鲁诺一行5人访问中国—东盟研究中心。

21日 由自治区党委宣传部、自治区乡村办主办，广西日报传媒集团承办的“美丽广西·清洁乡村”摄影纪实巡展活动在南宁市举行。

△中国社会科学院亚太与全球战略研究院和广西大学联合主办、广西大学中国—东盟研究院承办的“10+3”互联互通论坛在南宁举行。议题为“21世纪海上丝绸之路与地区互联互通”。中国外交部亚洲司副处长李春景、中国社会科学院国际合作局局长王镭、广西大学副校长马少健、中国社会科学院亚太与全球战略研究院副院长王灵桂分别致开幕辞并作主题发言。中国社会科学院亚太与全球战略研究院副院长韩锋主持。来自中国、日本、韩国和东盟10国近40名官员、专家学者与会。

21~24 日 全国高校文科学报研究会第五届高校社科期刊评优颁奖典礼和第七届第三次理事会在广州召开，中宣部出版局副局长刘建生、教育部社科司副司长徐艳国等出席并讲话。广西艺术学院学报《艺术探索》获评为“全国高校优秀社科期刊”，《艺术探索》重点建设栏目“艺术史与民族艺术”获评为“全国高校社科期刊特色栏目”。

22 日 由广西师范学院承办的“东南 11 省（自治区、直辖市）属重点师范大学 2014 年学位与研究生教育协作会”在南宁举行。主题为“学位点自我评估机制研究；国内外研究生人才培养质量评估案例探讨；师范院校研究生实践教学质量保障体系的建立；师范院校研究生人才培养质量测评方式；师范院校研究生教学质量督导机制建设；广西师范学院‘十三五’学位与研究生教育发展规划研讨”。全国 39 所师范院校代表与会。

22~26 日 广西律师协会副会长王锦意率广西律师代表团一行 6 人访问新加坡律师公会。24 日，新加坡律师公会主席骆维明、Shawn 先生与广西律师协会代表团会面，双方就新加坡律师公会与广西律师协会业务交流合作事项进行会谈，并就今后双方合作原则、方式签署《新加坡律师公会与广西律师协会交流学习项目合作备忘录》。期间，代表团参观访问新加坡瑞德律师事务所、王吴律师事务所及新加坡仲裁中心等。

23 日 广西会计学会在南宁召开“广西高层次会计人才高级研修班暨学术年会”。收到论文 147 篇，评出一等奖 2 篇、二等奖 5 篇、三等奖 8 篇，优秀奖 30 篇。广西财政厅副巡视员冯任佳，学会会长李崇玉，广西民族大学副校长李珍刚，学会副会长李鹰，广西民族大学商学院院长王新哲等领导出席。广西部分企业和高校的总会计师、学术界的会计学专家教授及广西会计人才小高地的专家学者、拔尖会计人才等 230 多人与会。

24 日 中国—东盟研究中心邀请西华师范大学中国周边国家研究所副教授龙兴春作题为“印度崛起对中国的挑战——兼谈中印在东南亚的竞合关系”学术讲座。

24~26 日 自治区审计厅和广西审计学会在南宁联合举办“广西审计理论研究骨干人才培训班”，103 人参训。

25 日 由自治区高校工委、教育厅主办，广西财经学院承办的“广西高校大学生心理健康教育微电影原创大赛优秀作品展播暨经验交流会”在广西财经学院举行。收到广西 61 所高校 133 篇作品参评。自治区高校工委副书记莫锦荣，广西高校心理健康教育指导委员会副主任委员秦小云、陈雪斌，广西财经学院党委书记卞成林、党委副书记李海出席。来自广西 64 所高校的 1100 余名学生代表参加。

25~29 日 内蒙古自治区地方志办公室主任杨泽荣一行 14 人到广西考察地方志工作。

26 日 由共青团广西区委、广西青年联合会、广西青年美术家协会联合主办的“首届广西青年美术大展终评活动”在南宁举行。评选出 264 件优秀作品，分获一、二、三等奖和优秀奖。

27 日 由国家住房和城乡建设部、环境保护部、自治区人民政府和国际水协（IWA）支持，中国城市科学研究会、中国城镇供水排水协会、自治区住房和城乡建设厅及南宁市人民政府联合主办的“第九届中国城镇水务发展国际研讨会与新技术设备博览会”在南宁国际会展中心举行。主题为“提高用水效率，治理水体污染，确保用水安全”。自治区住房和城乡建设厅厅长严世明、南宁市市长周红波在开幕式上致辞。中国城市科学研究会理事长仇保兴在开幕式上作题为“海绵城市（LID）内涵、途径与展望”主题报告。来自中国、德国、韩国等国内外专家学者、工程技术人员、企业家近 2000 人与会。

△中国—东盟研究中心邀请察哈尔学会教授柯银斌作题为“中国企业外交的缘起与发展”学术讲座。

28 日 由自治区社科联主办的“第五届广西社会科学界学术年会”在南宁举行。主题为“全面深化改革，实现‘两个建成’”。收到论文（含研究报告）479 篇，评出入选论文 120 篇，其中优秀论文一等奖 10 篇、二等奖 20 篇、三等奖 30 篇、优秀论文 60 篇。300 人与会。

△由广西高等教育学会科研管理研究专业委员会主办的“2014 年南片区科研管理经验交流活动”在南宁学院开展，来自广西 29 所高校 80 名科研管理工作者参加。

△广西律师协会秘书长黄都恒参加全国律协在北京召开的各省（自治区、直辖市）律协会刊宣传工作会议暨律协会刊主编培训班、全国律协宣传联络委员会会议，《广西律师》杂志获进步奖。

28~29 日 由国家“千人计划”专家联谊会主办，桂林市委人才工作领导小组、桂林理工大学联合承办，桂林市工信委、市环保局、高新区七星区委组织部、兴安县委组织部共同协办的"'千人计划'专家联谊会能源、资源和环境专业委员会2014年年会"在桂林理工大学举行。主题为"能源、资源、环境与可持续发展"。来自中科院、北京大学、香港大学等高校、科研院所和能源领域企业的60余名"千人计划"专家学者与会。

28~30日 由中国摄影家协会、广西文学艺术界联合会主办，广西摄影家协会、广西民族摄影学会承办，广西电视台协办的"2014年中国摄影家汽车拉力摄影东盟三国行作品展暨第七届广西摄影家协会会员精品展"在广西博物馆举行。分别展出195幅作品和265幅作品。

29日 由广西语言学会主办，广西民族大学文学院和学校社联科承办的"广西语言学会第八届学术年会"在广西民族大学举行。

29~30日 由广西民族大学、马来亚大学、马来亚大学中文系毕业生协会联合举办的"第六届中国与东南亚民族论坛"国际学术会议在马来西亚吉隆坡市举行。主题为"中国南方与东南亚地区的民族、华人华侨、文学、艺术与文化交流"。来自中国、马来西亚、新加坡、日本、越南、缅甸、印度尼西亚和中国港澳台地区40多人与会。

△广西律师协会和北京尚权律师事务所在广西医科大学举办2014年广西刑事诉讼法律实务专题培训班。邀请最高人民法院、最高人民检察院、中国政法大学诉讼法学研究院、中国法学会理论与实践专家为广西律师分别讲授"刑法证据制度及运用""司法改革热点问题""依法治国决定对律师制度的新发展""死刑尤其毒品犯罪案件的证据审查"。广西14个设区市近700多名律师参训。

12月

2日 广西领导干部"时代前沿知识"系列讲座（第98讲）在自治区党委礼堂举行。中国保监会主席项俊波应邀作题为"保险业的改革与发展"专题报告。自治区党委书记、自治区人大常委会主任彭清华出席并聆听讲座。自治区主席陈武主持讲座。自治区领导沈北海、黄道伟、唐仁健、周新建、范晓莉、邓卫平、杨道喜、黄日波、张晓钦、刘君等聆听讲座。

3日 由民进广西区委会与杭州缔鼎电子商务有限公司共同主办的群星共圆"中国梦"—走进广西公益合作启动仪式在南宁举行。主题为"'同心圆梦'群星携手八桂情"。民进中央社会服务部副巡视员，开明慈善基金会秘书长宁永丽，全国政协常委、民进广西区委会主委陈自力，民进广西区委会专职副主委兼秘书长蒋庆霖，自治区党委统战部、政协等领导及杭州缔鼎电子商务有限公司董事长詹晓宏出席启动仪式。

4日 广西桂平市在城区广场举行"12·4"国家宪法日系列宣传活动，共发放宣传资料3.5万份。

4~5日 由广西图书馆学会现代技术工作委员会主办、广西科技大学图书馆承办的"2014年广西智能图书馆建设经验交流及案例分享研讨会"在柳州举行，广西各高校和公共图书馆近200名代表与会。

4~7日 由自治区党委宣传部、新闻出版广电局、文化厅、教育厅、文联主办，广西电视台、广西音乐家协会协办的"第十六届全国青年歌手电视大奖赛广西赛区选拔赛（合唱、原生态）半决赛、决赛"在南宁举行。

5日 由自治区司法厅、自治区党委统战部、自治区非公党工委、广西律师协会、广西法治日报社联合开展的庆祝"国家宪法日"暨自治区律师公益法律服务活动月、百名律师服务非公百强企业、广西"同心律师服务团"成立启动仪式在南宁民族广场举行。自治区党委统战部副部长卢能干，自治区非公党工委专职副书记刘水玉，自治区司法厅副厅长梁振林出席启动仪式并讲话。来自自治区司法厅直属和南宁市司法局直属共40家律师事务所近100名律师义务现场为群众提供法律咨询服务。律师公益法律服务活动月中"送法进园区（企业）服务周""送法进学校、乡村（社区）服务周""送法进监狱服务周""送法进边关军营服务周"等活动从2014年12月8日持续至2015年1月3日，在广西14个设区市开展法律服务活动。

△由自治区司法厅、自治区统战部、自治区非公党工委、广西律师协会、广西法治日报社联合开展的庆祝"国家宪法日"暨广西律师公益法律服务活动月、百名律师服务非公百强企业、广西"同心律师服务团"成立启动仪式在南宁举行。

5~6日 广西文联、广西文艺志愿者协会组织40多位文艺志愿者深入柳州市忻城县开展慰问演出、辅导讲座、文艺评奖等"送欢乐 下基层"文艺志愿服务系列活动。

6日 由广西文化厅、广西博物馆、南宁市青秀区农林社区居民委员会联合举办的"品味广西：2014年八桂油茶节”活动在广西民族文物苑举行。主题为“壮侗苗瑶齐相聚　八桂油茶满园香”。

△广西金融学会、广西金融青年联谊会、广西青年企业家协会在南宁联合举办“金融支持实体经济银企研讨会”。广西金融学会副会长杨正东主持会议，中国人民银行副行长罗跃华出席会议并作总结发言。广西青年企业家代表、部分银行业金融机构 50 多人与会。

7 日　广西师范大学新闻与传播学院正式揭牌成立。

△中国—东盟研究中心博士葛红亮赴四川南充参加“首届西南地区国际关系论坛”。

8 日　由广西社会科学院与台湾中华经济研究院共同主办的“区域合作与台商发展研讨会”在南宁举行。广西社会科学院院长吕余生，台湾中华经济研究院院长吴中书，广西凭祥综合保税区工委副书记、常务副主任孙剑秋，自治区台湾事务办公室副主任李文，广西社会科学院副院长黄志勇及桂台智库专家学者 30 多人与会。

9~15 日　由广西文联主办，广西美术家协会、广西书法家协会、广西摄影家协会承办，跨世纪美术馆协办的“中国梦”主题文艺创作广西美术书法摄影作品展在南宁举行。180 多件优秀美术书法摄影作品参展。

10 日　“广西第十三次社会科学优秀成果奖颁奖暨广西社科联成立 30 周年座谈会”在南宁举行。自治区党委常委、宣传部部长沈北海出席并讲话，自治区副主席李康出席并宣读自治区人民政府关于奖励广西第十三次社会科学优秀成果的决定，自治区党委宣传部副部长李海荣，自治区社科联历届老领导，广西社科联第七届委员会主席、副主席、常委及各设区市社科联主席、团体会员单位代表、第十三次社会科学优秀成果奖作者代表等 200 多人与会。

11 日　由广西钱币学会主办的“2014 年钱币理论研讨会”在南宁举行。收到论文 57 篇，评选出优秀论文 23 篇。广西钱币学会副会长、广西博物馆原馆长黄启善出席。优秀论文作者、广西钱币学会学术委员会委员、各设区市钱币学会秘书长 50 人与会。

△由自治区党校系统社科联与柳州市委党校联合主办的广西党校（行政院校）系统社会科学界联合会第三届“‘桂海论坛’暨推进《珠江—西江经济带发展规划》实施，加快广西实现‘两个建成’目标”研讨会在柳州举行。收到征文 136 篇，评出一等奖 15 篇、二等奖 21 篇、三等奖 41 篇。自治区党校副校长、广西行政学院副院长唐秀玲出席并致辞，柳州市委副书记、市委党校校长杜伟，自治区社科联副主席姚兵出席并讲话。自治区各市、县（市、区）党校领导、相关部门负责人及论文获奖作者代表近 200 人与会。

12 日　广西法学会第六次会员代表大会在南宁举行。大会选举产生新一届理事会和领导机构。自治区党委常委、政法委书记温卡华当选广西法学会第六届会长。自治区党委书记、自治区人大常委会主任彭清华，中国法学会党组书记、常务副会长陈冀平出席大会开幕式并讲话。自治区领导温卡华、周新建、范晓莉、王跃飞、高雄、李彬、罗殿龙、崔智友、王碧含，以及广西各地法学界、法律界代表参会。

△“2014 年度广西老年教育理论研讨会”在广西老年大学举行。主题为“构筑老年教育大平台，推动文化养老发展”和“老龄化社会背景下推动老年教育改革”。来自广西各市、县（区）老干部局分管领导、老年大学校长及论文作者代表、教师代表等 50 人与会。

△中国—东盟研究中心邀请西南政法大学国际法学院教授张晓君作题为“21 世纪海上丝绸之路与自贸区法制建设”学术讲座。

13 日　“广西翻译协会第六次会员代表大会、广西外语学科建设暨翻译研究论坛”在广西民族大学举行。收到翻译（包括外语和壮语翻译）、语言、文学、文化、教学学科论文 20 余篇。来自广西各高校、外事部门、科研机构、企业单位等 142 人与会。

13~14 日　由广西大学主办、中国—东盟研究院承办的“中国—东盟金融论坛”在南宁举行。主题为“中国—东盟货币稳定、信用合作与投融资一体化”。广西大学党委书记、中国—东盟研究院院长梁颖和中国农业银行广西分行副行长于建忠分别致开幕辞并作主旨发言。来自中国与东盟 10 国的 24 位学界专家与金融实务界精英与会。

15 日　在钦州学院举行北部湾区域发展研究所揭牌成立仪式，标志钦州学院有第一个以广西北部湾经济区发展为研究任务的综合科学研究机构。钦州学院副院长黄鹄教授、科技处处长梁好翠教授、北部湾区域发展研究所所长韦善豪教授、海洋学院副院长许尤厚博士等领导和研究所专兼职研究员及学生代表 30 多人参加。

16 日　“自治区社科联马克思主义理论研究和建

设工程基地”揭牌仪式在南宁举行。自治区社科联党组书记、主席王士威，马克思主义理论研究和建设工程基地主任刘家凯（自治区社科联副主席）及基地人员等参加。

△广西艺术学院召开学院教职工大会。自治区党委常委、组织部部长周新建宣读自治区人民政府有关任命文件：郑军里任广西艺术学院院长，侯道辉任广西艺术学院副院长，韦春灵任广西艺术学院总会计师。

△广西艺术学院教师郭剑华获意大利贝里尼国际声乐比赛总决赛第三名，是广西首位获得该项赛事奖项的歌唱家。

18日 自治区党委宣传部、自治区财政厅在南宁联合召开“加快广西文化产业发展座谈会”，会上，广西壮族自治区文化企业国有资产监督管理办公室揭牌成立。

△由中国国际广播电台、广西新闻出版广电局、越南国家数字电视台、越南广宁广播电视台共同主办，广西人民广播电台承办的“同唱友谊歌”——2014中越歌曲演唱大赛中国赛区决赛在南宁举行。胜出5名选手将与从越南赛区晋级的5名越南选手一道共同参加在南宁举办的大赛总决赛。

△中国飞天第一人，中国载人航天工程办公室副主任杨立伟少将到桂林航天工业学院作“勇于担当，共筑梦想”专题讲座。

18~19日 由全国党建研究会机关专委会主办，广西区直机关工委承办的“全国党建研究会机关专委会第十三次委员会议暨理论研讨会”在南宁举行。中央国家机关工委常务副书记李智勇讲话。自治区党委副书记危朝安致辞，全国党建研究会副会长高世琦、中直机关工委副书记王秀峰讲话，中央国家机关工委副书记、纪工委书记俞贵麟出席。来自全国各省区市、副省级城市机关工委负责人和中央直属机关、中央国家机关有关部门机关党委负责人与会。

19日 “广西警察协会第二届理事会第二次全体会议暨2014年警学研讨会”在南宁举行。审议、选举刘政豪为广西警察协会第二届理事会理事、常务理事、副主席，表彰2014年自治区公安机关警学理论研究优秀论文、先进集体和先进个人。中国警察协会副主席、广西警察协会主席梁胜利出席并讲话，中国警察协会常务理事、广西警察协会顾问陆炳华，广西警察协会副主席于娃宪、文起洁、刘政豪、林汉碧出席。广西警察协会第二届理事会理事、常务理事、各市警察协会主席、秘书长及论文作者代表70多人与会。

△由自治区高校工委和广西民族大学党委共同主办的“社会主义核心价值观大家谈”线下研讨会在广西民族大学举行。自治区高校工委副书记秦敬德，学校党委书记钟海青、副书记宁耀及广西区外特邀专家，“社会主义核心价值观大家谈”入选论文作者代表与会。

△广西外国语学院邀请南宁市市委讲师团团长李东升在校为900多名师生作题为“增强法制观念，坚持依法办事”宣讲报告会。

19~20日 广西家庭教育研究会在南宁举办“广西家庭教育研究会年会暨专家论坛”。会议邀请中国儿童活动中心书记丛中笑作“家庭教育的使命与创新发展”专题讲座。

△由自治区教育厅、桂林市永福县人民政府主办，桂林理工大学承办的“2014年广西高校科技服务永福新发展”活动启动仪式在桂林永福县举行，广西30所高校代表参加。

20日 由广西民族大学为牵头单位，协同察哈尔学会、中国—东盟博览会秘书处共同组建的“中国—东盟文化交流与发展协同创新中心”第一届理事会在广西民族大学西校区东盟学院召开。广西民族大学党委书记钟海青、副校长吴尽昭，广西国际博览事务局局长郑军健，察哈尔学会秘书长柯银斌及相关专家学者与会。

△由广西社会主义学院、自治区社科联、河池市委统战部、广西市场经济研究会、河池市社会主义学院联合主办的“推进协商民主广泛多层制度化发展理论研讨会”在宜州市召开。共265篇论文获奖。河池市委常委、统战部部长罗日新，河池市人大常委会副主任、河池市社会主义学院院长骆宇敏，广西行政学院副院长唐秀玲，自治区社科联副巡视员刘俊、宜州市委书记黄平权出席会议。128人与会。

△广西管理科学研究会与东兴市人民政府联合主办的“东兴城乡一体化发展规划研讨会”在东兴举行。主题为“总结和研究国内城市城乡一体化发展经验，提出东兴市城乡发展模式，为广西城乡一体化发展探索新路子”。自治区党委办公厅、自治区政府发展研究中心、自治区发改委、住房和城乡建设厅、农业厅、统计局、东兴市政府有关部门代表50人与会。

20~21日 广西律师协会在崇左举办“涉越法律实务培训班暨东盟、涉外法律业务座谈会”。广西律师协会副会长陈承帼出席并致辞，崇左市、百色市、防城港市的律师代表及广西律师协会东盟法律专业委员会、涉外专业委会的委员等256人与会。

△自治区妇联、广西妇女理论研究会、广西家庭教育研究会、广西婚姻家庭研究会在南宁共同举办"家和万事兴,共筑中国梦"学术年会。广西妇女理论研究会会长王革冰、副会长唐秀玲与孙小迎、学术顾问刘旭金出席。50多人与会。

20~22日 由中国社会科学院哲学研究所、越南社会科学翰林院哲学所主办,广西大学政治学院、中国—东盟研究院承办的"中国越南核心价值观国际学术研讨会"在南宁举行。主题为"中国与越南的核心价值观"。收到会议论文25篇,22位专家学者作学术报告。来自中国和越南的63位学界专家与会。

21日 中国—东盟研究中心博士葛红亮赴北京参加2015年"国际安全研究选题"研讨会。

22日 由桂林医学院社科联主办,桂林医学院机关党委承办的"践行社会主义核心价值观"学术年会在桂林医学院东城校区举行。桂林医学院党委副书记罗放、桂林医学院社科联主席宿富国、桂林医学院社科联委员、机关党委部分党员干部、药学院"红色阵营"学生代表、桂林医学院"青马工程卓越班"学员代表与会。

23日 广西妇女理论研究会在南宁召开主题为"广西妇女与柬埔寨妇女工作就业情况"座谈会。自治区妇联领导、女企业家、城乡女能人、女性科技人才人员代表、研究会会员及柬埔寨妇女代表团等50人与会。

△中国—东盟研究中心邀请马来西亚华社研究中心、马来西亚新纪元学院族群研究中心、马来亚大学副研究员何启才作题为"马来西亚的族群关系"学术讲座。

23~25日 广西律师协会联合桂林、来宾、柳州、河池等4个市律师协会组织律师赴英山监狱、桂中监狱、柳州监狱、宜州监狱开展"国家宪法日"系列活动之送法进监狱活动。广西律师协会副会长孙骏、李杰,秘书长黄都恒分别参加相关活动,广西区直律师事务所及桂林、来宾、柳州、河池等律师代表49人参加。

24日 "广西经济工作会议"在南宁举行。自治区党委书记、自治区人大常委会主任彭清华,自治区主席陈武分别在会上作重要讲话。危朝安、黄道伟分别主持会议。白念法、沈北海、温卡华、唐仁健、周新建、范晓莉、王小东、邓卫平,自治区人大、政府、政协领导班子成员,自治区高级人民法院院长、自治区人民检察院检察长,武警广西总队司令员,其他省级领导;广西区直、中直驻桂有关单位,自治区管理的国有大中型企业,各市县及有关园区主要负责人出席。

△由中国国家画院、自治区文化厅主办,中国国家画院创作研究部、美术馆、美术研究院、艺术信息中心承办的"中国美术家系列——广西壮族自治区国画作品展"在中国国家画院美术馆举行开幕仪式。展出112幅国画精品。国家中央编办副主任王澜明,中宣部文艺局副局长刘新风,《文艺报》主编梁鸿鹰,文化部艺术司巡视员程桂荣,中国国家画院院长杨晓阳,自治区文化厅副厅长唐正柱,中国国家画院副院长张晓凌、赵卫、曾来德等出席。展期至12月30日。

24~26日 广西艺术学院统一战线首届"同心"书画展在广西艺术学院南湖校区开展。展出50多位画家60多幅作品。

25~29日 由自治区党委宣传部和自治区文化厅、新闻出版广电局、文联、总工会联合主办的"第三届广西基层群众文艺会演"在南宁举行。主题为"中国梦"。239个决赛节目、2900多名演员参演。广西14个设区市、区直机关、高等院校、南宁铁路局、广西军区、国资委等单位部门、基层群众参与。其中,广西群众艺术馆的古筝独奏《凌上云霄》等节目获器乐类一等奖,广西邕城女合唱团的女声合唱《嫁给山歌》获声乐类合唱一等奖,百色市田阳县文化馆的原生态山歌《丰之祭》等节目获声乐类一等奖,南宁市横县文化馆的群舞《呗侬》等节目获舞蹈类一等奖,河池市环江县非物质文化遗产保护传承中心的小品《乡路遥远》等获戏剧曲艺类一等奖。

26日 "广西民族大学民族学博士后科研流动站揭牌"仪式在广西民族大学举行。广西民族大学校长谢尚果、副校长李尚平与中山大学、兰州大学、自治区教育厅、自治区人力资源与社会保障厅有关负责人参加揭牌仪式。

△自治区副主席李康到百色学院调研。李康先后到电子技术创新实验室、微软IT学院实训认证中心及非物质文化遗产博物馆等进行调研,并主持召开高校解放思想推进综合改革百色片区座谈会,认可百色学院把创办科技园区作为破解高校转型发展瓶颈思路。

27日 "广西经济法学研究会第二届理事大会暨学术研讨会"在广西警官高等专科学校举行。自治区法学会党组成员、副会长韦军,自治区法学会研究部副主任徐卫华，自治区社科联副主席、自治区法学会副会长曹平出席会议。广西大学、广西民族大学、广西师范大学、广西财经学院、桂林电子科技大学、广西政法管理干部学院、广西警官高等专科学校100多名高校代表与会。

27~28日 广西伦理学学会在南宁召开“道德教化与法治文明”研讨会暨2014年年会。主题为“道德教化与法治文明”。收到论文38篇。广西区内78位专家学者参会。

28日 广西科学社会主义学会2014年年会暨“法治中国与实现国家治理体系和治理能力现代化”研讨会在南宁举行。广西科学社会主义学会会长、广西经济管理干部学院院长郑作广教授出席并讲话，广西科学社会主义学会副会长、自治区党校（行政学院）副校（院）长唐秀玲教授主持。驻邕的学会理事及自治区党校、广西社会科学院、广西民族大学、广西师范学院、广西经济管理干部学院、广西国际商务职业技术学院等单位专家学者30多人与会。

29日 由广西民族发展研究会、广西社科院科研处、广西社科院民族研究所联合主办的“《壮族网络歌圩研究》成果报告暨网络歌圩研讨会”在广西社科院举行。广西文联副主席韦苏文、广西社科联副巡视员刘俊出席并讲话。

30日 “自治区社科联七届二次常委会会议”在南宁举行。根据自治区党委提名，按照社科联章程，一致通过选举自治区社科联党组书记沈德海为自治区社科联第七届委员会委员、常务委员、主席。自治区社科联原党组书记、主席王士威因年龄原因转任自治区政协民族和宗教委员会副主任。

△广西社会科学院在南宁召开广西文化蓝皮书十周年座谈会暨2015年选题工作会议。

30~31日 广西律师协会联合防城港、百色市司法局和防城港市律师协会组织律师赴武警防城港市边防支队、武警百色支队靖西中队开展“国家宪法日”系列活动之送法进军营活动和靖西县边境居民法律咨询活动。

31日 广西师范学院社科联第四次会员代表大会在南宁举行。自治区社科联党组书记、主席沈德海出席并讲话。广西师范学院社科联第三届委员会副主席曾令辉作“广西师范学院社科联第三届委员会工作报告”，第三届委员及社科联120多位会员代表与会。

△广西艺术学院举行2014年发展成果展示暨迎新文艺演出，庆祝学校第三次党代会胜利闭幕，新一届校党委领导班子诞生。学校领导郑军里、禤思、陈应鑫、李沛新、韦俊平、侯道辉、韦春灵等观看演出。

附 录

国家社会科学基金项目 2014 年度课题指南

说 明

一、申报国家社科基金项目的指导思想是，高举中国特色社会主义伟大旗帜，以邓小平理论、“三个代表”重要思想、科学发展观为指导，深入贯彻落实党的十八大和十八届三中全会精神，贯彻落实习近平总书记系列讲话精神，坚持解放思想、实事求是、与时俱进、求真务实，坚持以重大现实问题为主攻方向，坚持基础研究和应用研究并重，构建哲学社会科学创新体系，发挥国家社科基金示范引导作用，推动哲学社会科学为党和国家工作大局服务、为社会主义文化大发展大繁荣服务。

二、《国家社科基金项目 2014 年度课题指南》围绕习近平总书记系列讲话、十八届三中全会和全国宣传思想工作会议提出的一系列新思想、新论断、新举措，拟定了一批重要选题，放在各学科突出位置，相关学科要结合自身的特点和优势申报重点课题，着力推出有分量有深度的研究成果。

三、申报国家社科基金项目，基础研究要力求具有原创性、开拓性和较高的学术思想价值，应用研究要具有现实性、针对性和较强的决策参考价值，着力推出体现国家水准的研究成果。

四、课题申请人须具备下列条件：遵守中华人民共和国宪法和法律；具有独立开展研究和组织开展研究的能力，能够承担实质性研究工作；具有副高级以上（含）专业技术职称（职务），或者具有博士学位。不具有副高级以上（含）专业技术职称（职务）或者博士学位的，可以申请青年项目，但必须有两名具有正高级专业技术职称（职务）的同行专家书面推荐。青年项目申请人和课题组成员的年龄均不超过 35 周岁（1979 年 3 月 1 日后出生）。课题组成员或推荐人须征得本人同意并签字确认，否则视为违规申报。申请人可以根据研究的实际需要，吸收境外研究人员作为课题组成员参与申请。全日制研究生不能申请，具备申报条件的在职博士生（博士后）从所在工作单位申请。

五、课题申请单位须符合以下条件：在相关领域具有较雄厚的学术资源和研究实力；设有科研管理职能部门；能够提供开展研究的必要条件并承诺信誉保证。以兼职人员身份从所兼职单位申报国家社科基金项目的，兼职单位须审核兼职人员正式聘用关系的真实性，承担项目管理职责并承诺信誉保证。

六、课题申报范围涉及 23 个学科，须按照《国家社科基金项目申报数据代码表》填写《申请书》。跨学科研究课题要以“靠近优先”原则，选择一个为主学科申报。教育学、艺术学、军事学单列学科的申报分别由全国教育科学规划办、全国艺术科学规划办、全军社科规划办另行组织。

七、《国家社科基金项目 2014 年度课题指南》条目分范围性条目和具体题目两类。范围性条目只规定研究范围和方向，申请人要据此自行设计具体题目，没有明确的研究对象和问题指向的申请不予受理和立项；依据具体题目申报的选题，应选择不同的研究角度、方法和侧重点，题目的文字表述可做适当修改。只要符合《课题指南》的指导思想和基本要求，各学科均鼓励申请人根据研究兴趣和学术积累申报自选课题（包括重点课题）。自选课题与按《课题指南》申报的选题在评审程序、评审标准、立项指标、资助强度等方面同样对待。无论是按《课题指南》拟定的选题还是自选课题，课题名称的表述应科学、严谨、规范、简明，一般不加副标题。

八、2014 年度国家社科基金项目继续实行限额申报，限额指标另行下达。各地社科规划办、在京委托管理机构和申请单位要着力提高申报质量，适当控制申报数量，特别是要减少同类选题重复申报。

九、申报课题的资助额度为：重点项目 40 万元，一般项目和青年项目 20 万元。申请人应按照《国家社科基金管理办法（2013 年 5 月修订）》和《国家社科基金项目经费管理办法》的要求，根据实际需要编制科学合理的经费预算。

十、国家社科基金项目的完成时限，基础理论研究一般为 3~5 年，应用对策研究一般为 2~3 年。

十一、为避免一题多报、交叉申请和重复立项，确保申请人有足够的时间和精力从事课题研究，2014 年度国家社科基金项目申请作如下限定：(1) 课题负责人同年度只能申报一个国家社科基金项目，且不能作为课题组成员参与其他国家社科基金项目的申请；课题组成员同年度最多参与两个国家社科基金项目申请；在研国家级项目的课题组成员最多参与一个国家社科基金项目申请。(2) 在研的国家社科基金项目、国家自然科学基金项目及其他国家级科研项目的负责人不能申请新的国家社科基金项目（结项证书标注日期在 2014 年 3 月 1 日之前的可以申请）。(3) 申请国家自然科学基金项目及其他国家级科研项目的负责人同年度不能申请国家社科基金项目，其课题组成员也不能作为负责人以内容相同或相近选题申请国家社科基金项目。(4) 申请教育部人文社会科学研究一般项目的负责人同年度不能申请国家社科基金项目。(5) 凡以在研或已结项的各级各类项目为基础申请国家社科基金项目，须在《申请书》中注明所申请项目与已承担项目的联系和区别，且不得以内容基本相同的同一成果申请多家基金项目结项。(6) 凡以博士学位论文或博士后出站报告为基础申报国家社科基金项目，须在《申请书》中注明所申请项目与学位论文（出站报告）的联系和区别，申请鉴定结项时提交学位论文（出站报告）原件。(7) 不得以已出版的内容基本相同的研究成果申请国家社科基金项目。

十二、申报课题须按照新修订的《国家社科基金项目申请书》（2013 年 12 月版）要求，如实填写材料，并保证没有知识产权争议。凡存在弄虚作假、抄袭剽窃等行为的，一经发现查实，取消三年申报资格；如获立项即予撤项并通报批评。为保证申报评审的公正性和严肃性，评审会议召开前申报单位或个人不得以任何名义走访、咨询学科评审组专家或邀请学科评审组专家进行申报辅导。凡行贿评审专家者，一经查实将予通报批评；如获立项即予撤项，五年内不得申报国家社科基金项目。凡在国家社科基金项目申报和评审中发现严重违规违纪行为的，除按规定进行处理外，均被列入不良科研信用记录。

十三、申报课题全部实行同行专家通讯初评，初评采用《活页》匿名方式，《活页》论证字数不超过四千字，要按《活页》中规定的方式列出前期相关研究成果。

十四、课题负责人在项目执行期间要遵守相关承诺，履行约定义务，按期完成研究任务；获准立项的《国家社科基金项目申请书》视为具有约束力的资助合同文本。最终成果实行匿名通讯鉴定，鉴定等级予以公布。除特殊情况外，最终研究成果须先鉴定、后出版，擅自出版者视为自行终止资助协议。

十五、项目申报材料从我办网站下载，或向受理单位索取。《申请书》经所在单位审查盖章后，报送各地社科规划办或在京委托管理机构。

十六、各地社科规划办、在京委托管理机构和基层科研管理部门要加强对申报工作的组织和指导，严格审核申报资格、前期研究成果的真实性、课题组的研究实力和必备条件等，签署明确意见。

十七、各省（区、市）社科规划办受理当地的课题申报，新疆生产建设兵团社科规划办受理兵团的课题申报，中国社会科学院科研局受理本院的课题申报，中央党校科研部受理中央国家机关及在京直属单位的课题申报，教育部社科司受理中央各部委所属在京普通高等院校的课题申报，全军社科规划办受理军队系统（含地方军队院校）的课题申报。全国社科规划办不直接受理个人申报。

十八、各地社科规划办、在京委托管理机构和基层科研管理部门要按规定做好申报数据录入、打印报表和《申请书》、《活页》的汇总报送等工作。从今年开始，全国社科规划办公室将建立国家社科基金项目电子申报档案，申报材料须提交电子版《国家社科基金项目申请书》（WORD 文件格式，不包括《活页》），各地社科规划办、在京委托管理机构要按申报单位和申请人分类汇总后，将电子版《申请书》统一刻录成光盘，随同纸质版申请材料一同报送我办。

十九、课题申报时间为 2013 年 12 月 10 日至 2014 年 3 月 1 日。各省（区、市）和新疆生产建设兵团社科规划办、在京委托管理机构须于 2014 年 3 月 10 日前，将汇总并认真校对的《申请书》中“数据表”数据发至我办邮箱（npopss@vip.163.com），并确保电子数据和《申请书》中“数据表”一致；3 月 15 日前将纸质版《申请书》和《活页》、电子版《申请书》光盘、统计表报送至我办，逾期不予受理。

马克思主义 · 科学社会主义

1. 坚持和发展中国特色社会主义研究

2. 中国特色社会主义的“特色”研究

3. 中国特色社会主义道路、理论体系、制度研究

4. 中国特色社会主义道路自信、理论自信、制度自信研究

5. 中国特色社会主义的实践特色、理论特色、民族特色、时代特色研究

6. 中国梦的重大意义、科学内涵、精神实质、实践要求研究

7. 中国梦与中国道路、中国精神、中国力量研究

8. 中国梦宣传教育研究

9. 巩固马克思主义在意识形态领域的指导地位研究

10. 巩固全党全国各族人民团结奋斗的共同思想基础研究

11. 坚定信仰信念与解决好世界观、人生观、价值观这个总开关问题研究

12. 培育和践行社会主义核心价值观研究

13. 增强国家文化软实力研究

14. 弘扬中华优秀传统文化与实现中华民族伟大复兴研究

15. 中华优秀传统文化与中国特色社会主义研究

16. 继承中华传统文化精髓与加强全社会思想道德建设研究

17. 中华文化与中华民族的精神追求、精神基因、精神标识研究

18. 改革开放前后两个三十年的关系研究

19. 改革开放是党在新的时代条件下带领全国各族人民进行的新的伟大革命研究

20. 改革开放的成功实践和全面深化改革必须长期坚持的重要经验研究

21. 全面深化改革的重大意义和指导思想研究

22. 全面深化改革的总目标研究

23. 全面深化改革必须坚持“三个进一步解放”研究

24. 全面深化改革必须坚持“六个紧紧围绕”研究

25. 全面深化改革必须牢固树立进取意识、机遇意识、责任意识研究

26. 全面深化改革必须增进改革的系统性、整体性、协同性研究

27. 全面深化改革必须坚持社会主义市场经济改革方向研究

28. 全面深化改革与中国特色社会主义政治发展道路研究

29. 全面深化改革与中国特色社会主义文化发展道路研究

30. 全面深化改革与中国特色社会主义和谐社会发展道路研究

31. 全面深化改革与中国特色社会主义生态文明发展道路研究

32. 全面深化改革与中国特色社会主义富国强军发展道路研究

33. 中国特色社会主义理论体系形成和创新发展研究

34. 中国特色社会主义宣传教育研究

35. 中国特色社会主义文化发展与中国共产党文化自觉自信研究

36. 中国特色社会主义道德文化体系及其社会功能研究

37. 中国特色社会主义理论体系的学科建设研究

38. 中国特色社会主义理论体系的学理基础研究

39. 中国特色社会主义理论体系与其他社会思潮比较研究

40. 中国特色社会主义道路的世界意义研究

41. 毛泽东思想及其在马克思主义中国化进程中的地位与作用研究

42. 邓小平理论及其在马克思主义中国化进程中的地位与作用研究

43. “三个代表”重要思想及其在马克思主义中国化进程中的地位与作用研究

44. 科学发展观及其在马克思主义中国化进程中的地位与作用研究

45. 新形势下做好意识形态工作研究

46. 社会主义核心价值观的凝练研究

47. 用社会主义核心价值观引领当代中国社会思潮研究

48. 传统文化和时代精神相结合视野下构建社会主义核心价值体系研究

49. “三个自信”与中国特色社会主义和共产主义理想信念教育研究

50. 马克思主义中国化、时代化、大众化研究

51. 当代中国马克思主义发展与创新的规律和机制研究

52. 马克思主义中国化的国际影响和世界意义研究

53. 国外对马克思主义中国化问题研究评析

54. 马克思主义学说史研究

55. 马克思主义发展的基本规律研究

56. 马克思主义基本原理的科学体系和当代价值研究

57. 马克思主义人本思想的历史演进及理论成果研究

58. 马克思主义经济理论与社会主义市场经济体制研究

59. 马克思主义不同流派发展史研究

60. 马克思恩格斯关于资本主义生态批判理论研究

61. 马克思主义关于落后国家社会发展的重要著作和基本理论研究

62. 马克思主义在不同国家和地区的发展史研究

63. 马克思恩格斯的国家政权建设思想与20世纪社会主义的教训研究

64. 马克思恩格斯研究未来社会的科学方法论研究

65. 马克思主义“人的全面发展”理论与当代中国“人的发展”问题研究

66. 马克思主义绿色发展观研究

67. 基于最新文献的马克思重要文本再研究

68. 马克思主义妇女观在中国的实践研究

69. 马克思主义无神论研究

70. 历史唯物主义视阈下当代中国社会转型研究

71. 实施马克思主义理论研究和建设工程的成就与经验研究

72. 科学社会主义的逻辑起点和基本范畴研究

73. 科学社会主义学科建设研究

74. 我国全面深化改革的动力研究

75. 经济全球化背景下中华文化复兴研究

76. 中西文化激荡下中国文化变迁研究

77. 文化体制改革的意识形态属性与产业属性之间关系研究

78. 西方民主输出与我国意识形态安全研究

79. 当前社会思潮和倾向对人们思想的影响及对策研究

80. 西方意识形态的渗透及我国对策研究

81. 中西价值观比较视阈下我国当代核心价值观构建研究

82. 中外意识形态领域的管理及其比较研究

83. 综合国力竞争与不同制度模式不同价值观的博弈研究

84. 中国国家形象创新与发展战略研究

85. 培育良好社会心态的评价标准研究

86. 生态文明建设评价指标体系研究

87. 生态文明建设与环境竞争力提升研究

88. 推进生态文明建设重大理论与实践问题研究

89. 社会系统工程与“五位一体”总体设计研究

90. 当代社会思潮对青年思想行为的影响及对策研究

91. 大学生思想政治教育系统化研究

92. 高校思想政治教育实效性研究

93. 思想政治教育环境变化对人的思想和行为的影响研究

94. 思想政治教育新方法、新载体和新途径研究

95. 思想政治教育中的人文关怀和心理疏导研究

96. 当代大学生马克思主义观教育链研究

97. 近代国民素质的提高与人的现代化研究

98. “一国两制”与中国特色社会主义研究

99. 和谐世界观与和谐世界战略研究

100. 军队思想政治工作模式构建与创新研究

101. 马克思“人的自由全面发展”学说与中国共产党的宗旨意识研究

102. 工人阶级理论的学术史考察

103. 国际社会对中国发展道路和发展模式的各种认识辨析

104. 当代资本主义发展的最新动向和趋势研究

105. 当代资本主义发展的历史走向与世界格局变动及我国应对方略研究

党史·党建

1. 中国共产党的奋斗史与中华民族伟大复兴的中国梦研究

2. 坚持党要管党、从严治党研究

3. 坚守共产党人精神追求和防止精神上“缺钙”问题研究

4. 坚持党性与人民性相统一研究

5. 坚持正确用人导向和建立科学有效选人用人机制研究

6. 健全以民主集中制为核心的党内制度体系研究

7. 贯彻落实中央“八项规定”和加强作风建设研究

8. 开展党的群众路线教育实践活动和解决“四风”问题长效机制研究

9. 贯彻整风精神开展批评与自我批评研究

10. 健全不敢腐的惩戒机制、不能腐的防范机制、不易腐的保障机制研究

11. 听党指挥、能打胜仗、作风优良的强军目标研究

12. 全面深化改革与完善党的领导体制、执政方式研究

13. 党的群众路线理论与实践发展创新研究

14. 加强党的纯洁性建设研究

15. 执政党的意识形态建设规律研究

16. 新的历史条件下党员干部坚定理想信念研究

17. 网络信息化条件下巩固党在意识形态领域的主导权研究

18. 新形势下执政党建设与参政党建设及其相互关系研究

19. 国际视野下党的执政能力建设研究

20. 党内民主和党的政治安全研究

21. 健全党员民主权利保障制度研究

22. 应对“四大考验”和“四个危险”研究

23. 党的纪律检查工作双重领导体制具体化、程序化、制度化研究

24. 完善党务公开制度研究

25. 健全反腐倡廉法规制度体系研究

26. 健全改进作风常态化制度研究
27. 规范并严格执行领导干部工作生活保障制度研究
28. 完善干部考核评价机制研究
29. 改进优秀青年干部培养选拔机制研究
30. 增强全党理论学习氛围和理论学习实效性研究
31. 新形势下党的思想建设中加强马克思主义无神论教育研究
32. 加强党员领导干部思想道德建设问题研究
33. 充分发挥干部教育培训在学习型党组织建设中的作用研究
34. 改革开放以来党的集中教育活动研究
35. 密切联系群众的动力机制和实现机制研究
36. 完善党内组织生活研究
37. 批评和自我批评常态化制度化研究
38. 网络信息在反腐倡廉建设中的作用研究
39. 干部清正、政府清廉、政治清明的实现途径研究
40. 加强党的领导干部政治忠诚和政治纪律研究
41. 创新基层党建工作和夯实党执政的组织基础研究
42. 服务型基层党组织建设研究
43. 新形势下党政机关、国有企业、社区、科研院所党组织建设研究(分专题)
44. 新型城镇化进程中农村党建研究
45. 非公有制经济组织中的党组织作用研究
46. 优化党员队伍结构研究
47. 提高军队党的建设科学化水平研究
48. 中国共产党推进马克思主义中国化、时代化、大众化的历程研究
49. 中国共产党历史的分时期综合性研究及相互关系研究
50. 中国共产党专题史研究
51. 中国共产党的重大决策、重大事件、重要会议、重要人物研究(分专题)
52. 中国共产党中央领导集体形成史研究
53. 中国共产党制度建设史研究
54. 中国共产党与共产国际关系史研究
55. 新中国成立以来党领导社会主义现代化建设的历史经验研究
56. 新中国成立以来党领导教科文卫和社会福利事业的历史经验研究(分专题)
57. 新中国成立以来党加强马克思主义理论建设的历史经验研究
58. 新中国成立以来党领导哲学社会科学事业的历史经验研究
59. 新中国成立以来党领导马克思主义无神论教育的历史经验研究
60. 新中国成立以来党的知识分子政策及其历史经验研究
61. 新中国成立以来党处理民族、宗教关系的历史经验研究
62. 新中国成立以来党处理阶级阶层关系的历史经验研究
63. 新中国成立以来党推进统一战线工作的历史经验研究
64. 新中国成立以来党处理中央和地方关系的历史经验研究
65. 新中国成立以来党推进国防和军队现代化建设的历史经验研究
66. 新中国成立以来党推动实现祖国统一大业的历史经验研究
67. 新中国成立以来党维护国家主权和领土完整的历史经验研究
68. 新中国成立以来党处理同周边国家关系的历史经验研究
69. 新中国成立以来党处理同大国关系的历史经验研究
70. 新中国成立以来党在国际上处理和发展党际关系的历史经验研究
71. 中国共产党在社会主义初级阶段基本路线形成与发展研究
72. 中国共产党领导的改革开放史研究
73. 毛泽东生平和思想研究
74. 邓小平生平和思想研究
75. 抗美援朝研究
76. “两弹一星”精神研究
77. 新中国时期的中苏关系研究
78. 新中国时期的中美关系研究
79. 中国共产党领导的多党合作和政治协商制度形成和发展研究
80. 中国共产党对台方略研究
81. 中国共产党治藏方略研究
82. 中国共产党治疆方略研究
83. 中共党史资料的收集、整理与研究
84. 中国共产党红色遗产的传承、保护和利用研究
85. 提高中共党史研究科学化水平与加强学科建设研究
86. 党的执政风险与历史周期率研究
87. 中国共产党历史的主题和主线、主流和本质研究

88. 马克思主义历史观、方法论与中共党史研究
89. 党的建设基本理论和学科建设研究
90. 对围绕中国共产党历史的错误史观、错误思潮和错误论点的评析

哲 学

1. 中华民族伟大复兴中国梦的哲学基础研究
2. 实现中国梦与坚持人民主体地位研究
3. 弘扬中华优秀传统文化与培育民族精神研究
4. 中国特色社会主义是科学社会主义理论逻辑和中国社会发展历史逻辑的辩证统一研究
5. 加强顶层设计和摸着石头过河都是推进改革的重要方法研究
6. 解放思想与实事求是的关系研究
7. 增强忧患意识和加强底线思维研究
8. 经济基础决定上层建筑与发挥经济体制改革牵引作用研究
9. 经济基础与上层建筑、经济建设与意识形态工作的辩证关系研究
10. 全面深化改革的本质要求和内在规律研究
11. 凝聚改革共识和形成改革合力研究
12. 经济持续健康发展与社会公平正义的哲学研究
13. 坚持人民主体地位与紧紧依靠人民推动改革研究
14. 中国特色社会主义道路的哲学基础研究
15. 马克思主义群众观与党的群众路线研究
16. 弘扬中华优秀传统文化与增强国家文化软实力研究
17. 提高文化开放水平与推动中华文化走向世界研究
18. 邓小平哲学思想研究
19. 马克思主义意识形态理论和我国意识形态建设研究
20. 社会信息化条件下我国意识形态建设研究
21. 当代中国利益结构与变动趋势的哲学研究
22. 世界科技创新发展趋势与我国创新驱动发展战略研究
23. 马克思主义公平正义理论及其当代价值研究
24. 历史唯物主义与当代中国重大现实问题研究
25. 马克思主义中国化哲学新范畴研究
26. 马克思主义哲学与传统形而上学研究
27. 马克思主义哲学与虚无主义研究
28. 马克思主义哲学创新问题研究
29. 马克思的创新思想研究
30. 马克思主义需要理论研究
31. 唯物辩证法与历史辩证法研究
32. 历史唯物主义视阈中的政治哲学研究
33. 历史规律与历史主体研究
34. 历史必然性与目的论研究
35. 俄苏马克思主义哲学形态研究
36. 国际视野中的马克思恩格斯哲学思想研究
37. 国外马克思主义哲学专题研究
38. 坚持古为今用、去粗取精、去伪存真对待传统文化研究
39. 中国优秀传统文化及其当代价值研究
40. 中国古代儒家思想中的道德追求、道德境界和道德养成研究
41. 中国传统哲学与世界观人生观价值观研究
42. 中国哲学新出土文献研究
43. 近现代思潮中的中国哲学发展和转型问题研究
44. 中国经学著作及中国经学史研究
45. 西方哲学史(断代、国别)研究
46. 东方哲学史(国别)研究
47. 当代国外哲学思潮、流派和前沿问题研究
48. 外国重要哲学家著作编译研究
49. 西方社会政治哲学与社会发展研究
50. 现代西方哲学家与政治的关系研究
51. 当代中国道德建设实践中的重大问题研究
52. 公民道德建设和道德实践养成问题研究
53. 生态文明建设中的伦理问题研究
54. 伦理学基础理论研究
55. 中国伦理思想史研究
56. 当代中外伦理思潮研究
57. 科技创新与生态文明研究
58. 科技传播与国民素质研究
59. 科学技术思想史研究
60. 科学哲学与技术哲学的基本理论与问题研究
61. 科学技术与社会(STS)的理论与问题研究
62. 哲学社会科学创新体系建设研究
63. 当代中国休闲文化的美学研究
64. 民族审美文化研究
65. 中国传统美学的传承与创新研究
66. 中西审美感研究
67. 西方心理美学研究
68. 逻辑学与当代哲学的关系研究
69. 逻辑哲学主要分支研究
70. 逻辑哲学重要问题研究
71. 中国逻辑史的分阶段研究
72. 逻辑学的社会文化功能研究
73. 新兴哲学学科研究
74. 当代无神论思潮研究

75. 科学无神论与当代神秘主义研究

理论经济

1. 以科学发展为主题推动我国经济持续健康发展研究
2. 尊重经济规律与转变经济发展方式研究
3. 稳中求进、稳中有为与统筹稳增长、调结构、促改革研究
4. 全面深化改革面临的国际环境分析
5. 我国经济发展的新阶段和新趋势研究
6. 发挥市场在资源配置中的决定性作用和更好发挥政府作用研究
7. 宏观经济政策保持连续性、稳定性与提高针对性、协调性研究
8. 坚持社会主义市场经济改革方向研究
9. 释放改革红利问题研究
10. 发挥经济体制改革牵引作用研究
11. 完善的社会主义市场经济体制的主要标志和评价体系研究
12. 中国特色社会主义基本经济制度的完善和发展研究
13. 全面深化改革背景下政府、市场与社会的关系研究
14. 建设全国统一开放、有序竞争的市场体系研究
15. 市场化改革与资源配置效率最大化和效率最优化研究
16. 全面深化改革与完善现代市场体系研究
17. 全面深化改革与完善宏观调控体系研究
18. 全面深化改革与完善开放型经济体系研究
19. 加快转变经济发展方式研究
20. 加快建设创新型国家研究
21. 推进创新驱动发展研究
22. 工业化、信息化、城镇化、农业现代化同步推进研究
23. 工业化、城镇化与农村土地产权制度改革研究
24. 统筹城乡发展与中国特色新型城镇化道路研究
25. 区域一体化与经济协调发展研究
26. 我国区域开发的战略升级研究
27. 中国城市经济发展转型研究
28. 破除城乡二元结构与形成新型工农城乡关系研究
29. 实施主体功能区制度研究
30. 土地产权制度改革与土地金融发展的制度基础和经济效应研究
31. 完善城镇化健康发展体制机制研究
32. 城乡要素平等交换和公共资源均衡配置研究
33. 新型城镇化助推县域经济发展的机制与体系研究
34. 城乡一体化的国际经验及中国道路研究
35. 建立系统完整的生态文明制度体系研究
36. 推动绿色发展、循环发展、低碳发展研究
37. 雾霾治理与区域经济结构升级研究
38. 我国海洋生态文明建设与海洋开发总体布局研究
39. 我国绿色能源发展研究
40. 我国经济转型升级若干重大问题研究
41. 我国经济结构变动跟踪研究
42. 中国经济升级版的衡量标准与动力机制研究
43. 坚持公有制主体地位与发挥国有经济主导作用研究
44. 全面深化改革与增强国有经济活力、控制力、影响力研究
45. 公益性国有企业的经营目标、企业行为与政府监管问题研究
46. 深化国有企业改革研究
47. 发展混合所有制经济研究
48. 支持非公有制经济健康发展研究
49. 全面深化改革与激发非公有制经济活力和创造力研究
50. 完善产权保护制度研究
51. 建立公平开放透明的市场规则研究
52. 完善金融市场体系研究
53. 深化科技体制改革研究
54. 完善文化经济政策研究
55. 改进预算管理制度研究
56. 改革生态环境保护管理体制研究
57. 深化税收制度改革研究
58. 赋予农民更多财产权利研究
59. 构建开放型经济新体制研究
60. 新时期我国沿边开放的理论、实践与战略调整研究
61. 加快自由贸易区建设研究
62. 建立健全现代文化市场体系研究
63. 构建现代公共文化服务体系研究
64. 健全促进就业创业体制研究
65. 形成合理有序的收入分配格局研究
66. 中等收入阶段生产率提升研究
67. 中等收入阶段的城镇化和工业化研究
68. 西部地区传统制造业转型升级研究
69. 我国流通产业升级与产业治理机制创新研究
70. “城市社会”背景下的中国城市化道路研究
71. 我国公共福利制度及其改革研究

72. 生态经济数量分析方法及其在中国的应用研究

73. 资本配置效率和通胀的关系研究

74. 防止要素闲置和满足有效需求的生产要素市场发展研究

75. 人口大国的工业化与产业演进研究

76. 从企业层面认识实体经济与虚拟经济关系问题研究

77. 教育公平、社会流动性和长期经济增长研究

78. 世界经济波动对中国经济的影响研究

79. 国家赶超与合作机制研究

80. 新兴经济国家经济发展道路研究

81. 西方国家金融危机、债务危机与资本主义制度弊端的分析

82. 世界经济格局演变与我国发展战略调整研究

83. 经济危机理论比较研究

84. 经济全球化历史研究

85. 马克思主义经济学基础理论时代化发展研究

86. 马克思经济学在中国的创新发展研究

87. 马克思主义经济思想史研究

88. 马克思主义经济思想主要流派研究

89. 西方马克思主义经济思想研究

90. 中国古代经济思想和经济价值观研究

91. 中国近代经济思想和经济价值观研究

92. 近代中国城市化的演进与新型城乡关系的形成研究

93. 我国初期工业化模式与路径研究

94. 新中国的城镇化道路研究

95. 中国少数民族地区经济发展史研究

96. 中国农户支出结构的历史变迁及其原因分析

97. 中外城市化历史比较研究和专题研究

98. 世界近现代经济史主要问题研究

99. 西方大国近现代经济发展研究

应用经济

1. 宏观政策要稳、微观政策要活、社会政策要托底有机统一研究

2. 宏观调控目标制定和政策手段运用机制化研究

3. 完善发展成果考核评价体系研究

4. 统一市场准入制度与制定负面清单研究

5. 提高国有资本收益上缴公共财政比例研究

6. 完善国有资本经营预算制度研究

7. 推进国内贸易流通体制改革研究

8. 健全城乡发展一体化体制机制研究

9. 公共服务均等化与城乡一体化研究

10. 价格改革相关问题研究

11. 深化投资体制改革研究

12. 深化科技体制改革与建设国家创新体系相关问题研究

13. 优化国有资本配置问题研究

14. 完善国有资产监管体制问题研究

15. 建立事权和支出责任相适应的制度研究

16. 中国(上海)自由贸易试验区离岸金融中心发展研究

17. 中国(上海)自由贸易试验区负面清单管理模式研究

18. 放宽投资准入与构建开放型经济新体制研究

19. 资本回报率与中国经济格局的变动研究

20. 国有资本授权经营体制改革研究

21. 区域政策创新与区域协调发展机制研究

22. 我国海洋经济发展战略研究

23. 国际产业分工格局演变下我国产业竞争优势转型问题研究

24. 构建现代产业新体系进程的跟踪研究

25. 加快发展现代服务业研究

26. 建立健全防范和化解产能过剩长效机制研究

27. 不同行业产能绝对过剩、结构过剩、周期过剩分析研究

28. 健全优胜劣汰市场化退出机制与完善企业破产制度研究

29. 技术—经济范式转换与可再生能源产业技术创新研究

30. 智能服务的理论、技术及产业化研究

31. 促进新能源发展的运营模式和政策创新研究

32. 中小企业服务体系创新研究

33. 物联网服务新业态研究

34. 提高我国国际分工地位与金融产业科技互动模式研究

35. 知识产权保护与自主创新问题研究

36. 构建新型农业经营体系与创新农业经营方式研究

37. 现阶段完善农业支持政策体系研究

38. 农村土地承包经营权流转研究

39. 农业支持保护体系与农业补贴制度研究

40. 新型农业经营主体构建与农业现代化研究

41. 发展农村合作经济研究

42. 粮食主产区利益补偿机制研究

43. 改革农村宅基地制度研究

44. 农村产权流转交易公开、公正、规范运行研究

45. 惠农政策实施效果跟踪研究

46. 加快农村转移人口市民化的相关政策研究

47. 发展农村股份合作经济问题研究

48. 发展家庭农场问题研究
49. 农业要素市场化及其分配研究
50. 生物转基因技术对我国农业生产安全的影响和对策研究
51. 我国粮食安全指标体系建设研究
52. 农产品价格形成机制研究
53. 农村基础设施投资公平性研究
54. 建立城乡统一的建设用地市场研究
55. 新型城镇化过程中农村转移人口的土地问题研究
56. 兼顾国家、集体、个人的土地增值收益分配机制研究
57. 土地租赁、转让、抵押二级市场研究
58. 城乡一体化与中国土地政策改革研究
59. 土地流转与农业经营方式转变研究
60. 土地产权流转与发展农村新型合作组织研究
61. 完善农村土地承包制度研究
62. 跨区域城市发展协调机制研究
63. 城市综合承载能力研究
64. 新型城镇化质量和效益研究
65. 新型城镇化的金融支持研究
66. 我国城市群发展问题研究
67. 我国城市新区发展问题研究
68. "城市病"的防范与治理问题研究
69. 新型城镇化的成本与效益分析
70. 符合中国国情的住房保障和供应体系研究
71. 新型城镇化与房地产市场和政策的关系研究
72. 我国保障性住房问题研究
73. 划定生态保护红线研究
74. 国土空间开发保护制度研究
75. 资源有偿使用制度和生态补偿制度相关问题研究
76. 重大生态安全风险识别、管控与应急处理研究
77. 外来物种入侵对我国生态安全的影响和对策研究
78. 吸引社会资本投入生态环境保护的市场化机制研究
79. 可再生能源城市建设的理论与方法研究
80. 碳金融发展研究
81. 中小城市低碳发展的融资路径研究
82. 林权改革与森林碳汇交易机制协调发展研究
83. 生态脆弱区生态保护的成本效益分析
84. 碳锁定及解锁路径研究
85. 中日韩碳排放交易统一市场研究
86. 美国气候政策对我国参与国际气候谈判的影响研究
87. 健全社会保障财政投入制度和预算制度研究
88. 划转部分国有资本充实社会保障基金问题研究
89. 建立充分发挥中央和地方两个积极性的现代财政制度研究
90. 中国公共财政建设定量研究
91. 我国现行财政体制对区域经济发展影响研究
92. 一般性转移支付增长机制研究
93. 城乡一体化过程中的财政战略研究
94. 推进不同地区基本公共服务均等化问题研究
95. 地方政府性债务问题研究
96. 扩大政府购买公共服务问题研究
97. 财政收入增长与经济增长关系变化趋势研究
98. 提高财政资金利用效率问题研究
99. 推进财政预决算公开问题研究
100. 完善地方税体系研究
101. 构建地方收入体系问题研究
102. 税收优惠政策的规范管理研究
103. 个人所得税制改革相关问题研究
104. 完善我国税收制度顶层设计研究
105. 我国中速增长期限的税收收入预测研究
106. 政策性金融机构改革问题研究
107. 人民币汇率市场化形成机制研究
108. 发展普惠金融问题研究
109. 健全多层次资本市场体系研究
110. 民间资本设立金融机构相关问题研究
111. 货币存量与国内生产总值比例问题研究
112. 人民币资本项目可兑换问题研究
113. 加快存款利率市场化问题研究
114. 我国金融流动性问题与对策研究
115. 我国地方金融体系改革与发展研究
116. 防止我国商业银行过度集中问题研究
117. 金融经济服务实体经济相关问题研究
118. 我国外汇储备投资模式创新研究
119. 互联网金融相关问题研究
120. 互联网金融与中小企业融资模式创新研究
121. 深化基础设施建设投融资体制改革研究
122. 加快民间资本进入基础设施和公用事业建设领域研究
123. 非常规货币政策与大宗商品价格走势研究
124. 影子银行相关问题研究
125. 建立和发展社区银行问题研究
126. 建立巨灾保险制度研究
127. 我国社会保险制度改革的重点研究
128. 建立存款保险制度研究
129. 农业保险制度研究

130. 新型农村社会养老保险的社会经济效果研究

131. 保险业系统性风险与金融稳定研究

132. 保险资金参与社会保障问题研究

133. 人口结构变动对我国劳动市场及社会保障的影响研究

134. 人口结构变动对我国经济发展影响研究

135. 生产效率与劳动力市场的动态机制研究

136. 就业友好的社会保障制度研究

137. 我国人力资本与经济转型升级的关系研究

138. 未来劳动力供求总量及结构变化趋势研究

139. 我国劳动关系协调机制运行的有效性与国际比较研究

140. 养老保障政策与财政支出能力的关系研究

141. 发展老龄服务产业研究

142. 我国养老金缺口问题及对策研究

143. 农民工市民化的成本与收益研究

144. 完善再分配调节机制研究

145. 收入分配制度改革相关问题研究

146. 多渠道增加居民财产性收入研究

147. 我国工资合理增长机制研究

148. 逐步形成橄榄型分配格局研究

149. 我国劳资关系发展的范式选择研究

150. 收入差距代际传递变动趋势的实证研究

151. 公共部门薪酬制度改革研究

152. 人力资本产权激励与收入分配政策研究

153. 推动企业及个人对外投资机制研究

154. 扩大对港澳台地区的开放合作研究

155. 我国对外投资与产业转移问题研究

156. 增强我国服务业出口能力研究

157. 我国文化对外贸易研究

158. 全球化背景下中国企业海外经营的国际环境比较研究

159. 美丽中国建设与旅游业健康发展研究

160. 我国国内旅游需求变化趋势与对策研究

统计学

1. 建立国家统一的经济核算制度研究

2. 利率市场化对金融机构影响的统计研究

3. 我国信息消费的统计测度研究

4. 我国金融资源配置的统计分析及效率评价方法研究

5. 最优退休年龄统计测度方法研究

6. 资源环境约束下全要素生产率增长研究

7. 我国财政支出效果的统计评价方法研究

8. 定性数据的统计分析理论与应用研究

9. 空间统计方法及其在社会经济领域的应用研究

10. 抽样检验方法标准化研究

11. 特殊领域和特殊问题的统计调查研究

12. 我国国民经济核算体系修订的若干问题研究

13. 增加值贸易核算的理论与方法研究

14. 统计数据资源的规划、建设、共享与管理研究

15. 大数据背景下政府统计应对与改进研究

16. 统计工作网络化研究

17. 结构异质条件下中国能源绩效的统计测度方法研究

18. 地区经济发展与债务承载能力统计测度方法研究

19. 受限因变量统计建模理论与应用研究

20. 非线性季节模型及其应用研究

21. 政府统计调查方法的相互衔接与效率研究

22. 政府统计与民间统计的关系研究

23. 信息化社会背景下统计法修订问题研究

24. 大数据理论与统计信息安全问题研究

25. 大数据背景下统计学理论和方法创新研究

政治学

1. 中国梦与中华民族伟大复兴的政治内涵、政治基础和政治目标研究

2. 中国梦与巩固最广泛的爱国统一战线研究

3. 坚持党的领导、人民当家作主、依法治国有机统一研究

4. 推进国家治理体系和治理能力现代化研究

5. 积极稳妥推进政治体制改革研究

6. 坚持和完善人民代表大会制度研究

7. 坚持和完善中国共产党领导的多党合作和政治协商制度研究

8. 坚持和完善民族区域自治制度

9. 坚持和完善基层群众自治制度

10. 巩固和发展最广泛的爱国统一战线研究

11. 发展更加广泛、更加充分、更加健全的人民民主研究

12. 全面深化改革背景下理顺中央与地方事权关系研究

13. 全面深化改革与政府职责作用研究

14. 简政放权与深化行政审批制度改革研究

15. 优化政府组织结构研究

16. 深化公务员分类改革研究

17. 加快事业单位分类改革研究

18. 建设法治政府和服务型政府研究

19. 推进协商民主广泛多层制度化发展研究

20. 健全基层选举、议事、公开、述职、问责等机制研究

21. 构建决策科学、执行坚决、监督有力的权力运行体系研究
22. 推行地方各级政府及其工作部门权力清单制度研究
23. 探索实行官邸制研究
24. 完善各类人才顺畅流动制度体系研究
25. 科学发展观与中国特色社会主义政治发展道路研究
26. 中国特色社会主义政治的历史渊源与现实基础研究
27. 科学社会主义基本原则与中国特色社会主义政治发展道路研究
28. 中华民族文化传统与中国特色社会主义政治发展道路研究
29. 中国特色社会主义政治优势及其实现机制研究
30. 中国基本国情政情与人民民主发展的关系研究
31. 中国特色社会主义政治制度优势的构成和运行机理分析
32. 坚持共产党人信仰与推进中国特色政治建设实践研究
33. 新时期党的意识形态安全与政权安全研究
34. 党的执政方式与群众路线教育的关系研究
35. 全心全意为人民服务宗旨意识的制度建设研究
36. 党的作风建设与执政能力建设的关系研究
37. 密切联系群众制度化与中国特色人民民主政治研究
38. 党风与社会风气的互动关系研究
39. 党的群众路线与国家有效治理的关系研究
40. 网络虚拟社会条件下加强党的执政能力建设研究
41. 健全和完善反腐败的高效协同体制机制研究
42. 中央巡视制度与廉政建设研究
43. 健全人民代表大会的监督权及其行使机制研究
44. 完善人民政协的协商治理功能及其实现机制研究
45. 加强民主党派建设和提高参政议政能力研究
46. 强化基层协商民主和治理的制度建设研究
47. 拓展和完善人民群众有序参与政治的途径和机制研究
48. 完善重大决策咨询制度与中国特色新型智库建设研究
49. 新时期我国政府与市场关系发展的理论研究
50. 实现社会公平正义和共同富裕的治理机制研究
51. 建设创新型政府的理论与制度研究
52. 中国特色行政管理体制理论与实践研究
53. 深化政府审批制度改革与转变政府职能研究
54. 创新行政管理方式和提高政府治理能力研究
55. 深化政府管制与市场准入制度改革研究
56. 政府创造安全公平法治的市场环境与依法监管市场研究
57. 政府部门职能机制整合与深化大部门制改革研究
58. 简政放权与政府机构编制改革研究
59. 廉洁政府建设的理论与长效机制研究
60. 加快推进公共资源交易市场化改革研究
61. 勤俭从政与政府行政成本研究
62. 强化政府公信力与执行力研究
63. 责任政府建设与行政问责长效机制研究
64. 效能政府建设与深化政府绩效管理研究
65. 深化政务公开与决策透明化研究
66. 深化地方政府职能转变研究
67. 新型城镇化进程中的政府职能及其实现途径研究
68. 土地流转和农业现代化进程中的基层政府职能研究
69. 新型城镇化背景下的基层民主与治理研究
70. 同步推进新型城镇化和农业现代化与乡村治理创新的关系研究
71. 新时期政府与社会关系的基本特点和机制创新研究
72. 建立健全政府向社会力量购买公共服务机制研究
73. 政府向社会力量购买公共服务与事业单位改革的衔接机制研究
74. 我国经营性公有财产的政治功能研究
75. 政府的养老保障职能和实现机制国际比较研究
76. 深化户籍制度改革与推进新型城镇化研究
77. 促进社会公平正义的政府管理制度创新研究
78. 实现社会财富公平分配的政府公共政策与长效机制研究
79. 社会保障制度创新和发展中的政策协调研究
80. 领导干部政治情操修养与公民道德素质相互促进关系研究
81. 中央督导工作与干部管理体制研究
82. 健全和完善干部教育制度研究
83. 公务员考试选拔制度和程序规范化、法治化研

究

84. 构建有效管用、简便易行的选人用人机制研究

85. 人才政策绩效评估与协同创新研究

86. 创新和改善我国信访制度和信访工作研究

87. 工会组织建设与完善企事业单位民主管理制度研究

88. 共青团的社会、政治功能和机制创新研究

89.21 世纪妇女参政新趋势研究

90. 重大突发性公共危机中的志愿者服务管理研究

91. 深化事业单位内部治理结构和运行机制改革研究

92. 社会组织在生态文明建设中的作用机制研究

93. 农村民间组织发展及管理问题研究

94. 政府管理社会组织的体制机制国际比较研究

95. 我国城市管理的规范化、法治化研究

96. 依法进行城市拆迁与维护社会政治稳定问题研究

97. 生态文明建设中的社会矛盾解决机制和政策调整研究

98. 生态文明建设与农村贫困治理相互促进的政府职能研究

99. 我国公众民主意识发展研究

100. 我国公众利益表达机制研究

101. 我国公民政治认同的伦理基础研究

102. 边疆民族地区反恐维稳的长效机制研究

103. 边疆民族地区宗教与政治稳定的关系研究

104. 边疆民族地区公民有序政治参与研究

105. 边疆民族地区城市社区治理研究

106. 网络背景下公民的国家认同研究

107. 网络虚拟社会治理与保障国家政治安全研究

108. 网络监督与良性政治生态构建研究

109. 中国特色科技产业创新园区管理模式研究

110. 我国自由贸易区的政府管理体制机制研究

111. 完善我国公民国籍管理制度研究

112. 中国特色侨务理论和政策创新研究

113. “一国两制”在香港、澳门的实施与完善研究

114. “一国两制”与海峡两岸关系发展研究

115. 巩固深化两岸和平发展的政治基础研究

116. 台湾民意与政党政治的发展趋势研究

117.《中华人民共和国香港特别行政区基本法》与香港政治发展研究

118. 香港政党、社会组织与香港政治发展的关系研究

119. 澳门社会团体在协商治理中的地位和功能研究

120. 西方国家票决民主制度的内在机理研究

121. 中国传统政治思想现代转型的价值重构研究

122. 西方现当代政治思想流派、价值和范式跟踪研究

123. 比较政治学理论建构和发展研究

法　学

1. 依法治国首先是依宪治国、依法执政关键是依宪执政研究

2. 全面推进科学立法、严格执法、公正司法、全民守法研究

3. 依法治国、依法执政、依法行政共同推进研究

4. 法治国家、法治政府、法治社会一体建设研究

5. 坚持依法治国和以德治国相结合研究

6. 建立科学合理、规范有序的司法权力运行机制研究

7. 人民代表大会制度理论和实践创新研究

8. 健全宪法实施监督机制和程序研究

9. 法治建设指标体系和考核标准研究

10. 建立权责统一、权威高效的行政执法体制研究

11. 推进综合行政执法改革研究

12. 司法管理体制改革研究

13. 依法独立公正行使审判权检察权研究

14. 司法管辖制度与中国法院体系改革研究

15. 涉法涉诉信访依法终结制度研究

16. 非法证据排除规则研究

17. 审判委员会制度改革研究

18. 完善司法人员分类管理制度研究

19. 法官、检察官、人民警察职业保障制度研究

20. 优化司法职权配置与健全司法权力运行机制研究

21. 法治中国理论与实践研究

22. 司法公信力研究

23. 司法公开相关问题研究

24. 严格规范减刑、假释、保外就医程序研究

25. 完善人权司法保障制度研究

26. 健全社区矫正制度研究

27. 国家司法救助制度相关问题研究

28. 律师执业权利保障机制与违法违规执业惩戒制度研究

29. 反腐败体制机制创新和制度保障研究

30. 知识产权法院相关问题研究

31. 农户宅基地用益物权研究

32. 房地产税立法研究

33. 自媒体对司法的影响及其应对研究

34. 深化法学教育改革的理论与实践研究

35. 中国古代法治与吏治研究
36. 中国古代契约制度及契约文化研究
37. 中国古代司法文明研究
38. 中国近代法学家的学术移植与创新问题研究
39. 租界法制与中国法制近代化研究
40. 新中国法制建设若干重大史实专题研究
41. 当代英美法系之变迁研究
42. 当代中国区域法治发展的理论与实践研究
43. 依宪治国的体制机制研究
44. 西方宪政民主问题研究
45. 协商民主法律制度研究
46. 健全权力制约和监督体系研究
47. 基层政权建设法律问题研究
48. 政治法的基本原理和框架体系研究
49. 经济发展、社会公正与中国土地制度改革研究
50. 中国少数民族语言权利研究
51. 法治视角下的自媒体意见表达与法律规制研究
52. 法治政府建设的重点与路径研究
53. 法律激励理论与机制研究
54. 严格规范公正文明执法研究
55. 行政程序法立法问题研究
56. 行政执法与司法有效衔接机制研究
57. 重大行政决策程序法律制度研究
58. 重大行政决策风险评估机制研究
59. 政府采购法律规范体系化研究
60. 财产申报及公示制度的中外比较研究
61. 城镇化过程中集体土地征收补偿制度研究
62. 户籍制度改革的法律问题及其对策研究
63. 完善行政复议制度研究
64. 政府信息公开的诉讼问题研究
65. 行政公益诉讼研究
66. 现代大学制度与大学章程研究
67. 政府购买公共服务法律问题研究
68. 基本医疗保障法律制度研究
69. 保障性住房法律问题研究
70. 公民权利保障视角下小产权房法律问题研究
71. 中美涉老法律制度比较研究
72. 民法典编纂与民事单行法律制定、修改研究
73. 民商法司法解释问题研究
74. 中国财产法体系结构研究
75. 所有制与所有权的关系研究
76. 国土空间开发法律问题研究
77. 填海造地的物权法律制度研究
78. 土地承包经营权法律问题研究
79. 环境侵权研究
80. 食品药品侵权研究
81. 基因隐私的法律规制与人权保障研究
82. 医患纠纷的立法与司法问题研究
83. 医疗责任保险法律制度研究
84. 国家创新体系中的知识产权制度研究
85. 文化产权交易法律问题研究
86. 反不正当竞争中的知识产权问题研究
87. 物联网技术的知识产权问题研究
88. 数字出版中的著作权问题研究
89. 网络环境中的商标制度研究
90. 行业法治基础理论研究
91. 金融控股公司法律制度研究
92. 非上市公司的场外交易问题研究
93. 全面深化经济体制改革与法律制度创新研究
94. 经济安全的法治保障研究
95. 中国自由贸易区重大法律问题研究
96. 中国(上海)自由贸易试验区法制问题研究
97. 地方债务治理的法治化路径研究
98. 土地增值利益分配制度研究
99. 我国遗产税立法研究
100. 金融改革与金融法制创新问题研究
101. 民间融资市场治理与风险防范的法律问题研究
102. 互联网金融法律问题研究
103. 证券法修订研究
104. 行业垄断法律规制研究
105. 体育产业的法律规制研究
106. 军队国有资产管理体制改革法律问题研究
107. 美丽中国与环境法治研究
108. 环境权与环境义务的法理研究
109. 自然遗产保护的法律问题研究
110. 环境退化防治法的基本理论和体系构建研究
111. 完善中国湿地保护法律制度研究
112. 基于生态系统的海洋环境保护立法研究
113. 北京及周边省区市环境污染治理的法制协调机制研究
114. 上海合作组织能源俱乐部法律机制研究
115. 环境司法研究
116. 中国特色环境公益诉讼理论和实践问题研究
117. 转型时期犯罪现象及其控制研究
118. 刑法中禁止重复评价研究
119. 轻罪刑事政策研究
120. 犯罪概念的但书规定研究
121. 抽象危险犯的立法研究
122. 法治反腐机制研究
123. 仇恨犯罪治理研究

124. 城市犯罪的防卫空间研究

125. 依法加强网络社会治理研究

126. 网络谣言治理法律制度研究

127. 大数据时代网络信息安全问题研究

128. 信息网络犯罪行为刑法规制研究

129. 海域交通事故犯罪研究

130. 犯罪记录查询制度研究

131. 量刑反制定罪研究

132. 死刑执行程序规范化研究

133. 刑民交叉法律问题研究

134. 审判权、检察权依法独立行使的制度完善研究

135. 刑事司法统计制度研究

136. 刑事错案实证研究

137. 职务犯罪赃款赃物追回机制研究

138. 涉台审判实践与司法协助实证研究

139. 证据立法研究

140. 技术侦查取证规则研究

141. 司法鉴定体制改革研究

142. 废止劳动教养制度后对违法犯罪行为的惩治和矫正法律研究

143. 监所管理体制改革研究

144. 公职律师制度研究

145. 中国民事诉讼制度演进研究

146. "枫桥经验"与社会纠纷解决机制研究

147. 我国在国际法发展中的立场与话语权研究

148. 国内法治与国际法治的互动研究

149. 我国法律外交战略研究

150. 国际人权对话与合作机制研究

151. 中外反恐立法比较研究

152. 安理会决议在中国执行问题研究

153. 建设海洋强国背景下的海法体系构建研究

154. 中国南海管辖海域权益维护研究

155. 海洋强国战略与东海争端冲突法律问题研究

156. 北极航线与中国国家利益的法学研究

157. 跨太平洋伙伴关系协议(TPP)相关法律问题研究

158. 世界贸易组织中国涉诉案件的法律分析

159. 上海合作组织框架下贸易投资便利化法律机制研究

160. 国际商法统一实体规则适用问题研究

161. 知识产权法律全球化的政治经济学研究

162. 跨界河流开发利用的国际环境法律问题研究

社会学

1. 坚持把民生工作和社会管理工作作为社会建设两大根本任务研究

2. 全面深化改革与促进社会公平正义、增进人民福祉研究

3. 建立以权利公平、机会公平、规则公平为主要内容的社会公平保障体系研究

4. 中国特色社会主义民生理论与实践研究

5. 创新社会治理体制研究

6. 重大决策社会稳定风险评估机制研究

7. 深化社会体制改革研究

8. 推进城乡基本公共服务均等化研究

9. 改进社会治理方式研究

10. 激发社会组织活力研究

11. 建立更加公平可持续的社会保障制度研究

12. 健全社会保障管理体制和经办服务体系研究

13. 完善城乡均等的公共就业创业服务体系研究

14. 就业失业监测统计制度研究

15. 收入分配调控体制机制和政策体系研究

16. 劳动关系协调机制创新研究

17. 深化医药卫生体制改革相关问题研究

18. 社会征信体系建设研究

19. 机关事业单位养老保险制度改革研究

20. 全面建设小康社会的难点问题研究

21. 社会治理的理论和机制研究

22. 创新立体化社会治安防控体系研究

23. 我国新社会群体研究

24. 我国社会体制改革实践研究

25. 当前中国社会秩序的价值基础及其重建研究

26. 社会治理创新与民生事业发展研究

27. 当代中国地方治理与人口流动变化研究

28. 转变社会发展方式研究

29. 科学发展观视阈下的发展代价问题研究

30. 创新有效预防和化解社会矛盾体制研究

31. 扩大利益交汇点与凝聚社会共识研究

32. 社会矛盾理论研究

33. 民生理论研究

34. 社会阶层理论及实证研究

35. 我国社会景气与社会信心研究

36. 我国社会转型的政治社会学研究

37. 我国城市人口文化消费与社会差异研究

38. 社会体制转型下的劳资矛盾与利益协调机制研究

39. 改革开放以来我国社会流动研究

40. 我国农村生态体系变迁的环境社会学研究

41. 中国社会学的文化自觉与诠释学研究

42. 我国公民文明礼仪素质养成研究

43. 虚拟社会中公民修养与社会担当研究

44. 与市场化社会机制相适应的价值文化研究
45. 社会思潮产生、发展、演变的进程和规律研究
46. 互联网对社会情绪、社会心态的影响及引导机制研究
47. 国家认同与民族认同研究
48. 公民意识与公共参与研究
49. 社会巨变背景下的社会情绪研究
50. 当代中国青年信仰问题研究
51. 新型城镇化的社会学研究
52. 城镇新移民问题与社会治理创新研究
53. 居住空间调整与城乡社会服务体系建设研究
54. 不同区域新型城镇化模式研究
55. 美丽中国或美丽城市评估指标与战略研究
56. 城市智能化与智慧城市建设的社会学研究
57. 新型城镇化与公共政策体系建构研究
58. 我国城乡社区一体化的实践与理论研究
59. 城市化进程中农民市民化问题研究
60. 面向职业群体社会生活的城市社会治理创新研究
61. 传播心理与城市化的关系研究
62. 新型城镇化进程中土地流转的社会风险研究
63. 城乡居民收入差距问题研究
64. 新型城镇化建设与农村发展关系研究
65. 新生代农民工的身份认同问题研究
66. 村落变迁与新型农村社区研究
67. 我国社会企业的发展现状及趋势研究
68. 我国社会治理创新及其对公共服务和社会事业的影响研究
69. 政府主导的公共服务供给市场化、社会化路径研究
70. 边疆地区的新型城镇化与社会治理研究
71. 社会性别视野下的空巢女性老人健康养老研究
72. 计划生育政策对中国社会的影响研究
73. 我国社会动员模式及其效用研究
74. 社会转型背景下的集体行为与社会氛围研究
75. 社会治理创新背景下的维权与维稳关系研究
76. 生态文明视阈下的环境意识与环境行动研究
77. 网络社会参与机制研究
78. 我国网络社会治理创新研究
79. 转型时期中国公益事业发展研究
80. 性别视角下的社会变迁研究
81. 民间组织的管理与服务规范研究
82. 社会服务的国际比较研究
83. 基层社会治理实践的规范化建设研究
84. 虚拟社会治理与社会协同问题研究
85. 社会政策与经济政策的区别及整合研究
86. 特殊群体成员后代生活教育保障问题研究
87. 城市流动儿童心理健康状况及其发展促进研究
88. 大学毕业生的生活境遇与社会态度研究
89. 青年消费行为与生活方式变化趋势研究
90. 残疾人就业问题研究
91. 食品安全与企业社会责任问题研究
92. 土地流转与农民增收研究
93. 大学毕业生就业质量研究
94. 社会政策与农民工的尊严感研究
95. 慈善事业的社会认同研究
96. 我国慈善事业的监管体制研究
97. 国有企业改革与工业组织新共同体形成机制研究
98. 国有企业转型过程中的技术变迁研究
99. 市场转型时期国有企业的劳动过程与生产体制研究
100. 社会学视野下的族群关系调查
101. 我国跨境民族地区的社会保障问题研究
102. 民族传统文化的社会功能研究
103. 民族地区特困人群生存状况的调查与研究
104. 民族地区生态移民的社会适应性研究
105. 少数民族地区宗教活动的社会学研究
106. 民俗信仰相关问题研究
107. 反腐倡廉和我国家庭文化关系研究
108. 中国式家族企业相关问题研究
109. 婚姻家庭的社会性研究
110. 现代化中的“人本位”和“家本位”比较研究
111. 当代中国家庭问题与家庭社会政策研究
112. 农民工流动家庭模式及其风险应对机制研究
113. 老年长期护理服务体系建设研究
114. 我国养老模式、问题及政策配套体系研究
115. 城乡社区养老模式与服务机制研究
116. 现代化背景下的本土社会心理学研究
117. 我国社会工作价值伦理研究
118. 我国现阶段社区社会工作队伍研究
119. 社会工作视角下失独父母的社会融入问题研究
120. 社会工作视角下城市社区精神卫生服务体系建设研究
121. 社会工作、社会组织与社会治理的协同创新研究
122. 社会工作与特殊人群管理研究
123. 社会工作的社会认同研究
124. 社会工作促进社会服务业发展的作用研究

125. 社会工作方法的发展史研究
126. 国企工会福利传统与企业社会工作发展研究
127. 农民集中居住的生活质量问题研究
128. 社会创新的动力与制度环境研究
129. 新生代农民工的婚恋模式研究
130. 不同社会群体的婚姻家庭价值观研究
131. 社会分配差异对家庭关系和家庭稳定性的影响研究
132. 社会性别视角下的社会治理政策研究
133. 中国社会学的社会行动史研究
134. 中国特色社会学话语体系研究
135. 国外社会建设相关经验研究
136. 韦伯与中国文化研究

人口学

1. 坚持计划生育的基本国策研究
2. 创新人口管理与改革户籍制度研究
3. “单独”二胎政策与促进人口长期均衡发展研究
4. 渐进式延迟退休年龄政策研究
5. 农业转移人口市民化研究
6. 建立社会养老服务体系研究
7. 应对人口老龄化挑战相关问题研究
8. 构建农村留守儿童、妇女、老年人关爱服务体系研究
9. 城乡生育水平差异研究
10. 不同规模城市生育水平差异研究
11. 妇女年龄别生育率变动研究
12. 死亡率变动趋势及成因研究
13. 人口预期寿命延长趋势研究
14.21 世纪我国人口预测与人口转变研究
15. 内在人口自然增长率变动研究
16. 国际人口出生率新变动研究
17. 老年人口消费问题研究
18. 城乡老年人口生活来源比较研究
19. 城市“以房养老”和社区养老模式研究
20. 家庭养老功能弱化问题研究
21. 农村留守老年人口状况调查研究
22. 推迟养老金支付问题研究
23. 养老金社会统筹问题研究
24. 老年人口健康研究
25. 老年与子女、孙子女代际关系研究
26. 老年家庭调查研究
27. 劳动年龄人口变动对经济发展影响研究
28. 第二次人口红利研究
29. 从属比(抚养比)变动趋势与预测研究
30. 工资合理增长与调整机制研究
31. 教育结构与就业问题研究
32. 大学生就业难问题研究
33. 劳动力市场整合与社会政策包容性研究
34. 人口迁移流动下的社会保障改革研究
35. 人口城市化阶段性特征研究
36. 新型城镇化过程中的人口合理分布问题研究
37. 农民工融入城市问题研究
38. 人口城镇化与土地城镇化的关系研究
39. 人口与资源、环境可持续发展研究
40. 人口学视阈下新型城镇化相关问题研究
41. 边疆少数民族人口问题研究
42. 我国牧区妇女生育水平及生育意愿的调查研究
43. 离婚率升高问题研究
44. 结婚率变动问题研究
45. 家庭稳定性问题研究
46. 家庭发展趋势问题研究
47. 残疾人健康问题研究
48. 华侨人口特征和融入问题研究
49. 国际人口迁移研究

民族问题研究

1. 中国梦与构建中华民族共有精神家园研究
2. 中国梦与增强民族自豪感自信心研究
3. 中华民族伟大复兴进程中的国家民族建构研究
4. 贯彻党的民族政策与保障少数民族合法权益研究
5. 巩固和发展平等团结互助和谐的社会主义民族关系研究
6. 支持少数民族和民族地区发展的政策研究
7. 扶持人口较少民族发展研究
8. 推进兴边富民行动研究
9. 加快沿边重点口岸、边境城市等开放的政策措施研究
10. 落实边疆民族地区人才支持计划研究
11. 维护新疆、西藏及其他藏区稳定和发展研究
12. 民族区域自治制度的“中国特色”研究
13. 宪法、民族区域自治法与自治条例关系研究
14. 正确处理中央和地方关系与自治区自治条例研究
15. 民族工作全面纳入法制化轨道研究
16. 自治州、自治县自治条例功能与作用的实证比较研究
17. 新疆地区自治州、自治县制定自治条例调查研究

18. 全面正确贯彻落实民族政策与密切联系群众研究

19. 社会治理与服务中的少数民族合法权益保障研究

20. 民族团结进步教育与公民道德建设研究

21. 援助西藏与全面建成小康社会研究

22. 援助新疆与全面建成小康社会研究

23. 全面建成小康社会与东西部发展差距预测研究

24. 西部地区经济社会发展中生态文明建设的现状研究

25. 西部地区资源环境承载能力监测预警机制研究

26. 西部生态脆弱地区划定生态保护红线研究

27. 少数民族人口在全国城乡分布研究（基于“六普”数据）

28. 少数民族地区城乡发展一体化体制机制研究

29. 新型城镇化进程中的民族交往研究

30. 东部城市少数民族聚居性社区调查研究（3–5个城市）

31. 少数民族民营企业类型及其发展现状研究

32. 少数民族地区民营企业职工族别构成调查研究

33. 西部地区国有企业吸纳当地少数民族就业调查研究

34. 西部地区国有企业惠民措施调查研究

35. 西藏地区便民警务站建设与社会稳定研究

36. 新疆地区基层（乡镇、社区）维护社会稳定研究

37. 少数民族聚居村寨“村干部”调查研究

38. 少数民族地区牧民流动人口就业问题研究

39. 少数民族地区双语教学师资问题研究

40. 少数民族地区构建现代公共文化服务体系研究

41. 少数民族文化是中华文明重要组成部分研究

42. 中国民族学的学科理论创新发展研究

43. 少数民族文字珍善本的搜集、整理和研究

44. 民族国家建构与国家民族整合的理论与实证研究

45. 中国少数民族史（志）研究

46. 边疆民族地区科学无神论宣传教育研究

47. 少数民族妇女在边疆稳定中的作用研究

国际问题研究

1. 中国梦与推动建设持久和平、共同繁荣的和谐世界研究

2. 引导国际社会全面客观认识中国梦研究

3. 中国走和平发展道路的战略选择研究

4. 统筹国内国际两个大局、完善外交总体布局研究

5. 维护我国主权、安全、发展利益研究

6. 构建不冲突、不对抗、相互尊重、合作共赢的新型大国关系研究

7. 按照亲、诚、惠、容的理念推进周边外交研究

8. 尊重各国人民自主选择发展道路权利问题研究

9. 双边、多边、区域次区域开放合作研究

10. 我国实施自由贸易区战略研究

11. 建设丝绸之路经济带研究

12. 建设21世纪海上丝绸之路研究

13. 筹建亚洲基础设施投资银行研究

14. 我国有效参与国际宏观经济政策协调机制研究

15. 马克思主义战争与和平观及其当代价值研究

16. 时代性质、时代问题和时代主题研究

17. 全球贫富差距现状及发展趋势研究

18. 科技革命和经济全球化背景下生产资料私有制与产品全球化基本矛盾研究

19. 国际金融危机现状及发展趋势研究

20. 当代资本主义与社会主义相互关系研究

21. “三个世界划分”理论的当代意义研究

22. 中国外交的基本理论与政策研究

23. “韬光养晦”与“有所作为”的关系研究

24. 我国对外人文交流的现状及作用研究

25. 人民币国际化进程中外汇储备管理研究

26. 未来10—15年中美经济发展格局变化及我国应对战略研究

27. 中俄全面战略协作伙伴关系研究

28. 中美新型大国关系研究

29. 中欧务实合作机制研究

30. 中国“走出去”战略在非洲面临的风险及对策研究

31. 中国与拉丁美洲经贸关系研究

32. 经济全球化背景下的中国产业安全研究

33. 中国海外投资的国家战略规划与风险防范研究

34.21世纪国际发展援助及中国的角色研究

35. 中国开拓“两洋”出海大通道战略问题研究

36. 东海、南海等涉及我国领土主权和海洋权益争端相关问题研究

37. 深海采矿规章制定与我国海区油气资源开发问题研究

38. 中国参加极地开发的理论及实践研究

39. 中国民间外交研究

40. 中、美、日三边关系研究
41. 中国—东盟自由贸易区建设面临的问题研究
42. 中国与新兴市场国家和发展中国家的团结合作研究
43. 中国与周边国家的互联互通建设研究
44. 中国东北亚次区域合作战略与对策研究
45. 中印领土争端问题研究
46. 中国 NGO 参与全球治理的战略与策略研究
47. 境外非政府组织在我国的现状及作用研究
48. “全球治理”问题研究
49. 全球多边主义与区域主义研究
50. 全球治理体系的演变及发展中国家地位和作用研究
51. 欧盟经济政策与世界经济格局研究
52. 新兴经济体与世界格局研究
53. 新兴国际协调机制及应对研究
54. 美国“亚太再平衡”战略研究
55. 美国国家安全战略研究
56. 美国“棱镜”等监控计划对国际关系的影响研究
57. 美国军事思想与军事战略研究
58. 美国经济政策与世界经济格局研究
59. 美国债务问题研究
60. 美国“巧实力”与公共外交战略调整研究
61. 英国外交战略研究
62. 欧盟外交战略研究
63. 日本价值观外交研究
64. 俄罗斯外交战略研究
65. 印度外交战略研究
66. 伊朗外交战略研究
67. 朝鲜半岛核问题研究
68. 上海合作组织相关问题研究
69. 博鳌亚洲论坛相关问题研究
70. 安理会改革问题研究
71. 世界银行相关问题研究
72. 国际货币基金组织相关问题研究
73. 二十国集团相关问题研究
74. 国际组织中的政治势力集团分析
75. 中东北非伊斯兰政党上台及其对中国的影响研究
76. 大国围绕叙利亚危机的博弈及其对中东局势的影响研究
77. 全球经济金融治理机制研究
78. 全球企业并购与国际直接投资的变化方向研究
79. 全球经济周期问题研究
80. 全球自由、开放、非歧视的多边贸易体系建设研究
81. 世界各国对转基因技术的政策和法律研究
82. 石油、粮食、水等资源安全问题研究
83.WTO 与 TPP 等自由贸易谈判研究
84. 亚洲区域经济一体化与跨区域合作研究
85. 全球气候变化谈判与清洁能源的前景研究
86. 经济全球化背景下的人权问题研究
87. 国际移民和难民问题研究
88. 毒品扩散和跨国犯罪问题研究
89. 海权争端中的国际法研究
90. 越南、古巴、朝鲜、老挝特色社会主义研究
91. 拉美、非洲和亚洲相关国家左翼思潮研究
92. 全球非执政共产党现状及发展趋势研究
93. 苏联知识分子政策与国家兴衰研究
94. “金融战”与苏联解体研究
95. 互联网与颜色革命研究
96. 国际话语体系研究
97. 西方媒体在国际关系中的角色与作用研究
98. 西方文化霸权研究
99. 伊斯兰世界与西方的文化差异与矛盾研究
100. 全球主要智库对中长期世界格局的判断研究
101. 冷战以来美国主要思想家、政治家、战略家的“和平观”研究
102. 中医药走向世界战略研究
103. 新中国外交史研究
104. 当今国际政治理论思潮研究

中国历史

1. 中华民族伟大复兴的历史进程研究
2. 唯物史观与中国特色社会主义理论体系研究
3. 唯物史观与中国历史发展道路研究
4. 唯物史观与中国近代社会性质研究
5. 唯物史观在近代中国的传播研究
6. 唯物史观与中国实证史学关系研究
7. 中国国家起源问题研究
8. 中华民族形成史研究
9. 中国古代国家认同与社会治理研究
10. 中国古代道德规范研究
11. 中国古代移民史研究
12. 中国古代生态思想研究
13. 敦煌学学术史研究
14. 中国古代“丝绸之路”与华夏文明传播研究
15. 汉唐时期“丝绸之路”交通与贸易变迁研究
16. 中国古代海上“丝绸之路”研究
17. 历史时期边疆地区城市发展与社会变迁研究

18. 长江流域古代文明进程研究
19. 历史时期少数民族的活动与环境变迁研究
20. 魏晋隋唐以来地方志编纂及相关文献遗存研究
21. 谣谶与十六国北朝政治、社会变迁研究
22. 明清时期江西填湖广、湖广填四川研究
23. 明清以来江淮海地区经济发展与社会变迁研究
24. 琉球历史与东亚国际秩序研究
25. 晚清、民国时期经学衰退史研究
26. 中国近代海权意识研究
27. 民国时期国人关于民族复兴的研究
28. 民国时期中国知识界关于社会主义道路的研究
29. 民国时期历史教科书与历史教学研究
30. 晚清和民国时期立宪和宪政运动教训研究
31. 晚清民国时期中国国家权力机关的重构研究
32. 近代以来中央与地方财政分权制度研究
33. 中国近代城市兴衰与社会发展研究
34. 中国近现代教育发展研究
35. 民国学术史研究
36.20 世纪“新史学”流派学术成就研究
37. 近代中外之间关于领土和疆界问题谈判交涉研究
38. 近代来华外国顾问研究
39. 近现代中日关系的历史症结与历史观研究
40.20 世纪川藏地区社会经济变迁研究
41. 五四时期的社团与中国共产党创建关系研究
42. 广东军政府研究(1917-1922)
43. 毛泽东与中国共产党建国方略的形成与实践研究
44. 中国特色社会主义宪法形成史研究
45. 中国协商民主制度历史发展研究
46. 新中国国防战略思想史研究
47. 新中国大学教育发展史研究
48. 新中国土地制度研究
49. 改革开放以来城市发展与社会变迁研究
50. 新中国金融制度与国民经济关系研究
51. 中国与“二战”后世界秩序的构建研究
52. “台独”发展史研究
53. 中美建交后双方在涉台问题上的互动关系研究
54.《告台湾同胞书》发表以来两岸关系发展史研究
55. 新中国方志编纂史

世界历史

1. 中国梦与世界各国人民追求幸福生活梦想的历史比较研究
2. 全球化与全球史理论研究
3. 后现代史学与后现代史学家研究
4. 古代东西方世界的国际关系理论与实践比较研究
5. 世界古代经典文献的汉译与研究
6. 中世纪欧洲经济与社会新史料整理、翻译与研究
7. 南海、东海岛屿的外国史料(含地图)收集、整理与研究
8. 世界历史上大国边疆治理研究
9. 历史知识和文学艺术在民族国家建构中的作用研究
10. 近代以来西方传媒社会作用的历史研究
11. 发达国家社会治理理论与实践的历史考察
12. 近代以来主要国家经济发展过程中社会道德问题研究
13. 当代世界重大问题的历史渊源研究
14. “二战”后对战败国条约安排与执行的历史研究
15. “二战”后美国与亚太关系的历史研究
16. 中亚国别史研究
17. 外国农民和乡村历史的变迁研究

考古学

1. 旧、新石器文化过渡遗存研究
2. 史前社会复杂化的考古学研究
3. 夏商周时期中原与周边考古学文化研究
4. 古代城镇的考古学研究
5. 古代宗教遗存的考古学研究
6. 中国考古学史研究
7. 军事考古学研究
8. 流散国外的中国文物资料整理与研究
9. 外国考古学研究
10. 生物考古及相关问题研究
11. 考古地理信息系统构建研究
12. 大遗址保护与展示相关问题研究

宗教学

1. 中国梦与中国文化传统中的信仰精神研究
2. 马克思主义宗教观基本理论研究
3. 中国特色社会主义宗教理论研究
4. 积极引导宗教发挥正能量作用研究

5. 积极引导宗教与当代社会及其文化相适应研究
6. 中国宗教文化软实力及公共外交作用研究
7. 无神论学科体系建设研究
8. 科学无神论与宗教信仰自由研究
9. 科学无神论与抵御境外宗教渗透研究
10. 宗教与海洋文化关系研究
11. 世界政教关系研究
12. 宗教与当代中国外交研究
13. 中国政教关系史及其特色研究
14. 中外关系中的宗教因素研究
15. 亚洲社会政治与宗教关系研究
16. 我国宗教信仰人群的调查与分析
17. 我国新兴社会阶层的宗教信仰状况研究
18. 新型城镇化过程中的宗教变迁研究
19. 宗教与现代社会生态关系研究
20. 宗教与当代中国经济关系研究
21. 我国宗教多元发展现状研究
22. 依法治国与宗教管理研究
23. 当代中国宗教管理的新思路、新举措研究
24. 宗教组织的社会服务与慈善事业研究
25. 宗教与科学关系的历史及现状研究
26. 民族文化与宗教关系研究
27. 宗教文化艺术的历史及现状研究
28. 宗教经典、档案及重要文献的整理与翻译
29. 世界佛教发展历史与现状研究
30. 佛教思想历史及现状研究
31. 佛教与中国传统文化研究
32. 基督教与国际政治关系研究
33. 基督教思想文化在中外社会发展中的意义与作用研究
34. 基督教在当代中国城镇、农村与少数民族地区的传播研究
35. 梵蒂冈和世界天主教最新发展及对我国的影响研究
36. 世界伊斯兰教现状及其政治影响研究
37. 伊斯兰教新兴教派及其对中国的影响研究
38. 当代伊斯兰教在我国的传播新特点研究
39. 道教礼仪与我国民俗传统研究
40. 我国民间信仰的管理问题研究
41. 我国民间信仰及其国内外影响研究
42. 新兴宗教及其对我国的影响研究
43. 我国少数民族宗教发展历史与现状研究
44. 台港澳宗教及其政治参与研究

中国文学

1. 文学的使命与中国梦研究
2. 加强文学艺术产品创作生产的引导研究
3. 坚持马克思主义在文学创作与批评中的指导地位研究
4. 文学创作与批评中的历史虚无主义问题研究
5. 当代文艺评论与文艺思潮研究
6. 马克思主义文学理论中国化的发展历程及其经验研究
7. 建设中华优秀传统文化传承体系研究
8. 中国古代文学与弘扬优秀传统文化研究
9. 提高文化开放水平与中国文学走向世界问题研究
10. 文学的正负能量与创作主体义利观研究
11. 文学创作与批评中的人性人道主义问题研究
12. 古代分体文学研究
13. 历代著名作家作品研究
14. 出土文献与传世文学文献研究
15. 中国古代多元文化与多民族文学研究
16. 中国古代思想史与文学思潮研究
17. 中国古代审美意识研究
18. 中国现当代文学的文献整理与研究
19. 列宁主义与中国新文学思潮百年书话研究
20. 鲁迅在中国现代文学中的经典地位研究
21.20 世纪左翼文学研究
22. 作家地域特征性研究
23. 中国现当代红色文学经典的审美特征研究
24. 新文学伦理叙事与中国现代伦理观的构建研究
25. 全球化背景下文学的传承与创新研究
26. 媒介融合中的中国当代文学新趋势研究
27. 华文文学的变异与融通研究
28. 中国近代翻译文学史研究
29. 当代文化中的网络文学研究
30. 作家纪念馆与文学传播研究
31. 传记文学研究
32. 影视文本的文学性研究

外国文学

1. 外国文学与现代化及公民道德建设研究
2. 外国文学与国民教育研究
3. 外国文学与人文主义研究
4. 国外文学教育与国家认同研究
5. 我国与周边国家文学关系研究
6. 当前外国文学的若干重要问题反思（如生态批评、女权主义、少数族裔文学、后殖民主义、文学心理学等）
7. 外国重要作家、作品研究（以古典为主）
8. 外国重要文艺思想、流派研究

语言学

1. 推广和规范使用国家通用语言文字研究
2. 中国境内语言类型特征及语言普遍现象研究（汉语、各少数民族语言）
3. 中国濒危语言有声语档建设的理论与实践研究
4. 现代通用汉字的历史读音研究
5. 声调类型学研究
6. 汉语的域外传播研究
7. 现代汉语常用词的构成理据及其历史源流研究
8. 句法和语义的互动关系研究
9. 汉语词类的新探索和特殊小类研究
10. 汉语常用句式的句法语义新研究
11. 虚词的语义结构与语用功能研究
12. 方言研究数字化基础建设研究
13. 汉语方言特征研究(区、片、边界点等）
14. 与汉语方言音韵层次相结合的音韵学研究
15. 近代汉语官话语音研究与北京话历史音变研究
16. 汉语的起源与形成研究
17. 上古汉语形态与谐声字关系研究
18. 汉藏历史比较语言学研究
19. 阿尔泰语系三大语族亲缘、接触关系的历史研究
20. 藏区语言生态调研
21. 基于语料库的出土上古文献语言研究
22. 手语语料库建设和神经机制研究
23. 儿童语言发展的心理学与神经语言学研究
24. 语言治疗标准与汉语语言能力评估研究
25. 当代英汉 / 汉英平行语料库的创建与应用研究
26. 我国外语能力标准研究
27. 基于使用的语言学与语言习得
28. 切合中国外语学习者的教学理论与方法研究
29. 切合外国汉语学习者的教学理论与方法研究
30. 双语对比与翻译研究

新闻学与传播学

1. 中国梦宣传教育与全方位传播研究
2. 牢牢掌握意识形态工作领导权、管理权、话语权研究
3. 新闻宣传坚持党性与人民性相统一研究
4. 正面宣传与舆论斗争研究
5. 大宣传工作理念和格局研究
6. 舆论引导的“时、度、效”问题研究
7. 宣传思想文化工作改革创新研究
8. 增强主流媒体的传播力公信力影响力研究
9. 外宣工作创新研究
10. 推进国际传播能力建设研究
11. 加强国际传播话语体系建设研究
12. 我国对外传播的效果分析研究
13. 边疆省区国际传播能力建设研究
14. 改善网络舆论生态研究
15. 网上舆论斗争的特点、规律及应对策略研究
16. 互联网信息保护与推行实名制研究
17. 涉腐网络舆情收集、研判、处置、引导机制研究
18. 网络谣言及其治理问题研究
19. 加强和改进网络内容建设研究
20. 加强马克思主义新闻观教育研究
21. 媒体社会责任与传播正能量研究
22. 党管媒体原则的理论与实践研究
23. 我国媒体管理体制机制创新研究
24. 正面引导和依法管理相结合的网络舆论工作格局研究
25. 传统媒体和新兴媒体融合发展研究
26. 新闻发布制度化研究
27. 严格新闻工作者职业资格制度与规范传播秩序研究
28. 理顺内宣外宣体制研究
29. 中国特色社会主义新闻理论体系研究
30. 中国特色社会主义新闻学核心理念和核心概念研究
31. “宣传”与“新闻”的异同研究
32. 重要国有传媒企业探索实行特殊管理股制度研究
33. 大数据背景下的新闻传播发展研究
34. 传统媒体数字化转型策略研究
35. 媒介视野下当代中国和外部世界的结合研究
36. 世界主要新闻媒体发展现状与趋势研究
37. 深度报道的中外比较研究
38. 媒介融合背景下的视听媒介研究
39. 我国省级卫星电视频道发展研究
40. 全球化背景下电视节目创新研究
41. 全球气候变化和环境传播研究
42. “新丝绸之路”与中亚发展的传播学研究
43. “美丽中国”对外传播研究
44. “官媒”互动机制研究
45. 新媒体时代新闻传播教育发展研究
46. 新闻传播与艺术的关系研究
47. 中国传统文化与现代文化融合传播研究
48. 媒介文化价值与实现机制研究
49. 传播学本土化研究
50. 海外华文报刊与中国文化传播研究

51. 国学与现代传媒的互动研究
52. 民族媒体现代化发展途径研究
53. 党报在多媒体条件下的主体角色研究
54. 基于我国经济规模的财经类大报发展模式研究
55. “群众办报”研究
56. 新媒体环境下的报纸发展趋势研究
57. 社会化媒体的影响及管理研究
58. 国外社会化媒体传播技巧研究
59. 大众传媒与公众风险感知研究
60. 新媒体对外传播研究
61. 新媒体法制建设研究
62. 政府新媒体传播技巧研究
63. 新媒体与健康传播研究
64. 新媒体环境下道德舆论的引导机制与策略研究
65. 新媒体环境下的公益传播研究
66. 新媒体环境下的新闻报道叙事研究
67. 新媒体技术与伦理研究
68. 新媒体与风险沟通研究
69. 新媒体与环境传播研究
70. 网络舆论场与社会舆论场互动机制研究
71. 新闻网站对外传播研究
72. 移动互联网条件下新闻传播新动向新趋势研究
73. 网络时代个人信息保护问题研究
74. 青少年网络行为及其影响研究
75. 微信与舆情研究
76. 微信与绿色网络环境研究
77. 微博公共事件研究
78. 微信的传播功能研究
79. “大 V”微博传播研究
80. 近代以来日本人在华新闻活动研究
81. 中国近代新闻思想研究
82. 穆青精神的现实影响及其传承研究
83. 出版集团股份制状况与发展研究
84. 中国出版业图书品种迅猛增长与图书质量分析
85. 中国民营书业的发展与政策研究
86. 当前出版业书号管理研究
87. 数字出版发展的国际趋势与我国数字出版战略研究
88. 数字环境下的学术传播平台质量控制研究
89. 政治出版物的互联网阅读行为研究
90. 我国新闻传播教育问题研究
91. 互联网时代大众传媒中的性别平等问题研究

图书馆、情报与文献学

1. 加强国家信息安全研究
2. 境外信息网络监控对我国信息安全的挑战及应对措施研究
3. 各级图书馆发展的社会支撑体系研究
4. 跨系统区域图书馆联盟建设与发展实证研究
5. 图书馆在推进职业素养教育与培训中的作用研究
6. 图书馆开展数字人文项目相关问题研究
7. 发挥基层图书馆推动全民阅读的作用研究
8. 城镇化建设中的农村公共阅读服务体系研究
9. 面向图书馆的电子书服务模式与服务平台研究
10. 基于信息觅食理论的数字图书馆学科服务模式创新研究
11. 图书编目的变革与创新研究
12. 新型书目框架的研发与实验研究
13. 图书馆资源组织中的数据关联机制研究
14. 基于关联数据的数字图书馆动态服务组合研究
15. 图书馆服务定位和建设策略研究
16. 基于物联网环境的图书馆数据管理与信息服务共享技术研究
17. 网络时代战略情报研究的理论、方法和组织架构研究
18. 全球中文网站基本情况研究
19. 网络舆情视角下非常规突发事件应急管理机制研究
20. 面向供应链管理的企业竞争情报运作模式和实施策略研究
21. 影响情报分析的非智力心理因素及其调节研究
22. 大数据环境下情报学理论体系研究
23. 大数据环境下的信息管理学科内涵创新研究
24. 大数据的发展趋势与创新管理研究
25. 大数据环境下情报分析方法与工具集成研究
26. 大数据时代情报数据融合与分析技术研究
27. 面向大数据的知识组织方法体系及其应用模式研究
28. 大数据环境下知识的自组织机制研究
29. 大数据环境下数据耕耘模型研究
30. 我国科研成果开放获取战略及政策研究
31. 科研数据管理关键技术与服务机制研究
32. 科研“E 化”环境下的数据管理研究
33. 网络环境下的跨学科科学家协作行为与特征分析

34. 新型城镇化进程中的信息化问题研究

35. 创新型城市建设过程中图书情报机构的变革与作用研究

36. 我国图书情报学科知识结构及演化动态研究

37. 我国地区间数字鸿沟调查及解决对策研究

38. 图书出版与文化安全战略研究

39. 学科网络信息深度聚合框架创新研究

40. 信息服务法律制度研究

41. 人机交互环境下文献数据库用户心智模型动态演变研究

42. 网络用户信息搜索认知模型研究

43. 社交网络中基于用户的知识组织研究

44. 移动互联网用户信息利用行为研究

45. 网络信息资源的用户评价与分享行为研究

46. 面向主题的网络信息追溯与长期保存研究

47. 网络资源聚合单元分类体系的构建与评估研究

48. 创新领军人才的个性化知识服务研究

49. 面向社交网络的个性化知识服务研究

50. 产业融合背景下数字内容产业成长的动力机制与创新模式研究

51. 面向学科网络信息资源聚合的语义相关性研究

52. 面向功用的科技信息深度语义挖掘研究

53. 我国声像遗产的抢救与保护策略研究

54. 面向区域创新的信息资源管理与优化研究

55. 基于信息生态视角的信息资源协同研究

56. 信息消费与信息资源产业发展研究

57. 信息消费与知识产权研究

58. 信息消费法律政策环境研究

59. 社会化媒体环境下的信息质量研究

60. 个人信息利用与安全管理研究

61. 学术信息的时序多维可视化研究

62. 基于智能移动终端的知识传播与学习能力实证研究

63. 科技知识转移提升科技成果转化效果的实证研究

64. 基于全球科技态势的战略性新兴产业预测研究

65. 我国政府出版物的产生、管理和服务机制研究

66. 国外政府数据开放政策研究

67. 近代工业遗产档案的整理与开发研究

68. 智慧城市背景下数字档案资源建设研究

69. 数字档案资源生态安全与风险管理研究

70. 档案在集体记忆建构中的价值与介入方式研究

71. 面向政府决策的档案知识库构建研究

72. 军民融合式档案工作发展策略研究

73. 全球数字化转型背景下我国文件档案信息集成管理与集成服务模式研究

74. 业务驱动模式中的电子文件管理流程与方法研究

75. 档案密级鉴定研究

体育学

1. 体育与人的全面发展研究

2. 体育的国家地位与社会责任研究

3. 我国体育改革与发展研究

4. 体育的价值与功能研究

5. 新中国体育思想基础与制度框架研究

6. 中外体育社会科学发展比较研究

7. 中外体育思想比较研究

8. 中国体育与奥林匹克研究

9. 体育学学科体系研究

10. 改革开放以来我国体育的成功经验与教训研究

11. 新时期我国体育行政职能转变研究

12. 体育道德与廉政风险研究

13. 新型城镇化进程中体育发展研究

14. 社会建设与体育社会组织发展研究

15. 我国体育法规研究

16. 中外体育法学比较研究

17. 体育科技协同创新研究

18. 我国公民体育意识研究

19. 我国三大球项目发展与振兴研究

20. 运动项目竞技水平、社会普及与产业发展联动机制研究

21. 我国体育标准化研究

22. 公民体育权利与公共体育服务保障研究

23. 公民体质与社会安全研究

24. 政府职能转变与公共体育服务体系建设研究

25. 政府购买公共体育服务方式与运行机制研究

26. 我国城乡体育基本公共服务体制机制改革创新研究

27. 公共体育服务建设标准体系研究

28. 社会发展与公民体育参与研究

29. 体育社会组织培育与发展研究

30. 城市社区体育“自治”与社会发展关系研究

31. 公共体育服务内容体系研究

32. 全球化与体育文化传播研究

33. 球迷文化研究

34. 体育非物质文化遗产研究

35. 世界体育文化多样性发展研究
36. 运动健康传播研究
37. 体育休闲娱乐的文化价值研究
38. 网络信息化对体育的影响研究
39. 重大体育赛事不同国家媒体报道的比较研究
40. 奥林匹克文化研究
41. 全民健身的政策法规研究
42. 城市社区体育相关问题研究
43. 乡村体育相关问题研究
44. 全民健身与人口素质研究
45. 全民健身的区域特点研究
46. 不同人群体育需求与参与研究
47. 休闲体育与生活质量改善研究
48. 我国体育公园的建设与发展研究
49. 竞技体育价值研究
50. 我国大型体育赛事改革与创新研究
51. 我国竞技体育可持续发展创新研究
52. 国际职业体育发展及其对我国的影响研究
53. 运动员和教练员职业道德研究
54. 体育商业化和职业化研究
55. 反对和禁止兴奋剂研究
56. 先进运动训练理论与方法的引进、借鉴及创新研究
57. 青少年体育后备人才培养研究
58. 大型体育赛事风险管理研究
59. 运动员职业技能教育研究
60. 体育产业发展政策研究
61. 体育产业资源优化与结构布局战略研究
62. 大型体育场馆的利用与开发研究
63. 我国体育用品制造业技术革新与产业升级研究
64. 中国体育品牌研究
65. 我国体育服务业发展战略研究
66. 我国体育产业园区研究
67. 体育消费相关问题研究
68. 休闲运动的开发与推广研究
69. 青少年体育振兴规划研究
70. 学校体育与教育制度改革研究
71. 青少年体质健康研究
72. 我国青少年运动等级标准研究与制订
73. 保护青少年运动权益研究
74. 体育干预青少年犯罪研究
75. 学校体育竞赛制度研究
76. 体育与德育、智育关系研究
77. 体育游戏对少年儿童成长的影响研究
78. 我国残疾学生体育教育与体质健康研究
79. 民族传统体育项目志
80. 区域民族民间体育研究
81. 我国传统体育文化资源开发研究
82. 民族传统体育国际交流与传播研究
83. 现代化进程与民族传统体育传承研究

管理学

1. 国有企业完善现代企业制度研究
2. 市场监管体系改革研究
3. 经济稳定增长与注重供给管理研究
4. 供给侧的宏观经济管理研究
5. 我国国家资产负债表风险管理研究
6. 国有企业公司法人治理结构研究
7. 国有企业职业经理人制度研究
8. 企业异质性理论与我国出口战略研究
9. 商业生态系统与企业平台战略研究
10. 企业战略认知与价值观管理研究
11. 国有企业信息披露制度研究
12. 公司治理与企业社会责任理论的整合性研究
13. 大数据对企业战略决策和经营活动的影响研究
14. 网络条件下的企业组织创新行为研究
15. 企业创新网络中的知识吸收与扩散研究
16. 基于云经济的企业管理创新研究
17. 基于社会网络的创业行为研究
18. 绿色创业与企业绿色管理问题研究
19. 民营企业代际传承问题研究
20. 民营企业人才培养及劳动力培训问题研究
21. 企业新生代员工管理问题研究
22. 企业价值观管理与情感管理研究
23. 中国企业国际化过程中的跨文化管理研究
24. 中国参与全球价值链战略研究
25. 中国物质流分析与资源产出率测算研究
26. 全国社会保险基金风险管理与政府责任研究
27. 中等收入阶段劳动力供给问题研究
28. 老龄产业管理与核算方法研究
29. 在华境外非政府组织管理研究
30. 公办事业单位与主管部门理顺关系和去行政化问题研究
31. 优化行政区域划分相关问题研究
32. 省直接管理县(市)体制改革研究
33. 机构编制管理科学化、规范化、法制化研究
34. 社会协同发展的区域性府际合作模式研究
35. 政府流程再造和效能提升研究

36. 公共安全体系建设相关问题研究
37. 互联网管理领导体制改革研究
38. 国家安全体制和国家安全战略研究
39. 建立全社会房产、信用等基础数据统一平台研究
40. 推动形成统一规范的口岸管理体制研究
41. 气候变化与防汛抗旱的战略管理研究
42. 公共部门绩效管理评价体系研究
43. 公共部门人力资源管理研究
44. 地方债务审计及风险管理研究
45. 户籍制度改革的顶层设计与局部实验研究
46. 我国应急管理文化传统的演变与发展研究
47. 我国公共政策执行过程研究
48. 大数据时代的公共安全与风险治理研究
49. 公共价值伦理在政策制定中的地位与作用研究
50. 基层公务员行为模式与激励机制实证研究
51. 我国事业单位劳动价值的衡量与比较研究
52. 地方公务员薪酬与福利待遇实证研究
53. 我国 MPA 教育中的公共领导力提升研究
54. 国际廉政体制模式比较研究
55. 世界各国质量安全监管制度比较研究
56. 住宅工程质量管理与验收制度研究
57. 健全国有文化资产管理体制研究
58. 基本公共文化服务标准化、均等化研究
59. 国有经营性文化单位转企改制相关问题研究
60. 推动文化企业跨地区、跨行业、跨所有制兼并重组研究
61. 小微文化企业发展研究
62. 我国文化消费与文化产业发展研究
63. 我国文化资源的保护与产业化问题研究
64. 完善公共文化服务指标体系研究
65. 引导民间资本投资文化产业研究
66. 知识产权保护、网络创新与增长方式转变研究
67. 知识产权运用、保护与技术创新激励机制研究
68. 创新驱动发展下的科技战略与管理政策研究
69. 新媒体环境下的电子化社会治理模式研究
70. 信息体验市场消费者行为研究
71. 网络消费市场消费者行为研究
72. 分领域信息化绩效评估的理论、方法与实证研究
73. 推进以公平和质量为重点的教育改革发展研究
74. 考试招生制度改革相关问题研究
75. 境外优秀人才回国或来华创业发展战略研究
76. 统筹城乡义务教育资源均衡配置研究
77. 现代职业教育体系研究
78. 教育统筹权与学校办学自主权研究
79. 完善我国基本药物供应保障体系的政策研究
80. 最严格的覆盖全过程的食品药品安全监管制度研究
81. 完善中医药事业发展政策和机制研究
82. 药品生产流通销售全过程管理的实证研究
83. 重大突发公共卫生事件应急管理研究
84. 我国大范围雾霾天气与公共健康研究
85. 家庭医疗体系构建与医保支付制度的衔接研究
86. 我国医疗器械监管安全评价指标体系研究
87. 医保付费机制创新与公立医院改革研究
88. 医疗体制改革与民营医院发展研究
89. 健康服务业放宽准入与改进监管研究
90. 公共财政体制改革和预算管理创新研究
91. 优化财政支出结构与控制“三公”经费问题研究
92. 深化税收制度改革与完善国、地税征管体制研究
93. 中央和地方政府债务管理及风险预警机制研究
94. 财政审计促进财税改革研究
95. 扩大营业税改征增值税试点研究
96. 国有企业财务预算等重大信息公开研究
97. 完善我国金融宏观审慎管理对策研究
98. 金融机构市场化退出机制研究
99. 建立宏观审慎管理框架下的外债和资本流动管理体系研究
100. 股票发行注册制研究
101. 利率市场化后的央行基准利率问题研究
102. 我国金融机构倒闭和退出机制研究
103. 我国汇率市场化问题研究
104. 网络金融监管制度研究
105. 信贷资产证券化及风险防范研究
106. 加快发展民营金融机构研究
107. 公司债券市场改革与金融体系改革研究
108. 资本项目开放对人民币汇率与金融稳定的影响研究
109. 人民币国际化进程中外汇储备管理研究
110. 影子银行交叉传染风险度量机制研究
111. 我国上市公司股利决策与投资效率研究
112. 我国支付清算市场创新与改革研究
113. 供应链金融与中小企业融资模式创新研究
114. 垄断性行业价格形成机制及管理研究

115. 价格管理的理论和政策研究
116. 城市建设管理创新研究
117. 提高城市土地利用率研究
118. 城市建设投融资机制研究
119. 智慧城市发展的技术经济测评理论与方法体系创新研究
120. 农民工住房问题的城乡联动效应研究
121. 完善住房公积金制度研究
122. 城市管理与城市效率提升路径研究
123. 城市综合承载力测算及提升路径研究
124. 城市垃圾减量化管理模式研究
125. 食品分配与粮食安全问题研究
126. 建立农村产权流转交易市场研究
127. 国有林区经营管理体制改革研究
128. 环境污染第三方治理研究
129. 国家自然资源资产管理体制研究
130. 完善自然资源监管体制研究
131. 编制自然资源资产负债表与生态环境损害责任终身追究制研究
132. 建立国家公园体制研究
133. 资源税改革研究
134. 我国环境绩效管理体系研究
135. 跨区域减排的技术经济优化路径及政策模拟研究
136. 欠发达地区现代交通运输体系构建研究
137. 全国内河航道建设养护管理体制研究
138. 区域生态文化保护与旅游发展研究
139. 我国旅游业发展战略研究
140. 中国旅游业国际地位的评价与提升研究
141. 公民出境文明旅游和塑造国家良好形象研究
142. 深化军事体制编制调整改革研究
143. 健全军费管理制度研究
144. 构建中国特色现代军事力量体系研究
145. 优化军队规模结构研究
146. 深化军队院校改革研究
147. 健全军事人力资源制度研究
148. 兵役制度、士官制度、退役军人安置制度改革研究
149. 推动军民融合深度发展研究
150. 国家核心安全需求与军队现代化建设研究
151. 军队组织形态现代化研究
152. 军队信息化建设研究
153. 国防动员应急预警管理机制研究
154. 比较管理理论与跨文化管理实践研究
155. 学科交叉与管理学方法论研究

自治区社科联团体会员通讯录

自治区级学会、协会、研究会(院)、促进会/地址/邮编/电话

广西经济学会/南宁市新竹路5号广西社科院工业经济所/530022/(0771)5886373

广西农村金融学会/南宁市金湖路56号中国农业银行广西区分行/530028/(0771)2106652

广西会计学会/南宁市桃源路82号自治区财政厅财政综合楼/53002/(0771)2863021

广西财政学会/南宁市桃源路69号自治区财政厅财政研究所/530021/(0771)5331750

广西金融学会/南宁市滨湖路58号中国人民银行南宁中心支行/530021/(0771)6111775

广西经济体制改革研究会/南宁市民生路2号自治区政府发展研究中心521室转/530012/(0771)5879950

广西农业经济学会/广西南宁市民生路2号自治区政府办公楼六楼/530022/(0771)2621152

广西粮食经济学会/南宁市民主路9号自治区粮食局/530023/(0771)5608513

广西审计学会/南宁市民族大道98号审计厅办公楼407号室/530022/(0771)5800790

广西钱币学会/南宁市桃源路39号中国人民银行南宁中心支行/530022/(0771)2800785

广西税务学会/南宁市园湖南路26号 自治区国税局/530022/(0771)5712596

广西宏观经济学会/南宁市民乐路1号 自治区发改委研究所/530012/(0771)2328098

广西经济社会发展战略研究会/南宁市民生路2号自治区政府发展研究中心/530012/(0771)5859729

广西民族发展研究会/南宁市新竹路5号广西社科院民族经济研究所/530022/(0771)5870736

广西供销社会计学会/南宁市桃源路45号广西供销合作联社5楼/530021/(0771)2820459

广西商业经济学会/南宁市民秀路100号 广西财经学院工商管理学院/530003/(0771)3859181

广西城市金融学会/南宁市教育路15–1号 工行广西区分行办公室/530022/(0771)2825597

广西比较经济学学会/南宁市古城路4–2号6楼

602 室 / 530012 /(0771) 5860929

广西生产力促进会 / 南宁市云景路 6-6 号平安家园 1-1-402 室 / 530022 /(0771) 5318790

广西区域与城市经济研究会 / 桂林市建干路 12 号桂林理工大学管理学院 / 541001 / 13977312358

广西市场学会 / 南宁市青秀区仙葫荣茉大道 72 号南百仙葫苑 1 栋 2 单元 604 号 / 530022 /(0771) 5553361

广西金融工程学会 / 南宁市明秀西路 100 号广西财经学院西校区 3 号楼 3 楼金融与保险学院办公室 / 530003 /(0771) 3836825

广西城市发展研究会 / 南宁市昆仑大道 5 号大嘉汇 · 东盟国际商贸 28 栋 4 楼 / 530022 /(0771) 3393575

广西酒店管理学会 / 南宁市教育路 6 号 / 530022 /(0771) 5503769

广西房地产及住宅研究会 / 南宁市大学路 100 号广西大学校办 / 530004 /(0771) 3234809

广西—东盟经贸促进会 / 南宁市竹溪大道 45 号百色大厦 T2—25E / 530022 /(0771) 2851827

广西人的发展经济学研究会 / 南宁市思贤路绿塘里 1 号 / 530022 /(0771) 5863973

广西人力资源管理发展研究会 / 南宁市兴宁路西街五号雅思特酒店八楼 / 530000 /(0771) 2100897

广西可持续发展促进会 / 南宁市民族大道 81 号广西夏威夷大酒店销售部蒙曲麦转 / 530022 / 15177782051

广西新农村建设促进会 / 南宁市中越路东盟商务区越南商务大楼 203 号 / 530028 /(0771) 2238575

广西区域经济发展研究会 / 南宁市枫林路枫林蓝岸 6 栋 2 单元 703B / 530029 / 15994480349

广西发展战略研究会 / 南宁市新民路 34-18 号中明大厦 8 层 / 530012 / 18277193911

广西发展与改革研究会 / 南宁市民族大道 170 号莱茵湖畔 A 组团 A6 号楼 2 单元 601 / 530022 /(0771) 5782674

广西特色经济发展研究会 / 南宁市柳沙路 15 号(发展小区)B-52 / 530022 / 13317611113

广西北部湾科学发展研究会 / 南宁市东宝路 3 号 713 室 / 530022 /(0771) 5841081

广西城镇化发展研究会 / 南宁市东宝路 3 号 612 室 / 530022 /(0771) 5841581

广西价格协会 / 南宁市新竹路 13 号 安继烈 转 / 530022 /(0771) 5851466

广西统计学会 / 南宁市思贤路 2 号自治区统计研究所 / 530022 /(0771) 5888265

广西生产力学会 / 南宁市桃源路 3 号 自治区政协经科委 / 530021 /(0771) 2803617

广西保险学会 / 南宁市民族大道 100 号西江大厦 A 座 6 楼 602 室 / 530028 /(0771) 5536812

广西国际经济贸易学会 / 南宁市七星路 137 号自治区商务厅 / 530022 /(0771) 2625341

广西工商行政管理学会 / 南宁市工商行政管理局 / 530028 /(0771) 5514020

广西农村财政研究会 / 南宁市桃源路 69 号自治区财政厅农财处 / 530021 /(0771) 5331755

广西数量经济学会 / 南宁市新竹路 5 号 广西社科院数量所 / 530022 / 13077799949

广西市场经济研究会 / 南宁市荔滨大道自治区党校 王德民教授转 / 530021 /(0771) 2112119

广西卫生经济卫生统计学会 / 南宁市桃源路 35 号自治区卫生厅规财处 / 530021 / 13877188092

广西国际税收研究会 / 南宁市民族大道 105 号自治区地税局 / 530022 /(0771) 5528100

广西农村发展与改革研究会 / 南宁市新竹路 5 号广西社科院农村发展研究所 / 530022 /(0771) 5890359

广西产业与技术经济研究会 / 南宁市民族大道 166 号上东国际 R1 栋 7 单元 902 房 / 530022 /(0771) 5716027

广西公司法人治理研究会 / 南宁市新竹路 5 号广西社科院院刊编辑部 / 530022 /(0771) 5865753

广西地方税收研究会 / 南宁市民族大道 105 号区地税局 / 530022 /(0771) 5528090

广西产业经济与城乡发展研究会 / 南宁市新竹路 5 号广西社科院办公楼 601 室 / 530022 /(0771) 5868416

广西历史学会 / 南宁市新竹路 5 号广西社科院当代所 / 530022 /(0771) 5857930

广西哲学学会 / 南宁市新竹路 5 号 广西社科院哲学所 / 530022 /(0771) 5857239

广西中共党史学会 / 南宁市七星路 128 号自治区党史研究室 / 530022 /(0771) 5899770

广西民族研究学会 / 南宁市云景路 1 号广西民族问题研究中心 / 530028 /(0771) 3061694

广西科学社会主义学会 / 南宁市西乡塘区大学路 105 号广西经济干部管理学院学报编辑部 / 530007 /(0771) 5843188

广西瑶学学会 / 南宁市大学东路 188 号广西民族大学学工处转 / 530006 /(0771) 3264533

广西伦理学学会 / 南宁市大学路 100 号广西大学政治学院 / 530004 / 13877169188

广西档案学会 / 南宁市星湖路北一里 3 号自治区档案局 / 530022 /(0771) 5086486

广西少数民族语文学会 / 南宁市星湖北一里 1 号自治区民语委 / 530022 / (0771) 5875625

广西领导科学研究会 / 南宁市荔滨大道 18 号自治区党校公共管理教研部 / 530012 / (0771) 5575288

广西人口学会 / 南宁市民族大道 80 号自治区人口计生委宣教处 / 530022 / (0771) 5852441

广西地方志协会 / 南宁市罗文大道 28 号 / 530007 / (0771) 2529108

广西国际共运史学会 / 南宁市大学东路 188 号广西民族大学政法学院 / 530006 / (0771) 3260261

广西毛泽东哲学思想研究会 / 南宁市明秀西路 100 号广西财经学院纪委监察室 / 530003 / 13607882780

广西妇女理论研究会 / 南宁市荔滨大道 18 号广西妇女干部学校转 / 530021 / (0771) 5577768

广西老社会科学工作者协会 / 南宁市七星路 123 号自治区广电局 / 530022 / (0771) 2819216

广西老年学学会 / 南宁市园湖南路 2–60 号(广西老干部活动中心旧楼四楼) / 530022 / (0771) 3224305

广西社会学学会 / 南宁市大学东路 100 号广西大学社会科学与管理学院 / 530004 / (0771) 3235665

广西壮学学会 / 南宁市云景路 1 号广西民族问题研究中心 / 530028 / (0771) 3061694

广西研究生联合开发促进会 / 南宁市明秀西路 118 号百汇华庭 A 座 2001 室 / 530003 / 13977111399

广西朱熹思想研究会 / 南宁市大学东路 100 号广西大学东校园 6878 信箱转 / 530004 / (0771) 3922101

广西社会心理学会 / 南宁市双拥路 22 号广西医科大学公共卫生学院心理学教研室 / 530021 / (0771) 5358637

广西思维科学学会 / 南宁市新竹路 5 号自治区社科联 / 530022 / (0771) 5869797

广西管理科学研究会 / 南宁市民生路 2 号政府大院 5 号楼 513 室自治区人民政府发展研究中心农村处 / 530022 / (0771) 3986826

广西经济法学会 / 南宁市东葛路 73 号银源大夏八桂律师事务所 / 530022 / (0771) 2970220

广西社会调查研究会 / 南宁市新竹路 5 号广西社科院社会学研究所 / 530022 / (0771) 5886404

广西国史学会 / 南宁市新竹路 5 号广西社科院当代广西研究所 / 530022 / (0771) 5857916

广西公共政策研究会 / 南宁市大学东路 105 号广西经干院贸经系 / 530007 / (0771) 2801512

广西区域科学学会 / 南宁市明秀路 175 号广西师范学院经济管理学院 / 530001 / 13377138886

广西婚姻家庭研究会 / 南宁市新竹路 30 号 2 号楼 30B / 530022 / (0771) 5305766

广西彝学学会 / 南宁市民秀路 175 号广西师范学院 36–101 信箱 / 530001 / (0771) 3908207

广西当代管理科学发展研究会 / 南宁市建政路 49–23 号北纬 28 大厦 10 层 1001 室 / 530021 / 13907710521

广西儒学学会 / 南宁市白沙大道 39 号锦绣江南南区 4#3 单元 1003 室 / 530022 / 13517831983

广西法律心理研究会 / 南宁市广园路 20 号桂豪花园 3 栋 1 单元 202 室 / 530022 / 18978915681

广西社会科学发展研究会 / 南宁市新竹路 5 号广西社科联学术部 / 530022 / (0771) 5874716

广西心理健康发展研究会 / 南宁市东葛路 18–1 号嘉禾自由空间 A 座 2212 号 / 530022 / 18677154261

广西华侨历史学会 / 南宁市桃源路 4 号自治区侨联 / 530021 / (0771) 2837060

广西人力资源社会保障学会 / 南宁市金洲路 33 号广西人才大厦 921 号房 / 530021 / (0771) 5842625

广西律师协会 / 南宁市民族大道 93 号新兴大厦 A 座 24 层 / 530022 / (0771) 5870185

广西职工思想政治工作研究会 / 南宁市古城路 6 号自治区国资委党群处 / 530022 / (0771) 2825063

广西党的建设研究会 / 南宁市民族大道 103 号 1225 室 / 530025 / (0771) 5898564

广西检察官协会 / 南宁市凤翔路 3 号自治区检察院 / 530028 / (0771) 5506142

广西纪检监察学会 / 南宁市锦春路 3 号自治区监察厅 / 530028 / (0771) 5568554

广西警察协会 / 南宁市新民路 34 号自治区公安厅 / 530012 / (0771) 2893592

广西政策研究学会 / 南宁市民族大道 103 号自治区党委政策研究室 / 530025 / (0771) 5898411

广西新四军历史研究会 / 南宁市园湖南路 2–60 号广西老干部活动中心 / 530022 / (0771) 5706007

广西青少年研究会 / 南宁市思贤路 55 号广西团校 / 530023 / (0771) 5665775

广西语言文学学会 / 南宁市明秀东路 19 号广西师范学院 / 530001 / (0771) 3908393

广西人才学会 / 南宁市新竹路 20 号广西科学活动中心 5 楼 513 室 / 530022 / (0771) 5852698

广西新闻学会 / 南宁市民主路 21 号广西日报 / 530026 / (0771) 5665108

广西美学学会 / 南宁市大学东路 188 号广西民族大学文学院 39 号信箱 / 530006 / (0771) 3260132

广西翻译协会 / 广西外办 / 530022 / (0771) 3260134

广西群众文化学会 / 南宁市民主路 11-4 号 广西群众艺术馆调研编辑部 / 530022 / (0771) 5628507

广西先进文化发展促进会 / 南宁市新竹路 5 号 转广西社科联宿舍 / 530022 / (0771) 3232233

广西行政管理学会 / 南宁市民生路 2 号自治区政府 5 号楼 201 室 / 530013 / (0771) 2835244

广西写作学会 / 南宁市大学东路 188 号 广西民族大学文学院(交换号:155) / 530006 / 15807803081

广西行为科学学会 / 南宁市大学东路 105 号广西经干院 / 530007 / (0771) 3244599

广西抗战文化研究会 / 南宁市新竹路 5 号广西社科院文史所 / 530022 / (0771) 3232333

广西创造学会 / 广西南宁市大学东路 100 号广西大学政治学院 / 530004 / (0771) 3223757

广西公共关系协会 / 南宁市怡宾路 13 号自治区工商局大院新 1 号高楼 702 信箱 / 530022 / (0771) 5539168

广西学校壮汉双语教学研究会 / 南宁市竹溪路 69 号自治区教育厅民族教育处 / 530021 / (0771) 5815200

广西新闻摄影学会 / 南宁市民主路 21 号广西日报摄影部 / 530026 / (0771) 5690119

广西礼仪文化交流协会 / 南宁市金湖路 63 号金源 CBD 现代城 B 座 1538 室 / 530022 / 13517688988

广西书画艺术研究会 / 南宁市新竹路 5 号自治区社科联学会部 / 530022 / (0771) 5842982

广西行政教育对外交流协会 / 南宁市思贤路 38 号自治区文化厅 / 530022 / (0771) 5332348

广西社会科学交流研究会 / 南宁市青秀区金湖路 63 号金源 CBD 现代城 2016 室 / 530022 / 15307808619

广西中国—东盟文化研究会 / 南宁市东葛路 18-1 号嘉和 · 自由空间 A 座 601 / 530022 / (0771) 2022622

广西骆越文化研究会 / 南宁市安吉大道 13 号怡和园小区 5 栋 7 号 / 530001 / 13517681207

广西六堡茶文化研究会 / 南宁市科园大道 68 号 15 栋 301 号 / 530003 / (0771) 3221242

广西比干文化促进会 / 南宁市七星路 128 号七天酒店 8 楼 / 530031 / (0771) 3216759

广西红木文化研究会 / 南宁市星光大道 17 号国际经贸大厦 20 层 D 座 / 530012 / (0771) 5860929

广西生态工程与生态文化研究会 / 南宁市大学路 100 号 广西大学科技处 / 530004 / (0771) 3233921

广西范仲淹研究会 / 北海市北海大道 183 号大润发主楼 28 楼 / 536000 / (0779) 3225684

广西信用研究会 / 南宁市人民西路 110 号方洲丽景 B 座 1802 号(水街菜市场对面) / 530012 / 13006912603

广西速记速录协会 / 南宁市人民东路 73 号金朝阳广场 2 座 916 室 / 530011 / (0771) 5081158

广西创新与创业研究会 / 南宁市大学路 100 号 广西大学物理科学与工程技术研究院 / 530004 / (0771) 3299716

广西民族文化发展研究会 / 南宁市东盟商务区合作路文莱园 B 座四楼 / 530022 / 15177162368

广西社会科学学术团体发展促进会 / 南宁市新竹路 5 号广西社科联 / 530022 / (0771) 5868842

广西网媒文化促进会 / 南宁市七星路 135 号区水产局大院 8 栋 2 单元 202 号 / 530022 / (0771) 2813163

广西纪实摄影协会 / 南宁市民族大道 112 号新闻中心 2 楼 / 530022 / (0771) 3236284

广西知青文化发展研究会 / 南宁市东葛路 26 号荣和中央公园 1 号楼 2815 号 / 530022 / 13607861183

广西亚太酒店文化发展研究院 / 南宁市教育路 6 号 / 530022 / (0771) 5503769

广西社会道德文化研究会 / 南宁市明秀东路 238 号原地委大院广播电视局七楼 / 530001 / 13132906788

广西江夏文化发展研究会 / 南宁市古城路 47 号广西高级人民法院办公楼 313 室 / 530028 / 18677056429

广西庐江文化投资促进会 / 南宁市中越路 7 号东盟财经中心 B 座 1102 室 / 530022 / (0771)

广西民族传统文化学会 / 南宁市植物路 50 号气候楼 3 楼广西易联在线科技有限公司苏海帆转 / 530022 / 13014995991

广西民族文化与旅游发展研究会 / 南宁市新民路 40 号 508 室 / 5300123 / (0771) 2835483

广西大学生创业就业研究会 / 南宁市人民东路 73 号金朝阳广场 2 座 916 室室 / 530012 / 13397779209

广西年鉴学会 / 南宁市罗文大道 28 号 / 530007 / 13978869966

广西远程教育学会 / 自治区党委组织部远程办(交换号:18) / 530022 / 18776882432

广西弘勤文化研究会 / 南宁市金湖南路 49 号圣展酒店 A 座 2403 号房 / 530022 / (0771) 5829258

广西外国文学研究会 / 南宁市大学路 100 号广西大学外国语学院彭炫转 / 530004 / 13978803933

广西中国—东盟传统文化促进会 / 南宁市东葛路 18-1 号嘉和自由空间 A 座 1215 号 / 530012 / 18978988313

广西图书馆学会 / 南宁市民族大道 61 号广西图书馆 / 530022 / (0771) 5860106

广西教育学会 / 南宁市竹溪大道 69 号广西教育厅 / 530023 / (0771) 5815306

广西高等教育学会 / 南宁市教育路 3 号自治区教育厅 / 530022 / (0771) 5318141

广西家庭教育研究会 / 南宁市桂春路 9-1 号广西妇女大厦一楼自治区妇联儿童部 / 530021 / (0771) 5527125

广西广播电影电视协会 / 南宁市七星路 123 号自治区广电局 / 530022 / (0771) 2803633

广西东南亚研究会 / 南宁市新竹路 5 广西社科院东南亚研究所 / 530022 / 13978850988

广西学会学研究会 / 南宁市古城路 31 号自治区科协学会部 / 530022 / (0771) 2630981

广西现代东盟教育研究院 / 南宁市科园大道 68 号 3 号楼 3 楼 / 530003 / (0771) 5848608

广西西大城市发展研究院 / 南宁市大学路 100 号广西大学校办 / 530004 / (0771) 3234809

广西骆越长寿养生研究院 / 南宁市鲤湾路 4-3 号福源大楼 8 楼办公室 / 530022 / (0771) 5853039

广西世纪物联网研究院 / 南宁市民族大道 49 号民族宫商业中心 1501 号 / 530022 / 18276677135

广西四海壮学研究院 / 南宁市金湖路 55 号亚航财富中心 21 楼 2112 号 / 530021 / (0771) 550126

广西才智文化艺术研究院 / 南宁市唐山路 34 号唐人文化园一街三楼 14 号室 / 530001 / (0771) 5842982

广西亚太酒店文化发展研究院 / 南宁市教育路 6 号 / 530022 / (0771) 5503769

广西世纪红榕创业投资与企业研究院 / 南宁市民族大道 111 号东楼 13 层 / 530022 / 13978748888

广西保利置业研究院 / 南宁市中越桂雅路口保利铭门 2 楼 203 号 / 530028 / 13978841849

广西荣誉品牌发展研究院 / 南宁市七星路 135 号广西水产大院 8 楼 2 单元 202 号 / 530022 / 15577113041

广西东盟文化传播研究院 / 南宁市民族大道 63-1 号 T1-704 室 / 530022 / 18697920166

广西专家顾问咨询中心 / 南宁市新竹路 20 号 2 号楼 505#：/ 530022 / (0771) 5863098

广西中国—东盟经济文化研究院 / 南宁市中文路 10 号领事郡 1 号 1 栋楼 3 单元 1001 室 / 530028 / 13977188486

广西现代法学研究院 / 南宁市民族大道 92-1 号新城国际 1307 室 / 530022 / (0771) 5568927

广西聚焦文化经济研究院 / 南宁市明秀西路 118 号百汇华庭 A 座 2001 室 / 530003 / 15878785888

广西博顿国际教育研究院 / 南宁市科园大道 31 号财智时代 A 座 1507 室 / 530007 / 13977120405

广西兴桂现代教育文化研究院 / 南宁市鲤湾路 5 号盛源大厦 4 楼 / 530022 / (0771) 5870167

广西华苑教育研究院 / 南宁市东葛路 18-1 号嘉禾自由空间 A 座 6 楼 / 530022 / 15277136366

广西扶风旅游文化发展研究院 / 南宁市民族大道 93 号新兴大厦 A-1001 号 / 530022 / (0771) 5779030

广西现代学前教育研究院 / 南宁市古城路 4 号女性天地杂志社 4 楼 / 530022 / (0771) 5770422

各市、高校社科联 / 地址 / 邮编 / 电话

柳州市社科联 / 柳州市文昌路 66 号文昌综合楼 6 楼 645 室 / 545005 / (0772) 2828533

桂林市社科联 / 桂林市西山路 6 号 / 541001 / (0773) 2898024

南宁市社科联 / 南宁市中华路 54 号南宁军供大厦 3 号楼 4 楼 / 530012 / (0771) 2826508

梧州市社科联 / 梧州市迎宾路 19 号梧州市联合办公大楼 7 楼 / 543003 / (0774) 6021707

北海市社科联 / 北海市海城区中山东路 213 号大院 2 号楼二楼 / 536000 / (0779) 2030960

钦州市社科联 / 钦州市东升街行政中心大楼 A920、A921 室 / 535000 / (0777) 3688053

防城港市社科联 / 防城港市行政中心区红树林大厦东楼八层 816 室 / 538001 / (0770) 2825537

百色市社科联 / 百色市右江区爱新街文体巷 16 号原市质量技术监督局办公楼 409 室 / 533000 / (0776) 2822559

玉林市社科联 / 玉林市城东政府大楼 3B01 号 / 537000 / (0775) 2806913

来宾市社科联 / 来宾市人民路 1 号行政中心 / 546100 / (0772) 4298018

贺州市社科联 / 贺州市江北东路 38 号(市科技局 1 楼) / 542899 / (0774) 5120791

河池市社科联 / 河池市新建路 71 号(原中级法院) / 547000 / (0778) 2109795

崇左市社科联 / 崇左市行政中心,市委区 1 楼 / 532200 / (0771) 7969690

贵港市社科联 / 贵港市港北区荷城路 88 号市行政中心 C 区 448 室 / 537100 / (0775) 4565580

广西师范大学社科联 / 桂林市育才路 15 号 / 541004 / (0773) 5843337

广西大学社科联 / 南宁市大学路 100 号 / 530004 / (0771) 3275449

桂林理工大学社科联 / 桂林市建干路 12 号科技处社科办(南校区办公楼 214 室) / 541004 / (0773) 5893577

广西民族大学社科联 / 南宁市大学东路 188 号 / 530006 / (0771) 3260781

广西师范学院社科联 / 南宁市明秀路 175 号 / 530001 / (0771) 3908328

广西教育学院社科联 / 南宁市建政路 37 号 / 530023 / (0771) 5627217

钦州学院社科联 / 钦州市西环南路 89 号 / 535000 /(0777) 2807006

桂林旅游高等专科学校社科联 / 桂林市雁山区良丰路 26 号 / 541006 /(0773) 3691051

广西科技大学社科联 / 柳州市东环路 268 号 / 545006 /(0772) 2687312

贺州学院社科联 / 贺州市芳林路 147 号贺州学院科研处 / 542800 /(0774) 5228635

百色学院社科联 / 百色市中山二路 21 号科研处 / 533000 /(0776) 2848298

广西民族师范学院社科联 / 崇左市丽川路 1 号科研处 / 532200 /(0771) 7870799

广西财经学院社科联 / 南宁市明秀西路 100 号 / 530003 /(0771) 3825802、3858210

桂林师范高等专科社科联 / 桂林市信义路 21 号桂林师专教务科研处 / 541001 /(0773) 2861746

柳州职业技术学院社科联 / 柳州市社湾路 28 号 / 545006 /(0772) 3156700

梧州学院社科联梧州市富民三路 82 号 / 543002 /(0774) 5835527

河池学院社科联 / 宜州市龙江路 42 号 / 546300 /(0778) 3143296

桂林电子科技大学社科联 / 桂林市金鸡路 1 号 / 541004 /(0773) 2290362

玉林师范学院社科联 / 玉林市教育中路 299 号 / 537000 /(0775) 2661766

广西经济管理干部学院社科联 / 南宁市大学东路 105 号 / 530007 /(0771) 3248285

桂林医学院社科联 / 桂林市环城北二路 109 号党委宣传部 / 541004 /(0773) 5895152

广西政法管理干部学院社科联 / 南宁市东葛路 117 号 / 530023 /(0771) 5709693

柳州师范高等专科学校社科联 / 来宾市铁北路 966 号科教楼 503 室 / 546100 /(0772) 4258964

广西国际商务职业技术学院社科联 / 南宁市大学东路 168 号 / 530007 /(0771) 3249881

广西广播电视大学社科联 / 南宁市东宝路 2 号 / 530022 /(0771) 5851635

广西中医药大学社科联 / 南宁市明秀东路 179 号 / 530001 /(0771) 4733873

广西医科大学社科联 / 南宁市双拥路 22 号 / 530021 /(0771) 5358764

桂林航天工业学院社科联 / 桂林市金鸡路 2 号 / 541004 /(0773) 2295533

南宁职业技术学院社科联 / 南宁市大学西路 169 号 / 530008 /(0771) 2029313

广西党校(行政院校)系统社科联 / 南宁市荔滨大道 18 号 / 530021 /(0771) 5574698

广西艺术学院社科联 / 南宁市教育路 7 号 / 530022 /(0771) 5333167

广西外国语学院社科联 / 南宁市青秀区五合大道 19 号 / 530222 /(0771) 4730602

右江民族医学院社科联 / 百色市右江区城乡路 98 号 / 533000 /(0776) 2852952

广西工商职业技术学院社科联 / 南宁市西乡塘区鹏飞路 15 号教务科研处 / 530008 /(0771) 6758236

广西警官高等专科学校社科联 / 南宁市长湖路 6 号 / 530028 /(0771) 5389576

柳工社科联 / 柳州市柳太路 1 号 / 545007 /(0772) 3886041

索　引

说　明

一、本索引是《广西社会科学年鉴·2015》的主题索引。正文中凡具有独立检索意义的完整资料，都可以通过本索引进行检索。

二、索引按汉语拼音字母（同音字按声调）顺序排列。篇目、分目作索引款目用黑体字排印，其余款目用宋体字排印。表格、图片分别在其款目后注明“表”或“图”。

三、索引款目后的数字表示款目内容所在页码，数字后的拉丁字母（a,b）分别表示索引款目所在的栏别。

四、空两格起排的款目为上一主题的附见，同一主题的参见只在款目后标明页码。内容有交叉的款目，为便于读者检索，在本索引中重复出现。

A

艾红娟　285a
艾四林　429b
“爱心普法，公益维权；科学理财、健康生活”普法系列活动　213a
安继烈　414b
奥巴马政府21世纪教学专业改革蓝图解读　277b
澳大利亚学校价值观教育的特点及其实现途径　281a

B

“八桂贫困学子助读行动”赠书仪式暨“阅读点亮中国梦”学术报告会　183b
巴马瑶族自治县社会科学界联合会　374a
把广西打造成为西南中南地区开放发展的新的战略支点专题讲座　191a
白光　461b
白志繁　174b
百色起义与邓小平理论研究　225b
百色市第四次哲学社会科学优秀成果表彰会（图）　364
百色市社会科学界联合会　364b
百色市右江区社会科学界联合会　365b
百色学院　494b
百色学院社会科学界联合会　391a
《百色学院学报》　511b
班克庆　255b
《“暴力美学”：暴力的美学升华》　290b
北部湾海洋文化研究中心　322a
北海市地方志编纂委员会办公室　330a
北海市社会科学界联合会　360a
北海市社科联与上海社会科学院调研座谈会（图）　360
北海市银海区社会科学界联合会　361a
北流市社会科学界联合会　364a
本科院校　480
《本量利分析与作业分析结合运用的案例分析探讨》　265b
闭灏　420a
闭伟宁　438a
《边地文化视野与文学焦虑》　230a
《边疆民族地区公共安全治理体系与能力现代化》　251b
《边境地区国家认同教育的困境与对策——基于对中越边境学生的调查》　297b
《边境地区绿色经济发展模式及对策研究——以广西省为例》　257b
《边境知识城市品牌内涵拓展、塑造及战略路径》　297a
卞成林　391a
《濒临民间乐舞与地方高校传承的研究》　230b
《博白（松旺）客家话声调模型构建》　285a

C

蔡德龙　288a
蔡旺清　266a
蔡伟波　359a
蔡伟林　239b
蔡翔　450b
曹保刚　469a
曹方　413b, 516b
曹辉景　390b

曹剑飞　250a
曹钧盛　446a
曹　平　154b, 156b, 158a, 160b, 164a, 166b, 177a, 315b, 384a, 389a, 392a, 392b, 400a, 402b, 448b, 449a, 469a
查丹明　382b
《差序格局与农民组织化发展的本土化路径》 261b
《差序信任格局下的农村土地流转——基于广西玉林市福绵区的实证调查》 269b
《产能过剩背景下广西工业转型升级研究》 305a
“产业发展与企业管理研究”国际学术研讨会　527b
《产业集群与西部农村城镇化》 519b
长林敢　418b
常弼宇　441a
常海军　474a
车芳仁　413b
陈碧　274a
陈斌　475b
陈兵　285b
陈丙先　270b
陈朝晖　268a
陈琛　254b
陈大广　517b
陈道远　467a
陈锋　248b
陈刚　524a
陈广宏　233a
陈贵利　474b
陈国保　291a
陈海涛　390b, 408b
陈洪波　239a
陈辉光　459b
陈际瓦　398a, 523b
陈建军　539a
陈建新　400a
陈杰　503b
陈洁莲　312a, 443a
陈金文　248a, 249a
陈坤鹏　345a
陈丽华(图)　354
陈丽琴　249a
陈林杰　402b
陈洛　398a, 513b, 523a
陈慕杰　501b
陈平　405a
陈强　237a
陈侍中　402b
陈天生　413a
陈同滨　377b
陈伟清　459b, 463a
陈文珍　391b
陈武　181a, 472b, 522b
陈锡文　539b
陈湘桂　398b
陈晓华　257a
陈晓毅　241a
陈心宇　382a, 404a
陈星权　478b
陈学璞　274b, 323a, 401a, 426b
陈艳　455b
陈一筠　470b
陈映红　313b, 525a
陈勇新　424b
陈玉茜　272b
陈元中　251a, 400a, 429b
陈峥　237b
谌永平　361a
《城市人民公社与妇女解放》 242b
《城乡背景对大学生初次就业结果的影响——基于全国17所高校2914名毕业生的调查数据》 241b
《城乡统筹视阈下职业教育的发展与变革》 276b
《城乡职业教育一体化的内涵、理论预设与路径选择》 276b
《城镇化背景下民族自治地方的文化传承发展问题》 245a
《城镇化进程中流动人口子女融合教育问题研究——基于符号互动理论视角》 275b
《城镇就业促进政策与社会保障联动机制研究——以柳州市为例的分析》 303b
程琰洪　329a
程云燕　400b
《(崇祯)梧州府志》(校补影印)、清《(光绪)临桂县志》(校补影印)、《(民国)武缘县图经》(校勘影印)　224b
崇左市江州区社会科学界联合会　378b
崇左市社会科学界联合会　378a
《出版广角》 517a
“川、吉、苏、冀、桂”五省(区)图书馆学会第十四届学术研讨会(附图)　183a
《传统食品资源产业化发展的商誉保护途径探究—食文化申请非物质文化遗产保护的启示》 271b
《从北部湾出发的汉代海上丝绸之路研究述略》 292a
《从对立到共存:论教育研究中的本质主义与反本质主义》 276a
《从建构有效约定到社会信用的实现》 240a
《从容应对老龄化:社会保险基金增值探析》 243b
《从主体建构到自我解构——中国新时期以来电影中农民形象演变的符号学考察》 234b
《促进南宁市城乡人口合理有序转移研究》 304a
《促进校际协作学习中学生的自律》 277b
崔践　397b
崔晓麟　389b
崔喻(图)　425
崔忠仁　427b
《村干部离任制度面临的问题、原因及对策》 243a

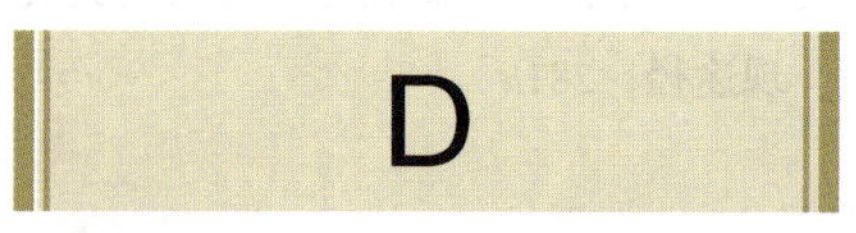

D

《打造中国—东盟自由贸易区升级版的路径与策略》 268b
大化瑶族自治县社会科学界联合会　374b
《大教学、大数据、大变革——edX首门

“慕课”研究报告的分析与启示》 277b
《大墨之韵——宁绍强山水画》 231a
大事记 523
《大数据背景下数据新闻的生产和挑战》 287a
《大数据时代的教育变革与教学改进——以加拿大与中国的英语教学为例》 281a
大新县社会科学界联合会 379a
“大学教师发展的理念、内涵、方式、动力”学术报告会 176b
大学生安全防范知识讲座 221a
《大学生党建与就业工作联动机制探索》 242a
《大学生就业问题的社会服务机制探析》 241b
《大学生社会主义核心价值体系接受过程的阶段划分及教育方法探微》 275b
《大学学术权力运行的组织支持、现实困境与匡扶路径》 294a
“大中专院校知识产权与专利申请实务”讲座 213b
戴庆瑄 508a
戴勇 454b
黛比(Debbie Shandley) 400b
《当代大学生公民品格的培育和发展》 284a
《当代大学生政治信仰现状及教育对策研究——基于25所高校实证调研的思考》 277a
《当代广西》 507a
《当代汉语新词族研究》 233b
《当代意义的文艺学研究》 230b
《当代中国税收管理体制研究》 228a
《当代中国乡村治理变革探源:基于人的需要之视域》 252a
《当代中越新闻改革之比较》 273a
《当今垄断资本主义的新变化及其发展态势》 250a
党的十八届三中全会精神解读讲座(图) 435
《党的一大到七大马克思主义中国化理论创新的历史经验与教训》 237a
党礼新 264b
《档案工作服务国外用户新思维——以中国—东盟为例》 295a
道德讲堂(图) 177
德保县社会科学界联合会 367a
邓纯东 342b
邓东 447b
邓顿 447b
邓环 294a
邓劲夫 448a, 515a
邓军 386a
邓锟 517a
邓路遥 448b
邓敏杰 225a
邓壬富 438a
邓卫平 505b
邓文勇 390a
邓艳葵 238a, 510a
邓杨丰 257b
邓玉芬 272a
《狄更斯与他的时代》 232b
“地方党委落实党风廉政建设主体责任的现状、存在问题和对策建议”理论研讨会(图) 440
地方优长学科 20
《地域形象与中国古代边疆的经略》 292a
《地域学研究的几个基本问题——以“桂学研究”为例的探讨》 272b
第10届西部社会科学院院长联席会议暨“一带一路”论坛 203a
“中国—东盟大讲坛”
　第1期 323a
　第2期 323a
　第3期 323a
　第4期 323a
第7届中国—东盟智库战略对话论坛暨首届中国—新加坡经济走廊智库峰会 189b
第八次广西地方志优秀成果奖评选活动(图) 308
第八届泛北部湾经济合作论坛 181a, 530b
第八届泛北部湾经济合作论坛和泛北智库峰会 307b
第八届世界旅游趋势与展望国际论坛 545a
第二届地中海贫血暨出生缺陷预防国际研讨会 545a
第二届旅游教育与培训国际论坛暨第九届中国旅游论坛 196a
第二届全国青年作家批评家主题峰会 517b
第二届中国(桂林)国际健康养生服务产业创新发展高端论坛 190a
第九届两岸产业共同市场论坛 176a, 307b, 315a, 525a
第九届中国城镇水务发展国际研讨会与新技术设备博览会 551b
第九届中国—东盟文化论坛 540b
第六届全国革命老区高校联席会(图) 391
第六届中国—东盟金融合作与发展领袖论坛 542a
第六届中国与东南亚民族论坛 552a
第六期广西市县社科联干部培训班 218b
第七届广西校园文化论坛 191b
第七届中国—东盟智库战略对话论坛 313a, 314a
第七届中国—东盟智库战略对话论坛暨首届中国—新加坡经济走廊智库峰会 307b, 508a
第三届桂海论坛 208a
第十届西部社会科学院院长联席会议暨“一带一路”论坛(图) 307, 550a
第十六期广西发展论坛 198a, 547a
第十一届中国—东盟博览会 541b
第十一届中国金融学年会理事会暨年会大会(附图) 197b
第四届中国土司制度与土司文化国际学术研讨会 340b, 377a
第五届广西社会科学界学术年会(附图) 205b
第一届海峡两岸“产业发展与企业管理研究”国际学术研讨会(附图) 178b
第一期广西旅游质监执法人员培(轮)

训班 217b
《滇黔桂民族地区水电工程移民发展实证研究》 229a
《电商时代搜索引擎运营基础法律问题探析》 253b
《电视购物广告的媒介信用治理》 273a
《电视新闻视听心理研究》 229b
丁骋 287a
丁廷模 426a
丁焰辉 515a
丁肇亮 473a
东兰县社会科学界联合会 373b
东盟研究 20
“东南亚伊斯兰:发展与挑战”学术讲座 526b
《东南亚纵横》 508a
东兴城乡一体化发展规划研讨会(图) 476
董金明 479a
董明 442b
董锁成 403a
董塔健 386a
董晓佳 250b
都安瑶族自治县社会科学界联合会 374a
杜海军 291b
杜伟 403a
《断裂与链接:少数民族教育活动的生态关联性》 283a
《对没有文字的民族语言开展双语教学的探讨——以贵州居都仡佬语为例》 245b
《对文化复杂性的认知:基于中国西南地方文化抒写讨论》 272b
《对要求学术期刊全面市场化的质疑——以人文社会科学类期刊为例》 293b
《多层级核心—边缘城市空间影响范围研究——以广东和广西为例》 260a
《多产品订货与定价联合决策探讨》 265b
《多学科视角下的语言谱系说“母语”问题》 285a
《多元文化冲突时代少数民族文化与基础教育课程整合论纲》 245a
《多元舆论格局对主流意识形态传播的影响》 286b

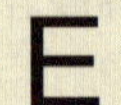

《儿童的重复行为:正常与异常的辨析》 242a

F

《发展广西地域文化 彰显八桂地方特色》 274b
《发展柳州高职教育与城市经济建设人才相适应研究报告》 306a
法国地中海俱乐部2014年亚太区培训营活动 214b
法学 87a
法学·教育学·心理学 87
《反日耳曼人情绪与早期拜占廷帝国政治危机》 250b
范纯 206a
范恒君 226a
范徽江 459b
范俭 461b
范绍沛 459b
范世祥 409b
范先锋 459b
范晓莉 348a, 523b, 18(图)
范亚刚 289b
范耀义 459b
范祚军 267b, 269b
方春 415b
方芳 449b
方亮 414b
方鸣 422b
防城港市防城区社会科学界联合会 362a
防城港市港口区社会科学界联合会 361b
防城港市社会科学界联合会 361a
防城港市社会科学界联合会第四次代表大会(图) 361
《菲律宾海洋管理制度研究及评析》 252b
《菲律宾投资环境分析报告》 228a
《分税制框架下广西地方税体系完善的路径选择》 305a
封成斌 423a
冯桂 261a
冯振萍 275b
冯智明 247a, 248a
奉恒高 419b, 437a, 441b
俸代瑜 320a, 410a, 516a
《“扶困·励志·强能”三位一体高校学生资助工作模式的思考》 280b
《服装》 271b
符丽明 330a
符韵林 520b
付朝干 261a
付广华 228b
付健 254a, 476a
付煜 278a
妇女研究 73a
傅东平 243b, 244a, 387a
傅慧明 451b
傅金鹏 240b
傅强 455b
傅水根 392b

G

《改革开放三十年高中思想政治课程建设研究》 279a
《改革开放以来我国适度消费率的实证研究》 240a
《改革与战略》 515b
甘安顺 454a
甘海源 455b

甘毛文 412a
甘越帆 455a
甘自恒 447a
《高等师范院校宣传思想工作理论研究与实践探索》 231a
高等院校科研机构 334
《高度政治化、恢复发展与博弈中变迁——转型期壮族民间文化变迁的三个阶段》 246a
高歌 323a, 392b
高会军 274a
高教论坛 516b
《高速公路与我国新农村发展》 520a
《高校实践教学:内涵、特性与变革趋势》 278a
《高校图书馆移动信息服务中轻应用模式的应用及其借鉴——基于高校图书馆微信公众号的分析》 292b
《高校网络舆情管理预警机制建设刍议》 280b
《高校学生自我和谐孤独感与自杀意念的关系》 241b
《高校战略成本管理研究》 281b
《高校诊断:专业结构与发展趋势研究》项目调研会 176b
高雄 534b, 552b
《高职大学生思想政治教育课实践教学模式研究》 231b
高职高专院校课程体系融入粮食文化教育课程理论研讨会 181b
《高职院校〈室内效果图表现〉课程创新实践能力培养的探讨》 281b
格物致知——黄格胜教学展 510b
葛红亮 252b
工作动态 154
《公务员心理健康教育的社会管理研究》 296b
"公务员行为规范与职业道德"主题讲座(图) 454
恭城瑶族自治县社会科学界联合会 358b
龚丽娟 247a
《共产国际十月来信与中国革命重心转变探析》 249b
共建"七玄乐府"乐团的合作协议 167a
共建"智慧校园"座谈会 162a
《构建服务型政府与发挥社会组织作用的协调机制研究》 302a
《构建柳州特色现代产业体系战略研究》 305a
"古桂柳运河湘系带的历史沿革"讲座 210b
古天龙 385a
古小松 438b
古雅丽 448a
《故事漫画创作表现技法新探》 290a
关守科 515a
《关系市场视角下的东南亚游客入滇游之人文优势分析》 264a
关英伟 285a
《关于第二轮志书对人口迁移记述的几点思考》 296b
《关于加强低保边缘家庭社会救助的建议》 506a
《关于健全党员能进能出机制的思考》 250b
《关于"思想政治教育是一种精神生产力"命题的研究——基于马克思主义人与社会发展理论的探讨》 238a
《关于完善壮文标调法的几点思考》 286a
关于《文选》分体之三十九类说与其研究方法问题——《〈文选〉分体三种说论衡》之三 288b
《关于我国大学制度若干价值问题的探讨》 283b
官锡强 269a, 398b, 464b, 519a
灌阳县社会科学界联合会 357b
《广西"百年清官村"文化印象与内核及其成因》 274b
广西保利置业研究院(附图) 472a
2013~2014年度重点课题评审会(图) 430
广西保险学会 430b
《广西北部湾经济区旅游发展与合作研究》 226a
广西比干文化促进会 461a
广西比较经济学学会 441b
广西比较经济学学会成立20周年学科、学术发展研讨会(图) 441
广西才智文化艺术研究院(附图) 453a
广西财经学院 494a
广西财经学院社会科学界联合会 390a
《广西财经学院学报》(附图) 511a
《广西财政年鉴·2014》 222b
广西财政厅政策研究室 317a
广西财政学会(附图) 409
《广西残疾人社会工作实践与探索》 229b
广西产业与技术经济研究会 464a
"广西长寿之乡建设与发展"座谈会(图) 436
广西城市发展研究会 455a
广西创新与创业研究会 464a
广西创造学会2014年学术年会(图) 447
广西创造学会 447a
广西大学 480a
广西大学法学院 480b
广西大学公共管理学院 481a
广西大学教育学院 481b
广西大学经济发展研究所 335a
广西大学经济与管理实验中心 335b
广西大学旅游科学研究中心 335a
广西大学马克思主义生态经济发展研究院 334b
广西大学区域社会管理创新研究中心 337a
广西大学商学院 482a
广西大学社会科学界联合会 381a
广西大学生创业就业研究会 479a
广西大学外国语学院 482b
广西大学文学院 483a
广西大学新闻传播学院 483b
《广西大学学报(哲学社会科学版)》(附图) 508b
广西大学艺术学院 483b
广西大学与河池学院合作课题开题 186a
广西大学政治学院 484b
广西大学中国—东盟研究院(东南亚研

究中心） 336a
广西大学中加国际学院 484b
广西当代管理科学发展研究会 478b
广西党校系统学习党的十八届四中全会精神师资培训班(附图) 219b
广西党校(行政院校)系统社会科学界联合会 402b
广西党校(行政院校)系统社会科学界联合会第三届“桂海论坛”暨“推进《珠江—西江经济带发展规划》实施，加快广西实现‘两个建成’目标”研讨会 207b
广西档案学会(附图) 422b
“广西道德文化”讲坛进社区活动(图) 478
广西地方税收科学研究所 319a
广西地方税收研究会 470a
《广西地方志》 516a
广西地方志协会 429b
广西第十三次社会科学优秀成果奖颁奖暨广西社科联成立三十周年座谈会(图) 348
广西第十三次社会科学优秀成果奖颁奖暨广西社科联成立三十周年座谈会(附图) 169b
广西第十三次社会科学优秀成果奖评选活动 350a
广西—东盟经贸促进会 463a
广西东南亚经济与政治研究中心 322b
广西东南亚研究会(附图) 438b
广西发展和改革委员会经济研究所 317a
广西发展与改革研究会(附图) 475a
广西发展战略研究会 467b
广西翻译协会(附图) 423b
广西范仲淹研究会 459b
广西房地产及住宅研究会 459b
广西房地产及住宅研究会学术年会(图) 460
广西妇女理论研究会 434a
广西高层次会计人才高级研修班暨学术年会(图) 409
广西高等教育“教师教育课程标准配套教材暨全国教师资格考试通用教材”编写研讨会(图) 393
广西高等教育学会成立30周年纪念大会暨广西高等教育论坛(图) 414
广西高等院校旅游专业骨干师资培训班 217b
广西高校师范生培养改革研讨会 207a
广西高校校园媒体工作会议暨高校校报协会2014年年会 202b
广西高校专业设置与北部湾产业集群发展的适应性研究 282b
《广西高中志》 224a
广西工商系统写作培训(图) 445
广西工商行政管理学会 445b
广西工商职业技术学院 503b
广西工商职业技术学院社会科学界联合会 402a
广西公共关系协会 447b
广西公共政策研究会 467a
广西供销社会计学会 438a
广西管理科学研究会 475b
广西广播电视大学 498b
广西广播电视大学社会科学界联合会 397b
广西广播电视大学学报 513b
广西广播电影电视协会 437b
广西国际共运史学会 429b
广西国际经济贸易学会 435a
广西国际商务职业技术学院 503b
广西国际商务职业技术学院社会科学界联合会 401a
广西国际税收研究会 451a
广西国有企业引入非公资本对接合作项目挂牌启动仪式 545a
广西红木文化研究会 458a
广西红木文化研究会第二次会员代表大会(图) 458
广西宏观经济学会 427a
《广西环境库兹涅茨曲线的实证研究》 295b
广西会计学会 408b
广西婚姻家庭研究会 470b
《广西基督宗教历史与现状研究》 236a
广西纪检监察学会 440b
广西纪实摄影协会(附图) 465a
广西家庭教育研究会 428b
广西家庭教育研究会年会暨专家论坛(图) 428
广西价格协会 414b
广西江夏文化发展研究会 473b
广西教育科学研究所 321b
广西教育学会 407b
广西教育学院 499b
广西教育学院社会科学界联合会 398a
《广西教育学院学报》 513b
广西金融工程学会 455b
广西金融学会 410b
《广西金秀瑶族民歌中的文化内涵》 247a
广西经济 515a
广西经济法学会 448b
广西经济法学界2014年学术年会暨广西第十次经济法理论研讨会(图) 449
广西经济管理干部学院 499b
广西经济管理干部学院社会科学界联合会 398b
《广西经济管理干部学院学报》 514a
广西经济体制改革研究会 420a
广西经济学会 405b
广西经济责任审计专题研讨会 187a
广西警官高等专科学校 502a
《广西警官高等专科学校学报》 513a
广西酒店管理学会 455b
《广西喀斯特地区农村社会风险预警与农业发展研究》 229a
《广西抗战文化研究丛书》编撰出版研讨会(附图) 187b
广西抗战文化研究会 444a
广西科学社会主义学会(附图) 412
广西可持续发展促进会 466b
《广西客家研究二十年》 274a
《广西蓝皮书:广西经济形势分析与预测(2014)》(附图) 226a
《广西蓝皮书:广西社会发展报告(2014)》 314b
广西老年学学会 436a
广西老社会科学工作者协会 435b
广西礼仪文化交流协会(附图) 450b

广西历史学会 404a
广西粮食经济学会 423a
广西粮食经济学会第六届会员代表大会（图） 423
广西领导干部“时代前沿知识”系列讲座第92讲(图) 310
广西柳工机械股份有限公司社会科学界联合会 403b
广西六堡茶文化研究会 457b
广西庐江文化投资促进会 471b
广西律师协会第八届理事会
第四次会议(图) 418
桂柳片会现场(图) 418
北海片会现场(图) 418
梧州片会现场(图) 418
广西律师协会(附图) 416a
广西伦理学学会 420b
广西骆越长寿养生研究院 477b
广西骆越文化研究会(附图) 456b
广西马克思主义理论研究和建设工程广西师范学院研究基地 342b
广西毛泽东哲学思想研究会2014年年会暨学术研讨会(图) 433
广西毛泽东哲学思想研究会 433a
广西美学学会 413b
广西民办高校教育管理人员赴台教育交流活动 197b
广西民族传统文化学会 474a
广西民族大学 485b
广西民族大学广西民族文化保护与传承研究中心 341b
广西民族大学广西知识产权培训基地（附图） 337
广西民族大学民族学博士后科研流动站揭牌(附图) 171b
广西民族大学民族研究中心 340b
广西民族大学社会科学界联合会 383b
广西民族大学生态审美与民族文艺学研究基地 340a
《广西民族大学学报(哲学社会科学版)》（附图） 509b
广西民族大学瑶学研究中心 341a
广西民族大学中国—东盟研究中心 338b
广西民族发展研究会(附图) 432a
广西民族师范学院 497b
广西民族师范学院广西边疆少数民族文化研究中心 346b
广西民族师范学院广西边疆问题研究基地 346a
广西民族师范学院广西左江花山岩画研究院 346a
广西民族师范学院基础教育研究中心 346a
广西民族师范学院社会科学界联合会 394a
《广西民族师范学院学报》 512b
广西民族文化发展研究会 463b
广西民族文化与旅游发展研究会(附图) 474b
广西民族问题研究中心 320a
《广西民族研究》 516a
广西民族研究学会 410a
《广西名胜志》 223b
《广西年鉴·2014》(附图) 222a
广西年鉴学会 476a
广西农村发展与改革研究会 462a
广西农村金融学会(附图) 408
广西农业经济学会 421a
广西钱币学会2014年钱币理论研讨会（附图） 207b
广西钱币学会(附图) 425a
广西青年干部教育培训创新发展研讨会（图） 448
《广西青年干部学院学报》 514b
广西青少年研究会 448a
《广西区域经济发展差异时空变化分析》 270a
广西区域科学学会(附图) 469b
广西区域与城市经济研究会 450b
广西人才学会 411b
广西人的发展经济学研究会 464b
广西人口研究所 321a
广西人力资源管理发展研究会 465b
广西人力资源和社会保障研究所 323b
广西人力资源社会保障学会 413a
广西人文社会科学发展研究中心 315b
广西荣誉品牌发展研究院 474b
广西儒学学会(附图) 477a
广西入选国家社科基金青年项目名单(2014)(表) 15
广西入选国家社科基金西部项目名单(2014)(表) 15
广西入选国家社科基金资助项目名单(2014)(表) 13
广西商业经济学会 439b
“哈佛案例教学的本土化应用”专题讲座(图) 439
广西少数民族地区文明形态跨越发展座谈会 334b
广西少数民族语文学会 427b
广西少数民族语言文字工作委员会民族语文科研处 319b
广西社会道德文化研究会 477b
广西社会调查研究会 451b
广西社会科学 507b
《广西社会科学年鉴·2014》(附图) 222b
广西社会科学普及基地工作座谈会 218a
广西社会科学学术团体发展促进会(附图) 468
广西社会科学院 307a
广西社会科学院东南亚研究所 311b
广西社会科学院工业经济研究所 312a
广西社会科学院民族研究所 313b
广西社会科学院农村发展研究所 312b
广西社会科学院社会学研究所 314b
广西社会科学院数量经济研究所 312a
广西社会科学院台湾研究中心 315a
广西社会科学院文化研究所 313a
广西社会科学院信息中心 311a
广西社会科学院智库合作交流小组赴台开展系列调研活动 188a
广西社会心理学会(附图) 446a
广西社会学学会2014年学术年会暨民族地区乡村治理研讨会(附图) 201a
广西社会学学会(附图) 438a
广西社会主义学院 506b
《广西社会主义学院学报》 514b
广西社科规划课题优良成果一览表(2014)(表) 16

广西社科联代表团赴台湾进行社会科学发展与管理交流调研活动　199b
广西社科院学者考察缅甸掸族民间文化(附图)　202b
广西审计理论研究骨干人才培训班(图)　424
广西审计学会　424a
广西生产力促进会　442a
广西生态工程与生态文化研究会(附图)　459a
广西师范大学　485a
广西师范大学社会科学界联合会　381b
《广西师范大学学报(哲学社会科学版)》　509a
广西师范学院　491b
广西师范学院高等教育研究所　342a
广西师范学院马克思主义与民族地区社会管理创新研究中心　343a
广西师范学院青少年德育研究中心　343a
广西师范学院区域经济研究所　341b
广西师范学院社会科学界联合会(附图)　386
广西师范学院社科联第四次会员代表大会(附图)　173a
广西师范学院心理教育研究所　342a
《广西师范学院学报(哲学社会科学版)》　510a
广西世纪红榕创业投资与企业价值研究院(附图)　473a
广西市场经济研究会　443b
广西市场经济研究会第四次会员代表大会　154a
广西市、县党校(行政院校)主管校长培训班　220b
广西书画艺术研究会　451b
广西书画艺术研究会第二届会员代表大·会(图)　452
广西数量经济学会　443a
"广西水库移民信贷扶持政策问题"研讨会(图)　442
广西税务学会2014年工作会(图)　427
广西税务学会　426b
广西四海壮学研究院　469b
广西速记速录协会(附图)　461
广西陶行知研究会第六次会员代表大会暨学术研讨会　174b
广西体育科学研究所　323b
《广西铁路建设地方配套资金筹融资方案研究》专家评审会　189a
广西厅级主要领导干部"学习贯彻十八届三中全会精神全面深化改革"专题研讨班(附图)　213b
《广西通志·财政志》(1992~2004)　223b
广西统计学会　415b
广西统计研究所　319a
广西图书馆学会(附图)　406a
《广西推进新型城镇化路径与体制机制创新研究》　304a
广西外国语学院　496a
广西外国语学院桂台经济贸易合作与发展服务基地　346b
广西外国语学院社会科学界联合会　401b
广西网媒文化促进会(附图)　466a
广西卫生经济卫生统计学会　445a
《广西文化产业发展战略研究》　230a
《广西文学的哲学叙事研究》　232b
广西西大城市发展研究院(附图)　463a
广西先进文化发展促进会　426a
广西县级党校工作交流暨藤县"支书讲堂"活动研讨会　172a
广西现代东盟教育研究院　454b
广西现代法学研究院(附图)　476a
《广西乡村旅游如何在"火爆"中实现可持续发展探研》　283a
广西写作学会(附图)　431a
广西心理学会第十七次学术研讨会　197a
广西新农村建设促进会　467b
广西新四军历史研究会　445a
广西新闻摄影学会(附图)　450a
广西新闻学会　412a
《广西新型城镇化发展探析》　244a
广西信用研究会　460b
广西行为科学学会(附图)　436b
广西行政法学研究会第二届理事大会暨2014年广西行政法学术研讨会(附图)　181a
广西行政管理学会　427b
广西行政教育对外交流协会　453b
广西学会学研究会　449b
广西亚太酒店文化发展研究院(附图)　471a
广西研究生联合开发促进会2014年学术年会(图)　443
广西研究生联合开发促进会　442b
广西瑶学学会(附图)　419b
《广西瑶族女童教育问题的社会性别分析》　247b
广西医科大学　486b
广西医科大学社会科学界联合会　383b
广西彝学学会　479b
广西艺术学院　492b
广西艺术学院动漫研究中心　344a
广西艺术学院广西非物质文化遗产民歌研究展示中心　345b
广西艺术学院广西民族民间音乐文化发展与传承基地　344b
广西艺术学院广西少数民族传统艺术研究中心　345a
广西艺术学院广西文化创意产业协同创新中心　344a
广西艺术学院广西文化创意研究中心　345b
广西艺术学院漓江画派艺术研究中心　344b
广西艺术学院社会科学界联合会　386a
广西艺术学院阳太阳艺术研究中心　344a
广西艺术学院造型艺术创作研究中心　344b
广西艺术学院中国—东盟传媒艺术研究中心　345a
广西艺术学院中国—东盟华语有声语言研究中心　345a
广西艺术学院中国—东盟艺术创作与展演研究中心　345a
广西艺术学院中国—东盟音乐跨界传播与传承研究中心　345b
广西应急管理培训工作座谈会(附图)

154a
广西永福县窑田岭Ⅲ区宋代窑址2010年发掘简报 292a
广西语言文学学会 407b
广西语言学会第八届学术年会 206a
广西政法管理干部学院 502a
广西政法管理干部学院社会科学界联合会 399b
《广西政法管理干部学院学报》 514a
广西政区集成 225a
广西知青文化研究会 471b
广西知青文化研究会第二届学术研讨会（图） 472
广西职工思想政治工作研究会 421b
广西职工思想政治工作研究会第六届会员代表大会(图) 422
广西中共党史学会 404b
广西中国—东盟文化研究会 454a
《广西中小微型外贸企业 国际贸易融资困境成因及对策——基于对崇左企业问卷访谈调查的分析》 268a
广西中医药大学 491a
广西中医药大学社会科学界联合会 386a
广西重大课题研究招投标 19a
广西专家顾问咨询中心 476b
广西壮学学会 440a
广西壮族自治区国家税务局税收科学研究所 317b
广西壮族自治区决策咨询委员会及办公室 18a
广西壮族自治区民族文化认同调查研究 244b
广西壮族自治区社会科学界联合会 348a
广西壮族自治区审计科学研究所 318a
《规避版权技术措施行为犯罪化的立法问题研究》 255b
鬼子 394a
贵港市地方志编纂委员会办公室 331a
贵港市社会科学界联合会(附图) 380
贵阳市导游人员培训班 212a
《桂海论丛》(附图) 508b
桂海论坛 505b
桂航大讲坛 211a
“桂理昕研习社区”学习贯彻习近平总书记在全国宣传思想工作会议上的重要讲话讨论会(附图) 174a
桂林百姓文化大讲坛 216a
《桂林低碳旅游城市构建条件与模式研究——基于旅游者视角》 263a
桂林电子科技大学 487b
桂林电子科技大学软科学研究院 343b
桂林航天工业学院 498a
桂林航天工业学院航天旅游发展研究所 347a
桂林航天工业学院人力资源管理研究所 347a
桂林航天工业学院社会科学界联合会 394b
《桂林航天工业学院学报》 512b
《桂林抗战艺术史》 225b
桂林理工大学 488a
桂林理工大学管理学院 489a
桂林理工大学旅游学院 489b
桂林理工大学马克思主义学院 489b
桂林理工大学人文社会科学学院 490a
桂林理工大学社会工作研究中心 343b
桂林理工大学社会科学界联合会 385a
桂林理工大学外国语学院 490a
桂林理工大学艺术学院 490b
桂林旅游高等专科学校 500a
桂林旅游高等专科学校广西旅游科学研究所 347b
桂林旅游高等专科学校桂林天地人旅游商品研究所 347b
桂林旅游高等专科学校教师段仕洪新书《中国特色名菜名点》举行首发仪式 166b
桂林旅游高等专科学校旅游规划设计研究院 347b
桂林旅游高等专科学校社会科学界联合会 395a
桂林旅游高等专科学校与韩国新罗大学签署合作协议 169a
桂林旅游高等专科学校与瑞士洛桑酒店管理学院签署合作协议 167b
桂林旅游高等专科学校与中国环境科学研究院合作共建旅游大气生态环境监测实验室 166b
《桂林年鉴·2014》 223a, 328b
桂林师范高等专科学校 501b
桂林师范高等专科学校社会科学界联合会第二次代表大会 160b
桂林师范高等专科学校社会科学界联合会(附图) 397
《桂林师范高等专科学校学报》 513a
桂林市地方志编纂委员会办公室 328a
桂林市对口帮扶巴马县旅游扶贫管理干部、中青年管理干部及少数民族干部培训班 218a
《桂林市简志》 224a, 328（图）
桂林市社会科学界联合会(附图) 354
《桂林市象山区志》 223b
桂林市中心广场科普宣传活动 219b
桂林特色小城镇发展研究 304a
桂林医学院社会科学界联合会 387b
桂林智慧城市建设研究 304a
桂平市社会科学界联合会 380b
桂台经济贸易合作与发展服务基地与南宁市台湾同胞联合会到台湾花卉产业园调研 182a
桂台经济贸易合作与发展服务基地与南宁市台湾同胞联合会到重点台资企业调研 181b
桂台民办高校高峰论坛 191b
《桂西北地区香椿人工林生长规律及经济效益初步研究》 262b
《桂西民族聚居区学习型社会建构探析》 283a
桂中地区地方特色文化研究与发展研讨会(图) 395
桂中地区地方特色文化研究与发展研讨会(附图) 202a
郭金世 431a
郭开虎 275a
郭星 274b
郭旭霞 297b
郭旃 377a
郭中华 276a
《国别异质性、全球化进程与主流FDI理论的演化性改进》 258b

《国际旅游胜地建设中的核心价值塑造》 263a
《国际视野下最优储蓄率及其影响因素测度——基于索洛经济增长模型的研究》 267b
国家社科基金申报交流会(附图) 219a
《国家投资西部工业园型资源循环利用企业若干法律问题探析——以广西为例》 254a
《国外高速铁路空间经济效应研究进展及启示》 262b

H

《海村京族国家政治认同整合研究》 248b
“海上丝绸之路与中国—东盟命运共同体建设”学术研讨会(附图) 184a
韩建猛 371a
韩伟平 400a
韩志刚 400b
《汉译佛经之美术理论研究——以汉唐为中心》 225a
《汉语和越南语称谓语语用对比探究》 286a
《汉壮翻译基础教程》 234a
郝国强 244b
《合法性与专利商业化早期绩效的实现》 268a
合山市领导干部文化旅游发展专题培训班 218a
合山市社会科学界联合会 378a
何安益 292a
何滨生 471b
何朝峰 277b
何光耀 392a, 392b
何广寿 239a
何红雨 397a, 513a
何洪利 391a
何开长 441a, 545a
何龙群 384a
何明 179a, 348a, 452a, 453a, 452b
何明(图) 453
何品荣 437a
何权 471b
何世明 516b
何霜 234a
何棠 472b
何彦诚 285a
何云翔 445b, 446a
何峥嵘 514a
河池市金城江区社会科学界联合会 372a
河池市社会科学界联合会 371a
河池学院 493b
河池学院“国培计划”置换脱产研修项目培训班 197a
河池学院“区培计划”农村乡镇中心校校长培训班 217a
河池学院“区培计划”农村乡镇中心校校长培训班(百色班)(附图) 190a
河池学院社会科学界联合会(附图) 389
河池学院图书情报工作会议 162a
《河池学院学报》 511a
贺根民 288b
贺州市八步区社会科学界联合会 370a
贺州市平桂管理区社会科学界联合会 370a
贺州市社会科学界联合会 369a
贺州学院 495b
贺州学院社会科学界联合会 391b
《贺州学院学报》 512a
贺祖斌 232a, 282b, 499a, 513b
“弘扬生态文化 建设美丽广西”研讨会(图) 467
“弘扬十八大·传播正能量·共筑中国梦”十八大、十八届三中全会精神系列报告会 218a
《红丰仡佬语的人称代词系统》 285a
红木 236a
洪珏 278b
洪军 464a
侯代忠 395a, 395b, 396a, 400b
侯道辉 346a
侯德彭 414b
侯惠勤 505b
侯荣川 290a
侯艳 225a
《后现代主义语境中的教育观》 275a
《后自贸区时代中国—东盟农业合作的困境与转型》 260b
胡宝清 229a
胡昌文 293b
胡超 260b
胡大雷 272b, 391b, 407b
胡德期 409b
胡建华 174a, 324a, 402b
胡玲 251a
《胡应麟〈诗薮〉版本考》 290a
《“花炮节”旅游开发的本真与展演——广西富禄“三月三”花炮节个案分析》 256a
《环保法庭设立的困境与出路——以司法专门化设计为视角》 255a
环江毛南族自治县社会科学界联合会 373a
《环境规制强度与国际产业转移实证研究》 270a
《环境压力、企业家网络与合作创新意愿的关系》 242b
《唤醒基层教师信息技术应用能力提升的内在力量——以中西部基层教师教育信息化草根共同体为例》 279a
黄爱莲 228a, 263b
黄必贵 424a
黄飚 436a
黄斌 233a
黄秉生 340a
黄春波 520b
黄达安 273b
黄党源 400b
黄道伟 504a, 528a
黄德世 378a
黄东桂 243b
黄都恒 416a
黄高明 445a
黄格胜 344a, 386a, 510b
黄观壮 333a
黄冠杰 473a

黄光云 390a
黄国良 347b, 512b
黄海燕 380a
黄汉儒 332b
黄家周 271a
黄建宁 225b, 391a
黄健 313b
黄健毅 297a
黄健云 284a
黄康 467b
黄馗 473b
黄立本 414a
黄立群 260a
黄丽娟 396a
黄丽茹 397a
黄卢健 344a
黄梅芳 343b
黄明初 422b
黄启学 245a
黄任文 473b
黄日波 446b
黄如猛 319b
黄山 441b, 458b
黄少安 390b
黄少雄 437a
黄盛文 410b
黄天源 423b, 424（图）
黄桐华 473b
黄卫宁 425b, 426a
黄玮 256a
黄文韬 512a
黄晓虹 455b
黄筱娜 249b, 434a, 521a, 74（图）
黄学权 174a, 220a, 402b
黄雅丽 249b
黄耀高 450a
黄永和 449a
黄永辉 317a, 516b
黄勇荣 277a
黄有第 330a
黄宇鸿 392a, 392b
黄玉华 418b
黄跃 261b
黄云峰 400b
黄铮 382a, 404a, 439a
黄志强 229a
黄志文 416a, 416b
黄志勇 207a, 444b
黄中显 476a
黄中校 323b
黄仲盈 410a
黄宗科 303a
黄祖江 412a
《会员制下特殊收入的确认和计量探析》 256b
火炎 465a, 465b, 465（图）
霍军 228a, 317b

J

《积极心理学视野下留守儿童心理健康教育的改革》 239b
《基础教育研究》 516a
《基于表单的多维会计及其应用》 265a
《基于多元主体市场条件下运用统计调查方法收集修志资料的思考》 297b
《基于节约算法的旅行商问题配送线路优化》 263b
《基于民族视角下的文化惠民融资模式研究——以广西桂林市“百姓大舞台”为例》 273b
《基于农民自我发展能力的家庭农场约束因素研究》 261b
《基于人民币国际化视角的境外人民币存量扩张策略——来自缺口估计法》 269b
《基于 SSM 视角分析的桂林旅游业六要素优化研究》 262b
《基于 Oracle 数据库的 RAC 集群技术在高校图书馆关键业务中的应用研究》 293b
《基于双边市场理论的会展平台运营策略——以东盟博览会为例》 268b
《基于提升大学生实践能力的高校课程改革研究》 277a
《基于系统观视角的高校生态教育体系的构建》 280b
《基于用户信息行为调查的高校图书馆个性化服务实证研究——以广西民族大学和广西大学为例》 293a
《基于远程教育的高校党建工作创新探讨》 282b
《基于整合营销传播理论的南宁城市品牌建设研究》 244a
《基于职业能力培养的高职实训支持体系架构》 283b
“集智聚力 特色兴贺”专题座谈会(图) 369
《记忆、表征与认同——靖西壮族族群认同与国家认同研究》 246b
纪明 256b
纪念邓小平诞辰 110 周年 508b
纪念奠边府战役胜利 60 周年研讨会 311b
《技术进步对于中国全要素生产率影响的实证研究》 258b
《加快广西扶贫生态移民对策研究》 253a
《加快广西国家公园建设步伐》 244b
《家风与清代粤西文学家族》 288a
“家和万事兴 共筑中国梦”学术年会（图） 434
贾莹 406a
贾媛媛 254a
“间歇年(GAP YEAR) ——一起去旅行吧”主题沙龙 216b
《柬埔寨投资环境分析报告》 227a
《简论大学生网络德育中壮族传统德育资源的开发与利用》 239a
《建立健全党政机关廉政机制研究》 305b
《建立中越边境非法移民劳工管理的区域协商机制》 297a
《建筑装饰和景观设计管理》 231b
江东洲 467b
江帆 234b
江桂斌 414a
江苏省社科联到广西交流工作经验 160b

江祖林 303b
姜琦 303a
蒋超 480b
蒋国珍 397b, 398（图）
蒋康林 455a
蒋美荣 265b
蒋升湧 427a
蒋巍 255a
蒋伟任 395a
蒋小勇 405b
蒋兴礼 233b
蒋亚利 281b
蒋彦忠 397a
蒋永甫 261b
蒋正华 181a
《交互建构:共同体视角下广西农村水利的文化性研究》 274a
焦耘 266a
《教师期望对学生数学自我概念影响的定量分析》 280a
《教师职业活动幸福感研究》 231b
教育部高等学校艺术学理论类专业教学指导委员会第四次工作会议暨艺术学理论类专业建设高峰论坛 510b
《节奏的魅力——林庚新格律诗实验对传统的再发现》 288a
《“洁净”的秩序和力量——壮族古俗“夫妻异室而居”新探》 248a
解读十八届三中全会《决定》中高考改革问题报告会(图) 379
《“解严”后政党角力下台湾新闻自由的进步与迷思》 273a
金长义 400b, 495a
金丹 228a
金虎 469a
金秀瑶族自治县社会科学界联合会 377b
金一南 505b
金占伦 434b
金中夏 410b
《槿花集——刘兴超诗词选》 233a
《近10年来中国海外民族志研究反观》 244b
《京族文学的整生规律研究》 247a
《经费、师资与自组织:加拿大博士生培养的历史考察及启示》 281b
《经济发展、禀赋差异与政府干预的关系研究——基于北部湾经济区与珠三角经济区的比》 258b
《“经济新常态下就业的挑战与机遇”专题讲座》 221a
经济学 112
经济与社会发展 508a
《经济运行的制度因素》 519a
《经济转型期中小企业融资策略研究》 267a
“净土信仰、终极关怀与中国文化软实力”学术沙龙研讨会(图) 405
靖西县社会科学界联合会 367a
《旧志利用与实地踏勘丹洲古城考察纪略》 292b

K

《喀斯特人地系统研究》 229a
《开放大学学习中心建设与运行研究》 232b
康忠德 245b, 249b
《抗战时期吴伯超在重庆》 291b
柯涛 464a
柯颖 256a
《科技型中小企业技术基金筹集影响指标体系的构建探讨》 259a
科研成果 222
科研机构 307
《空间实践与侗族村落文化表征:以宝赠为例》 248a
孔慧 387b
跨境自由贸易区建设问题研讨会(附图) 179b
《跨学科视野下的音乐类非物质文化遗产保护初探》 272b
《跨越界限,走向整体融贯:效用,实在,语境框架下综合“三大主流”理论的尝试》 234b
旷永青 394b

L

来宾市社会科学界联合会 375a
来宾市兴宾区社会科学界联合会 376a
蓝晨 435b
蓝海 395b
蓝海洋 395b
蓝怀昌 474a
蓝洁 283b
蓝日基 429b
蓝蔚 388a
蓝相洁 266a
蓝雄勋 438a
郎耀秀 389a
《老挝投资环境分析报告》 227a
乐国友 263b
乐业县社会科学界联合会 368a
雷德鹏 421a, 484b
雷俊生 236a
雷务武 344b
雷湘竹 247b
雷小华 252b
黎波 363a, 469a
黎成 331b
黎春兰 293b
黎富文(图) 422
黎鹏 259b
黎晓萍 295a
黎瑛 291b
李本建 490b
李碧荣 278a
李彬 425b, 425（图）
李斌 276b
李兵 232b
李长成 236b
李诚忠 398a
李崇玉 408b
李春醒 401b
李春毅 477a

李达 265b
李大庆 419b
李德敏 466b
李栋 302b
李敦祥 450b
李丰生 244b, 387a, 492a
李富强 340b
李国君 324a
李国祥 262a
李海 433a
李海平 242a
李海荣 154b, 172b, 350b, 385a, 155（图）
李好 227a, 268a
李红 231b, 262b
李红惠 294b
李红英 303b
李继兵 240a, 510b
李建林 390b
李建平 225b, 444b
李俊龙 467b
李俊清 251b
李康 162b, 167b, 169b, 189b, 348a, 350b, 414b, 516b, 534a, 534b, 535b, 536a, 540b, 550a, 553b, 556a, 495（图）
李莉 291b
李露 401b, 496a
李美清 385a
李明灌 421a
李念平 465a
李启军 230b, 290b, 413b
李启瑞 398b, 412a
李庆春 297a
李庆文 401a
李秋洪 192b, 308b, 516a
李瑞红 464a
李胜 156b, 380a, 380（图）
李思思 262b
李泰城 422b
李伟 420b
李伟宁 469b
李文红 360a
李翔宇 251b
李小文 291b
李晓明 391b
李欣广 464b
李雪岩 264a
李雅日 247b
李彦明 154b, 402b
李燕燕 239b
李仰智 284b
李亦芝 435a
李寅生 483a
李英健 236a
李鹰 408b
李勇 333b, 333（图）
李玉雄 241b
李珍刚 408b, 419b
李振秋 284a, 400a
李志明 465b
《理性的善与恶:社会道德重构中的文化价值》 240a
力之 288b
历史学·文化学 137
“历史语言学漫谈”学术报告 315b
《利益、参与与地方治理——改革开放以来中国的实践经验》 225a
荔浦县社会科学界联合会 358a
连漪 489a
《〈联共(布)党史简明教程〉与马克思主义大众化探索》 236a
廉超 293a
廉洁教育系列科普活动 212a
梁安 463a
梁北雄 457b
梁超然 426a
梁峰 457b
梁桂娥 384a
梁好翠 280a
梁宏 485a
梁华腾 442a
梁结玲 290a
梁经成 514b
梁君 268b
梁立新 347b
梁培林 507b, 171（图）
梁晴 464a
梁淑红 227a
梁素萍 424b
梁伟江 493a
梁文化 391a
梁夏宁 428b
梁颖 204b, 268b, 336a, 516b
梁芷铭 243b
粮食文化教育基地学习活动 212a
《两岸经济区治理研究:共同体视角》 269b
辽宁省社科联到广西交流工作经验 161a
廖柏明 385a
廖才彪 230b
廖国一 292a
廖华 289a
廖家旺 408a
廖润平 354b
廖维晓 259b
廖燕玲 396a
廖原 255b
《林半觉篆刻艺术分析》 289b
林超群 441b, 461a, 461b, 469b
林驰 271b
林春逸 284a, 315b, 381b, 382b
林春毅 385b
林德荣 466a, 474b
林干文 461a
林汉寿 461b
林霁峰 399a
林建勋 461b
林军 455b
林娜率队赴国家旅游局汇报学校工作 161b
林奇 229b
林若森 514b
林世勇 361a
林万里 474a
林智荣 311a
林卓群 441b, 458b
临桂县社会科学界联合会 356a
灵川县社会科学界联合会 356a
凌云县社会科学界联合会 368a
零兴宁 449a
刘爱军 393a

刘澈元　269b
刘德华　398a
刘德祥　395b
刘二丽　242b
刘国彬　237a, 429b
刘汉富　507a
刘汉忠　292b
刘昊　467b
刘浩　454b
刘华政　420b
刘家凯　171a, 199b, 469a, 515b, 523b, 155（图）, 171（图）
刘家凯率队到防城港市开展社科联调研工作　171a
刘建平　440a
刘进　317b, 409a
刘俊　469a, 523b
刘俊到百色调研社科普及工作　165a
刘俊到广西大学调研社科联工作　162b
刘俊到河池开展社会科学普及工作调研　161b
刘俊杰　260b, 304a
刘俊率调研组赴四川、宁夏调研社科普及立法工作(附图)　163b
刘俊率队赴山东调研社科普及立法工作（附图）　165a
刘兰兮　382a
刘莉平　471a
刘丽　258b
刘民坤　335b
刘明录　289a
刘铭达　451a
刘慕仁　506b
刘宁　363a
刘宁杰　439b
刘萍　466b
刘清平　420a
刘琼豪　235b
刘仁春　252b
刘榕榕　241a
刘世军　230b
刘书龙　392b
刘曙光　377a
刘思华　334b
《刘思谦的学术道路》　284b
刘松　454b
刘松竹　269a
刘祥学　292a
刘向荣　402b
刘小萍　303b
刘晓慧　286b
刘新　344b, 386a
刘新华　468b
刘新文　401b
刘兴超　233a
刘旭金　434b
刘玄启　390a
刘雅婷　277a
刘亚萍　227a
刘耀宁　442b, 443a
刘英　285b
刘玉红　289b
刘泽民　315b
刘正东　473a
刘志雄　240a
刘忠超　296a
刘子林　400b
刘祖云　294b
柳城县社会科学界联合会　353a
《柳江县撤县建区主体功能区划分与建设研究》　303a
柳江县社会科学界联合会　352b
柳晓静　263a
《柳州城市窗口行业精神文明建设存在的问题及其治理长效机制研究》　303a
《柳州工业城市都市现代农业发展规划研究报告》　303b
《柳州工业化城镇化融合发展战略研究》　303b
《柳州古代石刻的文献价值述论》　292b
《柳州年鉴·2014》　223a
《柳州汽车工业园区配套功能公共设施建设研究》　302b
《柳州社会科学年鉴·2014》　223a
《柳州社会科学研究文选》　235a
柳州师范高等专科学校　501a
柳州师范高等专科学校来宾校区大门（图）　501
柳州师范高等专科学校社会科学界联合会　395a
《柳州师范高等专科学校学报》　513a
《柳州市城中区志》(1991 ～ 2005)　224a
柳州市地方志编纂委员会办公室　326b
《柳州市非物质文化遗产传统技艺的保护和产业化发展的研究报告》　306a
《柳州市国有资本经营预算研究》　270b
《柳州市农村留守人群问题与对策研究》　302b
柳州市社会科学界联合会(附图)　352
《柳州市社科类社会组织管理体制和组织建设创新研究》　302b
《柳州市实施哲学社会科学品牌战略研究》　302a
《柳州市特殊教育发展思路与对策研究》　306a
《柳州市志(1991 ～ 2005)》(部分)自治级评审会(图)　327
《柳州探索建设港澳台工业园战略研究》　304b
《柳州文明城市建设与管理长效机制研究》　303a
《柳州政策应用研究·2013》　235a
柳州职业技术学院社会科学界联合会　400a
《柳州职业技术学院学报》　514b
六堡茶茶船古道历史路线考证研讨会（图）　457
《龙壁山房文集·五卷本》　224b
龙柳萍　296b
龙妮娜　281a
龙胜各族自治县社会科学界联合会　357b
龙雪津　283a
龙燕　400b
隆林县社会科学界联合会　368b
卢保江　423b
卢礼杰　458b
卢少雯　283b
卢莹　278b
卢勇斌　234a

鲁炜 398a
陆丹梅 283a, 397b
陆建人 270a
陆建英 265a
陆柳萍 464a
陆奇 469a
陆晓芹 290a
陆燕 414b
陆耀新 435a, 435b
陆壹东 464b
陆昱 258b
陆云 278b
鹿寨县社会科学界联合会 354a
鹿寨县社会科学界联合会成立暨第一次代表大会(图) 354
路甬祥 525b
吕军伟 285a
吕俊彪 246b
吕嵩崧 391a
吕伟斌 381a, 459a
吕逸 385a
吕余生 176a, 179a, 207a, 307b, 313b, 439a, 524a
吕玉荣 455b
旅游教育专家研讨会 180b
旅游论坛 512b
“旅游信息化与智慧旅游”专题讲座 178b
旅游研究 130a
《略论理论品牌建设在主流文化认同中的作用》 272a
伦理学 47a
《论财富精神塑造的伦理维度》 238b
《论高等教育质量调节的市场机制》 276b
《论公司财务责任——基于公司财务治理体系制衡的视角》 265a
《论公务员法治思维与法治方式的养成——以现代宪法学功能转型为视角》 255b
《论〈蝴蝶君〉文化产业幻象的实质》 272a
《论加强我国社会主义意识形态领导权建设》 250a
《论京族民间文艺的兼容性》 249a
《论明代书坊与戏曲插图的关系》 289a
《论钱氏父子的骈文流变观》 287b
《论清人对文章学繁简理论的重建》 288a
《论情感、语言、思维三位一体的作文教学——写作学理论与中小学作文的美丽邂逅》 278b
《论心理健康教育中价值问题处理的基本原则》 239a
《论行政决策文明的四重向度与价值》 251b
《论延安文艺制度建设的价值意义——毛泽东〈讲话〉精神的文艺制度思想阐发》 287b
《论越南华文文学的创作成就》 290b
《论中国经济外交战略及其科学管理》 256a
《论“中国梦”的哲学基础》 237b
《论中国民俗学研究本体的构成》 248a
《论资政院激进特征的政治生态影响——以“弹劾军机大臣案”为中心》 251a
罗彩娟 235a, 246b
罗城2014年婚姻家庭基层工作实践分析讲座(图) 470
《罗城客家人与仫佬族文化融合探析》 247b
罗城仫佬族自治县社会科学界联合会 372b
罗传洲 452a, 452b, 453a, 453(图)
罗方贵 326b
罗辉 304b
罗建章 226b, 354b
罗克良 375b
罗励 458b
罗梅 508a
罗敏 347a
罗慕洛 439a
罗盛锋 385b
罗世敏 477b
罗文娟 402a
罗贤春 292b
罗小凤 233b, 288a
罗幸 345a
罗永光 302b
罗跃华 410b
罗真 408b
罗知颂 382a

M

马飚 548a
马佳宏 279b
《马克思和毛泽东的个人自由观和政治自由观之比较》 237a
《马克思“社会存在决定社会意识”的检验及其启示——以英克尔斯〈从传统人到现代人〉为例》 236b
《马克思主义现代性批判中的正义规范理想》 236b
马克思主义研究 41
马克思主义·哲学 41
《马来西亚高等教育私有化政策研究》 276a
《马来西亚投资环境分析报告》 227a
马戎(图) 399
马瑞 392a
马仕生 515a
马忠桂 445a
《迈向共同治理:社会建构下的公共参与及模式转换》 240a
“漫谈企业文化”讲座 214a
毛公宁 457a
毛汉硕 283a
《“矛盾的时代”与“矛盾凸显期”的社会道德——18世纪的英国和市场经济的中国比较》 238a
茂康 439a
《美国当代儿童文学研究的潮流》 289b
《美国高校的学术休假制度透视》 294b
《美国义务教育问责评价模型研究及启示》 276a
《美国政府信息公开诉讼中的律师费制度及启示》 254b

美丽乡村,支教助学 530b
“魅力东盟·走入中国” 532b
蒙岚 281a
蒙连图 229b
蒙启成 402a
蒙山县社会科学界联合会 359b
蒙元耀 234a
蒙志琨 305b
秘书如何协调领导开展公共关系专题讲座 205a
《密尔对功利原则的道德哲学辩护》 235b
《免补政策下中职教育需求不足的经济学分析》 269b
《缅甸投资环境分析报告》 228a
面向东盟的现代物流产业及其发展学术报告会 182b
《面向图书馆的云计算研究综述》 293b
《民国时期广西县政改革研究》 225b
《民族地区高中课程资源库建设研究——以广西省为例》 284b
《民族地区乡村微型旅游企业发展变迁研究——基于广西乡村微型旅游企业的实证分析》 264a
《民族节日当下的实在运作——以田阳县敢壮山歌圩为例》 245b
民族伦理与少数民族道德生活史学术研讨会 526b
《民族文化旅游吸引力的评价体系与营造策略研究》 264a
民族学 54
民族学·社会学 54
闵锐 345b
《明朝中期园林绘画的盛行——以苏州为例》 289b
《明清时期广西土司地区的里甲制度研究》 291b
《模块化三维框架:经济全球化背景下产业价值网形成与发展的战略选择》 256a
莫波功 303a
莫道才 287b
莫金山 419b
莫锦荣 391a
莫丽琴 253a
莫龙 321a
莫名添 408a
莫如平 449b
莫山洪 287b
莫声光 476a
莫诗浦 284b
莫蔚 411b, 476b
莫秀锋 242a
莫兆钦 464a
莫珍英 435b
《木刻版画中的道教文化内涵探析》 272a
穆虹 427a

N

那坡县社会科学界联合会 367b
南丹县社会科学界联合会 373a
《南方文坛》 517a
《南海资源开发的对策和建议》 259b
《南宁地情手册·2014》 223a
《南宁年鉴·2014》 222b
南宁市地方志编纂委员会办公室 325b
《南宁市构建现代公共文化服务体系研究》 304b
南宁市社会科学界联合会 350b
南宁市社会科学院 324a
《南宁市学前教育办学模式创新研究》 306b
《南宁市永新区志》 224a
南宁职业技术学院 502b
《南宁职业技术学院服务南宁市文化产业发展的对策研究》 305b
南宁职业技术学院社会科学界联合会 399b
《南宁职业技术学院学报》 514b
南因果(Ingo Nentwig) 340b
倪建 445a
聂鑫 238b
聂勇 266b
宁明县社会科学界联合会 379b
宁绍强 231a
宁旭初 390b, 408b
《农产品配送路径最优化问题研究》 297b
《农村地区留守儿童健康成长的“云公益”路径探究》 242a
《农村空巢老人养老模式创新》 243a
《农村小学语文教师课程能力的调查研究——以广西沿海三市为例》 280b
《农村信用社产权制度改革绩效评析》 261a
《农村幼儿园建设:规划与设计》 232a
农克良 394b
农立夫 438b, 439a
农如松 450a
农淑英 275a
“女大学生素养”系列讲座 215b

O

区济文 445a
欧建雍 477b, 478a
欧锦雄 399b
《欧盟、美国和日本农产品物流追溯体系分析与比较》 296b
《欧盟视听新媒体的内容规制》 297a
欧阳灿灿 287b

P

潘春见 248a
潘海深 471b
潘海源 399a
潘辉明 439a
潘金娥 400b
潘俊 244a
潘丽娟 466a

潘玲 450b
潘柳燕 239a
潘懋元 176b, 398a, 516b
潘清泉 280b
潘小明 297b, 423a, 423b
潘永 227a
潘永云 279a
盘美花 286a
庞汉 253a
庞梅 230b
培训·科普活动 211b
“培育和践行社会主义核心价值观，为中国梦凝心聚气”专题讲座 204a
《培育社区社会组织提升基层公共服务的研究》 302b
彭劲松 285b
彭宁 284b, 342b
彭珮云 321a
彭清华 181a, 308a, 337a, 348a, 416b, 472b, 473a, 525b, 527b, 155（图）
彭润华 263b
彭晓春 391a
彭晔 241a
平锋 245b
平果县社会科学界联合会 366b
平乐县社会科学界联合会 358a
凭祥市社会科学界联合会 379b
普巴 478b

Q

戚杰强 236b
漆贤军 294a
齐爱民 253b
齐白鸽 436a, 436b
其他院校 504
《企业雇主品牌建设影响因素研究——以内部市场导向为基础》 259a
钱克勇 473a
钱宗范 477a
《浅论崇左旅游发展战略与宣传策略》 296a
《浅谈十八大后企业思想政治工作》 253a
《浅析美国未成年人案件社会调查制度》 242b
《抢抓机遇 精诚合作 延续网络教育的良好势态》 282b
谯欣怡 269b
《撬动社会资本参与中小城镇建设》 244a
钦州市地方志编纂委员会办公室 330b
钦州市社会科学界联合会（附图） 362a
钦州学院 496b
钦州学院社会科学界联合会 392a
《钦州学院学报》 512a
秦斌 336b, 407b, 414b, 516b
秦红增 272b
秦在东 397a
覃彩銮 440a
覃成号 328b
覃成强 485a
覃娟 260a
覃黎魁 391b
覃明兴 229b, 477b
覃琪涛 327a
覃巍 335a
覃文达 470b
覃熙 293a
覃晓宁 247a
覃修桂 424a, 521b, 424（图）
覃运生 331a
覃泽芬 306b
覃振锋 313a, 444b, 515b
覃壮才 321b, 407b
覃卓凡 427b
覃滋高 478a
青少年研究 76a
青增计 401a
《“清风”亦是江湖事——民间文献《遏淫说》与社会养廉的本土方法论》 240b
丘映含 400b
丘兆逸 269a
丘振声学术思想研讨会（附图） 177a
邱杰 490a
邱祖强 415b
《区位理论视阈下中国—东盟沿边跨国区域合作开发研究》 259b
《区域创新体系中的企业信息资源服务体系研究——以西江经济带为例》 258a
区域合作与台商发展研讨会 207a, 315a
《区域金融合作支撑广西战略支点建设问题研究》 266b
《区域金融研究》 515a
《区域经济金融研究·2013》 228b
区域经济研究 124a
《区域物流需求的组合预测模型》 262a
瞿振元 414b, 516b
全国部分省区市社科联第三届社会科学年鉴工作交流会议（附图） 184b
全国粮油购销与物流教育教学指导委员会成立大会暨一届一次会议 161a
全国毛泽东哲学思想研究会与当代中国的毛泽东哲学思想研究 238a
全国社科联第十五次学会工作会议（附图） 164b
全克林 490a
《全面建设小康社会与西部少数民族文化地区建设研究》 249b
“全面深化改革，实现‘两个建成’”报告会 358（图）
“全球化与区域社会发展”国际学术研讨会 185a
全州县社会科学界联合会 356b
阙勇平 402a
《群体交往与社会网络的建构——以打同年为例》 241a

R

《让想象张开翅膀——论接受美学视域下品特式房间的建构》 289a
《人的发展经济学论稿》 519a
《人地关系协调与国土空间优化：广西的

实证》 260b
《人口年龄结构与中国城镇居民消费变动——基于组群方法的实证研究》 241a
《人民币汇率对东盟各国汇率传染及其时变相关有效性研究》 267a
人文课程品牌化建设研讨会(图) 399
《日本比较教育研究的图景——主题、方法、地域》 284a
容本镇 175b, 183b, 398a, 426a, 431a, 499b
容县社会科学界联合会 364b
《融安县域经济发展定位及其主体功能区规划建设研究》 303a
《儒、道、释的继替与超越——基于“内向超越”的向度》 237b
阮才东 421a
阮成武 362b
瑞士洛桑酒店管理学院教务长 Fabien Fresnel 教授作客桂林旅游高等专科学校讲坛 193b

S

《“三个自信”——农民群众文化自信建构的重要保证》 274b
《三江侗族语言使用现状及演变》 233b
《三江侗族自治县民俗文化及其保护调查》 305b
三江侗族自治县社会科学界联合会(附图) 353
“三农”问题研究 112a
《山西闻喜方言子变韵来源研究》 285a
《上世纪 40 至 60 年代菲律宾共产主义运动与华人社会变迁》 253b
《少数民族村落体育组织的生成方式与运作机制——以壮、侗、苗、瑶等少数民族古村落为例》 248b
《少数民族地区社会主义核心价值体系建设研究》 253a
《少数民族艺术生态学》 228b
《少数民族职业教育的特殊使命与发展框架》 283b
邵博文 436a, 436b
邵广华 425b, 426a
佘伯明 467a
设区市科研机构 324
《社会科学对柳州在广西率先全面建成小康社会进程中的作用研究》 303a
社会科学规划管理 12
社会科学国内外学术交流活动 11a
社会科学家(附图) 507b
社会科学教育 480
社会科学界联合会 348
“社会科学评奖与社会科学研究”专题讲座 177a
社会科学普及活动 9a
社会科学期刊 507
社会科学研究机构与学术团体 5
《社会生产和分配与人的生存发展——保障人生存发展的经济基础和途径选择研究》 227b
《社会网络对跨境旅游合作者的行为影响研究》 263b
社会学 63a
“社会治理创新与领导力提升”学术研讨会(附图) 193a
“社会主义核心价值观大家谈”线下研讨会(附图) 208b
“社会主义核心价值观解读”巡回报告会(图) 374
社会主义核心价值观专题讲座 214b
《社会主义核心价值体系融入大学生思想政治教育全过程的过程论思考》 275a
《社会资本与区域经济增长》 228a
社科普及和国内外学术交流 9
申韬 228a, 266b
《身体认知与疾病:红瑶民俗医疗观念及其实践》 248a
深化改革加快实现“两个建成”目标报告会(图) 77
深化广西面向东盟开放合作打造新的战略支点研讨会 188a, 323a
“深化农村改革研讨会”(图) 462
深化农村经济改革、加快推进农业现代化研讨会(图) 421
沈北海 162b, 169b, 212b, 308b, 348a, 391a, 528a
沈昌祥 399a
沈德海 172b, 348a, 173(图)
沈亚平 390a
《审计问责研究》 236a
《审计治腐改革初探》 264b
《生产性服务业集聚与制造业转型升级的机理与实证检验》 262a
《生态补偿问题国外研究进展综述》 295b
《生态文化与美丽广西》 228b
施均显 429b
施日全 228b
《石刻文献之历史功用——广西石刻研究之七》 291b
石挺 385b, 386a, 414b
时锦雯 282b
《实践转向与中国特色当代美学》 284a
“实现中国梦,社区文明建设”公益讲座(图) 460
食品安全活动周“放心粮油宣传日”活动 216a
史凌芳 280b
《使社会主义核心价值观成为大学生实现“中国梦”力量源泉——创新大学生理想信念教育的研究》 282b
《士子游幕与乾嘉文学》 290a
世界粮食日暨爱粮节粮宣传周活动 218b
《世界社会主义国家百年妇女运动比较研究》 238a
市场论坛 516b
事业概况 5
《试论发展儿童阅读的策略》 278b
《试论积极心理学视野下大学生心理社团建设》 282a
《试论探究式中学物理科普实践课程的课程设计》 279a
“首届广西江夏文化论坛”(图) 474
首届中国—东盟网络空间论坛 541b
《受控主体权利保护法律问题研究》 229b

《数学史在初中教学中应用的现状调查分析》 278a
《数字传播条件下中国文化走出去的机遇挑战与对策》 274a
“数字动画创作”主题学术交流与普及活动 221a
数字化时代的文学写作、出版和阅读专题讲座 209a
帅民风 483b
《司法工作人员在诉讼活动中渎职行为的法律监督机制研究》 305b
《思香垌风情录》 230b
《思想政治教育话语语境论——思想政治教育话语语境的观念存在和学术发展》 275b
思想政治教育学科设立30周年学术研讨会(附图) 185b
思想政治教育学术报告会 198a
《死亡的文化呈现及意义阐释》 273b
《“四大变化”对高职院校图书馆发展的影响》 284a
四建高中层创新管理高级研修班(图) 478
《〈四书五经〉在英语世界的首次译介》 285b
《宋代“四六话”产生与“诗话”关系考》 287b
宋晖 279a
宋家浩 469a
宋清员 237b
宋涛 270b
宋晓天 220a
宋雅杰 401b
宋泽楠 258b
宋志生 282b
苏川 378a
苏道俨 409a
苏海帆 474a
苏全水 475b
苏曦凌 251b
苏新生 437b
苏祖纯 365a
宿富国 387b
孙杰远 275a
孙宁 385a
孙庆彬 295a
孙小迎 434b, 439a
孙艳 470b
孙振玉 394a
孙志远 235b

T

《“他者”的自我维系:京族人的族群认同及其变迁》 246b
台湾少数民族头目长老参访团来桂访问(附图) 168a
泰国东北部职业院校联盟代表团到访广西外国语学院 178b
《泰国孔子学院的体育传播研究》 297b
《泰国民间说唱艺术 Maw Lum 的传承与发展》 290a
《泰国农用地百年改革及其对我国的启示》 270b
《泰国投资环境分析报告》 226b
《泰王国国家赔偿法律制度基本问题研究》 256a
谭冰 267a
谭波 297b
谭建华 402b, 513a
谭姣连 277b
谭界忠 306a, 400a
谭璐 276b
谭培文 271a
谭群瑛 286a
谭贤政 231b
谭焰 402b
谭耀武 351a
谭英俊 252a
《碳规制对中国产品内贸易的影响研究》 269a
汤晓山 345a
汤玉权 225a
汤志华 236a
汤竹庭 468b
唐安邦 448b
唐长兴 289b
唐春松 477a
唐东升 231a
唐方文 290a
唐海燕 238b
唐虹 289a
唐华 483b
唐建明 477a
唐金成 266b
唐凌慧 400a
唐农 491a
唐仁郭 382a, 404a
唐仁健 336b, 528a
唐世纲 283b
唐文琳 258a
唐锡海 399b
唐贤秋 274b
唐秀玲 6a, 154b, 174a, 187a, 207b, 402b, 403a, 412b, 427b, 434b, 508b
唐拥军 391a, 478b, 511b
唐彰新 231a
《特色数据库著作权侵权风险及对策研究》 255a
《特色体育课程开发视角下的少数民族传统体育项目归类与筛选》 295a
特载 1
滕健 474b
“提高情商 加强领导力”主题讲座 215b
《提高中小城镇资源集聚能力》 243b
提升桂林国际旅游胜地核心竞争力研讨会 175a
天等县社会科学界联合会 379a
天峨县社会科学界联合会 373b
《天主教会放贷与清末广西教案》 237b
田代强 413a
田东县社会科学界联合会 366b
田林县社会科学界联合会 368b
田茂祥 318a, 424a
田维 470b
田阳县社会科学界联合会 366a

田莺　286b
“突发公共事件中的舆论引导”学术报告会　202a
《图书馆界》　517b
《土地整治实施内生缺陷:逆向选择与道德风险——以广西为例》　238b
《推动文化建设与民族乡村社会治理良性互动》　275a
《推进柳州市不可移动文物保护研究》　306b
《推进鹿寨撤县设区规划建设研究》　303b
《推进“先进性别文化”学科建设,积聚广西文化发展张力——“先进性别文化”学科建设在广西发展综述》　244a
“推进协商民主广泛多层制度化发展”理论研讨会(图)　444
《推进哲学社会科学成果应用转化研究》　302a
《推进中国—东盟经贸合作的思路及对策》　269a

W

汪德荣　469b
汪前珍　242b
汪星明　451a, 470a
王长江　505b
王春林　274a
王春燕　479b
王德宾　325b
王德明　288a
王德胜　413b
王东红　265b
王栋　403b
王赣华　385b
王革冰　434a, 434b, 435a
王光荣　479b, 479（图）
王国红　392a, 392b, 503b
王海军　430a
王涵　256a
王洪涛　268a
王惠　275b
王建平　291a, 296a, 426a, 426b, 444b
王婧　239b
王娟　226b
王莉荣　244a
王立民　421a
王利华　276b
王林　243a
王玫　385a
王枂　385b
王宁湘　453b, 454（图）
王荣华　416a
王瑞龙　390b
王少伦　230a
王士威　154b, 156b, 159b, 198a, 348a, 469a, 515b, 155（图）, 171（图）
王士威到百色调研社科联工作　163a
王士威到桂林调研社科联工作　167a
王士威率队深入自治区级学会开展社科工作调研(附图)　158b
王威　255b
王伟萍　272a
王喜娟　276a
王贤　276b
王晓华　403b
王新哲　408b
王兴辉　398a
王易萍　274a
王瑜　276a
王宇　272a
王玉生　294b, 337b
王源平　397a
王蕴　347a
王战　360a
王战军　394a
王志明　232b, 387b, 426a, 469a
王志远　240a
王中昭　267a
《网络公益组织资源动员策略探析——以广西公益联盟的成员组织为例》　294b
《网络社会反腐的法律困境与出路》　253b
《网络谣言与社会诚信伦理》　243b
《网络游戏广告的“净”与“禁”——关于网络游戏广告的伦理探究》　239b
危朝安　348a, 523b
《微博十大“辩证特性”解读》　294b
韦安光　383b
韦朝晖　315a
韦春北　389b
韦大开　411b
韦丹芳　246a
韦芳　279b
韦芬萍　331a
韦福安　297a
韦复生　426a
韦刚强　421b
韦广平　442a
韦国善　346a, 394a
韦海鸣　342a, 469b
韦宏思　389a
韦吉锋　398a
韦吉田　421a
韦家朝　293b
韦坚祥　475a
韦杰　243b, 330b, 502a
韦军　448b
韦俊谋　462a
韦克俭　346b
韦力行　522a
韦良　390a
韦茂斌　230a
韦茂繁　398b
韦宁　303a
韦倩青　227b, 267b
韦巧玲　400a
韦日平　237b, 238a, 346b
韦绍行　427b
韦诗业　245b
韦仕珍　389a, 389b
韦树关　234b, 341b, 286a
韦树先　323a
韦铁　464a
韦廷柒　250b
韦秀玉　289b

韦英生 435b, 459b
韦永恒 346b
韦泽红 282b
韦兆钧 386a
韦震玲 305b
韦忠娟 283a
韦忠云 331b
卫荣凡 420b, 421a, 420（图）
魏佳 255b, 402b
魏万青 260b
温回开 465b
温卡华 536a, 540a
温顺生 252a
温轶群 232a
温远光 459a, 459（图）
《文化生态视野下民间手工艺的传承困境及其保护路径——以国家级非物质文化遗产宝庆竹刻为例》 271a
文化研究 141a
文军 264a
文秋林 383b
文新 261a
《文学中图形 / 背景的动态关系与偏离》 289b
《我爱我的家》(附图） 235a
《我国产业布局的法律保障机制研究——以人口、资源、环境与经济协调发展为视》 254a
《我国城乡二元经济结构转换中的数字鸿沟效应与对策》 257a
《我国第三方物流发展瓶颈与营销策略的创新——4Ps 理论在物流行业的运用》 262a
《我国房地产税征管体系构建研究——对沪渝两市房产税试点的反思》 266a
《我国各地区公共图书馆服务水平的灰色关联评价》 293a
《我国流通产业发展水平的测度与区域差异分析——基于 1997~2012 年数据的实证研究》 262a
《我国旅游市场“柠檬问题”研究》 263a
《我国少数民族地区城乡青少年媒介素养与价值观念耦合研究——以广西壮族自治区为例》 239a
《我国 R&D 投入的区域差异与经济发展差异的比较研究》 256b
“我学习，我践行”社会主义核心价值观主题教育实践活动(图） 357
乌兰 469a
乌尼日 238a
邬文康 459b
巫连慧 423b
巫文强 227b, 257a, 464b, 465a, 515b, 518b
吴大华 458a
吴德群 246a
吴殿禄 470a
吴高 255a
吴光明 472a, 472b, 472（图）
吴郭泉 391b, 495b
吴尽昭 389b
吴玛霞 326b
吴全兰 292a
吴若梅 470b
吴双平 421b
吴文龙 414b
吴显振 438a
吴晓山 264a
吴啸虎 303a
吴迎君 289a
吴永辉 305b
吴永强 279a
吴中任 446a
吴忠军 385b, 489b
梧州市地方志编纂委员会办公室 328b
梧州市社会科学界联合会 359a
梧州学院 497a
梧州学院社会科学界联合会 393a
《梧州学院学报》 512b
伍唯佳 256b
伍新德 395a, 396a
伍旭川 410b
武波 394b, 497b
武博 275a
《武术体育化时代与“文化空巢”思绎》 274a
武宣县社会科学界联合会 376b
《物随笔转 境由心造——桂西少数民族风情人物画研究》 231a

X

西部地区抗战遗址调查与抗战精神传承学术研讨会 187b
西部地区抗战遗址调查与抗战精神传承学术研讨会(图） 444
《西部民族地区的国家认同建构应坚持“五个结合”》 245b
《西方文论关键词行动》 237a
《西汉儒学意识形态化的积极作用》 292a
西林县社会科学界联合会 369a
《西南 5 省(市、区)碳排放强度空间分布研究》 295b
《析龚贤山水画风转变时期的笔墨走向》 230a
《稀见明人诗话十六种》 233a
夏飞 200a, 323a, 439b, 494a, 519b
贤成毅 230a
冼季夏 238a
冼少华 404a, 458a
《县级党政主要领导干部经济责任同步审计研究——以南宁为例的县级党政领导干部经济责任同步审计探索》 305a
《〈现代农业科技远程培训项目〉研究报告》 283a
《现代壮语句法》 234a
《乡村采摘体验游服务质量评价研究》 263b
相思湖诗群十周年暨端午诗会 181b
《“香港意识”之香港电影批评的承前启后——论〈大特写〉电影双周刊的电影批评》 289a
《“湘江战役 · 新圩阻击战”红色经典旅游项目研讨会》 204b
向济萍 405a

项东云(图) 459
象州县社会科学界联合会 376b
《消费社会背景下的当代中国环境问题研究》 296a
《小学生学习能力的培育》 232a
《小学五、六年级学生数学成就情绪的调查研究》 277b
《小学语文教师文本解读的误区、归因及对策》 279b
肖安宝 447a
肖德生 508b
肖富群 241b
肖作平 344a
《校企合作视野下财经类高职院校金融类专业核心职业能力培养模式探析》 281b
协商民主广泛多层制度化发展理论研讨会 209b
《协商民主视阈下公共决策“公共性”的实现——基于转型期我国邻避冲突的考察》 252b
谢菲 271a
谢锦荣 454a
谢景开 418b, 426b
谢凌凌 294a
谢尚果 181b, 253b, 337b, 384a, 485b, 509b
谢舜 269b, 481b
谢文婉 282a
谢永新 290b, 426a
谢雨萍 395a
谢云 401a
谢中国 457a
解庆林 488b
心理学 106a
忻城县社会科学界联合会(附图) 377
《新词语的族聚特征及其社会文化心理》 286a
新东方创始人俞敏洪报告会 178b
《新方块壮字与“云时代”壮族文化传承的适切性研究》 246b
《新桂系时期广西边疆地区医疗卫生事业发展与民智培育》 243a
“新海上丝绸之路构建:从泛北部湾到欧洲”国际学术研讨会 315b, 542b
“新海上丝绸之路构建:从泛北部湾到欧洲”国际学术研讨会(附图) 192b
《新加坡投资环境分析报告》 226b
《新建本科师范院校校园文化建设原则与路径研究》 274b
《新媒体背景下高校辅导员队伍实力建设的基本向度》 281a
《“新民团”与边疆民族地区的发展稳定——以民国时期的广西为个案研究》 291b
新任自治区管理干部党风廉政研修班(附图) 220a
《新生代农民工城市融入及成人教育应对——基于山东省济宁市、泰安市分析》 277a
新生适应性心理健康教育讲座 193a
《新时期农村土地流转:基于构建新型农业经营体系的思考》 261a
《新时期提升地方政府政策执行力的新思路——基于社会主义协商民主的视角》 252a
《新时期我国图书馆学研究流派分析》 292b
《新世纪广西诗歌观察》 233b
新型城镇化与新时期扶贫开发理论研讨会 182b
新修订的《工伤保险条例》高级研修班(图) 413
新著选介 222
《信贷人员具备识别企业盈余质量的技术吗》 265a
兴安县社会科学界联合会 356b
《行政承诺法源论:证成与适用》 254a
《行政技术主义批判》 251b
熊春云 296b
熊远光 257b
熊政 302a
熊忠良 385a
徐朝凯 328a
徐峰 458b
徐高潮 175b, 385a
徐海 430b
徐寒梅 344b, 345b
徐焕奕 475a
徐莉 232a
徐秦法 277a
徐书业 322b, 392b, 496b
《徐锡我〈我侬说诗〉研究》 233a
徐向东 437a
徐辛酉 295a
徐欣禄 206b, 406a, 406b, 520a
徐永富 469a
徐之顺 469a
许宝友 342b
许登峰 295b
许典利 243a
许家康 469a, 476a
许世华 277b
许素菊 235b, 237b
许兆满 362b
许智宏(图) 459
续修地方志创新理论研讨会 192b
禤沛钧 523b, 533a
学界人物 518
学科综述 20
《学术博客的用户满意度模型及实证研究》 294a
学术活动 174
学术活动与成果 6
学术论坛(附图) 507a
学术团体 404
学习党的十八届四中全会精神宣讲报告会 221b

牙韩彰 507a
闫建琪 391a
严绘 288b
严建新 293b
严敏 231b, 282a
严幸智 232b
《“言”与商周礼仪及其歌咏——汉文化歌唱传统探源》 271b

《沿海企业与科技》 515b
阎世平 335b, 482b
颜小芳 234b
颜小华 236a
颜志雄 342a
阳国亮 154b, 389b, 394a, 469b
阳山 344b
阳朔县社会科学界联合会 357a
阳旭 400b
杨奔 393a, 497a, 512b
杨炳忠 426a
杨昌雄 432a
杨东甫 407b
杨国志 365a
杨海蛟 401a
杨河 391a
杨河清 385b
杨继君 296a
杨建生 254b
杨杰 500b
杨静林 253b
杨军辉 263a
杨丽萍 246b
杨良玉 460b
杨满福 277b
杨茂庆 281a
杨鹏 464a
杨启标 427b
杨清源 390b
杨荣 290a
杨莎莎 254a
杨世信 259a
杨寿欧 319a
杨素萍 284a
杨天保 240b
杨小平 228b, 410b
杨晓强 338b
杨新国 401b
杨绪明 233b, 286a
杨亚非 312b, 462a, 462b
杨亦龙 448b
杨永德 262b
杨勇 278a
杨章成 280b
杨正东 410b
杨智勇 250a
洋森 400b
姚 兵 164b, 318b, 403a, 468b, 469a, 479（图）
姚兵到广西酒店管理学会指导筹建学会党支部工作(附图） 166a
姚兵到钦州开展社科工作调研 161b
姚兵到自治区级学会开展社科工作调研（附图） 159a
姚兵率调研组深入市县社科联开展基层学会工作调研(附图） 168b
姚华 312a, 443a
姚伟文 455a
姚迎利 469a
瑶学 37a
叶桂郴 394b, 512b
叶晖 399b
叶裕惠 403a
叶志锋 265a
《一个城市的发展探索》 226b
《一个综述:国外自然资源开发理论与模式》 260a
《一种有效设计问题的策略:“问题连续体”》 278a
依法治国与政府决策咨询专家研讨会（图） 411
宜州市社会科学界联合会 372a
“彝族地区族游文化” 学术研讨会(图） 479
《以刀为笔绘乾坤——白裤瑶粘膏画传统技艺调查研究》 247b
以文化和科技融合促进产城融合理论研讨会 198a
以文献为基础的方言史研究势在必行学术讲座 197a
《义务教育教师权益保障的问题与对策——基于广西壮族自治区的调查》 279b
义祥辉 397a
《艺术发生学的审美人类学阐释》 291a
《艺术探索》 510b
《仡佬族传统文化危机与应对策略——以贵州省六枝特区居都村为例》 249b
易安辉 445b
易其顺 346a
易文 273a, 287a
易忠 498b, 512b
《银行业信息技术外包自主可控探讨》 270b
尹文嘉 240a
尹鑫 477a
《隐喻的身体:可见的与不可见的桥梁》 287b
《印度尼西亚投资环境分析报告》 227b
“应急管理与社会建设” 研讨会(附图） 199a
《应急资源联合调度博弈模型及优化》 296a
《应用南方 cass 软件识别地形图辅助审计实例》 264b
《英国高校遏制学生学术不端行为制度概述》 294a
《英语学术著作的汉译策略》 285b
《“营改增” 后建筑企业负税及利润平衡点测算》 265b
“影像与生活” 学术报告会 184a
《影印之象 心中之景——简论〈拼色饰境——帅民风贴纸艺术〉的创作特色》 291a
永福县社会科学界联合会 356b
《优化公安机关行政裁量基准制度的思考——以行政裁量的法治化治理为视角》 255a
有关“东盟研究” 方面的论文一览表 23
有关“东盟研究” 方面的著作一览表 23
有关“法学” 方面的论文一览表 89
有关“法学” 方面的著作一览表 88
有关“妇女研究” 方面的论文一览表 74
有关“广西历史研究” 方面的论文一览表 138
有关“广西历史研究” 方面的著作一览表 138
有关“教育学” 方面的论文一览表 96

有关"教育学"方面的著作一览表 96
有关"旅游研究"方面的论文一览表 131
有关"旅游研究"方面的著作一览表 131
有关"伦理学"方面的论文一览表 49
有关"伦理学"方面的著作一览表 48
有关"马克思主义研究"方面的论文一览表 42
有关"马克思主义研究"方面的著作一览表 42
有关"民族学"方面的论文一览表 56
有关"民族学"方面的著作一览表 56
有关"青少年研究"方面的论文一览表 78
有关"青少年研究"方面的著作一览表 78
有关"区域经济研究"方面的论文一览表 125
有关"区域经济研究"方面的著作一览表 125
有关"'三农'问题研究"方面的论文一览表 114
有关"'三农'问题研究"方面的著作一览表 113
有关"社会学"方面的论文一览表 64
有关"社会学"方面的著作一览表 64
有关"文化研究"方面的论文一览表 143
有关"文化研究"方面的著作一览表 142
有关"心理学"方面的论文一览表 107
有关"心理学"方面的著作一览表 107
有关"瑶学研究"方面的论文一览表 38
有关"瑶学研究"方面的著作一览表 38
有关"壮学研究"方面的论文一览表 33
有关"壮学研究"方面的著作一览表 32
于桂兰 259a
于瑮 183b, 342b, 369b, 389b, 473a
于彭 401b
于琦 237a
余波 258a
俞敏洪 401b
俞崧 246a
《"娱乐宝"能走多远？——用互联网思维重构我国文化产业价值链的可能性分析》 273b
《语文教学应当承担起传承传统文化的使命》 278b
《语言生态环境视野下的文化软实力》 271a
玉林师范学院 493a
玉林师范学院社会科学界联合会 387b
《玉林师范学院学报》 510b
玉林市地方志编纂委员会办公室 331b
玉林市社会科学界联合会(附图 a) 363
玉林市玉州区社会科学界联合会 363b
玉时阶 341a
袁鼎生 228b, 389b, 413b
袁珈玲 462a
袁洁 259a
袁丽红 247b
袁梅花 468b,171（图）
袁伟彦 295b
岳桂宁 226b
《越南革新以来新闻传媒改革历程及特点分析》 287a
《越南共产党党内基层民主制度建设探析》 251a
《越南罗刚瑶勉语语音系统研究》 286a
《越南使臣对晚清中国社会的观察与评论》 291a
《越南投资环境分析报告》 227a
《"粤西儒宗"郑献甫研究的回顾与展望》 288b
《"云时代"的文化范式与教育变革》 275a

Z

《再论无权处分合同的法律效力——以我国物权变动模式的重新解读为基点》 254b
臧海恩 375a, 375b, 376b
曾晨 270b
曾德盛 250b
曾冬梅 482a
曾凡贞 225b
曾光安 403b
曾海舰 267a
曾令宏 395b, 396a
曾令辉 250a, 343a
曾鹏 259b, 490a
曾艳华 462b
《增强大学生对社会主义核心价值观认同的路径研究》 284b
詹浩勇 262a
詹宏松 405b
张葆全 477a
张传月 280a
张达平 452a, 452b
张丹竹 469b
张敦 443b, 444a, 518a
张敢 436b
张高丽 337a, 540a
张国安 271b
张鸿飞 273b
张鸿巍 242b
张惠鲜 243a
张继钢 403b
张家寿 403a, 444a
张劲松 394a
张军 402b, 502a
张利 282a
张利群 287b, 291a
张联松 235a
张林 403a
张梅 296b
张明学 272a
张宁东 400a, 502b, 514b, 518a
张鹏 395b, 400b, 501b, 513a
张荣晖 453b
张瑞才 420b
张诗亚 394b
张首楠 281b
张姝玥 241b
张婷 260a

张同顺　469a
张薇　281b
张文安　433a, 433b
张文锋　297a
张文学　437a
张翔云　263a
张小春　345a
张晓荒　231b
张晓钦　189b, 337a
张协奎　270a, 381a, 459b
张星强　319a
张学萍　430b
张燕玲　517a
张玉杰　403b
张玉奎　414a
张玉霞　382a, 404a
张蕴岭　336b
张柱林　424b
章昌平　295b
章成伟　426b
章政　478b
昭平县社会科学界联合会　370b
赵春金　427b
赵峰　469a
赵建华　302b
赵锦山　244b
赵劲民　487a
赵君　512a
赵明龙　314a, 432a, 432b, 439a
赵巧艳　248a
赵瑞娟　273b
赵天宝　351a
赵啸海　232b
赵序海　265a
赵选中　400a
赵选忠　352a
赵艳林　480a
赵禹骅　443b
赵子红　453a
赵子健　450b
赵宗元　477b
《整生论生态美学视域中民族文学场的历史旋升轨迹探析》　289a
郑红亮　390b
郑华　282a
郑军里　231a, 452a, 492b
郑明怀　243a
郑琪　400b, 401a
郑文玲　262a
郑永明　437b
郑作广　399a, 412a, 412b, 500a, 514a
《政府、民间和学界在村落体育保护传承中的角色定位》　295a
《政治与文艺的合谋：五十年代台湾报纸副刊研究》　286b
《政治资本向经济资本的转换——五十年代台湾报纸副刊编辑政经分析》　286b
知识产权举报奖励制度研讨会　190a
《知识管理与现代远程教育发展研究》　232b
“MOOC 知识与发展”专题学术报告(图)　398
《指导思想上的“亮剑”——十八大以来习近平关于坚持毛泽东思想指导地位的重要思想述略》　237b
《制订亚太区域多边投资规则探索》　270a
《制度变迁与中国城市居民住房不平等的演化特征》　260b
《制约中职计算机广告设计专业一体化教学实施的几个因素》　282a
中共百色市委党史办公室、百色市地方志编纂委员会办公室　332b
中共防城港市委党史研究室、防城港市地方志编纂委员会办公室　330a
中共广西壮族自治区委员会党史研究室　309b
中共广西壮族自治区委员会党校、广西行政学院(附图)　504a
中共贺州市委党史研究室、贺州市地方志编纂委员会办公室　333a
中共来宾市委党史研究室、来宾市地方志编纂委员会办公室　333b
中共柳州市委党史研究室　327a
中共钦州市委党史研究室　331a
《中共十八大以来健全城乡发展一体化体制机制的战略思路——十六大以来中共统筹城乡发展理论与实践研究系列论文之一》　250b
中共梧州市委党史研究室　329a
中共玉林市委党史办公室　331b
中共中央办公厅、国务院办公厅《关于加强中国特色新型智库建设的意见》　1
《中国创意产品出口贸易成本的测度与影响因素检验》　268a
《中国当代母教文化发展探讨》　272a
中国导游人才培养专家论坛　180a
中国第六次人的发展经济学研讨会　200b
中国第六次人的发展经济学研讨会(图)　464
中国—东盟财富论坛——第四届中国—东盟物流合作论坛　541b
中国—东盟财税合作论坛　192a
中国—东盟大讲坛(图)　323
《中国—东盟国际河流航运执法安全合作机制探究》　255a
《中国—东盟金融合作研究：一个文献综述》　266b
中国—东盟金融论坛　208a, 336b
中国—东盟经济与金融发展差异及其收敛性研究　257b
中国—东盟旅游人才教育培训基地第十二、十三期培训班　220b
《“中国—东盟命运共同体”构想下南海问题的前景展望》　252b
中国—东盟区域发展论坛(附图)　186b
中国—东盟区域发展研究创新团队发展规划专家论证会议　191a
《中国东盟区域经济一体化程度测量——基于时序主成分分析框架》　258a
中国—东盟商务与投资峰会　540a
中国—东盟文化交流与发展协同创新中心理事会会议(图)　338
《中国—东盟争端中 CAFTA 功能的法律探索》　255b
《中国—东盟自贸区直接投资效应实证研究》　267b
《中国—东盟自由贸易区背景下广西海洋经济发展研究》　270b
《中国高等教育经费来源的变化趋势》　276b
《中国工艺美术史》　230b

《中国互联网保险发展研究》 266b
《中国京语词典》 234b
中国旅游协会旅游教育分会第二届理事会会长会议 157a
中国旅游院校五星联盟书记论坛 194a
"中国梦与诚信"专题讲座 193b
《中国企业的融资约束:特征现象与成因检验》 267a
中国人口学会第八届会员代表大会暨2014年会 321a
中国人民抗日战争胜利纪念日(2014)座谈会 189a
中国少数民族文学发展现状专题讲座 209b
《中国社会主义发展哲学引论》 235b
《中国十大城市群公共服务体系运行状况比较研究》 259b
中国首届人的发展经济学青年论坛 188b
《中国双导型经济与人的生存和发展》 257a
《中国特色社会主义制度发展的全球化视野》 250a
中国文化中的时与变专题讲座 207a
《中国西南边疆治理模式研究》 235a
中国西南民族研究学会第十七次会员代表大会暨学术研讨会 200a, 320b
《中国新型城镇化的农业转移人口市民化——基于马斯洛需求理论视角》 269a
《中国需求结构演进对经济增长及经济波动的影响》 256b
中国音韵学研究会第十八届学术讨论会暨汉语音韵学第十三届国际学术研讨会(附图) 196b
《中国与东盟各国税制比较研究》 266a
《中国与越南私营业主入党问题比较分析》 251a
中国—越南核心价值观国际学术研讨会(附图) 210a
《中华经典诵读与中华传统文化传承创新的实证研究》 306b
中华全国律协专家律师巡回讲师团西部培训班、大型专题培训班 215a
《中缅、中老跨境民族传世铜鼓比较研究》 246a
《中日韩与东盟区域经济协调发展的动态演化研究》 260a
《中泰企业会计准则体系比较——基于中国—东盟会计区域协调背景的思考》 265a
《中小学生积极心理品质与抑郁的相关研究》 239b
《中学教学模式与思维创新》 231a
中越边境合作与台商机遇学术研讨会(附图) 176a
《中越当代新闻体制改革之比较》 287a
中越纪念奠边府战役胜利60周年研讨会 179b
《中职广告设计专业教学一体化的研究与实践初探》 282a
钟成林 436a, 436b
钟海青 275b, 385a
钟蕾 461b
钟启泉 436a, 469b
钟瑞添 381b, 382a, 382b, 430a, 509a
钟山县社会科学界联合会 371a
钟学思 256b
《重返现实:再论活着与先锋文学的转型》 290a
《重复与差异的价值》 296b
《重庆地票制度的价值及其对城乡一体化改革的启示》 261a
《重塑"劳动最光荣"价值观探析》 243b
《重写文学史视域下民国文论的体系书写》 288b
周爱平 428b, 429a
周德俭 391b
周叮波 229a
周国彪 536a
周鸿 389b, 511a
周怀营 385a
周慧 331b
周建新获国家社科基金重大招标项目立项 173a
周劲波 258a
周可达 302a, 314b, 451b
周利国 390a
周林 450b
周龙 371a
周淼泉 274b
周默 458b
周其厚 401a, 477a
周强 540a
周旺 400a
周喜梅 256a, 270b
周新建 212b
周异决 391a
周玉林 507b
周远清 516b
周中坚 439a
朱宝骧 396a, 396b
朱朝霞 399b
朱东 369b
朱方桐 477a
朱方红 253a
朱立本 472a, 472b
朱列 257b
朱明秀 281b
朱其现 391b
朱士中 401a
朱伟才 400a
朱小根 296b
朱学庆 472b, 472(图)
朱艺华 242a
《珠江三角洲城市群协调发展实证研究》 257b
《主流税收共识的形成及其对税收行为的影响》 266a
祝远德 483a
专科院校 500
《专门用途英语研究的问题、方法与趋势——〈布莱克威尔专门用途英语研究手册〉述评》 285b
专业类期刊 515
《壮学》 31a
《壮语语音》 234a
《壮族地区生态文明建设研究:基于民族生态学的视角》 228b
《壮族民间侬智高传说的口述史意义》 249a
《壮族山歌及歌圩的百年变迁》研究成果推介暨壮族山歌文化研讨会(附图) 179a

《壮族设计艺术及其文化的产生、发展与演变》 246a
《壮族网络歌圩研究》成果报告暨网络歌圩研讨会(附图) 210b
《资源枯竭城镇反贫困模式选择及制度构建的研究》 519b
资源县社会科学界联合会 357b
《“自然”身体的文化转化:瑶族诞生礼的过渡意义》 247a
自治区党委宣传部领导慰问广西优秀专家刘家凯 154b
自治区党委宣传部与广西大学共建新闻传播学院 162b
自治区党委宣讲团成员黄健教授作党的十八届三中全会专题辅导报告 175b
自治区党校大门前景(图) 505
自治区党校教师理论交流座谈会(附图) 205a
自治区党校(行政学院)处级领导干部学习贯彻党的十八届三中全会精神和习近平总书记系列重要讲话精神专题培训班(附图) 213a
自治区党校(行政学院)系统网络安全与信息化工作研讨班(附图) 217a
自治区各部门科研机构 311
自治区管理干部学习贯彻党的十八届三中全会和习近平总书记系列重要讲话精神第二期、第三期研讨班(附图) 212b
自治区管理干部学习贯彻党的十八届三中全会和习近平总书记系列重要讲话精神第五期、第六期研讨班(附图) 214a
自治区领导彭清华、危朝安、范晓莉慰问自治区社科联全体人员 155a
自治区领导听取自治区社科联工作汇报 162b
自治区社科联 2014 年年中工作汇报会 165b
自治区社科联党组中心组专题理论学习会 159b
自治区社科联第二期全员培训班 219a
自治区社科联东南亚经济与政治研究中心 2014 年度课题评审会(附图) 198b
自治区社科联马克思主义理论研究和建设工程基地 552b
自治区社科联马克思主义理论研究和建设工程基地揭牌(附图) 170b
自治区社科联七届二次常委会会议 172b
自治区社科联七届一次常委会议 156b
自治区社科联七届一次全委暨全区社科联工作会议 524b
自治区社科联七届一次全委暨全区社科联工作会议(附图) 157a
自治区社科联申报国家社科基金项目专题讲座 175b
自治区社科联深入开展党的群众路线教育实践活动工作总结大会(附图) 155b
自治区社科联素质能力提升培训班(第一期全员培训班) 217a
自治区社科联外联部到柳江县调研社科工作 159a
自治区社科联中层干部到自治区民间组织管理局座谈 158a
《自治区以下政府间事权划分问题研究》 18b
自治区直属科研机构 307
综合类期刊 507
《综合英语教学与学生思辨能力发展探析》 283b
邹东华 478b
邹凤豪 375a, 376b
邹继业 352a
邹迎九 273a
《“走众亲”:漓江流域乡土社交民俗的人类学考察》 243a
《组织结构转移研究》 259a
《组织学习、合法性与国际新创企业进入后速度》 258a
左攀 251a
《左右江革命根据地时期邓小平领导宣传文化工作的特点探析》 271a
“做一名美丽女生”专题讲座 215b
2014 年中国亚洲太平洋学会年 336b
2014 年中国亚洲太平洋学会年会 204b
2014 年自治区管理干部城乡发展一体化与农村综合改革专题研讨班(附图) 219a
2014 年自治区管理干部经济建设与经济体制改革专题研讨班(附图) 216b
2014 “全国图书馆未成年人服务提升计划”(广西站) 186a
2014’中国—东盟电力合作与发展论坛 540a
《2014 中国—东盟商务年鉴》 21a
2014 中国远程高等教育专题研究报告——教育信息化建设 232a
“21 世纪海上丝绸之路建设”暨全国党校系统第二届国际战略研讨会 187a
“21 世纪海上丝绸之路与中国—东盟命运共同体”学术研讨会 322b
6 世纪东地中海地区的地震与政府救助刍议 241a
CCTV 中学生频道教学实验基地 532a
Denis RICHARD 390a
Faller 400b
Grow 行动——2014BIM 时代全国高校建筑专业实践教学交流会 532b
Nature 和 Science 期刊基础核心区的划分——基于其 2003 ~ 2012 年载文的引刊分析 293b
《NPO 自愿问责俱乐部理论及其借鉴》 240b
Romulo M. Tuazon 439a
Russell 458b
WebQuest 网络教学模式及其实施方案研究 282a
Windows XP 基础与应用(“做中学 学中做”系列教材) 231b

广西老年学学会

广西老年学学会于1988年6月成立，现有会员900多人。会长邵博文，秘书长齐白鸽。

按照学会章程和“围绕中心，服务大局，学术为本，有所作为”的办会宗旨，一是积极开展老年学术研究，不断提高理论水平，连续四年荣获中国老年学学会优秀论文组织奖。二是突出重点，创新工作思路，全心全意为老年人服务。组织参与中国老年学学会开展的“中国十大寿星暨中国十大百岁夫妻”排行榜活动，连续四年荣获“中国十大寿星”排行榜组织奖。积极参与申报评选“中国长寿之乡”的活动，至2015年12月，广西已有23个县（市）被评为“中国长寿之乡”，占全国70个长寿之乡的三分之一。长寿之乡的建立，对促进广西生态资源保护、历史文化的传承，旅游业发展及当地经济社会和谐发展起到了积极力推作用。三是加强规范化管理，开拓创新。不断提升学会的能力建设，做到资金落实，制度落实，队伍建设落实。2014年荣获中国老年学学会颁发的第二届中国老年学学会工作创新奖，被自治区社科联评为2014年度学会工作成绩突出单位，荣获2015年度全国社科联先进学会。

① 2013 年 3 月 25 日，广西老年学学会会长邵博文（左六）、副会长钟成林（左三）、秘书长齐白鸽（左二）出席广西宜州市“中国长寿之乡”授牌仪式

② 2014 年 11 月，广西老年学学会在南宁召开广西《老年权益保障与社会责任》理论研讨会

③ 2015 年 3 月 19 日，广西老年学学会副会长钟成林（右一）、秘书长齐白鸽（左一）赴广西马山县慰问长寿乡百岁老人

以机构改革为契机，开创广西新闻出版广播影视工作新局面

2014年，广西壮族自治区新闻出版广播影视行政管理部门全面启动机构改革工作，组建广西壮族自治区新闻出版广电局，开创了工作新局面。

（一）抓改革促发展，机构改革工作基本完成

自治区新闻出版局、自治区广播电影电视局2014年初启动合并工作，6月18日，自治区新闻出版广电局机关实现合署办公。机构改革有效提高了工作效能，促进了广西新闻出版广播影视业的发展。

2014年，广西广播影视业经营收入39.19亿元，同比增长6.32%。电影院线票房收入4.67亿元，同比增长41.31%。印刷业总产值突破百亿元。广西出版传媒集团全年总收入26.15亿元，广西新华书店集团全年总营业收入22.12亿元。

（二）抓导向齐发力，舆论引导水平有效提升

充分发挥广西报刊书籍、广播影视、网络媒体等各种宣传手段，形成立体化宣传网络，圆满完成第十一届中国—东盟博览会和商务与投资峰会、第四十五届世界体操锦标赛等年度各项重大宣传任务。

（三）抓重点促创新，精品创作实现重大突破

广西电影《夜莺》首次被选为代表中国内地角逐奥斯卡“最佳外语片”奖的影片；电视专题片《海上新丝路》列入服务国家战略的重点外宣项目；主题出版和文艺创作成绩喜人，推出一批宣传阐释党的十八大和十八届三中、四中全会精神及宣传阐释“中国梦”等出版物。

（四）搭平台提实效，国际传播能力持续提升

成功举办中国图书东盟（印尼、泰国）展销活动、第五届“中泰友谊歌会”等一系列重大对外交流合作项目。广西与20多个国家和地区达成合作出版、版权贸易图书400多种。与柬埔寨、老挝国家电视台分别开办《中国剧场》栏目，开创了中国广播影视走出去的新形式。

（五）抓项目求实效，惠民帮扶提质扩容

完成广播电视乡镇130个发射台建设、完成20万户广

播电视户户通工程；更新5000家农家书屋出版物，建设400家示范（数字）农家书屋，完成176035场农村电影公益放映。

（六）严把关重长效，行业监管不断强化

强化行业监管，对非法网络视听节目、非法电台、非法广告、非法卫星地面接收设备开展全面清缴。组织开展“扫黄打非”、打击新闻敲诈和假新闻假媒体假记者等一系列专项行动，全国“扫黄打非”工作小组专职副组长李长江充分肯定“广西经验”，并指出要向全国推广。

① 2014年11月1日，中共中央政治局委员、中央书记处书记、中宣部部长刘奇葆（后排左五）出席广西电台与老挝合作《中国剧场》的签字仪式

② 2014年8月25日，自治区党委书记彭清华（左）、自治区主席陈武（右）在广西电视台审看电视专题片《海上新丝路》，对节目的制作给予充分肯定和赞扬

③ 2014年6月18日，自治区副主席李康（左四）、自治区政府副秘书长吴建新出席自治区新闻广电局工作汇报会

④ 2014年4月16日，国家新闻出版广电总局副局长田进（中）率调研组一行在百色市阳圩镇调研

⑤ 2014年12月17日至21日，全国“扫黄打非”工作小组专职副组长李长江（前排左三）深入广西钦州、梧州、贺州、桂林等地检查指导“扫黄打非”进基层工作

⑥ 2014年4月24日，时任自治区党委常委、自治区主席陈武、宣传部部长、自治区“扫黄打非”工作小组组长沈北海（中）现场销毁盗版光盘

⑦ 2014年6月18日，自治区新闻出版广电局正式挂牌，加挂自治区版权局牌子，人员实现合署办公

⑧ 2014年11月20日，自治区新闻出版广电局领导彭钢、覃益功、陈映红出席上海国际童书展，了解童书出版发行情况

⑨ 2014年11月24日，首都著名网络视听媒体“21世纪海上丝绸之路广西行”大型采访活动在南宁启动

⑩ 2014年6月18日，自治区副主席李康（左七）与自治区新闻出版广电局领导班子成员合影留念

④

⑤

⑥

⑦

⑧

⑨

⑩

广西电视台

作为面向全国乃至海外展示广西形象的重要媒体宣传窗口，广西电视台借助独特的区位优势和地域资源，主动服务国家战略，讲好广西故事，传播中国声音，提升文化传播力。

2014 年是广西电视台发展历史上重要的一年，宣传工作亮点纷呈：全国首档美丽乡村公益节目《第一书记》在卫星频道推出，节目效应突显并获高度评价；三集电视专题片《海上新丝路》反响强烈，“海上新丝路·东盟万里行”大型主题活动影响深远；首次成功承办《大地飞歌·2014》第十六届南宁国际民歌艺术节演唱会；电视剧创作全面提速，《暗战危城》（原名《桂林往事》）拍摄完成，大型爱国主义题材电视连续剧《冯子材》正式启动，与东阳青雨影视公司共同出品电视剧《幸福请你等等我》，与唐德影视公司投资出品电视剧《武媚娘传奇》；动画片生产大放异彩，《灯花儿》被国家新闻出版广电总局列入“2014 年第二季度优秀国产动画片推荐目录”，并获第十一届中国国际动漫节“金猴奖”综合动画系列片提名奖；纪录片生产再结硕果，《终身大事》被评为 2014 年四川国际电视节“金熊猫”奖社会类提名奖、国家新闻出版广电总局 2014 年度优秀纪录片长篇第一名、中国广播电视协会 2014 年度纪录片国际选片会社会类一等奖。

2014 年 7 月，经国家新闻出版广电总局批准，广西电视台资讯频道更名为广西电视台新闻频道，成为广西首家 24 小时不间断播出新闻的专业电视新闻频道。

新媒体建设亮点频现，与频道融合不断加速，推出广西电视台手机电视客户端“靓 TV”。

推进中国·东盟电视剧译制、播出和交易平台建设，越南语译制剧《老马家的幸福往事》在越南国家数字电视台播出，深受越南观众喜爱。

广西电视台通过综合实力和品牌影响力建设，已发展成为现代化传统强势媒体，卫星频道在全国覆盖人口达 8.17 亿人，跻身最具竞争力的全国省级电视台行列。

① 自治区党委书记彭清华（中）观看记者展示广西电视台新媒体“靓TV”手机客户端播放效果，连声赞好

② 新闻频道开播仪式上，自治区党委宣传部副部长卢仲云（前排右三），自治区新闻出版广电局局长彭钢（前排右二）、副局长陈映红（前排右四），广西电视台台长周文力（前排右一）共同切出新闻频道呼号

③ 2014中泰歌会上，中国广西新闻出版广电局局长彭钢、泰国民联厅外事办执行主任乌桑妮·斯里坦亚拉特代表中泰两国互赠礼物

④ 第十六届南宁国际民歌艺术节演唱会《一声所爱·大地飞歌》主持人沈凌（左）、汪小敏（右）与歌唱家蒋大为（中）亲密互动

⑤《第一书记》励志少年毛荣伐现场讲述感人故事

⑥ 2014年亚洲超级模特大赛总决赛冠亚季军亮相登场

⑦ 电视剧《暗战危城》海报

⑧ 动画片《灯花儿》剧照

⑨ 纪录片《终身大事》剧照

广西广播电视信息网络股份有限公司

广西广播电视信息网络股份有限公司于2004年5月正式挂牌成立，是在全国率先以股份制方式整合广西广电网络资产设立的国有股份制文化企业，注册资本13.71亿元，现有资产37.59亿元，员工4000多人。公司实行一级法人治理结构，在全区89个市、县设立分公司，对全区广播电视传输网络进行统一规划、统一建设、统一管理和统一运营。

公司成立以来，在全国第一个建成省（区）、市、县、乡（镇）、村（屯）五级贯通的广播电视传输网络，第一个创新构建有线数字电视省（区）、市、县三级贯通技术新体系，第一个按照国家要求提前实现整省（区）县级以上城市有线电视数字化，第一个用社会化专业化方式创建全国广电系统最大规模的客户服务中心，第一个创新研发了广播电视无线发射台远程网络智能化监控系统。

目前，公司光缆线路路由总长超过87800千米，骨干网落在结构上采用环路保护方式组网，在技术上采用SDH、MSTP、OTN波分等多种传输技术，骨干传输速率分别为2.5Gbps、10Gbps和40×40G。网络安全、稳定、可靠、保密，并具有接口多样性、高覆盖、高带宽等特点，可支撑多元业务开展，满足用户多样化要求。

公司积极应对市场竞争和三网融合大趋势，大力发展高清电视、视频点播、电子政务、电子商务、正逆程信息服务、宽带上网等多种新业务，服务于党和政府的中心工作，不断满足人民群众日益增长的精神文化需求。

公司坚持以人为本、用户至上理念，打造客户愉悦体验高品质模式，推进客户服务标准化、差异化，以优质的服务赢得客户支持。

公司始终坚持社会效益与经济效益同步发展，以农村有线电视数字化、村村通无线覆盖、直播卫星等多种技术手段不断提升农村广播电视公共服务水平，解决偏远农村群众收听收看广播电视难的问题。

2014年，公司年经营收入首次突破20亿元，成为广西综合实力较强、成长速度较快、发展前景较好的区域骨干文化企业。

① 2010年，时任中共中央政治局委员、中央书记处书记、中宣部部长，现任中共中央政治局常委刘云山（前排左一）在时任自治区党委书记，现任国务委员、国务院党委组成员兼公安部部长郭声琨（前排左二），自治区主席，现任全国政协副主席马飚（前排左三）的陪同下到公司考察

② 公司播控调度中心

③ 公司宗旨：有线服务　无限沟通

④ 规范高效的客户服务管理团队，为客户提供优质服务

⑤⑥⑦ 公司展示厅

自治区国资委

——铸就国有经济改革发展新辉煌

自治区国资委成立于2004年7月，自治区人民政府直属正厅级特设机构，主要职责是代表自治区人民政府履行国有企业出资人职责。截至2014年末，共对40家国有企业履行出资人职责（包括15家科研院所类企业），同时根据授权对广西农村信用社联合社、广西北部湾银行2家金融机构进行监督管理。自治区国资委成立10年来，认真履职尽责，积极开拓进取，自治区国企改革和国资监管工作不断迈上新台阶，国有经济实力不断发展壮大，在广西经济社会发展中发挥了不可替代的重要骨干支撑作用。

10年改革发展国有经济实力显著增强。截止2014年底，广西国有及国有控股企业资产总额20，124.08亿元，是2004年的7.97倍；其中，自治区国资委监管的国有及国有控股企业资产总额8，471.64亿元，是2004年的15.95倍。2014年广西国有及国有控股企业营业收入5，656.15亿元，是

①自治区党委书记彭清华（左一）到自治区国资委调研
②自治区党委书记彭清华（中）到柳工挖掘机公司调研
③国务院国资委主任张毅（前左二）、自治区主席陈武（右一）在企业考察
④广西宏桂集团等六户企业工作移交国资委履行出资人职责会议
⑤桂粤国有企业项目合作座谈会
⑥广西北部湾投资集团南宁港

2004年的5.50倍；其中，自治区国资委国有及国有控股企业营业收入4，149.11亿元，是2004年的10.98倍。2014年广西国有及国有控股企业利润总额185.78亿元，是2004年的4.99倍；其中，自治区国资委国有及国有控股企业利润总额81.18亿元，是2004年的3.27倍。2014年广西国有及国有控股企业实际上缴税金247.83亿元，是2004年的3.43倍；其中，自治区国资委国有及国有控股企业上缴税金145.00亿元，是2004年的5.93倍。2014年广西国资系统共有国有及国有控股企业在岗职工41.85万人，同比下降0.24%；其中自治区国资委监管的国有及国有控股企业在岗职工17.41万人，同比增长4.31%，为广西保就业保民生作出了重要贡献。

克难攻坚国资监管工作迈上新台阶。2014年，面对国际国内诸多不利因素影响，广西各级国资监管机构和国有企业认真贯彻落实中央、自治区稳增长、促改革、调结构、惠民生、防风险的各项决策部署，奋力攻坚、迎难而上，大力推进政企分开、加快企业资源重组整合、积极稳妥发展混合所有制经济、支持企业扩大开放合作、加强国有企业风险防控、健全完善监事会监督工作、充分发挥国有企业党组织的政治核心作用，广西国有经济持续向好质升效增。广西建工集团有限责任公司、广西投资集团有限公司、广西柳州钢铁（集团）公司营业收入超过600亿元，广西北部湾国际港务集团有限公司营业收入超过400亿元，广西玉柴机器集团有限公司营业收入超过300亿元，广西交通投资集团有限公司、广西有色金属集团有限公司营业收入超过200亿元，广西物资集团有限责任公司、广西铁路投资（集团）有限公司、柳州五菱汽车有限责任公司、广西新发展交通集团有限公司、广西柳工集团有限公司营业收入超过100亿元。广西北部湾国际港务集团有限公司、广西投资集团有限公司、广西交通投资集团有限公司、广西金融投资集团有限公司全年实现利润超10亿元。非国有企业广西农村信用社2014年末资产总额6，154.49亿元，同比增长16.79%；所有者权益总额457.65亿元，同比增长24.67%；全年累计实现营业收入290.79亿元，同比增长15.98%；利润总额93.95亿元，同比增长21.66%；上缴税金24.79亿元，同比增长20.97%。

2015年是全面深化国资国企改革的关键之年，自治区国资委继续全面贯彻中央和自治区党委、政府的决策部署，主动适应经济发展新常态，牢牢把握稳中求进工作总基调，坚持深化改革推动国资国企提质量增效益，强化依法治企、依法监管，不断完善国资国企体制机制，突出防控风险保障稳健发展，加强国企党建和反腐倡廉，努力推动国资国企改革发展再上新台阶，为促进广西经济社会持续健康发展、加快实现“两个建成”目标作出新贡献。

⑦ 广西旅发集团揭牌仪式

⑧ 2014年自治区国资委领导到广西新发展交通集团调研

⑨ 自治区国资委领导到百色革命老区开展党的群众路线教育实践活动

⑩ 广西投资集团紧密结合生产经营开展企业党建工作

⑪ 2014年自治区国资委在广西北部湾银行召开银企座谈会，促进企业抱团发展合作共赢

⑫ 召开2014年自治区直属企业反腐倡廉工作会议

⑬ 广西交通投资集团投资建设的六寨至河池高速公路控制性工程拉会大桥，是同时满足弯度、高度、跨径条件的全国第一空心薄壁墩高架大桥

⑭ 广西建工集团承建的敦煌莫高窟游客服务工程施工现场

⑮ 柳州五菱公司客车生产线

⑯ 2020年广西机场管理集团南宁机场新航站楼鸟瞰图

⑰ 广西西江集团长洲三线四线船闸通航

⑬
⑭
⑮
⑯
优质、高效、安全完成长洲水利枢纽三线四线船闸工程建设任务！
⑰

强化创新发展　支撑“双核驱动”

——广西科技工作亮点综述

2014年，在自治区党委、政府的正确领导下，自治区科技厅围绕自治区中心任务和年度工作部署，深化科技体制改革，推进创新驱动发展战略实施，加快创新型广西建设，着力提升自主创新能力，着力优化科技资源配置，着力加强产业科技创新，加快构建以市场为导向、企业为主体、产学研协同的科技创新体系，广西科技改革与发展稳步推进，为自治区实施“双核驱动”战略，实现“两个建成”目标提供了有效的支撑力量。

2015年广西科技暨知识产权工作会议召开

2015年广西科技活动周开幕

一、深化科技管理体制改革，加快职能转变

年内，制定《深化科技体制改革实施方案》及年度改革工作要点。开展科技大调研，赴兄弟省市学习取经，到各市县调研征求意见，形成全面深化改革共识。贯彻落实国家和自治区改革要求，推进科技项目和经费管理改革，拟订《关于改进加强自治区财政科研项目和资金管理的实施意见》。优化整合各类科技计划，改进申报指南发布，突出需求导向。制定《科技计划科技报告管理办法》，开展科技报告制度试点。修订《大型科学仪器协作公用网管理办法》，建立创新基地科研基础设施向社会开放共享机制。启动科技成果评价改革。

二、加大产业科技攻关，产业自主创新成效显著

加快推进“十二五”科技重大专项、广西创新计划、千亿元产业重大科技攻关工程等科技专项的实施。2014年，自治区本级安排科技计划项目40项（包括1078个课题），资助经费4.37亿元，拉动投资50多亿元。在工业领域，着力推进铝资源、制糖业、新能源汽车和非粮生物质能源产业等4个科技重大专项的实施，突破了一批关键技术难题。甘蔗糖蜜乙醇发酵节能减排水平达到国际先进水平；高端铝合金材料应用技术取得重大突破，成功铸造世界上直径最大2219mm合金铸锭，满足航空航天铝合金H含量要求。农业领域，粮食、桑蚕茧丝绸、罗非鱼、畜禽等4个科技重大专项取得阶段性成果，出台《广西农业科技园区建设方案（2014~2020年）》，全面启动自治区农业科技园区建设。

三、深入开展全民发明创造活动，多项发明创造指标位居全国首位

深入开展全民发明创造活

动，每万人口发明专利拥有量增长率、发明专利授权量增长率、发明专利受理量增长率等多项指标再创历史新高，位居全国首位。1~11月，广西申请发明专利1.7011万件，同比增长77.48%，高于全国平均水平63个百分点。获得发明专利授权1746件，同比增长45.14%，高于全国平均水平35个百分点。截至2014年11月底，广西拥有发明专利5390件，每万人口发明专利拥有量为1.15件，同比增长47.68%。加大知识产权保护力度，开展知识产权执法维权"护航"专项行动。连续成功举办4届广西发明创造成果展览交易会，营造了良好的全民发明创造氛围。积极探索与金融机构开展知识产权抵押贷款等科技信贷服务的模式。

四、稳步推进高新区建设，高新技术产业快速发展

1~11月，桂林、南宁、柳州3个国家级高新区和北海、玉林、钦州3个自治区级高新区完成工业总产值3591.32亿元，同比增长17.46%；完成工业增加值984.62亿元，同比增长17.16%；完成营业总收入3763.93亿元，同比增长17.41%；实现净利润187.79亿元，同比增长12.85%；实缴税金总额185.31亿元，同比增17.31%。国家级高新区工业增加值占所在市总量的三分之一，高新区已成为新时期创新驱动发展的先导区，在推动区域经济提质增效方面发挥了重要作用。加强高新技术企业培育和认定工作，目前广西高新技术企业总数达到585家。在高新区推动下，生物工程及制药、高端装备制造等高新技术产业集群初步形成。

五、夯实科技基础，推动创新能力持续提升

2014年，广西获得5项国家自然科学基金重点项目资助，获取高水平项目数量超过14年总和，共获得资助项目542项，资助经费2.6亿多元，再创历史新高，保持11年持续增长。创新平台建设持续加强，桂林大学科技园成为广西首家国家级大学科技园，填补广西没有国家级大学科技园的空白；南宁、柳州高新区成为国家知识产权试点园区。新认定26家自治区级重点实验室（培育基地）、27家工程技术研究中心，广西重点实验室（培育基地）增加到77家，工程技术研究中心达到141家，大型仪器协作共用网仪器达到1024台（套），总价值7.1亿元。科技文献平台文献拥有量已达1.32亿条。

六、深入实施科技惠民工程，强化社会民生领域科技攻关

围绕自治区"两个建成""美丽广西"部署和关系民生的人口健康等社会热点、焦点问题，加大对生态环境保护、公共安全、城镇化建设等领域科技研发的支持，在中药现代化、重大疾病防治、"美丽乡村"行动和北部湾生态修复等方面取得一批成果。首次提出"田七生理性裂根病"新病名；开发试制出壮药新产品39个，实现销售收入1.21亿元。

七、完善人才培养和引进机制，高层次人才队伍建设取得新成效

开展院士后备人选培养计划调研，提出实施"八桂英才"（院士后备人选培育）工程。进一步加强主席院士顾问和八桂学者的管理和服务，规范与完善院士工作站的管理，新认定院士工作站20家，累计达到80家，进站院士达到91位。创新人才1人入选国家中青年科技创新领军人才、1人入选国家科技创新创业人才，实现了广西在国家科技创新创业人才方面零的突破；2人入选国家"万人计划"；1人荣获"全国杰出专业技术人才"称号。

八、深化与东盟国家间的交流，扩大科技开放合作

成功承办由中国科技部与自治区人民政府共同主办的第二届中国—东盟技术转移与创新合作大会，来自中国和东盟国家的800余名代表参会，展示、对接项目350多个，促成项目签约及意向签约92项，总金额1.9亿元。"中国—东盟技术转移中心"建设工作扎实推进，已与泰国、柬埔寨、缅甸和老挝等国家分别签署合作共建两国双边技术转移中心协议。积极拓展中国—东盟技术转移协作网络，网络成员达1188家（其中东盟国家393家），开展技术对接项目429项，合同协议金额达3.1亿元。在越南、老挝、柬埔寨等东盟国家建设农业科技示范基地进展顺利，中国先进农业适用技术和优良品种示范推广成效显著。

九、大力实施技术创新工程，增强企业创新主体地位

扎实推进创新型企业试点建设工作。在广西范围内按照不同行业、不同区域选择100家企业作为广西创新型试点企业，争取一批企业成为国家创新型试点企业。旨在通过该项工作的开展，引导建立以企业为主体、市场为导向、产学研相结合的技术创新体系，突破一批关键共性技术，大幅度提升企业的自主创新能力和综合竞争力，培育一批拥有自主知识产权的核心技术、知名品牌和持续创新能力的具有示范性的创新型企业，引导更多企业走创新发展之路，为增强广西自主创新能力，建设创新型广西提供支撑。2014年广西新认定创新型企业32家，累计达到143家，其中国家级8家。此外，到2014年末广西已组建27家自治区级产业技术创新战略联盟，为加快建设产学研协同创新体系提供了保障。

十、科技与金融结合取得新进展，创新环境进一步优化

深化与银行部门的合作，建设银行、交通银行等4家合作银行承诺将在一年内面向广西科技型中小企业科技项目贷款提供23亿元的授信，并已实际发放科技专项贷款1.285亿元，有效解决广西科技型中小企业融资难、融资贵问题。积极探索与金融机构开展知识产权抵押贷款、中小企业集合债等科技信贷服务的模式，截至2014年10月，广西14家企业以57件专利出质，获得商业贷款合计1.32亿元。

广西壮族自治区国家税务局

2014 年，面对经济下行压力持续加大的严峻形势和艰巨繁重的税收工作任务，广西国税系统干部职工在国家税务总局和自治区党委、政府的正确领导下，认真贯彻落实中央、总局和自治区的决策部署，牢牢把握经济和税收发展大势，坚持稳进、责任、落实的工作总基调，紧张有序、积极稳妥、扎实有效地推进各方面工作，顺利完成了三大主要任务：一是圆满完成中央、总局和自治区党委、政府下达的各项政治任务，做到纪律严明、政令畅通、令行禁止；二是有效防止各类事故的发生，全系统没有发生重特大事故；三是完成上级交办的以及局党组安排部署的各项任务。全年工作实现稳中有进、进中有质，达到了党中央、国务院以及总局和自治区党委、政府的要求。在这份成绩单上，广西国税系统干部职工共同谱写了精彩篇章，突出表现在：税收收入超额完成了国家税务总局和自治区政府预定的收入目标；落实税收优惠政策和促进经济社会发展的工作得到国务院督察组的高度评价；营改增试点改革任务圆满完成；税务行政审批事项已按照规定下放到系统各级，简政放权受到纳税人和社会的好评；在全国纳税人满意度调查结果中的排名比上次调查结果提升了 5 个位置，为纳税人减负的纳税服务免填单办法受到国务院和国家税务总局的表扬；税收征管 12 率考核指标达到全国优秀水平；全系统保持了和谐稳定与风清气正的良好势头；反腐倡廉工作实现了“五个确保”，内控信息化升级版建设取得突破性进展；教育实践活动问题整改、作风转变得到中央督导组及基层干部职工和社会各界的认可；绩效考评在全国国税系统排第 12 位左右，全系统没有发生重特大群体性事件及负面舆情，各项工作实现了年初预定的目标要求。

① 2014 年自治区国税工作会议在南宁召开，自治区国家税务局局长王柳德（右五）对全年工作进行总体部署

② 2014 年自治区国税工作会议在南宁召开，自治区国家税务局与各市国家税务局签订领导班子履职责任状

③ 2014 年 1 月 22 日，国家税务总局总经济师范坚（前排右三）莅临南宁市兴宁区国家税务局调研指导税收工作

④ 2014 年 2 月 13 日，自治区国税系统党的群众路线教育实践活动第一批总结暨第二批部署会议在南宁召开。自治区国家税务局局长王柳德（右五）作动员讲话

阳光在线
沟通平台
自治区纠风办　广西人民广播电台
展现政府形
广西人民广播电台
广西打击发票违法犯罪
现场展
2014.4
广西·南
⑤
⑥
⑦
⑧

⑤ 2014 年 2 月 26 日，自治区国税系统党风廉政建设工作会议在南宁召开，会上表彰自治区国税系统廉政文化建设示范单位

⑥ 2014 年 4 月 1 日，自治区国家税务局局长王柳德（右三）、副局长杨辉（右二）一行做客广西人民广播电台“阳光在线”节目，为纳税人答疑解惑

⑦ 2014 年 4 月 1 日，广西国税 2014 年税收宣传月暨“便民办税春风行动”启动仪式在南宁举行，自治区国家税务局副局长唐开义（中）、自治区司法厅领导和纳税人代表共同启动

⑧ 2014 年 4 月 24 日，广西打击发票违法犯罪新闻发布会在南宁召开，国税工作人员在现场向媒体曝光发票违法犯罪手段

⑨ 2014 年 4 月 24 日，自治区国家税务局副局长杨辉（左三）在广西打击发票违法犯罪新闻发布会上曝光一批发票违法犯罪案件

⑩ 2014 年 6 月 19 日，广西国税系统第二届科技创新项目评选活动在南宁举办。北海市国家税务局展示税收科技创新项目

⑪ 2014 年 6 月 19 日，广西国税系统第二届科技创新项目现场演示评测会在南宁举行

⑫ 2014 年 9 月 12 日，广西国税系统副处级领导干部任职大会在南宁召开

广西粮食系统工作新亮点

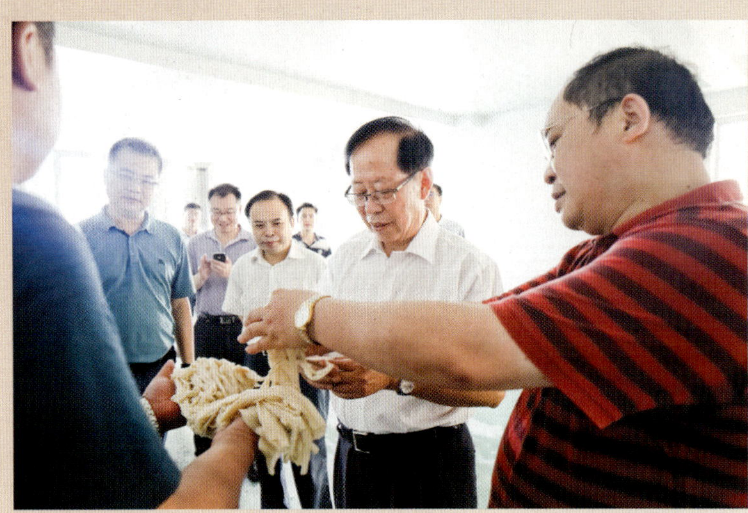

2014年7月8日，自治区党委副书记危朝安（右二）到广西鑫粮集团南宁糙米米粉生产厂视察糙米米粉生产情况

2014年12月2日，自治区副主席唐仁健在自治区粮食局直属企业广西南宁粮食储备库大米加工车间视察

基本情况

2014年，广西粮食种植面积3067.7千公顷，比上年减少8.3千公顷。油料种植面积237.09千公顷，比上年增加15.08千公顷。全年粮食产量1534.4万吨，比上年增加12.6万吨，增长0.8%。其中，夏粮产量36.9万吨，增长2.5%；早稻产量543.3万吨，下降2.1%；秋粮产量954.2万吨，增长2.5%。油料产量61.30万吨，增长7.2%。全年广西国有和重点非国有粮食经营转化企业共购进粮食1854万吨（贸易粮，下同），比上年增加176万吨；共销售粮食982万吨。2014年广西粮食消费量2080万吨，其中农村口粮695万吨，城镇口粮367万吨，饲料用粮830万吨，工业用粮168万吨、种子用粮20万吨。2014年末，广西国有粮食企业共599家，从业人员6486人。全行业实现利润总额7211万元。

2014年，广西粮食系统在各级党委政府的领导下，坚持稳中求进，努力克服经济增长下行压力加大的影响，开拓进取，扎实做好各项工作，为保障广西粮食安全、促进广西经济持续健康发展、维护社会和谐稳定作出了积极贡献。

一、粮食流通和调控

2014年，广西粮食安全行政首长责任制得到进一步落实。年初自治区人民政府与各市人民政府签订《粮食安全责任书》，在明确粮食生产责任的基础上，首次增加了包括粮食购销、保供稳价、粮食储备、修仓建库等粮食流通方面的责任内容和量化指标，并列入政府绩效考评范围，进一步完善了粮食安全行政首长责任制，切实增强了各级政府保障粮食安全的责任感。2014年广西继续在64个粮食主产县实行粮食直补与储备粮订单粮食收购挂钩政策，全年计划收购订单粮80万吨，直补标准0.24元/公斤，安排直补资金2亿元，带动农民增收12亿元以上。至2014年12月31日，广西直补订单粮食收购累计完成79.35万吨，占全年任务的99.2%，是广西实行粮食直补订单收购政策以来完成最好的一年。

二、粮食流通改革

2014年，广西粮食系统按照自治区和国家粮食局的部署，稳步推进各级国有粮食企业改革，成效进一步显现。2014年1~12月广西国有粮食购销企业实现销售收入65.64亿元，同比增加10.99亿元，增幅20.11%，完成自治区绩效目标的145.87%；实现盈利0.87亿元，增幅53%；实现利税1.14亿元，增幅34.3%，完成自治区绩效目标的259.09%，创下粮食流通市场化改革以来的历史新高。直属企业通过进行产权制度改革，大力发展混合型经济，形成了广西五丰粮食集团、广西国泰粮食集团、广西鑫粮粮食集团、广西金茶王油脂等民营控股、国有参股的四大混合所有制粮食产业集团，2014年总计实现销售收入37亿元，利税1.67亿元。

三、粮食流通监管

积极推进依法行政工作，认真做好规范性文件合法性审查工作，对《广西壮族自治区粮油仓储设施项目建设管理暂行办法》、《广西壮族自治区粮油仓储单位备案管理办法》及多份规范性文件进行合法性审查，确保规范性文件的合法性；完善重大行政决策机制，制定并实施《广西壮族自治区粮食局重大行政决策规则》；开展对粮食行政执法的监督检查，并制定印发《广西壮族自治区粮食局行政执法监督制度》；积极组织参加自治区依法行政示范点创建活动，被命名为自治区级依法行政示范点。大力开展广西粮食系统“监管能力提升年”活动，进一步加强粮食流通监督检查工作，提高粮食流通依法行政能力，健全监管长效机制。扎实开展粮食库存检查、对种粮农民实行直接补贴与储备粮直补订单粮食收购挂购政策专项检查、国家粮食仓库清查工作、“转圈粮”专项整治行动、国家政策性粮食销售出库专项检查、广西《粮食监督检查证》清理等专项检查。加强粮食质量安全监管，强化库存粮食质量监督抽检和收获粮食卫生风险监测，2014 年抽检库存粮油样品 600 个、采集收获粮食样本 1000 份进行检测，覆盖了广西各级储备库。积极创建国家粮食局挂牌的粮食质量监测机构，进一步完善粮食质量安全监管监测体系。

四、粮食流通体系建设

（一）粮食仓储设施建设

2014 年，广西完成粮食仓储设施建设项目 17 个，完成投资 2.85 亿元，新增完好仓容 19.8 万吨，另有在建项目 47 个。落实财政资金，推进广西军粮供应基础设施建设。南宁、黎塘、柳州、防城港、贺州等一批集粮食储备、粮油加工、批发交易、仓储物流功能于一体的粮食产业园区正在加紧建设，其中南宁粮食物流园、柳州粮食物流园、东兴跨国粮食物流园等项目已落实建设资金超 6 亿元。

（二）农户科学储粮工程建设

继续按照中央补助、自治区配套和农户投入 3：5：2 的比例组织实施农户科学储粮工程。2014 年投资 2925 万元完成农户科学储粮建设专项 6.5 万户。

（三）放心粮油工程建设

2014 年，自治区人民政府将放心粮油工程列为广西为民办 10 项实事的子项目，国家粮食局也将广西作为放心粮油工程服务体系建设试点的 3 个省区之一。2014 年自治区财政安排放心粮油工程建设专项补助资金 1200 万元，广西完成建设和完善放心粮油经营网点 153 个，使广西建成的放心粮油经营网点增至 1506 个，超额完成了自治区人民政府为民办实事工程的子项任务。广西放心粮油网点共销售各品种粮食 50.73 万吨、食用油 7.36 万吨，销售额 32.35 亿元，实现盈利 1.09 亿元，安置就业人员 3227 人，创造了良好的社会效益和经济效益。

五、行业发展

（一）创新发展糙米米粉主食产业化

按照国务院和农业部、国家粮食局关于发展主食产业化的意见要求，根据自治区党委、政府领导的指示精神和“安全、营养、可口、节约”的总要求，结合广西城镇居民饮食消费特点，自治区粮食局将发展糙米米粉产业作为广西实施主食产业化、加快粮食产业发展方式转变的主要抓手，并牵头建立了广西糙米米粉产业化发展联席会议制度，积极组织实施糙米米粉产业化工作。及时组建专业攻关团队，通过技术创新和工艺改良，解决了仅使用纯糙米原料、不需任何添加剂生产米粉及其保鲜等难题，创新研发了以 100% 糙米为原料的糙米鲜湿米粉和干条米粉，生产全程实现原料基地化、生产机械化、工艺标准化、管理规范化、配送安全化。广西鑫粮粮食集团有限公司作为主食产业化实施企业，投资 6000 多万元在南宁、柳州、桂林建设 3 个糙米米粉加工厂。南宁和柳州加工厂已分别于 7 月和 10 月竣工投产，形成年产 8 万吨糙米米粉的生产能力。

（二）粮油科研成果丰硕

2014 年，“太阳能低温储粮新技术研究与示范”项目新立项为自治区科技计划课题；完成“茶油绿色高效加工技术成果转化与产业化示范”课题的科技成果转化；完成科技部创新基金项目“食品安全检测免疫亲和色谱柱的制备技术研究及产品开发”项目验收和科技成果鉴定，取得了国内技术领先水平；自治区科技计划课题“巴马火麻仁系列功能营养食品合作研究与开发”和“充氮气调储粮技术及农村储粮技术设施的研究与示范”完成了验收和科技成果鉴定，分别取得了国内领先和国内先进的技术成果，并继续组织开展一系列粮油食品储藏、加工、检测等科研课题的研究工作。

六、党群工作

在党的群众路线教育实践活动中通过整改整治、建章立制，促进了机关作风改进，提高了机关行政效能，取得了实实在在的成效，群众满意率达到 98.6%。同时，重视廉洁从政工作，抓好廉政预防教育。通过完善制度监督、加强教育培训来强化干部职工的工作执行力，党员干部队伍作风有了明显转变，综合素质有了明显提高。积极举办和参加丰富多彩的文化体育活动，加强机关精神文明建设。举办广西粮食系统“天地粮人”摄影展，展示广西粮食工作取得的成就；组织气排球队参加广西区直机关运动会、组织拔河队参加广西体育节万人拔河比赛，分别夺得第一、第二名的好成绩。协调落实 60 多万元投入帮扶贫困村改善基础设施；整合各类资金 280 万元投入“美丽广西·清洁乡村”工作，联系点村容村貌得到极大改观。

广西壮族自治区地质矿产勘查开发局

广西壮族自治区地质矿产勘查开发局（简称自治区地矿局）是自治区人民政府直属正厅级事业单位，承担国家、自治区安排的各项基础性、公益性地质调查和战略性矿产勘查及商业性地质矿产勘查开发工作。2014年末，全局共有直属事业单位34个，分别为广西第一地质队、广西第三地质队、广西第四地质队、广西第六地质队、广西第七地质队、广西二〇四地质队、广西二七〇地质队、广西二七一地质队、广西二七二地质队、广西二七三地质队、广西二七四地质队、广西三〇五核地质大队、广西三〇七核地质大队、广西三一〇核地质大队、广西区域地质调查研究院、广西桂林水文工程地质勘察院、桂林金刚石工业有限公司（桂林鲁山基地管理处）、广西地质科学技术交流中心（桂林山水大酒店）、广西地球物理勘察院、广西水文地质工程地质队、广西地质职工医院、广西华地工贸中心（广西柳州地质探矿机械厂）、广西地质矿产勘查开发局柳州白莲洞基地、广西地质教育培训中心（柳州南天大酒店）、广西北海水文工程矿产地质勘察研究院（广西海洋地质调查研究院）、广西国土测绘院、广西遥感中心、广西地质矿产测试研究中心、广西地矿建设工程有限公司（广西地质工程勘察院）、广西地矿物业管理中心、广西地质物资总站、广西地质调查院、广西地质矿产勘查开发局南宁淡村基地管理处、广西地矿投资有限公司、广西地矿资源勘查开发有限责任公司、南宁大地建筑工程公司、梧州新世纪大酒店、钦州钦陆一级公路有限责任公司；附属机构3个，分别为资金结算中心、机关服务中心、广西地质矿产信息中心；临时机构3个，分别为基建办公室、广西地质矿产勘查开发局找水打井工程领导小组办公室、广西土地质量地球化学评价项目办公室。全局编制总数6590人，从业人员6984人，在册正式工作人员5915人。另外，局机关本部按参公单位统计实有77人，包括机关本部已进行公务员登记64人、兼统计机关后勤服务中心10人、广西地矿资金结算中心3人。享受国务院政府特殊津贴4人。党组书记、局长唐善茂。

工作会议 1月23日，局党组书记、局长唐善茂主持召开党组（扩大）会议，对扎实做好党的群众路线教育实践活动进行部署。27日，召开第一批党的群众路线教育实践活动总结大会。唐善茂作总结报告，自治区第六督导组副组长黄健出席并讲话，局机关全体干部，局属各单位党政负责人130多人参会。10月15日，召开党组中心组2014年第三、四专题理论学习会。

学术活动　年内，参与主办或承办学术活动多次，其中影响较大的有：10月24日，局属桂东南片地勘单位召开政研工作交流会，局驻桂东南7个单位的党政工负责人及获奖部分作者共30多人参加。11月6日，局属柳州片2014年政研论文交流会在广西地质职工医院召开，局驻柳州9个地勘单位党政领导、党办负责人及获政研论文一等奖作者共50多人参会。11月7日，局属南宁片区2014年思想政治工作研究交流会召开，局机关在内的南宁片区15个单位党委（总支、支部）书记、人事处相关负责人、政研论文获奖作者代表参会。10月30日，选送4篇论文参加由中国地调局成都地质调查中心承办，在四川成都召开的地矿西南片区政研会2014年年会，来自地矿西南片区9个省局（所）会员单位近30名代表参加。年初，提出培育发展粤桂合作特别试验区稀土与稀有金属战略性新型产业的建议。4月，广东省和广西壮族自治区政府正式批复《粤桂合作特别试验区总体发展规划》。7月，国务院批复《珠江-西江经济带发展规划》，试验区作为规划的重要组成部分，是推进两广经济一体化发展的重要平台。2015年5月20日，粤桂合作特别试验区与广西地质矿产勘查开发局签署战略合作框架协议。8月23~25日，派员参加第十一届全国有色地质勘查行业发展与改革高层论坛。10月11日，派员参加在昆明开幕的中国经济社会论坛。12月18日，派员参加在北京举办的第六届（2014）中国合作经济高层论坛。年内，以唐善茂为组长的2014年广西社会科学重点课题之广西地质矿产勘察开发局课题组完成并提交《广西矿业经济发展研究报告》。

学术交流　年内，接待浙江省国土资源厅、浙江省地质勘查局、山东省地质矿产勘查开发局、自治区国土资源厅等调研组来访。接待西北有色地质勘查局、国土资源部、柬埔寨工业矿产能源部矿产资源总局访问团等，分别围绕在中国—东盟矿业合作论坛暨推介展示会的框架下进行合作等主题进行交流。组团到湖南省核工业地质局、湖南省地质矿产勘查开发局、中国地质科学院岩溶地质研究所考察学习。

科研工作与成果　年内，分片区开展地勘单位政研工作论文研讨和交流工作。局驻桂东南片单位提交政研论文152篇，评出一等奖7篇、二等奖14篇、三等奖20篇论文。局驻柳州片单位提交论文132篇，评出一等奖13篇、二等奖26篇、三等奖30篇。局属南宁片单位提交论文48篇，一等奖5篇、二等奖10篇、三等奖16篇，优秀奖17篇。选送参加地矿西南片区政研会的4篇论文，分别获一等奖1篇、二等奖2篇、三等奖1篇。

① 自治区地矿局2014年半年工作会议会场
② 自治区地矿局召开第一批教育实践活动总结大会，党组书记、局长唐善茂在会上作总结报告
③ 地矿局局长唐善茂（右一）与参加找水的17个单位负责人握手致敬
④ 唐善茂局长（右二）在张屋铅锌铜多金属矿区一处矿点与项目组人员研究找矿工作
⑤ 国土资源部副部长汪民（右二）在广西地质调查院听取农业地质调查情况汇报
⑥ 自治区地矿局与柬埔寨工业矿产能源部矿产资源总局人员交流会谈
⑦ 自治区地矿局与广西大学签署合作框架协议书签字仪式现场
⑧ 自治区地矿局为贵港市覃塘区山北乡保和村和兴屯打出一口深120米、每小时出水20吨的井，村里的小孩子乐开了花

广西壮族自治区工商业联合会

广西壮族自治区工商业联合会（简称自治区工商联）成立于1954年，又称广西总商会。工商联是党领导的人民团体和商会组织，是党和政府联系非公有制经济人士的桥梁纽带，是政府管理和服务非公有制经济的助手。近年来，自治区工商联牢牢把握促进非公有制经济健康发展和非公有制经济人士健康成长“两个健康”工作主题，紧紧围绕党委、政府中心工作，服务全面深化改革大局，做到了“重大活动有身影，重要会议有声音，重要事件有行动，重要事情有态度”。

近年来，自治区工商联积极开展调查研究，形成了一批质量较高的调研成果，提出了一系列具有较高参考价值的建议，得到自治区党委、政府和有关部门的充分肯定。积极引入国内知名民营企业，着力推动和服务重大项目落地与建设，一批重大项目陆续开工建设，一批骨干龙头企业迅速成长壮大。积极搭建服务平台，创新服务方式，打造了政府与民企沟通交流平台、创新了成长系列培训教育平台、建立了法律风险防范机制、拓宽了对外交流合作平台。积极探索，引导会员企业践行社会主义核心价值体系，开展理想信念教育，促进非公有制经济人士健康成长。广大非公有制经济人士自觉履行社会责任，积极参与扶贫攻坚，开展爱心助学、抗震救灾、清洁乡村、生态乡村等主题活动。一大批非公有制经济人士获得表彰，向全社会充分展示了新风采、新形象。积极探索有中国特色商会组织建设，工商联会员队伍持续壮大。截止2014年底，自治区工商联会员达65000多人，商会组织达1300多个。各级党委、政府充分肯定工商联工作，工商联地位显著提升，影响力迅速扩大。

① 2013年12月4日，自治区党委书记彭清华（前排左五）等自治区领导到自治区工商联走访看望机关干部并合影留念

② 2013年12月17日，召开广西非公有制经济发展大会

③ 2012年11月21日，自治区工商联主席磨长英代表全国工商联在十一届政协常委十九次会议上作题为“把握两个健康工作主题，促进非公有制经济健康发展”的经验交流发言

④ 从2007年起，由自治区工商联牵头，联合自治区党委统战部、工信委、工商局、统计局每年编印发布广西非公有制（民营）经济发展报告，成为了解广西非公有制经济发展最权威报告

⑤ 2013年12月19日，广西壮族自治区与全国工商联在南宁召开共建战略支点民企入桂合作发展大会。全国政协副主席、全国工商联主席王钦敏，自治区党委书记、自治区人大常委会主任彭清华出席并讲话

⑥ 2013年3月29日，在自治区工商联牵线搭桥下，全国知名民企考察团到广西考察投资

广西非公有制经济发展大会
②
③
2007
广西非公有制经济发展报告
2008
广西非公有制经济发展报告
2009
广西非公有制经济发展报告
2010
广西非公有制经济发展报告
2011
广西非公有制经济发展报告
2012
广西非公有制经济发展报告
2013
广西民营经济发展报告
④
共建战略支点　民企入桂合作发展大会
⑤
广西与全国知名民营企业投资项目
对接座谈会
⑥

自治区质监局 自治区工商联
"质量兴企"合作工作机制座谈会
中国邮政储蓄银行广西区分行
全区工商联系统专干学习贯彻十八大精神培训班
奠基
全国知名民营企业（广西）
联谊会议第二次会议
合济困助学基金会举行民企助力教育扶贫捐赠
民企助力教育扶贫
万达集团 捐赠
300万元
民企助力教育扶贫
中国民生投资股份有限公司 捐赠
300万元

⑦ ⑨ ⑪ ⑬

⑦ 2013年7月，自治区工商联与自治区质监局签订合作工作机制，以质量兴企服务民营企业发展。多年来，自治区工商联已与自治区高院、公安厅7个部门建立了工作机制

⑧ 2013年12月12日，自治区工商联与中国邮储银行广西分行签订合作协议

⑨ 2012年11月19日，召开自治区工商联系统专干学习党的十八大精神培训班

⑩ 2014年3月3日，自治区工商联副主席唐振富出席自治区工商联引进项目“桂林高新万达广场”的奠基仪式

⑪ 2015年5月27日，自治区工商联、自治区司法厅、广西律师协会联合在南宁举行“依法兴企，法律服务进企业、进商会、进园区、进农村”活动启动仪式。组成法律服务团，精选由几十名优秀律师组成的法律服务队伍，有针对性的深入14个设区市的有关民营企业、商会、园区和农村为基层商会、民营企业送政策、送法律，开展普法巡回讲座，引导民营企业懂法、守法

⑫ 2015年7月15日，全国知名民营企业联席会议第二次会议在南宁召开。全国知名民营企业联席会议制度由自治区工商联倡议发起，定期开展活动。该制度旨在加强在桂全国知名民企间的联系，更好地服务到广西投资的全国知名民营企业

⑬ 2015年8月20日，由自治区工商联发起成立的广西和合济困助学基金会在南宁举行民企助力教育扶贫捐赠仪式。捐赠仪式上，41家企业分八批捐赠2500多万元爱心助学善款。主要用于民族地区开办“和合”初中班以及资助贫困大学新生学费

⑭ 2015年9月16日，自治区工商联机关党员、干部在自治区党委统战部副部长、工商联党组书记熊春寒（前排左二）的带领下，到自治区档案馆参观“三严三实”专题教育展

⑮ 2013年6月17日，自治区工商联会员企业积极为“美丽广西·清洁乡村”活动捐款

⑯ 近年来，自治区工商联积极加强基层组织建设，以“五有”“五好”规范工商联工作，提升工商联工作能力

⑰ 2015年6月19日，自治区工商联、人民银行南宁中心支行、广西银监局、广西证监局、广西金融投资集团五部门在南宁联合举办“广西民营企业守法诚信暨金融诚信培训班”。来自广西各市的民营企业董事长和高层管理人员共200多人参训。自治区党委常委、自治区常务副主席唐仁健，自治区政协副主席、工商联主席磨长英等领导出席并讲话

⑱ 自治区工商联创建非公有制企业成长系列讲座，邀请国内知名民营企业家及专家学者讲课，引导企业健康发展。至今，该系列讲座共举办20期，培训企业家近万人

⑲ 自治区工商联举办了三届广西民企运动会，丰富企业文化，促进民营企业健康发展

⑳ 自治区工商联连续4年承办外交部、财政部亚洲区域合作项目大湄公河工商论坛，搭建国际交流合作平台，推动民企“走出去”，参与区域合作

广西壮族自治区高级人民法院

2014年，广西各级法院认真贯彻党的十八大和十八届三中、四中全会、习近平总书记系列重要讲话精神，按照中央、自治区党委和最高人民法院决策部署，紧紧围绕“让人民群众在每一个司法案件中都感受到公平正义”的目标，牢牢把握司法为民、公正司法工作主线，忠实履行宪法和法律赋予的职责，奋发有为，开拓创新，各项工作取得新的发展与进步。广西各级人民法院全年共受理各类案件353448件，审执结312807件，与上年同比分别上升13.04%和10.78%。

（一）服务发展大局迈上新台阶。年内，广西各级人民法院共审结各类民商事案件190403件，盘活融通涉诉资产449.52亿元。加强司法国际交流与合作，在连续四次成功举办国际司法交流研讨会的基础上，2014年又成功承办中国—东盟大法官论坛，论坛发表了《南宁声明》，为打造中国—东盟自由贸易区升级版、共建“21世纪海上丝绸之路”提供优质高效的司法保障和服务。平等保护中外当事人合法权益，广西各级人民法院全年审结涉外民商事和海事海商案件672件，涉案标的14.3亿元。深入开展北部湾海洋经济和西江黄金水道建设法律问题调研，设立涉东盟国家案件专业合议庭，推进海事海商案件精品战略。

（二）维护社会稳定取得新成效。密切关注社会治安新情况、新动态，坚持宽严相济刑事政策，严厉打击危害国家安全犯罪、暴恐黑恶势力犯罪、多发性侵财犯罪、毒品犯罪等各类严重刑事犯罪和跨国境犯罪活动，确保社会大局稳定。广西各级人民法院共审结一审刑事案件33567件，判处罪犯42994人。依法审理的贺江水污染系列案首案和广西贵港市平南县民警胡平枪杀孕妇案等重大案件，取得政治效果和法律效果的有机统一。

① 最高人民法院院长周强（前排左），自治区党委书记、人大常委会主任彭清华（前排右）共同出席“司法合作与中国—东盟自贸区发展”中国—东盟大法官论坛开幕式

② 最高人民法院院长周强（左二）在广西高级人民法院院长罗殿龙（左三）陪同下视察广西数字化法院新媒体平台建设

③ 广西高级人民法院院长罗殿龙（右）在机场迎接老挝最高人民法院院长坎潘·西提丹帕（左）一行

④ 以“司法合作与中国—东盟自贸区发展”为主题的中国—东盟大法官论坛在广西南宁开幕

（三）服务保障民生迈出新步伐。广西各级法院集中开展涉民生执行案件专项清理活动，执结4128件，执行到位金额1.65亿元，得到人民群众好评。广西百色市田林县人民法院被确定为全国“多元化纠纷解决机制改革示范法院”并在全国推广。加大司法救助力度，广西各级人民法院缓减免诉讼费5608.56万元，同比提高71.98%，广西各级人民法院累计发放救助金399.97万元，彰显司法人文关怀。加强对妇女儿童的司法保护，与自治区妇联建立联动机制，广西各级人民法院共设立365个“妇女儿童维权岗”，有效维护妇女儿童人身财产权益。加强未成年人刑事案件审判工作，推行未成年人与成年人共同犯罪案件分案处理、少年法庭圆桌审判、社会调查报告、轻罪犯罪记录封存等举措，广西未成年人犯罪率连续三年下降。

（四）破解执行难工作取得新进展。执行指挥中心建设试点以来，“党委政法委领导、联动部门参与、人民法院依法主办”的广西执行模式进一步完善，建成执行指挥中心信息查控、远程视频指挥调度等六个系统，与公安、国土、住建、工商、公安、人民银行等26个执行联动部门以及广西辖区内各商业银行实现互联互通、信息共享，努力打造24小时在线网上执行局，有效促进了社会诚信体系建设，执行工作质量和效率明显提升，得到中央政治局委员、中央政法委书记孟建柱和最高人民法院院长周强的充分肯定。

（五）司法公开工作实现新突破。以广西高级人民法院被最高人民法院列为全国三大公开平台建设试点法院为契机，全面推进审判流程、裁判文书、执行信息公开三大平台建设，依托现代信息化技术，积极打造阳光司法网站、数字化法院和新媒体平台，广西各级人民法院建成科技法庭413个，开通官方微博205个。广西人民法院阳光司法网共发布案件信息254772件，裁判文书16万多份，开庭公告115089份。通过定期举行新闻发布会、开展人民法院公众开放日活动、庭审网络直播、审委会委员回避告知制度、深入开展案件“阳光评议”等，司法透明度不断提高。

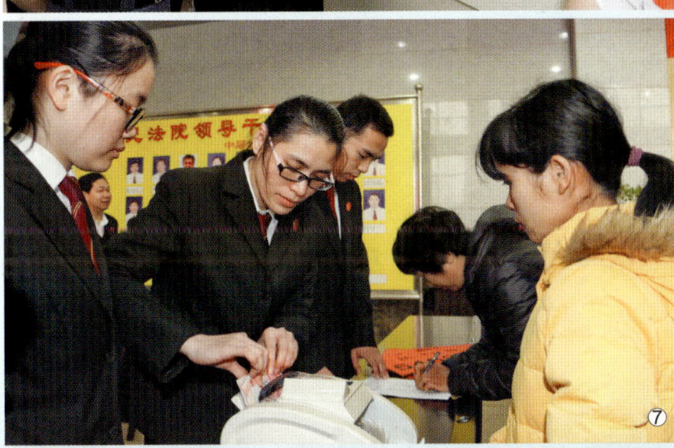

⑤ 自治区高级人民法院院长罗殿龙（左前中）深入百色市右江区文明社区网格化服务管理工作站调研指导工作

⑥ 2014 年 10 月 13 日，香港特别行政区第十二届全国人大代表团视察广西高级人民法院

⑦ 保障民生有新举措：开展涉民生案件专项集中执行，发放司法救助金 399.97 万元

⑧ 广西贺州市两座中型水电站因相邻纠纷引发诉讼，历经 8 年后在自治区高级人民法院的调解下最终化干戈为玉帛，有力地促进了地方经济发展

⑨ 2014 年 4 月 11 日，广西高级人民法院阳光司法网正式运行

南宁市青秀区——广西首个财政收入破百亿元城区

①

②

2014年，继跻身全国最具投资潜力百强区之后，南宁市青秀区财政收入突破百亿元，成为广西首个财政收入破百亿元的城区，为助推青秀区经济社会发展的提质升级写下浓墨重彩的一笔，也开启了新一轮跨越发展的大幕。这是南宁市乃至广西经济发展史上的“新奇迹”：2014年南宁市青秀区财政收入达到109.68亿元，同比增长16.73%；财政收入、地区生产总值、全社会固定资产投资、社会消费品零售总额等指标均占南宁市总量的五分之一以上。这是逆势而上创下的独一无二的“青秀速度”：2014年青秀区实际到位内资近90亿元，增长15.07%；实际利用外资6200万美元，增长14.81%，荣获广西招商引资工作先进（县区）一等奖，并入选“2014年中国最具投资潜力中小城市百强区”，位列第37名，是广西入围城区中排名最靠前的城区。

2014年，青秀区全年民生支出15.74亿元，占城区财政支出的66.62%，获全国“2014年民生改善优秀示范城市”、全国社会组织建设创新示范区等5项国家级荣誉称号。全年城区城镇居民人均可支配收入3.44万元，同比增长9.3%，农民人均纯收入破万元，同比增长11.89%，两项民生指标的增幅明显，且大大跑过GDP的增幅。

在一个个不断增长的数字背后，是青秀区新型工业体系的逐步健全，是青秀区城乡建设面貌的明显改观，是青秀区群众幸福指数的稳步上升，更是青秀区领导班子敢于改革、勇于创新的生动实践，以及城区各个部门各尽其责和全城区人民齐心协力、努力拼搏的最好诠释。2014年，青秀区坚持“服务立区、改革兴区、三产富区、工业强区”的发展理念，围绕“一带五区六中心”的发展战略，以“创一流环境，建一流队伍，创一流业绩，出一流人才”的标准，牢牢把握“深化改革、加快发展”这条主线，突出楼宇经济和工业发展“两个重点”，全力打好征地拆迁、重大项目落地、旧城改造“三场攻坚战”，大力推进新型城镇化、工业园区、城市管理、文化旅游、平安和谐、党的建设“六大建设”，全城区呈现出经济平稳较快发展、社会和谐稳定、人民安居乐业的良好局面。

2015年，青秀区继续在自治区、南宁市党委政府的领导下，突出加快推进斐讯通信南宁产业基地、广西西江木业创新产业基地等68个重大项目的建设，服务推进地王国际大厦、广西金融投资中心、荣和时代广场、龙光世纪等206栋高档楼宇的综合发展，巩固提升城区现代商贸中心、楼宇经济中心、金融信息中心、文化旅游中心、交通枢纽中心及生态宜居中心的规模与质效，努力办好30项为民办实事工程，在继承中创新、在创新中发展、在发展中进步，在新常态下不断开创改革发展新局面。

③

① 自治区党委副书记危朝安（中）到青秀区凤岭北社区调研

② 青秀区区委书记钱健（左二）、青秀区区长韦敏宏（左三）检查项目进度情况

③ 青秀区交通便利、楼宇鳞次栉比，焕发勃勃生机

④ 青秀区商贸活跃

⑤ 斐讯通信南宁产业基地项目落户青秀区

⑥ 孩子们在优美的生态环境中嬉戏打闹

⑦ 青秀区诚信出新招规范管理农贸市场

⑧ 青秀区被誉为“中国民间文化艺术之乡”，也是“中国芭蕉香火龙之乡”

⑨ 花团锦簇的青秀区长塘镇定西村团岩坡新居

广西首批特色旅游名县——兴安

兴安县位于广西东北部，地处“湘桂走廊”要冲，古为“粤楚咽喉”之地，自秦朝以来是“南连海域，北达中原”的重镇，湘桂高速铁路、衡昆高速公路纵贯全境。全县总面积2348平方公里，辖6镇4乡，总人口38万。居住着汉、壮、瑶、侗等17个民族。境内物产丰富，是全国著名的银杏之乡、毛竹之乡、柑桔之乡和优质葡萄生产基地，享有“南方吐鲁番”的美誉。2014年全县完成地区生产总值146.17亿元，财政收入13.31亿元，全社会固定资产投资161.2亿元，城镇居民人均可支配收入27146元，农民人均纯收入11726元，连续13年排名广西县（区）前列。

兴安历史文化悠久。远在新石器时代就有人类居住，春秋战国时期今县境属楚国疆土，公元977年始名兴安，取“兴旺安定”之意。自古以来兴安便是中原文化和岭南百越文化的交汇之地，尤其是灵渠修通后，成了连接中原与岭南交通与文化交流的重要纽带。1988年1月，灵渠经国务院批准为全国重点文物保护单位。1934年，兴安作为中央红军长征途中著名的湘江战役主战场，以惨重代价突破了国民党的第四道封锁线，为遵义会议的召开、确立正确的军事路线作了重要铺垫。1996年10月，一架二战时期美军失事飞机残骸在兴安县境猫儿山原始森林被发现，这是中美双方携手抗击日本法西斯期的生动写照。

兴安旅游资源得天独厚。境内名胜古迹众多，是桂林国际旅游胜地皇冠上的耀眼明珠，1984年被列为全国旅游甲级对外开放县。有国家5A级景区乐满地休闲世界、4A

① 全国“薪火相传，再创辉煌”长征精神红色旅游传递第四站活动在兴安举行
② 市民快乐体验灵渠绿道骑行
③ 全国美丽乡村示范点：兴安县严关镇马头山村
④ 湘江流经的生态乡村——兴安县界首镇大车头村
⑤ 湘江战役纪念馆开馆
⑥ 兴安县举办红军长征湘江战役 80 周年纪念活动
⑦ 兴安县低空旅游航线开通
⑧ 兴安县溶江镇葡萄种植大户喜获丰收
⑨ 兴安县新能源项目——源江风力发电场

级景区灵渠、华南第一高峰猫儿山、全国爱国主义教育基地——红军长征突破湘江战役纪念公园，以及水街、漓江源、湘江源、秦家大院、老山界、超然派等一大批著名景区景点。

近年来，兴安县委县政府紧紧围绕"文化旅游名县"目标，文化旅游产业快速发展，先后荣获"中国十大魅力名镇""中国最美文化休闲旅游名县""美丽中国示范县""美丽中国十佳旅游县""最美小城"等称号。特别是依托桂林国际旅游胜地建设，积极开展"广西特色旅游名县"创建，大力实施重点景区改造提升、全力推进重大旅游项目建设：灵渠申遗工作持续推进，2012年9月列入《中国世界文化遗产预备名录》，目前申报文本已上报国家文物局；湘江战役纪念馆正式开馆，成功举办红军长征突破湘江战役80周年纪念活动；通用航空旅游文化产业项目"空中游漓江"航线正式开通，成为广西首条低空旅游航线；灵渠休闲绿道一期建成，全力打造"广西旅游休闲绿道第一县"；连续举办六届兴安葡萄节和九届桂林米粉节，其中桂林米粉节荣膺"2011'中国十大品牌节庆"荣誉；"桂北老家"项目启动，乡村旅游如火如荼，现有乡村旅游点17个，其中国家级、区级农业旅游示范点和四星级乡村旅游区共有6个。2014年，全县接待游客613.3万人（次），实现旅游总收入46.5亿元，荣获首批"广西特色旅游名县"。

④

⑤

⑥

⑦

⑧

⑨

龙胜各族自治县概况

①

龙胜各族自治县位于广西北部湘桂交界处，距桂林87公里，东临资源、兴安两县，南临临桂、灵川两县，西与三江、融安两县接壤，北与湖南省通道、城步两县毗邻，广州至成都的国道321线穿境而过，过境的桂三高速公路（厦蓉高速公路）正在修建，是湘西南、黔东南与四川进入广西广东的重要通道。全县辖5乡5镇共119个建制村，主要有苗、瑶、侗、壮、汉等五个民族，总人口17万，其中少数民族人口占总人口的80%，是一个民族风情浓郁的少数民族自治县。全县总面积2538平方公里，其中山地面积占87.2%，是一个“九山半水半分田”的典型山区县。

龙胜历史悠久，古称桑江，秦朝属黔中郡，西汉归武陵郡，1912年改名为“龙胜县”，1951年8月19日实行区域自治，是我国中南地区最早成立的少数民族自治地方，是党的民族政策最早提出并加以成功实践的地方，也是革命老区县、国家扶贫开发工作重点县、滇桂黔石漠化片区区域发展与扶贫攻坚试点县。

龙胜资源独特，生态良好，物产稀特。境内有丰富的滑石、中国红玉（鸡血玉）、紫龙玉、金矿等，其中滑石储量居全国第二，品质为全国第一，是“中国红玉之乡”，鸡血玉产业市场前景好；电力资源丰富，水电储量60万千瓦，目前发电量超过6.5亿千瓦时；以南山风力发电场为代表的风电储量达100万千瓦；主要旅游景区有世界梯田原乡——龙脊梯田、龙胜温泉2个国家4A级景区和原生态彭祖坪景区、花坪国家级自然保护区，另有大批少数民族风情旅游村寨；全县森林覆盖率77%，县内盛产油茶、茶叶、罗汉果、毛竹、柑橘、西红柿、龙脊辣椒、三木药材、龙胜凤鸡、翠鸭、亚冷水鱼等绿色有机生态农副产品，多种农产品获得地理标志认定和品牌认证，其中龙胜凤鸡和龙胜翠鸭被认定为地方特有新物种、国家农产品地理标志，龙胜凤鸡还被列为国家级畜禽遗传资源保护名录。

经过60多年的艰苦努力和不懈奋斗，特别是近年来，全县紧紧围绕建设经济发达、民族团结、社会和谐、文化繁荣、山川秀美的生态旅游强县的目标，按照“生态

②

③

立县，绿色崛起”的发展理念，找准一条以民族团结为基础，以生态环境保护为要求，以旅游为核心，以矿产、农林、电力为支柱产业的可持续发展的新路子，全县经济持续健康快速发展，社会各项事业全面推进，精神文明建设成果丰硕，人民生活水平不断提高。先后获“全国民族团结进步模范县”“中国文化旅游大县”“中国生态旅游县”“全国农业旅游示范点”“全国文明县城”“广西县域经济发展进步奖”“广西优秀旅游县”“广西科普示范县”等荣誉称号。

① 县委书记周卉（右一）深入基层调研
② 县委书记周卉（左一），县长吴永合（右一）深入基层调研
③ 县长 吴永合（中）深入基层调研
④ 天下长发第一村的长发女
⑤ 象征团结的百家宴（李庆崇）
⑥ 自治区级非物质文化遗产——草龙舞
⑦ 中国红玉——鸡血玉
⑧ 世界梯田原乡——龙脊梯田
⑨ 花坪国家自然保护区的迎客松
⑩ 富硒特产——皇金菊
⑪ 丰富多彩的民族节庆活动
⑫ 山水环抱的龙胜县城

打造特色旅游品牌 构建生态美丽北流

——北流市全力创建广西特色旅游名县

北流，位于广西东南部，毗邻粤港澳，因境内圭江自南向北流而得名，置县已有1500多年历史，全市总面积2457平方公里，总人口147万，是闻名遐迩的国家园林城市、中国陶瓷名城、中国最美生态文化旅游名市、中国荔枝之乡、中华诗词之乡、中国慈孝文化之乡、世界铜鼓王的故乡和广西第二大侨乡，也是邓小平的亲密战友，红七、红八军总指挥李明瑞和红八军军长俞作豫的故里。

北流市旅游资源丰富奇特，景点密集，搭配完美，境内旅游产品主要以自然景色、历史文化、乡村生态、陶瓷会展为主。有大容山、勾漏洞、铜石岭、仙人岭、天云山等知名生态自然景区；有中共广西特委机关旧址、北流县农民运动讲习所旧址、中国海相泥盆系北流剖面等省级文物保护单位；有景苏楼、大成殿、粤东会馆、扶阳书院、俞家舍、纪念馆等人文景观；有白云岩、水月岩、圭江河、天堂山、龙虎寨、六洋水库、茂化水库等自然景观。此外，还有民乐镇罗政村生态旅游示范点、山围镇石根自然村生态旅游区、北流镇甘村生态农业观光旅游区、清湾镇温泉等乡村旅游资源。

近年来，北流市紧紧抓住自治区提出把广西打造成为全国一流、世界知名的区域性国际旅游目的地和集散地的重大历史机遇，大力实施“以城区为核心带动周边旅游产业集群”的旅游发展战略，走“以旅游促环境优化，以环境带百业兴旺”特色经济之路，深入开展创建广西特色旅游名县工作，不断加大建设旅游精品项目力度，全力构筑以重点旅游项目为支撑的旅游产业体系，全市旅游业稳步、健康、加速发展。2014年，北流市旅游总收入21.34亿元，增长21.87%；2015年2月，北流市成功入选“广西特色旅游名县备选县”。

北流围绕“整合提升四大景区、打造六大特色品牌”旅游发展思路，坚持把全市作为一个大景区来规划、来打造，积极打造精品景区景点，集中力量建设和推出具有北流特色的旅游项目。其中2015年努力建设两个国家4A级风景区，即：抓好大容山国家森林公园改造提升和市区至大容山二级公路建设，10月达到国家4A级景区建设标准；加快国家5A级铜石岭国际度假区建设，力争达到国家4A级景区建设标准；做好以转让承包权形式的改制工作，按照4A级风景区标准建设勾漏洞景区；抓住中国与东盟国家开放合作机遇，加快中（国）泰（国）产业园规划建设；抓好圭江生态园、天门关街道、会仙河公园游乐园、百花园等一批旅游项目建设。

北流依托景区文化旅游、休闲旅游和养生度假旅游等项目，塑造文化体验和养生度假品牌，着力打造六大特色旅游品牌。打造“陶瓷文化”品牌，以陶博会为平台，以北流国际陶瓷贸易城、三环陶瓷制作车间为中心，打造以陶瓷加工、展示、制作体验、购物为一体的旅游项目，形成以陶瓷工业、工艺品业为主要内容的陶瓷工业旅游品牌；加快开工建设陶瓷文化馆等现代建筑，形成一至两条观光线路，不断推出具有代表性陶瓷工业旅游商品。打造“休闲养生”品牌，北流是中国罕见的富硒地区，据广西测试中心测算，大容山的泉水含硒量是国家标准的4倍，空气负离子均值比空气一级标准高4倍。打造“溶洞奇观”品牌，形成以岩溶地貌景观、以道教文化、石刻文化、碑林文化、园林农业生态田园风光于一体的的溶洞奇观旅游品牌。打造“铜鼓文化”品牌，依托世界铜鼓王故乡的知名度，加快推进铜石岭景区建设，使它尽快建成融科普教育、铜鼓文化、考古探险等为一体的铜鼓文化游品牌。打造“生态休闲”品牌，以会仙河公园为中心，整合周边的伟人山、天门关、水月岩、玉容一级路带状公园、城西公园，打造圭江生态园，大力打造发展生态休闲旅游、岭南特色文化旅游品牌。打造“侨乡文化”品牌，发挥广西第二大侨乡的效应作用，积极引导40万热爱家乡的海外华侨、华人和港澳台同胞通过建设家乡，进一步强化海外华人华侨对故

①

乡文化的认同感，形成以寻根文化、宗族文化、创业文化为主导的侨乡文化品牌。

此外，北流积极整合旅游资源，推动旅游与工业、农业、城市资源等相关产业的融合发展，走出一条旅产互动、旅城一体的旅游发展新路子。扶持建设一批乡村旅游基地，打造民安—民乐—新圩、隆盛—扶新、平政—六靖—清湾3条特色乡村旅游线路，截至目前，已建成农家乐79家，其中四星级农家乐1家、三星级农家乐3家、二星级家农家乐75家。做大做强特色旅游农产品加工业，重点发展北流大米、鸭塘鱼、凉亭鸡、大同果品、罗政米粉、六地坡梅菜等富硒特色农业旅游新产品。

① 会仙河公园门前广场
② 会仙河公园荷花长廊
③ 国家森林公园“大容山”天湖景区
④ 汉代冶铜遗址铜石岭
⑤ 道家二十二洞天勾漏洞
⑥ 国家森林公园“大容山”莲花景区

兴业县加快推进“富民强县”新跨越步伐

①

②

“2014年，全县实现生产总值119.5亿元，增长8.9%；全社会固定资产投资突破100亿元，达115.3亿元，增长16.4%；工业总产值107.5亿元，增长13.7%；社会消费品零售总额27.7亿元，增长13.5%；财政收入9.2亿元，增长15.4%。多项主要经济指标增速排在玉林市各县（区）前列，其中第二产业增加值增速排名全市第一，生产总值、社会消费品零售总额、城镇居民人均可支配收入增速排名全市各县（区）第二，第三产业增加值、财政收入增速排名全市各县（区）第三……”

这是2014年，兴业县委、县政府班子坚持以科学发展观为指导，认真贯彻落实“稳增长、调结构、促改革、惠民生”政策措施，深入推进“三个年、两大会战、两个活动、一个建设”战略部署，着力保障和改善民生，全县经济社会保持又好又快发展，向广大群众交出的一份满意答卷。

一年来，兴业县以深入开展第二批党的群众路线教育实践活动为动力，认真贯彻玉林市委、市政府一系列决策部署，继续实施“工业强县”战略，全力打好工业发展大会战，重大项目实现新突破。全年统筹推进3000万元以上重大项目140个，完成投资60.21亿元，增长32%。银基混凝土项目竣工投产，中广核葵阳风电场项目获自治区核准，华润恒庆水泥项目通过自治区政府

审批。县域经济发展活力持续增强，全县非公经济主体发展到1.457万户，注册资本总量达27.86亿元。城隍镇被确定为全国重点镇，石南镇东山村、城隍镇大西村被评为广西第二批历史文化名村，石南镇谭村被评为广西特色景观旅游名村。

兴业县坚持将发展成果与人民共享。以投资5.59亿元的9项为民办实事工程为主抓手，加快推进幸福兴业建设。2014年，全县财政民生支出14.35亿元，增长4.6%，占公共财政预算支出68.39%。农民人均纯收入8270元，增长12%；城镇居民人均可支配收入22432元，增长10.1%。

2015年，兴业县委、县政府继续在自治区党委、政府和玉林市委、市政府的坚强领导下，主动适应经济发展新常态，坚持稳中求进工作总基调，以提高经济发展质量和效益为中心，坚持总量提质、分量提速，以转方式调结构为重点，继续深入实施“两大会战”，加快兴业国家现代农业示范区建设，突出创新驱动，深化改革开放，注重生态文明，全力改善民生，促进经济健康较快发展和社会和谐稳定，为与全市、全区、全国同步全面建成小康社会奠定坚实的基础。

④

⑤

⑥

⑦

⑧

① 兴业县委书记赖榜轰（左二）到乡镇调研指导工作
② 兴业县委副书记、县长陆金学（右二）到乡镇调研指导工作
③ 国家4A级鹿峰山景区
④ 兴业县要古村壮族同胞身着节日盛装跳起了欢快的竹竿舞
⑤ 兴业体育事业蓬勃发展
⑥ 兴业春茶
⑦ 林下养鸡
⑧ 兴业香山公园项目竣工投入使用，新区建设呈现新局面
⑨ 兴业县利而安化工生产企业

⑨

大化瑶族自治县

2014年，大化瑶族自治县以党的十八大和十八届三中四中全会精神为指导，深入开展“五大工程深化年”活动，各项工作取得了新的发展成果：全年地区生产总值44.67亿元，增长22.3%；财政收入4.53亿元，增长13.3%（加上岩滩电厂二期工程进项税额抵扣7742万元以及增值税税赋超过8%部分的“即征即退”退税4670万元，财政收入实际完成5.77亿元，增长44.3%）；全社会固定资产投资29.24亿元，增长28.6%；规模以上工业总产值23.16亿元，增长56.2%；规模以上工业增加值18.78亿元，增长51.8%；社会消费品零售总额14.08亿元，增长11.9%；城镇居民人均可支配收入17286元，增长8%；农民人均纯收入5140元，增长8.7%；招商引资到位资金22.2亿元，增长5%。

（一）稳基础，保增长

夯实工业基础。岩滩电站二期扩建工程顺利完工，全县水电总装机容量提升到239.164万千瓦，年发电量可达108.31亿千瓦时。建材加工业取得新进展，原石石材公司大理石板材项目、海泰环保材料有限公司及恒谊矿业公司石英板材加工项目进展顺利。

加快农业发展。抓好“粮袋子”工程，完成粮食作物种植面积38.91万亩，粮食总产量7.42万吨。全县农林牧渔业总产值14.31亿元，同比增长4.6%。荣获全国“放心农资下乡进村”示范县、广西农产品质量安全监管示范建设项目县、广西新型职业农民培育工程示范县，被列为2014年自治区20个现代特色农业（核心）示范区创建县之一。

狠抓旅游兴县。实施巴马长寿养生国际旅游区基础设施大会战，总投资2.16亿元。红水河百里画廊、七百弄国家地质公园、岩滩湖光山色国际长寿养生旅游项目完成投资4333万元。全年接待入境游客0.46万人（次），增长30.7%；旅游外汇收入169.73万美元，增长33.25%；国内游客81.66万人（次），增长21.48%；国内旅游收入7.9亿元，增长26.88%。

（二）强投资，助发展

以项目扩投资，扎实推进项目建设工作。大化至巴马二级公路累计完成投资6.9亿元；水利基础设施项目完成投资1.1亿元；岩滩库区处遗规划以及大化、百龙滩库区移民基础设施项目完成投资1.3亿元；建设建制村通水泥路17条，完成投资8500万元；新建砂石屯级道路57条84.5公里，升级硬化屯级道路31条30公里。全县总投资500万元以上在建项目95项，累计完成投资26亿元。全年各类项目建设资金17.27亿元，创历史新高。

（三）统城乡，改风貌

推进新城建设。易地扶贫搬迁与城镇化结合试点工程完成投资9亿元，建成搬迁户安置公寓楼34栋，配套建成水、电、路、广场等基础设施。第一批960户入迁户陆续入住，第二批893户已签订安置协议，第三批搬迁户完成报名工作。

抓好旧城改造。县城中心区“两纵六横”主要街道环境综合整治项目竣工，累计完成投资2亿元，“一街一景，一路一特色”效果显现。江滨文化公园、文体中心、行政办公中心等城建重点项目稳步推进。

建设美丽乡村。都阳镇、大化镇达悟村风貌改造稳步推进，都阳镇被列为自治区城镇建设百镇示范工程。开展“美丽大化·清洁乡村”活动，建成乡镇级垃圾处理站5个，村屯“多功能垃圾集中处理场”53个。完善建制村（社区）村规民约158个，落实村屯保洁员609人，推进“七村”建设，形成清洁保洁长效机制，各乡镇集市和乡容村貌得到极大改观。

加强生态建设。实施的龙岩滩水库生态环境保护试点项目，共投资2420万元实施污染源治理、饮用水水源地保护和环境监管能力建设等13个子项目。狠抓节能减排，万元地区生产总值能耗下降3%。大力开展植树造林工作，完成植树造林4.1万亩。

（四）重扶贫，育产业

紧紧围绕“813扶贫计划”，扎实推进多元化扶贫模式，大力实施精准扶贫。投入财政扶贫资金2794万元，通过产业专项扶贫、生态扶贫搬迁、联合养殖扶贫试点、贫困村互助及扶贫奖励等方式，实现贫困人口减少1.9万人。

①

全县核桃种植总面积16.6万亩，甘蔗种植总面积7.6万亩，“十百千”产业扶贫罗非鱼养殖4100箱。实施整村推进贫困村群众产业发展扶持项目，重点发展特色种植和养殖业，引导群众参与产业开发，项目覆盖贫困村35个，受益群众4273户28383人。实施六也乡“整乡推进”试点项目建设，完成投资6982万元。

（五）办实事，惠民生

公共财政民生领域支出17.31亿元，占公共财政预算支出的86%，科教文卫、民政、社会保障等社会事业取得新成效。10项惠民工程全部完成，兑现年初民生工程的全部承诺。实施教育振兴行动计划，投资8020万元实施教育惠民项目157项，农村义务教育家庭困难寄宿生生活资助项目受益28664人，普通高中免学费项目受益6590人。全县城镇新增就业2519人，农村劳动力新增转移就业14157人（次）。全县新农合参合率98.99%，城乡居民社会养老保险应参保率100%，养老金发放率100%，城镇低保补助金发放标准提高到240元/月・人，农村低保补助金发放标准提高到101元/月・人。住房保障工作取得显著成效，开工建设保障性住房608套，建成保障性住房708套，完成农村危房改造2700户。完成6个村级公共服务中心建设任务。

（六）促改革，增活力

推进农村土地产权制度改革。加快推进农村宅基地和集体建设用地确权登记发证工作，加快农村土地流转步伐，全县农村承包土地流转3.85万亩。大力发展农村新型合作组织，新增农民合作社26家、家庭农场5家。推进开放合作体制机制改革。主动加强与珠三角、长三角、港澳台等发达地区的交流合作。扎实推进《左右江革命老区振兴规划》及少数民族地区基础设施等专项规划相关编制工作。推进中国—东盟博览会和各类招商引资活动重点项目的落地服务工作。推进政府机构改革，政府职能转变各项工作有序推进。

（七）严管理，促和谐

深入开展“平安大化”建设，加大社会治安环境整治力度。坚持“从严治县，以打促稳”的方针，严厉打击各类违法犯罪事件。狠抓普法和人民调解工作，荣获“六五”普法中期先进县称号。继续开展“大排查、大接访、大调解、大防控”活动，被列为自治区政府购买医患纠纷人民调解服务试点县。突出抓好重点领域和薄弱环节安全生产，狠抓公共消防和道路交通安全监管，强化日常巡查监管，全县未发生重特大火灾和道路交通事故。

（八）抓服务，转作风

加强政务服务，政务服务中心受理各类审批事项按时办结率100%，群众评议率99.5%，无超时办结件，无超时未办事项，无投诉及问责事件。深化行政内部审批专项清理，清理内部审批项目26项。大力推进政务公开，重点推进部门预决算、保障性住房、征地拆迁、价格和收费等重点领域的政务信息公开。认真贯彻落实中央“八项规定”，努力解决“四风”问题，加大违纪案件查处力度。认真执行县人大及其常委会的决议、决定，自觉接受人大及其常委会的法律监督和工作监督，自觉接受人民政协的民主监督，人大代表议案、建议和政协提案办结率100%。

① 自治区党委书记彭清华（右五）视察县易地扶贫搬迁生态民族新城总体规划

② 自治区主席陈武（前右一）视察县特色农业示范基地

③ 河池市委书记黄世勇（右二）在县委书记韦朝永（右一）、县长蓝瑞轩（右三）的陪同下深入乡镇了解“五大工程深化年”工作实施情况

④ 县委副书记、县长蓝瑞轩（右二）深入村屯调研农村医疗卫生状况

⑤ 大化镇达悟村新村建设

⑥ 农家羊舍

⑦ 黑山猪养殖

⑧ 核桃管护培训现场

⑨ 技术专家现场指导消除核桃树病虫害知识

乘势而上 绿色发展
全力建设巴马长寿养生国际旅游区核心区

巴马瑶族自治县紧紧围绕巴马长寿养生国际旅游区核心区建设，立足新常态，展示新作为，深入实施"产业增量提质、民生保障提升、开发扶贫攻坚、城乡新貌新风、执行力提升"五大工程，全力推进经济社会各项事业的全面发展。2014年，全县地区生产总值完成26.49亿元，同比增长6%；规模以上工业总产值11.95亿元，同比增长16.08%；城镇居民人均可支配收入18015元，同比增长9.4%；农民人均纯收入4819元，同比增长11.5%。

2014年，全县高起点谋划，高质量建设国际旅游核心区，积极争取各方面支持帮助，推动特色旅游业持续科学发展。完成甲篆、西山、那社、燕洞、那桃、凤凰等6乡总体规划，编制坡莫、坡来等8个重点村屯规划。编制51个村委所在地村庄、盘阳河两岸、景区周边以及二级路沿线等109个自然屯村庄规划。编制8个市政公用设施专项规划；编制《旅游总体规划（修编）》、赐福湖养生度假区、命河片区和龙洪片区详细性规划；编制命河一水晶宫5A级景区、盘阳河休闲步道、城区基础提升、寿乡大道改造、旅游集散中心、西山红色景区等规划等。2014年接待国内外游客319万人（次），同比增长21.7%，其中入境旅客3.18万人（次），同比增长35.43%；实现国内外旅游收入33.36亿元，同比增长34%。坡纳养生基地一达西儒礼桃花源一仁寿文化源线路被评为全国休闲农业与乡村旅游十大精品线路，仁寿源、长寿岛被评为国家3A级景区。

充分发挥长寿品牌优势和独特地理资源优势，大力发展生态有机农业，积极推动特色工业转型提质。开工建设巴马丽琅公司生产基地一体化、巴马铂泉、巴马神酒等重大项目。目前，全县长寿食品产业总产值占全县工业总产值83%。

开工建设河池至百色高速公路巴马段、平果至巴马二级公路，加快建设巴马至大化二级公路巴马段工程。建成通村水泥路13条85公里。建成屯级硬化路20条17公里，屯级砂路11条20公里。交通瓶颈逐步破解。

坚持绿色发展战略，强化生态环境保护。争取资金4056万元，建设盘阳河流域五村污水处理设施、坡月污水处理厂、甲篆污水处理厂及平寒屯、坡类屯生活污水处理工程。投入500万元建设甲篆、燕洞、所略、西山等垃圾中转站。停产整顿6家污染企业，淘汰、关停小砖厂、小冶炼厂等86家高耗能、高污染企业。完成赐福湖"退渔还景"整治任务。同时，投入568万元绿化71个村屯。启动实施盘阳河绿化美化工程，绿化美化盘阳河两岸56个村屯、61公顷可视面坡，建设30公里的绿化景观带等，切实保护发展好"长寿巴马·养生福地"和"山清水秀生态美"的品牌形象。

①

③

① 2014 年 7 月 7 日，全国政协副主席马飚（右二），广西政协主席陈际瓦（右四），自治区副主席蓝天立（右六），自治区政协副主席张秀隆（右五），市委书记、市人大常委会主任黄世勇（右一），市委副书记、市长何辛幸（左二）等领导在巴马书法院考察指导工作，市委常委、巴马县委书记奉海峰（左一）陪同

② 2014 年 2 月 13 日，自治区副主席蓝天立（右一）在巴马县甲篆乡敬老院看望慰问老人

③ 2014 年 12 月 18 日，河池市委常委、巴马县委书记奉海峰（右二）在燕洞岩廷村那洋屯向群众了解当前的生产生活情况

④ 2014 年 10 月 10 日，蓝飞宁县长（右二）在那社乡祥兰村根卜屯听取扶贫办领导汇报项目规划

⑤ 2014 年 1 月 6 日，中共巴马瑶族自治县第十三届委员会第九次全体（扩大）会议召开

⑥ 养生福地，巴马引力。一群外地游客在巴马百魔洞口即兴舞蹈

⑦ 巴马矿泉水生产车间一角

⑧ 大型香猪养殖场一角

⑨ 那桃乡平林村达西屯一角

⑩ 乡村旅游火爆—过索桥

东兰县——强力推进“城乡建设年”

2014年，在上级党委、政府的领导下，中共东兰县委、东兰县人民政府认真贯彻落实党的十八大和十八届三中、四中全会精神，深入开展党的群众路线教育实践活动，以纪念韦拔群诞辰120周年和韦杰诞辰100周年活动为契机，强力推进“城乡建设年”，经济社会呈现发展提速、活力增强、民生改善、社会稳定的良好态势。据统计，全年完成地区生产总值20.63亿元，同比增长8.1%；全社会固定资产投资22.33亿元，同比增长20.6%；财政收入1.63亿元，同比增长12.96%；规模以上工业增加值0.95亿元，同比增长2.2%；社会消费品零售总额11.90亿元，同比增长11.7%；城镇居民人均可支配收入17359元，同比增长9.7%；农民人均纯收入4790元，同比增长11.7%。

经济社会发展形势喜人。全县扩种核桃9.5万亩，新造油茶林1.2万亩，建设高标准农田1.29万亩，全县注册登记各类农民专业合作社达114家。种植生态林12.3万亩，综合治理岩溶土地面积6.75万亩，生态环境明显改善。《东兰县旅游产业发展总体规划》、《东兰县城总体规划（2013~2030）（修编）》等5个规划编制完成。向阳新区一期工程完成土地征收和场地平整，实施隘洞镇区基础设施建设，长江乡改为镇建制。东兰作业港开港试航，河池至百色高速公路、南丹吾隘至东兰二级公路隘洞至长乐连接线开工建设，开工建设通村水泥公路30条274公里，改扩建屯级道路426条433公里。开工建设保障性住房560套，改造农村危房2500户。深入推进开发扶贫工作，农村贫困人口减少1.6万人，实施泗孟乡“整乡推进”开发扶贫试点。教育投入力度加大，全县财政教育支出占全县公共财政支出20.2%，同比增长16.5%。

社会各项事业亮点纷呈。东兰生态建设顺利通过国家重点生态功能区核查，东兰坡豪湖被国家林业局确定为国家湿地公园建设试点，隘洞镇、武篆镇列为全国重点镇，长乐镇永模村、三石镇板文村、武篆镇东里村等9个村列为全国乡村旅游扶贫重点村。东兰申报墨米酒地理标志通过自治区质量技术监督局审查，长寿生态养殖专业合作社获得有机食品认证。东兰烈士陵园被国家民委命名为“全国民族团结进步教育基地”，东兰被国家文化部命名为“2014~2016年中国民间文化艺术之乡”，电影《预备跑》被中国电影博物馆收藏，影片《考鼓记》在首届丝绸之路国际电影节上获“丝路杯”观众最喜爱纪录片奖，电视纪录片《风物东兰》获广西第十三届精神文明建设“五个一工程”评选优秀作品奖，自治区人民政府授予武篆镇“广西特色文化名镇”称号，三石镇弄英村成功申报“广西特色文化名村”，双拥工作顺利通过自治区双拥模范县检查验收。

①东兰县委书记黄贤昌
②东兰县委副书记、县长徐迪克
③纪念韦拔群同志诞辰120周年座谈会
④每年农历五月二十九，东兰县三弄瑶族乡的瑶族同胞欢聚一堂，庆祝一年一度的传统节日“祝著节”。节日期间，当地瑶族群众会举办山歌对唱、瑶寨长宴、祭密洛陀、斗鸡、打陀螺等民俗活动，庆祝佳节。图为瑶寨长桌盛宴奇观
⑤泗孟乡养殖农户在枫树林下养殖的黑山猪
⑥切学乡无公害百香果园受到游客青睐
⑦东兰县武篆镇弄竹村盘山公路
⑧新农村建设一角——武篆镇东里村
⑨雾锁东兰“盆景式”山城景像
⑩梦幻江平

学会风采——创新发展的广西现代东盟教育研究院

广西现代东盟教育研究院（原广西民联教育研究院）于2006年8月成立，2015年3月改为现名，广西社科联主管，广西5A级社会组织。2012年2月经中共广西壮族自治区社会科学界联合会机关党委批准建立中共广西现代东盟教育研究院支部委员会。

研究院总部设在南宁。下设综合办公室、科研中心、培训中心、科普中心、推广中心五个职能部门和南宁市民联职业培训学校，在玉林、北海、桂林、梧州等地设有办事处和民联学校教学点。现在教职员工32人，其中正高职称5人，副高职称10人，博士、硕士9人；专家团队200多人。研究院院长刘浩。

研究院成立以来，秉承“以实际行动，促教育事业发展”的办院宗旨，在广西—东盟教育研究、教育培训、教育交流、教育合作、教育策划与展示、教育成果评比与推广、教育咨询与服务等方面积极改革创新，服务地方教育事业发展，取得较好成绩，先后被自治区社科联评为广西“2008~2009年度”“2010~2011年度”先进学会，“2014年度工作成绩突出的学会”；在全国社科联学会工作会议上被评为全国社科联“2013~2014年度先进学会”。自治区民政厅授予“自治区社会组织深入学习实践科学发展观活动先进单位”“自治区社会组织先进党支部”等荣誉称号。

① 研究院荣获2015年度“全国社科联先进学会”称号

② 研究会在桂林市主办的第四期教育名家大讲堂学术报告会开幕式现场

③ 研究会玉林主办的2011年“名师论坛”暨班主任培训现场